JESUS

Dados Internacionais de Catalogação na Publicação (CIP)
(Câmara Brasileira do Livro, SP, Brasil)

Jesus : a enciclopédia / sob a direção de Joseph Doré ; coordenação de Christine Pedotti ; tradução de Gentil Avelino Titton. – Petrópolis, RJ : Vozes, 2020.

Título original: Jésus : l'encyclopédie
Bibliografia.

1ª reimpressão, 2023.

ISBN 978-85-326-6402-0

1. Cristianismo 2. Jesus Cristo – Biografia 3. Jesus Cristo – Enciclopédias 4. Jesus Cristo – Ensinamentos 5. Jesus Cristo – Pessoa e missão 6. Teologia bíblica I. Doré, Joseph. II. Pedotti, Christine.

19-32054 CDD-232.03

Índices para catálogo sistemático:
1. Jesus Cristo : Enciclopédias 232.03

Maria Paula C. Riyuzo – Bibliotecária – CRB-8/7639

JESUS A ENCICLOPÉDIA

Sob a direção de
Joseph Doré

Coordenação de Christine Pedotti

Tradução de Gentil Avelino Titton

EDITORA VOZES

Petrópolis

Tradução do original em francês intitulado: *Jésus - L'encyclopédie*
De comum acordo com a editora original, não foram incluídas nesta tradução brasileira as imagens ilustrativas da edição francesa.

Direitos de publicação em língua portuguesa - Brasil.
2020, Editora Vozes Ltda.
Rua Frei Luís, 100
25689-900 Petrópolis, RJ
www.vozes.com.br
Brasil

Editoração: Fernando Sergio Olivetti da Rocha
Diagramação: Raquel Nascimento
Revisão gráfica: Nilton Braz da Rocha
Capa: Renan Rivero

ISBN 978-85-326-6402-0 (Brasil)
ISBN 978-2-226-32649-2 (França)

Este livro foi composto e impresso pela Editora Vozes Ltda.

SUMÁRIO

NOTA DO EDITOR
Edição brasileira

Apresentamos ao leitor brasileiro esta obra dirigida por Joseph Doré e coordenada por Christine Pedotti. O leitor verá, no belo prefácio de Jean Mouttapa, que a Editora Albin Michel, que originalmente publicou a obra, não é uma editora confessional nem está ligada a nenhum grupo religioso. Ora, por que a Editora Vozes publicaria *Jesus – A enciclopédia*, incluindo-a em seu catálogo de teologia? Esta simples nota tem como único objetivo situar o nosso leitor, muitas vezes ligado à teologia e tantas outras vezes, não.

Qual a fronteira que separa o livro teológico do não teológico? À realidade brasileira, onde as fronteiras entre a Teologia e a Ciência da Religião são porosas, esta distinção se torna ainda mais difícil. Poderíamos desbravar várias teorias e dialogar com vários autores. Mas seja ao leitor teólogo, seja ao leitor religioso ou ao leitor que busca entrar nas veredas do conhecimento histórico acerca de Jesus, a obra se mostra útil.

Jesus sempre foi a principal questão do cristianismo. Entre escritos bíblicos, literaturas patrísticas, dogmas e sistemas teológicos, o cristianismo e seus teólogos buscaram entender este homem e sua mensagem. Adocionismo, docetismo, nestorianismo e arianismo... todas questões cristológicas. Entre o homem e o Deus, o nazareno e o Cristo, o humano e o divino, o cristianismo se construiu, constituindo-se Cristandade e consolidando-se como sistema de crenças.

A história da teologia conseguiu articular o Cristo. Faltava o Jesus. As últimas décadas demarcaram o retorno ao Jesus histórico. Tornaram-se célebres, pela Editora Vozes, obras de José Antonio Pagola e José Castillo, entre outros autores que retomam a figura do homem de Nazaré. *Jesus – A enciclopédia* é, para o leitor religioso, uma obra que auxilia na busca pelo Jesus histórico. Ao leitor sem pretensões religiosas oferecemos uma bela obra que traz elementos históricos, culturais, sociológicos e filosóficos, com autores e pesquisadores qualificados, uns conhecidos do público brasileiro, outros não; mas todos com a capacidade de contribuir para o *status quo* do "problema-Jesus".

Jesus continuará sendo a principal questão do cristianismo, um enigma a ser desvendado, um caleidoscópio que apresenta infinitas perspectivas. Ao traduzir esta imponente obra, a Editora Vozes oferece ao leitor mais um elemento para esta odisseia, que é chegar o mais próximo possível do Jesus histórico.

Welder Lancieri Marchini
Editora Vozes

PREFÁCIO DO EDITOR
Edição original francesa

A editora Albin Michel é uma editora não confessional, que não está afiliada a nenhuma Igreja ou comunidade religiosa determinada. Enquanto tal, ela não tem vocação de ser porta-voz oficial de qualquer instituição. Suas numerosas publicações no campo das espiritualidades e das religiões estão marcadas pelo sinal do pluralismo e da independência. Este departamento editorial se caracteriza também – além dos ensaios, testemunhos, traduções e comentários de textos provenientes de diferentes tradições – pela vontade de oferecer ao público grandes obras coletivas, nas quais os fatos religiosos se misturam estreitamente com a história e as ciências humanas[I]. São estes, portanto, os nossos dois princípios: por um lado, liberdade total de pensamento; por outro, interesse constante por todas as inter-relações entre realidades espirituais e fatos sócio-históricos.

Mas por que, então, "Jesus"? Precisamente porque nos pareceu sumamente necessário, hoje, tratar este "tema" de acordo com estes dois princípios. E tratá-lo de maneira coletiva, metódica, multiplicando os pontos de vista e recorrendo ao diálogo dos saberes.

Sem dúvida, apesar dos progressos confirmados da secularização, a figura de Jesus desperta sempre o interesse de nossos contemporâneos e os feitos do personagem são geralmente recebidos positivamente, inclusive por todo um público agnóstico ou ateu. Mas o que sabemos exatamente? A única maneira de responder a esta pergunta é debruçar-nos sobre os vestígios escriturísticos que evocam sua pessoa – já que ele próprio não escreveu nada. Ora, a leitura efetiva do Novo Testamento, e particularmente dos evangelhos, continua sendo um empreendimento complexo diante do qual muitos se sentem impotentes. O que pensar a respeito do valor histórico destes textos, de suas contradições, de seu estatuto literário, do contexto social, político e religioso em que foram escritos, das interpretações dogmáticas que foram feitas? De acordo com quais critérios internos e externos interpretar estas narrativas muitas vezes desconcertantes?

Esta confusão diante dos textos, misturada com o persistente interesse do público por Jesus, facilita às vezes o trabalho dos que desejam jogar com o sensacional: as "revelações" duvidosas neste âmbito se tornaram quase recorrentes na imprensa, nas

---

I. Cf., por exemplo, *Histoire de l'Islam en France du Moyen Âge à nos jours*, sob a direção de Mohammed Arkoun, prefácio de Jacques Le Goff, 2006. • *La Montagne refuge* – Accueil et sauvetage des juifs autour du Chambon-sur--Lignon, sob a direção de Patrick Cabanel, Philippe Joutard, Jacques Sémelin e Annette Wieviorka, 2013. • *Histoire des relations entre juifs et musulmans des origines à nos jours*, sob a direção de Abdelwahab Meddeb e Benjamin Stora, 2013.

editoras ou no cinema. Por outro lado, o recente ressurgimento de certo cristianismo identitário se apoia muitas vezes numa leitura tradicionalista, ou mesmo fundamentalista, e os historiadores e exegetas sabem muito bem que esta leitura está muito longe dos textos fundantes. Ora, seja na midiatização ou no encantamento dogmático, as pessoas ignoram nos dois casos os resultados da crítica histórica e literária. E acontece que esta progrediu muito nas últimas décadas, sem ser levada realmente ao conhecimento do público – inclusive do público crente, o mais interessado *a priori*.

Daí nasceu a ideia de uma grande obra coletiva de caráter enciclopédico, que ofereceria todas as garantias de seriedade acadêmica, forneceria a um grande público uma síntese acessível dos dados estabelecidos (ou discutidos) pela pesquisa e proporia uma leitura na qual a crítica histórica rigorosa e a hermenêutica seriam complementares. Olhares cruzados de historiadores, de exegetas, de psicanalistas, de especialistas do judaísmo... Tudo apresentado de maneira acessível, a fim de "democratizar" um saber e reflexões muito restritos, até o momento, a revistas e obras especializadas.

Síntese? Sim, certamente. Mas não deixa de haver uma parte de "jogo" entre as diferentes contribuições aqui reunidas: elas não se encaixam forçadamente umas nas outras de forma mecânica. Assim o leitor poderá detectar às vezes diferenças de interpretação a respeito de certa passagem dos evangelhos ou de certa descrição do contexto social, político e religioso. Não há motivo para surpresa: sabe-se, há muito tempo, que todas as ciências humanas dependem mais ou menos de pressupostos hermenêuticos, o que não diminui em nada seu interesse nem sua necessidade. Não quisemos, portanto, ocultar estas (poucas) diferenças, que têm a ver ou com a especialidade na qual se fundamenta cada autor, ou simplesmente com sua visão própria, sua sensibilidade, seu estilo. O pluralismo assumido desta obra visa suscitar interrogações, curiosidades, um desejo de busca pessoal com base num grande consenso dos especialistas.

Um esclarecimento, no entanto: nesta obra concebida como plural e que mostra uma busca em contínua evolução, deixamos de lado intencionalmente a tese chamada "mitista", de acordo com a qual Jesus de Nazaré nunca teria existido: os evangelhos seriam, portanto, uma fábula, imaginada e depois elaborada por um grupo de Judeus do século I que precisava de revelações sensacionais. Esta tese, que conheceu seu momento de glória no século XIX com o triunfo do positivismo, caiu rapidamente em desuso por causa de suas próprias contradições e do avanço dos trabalhos científicos. Ora, de alguns anos para cá ela reapareceu após um período de ausência, trazida por algumas vozes ruidosas nos países anglo-saxões, que alguns acharam por bem ecoar na França ou na Europa. E um público não informado fica às vezes perturbado, no momento em que a comunicação de massa e as redes sociais favorecem a floração de discursos mais ou menos conspiratórios, que voltam a questionar as afirmações mais validadas consensualmente pelo conjunto dos especialistas. Neste caso, estes questionamentos hiperbólicos não têm nenhum valor factual nem intelectual e não são mais racionais do que a tese da terra plana. Sejamos claros: pode-se hoje ainda duvidar seriamente da existência de Jesus? A resposta é: Não.

Evidentemente, a comunidade científica internacional, usando os métodos mais rigorosos, que discutem incessantemente os resultados de uns e dos outros, jamais concluirá nada quanto à identidade – divina ou não – de Jesus, nem quanto à realidade de sua ressurreição. Ela não tem nada a dizer sobre isso, porque estas questões não pertencem ao seu campo de investigação. Mas ela concluiu há muito tempo, e sem a menor ambiguidade, pela existência historicamente certa de um homem chamado Jesus, condenado à morte e executado em Jerusalém sob a prefeitura de Pôncio Pilatos. Ela o afirma com tanta certeza – e às vezes até com mais certeza – do que a respeito de Sócrates ou de outros personagens célebres da Antiguidade. Não havia, portanto, nenhum motivo sério para reservar aqui um lugar, enquanto tema de debate, para a tese chamada "mitista"; o conjunto dos elementos históricos reunidos nesta obra é largamente suficiente, se fosse necessário, para invalidá-la.

Outro esclarecimento não menos necessário para aquelas e aqueles que se preparam para entrar nesta leitura: quem concebeu e dirigiu este vasto empreendimento editorial é um homem de Igreja. Sacerdote há mais de cinquenta anos, Joseph Doré é, com efeito, arcebispo emérito de Estrasburgo. Mas suas funções eclesiais não conferiram de modo algum ao nosso trabalho coletivo qualquer tonalidade proselitista. Porque Joseph Doré é, antes de tudo, um intelectual e um teólogo reconhecido, cuja reputação científica ultrapassa nossas fronteiras. Antigo reitor da Faculdade de Teologia e de Ciências Sociais do Instituto Católico de Paris, presidiu uma Academia internacional e interconfessional de ciências religiosas, participou da direção de diversas revistas universitárias, fundou e dirigiu diversas coleções. É nesta qualidade de sábio, é com esta autoridade que ele pôde reunir num espírito ecumênico autores provenientes de sete países, eles mesmos reconhecidos em sua especialidade.

Por outro lado, é preciso ressaltar que sua própria atividade pastoral, especialmente em Estrasburgo, sempre se pautou por um trabalho de aproximação, de diálogo e de colaboração com as três interfaces que lhe parecem prioritárias: primeiramente, a das outras confissões e religiões; em seguida, a da cultura em seus diferentes âmbitos; enfim, a do campo sociopolítico com o qual sempre pensou ser extremamente necessária uma inter-relação, respeitando evidentemente a distinção republicana entre o espiritual e o temporal.

Os leitores e leitoras cristãos de confissões não católicas, os crentes de outras religiões e mesmo os não crentes estarão, portanto, em boa companhia.

Também em boa companhia com os aproximadamente setenta autores das diferentes contribuições, que só foram solicitados com base em suas competências e não em suas convicções. Para grande parte deles, por outro lado, estas convicções são ignoradas ou pelo menos não públicas, já que não é por ser um especialista em judaísmo ou em cristianismo antigo que alguém dá sua adesão a uma crença. Para outros autores, especialmente franceses, estas convicções são mais evidentes, já que eles estão ligados a instituições privadas de ensino e de pesquisa abertamente cristãs. Mas, ainda nesse caso, foi apenas a competência que sobressaiu – e não é culpa deles se as pesquisas bíblicas, a exegese e a teologia são cada vez mais excluídas do domínio universitário público na França, contrariamente ao que ocorre em muitos outros países.

Se esta obra puder contribuir para informar, levar a pensar e pôr um pouco de raciocínio em temas muitíssimas vezes submetidos às opiniões preconcebidas, ela não terá sido em vão. Pois o "fenômeno Jesus" diz respeito a todos nós – é precisamente este o sentido das vinte e sete "cartas brancas" apresentadas aqui a personalidades de convicções muito diversas. Com efeito, quem quer que nós sejamos e quaisquer que sejam os nossos compromissos, como mostra Joseph Doré em sua introdução, esta história, este "mistério Jesus", nunca acaba de nos interpelar, porque coloca cada um diante do mistério que ele próprio é.

Jean Mouttapa
Editora Albin Michel

INTRODUÇÃO

Joseph Doré
Instituto Católico de Paris

O cristianismo pode ser incluído de imediato no número daquilo que as ciências das religiões designam (de maneira aproximada, reconheçamos) como "religiões que têm um fundador histórico", a tal ponto a figura de Jesus desempenha nele um papel decisivo. Esta primeira característica não tem nada de excepcional, já que, em nosso espaço civilizacional, ela se verifica igualmente – *mutatis mutandis* – tanto no judaísmo com Moisés quanto no islamismo com Muhammad; em outras áreas, pode-se também constatar, no século V antes de nossa era, uma grande religião oriental como o budismo com Gautama Buda e, mais tarde, o siquismo com Guru Nanak; em nossa época moderna, poderíamos ainda evocar diversas correntes religiosas importantes, como os mórmons, para tomar apenas um exemplo.

Uma segunda característica fundamental do cristianismo o distingue, em contrapartida, de todas as outras religiões do mundo, ao ponto de fazer com que apareça como absolutamente único: ele reconhece, naquele que está em sua origem, propriedades e uma natureza propriamente *divinas*. Ora, não é este o caso, nas diferentes tradições, nem de Moisés diante do Senhor Deus, ainda que tenha tido o privilégio de ter recebido a mensagem divina "face a face"; nem de Muhammad, que não é senão o enviado de Deus, ainda que sua pessoa marque "o Selo da profecia"; nem de Gautama, ainda que, tendo alcançado o Despertar, seja no entanto reconhecido como caminho para o Nirvana para os outros humanos; e nem dos fundadores do siquismo, dos mórmons etc. É muito claro: fora do cristianismo jamais se considerou que a figura "fundadora" compartilha as prerrogativas, a natureza, a identidade da Realidade transcendente, absoluta, infinita e até divina (onde se trata de "Deus") que ela pretende anunciar e para a qual se supõe que ela conduz.

O "problema-Jesus"

Donde vem uma particularidade tão marcante no caso do cristianismo? O que pode explicar esta diferença? Como seria possível compreendê-la? Ninguém se engane: esta característica cristã tão singular não deve ser considerada segunda ou secundária. Com efeito, para abordar Jesus de Nazaré, não se deve imaginar que bastaria estabelecer, num primeiro momento, se ele existiu ou não, e em seguida contentar-se em esclarecer que tipo de *homem* foi ele no contexto que poderíamos determinar como tendo sido o seu. O problema colocado por este Jesus – o "problema-Jesus" – é o de explicar como este homem, pelo que se pode saber, pôde ser apresentado, compreendido e seguido não apenas como um homem entre outros, por maior que fosse, mas até como "mais do que um homem". Em suma, como aquele que, tendo efetivamente pretendido anunciar a Deus e levar para Ele, pôde além disso ser compreendido, ou até dar-se a compreender como estando associado a Deus e como sendo, de alguma forma, o próprio Deus!

Quando alguém se encontra diante de um problema desta ordem, a primeira tarefa não é dedicar-se a procurar imediatamente uma solução. É esforçar-se para delimitar com a maior precisão possível os termos deste problema. Estes termos, no caso, são as duas extremidades entre as quais é preciso mover-se para descobrir suas relações, articulá-las e eventualmente harmonizá-las.

O primeiro destes termos é Jesus – digamos: "o homem Jesus". Ora, quem diz "Jesus" designa de fato uma figura histórica que com certeza existiu realmente, mas a respeito da qual é preciso admitir que ignoramos muitas coisas. Evidentemente, um objetivo essencial desta obra será o de explicar na medida do possível este ponto e dissipar todas as sombras que puderem ser dissipadas. Mas é preciso, desde logo, realçar o seguinte: se, por exemplo, não sabemos nada sobre o aspecto físico do personagem, ignoramos também a quase totalidade do que podem ter sido seus primeiros trinta anos aproximadamente de existência, num ambiente a respeito do qual aliás nos falta um grande número de dados precisos. Sabemos muito bem, em compensação, que ele acabou executado exatamente como um bandido vulgar um pouco subversivo em relação à ordem religiosa e pública, ao final de um simulacro de processo do qual a história não conservou outros vestígios senão relatos claramente posteriores aos fatos.

Existe, no entanto, um segundo termo. Este é constituído por um conjunto de dados totalmente improváveis e até claramente incompreensíveis quando se parte do primeiro termo, ou seja, do homem Jesus. Eis que à personagem, exatamente localizável num momento da história, são atribuídas prerrogativas extraordinárias: muito cedo lhe é aplicado o título de "Cristo/Messias" sob a forma, sempre usual, da expressão "Jesus Cristo". Contentemo-nos aqui com dois dados. Salientemos, em primeiro lugar, que é certo que a primeira carta de Paulo de Tarso aos Tessalonicenses foi redigida e divulgada desde o ano 49-50; ora, menos de duas décadas após sua morte, Jesus vê atribuídos a si, exatamente ao mesmo tempo que o nome "Cristo", pelo menos dois outros títulos então considerados propriamente divinos: o de "Filho de Deus" e o de "*Kyrios*/Senhor"! E lembremos, além disso, que o hino do capítulo 2 da carta aos Filipenses, escrita pelo mesmo Paulo por volta de 56 (e que retoma uma fórmula sem dúvida já em uso na celebração litúrgica das primeiríssimas comunidades), lhe atribui, junto com o título *Kyrios*/Senhor, "o nome que está acima de todo nome"..., ou seja, o Nome de Deus! A questão da identidade "humano-divina" de Jesus impõe-se, portanto, a todo aquele que se interessar um pouquinho por sua figura e/ou pelas origens do cristianismo. E não foram os cristãos que o inventaram do nada para levar outros a se interessarem por sua causa: não se pode raciocinar como se essa identidade fosse evidente para os discípulos de Jesus e, por conseguinte, como se foi somente para nós, os homens das Luzes, da modernidade e da pós-modernidade, que ela teria começado a se tornar problemática. Na realidade, ela apareceu pelo menos tão insólita a Pedro e Paulo, a seus companheiros e discípulos, como a nós que – com toda a razão – fazemos questão de realçar ao mesmo tempo a inevidência do crer e o incontornável da crítica.

Insistamos. O que nós designamos como o "problema-Jesus" impõe-se tanto mais que o excepcional reconhecimento que "este homem" teve era normalmente excluído no contexto ideológico-teológico e sociopolítico da época. Este problema se impõe ainda porque temos a prova *textual* (com a carta aos Tessalonicenses citada acima) de que este reconhecimento existia efetivamente antes mesmo do fim do segundo decênio após a morte do profeta da Galileia. Impõe-se, por fim, quando se constata que uma confissão de fé tão inaudita não deixou de ser repercutida de século em século desde seu aparecimento, e que ela está nem mais nem menos na origem do nascimento, da difusão progressivamente universal e finalmente da prorrogação viva, até nossos dias, daquilo que chamamos de cristianismo.

"Jesus" ou "Jesus Cristo"?

Daquilo que precede decorrem questões de forma concernentes à presente obra, a começar pelo seu título: não seria melhor intitulá-la "Jesus Cristo"? Pareceu-nos que esta opção não era, no caso, a mais indicada. Não que tenhamos desejado limitar nossa pesquisa unicamente ao "Jesus histórico" – veremos, mais adiante, que esta busca, que conheceu seus momentos favoráveis principalmente no século XIX, desembocou finalmente num impasse. Pelo contrário, o consenso da exegese contemporânea reconhece, como acabamos de lembrar, que a questão da identidade humano-divina de Jesus foi levantada desde o início e se exprime já nos primeiros documentos de que dispomos. Mas a expressão "Jesus Cristo", que se impôs com o tempo a ponto de ser empregada correntemente inclusive por não crentes, pode estar carregada de um imponderável que esta obra se propõe justamente explorar.

A grafia tem aqui algo a dizer: será preciso justapor a palavra "Jesus" e a palavra "Cristo"? Formular esta pergunta não tem nada de bizantinismo. Pois as duas palavras não têm o mesmo significado: embora ambos os termos se refiram ao mesmo ser concreto e bem individualizado do qual nos falam os evangelhos e toda a tradição eclesial, eles não o consideram da mesma maneira e não o encaram sob o mesmo aspecto. "Jesus" o designa como o homem de Nazaré, ao passo que "Cristo" já não expressa diretamente um nome, mas um *título*. Nestas condições, falar de "Jesus Cristo", ou seja, justapor "Jesus" e "Cristo", não tem nada de automático. Não é enunciar como evidente, sem mais, o nome composto de um indivíduo determinado (da maneira como, por exemplo, falamos de "João Marcos" e de "Ana Maria"), mas é pôr em relação duas realidades que não andam necessariamente juntas. É, portanto, tomar posição, emitir um juízo e, por conseguinte, engajar-se, comprometer-se até, num sentido bem preciso: falar de "Jesus Cristo" é, na verdade, dizer – decidir-se a dizer – que Jesus é Cristo. E, já que "Cristo" traduz para o grego o que "Messias" diz em hebraico, associar esse título ao nome do homem Jesus é realmente reconhecer e confessar este último como Messias, e até como *o* Messias.

Vemos, portanto, que a justaposição dos dois termos não tem seguramente nada de anódino: numa época em que se podia ter uma suficiente consciência da distinção, compreende-se que os cristãos se tenham aplicado a insistir na justaposição e manifestado isto de maneira gráfica. Mas existem bons motivos para pensar que hoje adotamos a tal ponto o costume de associar os dois termos que chegamos a perder mais ou menos a consciência das duas realidades distintas às quais cada um deles remete.

A presente obra se intitula, portanto, simplesmente *Jesus*; mas, longe de ser redutor, este título remete ao "problema-Jesus" exposto acima, em toda sua amplidão e profundidade. Este suscitará talvez interrogações nos leitores não cristãos, que perceberão que, em vista dos textos e da história, este problema não pode ser resolvido apressadamente. Quanto aos cristãos, eles se sentirão talvez ajudados a perceber que dizer de "Jesus" que ele é "Cristo" é reconhecê-lo efetivamente, no ato de fé que eles então formulam, como "Aquele que era esperado", como "o Messias de Deus".

As "três buscas" dos historiadores

A originalidade e o interesse da maneira por nós escolhida para formular e tratar neste livro o "problema-Jesus" aparecerão melhor à luz das diversas maneiras de proceder adotadas sobre o assunto ao longo dos séculos precedentes. Não se trata aqui, evidentemente, de entrar nos detalhes; no entanto, é perfeitamente possível fornecer, a respeito das principais etapas que podemos distinguir, uma exposição sumária suficiente para esclarecer e ao mesmo tempo validar nossa própria problemática. Podemos, em suma, distinguir bastante nitidamente diversos períodos – após o das origens (até o final do século I), que foi evidentemente o da redação dos textos do Novo Testamento.

É preciso, em primeiro lugar, pôr de lado um período que se estendeu por mais de um milênio e meio, no qual, no tocante a Jesus Cristo, não se separava dados históricos e asserções doutrinais-dogmáticas. Ou as pessoas não se interessavam por ele e até o rejeitavam *totalmente*, junto com todo o discurso e até mesmo todo o "sistema" cristãos. Ou elas se apegavam a ele (por tradição social-familiar e/ou em virtude de uma descoberta pessoal); mas então o faziam, também neste caso, globalmente, sem questionar a necessidade de um reconhecimento crente de sua condição de "Cristo". Sem dúvida, podia haver divergências importantes na compreensão desta condição (pensemos no adocionismo, no arianismo ou no nestorianismo), mas nem por isso se deixava de permanecer no interior do universo da crença "cristã". No fundo, embora se concedesse atenção, interesse e finalmente crédito aos "assuntos da religião", Jesus e Cristo (quando se falava dele) e mesmo Deus (ou o "bom Deus") eram finalmente "tudo uma coisa só", para falar como Joana d'Arc respondendo a seus juízes a propósito do elo entre Jesus e a Igreja! Em todo caso, não se tratava – não se tinha os meios e nem mesmo a ideia – de distinguir entre, por um lado, um "Jesus histórico", com suas palavras admiráveis e suas ações extraordinárias, e, por outro, o representante – necessariamente divino – de Deus e o único Salvador dos homens. Evidentemente, podia-se também receber a doutrina e nem por isso rejeitar nem a descrença nem o anticlericalismo; inversamente, podia-se rejeitar todo dogma e, no entanto, sociologicamente em todo caso, declarar-se cristão... Com nuanças e evoluções, esta problemática perdurou até a chegada do Iluminismo.

A chegada da modernidade levou a entrar progressivamente num segundo período do qual, para dizer a verdade, não saímos. Sem dúvida, a entrada na era autônoma da *filosofia* ocidental, na virada da Renascença, não havia deixado de influenciar a compreensão de Deus, a maneira de conceber a fé e sua relação com a religião e, portanto, também aquilo que hoje chamamos de "cristologia". No entanto, uma evolução decisiva neste campo preciso só aconteceu com a constituição da *ciência histórica* como tal. Doravante adotou-se o costume de distinguir três etapas – fala-se de três "buscas" – neste segundo período, que é o da modernidade e daquilo que ela desencadeou até hoje.

A partir do final do século XVIII e sobretudo na Alemanha, desenvolveu-se uma corrente chamada *Lebenjesuforschung* ("Pesquisa sobre a vida de Jesus"), que pretendeu libertar-se totalmente dos ensinamentos e das autoridades da fé, para partir, livre de todo entrave, em busca do "verdadeiro Jesus", do "Jesus *da história*". Em outras palavras, a ciência chamada "história" se julgava doravante a única apta a reconstituir a figura autêntica deste personagem que entrava totalmente em seu campo. Aparece aqui como emblemático o nome de Hermann Samuel Reimarus: um escrito póstumo dele, publicado em 1778 e que se interrogava sobre *O objetivo de Jesus e de seus discípulos*, dedicava-se a denunciar a "fábula messiânica" inventada pelos discípulos de Jesus, a fim de mascarar ao mesmo tempo o fracasso de seu mestre e a debandada de seu grupo. Com base nesta guinada, diversos autores tentaram, cada qual à sua maneira, libertar a figura do "verdadeiro Jesus" e o teor exato daquilo que havia "realmente acontecido" a seu respeito, eliminando a ganga ideológica e doutrinal na qual, desde seus primeiros discípulos até então, os cristãos o haviam aprisionado.

O infortúnio para estes detentores de uma história definitiva foi que, no início do século XX, ao final de uma pesquisa sistemática igualmente científica, um outro alemão (na verdade um alsaciano, bem conhecido, por outro lado, como músico e como médico), Albert Schweitzer (1875-1965), assegurou que, longe de reconstituir o "verdadeiro Jesus", todos estes pesquisadores projetavam, na verdade, seus próprios interesses e sua própria "pré-compreensão" sobre o personagem que eles estudavam. O título da 8ª edição de sua obra principal, *História da "Pesquisa sobre a vida de Jesus"* (*Geschicthe der Leben-Jesu Forschung*), aparecida em 1906, dizia muito bem que ele havia empreendido uma história da história e doravante seus resultados eram irrevogáveis: ele mostrava que, na verdade, se havia chegado a uma multiplicidade de "Jesus" – agitador político aqui, mágico da palavra ali, profeta apocalíptico ou taumaturgo um tanto exaltado, ou ainda "doce sonhador galileu" (Ernest Renan) acolá...

Inaugurava-se assim uma segunda "busca". Uma vez provado que se permaneceria indefinidamente no arbitrário e no impreciso se não fosse encontrada uma abordagem mais pertinente, abriu-se uma nova etapa. Os autores se apoiaram desta vez num duplo dado. Por um lado, registrou-se que a impossibilidade de chegar a um "verdadeiro Jesus" se devia ao fato de que a história *não pode* ser uma ciência "positiva" apta a reconstituir "fatos brutos" totalmente seguros, porque na verdade o historiador *interpreta* sempre. Mas, por outro lado, logo ficou provado que esta mesma pressão não pesava apenas sobre os pesquisadores contemporâneos: ela se verificava já nos próprios autores neotestamentários! Também eles, em seu tempo, sempre apresentavam Jesus apenas em função da pré-compreensão que dele tinham. Descobriu-se assim que na verdade era preciso dizer adeus a um acesso direto a um Jesus "seguro". Podia-se apenas esperar chegar às ideias, às práticas, aos tipos de agrupamento etc., das primeiras comunidades cristãs que invocavam Jesus e tentar esclarecer como tudo isto os havia levado a compreender e interpretar sua figura.

Em outras palavras, se num primeiro momento se aprendia mais sobre os próprios historiadores do que sobre o Jesus que eles pretendiam estudar, nesta nova etapa a informação se concentrou nas primeiras comunidades que deram testemunho dele. A uma etapa em que a ciência histórica pretendera, sem consegui-lo, reconstituir o "verdadeiro Jesus", sucedeu uma outra que teorizava a impossibilidade de chegar a este "verdadeiro Jesus". Após um tempo em que só se jurava por um pretenso "verdadeiro Jesus", chegava-se a um outro tempo em que, tendo-se resignado a nunca poder chegar a *ele*, os autores não se interessavam senão pelo que *seus discípulos* haviam crido, dito e feito dele. Doravante, portanto, os únicos resultados possíveis diziam respeito não a um *conteúdo* de história ou de doutrina referentes ao homem de Nazaré, mas apenas às *formas* de vida, de pensamento e de expressão dos diversos grupos cristãos que, desde sua partida, o invocaram e dele deram testemunho. Daí a designação desta corrente: *formgeschichtliche Schule* (*"Escola da história das formas"*). O nome de Rudolf Bultmann (1884-1976) pode, desta vez, servir como referência. A história, no entanto, não devia parar por ali, longe disso.

Com efeito, logo se abriu uma nova "busca". Aqui, em vez de entregar-se à tarefa impossível de recensear os autores e as correntes, os autores se contentarão em evocar os *âmbitos* explorados e as *disciplinas* usadas. Na Alemanha sempre, mas cada vez mais amplamente na Europa e igualmente nos Estados Unidos (onde, com o "Jesus-Seminar" a partir de 1985, falou-se justamente de uma "terceira busca") e em Israel. Certamente entre os cristãos, mas também entre pesquisadores de todas as obediências religiosas ou ideológicas, e particularmente do lado judeu. Levou-se a cabo uma recensão e uma confrontação sistemáticas das diferentes versões mais antigas dos textos evangélicos de que podemos dispor. Os testemunhos escritos homologados como "canônicos" (os três evangelhos sinóticos e o de João) foram cotejados com outros, que não haviam sido considerados "autênticos" e, portanto, haviam sido considerados "apócrifos". A literatura judaica contemporânea de Jesus e das primeiras comunidades cristãs foi sistematicamente examinada (em particular, o historiador judeu Flávio Josefo e os textos de Qumran) como também, mais amplamente, tudo o que pode nos informar sobre o judaísmo palestino e sobre a história política e social da Palestina na época em questão. Recorreu-se igualmente à própria arqueologia e em seguida, cada vez mais, à história das religiões e às ciências sociais.

Para caracterizar esta nova etapa, que corresponde de modo geral à segunda metade do século XX, pode-se dizer que se passou progressivamente de uma interrogação concentrada na figura e no destino *individuais* de Jesus a uma problemática atenta a todo o ambiente sociopolítico e a *todo o contexto* ideológico-religioso no qual o homem de Nazaré apareceu, viveu e foi morto. E no qual, portanto, reagindo à sua mensagem, seus contemporâneos o compreenderam... enquanto alguns dentre eles, que haviam decidido segui-lo em vida, julgaram ter boas razões para permanecer fiéis a ele e, em seguida, dar testemunho dele após sua morte. Como testemunha significativa dos resultados nada desprezíveis aos quais conduziram as pesquisas assim desenvolvidas, podemos citar o americano John P. Meier. Sua obra imensa – na qual se poderia ver uma espécie de balanço do momento atual – está em via de acabamento; traduzida em diversas línguas, já comporta uma tradução para o francês em quatro volumes, publicados pelas Éditions du Cerf com o título *Un certain Juif. Jésus.*

Um método rigoroso

Um fruto importante resultou desta longa história, que aqui só pudemos evocar por alto, sem entrar em pormenores: foram progressivamente focados e em seguida postos à prova alguns princípios, procedimentos e critérios cuja articulação permitiu que aflorassem pouco a pouco diferentes tendências e até diversas dominantes e que fosse elaborada uma metodologia rigorosa. Os especialistas no estudo do Novo Testamento que tomam a palavra na presente obra não se contentam em apresentar resultados, mas fazem aparecer o que os motivou a assumir as posições que eles adotam cada vez. Remetendo a cada um de seus estudos, nos contentaremos, nestas páginas introdutórias, em apresentar alguns princípios gerais de interpretação que, no estado atual da exegese e de acordo com um amplo consenso verificado hoje entre os especialistas, orientaram e continuam inspirando a pesquisa sobre Jesus. Podemos lembrar, sobretudo, três grandes princípios ou critérios.

O primeiro critério é o da "atestação múltipla". A pesquisa estabeleceu, entre outras coisas, os seguintes pontos: a montante do atual Novo Testamento existiu uma "fonte Q" (do termo alemão *Quelle*, "fonte") hoje desaparecida, mas que Lucas e Mateus exploram (junto com outros elementos); estes autores utilizam também uma versão já elaborada do evangelho de Marcos; João é independente das duas primeiras fontes (Marcos e a fonte Q) e, portanto, dos três evangelhos chamados sinóticos; é preciso também levar em consideração os Atos dos Apóstolos e as cartas paulinas e joânicas, estas mesmas amplamente independentes. Sendo esta a situação das fontes escritas, quando um dado (fato ou dito) atribuído a Jesus é atestado por várias destas fontes, ele só pode ganhar em credibilidade. Os estudos publicados neste livro permitirão que isto apareça claramente. De acordo com o mesmo princípio, quando se constata que a evocação do vazio do túmulo de Jesus é independente dos filões textuais que mencionam aparições do mesmo Jesus após sua morte, não se pode certamente deduzir que isto provaria sua ressurreição – porque muitas outras interpretações são possíveis, como mostra, por exemplo, a reação de Maria Madalena relatada em João 20,13: "Tiraram meu Senhor e eu não sei onde o puseram". Mas tampouco não se pode continuar pretendendo como evidente que este "vazio" foi pura e simplesmente inventado para provar a ressurreição, já que alguns textos podem mencionar o primeiro sem evocar de modo algum a segunda, ao passo que, inversamente, outros textos afirmam a segunda sem fazer nenhuma referência ao primeiro.

Um segundo critério é o da "diferença" (que pode suscitar o que se chama um "embaraço"). Consiste em dar crédito aos fatos e ditos que, atribuídos pelo Novo Testamento a Jesus, aparecem como impossíveis de ter sido inventados posteriormente, pela precisa razão de que não correspondem àquilo que aliás se sabe tanto sobre seu ambiente quanto sobre as comunidades que o invocaram após sua morte. Três exemplos bastarão para ilustrar aquilo de que se trata. Quando um evangelista relata que Jesus procurou João para fazer-se batizar por ele nas margens do Jordão, não se pode deixar de acreditar nele, se nos lembrarmos que, na época em que o evangelista escreve, os discípulos de Jesus competem com os de João e não têm, portanto, nenhuma vantagem em fornecer argumentos à "concorrência". Quando, a propósito do dia do Julgamento, põe-se nos lábios de Jesus a afirmação de que "ninguém o conhece, nem sequer os anjos, nem sequer o Filho, ninguém senão o Pai", pode-se ver aqui uma palavra efetivamente pronunciada por Jesus, pois como uma tal declaração poderia ter sido obra de seus discípulos no momento em que eles estavam tão preocupados em fazer reconhecer seu elo único com Deus? Elo, de resto, tão singular – será o terceiro exemplo – que Jesus ousa dirigir-se a Deus com o termo *Abba*, que as crianças judias da época empregavam em suas relações familiares com seu "papai", mas que nenhum filho de Israel ousava utilizar a respeito de Deus.

O terceiro critério que podemos lembrar é o da "coerência". Estima-se poder considerar plausíveis os ditos e fatos atribuídos a Jesus pelo texto evangélico quando eles parecem harmonizar-se com os resultados já obtidos pelo emprego dos dois critérios evocados acima (como também por diversos outros procedimentos).

Como o leitor poderá constatar percorrendo esta obra, a utilização, por parte dos especialistas do Novo Testamento, da metodologia rigorosa aqui brevemente esboçada mostra que através de todo o relato evangélico se coloca, se delineia e se faz cada vez mais insistente uma interrogação em dois níveis. Primeiramente, o ensinamento e o comportamento de Jesus levaram as pessoas mais próximas a interrogar-se sobre o/s "título/s" que ele podia ter para intervir e "apresentar-se" da maneira como o fazia; e, portanto, a grande questão concernente a Jesus era para eles a de sua *identidade* pessoal (cf. Marcos 4,41: "Quem é este?"). Em seguida, esta questão se concentrou cada vez mais no fato de saber qual podia ser *seu tipo de relação com Deus*, quando o viam agir e falar em Seu nome – e é por isso que se chegará bem cedo a acusá-lo de blasfemo, para finalmente condená-lo e executá-lo.

Nossa escolha: seguir o relato de Lucas

Já ficou claro: neste livro não pretendemos nem apresentar o conjunto da doutrina cristã sobre Jesus Cristo, nem proceder a uma investigação sobre o essencial das posições tomadas a seu respeito ao longo dos vinte séculos aproximadamente de cristianismo que nos ligam a ele. Procuramos esclarecer como pode ser compreendido aquilo que o Novo Testamento nos informa a seu respeito, mostrando na medida do possível como e por que ele o faz. Mais precisamente, é a obra de Lucas que tomamos como fio condutor, sem deixar de recorrer ao resto do Novo Testamento, a começar pelos dois outros sinóticos e pelo evangelho de João, desde que pareça necessário ou útil. A razão principal desta escolha é que Lucas, o terceiro sinótico, cobre de fato o conjunto da trajetória de Jesus, desde sua geração (com o "evangelho da infância" pelo qual – como também Mateus – ele inicia seu relato) "até o momento em que ele nos foi arrebatado", de acordo com a expressão dos Atos dos Apóstolos (1,2), o "segundo livro" que Lucas – único, desta vez, entre todos os evangelistas – compôs para informar sobre os inícios da Igreja.

A presente obra se estrutura em três "livros" de importância comparável. Sob o título *Inícios*, sublinha-se de imediato que "tudo partiu de um rumor", o boato que, pouco tempo após a morte de Jesus, divulgou sua "ressurreição dentre os mortos". Em seguida, como convém, considera-se seu nascimento, sua infância e aquilo que se chama sua "vida oculta" durante cerca de trinta anos na Galileia. Termina-se com sua "entrada em cena" para o que será sua vida e seu ministério públicos. O segundo livro apresenta então o desenrolar desta *Vida pública* – seus atos e seu ensinamento – para desembocar nas interrogações que o conjunto de seu comportamento suscitou a respeito de sua identidade. Tendo exposto primeiramente a subida de Jesus a Jerusalém e intitulando-se *Paixão e ressurreição*, o terceiro e último livro evoca suas "despedidas" e em seguida o desenrolar de sua Paixão e de sua morte, para terminar com os misteriosos acontecimentos que se seguirão.

Cada um dos 27 capítulos começa com um *prólogo narrativo*, evocação literária do relato evangélico ("Poder-se-ia contar as coisas assim"), que não se situa no registro científico (mas levando-o em conta evidentemente), mas permitirá aos leitores entrar facilmente e pertinentemente na temática abordada e perceber melhor o que segue. Seguem-se uma ou duas exposições de especialistas, que tratam em detalhes o episódio ou ensinamento respectivos. A estes *artigos de fundo* seguem-se um ou dois *esclarecimentos* sobre algum ponto que exige explicitação ou explicação particularizadas. Estes focos têm a ver ainda com a exegese crítica e nisto diferem dos *contrapontos* que eventualmente os seguem, nos quais especialistas provenientes de outros horizontes (judaísmo, ética, psicanálise...) apresentam seu ponto de vista sobre uma questão relevante da temática do capítulo.

Por fim, fizemos questão de oferecer, no fim de cada capítulo, uma *carta branca* a uma personalidade que expressa ali aquilo que a evocação de "Jesus" lhe sugere pessoalmente. Seja ela de confissão cristã (católica, protestante ou ortodoxa), judaica ou muçulmana, seja ela ateia ou agnóstica, essa personalidade foi convidada a apresentar com toda a liberdade um pensamento, uma palavra singular – que, evidentemente, compromete apenas a ela própria. Com efeito, pareceu-nos que, ao lado do *corpus* essencialmente exegético e histórico desta obra, era interessante mostrar que personalidades de todos os horizontes podiam testemunhar, de maneira muito diversa, o que as motiva hoje a dar atenção ao "homem de Nazaré".

Uma obra coletiva oferecida a todos, inclusive aos não crentes

Para abordar o "problema-Jesus" tal como o definimos acima, vemo-nos de fato remetidos essencialmente aos textos do Novo Testamento. Isto significa que dependemos radicalmente de *testemunhas* engajadas naquilo que elas relatam. Quem diz "testemunho" diz, com efeito, algo diferente de "demonstração" capaz de conquistar a adesão através de argumentação. Em outras palavras, estamos aqui diante de um tipo de proposição no qual aquele que fala se apresenta a si próprio como fiador da veracidade do que ele afirma. Falando abertamente: os leitores são convidados, portanto, a dar *crédito* a estas palavras ou a estes escritos e podem evidentemente aceitá-lo ou recusá-lo. Nosso propósito não é influenciá-los num sentido ou no outro, mas fornecer-lhes os meios de esquadrinhar estes textos e de compreendê-los em seu contexto sócio-histórico, como também em sua intertextualidade. Pois existem, na verdade, diversos textos que diferem ou mesmo são às vezes dificilmente conciliáveis, e que remetem incessantemente a outros textos, principalmente os da Bíblia hebraica. Apresentamos, portanto, neste livro elementos hermenêuticos, solicitados aliás a autores muito diversos, a fim de fornecer a cada leitora ou leitor os meios de formar sua própria opinião de acordo com uma *decisão* de interpretação que só cabe a ele ou ela.

Evidentemente, temos plena consciência de que muitos dos nossos contemporâneos estão afastados da fé cristã, ou mesmo estranhos a qualquer fé religiosa. A eles esta enciclopédia poderá trazer uma soma de elementos precisos confiáveis sobre este fato religioso incontornável que é "Jesus" – e sabemos que a formação e a informação sobre os fatos religiosos são hoje reconhecidas como sumamente necessárias, nem que seja apenas por razões de cultura.

Podemos, no entanto, ir além. É claro que aquilo que chamamos de fé (*fides*) se apresenta como um engajamento que implica um "confiar" ao qual nem todos estão dispostos. Mas observemos que, seja qual for sua posição religiosa, toda pessoa lúcida e responsável na conduta de sua vida pode verificar que ela não pode abster-se totalmente de "confiar" num momento ou noutro, de uma forma ou de outra. Com efeito, como não ver, por exemplo, que é totalmente impossível empreender e perseverar em qualquer campo que seja, ou então decidir uma colaboração, um compromisso ou uma fidelidade, sem nunca precisar "confiar"? Na realidade, o verdadeiro problema não é que alguém *deva* confiar nem que ele *precise* recusar-se a fazê-lo. O verdadeiro problema, quando a questão se nos apresenta, consiste em saber se nos é possível *optar* por confiar estando em condições de explicitar em que e por que, como e até onde.

Outra questão levantada possivelmente pela leitura da presente obra: a que é colocada pelo famoso "princípio-esperança" de Ernst Bloch. É verdade que, nos escritos a que nos referimos, os discípulos de Jesus testemunharam sua fé nele porque o entenderam como alguém que acolhia favoravelmente *esperanças que os habitavam previamente*. Pode-se até dizer que suas expectativas anteriores representaram para eles um verdadeiro "referencial" de decisão. Será preciso ver nisso uma nova dificuldade ou mesmo uma objeção? Podemos pelo menos responder aqui com esta outra pergunta: é simplesmente possível viver sem ser habitado por uma esperança que poderia dar sentido (significado e orientação) à sua vida, iluminá-la, sustentá-la, dinamizá-la? É imaginável e desejável desdenhar esta "coisa qualquer", este "não-sei-o-quê" que temos consciência de não poder dar a nós mesmos (e seria, portanto, para nós totalmente *gratuito* – ou seja, oferecido e eventualmente dado), mas que, justamente enquanto gratuito e em sua própria alteridade, poderia corresponder à nossa expectativa e atender ao nosso desejo? Cabe a cada um, evidentemente, examinar-se e decidir no que lhe toca. Em todo caso, aquilo que o testemunho evangélico propõe está, muito claramente, de acordo com a expressão de Paulo lembrando a de Isaías, "o que o olho do homem não viu, o que seu ouvido não ouviu, nem jamais penetrou no seu coração", mas que ele, no entanto, aguardava no cerne de sua existência... e que, justamente, "Deus preparou" para os que (sabendo ou não?) se abrem de fato a Ele. Interrogar-se a si próprio diante deste gênero de proposição, ver se ela pode corresponder à *sua própria esperança* e, para terminar, decidir de acordo com o que se avaliar "justo e bom": é este o caminho aqui proposto. Para nós, ele exclui por si todo proselitismo.

Mas não se pode esconder que, no horizonte do questionamento assim despertado pela mensagem evangélica, se perfila diretamente a questão do "divino", de uma Realidade transcendente à qual remete o vocábulo "Deus" e que poderia ser reconhecida como o fiador, o responsável e, finalmente, o acolhimento favorável da esperança humana. Será necessário considerar que, em nossa época de secularização, de emancipação e de desencanto, ter-se-ia tornado claramente impossível imaginar sua existência? Deixando a cada um seu livre-arbítrio, nos permitiremos formular aqui duas proposições tão claras quanto simples: Deus, se existe, só pode ser um grande Mistério; e o caminho mais autêntico para chegar a Ele é, para cada ser humano, o mistério que ele é para si mesmo. Ora, precisamente os textos que constituem nossa referência nos apresentam um Deus cuja alteridade e transcendência se mostram totalmente paradoxais. Por um lado, ele é suficientemente *poderoso* (portanto, *outro*) para dar sentido à vida do homem, revelando-se capaz de arrancá-lo da morte (e do nada) que o ameaça evidentemente; no entanto, ao mesmo tempo, ele se revela suficientemente *próximo* (suficientemente "conosco e para nós" e, portanto, *nosso*) para, satisfazendo então nossa esperança, nos tornar participantes de sua plenitude de vida. Com efeito, "de acordo com as Escrituras", neste homem que é Jesus, o próprio Deus teria vindo ao encontro de nossa condição de fraqueza e de mortalidade, tê-la-ia compartilhado e assumido; mas com isto ele a teria revestido com sua onipotência de vida, tornando-a assim capaz de superar a morte. Tratar-se-ia então de um Deus de transcendência (isto não seria senão um ídolo), mas que se manifestaria até em nossa imanência, inclusive em sua mortalidade.

Na medida em que os leitores não crentes nos seguiram até aqui, é preciso afinal acrescentar à sua intenção um último considerando. A afirmação da ressurreição de Jesus está, ao mesmo tempo, no fundamento do testemunho dos discípulos a seu respeito e no cerne da fé dos cristãos. Não nos passa despercebido, evidentemente, que a muitos dos nossos contemporâneos uma tal afirmação parece, nem mais nem menos, beirar o impensável. Contentar-nos-emos aqui em convidar a levar em consideração pelo menos o elemento decisivo seguinte. Os testemunhos relatados pelos textos neotestamentários só afirmam uma ressurreição de *Jesus* em virtude de sua fé num *Deus* que, através dele, por meio dele e finalmente nele, se apresenta precisamente como um Transcendente-imanente. Mais precisamente: como um Deus que se comprometeu com a vida e com todo o destino de Jesus (aqui está a imanência) ao ponto de fazê-lo ressurgir da morte (e aqui está a transcendência).

É assim que Paulo de Tarso via as coisas, já que não receou "definir" Deus como Aquele "que faz viver os mortos e chama à existência o que não existe" (Romanos 4,17), sendo que os dois verbos da tradução aqui apresentada correspondem, no original grego, a particípios presentes com artigo: Deus o "dando a vida aos mortos" e o "chamando à existência o nada". Isto não nos dá a entender claramente que, por um lado, o poder de ressuscitar da morte é da mesma ordem que o de criar a partir do nada e que, por outro lado, sendo propriamente divinas, estas duas prerrogativas "definem" para nós a própria Realidade à qual nos remete o misterioso vocábulo "Deus"?

De modo que os textos aos quais nos referimos não nos convidam simplesmente a admitir que *um homem* teria retornado da morte, mas a reconhecer que "aquilo que os homens chamam Deus" (Tomás de Aquino) – sem saber muito bem, reconheçamo-lo, do que eles falam – veio ao encontro e, ao mesmo tempo, ao conhecimento dos homens, revelando-se presente, falando e agindo na existência e no destino global deste homem plenamente humano – inclusive morto – que chamamos "Jesus de Nazaré".

Um instrumento precioso para os cristãos

Preocupados, como acabamos de mostrar, em falar aos que estão longe da fé, não deixamos de nos dirigir também aos cristãos. Mas, precisamente, como poderão utilizar a presente obra aquelas e aqueles que professam a fé cristã? Não estão eles, enquanto crentes, já convencidos? Se o trabalho de algumas dezenas de historiadores, exegetas e autores de diversas disciplinas aqui mobilizados pode ser-lhes de alguma utilidade, é pelo menos a título de uma interrogação mais precisa quanto ao sentido de sua convicção. Por um lado, ser-lhes-á mostrado, capítulo após capítulo, que também eles não podem se dispensar de empenhar-se numa *interpretação* dos textos – estes mesmos textos que muitas vezes lhes parecem familiares, mas que eles irão descobrir, mais de uma vez, como novos, surpreendentes, estranhos e até enigmáticos. Por outro lado, e sobretudo, serão convidados a constatar que, em seu exercício de interpretação, eles não podem deixar de levar em consideração duas disciplinas incontornáveis e, no caso, estreitamente ligadas.

A primeira é a ciência especializada no conhecimento do passado que é a *história*. Na verdade, não se trata de uma ciência "dura" (como pode ser, por exemplo, a física), cujos resultados poderiam ser assegurados de maneira totalmente "objetiva" por pesquisadores totalmente neutros. Com efeito, hoje é vedado imaginar que os historiadores possam saber sem interpretar. Ora, é evidentemente fora de propósito pretender que os historiadores estariam, como tais, em condição de serem fiadores do anúncio de um acontecimento – a ressurreição – que, se pôde concernir àquele que "morreu sob Pôncio Pilatos", ter-lhe-ia dado acesso à condição de um *para-além* da história. Acontece que, para chegar a um justo conhecimento da fé, os cristãos de hoje não podem negligenciar as contribuições desta disciplina rigorosa que é a história com os procedimentos, também rigorosos, que a caracterizam. Pois, de qualquer maneira, é com um dado *histórico* que eles reconhecem estar se ocupando quando se trata de Jesus!

A outra disciplina é a *exegese*. Esta é muitíssimas vezes considerada uma técnica de dissecação dos textos, que lhes tiraria toda força e todo sabor. O que acontece é justamente o contrário. A exegese permite, com a ajuda dos critérios evocados acima, elaborar um modo de tratamento e uma grade de interpretação dos textos que podemos considerar confiáveis. Mas ela não se detém aí: através dos trabalhos agora numerosos que tratam das intenções de cada redator, sobre seu ambiente e sobre os destinatários de seus escritos, ela nos fornece os meios de ir além dos textos. Na verdade, os relatos evangélicos convocam a confiar naqueles cujo testemunho eles relatam; mas, ao mesmo tempo, basta lê-los com um pouco de atenção e rigor, e eles nos fornecem realmente elementos que podem permitir *a nós próprios* encontrar pelo menos alguma coisa daquilo que pode ter dado fundamento *a eles*, acreditar naquilo em que eles acreditaram e atestá-lo. A ciência exegética e a reflexão teológica sobre os resultados desta última parecem estar hoje em condições de dar uma ideia bastante precisa sobre "aquilo que aconteceu" aos discípulos de Jesus antes e depois de sua morte e que os levou a dar testemunho a respeito dele como o fizeram.

Desde então a adesão à fé exigida por estes relatos poderá não ser mais o resultado de uma recepção passiva na qual a vontade pessoal e o exercício da inteligência seriam supérfluos. A adesão poderá ser um ato de decisão que se apoia finalmente em três pilares. Em primeiro lugar, como já foi dito acima, a experiência própria de cada um relacionada a uma esperança que o impele para a frente de si mesmo e o move para algo superior a si mesmo; em segundo lugar, o testemunho de um grande número de crentes "de todo povo, língua e nação" ao longo de vinte séculos até hoje; em terceiro lugar, os resultados da análise criticamente fundamentada, cujos meios exegéticos doravante possuímos. É preciso ainda que estes meios sejam postos à sua disposição – o que é precisamente o objetivo deste livro.

A partir disto, quem quiser terá a oportunidade de poder, à sua maneira, compartilhar pessoalmente a descoberta surpreendente que, de acordo com o evangelho de João, foi a dos habitantes de Samaria. Tendo eles próprios encontrado Jesus que entrou em sua cidade, eles se consideraram capazes de declarar àquela que se entretivera com ele anteriormente junto ao poço de Jacó: "Não é somente por causa dos teus dizeres que nós cremos [em Jesus]; nós mesmos o ouvimos [...]".

A ENCICLOPÉDIA

Modo de usar

Estrutura da obra

A enciclopédia está dividida em três “Livros”.

Cada livro está dividido em “Partes” temáticas.

A numeração dos capítulos é contínua, de 1 a 27.

Cada capítulo é constituído por:

- uma introdução narrativa de duas páginas, redigida por Christine Pedotti;
- um ou mais artigos de fundo;
- um ou mais “Esclarecimentos”;
- um ou mais “Contrapontos”;
- uma “Carta branca”.

Para ajudar o leitor

- Quadros apresentam ora citações de textos evangélicos (ou outros), ora a explicação de alguma noção. Neste último caso, note-se que não foram redigidos pelos autores, mas pelo comitê editorial e, portanto, não comprometem senão a este.
- Remissões frequentes permitem ao leitor circular de acordo com seu interesse. Nos artigos, elas estão situadas à margem (►); Nos “Esclarecimentos” e “Contrapontos”, estão situadas no final do artigo e indicadas por um ou mais asteriscos (*).
- As palavras assinaladas como um ♦ estão definidas no glossário, p. 755.
- O aparelho de notas, sempre no fim do texto, é propositalmente limitado e consiste essencialmente em referências bíblicas. Encontra-se uma tabela das siglas dos livros bíblicos à p. 771.
- Encontra-se uma cronologia à p. 753.
- A cada capítulo é dedicada uma bibliografia, p. 773.
- Um Índice, p. 809, pode ser consultado pelo leitor para examinar as ocorrências de um nome ou de uma questão particular.

Especificações

- As citações bíblicas são dadas de acordo com a Tradução Ecumênica da Bíblia (TEB), salvo quando o autor der a sua própria.
- O editor fez escolhas de transcrição do hebraico e do grego, que ele quis unificar. Igualmente fixou normas relativas às iniciais de certas palavras: o Evangelho / os quatro evangelhos; Judeus (nação) / judeus (religião); uma bem-aventurança / as Bem-aventuranças; as primeiras igrejas (comunidades) / a Igreja (instituição)... normas que nem sempre são fáceis de aplicar em certos casos.

LIVRO I – INÍCIOS

Parte I – Um estranho rumor

Parte II – Nascimento, infância e “vida oculta”

Parte III – A entrada de Jesus em cena

Parte I – Um estranho rumor

Capítulo 1 O conteúdo e os atores do rumor

Capítulo 2 O contexto do rumor

Capítulo 3 Os vetores do rumor

Capítulo 1

O CONTEÚDO E OS ATORES DO RUMOR

Poderíamos contar as coisas assim...

A notícia corria como o vento nas ruas de Jerusalém, rodava de ruela em ruela como a gluma do trigo no tempo da colheita, insinuava-se sob as portas e levantava cortinados e tapeçarias. Descia pelas ruas, invadia as praças. Espalhava-se como as pétalas das flores de amendoeiras levadas pela brisa da primavera. Na esplanada do Templo já cheia, neste dia de festa, de inúmeros crentes vindos de toda parte, ela rodopiava como um tornado e todos se inquietavam; do que se tratava, de quem se falava? De boca em boca as palavras se repetiam: este condenado, este Jesus que fora pendurado no lenho da cruz, estava vivo, sim, vivo! Retornado do *sheol*, levantado do túmulo, despertado da morte, numa palavra: ressuscitado! E era obra do Eterno, do Altíssimo, porque só ele tem poder sobre a vida e a morte. Estas palavras, seus amigos, pescadores e artesãos da Galileia que o haviam acompanhado até Jerusalém, as repetiam a quem quisesse ouvir. E nada conseguia fazê-los calar.

No entanto, apenas algumas semanas antes, após a execução, eles se haviam escondido, com medo de sofrer a mesma sorte de seu mestre. Mas, eis que de repente, como que tomados por uma febre inexplicável, eles percorriam as ruas da cidade e as palavras escapavam de sua boca sem que pudessem retê-las. Alguns os acusaram de ter abusado de uma bebida fermentada para ficar assim fora de si. Mas as zombarias de nada adiantaram. Eles simplesmente riram. Se estavam embriagados, não era de vinho, mas de alegria, uma alegria tão irreprimível, tão contagiosa que eles não conseguiam se calar. E, com efeito, era impossível impor-lhes silêncio. Não ficavam de boca fechada. E sua palavra doravante inflava como uma torrente e inundava Jerusalém. Ela saltitava como uma jovem gazela de aldeia em aldeia em toda a Judeia. Onde será que iria parar! Ela corria como os riachos correm para os rios, como os rios correm para o mar e como o mar chega até os confins do mundo.

As autoridades religiosas judaicas levaram a coisa muito a sério. De que adiantou mandar prender um homem que se julgava um profeta, provocava arruaças e ameaçava o exercício pacífico do culto no Templo e as boas relações com os romanos, se era para encontrar um bando de loucos iluminados que contavam qualquer coisa nas ruas de Jerusalém? Era preciso parar com isso imediatamente, tanto mais que, conforme se dizia, o número dos que davam crédito a estas fábulas não parava de crescer. Dizia-se que já eram milhares os que haviam recebido o batismo.

Um novo rumor chegou aos ouvidos dos notáveis que tinham assento no Conselho dos judeus, o Sinédrio. Dois dos discípulos deste Jesus haviam curado um homem paralítico junto à porta do Templo chamada Porta Formosa. Em todos os cantos de Jerusalém, repetia-se que eles o haviam mandado lavar-se em nome deste famoso Jesus e que este homem, que nunca havia caminhado, se pusera a saltar e dançar com as duas pernas. Aquele que parecia ser o chefe destes homens, um certo Simão, que seus companheiros chamavam de Pedro, nome que lhe fora dado por seu mestre, não hesitava em pretender que este Jesus era o Messias, o enviado prometido por Deus.

Decidiu-se, portanto, enviar a polícia do Templo para prender este Pedro e o homem que o acompanhava, alguém chamado João. Tanto mais que, com o anúncio do prodígio junto à Porta Formosa, um número sempre maior de pessoas prestava atenção às suas divagações. Os dois homens foram lançados na prisão e, no dia seguinte, o Conselho se reuniu para ouvi-los. Qual não foi seu espanto ao ouvi-los expressar-se com segurança, citando a Lei e os profetas – eles, pessoas da Galileia, sem instrução! Donde lhes vinha essa ciência e essa segurança? Foram, portanto, intimados a calar-se sob pena de serem presos novamente. Seria isto suficiente? Muitos duvidavam.

Parecia ter acontecido algo que aparentemente ninguém conseguia deter.

Christine Pedotti

Tudo partiu de um rumor...

Joseph Doré
Instituto Católico de Paris

Os textos do Novo Testamento não fazem segredo da perplexidade, da confusão e até do desânimo dos discípulos de Jesus após sua morte. Quer prisioneiros do medo, quer mergulhados no pânico, não mostram muita capacidade de fantasiar ou inventar a respeito de seu mestre, cuja eliminação eles não deixam de registrar... Parece tanto mais surpreendente que estes mesmos textos constatem, no entanto, em torno destas pessoas abatidas, uma espécie de "frêmito factual", ao mesmo tempo inesperado e recorrente: bem cedo circulou aquilo que se deve chamar de "rumor", de acordo com o qual Jesus estaria novamente vivo. Repentinamente, de improviso, teria acontecido com eles algo literalmente sur-preendente. *Em certos momentos*: "no primeiro dia da semana" ou então "no primeiro dia após o sábado"♦, de manhã bem cedo ou de tarde, ora por uma duração muito breve ora durante diversos dias ou até por uma semana, sendo que o livro dos Atos dos Apóstolos fala por sua vez em "quarenta dias"[1]. *Em diversos lugares*: pelo caminho, nas margens do lago, na casa, junto ao túmulo, sobre a montanha, na Galileia. *Para indivíduos diversos*: mulheres em primeiro lugar, diversas mulheres das quais algumas falam e outras (ou as mesmas em outro contexto) se calam, certo número de discípulos, por fim Paulo, que se aventura certa vez a falar de "quinhentos irmãos" e especifica de resto que "alguns já morreram" no momento em que ele escreve, por volta do ano 55[2]. Como se vê, dados bastante diversos, mais ou menos conciliáveis até, mas insistentes, recorrentes e que, em todo caso, chegam a uma tomada de posição, ela própria reiterada e cada vez mais segura – eis o "rumor"! Este difunde com insistência um boato que, com efeito, tem tudo para surpreender: "Ele não está aqui; ele está em outro lugar; ele apareceu a fulano; ide dizer..."

Cf. o capítulo *As aparições aos discípulos*, p. 699. ▸

Quando uma experiência inaudita chega a expressar-se na linguagem

"Ele apareceu": esta é a palavra que, entre diversas outras, se impôs de fato na linguagem cristã corrente, para designar o que teria acontecido de tão surpreendente algum tempo após a morte de Jesus. Este acontecimento teria levado seus discípulos mais próximos a informar que ele havia retornado da morte, que ele havia atravessado a morte. Contrariamente àquilo que parecem pensar todos os que, seja para encontrar ali uma garantia, seja para denunciar a ilusão, invocam aqui Lourdes ou Fátima, a palavra "aparição" é falsamente clara. Portanto, impõe-se, antes de mais nada, a necessidade de examinar mais de perto a que ela pode de fato remeter no caso que aqui nos interessa.

O que é difícil de delimitar, no caso, não é apenas da ordem das condições ou circunstâncias de lugares, de tempos e de pessoas – já que tudo isto nos é especificado. Muito mais fundamentalmente, as pessoas se empenham em fazer uma ideia "daquilo que pode ter realmente acontecido". Digamos que somos remetidos a experiências visuais, auditivas e mesmo tácteis. Mas todos os textos que o mencionam não deixam também de ser construídos sobre curiosos pares de verbos, como os seguintes: ver / não ver; ouvir / não ouvir; tocar / não tocar; e até: ser convidado a tocar / e no entanto – pelo menos ao que parece – não fazê-lo; ver-se proibido de tocar o corpo daquele que "aparece" / e, não obstante, acabar abraçando-lhe os pés[3]. Talvez ainda mais surpreendente: reconhecer / não reconhecer; e, evidentemente, coroando tudo, aparecer / desaparecer.

A palavra "aparição" é falsamente clara; as pessoas se empenham em fazer uma ideia "daquilo que pode ter realmente acontecido".

Tudo acontece, portanto, como se os testemunhos escritos aos quais podemos aqui nos referir quisessem levar-nos a compreender que os indivíduos em questão viram-se cada vez confrontados com algo que eles experimentavam como fundamentalmente não visível, não perceptível, não corporal, não espacial e não temporal... que, no entanto, se dava realmente a experimentar e a encontrar na ordem do visível, do corporal, do espacial e do temporal. Tudo aqui é concebido e expresso para fornecer ao leitor os meios de "compreender" que não se tratava de fantasmas, nem de ilusão, nem apenas de expectativas atendidas, nem tampouco de uma decepção superada; mas que se tratava realmente de uma realidade e até de uma ordem de realidade que de alguma forma "se apresentava" sem, no entanto, se impor absolutamente. Como se, na "carne" ou em "nosso mundo" seguramente, as pessoas se tivessem confrontado realmente com um "acontecimento do Espírito".

Ora, em seu esforço para decodificar aquilo que os diversos elementos do relato poderiam informar sobre este "factual" tão surpreendente, os exegetas acabaram empregando um termo totalmente singular, ao qual até então tinham prestado muito pouca atenção. Trata-se da muito curiosa forma verbal *ôphthê*[4]. Sem dúvida, esta forma pertence à conjugação antiga do verbo *oraô*, "ver", mas é difícil decidir se devemos ver ali um passivo ("ele foi visto [por nós]"), ou antes uma voz média ("ele se fez ver [a/por nós]"). Em todo caso, não é estranho que ninguém tenha resolvido dizer e escrever simplesmente: "Nós o vimos"? A única explicação de optar por semelhante expressão verbal é que se procurou a maneira de traduzir da melhor forma possível na linguagem o caráter totalmente *sui generis* e propriamente desconcertante da operação que se queria designar. Se se tratava realmente de um ver (não é o caso de duvidar do sentido do verbo utilizado), e de um ver muito bem exercitado por estas testemunhas de que os textos nos falam, também não deixava de apresentar como um ver muito paradoxal. Com efeito, já os "videntes" em questão, ao que parece, não tiveram nenhuma inciativa a respeito. Mas, além disso, parece que o que lhes acontecia manifestamente *a partir do exterior* só os atingiu através de uma moção *interior*... também esta vinda paradoxalmente "de fora"!

Do rumor ao relato, passando pelo anúncio

Com base nesta constatação, podemos retornar à questão de saber "o que pode realmente ter acontecido" aos discípulos de Jesus no tempo que se seguiu à morte do seu mestre para que, tendo-o primeiramente reconhecido como retornado à vida, pudessem em seguida compreendê-lo, designá-lo e, por fim, anunciá-lo da maneira como o fizeram. Aqui devemos admitir que não se chegou imediatamente àquilo que se poderia considerar um acontecimento capaz de ser homologado como uma "ressurreição" de Jesus, entendida como sua saída definitiva da morte, como sua patente vitória sobre ela. Aquilo a que remontamos é um acontecimento que se apresenta como uma experiência *dos discípulos*. Experiência que só nos é acessível, como vimos, através da linguagem – ainda que, justamente pela e na linguagem, ela possa realmente ser reconhecida como portadora de sentido e de verdade, porque remete a um factual totalmente surpreendente para os que o viveram e, portanto, dificilmente inventável por eles.

O ato de palavra das testemunhas não é imediatamente da ordem do anúncio, mas primeiramente da ordem do reconhecimento.

Destaquemo-lo em todo caso: não se pode dizer nem que as pessoas se veem confrontadas com um acontecimento cuja solidez teria imposto a evidência, nem que aqueles que o viveram diretamente só precisaram "registrá-lo" por assim dizer mecanicamente... nem, no entanto, que montaram do nada uma fabulação para tentar superar sua debandada.

É preciso reconhecer que, literalmente, eles não sabiam o que lhes acontecia – seria melhor dizer: o que acabava de lhes acontecer –, contanto que o acolhessem, tomassem consciência dele e, portanto, o expressassem na linguagem. Assim não há motivo para surpreender-se que o ato de palavra que encontramos no início não seja imediatamente da ordem do *anúncio*; ele só podia, de início, ser da ordem do *reconhecimento*. Antes do anúncio propriamente dito, devia ocorrer também a operação prévia do enunciado, com tudo o que ela implica: acolhimento, apropriação e elaboração na ordem da tomada de consciência e, em seguida, da designação e nomeação. É este o motivo pelo qual as pessoas se encontram, de início, apenas diante "de um rumor". No entanto, aquilo que, sob a forma de rumor, se encontra desde então expresso e enunciado, aquilo que começa assim a ser expresso na linguagem, é imediatamente expresso *para outros* e entra, portanto, num campo de comunicação. O simples fato de *dizer* implica que existe um outro que escuta. Assim, a partir daquilo que de início não era mais do que um rumor, mas em fidelidade a ele, pôde manifestar-se toda uma comunicação que desenvolveu pouco a pouco seus próprios meios de difusão. Desta maneira pôde constituir-se, e propagar-se bem cedo, uma mensagem portadora de conteúdo, anunciadora de uma "Notícia/Novidade".

Com o tempo surgiram diferentes modos de expressão. Houve, primeiramente, simples *anúncios*, em outras palavras, o que chamamos de "querigma"♦ (literalmente: "som de trombeta" em grego): "ele está vivo", "ele venceu a morte", "ele ressuscitou"[5]. Seguiram-se *relatos* que descreviam as famosas aparições e se referiam a certos personagens precisos que delas se beneficiaram através de peripécias diversas. Acrescentaram-se, por fim, *relatos mais elaborados* ainda, que poderíamos chamar de explicativos, que traduziam aqui ou ali a vontade de acentuar a característica – e dos quais, até mesmo, não está ausente uma intenção apologética♦. Figuram aqui, por exemplo, os episódios nos quais vemos Jesus realizar diversas *performances* na ordem do comer e do beber, manifestar-se com insistência e até exibir-se[6]. E podemos ainda acrescentar, oriundos de uma tradição que parece independente, relatos "do túmulo vazio"[7].

A constituição do "fato cristão"

Não se pode, contudo, limitar a reflexão à linguagem, ao processo da palavra, à comunicação oral – e logo, aliás, cada vez mais escrita, como acabamos de evocar. Tendo-se alguns discípulos, e ao que parece Pedro em primeiro lugar, dedicado a falar sem medo diante do povo e até diante das autoridades, chega efetivamente a desenvolver-se uma escuta no ambiente. Em outras palavras, o rumor atrai a atenção, suscita o interesse. E não só da parte de indivíduos, mas logo de grupos mais ou menos grandes. A partir de Jerusalém, a difusão do rumor ocorre rapidamente em direção à Samaria e à Galileia[8]. E se, em sua própria narrativa, o evangelista Mateus não tardará a mencionar, também ele, a Galileia (especificando, aliás, "a Galileia das nações"), sem demora ele dirigirá o olhar para "todas as nações"... entendendo-se que, pelo apostolado de Paulo (mas não só dele), o mesmo impulso original se terá difundido para além da terra dos Judeus, terá passado para a Grécia, para acabar chegando até à própria Roma, o centro da *oikoumenê*♦ de então (o mundo comum), em alguns decênios apenas[9].

Num lapso de tempo espantosamente breve, o rumor-anúncio se difunde por todo o mundo romano.

De modo que, num lapso de tempo espantosamente breve – não muito mais de meio século – e, na verdade, aparelhando-se um pouco, é o mesmo rumor original que se terá difundido por quase todo o circuito do Mediterrâneo e até as margens do mar Negro, em outras palavras, por todo o mundo romano. Recebido e acolhido, este rumor-anúncio produz efeitos sócio-históricos identificáveis. As pessoas que se convertem e se reúnem acabam congregando-se, o que o livro dos Atos dos Apóstolos expressa declarando que "a Palavra crescia e se multiplicava": o efeito desta palavra foi justamente congregar num "corpo" aqueles que se viram primeiramente reunidos por ela numa mesma escuta e depois numa mesma adesão. Temos aqui toda a primeira origem do fato histórico-social cristão, que logo será designado pela palavra *ekklêsia*, "Igreja", que resulta precisamente do verbo *kaleô*, "chamar"[10]. Pela adesão dos que "chegaram à fé" e se puseram a crer, o anúncio e sua divulgação cada vez mais explícita logo "tomaram forma", começaram a trilhar seu caminho na história, adquiriram realmente consistência e efetividade de história.

Cf. *Jesus fundou a Igreja?*, p. 738. ►

Um certo Jesus executado, mas declarado vivo

Não podemos, no entanto, dispensar-nos de examinar o que resulta do fato de este rumor-anúncio referir-se precisamente a *Jesus*. É notável que, nesta etapa original, as pessoas não se detêm em muitos detalhes biográficos. Concentram-se no essencial do que acaba de acontecer e que atingiu todo o círculo próximo "deste nazoreu" (Atos dos Apóstolos 6,14; cf. Mateus 2,23), a saber, a morte deste profeta que haviam seguido e do qual tanto esperavam. Mais ainda: estes mesmos que divulgam o rumor de seu retorno à vida fazem questão de sublinhar que este re-surgimento segue-se a uma execução (mais precisamente: a uma execução numa cruz) e não deixam de acusar pelo menos uma parte dos ouvintes aos quais se dirigem. Este Jesus que é evocado não é outro senão aquele "que vós crucificastes"! E, cabe notar cuidadosamente, quando em breve se chegar a insistir sobre o fato de que ele foi realmente posto no túmulo,

Cf. *Jesus de Nazaré ou o Nazoreu?*, p. 223. ►

não se argumentará de modo algum a partir de um vazio deste último (que, no entanto, no caso se faz questão de mencionar). Para dizer a verdade, passa-se diretamente daquilo que não é senão uma lembrança de um dado admitido e facilmente verificável por todos – condenado à morte, colocado na cruz, depositado no túmulo – a este rumor que quer ecoar a experiência totalmente inesperada que seus discípulos acabam de fazer e que é traduzida nestes termos: o crucificado está novamente vivo. É perfeitamente claro que logo a formulação será a seguinte: "*Deus* ressuscitou dos mortos aquele que *vós* crucificastes"[11].

Ora, é impossível não ficar impressionado pela surpreendente rapidez com que o rumo inicial foi assim especificado e, ao mesmo tempo, encontrou suficiente credibilidade para deslanchar sem demora a adesão de um número crescente de seus ouvintes. Como não deduzir pelo menos o seguinte: por mais espantoso que possa ter sido, este rumor-anúncio devia corresponder, de um modo ou de outro, a expectativas que o precediam e que ele parecia justamente vir atender. Pode-se ver a melhor prova disto na maneira como se expressaram aqueles que foram os primeiros a divulgá-lo. Tendo experimentado um "deixar-se ver" de Jesus, eles chegaram à convicção de que seu mestre havia atravessado a morte. Mais precisamente: tendo *feito a experiência* de um "aparecer" em que não tinham nenhuma iniciativa, eles *postularam o ato de crer* que Jesus desde então já saíra da morte. Portanto, que ele a havia vencido, já que, de uma maneira no entanto totalmente inesperada, ele acabava de se "re-apresentar" a eles. Mas, se eles puderam postular esse ato de reconhecimento, é porque aquilo que eles agora viviam parecia atender a esperança que era a deles e também de todo um segmento do povo ao qual pertenciam, a saber, precisamente a esperança de uma ressurreição dentre os mortos. Em outras palavras: aquilo que até agora eles apenas haviam esperado, acreditaram poder reconhecê-lo doravante acontecido em Jesus – e assumiram a tarefa de testemunhá-lo imediatamente.

Difundindo o rumor de uma ressurreição de Jesus, seus discípulos se distanciavam das ideias comumente aceitas em seu meio ambiente sobre a ressurreição.

No entanto, é preciso destacar cuidadosamente que a acolhida não era inteiramente conforme à expectativa. Eram muitos os que, em Israel, esperavam uma ressurreição que, por um lado, valeria para *o mundo inteiro* e, por outro, marcaria com isso *o fim da História*. Ora, os discípulos de Jesus, que pertenciam de fato a este povo, difundiam a notícia de que o acesso ao mundo divino da ressurreição já se realizara para seu mestre, mas que, neste momento em todo caso, não atingia senão a *ele somente*. Por conseguinte, no próprio momento em que parecia vir atender a esperança que o precedia, o rumor que

◂ Cf. *Os Judeus acreditavam na ressurreição?*, p. 45.

anunciava uma ressurreição de Jesus a deslocava e se distanciava dela pelo simples fato de ela se concentrar no próprio Jesus. Difundindo o rumor de uma ressurreição *de Jesus*, seus discípulos não se contentavam em aplicar esquemas comumente aceitos em seu ambiente. Não se pode, portanto, decretar imediatamente que as chamadas "aparições de Jesus" teriam tido, na verdade, sua fonte e ao mesmo tempo seu lugar unicamente na subjetividade daqueles que pretenderam relatá-las. Impõe-se, por conseguinte, com tanto maior insistência, a interrogação a respeito daquilo que pode muito bem ter-lhes "acontecido": eles não o esperavam de modo algum; portanto, não estavam *a priori* em condições de inventá-lo.

Finalmente o que interessa: a atitude, o comportamento e a identidade de Jesus

Podemos agora concluir. É um fato que os discípulos de Jesus divulgaram sem demora o rumor segundo o qual aquele que pouco antes havia morrido na cruz aos olhos de todos havia atravessado a morte; e é também um fato que este rumor logo "pegou", já que, ao longo de tempos e lugares, um número crescente de seus ouvintes, como se diz, "deu crédito". Aqueles mesmos que divulgaram este rumor tiveram nítida consciência de só fazê-lo num processo que, já e também entre eles, era da ordem de uma *fé*. Não se contentavam em relatar um acontecimento que para eles teria sido "totalmente objetivo" e diante do qual nós poderíamos, portanto, considerá-los totalmente "neutros". Eles constatavam a compreensão crente que eles acreditavam dever ter desta "manifestação" que, para sua total surpresa, os havia realmente remetido a um Jesus ressurgido da morte porque reapareceu para além dela. E, a partir deste momento, convidavam todos a segui-los em seu processo de adesão crente.

É preciso, no entanto, chamar a atenção aqui para um último elemento decisivo. Não foi apenas nos dias que se seguiram à sua morte que o acesso ao reconhecimento (da identidade) de Jesus supôs e até mesmo exigiu de seus discípulos uma tomada de posição, uma *decisão* diante de uma solicitação vinda "de fora" e que lhes era dirigida. Com efeito, olhando mais de perto, percebe-se que já ao longo de sua vida pública, assim que as pessoas próximas ou as personalidades e autoridades com quem ele cruza chegam a interrogar-se e até a interrogá-lo a seu próprio respeito, sua reação parece sempre a mesma: ele nunca se presta a uma declaração formal de sua identidade. Ele adverte que levará tempo até se chegar à clareza a seu respeito e anuncia que, antes disso, ele será alvo de graves incompreensões e até de uma verdadeira rejeição. Declara, sobretudo, ser necessário que seus interlocutores aceitem vincular a pergunta a respeito dele com outra pergunta: a de saber o que a posição que eles poderiam decidir-se a adotar a respeito da identidade *dele* poderia trazer como orientação – digamos até mais precisamente: como sentido – para a vida *deles próprios*.

De tudo quanto foi dito acima, pode-se em minha opinião deduzir três lições relativas à fé cristã. Primeiro ponto: o rumor surgido nos dias que se seguiram à execução de Jesus nunca pretendeu impor a respeito do profeta galileu uma "verdade" que repercutisse uma evidência "objetiva" aparecida a testemunhas que poderiam tê-la constatado de maneira perfeitamente "neutra" e totalmente descomprometida. *Desde o início*, o rumor não se apresentou como dependente da pura e simples constatação de uma atualidade empírica, mas como um reconhecimento crente, como uma fé – o que nem por isso o fazia aparecer menos real aos olhos de seus divulgadores. Segundo ponto: não há, portanto, motivo para admirar-se que aqueles que o dito rumor pode ter atingido *ainda hoje* só possam decidir-se a seu respeito envolvendo-se por sua vez em sua própria tomada de posição. Também neles, o rumor comprometerá o sentido global que eles resolverem dar à sua vida. Se os primeiros discípulos de Jesus não puderam reconhecê-lo ressuscitado (e, já anteriormente, segui-lo) senão com base numa esperança que os habitava *previamente*, seu testemunho só poderá encontrar eco ao longo dos séculos entre seres humanos movidos, de uma maneira ou de outra, por uma atitude existencial da mesma ordem. Terceiro ponto: importa, acima de tudo, compreender que a coisa não era diferente já na época do próprio Jesus *desde antes de sua morte*, para aqueles que o encontravam, o viam, o ouviam... e chegavam a interrogar-se sobre o que podia autorizá-lo a pretender dizer, fazer e apresentar-se como ele o fazia.

Finalmente, embora os textos do Novo Testamento sejam os únicos que nos falam de Jesus com alguma amplitude e continuam sendo para todos o caminho obrigatório para decidir a respeito desta figura única em toda a nossa história, a verdadeira questão que eles colocam continua sendo sempre a de sua *identidade* real... Ainda que esta questão – "crucial", é o caso de dizer – envolva evidentemente muitas outras, referentes principalmente a Deus e ao mistério que ele representa, ao mesmo tempo que à existência humana e à possibilidade e às maneiras de dar-lhe sentido.

◄ Cf. *Jesus e Deus*, p. 489.

A formulação que o próprio Jesus adotou aqui conserva toda a sua pertinência: "E vós, o que dizeis? Para vós, quem eu sou?" Convenhamos. É a verdadeira identidade de Jesus que está em questão. Ora, ele não só tem consciência de que ela não é nem será imediatamente clara para seus discípulos, mas parece que ele próprio faz tudo para que seja assim! Cabe a cada um compreender que, se a resposta cabe a ele, ela não poderá assumir outra forma senão a de uma *decisão* que compromete nada menos que o sentido que ele resolve dar à sua própria vida. A tarefa dos autores deste livro não consistirá em dispensar seus leitores de precisar enfrentar esta interrogação. Consistirá em apresentá-la a eles com a máxima pertinência e ao mesmo tempo com a máxima honestidade possível.

1. Cf. Mt 28,1; Mc 16,1; Lc 24,1; Jo 20,1; At 1,3. **2.** Cf. Mt 28,9.16; Lc 24,15.36; Jo 20,16.19.26; 1Cor 15,5-8. **3.** Cf. 1Cor 15,5; Lc 24,31.39-42; Jo 20,17-27; At 9,7; 22,9. **4.** Cf. 1Cor 15,5; Lc 24,34. **5.** Cf. Mt 28,6; Mc 16,6; Lc 24,5-6.23; 1Ts 1,10; 1Cor 15,4. **6.** Cf. Lc 24,30-43; Jo 21,13. **7.** Cf. Lc 24.3.12; Jo 20,2.5-8. **8.** Cf. At 1,8; Mt 28,16. **9.** Cf. Mt 28,16-19; At 28,16. **10.** Cf. 1Ts 1,1; At 5,11. **11.** Cf. At 2,23-24; 4,10.

ESCLARECIMENTO

Paulo se encontrou com Jesus?

Roselyne Dupont-Roc
Instituto Católico de Paris

É pelo menos surpreendente que um dos autores mais eficientes no processo de transmissão do "rumor" cristão, tal como foi definido no artigo acima, seja um personagem que não conheceu Jesus. Seu estatuto de apóstolo autoproclamado foi muito censurado, não só pelos críticos do cristianismo, mas já em vida pelos discípulos que haviam seguido Jesus, haviam sido instruídos diretamente por ele, haviam assistido à sua Paixão e aos quais ele havia "aparecido" como ressuscitado. E, no entanto, o conjunto dos cristãos reconheceu a autenticidade de seu encontro (paradoxal, sem dúvida) com Jesus e suas cartas são seguramente tão comentadas quanto os quatro evangelhos. Por quê?

O imaginário cristão é amplamente marcado pelo relato espetacular da conversão de Saulo nos Atos dos Apóstolos[1]: o jovem Judeu originário de Tarso (um porto importante da Ásia Menor), transbordante de zelo, arde em desejo de perseguir como desviantes os discípulos de Cristo – ele próprio confessará ter participado de sua perseguição; mas, certo dia, no caminho para Damasco, ele é brutalmente derrubado por uma força desconhecida; ei-lo ofuscado até à cegueira enquanto ouve uma voz: "Eu sou Jesus a quem persegues". A iconografia explorou o caráter dramático da cena, ao ponto de, a partir do século XII, vermos Saulo cair do cavalo (o que é totalmente inverossímil, pois as viagens eram feitas a pé ou de barco). Lucas, o autor dos Atos dos Apóstolos, quis mostrar em seu relato como o poder do Espírito de Jesus, o Espírito Santo, comove o coração e converte no sentido forte a vida de um homem que se tornará o apóstolo Paulo (ele mudou de nome), enviado para anunciar Cristo aos pagãos.

Sobriamente evocado pelo próprio Paulo na carta aos Gálatas[2], o acontecimento tem uma feição totalmente diferente. Para defender a autenticidade de seu apostolado junto aos pagãos sem outra condição senão a fé, Paulo relata como Deus o "pôs à parte" e "enviou". Surpreendentemente, é numa proposição subordinada que o acontecimento, se podemos falar assim, aparece: "Quando Deus, que me pôs à parte desde o seio de minha mãe e me chamou por sua graça, houve por bem revelar em mim seu Filho, a fim de que eu o anuncie entre os pagãos, imediatamente não recorri a nenhuma autoridade humana e não subi a Jerusalém..." Ao contrário da ruptura violenta manifestada pelo relato dos Atos dos Apóstolos, o texto desta carta enuncia aqui de preferência uma continuidade: "Deus, que me pôs à parte desde o seio de minha mãe"; nada de conversão, nada de mudança de regime religioso, mas uma vocação descrita nos mesmos termos empregados pelos grandes profetas de Israel, Jeremias e Isaías. É em seu movimento que Paulo se insere, como profeta de Deus rejeitado pelos seus e enviado, para além de seu povo, às nações pagãs até às extremidades da terra. Ele não fala nada aqui sobre o momento desta vocação; não sabemos se foi instantânea ou fruto de um amadurecimento interior: "Quando Deus houve por bem"!

Paulo expressa este acontecimento em termos impressionantes de "revelação do Filho". Uma revelação, literalmente um "apocalipse♦", no ambiente fariseu de Paulo, é uma visão do fim dos tempos que Deus oferece a alguns eleitos. Deus revelou a Paulo, portanto, que os tempos acabam de se cumprir neste homem crucificado, objeto de horror e de maldição: este homem sobre a cruz lhe aparece como o Filho, rosto de uma humanidade à qual Deus veio unir-se definitivamente, que ele veio acompanhar no sofrimento e na morte e reerguer para exaltá-la em sua glória. Uma nova criação em marcha.

"Revelar em mim seu Filho", especifica Paulo, pois a salvação é então aquilo que ele descobre *em si mesmo*: uma filiação inédita, inaudita, no seguimento do Filho. Neste acontecimento interior, Paulo descobriu que uma filiação divina era oferecida a todos os homens sem outra condição senão a de reconhecer o Filho no Crucificado. E esta revelação não ocorre apenas "nele", mas "por meio dele", porque ele é imediatamente constituído "apóstolo", "enviado" para anunciá-la aos pagãos, aos que não eram assinalados por nenhuma predisposição étnica, religiosa ou moral! Imediatamente Paulo parte para a Arábia; ei-lo percorrendo as rotas do Império romano, a fim de anunciar cada vez mais longe a "Boa-Nova" de Jesus, Filho de Deus, ressuscitado. Por toda parte ele irá reunir grupos de crentes; funda *ekklêsiai**, "Igrejas", uma infinidade de pequenas comunidades, na região da Galácia (centro da Turquia atual), na costa da Ásia Menor, na Grécia...

A força do testemunho pessoal do "apóstolo das Nações" se apoia em formulações sólidas, que ele alega "ter recebido do Senhor": lemos, em sua primeira carta aos habitantes de Corinto, a proclamação de fé já comumente recebida, ou "querigma♦"[3], e até mesmo o relato da última refeição de Jesus[4]... da qual ele não participou. Isto não o impede de "insinuar-se" entre as testemunhas do Ressuscitado, na esteira dos Doze e de outros discípulos: "Como último de todos, também apareceu a mim, como a um aborto". Porque, diz Paulo, estas fórmulas de fé por ele empregadas, ele as recebeu "do Senhor" que se identifica com os cristãos reunidos em seu nome. Foi provavelmente em Antioquia que ele recolheu o essencial das tradições cristãs já fixadas alguns anos após a morte de Jesus, se apropria delas e as desenvolve com seu gênio próprio.

Mas ele não pode ser verdadeiramente testemunha e apóstolo de Jesus Cristo se não chegar a um acordo com os que conheceram Jesus nos dias de sua vida terrestre. Apesar de seus temores e reticências, após três anos Paulo sobe a Jerusalém para conhecer Pedro** (que ele designa por seu nome aramaico♦, Cefas), a fim de interrogá-lo, e para encontrar-se com Tiago, "irmão do Senhor". Em seguida, num segundo tempo, ao fim de catorze anos, impelido por uma "revelação", confiante na fé das comunidades por ele fundadas, Paulo compreende que não pode dispensar-se de subir novamente a Jerusalém. Ele sabe que será malrecebido, porque Tiago de Jerusalém insiste que os novos batizados pratiquem primeiro a Lei de Moisés. E também Pedro precisará passar por uma verdadeira "conversão", a fim de compreender que os pagãos podem chegar a Cristo sem passar pela Lei. Mas Paulo sabe que está em jogo a legitimidade de seu apostolado. Ele vem encontrar-se com Tiago, Pedro e João, os que eram chamados "as colunas da Igreja", apresenta-lhes sua missão, faz-se reconhecer como apóstolo. O relato que ele fará em sua carta aos Gálatas alguns anos depois estará ainda marcado por uma emoção violenta, malcontida[5]. Ele não quer ceder quanto à "verdade do Evangelho". Mas, atentos eles próprios ao espírito de abertura de Jesus, os apóstolos de Jerusalém aceitam acolhê-lo, reconhecer sua atividade e "dar-lhe a mão em sinal de comunhão". A expressão designa um reconhecimento mútuo fundado sobre sua fé comum, ou seja, sobre o compromisso total de suas vidas no seguimento de Jesus morto e ressuscitado.

* Cf. *Jesus fundou a Igreja?*, p. 738.
** Cf. *A figura de Pedro*, p. 240.

1. At 9,1ss. **2**. Gl 1,15-16. **3**. 1Cor 15. **4**. 1Cor 11. 5. Gl 2,1-10.

Os Judeus acreditavam na ressurreição?

Mireille Hadas-Lebel
Universidade Paris-IV-Sorbonne

Entre todos os transtornos políticos que agitavam a Judeia no início do século I, uma questão de ordem mais espiritual dividia igualmente os espíritos: a crença na ressurreição. Encontramos um eco disso nos Atos dos Apóstolos por ocasião do comparecimento de Paulo diante do Sinédrio[1]♦ e, melhor ainda, no famoso "teste" que os saduceus apresentaram a Jesus de acordo com os evangelhos sinóticos♦: no caso de uma mulher ter tido sucessivamente sete maridos conforme a aplicação da lei do levirato, de quem ela seria esposa no dia da ressurreição?

Os que não acreditavam nela – os saduceus* em particular – poderiam argumentar que a ressurreição não é mencionada na Torá. A ordem inesperada dos termos no Deuteronômio: "sou eu que faço morrer e faço viver"[2] era explicitada na sequência do versículo: "que fere e que cura". Outras expressões análogas, especialmente nos Salmos, confirmavam que se tratava simplesmente de cura.

Os que acreditavam na ressurreição – especialmente os fariseus** – podiam apoiar-se em textos proféticos. Assim Isaías[3] exclama: "Teus mortos reviverão, seus cadáveres ressuscitarão. Despertai, gritai de alegria, vós que morais no pó". Ezequiel parece transmitir a mesma mensagem quando profetiza sobre os ossos ressecados e os vê renascer para a vida. A sequência mostra claramente que se trata, na realidade, de uma metáfora que anuncia o retorno dos exilados a Sião, mas esta podia assumir um significado independente do contexto histórico. O único texto perfeitamente explícito é um versículo do livro de Daniel[4]: "Muitos daqueles que dormem no solo poeirento despertarão: estes para a vida eterna, aqueles para o opróbrio, para o horror eterno". Diversas alusões históricas levam hoje os historiadores a datar este livro na época da revolta dos Macabeus♦ (século II antes de nossa era), mas seu quadro babilônio lhe conferia uma presunção de antiguidade maior. A formulação indica claramente um elo entre ressurreição e retribuição.

A ideia da ressurreição dos mortos era concebida então na perspectiva do Juízo final***, no decurso do qual, no fim da história, imaginava-se que todos os homens ressuscitados desfilavam diante do tribunal divino e conheciam o veredito merecido. Este julgamento *post-mortem* vinha responder a uma questão pungente que perpassa a maior parte dos textos bíblicos, a da teodiceia♦: Deus só podia ser justo. Ele mesmo havia ordenado "procurarás a justiça, nada além da justiça"[5]; ora, esta justiça parecia ausente do mundo. No tempo das perseguições de Antíoco IV, rei da Síria, havia-se presenciado, de acordo com o Livro II dos Macabeus, os primeiros mártires de fé exprimindo-se: eles diziam que o que lhes dava a coragem de resistir ao tirano era a certeza de uma outra vida. A crença na ressurreição permitia, portanto, responder a uma dupla angústia: a que leva a duvidar da bondade do Pai de todas as coisas e a que obriga a enfrentar o nada da morte. Seu valor consolador fez com que ela se difundisse entre o povo, que, por esta razão entre outras, preferiu a doutrina dos fariseus à doutrina dos saduceus. No confronto entre estes dois partidos, provocado por Paulo no Sinédrio, ele joga com a ambiguidade ao exclamar: "Irmãos, eu sou fariseu, filho de fariseus; é por causa da esperança e da ressurreição dos mortos que estou sendo julgado"[6]. Os fariseus que o apoiam acreditam que Paulo fala da ressurreição coletiva a ocorrer por ocasião do Juízo final; mas Paulo quer, na verdade, falar da ressurreição de Jesus de Nazaré que já ocorreu, da qual ele teve a revelação no caminho para Damasco e que devia prefigurar, em sua opinião, a salvação individual de todos os que acreditarem nele.

* Cf. *Uma sociedade em movimento*, p. 215.

** Cf. o mesmo artigo e *Quem são os fariseus dos evangelhos?*, p. 481.

*** Cf. *Precisamos ter medo do Juízo final?*, p. 389.

1. Mt 22,23-33. **2**. Dt 32,39. **3**. Is 26,19. **4**. Dn 12,2. **5**. Dt 16,20. **6**. At 23,6.

CARTA BRANCA

Jean-Luc Marion, da Academia Francesa
Filósofo

Somos todos como Pilatos diante dele

Desde que me lembro, a figura de Jesus me fascinou – incomparável e incontestável. Sempre me surpreendeu, como se fosse uma desordem inconcebível, que outros, numerosos em meu ambiente, não compartilhassem este fascínio. Inquieto-me também eu próprio, a cada instante de minha vida, pelo fato de eu também lhe resistir.

Na verdade, não há do que inquietar-se realmente, porque Jesus se impõe em todas as partes do mundo, e já há dois mil anos, como fato consumado. São Paulo tinha razão ao proclamar seu "nome que está acima de todo nome" (Filipenses 2,9), porque provavelmente poucos humanos o ignoram hoje, quer creiam nele ou não, quer o identifiquem precisamente ou não. Jesus continua sendo aquele do qual todos ouviram falar, aquele que todo o mundo conhece, nem que seja apenas de nome, seja o que for que se diga dele, seja o que for que se pense dele. Aquele que podemos certamente recusar ou evitar, mas não ignorar. Aquele que podemos contestar, mas que devemos constatar. Sobretudo, que só dificilmente podemos deixar de admirar ou, no fundo, deixar de amar: por outro lado, a maioria dos adversários do cristianismo abrem uma exceção para a pessoa de Jesus, ou até o invocam para justificar suas contendas. E você mesmo, leitor potencial que folheia neste momento as páginas deste livro, você sem dúvida já concorda. Admitamos, portanto, o fato: é tarde demais para silenciar sobre Jesus, esquivá-lo e fingir ignorá-lo, como se a pergunta já não estivesse colocada.

Sim, mas qual pergunta? Pois se trata de uma estranha pergunta que sobrevive à divergência, à insuficiência ou à ausência de resposta/solução, como a pergunta a respeito de Deus sobrevive à "morte de Deus". Pois a pergunta "Quem é Jesus?" tem a particularidade de não vir primeiramente de nós, os homens, mas do próprio Jesus, que não cessa de devolvê-la a seus ouvintes: "Ele interrogou seus discípulos, perguntando-lhes: 'Os homens, quem dizem eles que eu sou?'" (Marcos 8,27). A pergunta a respeito de Jesus é feita a nós por ele mais radicalmente do que é feita a ele por nós. Por isso, as abordagens exclusivamente filológicas e histórico-críticas, por mais indispensáveis que sejam, não resolvem a dificuldade se permanecem sem hermenêutica: porque supõem como evidente que nós precedemos à pergunta a respeito de Jesus, quando, de fato, ela nos precede e nos espera na esquina – de improviso. Evidentemente, é preciso delimitar os testemunhos factuais, assegurar-se das informações; e, por outro lado, sem dúvida pesquisou-se sobre Jesus mais do que sobre qualquer outro personagem histórico; dispomos de testemunhos literários e arqueológicos mais numerosos, mais antigos e de uma autenticidade mais segura a respeito de Jesus do que a respeito de Sócrates, Muhammad ou Buda. No entanto, quem não vê que a dificuldade final (admiti-lo ou recusá-lo) não tem a ver com a documentação sobre este fato, mas com a impossibilidade aparente de seu significado? Aquilo que em cada um de nós resiste a ele não tem a ver, em primeiro lugar, com aquilo que sabemos (ou não) a seu respeito, mas com a enormidade daquilo de que se trata, já que isto parece à primeira vista tão impossível, demasiado radical, demasiado extremo, e até "demasiado belo para ser verdade".

A tática mais comum de evasiva, desde as origens até hoje, volta sempre ao mesmo argumento, o de uma fábula inventada no início – teria corrido imperceptivelmente, subterraneamente, um boato de que o morto numa cruz havia ressuscitado; e, de autossugestões a fantasmagorias, alguns discípulos se teriam deixado pouco a pouco persuadir; assim, já há vinte séculos, por toda a superfície da terra, bilhões de ingênuos teriam apostado sua vida nesta ilusão. O argumento, evidentemente, não vale nada. Por duas razões sólidas. – Em primeiro lugar, porque os discípulos *resistiram* aos primeiros testemunhos da ressurreição; de início, nada os convenceu, nem os relatos do túmulo vazio, nem as informações das mulheres a respeito dos primeiros encontros, nem mesmo a explicação dada pessoalmente por Jesus aos discípulos no caminho para Emaús; sem falar dos sacerdotes do Templo e dos romanos, que a *temiam* e, sobretudo, não queriam nem sequer ouvir falar a respeito. Longe de a ressurreição surgir de uma crença espontânea dos discípulos, estes não só não a imaginavam nem a esperavam, mas as chamadas "aparições" ocorreram para surpresa completa deles, por iniciativa unicamente do Ressuscitado, que "se deu a ver [*ôphthê*]" ele mesmo e por si mesmo. – Em seguida, e sobretudo, vale aqui o princípio de que, na História, o que é grande começa de maneira grandiosa, nunca o inverso. Não que aquilo que começa de maneira grandiosa comece sempre manifestamente e publicamente (os grandes acontecimentos surgem a passo de tartaruga), mas porque aquilo que manifesta um poder secular e universal surge com um brilho tanto mais incomensurável e inconcebível. A fé, que dura e, sobretudo, que começou, não pode constituir o começo, mas marca a onda do choque inicial. Os anúncios da ressurreição não preparam a fé no Ressuscitado, mas resultam dela: eles não se tornaram claros senão depois que os discípulos reconheceram Jesus na fração do pão (Lucas 24,30) ou ao som da voz (João 20,15-17). Se é preciso explicar alguma coisa, não será tanto a ressurreição (porque isso, em todo caso, ultrapassa o que a ciência histórica pode examinar, mas também o que a filosofia pode conceber) quanto o fato de que a fé na ressurreição tenha surgido e se tenha difundido. E que ela perdura hoje, voz nunca extinta ao longo dos séculos. Em outras palavras: é a ressurreição que esclarece o anúncio do Reino, e não o inverso. Verdadeiramente morto num verdadeiro abandono, Jesus deixou seus discípulos verdadeiramente perdidos, num verdadeiro desespero. Para que eles cressem foi necessário, portanto, que sua ressurreição fosse ainda *mais* verdadeira do que o desespero deles e do que sua morte.

Mas por que era necessário chegar à ressurreição? Por que sem ela não se tem nenhum acesso ao fato simplesmente histórico de Jesus de Nazaré? Pois, afinal, pode-se admirar, e até venerar, outras grandes figuras espirituais sem precisar endossar o fardo de uma pretensão tão inverossímil – ressuscitar dentre os mortos. É preciso chegar à ressurreição, porque só ela pode validar o que Jesus pretendeu de si mesmo – uma pretensão que nenhum homem jamais sustentou sem mentir e que Jesus, sim, sustentou: "Quem me convencerá de pecado?" (João 8,46). Ora, nenhum homem, que vive na economia do mundo tal como ele funciona, pode se dizer sem pecado, sendo que o primeiro pecado consiste justamente na própria mentira de se pretender sem pecado. Para falar a verdade, seria necessário que um homem viva de uma maneira mais do que humana, o que constitui em si uma loucura, uma blasfêmia e uma falta. Era assim, aliás, que o entendiam muitos de seus ouvintes: "Tu, sendo homem, te fazes Deus" (João 10,33). Foi assim, aliás, que ele foi condenado à morte: "Todos eles disseram: 'Então és o Filho de Deus!' Ele lhes respondeu: 'Vós é que dizeis que eu o sou'. Então eles disseram: 'Que necessidade temos ainda de testemunho, visto que nós mesmos o ouvimos da sua boca?'" (Lucas 22,70-71). Dizendo-se sem pecado, pretendendo, portanto, ser o Cristo de Deus, o Filho do Pai, Jesus teria, portanto, mentido. *A não ser* que Deus testemunhe em seu favor, *a não ser* que o Pai o faça atravessar a morte (aquela que é infligida pelos homens, sobretudo aquela do pecado que os aflige), numa palavra: *a não ser* que ele ressuscite. Jesus teria mentido ao dizer-se o Cristo – *a não ser* que ele tenha realmente atravessado a morte *santo e salvo*, salvo porque santo.

Avaliemos o que está em jogo: opor, como gostariam tantos exegetas sábios e leitores prudentes, um Jesus puramente humano, aceito sem dificuldade na história comum da humanidade pois não seria ali nenhuma exceção, e um Cristo da fé, sobrecarregado com uma teologia excessiva, tardia e imperial, não faz nenhum sentido. Simplesmente porque uma tal abordagem não pode nem explicar o motivo pelo qual Jesus foi executado – ele se pretendia sem pecado e, portanto, Filho de Deus – e menos ainda o significado de sua morte e de sua ressurreição – "Verdadeiramente, este homem era Filho de Deus!" (Marcos 15,39). A vida de Jesus e a ressurreição do Cristo formam, também elas, "um bloco".

A ressurreição, atestando que Jesus merece o nome de Cristo, corrobora que ele vive sem pecado, que ele é o primeiro homem sem pecado, aquele que permite aos outros homens viver ao menos tangencialmente sem a morte do pecado.

Podemos compreender aqui a diferença essencial entre Jesus e as outras figuras de sabedoria entre as quais nós teríamos a tendência de classificá-lo. O que faz toda esta diferença não tem a ver somente com o que ele disse a respeito de si mesmo, nem com o fato de ele ter cumprido o que dizia (e "até o extremo", João 13,1 e 19,30), mas com o fato de que ele cumpriu em pessoa, e até em *primeira* pessoa, o que ele dizia: "Eu sou a ressurreição e a vida" (João 11,25), "Eu sou o caminho, a verdade e a vida" (João 14,6). Em outras palavras: o caminho para a verdade sou eu, porque eu faço a verdade vivendo e fazendo viver, até através da morte; e a prova é que fui ressuscitado por Deus. Aquilo que Jesus disse, ele o personificava. Aquilo que ele disse, ele não somente o ensinou, mas o cumpriu. O que ele fez, ou melhor, o que o Pai fez nele, ele o fez e recebeu porque *encarnava* em si a vontade de Deus: "O meu alimento é fazer a vontade daquele que me enviou" (João 4,34). A ressurreição oferece a única *prova*, no sentido teológico como a entendia Jesus ao pedir a seu Pai que o "glorificasse" (João 12,27-28), de que Jesus não pode se conhecer e reconhecer senão como o Cristo, o santo de Deus, o Filho do Pai.

Mas aquilo que, para ele, tem valor de *prova*, isso mesmo constitui, para nós, uma *provação*. A provação de precisar admitir aquilo que nos parece, com toda a razão neste mundo, perfeitamente impossível. Tudo acontece como se aquilo que já parece impensável – que a ciência histórica deva finalmente atestar que alguém tenha pretendido pertencer àquilo que transcende a *nossa* história, o *nosso* mundo e a *nossa* visibilidade, Jesus dizendo-se o Cristo – repousasse numa prova através do impossível – que no fim a morte não vença, que a ressurreição seja possível e mesmo efetiva. É preciso verdadeiramente crer no impossível?

Mas de onde vem esta cortina de ferro entre o possível e o impossível? Da *nossa* filosofia, implícita ou explícita (a metafísica). Ora, precisamente, o possível define exatamente aquilo que é admitido por *nosso* mundo, ou melhor, por este mundo visto do ponto de vista de *nossa* finitude. Mas este mundo pode ser visto de outro ponto de vista, como já diziam às vezes os gregos a respeito de seus deuses. Ponto de vista que também o anjo, anunciando a Maria o nascimento excepcional de seu filho, define assim: "Pois nenhuma palavra [nada] é impossível para Deus" (Lucas 1,37, citando Gênesis 18,14). Aquilo mesmo que Jesus reconhece a seu Pai no momento da agonia: "O que é impossível para os homens é possível para Deus" (Lucas 18,27). Trata-se, portanto, de ir além da fronteira entre o possível e o impossível, fronteira assinalada pela morte e transposta pela ressurreição. Admitir Jesus, e até vê-lo como ele pretendeu manifestar-se, como o Cristo (compreendê-lo como o compreendiam os que o condenaram à morte), equivale simplesmente a responder a esta única pergunta: "E vós, quem dizeis que eu sou?" (Marcos 8,29).

Quem é ele? Por fim, Jesus obriga aquele que faz esta pergunta a arriscar ele próprio uma resposta e, assim, a se decidir em relação a ele, Jesus. A Pilatos, que pergunta "Tu és o rei dos Judeus?", ele responde "Tu o dizes" (Marcos 15,2). Quem emite um juízo a respeito de Cristo emite, na verdade, um juízo a respeito de si próprio. Ninguém decide a respeito de Cristo sem se decidir ele próprio a respeito de si próprio. Nós somos todos como Pilatos diante dele.

Capítulo 2

O CONTEXTO DO RUMOR

Poderíamos contar as coisas assim...

Nesse tempo, Roma reinava! Seu império, recém-instaurado por Augusto, estendia-se da Cidade eterna até aquilo que poderíamos considerar os confins da terra habitável. Na verdade, para além das fronteiras, ao norte, ao leste, ao sul, sem dúvida a terra continuava, mas ela era pouco mais do que florestas imensas e desertos infinitos, percorridos por algumas hordas – grupos humanos que a civilização não havia alcançado e cuja linguagem rouquenha e balbuciante lhes valia ser designados com o vocábulo geral de "bárbaros". A oeste, para além das colunas de Hércules, estendia-se o Oceano, este mar que parecia sem fim para além das costas da Hispânia, da Gália e da vasta ilha Britânia. Mas em torno do Mediterrâneo, *Mare nostrum*, "nosso mar", como era designado, a terra civilizada estava sob o controle de Roma.

Por mar, os navios levavam até ela suas pesadas cargas. Trigo, vinho, azeite, ferro, cobre, mármore, especiarias, escravos... todas as riquezas convergiam para o centro do império. Por terra, as estradas pavimentadas permitiam a circulação rápida dos bens e também das pessoas. As ordens do imperador chegavam aos centros de comando e de governo em poucos dias. E as notícias e relatos vindos de toda parte confluíam para a Cidade. Roma instaurava a paz e a mantinha, porque a paz permitia o comércio e os intercâmbios. Pouco importavam os costumes, os hábitos, as tradições dos povos que os romanos submetiam, desde que o imposto fosse pago e as agitações contidas.

Neste imenso e poderoso império, que importância tinham, a leste do Mediterrâneo, as províncias desses estranhos Judeus, que adoravam um deus único não representado por eles em imagens? Na verdade, ao norte, a Galileia com suas belas colinas verdejantes e seu clima temperado produzia em abundância trigo, uva, tâmaras ou figos. Mas ao sul, fora do vale do Jordão, a Judeia quase não tinha outra riqueza senão a atividade de seu Templo, junto ao qual se comprimiam, nas grandes festas, Judeus vindos de toda a região e até de todo o império. O rei Herodes o Grande não se enganara ao mandar reconstruir, sobre a antiga colina de Jerusalém, um santuário suntuoso com muros de pedras brancas gigantescas, cuja arquitetura podia rivalizar com os edifícios mais prestigiosos do mundo.

Alguns decênios mais tarde, o prefeito romano, um certo Pôncio Pilatos, Herodes Antipas, um dos sucessores do "Grande", e as ricas famílias sacerdotais de Jerusalém, as que há vários séculos forneciam o alto escalão do Templo, em particular os sumos sacerdotes, sabiam entender-se a fim de que as dezenas de milhares de peregrinos pudessem dedicar-se pacificamente a seus deveres sagrados. A indústria religiosa de Jerusalém era próspera e todos saíam lucrando. Com efeito, Roma não tinha nenhum desejo de perturbar a boa ordem religiosa, que fazia parte da *Pax romana*, desde que não importunasse os intercâmbios econômicos. Nas margens do mundo civilizado, o singular deus dos Judeus podia manter sua parte desde que a parte de César estivesse assegurada.

Foi destes cafundós do império que surgiu o rumor. Mal e mal nasceu, este rumor foi seguindo as caravanas dos comerciantes, embarcou nos pesados navios com flancos cheios de ânforas que percorriam o mar e desembarcou em todos os portos, da Grécia ao Egito, e não demorou muito tempo para seu eco se espalhar pelas ruas da própria Roma: um Judeu condenado a ser pendurado no lenho da cruz em Jerusalém não estaria morto. Não que ele teria escapado ao suplício, mas porque teria sido resgatado da morte após ter sido posto no túmulo. E por mais absurdo e desprovido de bom-senso que o caso pareça, não faltavam homens e mulheres para dar-lhe crédito.

C.P.

No Império romano

Marie-Françoise Baslez
Universidade Paris-IV-Sorbonne

Como assinala o sincronismo estabelecido no evangelho de Lucas entre o nascimento de Jesus e um primeiro recenseamento universal, sua vida e sua pregação se inserem na primeira experiência de mundialização e de globalização representada pela instauração do Império romano a partir do ano 30 antes de nossa era. A nova administração foi instalada por Otávio, que se tornou o imperador Augusto (28 antes de nossa era – 14 de nossa era), após a vitória de Actium e a conquista de Alexandria, que lhe deram o controle do Oriente Próximo. Sob seu reinado e o de seu sucessor Tibério (14-37 de nossa era), temos um período de organização das regiões do império em interdependência, um momento decisivo de modernização e de desenvolvimento dos intercâmbios, sob o regime da Paz romana. O Império romano funciona como um mercado comum e cria novos laços sociais, aceitando embora a diversidade cultural deste mosaico de povos. A representação da figura do imperador circula por toda parte, graças ao meio de comunicação que era então o mais influente, a moeda. É importante avaliar os efeitos desta mundialização, primeiro localmente na Galileia e na Judeia percorridas por Jesus, e depois globalmente redimensionando o judaísmo – judaíta ou da Diáspora – na evolução harmônica do mundo assim unificado.

A entrada da Judeia no mundo romano

Roma está presente na história do Oriente Próximo desde o início do século II antes de nossa era e está em relação com Jerusalém e o Estado judaico desde 160. Intervém nos acontecimentos locais em nome da liberdade dos povos para limitar e depois abolir as realezas gregas oriundas da conquista de Alexandre e para manter a ordem, combatendo piratas e bandidos. Este foi o objetivo primeiro da expedição de Pompeu na Síria (63 antes de nossa era), que resultou na constituição deste antigo reino em província romana, como também na ocupação de Jerusalém, no cerco do Templo e em sua profanação parcial, já que Pompeu quis penetrar no Santo dos santos♦. A conquista romana não foi desprovida de violências que deixaram vestígios na memória dos judeus piedosos, mas deixou subsistir num primeiro tempo um Estado judeu independente.

Em seguida o Oriente Próximo foi o palco das "guerras civis" travadas entre os *imperatores* romanos para a conquista do poder: Pompeu e César entre 49 e 47, Antônio e Otávio entre 42 e 30. Os Judeus da Diáspora♦ nelas participaram ativamente e obtiveram um regime de exceção que respeitava seu monoteísmo, bem como privilégios, de que dá testemunho sem dúvida a família de Paulo (nativo de Tarso na Ásia Menor, ele próprio cidadão romano)[1]. Na Judeia o compromisso de Herodes lhe valeu ser proclamado rei pelo Senado romano em 41, com a condição de conquistar seu reino. De origem idumeia, ele não tinha a legitimidade dinástica, mas tampouco era o "semi-Judeu" depreciado por algumas fontes judaicas, já que os idumeus♦ estavam integrados ao Estado judaíta e à religião de Israel há três gerações e eram circuncidados; no entanto, sua promoção por Roma como rei cliente marcou os inícios, na Judeia, de uma reflexão teológico-política que não esperava mais nada das realezas terrestres e que se refugiava no esquema ideal de uma realeza davídica. Constituído como cordão sanitário para resistir à pressão dos partos – um império iraniano que invadiu a Síria em 40 –, o reino de Herodes englobava a Palestina e diferentes territórios da Transjordânia. Seu reinado marcou o apogeu do sistema de Estado cliente, pelo qual Roma delegava a administração de uma parte de seu império a um poder autóctone, com a condição de este manter ali a paz e a ordem.

Por ocasião da morte de Herodes, no ano 4 antes de nossa era, os tumultos dinásticos subsequentes obrigaram Roma a passar a Judeia para sua administração direta. Num primeiro tempo, o Senado romano homologou o testamento do rei que repartia seu reino entre seus três filhos sobreviventes, mas recusou o título régio ao mais velho, Arquelau, que, como "etnarca"♦, tinha sob seus cuidados o povo da Judeia. Muito contestado por seus súditos, este último foi destituído no ano 6 de nossa era e o reino cliente da Judeia se tornou uma "prefeitura" romana, ela própria uma excrescência da província da Síria. Seus dois irmãos, pelo contrário, se mantiveram no poder como "tetrarcas"♦: Herodes Filipe até sua morte em 34, nos territórios sírios em torno de Cesareia Banias (Cesareia de Filipe); Herodes Antipas até sua destituição em 39, na Galileia e na Pereia transjordaniana adjacente.

A vida de Jesus se insere na primeira experiência de mundialização representada pela instauração do Império romano.

O primeiro ato da redução da Judeia a província foi o recenseamento de Quirino, necessário para liquidar os bens da dinastia e estabelecer a base de cálculo do imposto: não foi um recenseamento geral (jamais houve, a não ser para os cidadãos romanos); só dizia respeito aos Judeus da Judeia, e não aos da Galileia, e não implicava nenhum deslocamento familiar. O acontecimento é, portanto, reinterpretado no evangelho de Lucas[2]. A mudança de estatuto tinha consequências militares e fiscais. O governador era um "prefeito" da ordem equestre, cuja função era primeiramente militar,

◄ Cf. *O evangelho da infância em Lucas*, p. 113.

Cf. *Que vestígios deixa Pilatos na história?*, p. 642. ►

como indica seu título: dos anos 6 a 36 sucederam-se cinco prefeitos, dos quais o mais conhecido é Pôncio Pilatos, Pontius Pilatus, prefeito (e não procurador) de 26 a 36. Tropas romanas estavam estacionadas em Cesareia (Cesareia Marítima, um porto construído por Herodes o Grande, que não deve ser confundida com Cesareia de Filipe), para administrar Jerusalém, onde só era mantida uma guarnição para vigiar o Templo. O prefeito exercia a jurisdição civil e criminal e só ele detinha o direito de condenar à morte ("direito da espada"). Não podemos avaliar muito bem se a fiscalidade romana acarretou um aumento dos impostos para a população, mas o sistema de coleta mudou com a chegada das sociedades romanas de publicanos♦, alvo dos evangelhos como também dos textos judaicos: elas assumiam a arrecadação do imposto devido a Roma, e depois eram reembolsadas *in loco* com um lucro confortável. O descontentamento foi imediato, visto que a primeira insurreição, a de Judas o Galileu no ano 6 de nossa era, é um motim antifiscal em reação ao recenseamento de Quirino. Restavam aos Judeus da Judeia sua autonomia jurídica e o reconhecimento de seus particularismos ancestrais, o que validava a Torá como lei de seu povo e lhes assegurava subvenções para o ritual do Templo.

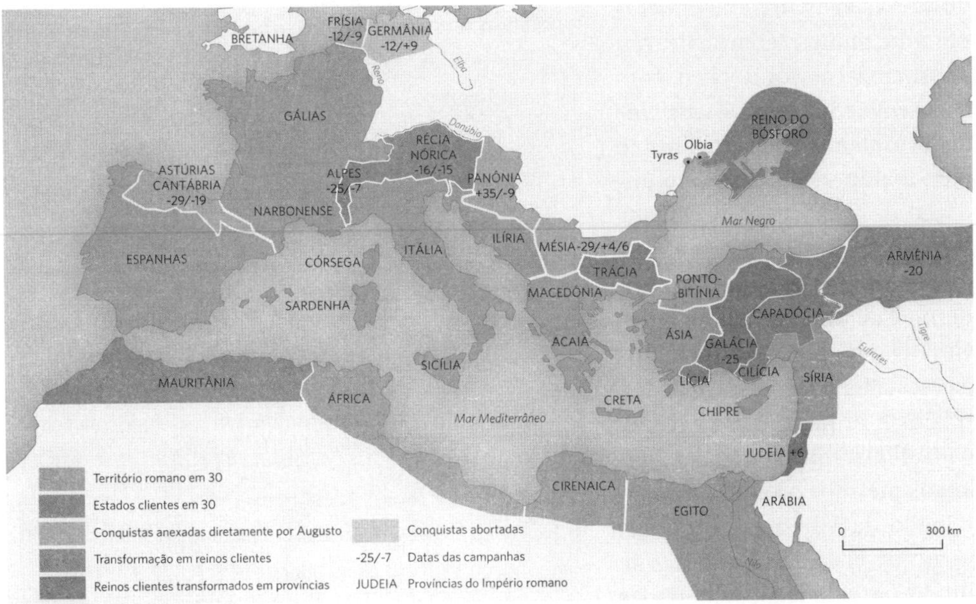

O Império romano sob Augusto

A dominação romana abrange o conjunto do mundo mediterrâneo, unificado sob a autoridade de um único imperador. É na verdade um Império greco-romano, que está inserido num quadro administrativo novo, no qual se alternam administração direta (as províncias) e administração indireta (os Estados clientes), mas que continua sendo de cultura grega.

A integração à romanidade: modernização e tensões

Herodes, o rei maldito da tradição cristã por causa do "massacre dos inocentes" evocado por Mateus[3] – massacre de que a história não guardou nenhum vestígio, mas que ilustra sua crueldade comprovada –, é hoje reabilitado através de sua política de grandes obras. A arqueologia israelense recente pôs em evidência a prosperidade e o desenvolvimento de seu reino, bem como dos Estados clientes de Herodes Antipas e de Herodes Filipe, a integração à romanidade funcionando como uma dinâmica de modernização. Os numerosos palácios herodianos são sua vitrine de propaganda e atestam os recursos financeiros do soberano, ao mesmo tempo que suas capacidades de decisão. O planejamento deliberado em regiões de agricultura intensiva do vale do Jordão e das margens do mar Morto, inclusive o sítio de Qumran, desenvolveu o setor das exportações e os intercâmbios com a Itália, donde chegavam em contrapartida muitas técnicas novas. A urbanização foi notável, com o desenvolvimento dos bairros de Jerusalém a oeste do Templo para a elite sacerdotal, a refundação de Samaria como cidade romana (Sebaste) e, sobretudo, a construção de um porto moderno e de uma capital régia em Cesareia, no lugar de uma antiga escala fenícia♦, a Torre de Estratão. A arqueologia da região da Galileia, mais antiga, assinalou os mesmos progressos sob o reinado de Tibério e sob o governo de Herodes Antipas, que fundou a cidade de Tiberíades (do nome do imperador reinante) e desenvolveu a de Séforis. O progresso econômico desta região agrícola, bem servida por seu clima e sua hidrologia,

◄ Cf. *O evangelho da infância em Mateus*, p. 122.

A Província da Síria-Palestina no século I

É um espaço muito fragmentado por razões históricas e políticas, porque Roma preferiu geralmente manter príncipes locais. A dominação romana rompeu o isolamento da região, abrindo-a para o mar e desenvolvendo a rede de estradas.
A urbanização é recente e rápida, como atesta a abundância de topônimos gregos e romanos.

remontava aliás ao século III antes de nossa era, em relação com a fundação de Alexandria e a abertura do mercado egípcio. Os administradores das grandes propriedades agrícolas, ou melhor, suas esposas, aparecem nos relatos evangélicos da pregação na Galileia[4]; eram Judeus, pois não se conservaram vestígios de grandes proprietários estrangeiros como em outras regiões do império.

A urbanização e a abertura ao mundo exterior deram origem a uma classe abastada culturalmente helenizada, que vivia em grandes mansões ricamente decoradas. Os edifícios de espetáculos – teatros, circos e hipódromos – marcam a paisagem de todas estas cidades novas, assinalando a difusão das letras gregas e da cultura agonística♦ fundada nos concursos públicos e na emulação. Somos evidentemente levados a nos perguntar se uma evolução tão notável do estilo de vida não criou uma divisão radical e irredutível entre os ambientes urbanos beneficiários da entrada no mundo romano, que se teriam desjudaizado, e a classe dos pequenos camponeses, empobrecidos pela generalização da tecnologia e da economia monetária e pela concentração das terras, que se teriam engajado numa resistência política e religiosa. Este postulado, que insere a pregação de Jesus numa "espiral de violência", de acordo com a expressão consagrada, é de preferência revisto para baixo pelas pesquisas recentes.

A urbanização e a abertura ao mundo exterior deram origem a uma classe abastada culturalmente helenizada.

A arqueologia demonstra, com efeito, que a helenização do ambiente não implica um abandono das práticas identitárias do judaísmo. Nas casas decoradas e acomodadas ao estilo grego, de Jerusalém e da Galileia, encontram-se as bacias necessárias para as purificações rituais (*miqwaot*). Os arranjos dos palácios herodianos não lhes dão uma fisionomia diferente daquela das casas dos sumos sacerdotes hasmoneus♦ de Jerusalém, construídas na época de um Estado judeu independente, mas também helenizado. A análise do consumo e do comércio do vinho através da origem das ânforas encontradas nos sítios herodianos não deixa de ter também interesse: o consumo de vinho grego comum desaparece em proveito de safras específicas de vinhos da Itália para o rei Herodes, tratadas *more judaico* ("à moda judaica"), ou seja, de vinho casher!

De maneira mais geral, Herodes e seu filho Antipas multiplicaram as demonstrações ostensivas de piedade, que sem dúvida tinham às vezes uma linguagem dupla. Na verdade, Herodes foi quem instalou o culto imperial em Cesareia Marítima e em Sebaste, ainda que se tratasse de cidades de população grega, mas foi também ele quem reconstruiu o Templo de Jerusalém para transformá-lo num dos grandes santuários do Oriente mediterrâneo. Antipas havia contraído com sua cunhada Herodíades um matrimônio ímpio de acordo com as normas estritas do judaísmo, mas subia ao Templo para as grandes festas, como atesta sua presença em Jerusalém por ocasião da Páscoa em que morreu Jesus. Ambos procuraram um caminho do meio para utilizar a comunicação grega através da imagem, em seus monumentos e em suas moedas, sem transgredir o mandamento da Lei. No entanto, o equilíbrio era frágil, como mostram dois casos que opuseram os judeus piedosos e os fariseus a Herodes: o rei precisou demonstrar-lhes que os troféus com os quais havia ornado o teatro de Jerusalém e que consistiam num feixe de armas fixado sobre um manequim, eram conchas vazias sem estátuas; a águia de ouro, com a qual havia decorado uma das portas do Templo, foi tolerada pelos fariseus até o ano 4, talvez por considerá-la um querubim.

Um equilíbrio frágil com sequências insurrecionais

O outro argumento se baseia numa análise serena da cronologia. As insurreições populares contra a ordem romana e seus representantes, chefiadas por "profetas", que pretendiam reatualizar os grandes momentos do Êxodo e da conquista da Terra prometida, não se sucederam numa progressão contínua, mas antes marcaram mudanças de reinado ou de regime, ou seja, conjunturas políticas.

Uma primeira sequência corresponde à sucessão de Herodes. Viu-se na Galileia o surgimento de três "messias" de origem obscura, candidatos à realeza: Judas filho de Ezequias, uma vítima de Herodes, apoiou-se nos fariseus e esteve na origem do movimento zelota♦, que foi o instigador da guerra contra Roma (66-70); Simão, um antigo escravo do rei, cingiu o diadema dos reis helenistas♦ e incriminava os palácios e as cidades dos herodianos como também as ricas mansões dos notáveis helenizados; Atronges, um pastor, também se fez chamar de rei e conduziu com seus irmãos uma guerrilha contra as tropas romanas. O segundo período daqueles que hoje são chamados os "profetas da renovação", assinalado nos Atos dos Apóstolos[5], começa em 40, por ocasião das provocações do imperador Calígula, e se intensifica a partir de 44, após a morte do rei Herodes Agripa I e o restabelecimento da administração direta pelos romanos.

A pregação de Jesus parece ter ocorrido numa época de relativa paz social, entre diversos episódios insurrecionais.

A pregação de Jesus parece, portanto, ter-se desenrolado numa época de relativa paz social, se excetuarmos o episódio de Barrabás, só documentado nos evangelhos. Parece difícil inseri-la numa "espiral de violência". Paradoxalmente, as perturbações em Jerusalém nos anos 30 são atribuídas pelos autores judeus às provocações do prefeito Pilatos, que

Cf. *Que vestígios deixa Pilatos na história?*, p. 642.

os evangelhos tendem antes a poupar. De acordo com o autor e notável judeu Fílon de Alexandria, que visitou Jerusalém e foi atuante na política, a governadoria de Pilatos se resume em corrupção, violências e execuções sem julgamento. No entanto, Fílon não conhece a execução de Jesus. Ele desenvolve, sobretudo, o incidente dos medalhões de ouro imperiais, destinados a decorar Jerusalém, que pareceram um desafio, embora estampassem apenas inscrições e não retratos como era sua função. Foi necessário deslocá-los para Cesareia Marítima. O historiador judeu Flávio Josefo, um pouco mais tardio, acrescenta a introdução em Jerusalém de insígnias com a efigie do imperador e a construção de um aqueduto à custa do tesouro do Templo. Estes acontecimentos provocadores de perturbações constituem o contexto no qual ele introduz sua informação sobre Jesus e a menção de sua crucifixão. Acrescenta ainda a repressão sangrenta contra os samaritanos, que terminou desencadeando a intervenção do governador da Síria e a destituição de Pilatos e seu retorno a Roma. Conservou também a execução de João Batista por ordem de Herodes Antipas, aliado fiel dos romanos, que ele explica pela popularidade do pregador e pela extensão de seu movimento.

Cf. *Quais são os testemunhos não cristãos?*, p. 101.

Uma interpretação de conjunto – mais política do que sociorreligiosa – foi proposta para explicar estes episódios isolados no contexto da morte de Jesus. Pilatos teria tido até o ano de 31 interesses comuns com o prefeito do pretório Sejano, que conspirava contra o imperador Tibério, e teria multiplicado as provocações para suscitar usurpações e rebeliões abertas, destinadas a enfraquecer o poder vigente; isto poderia explicar o fato de ele ter condenado Jesus como "rei dos Judeus" (letreiro da cruz), título que Herodes trazia e que para os romanos sugeria projetos de restauração monárquica.

No tempo da pregação de Jesus, os Judeus da Judeia participam de um mundo unido por Roma, que passa da integração política aceita à unidade política imposta, e no qual as liberdades locais são frágeis e aleatórias.

As redes da Diáspora

Os Judeus mantinham laços com numerosos outros povos do Oriente Próximo e do mundo mediterrâneo, na esteira dos movimentos migratórios bem assentados já há vários séculos. A Diáspora, nome genérico utilizado para designar o povoamento judaico fora da Judeia, é um fenômeno antigo resultante, na Mesopotâmia, do exílio na Babilônia. Muitas vezes se esquece esta Diáspora oriental que, nos anos 40, esteve na origem da conversão dos príncipes de Adiabene (atual Curdistão iraquiano) e que forneceu o viveiro das primeiras Igrejas do Oriente. A expedição de Alexandre, e depois a conquista romana, abriram aos Judeus o horizonte mediterrâneo. As comunidades se multiplicaram no Egito, na Ásia Menor (atual Turquia) até o mar Negro e, finalmente, na Itália e em Roma. Trata-se de uma emigração mais militar do que econômica, porque foi como pessoas encarregadas de forçar os contribuintes a pagar os impostos atrasados e como colonos que muitos Judeus foram instalados com sua família pelos reis helenistas no Egito, na Síria e no planalto da Anatólia entre os séculos III e II antes de nossa era.

Na época da conquista romana, foi necessário sem dúvida recorrer ao tráfico de escravos, que Roma desenvolveu em grande escala para liquidar e rentabilizar os prisioneiros de guerra. No entanto, foi antes da guerra da Síria, em 63 antes de nossa era, que os primeiros Judeus haviam chegado a Roma. Em seguida outros juntaram-se à Diáspora voluntariamente, graças a laços de lucro, de serviço e de proteção desenvolvidos pelo clientelismo à moda romana. Havia pelo menos seis sinagogas♦ em Roma no início do século I, uma das quais sob o patrocínio de Augusto e outra sob o de seu genro Agripa, um amigo de Herodes.

Os Judeus da Diáspora estavam organizados em "sinagogas", nome que se aplica (como o de "igreja") a um tipo de associação fundada na reunião, ao passo que o lugar de culto era chamado "casa de oração" (*proseukhê* em grego). Nas cidades do Oriente romano e em Roma, as sinagogas fundamentavam-se na estrutura associativa, já que todas as comunidades de imigrados se reuniam por etnias num lugar específico e em torno de uma capela. Cada sinagoga formava uma comunidade independente com sua própria administração; coletava-se ali a contribuição para o Templo de Jerusalém; procedia-se ali a arbitragens internas; celebravam-se ali as festas e as pessoas se reuniam sem dúvida a cada sábado para leituras e exegeses♦ da Torá. A instalação da administração imperial, após as guerras civis, foi para as comunidades judaicas da Ásia a ocasião de negociar a autorização de edificar um lugar de reunião próprio, assim como todas as isenções necessárias à observância da Torá: respeito do sábado como dia de descanso e, portanto, isenção do serviço militar, abate particular de animais para comer, liberdade de coletar fundos para o Templo de Jerusalém.

As sinagogas asseguraram a vitalidade da Diáspora e a construção de uma identidade judaica ligada a Jerusalém.

A organização do judaísmo sinagogal assegurou, portanto, sua irradiação na Diáspora, ao mesmo tempo que reforçou o estabelecimento de laços com Jerusalém e a construção de uma identidade judaica: para Fílon de Alexandria, que faz uma leitura teológica positiva da Diáspora, esta é uma ação providencial. Grupos de simpatizantes gravitavam em torno das sinagogas, ocorreram casamentos inter-religiosos. Houve também reações hostis a esta explosão demográfica e cultural do judaísmo, particularmente em Alexandria, no Egito, onde se desenvolveu um antijudaísmo intelectual e político com surtos recorrentes de violência. Em Roma, onde os historiadores romanos registram a expulsão pontual de Judeus por motivo de proselitismo♦ sob Tibério (em 19) e depois sob Cláudio (em 41 ou em 49), observa-se de preferência, através da literatura latina, uma mistura de fascínio e de reticência em relação ao judaísmo. O proselitismo é sempre suspeito e é até alvo de uma proibição legal.

Jerusalém, centro de um judaísmo aberto ao império

A vitalidade da Diáspora, o aumento dos intercâmbios e dos laços sociais punha doravante Jerusalém no centro de uma rede judaica ampliada para a bacia oriental do Mediterrâneo. Amplia-se a função da peregrinação, o que era o objetivo de Herodes quando reconstruiu o Templo de uma maneira tão monumental. As grandes festas da Páscoa (*Pessah*), de Pentecostes (*Shavu'ot*) e das Tendas (*Sukkot*♦) punham a guarnição romana em alerta e levavam muitas vezes o prefeito romano a subir a Jerusalém (já que residia em Cesareia Marítima), mas alimentavam o movimento do dinheiro com os depósitos de oferendas e o recolhimento do *shekel* ou *didrakhmon*, que constituía uma reserva em moeda viva para o santuário e a cidade, bem como a circulação das pessoas.

Cf. *Como funcionava o Templo de Jerusalém?*, p. 557. ►

As sinagogas de Jerusalém não eram lugares de culto, já que os sacrifícios só podiam ocorrer no Templo; elas tinham uma função de ensino e de hospitalidade para os peregrinos vindos da Diáspora. Eram, portanto, o tempo e o lugar da troca de informações, o que é ilustrado pelos Atos dos Apóstolos no relato de Pentecostes, quando Pedro toma a palavra e dirige sua mensagem a Judeus vindos de toda a bacia oriental do Mediterrâneo e de Roma[6]. As grandes festas judaicas, quer celebradas em Jerusalém, em Alexandria ou em Roma, eram ocasiões de aproximação entre Judeus e não-Judeus. A família imperial mandava oferecer sacrifícios no Templo. Em Alexandria, a festa comemorativa da tradução da Bíblia para o grego (a Septuaginta♦), que assumia a forma de um piquenique popular na ilha de Faros, era aberta aos alexandrinos. Os gregos e os romanos eram sensíveis a rituais exteriores, em particular o acendimento das lâmpadas para o sábado, para a *Hanukka* e para a festa de Herodes.

Inseridos na estrutura urbana e no movimento associativo, os Judeus não pareciam excessivamente estranhos aos olhos dos gregos e dos romanos, embora estes estranhassem alguns aspectos da religião deles. A tolerância geral para com os costumes ancestrais de um povo era habitual, pois eram considerados um elemento de sua identidade étnica. Todo o mundo estava ao par da circuncisão e das outras práticas identitárias do judaísmo, que forneciam um motivo popular de zombaria aos satiristas; a abstinência de carne de porco, no centro de muitos debates, era fonte de incompreensões; o sábado era condenado como improdutivo e inútil, mas as isenções foram sempre mantidas. De Cícero a Sêneca e a Plutarco, os intelectuais não manifestaram propriamente interesse por aquilo que consideravam uma sabedoria "bárbara" (ou seja, não grega), mas mesmo assim uma sabedoria.

Quando houve conflito entre gregos e Judeus em Alexandria, isto era efeito de uma reação comunitarista de duas minorias fragilizadas, que se sentiam igualmente ameaçadas. Em outros lugares, as manifestações de hostilidade são raras antes de 66 e do início das insurreições judaicas na Judeia e no Egito. Mais tolerantes ainda do que os gregos, os romanos aceitaram conceder um estatuto de exceção às comunidades judaicas para respeitar seu monoteísmo, isentando-as particularmente de participar nos cultos oficiais da comunidade política na qual viviam, na cidade e no império. O monoteísmo era uma singularidade, podendo dar lugar a suspeitas de ateísmo♦, mas não era reprimido a partir do momento em que os judeus rezassem e sacrificassem "para" o imperador (e não, evidentemente, "ao" imperador). Compreendia-se melhor o lugar central dado, nos rituais judaicos como também nas cerimônias dos gregos, aos sacrifícios, às libações e às fumigações de incenso. A coexistência das comunidades religiosas era uma das realidades da "Paz romana" em período comum, de modo que precisamos precaver-nos de todo anacronismo, atribuindo à época de Jesus textos que expressam antagonismos e violências religiosas que são posteriores a 66.

1. At 22,25-27. **2.** Lc 2,1-5. **3.** Mt 2,16-18. **4.** Lc 8,2-3. **5.** At 5,36-37. **6.** At 23,14-41.

O que pode dizer a arqueologia

Eric H. Cline
Universidade George Washington
Washington, D.C. (Estados Unidos)

A arqueologia do Novo Testamento ocupa-se com acontecimentos que ocorreram imediatamente antes, durante e depois da vida de Jesus, ou seja, desde a época da entronização de Herodes por Roma em 40 antes de nossa era até a morte dos apóstolos pelo final do século I. Ela cobre a "Terra santa" (Israel e Jordânia) bem como a Turquia, a Grécia e a Itália em razão das viagens de Paulo e da morte de Pedro em Roma. No total, ela se ocupa com um período muito mais breve (menos de duzentos anos) e uma região geográfica muito mais restrita (o circuito do Mediterrâneo) do que os períodos cobertos pela arqueologia da Bíblia hebraica, a qual se estende sobre cerca de mil e quinhentos anos e a maior parte do Oriente Próximo antigo. Se falarmos dos personagens e acontecimentos relatados apenas pelos evangelhos, os dados de tempo e de espaço são ainda mais circunscritos e é normal que os resultados sejam ainda mais modestos.

Digamos de uma vez: a arqueologia não trouxe até agora nenhum esclarecimento direto quanto ao nascimento, à vida e à morte de Jesus. A verdade é que ela se concentra nos vestígios concretos do passado: ruínas de construções, fragmentos de cerâmica, inscrições em pedra ou em papiros. Por isso os instrumentos da arqueologia não podem trazer senão muito excepcionalmente a prova da existência de um determinado indivíduo ou de um grupo de indivíduos que viveram num passado longínquo.

Pilatos

É, no entanto, o caso de três personagens importantes dos relatos evangélicos: Pilatos, Herodes e Caifás. A descoberta mais importante no plano da história do Novo Testamento é sem dúvida uma inscrição latina de três linhas fragmentárias, datada do ano 30, que menciona o "prefeito" Pôncio Pilatos. Esta inscrição, descoberta por uma equipe italiana em 1961 no teatro de Cesareia Marítima, é uma dedicatória ao imperador Tibério: *Tiberieum [Pon]tius Pilatus [Praef]ectus Juda[eae]*. A inscrição completa devia ser: "Pôncio Pilatos, prefeito da Judeia, dedicou ao povo de Cesareia um templo em honra de Tibério". Trata-se da única inscrição gravada em pedra que menciona Pôncio Pilatos: ela nos informa que o título de Pilatos era o de "prefeito", de caráter militar, e não o de "procurador" que encontramos nos evangelhos.

◂ Cf. *Que vestígios deixa Pilatos na história?*, p. 642.

Herodes

O rei Herodes "o Grande" aparece no evangelho de Mateus[1] como aquele que recebe os "reis magos" e ordena o "massacre dos inocentes", o que provoca a fuga para o Egito de José, Maria e Jesus, que só retornarão à sua casa após a morte do rei (no ano 4 antes de nossa era, portanto). Seja qual for a autenticidade deste relato, Herodes é um personagem histórico, conhecido por sua política de grandes obras, cujos vestígios ainda são bem visíveis. Podemos citar especialmente a cidadela de Massada e a cidade portuária de Cesareia – Cesareia Marítima, que será importante mais tarde na história das primeiras comunidades cristãs, mas que não devemos confundir com Cesareia de Filipe, nas margens do planalto de Golã, que aparece nos evangelhos como o lugar onde Pedro reconhece Jesus como Messias e Filho de Deus[2].

◂ Cf. *O evangelho da infância em Mateus*, p. 122.

Mas o maior projeto de Herodes "o Grande" foi a renovação do Templo de Jerusalém. No lugar onde havia o primeiro Templo, o de Salomão, destruído pelos babilônios em 586 antes de nossa era, os exilados retornados da Babilônia graças ao edito de Ciro, rei da Pérsia, puderam construir um novo entre 535 e 515 antes de nossa era. Este segundo Templo já tinha quase cinco séculos quando Herodes decidiu reconstruí-lo numa escala muito maior. É na realidade um terceiro templo que ele edificou; mas, como os sacrifícios não foram interrompidos durante a construção, o edifício conservou uma continuidade com o segundo Templo e continua sendo designado com este nome pelos historiadores. Entre 19 e 9 antes de nossa era, Herodes começou ampliando consideravelmente o monte do Templo e a esplanada tornou-se a mais vasta do mundo romano até a construção do fórum de Trajano no início do século II; ainda hoje podemos apreciar sua extensão. As renovações herodianas fizeram do Templo a oitava maravilha do mundo antigo; Flávio Josefo o descreve como uma montanha coberta de neve que se percebe de longe vindo de Jericó.

Muitos acontecimentos da vida de Jesus relatados pelos evangelhos ocorreram no Templo ou nos arredores. Jesus teria até profetizado sua destruição[3]. Ora, ele iria ser destruído pelas tropas romanas conduzidas por Tito no ano 70, e restam relativamente poucos vestígios em razão do furor empregado na sua destruição. O mais conhecido é o muro chama-

◂ Cf. o capítulo *O conflito com o Templo*, p. 541.

do "das Lamentações", que constitui apenas uma pequena parte do muro exterior da esplanada do lado ocidental. Este "Muro ocidental", como o chamam os Judeus (ou simplesmente o Kotel, "muro"), se estende de um lado e do outro e, desde o século XIX, foram encontrados dois arcos (arco de Robinson e arco de Wilson) que permitiam o acesso à esplanada. Do lado sul, foi resgatada a escada monumental pela qual subiam os peregrinos. Nos últimos trinta anos, a rua que costeava o muro ocidental em direção ao norte e à fortaleza Antônia foi descoberta sob as residências que a cobrem e é acessível aos turistas subterraneamente.

Caifás

Cf. *Quem é responsável pela morte de Jesus?*, p. 629. ▸

Outro personagem bem conhecido dos evangelhos é Caifás, que foi Sumo Sacerdote♦ do Templo entre 18 e 36 (ou 37) e que, portanto, estava neste cargo no momento da Paixão de Jesus. Foi ele que teria mandado prender Jesus e teria pronunciado a famosa frase: "[É melhor] que um só homem morra pelo povo e que não pereça a nação inteira"[4]. O ossuário de Caifás, uma urna quadrangular de pedra que contém talvez os ossos do Sumo Sacerdote e de membros de sua família, foi descoberto no bosque de Jerusalém, ao sul do monte do Templo. Alguns ossuários do túmulo continham os ossos de diversos corpos. Um deles, bem decorado, continha os ossos de seis indivíduos: os de uma mulher adulta, de um adolescente, de uma criança, de dois bebês e, por fim, de um homem de aproximadamente sessenta anos. É este último que alguns quiseram identificar com o Caifás do Novo Testamento. Duas inscrições sobre o ossuário de pedra, "Yehosef bar Qafa" e "Yehosef bar Qayafa", podem ser consideradas como as transcrições aramaicas de José filho de Caifás ou talvez José da família de Caifás. D acordo com o historiador Flávio Josefo, o nome completo do Sumo Sacerdote era José Caifás, mas geralmente chamavam-no "Caifás"[5]. Não se pode ter certeza de que os ossos encontrados sejam dele, porque era comum a Antiguidade transferir os ossos de um ossuário para outro. Caso se trate realmente de Caifás, teríamos o único caso de um indivíduo mencionado no Novo Testamento, cujos restos mortais teriam sido identificados pelos arqueólogos.

A arqueologia não trouxe até agora nenhuma luz direta quanto ao nascimento, à vida e à morte de Jesus.

Vestígios da vida cotidiana

Fora os casos destes três personagens, os arqueólogos precisam contentar-se em esclarecer as condições da vida cotidiana no tempo de Jesus e dos apóstolos: o que as pessoas comiam, como elas se vestiam, como eram as residências e os monumentos das cidades da Galileia como Séforis e Cafarnaum, ou ainda de Jerusalém. Assim as escavações de Séforis – a seis quilômetros apenas de Nazaré – mostraram que o modo de vida no século I era ali muito mais judaico do que helenístico ou romano, como se havia pensado até então. As escavações de Cafarnaum, às margens do mar da Galileia, onde Jesus pregou antes de se dirigir a Jerusalém, não só permitiram encontrar edifícios como a sinagoga e igrejas construídas no lugar tradicionalmente considerado a casa de Pedro, mas forneceram a prova de que foi uma aldeia próspera no século I. John Laughlin, professor na Averett University, observa que "longe de ser uma aldeia pobre isolada, Cafarnaum, o centro do ministério de Jesus, era muito próspera... Nos séculos seguintes, Cafarnaum ampliou-se e continuou a prosperar como lugar de peregrinação cristã". A atividade turística, antigamente como hoje, trazia lucro, ao que parece, à economia local.

As descobertas arqueológicas relacionadas com a Bíblia acontecem muitas vezes de forma inesperada. Assim, em 1985 e 1986, por ocasião de uma terrível seca, o lago de Tiberíades baixou consideravelmente, deixando aparecer o fundo pela primeira vez em centenas de anos. Perto de Cafarnaum as águas, retirando-se, deixaram à mostra um barco que há dois mil anos esperava no fundo do lago. A descoberta deste barco – o único conhecido na região para este período – nos permite saber mais sobre a navegação e a construção naval da época, porque é possível examinar suas características e a maneira como foi construído, em vez de contentar-nos com hipóteses a partir de mosaicos ou de descrições. Infelizmente não se sabe quem era o proprietário do barco e se existe algum elo entre ele e os relatos do Novo Testamento que ocorrem nas imediações do mar da Galileia.

A arqueologia bíblica tem ainda muito a dizer. Embora a disciplina já tenha mais de cento e cinquenta anos de existência, ela soube adaptar-se às técnicas modernas. Mas seu papel não consiste em provar ou refutar a Bíblia e os evangelhos: ela só pode esforçar-se para fazer reviver a cultura material dos lugares a que se referem os textos.

1. Mt 2,1-19. **2.** Mt 16,13-19. **3.**Mt 24,2; Mc 13,2; Lc 21,6. **4.** Jo 11,50 e 18,14. **5.** *Antiguidades judaicas* XVIII, 35 e 95.

Lugares e objetos venerados e contestados

Philippe Gruson
Exegeta

Excetuados alguns nomes de cidades e aldeias, do Jordão e do lago da Galileia, os evangelhos não situam com muita precisão os acontecimentos da vida de Jesus: "numa aldeia", "numa alta montanha", "numa sinagoga"... Como única exceção, os diversos lugares de Jerusalém, sobretudo nos relatos da Paixão: o jardim do Getsêmani, a casa de Caifás, o pretório de Pilatos, a colina do Gólgota... O evangelho de João, que reflete a tradição de Jerusalém, é ainda mais preciso ao nomear também as piscinas de Siloé e de Betesda e muitas vezes acrescenta detalhes: "a piscina de Betesda com cinco pórticos"; "Betânia, a quinze estádios de Jerusalém"; "o jardim das Oliveiras do outro lado do Cedron"; "o Gólgota fora da cidade" com "o túmulo num jardim" etc.

Hoje como no passado, o leitor dos evangelhos, quando se faz peregrino na terra de Jesus, procura encontrar os lugares de que os textos falam. Ele deseja encontrar-se "no próprio lugar" onde Jesus teria feito isto ou dito aquilo. Mas a arqueologia, que estuda estes lugares, procura apenas compreender as construções que ali foram feitas e os outros vestígios materiais do passado. Suas escavações permitem ao leitor/peregrino descobrir diversos vestígios, cristãos ou não, que ele procura interpretar. Não existe, portanto, propriamente falando, arqueologia "bíblica", mas apenas uma arqueologia de lugares a que a Bíblia se refere. Os pesquisadores, a propósito do suposto itinerário de Jesus, falam sobretudo dos monumentos erigidos nos "lugares santos" e procuram elaborar a história da veneração dos peregrinos. Eles não podem remontar à "origem" para autenticar este ou aquele vestígio. Por isso a arqueologia deve interpretar suas escavações com a ajuda não só dos evangelhos, mas também dos outros textos cristãos que evocam as tradições que – muitas vezes tardiamente – santificaram estes lugares.

Uma ruptura na tradição local

Os primeiros cristãos deixaram Jerusalém antes do assédio de 70 por parte dos romanos, para se instalar em Pela, de acordo com Eusébio de

Cesareia; após a derrota da última revolta judaica em 135, Jerusalém é reconstruída pelo ocupante com o nome da Aelia Capitolina e profundamente transformada. Os Judeus são proibidos de fixar residência ali. Quais lembranças podem ter sido conservadas pela comunidade de Jerusalém exilada? E, mesmo se cristãos se reinstalam em Jerusalém sob o imperador Adriano (morto em 138), são cristãos de origem pagã que certamente não se beneficiaram de uma transmissão pela geração da Judeia anterior a 70. É só muito mais tarde, com os inícios da cristianização do império e com a conversão de Constantino, que os primeiros relatos de peregrinos, o do Peregrino de Bordéus (333) e de Egéria ou Etéria (384), descrevem muitos lugares santos. Mas nossas informações vêm sobretudo de dois autores: Eusébio de Cesareia (por volta de 320), em seu *Onomasticon* – informações sobre os lugares bíblicos conhecidos – e, no final do século IV, Jerônimo, que reside em Belém para traduzir o Antigo Testamento a partir do hebraico.

O desejo dos peregrinos de ver e de tocar os lugares santos ocasiona então, da parte dos cristãos que os acolhem, a fixação de tradições locais. Levam-nos a escalar a montanha das Tentações, a das Bem-aventuranças, a da Transfiguração, indicam-lhes o lugar "exato" da Ascensão, mostram-lhes a pedra onde foram colocados os pães e os peixes do milagre, ou o sicômoro no qual Zaqueu subiu etc. Numa palavra: todo o Evangelho, de acordo com os cristãos que habitavam a região, podia ser lido "in loco", sem levar em consideração as mudanças históricas que operaram uma ruptura na transmissão das localizações.

◄ Cf. *O que pode dizer a arqueologia*, p. 63.

Belém e Nazaré

O autor cristão Justino, originário da Samaria, declarou que o nascimento de Jesus ocorreu numa gruta próxima de Belém, de acordo com um testemunho local recebido por volta de 130[1]. Enquanto Lucas faz Jesus nascer num estábulo, esta tradição da gruta está presente num apócrifo conhecido pelo nome de *Protoevangelho de Tiago*, por volta de meados do século II. Por volta de 240 Orígenes, que foi a Belém, afirma: "Encontra-se ali a gruta onde [Jesus] nasceu e a manjedoura onde foi envolto em fraldas"[2]. Com efeito, muitas casas antigas de Belém estavam construídas encostadas na rocha, com um cômodo cavado nela. Ainda hoje, algumas grutas servem de abrigo para os rebanhos. Não foi por acaso que Jerônimo, vindo de Roma em 385 para trabalhar em sua tradução, tenha decidido residir numa gruta ao lado daquela venerada pelos peregrinos. Em cima desta foi construída a abside da primeira basílica mandada construir por Constantino, em 339, antes daquela construída por Justiniano por volta de 530. A persistência de uma gruta

◄ Cf. *Os evangelhos apócrifos*, p. 97.

precisa entre outras é um testemunho a favor da tradição local do século II atestada por Justino.

Nazaré, a aldeia onde Jesus passou a infância, não conheceu a mesma veneração primitiva. Uma comunidade judeu-cristã é atestada por volta de 200: o diácono Cônon, de Nazaré, se diz pertencente à família de Jesus. Em 384, mostra-se à peregrina Egéria "uma grande e bela gruta" que teria sido a casa de Maria. As escavações mostraram alguns restos de casas dos séculos I e II, com partes cavadas no calcário, visíveis perto da atual basílica. É evidentemente impossível situar a casa de Maria, mesmo que um pequeno cômodo cavado na rocha dê hoje para a antiga basílica bizantina. Esta conserva alguns mosaicos, talvez de um batistério do século IV ou V.

Cafarnaum e o poço de Jacó

Cf. *Os trabalhos e os dias*, p. 207. ►

Estes dois lugares são bem atestados arqueologicamente, por razões diferentes. Cafarnaum é uma aldeia de pescadores onde Jesus provavelmente morou por cerca de dois anos na casa de seu amigo Pedro, a noroeste do lago da Galileia. Descobriu-se a sinagoga em calcário, construída sobre outra, mais antiga, em pedra local: o basalto, característico da região, que é o material de todos os outros vestígios da época. Jesus provavelmente conheceu esta sinagoga de pedra negra. Não longe dali, pode-se ver as bases de um edifício estranho: um duplo octógono construído no século V ao redor de uma casa comum, cujos dois cômodos foram juntados. As bases dos muros, rebocados, trazem grafitos cristãos. Este lugar corresponde certamente ao lugar descrito por Egéria em 384, que viu "a casa de Pedro transformada em igreja, conservando os muros originais". Fato único entre as casas da aldeia, o chão foi refeito uma dezena de vezes com cal, o que supõe uma grande frequentação. Estas ruínas estão ao mesmo tempo protegidas e ocultas por uma curiosa estrutura moderna.

Cf. *O que acontece com a Samaritana?*, p. 271. ►

O "poço de Jacó", onde o evangelho de João situa o encontro de Jesus com a samaritana[3], é certamente o lugar mais assegurado e mais preciso de todos: por um lado, a aldeia vizinha, Askar, conserva o nome de Sicar mencionado por João; por outro lado, trata-se de um poço muito profundo (32 metros) que dá, coisa excepcional na região, para um curso de água subterrâneo – a aproximar termos "fonte" e "água viva" empregados no relato evangélico. No século IV foi construída ali uma igreja, depois muitas vezes reconstruída, até chegar à atual, bem recente.

Os lugares da Paixão

Jerusalém é uma cidade onde as pesquisas arqueológicas nunca param. Diversos sítios descobertos estão diretamente relacionados com o que nos dizem os evangelhos. Por exemplo, João evoca, "perto da porta das Ovelhas, uma piscina que se chama em hebraico *Bethzatha* [Betesda], que possui cinco pórticos"[4], onde Jesus curou um paralítico. A dupla bacia exumada em 1888 é reconhecida como correspondendo a esta piscina. João ainda narra longamente em seu capítulo 9 como Jesus curou um cego de nascença, pondo-lhe lodo sobre os olhos e ordenando que "fosse lavar-se na piscina de Siloé". Esta grande bacia foi descoberta em 2004.

Mas os lugares mais importantes relacionados com Jesus em Jerusalém são evidentemente os de sua Paixão. Os relatos da Paixão de Jesus nos quatro evangelhos são oriundos talvez das tradições mais antigas; em todo caso são os mais bem situados de todos. A primeira comunidade de Jerusalém deve ter conservado lembranças precisas dos lugares destes acontecimentos essenciais, que encontramos nos relatos evangélicos. O jardim do monte das Oliveiras, o lugar onde Jesus gostava de reunir seus discípulos[5], ainda existe. Encontraram-se ali "lagares de azeite" (em aramaico *gath-shemane*, que deu Getsêmani), que deviam existir, acima do Cedron.

O palácio de Caifás, onde Jesus é julgado diante do Sinédrio♦, não é identificado com certeza: dois lugares são possíveis. O primeiro se encontra na encosta da colina oeste, logo acima do Cedron, diante do monte das Oliveiras, sob o atual santuário de São Pedro in Gallicantu. Na origem, um pequeno mosteiro bizantino comemorava ali o arrependimento de Pedro após sua negação, donde o nome in Gallicantu, "ao canto do galo". Alguns arqueólogos pensam ter encontrado ali um banho ritual judaico (*miqweh*). Mas outros veem ali uma habitação da época bizantina. Por outro lado, este "palácio" construído numa encosta parece estranho. O segundo lugar possível está situado no alto da colina, perto da muralha oeste da Cidade Velha: foram descobertos os restos de uma grande residência, sob a pequena igreja armênia do Salvador, no cemitério. Os muros desta casa eram rebocados e decorados, o que supõe um certo luxo, combinando melhor com a residência do Sumo Sacerdote, personagem principal do povo judaico antes de 70. Mas a decoração dos muros comporta pássaros, o que contradiz a proibição judaica das imagens...

◄ Cf. *A negação de Pedro*, p. 643.

O sudário de Turim

O "Santo Sudário" entra na história em 1357, em Notre-Dame de Lirey, na Aube. No século XV passa para as mãos dos duques da Savoia, em Chambéry, e em seguida para a catedral de Turim em 1578. Esta longa peça de linho (4,36m) teria servido, segundo se diz, para envolver o corpo de Jesus no túmulo. Ela traz manchas marrons analisadas hoje como vestígios provocados por sangue. A fotografia do professor Pia, em 1898, permitiu ver que a imagem do sudário estava "em negativo" e mostrou o esboço do corpo inteiro de um crucificado, especialmente seu rosto, amplamente divulgado em seguida. Sua datação com carbono 14, realizada em 1988, suscita fortemente a questão de sua autenticidade, pois o tecido é datado entre 1260 e 1390. Ora, o papa Clemente VII, em 1390, havia autorizado os primeiros ostensórios com a condição de dizer explicitamente que se tratava apenas de uma "figura ou representação" do sudário de Cristo. Por que esta precaução importante, numa época em que o culto e tráfico de relíquias eram florescentes? Mas, por outro lado, como se formou esta imagem sem pigmentos de pintura? Por que ela é tridimensional? Por que não há nenhum vestígio de remoção das chagas ensanguentadas? Quais são as inscrições em grego e em latim que alguns pensam poder ler? Outras tantas perguntas que permanecem a respeito da natureza deste tecido e desta imagem.

O palácio de Pilatos não se encontra, como se acreditou durante um século, na fortaleza Antônia, ao norte da esplanada do Templo. Esta localização fora "provada" pela descoberta de um pavimento importante, que era identificado com "o lugar chamado Litóstrotos, em hebraico *Gabbatha*" no evangelho de João[6]. Mas é certo que este pavimento só foi colocado depois de 135, por ocasião da reconstrução de Jerusalém como Aelia Capitolina por Adriano. Pelo contrário, o historiador judeu Flávio Josefo especifica que os governadores romanos ocupavam sempre os palácios dos reis que eles vinham substituir, para marcar bem o poder imperial. O palácio de Herodes o Grande, último rei de Jerusalém (morto no ano 4 antes de nossa era), se encontrava na cidadela da porta de Jafa, a única porta do oeste. É ali, portanto, que é preciso situar o pretório onde Pilatos apresenta Jesus flagelado aos chefes judeus que permaneceram fora: "Eis o homem!" (*Ecce homo*) e depois: "Eis o vosso rei!"[7] Quando Tito, em 70, mandou demolir esta cidadela, conservou a parte baixa de uma torre, para testemunhar a importância das fortificações que ele precisou conquistar. É, portanto, a partir deste lugar que Jesus teria carregado sua cruz por 500 metros aproximadamente, até o Gólgota, então na parte externa da cidade.

Os arredores do Gólgota são bem conhecidos dos arqueólogos, desde as escavações de 1961-1984, conduzidas conjuntamente pelas seis Igrejas que ocupam o Santo Sepulcro, chamado Anástasis (Ressurreição) pelos ortodoxos. Era uma antiga pedreira abandonada e depois terraplenada, próxima da cidade. Em algumas fachadas da pedreira haviam sido cavados túmulos de famílias ricas; a pedreira se transformara numa necrópole, da qual subsistem nove túmulos. Fora deixado um pico de rocha de má qualidade, de 11 metros de altura, chamado o Crânio (Golgotha em aramaico, para nós Calvário, derivado do termo latino com o mesmo sentido). Será que este nome está ligado talvez à crença judaica de que neste lugar se encontrava o túmulo de Adão? Os textos antigos falam de uma misteriosa "gruta de Adão" ou "gruta dos tesouros" e os arqueólogos encontraram justamente uma sob este Gólgota. Esta lenda foi evidentemente explorada pelos cristãos, ao tratar do tema do resgate da falta de Adão: para Agostinho de Hipona "o médico foi levantado [sobre a cruz] onde estava o doente". Em 626 foi erguida uma capela de Adão no santuário do Santo Sepulcro e a arte cristã representará muitas vezes um crânio ao pé do crucifixo.

◄ Cf. o capítulo *A crucifixão*, p. 651.

Em 135 Adriano havia ordenado a construção, neste bairro doravante incluído na cidade, do fórum da Aelia Capitolina, bem como a construção de um templo dedicado a Afrodite/Vênus, logo acima do Gólgota. O que conservou os lugares intactos por dois séculos. Quando o imperador Constantino, em 326, mandou procurar o lugar do túmulo de Jesus, os cristãos de Jerusalém indicaram que era preciso cavar sob este templo de Vênus. Será que podemos acreditar em Eusébio de Cesareia, que se tornou o hagiógrafo de Constantino, quando ele afirma que os cristãos haviam conservado durante três séculos a memória do lugar autêntico? A verdade é que o túmulo resgatado foi recoberto com uma rotunda (o *martyrium*) e o "rochedo do Gólgota" foi mantido a céu aberto, ao lado da igreja voltada para o oriente. O santuário foi reconstruído após o incêndio provocado pelos persas ao saquear a cidade (614). Em 1009 o califa Hakim, do Cairo, mandou demolir o conjunto da igreja. Restam, portanto, somente as bases do "túmulo de Jesus", conservadas pela reconstrução parcial da igreja em 1042. Em 1150 os cruzados ergueram uma magnífica igreja romana diante da rotunda de Constantino, que forma a igreja atual. Quanto ao túmulo, ele está cercado por uma curiosa estrutura do século XIX, obra da Igreja ortodoxa, como o alto tapume que esconde o coro.

Verdadeiras e falsas descobertas

Além dos "lugares santos", dos quais mencionamos a incerteza quanto à sua localização e, portanto, à sua "autenticidade" aos olhos da arqueologia, outros lugares e objetos são continuamente descobertos e estudados. As escavações modernas permitem assim relacionar objetos concretos com os acontecimentos relatados nos evangelhos. Por exemplo, um ossuário, descoberto em 1968 no sítio de Giv'at há-mivtar (em Jerusalém), continha uma surpresa importante: o esqueleto de um homem adulto, cujo *calcaneum* direito (o osso mais grosso do calcanhar) estava perfurado com um prego. Trata-se hoje do único vestígio arqueológico indubitável de uma crucifixão.

Relíquias de todos os tipos

Além do sudário de Turim, numerosos outros objetos ligados à memória de Jesus foram objeto de vivas controvérsias no tocante à sua autenticidade.
A túnica de Argenteuil, apresentada como a que Jesus vestiu após a flagelação, teria sido "descoberta" por Helena, mãe do imperador Constantino, e conservada em Constantinopla. Depois teria sido oferecida a Carlos Magno para sua sagração no ano 800. É, pelo menos, o que se escreveu em 1156 na abadia de Argenteuil, cuja fundadora era uma filha do imperador. Origens misteriosas e um milênio de silêncio... Quarenta anos mais tarde, uma túnica parecida foi descoberta em Trier.
Os "instrumentos da Paixão", aparecidos no Oriente no Império bizantino e no Ocidente depois das cruzadas, são venerados há muitos séculos. Embora a descoberta da "verdadeira cruz" (ainda por Helena no início do século IV) permaneça cercada de muitas interrogações, seus inúmeros pedaços estão presentes em quase todos os países de história cristã, muitas vezes comprados bem caro em Constantinopla – ou simplesmente saqueados – e conservados em magníficos relicários (estaurotecas). Da mesma forma a coroa de espinhos e os pregos da cruz, para os quais São Luís mandou construir a Sainte-Chapelle no século XIII.
Outras cidades afirmam conservar o sudário (em Oviedo, na Espanha, desde o século XII), a lança, a esponja de vinagre, o letreiro da cruz "INRI" (o *titulus*: Jesus de Nazaré rei dos Judeus), uma dezena de frascos com sangue de Cristo e pretensos exemplares do Santo Cálice (o famoso Graal) etc.

Mas convém desconfiar das falsas descobertas. Ontem a multiplicação das relíquias respondia ao entusiasmo dos fiéis. Hoje, quando em sua maioria as Igrejas são muito mais reservadas a respeito de sua autenticidade e mesmo de sua importância, é a atração dos meios de comunicação pelo sensacionalismo que leva a procurar freneticamente hipotéticos vestígios "verdadeiros" de Jesus. Assim a descoberta de um ossuário com a inscrição gravada "Tiago filho de José, irmão de Jesus" esteve no centro das atenções em 2002. Era apresentado como a prova material da existência de "Tiago irmão do Senhor", do qual fala Paulo, e que é também conhecido como irmão de Jesus por Mateus e até por Flávio Josefo. Mas, após uma primeira análise da pátina da inscrição que concluía por sua autenticidade, uma outra, mais precisa, permitiu provar indubitavelmente sua modernidade. Um hábil falsário havia passado por lá...

1. Justino, *Diálogo*, 78, 5. **2**. Orígenes, *Contra Celso*, I, 51. **3**. Jo 4,5-42. **4**. Jo 5,2. **5**. Jo 18,2. **6**. Jo 19,13. 7. Jo 19,5 e 14.

ESCLARECIMENTO

O contexto espiritual e religioso

Marie-Françoise Baslez
Universidade Paris -IV-Sorbonne

O Império romano se apresenta como um mosaico de povos, de culturas e de religiões, sendo que a unidade era construída na diversidade. A coexistência das religiões e os intercâmbios religiosos são facilitados nos sistemas politeístas♦, que têm por natureza uma vocação de desenvolver-se indefinidamente.

O monoteísmo judeu era, portanto, uma exceção, que os gregos descobriram no momento da conquista de Alexandre e que eles identificaram como uma religião dos "sírios" – sendo que os Judeus eram de língua e de cultura semíticas – de um tipo particular. A escola de Aristóteles o considerou uma religião de filósofos, umas dessas "sabedorias bárbaras" preservadas nos reinos helenistas: a tradução da Bíblia para o grego em Alexandria é a prova. Ficaram desconcertados sobretudo por seu caráter anicônico♦ e pelo mistério que o Santo dos santos♦ representava no Templo de Jerusalém, enquanto os gregos e os romanos prestavam culto a uma representação antropomórfica♦ da divindade em seu templo, que exprimia seu poder. No entanto, a crença num deus único podia parecer confirmar uma tendência crescente ao henoteísmo♦, que consistia em estabelecer uma divindade como deus supremo num sistema politeísta: Júpiter no panteão romano, Ísis ou Serápis, ou ainda o Altíssimo, designação que foi aplicada tanto a um Júpiter ou a um Baal quanto ao deus dos judeus.

A religião particular dos judeus é tolerada e reconhecida como todas as outras por exprimir a identidade ancestral de um povo e marcar a pertença a uma comunidade política. Ela tem em comum com os politeísmos o fato de funcionar como uma ortopraxia♦: "fazer é crer"! A piedade consiste na execução de ritos – em cujo centro se encontra o sacrifício – que mantêm a ordem e a paz com o(s) deus(es) e afastam a cólera divina. Toda religião antiga tem como objetivo criar um laço social, no sentido primeiro de *religio* em latim. Os cultos cívicos, que são a oportunidade de grandes rituais coletivos, ocupam, portanto, um lugar essencial. O judaísmo é menos conhecido como uma religião do Livro, uma religião revelada, porque, apesar de sua tradução para o grego no século III antes de nossa era, as Escrituras judaicas não circularam nem interessaram aos gregos e aos romanos antes do século II de nossa era. Os rituais circularam mais.

O judaísmo circula no mundo greco-romano como uma dessas religiões vindas do Oriente, trazidas pelas comunidades de imigrados que se instalam nos grandes portos, ao mesmo tempo que o culto dos deuses fenícios♦ Astarte e Adônis, o dos deuses egípcios Ísis e Serápis, o da Deusa síria ou Mãe dos deuses, vinda da Ásia Menor. Estes cultos perdem progressivamente seu caráter étnico quando adotam as aspirações à salvação sustentadas até então no mundo grego pelos cultos iniciáticos, "chamados "religiões de mistérios"♦, como o de Elêusis. A época imperial assiste ao desenvolvimento de cultos gregos ou orientais fundamentados em mitos de morte e de ressurreição, ou melhor, de renascimento e de recriação: os mistérios de Dioniso, o deus grego despedaçado pelos Titãs, os mistérios egípcios que reatualizavam o mito de Osíris numa liturgia mimética... No culto de Mitra, celebrava-se um batismo de sangue (o do touro imolado), como no da Mãe dos deuses e de Átis. Por mais estranhas que fossem, as práticas rituais eram toleradas enquanto não fossem percebidas como marcas de separatismo, o que podia ser o caso do judaísmo na medida em que a Torá interferia inextricavelmente na vida civil e na vida social: a circuncisão tornava difícil a integração dos jovens judeus na educação atlética, onde a nudez era obrigatória; os interditos alimentares impediam a participação na convivialidade que marcava o ritmo de todos os momentos da vida cívica.

A época está igualmente em busca de intercessores que tornem o mundo dos deuses mais próximo do mundo dos humanos. O culto aos soberanos, desde Alexandre até o imperador romano, responde a esta aspiração: o soberano manifesta sua natureza sobre-humana por seus altos feitos e por sua compaixão para com os seus povos; ele está presente o mais próximo possível de seus súditos por suas imagens e suas estátuas, nas quais os autores judeus viram a forma mais perigosa de "idolatria", no sentido primitivo de "culto da imagem". Com efeito, o culto imperial não faz do imperador um deus vivo, mas o estabelece como mediador cultual na relação com o divino. O culto dos heróis – mortais que chegaram à imortalidade através de suas proezas e de seus favores – se generaliza e se diversifica na busca dos "homens divinos", que muitas vezes são identificados com filósofos ou sábios como Apolônio de Tiana, um contemporâneo de Jesus e de Paulo, que os últimos pagãos apresentarão como um contramodelo ao cristianismo ainda no século IV. Esboça-se um novo caminho do herói grego ao santo cristão, passando pelo culto dos profetas instituído pelos fariseus desde o século I.

CARTA BRANCA

Timothée de Fombelle

Escritor e dramaturgo

O rumor e o segredo

Ele estava sozinho, sentado de noite, sobre a borda do telhado

Por um novo poder, ele ouvia os cochichos do mundo embaixo dele.

Vou lhe dizer. Você não sabe nada? Era o terceiro dia...

Vou lhe dizer uma coisa. Venha. Escute-me...

Quando chegou a Betânia, o ar havia adquirido uma densidade carregada de odores e de vapores tão espessos que se podia dar-lhes uma mordida.

Escute. Disseram-me isto... Um segredo. Fique calado. Não sei mais seu nome. Alguém...

O viajante respirava e ouvia esta grande desordem. Porque, com o vapor, corriam também os sussurros da cidade. Ele os ouvia como nunca, como palavras em migalhas levadas pelo vento e que se abatiam sobre ele.

Aconteceu lá longe. Espere. Era uma noite. Esqueça o que eu lhe disse... Eu não sei. Perdoe-me. Esqueça...

O perfume e as palavras precediam a cidade. Os coureiros, os oleiros, os curtidores, estes artesãos da carne e do fogo eram obrigados a instalar-se fora das muralhas de Jerusalém, no lado oposto ao vento vindo do oeste.

Na Judeia, sim. Aproxime-se de mim. Eles me contaram tudo isto. Ouça... Eu não lhe disse nada, combinado? Foi aqui que aconteceu. Quem fala de um rei?

Na encosta oriental do monte das Oliveiras, Betânia aparecia cada dia com estes fogos-fátuos entre as casas, nas nuvens de perfumes de peles secadas e de carvão. Era o caminho de todos os que vinham da cidade e de outros lugares.

Também mulheres o viram. Seu nome? Não sei. Mulheres! Mulheres de manhã cedo. O véu do Templo. Contam tantas coisas... Aliás, um rei? Por que um rei? Onde estão as provas? Não dizem seu nome. E a pedra removida do túmulo?

Ele subira neste telhado e, na manhã que se aproximava, prestava atenção aos ruídos que percorriam o mundo há dias.

Você poderá acreditar ou não em mim. Eu lhe digo isto porque é você...

Estes ruídos chegavam agora de mais longe. Haviam viajado e voltavam ocultos numa brisa contrária ou no coração de um viajante.

Aquele que eles não esperavam mais. Uma pequena província do império... Um rebelde. Um terrorista. Não diga nada, eu lhe peço. Esta história acabou...

Despontava o dia atrás dele. Ele viera ali por causa das vozes persistentes, seguindo o rumo, remando corrente acima em direção ao rumor. Quase chegara à fonte.

Quem disse a você? Eu não confio em ninguém. O túmulo vazio. Nunca se saberá. Um curandeiro, simplesmente. Um louco...

Então ele se dizia: Existe o rumor e existe o segredo. O segredo sopra sobre o rumor. O rumor atiça o segredo.

Quantos eram os que o seguiam? Alguns se escondem... Deem-me provas. Vivo! Ele vinha da Galileia. Por que deixaram de chorar?

O rumor é um ruído de fundo. Ele desperta os acampamentos. Ele dorme no porão dos navios. O rumor queima a erva seca. Ele atravessa a pé os riachos. Atravessa o deserto. O rumor não se esgota. Ele volta sem avisar.

O rei dos Judeus. E você nem sequer sabe seu nome. Um rei! Na Judeia. Escute um pouco a você mesmo. Do outro lado do mar... Olhe-os quando falam dele. Escute o que você diz. Era tão longe daqui. Morto e ressuscitado: era preciso pensar nisso! Esqueça tudo isto. Vem cá. Pare um pouco de pensar nisso...

Ele se dizia: O rumor nos faz levantar em plena noite. O rumor conta com nossos vazios. Ele escala as muralhas. O rumor se agarra às nossas sedes. O rumor se agarra às nossas esperanças.

O que ele me disse ele o ouvira de seu irmão, que o ouvira de um marinheiro vindo de longe. Quanto a mim, eu não sei nada... Ele dizia: o filho de Deus. Ele dizia isto. Eu não quero saber. Mulheres. E dois homens que haviam falado com ele pelo caminho... E você? Esqueça o que eu lhe disse. Você pensa o que, no fundo de você mesmo?

O rumor é belo demais. O rumor é muito grande. O rumor infla ao avançar. O rumor não cria raízes. O rumor aguça nossas dúvidas.

Um carpinteiro. Um gracejo. Não sou mais o mesmo. O que é que eles sabem? O filho de Deus, é isto? E eles dizem que não têm senão um único Deus! Esqueça tudo. Deus e seu filho, isso já faz dois... E se eu lhe disser que meu tio conheceu seu pai em Nazaré? Então? O filho de Deus! Não os ouça. Eu lhe digo. Não os ouça...

O rumor deixa vestígios. Ele nos põe a caminho. Ele acende fogueiras.

Crucificado. Sim, crucificado. E no dia seguinte: as mulheres. Ressuscitado! E Roma? Será que Roma sabe?

Ele descera do telhado e caminhava para a cidade, com o sol batendo nas costas. Quanto mais avançava, mais se fazia silêncio.

Ele ia remontar ao segredo.

Capítulo 3

OS VETORES DO RUMOR

Poderíamos contar as coisas assim...

Tudo começou depois que Lucas voltara de Roma, para onde havia acompanhado Paulo. Junto a este, ele havia confessado sem descanso que Jesus, morto e ressuscitado, é o Senhor, e havia anunciado a Boa-Nova da Salvação. Ao voltar, constatou que os que haviam seguido o Senhor Jesus pelos caminhos da Galileia e até Jerusalém envelheciam e alguns já se haviam juntado a ele na glória celeste. Dentro em breve, as primeiras testemunhas não estariam mais entre os vivos. Como então as novas gerações ficariam sabendo de tudo o que acontecera? Lucas não foi o primeiro a compreender que era urgente recolher as lembranças dos que haviam conhecido Jesus. Entre as comunidades crentes, alguns haviam anotado as palavras dos apóstolos e circulavam coletâneas das palavras que o Senhor havia pronunciado, dos feitos que ele havia realizado e, evidentemente, dos relatos que narravam o que aconteceu durante os dias e as horas que precederam sua condenação e sua execução.

Lucas era um homem metódico. Dedicou-se à tarefa com ardor. Ele não partia do nada. Em Roma, havia encontrado Marcos, uma pessoa próxima de Pedro, que também havia empreendido o mesmo trabalho. No entanto, ele não deixava de encontrar novos elementos, às vezes fragmentos, às vezes relatos inteiros. Sem descanso, ele coletava, compilava e, sobretudo, recopiava todos os documentos que lhe chegavam às mãos. Começou a se espalhar o rumor daquilo que ele fazia e, em breve, ele viu afluir as testemunhas e os mensageiros trazendo uma palavra que Jesus havia pronunciado e que fulano ou fulana havia conservado: este uma historieta, aquele a narrativa de um momento. Pouco a pouco, ele via renascer sob seus olhos a figura de Jesus. Não mais o Senhor, o Filho de Deus, como Paulo o havia apresentado a ele, mas um homem, que havia percorrido os caminhos da Galileia, que se havia debruçado sobre os homens e as mulheres de seu tempo, que os havia escutado, que havia chamado a si os pequenos, os doentes, as próprias crianças. Quando Lucas fechava os olhos, ele via Jesus. Ouvia sua voz. Sentia o calor do sol, o frescor da tarde quando o pequeno grupo que o acompanhava se sentava junto ao fogo e a noite caía. Então o Mestre tomava a palavra, e cada instante do dia, cada gesto adquiria sentido. Por sua vez, Lucas seguia Jesus, ajustava seus passos aos passos dele, olhava com os olhos dele. Havia uma coisa que o deixava maravilhado naquilo que ele coletava: era a maneira como Jesus contava histórias, tomando exemplos da vida cotidiana, um pai e seus filhos, um semeador, um pastor, um vinhateiro, uma mulher que perde uma moeda, uma outra que pede justiça a um juiz iníquo... Ouvindo, e recopiando todos estes pequenos relatos, Lucas descobria que o Reino de Deus não estava apenas nos céus, mas já aqui, nesta terra. Ele havia admirado Paulo quando este pintava o imenso panorama da Salvação, desde o início do mundo e até às extremidades da terra, e ali ele via o reino se desenhar nas coisas mais insignificantes: o céu que se tornava vermelho no horizonte, os pássaros do céu nas árvores do jardim, as crianças brincando nas praças. Ele sabia que era preciso conservar tudo isso.

Os rolos de papiro se acumulavam ao seu redor. Sem descanso, ele classificava e reclassificava. Às vezes uma testemunha se lembrava de certo fato acontecido na Galileia durante uma refeição na casa de um fariseu, mas na memória de outra testemunha foi em Betânia, perto de Jerusalém. Para sair desse quebra-cabeças, ele tinha um guia, que havia recebido de Paulo, seu primeiro mestre: em Jesus cumpria-se toda a Escritura, a Lei, Moisés e os Profetas, e a Salvação era anunciada a todos, até às nações mais longínquas. Pouco importava se essa palavra havia sido dita em Cafarnaum ou em Jerusalém. O essencial era que os que iriam ler o relato pudessem descobrir que Jesus era realmente o Cristo de Deus.

Por fim, certa manhã, teve a certeza de que ele estava pronto. Tinha o plano daquilo que iria escrever; e tudo o que ele havia coletado poderia ser organizado ao redor desse plano. Tomou seu cálamo e, tendo em mente todos aqueles e aquelas que iriam ler estas linhas, nos anos e talvez séculos futuros, todos estes homens e mulheres guiados pelo desejo de Deus, ele começou: "Caro Teófilo..." Estava satisfeito com seu achado. Este nome, que significa aquele que ama a Deus, englobava de antemão todos e todas. E prosseguiu: "Outros além de mim já empreenderam compor o relato dos acontecimentos, assim como no-los contaram aqueles e aquelas que foram as testemunhas diretas, que viram e ouviram. Decidi fazê-lo eu também. Informei-me com toda exatidão. Eis aqui, para ti, o relato mais preciso possível. Assim verás que aquilo que é anunciado é seguro e verdadeiro..."

C.P.

Quatro evangelhos e não um só

Michel Quesnel
Universidade Católica de Lyon

Os evangelhos são escritos improváveis. São relatos que pertencem ao gênero literário "biografia" (*bios* no grego da época), bem conhecido na Antiguidade greco-romana. No entanto, eles têm uma particularidade a ser sublinhada: são biografias "de um homem que as pessoas acreditam estar vivo e atuante para além de sua execução e de sua morte"[1]. Por conseguinte, preferir-se-á muitas vezes a expressão mais vaga "Vidas de Jesus", sobre as quais a pesquisa foi particularmente ativa no século XX. As biografias antigas comportam em geral quatro momentos que se sucedem na seguinte ordem: a origem e o nascimento do herói; sua educação; sua vida ativa; sua morte e o reconhecimento que se segue. O personagem central é um homem célebre por sua importância política ou militar, ou pela qualidade de seu pensamento. Jesus, obscuro profeta de uma província remota do Império romano, não tinha nada que justificasse que alguém contasse sua vida por escrito. Como, então, explicar a existência destes quatro evangelhos, com os quais se inicia o Novo Testamento, postos sob os nomes de Mateus, Marcos, Lucas e João, respectivamente?

A escrita destes textos demorou um tempo para acontecer. Tendo Jesus morrido provavelmente na sexta-feira, dia 7 de abril, do ano 30, o primeiro relato contínuo referente a ele, o evangelho segundo Marcos, não apareceu antes do fim dos anos 60 de nossa era: mais de trinta anos separam a morte do herói e a conclusão desta primeira "Vida de Jesus", aliás incompleta. Com efeito, ela não narra nem seu nascimento nem sua educação; e quanto ao reconhecimento do que vem após sua morte, ou seja, sua ressurreição, esta só é relatada muito brevemente. A obra inicial concluía com o silêncio e o medo de três mulheres que chegam ao túmulo para completar os cuidados que não puderam ser dispensados ao cadáver na sexta-feira de tarde, em razão do sábado♦ (o dia judaico começa à tardinha); elas descobrem o túmulo aberto e o cadáver não se encontra ali; no interior está apenas um jovem, que lhes anuncia a ressurreição do herói e as encarrega de, por sua vez, anunciá-la. Mas elas não fazem nada[2].

Cf. *Jesus morreu no dia 7 de abril do ano 30?*, p. 667. ▶

Cf. *Do sepultamento ao túmulo aberto*, p. 677. ▶

O relato inicial terminava assim, de maneira bastante abrupta. A passagem que segue[3], chamada "final canônico", foi identificada pela crítica como um acréscimo posterior composto a partir de episódios retomados de outros escritos do Novo Testamento, principalmente do evangelho de Lucas e dos Atos dos Apóstolos.

O evangelho de Marcos

Na origem deste relato de Marcos estão sem dúvida dois tipos de documentos, cuja existência foi tornada necessária pelas atividades das primeiras comunidades cristãs. Estas eram no início compostas de Judeus e Judias. Tinham em comum o fato de crer que Jesus era o Messias de Israel e que ele havia ressuscitado. Suas Escrituras eram as Escrituras judaicas, em particular os livros dos profetas e os oráculos messiânicos neles contidos. Estas comunidades se reuniam no sábado à tarde para rezar e celebrar a "Refeição do Senhor", durante a qual rezava-se inspirando-se nas liturgias sinagogais clássicas – bênçãos, leitura das Escrituras, canto dos Salmos... Concluía-se com a bênção do pão e da taça, gestos e palavras que recuperavam os de Jesus na companhia de alguns discípulos, na véspera de sua morte.

◄ Cf. *A Ceia*, p. 569.

No entanto, a referência constante à pessoa de Jesus morto e ressuscitado exigia que se falasse mais sobre ele. Ele fora um profeta, que falava em nome de Deus como os profetas bíblicos antes dele; fora igualmente um sábio, na tradição dos Sábios de Israel; havia praticado curas e exorcismos♦; havia sobressaído na invenção de relatos chamados "parábolas". O que ele havia dito e feito merecia ser recordado. Trazia-se isto à lembrança. Eram lembradas, em particular, as palavras e as circunstâncias nas quais ele as pronunciara. Estes episódios da vida do Mestre assumiram a forma de curtos relatos, concluídos por uma frase de Jesus, que eram chamados "apoftegmas"♦. Como aquele que ocorre na casa de Levi, um discípulo que Jesus acaba de chamar: "Estava à mesa em casa dele, e muitos coletores de impostos e pecadores tinham tomado lugar com Jesus e seus discípulos, pois eram numerosos e o seguiam. E alguns escribas fariseus, vendo que ele comia com os pecadores e os coletores de impostos, diziam aos seus discípulos: 'Que é isto? Ele come com os coletores de impostos e pecadores?' Jesus, que os ouvira, disse-lhes: 'Não são os que têm saúde que precisam de médico, mas os doentes: eu não vim chamar justos, mas pecadores'"[4]. Organizaram-se coleções de episódios deste tipo, ou de parábolas que Jesus havia contado, algumas escritas, outras orais. Estas coleções são um primeiro tipo de documento.

Paralelamente, por ocasião da celebração da Páscoa, eram lembrados cada ano os principais acontecimentos que haviam marcado os últimos dias de Jesus em Jerusalém antes de sua morte. Organizou-se um relato contínuo[5]. Ele completou e depois substituiu sem dúvida o relato da Páscoa judaica, que os judeus festejam em família em suas casas cada ano e que lembra a saída do Egito (os judeus praticantes utilizam sempre este relato, em hebraico Hagadá, cuja origem remonta à Antiguidade e que foi completado ao longo dos séculos). O relato próprio das primeiras comunidades cristãs é, portanto, um segundo tipo de documento, mais elaborado do que o modelo precedente, e cujo uso era principalmente litúrgico. A reunião destes dois tipos de documentos, completados por alguns outros relatos ou discursos, é a base do que se tornou o evangelho de Marcos. Estima-se, em geral, que foi redigido em Roma por volta do ano 67 de nossa era e que sua garantia era a pessoa de Pedro.

O evangelho de Marcos é o mais curto dos quatro e aquele cuja língua é a mais próxima da língua falada.

Ele é o mais curto dos quatro evangelhos. É também aquele cuja língua é a mais próxima da língua falada. Um elemento importante de sua teologia é o que se chama o "segredo messiânico": consciente da ambiguidade de tudo quanto diz respeito ao sucesso popular e desejoso de provocar nas pessoas escolhas mais essenciais, Jesus recusa que se faça publicidade em torno das curas e dos exorcismos que ele realiza[6]. Ele teme um sucesso superficial devido ao seu poder de taumaturgo♦, que desviaria as pessoas do cerne de sua mensagem, da qual um resumo é dado desde as primeiras páginas da obra: "Cumpriu-se o tempo, e o Reinado de Deus aproximou-se: convertei-vos e crede na Boa-Nova [*euangelion* em grego, que se tornou Evangelho]"[7].

Cf. *Cristo e Messias*, p. 471. ►

A fonte dos *logia*

A vida das primeiras comunidades e sua vontade de conquistar novas pessoas para a fé em Jesus ressuscitado precisavam igualmente de outros apelos à memória. Precisava-se falar de Jesus e lembrar suas palavras principais ou *logia* (plural de *logion*, termo grego que significa originalmente "oráculo"). Esta lembrança tinha diversas finalidades: conquistar novos membros e formá-los; instruir as crianças; alimentar a pregação durante as reuniões de oração. Estas palavras haviam permanecido na memória dos que as haviam ouvido; estes podiam atestar sua veracidade. Paulo, por exemplo, nas cartas que escreveu às comunidades que fundou, se refere a estas palavras e assinala muito bem a diferença entre as instruções formais dadas por Jesus e as que ele dá em seu próprio nome[8]. Sem termos uma prova absoluta, é quase certo que foram organizadas progressivamente coletâneas escritas dessas palavras, em particular uma que foi utilizada mais tarde pelos autores dos evangelhos de Mateus e de Lucas e que existia desde os anos 50. É chamada a fonte dos *logia* e

Cf. *É possível saber o que Jesus realmente disse?*, p. 104. ►

é representada pela sigla Q (primeira letra do alemão *Quelle*: "fonte"). Este texto não foi conservado e é desconhecido de Marcos. No entanto, foi encontrado no Egito um documento deste tipo, muito mais tardio, composto por 114 palavras de Jesus traduzidas em copta, conhecido pelo nome de *Evangelho de Tomé*; é um indício de que um documento do tipo da fonte Q pode muito bem ter existido.

◄ Cf. *Os evangelhos apócrifos*, p. 97.

Eis algumas palavras de Jesus dirigidas a seus discípulos, que se encontravam nesta fonte e que foram retomadas por Mateus e por Lucas: "Quem não está comigo está contra mim, e quem não ajunta comigo, dispersa"[9]. Acontece, no entanto, que uma mesma palavra de Jesus extraída da fonte dos *logia* seja reproduzida por Mateus e por Lucas de forma ligeiramente diferente. Por exemplo, a seguinte frase que encontramos em Mateus: "Quem vos recebe é a mim que recebe, e quem me recebe, recebe Aquele que me enviou"[10]. E numa formulação próxima em Lucas: "Quem vos ouve a mim ouve, e quem vos rejeita a mim rejeita; mas quem me rejeita rejeita aquele que me enviou"[11]. De maneira análoga, Mateus e Lucas situaram em contextos bastante diferentes uma parábola tomada da fonte dos *logia*, a parábola da ovelha perdida[12]: em Lucas, Jesus a utiliza como argumento contra os fariseus e os escribas para justificar a acolhida que ele reserva aos pecadores; em Mateus, ela é dirigida aos responsáveis pela comunidade para que saiam a procurar um irmão que se perdeu.

◄ Cf. *As parábolas da misericórdia*, p. 378.

O evangelho de Mateus

Os motivos que levaram Mateus e Lucas a escrever uma "Vida de Jesus" são desconhecidos. Só podemos aventar hipóteses. Uma das mais verossímeis é que eles quiseram compor "Vidas" completas de Jesus, o que o evangelho de Marcos, que eles conheciam, não é. A destruição de Jerusalém no ano 70 de nossa era enfraqueceu as comunidades cristãs da Judeia e da Galileia. As comunidades de língua grega foram talvez influenciadas pelo costume que os gregos tinham de escrever biografias de seus heróis. Foi, aliás, em língua grega que, assim como também o evangelho de Marcos, estas duas obras foram redigidas (talvez tenha existido um núcleo hebraico ou aramaico que em seguida foi ampliado e traduzido, pelo menos se confiarmos no testemunho de Pápias, bispo de Hierápolis na Ásia Menor, reproduzido pelo historiador Eusébio de Cesareia[13]).

◄ Cf. *Em que língua estão escritos os evangelhos?*, p. 103.

No entanto, os evangelhos de Mateus e de Lucas nasceram em ambientes diferentes. A composição do evangelho de Mateus deve sem dúvida ser situada numa comunidade cristã composta por uma forte proporção de Judeus, talvez exilada da Judeia e da Galileia e refugiada em Antioquia, na costa norte do Mediterrâneo oriental. É uma "Vida" completa, que cobre acontecimentos que vão da origem de Jesus ao envio em missão, feito por ele, dos onze discípulos que havia especialmente escolhido e que viviam ainda após a Paixão: a última cena se passa no alto de um monte da Galileia, após a Ressurreição. O autor tem como fonte o evangelho de Marcos, no qual se inspira frequentemente, ao qual é preciso acrescentar a fonte dos *logia* e um certo número de tradições que lhe são próprias. A composição definitiva de sua obra é datada nos anos 80 de nossa era.

O caráter judaico do evangelho de Mateus aparece claramente no fato de ele citar muitas vezes as Escrituras judaicas e apresentar diversos acontecimentos da vida de Jesus como sendo o cumprimento dessas Escrituras. Isto é frequente no seu evangelho da infância[14], mas o fenômeno ocorre também em outros lugares. O evangelista usa então uma fórmula bem identificável, da qual apresentamos um exemplo: "Ele [Jesus] expulsou os espíritos pela palavra e curou todos os doentes, para que se cumprisse o que fora dito pelo profeta Isaías: 'Foi ele quem levou as nossas enfermidades e carregou sobre si as nossas doenças'"[15]. Outro elemento que permite destacar o caráter judaico desta obra: o fato de que o ensinamento proferido por Jesus é agrupado essencialmente em cinco grandes discursos[16], que não deixam de evocar os cinco livros bíblicos que a tradição atribui a Moisés e cujo conjunto constitui o Pentateuco♦. O caráter bem estruturado deste relato e a autoridade com que Jesus se exprime tiveram como consequência que este evangelho foi o mais utilizado dos quatro pelas comunidades cristãs ao longo de sua história.

Mateus cita muitas vezes as Escrituras judaicas para mostrar seu cumprimento em Jesus.

O evangelho de Lucas

O evangelho de Lucas é contemporâneo do de Mateus. Mas o projeto do autor é mais amplo, porque é uma história em dois volumes, que vai muito além da vida de Jesus e das consequências imediatas de sua ressurreição. O primeiro volume é o evangelho de Lucas, que é, como o de Mateus, uma "Vida" completa de Jesus, que vai dos acontecimentos anunciadores de seu nascimento até aparições do Ressuscitado em Jerusalém. O segundo, os Atos dos Apóstolos, relata acontecimentos posteriores, que vão da vida da primeira comunidade de discípulos de Jesus ressuscitado em Jerusalém até à chegada de Paulo a Roma, por volta do ano 60. A chegada do "apóstolo das nações pagãs" à capital do império abre todas as possibilidades da difusão do Evangelho; a obra total pode então dar-se por concluída. Assim como o evangelho de Mateus, os dois volumes de Lucas foram compostos nos anos 80, certamente na Ásia Menor ou na Grécia, numa comunidade cujos membros, em sua maioria, não eram Judeus. Como é que, mais tarde, os dois volumes que se sucediam passaram a ser duas obras separadas pelo evangelho de João no Novo Testamento? Isto ocorreu, sem dúvida, quando este foi associado ao Antigo Testamento para constituir a Escritura cristã.

> "Visto que muitos empreenderam compor uma narração dos acontecimentos realizados entre nós, segundo o que nos transmitiram aqueles que foram desde o começo testemunhas oculares e se tornaram servidores da palavra, pareceu-me bom, também a mim, depois de me ter cuidadosamente informado de tudo a partir das origens, escrever para ti uma narração ordenada, Excelentíssimo Teófilo, a fim de que possas verificar a solidez dos ensinamentos que recebeste..."
>
> **Introdução ao evangelho de Lucas**

Mais do que qualquer outro evangelista, Lucas, ao redigir sua "Vida de Jesus" e a história da difusão do Evangelho que se segue, tem consciência de proceder como historiador. Ele assinala isto através das duas dedicatórias – de estilo bem grego – pelas quais ele começa cada um de seus dois volumes. A de seu evangelho[17] é dirigida a um certo Teófilo, cujo nome significa "amigo de Deus", e que de resto não é conhecido – talvez seja um personagem imaginário. Lucas confessa, por esta introdução, que ele escreve depois de outros e que utiliza fontes: como para Mateus, estas fontes são o evangelho de Marcos, a fonte dos *logia* e tradições próprias de sua comunidade. Sua perspectiva teológica é muito marcada pela misericórdia de Deus, do qual Jesus é o arauto, em atos e em palavras. É nele que encontramos algumas parábolas famosas que têm esta tonalidade: a parábola do Bom Samaritano[18] e a do Filho Pródigo[19], para citar apenas estas. Em coerência com este acento, Lucas está bem atento ao papel das mulheres no círculo próximo de Jesus[20], a começar pelo de Maria, sua mãe.

A perspectiva teológica de Lucas é muito marcada pela misericórdia de Deus.

O evangelho de João

Os evangelhos de Mateus, Marcos e Lucas, que possuem cada qual sua originalidade, relatam muitas vezes os mesmos acontecimentos. Podemos, portanto, dispô-los em três colunas paralelas numa obra que se chama sinopse. Daí o nome que lhes é dado: evangelhos sinóticos♦. Eles têm também em comum o fato de não fornecerem nenhum marco de referência temporal que permita situar no tempo a vida pública de Jesus, que se estende desde a pregação de João Batista, um profeta judeu com quem Jesus se encontra antes de começar ele próprio sua missão de pregador, até o relato da Paixão. Cada um apresenta os acontecimentos de acordo com um esquema mais lógico do que cronológico.

A intuição que está na origem do evangelho de João é completamente diferente. Ela corresponde à necessidade mais tardia de penetrar o mais possível na intimidade de Jesus e de sua relação com Deus Pai. Algumas palavras relatadas por outros evangelistas tinham aberto o caminho, como os *logia* de tonalidade joânica que encontramos em Mateus e Lucas[21]. Isto leva o autor a escrever uma obra original em relação aos outros três, relatando muito menos fatos, mas comentando-os com longos discursos que apresentam a interioridade da pessoa de Jesus. O evangelho de João foi composto sem dúvida a partir de um núcleo inicial completado com acréscimos sucessivos; sua teologia tem elementos de parentesco com a de Lucas, por exemplo através do papel que ele confere a Satanás para levar Judas a conspirar contra Jesus e obter sua prisão[22]. Curiosamente, enquanto o de João é o mais místico dos evangelhos, é também o que fornece mais elementos cronológicos sobre a pregação de Jesus. Seu relato contém três Páscoas judaicas, que ritmam a pregação de Jesus[23]. Esta durará, portanto, um pouco menos de três anos, sem dúvida do outono de 27 até a primavera do ano 30.

Cf. *Por que* ▸ *João fala de sinais?*, p. 298.

Os acentos principais de sua teologia emergem particularmente de sua estrutura em duas partes, que são chamados sucessivamente livro dos sinais (capítulos 1 a 12) e livro da glória (capítulos 13-21). Quando termina a primeira parte, a oposição em torno de Jesus se consolidou suficientemente para que sua condenação à morte e execução sejam inevitáveis. Quanto à segunda parte, ela começa com a Última Refeição realizada na tarde de quinta-feira, que abrange cinco capítulos ocupados essencialmente por um discurso de despedida[24]; e desemboca no relato da Paixão propriamente dito[25]. Este livro da glória se estende por apenas dois dias do calendário. A morte de Jesus se perfila desde o início, mas ela já está toda impregnada pela atmosfera da ressurreição, que será descrita mais longamente nos dois últimos capítulos da obra[26]. Para João, a Paixão é um caminho de glória e a Cruz é um trono! A redação dessa obra, verdadeiramente original, precisou de uma longa maturação: o Prólogo de João[27] apresenta uma origem celeste, não terrestre, de Jesus; em vez de ser um horrível suplício, a crucificação assemelha-se a uma entronização. Dos quatro evangelhos, o de João foi sem dúvida o último a ser redigido. É datado geralmente nos anos 90 de nossa era.

João é ao mesmo tempo o mais místico e o que fornece mais elementos cronológicos.

Cf. *Jesus era* ▸ *o Verbo de Deus?*, p. 734.

Por que a Igreja nascente conservou estes quatro evangelhos?

Estes quatro relatos, cuja composição é certamente escalonada entre 67 para Marcos e 90 para João, foram sendo conhecidos progressivamente por todas as comunidades cristãs. Organizou-se a coletânea (sendo quatro um número que evoca a universalidade) eliminando outros relatos mais tardios, nos quais as comunidades não reconheciam sua fé[28]. A história que procuramos esboçar permite compreender por que eles são quatro e não um só. Podemos, no entanto, admirar-nos de que, sempre para responder às necessidades da Igreja nascente, não se procurou reuni-los numa única obra, de utilização mais fácil e que daria uma imagem mais coerente da vida de Jesus. Porque eles não só são diferentes, mas às vezes parecem contradizer-se. Mateus e Marcos, por exemplo, integram no relato duas multiplicações de pães[29]; Lucas e João relatam apenas uma[30]. A maior diferença diz respeito ao dia da morte de Jesus, para a qual as indicações de João e as de Mateus, Marcos e Lucas não concordam. Houve tentativas de agrupar os quatro evangelhos num só, sendo a mais célebre uma obra em grande parte perdida, mas cuja a existência conhecemos por testemunhos confiáveis, redigida por Taciano o Sírio na segunda metade do século II de nossa era e conhecida pelo nome de *Diatessaron*[31]. Diversas comunidades locais a utilizaram; no entanto, nunca foi oficializada pela Igreja universal e foi até considerada suspeita. Os motivos de sua exclusão são múltiplos. Um primeiro motivo é seu caráter tardio. Um segundo é que a teologia de Taciano não era muito segura; Ireneu a denuncia diversas vezes[32]. O mesmo Ireneu apresenta também um terceiro motivo, expresso da seguinte maneira: "Não pode haver nem um número maior nem um número menor de evangelhos"[33]. Os evangelhos são como que as quatro colunas sobre as quais está assentada a Igreja una, animada pelo único Espírito e fundada numa única Palavra.

◄ Cf. *Os evangelhos apócrifos*, p. 97.

◄ Cf. *Jesus morreu no dia 7 de abril do ano 30?*, p. 667.

Este pensamento de Ireneu, teológico, é fundamental e merece maiores explanações. Com efeito, a convicção universalmente compartilhada entre os cristãos, já formulada pelo evangelho de João, é que o cerne da revelação, o que podemos chamar Palavra de Deus, não é um livro, mas uma pessoa, a saber, Jesus Cristo. De Deus ele é a Palavra ou o Verbo (em grego *logos*) de acordo com João[37]; ele é também sua Imagem (em grego *eikôn*) de acordo com a carta aos Colossenses[38]. Este caráter único tem como consequência que nenhuma imagem pode representá-lo e, sobretudo, nenhuma palavra e nenhum livro podem expressar a totalidade de sua pessoa. Para um cristão, a Bíblia não é a Palavra de Deus; ela não tem o estatuto do Alcorão no islamismo. Ela é apenas o conjunto dos livros que permitem abordá-la, mas a própria Palavra está sempre além de toda

Quem são os "evangelistas"?

Os evangelhos não trazem assinaturas e seus autores quase não se apresentam. A partir do século III, os manuscritos mais antigos os designam fazendo aparecer no fim do texto (e às vezes no início, na margem) as indicações "Evangelho segundo Mateus", "Evangelho segundo Marcos" etc. A preposição grega *kata*, "segundo", acentua firmemente a distância e remete a uma autoridade de tipo apostólico: os textos são apresentados como "autorizados" pela tradição das testemunhas de Jesus. Ou seja, nunca se trata de atribuí-los imediatamente a este ou aquele autor, como fazemos espontaneamente e por abuso de linguagem ao falar de evangelho "de Mateus" e "de Marcos".

Para identificar mais precisamente os evangelistas, porém, podemos apoiar-nos nos testemunhos de diversos responsáveis da Igreja do século II, Pápias em Hierápolis (por volta de 140), Ireneu em Lyon (por volta de 180). Na opinião de Eusébio de Cesareia[34], Pápias afirma que Mateus primeiramente recolheu "elementos em aramaico, que cada um pôde em seguida interpretar"; que Marcos foi o discípulo e "o intérprete" de Pedro, cujos ensinamentos recolheu "sem ordem" em Roma. Ele menciona também "João o Presbítero", que ele distingue do apóstolo João filho de Zebedeu. No final do século, Ireneu[35] vê em Lucas o médico discípulo de Paulo, citado no final da carta aos Colossenses[36], e identifica o evangelista João com o filho de Zebedeu e o discípulo bem-amado. Assim aparece claramente que a preocupação dos "bispos" foi bem cedo a de situar estes textos sob a autoridade de uma tradição apostólica, a respeito da qual podemos ponderar que se apoia nos primeiros grupos de testemunhas de Jesus ressuscitado.

Como mostra o artigo de Michel Quesnel, o estudo atento dos textos evangélicos mostra que a história de sua formação foi longa e complexa; permite delinear os contornos de comunidades cristãs em lugares e situações diversas no seio do Império romano. Podemos então determinar os objetivos teológicos e pastorais de cada um e tentar datações.

escritura; se existisse apenas um único evangelho, ele seria sem dúvida exageradamente sacralizado, ao passo que a existência de quatro permite tomar distâncias em relação a cada um e situar a Palavra de Deus lá onde ela se encontra: na própria pessoa de Jesus Cristo.

1. Camille Focant, *L'Évangile selon Marc*, Paris, Éd. du Cerf, 2004, p. 30. **2**. Mc 16,1-8. **3**. Mc 16,9-20. **4**. Mc 2,15-17. Nós traduzimos "justos" e "pecadores" em vez de "*os* justos" e "*os* pecadores". Em grego, estes dois substantivos não são precedidos por artigos. **5**. Mc 14 e 15. **6**. Por exemplo em Mc 1,44; 5,43; 7,36. **7**. Mc 1,15. **8**. Por exemplo 1Cor 7,10-11 (comparar com 7,12); 9,14. **9**. Mt 12,30 e Lc 11,23. **10**. Mt 10,40. **11**. Lc 10,16. **12**. Mt 18,12-14 e Lc 15,3-7. **13**. "Mateus, por sua vez, reuniu em língua hebraica os *logia* [de Jesus] e interpretou cada um como podia", Eusébio de Cesareia, *História Eclesiástica* 3,15-16. **14**. Mt 1–2. **15**. Mt 8,16-17 citando Is 53,4. **16**. Sermão da montanha (5,1–7,29); Discurso de envio dos Doze em missão (10,5–11,1); Discurso em parábolas (13,1-52); Discurso à Igreja (18,1–19,1); Discurso sobre a destruição do Templo de Jerusalém e o fim dos tempos (24,1–26,1). **17**. Lc 1,1-4. A segunda se encontra em At 1,1-2. **18**. Lc 10,25-37. **19**. Lc 15,11-32. **20**. Cf. por exemplo Lc 8,1-3. **21**. Mt 11,25-27 e Lc 10,21-22. **22**. Comparar Jo 13,27 e Lc 22,3. **23**. Jo 2,23; 6,4; 13,1. **24**. Jo 13–17. **25**. Jo 18–19. **26**. Jo 20–21. **27**. Jo 1,1-8. **28**. Por exemplo o *Evangelho de Pedro*, do qual o apóstolo não é o autor, que foi composto na Síria e cuja redação é claramente tardia (por volta de 120-130 de nossa era). **29**. Mt 14,13-21 e 15,32-38; Mc 6,30-44 e 8,1-10. **30**. Lc 9,10-17; Jo 6,1-15. **31**. A palavra significa "através de quatro". **32**. Ireneu, *Adversus haereses* 1, 28, 1; 3, 23, 8. **33**. *Ibid.*, 3, 11, 8. **34**. Eusébio de Cesareia, *História eclesiástica* III, 39 (por volta de 430). **35**. Ireneu de Lyon, *Adversus haereses* III, 3, 1. **36**. Cl 4,14; Fm 24; 2Tm 4,11. **37**. Jo 1,1.14. **38**. Cl 1,15.

Os manuscritos do Novo Testamento

Roselyne Dupont-Roc
Instituto Católico de Paris

Entre os textos da Antiguidade, somente os que foram gravados na pedra ou em tabuinhas de terracota (textos egípcios, tabuinhas sumérias, babilônias etc.) puderam atravessar parcialmente os milênios até nós em sua forma original. Por isso não temos nenhum manuscrito original dos escritos do Novo Testamento, como também das outras obras da Antiguidade grega ou romana. Eles só chegaram até nós através de numerosíssimos manuscritos copiados ao longo dos séculos, até o momento em que a imprensa permitiu fixá-los e reproduzi-los: a primeira edição impressa do Novo Testamento grego é a de Erasmo em Amsterdam em 1516.

Os textos, recopiados geralmente por monges nos *scriptoria* das abadias, trazem numerosas variantes, desde o simples erro de ortografia e as palavras ou linhas omitidas por inadvertência, até às expressões corrigidas por razões de conveniência ou de conformidade teológica. Quase nenhum versículo do Novo Testamento escapou de ser atingido, de uma forma ou de outra, por este fenômeno. Com o tempo, os erros se reproduzem e constituem-se famílias inteiras de manuscritos, formados por textos caracterizados pelas mesmas variantes.

Isto se deve não só à dificuldade da cópia, vetor de uma transmissão que se estendeu por quinze séculos, mas também ao número extraordinário destas cópias, que nós chamamos de "testemunhas manuscritas". Na literatura antiga, o Novo Testamento bate todos os recordes, ao mesmo tempo pelo número e pela extraordinária antiguidade dos manuscritos que possuímos.

Os testemunhos escritos

Durante os três primeiros séculos de nossa era, o material mais frequente da escrita é ainda a folha de papiro (possuímos, no entanto, alguns cacos que trazem pequenos fragmentos de texto dos evangelhos, especialmente um fragmento do *Pai-nosso*). O papiro é uma matéria friável que resiste mal ao tempo. Mas, desde a década de 1930, a descoberta de numerosos papiros contendo fragmentos importantes do Novo Testamento e conservados pelo clima extremamente seco do Egito nos permitiu recuar bastante na transmissão manuscrita dos textos. Os mais antigos são datados nos anos 200, bem no início do século III: assim o papiro *p*66 que contém dois terços do evangelho de João, o *p*46 que comporta 86 folhas (de um total de 104) das cartas de Paulo... Melhor ainda, um pequeno fragmento de papiro contendo algumas palavras do evangelho de João poderia ter sido copiado por volta de 150. Haveria, então, apenas alguns decênios entre as primeiras redações escritas e as cópias descobertas.

A partir do século III, o pergaminho (pele de carneiro tratada) começa a substituir o papiro; muito mais sólido, mas também muito mais caro, ele se impõe pouco a pouco. Escreve-se então com letras maiúsculas, as "unciais". Possuímos três grandes manuscritos unciais, datados nos séculos IV-V, que contêm praticamente toda a Bíblia grega, Antigo Testamento e Novo Testamento. Em primeiro lugar, o *Vaticanus* B03 (na Biblioteca Vaticana desde 1475) provavelmente fez parte das cinquenta cópias da Bíblia encomendadas pelo imperador Constantino a Eusébio de Cesareia, "escritas sobre um pergaminho refinado, com uma escrita legível e um formato manejável por calígrafos competentes"[1]. É situado por volta de 340. Existe igualmente o *Sinaiticus* א 01, descoberto no Sinai no mosteiro de Santa Catarina em 1859, que talvez fizesse parte da mesma encomenda. Contém também ele o Antigo Testamento (com diversas lacunas) e o Novo Testamento. Enfim, o *Alexandrinus* A02, do qual sabemos que estava presente na Biblioteca de Alexandria no século XI, abrange o Antigo Testamento e o Novo Testamento (amputado, no início, dos vinte e seis primeiros capítulos do evangelho de Mateus). Um outro manuscrito da Bíblia, muito lacunar, data do século V: chamado *Codex Ephraemi rescriptus*, o C04 é um palimpsesto♦: o texto da Escritura foi raspado e recoberto, no século XII, pelos trinta e oito sermões de Efrém. Pôde, no entanto, ser lido com a ajuda de raios ultravioleta.

Outros manuscritos unciais do Novo Testamento são de grande interesse. Notemos particularmente o *Códice de Beza* D05 para os quatro evangelhos e os Atos dos Apóstolos. Datado

A Vulgata

A Vulgata, do latim *vulgata* ("acessível à multidão"), é obra do monge Jerônimo de Stridon. No final do século IV, diante da diversidade das traduções latinas existentes, o papa Dâmaso I lhe encomendou este trabalho gigantesco que ele levará quinze anos (aproximadamente) para terminar. Ele já começara, em 382, a traduzir os quatro evangelhos em Roma a partir dos textos gregos; mas, tendo decidido traduzir o Antigo Testamento a partir do hebraico (e não da antiga tradução grega, chamada Septuaginta), ele precisava para isso partir para a Palestina. Ali entrou em contato com mestres judeus para melhorar sua interpretação do texto hebraico, o que lhe valeu censuras, especialmente da parte de Agostinho de Hipona. A tradução de Jerônimo terá dificuldade para impor-se em seguida, mas acabará sendo reconhecida oficialmente pela Igreja católica e será o primeiro livro impresso em 1454 por Gutenberg.

do século V, presente em Lyon desde o século IX, foi adquirido por Teodoro de Beza, grande teólogo protestante, em 1562. Bilíngue grego-latim, apresenta os evangelhos numa ordem Mateus-João-Lucas-Marcos (e não Mateus-Marcos-Lucas-João, conforme a tradição). Contém em Lucas 6,4 uma parábola de Jesus, por outro lado desconhecida, e que reflete as discussões sobre a questão da Lei (vendo um homem que trabalhava durante o sábado, Jesus lhe diz: "Homem, se sabes o que fazes, és bendito; senão, és maldito, transgrides a Lei"). É notável, sobretudo, por numerosíssimas variantes no texto dos Atos dos Apóstolos.

Existem ainda cerca de trezentos outros manuscritos em "unciais" do Novo Testamento, muitas vezes fragmentos, anteriores ao século IX. A partir desta época, com efeito, a escrita muda de maneira clara: doravante escreve-se em letras minúsculas ligadas entre si, o que torna a cópia muito mais rápida; a grafia em "carolíngio" se impôs a partir do reinado de Carlos Magno, do qual ela deriva seu nome. Os manuscritos se multiplicam nos mosteiros do Oriente e do Ocidente cristãos. São designados pelo nome de "minúsculos". Abrangem às vezes todo o Novo Testamento, mas o mais das vezes trazem apenas uma parte, especialmente os quatro evangelhos. Enumeram-se cerca de três mil "minúsculos" gregos entre o século IX e o início do século XVI. A este número impressionante de testemunhos deveríamos acrescentar ainda as traduções antigas do Novo Testamento, que atestam um estado do texto bem anterior aos "minúsculos". Com efeito, desde o final do século II, o texto do Novo Testamento foi traduzido para o latim em algumas regiões da África. Uma centena de manuscritos atestam estas traduções antigas. Observe-se em particular o fato de que o *Códice de Beza* traz em paralelo, nas páginas espelhadas, o texto grego (D05) e o texto latino (d5). Este não é a tradução direta do grego que lhe está defronte, mas foi visivelmente copiado de manuscritos mais antigos. Todos estes textos latinos (que comportam entre si numerosas variantes) são chamados *vetus latina* ("velha latina"), para distingui-los da tradução empreendida por própria conta por Jerônimo no século V, e que se imporá no Ocidente cristão com o nome (aliás tardio) de "Vulgata". Contam-se mais de dez mil manuscritos da Vulgata.

Dispomos de cerca de 3.300 manuscritos gregos dos evangelhos, copiados entre os séculos II e XVI.

Também desde o século III, o Novo Testamento foi traduzido para o siríaco. Também aqui alguns manuscritos revelam a existência de traduções antigas, anteriores à tradução oficial das Igrejas siríacas que foi completada bem no início do século V, a chamada Peshitta♦.

Por fim, não se pode negligenciar as citações do texto do Novo Testamento presentes nos diferentes Pais da Igreja grega, cujas obras, atestadas por sua vez por numerosos testemunhos manuscritos, são às vezes contemporâneas dos nossos mais antigos manuscritos gregos do Novo Testamento.

O trabalho do textualista

Diante de tão grande quantidade de textos de antiguidade e de valor diferentes, é fácil imaginar a dificuldade do trabalho do textualista: estabelecer um texto grego do Novo Testamento que se aproxime o mais possível do texto original. Mas a questão se apresenta. Qual é o texto original? Houve para as diferentes obras do Novo Testamento um único texto original ou diversas edições simultâneas?

Uma primeira grande etapa deste trabalho foi o agrupamento e classificação do conjunto de manuscritos por "tipos de texto". Para isto os estudiosos se apoiam num certo número de variantes significativas que aparecem em diversos manuscritos e se perpetuam na transmissão. Assim a ausência ou a presença do final longo de Marcos após Marcos 16,8; a ausência ou a presença de alguns versículos em Lucas[2]; a ausência ou a presença do relato da mulher adúltera no evangelho de João[3] etc. Desde o fim do século XVIII, estudos cada mais apurados permitiram resgatar alguns grandes tipos de textos resultantes dos trabalhos realizados nos centros intelectuais cristãos no mundo romano. Fala-se especialmente do *texto alexandrino*, muito marcado pela tradição egípcia dos eruditos de Alexandria (século IV)[4]; é notável por sua brevidade, por sua preocupação com correção gramatical e pela ausência de algumas passagens (a mulher adúltera, alguns versículos de Lucas). Está na base do texto grego editado hoje no mundo ocidental, católico e protestante. Quanto ao *texto bizantino*, ele provém do trabalho de eruditos em Antioquia no século IV; caracteriza-se pela preocupação de ser completo e claro; atesta um grego popular, gosta de harmonizar as passagens paralelas e se esforça por esclarecer certas dificuldades[5]. Está na base das traduções da Vulgata e da Peshitta e continua sendo o texto recebido hoje na tradição ortodoxa.

Contrariamente ao que se acreditava, a variabilidade das cópias revela-se muito antiga.

A descoberta, em 1930, de papiros que faziam recuar por mais de cento e cinquenta anos nosso conhecimento do texto do Novo Testamento despertou uma esperança rapidamente desiludida. Com efeito, em vez de se encaminhar para um texto bíblico cada vez mais unificado por ser menos sujeito à variabilidade das cópias, encontraram-se textos portadores de variantes mais numerosas ainda do que as dos grandes manuscritos em unciais conhecidos até então. Estes papiros contêm variantes devidas à dificuldade da cópia muitas vezes realizada por não especialistas, mas fornecem também variantes "teológicas" que refletem correções voluntárias: assim, no mais antigo papiro do evangelho de João[6], o texto de João 11,33, que descreve a dor e a violenta emoção de Jesus diante da morte de seu amigo Lázaro, foi raspado e substituído por uma formulação muito mais atenuada; tratava-se de preservar a divindade de Jesus da desordem das paixões humanas!

Cf. *Lázaro: o ponto de não retorno*, p. 532.

Comparando estas variantes com os principais manuscritos em unciais dos séculos IV-V, percebe-se que o processo unificador caminhou em sentido inverso: de uma grande diversidade antiga para uma maior unificação que dá lugar à formação, nos centros intelectuais da Cristandade, dos grandes tipos de textos que apresentamos. Mas hoje parece que devemos levar em consideração um tipo provavelmente mais antigo, certamente mais flexível, que reflete mais a diversidade dos primeiros manuscritos. Fala-se então de *texto ocidental*. É representado particularmente por manuscritos bilíngues latim-grego, entre os quais o *Códice de Beza* D05 para os evangelhos e os Atos dos Apóstolos. Caracteriza-se sobretudo pela presença de um texto diferente dos Atos dos Apóstolos, chamado *texto ocidental*; dentre 1.007 versículos, este tem apenas 325 versículos idênticos aos do texto majoritário (chamado *texto alexandrino*); é muitas vezes chamado "texto longo", por ser aproximadamente 10% mais longo do que o texto alexandrino chamado "texto curto"; mas, se tem 525 versículos ou pedaços de frases a mais, ele é também às vezes mais breve e suprime cerca de 350 elementos. Esta presença de um segundo texto dos Atos dos Apóstolos parece mostrar que já no século II existiam duas versões diferentes deste livro.

Um texto que nunca foi fixado

Do que acabamos de dizer a propósito da transmissão manuscrita, resulta um fato sólido sobre o qual nunca é demais insistir e cujas consequências são importantes: somos incapazes de encontrar os textos originais do Novo Testamento e, quanto mais recuamos no tempo, maior é a variabilidade dos textos. Este fenômeno atesta o caráter instável do texto desde o século II, e talvez até em sua constituição. Os motivos são múltiplos, sendo o primeiro a grande difusão das tradições orais nas comunidades cristãs disseminadas, desde o fim do século I, na bacia do Mediterrâneo. Os textos escritos serviam, em primeiro lugar, para acompanhar o testemunho, o ensino, a catequese. A tradição que deu origem aos evangelhos é essencialmente oral: antes de serem postos por escrito, e ainda por muito tempo depois, os textos são proclamados, recitados, explicitados, interpretados; a palavra recebida é incessantemente atualizada. A gênese literária de cada evangelho supõe uma longa pré-história e provavelmente diversas edições.

Ao longo da história, grandes eruditos cristãos trabalharam para reduzir esta variabilidade. A imprensa, por sua vez, contribuiu para isso, sem suprimi-la totalmente. Mas, em todos os tempos, as Igrejas cristãs aceitaram sem se inquietar uma verdadeira diversidade de textos, de acordo com as regiões e, evidentemente, de acordo com as línguas. A própria Vulgata latina, que representou um grande esforço de unificação para fornecer o texto do Ocidente cristão durante séculos, sempre comportou numerosas variantes em seus manuscritos. Esta singularidade vem do fato de que a fé cristã não se apega à letra de um texto, que deve sempre ser retomado e proclamado "de acordo com a força do Espírito".

A partir do século XVIII, o trabalho de fixação do texto do Novo Testamento conheceu um novo impulso e uma dimensão científica com o estudo e a classificação de manuscritos sempre mais numerosos. O resultado deste imenso esforço no mundo cristão ocidental levou a produzir, no início do século XX, um texto grego que traz o nome do erudito alemão que havia marcado os trabalhos: Eberhard Nestle. No decurso do século XX, este escrito, retomado por diversos eruditos, entre os quais Kurt Aland, foi retrabalhado e finalmente aceito ao mesmo tempo pelas Sociedades bíblicas do lado protestante e pelos serviços correspondentes da Igreja católica (1966). Adotou-se o costume de chamá-lo "texto Padrão". Esta aparente unificação tem vantagens, mas é provavelmente muito prejudicial, porque leva a crer que nós possuímos "o" texto grego do Novo Testamento, ao passo que se trata de uma obra eclética, muito próxima do tipo alexandrino. Felizmente as Igrejas ortodoxas conservaram um escrito grego de tipo bizantino, manifestando assim o caráter não fixado da letra do Novo Testamento. Hoje numerosos eruditos prosseguem a pesquisa sobre o texto ocidental, cuja variabilidade ainda não foi totalmente explorada.

Somos incapazes de reencontrar os textos originais do Novo Testamento.

Seja como for, precisamos renunciar à ilusão de um texto original e conformar-nos com os testemunhos da diversidade viva das primeiras comunidades cristãs. Este caráter instável do texto continua sendo um dos baluartes mais seguros contra toda leitura de tipo literalista.

1. Eusébio de Cesareia, *Vita Constantini* 4, 36ss. **2**. Lc 22,43-44: intervenção do anjo e suor de sangue; Lc 23,34a: "Pai, perdoa-lhes, porque não sabem o que fazem". **3**. Jo 8,1-11; cf. também Jo 12,18. **4**. É representado sobretudo pelas "unciais" 01, B03, C04 e A02, fora os evangelhos. **5**. Está presente no manuscrito A02 para os evangelhos, nas unciais E07 e F09, mas sobretudo na enorme quantidade de aproximadamente 2.000 manuscritos em minúsculas, conservados nos mosteiros bizantinos. **6**. O papiro *p*66, escrito por volta de 200.

Os evangelhos apócrifos

Jacques-Noël Pérès
Instituto Protestante de Teologia, Faculdade de Paris

O termo grego *apocryphos*, donde provêm o substantivo e o adjetivo "apócrifo", significa oculto, escondido, dissimulado. É aplicado de maneira específica a uma literatura cristã que, de acordo com os tempos e os lugares, foi recebida e utilizada diversamente. Com efeito, a produção literária das comunidades cristãs mais antigas não se limita aos livros do Novo Testamento. Outros escritos são redigidos pouco depois daqueles que entrarão no cânon bíblico, e continuarão a ser redigidos ainda durante vários séculos. Chegaram até nós, inteiros ou na forma de alguns fragmentos, em sua língua original ou em traduções antigas, em grego, latim, siríaco, copta, etíope, armênio, georgiano, árabe, eslavo, para citar apenas as principais. Se existem obras de apologética♦, homilias, ou até, no momento oportuno, comentários de livros bíblicos e livros de história, alguns escritos produzidos por estas comunidades foram utilizados por elas, por exemplo, para as necessidades da catequese ou para explicitar tanto suas doutrinas como também suas práticas.

Uma grande variedade de documentos

O primeiro erudito a dedicar-se a organizar uma coleção de apócrifos é um teólogo e bibliógrafo alemão, Johann Albert Fabricius (1668-1736). Dentre seus numerosos trabalhos, é preciso lembrar aqui seu *Codex apocryphus Novi Testamenti*, publicado em 1703. Fabricius estabelece uma tipologia da literatura apócrifa cristã calcada no Novo Testamento, dividindo-a em evangelhos, atos, cartas e apocalipses. Esta classificação foi retomada desde então. Quanto aos evangelhos apócrifos, estes serão atribuídos a apóstolos (por exemplo, entre outros, Tomé ou Filipe) ou a outros personagens do Novo Testamento (como Nicodemos, Maria Madalena e Judas) e alguns trazem o nome da comunidade donde provêm (o *Evangelho dos Ebionitas*, por exemplo). Convém, no entanto, notar que os evangelhos apócrifos, em seu título de uso, não comportam necessariamente o termo "evangelho", embora possam, em certos aspectos, ser considerados como tais: por exemplo, ao *Carta dos apóstolos*, que pertence ao gênero literário do diálogo, comum na Antiguidade, apresenta Jesus respondendo às últimas perguntas dos apóstolos exatamente antes de sua Ascensão.

A proximidade entre a literatura apócrifa cristã e os livros canônicos do Antigo e do Novo Testamento levou Éric Junod a definir os apócrifos como textos anônimos ou colocados sob a assinatura de personagens conhecidos ("pseudo-epígrafos"♦), que foram redigidos por cristãos dos primeiros séculos e que mantêm relações suficientemente explícitas, embora podendo ser longínquas e nitidamente secundárias, com os livros bíblicos: ora se situam no prolongamento de acontecimentos relatados nos quais se encontram personagens bíblicos, ora seu gênero literário é aparentado com o dos livros canônicos. Observa-se que nesta definição não figuram nem os ambientes socioculturais ou religiosos, e menos ainda políticos, nos quais nasceram estes apócrifos, nem a evolução destes textos, nem o uso que deles foi feito, ou que ainda se faz. Além disso, não se faz um julgamento de valor a seu respeito, mas destaca-se de preferência que estes textos são monumentos históricos. Através deles, são comunidades cristãs dos primeiros séculos que se revelam a nós. Vê-se neles sua curiosidade de saber mais sobre este Jesus do qual os evangelhos canônicos não conservam senão alguns anos de sua vida; ou então são movidos pelo desejo de ver fundamentadas mais precisamente suas doutrinas e sua ética. Assim revelam-se ali autores e leitores, expondo suas certezas e suas esperanças, sua maneira de ser e sua maneira de fazer.

O conteúdo dos apócrifos não é necessariamente "herético", embora alguns deles tenham sido redigidos e difundidos em movimentos marginais.

Levando isto em consideração, impõem-se imediatamente três observações. Em primeiro lugar, embora não inscritos no cânon neotestamentário, os evangelhos apócrifos adquiriram para os cristãos que os utilizaram uma autoridade próxima à dos escritos que a tradição nele incluiu. Por outro lado, convém observar que seu conteúdo não é *ipso facto* herético, embora alguns deles tenham sido redigidos e difundidos em movimentos marginais da Grande Igreja, por exemplo gnósticos♦ (o *Evangelho da Verdade*) ou docetas♦ (o *Evangelho de Pedro*), e considerados por ela abertamente heterodoxos♦. Eles também não contêm necessariamente ensinamentos esotéricos♦, nem atestam forçosamente fatos ou palavras que

O **cânon bíblico** cristão designa o conjunto dos textos reconhecidos como autênticos e sacros pelas diferentes Igrejas – sendo os outros considerados *apócrifos* e, entre estes, alguns sendo rejeitados como "heréticos". Em todo caso, o cânon se constituiu lentamente, não sem polêmicas que tiveram repercussões teológicas. Assim, só foi fixado definitivamente nas diferentes Igrejas bem no final do século IV. Quanto ao Antigo Testamento, existem notáveis diferenças entre as Igrejas católica, protestantes e ortodoxas. Para o Novo Testamento, as incertezas tiveram como objeto algumas epístolas (cartas) e o Apocalipse de João, que os orientais olharam por longo tempo com circunspecção. Mas os quatro evangelhos e os Atos dos apóstolos, que nos interessam aqui, gozaram sempre de unanimidade e hoje todas as Igrejas cristãs utilizam o mesmo Novo Testamento, composto por 27 "livros" canônicos (exceto a Igreja ortodoxa etíope Tewahedo, que conta 35).

uma autoridade, que aliás seria preciso explicitar, teria desejado ocultar da maioria para reservar apenas a alguns iniciados. Por fim, e é a consequência, eles levam a formular a questão de sua conformidade com a *Regra de fé* na qual se fundamentam as doutrinas e as práticas das Igrejas, justamente no momento em que estas resolvem pô-los de lado na lenta elaboração do cânon escriturístico. A este respeito, não é indiferente que o conteúdo de alguns evangelhos apócrifos possa ter sido por algum tempo considerado mais de acordo com a fé, antes de serem abandonados. É significativo o caso do *Evangelho de Pedro*, lido no início do século III pelos cristãos de Rhossos, antes de o bispo Serapião de Antioquia intervir, de acordo com o relato apresentado pelo historiador Eusébio de Cesareia.

Apoios para a pregação

Quanto ao que diz respeito mais precisamente aos evangelhos apócrifos, convém notar de imediato que eles estão atentos a inserir os episódios tanto do nascimento como da morte de Cristo, também os relatos de seus milagres, mas igualmente seu ensinamento, em relatos que se apresentam como históricos. Neles agem e se exprimem personagens que trazem nomes identificáveis. São lembrados fatos, palavras, costumes que pretendem provar a autenticidade do que é assim relatado. No entanto, para que essa prova possa ser aceita, é preciso ainda que seja compreendida por aqueles a quem ele se dirige. Não se pode, portanto, censurar os autores destes textos por cair muitas vezes no anacronismo, porque, recorrendo às práticas que muitas vezes são as da época e do lugar da redação do relato, eles se aplicam a tornar inteligíveis e, portanto, críveis aos cristãos que os leem, a história ou os ditos que ali são relatados. Esta historicização da vida e da pregação de Jesus é muito bem ilustrada pelo prólogo do *Evangelho de Nicodemos*. Precisando as datas, fornecendo o nome do imperador Tibério e o do govenador Pilatos, e também os nomes dos sumos sacerdotes Anás e Caifás, e lembrando o massacre dos inocentes, que os leitores ou ouvintes dos evangelhos canônicos não podiam deixar de já conhecer, o autor deste apócrifo capta imediatamente a atenção destes e, além disso, estimula sua curiosidade acrescentando outros nomes, os de Nicodemos e de Eneias.

Os evangelhos apócrifos apresentam assim incontestáveis paralelos com os evangelhos canônicos, que seus redatores extraíram diretamente deles ou sobre os quais se informaram junto às mesmas fontes que já haviam sido as fontes de seus autores. Assim, o *Evangelho de Tomé* utiliza palavras de Jesus reunidas anteriormente em coletâneas, como fizeram também Mateus ou Lucas, mas dando-lhes uma orientação teológica diferente que lhe é particular. Quanto ao *Protoevangelho de Tiago*, seu leitor não pode deixar de constatar que ele retoma elementos que se encontram nos primeiros capítulos de Mateus e de Lucas a respeito do nascimento de Jesus e dos acontecimentos que imediatamente o precederam e o seguiram, acrescentando, porém, a narração de fatos extraordinários. Deve-se notar que esta maneira de proceder não implica absolutamente que todo evangelho apócrifo teria sido necessariamente "composto ou redigido por heréticos ou cismáticos", para retomar uma expressão do *Decreto gelasiano*, por muito tempo atribuído a um papa do fim do século V, Gelásio I, que proíbe a leitura e o uso de um número importante de textos da Antiguidade cristã, entre os quais muitos apócrifos. Aliás, não se enganaram teólogos e artistas, que farão amplo uso das tradições atestadas pelos evangelhos apócrifos e que encontramos, por exemplo, na *Legenda áurea*, composta em meados do século XIII pelo dominicano Tiago de Voragine, até hoje abundantemente lida e comentada.

Quais são os testemunhos não cristãos?

Katell Berthelot
CNRS, Aix-en-Provence

As referências ou alusões a Jesus são raras fora do Novo Testamento, o que não tem nada de surpreendente considerando que a maioria dos testemunhos históricos relativos a este período evocam figuras de reis, de governadores, de Sumos Sacerdotes♦ etc. O homem Jesus não tinha nenhuma razão para entrar na História. Fora do Novo Testamento e dos primeiros escritos cristãos, a fonte de informação mais significativa sobre Jesus é a obra do historiador judeu Flávio Josefo (por volta de 37-100). Oriundo de uma família de sacerdotes da Judeia, terminou sua existência em Roma, após sua adesão a Vespasiano durante a grande revolta dos Judeus contra Roma em 66-70 de nossa era. Em suas *Antiguidades judaicas*, vasto panorama que relata a história de Israel desde o Gênesis até à revolta contra Roma, Josefo dedica a Jesus uma passagem conhecida pelo nome de *Testimonium Flavianum*, cuja autenticidade continua muito discutida: alguns a rejeitam totalmente, outros a aceitam enquanto outros ainda veem nela um texto retocado por cristãos, mas em graus diversos[1]. Para John P. Meier, o texto de Josefo teria sofrido apenas alguns acréscimos e retoques pontuais. Ele propõe reconstituir o texto seguinte, que se pode atribuir provavelmente a Josefo tanto de um ponto de vista estilístico quanto ideológico: "Pelo mesmo tempo apareceu Jesus, homem sábio. Pois ele era, com efeito, um fazedor de prodígios, o mestre dos que recebem verdades com prazer. Conquistou (para sua causa) muitos Judeus e também muitos gregos. E, tendo-o Pilatos condenado à cruz, de acordo com o testemunho dos mais eminentes dentre nós, os que o haviam amado desde o início continuaram a fazê-lo. E até hoje a tribo dos cristãos (assim chamada a partir dele) não desapareceu"[2].

O ***Testimonium Flavianum*** (em itálico as interpolações ulteriores de origem cristã):
"Pelo mesmo tempo apareceu Jesus, homem sábio, *se é que devemos chamá-lo de homem*. Pois ele era, com efeito, fazedor de prodígios, o mestre dos que recebem verdades com prazer. Conquistou (para sua causa) muitos Judeus e também muitos gregos. *Este (homem) era o Cristo*. E, tendo-o Pilatos condenado à cruz, de acordo com o testemunho dos mais eminentes dentre nós, os que o haviam amado desde o início continuaram a fazê-lo. *Com efeito, ele lhes apareceu ao terceiro dia, novamente vivo, tendo os profetas divinos anunciado a seu respeito estas coisas como também uma multidão de outros prodígios*. E até hoje a tribo dos cristãos (chamada assim a partir dele) não desapareceu".

No texto assim reconstituído, Jesus é mencionado apenas *en passant*, sob os traços de um sábio e de um taumaturgo♦, características frequentes no mundo greco-romano e na Judeia da época. Seria compreensível que esta descrição de um Jesus desprovido de dimensão divina tenha sido em seguida retocada por escribas cristãos, preocupados em apresentar Cristo sob um aspecto mais conforme com a fé cristã. Se, por outro lado, considerarmos que, numa outra passagem das *Antiguidades judaicas*, Josefo menciona João, "cognominado o Batista"[3], uma figura no fim das contas marginal, também ela, na Judeia da época, não há nada de inverossímil no fato de ele fazer referência a Jesus. Por fim, uma passagem ulterior das *Antiguidades judaicas* relata o apedrejamento de Tiago (Jacó), "o irmão de Jesus chamado o Messias"[4]. Como observa John P. Meier, esta maneira de apresentar Tiago fazendo referência a seu irmão pressupõe que ele tenha mencionado antes o irmão em questão, ainda que brevemente. E o fato de não ter sido empregada a expressão cristã "Tiago irmão do Senhor" confere a esta passagem um perfume de autenticidade. Assim, é extremamente verossímil que Josefo tenha feito referência a Jesus e que uma parte do *Testimonium Flavianum* deva ser atribuída exclusivamente a Josefo, mesmo que não se possa reconstituir suas palavras com toda a certeza.

Do lado das fontes romanas ou gregas, os testemunhos são ainda mais sucintos do que o de Josefo, mas não totalmente inexistentes. Encontramos um eco indireto da morte de Jesus e da tradição cristã que a associava a uma grande escuridão sobre a terra num autor grego ou helenizado chamado Thallos, que redigiu uma crônica do Mediterrâneo oriental que vai da guerra de Troia até por volta do ano 50. Seu propósito, citado por autores cristãos, teria consistido em interpretar a escuridão no momento da morte de Jesus como um eclipse solar. Mas ignoramos se Thallos conhecia uma tradição independente ou se reagia ao relato cristão.

Em ligação com o incêndio de Roma sob Nero e a subsequente perseguição dos cristãos, o historiador romano Tácito (por volta de 56-118) escreve que o nome "cristão" "lhes vem do Cristo que, sob o principado de Tibério, o procurador Pôncio Pilatos havia entregue ao suplício". Tácito não se interessa por Jesus e deplora a difusão da "superstição" cristã. Ele situa a morte de Jesus corretamente durante o reinado de Tibério e sob a prefeitura de Pilatos, mas ignoramos qual era sua fonte.

Os outros testemunhos frequentemente mencionados em ligação com a questão do "Jesus histórico" são os do escritor e jurista romano Suetônio (por volta de 70-140), do advogado e senador romano Plínio o Moço (por volta de 61-113) e do escritor Luciano de Samósata (por volta de 120-180), mas todos se referem mais ao movimento dos primeiros cristão do que ao próprio Jesus. A respeito de Jesus, eles se limitam a reproduzir o discurso dos cristãos ou as ideias correntes de sua época.

1. Cf. Flávio Josefo, *Antiguidades judaicas* XVIII, 63-64. **2**. John P. Meier, *Un certain Juif, Jésus: Les données de l'histoire*, vol. 1, p. 52, tradução ligeiramente modificada. **3**. Cf. *Antiguidades judaicas* XVIII, 116-119. **4**. *Ibid*. XX, 200.

* * *

Em que língua estão escritos os evangelhos?

Roselyne Dupont-Roc
Instituto Católico de Paris

O Novo Testamento está escrito todo em grego, no grego que se costumou chamar de *koinê* (a "língua comum"), porque era falado em todo o Império romano no século I de nossa era. A epopeia fulgurante (333-323) que levou o jovem Alexandre o Grande a conquistar todo o Oriente, a partir da Macedônia, passando pelo Egito, até os confins da Índia, transformou definitivamente a paisagem cultural e religiosa do Império persa. No caminho, Alexandre fundou em toda parte cidades que traziam seu nome, "Alexandria"; em toda parte seus generais, que o substituíram e repartiram entre si o império, praticaram uma política de helenização a todo custo. Então o grego tomou o lugar do aramaico do império e se tornou a língua comum compreendida em toda parte e mais ou menos falada.

Em 285 antes de nossa era, em Alexandria, o rei Ptolomeu II e o bibliotecário Demétrio de Falero mandaram traduzir para o grego a Lei dos Judeus: a Torá se tornou o Pentateuco♦ grego. Os Judeus de Alexandria falavam grego, como um grande número de Judeus da Diáspora. Língua administrativa, língua das elites e dos comerciantes, o grego mantinha também o prestígio da grande tradição filosófica e retórica de Atenas; era a língua de Platão, de Demóstenes, de Aristóteles... Em Roma, no século I os patrícios mandavam seus filhos estudar em Atenas e o latim, nas palavras do próprio Cícero, podia ainda ser considerada uma "língua local". Porque as línguas locais subsistiam. No território judaico, o aramaico continuou sendo a língua do povo, enquanto o hebraico era reservado à leitura dos textos na sinagoga, língua religiosa estudada pelos doutores, pelos rabinos, mas também pelos jovens Judeus letrados, até mesmo em alguns lugares muito conservadores da Alta Galileia. Jesus falava aramaico, mas sabia ler o hebraico da Torá e dos profetas. Os evangelistas puseram em sua boca palavras em aramaico – raras, é verdade – que não traduziram: quando se dirige a seu Pai, ele emprega a expressão familiar *Abba*; para ressuscitar ou acordar a filha de Jairo, ele lhe diz, de acordo com Marcos: *Talitha koum*, "levanta-te"[1]; Marcos e Mateus põem na boca de Jesus na cruz o primeiro versículo do Salmo 22 citado em aramaico (*Eli, Eli, lema sabachtani*)[2]. Por fim, Maria de Mágdala, ao reconhecer o Ressuscitado, chama-o de *Rabbouni*, "meu mestre" em aramaico[3].

Os primeiros discípulos, os Doze, falavam todos aramaico, mas alguns têm nomes gregos: Filipe, André. Porque, em Jerusalém, o grego era amplamente falado; no evangelho de João, Filipe e André servem de intérpretes entre judeus de língua grega e Jesus[4]. O próprio Jesus provavelmente sabia algumas palavras do grego, como muitos Judeus em Jerusalém.

Paulo de Tarso, Judeu letrado da Diáspora, era muito provavelmente bilíngue; suas cartas são escritas num grego de estilo às vezes tosco, mas cujo caráter abrupto se deve mais ao temperamento apaixonado do apóstolo e ao seu gênio particular do que ao manejo insuficiente da língua. Quando cita as Escrituras, Paulo as cita o mais das vezes de acordo com a tradução grega do Antigo Testamento concluída no século I antes de nossa era, a Septuaginta♦.

Os quatro evangelistas escrevem em grego. Muitas vezes se pensou (de acordo com a afirmação de Pápias por volta de 125) que Mateus pode ter escrito um texto de evangelho em aramaico. Se é evidente que numerosas coleções de relatos de milagres, de parábolas e de ensinamentos tomaram forma nos grupos cristãos, primeiramente em aramaico e quase simultaneamente em grego, é claro também que o evangelho de Mateus em sua forma atual é plenamente um texto grego e que não é traduzido de um substrato aramaico. A melhor prova é que Mateus cita diretamente a Septuaginta em grego e se apoia em citações gregas para mostrar que em Jesus "as Escrituras se cumprem", onde o texto hebraico seria inutilizável. Assim a famosa profecia de Isaías 7,14, citada para confirmar o nascimento virginal*, só tem sentido no grego da Septuaginta: "a virgem [*parthenos*] conceberá e dará à luz um filho", escreve o evangelista, quando o hebraico da Torá traz: "a jovem mulher [*'alma*] conceberá..."[5] Poderíamos fazer a mesma demonstração para outras citações fora de Mateus, especialmente nos Atos dos Apóstolos.

A língua grega utilizada por Mateus, Marcos e João não é evidentemente o grego clássico, mas reflete situações locais de bilinguismo: assim ela é marcada por certo número de semitismos♦, que aliás nunca são totalmente contrários ao gênio próprio do grego. Algumas coleções de ensinamentos (*logia*), que remontam aos primeiros discípulos do Ressuscitado que percorriam a Galileia, têm um aspecto um pouco estranho para o leitor habituado à língua de Platão. Mas, assim como o grego às vezes bastante particular da Septuaginta era compreendido pelos Judeus de Alexandria, assim também aquele grego era compreendido nas províncias do império e até em Roma; e os evangelistas que, na Diáspora♦, retomaram estes *logia* apenas os organizaram.

Orígenes (185-252), grande erudito, autor cristão que trabalhou no final do século III sobre os textos da Septuaginta e do Novo Testamento, se surpreende com um grego que está bem longe da língua conservadora e culta empregada pelos letrados de sua época: mas, diz ele, Deus se dirige assim aos simples, ele se faz compreender "pelo povo simples, pelas mulheres e pelas crianças". No entanto, destes textos, cuja língua ele julga tão pobre, Orígenes extrai uma riqueza deslumbrante de significado.

* Cf. *O que é a concepção virginal de Jesus?*, p. 127.

1. Mc 5,41. **2**. Mt 27,46 e Mc 13,34. **3**. Jo 20,16. **4**. Jo 12,20-22. **5**. Mt 1,23. No século II, Áquila, que retraduziu o texto hebraico de Isaías para o grego da maneira mais literal possível, escolherá *neanis*, que pode significar "donzela", provavelmente para distanciar-se da utilização do texto feita pelos cristãos. **6**. Assim o Salmo 16 citado em At 2,26-28; Am 9,11 citado em At 15,16-17...

* * *

É possível saber o que Jesus realmente disse?

Michel Quesnel
Universidade Católica de Lyon

Desde que existe um intermediário, não se pode nunca saber o que alguém realmente disse. É o que ocorre em todas as épocas, e até num passado ainda recente havia sempre um intermediário para transmitir um discurso oral, pelo simples motivo de que não havia nenhum meio de gravação! O historiador Tucídides se explica a respeito dos discursos que ele põe na boca de seus personagens: "Eu os relatei como me pareceu que os oradores deviam ter falado particularmente nas circunstâncias em que se encontravam, mantendo-me sempre, para a essência dos pensamentos, o mais próximo possível daquilo que foi dito"[1]. O historiador mais honesto não pode fazer outra coisa. Um dos discursos mais longos dos Atos dos Apóstolos, a homilia pronunciada por Paulo na sinagoga de Antioquia da Pisídia[2], exige menos de três minutos para ser lido do começo ao fim. Podemos ter certeza de que o apóstolo falou muito mais prolixamente!

No caso dos evangelhos, a questão se torna ainda mais complexa. Por um lado, Jesus se exprimia em aramaico e os evangelhos estão redigidos em grego; a tradução sempre modifica e pode também trair. Por outro lado, as palavras de Jesus foram pronunciadas antes de sua morte; e os escritos que as transcrevem foram redigidos após a sua ressurreição. O exegeta alemão Rudolf Bultmann (1884-1976) acentuou firmemente esta mudança de situação: aquele que falava se tornou aquele de quem se fala, o Cristo e Senhor ressuscitado, venerado por seus discípulos. Os evangelhos foram escritos à luz desta fé nova: sua finalidade não é apenas informar, mas também valorizar a divindade deste homem e alimentar a fé das jovens comunidades às quais se destinam. O texto do *Pai-nosso*, por exemplo, não é idêntico na versão dada pelo evangelho de Mateus e na versão dada pelo evangelho de Lucas[3].

Diante destas dificuldades, os exegetas elaboraram critérios que permitem avaliar a probabilidade de que determinada palavra posta na boca de Jesus seja ou não autêntica. Eis três exemplos: De acordo com o *critério das atestações múltiplas*, uma palavra transmitida por diversas fontes independentes umas das outras tem chances de ser autêntica; assim o *Pai-nosso* não pode ser reconstituído como Jesus o disse, mas é quase certo que Jesus ensinou a seus discípulos uma oração cujos termos eram muito próximos aos de Lucas ou de Mateus. Um segundo exemplo diz respeito a palavras que não correspondem à imagem que as comunidades primitivas tinham do Cristo por elas venerado: fala-se então de *critério de disparidade, de descontinuidade* ou *de dessemelhança.* Num discurso sobre o fim dos tempos, Jesus declara a propósito da data dos acontecimentos que ele acaba de descrever: "Mas este dia e esta hora, ninguém os conhece, nem os anjos do céu, nem o Filho, ninguém, senão o Pai"[4]. Esta confissão de ignorância não está de acordo com o que os primeiros cristãos pensavam de Jesus: esta frase tem, portanto, toda probabilidade de ser autêntica. Terceiro exemplo, o *critério de explicação suficiente* ou *de plausibilidade*: Jesus foi condenado à morte e executado pelo poder romano, mas a decisão de suprimir aquele que incomodava foi tomada primeiramente pelos ambientes sacerdotais de Jerusalém; por conseguinte, a desordem provocada por Jesus no Templo e as palavras pronunciadas nesta ocasião têm igualmente grande probabilidade de autenticidade. Aliás, esta cena é relatada pelos quatro evangelistas em momentos diferentes da vida de Jesus[5]. Cada um a explora levando em conta seu projeto de autor, mas sua historicidade não pode ser posta em dúvida.

Quando se faz o balanço destas pesquisas, os resultados podem variar consideravelmente de um pesquisador a outro. Alguns, cuja perspectiva crítica é radical, avaliam que as palavras autênticas são muito pouco numerosas, ao ponto de às vezes conservarem apenas uma única que se possa atribuir seguramente a Jesus, precisamente porque ela não exprime nada sobre sua pessoa nem sobre o Deus no qual ele acreditava: "Dai a César o que é de César, e a Deus o que é de Deus"[6]. É difícil imaginar que Jesus nunca tenha dito alguma outra coisa!

Palavras às quais se pode atribuir uma boa probabilidade de autenticidade são as que encontramos nos apoftegmas♦, que são relatos curtos no decorrer dos quais Jesus toma a palavra uma ou diversas vezes, às vezes em diálogo com outros interlocutores, e quase sempre para concluir[7]. O quadro narrativo pode ter sido modificado pelo autor, mas a palavra conclusiva foi ouvida, memorizada e pôde ser transmitida sem ser reinterpretada. Em contrapartida, os longos discursos como o Sermão da Montanha em Mateus[8] ou o discurso após a Ceia no evangelho de João[9] são claramente composições literárias; os autores agruparam num único discurso palavras referentes ao mesmo tema, mas que sem dúvida foram pronunciadas em circunstâncias diferentes*.

* Cf. *Os manuscritos do Novo Testamento*, p. 91.

1. Tucídides. *História da guerra do Peloponeso* 1, 22. **2**. At 13,16-41. **3**. Mt 6,9-13 e Lc 11,2-4. **4**. Mc 13,32. **5**. Mt 21,10-17; Mc 11,15-19; Lc 19,45-48; Jo 2,13-16. **6**. Mt 22,21; Mc 12,17; Lc 20,25. **7**. Exemplos: Mc 2,13-17; 10,13-16; 12,41-44. **8**. Mt 5–7. **9**. Jo 14–17.

CARTA BRANCA

Christiane Rancé
Escritora

Ler os evangelhos: um desafio para a alma e a inteligência

"Quem sou eu, no dizer dos homens?" "E vós, quem dizeis que eu sou?"[1] são as perguntas que Jesus nos dirige. Presto a maior atenção ao rumor dos evangelhos e ouço estas duas perguntas que não cessam de se apresentar como um desafio. E que desafio! Nada menos do que a exigência que me é feita a fim de ler bem estes textos que me permitirão responder, empenhar ao mesmo tempo minha alma e minha inteligência, ser ao mesmo tempo lúcida e entusiasta, no sentido próprio. O exercício não é fácil. Preciso vigiar para não contrariar uma pela outra – a alma por uma leitura demasiado cerebral, demasiado rígida, e a inteligência por um impulso de esperança demasiado impaciente, demasiado selvagem.

Por conseguinte, aproximar-se dos evangelhos seria esta "experiência de que a inteligência é esclarecida pelo amor", que Simone Weil atribuía à fé, e que só é possível com a condição de conciliar as duas características mais opostas – a mais extraordinária humildade intelectual e a maior força de alma. Senão, como ouvir esta Boa-Nova: o anúncio do Verbo feito carne em Jesus? O perturbador mistério da Encarnação – Deus feito homem. E, por conseguinte, o anúncio de um futuro para a humanidade.

Com esta disposição do espírito e da alma, a contemplação deste mistério, incompreensível exatamente como a noção de infinito o é para o ser finito que eu sou (mas nem por isso duvido do infinito do Universo, embora meu córtex cerebral seja incapaz de apreender esta noção), a contemplação deste mistério, portanto, me obriga a depor a arma de minhas dúvidas, de meus sarcasmos, de minha vaidade. Os mesmos que, num primeiro tempo, me impeliam a abordar este texto diretamente, a julgar-me seu igual, a deixar minha razão conferir-lhe meus bônus. Assim a limpidez de Jesus – nenhuma falta, nenhum pecado, nenhuma fraqueza em sua pregação, nenhuma palavra apanhada na armadilha da norma de seu tempo – me obriga a reconhecê-lo como um exemplo. Jesus seria então, *no mínimo*, um peregrino cujas palavras inflamadas me convocam a trabalhar com ele no trabalho de ser homem. Um peregrino espiritualmente genial, um homem no mais alto grau, mas nada mais do que um homem.

Mas Deus! Deus nascido do Espírito de Deus, consagrado Filho de Deus por seu batismo e por sua Transfiguração, reconhecido e legitimado como Filho de Deus por sua Ressurreição! Na verdade, tudo aquilo que, em quatro versões diferentes e em detalhes, nos relatam Mateus, Marcos, Lucas e João – deixando à nossa alma *e* à nossa inteligência o trabalho de revelação do texto: a plena compreensão daquilo de que se trata. Como não só *aceitar* este mistério que constitui a essência dos evangelhos, mas também deixar que ele me penetre para que ele manifeste em mim a infinidade de suas compreensões, de suas consequências e, por conseguinte, o poder da conversão que ele opera no coração, no espírito e na alma? Que desafio realmente! O desafio de enobrecer meu orgulho com a plena consciência de que Deus crê em mim. Ele acredita que sou capaz de usar seus atributos divinos para abraçar sem reservas esta revelação que são os evangelhos: o amor que me permite compreender seu amor e a liberdade que ele me deu de explorar unicamente a ideia de eternidade – onde só posso entrar pelo mistério da morte, que adquire todo o seu sentido pela morte de Jesus sobre a cruz.

Desafio aceito, eu consinto em ver e ouvir. As palavras de Jesus têm uma característica contagiosa e radiante; elas ofuscam sem jamais cegar. Iluminam a incorruptibilidade de seu verbo e a ousadia cada manhã renovada do novo mandamento que ele nos deixa e que completa todos os outros: "Amai-vos uns aos outros". "Caríssimos, amemo-nos uns aos outros, pois o amor vem de Deus; e todo aquele que ama nasceu de Deus e chega ao conhecimento de Deus"[2]. Palavra insuperável, que irradia este anúncio: "Eu sou o caminho, a verdade e a vida. Ninguém vai ao Pai a não ser por mim"[3]. Poderia um espírito humano inventar algo mais revolucionário e mais universal? Os evangelhos me impõem esta primeira revelação: já que meu próximo existe, não posso mais contentar-me unicamente com a verdade, nem me satisfazer em contemplá-la, nem me salvar unicamente por ela. É preciso salvar-me amando meu próximo, e amá-lo por amor ao Amor. Impregnados com esta verdade irrefragável, os evangelhos desafiam minha inteligência a ultrapassar-se e minha alma a aceitar-se.

É que estes textos têm o gênio de um Gênesis. Pertencem às obras que revelam tudo o que as precede. Lemos e compreendemos com toda a nossa alma que, após esta palavra, nada mais poderá ser igual – e, aliás, nada o foi. Mas, mais do que serem uma dessas balizas que concluem uma época e iniciam outra, os evangelhos oferecem este perpétuo início, insuperáveis neste aspecto no que anunciam, inesgotáveis no que propõem, que nunca ficam obsoletos na travessia do tempo. Abrimo-los, e eis o sopro de um pôr-se-em-movimento, o impulso de uma palavra nova. Um Verbo que, repentinamente, sustenta o universo porque encontra sua solução no acontecimento que lhe dá seu porvir: a morte sobre a cruz pela salvação da humanidade e, através dela, a ressurreição. Aqui está o último desafio ao coração e à compreensão dos evangelhos: *Christos Anesti!* Cristo ressuscitou! O Amor venceu a morte por amor ao homem. Agora, já não é mais minha capacidade de crer no incrível que é desafiada, mas a de aceitar o incontestável: o martírio dos companheiros de Jesus, ou seja, no sentido etimológico, seu testemunho. O quê! Esses fujões do Sábado santo teriam arriscado sua vida após a morte de Jesus e nada teria acontecido? Eles, que o haviam abandonado em vida, abraçam o suplício agora que ele está morto? Por que, se não é para testemunhar aquilo que eles não podem calar, a tal ponto a notícia é prodigiosa, *perturbadora*: a ressurreição de Jesus Cristo. A promessa de que nós seremos absorvidos não pela morte, mas pela Vida.

1. Mc 8,27-29. **2**. 1Jo 4,7. **3**. Jo 14,6.

Parte II – Nascimento, infância e "vida oculta"

Capítulo 4

EM TORNO DE UM NASCIMENTO

Poderíamos contar a história assim...

Em Nazaré, uma minúscula aldeia da Galileia, uma moça bem jovem chamada Maria estava se preparando para deixar a casa de seu pai pela de José, seu futuro esposo. No entanto, algo aconteceu. Era leve como o vento, doce como a carícia de uma pluma. Maria ouviu a voz de um anjo, de um enviado de Deus. As palavras que ele dizia a perturbaram. Ela ia ser mãe e seu filho seria um filho do Altíssimo, um descendente do grande rei Davi. Maria perguntou: como conceber, já que ela ainda não compartilhava o leito de seu futuro esposo? Que ela não se inquietasse, respondeu o visitante, o sopro do Altíssimo viria sobre ela e o filho seria Filho de Deus. Em seu coração a jovem consentiu: "Eu sou a serva do Senhor". E em seu seio, a palavra do Altíssimo se fez carne.

Maria ocupou seu lugar na casa de José, mas quando se aproximava o momento de dar à luz, o imperador de Roma decidiu recensear a população de seu vasto império. E José partiu com sua esposa, Maria, para inscrever-se na sua cidade de origem, a de seu antepassado Davi, em Belém. A pequena cidade fervilhava de pessoas vindas de toda a região, quando a jovem sentiu as primeiras dores. Nem pensar em instalar-se na sala comum do albergue! Não é o lugar para uma mulher em trabalho de parto. José encontrou um lugar tranquilo, um estábulo, um pouco afastado e foi ali, sobre um leito de palha, que ela pôs no mundo seu filho. Ela o enfaixou firmemente e deitou o recém-nascido na manjedoura dos animais, seu primeiro berço.

Nos campos da redondeza, pastores vigiavam seus rebanhos. Apoiados em seu bastão, contemplavam o céu e a claridade das estrelas, quando a noite se iluminou. Apareceu um anjo, resplandecente de luz celeste. O temor se apoderou deles, mas o anjo os tranquilizou. Era uma grande alegria que ele anunciava, a de um nascimento, na cidade de Davi: o nascimento de um menino que seria o Messias de Deus, o salvador do povo. Como reconhecê-lo? Nada mais simples: ele estaria deitado sobre a palha na manjedoura de um estábulo. E, com efeito, em Belém, tudo foi como o anjo havia dito: a criança na manjedoura e seus pais que cuidavam dele.

Mas poderíamos também contá-la assim...

Havia um homem chamado José, noivo de uma jovem, chamada Maria, que ficou grávida. José decidiu romper seu compromisso secretamente a fim de não prejudicar a jovem. Com efeito, de acordo com a Lei de Moisés, o adultério público é punido com o apedrejamento. Mas, antes de ele falar com a família, foi visitado em sonho pelo anjo do Senhor que o tranquilizou. Ele podia tomar Maria como esposa, porque a criança que ela trazia não era um fruto do pecado, mas obra do Espírito santo. Ao acordar, José tomou consigo a jovem Maria como esposa. E quando ocorreu o parto, ele deu à criança o nome de Jesus como o anjo lhe ordenara.

Esta criança nascera em Belém, na Judeia, quando reinava Herodes, um tirano cruel e injusto. Ora, no Oriente, sábios estrangeiros, observadores dos astros, haviam visto levantar-se uma estrela desconhecida, sinal de um nascimento régio. Eles vieram até Jerusalém para saudar o recém-nascido. Como nenhuma criança nascera em sua família, Herodes se inquietou e, com ele, todos os responsáveis religiosos de Jerusalém. Os escribas procuraram nas Escrituras onde deveria nascer o Messias, o rei escolhido por Deus que salvaria Israel, de acordo com o que diziam os profetas de outrora. Descobriram no livro de Miqueias que o Messias devia nascer em Belém, uma pequena cidade situada a menos de meio-dia de distância de Jerusalém.

Herodes pediu aos sábios que se dignassem informá-lo sobre sua visita a fim de ele próprio poder ir saudar a criança régia. Com efeito, em Belém os magos encontraram o menino e sua mãe, se prosternaram e lhe ofereceram os presentes régios que haviam trazido – ouro, incenso e mirra. No entanto, um sonho os avisou para não passarem por Jerusalém na volta e eles regressaram diretamente para suas casas. Mas Herodes não esquecera sua visita e, por precaução, mandou matar todas as crianças do sexo masculino com menos de dois anos em Belém e nas redondezas, a fim de ter certeza de ter eliminado toda ameaça.

José, advertido em sonho, tomou sua mulher e o filho e, imediatamente, desceu para o Egito a fim de pôr o menino em segurança. Só retornaram quando lhes chegou a informação da morte de Herodes. José ainda decidiu estabelecer-se não na Judeia, mas mais ao norte, longe de Jerusalém e de suas maquinações. Instalou-se, portanto, com os seus na Galileia, no pequeno povoado de Nazaré.

Mas este nascimento talvez tenha sido ainda mais simples. Precisamente uma criança abrindo os olhos para o mundo, precisamente uma família, como todas as famílias, na qual, de geração em geração, desde Davi, desde Moisés, desde Abraão e Adão, esperava-se... E, enfim, ele veio, o filho tão esperado.

C.P.

O evangelho da infância em Lucas

Roselyne Dupont-Roc
Instituto Católico de Paris

Dentre quatro evangelhos conservados pela Igreja, apenas Mateus e Lucas relatam o nascimento e a infância de Jesus. Marcos e João não dizem nada, apresentam diretamente Jesus adulto que, após seu encontro com João Batista, anuncia a vinda do Reino. Na carta aos Gálatas, um dos mais antigos escritos cristãos, cuja data é anterior aos evangelhos, Paulo observa sobriamente a respeito de Jesus: "nascido de mulher e sujeito à Lei"[1] – basta-lhe caracterizar Jesus por sua humanidade e sua judeidade.

Cf. *Por que* ▸ *duas genealogias?*, p. 126.

Os evangelhos de Mateus e de Lucas, pelo contrário, oferecem relatos da infância que formam uma espécie de pórtico para a proclamação da Boa-Nova. A propósito destes "inícios" da vida de Jesus, eles concordam a respeito dos elementos essenciais; mas, ao mesmo tempo, é impressionante constatar o quanto os relatos dos dois evangelhos diferem e, em muitos pontos, é impossível conciliá-los. Além do caso impressionante das genealogias, as diferenças vão bastante longe: em Mateus, o anjo do Senhor vem anunciar o nascimento a José, em Lucas ele visita Maria, e os inúmeros e maravilhosos quadros da Anunciação ilustram apenas o relato de Lucas[I]. O imaginário cristão reconstruiu um relato no qual os magos sucedem aos pastores: mas os magos só estão presentes em Mateus, e os pastores pertencem ao relato de Lucas! Lucas não conhece nem fuga para o Egito nem "massacre dos inocentes", mas (contrariamente a Mateus) uma apresentação de Jesus menino no Templo de Jerusalém e um retorno ao Templo aos doze anos.

Relatos sem pretensão "histórica"

As diferenças impressionantes entre as duas versões do que veio a ser chamado os "evangelhos da infância" e sua ausência total em Marcos, em João e em Paulo convidam a uma reflexão sobre o estatuto destes textos: eles não têm nenhuma pretensão "histórica" e temos apenas poucos elementos para ligar os "acontecimentos" narrados a fatos verificáveis. Na realidade, Lucas e Mateus, apoiando-se em tradições populares diversas que circulavam nas comunidades cristãs de seu tempo, respondem a intenções teológicas bem precisas: querem levar comunidades de culturas diferentes a compreender que a identidade de Jesus era manifesta desde o início. Começava-se naquele tempo a formular de maneira mais precisa esta identidade, mas o essencial do que se dizia sobre ela referia-se, por um lado, à Paixão e à ressurreição e, por outro, ao ensino de Jesus. Havia, por conseguinte, uma carência a preencher a respeito de sua origem. Os dois textos se apresentam, portanto, como prólogos que propõem ao leitor um contrato de leitura: fornecem as principais chaves de uma compreensão cristã da figura de Jesus. Diz-se às vezes, de maneira um pouco erudita, que são "prólogos cristológicos"♦, que fornecem ao leitor um saber sobre "Jesus Cristo" que deve iluminar toda a sua leitura e ajudá-lo de antemão a responder à pergunta central: "E vós, quem dizeis que eu sou?"

Quais são os elementos sobre os quais os dois relatos estão de acordo – haurindo, ao que parece, em fontes antigas diferentes, o que reforça sua plausibilidade? Jesus pertencia provavelmente, por parte de seu pai José, à descendência de Davi[2]. Maria, a jovem prometida a José, ficou grávida antes de coabitarem, mas José a manteve com ele[3]. Jesus nasceu sob o reinado de Herodes o Grande, ao que parece em Belém da Judeia[4], e viveu com seus pais em Nazaré na Galileia, onde moravam[5]. Hoje ninguém põe em dúvida que Jesus nasceu efetivamente numa família judia da Alta Galileia, sob o reinado de Herodes o Grande, o que significa que devemos datar seu nascimento entre 7 e 4 antes de nossa era. Mas o historiador não irá além, o gênero literário destes prólogos não lho permite; sua intenção está em outro lugar: precisamos perguntar pela riqueza teológica dos relatos, fortemente divergentes, dos dois evangelistas.

Mateus e Lucas são os únicos a contar o nascimento e a infância de Jesus, e de maneira muito diferente.

A habilidade literária de Lucas

Lucas tem o cuidado de situar de maneira segura o nascimento de Jesus (e o de João Batista, que o precede) na história humana. Em duas ocasiões, com o tom de anúncio oficial, ele insere o nascimento de Jesus, e depois o aparecimento de João no deserto, em relação com os grandes acontecimentos e as grandes figuras de seu tempo: "Naquele tempo, foi publicado um edito do imperador Augusto, mandando recensear o mundo inteiro"; "No décimo quinto ano do governo de Tibério César, sendo Pôncio Pilatos governador da Judeia, Herodes, tetrarca♦ da Galileia, Filipe, seu irmão, tetrarca da Itureia"[6]. Mesmo que o recenseamento ao qual Lucas alude se deva a uma confusão nas datas (a propósito da qual as discussões entre os historiadores continuam sempre vivas), o que importa aqui é a vontade do autor de mostrar que o nascimento de Jesus e sua vida são realmente os de uma criança como as outras, envolvida nos acontecimentos e nas confusões da história, num lugar preciso do Império romano. Mas na história dos homens Deus interveio: esta é a grande novidade que o evangelista quer proclamar. Ele a manifesta tecendo seu relato de intervenções maravilhosas com mensageiros divinos, mas sobretudo pontuando-o com cânticos de louvores que inserem o nascimento de Jesus no desdobramento do projeto divino.

Cf. *A datação do nascimento de Jesus*, p. 132.

Graças a este tecido de humanidade humilde, iluminado a partir do interior por uma luz divina, e centrado na figura de Maria, os relatos da infância de Lucas marcaram amplamente a piedade popular e deram origem a inúmeras representações artísticas, especialmente a partir do século XII. Mas, após a alegria exultante do anúncio e do nascimento de um filho, os anúncios de um futuro difícil e doloroso vão progressivamente tornando carregada esta paisagem luminosa.

Em seus quatro primeiros capítulos, Lucas constrói um notável paralelismo entre o nascimento e a infância de João Batista e o nascimento e a infância de Jesus, seu primo. Ele utiliza o gênero literário antigo das vidas de homens ilustres, nas quais o maravilhoso se mistura naturalmente com o cotidiano. Os capítulos 1 e 2 narram os anúncios sucessivos a Zacarias, futuro pai de João, depois a Maria, e em seguida os nascimentos e a circuncisão de João e de Jesus. Cada etapa importante culmina com um cântico de louvor. Primeiramente, após o anúncio do anjo a Maria, a visita à sua prima Isabel (conhecida pelo nome de Visitação) reúne as duas crianças que irão nascer e termina com o canto de Maria designado por seu nome latino *Magnificat*, que traduz a primeira palavra do poema[7]. Em seguida, após o nascimento e a circuncisão do João, o cântico de Zacarias, o *Benedictus* ("Bendito seja o Senhor), lembra as promessas de Deus que, através de Israel, caminham para seu cumprimento[8]. Mais tarde ainda, após o nascimento de Jesus, o canto dos anjos manifesta imediatamente as dimensões universais do acontecimento "no céu e sobre a terra": "Glória a Deus no mais alto dos céus e sobre a terra paz aos homens que ele ama"[9] (Este *Gloria* tornou-se um canto de louvor litúrgico). Finalmente, no momento da apresentação de Jesus no Templo, o cântico do velho Simeão celebra o alcance do acontecimento na história dos homens e liga de maneira decisiva a glória de Israel e a salvação das nações pagãs: "Agora podes deixar partir teu servo, Soberano, em paz, conforme tua palavra. Pois os meus olhos viram a tua salvação que preparaste em face de todos os povos: luz para iluminar as nações e glória de Israel, teu povo"[10]. Também o *Nunc dimittis* se tornou um canto caro à tradição cristã. Ao longo dos quadros que se sucedem, o leitor recebe assim, a respeito de Jesus, todo um ensinamento expresso por um rico conjunto de títulos: Jesus, filho de Davi, Filho do Altíssimo, Filho de Deus. Contudo, permanece em aberto o anúncio profético de uma dúvida nos corações e de uma possibilidade de recusa, ligadas à liberdade humana, já que Simeão dirige a Maria estas palavras terríveis: "Quanto a ti, uma espada transpassará tua alma, a fim de serem revelados os pensamentos de muitos corações"[11].

Lucas constrói um notável paralelismo entre o nascimento e a infância de João Batista e os de Jesus, seu primo.

Os relatos paralelos do nascimento das duas crianças terminam em sumários muito semelhantes: "No entanto o menino crescia e se desenvolvia"; mas, a propósito de Jesus, Lucas acrescenta: "Ele se enchia de sabedoria e o favor de Deus estava com ele", e reitera este sumário alguns versículos mais adiante. Entre os dois sumários, um episódio de forte alcance simbólico ilustra a maior proximidade de Jesus com Deus: sua subida a Jerusalém com a idade de doze anos e sua estadia no Templo entre os doutores[12].

Diferentemente de Mateus, Lucas não cita diretamente o Antigo Testamento; mas, a cada passo, seu relato não deixa de manifestar que uma palavra ou uma promessa da Escritura se cumpre. Para isso ele utiliza dois procedimentos literários: por um lado, a releitura "tipológica"♦ e, por outro, uma escrita "arcaizante" que se apropria dos modos de expressão da Septuaginta♦. O procedimento "tipológico" é conhecido dos rabinos judeus que o utilizam na época para ler e comentar a Escritura. Consiste em tomar como modelo personagens notáveis anteriores e mostrar que os do presente reproduzem este modelo, este "tipo", para lhe dar plena dimensão. Evidentemente, é a realidade nova que faz aparecer a antiga como "figura" ou "tipo". Assim, para Lucas, Jesus confere sua plena dimensão às figuras proféticas de Moisés, libertador do povo, e de Elias, profeta que precede a instauração do Reinado de Deus, enquanto estes grandes personagens do Antigo Testamento anunciam e prefiguram o que Jesus será.

Além disso, nos relatos da infância, Lucas emprega de maneira sistemática fórmulas tomadas do grego da Septuaginta. Assim Isabel e Zacarias, "ambos eram de idade avançada" e "seguiam todos os mandamentos do Senhor"[13], duas expressões típicas da Torá. Os cânticos sucessivos de Maria, de Zacarias e de Simeão são tecidos com expressões e imagens tomadas das Escrituras judaicas e a forma hínica retoma a dos Salmos. Esta forma poética, um pouco antiga, mergulha o leitor no ambiente do fervor religioso e das expectativas do mundo judaico, principalmente nas aldeias da Galileia onde Jesus vivia.

Anúncios a Zacarias e a Maria

Assim Lucas insere na materialidade de sua escrita a continuidade do projeto de salvação de Deus; ao mesmo tempo, quer manifestar a novidade inaudita da vinda de Jesus Cristo; para isso, ele confia aos mensageiros divinos e, portanto, à voz divina o encargo de revelar ao leitor a identidade de Jesus. O anúncio do anjo Gabriel a Zacarias retoma os termos dos anúncios de filhos a casais estéreis na tradição judaica: Abraão e Sara em Gênesis 18, a mãe de Sansão em Juízes 13, a mãe de Samuel em 1Samuel 1. Por trás do casal idoso e estéril Zacarias e Isabel aparece em filigrana o casal Abraão e Sara, igualmente qualificados como "justos diante de Deus, que seguem os meus mandamentos e as minhas observâncias"[14]. A criança anunciada é apresentada ao mesmo tempo como o filho da promessa e como o profeta Elias. Com efeito, de acordo com o livro de Malaquias, o profeta Elias devia retornar, precedendo o Dia do Senhor, para inaugurar a vinda de seu Reino[15]. Por isso, a criança que vai nascer é designada como o profeta dos últimos tempos: "Ele reconduzirá o coração dos pais aos seus filhos" e "preparará para o Senhor um povo bem-disposto"[16].

Cf. *Qual* ▶ *presença de Maria?*, p. 741.

O anúncio a Maria segue o mesmo modelo: "Não temas...", mas as palavras do anjo são enriquecidas com outros ecos[III]. A saudação: "Alegra-te, cheia de graça" evoca particularmente o final do profeta Sofonias, no qual Jerusalém é convidada a compartilhar a alegria de seu Deus que virá ao seu encontro: "Grita de alegria, filha de Sião, brada aclamações... Naquele dia, dirão a Jerusalém: 'Não tenhas medo, Sião, ... o Senhor teu Deus está no meio de ti...'"[17]. Maria é chamada a desempenhar a figura da filha de Sião; ela não só representa o povo dos pobres que acolhe o Senhor, mas torna presente aquilo que o profeta anunciava: nela o Senhor vem habitar no meio de seu povo. O mais impressionante é que, diferentemente das mulheres da tradição judaica, Maria não é marcada pela esterilidade, mas, ao contrário, pela virgindade. Aquilo que não tinha nenhum valor no judaísmo torna-se aqui sinal da novidade absoluta do cumprimento: se a promessa de Deus a seu povo se cumpre realmente, ela se cumpre de maneira totalmente inesperada, no inaudito deste nascimento virginal. Ela se cumpre naquilo que assinala a disponibilidade absoluta de Maria: "Aconteça comigo segundo a tua palavra". Assim se verifica a palavra do anjo que retoma os termos da promessa feita a Abraão e Sara: "Nenhuma palavra é impossível a Deus"[18].

Cf. *O que é a* ▶ *concepção virginal de Jesus?*, p. 127.

Deus, outra vez e de maneira definitiva, se manifesta como o Deus que salva dando a vida. "O Espírito Santo, diz o anjo, virá sobre ti e o poder do Altíssimo te cobrirá com sua sombra; por isso aquele que é gerado é santo e será chamado Filho de Deus"; as imagens empregadas evocam o relato da Criação no início do Gênesis, quando o Espírito de Deus pairava sobre as águas; o verbo "cobrir com a sombra" lembra a presença da nuvem que encobre e salva Israel por ocasião do Êxodo; será retomado também por Lucas na cena da Transfiguração: a nuvem donde vem a voz de Deus cobrirá Jesus e os discípulos com sua sombra[19]. Com este jogo de ecos sugere-se que, em Maria, o próprio Deus inaugura uma Criação nova: Jesus é o filho primogênito de um mundo novo.

Figura da "filha de Sião", Maria simboliza aquilo que o profeta anunciava: nela o Senhor vem habitar no meio de seu povo.

O mensageiro divino revela a identidade daquele que vai nascer. Pelos títulos que lhe são dados, a criança é situada na continuidade das expectativas de Israel, mas esta continuidade é superada por uma revelação mais alta: por um lado, o nome "Jesus" dado à criança significa em hebraico "Deus salva"; o grito de louvor do velho Simeão no Templo o revelará: "Meus olhos viram a tua salvação"[20]; e João Batista, no deserto, retomará a profecia de Isaías: "E todos verão a salvação de Deus"[21]. Por outro lado, o anjo acumula os títulos messiânicos: "Ele será chamado Filho do Altíssimo. O Senhor Deus lhe dará o trono de Davi, seu pai; ele reinará para sempre sobre a família de Jacó e o seu reino não terá fim". Estes títulos aludem à profecia de Natã pela qual Deus prometia a Davi uma descendência[22]; lembram também a entronização do Rei Messias no Salmo 2; evocam, enfim, a realeza universal outorgada ao "Filho de Homem" no livro de Daniel[23]. Mas, se o título "Filho de Deus" designa o Messias esperado, ele depende também de uma relação mais íntima com Deus, que não deixará de causar problema a José e Maria: é a relação manifestada por Jesus adolescente, quando se separará dos pais para permanecer três dias no Templo de Jerusalém!

◂ Cf. *O que significa o nome de Jesus?*, p. 130.

O cântico de Maria

O cântico de ação de graças pronunciado por Maria após a saudação de sua prima Isabel é conhecido como um dos mais belos poemas cristãos pelo nome latino de *Magnificat*[24]. Este cântico, como o de Zacarias, está muito marcado pela espiritualidade do judaísmo e pela forma literária dos salmos e pode ter-se inspirado no canto de ação de graças de Ana, a mãe do profeta Samuel[25]. Ele ressoa a intervenção maravilhosa do Senhor como uma inversão das situações de infortúnio e uma exaltação dos pobres e dos pequenos.

A primeira estrofe apresenta primeiramente a humilhação de Maria "serva do Senhor", que Deus levantou; uma segunda estrofe estende a misericórdia de Deus a todos os que o imploram: os humildes, os pe-

"Minha alma exalta o Senhor / e meu espírito se encheu de júbilo por causa de Deus, meu Salvador, / porque ele pôs os olhos sobre a sua humilde serva. / Sim, doravante todas as gerações me proclamarão bem-aventurada, / porque o Todo-poderoso fez por mim grandes coisas: santo é o seu Nome. / A sua bondade se estende de geração em geração sobre aqueles que o temem. / Ele interveio com toda a força do seu braço; dispersou os homens de pensamento orgulhoso; / precipitou os poderosos de seus tronos e exaltou os humildes; / os famintos, ele os cobriu de bens e os ricos, despediu-os de mãos vazias. / Veio em socorro de Israel, seu servo, lembrado de sua bondade, / como dissera aos nossos pais em favor de Abraão e de sua descendência, para sempre".

Cântico de Maria (Lucas 1,46-55), conhecido pelo nome de *Magnificat*.

quenos, os famintos foram cumulados de bens, enquanto os poderosos e os ricos foram despedidos; por fim, é Israel, o servo de Deus, que se beneficiou da misericórdia de acordo com a promessa de Deus. Progressivamente Maria se torna a figura de todo o povo dos pequenos e dos pobres (*anawim*♦), talvez esse "povo da terra"♦ desprezado pelas autoridades do Templo; ela se torna, sobretudo, a figura do "pequeno resto" de Israel, que manteve até o fim a confiança na fidelidade de Deus.

A figura poética constantemente empregada neste texto é a da "inversão"; tudo aquilo que qualifica a grandeza humana – orgulho, poder, riquezas – é dispersado e destruído, ao passo que são exaltados e cumulados os humildes e os famintos. E o motor desta inversão é a misericórdia do Deus que se debruça sobre os humildes. Não se trata evidentemente de um manifesto social, mas da revelação de um amor que questiona tudo aquilo que, nas sociedades humanas, rebaixa, humilha ou exclui os pequenos, de um amor que já instala, no povo de Israel e na história dos homens, o inaudito do Reino de Deus.

O nascimento de Jesus

Como dissemos, os poucos versículos consagrados ao nascimento de Jesus justapõem de maneira impressionante e significativa o caráter oficial do acontecimento que se insere num momento preciso da história, na província romana da Síria, sob o imperador Augusto, e a humildade de um nascimento num ambiente de pessoas simples; um nascimento do qual Lucas acentua talvez a pobreza: "[...] o deitou em uma manjedoura, porque não havia lugar para eles na sala dos hóspedes". De acordo com Mateus e Lucas, Jesus nasceu em Belém da Judeia. A dificuldade levantada pelo texto de Lucas é a datação do recenseamento de Quirino, que ocorreu no ano 6 de nossa era. Deveríamos pensar em outros recenseamentos, mais localizados? Não temos nenhum vestígio e o deslocamento dos pais de Jesus de Nazaré para Belém, justamente quando o nascimento estava próximo, dificilmente é explicável, a não ser como um gesto de ordem simbólica: era preciso, insistindo na origem davídica de José que fazia de Jesus um "filho de Davi", mostrar que se cumpria a profecia de Miqueias: "E tu, Belém, ... de ti que sairá para mim aquele que deve governar Israel"[26]. Esta carga simbólica ligada a Belém e as dificuldades de ordem histórica suscitadas por esta localização levam o historiador a inclinar-se para um nascimento na própria Nazaré. Mas a tradição baseada nos relatos de Lucas e Mateus quis manter as duas cidades: Belém para um nascimento na cidade de Davi e, imediatamente depois, Nazaré, na Galileia chamada "dos pagãos", um mundo mais afastado do centro religioso de Jerusalém, mais aberto a outros horizontes.

◄ Cf. *Belém na Bíblia*, p. 132.

Lucas quer realçar, por outro lado, que Jesus nasce entre as pessoas comuns e que elas são as primeiras a reconhecê-lo. Atesta-o o episódio dos pastores, aos quais um anjo revela a Boa-Nova do nascimento do Messias. Este povo pobre, desprezado e afastado de uma religião oficial, é justamente aquele que responde espontaneamente ao apelo de Deus: seu louvor une-se então ao dos anjos. O sinal que lhes é dado situa Jesus no âmago da humanidade comum; ele é, entre outros, "um recém-nascido envolto em faixas e deitado numa manjedoura"[27].

Dois episódios no Templo de Jerusalém

Lucas tem o cuidado de ancorar Jesus na vida judaica, que tem como centro o Templo de Jerusalém. Seu evangelho inicia com o serviço de Zacarias no Templo e terminará com a oração dos discípulos no Templo aguardando o Espírito prometido por Jesus. Entrementes, Jesus terá efetuado um imenso deslocamento: opondo-se ao Templo que se tornara um "antro de bandidos", ele terá feito de sua vida e de sua morte o novo Templo, lugar do encontro com Deus, acessível a todo ser humano.

◄ Cf. o capítulo *O conflito com o Templo*, p. 541.

Após a circuncisão do menino no oitavo dia[28], uma das últimas cenas dos relatos da infância é a apresentação do menino Jesus no Templo (Lucas ecoa, o que parece, uma prescrição da Lei de Moisés que permitia o "resgate" do primogênito[29]). Ele é recebido por dois personagens representativos da piedade judaica popular. O velho Simeão e Ana, a profetisa, têm em comum o seguinte: eles esperam a consolação ou a libertação de Israel[30]. Sua expectativa de um Messias libertador se exprime na linguagem universalista de Isaías: "Meus olhos viram a salvação de Deus"[31]. Mas Lucas ecoa, sobretudo, os admiráveis poemas de Isaías que são chamados os cantos do "Servo", o profeta-servo que Deus destinou a ser "a aliança do povo e a luz das nações, para abrir os olhos dos cegos"[32]. O cântico de Simeão, da forma como

Lucas tem o cuidado de ancorar Jesus, desde sua infância, na vida judaica, que tem como centro o Templo de Jerusalém.

Lucas o compõe, anuncia em primeiro lugar a salvação a todos os povos, incluindo o povo judeu e as nações pagãs; em seguida, distingue a revelação feita aos pagãos por aquele que representa o Israel que permaneceu fiel e que será sua glória: "luz para iluminar as nações e glória de teu povo Israel". Mas, por trás desta expressão da "glória", perfila-se também a figura do "Servo sofredor": profeta maltratado e ultrajado a quem Deus

Cf. *Jesus é o* ▶ *Servo sofredor das Escrituras?*, p. 663.

enfim anuncia que, para além de suas provações e de seus sofrimentos, ele será "glorificado"[33]. É este tema do sofrimento do Servo que perpassa o último anúncio de Simeão a Maria: a palavra sobre a espada antecipa claramente os sofrimentos da cruz, mas designa também a cruz como lugar de decisão e como lugar de julgamento. No coração de Israel, Jesus será "sinal contestado", causa de uma dolorosa divisão. Neste sentido, Maria continua sendo a figura da filha de Sião, que traz em si a dolorosa dilaceração de seu povo. Mas a acolhida que ela deu à palavra faz dela também a primeira entre os discípulos de Cristo. Nela, os dois povos estão estreitamente unidos.

Chega o tempo em que o menino judeu Jesus se torna adulto: aos doze anos, ele sobe ao Templo para uma festa de peregrinação e é ali que ele vai iniciar o "deslocamento" evocado acima. Pela primeira vez, de maneira indireta, ele se revela a si próprio como Filho de Deus. O leitor do relato de Lucas é convidado a meditar em si mesmo as palavras rudes que o jovem Jesus objeta a seus pais: "Não sabíeis que eu devo tratar dos negócios do meu Pai?"[34] Para além de sua família humana, Jesus permanece doravante junto àquele que ele chama de seu "Pai" e ao qual ele liga imediatamente e definitivamente seu destino. O caminho que assim ele empreende terminará sobre a cruz, na qual ele se entregará totalmente ao Pai; como um eco a esta primeira palavra pronunciada no Templo, sua última palavra sobre a cruz será o versículo do Salmo: "Pai, em tuas mãos entrego o meu espírito"[35]. Assim, esta primeira subida de Jesus ao Templo anuncia e antecipa a grande subida a Jerusalém; o reencontro do jovem Jesus por seus pais "depois de três dias" anuncia os três dias que separarão sua morte de sua ressurreição.

1. Gl 4,4. **2**. Mt 1,6; Lc 3,31. **3**. Mt 1,19-25; Lc 1,26-35. **4**. Mt 2,1; Lc 2,1-7. **5**. Lc 1,26 e 39; Mt 2,22-23. **6**. Lc 2,1 e 3,1. **7**. Lc 1,39-56. **8**. Lc 1,68-80. **9**. Lc 2,14. **10**. Lc 2,29-32. **11**. Lc 2,35. **12**. Lc 2,41-50. **13**. Lc 1,6-7. **14**. Lc 1,6 = Gn 26,1ss. **15**. Ml 3,23. **16**. Lc 1,16-17. **17**. Sf 3,14.16-17. **18**. Lc 1,37-38. **19**. Lc 9,35. **20**. Lc 2,30. **21**. Lc 3,6. **22**. 2Sm 7,12-14. **23**. Dn 7,13-14. **24**. Lc 1,46-55. **25**. 1Sm 2,1-10. **26**. Mq 5,1 = Mt 2,6. **27**. Lc 2,12. **28**. Lc 2,21. **29**. Ex 13,13. **30**. Lc 2,25 e 38. **31**. Lc 2,30; Is 52,12. **32**. Is 42,1-7. **33**. Lc 2,32; Is 53,13–53,12. **34**. Lc 2,49. **35**. Sl 31,6.

O evangelho da infância em Mateus

Roselyne Dupont-Roc
Instituto Católico de Paris

Mais ainda do que o relato de Lucas, o relato de Mateus deve ser lido num nível simbólico – levando em consideração que a linguagem simbólica não tem menos valor do que a "verdade" empírica, de qualquer maneira inatingível no tocante ao nascimento e à infância de Jesus. Seu texto, muito mais curto, se dirige a leitores muito diferentes e seu objetivo é claro: trata-se de ajudar cristãos oriundos do judaísmo a verificar que o evento Jesus Cristo realiza as promessas de Deus e as expectativas de Israel, abrindo-as ao mesmo tempo a uma dimensão universal, a dimensão de um anúncio a todos os povos da terra. Visto que os fiéis vindos do paganismo♦ são cada vez mais numerosos nas comunidades cristãs vindas do judaísmo, para as quais ele é escrito, e que às vezes custam a aceitá-los. Do começo ao fim do relato, o nascimento e a infância de Jesus parecem anunciados pelas Escrituras, que assim nele se cumprem. Todo o evangelho dá testemunho disto: Jesus é o novo Moisés, tal como o anunciava o livro do Deuteronômio[1], e ao mesmo tempo ele supera infinitamente a figura de Moisés, porque nele, muito além dos limites de Israel, a promessa e a aliança chegam ao mundo pagão, até às extremidades da terra.

O evangelho de Mateus insiste primeiramente no nascimento de Jesus, descendente de Davi, no seio de um judaísmo fiel, e para isso põe em evidência a pessoa de José, a tal ponto que poderíamos dizer que este relato é "o anúncio feito a José". Em primeiro lugar, é através de José que Jesus possui sua ascendência davídica e o relato de Mateus começa pela genealogia de Jesus. A composição é caracterizada pela vontade de inserir Jesus na linhagem messiânica por excelência. Ao mesmo tempo, as quatro mulheres citadas nessa lista de ascendentes estão todas numa situação marginal ou irregular em relação ao povo judeu e às exigências da Lei: elas dão acesso a uma visão totalmente diferente do Deus que chama e congrega, de acordo com uma justiça que subverte os tacanhos critérios da religião e da moral.

◂ Cf. *Por que duas genealogias?*, p. 126.

A partir disto, diversos episódios se sucedem, todos centrados numa citação da Escritura, e o texto realça que ela se cumpre: o anúncio do nascimento virginal e do nome dado a Jesus apoia-se em

Isaías 7,14; a visita a Belém dos magos representantes do paganismo apoia-se em Miqueias 5,6; a fuga para o Egito e em seguida o retorno apoiam-se em Oseias 11,1; o massacre das crianças por ordem de Herodes apoia-se em Jeremias 31,15; por fim, a instalação em Nazaré apoia-se na misteriosa citação: "ele será chamado Nazoreu", da qual falaremos ainda.

O anúncio feito a José

O texto é pontuado por certo número de "sonhos" nos quais o mensageiro de Deus, o anjo, se dirige a José. Assim como o filho de Jacó maltratado por seus irmãos e vendido ao Egito, José, que traz o mesmo nome, é o homem cuja vida corresponde aos desígnios de salvação de Deus revelados por sonhos. Encontramos então a retomada de uma expressão forte que assinala a preocupação de José de obedecer às ordens do mensageiro: "Acolheu em sua casa a sua esposa"[2] e "tomou consigo o menino e sua mãe"[3], repetido duas vezes. Pai adotivo de Jesus, José é um homem "justo", um judeu justo: está pronto a observar a Lei e despedir a jovem esposa que engravidou antes do casamento; mas, para além da estrita legalidade, ele presta grande atenção ao mistério daqueles que lhe são confiados: "ele não queria difamá-la publicamente e resolveu repudiá-la secretamente"[4]. Nesse momento acolhe também com confiança a ordem recebida de Deus em sonho e acolhe sua esposa em sua casa. É a ele que é confiada a tarefa de dar um nome àquele que ele acolhe como filho, para fazer dele um descendente de Davi. Não se tratará mais de José na sequência do evangelho; José é aquele que assumiu a criança e sua mãe sem hesitar nem questionar, permitiu-lhes escapar da perseguição, deu ao jovem Jesus um nome, uma ascendência, um lugar na sociedade galileia de seu tempo e provavelmente uma profissão (a de carpinteiro); em seguida ele desaparece completamente.

Em Mateus, José assumiu a criança e sua mãe sem questionar; em seguida desaparece completamente.

No entanto, a evocação da Escritura permitiu ao leitor reconhecer em Jesus a criança régia anunciada pelo profeta Isaías: "A virgem conceberá e dará à luz um filho, ao qual darão o nome de Emanuel, o que se traduz como: *Deus conosco*"[5]. Mateus inicia assim a vasta inclusão que se concluirá no final do evangelho com as palavras de Jesus ressuscitado a seus discípulos: "Quanto a mim, eis que eu estou *convosco* todos os dias, até a consumação dos tempos"[6]. Do começo ao fim do evangelho, Jesus é apresentado como a presença de Deus entre os seus.

Cf. *No final do Evangelho, um modo de presença singular*, p. 723. ▶

A adoração dos magos e a fuga para o Egito

Enquanto Lucas convida para junto da criança que acabava de nascer o povo dos pastores, os pobres da região, Mateus convida representantes eminentes das nações pagãs mais longínquas. Ele esboça assim a própria trajetória de seu evangelho: a Boa-Nova se dirige também aos pagãos. Estes "sábios", astrônomos ou astrólogos (não se fazia distinção) vindos do Oriente, o lugar onde o sol se levanta, seguiram uma "estrela". Será preciso explicitar aqui que, desde Kepler, todas as pesquisas que tenderam a fundamentar este episódio num acontecimento astronômico qualquer foram inúteis? Evidentemente, o importante não é isto; o que importa é que na memória do leitor judeu, alimentado pelas Escrituras, ressoam estes versículos do livro dos Números que anunciam um rei Messias como um astro que se levanta: "De Jacó sobe uma estrela, de Israel surge um rei"[7].

Lucas convida para junto da criança os pobres do país; Mateus convida os representantes eminentes das nações pagãs.

Os tesouros trazidos pelos magos – ouro, incenso e mirra – são outros tantos sinais do reconhecimento de uma realeza inaudita. Assim, desde o nascimento de Jesus, anuncia-se que a promessa de Deus a Davi se realiza para seu povo, mas também muito além dele, para todos os povos da terra. Mais uma vez o evangelista inicia um tema que ecoará novamente no final de seu relato: "Ide, pois; de todas as nações fazei discípulos"[8]. Ora, a promessa de Deus se realiza num minúsculo povoado de um pequeno país ocupado. Belém, cidade de Davi, é aquela da qual dizia o profeta Miqueias: "Tu és a menos importante das sedes distritais de Judá; de ti sairá o chefe que apascentará Israel, meu povo"[9]. Para apoiar sua demonstração, Mateus se permite simplesmente corrigir sua referência: "tu *não és decerto* a menos importante..."! Porque era preciso que o Messias, filho de Davi, nascesse onde nascera seu ancestral e que sua glória jorrasse por séculos sobre a pequena aldeia de Belém. Por outro lado, na própria região da Judeia, o rei Herodes o Grande, famoso por sua crueldade, reconhece imediatamente o perigo que este bebê representa para todos os que pretendem dominar a terra. E, como havia feito com diversos de seus próprios filhos, Herodes não hesita em dar a ordem de matar a criança, e depois, para garantia, a ordem de massacrar todos os meninos com menos de dois anos. Na verdade, o episódio não pode ser constatado pelo historiador, mas a lamentação que então se levanta, tirada do livro de Jeremias, ecoa a de todas as mães do passado que choraram seus filhos mortos ou deportados, desde Raquel, matriarca dos israelitas do Norte, até as mães que, sob o poder de Herodes, viram morrer seus filhos: "É Raquel que chora seus filhos e não quer ser consolada, porque eles já não existem"[10]. Esta lamentação preludia também o sofrimento da mãe de Jesus que verá seu filho morrer sobre uma cruz.

◂ Cf. *Belém na Bíblia*, p. 132.

Então José, advertido mais uma vez em sonho, toma a criança e sua mãe e desce para o Egito. Assim ele cumpre o que anunciava a história dos filhos de Jacó, cujo preferido, seu homônimo José, havia sido vendido por seus irmãos e levado para o Egito. Em seguida, o Egito se tornara o lugar da escravidão do povo de Israel, ameaçado de extinção, até que Deus chama Moisés e lhe ordena que liberte seu povo. Em todo o evangelho de Mateus, Jesus será apresentado como o novo Moisés, aquele que salva seu povo da escravidão e da morte, aquele que dá a seu povo a Lei de Deus, sinal da aliança. É realmente uma nova aliança que assim se prepara e com ela uma nova Lei, da qual Jesus afirmará o caráter universal e radicalidade na misericórdia.

Como Moisés havia libertado o povo de Israel da escravidão do Egito, assim José, advertido novamente em sonho da morte de Herodes, toma o menino e sua mãe e retorna à terra de Israel[11]. Novamente ressoa a Escritura, com a assombrosa palavra do profeta Oseias: "Do Egito chamei o meu filho"[12]. O povo hebreu, que Deus chama de "meu filho", é doravante representado em sua totalidade por aquele que se revelará como o Filho por excelência, o menino que José salvou das mãos de Herodes e agora leva de volta consigo para sua casa.

A nota histórica do versículo 2,22 permite datar este retorno no reinado relativamente breve de um dos filhos de Herodes na Judeia, Arquelau, que os romanos irão depor no ano 6 de nossa era. Para escapar deste sucessor de Herodes o Grande, José vai instalar-se na Galileia, no povoado de Nazaré – o relato não diz se ele morava ali antes e se ele simplesmente volta para casa. Também aqui, para que tudo pareça cumprir-se de acordo com o desígnio de Deus, Mateus cita a Escritura: "Ele será chamado Nazoreu". Mas não sabemos qual texto profético é assim evocado! Pode ser que a citação tenha sido forjada para justificar o fato de que a família de Jesus provinha desta aldeia pouco conhecida e sem pretensão da Alta Galileia.

Cf. *Jesus de Nazaré ou o Nazoreu?*, p. 223.

Sobre a juventude e a adolescência de Jesus em Nazaré Mateus não dirá nada.

1. Dt 18,18. **2**. Mt 1,24. **3**. Mt 2,13 e 14 e 2,20. 21. **4**. Mt 1,19. **5**. Mt 1,23. **6**. Mt 28,20. **7**. Nm 24,17. **8**. Mt 28,19. **9**. Mq 5,1. **10**. Mt 2,18 = Jr 31,15. **11**. Mt 2,15. **12**. Os 11,1.

Por que duas genealogias?

Pierre Gibert
Universidade Católica de Lyon

A questão levantada pela presença de duas genealogias de Jesus nos evangelhos deve-se, ao mesmo tempo, a seu dobrete e a diferenças que as tornam praticamente inconciliáveis. A isto acrescenta-se o silêncio de Marcos e de João a este respeito.

Desde seus primeiros versículos, o evangelho de Mateus faz a ascendência de Jesus remontar a Abraão. Ademais, trata-se de uma "gênese", conforme o termo que era dado em grego ao primeiro livro da Bíblia, *Genesis*; Mateus mostra assim que começa um mundo novo[1]. Ou melhor, que ele abre um caminho através daqueles que receberam e transmitiram a promessa de Deus: a genealogia, que começa com Abraão, é descendente. Para a totalidade das gerações até Cristo, este evangelho joga com uma simbologia de números com base no número sete: três vezes catorze gerações, ou seja, três vezes duas vezes sete. A divisão em três períodos (patriarcal♦, régio♦, pós-exílico♦) é tradicional no mundo judaico. Podemos também observar o fato de que, sendo 14 o número da soma dos valores numéricos das três consoantes do nome DaViD (4 + 6 + 4), Jesus, de acordo com esta leitura gemátrica♦, seria três vezes "Davi", o Messias esperado por Israel! Na verdade, é mais importante salientar que esta genealogia essencialmente masculina comporta quatro figuras de mulheres, presentes na Escritura: Tamar, que se disfarçou de prostituta para deitar-se com seu sogro e dar assim uma descendência à linhagem de Jacó; Rute, a estrangeira, a moabita♦, que vem fazer-se acolher e resgatar por Booz; Raab, a prostituta de Jericó que salvou os emissários israelitas enviados por Josué; por fim, a mulher de Urias o hitita, que Davi foi tomar para si, na ausência de seu marido enviado por ele para a batalha e uma morte programada. Nesta série de mulheres, de moralidade duvidosa, ou ainda estrangeiras, Maria aparecerá como a quinta "irregular". Além disso, a apresentação do nascimento de Jesus rompe a regularidade das "gerações"; não se diz que "José gerou Jesus", mas que ele foi o "esposo de Maria de quem nasceu Jesus"[2]. Em todos os casos, afirma-se que Deus oferece a uma humanidade com caminhos incertos a honra insigne de trazer ao mundo seu filho.

A genealogia do evangelho de Lucas, que possui 77 nomes, aparece no final do capítulo 3, ou seja, depois de relatar o "evangelho da infância" e o batismo de Jesus por João Batista. Após ter mostrado ao seu leitor toda a riqueza da titulatura divina de Jesus, inclusive a voz que o designa como "filho bem-amado", Lucas, por meio da genealogia, insere Jesus na história de seu povo, mas de maneira ainda mais ampla na história humana. Ele adota a ordem inversa de Mateus, partindo do próprio Jesus, mas para remontar até Adão e, mais além, até Deus, pai de todos os humanos e, entre todos, pai de Jesus. Porque Jesus é o novo Adão, aquele que cumpre plenamente o projeto de Deus para a humanidade. No entanto, desde a introdução, esta genealogia se coloca sob o signo de uma ressalva: "Jesus, ao iniciar seu ministério, tinha cerca de trinta nos. Ele era filho, *como se acreditava*, de José, filho de Heli, filho de Matat"[3]. Assim Lucas põe José à distância, a fim de ser coerente com o que ele diz pouco depois da concepção anunciada a Maria pelo anjo Gabriel, de acordo com a qual "o Espírito Santo virá sobre ti e o poder do Altíssimo te cobrirá com a sua sombra".

De qualquer maneira, em suas diferenças de ordens e de termos, estas duas genealogias têm em comum o fato de estabelecer uma espécie de distância entre Cristo e sua hereditariedade humana, embora referindo-se a ela. Nos dois casos, e para além do que pode causar dificuldade do ponto de vista histórico e lógico, a genealogia se atém à literalidade da encarnação♦ de Jesus numa realidade carnal e até mesmo "pecadora" e, ao mesmo tempo, ao reconhecimento nele de uma origem divina que não pode depender unicamente desta encarnação. Situado numa parte inaugural do relato, o princípio genealógico pretende, portanto, ser aceito em sua totalidade de acordo com a encarnação, embora chamando a confessar a divindade: ao longo do relato evangélico que precede a Paixão, esta confissão será feita pontualmente, para tornar-se definitiva nos relatos de aparições do Ressuscitado.

Correlativamente, inserindo a história de Jesus no final de genealogias humanas, as duas sequências inaugurais de Mateus e de Lucas a ligam ao conjunto do Antigo Testamento, desde o Gênesis, a partir de Adão ou de Abraão, até os dramas da história dos Macabeus♦. É, portanto, uma história sem interrupção que, desde a Criação em seis dias e sobretudo desde o advento de Adão, desemboca em Jesus, embora seu reconhecimento como Salvador precise superar unicamente a recepção da história de Israel.

1. Mt 1,1. **2.** Mt 1,16. **3.** Lc 3,23-24.

* * *

O que é a concepção virginal de Jesus?

Jean-François Baudoz
Instituto Católico de Paris

Se fosse afirmada como um *a-priori* desligado de todo contexto bíblico e teológico, a concepção virginal de Jesus ("nascido da virgem Maria") seria uma extravagância destinada a iludir os crédulos e fazer sorrir os incrédulos. Todo enunciado a propósito de Maria só tem sentido se posto em relação com Jesus. Mas apareceu desde cedo no cristianismo a afirmação segundo a qual Deus se encontrava radicalmente engajado na existência de Jesus desde o momento de sua concepção. É o que a fé na concepção virginal exprime. É importante destacar as razões e o que está em jogo.

Nos textos mais antigos do Novo Testamento, não é atribuído a Jesus nenhum pai humano. Em sua carta aos Gálatas, escrita por volta de 56-57, Paulo escreve: "Deus enviou o seu Filho, nascido de mulher e sujeito à lei"[1]. E no evangelho de Marcos, o mais antigo dos evangelhos, o nome de José nunca figura. Poder-se-ia explicar sua ausência observando que não existe relato da infância em Marcos, como existe em Mateus e Lucas[2]. Mas o ponto importante está precisamente no fato de que, na trama narrativa de seus evangelhos, Mateus e Lucas designam Jesus como "o filho do carpinteiro" (Mateus) ou "o filho de José" (Lucas), enquanto Marcos o designa como "o carpinteiro, o filho de Maria"[3]. Na verdade não podemos argumentar com o silêncio de Marcos e a discrição do Novo Testamento a propósito do pai de Jesus para fundamentar a fé em sua concepção virginal. Mas convém lembrar que as origens humanas de Jesus não faziam parte das preocupações da primeira geração cristã. A pregação, em seus inícios, tinha como objeto a mensagem pascal: este Jesus que "passou por toda parte como benfeitor"[4], Deus o havia feito "Cristo e Senhor"[5] ressuscitando-o dentre os mortos.

Só num segundo tempo veio a reflexão sobre as origens de Jesus. De acordo com a fórmula arcaica retomada na carta de Paulo aos Romanos, afirmava-se que Jesus era "oriundo, segundo a carne, da estirpe de Davi, estabelecido, segundo o Espírito Santo, Filho de Deus com poder, por sua Ressurreição de entre os mortos"[6]. Esta havia, na verdade, manifestado a identidade profunda de Jesus, Filho único de Deus. Assim, nos anos 80, Mateus e Lucas irão começar seus textos com aquilo que comumente se chama "os evangelhos da infância", cuja finalidade é explicar, de modo narrativo, a origem divina de Jesus. Reunindo antigas tradições, os dois relatos, embora muito diferentes, concordam nos seguintes pontos: uma virgem chamada Maria, prometida em casamento a José, filho de Davi, concebeu do Espírito Santo um filho que será chamado Jesus, como o anjo havia anunciado. Quando passaram a viver juntos, Maria deu à luz a Jesus em Belém no tempo do rei Herodes. Depois eles vêm morar em Nazaré.

Assim Mateus e Lucas afirmam, ambos, a concepção virginal de Jesus. Por ser Filho de Deus, Jesus nasceu da virgem Maria graças ao Espírito e sem intervenção carnal. É o que a ruptura genealógica introduzida em Mateus põe em evidência[7]. A longa genealogia* de Jesus[8] desfia os nomes masculinos que se sucedem através da geração desde Abraão até José. E é então que ocorre o corte: "Jacó gerou José, esposo de Maria de quem nasceu Jesus, a quem chamam de Cristo"[9]. Portanto, Jesus não é filho de José, mas graças a José ele está ligado à linhagem de Davi. Mateus narra então como Jesus se tornou "filho de Davi": José é convidado em sonho a não ter medo de acolher em sua casa Maria, sua esposa, porque "o que foi gerado nela provém do Espírito Santo". E para apoiar suas palavras, o evangelista comenta: "Tudo isto aconteceu para se cumprir o que o Senhor dissera pelo profeta: Eis que a virgem [*parthenos*] conceberá e dará à luz um filho, ao qual darão o nome de Emanuel, o que se traduz: Deus conosco"[10]. Como é seu costume, Mateus cita aqui o Antigo Testamento de acordo com a versão grega do profeta Isaías. Ora, o texto grego difere do hebraico pelo menos num ponto, já que neste último trata-se não de uma virgem, mas de uma jovem em idade de casar (*'alma*). Se é difícil explicar o motivo que provocou a tradução de "jovem mulher" como "virgem", não há dúvida de que Mateus afirma que a concepção virginal de Jesus "cumpre" o texto profético de Isaías[11]. Observe-se, em suma, que a citação de Isaías vem como um comentário do relato; ela não é, portanto, a origem.

Embora apresente os acontecimentos de maneira muito diferente, Lucas concorda com Mateus em qualificar Maria como "virgem" (*parthenos*). O anjo Gabriel lhe dá a conhecer que ela dará à luz um filho ao qual dará o nome de Jesus. Quando ela pergunta como acontecerá isso, já que ela não conhece homem (no sentido bíblico do verbo "conhecer", que implica uma relação carnal), o anjo lhe responde que o Espírito Santo virá sobre ela e que o poder do Altíssimo a cobrirá com sua sombra: "aquele que vai nascer será santo e será chamado Filho de Deus"[12].

Afirmando a concepção virginal de Jesus, os evangelhos são as testemunhas da fé das primeiras comunidades cristãs na virgindade de Maria. Esta fé pertence ao bem comum das comunidades cristãs que se inspiram nos evangelhos e na tradição patrística mais antiga. Já Ireneu (fim do século II) apresentava a origem virginal de Jesus como um dado tradicional das comunidades de seu tempo.

Do próprio fato do gênero literário dos relatos da infância fica claro que a afirmação da maternidade virginal de Maria não tem primeiramente um significado biológico; e, quando a questão é colocada nos evangelhos apócrifos** no século II, o relato põe firmemente um limite à curiosidade humana: a parteira Salomé, que quer verificar a virgindade física de Maria, vê sua mão secar[13]. Também Justino resiste diante das críticas sutis do judeu Trifão, que acusa os cristãos de deixar-se influenciar pelos mitos pagãos[14]. É que a virgindade de Maria é essencialmente uma afirmação teológica, ligada ao mistério da Encarnação♦. Convém, por conseguinte, inserir todos os discursos expressos neste âmbito sob o sinal de uma "discrição" respeitosa do mistério da fé.

E a Imaculada Conceição?

Muitas vezes confunde-se a virgindade de Maria com sua "imaculada conceição". Trata-se, no entanto, de dois dados bem distintos. Se a primeira afirma que Maria era virgem quando concebeu Jesus, a segunda diz respeito à concepção da própria Maria.
Apoiando-se especialmente no qualificativo atribuído a Maria pelo anjo Gabriel por ocasião da Anunciação ("cumulada de graça"), os Pais da Igreja – particularmente orientais – desenvolveram a ideia de que, desde sua concepção, Maria fora preservada da influência universal das forças do mal na história humana (que, depois de Agostinho de Hipona, foi chamada de "pecado original"). A doutrina da Imaculada Conceição não aparece no Novo Testamento. Discutida ao longo dos séculos, é rejeitada pelos protestantes e em certa medida pelos ortodoxos; foi proclamada dogma da Igreja católica em 1854 pelo papa Pio IX. Pode-se dizer que ela aplica de uma maneira toda particular a Maria aquilo que a bênção que inicia a carta de Paulo aos Efésios diz dos cristãos em geral: "Ele nos escolheu nele antes da fundação do mundo para sermos santos e irrepreensíveis sob o seu olhar, no amor" (carta aos Efésios 1,4).

Finalmente, a concepção virginal de Jesus deve ser compreendida como um sinal tanto do lado de Deus quanto do lado da humanidade. Do lado de Deus, ela é o sinal da salvação gratuita que ele concede independentemente de qualquer vontade humana. Do lado da humanidade representada por Maria, ela é o sinal de sua participação na obra de Deus através de uma aceitação incondicional desta salvação da qual Deus tem toda a iniciativa. Assim a virgindade de Maria é interpretada como um sinal da nova Criação, deixando entrever aquilo que se tornará o universo do *eskhaton* (fim dos tempos): uma Criação nova na qual os modos de relações superarão os da geração.

* Cf. *Por que duas genealogias?*, p. 126.
** Cf. *Os evangelhos apócrifos*, p. 97.

1. Gl 4,4. **2**. Mt 1–2; Lc 1–2. **3**. Mt 13,55; Mc 6,3; Lc 4,22. **4**. At 10,38. **5**. At 2,36. **6**. Rm 1,3-4. **7**. Mt 1,16. **8**. Mt 1,1-17. **9**. Mt 1,16. **10**. Mt 1,22-23. **11**. Is 7,14. **12**. Lc 1,35. **13**. *Protoevangelho de Tiago* 20. **14**. Justino, *Diálogo com Trifão* 67.

* * *

O que significa o nome de Jesus?

Michel Quesnel
Universidade Católica de Lyon

Jesus é a transposição de um nome hebraico: Yeshua'. Uma dezena de personagens bíblicos trazem este nome, dos quais o mais célebre, fora Jesus de Nazaré, é Yeshua' filho de Nun, que foi primeiramente auxiliar de Moisés[1] antes de ser seu sucessor[2]; para evitar a confusão, criou-se o hábito de transcrever o nome deste último sob a forma "Josué", mas de fato os dois personagens traziam exatamente o mesmo nome. Um outro Jesus da literatura judaica é igualmente célebre: Jesus filho de Sirac[3], autor do livro chamado *Sirácida*, ou *Eclesiástico*, que faz parte do cânon bíblico católico e ortodoxo, mas não do cânon dos judeus e dos protestantes[4].

Quanto a Jesus de Nazaré, seu nome é apresentado por Mateus e por Lucas como tendo sido indicado por um anjo. No evangelho de Lucas, o anjo Gabriel declara a Maria, futura mãe de Jesus: "Eis que engravidarás e darás à luz um filho, e lhe darás o nome de Jesus"[5]. O evangelho de Mateus desenvolve mais, pois fornece igualmente o significado deste nome. O anjo do Senhor, que não é nomeado, declara a José: "José, filho de Davi, não temas receber em tua casa Maria, tua esposa: o que foi gerado nela provém do Espírito Santo, e ela dará à luz um filho a quem porás o nome de Jesus, pois é ele que salvará o seu povo dos seus pecados"[6]. Efetivamente, o nome hebraico Yeshua' significa: "o Senhor salva". É o que se chama nome teóforo♦ (que contém o nome de Deus): é composto de um nome hebraico de Deus, o Tetragrama♦ impronunciável YHWH (que os cristãos transcrevem às vezes como Javé), em forma abreviada, e do verbo *yâshâ'*, que significa "salvar".

O evangelho de Mateus dá também um outro nome a Jesus, quando o evangelista comenta o que o anjo do Senhor declarou a José: "Eis que a virgem conceberá e dará à luz um filho, ao qual darão o nome de Emanuel, o que se traduz como: Deus conosco"[7]. Surpreendentemente, em nenhum outro lugar do Novo Testamento encontraremos o nome "Emanuel", mas isto não é importante para o evangelista: este outro nome só está aqui para anunciar as últimas palavras que Jesus pronunciará após sua ressurreição: "Quanto a mim, eis que eu estou *convosco* todos os dias, até a consumação dos tempos"*[8]. Jesus em grego é *Iêsous*. A este nome associa-se muitas vezes o título de Messias, em grego *Khristos*, que significa "ungido"**. Os reis de Israel eram ungidos. As primeiras gerações cristãs, convencidas de que, por sua ressurreição, Jesus "reinava" sobre o mundo, atribuíram a Jesus o título de Cristo. Na expressão "Jesus Cristo"***, que se tornou corrente em Paulo, Cristo continua sendo um predicado, e aquilo que poderia tornar-se uma espécie de nome próprio é, com efeito, o resumo da proclamação de fé; aquele que os cristãos veneram como Cristo e Senhor é o mesmo que o profeta de Nazaré: "Esse Jesus que vós crucificastes, Deus o fez Senhor e Cristo", declarava Pedro no dia de Pentecostes[9]. Além disso, Paulo empregará também a expressão "Cristo Jesus", juntando a afirmação: o Cristo é Jesus.

* Cf. *Por que o Ressuscitado se manifesta na Galileia?*, p. 714.

** Cf. *Cristo e Messias*, p. 471.

*** Cf. *Introdução*, p. 13.

1. Nm 11,28. **2**. Js 1,1-9. **3**. Eclo 50,27. **4**. Considerado apócrifo pelos protestantes, está no entanto integrado na Tradução Ecumênica da Bíblia, após os livros do Antigo Testamento hebraico. **5**. Lc 1,31. **6**. Mt 1,20-21. **7**. Mt 1,22-23. O evangelista cita a versão grega do profeta Isaías (8,8-10). **8**. Mt 28,20. **9**. At 2,36.

CONTRAPONTOS

A datação do nascimento de Jesus

Roselyne Dupont-Roc
Instituto Católico de Paris

Os evangelhos de Mateus e de Lucas concordam neste ponto: Jesus nasceu sob Herodes o Grande, príncipe idumeu♦ que se tornou rei do território judeu com o apoio do poder romano. Evidentemente, no cômputo dos anos, o número zero não existia no mundo romano; contava-se *Ab urbe condita*: desde a fundação de Roma. A consideração destes dados permitiu aos especialistas propor o ano 4 antes de nossa era como a data da morte de Herodes, o que significa dizer que Jesus nasceu um pouco antes da morte de Herodes, ou no ano 7 ou no ano 6 antes de nossa era! É a um monge cita astrônomo, que viveu em Roma na primeira metade do século VI, Dionísio o Pequeno, que devemos o cômputo dos anos e dos séculos em função, primeiramente, da data da morte de Cristo na cruz – aos trinta nos – e, depois, em função do ano de seu nascimento, que ele deduziu a partir dali. Mas Dionísio provavelmente se enganou em relação à data da fundação de Roma, o que o levou a situar o ano 1 com uma defasagem de alguns anos.

A data cristã do Natal, que celebra o nascimento de Jesus no dia 25 de dezembro, resulta de uma escolha muito mais tardia. Parece que foi no final do reinado de Constantino, morto em 337, que se decidiu celebrar o nascimento de Jesus no dia 25 de dezembro. O imperador Aureliano (270-275) havia fixado no solstício do inverno a festa do *Dies natalis solis invicti*, do "sol renascente e invicto". Um mosaico no mausoléu dos Julii no cemitério do Vaticano, mostrando o Cristo-sol em seu carro, data, ao que parece, da mesma época. Foi provavelmente para jogar com o mesmo simbolismo da luz renascente que a Igreja de Roma decidiu celebrar o nascimento de Jesus no momento em que os dias começam a ficar mais longos. No Cronógrafo de 354, um calendário romano, se lê: "No oitavo dia das calendas de janeiro [nosso atual 25 de dezembro], Cristo nasceu em Belém da Judeia".

É preciso acrescentar que, se a maioria dos ortodoxos festeja o Natal alguns dias mais tarde do que os católicos, é porque se baseiam no calendário juliano, que no Ocidente foi substituído no século XVI pelo calendário gregoriano, e está em defasagem em relação a este.

* * *

Belém na Bíblia

André Wénin
Universidade Católica de Lovaina (Bélgica)

"E tu, Belém, terra de Judá, não és decerto a menos importante das sedes distritais de Judá: pois é de ti que sairá o chefe que apascentará Israel, meu povo"[1]. Citando conjuntamente um oráculo de

Miqueias e um discurso dos anciãos de Israel a Davi[2], Mateus realça o alcance altamente simbólico que ele atribui ao lugar onde situa o nascimento de Jesus[3]; e isto ao ponto de lhe dar uma importância que lhe era recusada justamente pelo profeta, para o qual Belém era, ao contrário, "pequena demais para ser contada entre os clãs de Judá"! Lucas, por sua vez, constrói todo um relato em torno deste lugar, para explicar como aquele que é conhecido como Jesus de Nazaré pôde nascer neste lugar[4]. Mito? História? Para que Jesus seja o rei-messias ou o filho de Deus (o que vai dar na mesma), numa palavra, aquele que iria corresponder às expectativas de Israel, era preciso haver um elo estreito com Belém e com o rei originário dali. De acordo com o relato do primeiro livro de Samuel – mito? história? – este povoado é, com efeito, o da família de Jessé, pai de Davi, que ali recebeu a unção.

Antes de ver nascer Davi, esta aldeia – de acordo com o relato bíblico – está associada a diversas histórias. É de lá que parte um levita♦ que se torna capelão de um ídolo num pequeno santuário familiar, antes de roubar aquele que o empregava no momento de acompanhar o clã dos danitas; em seguida, para encontrar um lugar onde se estabelecer, estas pessoas massacram a população de uma cidade que vivia em paz[5]. Em Belém, um outro levita vai procurar sua concubina que havia fugido de seus maus-tratos, início de uma história sórdida que termina com o estupro coletivo da mulher e o esquartejamento de seu corpo, o que desencadeia uma guerra civil em Israel[6].

Na mesma época ("no tempo dos Juízes"[7]) é em Belém que Rute acompanha sua sogra que retorna à sua terra, após ter perdido o marido e o filho. Ali, esta filha de Moab, um povo excluído para sempre da assembleia de Israel, encontra Booz, um proprietário rural cheio de respeito e delicadeza. No final de um conto idílico, este último usa de astúcia para poder desposar Rute, e isto de acordo com a Lei. Ele lhe dará um filho, Obed, o avô de Davi[8].

Duplamente associado com a decadência de Israel no final do período "dos Juízes", este povoado de Judá está ligado também aos inícios de sua recuperação sob o cajado de Davi. Por fim, Belém é também, de acordo com o livro do Gênesis, o lugar onde Jacó enterrou sua esposa Raquel, morta ao dar à luz[9]. Mais tarde, primeira etapa no caminho do exílio para a Babilônia, a cidade ecoará o choro das mães e o profeta Jeremias exclamará: "É Raquel que chora seus filhos... porque eles já não existem", enquanto anuncia o retorno e a aliança nova que Deus prepara para seu povo[10]. O Messias, o "Filho de Davi", podia, portanto, nascer em outro lugar?

1. Mq 5,1. **2**. 2Sm 5,2. **3**. Mt 2,1-5. **4**. Lc 2,1-17. **5**. Jz 17–18. **6**. Jz 19–20. **7**. Rt 1,1. **8**. Rt 4,21. **9**. Gn 35,20. **10**. Jr 31,15, citado por Mt 2,18.

Karima Berger
Escritora

Astúcia divina

Quando o profeta Muhammad mandou purificar de seus ídolos o templo da Caaba, sua mão protegeu o quadro de Maryam-Maria e o de Isâ-Jesus: "Apagai todas as pinturas deste muro, menos estas", disse ele a seus discípulos.

Lallâ Maryam (Senhora Maria), como gostamos de chamá-la no islamismo, arde em mim desde a infância com um fogo muito íntimo e doce, uma presença sem imagens. Mais tarde, Ticiano ou Fra Angélico me revelaram seu rosto, radioso, desejável, desfigurado ou glorioso, mas nunca tão intenso como o pintado por minha imaginação. Maryam é no islamismo *El-batul*, a virgem pura. "Quando no dia da Ressurreição formos chamados, ó homens! O primeiro a avançar na fila será Maria", dirá dela o poeta 'Attâr. Escolhida "de preferência a todas as mulheres do universo", dotada de uma graça sobrenatural, ela simboliza por excelência o ser-feminino, este coração oculto do islamismo.

Em primeiro lugar, ela é anunciada. Sua mãe consagra a criança que traz em seu seio. Posta sob a proteção divina, Seu Senhor a fará "crescer com o mais belo crescimento".

Depois ela se retira. "Menciona, no Livro, Maria, quando ela se retirou de sua família para um lugar oriental [...]. Ela interpôs entre ela e os seus um véu" e faz voto de silêncio e de virgindade. Ela sabe que as mulheres são "guardiães daquilo que está oculto", nenhum humano tem "a capacidade de que Deus lhe fale a não ser por revelação, ou por trás de um véu, ou por envio de um enviado...", como Moisés que, após descer da montanha, se cobriu com um véu, a tal ponto seu rosto resplandecia.

Mas um jovem aparece. "Nós lhe enviamos Nosso Espírito, que através dela assumiu o aspecto de um humano de forma perfeita." A tradição o descreve como imberbe, com feições numinosas, de aparência elegante e cabelos crespos. É Jibrîl-Gabriel. Sua natureza angélica reveste as feições de um humano, epifania da própria Beleza divina; é manifestado não mediante um raio de luz ou uma sarça de fogo, mas mediante a forma sensível de um ser humano masculino que Rûmî imagina assim: "Diante da aparição de uma beleza sobre-humana / Diante desta forma que brota do solo como uma rosa diante dela". É que Deus é belo e ama a Beleza, como gosta de dizer o Profeta. Atributo maior de Deus, a beleza esconde um poder criador e espiritual secreto. A Maryam coberta com um véu aparece um anjo oculto por adornos humanos. Radiante de uma encarnação toda sensual, ele parece querer penetrar na intimidade de sua clausura, mas "a insuflação de um Espírito vindo de Deus [*Rûh Allâh*]" não pode cumprir-se sem que se expresse o desejo de Maryam. Mesmo consagrada, ela continua sendo um ser de carne misturada com água e argila, a mesma argila de que foi feito Adão e que Allâh amassou durante quarenta manhãs. Seu assentimento é necessário. Véu, retiro, Oriente são certamente o leito do desejo, mas o próprio desejo, o desejo amoroso de uma virgem consagrada, como convocá-lo senão mediante uma astúcia divina e a mediação de um anjo encarnado, coberto com o véu de uma "beleza sobre-humana"?

A Virgem suplica. "Eu me refugio contra ti junto ao Todo-Misericordioso... se tu és um homem piedoso... eu não sou uma prostituta [...]. Como posso ter um filho puro sem que algum humano me toque?" A aparição faz Maryam temer o arrombamento de seu corpo e de sua consagração. Afastada por Seu zelo de todo contato humano, ela se refugia junto a Ele, o Todo-Misericordioso, *ar-Rahmân*, da palavra *Rahma*, que significa matriz, entranhas. Seu refúgio é esta intimidade – inaudita – que ela mantém com o Deus monoteísta, sinal de uma intensa inteligência. Sua oração dirigida ao *Rahmân*, como uma oração "matricial", vai exaltar ainda mais esta intimidade, dispondo-a a um "estado de presença perfeita com Allâh", como nos diz o mestre do islamismo místico Ibn 'Arabî; porque, se Jibrîl tivesse insuflado o Espírito neste instante de pavor, acrescenta ele, "Isâ teria então sido manifestado sem que ninguém o pudesse suportar". Por isso Isâ no islamismo não é senão bondade e amor, fruto de um desejo transfigurado, movido pelo "abandono" mais puro, pelo *islam* mais perfeito. Como Abraão, "o primeiro entre os-que-se-submetem", Maryam, como adoradora perfeita, vai se submeter ao apelo de um Deus que a escolhe para manifestar nela Sua epifania. De acordo com o emir Abdelkader, o grande profundo pensador do islamismo, sem a intercessão do feminino "os Nomes divinos teriam permanecido sem efeito e, portanto, ignorados"; a mulher manifesta o nível das qualidades receptivas, sendo que este nível é "de uma categoria admirável e excelente".

Depois ela se submete. "Eu sou apenas um enviado de Teu senhor [encarregado de] conceder-te um filho puro", lhe diz o jovem cuja simples contemplação invade a Virgem com a volúpia da união. Então ela se tranquiliza, seu peito se dilata e, neste instante, dizem os comentaristas, Jibrîl soprou na fenda de sua túnica que ela havia depositado no solo. Quando ele se retirou, Maryam vestiu novamente sua veste e Isâ foi concebido, formado com a "água real" de Maryam e com a "água sutil" de Jibrîl. Foi para que sua "existenciação de humano não infringisse a norma ordinária" que se impunha a encarnação humana do anjo, tomando de empréstimo ao homem sua forma sensível, nos diz Ibn 'Arabî. O Espírito que "vivifica os corpos naturais" insuflou o corpo de Maryam e concebeu Isâ-filho-de-Maryam, o Espírito chamado mais tarde a vivificar os mortos.

E ela se retira. Diz-se que, quando suas entranhas foram revolvidas pelo sopro do Eterno e seu estado se tornou grandioso, os anjos vieram rodeá-la, de pé, em fileiras, antes de ela se afastar novamente, para completar, como adoradora, o parto do *Verbo vindo de Deus.*

E "*Nós fizemos dela e de seu filho um sinal para o universo*": a densidade carnal da anunciação corânica, que une Beleza e Amor, enraíza-se no corpo real de Maryam, este ser feminino que, para ser *sinal*, se cobre com um véu a fim de melhor existenciar o divino. Como sua "fiadora" na terra, Maryam continua a anunciá-lo ao mundo e a dar à luz em cada um de nós o "Jesus de seu ser", nos diz o teólogo A. Semnânî.

Capítulo 5

TRINTA ANOS DE VIDA OCULTA

Poderíamos contar a história assim...

Um menino acaba de nascer; é um primogênito. É aquele que abriu o seio de sua mãe. O pai está ali, abraça-o, ergue-o para o céu. Este filho recém-nascido se chamará Jesus, Yeshua', "Deus salva". Aliás, cada criança que nasce não salva por acaso o povo da extinção? Pequeno povo pobre, apegado às suas colinas, de costas para o mar, espremido entre seus gigantescos vizinhos, o Egito ao sul, os persas e os babilônios ao oriente. E eis que, depois de ter suportado os gregos, este povo cai sob o jugo desses recém-chegados que desembarcam vindos do Ocidente, esses romanos que conquistam o mundo e impõem sua ordem.

Yeshua', Deus salva! O menino traz a promessa do Altíssimo, promessa que se estende de geração em geração desde os tempos antigos. Ele traz a esperança deste povo sem rei, que não sabe mais onde estão suas fronteiras. Esta promessa é inscrita em sua carne quando ele tem apenas oito dias de vida, através da marca da circuncisão. Eis que ele pertence à linhagem dos filhos de Abraão. E, no quadragésimo dia, seus pais o apresentam no Templo, em Jerusalém, e o consagram ao Senhor, como prescreve a Lei de Moisés para todos os primogênitos. Eles não são muito ricos; por isso não oferecem senão um par de pombos como sacrifício de ação de graças. Doravante, seu filho, Jesus, pertence à longa descendência dos filhos de Israel submetidos à lei do Altíssimo.

Quem no meio da algazarra do Templo poderia notar estes jovens pais com seu filho? Havia, porém, um ancião, Simeão, curvado sob o peso dos anos e a quem o Senhor havia prometido a visão daquele que salvaria o povo antes de seus olhos se fecharem definitivamente. Quando descobriu o menino nos braços de sua mãe, sua alma iluminou-se. Ele viu e, doravante, podia partir em paz e a morte podia chegar. Louvou o Altíssimo que lhe concedia ver a Salvação que Deus preparava para seu povo. Acrescentou palavras que pareciam vir do fundo das gerações. Como esta linda criança poderia ser sinal de contradição? Como este recém-nascido, que sorria para os anjos, poderia despedaçar o coração de sua mãe? Os pais o ouviram sem compreender. Alguns passos mais adiante, uma anciã, profetisa, viu também ela o menino e começou também ela a dizer coisas estranhas. A jovem mãe apertou o filho contra o seio e, rapidamente, seu esposo e ela deixaram Jerusalém e seu Templo. Eles eram apenas pessoas comuns, não acostumadas às agitações desta grande cidade.

De volta à sua aldeia de Nazaré, na Galileia, a vida corria sem contratempos. O menino crescia como crescem os meninos quando nenhuma desgraça os atinge, livre como uma oliveira, ereto como uma palmeira plantada à beira do riacho. As pessoas felizes não têm história, e não a tiveram... Salvo, talvez, quando seu filho acabou de completar doze anos.

Doze anos, ele não era mais uma criança. Doravante, podia participar da oração na sinagoga como um filho de Israel, embora tivesse ainda muito que aprender antes de tornar-se um homem adulto. Para a festa da Páscoa eles subiram juntos a Jerusalém a fim de louvar o Senhor no Templo. A cidade estava cheia de gente, pessoas vindas de toda parte, como sempre acontece por ocasião das grandes festas. No dia seguinte às festividades, a pequena caravana de galileus de Nazaré e das aldeias vizinhas retomou o caminho para o norte. Eram necessários vários dias de caminhada para chegar, mas todos estavam ainda na alegria da festa. Riam, cantavam... O dia inteiro passou sem que Maria e José percebessem a ausência do filho. Só quando caiu a noite é que descobriram que o jovem Jesus não estava entre os peregrinos. Ao raiar do dia, eles deixaram a caravana continuar seu caminho e retornaram a Jerusalém. Apesar de sua pressa, foi só no terceiro dia que encontraram enfim o menino. Ele permanecera no Templo. Sentado no meio de um grupo de doutores da Lei, conversava com eles. Respondia às perguntas que lhe eram feitas e, por sua vez, interrogava como costumam fazer entre si os especialistas da Lei. A inteligência e as réplicas do jovem deixavam estupefatos os que ali se encontravam. Nunca tinham visto tanta reflexão e discernimento numa mente tão jovem.

Quando o viram, seus pais aceleraram o passo, interrompendo o diálogo que se estabelecera entre seu filho e os eruditos. O medo de tê-lo perdido os havia atormentado ao longo de todo o caminho e, como fazem muitas vezes os pais, repreenderam-no pelo terrível susto que ele havia provocado. Ele se espantou com a inquietude dos pais; não estava ele onde devia estar? Eles não compreendiam as palavras que ele dizia. Era como se de repente seu filho falasse uma língua que lhes escapava, como se ele não lhes pertencesse mais. No entanto, ele não teve nenhum problema em segui-los e retornaram juntos a Nazaré. Desde esse dia, e durante longos anos, ele não lhes causou mais nenhuma preocupação até chegar sua hora. A mãe, no entanto, não esqueceu absolutamente e às vezes, ao vê-lo tão sábio e tão meigo, se admirava.

C.P.

As razões de um surpreendente silêncio

Jean-Pierre Lémonon
Universidade Católica de Lyon

Os evangelhos mostram pouco interesse pela infância, pela juventude, pela formação de Jesus, numa palavra, por sua vida cotidiana em Nazaré. Na verdade, eles fornecem ocasionalmente algumas informações sobre este período. Mas não deixa de ser verdade que não apresentam nenhum relato contínuo sobre Jesus em Nazaré. A que corresponde este surpreendente silêncio? Este tem suas razões, a começar pelo gênero literário do qual dependem os evangelhos.

O gênero literário dos evangelhos

Cf. *Quatro evangelhos e não um só*, p. 81. ▸

Até por volta da década de 1970, os biblistas insistiam na originalidade do gênero "evangelho". No entanto, num exame atento, esse esplêndido isolamento não se sustenta. Com efeito, os evangelhos não deixam de ter relação com o *bios*, a "Vida", gênero caro a numerosos escritores da Antiguidade, entre os quais os mais conhecidos são Plutarco (49-125) e Suetônio (70-128). Não se trata de uma "biografia" no sentido moderno da palavra, mas de um relato que contém primeiramente duas partes muito breves sobre, por um lado, a origem familiar e, por outro, a formação do personagem que está no centro do relato (no caso de Jesus, este último tema é mal e mal evocado por Lucas[1] e João[2]). Depois, numa ordem mais ou menos cronológica, a terceira parte, a mais desenvolvida, apresenta as ações e as palavras do herói; ela constitui o verdadeiro centro de interesse do biógrafo e ressalta as qualidades do protagonista. Este é apresentado como exemplo; louva-se suas virtudes, mostra-se o apreço que os contemporâneos têm por ele. No interior de uma "Vida" aparecem subgêneros: por exemplo, discursos, diálogos, lendas, descrições detalhadas de ações... Estas características se encontram todas nos evangelhos, onde o reconhecimento ou a rejeição de Jesus, o "herói", constitui um dado essencial. Cada evangelho se apresenta como uma "Vida" destinada a um público popular e segue os códigos das "Vidas" do universo cultural greco-romano. Interessa-se essencialmente pelas ações e pelas palavras de Jesus e põe em cena o reconhecimento ou a rejeição de que ele é objeto por parte de seus contemporâneos – o reconhecimento por excelência sendo o do próprio Deus, que se manifesta pela mediação dos anjos, tanto diante do túmulo aberto[3] como por ocasião do nascimento[4].

Visto que o gênero evangelho se insere no modelo conhecido da "Vida", não há motivo para surpreender-se que seja reservado pouco espaço à infância e à formação do herói. No entanto, os evangelhos mostram um grande interesse pela origem de Jesus e seus laços familiares; é especialmente a função das genealogias e dos evangelhos da infância.

O caráter singular dos "evangelhos da infância"

Os evangelhos de Mateus e de Lucas começam, ambos, com dois capítulos chamados comumente "evangelhos da infância". Antes de se empenhar na apresentação do ministério de Jesus, estes evangelhos vão esboçar, através de um relato, as grandes linhas da identidade de Jesus. Lucas utiliza um procedimento tomado da cultura helenística♦: traça um paralelo entre João Batista e Jesus. Ele mostra assim como Jesus se insere na linhagem dos profetas, embora sendo de uma natureza diferente da natureza do último dos profetas. Com efeito, de acordo com as palavras do anjo a Maria, "aquele que vai nascer será santo e será chamado Filho de Deus"[5].

É porque se inserem no gênero literário das "Vidas" antigas que os evangelhos se interessam pouco pela infância e pela formação de Jesus.

Mateus, por sua vez, constrói uma série de cenas que apresentam Jesus como aquele que leva à sua plenitude a tradição de Israel. Maria dá à luz um filho ao qual José dará "o nome de Jesus, pois é ele que salvará o seu povo dos seus pecados"[6].

Os primeiros capítulos de Mateus e de Lucas não manifestam interesse pela infância de Jesus, mas por sua identidade e sua origem. Limitam-se ao seu nascimento e àquilo que está ligado a ele do ponto de vista de seu reconhecimento.

Sob formas diferentes, Marcos e João fazem uma abordagem análoga: confessam de imediato a origem de Jesus. Marcos o faz por um versículo: "Início do Evangelho de Jesus Cristo, Filho de Deus"[7], que proclama a identidade daquele cuja "Vida" ele vai narrar; quanto a João, seu relato é precedido por um Prólogo que também confessa a qualidade de Jesus[8].

Mateus e Lucas fornecem algumas informações sobre o nome dos pais, Maria e José; seu estatuto matrimonial, com uma ligeira diferença (no primeiro, eles são "esposos" e no segundo são "noivos")[9]; a época do nascimento, pelo final do reinado de Herodes o Grande; a instalação da família em Nazaré – para Mateus, trata-se de uma instalação, para Lucas

◂ Cf. o capítulo *Em torno de um nascimento*, p. 111.

trata-se de um retorno. O lugar do nascimento de Jesus, Belém, assim como as genealogias, destacam a filiação davídica de Jesus.

O objetivo dos evangelistas

Nos anos 54-55, Paulo define assim sua missão: "Cristo não me enviou para batizar, mas para anunciar o Evangelho"[10]. Qual é este Evangelho que ele recebeu e vai transmitir? Antes de designar o resultado de um processo de escrita, o Evangelho é primeiramente objeto de uma proclamação oral. Trata-se de dar testemunho do "Senhor Jesus" e de confessar sua identidade salvífica. Os dois elementos-chave da pregação são a morte e a ressurreição de Jesus. A isso acrescentam-se os testemunhos prestados à sua exaltação na "glória". Muito cedo reúnem-se também relatos de seus milagres e de suas palavras, particularmente as parábolas, tendo o cuidado de reler seus ditos e gestos à luz de sua exaltação. A partir do episódio de Pentecostes, os apóstolos se consideraram encarregados de testemunhar o conjunto do itinerário público de Jesus e o reconhecimento ou rejeição de que ele foi objeto. Assim, após a deserção de Judas, os Atos dos Apóstolos mostram Pedro definindo as qualidades daquele que pode substituí-lo: "Há homens que nos acompanharam durante todo o tempo que o Senhor Jesus caminhou à nossa frente, a começar pelo batismo de João até o dia em que ele nos foi arrebatado: é preciso pois que um dentre eles se torne conosco testemunha de sua ressurreição"[11].

Este itinerário público, definido por Pedro, é exatamente o que os evangelhos narram. Dois evangelistas começam definindo seu procedimento e seu objetivo. Lucas apresenta sua obra como uma "narração ordenada" "dos acontecimentos realizados entre nós"[12], cuja última etapa é o reconhecimento de Jesus ressuscitado. Quanto a João, ele selecionou sinais para que os destinatários de sua obra creiam "que Jesus é o Cristo, o Filho de Deus"[13]. O objetivo visado pelos discípulos por ocasião do anúncio do Evangelho e pelos evangelistas ao redigir sua obra explica o pouco interesse que dedicam aos anos que precedem o discurso público de Jesus.

A expectativa do messias oculto

Cf. *Os Judeus ▸ esperam o Messias?*, p. 479 e *Cristo e Messias*, p. 471.

Entre as esperanças messiânicas do judaísmo do século I encontra-se a expectativa do messias oculto e revelado inesperadamente. Esta expectativa reveste duas formas. Na literatura intertestamentária♦ exprime-se uma crença num personagem celeste desconhecido, que se manifestará no fim dos tempos: "Assim como não se pode nem sondar nem conhecer o que está no fundo do mar, da mesma forma ninguém sobre a terra poderá ver meu filho ou os que estão com ele, a não ser no fim dos tempos"[14]. No século II, Justino é uma excelente testemunha de outra tradição do messias oculto[15]. Este já nasceu, mas está oculto e, portanto, é desconhecido antes de sua manifestação. Encontramos vestígios desta crença nas palavras de João Batista: "No meio de vós está aquele que vós não conheceis... Eu não o conhecia"[16]. O evangelista João também ecoa esta figura surgida não se sabe de onde: "Quando vier o Cristo, ninguém saberá de onde ele é"[17]. Não se interessando pelo tempo da formação de Jesus, os evangelhos o apresentam como o messias que devia permanecer desconhecido antes de sua manifestação a Israel e que, no entanto, já estava presente entre os seus. Nos evangelhos, especialmente em Marcos, Jesus exige que guardem silêncio sobre sua identidade messiânica (aos demônios, mas também a seus discípulos e às testemunhas de curas[18]). Este silêncio imposto durante sua vida terrestre será o sinal de que o Messias deve permanecer desconhecido até o momento em que, pela ressurreição, ele se revelar repentinamente como personagem celeste transcendente que inicia os últimos tempos.

O messias deve estar oculto antes da sua manifestação a Israel; ele deve surgir não se sabe de onde.

Uma "encarnação" difícil de suportar

Paulo realça o contraste existente entre a fragilidade de Cristo e a obra que ele realiza. Aquele que "resgata os que estão sob a Lei" e lhes concede obter a "adoção filial" é apresentado como qualquer um dos seus correligionários: ele é "nascido de mulher e sujeito à Lei"[19]. O que constitui a especificidade de Jesus é seu envio. O texto paulino começa com estas poucas palavras: "Deus enviou o seu Filho". Paulo põe assim em evidência aquilo que mais tarde se chamou a encarnação: o germe divino está oculto no coração do humano. O silêncio dos evangelistas sobre os anos obscuros de Jesus é da mesma ordem: ele, o "Filho" em pessoa, levou a vida de qualquer jovem Judeu de seu tempo. No silêncio dos primeiros anos exprime-se um motivo cristológico♦.

A encarnação aparece igualmente no decurso do relato evangélico, quando um ou outro evangelista destaca a humanidade de Jesus: suas refeições ("Veio o Filho do homem, come, bebe e dizeis: 'Eis um comilão e um beberrão'"[20]), sua necessidade de recuar afastando-se[21], seu cansaço[22], sua emoção diante do amigo Lázaro falecido ("ele teve um frêmito interior e se perturbou... Então Jesus chorou, e os Judeus disseram: 'Vede como ele o amava'"[23]), suas amizades[24], sua compaixão diante de uma mulher pagã pedindo a cura de sua filha[25], sua perturbação por ocasião da agonia no monte das Oliveiras[26]... Mas a banalidade de sua vida em Nazaré constitui um obstáculo ao reconhecimento de sua verdadeira personalidade. Jesus é muito conhecido como um simples habitante da aldeia, seus compatriotas podem mencionar sua profissão e enumerar os membros de sua família[27]. Esta vida sem brilho não facilita o reconhecimento quanto à origem de sua sabedoria e à sua capacidade de realizar milagres. Mais tarde, a discrição dos evangelhos a respeito dos anos da infância de Jesus parecerá insuportável a alguns cristãos: daí nascerão evangelhos apócrifos que manifestam a onipotência de Jesus desde a mais tenra idade. Ele é uma criança excepcional, seu nascimento miraculoso é provado.

No final, a ausência de relato contínuo a respeito dos anos da infância e da formação de Jesus não é uma aberração, mas se deve a diversas razões. Em primeiro lugar, o gênero dos evangelhos, próximo das "Vidas" populares, põe o acento na origem do herói que é celebrado, em seus grandes feitos quando adulto e no reconhecimento que ele obtém. Os "evangelhos da infância" se interessam pela identidade do herói, a qual leva a compreender sua ação futura – aqui está o essencial. De resto, não há nada de particular a dizer sobre seus anos de aprendizado em Nazaré, porque Jesus é "nascido de mulher e sujeito à Lei". A encarnação exige um tempo em que ele está no meio dos seus concidadãos como um deles. Celebrar a atividade pública de Jesus sem relatar sua formação é apresentá-lo na linhagem do messias já nascido, presente no meio dos seus, mas não conhecido até sua primeira manifestação.

1. Lc 2,40. **2**. Jo 7,15. **3**. Lc 24,4. **4**. Lc 1,26. **5**. Lc 1,35. **6**. Mt 1,21. **7**. Mc 1,1. **8**. Jo 1,1-18. **9**. Mt 1,19; Lc 2,5. **10**. 1Cor 1,17. **11**. At 1,21-22. **12**. Lc 1,1-3. **13**. Jo 20,31. **14**. 4Esd 13,52; 1Henoc 46,2; 4Esd 7,28; 12,32; 13,32. **15**. Justino. *Diálogo com Trifão* 8, 4; 49,1; 110, 1. **16**. Jo 1,26 e 33. **17**. Jo 7,27. **18**. Mc 1,34; 3,12; 8,30; 9,9; 7,36. **19**. Gl 4,4. **20**. Lc 7,34. **21**. Lc 9,10. **22**. Jo 4,6. **23**. Jo 11,33-36. **24**. Jo 11,3. **25**. Mt 15,24. **26**. Lc 22,39-46. **27**. *Ibid*.

A vida na aldeia: conjecturas e verossimilhanças

Jean-Pierre Lémonon
Universidade Católica de Lyon

Os evangelhos não têm um relato contínuo sobre o tempo de Jesus em Nazaré. As informações sobre este período são muito escassas: "[Jesus] desceu com eles [Maria e José] para Nazaré; era-lhes submisso... Jesus progredia em sabedoria e em estatura, e em graça diante de Deus e dos homens"[1]. Até seu batismo por João Batista, Jesus levou nessa aldeia uma vida sem brilho particular. Por isso, é muito compreensível o espanto de seus compatriotas, quando constatam sua sabedoria: "Donde lhe vem isto?... Não é ele o filho do carpinteiro?"[2] Embora possa ser assimilada à expectativa do messias oculto, a discrição mostrada por Jesus até ter "cerca de trinta anos"[3] prejudicou certamente seu reconhecimento. No entanto, dados dispersos nos evangelhos e fontes mais gerais fornecem a possibilidade de esclarecer esta época de sua vida e sua personalidade. Nós nos interessamos pela família de Jesus, depois pela formação que ele recebeu e, por fim, pela profissão que exerceu. Mas, primeiramente, convém lembrar seu enraizamento na Galileia.

Um Judeu da Galileia

◄ Cf. *Jesus de Nazaré ou o Nazoreu?*, p. 223.

Até atingir a idade de trinta anos, a vida de Jesus está ligada à Galileia, mais precisamente à aldeia de Nazaré. No decurso de seu ministério, ele será designado como o Nazoreu[4] ou o Nazareno[5]. Quando Nicodemos convida seus colegas fariseus a não condenar Jesus sem ouvi-lo, a réplica é mordaz: "Procura, e verás que da Galileia não surge profeta"[6]. Jesus é o homem de Nazaré, aldeia de 300 a 400 habitantes, situada nas colinas da Baixa Galileia, na encosta de um dos outeiros que circundam a planície de Jezrael, tão modesta que não é mencionada nas Escrituras. É uma aldeia como havia muitas, com cisternas e um poço. Era composta especialmente de residências ou dependências cavadas na rocha. Em 2009 foram descobertos os vestígios de uma casa do século I; é uma construção pequena e modesta. Uma outra casa foi explorada em 2015. Do ano 4 antes de nossa era até o ano 39, junto com a Pereia, a Galileia faz parte do reino de Herodes Antipas, um dos filhos de Herodes o Grande. Príncipe aliado de Roma, seu título oficial é tetrarca♦. Como seu pai, mas com menos brilho, Antipas é um régulo à moda helenística♦. Seu servilismo a Roma é notório; ele bajula Tibério construindo uma cidade nova à qual dá o nome de Tiberíades. Em razão de seu estatuto, a Galileia está isenta do pagamento da taxa romana sobre o solo; seus habitantes evitam assim a humilhação de pagar este imposto predial a uma potência pagã. Mas as outras taxas não deixam de continuar pesadas. Antipas teve o mérito de manter a Galileia em paz.

De acordo com o testemunho um pouco exagerado de Flávio Josefo (37-100), "a região inteira é fértil, rica em pastagens, coberta de árvores de todas as espécies, de modo que o homem mais preguiçoso para os trabalhos da terra sente uma vocação de agricultor diante de tais facilidades"[7]. A demografia ali é densa. Mesmo não sendo agricultor ou vinhateiro, Jesus pertence a este mundo rural do qual tomará emprestadas muitas imagens para suas parábolas. Não é impossível que ele tenha participado às vezes do trabalho nos campos. Seja como for, ele observou a vida e os gestos do camponês que muitas vezes vive com dificuldade. Com efeito, a terra pertence a ricos proprietários que vivem longe e a alugam a meeiros. Às vezes ela é a posse de pequenos camponeses que sempre se perguntam se poderão pagar as pesadas taxas provocadas pelas construções de Antipas. Os trabalhadores agrícolas são numerosos; cada dia eles esperam ser contratados[8].

Após a ocupação dos Selêucidas (uma das dinastias gregas herdeiras do império de Alexandre), a Galileia foi rejudaizada na primeira metade do século II antes de nossa era graças às conquistas dos irmãos Macabeus♦; seus habitantes manifestam seu apego à lei judaica e a seus ritos, especialmente por meio das peregrinações a Jerusalém. No entanto, não são influenciados, como os habitantes da Judeia, pelas práticas minuciosas dos fariseus. O enraizamento de Jesus neste húmus galileu o prepara para um apego profundo à Lei[9], mas também para tomar distância das "tradições dos pais", costumes caros aos fariseus[10].

A cultura helenística é essencialmente um assunto de cidades como Séforis ou Tiberíades, que foram sucessivamente capital do reino. Na verdade, Séforis estava situada apenas a uma hora de caminhada de Nazaré, mas nada deixa entrever um contato do jovem Jesus com a cultura helenística (aliás, pesquisas recentes mostram que esta cidade não era tão helenizada como se acreditava). Além disso, Nazaré não se encontra num lugar de passagem e, portanto, seus habitantes estão relativamente protegidos da influência dos viajantes portadores de ideias novas.

Uma família ancorada na tradição

Por parte de seu pai, José, Jesus é inserido legalmente na linhagem davídica[11]. Esta ascendência é afirmada de muitas maneiras no Novo Testamento[12]. Jesus é um "leigo", afirmará energicamente mais tarde a carta aos Hebreus[13]. Por outro lado, no decurso de seu ministério, o único debate que ele trava com os saduceus, próximos dos ambientes sacerdotais, acontece num clima de hostilidade[14]. Durante a Paixão, os sumos sacerdotes se revelarão inimigos encarniçados[15]. Assim como seus concidadãos de Nazaré (onde foram encontradas numerosas bacias ou *miqwaot* para as abluções), os pais de Jesus respeitam os ritos: Jesus é circuncidado oito dias após o nascimento[16]; no final do relato da apresentação de Jesus no Templo, Lucas anota: "Quando cumpriram tudo o que prescrevia a lei do Senhor, eles voltaram para a Galileia"[17]; aos doze anos, início de sua maturidade religiosa, ele sobe a Jerusalém para a peregrinação ao Templo por ocasião da Páscoa[18]. Portanto, Jesus viveu como criança e como adolescente na fidelidade à Lei e a suas exigências, num clima tradicional.

A não ser nas cidades helenizadas, os galileus permanecem apegados à fé e aos ritos judaicos.

Os irmãos e os pais de Jesus trazem, aliás, nomes ligados à história de Israel. Tiago (Jacó) se liga ao patriarca do mesmo nome, que depois se chamou Israel. Os nomes dos três outros irmãos se relacionam com filhos deste patriarca: José (Joset) se liga a José, nome trazido igualmente pelo pai; Simão se liga a Simeão; Judas se liga a Judá. Myriam, Maria, a mãe, recebeu o nome da irmã de Moisés. O nome de Jesus é o de Josué, o herói da entrada na terra de Israel. Este apego às grandes figuras da história judaica ancora a família na tradição. Ela faz parte daquelas famílias judias que resistem à dominação romana e a uma helenização subserviente típica das cidades, como Séforis, no entanto muito próxima. Jesus mostrará seu apego às figuras patriarcais, escolhendo os Doze em referência às doze tribos de Israel oriundas de Jacó.

◄ Cf. *O filho mais velho de uma família numerosa?*, p. 150.

◄ Cf. *O que significa o nome de Jesus?*, p. 130.

Qual formação intelectual e religiosa?

É difícil saber o sistema escolar que Jesus pode ter conhecido – é preciso desconfiar das reconstituições efetuadas a partir de textos tardios, nos quais nada assegura que reflitam práticas antigas. Visto o apego dos Judeus ao conhecimento e à compreensão dos textos sagrados, não é de surpreender que a educação tenha ocupado um espaço maior do que em outros povos. Colheram-se diversos testemunhos que mostram que, no século I de nossa era e no século precedente, escrita e leitura eram relativamente difundias entre os Judeus. Pode-se, por exemplo, observar inscrições gravadas em recipientes e instrumentos absolutamente comuns da vida cotidiana[19]. Flávio Josefo dá uma indicação interessante: "[a Lei] manda ensinar a ler [às crianças]"[20]. Em vista de seu domínio dos textos sagrados nas discussões com os fariseus e os escribas, é legítimo afirmar que Jesus sabia lê-los.

Ele adquiriu sua formação religiosa primeiramente na família, junto a seu pai a quem cabia esta tarefa[21]. Através dos ritos se efetua a transmissão da fé ao jovem israelita. Na família, Jesus aprende a rezar a Deus de acordo com a tradição. Quando será interrogado sobre o primeiro mandamento[22], ele responde com o início do *Shema' Israel*[23], profissão de fé recitada de manhã e à tarde. Depois do *Shema'*, o fiel recita os *Shemoneh 'Esreh* ou oração das dezoito bênçãos, que o Talmud faz remontar à geração pós-exílica♦. A oração é acompanhada de gestos que serão ritualizados mais tarde. Recitando estas orações, Jesus está no cerne das relações que Israel mantém com seu Deus.

A sinagoga desempenhou igualmente um papel importante na formação de Jesus. Como observa Lucas, ele frequentou a sinagoga de Nazaré: "[Jesus] veio a Nazaré, onde tinha sido criado. Entrou, *segundo o seu costume*, no dia do sábado na sinagoga"[24]. Esta é uma instituição que se difundiu após o Exílio; sua liturgia está centrada não nos sacrifícios, mas nas Escrituras. Suas funções são diversas: ela é um lugar de reunião, de educação e de formação. Cada aldeia tem seu lugar de oração que pode ser mais ou menos importante. As reuniões sinagogais são a ocasião de ouvir a leitura das Escrituras numa época em que a leitura é um fato comunitário, porque os aldeões não possuem rolo da Torá (existem, no entanto, exceções: por ocasião das perseguições de Antíoco IV no século II antes de nossa era, os pagãos rasgaram e queimaram os "livros da Lei"[25] que pessoas particulares possuíam).

Na sinagoga, Jesus aprofunda seu conhecimento da tradição de Israel; ali ele ouve a leitura de uma passagem da Lei e depois sua tradução para o aramaico, que, às vezes, se aproxima mais da glosa do que da tradução literal; assim ele descobre como é compreendido o texto bíblico. No decurso de seu ministério, nas controvérsias, ele manifestará sua familiaridade com as Escrituras. Fará malabarismos com elas, pondo em xeque seus oponentes. Ele dará o sentido profundo do texto[26], ou concluirá um debate com uma argumentação tirada da Escritura[27]. Seu conhecimento da tradição de Israel surpreenderá mais tarde seus compatriotas[28]. Jesus não frequentou a escola de um mestre conhecido; ele não se refere, como os escribas, à tradição dos antigos[29].

Foi na sinagoga, cuja liturgia não está centrada nos sacrifícios como no Templo, que Jesus se familiarizou com as Escrituras.

Sua familiaridade com as Escrituras e sua habilidade em extrair dela argumentos mostram que Jesus compreendia perfeitamente o hebraico, a língua sagrada de Israel. Já há vários séculos o aramaico suplantava o hebraico na vida cotidiana. Jesus conversava nesta língua com as multidões. Aliás, os evangelhos conservam palavras aramaicas que lhe são atribuídas, como *talitha koum*[30], *ephphata*[31], *abba*[32]. Embora pertencendo a um ambiente rural conservador, é verossímil, no entanto, que ele compreendesse um pouco o grego, língua do ocupante na Judeia, língua também da corte de Antipas e dos ambientes marcados pela cultura helenística. O conhecimento, pelo menos, dos rudimentos desta língua era necessário para um artesão que, num momento ou noutro, tinha contatos com pessoas de outra cultura.

◄ Cf. *Em que língua estão escritos os evangelhos?*, p. 103.

Qual profissão?

Por ocasião de uma passagem de Jesus por Nazaré, quando havia começado sua pregação, seus compatriotas, surpresos com sua sabedoria e sua capacidade de realizar milagres, exclamam de acordo com Marcos: "Não é ele o carpinteiro?"[33] Mateus, por sua vez, lhes atribui um discurso um pouco diferente: "Não é ele o filho do carpinteiro?"[34] Os evangelhos concordam, portanto, em reconhecer em Jesus e em seu ambiente familiar uma atividade de *tektôn*, traduzido na maioria das vezes por "carpinteiro". Mas a que corresponde exatamente este termo? É *tektôn* um operário que exerce sua atividade sobre um material duro que conserva sua dureza ao longo de toda a operação, por exemplo, a madeira ou a pedra, ou mesmo o chifre ou o marfim[35]. Jesus podia, portanto, fabricar materiais para a construção de casas, mas também cangas, arados, instrumentos agrícolas. Naturalmente, como filho primogênito, ele aprendeu a profissão de seu pai, que lhe transmitiu as técnicas necessárias. Em razão de sua habilidade artesanal, ele pertence a um grupo social intermediário cujos contornos são relativamente imprecisos. Ele não conhece as incertezas encontradas pelos miseráveis que são os diaristas, os empregados sazonais ou os agricultores espoliados de suas posses. Mesmo assim, estará atento a este mundo de pobres que ele conheceu em Nazaré e ao longo de toda a sua missão.

Embora não se interessem diretamente pela vida de Jesus em Nazaré, os evangelhos não nos deixam desprovidos de elementos para delinear este período. Mas, sobretudo, essa reconstituição se aproveita do conhecimento cada vez mais preciso do mundo judaico, e em particular galileu, do século I.

1. Lc 2,51-52; cf. também Lc 2,40. **2**. Mc 6,2-3. **3**. Lc 3,23. **4**. Lc 18,37. **5**. Mc 10,47. **6**. Jo 7,52. **7**. Flávio Josefo. *Guerra dos Judeus* III, 42. **8**. Mt 20,1-16. **9**. Mt 5,17. **10**. Mt 15,3.6.14. **11**. Mt 1,25. **12**. Rm 1,3; Mt 1,6; Lc 3,31; 18,38; Mc 11,10; Mt 21,9; At 2,29-32; 13,22-23. **13**. Hb 8,4. **14**. Lc 20,27-40. **15**. Lc 22,52.66; 23,4. **16**. Lc 2,21. **17**. Lc 2,39. **18**. Lc 2,41-42. **19**. John P. Meier. *Un certain Juif Jésus: Les données de l'histoire*, vol. I, p. 175. **20**. Flávio Josefo, *Contra Apião* II, 204. **21**. Ex 12,26; 13,8-14; Dt 6,20; Js 4,6. **22**. Mc 12,28-31. **23**. Dt 6,4-5. **24**. Lc 4,16. **25**. 1Mc 1,56-57. **26**. Mt 19,1-9. **27**. Mc 12,18-27. **28**. Mc 6,2. **29**. Mt 7,29. **30**. Mc 5,41. **31**. Mc 7,34. **32**. Mc 14,36; cf. também 15,34. **33**. Mc 6,3. **34**. Mt 13,55. **35**. A. Batey, cit. por J.P. Meier. *Op. cit.*, p. 182.

ESCLARECIMENTOS

O filho mais velho de uma família numerosa?

Jean-Pierre Lémonon
Universidade Católica de Lyon

Os próprios evangelhos evocam claramente os irmãos e irmãs de Jesus[1], fornecendo até o nome dos irmãos: Tiago, José, Simão e Judas[2], ao passo que Paulo conhece irmãos de Jesus[3] e designa Tiago como "irmão do Senhor"[4]. Portanto, Jesus teria tido quatro irmãos e pelo menos duas irmãs (já que são mencionadas no plural).

Que sentido dar a estas informações: Jesus teve irmãos e irmãs no sentido preciso (filhos de um mesmo casal), ou devemos entender estes termos como equivalentes a primos e primas, parentes próximos ou mesmo filhos que José teria tido de um primeiro casamento? Para Hegesipo[5] (por volta de 115-180) e Tertuliano[6] (160-220), a menção de irmãos e irmãs de Jesus não apresenta nenhuma dificuldade particular. Eles compreendem estes termos no sentido preciso: para eles, trata-se dos filhos de Maria e de José. No entanto, em virtude de sua visão da concepção virginal*, Hegesipo considera que eles compartilham com Jesus apenas Maria, já que foi do Espírito Santo que ela concebeu seu filho mais velho.

As coisas começam a mudar desde o início do século III com Orígenes (por volta de 185-251). Sua prevenção legendária contra a sexualidade (chegará a se castrar) o leva a ter horror da ideia de que Maria, depois de ter dado à luz o Salvador, possa ter tido em seguida uma relação conjugal comum. Ele escreve: "De acordo com aqueles que têm dela uma opinião sadia, Maria não tem outros filhos a não ser Jesus"[7] e reafirma esta convicção em outras passagens de sua obra. Existem, portanto, discussões na Igreja nascente a este respeito. Para Orígenes, os irmãos e irmãs de Jesus são os filhos de um primeiro casamento de José. Este ponto de vista já é o do *Protoevangelho de Tiago*, um escrito apócrifo da segunda metade do século II: quando desposou Maria, José era um homem idoso que já tinha filhos. Esta interpretação, retomada por Epifânio (315-403), não se baseia em nenhum argumento, porque o Novo Testamento não conhece *adelphos* no sentido de meio-irmão – o único caso que poderia ser citado é aquele em que o evangelho de Marcos chama Filipe, primeiro esposo de Herodíades, de irmão (*adelphos*) de Herodes Antipas[8]; ora, ele é apenas seu meio-irmão, mas seria necessário primeiro provar que Marcos tem um bom conhecimento da descendência prolixa de Herodes o Grande!

A tradição oriental segue a interpretação do *Protoevangelho de Tiago*, a dos meios-irmãos de Jesus nascidos de um primeiro casamento de José. Por sua vez, a tradição ocidental, até o século XVIII, adotou a interpretação de Jerônimo (347-420), para o qual estes "irmãos e irmãs" de Jesus são primos. Jerônimo apoia sua convicção num fato linguístico. Em algumas passagens da Torá, *ah*, "irmão em hebraico, designa não um irmão de sangue, mas um primo ou sobrinho, um próximo[9], porque o hebraico bíblico não possui um termo específico para designar este tipo de parentesco. No entanto, na tradução grega, existe uma única referência bíblica onde *adelphos* designa de maneira segura um primo[10]. Todas as outras ocorrências designam um irmão no sentido próprio. Os adeptos da equiparação irmãos-primos no caso de Jesus respondem a esta objeção dizendo que o Novo Testamento reflete uma mentalidade semítica. Ora, o que poderíamos admitir a rigor para os evangelhos não é aceitável para Paulo: quando ele emprega esta palavra, por exemplo, para designar Tiago como "irmão do Senhor", ele se dirige a pessoas para as quais *adelphos* só pode significar "irmão" no sentido preciso do termo. Além disso, Paulo conhece a palavra "primo", *anepsios*[11]. Flávio Josefo, por sua vez, evocando a morte de Tiago, observa: "[Anás] fez comparecer [diante dos juízes do Sinédrio] o irmão de Jesus, chamado Cristo"[12] e, como Paulo, o historiador judeu conhece o termo *anepsios*, "primo"; também ele, portanto, entende "irmão" no sentido preciso do termo. Sem opor-se à concepção virginal de Jesus (nunca questionada pelos autores cristãos citados), os argumentos linguísticos convidam a considerar os irmãos e irmãs de Jesus como filhos de Maria e de José. Legalmente em todo caso, como o próprio Jesus, eles são filhos do mesmo pai.

* Cf. *O que é a concepção virginal de Jesus?*, p. 127.

1. Mc 6,3; Mt 13,55-56; Lc 8,19-21; Jo 2,12; 7,3; At 1,14. **2**. Mc 6,3; Mt 13,55. **3**. 1Cor 9,5. **4**. Gl 1,19. **5**. Eusébio de Cesareia. *História Eclesiástica* 2, 23, 4; 3, 20, 1; alusão a um primo em 4, 22, 4. **6**. Tertuliano. *Contra Marcião* 4, 19; *A carne de Cristo* 7; *A monogamia* 8, 1-2; *O véu das virgens* 6, 6. **7**. Orígenes. *Comentário sobre João* I, 23. **8**. Mc 6,17. **9**. Gn 29,12; 24,48. **10**. 1Cr 23,21-22. **11**. Cl 4,10. **12**. *Antiguidades judaicas* XX, 200.

* * *

Os evangelhos apócrifos da infância

Jacques-Noël Pérès
Instituto Protestante de Teologia, Faculdade de Paris

Os evangelhos canônicos são muito discretos a respeito da infância de Jesus. Os acontecimentos narrados são pouco numerosos, embora seu significado teológico seja essencial. Entretanto, parece que os cristãos dos primeiros séculos não estavam plenamente satisfeitos com esta discrição. Eles amplificaram os relatos, embelezando-os com motivos lendários ou específicos da expressão religiosa, às vezes tomados de outras culturas, as culturas dos mundos onde viviam. Assim o "estábulo" de Belém tornou-se uma "gruta", tradição que os Pais da Igreja Justino e Orígenes conheciam e que se encontra avalizada no *Protoevangelho de Tiago*, datado de meados do século II*. Este relata como José fez Maria entrar numa caverna, correu em busca de uma parteira e regressou com ela quando uma luz deslumbrante inundava o lugar[1]: Jesus nascera, sem testemunha, como devia ressuscitar mais tarde, também sem testemunha, outra vez numa claridade brilhante.

O *Protoevangelho de Tiago*, que se apresenta como redigido por Tiago, filho de José, é um relato referente ao nascimento de Maria (daí o título que lhe foi atribuído tardiamente, "protoevangelho", ou seja, escrito que relata acontecimentos situados *antes* dos outros evangelhos). É neste texto que aparecem os pais de Maria, Joaquim e Ana, desconhecidos dos evangelhos canônicos, e as circunstâncias miraculosas que cercaram a concepção de Maria e, mais tarde, sua entrada no Templo antes de desposar José. Ele compartilha com o *Evangelho do Pseudo-Mateus*, que se inspira nele e se detém longamente nas peripécias da fuga para o Egito, o privilégio de ser a principal fonte apócrifa** de informação sobre a primeira infância de Jesus. Mas não são os únicos a se interessar pelo assunto. É preciso citar, entre outros, a *História da infância de Jesus* chamada também *História da infância segundo Tomé*, onde se vê Jesus na escola contradizendo seu mestre, a *Vida de Jesus em árabe* e ainda a *História de José o carpinteiro*, na qual o próprio Jesus evoca lembranças de sua infância.

Para além da narração, e seja qual for a língua em que foram redigidos, estes textos assumem, cada qual à sua maneira, um projeto teológico. Quando o *Pseudo-Mateus* mostra, num relato muito romanesco, a fuga para o Egito, e Jesus decidindo domesticar os animais selvagens para grande temor de Maria, enquanto o menino ri[2], ele anuncia que doravante estão inaugurados os tempos messiânicos, caracterizados pelo abandono de toda violência[3] por parte dos predadores naturais. Quanto à célebre história dos pássaros de argila aos quais Jesus dá vida batendo palmas num dia de sábado[4], mais do que um belo conto, é uma maneira de acentuar que Jesus Cristo é criador à semelhança do Pai e, além disso, que ele domina a Lei. Retomando este assunto, imagem agora da missão, as *Questões de Bartolomeu* especificam que, como os pardais, os apóstolos são enviados para todos os lugares do mundo. No entanto, alguns dos milagres do menino Jesus não deixam de parecer estranhos ao leitor moderno; por exemplo, quando uma simples palavra de Jesus basta para que uma criança, que inadvertidamente esbarrou nele, caia morta[5]; sem dúvida, deve-se ver nisso uma afirmação do caráter divino daquele cuja juventude poderia impedir que o reconhecessem como Deus. Por fim, um texto como a *História de José o carpinteiro*, que descreve a vida tranquila da Sagrada Família em Nazaré, atesta a concepção virginal de Jesus e explica que seus irmãos e irmãs*** nasceram de um primeiro casamento de José. Ao lado desses textos, outros textos apócrifos, que propriamente falando não são evangelhos, se detêm às vezes em algum acontecimento da infância de Jesus ou em acontecimentos precedentes. Por exemplo, um capítulo da *Carta dos apóstolos* retoma relato da Anunciação, mas o próprio Jesus explica ali que, sendo Cristo eterno, foi sob a aparência do anjo que ele se aproximou de Maria, maneira de afirmar a plena divindade da criança nascida em Belém.

Retomando de outras maneiras as intuições fundamentais expressas pelos evangelhos canônicos da infância, os evangelhos apócrifos, embora possam parecer traí-los por um recurso às vezes delirante a um maravilhoso que já não toca mais necessariamente o leitor moderno, mesmo assim juntam-se a eles. Com efeito, eles afirmam que este

Jesus, que dá lições a seus mestres como também aos sacerdotes e aos fariseus, e diante do qual, durante a fuga para o Egito, tremem os ídolos que tombam e se espatifam quando ele era apenas uma criança[6], cumprindo assim a profecia de Isaías[7], é na verdade aquele que domina toda a Escritura, a qual adquire por meio dele seu sentido pleno.

* Cf. *Lugares e objetos venerados e contestados*, p. 67.

** Cf. *Os evangelhos apócrifos*, p. 97.

*** Cf. *O filho mais velho de uma família numerosa?*, p. 150.

1. *Protoev. Tg* 19. **2**. *Pseudo-Mt* 19. **3**. Is 65,25. **4**. *Hist. inf. Jesus* 2. **5**. *Ibid.* 4. **6**. *Pseudo-Mt* 23. 7. Is 19,1.

* * *

Jesus era casado?

Philippe Lefebvre
Universidade de Friburgo (Suíça)

Os evangelhos canônicos nunca mencionam algum casamento de Jesus. Desde a Antiguidade circulam rumores (especialmente com os evangelhos apócrifos de Filipe e de Maria) sobre hipotéticas núpcias de Jesus e Maria Madalena*. E florescem ainda em nossos dias – pensemos no filme *A última tentação de Cristo* de Martin Scorsese, ou no livro *O Código Da Vinci* de Dan Brown. Estes rumores são sem fundamento, não tendo estes textos apócrifos tardios qualquer valor histórico. O Novo Testamento não diz nada parecido. Sugere, pelo contrário, interessantes meditações sobre o celibato que paradoxalmente dá acesso à alegria das núpcias.

O fato de Jesus não se casar é evidentemente estranho para a sociedade em que ele vive. Existem, no entanto, precedentes para isso no Antigo Testamento. Mencionemos especialmente dois profetas aos quais Jesus é comparado por seus contemporâneos: Jeremias e Elias[1]. Conduzido por Deus, Elias é acolhido por algum tempo, num período de carestia, na casa de uma pobre viúva pagã em Sarepta, perto de Sidônia[2] – nove séculos antes de Cristo. O texto especifica bem que Elias mora sozinho no aposento superior desta casa hospitaleira. Quando o filho da mulher morre, ele reza ardentemente ao Senhor e o jovem retorna à vida. Sem que haja matrimônio nem procriação, o profeta e a mulher experimentam, portanto, uma espécie de união, selada pela ressurreição do filho. O fato de um grande profeta de Israel ser recebido por uma mulher estrangeira mostra que o celibato não se opõe ao encontro inesperado e fecundo entre um homem e uma mulher.

Assim como Elias, Jesus vai a regiões estrangeiras e se encontra com pessoas estrangeiras, cuja fé ele propõe na ocasião, de forma surpreendente, como exemplo. É o caso de uma cananeia, oriunda da mesma região da viúva de Sarepta, uma mulher que os discípulos queriam repelir e que Jesus deixa aproximar-se dele; ele justifica com admiração a legitimidade de seu procedimento e a justeza de suas palavras[3].

O fato de não ser casado deixa, portanto, Jesus mais disponível para encontrar-se com mulheres muito diferentes, para ensinar, por exemplo, a necessidade de tomá-las em consideração numa sociedade onde os homens dominam. Certa vez, uma mulher desesperadamente doente tenta tocar apenas as vestes de Jesus a fim de ser curada, e isso no meio de uma multidão que comprime Jesus de todos os lados. Jesus sente então que uma força saiu dele, indaga quem o tocou e ocorre um encontro entre ela e ele[4]. Declarar a cada mulher com quem se encontra sua dignidade de pessoa, eis o que seu estatuto de celibatário lhe permite realizar.

Assim, o fato de não ser casado confere a Jesus uma posição crítica no tocante ao matrimônio da maneira como é às vezes vivido e do qual ele se dessolidariza. Quando, certo dia, os fariseus querem comprometê-lo, apresentam-lhe uma "pegadinha" matrimonial: pode-se, de acordo com a Lei de Moisés, repudiar** sua mulher por qualquer motivo?[5] Um outro grupo, os saduceus, para interrogá-lo obliquamente sobre a ressurreição na qual não acreditam, apresentam-lhe igualmente um problema de matrimônio: uma mulher que foi esposa sucessivamente de sete irmãos – de quem ela será a mulher se houver realmente ressurreição?[6] As respostas de Jesus denunciam a violência das intenções nestes homens casados, seu desprezo pelas mulheres, incompatível com aquilo que o Criador queria desde o início. Aos saduceus ele ensina que a ressurreição já não é um estado no qual as pessoas se casam e no qual elas têm filhos: cada um entra na plenitude de seu ser. Portanto, Jesus, o não-casado, já atesta este registro do cumprimento que os ressuscitados conhecem.

À sua resposta aos fariseus, ele acrescenta surpreendentemente: "Há os que se tornaram eunucos por causa do reino dos céus"[7]. Muitas vezes interpreta-se esta fórmula enigmática como um anúncio da vida consagrada, de acordo com a qual homens e mulheres renunciariam ao matrimônio para seguir a Cristo de maneira mais radical. Podemos compreender a fórmula de maneira mais geral: diante dos que o interrogam e que estão seguros de seu poder sobre as mulheres, orgulhosos de sua força social e religiosa, Jesus apresenta aos homens certa maneira diferente de estar no mundo. Tratar-se-ia, para eles, de abandonar uma virilidade triunfante que procura sujeitar as mulheres, de se apresentar diante delas desarmados, sem um plano pronto de antemão, levando em consideração as palavras e as iniciativas delas – o que Jesus realiza nos evangelhos em relação às mulheres.***

Nisto Jesus se insere numa grande tradição bíblica que começa já no início do Gênesis. É no encontro entre o homem e a mulher conduzido por Deus que nasce a palavra; os dois se tornam então verdadeiramente homem e mulher[8], de "macho e fêmea" que eles eram[9]. Neste momento essencial, ainda não estamos na "instituição do matrimônio", mas efetivamente no encontro que pode ou não dar lugar ao matrimônio – como entre Elias e a mulher de Sarepta.

Este encontro feliz, podemos designá-lo com um termo que vem das traduções latinas da Bíblia: núpcias. Existem núpcias quando um homem e uma mulher se encontram na presença de Deus e muitos outros encontros ocorrem então nesta ocasião. No face-a-face entre Elias e a viúva se decide o encontro entre Israel e as nações, entre o "espírito do Senhor" e o corpo morto do filho que ele vem vivificar, entre o céu e a terra na humilde casa onde cada um age "segundo a palavra do Senhor". No início de sua vida de missão, de acordo com o evangelho de João, Jesus comparece às bodas de Caná[10]****, colocando todos os seus encontros ulteriores com mulheres, até a manhã da ressurreição, sob a bandeira das bodas compreendidas desta maneira.

* Cf. *Os evangelhos apócrifos*, p. 97.

** Cf. *O que Jesus diz realmente sobre o divórcio?*, p. 442.

*** Cf. *Jesus e as mulheres*, p. 261.

**** Cf. *Que sentido dar ao "sinal" de Caná?*, p. 196.

1. Mt 16,14 em particular. **2**. 1Rs 17. **3**. Mt 15,21-28. **4**. Mc 5,25-34. **5**. Mt 19,3-12. **6**. Mt 22,23-33. **7**. Mt 19,12. **8**. Gn 2,23. **9**. Gn 1,27 traduzido literalmente. **10**. Jo 2,1-11.

CONTRAPONTOS

Os aprendizados de Jesus

François Boespflug
Universidade de Estrasburgo

Os cristãos acreditam que Jesus é "verdadeiro Deus e verdadeiro homem", "sem confusão nem mudança, sem divisão nem separação", desde o concílio de Calcedônia (451). Que seja! Mas na prática? Houve um *tornar-se* homem, como é a norma? Ou sua divindade poupou à sua humanidade as provações do aprendizado de ficar de pé e andar, do acesso à linguagem, da puberdade? A tradição cristã não pretende ter encontrado de uma vez por todas a maneira justa de conceber a coexistência das duas naturezas, a divina e a humana, na mesma pessoa. Longe disso! O estudo do tema da infância de Jesus na arte ao longo dos séculos levaria antes a um diagnóstico contrário. Tudo se passa como se os artistas, seus patrocinadores e seus clientes, com o aval dos teólogos e das autoridades eclesiásticas, tivessem considerado natural que o Verbo de Deus feito homem não tenha sido submetido à obrigação – em que se encontra todo homem comum – de passar por aprendizados.

No entanto, o fato de que Jesus precisasse aprender parecerá evidente aos que, livres de todo *a priori*, partem do princípio de que, se foi um "verdadeiro homem", ele conheceu as mesmas etapas do crescimento como todos os seus congêneres. Em contrapartida, para os que estão impregnados de cultura cristã, as coisas não são tão simples. Porque os evangelhos canônicos e os Pais da Igreja se calam a este respeito. As obras ulteriores de teologia e de devoção não costumam insistir sobre a *progressividade* que a verdadeira humildade de Cristo implica e teriam, antes, a tendência, para fins de edificação, de inflar a parte do maravilhoso e não a do comum. Portanto, não causa surpresa que as imagens de arte que mostram Jesus aprendendo sejam uma ínfima minoria diante daquelas que inundaram nossa retina durante séculos, com um menino Jesus ereto como um I, abençoando dignamente (um gesto, é preciso sublinhar, que nunca se vê uma criança "comum" fazer), um "pequeno Jesus" grave e solene desde o berço: uma espécie de adulto prematuro[1]. A arte e o pensamento cristão, este comandando aquela, parecem aqui cúmplices na tarefa de apagar aquilo que os inícios da vida têm de pouco glorioso.

No entanto, levantaram-se vozes, entre os autores espirituais, opinando que Jesus menino não foi dispensado de precisar aprender. Por exemplo, como escreve Tereza Pérez-Higuera, "através das *Meditações* do Pseudo-Boaventura ou das *Revelações celestes* de santa Brígida da Suécia [...], os fiéis são estimulados pela via da imaginação e da ternura a se aproximar da Virgem que, como toda mãe, cuida de Jesus menino: ela lhe dá de comer, ensina-o a andar, a ler e a escrever..."[2]. Esta advertência foi posta um pouco de lado. No entanto, suscitou um pequeno grupo de imagens que merecem a atenção. Algumas miniaturas do fim da Idade Média, por exemplo, instalam Jesus num andador para bebês (youpala), enquanto Maria está fiando e José está aplainando: assim a miniatura das *Horas de Catarina de Clèves*, executada por volta de 1440 e conservada na Morgan Library de Nova York. Não há motivo para cantar vitória, porque a iluminura é uma forma de arte destinada a uma clientela restrita. Jesus exercitando-se para ficar de pé é um tema que, salvo engano, nunca chegou às artes monumentais (mosaico, afresco, retábulos, estatuária). E, para falar globalmente, nem a Idade Média, nem a Renascença, nem o *Grand Siècle* (século XVII) francês manifestaram, na arte, algum interesse duradouro por Jesus aprendendo a andar.

Este tipo de comentário se aplica aos outros aprendizados da infância humana. Jesus aprendendo a ler e a escrever é uma cena muito rara. Esta constatação é tanto mais surpreendente porque a educação da Virgem, em contrapartida, deu origem a um grande número de obras de arte nas quais ela é vista de pé diante de Ana sentada, aprendendo a ler no livro colocado sobre os seus joelhos. Uma das poucas obras de arte em que Jesus está na mesma posição, ocupado em decifrar um livro aberto sobre os joelhos de Maria, é um quadro do círculo de Simon de Vouet exposto na igreja de Santo Tomás de Aquino de Paris. Por que esta defasagem, senão em razão da crença difundida – uma pseudoevidência raramente explicitada e quase nunca fundamentada por argumentos – segundo a qual Jesus não teria precisado aprender nem a ler nem a escrever, como também não aprendeu a falar... por ser o Verbo de Deus feito homem! A Igreja favoreceu as imagens da Virgem aprendendo a ler e assim apoiou a política de alfabetização da população. Mas ela se privou do suporte que imagens de Jesus aprendendo a ler poderiam ter proporcionado a todos os agentes da alfabetização. Não se conhece nenhuma obra de arte que o mostra ocupado em ler ou escrever, ou aprendendo as letras do alfabeto com a ajuda de um abecedário ou exercitando-se em contar com a ajuda de um ábaco. As que o mostram decifrando linhas de escrita são raras e pouco convincentes – ele tem um ar tão distraído que é difícil acreditar, sem falar em sua injustificável nudez, como na *Lição de leitura* de Pieter Fransz de Grebber – em nenhuma escola do mundo as crianças estão despidas quando aprendem a ler...

O mesmo vale para a inserção de Jesus na tradição religiosa judaica. Este tema é tão excepcional como o precedente, ao passo que abundam os quadros que mostram Ana ensinando Maria a rezar. Numa obra da autoria de Giovanni Battista Benvenuti, chamado Ortolano, da coleção Cagnola de Gazzada (Varese, Itália), Maria ensina seu filho a juntar as palmas das mãos, de acordo com o fato bem fundado, quase universal, de que é a mãe quem ensina à criança os gestos da oração. Mas é uma exceção que confirma a regra da raridade dos exemplos comparáveis.

O aprendizado da vida em comum passa, entre outras coisas, pela brincadeira tanto para as crianças pequenas quanto para os cachorrinhos e os gatinhos. Será que Jesus gostava de brincar? Os evangelhos canônicos não se pronunciam a respeito, mas os textos apócrifos não economizam relatos que mostram Jesus brincando na rua, nas praças, ou mesmo sobre os telhados. Algumas pinturas mostram Jesus brincando com seus coleguinhas[3] ou segurando um brinquedo na mão, como o quadro do Mestre de Vivoin, *A Virgem e o menino com São Bento*, que mostra um Jesus brincando com um molinete[4]. A família de quadros à qual pertence o *Paradiesgärtlein*[5] desenvolveu a ideia de que Jesus teria tocado cítara ou alaúde, acompanhado de anjos, como digno descendente de Davi. Mas não se conhece nenhuma representação de Jesus cantando, pulando ou dançando. Esta ausência, em particular a primeira, é tanto mais impressionante porque o motivo dos anjinhos cantando nunca foi tão frequente como no Ocidente na pintura renascentista.

Um tema constitui uma exceção no inventário que apresentamos: Jesus na oficina de Nazaré. Com efeito, esta cena constitui uma mina de imagens edificantes que insistem na docilidade do menino, que se densifica a partir do século XV. Georges de La Tour pintou Jesus como criança, segurando uma vela que ilumina seu pai perfurando uma peça de madeira com uma pua. Este quadro magistral é muito ousado do ponto de vista teológico, numa época em que a idealização do menino Jesus já atinge o ápice. No século XIX, a Igreja estimulará os jovens ao trabalho multiplicando as imagens de Jesus tranquilo e arregaçando as mangas na oficina de seu pai adotivo.

Mas, em suma, foram muito raras as obras de arte capazes de persuadir que Jesus teria tido uma infância comum. Na tradição da arte cristã, é forçoso constatar, tudo se passa como se, em Jesus, a divindade se tivesse afirmado tão fortemente e tão cedo que sua humanidade ficou eclipsada, pelo menos em alguns de seus aspectos constitutivos, como aquele que os antropólogos chamam de neotenia, ou seja, a obrigação em que toda criança se encontra de ser protegida e de passar por aprendizados. A glorificação pictórica de Jesus menino foi, sem dúvida, a expressão da devoção popular, mas com o risco de um monofisismo♦ latente, ou, em outras palavras, de uma absorção de sua natureza humana em sua natureza divina. No entanto, teria sido lógico, para seguir a carta aos Hebreus, segundo a qual o Verbo de Deus se teria tornado semelhante a nós "em tudo, exceto no pecado"[6], convencer-se de que Jesus não foi dispensado, como "verdadeiro homem", das etapas pelas quais se chega à verdadeira humanidade.

1. F. Boespflug. *Jésus a-t-il eu une vraie enfance?* L'art chrétien en procès. Paris: Éd. du Cerf, 2015, especialmente cap. 1. **2**. T. Pérez-Higuera. *La nativité dans l'art medieval.* Paris: Citadelle & Mazenod, 1966, p. 239. **3**. Iluminura. *Meditações* do Pseudo-Boaventura, século XIV. Paris: BnF, f. 43r. **4**. Le Mans, museu de Tessé, século XV. **5**. Para o estado da pesquisa sobre o célebre quadrozinho, cf. Nicole Chambon. Le Paradiesgärtlein, un jardin à nul autre pareil. In: Géraldine Mocelin (org.). *Le jardin médiéval entre Orient et Occident.* Paris: Le Garde Temps, 2014. **6**. Hb 4,18.

* * *

As lendas nascidas do silêncio

Julien Darmon
Especialista do Talmud e das literaturas rabínicas

O episódio de Jesus com seus pais no Templo de Jerusalém, aos doze anos de idade[1], é o único acontecimento que os evangelhos canônicos mencionam entre a primeira infância e o início de sua vida pública. Se os anos anteriores forneceram desde cedo o material para múltiplos "evangelhos da infância" apócrifos que alimentaram a piedade popular, os dezoito anos seguintes, os da adolescência e da juventude, foram objeto de especulações muito mais tardias. Com efeito, foi só a partir do fim do século XIX que se vê florescerem relatos que se propõem – de maneira bizarra, é preciso admitir – reconstituir esta "vida oculta", ou mesmo "secreta" de Jesus.

Os diversos autores que se aventuraram nestas conjecturas o fizeram por razões que têm a ver mais com a história das crenças do que com as exigências da historiografia. O primeiro, em 1889, parece ser o francês Édouard Schuré em seu livro *Os grandes iniciados*, que se tornou um clássico do gênero. Com o subtítulo "Esboço da história secreta das religiões", esta obra narra a genealogia misteriosa que liga, através dos tempos e dos continentes, as figuras de Rama, Krishna, Hermes, Moisés, Orfeu, Pitágoras, Platão e Jesus como outros tantos elos de uma "doutrina esotérica"♦ enfim redescoberta. Jesus, último e, por isso, definitivo representante desta "Tradição primordial", é ali representado como iniciado pelos misteriosos essênios "na doutrina do Verbo divino, já ensinada por Krishna na Índia, pelos sacerdotes de Osíris no Egito, por Orfeu e Pitágoras na Grécia".

Cinco anos mais tarde, um certo Nicolas Notovitch, Judeu russo convertido à ortodoxia, publica em Paris *A vida desconhecida de Jesus Cristo*. Nela ele conta ter descoberto, por ocasião de uma viagem à Cachemira e ao Tibete, um evangelho em páli (a língua das Escrituras budistas) que revelaria que Jesus (ou Issa, o nome que lhe dá o Alcorão) teria, durante estes dezoito anos, viajado para a Índia e o Himalaia. Ele se teria confrontado com as diversas escolas e seitas indianas e teria refutado seus princípios idólatras, antes de encontrar no budismo um ensinamento que lhe convinha. Depois "aquele que o Buda havia escolhido para difundir sua palavra santa" teria retornado à Palestina, passando pela Pérsia e convertendo, em sua passagem, as populações à religião verdadeira.

Estes relatos, que parecem completamente malucos ao leitor contemporâneo, correspondiam muito bem no espírito do seu tempo: a Europa se entusiasmava então pelas espiritualidades orientais que ela acabava de descobrir e adotava uma abordagem evolucionista do fato religioso. Ligar Jesus a Buda, aos essênios♦ ou ao Egito era dar à sua mensagem um alcance universal, arrancando-a da tutela da Igreja. A ideia de um Jesus indiano não era totalmente destituída de fundamento, se podemos falar assim, porque na mesma época o fundador da seita muçulmana Ahmadiyya, Mizra Ghulam Ahmad, afirmava que Jesus não morrera na cruz, mas viera passar o resto de sua vida na Caxemira, no seio das "Tribos perdidas" de Israel, e que fora enterrado na cidade de Srinagar. Pode-se ainda hoje ir em peregrinação ao seu mausoléu, chamado "mausoléu de Yuz Asaf".

Por fim, em 1909, um autor americano chamado Levi H. Dowling publicou *O evangelho aquariano de Jesus o Cristo*. Pretendendo ter acesso ao saber secreto do mundo (os "Registros akáshicos") por métodos espirituais, ele retoma os episódios indiano, tibetano e persa de *A vida desconhecida*, acrescentando etapas assíria, grega e egípcia. Alimentado, como Schuré e Notovitch, pelas teorias da Sociedade teosófica e do ocultismo do fim do século XIX, este *Evangelho aquariano* tornou-se, por sua vez, uma importante referência, no final do século XX, dos inúmeros movimentos NewAge que, seguindo suas pegadas, invocaram uma "era de Aquário".

Ainda hoje, a ideia de um Jesus "iniciado" tem um grande sucesso popular, do qual o *Código Da Vinci* é apenas um exemplo, enquanto sua filiação essênia*, que não é atestada por nenhuma fonte histórica ou evangélica, desempenhou um papel importante no entusiasmo pelos rolos do mar Morto. Finalmente, hoje como há dois mil anos, os mesmos fatores estão atuando na construção da figura de Jesus: o fascínio por uma tradição trans-histórica e a esperança de uma era radicalmente nova.

* Cf. *Jesus, João Batista e Qumran: existe um elo?*, p. 176.

1. Lc 2,41-51.

CARTA BRANCA

Jean-Pierre Winter
Psicanalista

Estranha Sagrada Família

O anúncio feito a Maria (ou a José em Mateus) se insere numa longa tradição bíblica ao mesmo tempo que rompe com ela. A boa-nova que anjos trazem a Abraão e Sara, a do nascimento próximo de Isaac, é seu arquétipo. Depois dela, as maternidades de Rebeca, de Raquel ou ainda de Ana serão construídas sobre o mesmo modelo, o de uma esterilidade que só pode ser superada pela oração e pela subsequente intervenção da Palavra divina. A meu ver, esta esterilidade das mulheres na Bíblia hebraica marca uma etapa na civilização, assinala a passagem do paganismo ao monoteísmo. Ela vê emergir a figura do Deus da promessa, que é promessa de um novo tipo de geração. A partir de Abraão, não se sacrificará mais os filhos às divindades terríveis, porque não serão mais concebidos da mesma maneira: eles já não serão feitos a dois, mas a três, com o Eterno, com a Palavra que intervém e que se torna essencial para a procriação e para a genealogia.

A partir disso, parece-me que a concepção virginal de Jesus marca uma nova etapa nesta civilização. Ela é não apenas o ponto de ruptura entre judaísmo e cristianismo, mas ainda um ponto de inflexão na filiação. Esta transição de um modelo a outro é indicada pela inserção da Anunciação no anúncio a Zacarias, retomada quase literalmente do anúncio feito a Abraão, mas com uma mudança importante: depois desse anúncio, Zacarias vai *perder* a palavra. E esta Palavra é transferida para Maria, que vai gerar em virtude unicamente desta última. A "concepção da Virgem pelo ouvido" é uma curiosa expressão empregada por santo Efrém o Sírio num de seus hinos; o psicanalista britânico Ernest Jones, contemporâneo de Freud e crítico da abordagem "falocêntrica" da feminilidade por este último, retomou esta expressão como título de seu estudo sobre a partenogênese (*The Madonna's Conception through the Ear*, 1914).

Por esta transferência da Palavra, passa-se da mulher estéril à virgem, acontecimento considerável cujo teor permanece, no entanto, muito vaporoso, muito ambíguo. O que resulta claro é que a Palavra passa para o primeiro plano e economiza a relação carnal entre o pai e a mãe. Na Bíblia hebraica, a Palavra não é tudo: precisa-se mesmo assim do Real, do concreto, que Abraão e Sara façam a sua parte. No Evangelho, particularmente em Lucas, a Palavra sozinha não é suficiente para fabricar o herói. No entanto, a filiação de

Jesus através de José não é pouca coisa: ela não só o insere na filiação profética e messiânica, mas também o liga a uma genealogia. Ora, a genealogia é justamente aquilo que assegura o lugar do Real ligado ao simbólico na construção de um sujeito.

Do ponto de vista do psicanalista, a Bíblia hebraica põe o acento na importância conjunta da Palavra e do Real. Toda a Bíblia está colocada sob o signo da Palavra: porque ela é a Palavra de Deus e porque Deus, desde os primeiros versículos do Gênesis, nos é pintado como aquele que cria o mundo pela Palavra. Pelo menos, é o que acreditamos saber; mas, de fato, a Palavra só intervém a partir do terceiro versículo: "Deus disse: Que a luz seja! E a luz veio a ser". "No início Deus criou o céu e a terra" não é uma palavra, o versículo aponta para algo a montante da Palavra que é justamente o Real, assim como na geração a concepção precede por direito a nomeação; ao passo que o Prólogo de João começa diretamente pelo Verbo e assim economiza o Real e, portanto, economiza o ato.

Por isso o momento evangélico me parece, como tal, marcar uma inflexão. Se ele destitui a função paternal através de José, ele paternaliza, em compensação, a figura do divino. José é mencionado pela última vez por ocasião da peregrinação a Jerusalém, quando Jesus tem doze anos e vai referir-se pela primeira vez a Deus como "seu Pai". Em seguida, é o conjunto da sociedade cristã que será paternalizada: dar-se-á o nome de "meu pai" a todas as figuras religiosas. Eu diria, portanto, que com o Evangelho começa a destituição da *imago* paternal, mesmo que os efeitos levem muito tempo para se fazer sentir por causa da resistência do modelo romano, do *pater familias*.

Nos debates que atualmente agitam nossa sociedade a propósito do parentesco e da parentalidade, procuro transmitir a ideia de que o problema não é que "cada criança tem direito a um papai e a uma mamãe": desde sempre houve de fato crianças sem pai e sem mãe e elas não resultaram necessariamente piores do que as outras. O problema é que um papai é o Pai, que liga o indivíduo a uma história que o supera completamente. Os heróis têm muitas vezes uma genealogia claudicante e a linhagem davídica é um perfeito exemplo; mas eles têm uma genealogia que os liga à sua história. Nem tudo está na Palavra, existe o Real. Este Real não é uma Natureza que seria impermeável à Palavra; pelo contrário, ele é suscetível de ser orientado por esta última de maneiras diferentes. Assim como Abraão, Jesus marcou, por sua vez, uma nova orientação do Real. Os progressos da técnica médica tornam possível hoje uma outra orientação, que pretende repudiar totalmente a função paternal e abrir para outros modelos familiares. A título pessoal, fico surpreso que alguns expressem sua oposição a estes em nome da "família cristã", justamente quando a Sagrada Família está nos antípodas deste modelo "tradicional"...

Por fim, observo que Zacarias acaba reencontrando a palavra; mas, para isso, ele precisa passar pela escrita, escrevendo o nome de seu filho João (Lucas 1,63-64). Ora, a escrita, ou seja, a Letra, é justamente o Real irredutível à Palavra ou ao Espírito, é o que resiste sempre às tentativas de esgotar seu sentido. A religião, como ideologia, começa quando se renuncia a *ler* os textos em proveito daquilo que se *imagina* que eles "dizem".

Parte III – A entrada de Jesus em cena

Capítulo 6

O BATISMO NO JORDÃO

Poderíamos contar a história assim...

É um vau de vegetação onde a água parece perder a força. Um milagre de frescor que rompe os desertos de cascalho que se estendem tanto a leste como a oeste quando se sobe o rio. Entre grandes pedras, algumas cavidades são profundas e a água passa da cintura, mas ela é de uma transparência tão tranquila que basta inclinar-se para ver seus pés tocando a areia e às vezes perceber o brilho prateado vivo das escamas de um peixe. Algumas árvores plantadas na margem deixam o vento balançar seus ramos na corrente mansa.

Diz-se que foi aqui que, outrora, Josué e os filhos de Israel entraram na terra que o Senhor lhes prometera, após passarem quarenta anos no deserto. Era primavera e as neves do norte engrossavam as ondas do rio. Por ordem do Todo-Poderoso, o Jordão se abrira e as águas do norte foram retidas, enquanto o povo passava tendo à frente os que carregavam um precioso cofre de madeira: esta "Arca da aliança" continha as pedras sobre as quais estavam gravadas as Dez Palavras de vida que o próprio Deus havia confiado a Moisés.

Muitas aventuras haviam acontecido desde esta passagem do Jordão pelo povo. Muitas vezes ele teve que enfrentar exércitos poderosos, reis e imperadores que haviam submetido esta terra. Após os filisteus, os assírios, os babilônios e os gregos, agora eram os romanos que dominavam. Seu imperador distante, que residia além dos mares, chamava-se Tibério. Ele havia enviado à Judeia um prefeito chamado Pôncio Pilatos, enquanto na Galileia Herodes Antipas era mantido como rei. No entanto, em Jerusalém, residia o Sumo Sacerdote do Templo. Alternavam-se no cargo Anás e seu genro, mas tanto um como o outro haviam feito um pacto de fidelidade ao ocupante. Além disso, os romanos haviam permitido que Herodes o Grande, pai de Herodes Antipas, o reizinho da Galileia, reconstruísse um Templo suntuoso todo de pedras brancas, que com seu brilho dominava a colina de Jerusalém.

Foi nesta época, a do imperador Tibério, que apareceu na margem do Jordão este estranho indivíduo que se chamava João. Tinha uma aparência de profeta, esguio e hirsuto, vestido apenas com uma tanga e uma túnica de pele de camelo. Dizia-se que era de boa família, pertencente à família de Zacarias, um sacerdote do Templo. Mas há muito tempo havia deixado a casa de seu pai e vivia no deserto. Alimentava-se apenas de gafanhotos e mel silvestre. Na margem do rio, empoleirado numa grande pedra, se pusera a apostrofar os passantes, a chamá-los a converter-se, a renunciar ao pecado e a ouvir a Lei do Senhor. Como sinal de arrependimento, eles avançavam para o meio do rio. Às vezes choravam e confessavam suas faltas. Sim, eles haviam sido infiéis ao Senhor, haviam negligenciado os mandamentos, haviam se afastado da justiça. Então João os mergulhava na água e eles eram lavados inteiramente de seus pecados. A voz possante de João aumentava de volume sobre a água e ressoava contra os altos rochedos das margens. Ele citava o profeta Isaías: "Eu sou a voz que clama no deserto, preparai os caminhos do Senhor, endireitai suas estradas, aplanai as montanhas, aterrai os vales". Ele era como um leão que ruge, devorado pela urgência da conversão. Sua voz chegava longe e o rumor a acompanhava.

Em pouco tempo, dezenas, centenas de pessoas desciam para o rio a fim de serem mergulhadas nele. Vinham da Judeia, de Jerusalém, da Galileia... Cada dia era uma multidão que esperava à beira do rio. Alguns diziam que ele era o Messias, aquele que Deus havia prometido e que salvaria o povo. Mas, quando o interrogavam, ele negava. Viria um outro e ele, João, não era digno nem sequer de ajoelhar-se para desatar a correia de suas sandálias. Esse outro não ofereceria a água do arrependimento, mas espalharia o fogo do Espírito que inflama os corações.

O rei Herodes foi informado de que o profeta do Jordão se manifestava a respeito das faltas de todos, tanto do povo quanto dos que o governavam. O profeta o acusava – a ele, o rei – de viver em adultério por ter desposado a mulher de seu irmão. Isto Herodes não suportava. Submeter-se ao ocupante romano, vá lá. Mas suportar as censuras deste vagabundo, nem pensar! Deu ordem de encarcerar João Batista e seus gendarmes já se haviam posto a caminho para prendê-lo.

Entretanto, misturara-se na multidão um homem, que se chamava Jesus e vinha de Nazaré, na Galileia. Aproximara-se junto com o resto do povo. Como os outros, ele havia dobrado os joelhos e se deixara imergir na corrente do rio. Ao sair da água, ele permaneceu na margem, em oração. Foi então que o céu se abriu e o Espírito desceu sobre ele, como uma pomba. E ressoou a voz que lhe dizia: "Tu és meu filho; eu hoje te gerei".

C.P.

Jesus se faz batizar

Paolo Mascilongo
Colégio Alberoni, Piacenza (Itália)

O primeiro episódio da atividade pública de Jesus, relatado por cada um dos evangelhos, é o encontro com João Batista que, nos sinóticos, termina com o batismo recebido por Jesus. O fato de este acontecimento ser colocado no início do relato assinala sua importância, apesar da brevidade com que é tratado ou ainda das poucas referências a este João no restante do Novo Testamento. Episódio importante que, de resto, levanta muitas perguntas: Por que Jesus se fez batizar por João? Que sentido teve este gesto para Jesus? Como interpretá-lo?

Para tentar responder a estas perguntas, convém deter-se primeiramente no batismo dado por João.

O Batista foi certamente um personagem importante. Os evangelhos pouco se detêm nele, mas é opinião comum que ele teve, no mundo religioso de seu tempo, um papel mais importante do que a tradição cristã permitiria pensar. Por exemplo, é significativo que o historiador Flávio Josefo (que escreve no final do século I d.C.) fale dele em termos semelhantes aos usados pelos evangelhos, embora sem estabelecer nenhum elo com Jesus[1].

João chamado Batista

O batismo de João tem claras raízes judaicas e bíblicas. Pelo que se diz de sua maneira de se vestir e de se alimentar, seu estilo de vida ascética traz a marca "bíblico-profética". O quadro do rito que ele pratica – o deserto em volta do Jordão –, a ressonância escatológica♦ e moral de suas palavras, o tom imperativo com que pede a seus ouvintes que se arrependam para a remissão dos pecados na expectativa da vinda do Senhor, aproximam muito o Batista do mundo profético bíblico. Não é por acaso que todos os evangelhos apresentam João com referência à passagem de Isaías (40,3) a respeito da "voz que clama no deserto". Do mundo judaico, aliás, provém a prática do banho ritual (*miqweh*), difundida nas diversas correntes do judaísmo da época e a palavra utilizada para descrever o "banho" de João (*baptizein*), já em uso na tradução grega da Bíblia. Este verbo sugere a ideia de um banho completo (*baptizein* significa, antes de tudo, imergir) e o uso gramatical dos evangelhos indica que era o próprio João quem imergia aqueles e aquelas que vinham a ele: a pessoa não se batizava sozinha, contrariamente à prática dos banhos de purificação judaicos ou de Qumran. Parece também que o banho de João não era reiterável, diferentemente de outros banhos rituais de seu tempo.

Que sentido João dava a seu batismo? Os evangelhos fornecem alguns elementos principais: uma exigência urgente de arrependimento e de conversão, para obter o perdão de Deus; a proposta de uma purificação moral e não apenas ritual; o anúncio de uma figura esperada, cuja vinda traria a salvação e marcaria "o cumprimento dos tempos" – os evangelhos e, em seguida, os cristãos identificarão esta figura com Jesus. Podemos acrescentar ainda que o batismo de João era um apelo dirigido ao povo de Israel, aberto a todos sem distinção, e de preferência situado à parte da religião judaica, mais institucional.

O Batista teve certamente em seu tempo um papel mais importante do que sugerem os evangelhos.

Hipóteses sobre os motivos que levaram Jesus ao batismo

De acordo com os evangelhos, é a este rito que Jesus se submete no início de seu ministério público. Por quê? E, antes mesmo desta pergunta, uma outra: este dado é confiável historicamente? De acordo com os estudiosos atentos ao aspecto histórico do Novo Testamento, o fato de Jesus ter sido batizado é incontestável. Nas palavras de John P. Meier, podemos "considerar o batismo de Jesus por João um ponto de partida sólido de todo estudo do ministério público de Jesus". É um dos pontos de historicidade dos evangelhos a propósito do qual se invoca o "critério do embaraço". Com efeito, o fato de Jesus se submeter ao batismo de João é embaraçante por dois motivos. Por um lado, pode levar a pensar que Jesus se submeteu a João e o reconheceu como um mestre, pelo menos por um período; por outro lado, levanta uma pergunta: que necessidade de conversão ou de purificação tinha Jesus? O mais simples teria sido eliminar este episódio como demasiadamente incômodo. Igualmente, na medida em que ele figura, sob diferentes formas, nos quatro evangelhos, é com efeito provável que o fato seja histórico e conhecido nas comunidades cristãs primitivas.

◄ Cf. *Introdução*, p. 13.

O fato é comprovado; em compensação, as interpretações variam muito: o que levou o homem de Nazaré a começar sua missão pública submetendo-se ao batismo de João? E que sentido este gesto assumiu para ele? A este último ponto os evangelistas respondem de maneira

João Batista de acordo com Flávio Josefo

"(Era) um homem de bem e exortava os Judeus a praticar a virtude, a serem justos uns para com os outros e piedosos para com Deus para receber o batismo; pois é com esta condição que Deus consideraria o batismo agradável, se servisse não para que lhes fossem perdoadas certas faltas, mas para purificar o corpo, depois de ter antes purificado a alma pela justiça. Pessoas se haviam reunido em torno dele, porque ficavam entusiasmadas ao ouvi-lo falar. Herodes temia que esta capacidade de persuadir desencadeasse uma revolta, parecendo a multidão disposta a seguir em tudo os conselhos deste homem. Preferiu, portanto, apoderar-se dele. [...] João foi enviado para a fortaleza de Maqueronte [...] e ali foi morto".

muito clara. Mas seus relatos são escritos evidentemente a partir de sua fé. O que aconteceu na realidade? Muitas hipóteses foram formuladas. Para muitos pesquisadores, o batismo marcou para Jesus o início de uma nova consciência, fruto do encontro com o Batista, e que teria transformado um simples carpinteiro de Nazaré no portador da Boa-Nova – teríamos aqui, portanto, uma espécie de relato de vocação. Se admitimos que João foi uma personalidade importante, estimada e seguida por muitos, outros historiadores admitem que, por seu gesto, Jesus lhe reconhece a autoridade e aceita sua mensagem do julgamento sobre Israel. De fato, entre muitas diferenças, alguns elementos da mensagem de Jesus e da mensagem de João são comparáveis, em particular a expectativa escatológica♦ e o anúncio da vinda iminente do Reino: temos um indício disto em Mateus, que utiliza as mesmas palavras para falar da missão de ambos[2]. Por fim, muitos estudos recentes estão convencidos de que Jesus passou algum tempo com o Batista, ou até foi, por um tempo, seu discípulo – encontramos alguns vestígios neste sentido no capítulo 3 do evangelho de João.

Retornando ao próprio texto dos evangelhos, constatamos que estes não só relatam o fato, mas lhe dão uma interpretação de fé. É possível remontar, para além dos textos, ao que foi a experiência de Jesus? Isto é de fato impossível e, no fundo, não se impõe: o que constitui a importância do acontecimento para os discípulos é o sentido que o fato tem para sua própria fé, e é isto que foi transmitido nos evangelhos. Ao contrário da sensibilidade contemporânea, nenhum evangelista narra o episódio do batismo como um relato de vocação. Não podemos fundamentar esta leitura no texto dos evangelhos, os quais não entram absolutamente na consciência de Jesus.

Cf. *Quatro evangelhos e não um só*, p. 81. ▸

Assim, quando lemos com precisão os quatro relatos do batismo que temos à disposição, é preciso ter em mente que cada evangelista narra os fatos à sua própria maneira e põe em evidência este ou aquele aspecto específico do acontecimento. No entanto, isto não é um inconveniente, mas apresenta uma maior riqueza de sentido.

O batismo segundo Marcos

A descrição do batismo de Jesus no evangelho de Marcos – o mais antigo – é bem curta. Ela segue imediatamente a palavra do profeta Isaías sobre a voz que "clama no deserto", bem no início do evangelho, e a breve evocação da atividade batismal de João, que fornece o quadro da cena. Embora Marcos não o diga explicitamente, a estreita conexão entre o anúncio por João Batista da vinda do "mais forte do que eu... que vos batizará com Espírito santo" e a entrada em cena de Jesus cria no leitor a clara impressão (e é justamente isto que se quer) de que é precisamente de Jesus que João falava. Passemos às palavras do evangelho: "Ora, naqueles dias, Jesus veio de Nazaré na Galileia e fez-se batizar por João no Jordão. No momento em que ele subia da água, viu os céus rasgarem-se e o Espírito como uma pomba descer sobre si. E dos céus veio uma voz: 'Tu és o meu Filho bem-amado, aprouve-me escolher-te'"[3].

Podemos reconhecer nestas poucas frases muitos elementos ligados às Escrituras judaicas. A abertura dos céus é um tema bíblico recorrente e o verbo utilizado permite identificar uma alusão muito clara a Isaías[4]. O Espírito que desce "como uma pomba" poderia evocar o Gênesis, onde se trata de um "voo" do espírito sobre as águas[5], ou também a pomba que Noé envia para reconhecimento a partir da Arca[6]. É a leitura que os Pais da Igreja♦ privilegiam. A vinda do Espírito ecoa assim o Salmo 2,7 e sempre o livro de Isaías: "pus sobre ele o meu Espírito"[7], alusão ao servo do Senhor; além disso, a expressão "bem-amado" pode ser equivalente a "único", sugerindo então um elo com a história de Abraão e Isaac: "Toma o teu filho, o teu único"[8].

O episódio, contado com uma grande economia de palavras, não menciona nenhum diálogo entre o Batista e Jesus, ao ponto de apagar qualquer contato concreto que não seja o próprio batismo. O relato associa a saída de Jesus da água e a descida do Espírito sobre ele, com um jogo de palavras entre os verbos gregos *anabainô*, "subir", e *katabainô*, "descer". É na revelação de Jesus que Marcos concentra a atenção: para ele, o batismo é a primeira manifestação (epifania♦) do Filho de Deus, Messias e Servo de Deus e rei messiânico. Marcos não atribui importância ao fato de que Jesus tenha visto alguma coisa e também não diz que ele tenha ouvido a voz (como se fosse uma vocação profética). O que para ele importa é a abertura dos céus, a descida do Espírito e a voz que declara a identidade divina de Jesus. Com efeito, dentre três versículos, existem dois que se referem à dupla manifestação divina. O batismo é unicamente um pretexto para que Deus possa confirmar quem é Jesus e ele pode, desde então, iniciar sua missão.

O batismo segundo Lucas

Do ponto de vista da brevidade, Lucas é semelhante a Marcos. Eis o texto: "Ora, ao ser batizado todo o povo, Jesus, batizado também ele, rezava; então o céu se abriu; o Espírito Santo desceu sobre ele sob uma aparência corporal, como uma pomba, e uma voz veio do céu: 'Tu és o meu filho, eu, hoje, te gerei'"[9].

O contexto é interessante: Lucas dedicou a longa seção precedente ao Batista, cuja atividade é situada de imediato no quadro da cronologia do Império romano e do sumo sacerdócio hebraico[10]. Mas anunciou também o fim de sua atividade com sua prisão por ordem de Herodes. Assim, Lucas fez "sair de cena" o Batista antes de fazer "entrar em cena" Jesus, sugerindo com isso que os dois têm pouco em comum. Logo após o batismo, e antes de narrar as Tentações, Lucas insere a informação sobre a idade e a genealogia de Jesus[11]. Esta maneira de proceder desprende o relato do batismo de seu contexto e o põe tanto mais em evidência.

Os relatos de Marcos e de Lucas são extremamente breves.

Lucas segue a tradição de Marcos quase sem mudá-la. Também ele diz que Jesus veio para ser batizado "como todo o povo", mas não insiste neste aspecto. O batismo de Jesus é narrado como que de passagem, numa frase subordinada; Lucas também tem como centro de interesse o reconhecimento divino de que Jesus é objeto. Em relação a Marcos, porém, os fatos não aparecem sem qualquer ordem. Assim, ele afirma que Jesus foi batizado enquanto estava em oração: é a oração de Jesus – que Lucas realçará particularmente em seu evangelho – que faz os céus se abrirem, o Espírito descer sobre ele e a voz divina retumbar. Assim esta epifania♦ se encontra ligada de maneira mais acentuada ao episódio da Transfiguração, no qual, novamente, aparecerão tanto a oração como a voz vinda do céu[12]. Além disso, em Lucas, o relato da descida do Espírito tornado visível está na terceira pessoa: os fatos contados são objetivos e não remetem apenas a uma experiência de Jesus. Da mesma forma, a alusão ao Espírito tornado visível porque está "sob uma aparência corporal, como uma pomba" aponta para esta objetividade. A voz vinda do céu, também ela, como em Marcos, é dirigida na segunda pessoa a Jesus, a fim de reproduzir as palavras do Salmo – encontramos em Lucas as mesmas menções das Escrituras judaicas já salientadas em Marcos.

Cf. *A Transfiguração de Jesus e de seus discípulos*, p. 513. ►

O batismo segundo Mateus

O relato do batismo de Jesus em Mateus retoma os pontos principais de Marcos e Lucas, aos quais acrescentam-se motivos particulares. Para o contexto, Mateus, da mesma forma que Lucas, fala primeiro longamente do Batista[13]. Logo depois ele insere, como Marcos, o episódio das Tentações de Jesus.

No relato, Mateus narra um diálogo entre Jesus e o Batista, desconhecido dos outros evangelhos. Quando Jesus procura João para se fazer batizar, Mateus afirma: "João quis opor-se a isto: 'Eu é que preciso ser batizado por ti, dizia, e és tu que vens a mim?' Mas Jesus replicou-lhe: 'Deixa, agora é assim que nos convém cumprir toda a justiça'. Então, ele o deixa fazer"[14]. A inserção deste diálogo é provavelmente uma resposta à dificuldade, assinalada pelos primeiros cristãos, suscitada pelo fato de que Jesus foi batizado por João: por um lado, o batismo sugere que é um superior que batiza um inferior; e, por outro, eles não viam por que Jesus, sem pecado, teria tido necessidade do batismo.

Jesus responde com uma frase enigmática, na qual afirma que o batismo "cumpre toda a justiça". A justiça é um tema importante em Mateus. Aqui podemos compreendê-la como obediência ao desígnio de Deus: Jesus cumpre a justiça colocando-se entre os pecadores, entre os que precisam converter-se a Deus. E ele o faz precisamente no início de seu itinerário. Para Mateus, este itinerário leva diretamente à cruz: a imersão de Jesus entre os pecadores se manifestará claramente no fato de morrer por eles. Além disso, por este gesto, Mateus coloca Jesus como exemplo para todos os cristãos. Observemos, por fim, que tanto em Mateus como em Lucas a voz vinda do céu fala na terceira pessoa: "Este é o meu Filho"; contudo, é somente Jesus que vê descer o Espírito de Deus, assim como em Marcos. Em seguida, Mateus, como Lucas, retomará a mesma frase no relato da Transfiguração[15]. Por fim, Mateus estabelece um elo forte entre o episódio do batismo, no qual aparecem juntos o Pai, o Filho e o Espírito, e a fórmula trinitária♦ que se encontra no final do evangelho: "Ide, pois: de todas as nações fazei discípulos, batizando-os em nome do Pai e do Filho e do Espírito Santo"[16].

◄ Cf. *A Transfiguração de Jesus e de seus discípulos*, p. 513.

O batismo segundo João

O evangelho de João faz apenas uma alusão ao batismo de Jesus, porque considera conhecido o acontecimento e se contenta em evocá-lo e reinterpretá-lo no quadro de sua teologia[17]. Nos versículos que precedem o episódio, e que são dedicados ao Batista, primeira testemunha de Cristo[18], ficamos impressionados, em relação aos sinóticos, pela insistência de João Batista em negar que ele seja o Messias ou o profeta esperado. O episódio do batismo prossegue com o chamado de André e dos outros primeiros discípulos de Jesus[19], que João narra em estreita continuidade com o que precede.

João não narra o batismo de Jesus; Mateus é o único a desenvolver seu relato inserindo nele um diálogo.

A diferença principal em relação aos sinóticos é, portanto, que o evangelho de João não relata o batismo de Jesus. Não é o fato em si mesmo que interessa ao evangelista, mas seu significado, que se concentra na revelação ou manifestação de Jesus ("foi em vista da sua manifestação a Israel que eu vim batizar na água"[20], diz o Batista). Isto condiz com o papel que o evangelista atribui ao Batista, a saber, o de testemunha. Assim, é ele que vê o Espírito descer do céu como uma pomba e é ainda ele que confessa que Jesus é Filho de Deus. Todos estes detalhes servem para pôr em evidência que o encontro entre o Batista e Jesus é a primeira manifestação pública do Senhor: ele é revelado como o Messias esperado, que o Batista apenas veio anunciar, num papel claramente subordinado. Os discípulos de João Batista não se enganam e, deixando seu mestre, partirão em seguimento de Jesus.

O sentido do batismo de Jesus para os evangelistas

Portanto, a partir de um episódio único, as narrativas sofreram a influência da concepção teológica própria de cada evangelista – o que é muito natural. Isto dá ocasião a uma riqueza de interpretações, nas quais podemos encontrar alguns elementos comuns.

Olhando de perto, no centro do relato não é o batismo como tal que contém o sentido teológico mais importante. Este último é reservado, de preferência, à manifestação que se segue à saída da água – isto é bem claro no evangelho de João, que "suprime" pura e simplesmente o relato do batismo como tal. Em outras palavras, o batismo está a serviço da revelação da identidade de Jesus, de acordo com as nuanças próprias a cada um dos evangelistas: aparição do Servo de Deus e Messias oculto, em Marcos; aparição do Servo de Deus, justo que se situa na categoria dos pecadores, que inicia seu caminho para a cruz e que Deus reconhece como seu Filho bem-amado, em Mateus; aparição do Filho que, por sua oração, provoca sua primeira transfiguração, em Lucas; e, por fim, aparição daquele que, Cordeiro de Deus, tem em si, desde o princípio, o Espírito no qual ele retornará um dia para junto dos seus a fim de nunca mais abandoná-los, em João. As evocações das Escrituras judaicas – céus abertos, o Espírito, a voz vinda do céu –, relidas como profecia ou como cumprimento, põem todas em evidência que é a teofania♦, e não o batismo em si, que revela a verdade a respeito de Jesus. O cerne do relato é cristológico♦.

Jesus entra na cena do mundo situando-se como ponto culminante do caminho dos profetas até o Batista.

Compreendemos imediatamente por que o papel do Batista nos evangelhos é circunscrito ao fato de ser precursor: toda a sua importância é relativa a Jesus, que ele, como profeta, deve anunciar. Não é ele o ator principal; mas, mesmo assim, ele tem uma função precisa: ele é o elo necessário entre a voz de Deus manifestada nos profetas e a Palavra que, agora, se revela no Filho. Como já aparece claramente no relato tão breve de Marcos, Jesus entra na cena do mundo situando-se como ponto culminante do caminho dos profetas até o Batista, no seio da história do povo escolhido. Sob esta ótica podemos também ler sua decisão de submeter-se ao batismo. Além disso, para os evangelistas, o batismo é importante não só no tocante à identidade de Jesus, mas também em ligação com sua missão. Aceitando o sentido que o próprio João lhe dava (a saber, a conversão para o perdão dos pecados), o batismo de Jesus manifesta sua adesão à vontade de Deus, solidário com os homens que vivem num mundo marcado pelo pecado, como confirma o episódio das Tentações que vem logo a seguir.

A própria forma do gesto realizado pelo Batista é outro fator teológico importante: a imersão na água, à qual Jesus se submete livremente. A primeiríssima teologia cristã viu aqui um elo simbólico com a cruz, como antecipação da descida nas profundezas da morte[21]; é uma consideração teológica, mas corresponde a uma indicação bem presente nos textos – como, de resto, o evangelho de João o mostra também com a frase a respeito do Cordeiro de Deus.

Por fim, podemos notar a dimensão trinitária do episódio. Em todos os relatos aparece a afirmação da relação entre Jesus, o Filho, e Deus, o Pai. E todos os evangelhos põem em evidência a presença do Espírito Santo, que não só desce do céu sobre Jesus no próprio momento de seu batismo, mas se tornará em seguida o "motor" de sua ação e de sua missão que começa pela tentação[22]; em João, que não narra as Tentações, a mesma coisa é expressa pelo fato de que o Espírito "permanece" em Jesus.

◂ Cf. *o capítulo Jesus e Deus*, p. 489.

Concluamos apresentando uma apreciação narrativa do episódio, com algumas menções válidas sobretudo para os sinóticos. Um primeiro dado diz respeito à estrutura global dos evangelhos: o batismo não tem impacto evidente sobre o que segue e, como não há testemunhas externas (os discípulos de Jesus ainda não estão presentes no relato), nenhum personagem posteriormente parece guardar a memória do acontecimento. Todavia, o fato de situar o episódio nos inícios lhe confere um papel particular e, primeiramente, em relação ao leitor: é ele que deve captar a mensagem transmitida pelo evangelista a respeito da identidade, ainda oculta aos atores humanos, do protagonista principal. Por exemplo, só o leitor "escuta" a voz celeste da teofania♦ e é claro que estas palavras assumirão um valor particular quando ele as reconhecer no momento da Transfiguração ou ainda aos pés da cruz. E não é por acaso que as palavras da voz vinda do céu são ditas na primeira pessoa: desta maneira, o leitor tem acesso diretamente à voz de Deus, ou seja, do ponto de vista narrativo, à voz que nos evangelhos tem mais autoridade, a voz que é sempre a mais normativa.

Portanto, mesmo para a análise narrativa, a importância deste episódio não está no próprio gesto, que não é posto em evidência. Seu valor está em sua função que é a de preparar, para o leitor, o conhecimento do protagonista Jesus como Filho de Deus. As diferenças não enfraquecem a unidade profunda do fato narrado, mas atestam a capacidade narrativa dos evangelistas, que, a partir de um fato ocorrido historicamente, constroem um relato rico de sentido teológico.

1. *Antiguidades judaicas* XVIII, 116-119. **2**. Mt 3,2 e 4,17. **3**. Mc 1,9-11. **4**. Is 63,19. **5**. Gn 1,2. **6**. Gn 8,8-13. **7**. Is 42,1. **8**. Gn 22,2. **9**. Lc 3,21-22. **10**. Lc 3,1-20. **11**. Lc 3,23-38. **12**. Lc 9,28-36. **13**. Mt 3,1-12. **14**. Mt 3,14-15. **15**. Mt 17,5. **16**. Mt 28,19. **17**. Jo 1,29-36. **18**. Jo 1,19-28. **19**. Jo 1,37-51. **20**. Jo 1,31. **21**. Rm 6,3-5. **22**. Cf. Mt 4,1; Mc 1,12; Lc 4,1.

ESCLARECIMENTOS

Jesus, João Batista e Qumran: existe um elo?

Katell Berthelot
CNRS, Aix-en-Provence

A partir da célebre frase de Ernest Renan: "o cristianismo é um essenismo que foi bem-sucedido", são numerosos os autores que viram nesta ou naquela passagem do Novo Testamento a marca de uma influência essênia♦. Outros compararam as estruturas comunitárias, os ritos (imersões, refeições comunitárias), as práticas de exorcismo♦ ou a angelologia♦ atestados nos textos de Qumran com os dos discípulos de Jesus.

No entanto, a questão dos contatos e das influências merece ser colocada de maneira distinta para João e para o movimento de Jesus. O Batista, oriundo de uma família sacerdotal da Judeia, é descrito pelos evangelhos como alguém que chama os Judeus ao arrependimento e a uma imersão no Jordão, não longe do sítio de Qumran. Estas características o aproximam *a priori* dos essênios, para os quais Qumran era um dos lugares comunitários. Com efeito, vários textos de Qumran – em particular a *Regra da comunidade* – descrevem um grupo que praticava imersões para se purificar da impureza não somente ritual – isto todos os judeus piedosos praticavam – mas também moral. Em alguns desses textos, o arrependimento em relação ao pecado representa uma condição *sine qua non* da purificação pela imersão.

No entanto, o que distingue a prática batismal de João da prática dos membros das comunidades essênias ligadas aos textos encontrados em Qumran é que a imersão proposta por João parece ter sido concebida como um momento único, ligado a uma mudança de vida. As imersões praticadas nas comunidades essênias, pelo contrário, eram praticadas de maneira repetida, em função das impurezas contraídas pelos membros. Destacou-se, além disso, a referência comum ao profeta Isaías – "Uma voz proclama: No deserto abri um caminho para o Senhor, nivelai na estepe uma estrada para o nosso Deus"[1] – na *Regra da comunidade* e no evangelho de Mateus, a propósito de João[2]. Mas a interpretação deste texto difere nos dois casos: na *Regra*, ela tem como objeto os verbos ("abri", "nivelai") e se trata de estudar a Torá; ao passo que para o evangelista ela tem como objeto o grupo de palavras "uma voz no deserto" e esta voz é assimilada à pessoa de João (lembremos que no texto hebraico não existe pontuação, o que permite esta assimilação, já que João ensinava no deserto). Em suma, embora não se possa excluir que João tenha conhecido essênios, não se pode provar que ele tenha residido por algum tempo entre eles.

No que diz respeito a Jesus e seus discípulos, eles estão *a priori* mais afastados do movimento essênio do que estava o Batista, tanto do ponto de vista geográfico quanto de um ponto de vista sociológico e ideológico. Com efeito, Fílon de Alexandria e Flávio Josefo situam os essênios exclusivamente na Judeia, ao passo que Jesus e seus discípulos vêm da Galileia. Além disso, de acordo com os evangelhos, Jesus e a maioria dos seus discípulos não são de modo algum oriundos dos ambientes sacerdotais e mantêm relações bastante tensas com os sacerdotes que controlam o Templo de Jerusalém. Os textos de Qumran, por sua vez, foram provavelmente redigidos por sacerdotes e refletem uma hierarquia estrita entre sacerdotes, levitas♦ e israelitas[3]. O ensinamento dos textos comunitários de Qumran é de tipo esotérico♦ – alguns manuscritos contêm até textos escritos num alfabeto codificado –, ao passo que a pregação de Jesus e de seus discípulos é exotérica♦ e dirigida à "multidão", sem condição de iniciação prévia.

Por fim, o que diferencia acima de tudo o movimento de Jesus das comunidades conhecidas pelos textos de Qumran é que estas últimas têm por base uma interpretação muito rigorista da Lei. No caso do sábado, por exemplo, o *Documento de Damasco* detalha de maneira bem precisa as proibições decorrentes, chegando a proibir a retirada de um ser humano de um poço com a ajuda de uma corda ou de uma escada[4]. Jesus, pelo contrário, autoriza uma operação semelhante no dia do sábado[5] (em conformidade, aliás, com a opinião de muitos mestres judeus da época). Mas é no âmbito da pureza ritual que Jesus e seus discípulos aparecem nos antípodas das práticas essênias. Enquanto os textos de Qumran atestam uma verdadeira obsessão pela pureza ritual, estendendo ao conjunto dos membros da comunidade as regras de pureza que na Bíblia são reservadas aos sacerdotes, e excluem das assembleias comunitárias os "impuros", Jesus, por sua vez, mostra muita flexibilidade na observância das leis de pureza. Além disso, ele é apresentado como habitado por uma santidade que, longe de ser ameaçada pela impureza, triunfa sobre ela e permite a reinserção dos "impuros" na comunidade. Por todas estas razões, e apesar de um importante fundo judaico comum, o movimento de Jesus aparece afastado dos ambientes essênios donde saíram os textos comunitários de Qumran.

No entanto, o evangelho de João precisa ser distinguido dos evangelhos sinóticos. A recorrente utilização, em João, de uma posição luz/trevas, característica dos textos de Qumran, leva de fato a interrogações[6]. No entanto, enquanto para o evangelista é Jesus que é a luz, nos textos de Qumran nenhuma figura é caracterizada desta maneira, nem mesmo a do Mestre de Justiça (expressão que designa um personagem eminente cuja identidade os historiadores se esforçam por definir). Além disso, o dualismo luz/trevas é em si vago demais para permitir concluir que existe uma influência.

Definitivamente, é sobretudo a carta aos Hebreus (carta atribuída a Paulo pela tradição, o que os historiadores hoje contestam) que lembra certos aspectos dos textos de Qumran: a apresentação do Cristo como Sumo Sacerdote, bastante incongruente no Novo Testamento, evoca a tonalidade sacerdotal dos textos qumranianos. Além disso, fora desta carta, a referência a Melquisedec como figura celeste é atestada apenas no texto de Qumran intitulado 11QMelquisedec (11Q13). Não se exclui, portanto, que algumas ideias essênias tenham penetrado em grupos cristãos, talvez através de conversões individuais. Resta que o universo religioso dos textos de Qumran está centrado na Lei e na observância ritual. Embora os manuscritos de Qumran contribuam para levar-nos a compreender melhor o judaísmo no seio do qual emergiu o cristianismo, é difícil falar de uma influência direta do essenismo sobre o primeiro cristianismo.

1. Is 40,3. **2**. Cf. *Regra da comunidade* (1QS), col. VIII, 1.3-16; Mt 3,3. **3**. Cf. *Documento de Damasco* (CD), col. XIV, 1.3-6; 4QS268 frag. 2,1.1. **4**. Cf. *Documento de Damasco* (CD), col. XI, 1.11-17. Cf. o testemunho de Flávio Josefo. *Guerra dos Judeus* II, 147. **5**. Mt 12,11-12. **6**. Jo 1,1-13; 3,19-21; 8,12; 12,35-36.

* * *

O próprio Jesus batizou?

Paolo Mascilongo
Colégio Alberoni, Piacenza (Itália)

No capítulo 3, o evangelho de João afirma que Jesus, com seus discípulos, batizou durante algum tempo na Judeia, à maneira de João Batista. No primeiro capítulo, ele havia narrado que os dois se haviam encontrado. Após narrar os inícios da missão (bodas de Caná, gesto profético no Templo e encontro com Nicodemos em Jerusalém), o evangelho de João prossegue: "Depois disso, Jesus foi com os seus discípulos à região da Judeia; ali, ele ficava com eles e batizava"[1]. A informação é dada sem ênfase particular, como se se tratasse de alguma coisa normal; e, no entanto, isto se torna ocasião de confronto com o Batista. Com efeito, quando lhe informam: "Aquele que estava contigo além do Jordão, aquele sobre quem deste testemunho, eis que se põe também a batizar e todos vão ter com ele"[2], João responde que deve ser assim, porque Jesus é maior do que ele: "É preciso que ele cresça e eu diminua"[3]. Pouco depois, o evangelho volta ao tema com afirmações em parte diferentes, como se quisesse trazer um corretivo. Com efeito, lê-se: "na verdade, Jesus mesmo não batizava, mas os seus discípulos"[4]. Estas passagens são bastante enigmáticas e dificilmente compatíveis com o testemunho dos evangelhos sinóticos, onde – como, de resto, em nenhum outro texto do Novo Testamento – não encontramos menção de um batismo conferido por Jesus. Como explicar as palavras do evangelho de João? Jesus teria realmente batizado, ele ou pelo menos seus discípulos?

A informação fornecida por João foi muitas vezes explicada pelos eruditos apelando para a visão teológica do evangelista: para o evangelho de João, a relação entre o Batista e Jesus está marcada pelo testemunho que o primeiro deve dar a respeito do Messias. Assim, como no primeiro capítulo[5], nos versículos aqui considerados, as palavras de João Batista são um claro testemunho em favor da identidade divina de Jesus[6]. Além disso, o evangelista situa este segundo testemunho do Batista entre o longo intercâmbio entre Jesus e Nicodemos[7] e o diálogo com a Samaritana[8], dois episódios ricos em referências batismais. Isto equivale a dizer que, para o evangelho de João, o que conta é o valor teológico da passagem: a ação de Jesus é superior à de João. Ele é o Cristo e o Esposo, ele vem do céu, ele dá o Espírito, ele é o Filho de Deus. Mais do que o valor histórico da informação sobre o batismo, também nestes versículos o que importa é o testemunho que João dá de Jesus, a tal ponto que o evangelho começa afirmando que Jesus batizava e depois se corrige. Assim, para muitos estudiosos, a indicação de que Jesus tenha conferido o batismo é uma informação que não teria nenhum fundamento histórico, mas teria sido "criada" pelo evangelista por motivos teológicos. A correção trazida em João 4,2 e o silêncio total do Novo Testamento confirmariam esta opinião.

Não obstante estas dificuldades, porém, outros pesquisadores estão inclinados a confiar no evangelho e afirmam que, pelo menos num primeiro tempo, Jesus teria aderido ao movimento do Batista, atuando com ele ou pelo menos como ele, junto com seus novos discípulos. Portanto, Jesus teria realmente batizado, como indica o evangelho de João. É uma possibilidade que tem dois argumentos principais a seu favor. O primeiro é o fato de se relatar uma coisa destas. Com efeito, afirmar que Jesus e seus discípulos batizaram dificilmente pode ser considerado um detalhe criado pelo evangelista e inserido por ele em seu evangelho: com isso, ele faria de Jesus um subalterno do Batista (novamente, encontramo-nos aqui diante de um "critério do embaraço"). Além disso – acrescentam estes pesquisadores –, o fato de que o próprio Jesus tenha batizado ajudaria a compreender por que a Igreja primitiva assumiu desde o início, e sem discussões ou dissenções aparentes, uma prática de batismo tão semelhante à do Batista[9]. De fato, as primeiras comunidades cristãs tinham muita clareza sobre a diferença entre o batismo de João e o de Jesus, distinção que o Novo Testamento assinala diversas vezes. Se o próprio Jesus tinha não só recebido o batismo, mas também conferido o batismo, então este ritual teria recebido uma forte e imediata legitimidade. Para os pesquisadores que seguem esta linha, a informação é, portanto, autêntica e o "desmentido" que encontramos em João 4,2 – bem como o silêncio dos outros livros do Novo Testamento – proviria do desejo de limitar o alcance de um dado da vida de Jesus que não se concilia muito bem com a cristologia♦ de conjunto dos evangelhos.

Definitivamente, a questão permanece complexa e não pode receber uma resposta nítida; no entanto, o testemunho do evangelho de João dá uma indicação, e um número crescente de historiadores considera que existe a possibilidade de que Jesus, no início de seu ministério e por um breve período, tenha administrado ele próprio o batismo.

1. Jo 3,22. **2**. Jo 3,26. **3**. Jo 3,30. **4**. Jo 4,2. **5**. Jo 1,19-36. **6**. Jo 3,27-36. **7**. Jo 3,1-21. **8**. Jo 4,4-42. **9**. Cf., por exemplo, At 2,38.

Françoise Chandernagor, da Academia Goncourt
Escritora

O Filho bem-amado

Homem ou Deus? Deus feito homem ou homem feito Deus? "Filho do homem" ou Filho de Deus? *Quem dizeis vós que eu sou?* A esta pergunta feita por Jesus aos discípulos e, através deles, a todos os crentes e aos agnósticos, fico indecisa em responder, mesmo estando persuadida, pela maneira como a pergunta é formulada, de que Jesus esperava uma resposta subjetiva ("para vós, quem eu sou?") e não uma definição abstrata, dogmática e intangível, como a que foi elaborada, ao longo dos séculos, pelas autoridades eclesiásticas.

Outrossim, pessoalmente, devo – para tentar responder – recuar no tempo até antes das querelas de seitas e das condenações, antes dos "ucasses" dos concílios primitivos e antes da proclamação (somente no início do século V) do dogma, no mínimo rebuscado, da Santíssima Trindade...

Nos primeiros tempos, entre os judeu-cristãos, primeiros discípulos dos apóstolos, a expressão mais difundida a respeito de Jesus foi, além da expressão "Messias" (*Khristos* em grego), a expressão "Filho de Deus" – sendo as duas quase sinônimos na cultura religiosa de então. Com efeito, na Bíblia judaica, não só os reis de Israel (e, em primeiro lugar, Davi, que Deus chama de seu "filho" em 2Samuel e nos Salmos 2 e 89), mas também os anjos, os "justos" e o povo judeu em sua totalidade são "Filhos de Deus". No entanto, para os contemporâneos de Jesus, existia todo um mundo entre esses "Filhos de Deus" e o Deus Todo-poderoso que Jesus chama de "Pai". Os três primeiros evangelistas gostam, aliás, de realçar a profundidade deste fosso. Assim, em Lucas, a repreensão de Jesus a um chefe de sinagoga: "Por que me chamas bom? Só Deus é bom". Quanto a Mateus, ele põe na boca de Jesus a propósito do último Juízo: "Quanto ao dia e à hora, ninguém sabe, nem os anjos nem o Filho, mas somente o Pai". E se Jesus chama Deus de "Pai", não é que ele pretende, com isso, ser de essência divina, nem mesmo se apresenta como um "Filho" único: em Mateus e Lucas, não convida ele todos os homens sem exceção a chamar Deus de "Pai" ou "Nosso Pai"? Ao contrário do *Logos* joânico e gnóstico, do Verbo, princípio divino *ab initio* porque consubstancial ao Pai desde toda a eternidade, o Jesus Filho de Deus dos evangelhos sinóticos tem um começo, que é, para dois deles, seu nascimento miraculoso. Mas para muitos judeu-cristãos, e talvez para Marcos, foi mais tarde que Jesus teria sido reconhecido pelo Pai e se teria conhecido ele próprio: estes cristãos, chamados alguns séculos mais tarde de "adocionistas", pensavam que o Filho, escolhido dentre os homens, havia sido adotado por Deus no momento de seu batismo ou, o mais tardar, por ocasião de sua crucifixão e de sua ressurreição.

Para o batismo, conhecemos o relato dos quatro evangelhos: quando Jesus sai da água, aparece uma pomba nos céus e uma voz se faz ouvir: "Tu és o meu filho, eu, hoje, te gerei" (Lucas 3,21-22). É uma retomada, palavra por palavra, das palavras dirigidas por Deus a Davi no Salmo 2, sendo que a geração "hoje" exclui tanto a simples revelação de uma encarnação prévia quanto uma existência divina anterior. Trata-se aqui de uma escolha "atual" e a noção de eleição é claramente apoiada em Marcos 1,9-11 e Mateus 3,13-17: "Tu és o meu Filho bem-amado, *aprouve-me escolher-te*". Para Mateus, aliás, só Jesus percebe a pomba e ouve as palavras, como que numa visão mística. Esta adoção, imediatamente após a imersão batismal, tem a vantagem de explicar o que tanto perturbou alguns dos primeiros cristãos: se, desde sua concepção sobrenatural, Jesus era Filho de Deus (ou o próprio Deus) e, de acordo com Mateus e Lucas, nem Maria nem José nem ele ignoravam esta filiação, por que este ser perfeito aproximou-se do Batista para ser lavado dos próprios pecados?

Embora os redatores dos Atos dos Apóstolos pareçam, por sua vez, afirmar que foi somente ao ressuscitá-lo que Deus adotou Jesus (Atos 13,32) e embora encontremos, de maneira mais confusa, uma ideia semelhante na carta aos Hebreus, a visão dominante continua sendo em todo caso a de uma "eleição": eleição de um Filho de Deus que de início parece um rei libertador de tipo davídico (daí a citação dos Salmos), mas se torna, após seu batismo, sua morte e sua ressurreição, um ser divino chamado por Deus a fundir-se em seu seio ou a sentar-se à sua direita.

Absorvidos em seguida na seita judeu-cristã dos ebionitas, estes "adocionistas" subsistiram na Síria até o fim do século IV, época na qual foram considerados heréticos pela Grande Igreja, cada vez mais estruturada e peremptória; com exceção de um breve ressurgimento no final do século VIII, imediatamente condenado pelo papa, logo foi esquecido até o nome deste movimento cristão nascido num tempo em que o cristianismo era ainda plural...

Tenho nostalgia deste tempo? Certamente. Será que me sinto às vezes ligeiramente "adocionista"? Talvez. E até, em certos dias, um pouco "ariana", quem sabe? Embora eu ame profundamente Maria, não sinto, com efeito, a necessidade de uma concepção sobrenatural e não creio absolutamente na virgindade perpétua, invenção apócrifa desmentida pelos textos canônicos. Quanto aos gnósticos e paragnósticos de todo tipo, detesto sua concepção do mundo e sua doutrina. Então, Jesus: um homem nascido como um homem, sem existência divina anterior, mas adotado por Deus no batismo, por que não?

Este reconhecimento tardio de um pelo outro explicaria pelo menos a ignorância em que nos encontramos a respeito da juventude de Cristo: sua "vida anterior" foi a vida simples de um homem comum, melhor do que todos os outros certamente, mas necessariamente imperfeito. Porque somente no dia em que se põe a caminho é que um homem se torna o Caminho, e quando aceita morrer pela humanidade é que ele é a Vida.

Capítulo 7

OS MILAGRES QUE JESUS NÃO QUIS FAZER

Poderíamos contar a história assim...

Ele havia deixado as margens frescas e verdejantes do Jordão e se enfiara no deserto abrasador. Tinha necessidade de silêncio, precisava entrar na ardente solidão destes lugares onde nada distrai aquele que quer ouvir ressoar em si próprio a verdade das coisas. A vida e a morte, o poder e o desejo, o temor e a admiração, tudo isso ele devia depositar sob o olhar de Deus, esperar e deixar-se conduzir como outrora o povo havia feito antes de entrar na terra que lhe fora prometida. Ele não temia o calor fulminante que se abatia sobre seus ombros, porque o sopro de Deus o enchia e o Espírito do Altíssimo penetrava em seu espírito. Permaneceu ali por quarenta dias sem outro alimento senão a palavra do Senhor. Quando sentiu fome, o tentador, que chamamos também de diabo ou semeador de divisão, apareceu. Sugeriu-lhe transformar as pedras em pão, mas ele respondeu que o homem não vive só de pão. O tentador o fez elevar-se a fim de poder ver todos os reinos da terra e pavoneou-se: "Todos estes reinos me pertencem. Se te prostrares diante de mim, eu os dou a ti". Ele respondeu que não adoraria senão a Deus. No entanto, o tentador não desistiu. Levou-o a Jerusalém, no pináculo do Templo, e o desafiou: "Se és verdadeiramente o Filho de Deus, atira-te para baixo, pois está escrito que o Senhor dará ordens a seus anjos para que nada lhe aconteça". Então Jesus lhe respondeu: "Está escrito: não tentarás o Senhor teu Deus". O semeador de divisão reconheceu o seu fracasso. Era como se este homem aderisse totalmente à Palavra de Deus, ele habitava nela e ela habitava nele. No entanto, não fora dita a última palavra, viria uma ocasião favorável, a da grande provação.

O tempo do deserto havia terminado. Jesus retornou à Galileia. Em Nazaré, a aldeia onde crescera e onde sua família sempre vivia, espalhou-se a notícia: "Ele está aqui". Sua reputação o precedia. Dizia-se que, por onde havia passado, ele havia entrado nas sinagogas, havia falado com uma autoridade quase nunca vista e doentes se viram curados. Então aqui, em sua terra, o que ele não faria?

No dia do sábado a sinagoga estava cheia a ponto de explodir. Toda a aldeia estava lá, tanto os homens como as mulheres, a mãe de Jesus e toda a sua família. Murmurava-se: o filho que partira e retornara estaria presente? Não ficaram decepcionados. Após o canto dos Salmos, foi ele que se levantou para fazer a leitura. O servente lhe entregou o rolo do livro de Isaías. Ele o desenrolou e leu: "O Espírito do Senhor está sobre mim, porque me conferiu a unção para anunciar a boa-nova aos pobres. Enviou-me para proclamar aos cativos a libertação e aos cegos a recuperação da vista, para despedir os oprimidos em liberdade, para proclamar um ano de graça da parte do Senhor".

A boa-nova aos pobres, a libertação aos cativos, a liberdade... Era esta a esperança do povo há séculos e mais ainda nestes tempos difíceis, em que o ocupante romano fazia pesar o jugo com taxas excessivamente pesadas. Todos tinham os olhos fixos nele enquanto ele devolvia o rolo ao servente. Ele sentou-se e fez-se silêncio: "Hoje, esta escritura se realizou para vós, que a ouvis". De início houve um movimento de alegria. Mas logo veio a pergunta: Quem era esse indivíduo para ter a audácia de pretender que o Espírito do Senhor estava sobre ele? Este Jesus, quem ele julgava ser? Não era ele o filho do carpinteiro? Sua mãe e sua família não viviam na aldeia?

Jesus sentiu que os olhares haviam mudado. A alegria durara apenas um instante. Logo implicaram com ele. Queriam uma prova, prodígios, que fizesse milagres como, de acordo com o rumor, ele fizera em Cafarnaum e em outros lugares. A Palavra de Deus era seu único escudo, sua única arma. Apostrofou a pequena multidão: "Conheceis o provérbio: ninguém é profeta em sua terra".

Mas seus ouvidos haviam ficado surdos, seus olhos estavam cegos pelo ressentimento, seu espírito entupido. Será que o menino que outrora corria pelas ruas da aldeia, que manejava a serra e a plaina com seu pai, podia ser aquele por cuja boca Deus falava? Ele compreendeu que entre os seus não seria reconhecido. Viu a raiva que cintilava em seus olhos e a inveja violenta que os animava. Ele era um deles, e pretendia ser outro. Era tempo de partir, o negócio corria o risco de acabar mal.

Ele saiu da sinagoga enquanto a multidão em cólera o perseguia e o expulsava da aldeia. Apressou o passo, mas os mais rápidos já se haviam adiantado e o esperavam onde o caminho que desce a colina ladeava um córrego. Por um instante ele hesitou, uma muralha de hostilidade se erguia diante dele. Começou a avançar e eles se afastaram um pouco. Formavam uma espécie de muro de ódio à sua direita e à sua esquerda. Ele endureceu seu olhar e, com passo decidido, passou pelo meio deles. Sabia que doravante não podia mais voltar atrás.

C.P.

As Tentações no deserto

Michel Berder
Instituto Católico de Paris

Os evangelhos de Mateus, Marcos e Lucas situam no início do itinerário de Jesus uma sequência no decurso da qual, na solidão do deserto, Jesus passa pela experiência da tentação[1]. Nestas três versões, o episódio é situado entre seu batismo por João e o começo de sua pregação na Galileia. O texto de Marcos é extremamente breve. Os de Mateus e de Lucas são mais detalhados e oferecem numerosos pontos comuns entre eles, em particular um desenvolvimento em três etapas contendo elementos de diálogo entre Jesus e o tentador, em estilo direto. Este encontro, de acordo com os próprios narradores, não tem nenhuma testemunha. É evidentemente uma encenação, que não se pretende "histórica", da grande provação que Jesus precisou enfrentar antes de se lançar na vida pública. Visa fazer-nos compreender sua decisão, que ilumina a sequência de seu percurso.

Três sugestões diabólicas, três recusas de Jesus

Em Lucas, como em Mateus, as intervenções do tentador estão ligadas a lugares de forte conotação simbólica. Em cada caso, o que é sugerido comporta uma relação concreta com o quadro espacial evocado. A primeira tentação se apoia na fome sentida por Jesus no deserto no final de quarenta dias de jejum e faz cintilar a possibilidade de transformar em pão uma pedra designada pelo diabo, pedra que, portanto, faz parte da paisagem. O deserto, na tradição bíblica, evoca ao mesmo tempo um lugar de solidão, de reflexão, mas também de encontro pessoal com Deus, marcado por momentos de fervor, de aliança, de ruptura ou de dúvida. Constitui, principalmente, o quadro narrativo da marcha do povo hebreu após sua libertação da servidão no Egito[2] – uma permanência de quarenta anos no deserto, a ser relacionada com os quarenta dias da permanência de Jesus. É também o local de fortes experiências espirituais vividas por profetas, por exemplo Elias[3], tantas vezes relacionado com Jesus nos evangelhos.

A segunda tentação, de acordo com Lucas, tem como quadro um lugar muito alto. Os lugares situados em posição elevada são afetados por certa ambiguidade: conforme as circunstâncias, podem corresponder a encontros com o Deus verdadeiro, mas igualmente a práticas idolátricas[4] ou a manifestações de orgulho. Supõe-se que esta localização num lugar alto permite avistar "todos os reinos da terra", que o tentador tenciona oferecer a Jesus. Quanto ao terceiro quadro, ele ocorre no pináculo do Templo. A sugestão diabólica ("joga-te daqui para baixo") se fundamenta não só na posição elevada, mas também no elo entre o Templo e a Presença divina (*Shekhina*), capaz de assegurar uma proteção àquele que se lançaria no vazio. Pois o Templo de Jerusalém é, por excelência, o lugar sobre a terra onde o Deus santo se torna presente ao seu povo[5].

◄ Cf. o capítulo *O conflito com o Templo*, p. 541.

O fato de cada uma das tentações terminar com uma citação explícita da Escritura, formulada por Jesus, mostra que, para ele, a última palavra pertence à vontade do Pai. Ele a recebe e a assume com toda a liberdade, tal como está expressa nos textos bíblicos. Com estas referências, ele denuncia os verdadeiros interesses das palavras do tentador e aponta em que sentido ele próprio compreende o título de "Filho de Deus" que o tentador o desafia a manifestar ("Se és Filho de Deus..."). A primeira tentação dá a Jesus a oportunidade de se posicionar a respeito da hierarquia dos valores. O que deve contar na existência humana não deve limitar-se a necessidades terrestres: "Não só de pão viverá o homem". Jesus cita aqui um breve fragmento do Deuteronômio[6], onde Deus explica que o dom do maná ao povo de Israel errante no deserto era como uma experiência de educação, destinada a fazê-lo compreender que o ser humano deve viver de "toda a palavra que sai da boca do Senhor".

Respondendo a cada uma das tentações por uma citação da Escritura, Jesus declara que, para ele, a última palavra pertence à vontade do Pai.

A segunda tentação consiste numa proposta de adoração do tentador, com a finalidade de adquirir a glória dos reinos da terra. Aqui Jesus repele toda sugestão de idolatria, que transgrediria o grande mandamento do monoteísmo: "É ao Senhor, teu Deus, que temerás; só a ele servirás, por seu nome é que prestarás juramento"[7]. Este versículo faz parte de um texto fundamental na expressão da fé judaica, o *Shema' Israel*, valorizado especialmente na liturgia sinagogal: "Escuta, Israel! O Senhor, nosso Deus, é o Senhor que é Um"[8].

Na terceira intervenção, o próprio diabo recorre a uma dupla citação bíblica tirada do livro dos Salmos: "Ele dará a seus anjos ordens de te proteger" e "eles te carregarão nas mãos para evitar que teu pé se contunda numa pedra"[9]. Astúcia estratégica que consiste em adotar, deturpando-o, um procedimento até então utilizado por Jesus. É sobre a atitude inata traduzida por esta sugestão que incide a réplica de Jesus, remetendo novamente à Escritura: "Não porás à prova o Senhor, teu Deus"[10]. Neste contexto, o que Jesus recusa é o fato de intimar Deus a agir em favor daquele que a ele se dirige, reduzindo a oração ao papel de um teste, de uma provocação.

As remissões efetuadas por Jesus ao livro do Deuteronômio conferem a toda esta cena um significado singular em função do percurso feito pelo povo de Israel no deserto. O número simbólico que qualifica a duração desta sequência reforça, como dissemos, este paralelo. No entanto, resulta desta comparação uma diferença notável: enquanto os israelitas cederam diversas vezes às incitações das forças do mal, ao ponto de praticar a idolatria adorando um bezerro de ouro[11], Jesus manifesta uma fidelidade sem falha em relação ao Pai.

Uma cena que antecipa todo o comportamento ulterior de Jesus

Cf. *Jesus se faz batizar*, p. 167. ▶

Cf. *Por que duas genealogias?*, p. 126. ▶

Cf. *O evangelho da infância em Lucas*, p. 113. ▶

Esta passagem evangélica, que se caracteriza pelo fato de pintar uma cena cujo único ator humano é Jesus, se integra de maneira muito significativa no desenrolar do relato composto por Lucas. Nos capítulos que precedem, o leitor já foi posto na presença de diversos elementos que desempenham um papel decisivo no episódio das Tentações. Assim o Espírito, que é apresentado como conduzindo Jesus para o deserto, foi objeto de diversas menções em relação com sua pessoa, especialmente por ocasião de seu batismo por João: "O Espírito Santo desceu sobre Jesus sob uma aparência corporal, como uma pomba"[12]. O título "Filho de Deus", no qual se apoia o tentador, é a última expressão que pontua a unidade literária que precede imediatamente o nosso relato. Lucas mostra ali a genealogia de Jesus remontando até às origens. "... filho de Adão, filho de Deus"[13]. Este fenômeno produz um efeito de enunciação impressionante: tudo se passa como se o tentador – que faz a primeira aparição explícita no desenrolar da narrativa – dispusesse, também ele, da informação que foi fornecida ao leitor. Podemos acrescentar que a filiação de Jesus em relação a Deus já foi tratada de múltiplas maneiras desde o início do evangelho. O anjo que anunciou a Maria o nascimento de seu filho explicitou: "Ele será grande e será chamado Filho do Altíssimo"[14]. Após o reencontro de Jesus aos doze anos no Templo de Jerusalém por ocasião da Páscoa, ele chama a atenção de sua mãe: "Não sabíeis que eu devo estar junto do meu Pai?"[15] O narrador realçou então que esta fórmula permaneceu enigmática para os que ele designa como "os pais" de Jesus: "Mas eles não compreenderam o que lhes dizia". Quanto à expressão empregada por Jesus nesta última passagem, "eu devo" (*dei* em grego: "é preciso"), ela mostrava que Jesus se refere à vontade divina. Depois, por ocasião do batismo, se fez ouvir uma voz vinda do céu: "Tu és o meu Filho, eu, hoje, te gerei"[16].

A sequência das Tentações revela o tipo de filiação e de messianismo assumido por Jesus.

Filho de Deus ou filho de Deus? Espírito ou espírito?

É preciso colocar uma maiúscula na palavra "filho" nas expressões "filho de Deus", "filho do homem"? Ou na palavra "espírito" quando o Espírito conduz Jesus ao deserto? Os tradutores se interrogam e às vezes temem superinterpretar o texto ou apagar uma distinção importante. Sabemos que os manuscritos gregos antigos (os papiros do século III e os grandes unciais dos séculos IV-V, cf. p. 91-92) não distinguem os nomes próprios por uma primeira letra maiúscula, tanto que os unciais são escritos inteiramente em letras maiúsculas! Desde os primeiros fragmentos de papiros pode-se constatar que os escribas adquiriram o costume de escrever os "nomes divinos" abreviadamente (a primeira letra e a última), encimados por uma barra horizontal: $\overline{\text{ΙΗΣ}}$, $\overline{\text{ΧΣ}}$, $\overline{\text{ΘΣ}}$, $\overline{\text{ΚΣ}}$ para Ιησους (Jesus), Χριστος (Cristo), Θεος (Deus), Κυριος (Senhor). No uncial mais antigo, o *Vaticanus*, a distinção é feita então com o emprego comum destas palavras; o texto atesta assim um trabalho de interpretação de alcance teológico.

As coisas são mais difíceis para palavras cujos empregos são mais amplos: filho, pai, espírito. Os papiros utilizam o mesmo sistema de abreviação, considerando que se trata de nomes divinos: $\overline{\text{ΥΣ}}$, $\overline{\text{ΠΡ}}$, $\overline{\text{ΠΝ}}$ para Υιος (Filho), Πατηρ (Pai), Πνευμα (Espírito). Mas eles têm a tendência de generalizar as abreviações para todos os outros empregos destas palavras, provavelmente por razões de economia. Os grandes unciais preferem evitar estas abreviações ou as empregam somente no fim de linha, por comodidade. O tradutor contemporâneo pode, portanto, apoiar-se em tradições antigas de leitura, mas deve, por sua vez, proceder a um trabalho de reflexão e de interpretação, sabendo que suas escolhas são portadoras de sentido e que ele deve assumi-las. A pertença confessional do tradutor poderá assim influenciar suas opções de tradução. Prova, se fosse necessário, de que a Bíblia é polifônica e de que ela convida ao diálogo!

Na continuação de seu relato, o evangelista proporá numerosas sequências que valorizarão a coerência do comportamento e do ensino de Jesus com suas reações às sugestões do tentador. Assim esta sequência constitui de alguma forma uma revelação sobre o tipo de filiação, de messianismo, assumido por aquele que se refere constantemente à vontade de seu Pai. Por exemplo, podemos aproximar do objeto da primeira tentação um certo número de tomadas de posição de Jesus a respeito da hierarquia dos valores: ele recomendará procurar o Reino de Deus, porque o resto é dado por acréscimo[17]; pedirá para acumular um tesouro inalterável nos céus[18]; declarará: "Não podeis servir a Deus e ao Dinheiro"[19]; e várias vezes realçará a escuta da Palavra de Deus[20]. Em conformidade com a segunda recusa que ele opõe ao tentador, podemos observar a constância com a qual Jesus manifestará seu apego pessoal ao Pai. Nunca o veremos procurar para si próprio a glória ou o poder. Quando chegar a evocar os gestos excepcionais que é capaz de realizar ou os conhecimentos que pode transmitir, ele insistirá no fato de que se trata de dons recebidos do Pai: "Tudo me foi entregue por meu Pai"[21]. A um possesso libertado das forças maléficas que o mantinham cativo, ele dará como missão tes-

Cf. *O anúncio do Reino é específico de Jesus*, ◄ p. 315.

◄ Cf. *Jesus, os ricos e o dinheiro*, p. 401.

Cf. *Curas e exorcismos*, p. 285.

temunhar em favor de Deus: "Volta para a tua casa e conta tudo o que Deus fez por ti"[22]. Enfim, no que concerne à última etapa, no pináculo do Templo, na qual Jesus convida a adotar um posicionamento justo em relação a Deus, podemos pôr esta exortação em relação com o que ele dirá a respeito da oração e do qual ele próprio dará ilustrações em sua prática pessoal. Assim, o *Pai-nosso* inicia com pedidos que dizem respeito ao próprio Deus (santificação de seu nome, vinda de seu Reino)[23]. E, em suas recomendações concernentes à oração de petição, Jesus evocará o fato de pedir ao Pai celeste o Espírito Santo[24].

Cf. *O que diz o Pai-nosso?*, p. 508.

Após o episódio do deserto, a luta vitoriosa contra as forças do mal vai continuar, muitas vezes assumindo a forma da libertação, por parte de Jesus, de pessoas que lutam contra "espíritos maus". O evangelista destacará então o poder de Cristo, observando ao mesmo tempo que sua identidade é conhecida destes espíritos. Numa passagem que relata diversas intervenções de cura, encontramos a explicitação seguinte: "Demônios saíam também de um grande número, gritando: 'Tu és o Filho de Deus!' E repreendendo-os, não lhes permitia falar, porque conheciam que ele era o Cristo"[25].

Satanás vencido se afasta "até o momento fixado", o momento em que "entrará" em Judas.

Como observamos, a conclusão do episódio das Tentações[26] se caracteriza em Lucas por uma forte tensão narrativa: o diabo se afasta de Jesus "até o momento fixado" [*akhri kairou*]. É em Jerusalém, por ocasião da Paixão, que esta última etapa, decisiva, vai se desenrolar. A ordem adotada por Lucas para descrever as Tentações[26] corresponde ao roteiro de todo o evangelho: é justamente em Jerusalém, cidade do Templo, do alto do qual ele foi desafiado a se jogar, que chega ao fim o itinerário terrestre de Jesus. A nova entrada solene em cena de Satanás será relatada pelo narrador por ocasião da descrição da traição de Judas, que se alia a um projeto de assassinato contra seu mestre: "E Satanás entrou em Judas chamado Iscariotes, que era do número dos Doze"[27]. No meio dos acontecimentos que se precipitam então numa atmosfera dramática, encontra-se uma sequência particularmente significativa, que contém diversos elos temáticos com a sequência das Tentações: a oração de Jesus no jardim das Oliveiras[28]. Como no deserto, Jesus está na solidão, visto que ele "se afasta". Ele próprio emprega a palavra "tentação", por duas vezes, por ocasião de suas interpelações aos discípulos que adormecem. O texto realça sua fidelidade ao Pai: sua postura se traduz numa frase que distingue duas etapas: "Pai, se quiseres afastar de mim essa taça... No entanto, não se faça a minha vontade, mas a tua!"

Cf. *São Judas ou o destino de um traidor*, p. 615.

Cf. *No monte das Oliveiras*, p. 605.

Logo depois, o próprio Jesus, por ocasião de sua prisão, toma a palavra para mostrar ao bando que se aproxima para detê-lo que ele está bem consciente do que significa a diligência deles: "Agora é a vossa hora, é o poder das trevas"[29]. Mais adiante as propostas enunciadas pelo tentador encontram um eco em diversas intervenções de pessoas presentes por ocasião da crucifixão. Estas tomadas da palavra são expressas em estilo direto num tom irônico, adotando a forma de um desafio. Assim os chefes do povo exclamam: "Que se salve a si mesmo, se é o Messias de Deus, o Eleito!"[30] Estas falas se situam no mesmo registro de algumas passagens do Antigo Testamento, que descrevem a crueldade e a perversidade do tratamento reservado a justos perseguidos[31]. As palavras dos soldados[32] e de um dos malfeitores crucificados a seu lado[33] vão no mesmo sentido.

◄ Cf. o capítulo *A crucifixão*, p. 651.

Uma apresentação do "Filho de Deus" destinada a ensinar

Graças ao vigor de suas tomadas de posição diante das sugestões diabólicas, Jesus se revela como um ser humano, que passa pela provação da tentação, mas manifesta uma total fidelidade a seu Pai. O evangelista mostra como Cristo se refere à experiência do povo hebreu no deserto, permanecendo ao mesmo tempo em comunhão profunda com Deus. A menção de Adão na genealogia que precede o episódio das Tentações pode igualmente sugerir uma relação com a experiência da tentação do primeiro casal humano, como é relatada no início do livro do Gênesis.

Por outro lado, o diálogo denso e conciso entre Jesus e o tentador se compreende igualmente contra o pano de fundo das diferentes concepções do Messias que circulavam na época. Jesus mostra com clareza quais são suas próprias orientações. No último capítulo do evangelho, as interpelações dirigidas pelo Ressuscitado aos discípulos de Emaús aludem às dificuldades ligadas a certas representações do Messias. "Espíritos sem inteligência, corações tardos para crer tudo o que os profetas declararam! Não era preciso que o Cristo sofresse isso para entrar na sua glória?"[34] O evangelho de João mesmo recorrendo a um outro vocabulário, comporta elementos que se situam na mesma perspectiva. Assim, após ter alimentado uma grande multidão, Jesus toma a iniciativa de retirar-se sozinho para a montanha, "sabendo que viriam pegá-lo para fazê-lo rei"[35]. E, por ocasião de seu comparecimento diante de Pilatos, ele afirma: "A minha realeza não é deste mundo"[36].

◄ Cf. o capítulo *As aparições aos discípulos*, p. 699.

Esta apresentação de Jesus pode ser cotejada com diversas formulações que se leem em outros lugares no Novo Testamento. Assim, o autor da carta aos Hebreus, apelando para a concepção do sacerdócio na tradição judaica, insiste na profunda solidariedade que se manifesta entre Jesus e os seres humanos: "Nós não temos um Sumo Sacerdote incapaz de compadecer-se das nossas fraquezas; à nossa semelhança, ele foi provado em tudo, sem todavia pecar"[37]. Mais adiante, o mesmo autor explicita que Cristo não atribuiu a si próprio a glória de tornar-se Sumo Sacerdote: "Recebeu-a daquele que lhe disse: 'Tu és meu filho, eu hoje te gerei'"[38].

Através do jogo das remissões a textos bíblicos, as indicações fornecidas por Jesus no relato das tentações segundo Mateus e Lucas podem servir como pontos de referência para a vida de seus discípulos. Permanecem abertas a múltiplas atualizações. O que elas exprimem sobre o discernimento da hierarquia dos valores (a que, a quem concedemos a prioridade nos momentos decisivos?), sobre a recusa dos ídolos (que podem assumir aparências diversas de acordo com as circunstâncias e os contextos culturais), sobre o ajustamento da atitude espiritual expressa no quadro de uma oração de petição, merece ser destacado e estimula os leitores à reflexão.

1. Mt 4,1-11; Mc 1,12-13; Lc 4,1-13. **2.** Cf., em particular, os relatos do livro do Êxodo. **3.** 1Rs 19. **4.** Cf. 1Rs 3,2. **5.** 1Rs 8,10-13. **6.** Dt 8,3. **7.** Dt 6,13 (Dt 6,4). **8.** Dt 6,4. **9.** Sl 91,11 e 12. **10.** Dt 6,16. Este versículo do Deuteronômio encontra-se próximo do que foi citado em resposta à segunda tentação (Dt 6,13). **11.** Ex 32; Dt 9–10. **12.** Lc 3,22. Cf. também Lc 1,35; 3,16. **13.** Lc 3,38. **14.** Lc 1,32. Cf. também Lc 1,35. **15.** Lc 2,49. **16.** Lc 3,22. Trata-se de uma citação do Salmo 2,7. **17.** Lc 12,31. **18.** Lc 12,33. **19.** Lc 16,13. **20.** Lc 8,21; 11,28. **21.** Lc 10,22. **22.** Lc 8,39. **23.** Lc 11,2-4. **24.** Lc 11,13. **25.** Lc 4,41. Cf. também Lc 8,28. **26.** Em Mt, as duas últimas tentações são situadas na ordem inversa. **27.** Lc 22,3. **28.** Lc 22,39-46. **29.** Lc 22,53. **30.** Lc 23,35. **31.** Sl 22,8-9; Sb 2,17-20. **32.** Lc 23,37. **33.** Lc 23,39. **34.** Lc 24,25-26. **35.** Jo 6,15. **36.** Jo 18,36. **37.** Hb 4,15. **38.** Hb 5,5.

Jesus na sinagoga de Nazaré

Michel Berder
Instituto Católico de Paris

No evangelho de Lucas, a pregação de Jesus na Galileia começa com uma cena de grande solenidade na sinagoga de Nazaré e que constitui, por antecipação, um verdadeiro programa que ilumina a sequência dos acontecimentos[1]. As versões do mesmo episódio narradas por Mateus[2] e Marcos[3] são mais breves e se situam mais tarde no itinerário de Jesus.

O quadro desta sequência é uma celebração do sábado. O evangelista observa que Jesus se dirige à sinagoga "segundo o seu costume", nesta localidade onde fora criado, o que realça sua inserção no povo de Israel, em coerência com as indicações fornecidas nos episódios anteriores. O ritual da liturgia da palavra é descrito etapa por etapa. A atenção está focalizada em Jesus. Entregam-lhe o livro do profeta Isaías, no qual ele "encontra" uma passagem que o texto evangélico cita explicitamente. A escolha do verbo "encontrar" pode ser entendida aqui de duas maneiras: ou se trataria do resultado de uma busca deliberada destes versículos ou então esta passagem seria aquela que o rolo litúrgico oferecia para a leitura desse dia – o que comportaria uma dimensão providencial, que corresponde muito bem à maneira habitual como Lucas conduz seu relato.

Um pregador que provoca seus ouvintes

A passagem citada é muito instrutiva. No contexto do evangelho, ela se apresenta como uma descrição detalhada da missão confiada ao Messias. Para o leitor do evangelho, a menção do Espírito ecoa a cena do batismo no decurso da qual Lucas explicita que "o Espírito Santo desceu sobre Jesus"[4]. O verbo grego "me conferiu a unção (*ekhrisen me*) resultou na palavra *khristos*, "Cristo" (= "ungido"), que qualifica uma pessoa que foi objeto de uma escolha da parte de Deus. A palavra hebraica correspondente (*mashiah*) forneceu, em transcrição, o termo "Messias". "Cristo" (ou Messias) recebe no Novo Testamento um significado particular quando se trata de um título conferido a Jesus[5]. De acordo com a citação de Isaías, o Messias deve anunciar a Boa-Nova ("alegre mensagem") aos

◄ Cf. *Cristo e Messias*, p. 471.

pobres. Também aqui, o vocabulário empregado merece ser realçado. A palavra utilizada é *euangelisasthai*, que, na tradução grega do Antigo Testamento – especialmente no livro de Isaías – comporta um sentido religioso, relacionado com a noção de salvação. No Novo Testamento, as palavras derivadas desta raiz (que resultou no nosso termo "Evangelho") são geralmente associadas aos fatos e gestos de Jesus. O texto do profeta Isaías explicita que os beneficiários desta Boa-Nova são os pobres. Lucas não deixará de valorizar este traço a propósito de Jesus, realçando sua atitude em relação aos pequenos, aos que estão em situação de necessidade, de provação, de sofrimento. Uma das ilustrações mais impressionantes desta mensagem é a bem-aventurança pronunciada em estilo direto: "Felizes, vós, os pobres, pois o Reino de Deus é vosso"[6]. A Boa-Nova se traduz em gestos de libertação, principalmente em favor dos cegos e dos oprimidos. A sequência do itinerário de Jesus ocasiona múltiplas intervenções durante as quais ele traz cura, recuperação da vista, libertação de forças maléficas.

Cf. *As Bem-aventuranças*, p. 343. ▶

Após devolver o rolo de Isaías ao servente, Jesus se dirige à assembleia: "Hoje, esta escritura se realizou para vós que a ouvis"[7]. Esta fala corresponde, na liturgia judaica, àquilo que se espera daquele que pronuncia uma homilia: ele deve realçar a atualidade da mensagem dos textos bíblicos proclamados. Jesus o faz sugerindo duas "atualizações" complementares e estreitamente ligadas: por um lado, de maneira oblíqua, sem dizê-lo explicitamente, ele assume o pronome da primeira pessoa empregado na passagem de Isaías e afirma um "hoje" da salvação ligado à sua própria presença[8]. Por outro lado, ele subtrai de seus destinatários estritos a salvação descrita no texto profético que acaba de ler: detendo-se *antes* do último versículo do texto que anunciava, em proveito de Israel, "o dia da vindicta do nosso Deus", ele se recusa a ver no texto de Isaías uma promessa limitada unicamente ao povo judeu; pelo contrário, ele lhe dá uma amplitude nova, esposando a perspectiva universalista sempre mantida em aberto pelos profetas[9]. É mantida somente a vertente positiva, através da evocação de um ano de acolhida do Senhor – alusão à instituição dos anos jubilares♦ marcados por gestos de libertação e perdão de dívidas[10]. O futuro prometido inclui esta precisão: "filhos de estrangeiros serão para vós lavradores e vinhateiros"[11].

Jesus se posiciona na contracorrente de uma interpretação que veria nestes versículos uma promessa limitada ao povo de Israel.

É notável que seja o próprio Jesus quem toma a iniciativa do confronto. Ele declara aos seus ouvintes que eles lhe dirão: "Soubemos de tudo o que se passou em Cafarnaum, faze pois o mesmo aqui em tua pátria"[12]. A insistência na noção de pátria é aqui afetada por uma ponta polêmica. Além disso, durante sua homilia, ele vai procurar no Antigo Testamento figuras de profetas cuja ação beneficiou pessoas estranhas ao povo de Israel: Elias intervindo a favor de uma viúva da terra de Sidônia e Eliseu realizando a cura de um leproso sírio[13].

Um profeta rejeitado que prossegue sua missão

Jesus cita uma fórmula de comportamento proverbial que projeta uma luz sobre o conjunto da sequência: "nenhum profeta é bem acolhido em sua pátria"[14]. Com estas palavras, ele não só assume indiretamente o título de profeta, mas indica que sua missão integra a experiência de uma rejeição por parte das pessoas mais próximas. A sucessão das diferentes etapas do relato confere um conteúdo concreto a esta observação. O narrador descreve a caminhada da assembleia, que passa de uma surpresa admirativa à cólera, para desembocar num verdadeiro projeto de assassinato. A última frase dá a compreender que Jesus escapa desta ameaça mortal, sem explicitar de que maneira: "Mas Jesus, passando no meio deles, seguiu seu caminho". Esta expressão é rica de sentido. Lucas atribui uma grande importância à caminhada de Jesus e à sua subida a Jerusalém, lugar decisivo de sua Paixão, de sua morte e de sua ressurreição[15]. O livro dos Atos dos Apóstolos realçará o fato de que é a partir desta cidade que a mensagem do Ressuscitado será difundida "até as extremidades da terra"[16].

Assim, em poucas linhas, a cena da sinagoga de Nazaré fornece ao leitor uma admirável síntese do que significa, em benefício de toda a humanidade, a vinda de Cristo, cumprindo o desígnio de Deus expresso nas Escrituras. A arte narrativa do evangelista se nota não só na riqueza dos temas evocados e na pertinência do recurso a citações ou a alusões bíblicas, mas também na própria construção do relato. Podemos desvendar aqui o fio condutor seguinte: Jesus vem a Nazaré para junto dos seus, que o conhecem como "filho de José". Toma a palavra na sinagoga por ocasião de uma celebração do sábado. Dá sua interpretação de um texto profético que especifica em que consiste a missão do Messias. Mas se opõe formalmente a uma confiscação desta missão em proveito apenas do povo de Israel. Provoca deliberadamente os membros da assembleia, a respeito dos quais ele pensa que irão pedir-lhe que intervenha exclusivamente em seu favor. Apoia sua interpretação em argumentos tirados das Escrituras. Esta abertura às nações provoca a cólera dos ouvintes que querem assassiná-lo. Ele es-

> "O Espírito do Senhor Deus está sobre mim: o Senhor fez de mim um messias, ele me enviou a levar alegre mensagem aos humilhados, medicar os que têm o coração confrangido, proclamar aos cativos a liberdade, aos prisioneiros a abertura do cárcere, proclamar o ano do favor do Senhor, *o dia da vindicta do nosso Deus...*"
>
> Passagem do livro de Isaías (61,1-2b) lida na sinagoga por Jesus (em itálico, a sequência não lida).

capa deste projeto assassino e prossegue seu caminho. Podemos dizer que este esquema resume o conjunto do relato evangélico, desde o nascimento e a infância de Jesus até sua morte e sua ressurreição. Sem exagerar, podemos até considerar que este percurso narrativo retornará, sob formas diversas, em vários episódios dos Atos dos Apóstolos: testemunhas do Ressuscitado passarão, da mesma forma que seu Senhor, por experiências de rejeição e de conspirações em razão da mensagem de que são portadores.

No evangelho de Lucas, uma sequência ecoa manifestamente esta cena de Nazaré[17]: discípulos de João Batista vêm encontrar-se com Jesus para transmitir-lhe uma pergunta da parte de seu mestre: "És tu 'Aquele que vem', ou devemos esperar outro?" Em vez de lhes responder de maneira direta, Jesus, que efetuava gestos de cura e de libertação de maus espíritos, os remete àquilo que eles veem e ouvem. Ora, na maneira como descreve suas próprias intervenções, Jesus retoma fórmulas do livro de Isaías: "Ide relatar a João o que tendes visto e ouvido: os cegos recuperam a vista, os coxos andam direito, os leprosos são purificados e os surdos ouvem, os mortos ressuscitam, a boa-nova é anunciada aos pobres". A fórmula conclusiva deste episódio é uma bem-aventurança que realça o caráter decisivo da tomada de posição em relação a Jesus. Para além dos atores do relato evangélico, este enunciado pode dirigir-se também ao leitor do evangelho que se vê convidado a se pronunciar pessoalmente: "Feliz de quem não cair por causa de mim".

1. Lc 4,16-30. **2**. Mt 13,54-58. **3**. Mc 6,1-6. **4**. Lc 3,22. **5**. Lc 2,11; 2,26; 9,20; At 2,36. **6**. Lc 6,20. **7**. Lc 4,21. **8**. Como ele o faz, entre outros, em Lc 2,11; 5,26; 19,9. **9**. Is 61,2. **10**. As prescrições são detalhadas em Lv 25. **11**. Is 61,5. **12**. Lc 4,23. **13**. Cf. 1Rs 17; 2Rs 5. **14**. Lc 4,24. Com algumas variantes, esta sentença (que passou para o repertório da sabedoria popular) se lê nos relatos paralelos de Mt 13,5-7 e Mc 6,4. Em outro contexto, ela figura também em Jo 4,44. **15**. Lc 9,51; 13,22; 13,33; 17,11; 18,31. **16**. At 1,8. **17**. Lc 7,18-23. Encontramos um paralelo em Mt 11,2-6.

Que sentido dar ao "sinal" de Caná?

Yves-Marie Blanchard
Instituto Católico de Paris

O relato da água mudada em vinho, por ocasião do casamento em Caná da Galileia[1], constitui um elemento próprio do evangelho segundo João, sem equivalente nos sinóticos. Justamente estes últimos assinalam que Jesus não desdenha a refeição, ao ponto de ser recriminado por ser um beberrão e um comilão[2], e que, além disso, ele não hesita em apresentar o Reino de Deus sob os traços de um banquete, chegando até a falar do vinho novo, habitualmente menos saboroso que o vinho velho[3]. O Jesus do evangelho de João não é, portanto, basicamente diferente, neste ponto, do Jesus dos sinóticos.

No entanto, o gesto realizado por Jesus nas bodas de Caná só pode surpreender. Não é um milagre, no sentido habitual do termo: a falta de vinho não afeta a vida dos homens da mesma forma como as doenças e enfermidades graves, e até mesmo a morte, a fome ou a tempestade. Seja qual for a desonra que a falta de vinho acarretaria, o que está em jogo aqui parece ser de uma ordem diferente daquilo que está em jogo nos relatos habituais de milagres. Além disso, o evangelho de João nunca fala de milagres, mas de sinais*, realçando assim, para além do fato mais ou menos extraordinário, o significado dos atos de Jesus em relação à fé esperada do leitor, como é claramente explicitado na primeira conclusão do evangelho[4]. Diante de um relato tão singular, alguns sugeriram ver nele uma espécie de parábola, inserida na trama do evangelho ao ponto de fundir-se na narração dos fatos e gestos de Jesus. Em todo caso, se a materialidade dos fatos nos escapa, por não se poder fazer uma comparação com outros textos mais ou menos próximos, vale a pena interrogar-se sobre o alcance do sinal assim realizado e apresentado como exemplar dos outros sinais, narrados mais adiante no livro.

Para compreender o sinal do vinho de Caná, é preciso primeiramente considerar a simbólica do vinho no contexto do judaísmo antigo. Ao lado do trigo e do azeite de oliva, o vinho é um alimento essencial: sua abundância participa dos benefícios recebidos de Deus em razão da Aliança[5]; ao contrário, a falta de vinho pode ser relacionada com as falhas do povo e as sanções subsequentes[6]. Muitas vezes, nos profetas, a abundância de vinho faz parte das promessas que acompanham a vinda do Messias: ela se torna desde então um sinal convencional dos tempos messiânicos[7], como o atestam também diversos apocalipses judaicos[8]. Portanto, é provável que o sinal de Caná tenha como objetivo mostrar em Jesus o Messias dos últimos tempos, prometido ao povo de Israel. Podemos também ver neste sinal uma alusão aos profetas Elias e Eliseu, que, como Jesus, realizam um milagre alimentar, antes de ressuscitar um jovem morto – que o próprio Jesus transformará no segundo sinal de Caná, ressuscitando o filho de um oficial régio[9]. Alguns veem até uma referência explícita ao rei Melquisedec, personagem bíblico um pouco misterioso que, de acordo com Fílon de Alexandria (filósofo judeu contemporâneo de Jesus), traz "vinho em lugar da água"[10]. Quanto ao "terceiro dia", mencionado no início do relato, não só evoca a ressurreição de Jesus, mas já no Antigo Testamento realça a importância de uma reviravolta no relato, a começar pelo dom da Lei no Sinai, ocorrido precisamente num "terceiro dia"[11]. Em suma, o relato de Caná parece tecido de alusões às Escrituras judaicas, sugerindo a densidade simbólica do primeiro ato de Jesus, como uma espécie de prólogo narrativo que se segue ao grande prólogo teológico**[12].

Para além do significado global do relato, diversas questões aparecem à medida que se lê o texto. Em primeiro lugar, o que significam a intervenção da mãe de Jesus e a resposta deste em termos bastante contundentes ("Que queres de mim, mulher? A minha hora ainda não chegou")?[13] Sem prejulgar as intenções da mãe (o texto não diz nada, ela se contentou em dizer-lhe "Eles não têm vinho"), constatamos os efeitos de suas duas falas: graças a ela, Jesus é informado da situação e se encontra, portanto, em condições de agir se achar oportuno; por outro lado, os próprios serventes das bodas são advertidos por Maria de que podem confiar em Jesus e, se for o caso, executar suas ordens ("Fazei tudo o que ele vos disser"). Por conseguinte, a ação pode começar: as ordens de Jesus são seguidas imediatamente[14] e o mordomo não pode senão constatar o resultado obtido: a água é realmente mudada em vinho, abundante em vista do número e da dimensão das talhas[15] e, o que é mais importante, de excelente qualidade[16]. O sinal de Caná tem a função de iluminar a própria identidade de Jesus – literalmente: "manifestar a sua glória" – terminando, consequentemente, com o apelo à fé dos discípulos[17], como uma chave de leitura válida para todo o evangelho[18].

Por outro lado, explicita-se que a água das seis talhas era destinada aos ritos de purificação dos judeus[19]. Esta indicação convida a ler a passagem da água para o vinho de acordo com a temática do cumprimento, afetando a relação entre a primeira Aliança, simbolizada pela água ritual judaica, e a nova Aliança em Jesus Cristo, o Messias esperado, designada através da imagem do vinho abundante e saboroso, que ademais está no quadro de uma refeição de bodas. Portanto, não se trata de substituição, mas de transformação: a água das talhas de Caná não é chamada a desaparecer, ela é apenas transformada numa bebida mais excelente, apta a sugerir a plenitude do dom de Deus acontecido em Jesus Cristo. O leitor se lembrará que esta perspectiva era anunciada justamente no prólogo do evangelho: "De sua plenitude, com efeito, todos nós recebemos, e graça sobre graça. Se a Lei foi dada por Moisés, a graça e a verdade vieram por Jesus Cristo"[20].

O relato de Caná, portanto, faz muito mais do que relatar uma notícia de pouca importância. Constitui uma rica construção teológica, que revela ao leitor tanto a identidade de Jesus (o Messias anunciado pelos profetas e esperado por Israel) quanto o significado de sua vinda, relativamente à relação entre a primeira Aliança (a água de purificação contida nas talhas de Caná) e a nova Aliança, inaugurada em Jesus. É tudo o que o leitor saberá sobre o que se passou realmente em Caná da Galileia logo no início do ministério de Jesus. Em compensação, ele estará em condições de reconhecer as ações de Jesus, relatadas mais adiante, como outros tantos "sinais" que devem levar à fé neste Messias, que veio justamente "cumprir" as Escrituras. Por conseguinte, apesar de seu caráter único no conjunto dos quatro evangelhos, o relato das bodas de Caná é um elemento indispensável para o conhecimento da personalidade de Jesus logo no início de seu ministério na Galileia.

* Cf. *Por que João fala de sinais?*, p. 298.

** Cf. *Jesus era o Verbo de Deus?*, p. 734.

1. Jo 2,1-12 e lembrança em Jo 4,46. **2**. Mt 11,18-19; Lc 7,33-35. **3**. Lc 5,39. **4**. Jo 20,30-31. **5**. Dt 7,12-15. **6**. Dt 28,49-51. **7**. Am 9,13-14; Os 14,8; Jl 2,22-24; Jr 35,5; Is 62,8-9. **8**. 1Henoc 10,19; Ap. sír. Baruc 29,5. **9**. 1Rs 17 e 2Rs 4; Jo 4,46-54. **10**. Fílon de Alexandria. *Legum allegoriae* III, 82. **11**. Ex 19,11.15.16. **12**. Jo 1,1-18. **13**. Jo 2,3-4. **14**. Jo 2,5-6. **15**. Jo 2,9. **16**. Jo 2,10. **17**. Jo 2,11. **18**. Jo 20,30-31. **19**. Jo 2,6. **20**. Jo 1,16-17.

* * *

Satanás é o nome de quê?

Yara Matta
Instituto Católico de Paris

As origens da evocação do *satanás* no relato das Tentações de Jesus remontam às tradições judaicas mais antigas. Na Bíblia hebraica é de início um nome comum formado da raiz verbal que significa "opor-se", "criar problemas" ou ainda "constituir um obstáculo", como no caso do livro dos Números[1], onde o anjo do Senhor impede a mula de Balaão de avançar (*le-satan lo*); ou então no primeiro livro dos Reis[2], onde Rezon de Damasco se torna *um satanás* para Salomão e para Israel[3]. Usado com o artigo definido em mais da metade dos casos, o nome *ha-satan* designa sobretudo a função deste personagem particular na corte celeste como "acusador" do respectivo réu[4]. Por outro lado, a Septuaginta traduz muitas vezes o verbo por *diaballein* ("caluniar"/"dividir") e o nome por *diabolos*, inclusive quando Satanás aparece sem artigo[5].

Para além de um nome próprio ou da personificação do *satanás* num ser singular, os textos antigos refletem certa releitura da história de Israel: por um lado, o satanás que faz parte dos anjos, *benei elohim* ("filhos de Deus"), pode tornar-se o instrumento da vontade divina a fim de pôr o homem à prova; por outro lado, ele é o Tentador, invocado para justificar as perturbações de Israel, após o recenseamento ordenado por Davi, ou os conflitos que dilaceram o povo por ocasião do retorno do Exílio[6].

A figura de Satanás adquire assim espessura e assume diversos nomes próprios, ligados ao desenvolvimento de uma literatura apocalíptica abundante nos últimos séculos antes de nossa era. Constata-se então um movimento geral de individualização dos anjos e de insistência em sua obediência à vontade divina ou em sua queda que lhes impede a visão do Rosto do Eterno. Por isso, Satanás é equiparado nos textos de Qumran ao *Anjo das trevas*, a *Belial* ou *Beliar* (*Testamentos dos doze patriarcas*). Ele é *Mastema*, o príncipe do ódio e dos espíritos maus (*Livro dos Jubileus*), provavelmente da raiz *stm* que significa "invejar", "ser ciumento" ou "acusar". É chamado *Beelzebul* (origem incerta) e ainda "o espírito mau" que é equiparado tardiamente à antiga serpente do livro do Gênesis, como atesta o livro da Sabedoria: "Pela inveja do diabo a morte entrou no mundo"[7]. Ora, este ciúme impede Satanás e seus anjos de se inclinar diante de Adão, filho e imagem de Deus, de acordo com uma lenda judaica antiga[8], e o estimula até, de acordo com a tradição rabínica posterior, a insuflar no coração do homem a propensão ao mal[9].

Nos escritos mais antigos do Novo Testamento, a saber, as cartas de Paulo reconhecidas como autênticas, leem-se ecos desta figura satânica, particularmente na polêmica do apóstolo contra seus adversários. Estes são "os ministros de Satanás"[10], que seduzem a comunidade por sua pregação contrária ao evangelho de Cristo, assim como a serpente, *satanás* disfarçado de anjo da luz, havia seduzido Eva outrora[11]. Portanto, o *satanás* de Paulo, nome comum, muitas vezes mencionado com o artigo, está ligado a pessoas reais que se tornaram instrumentos das potências más e obstáculos ao anúncio do Evangelho verdadeiro. No entanto, o apóstolo afirma com segurança que estas forças do mal são vencidas definitivamente pelo Cristo morto e ressuscitado[12].

Por outro lado, a tradição evangélica reconhece, na recusa da fé em Jesus e no fato de entregá-lo, a obra do Diabo que manipula pessoas concretas de carne e osso. O *satanás* dos sinóticos começa por tentar* Jesus na maneira como ele vive sua identidade de Filho: será de acordo com o desejo do mundo ou de acordo com a vontade do Pai? Mas também Pedro** o revezará, quando recusar a Paixão de seu mestre e procurar estabelecê-lo como Messias de acordo com suas próprias expectativas. Jesus o repelirá como o tentador: "Afasta-te! Para trás de mim, Satanás, pois teus intentos não são os de Deus, mas dos homens"[13]. Também Judas***, um dos Doze, será o agente de Satanás quando chegar o momento, a hora das trevas[14].

Assim os inimigos de Jesus que conspiram para condená-lo são chamados por João de filhos do Diabo[15], herdeiros de Caim o fratricida, cheios de mentira. A tradição joânica prologará esta diabolização dos adversários que dividem a comunidade e não andam de acordo com a verdade. A luta assumirá então dimensões cósmicas no Apocalipse, onde as forças demoníacas serão reduzidas a nada por Deus em seu Filho morto e ressuscitado.

* Cf. *As Tentações no deserto*, p. 185.

** Cf. *A negação de Pedro*, p. 643.

*** Cf. *São Judas ou o destino de um traidor*, p. 614.

1. Nm 22,22. **2**. 1Rs 11,23-25. **3**. Cf. também no sentido de adversário/inimigo/obstáculo: 1Sm 29,4; 2Sm 19,23; Sl 109,6. **4**. Jó 1–2; Zc 3. **5**. Cf. 1Cr 21,1 e Sl 109(108),6. **6**. 1Cr 21,1; 2Sm 24,1; Zc 3. **7**. Sb 2,24. **8**. *Vida de Adão e Eva*, cf. *Sanhedrin* 38b. **9**. *Yetser ha-ra'*, cf. *Baba Batra* 16a. **10**. 2Cor 11,13-15. **11**. 2Cor 11,1-15. **12**. 2Cor 12,7-10; Rm 16,20; cf. também Ef 6,11-17. **13**. Mc 8,33; Mt 16,23. **14**. Lc 22,53; Jo 13,27. **15**. Jo 8,44.

Jacques Julliard
Historiador

A renúncia à onipotência

Embora esta enciclopédia se chame *Jesus*, é de Jesus Cristo que falarei. Não sou qualificado para falar do personagem histórico Jesus, mas é evidente que, sem ele, a pessoa de Jesus Cristo seria apenas o produto do imaginário dos homens e não interessaria senão ao historiador das religiões ou ao psicólogo das profundezas. Inversamente, sem a referência a Jesus Cristo, figura central do cristianismo, o personagem histórico Jesus perde uma grande parte de seu interesse. É, portanto, a relação de Jesus com Jesus Cristo que é interessante.

Sempre pensei que nós cremos *a* Deus e não *em* Deus, mas que cremos *em* Jesus Cristo e não *a* Jesus Cristo. A primeira proposição é um julgamento de realidade, a segunda é um julgamento de valor. A crença a Deus, sem referência a Cristo, tem a ver com a opinião, ou seja, de acordo com Platão, com uma forma inferior de conhecimento, porque não pode ser demonstrada. Pode acontecer que ela corresponda à verdade; falar-se-á então de "opinião reta", mas esta coincidência não tem nada de científico: ela depende de um feliz acaso. Assim, alguém crê ou não crê *ao* Papai Noel. Em compensação, ninguém sonha em crer *no* Papai Noel, porque ele não tem mensagem a nos comunicar. Por isso, contrariamente ao que pensa a maioria dos homens, a crença ou a não-crença a Deus é uma coisa fútil e desprovida de interesse. Ela tem a ver, fora de toda ciência e de toda experiência, com a pura especulação individual e depende exclusivamente das disposições psicológicas de cada um. Como, por exemplo, obedecer ao mandamento de amar a Deus, visto que ele é um ser hipotético e inconhecível? Pascal o exprimiu perfeitamente: "Nós só conhecemos a Deus por Jesus Cristo. Sem este mediador, é retirada toda comunicação com Deus; por Jesus Cristo, nós conhecemos a Deus". E o autor dos *Pensamentos* acrescenta: "É não só impossível, mas também inútil, conhecer a Deus sem Jesus Cristo".

Lemos corretamente: inútil. Ele até acrescentou em outro lugar: estéril. Para Pascal, teísmo e ateísmo são exatamente a mesma coisa, ou seja, nada. É neste ponto de vista que me detenho. Como escreveu Simone Weil, "não pode haver contato pessoal entre o homem e Deus senão através da pessoa do mediador".

Mas a crença em Jesus Cristo também não depende, é verdade, da ciência! Sem dúvida! No entanto, também não é uma simples crença: ela tem a ver com a fé, ou seja, com uma experiência direta de comunicação com uma pessoa, com adesão a esta pessoa e ao que ela significa. Por isso, se não podemos, propriamente falando, amar a Deus, podemos amar a Jesus Cristo e podemos aderir, por um conhecimento imediato, à sua mensagem. Em seguida ele é, diz Pascal, o mediador, aquele que abole, no ato de fé, a distância infinita que separa o criador de sua criatura.

O Deus que o homem conhece graças à mediação de Jesus Cristo não tem grande coisa a ver com o Deus dos filósofos: este se caracteriza pela onipotência, aquele pelo amor. A revelação cristã não consiste na substituição do temor ao Criador pelo amor por parte da criatura, mas na substituição da onipotência pelo amor por parte do Criador. Com efeito, todo amor supõe a alienação da vontade do amante na espera da resposta do amado. A passagem da entrega dos Dez Mandamentos a Moisés no monte Sinai, numa grande manifestação de raios e trovões, para o Sermão da Montanha, num agradável piquenique, esboça o itinerário da figura divina através da história da Aliança. O Novo Testamento é o momento da impotência voluntária de Deus por amor à sua criatura. Escreve Simone Weil: "O homem só pode estar com Deus unindo-se a Deus *despojado de sua divindade* (esvaziado de sua divindade). [...] *Amar o Deus impotente*".

Em que mostrou Deus sua impotência voluntária? Retirando-se de sua criação: não somente apagando os sinais visíveis de sua presença, mas deixando o homem dispor do mundo criado com toda a liberdade. A "des-criação" de Simone Weil não é o contrário da criação; é a criação amplificada pelo amor de sua criatura. Muitas vezes malcompreendido, este conceito-chave está no cruzamento entre o racionalismo científico, a filosofia moral e a teologia do amor divino. O racionalismo primeiramente, porque um mundo repleto da presença real de Deus escaparia às leis do determinismo científico e retornaria ao universo mágico do pensamento pré-lógico; ora, Deus é natural nas coisas da natureza e sobrenatural nas coisas do amor. A filosofia moral em seguida, porque esta criação des-criada é um campo livre para a iniciativa do homem. A teologia do amor enfim, porque é Deus esvaziado de sua divindade, expondo-se à liberdade de sua criatura para estabelecer com ela, transcendendo os limites do finito e do infinito, uma relação de reciprocidade.

Esta teologia do vazio, comparável àquela que existe no tao oriental, exige por sua vez, de acordo com Simone Weil, uma antropologia do vazio: o homem deve ser nada, esvaziar-se de sua falsa divindade, responder à des-criação divina tornando-se uma des-criatura humana. Em suma, por uma reviravolta suprema, responder ao amor divino restabelecendo-o em sua onipotência

Quem poderia pretender seguir Simone Weil nos caminhos escarpados de sua teologia apofática? Quem poderia retomar por conta própria esta tremenda oração em que ela pede que Deus a reduza ao estado de paralítica, incapaz de qualquer sensação e de qualquer operação intelectual? Ninguém a não ser ela própria. Mas existe nesta teologia negativa o equivalente cristão do ateísmo purificador, o que depura a relação com Deus de todas as complacências do antropomorfismo. Entre a fé do carvoeiro, o maravilhamento do poeta diante da criação, o caminho místico da des-criação, e mesmo o ateísmo catártico, não há diferença de grau, mas de formas, umas implícitas, outras explícitas, do amor que Deus nos permite que lhe demos.

LIVRO II – A VIDA PÚBLICA

Parte I – Os fatos e os gestos

Parte II – O ensino

Parte III – Interrogações sobre a identidade de Jesus

Parte I – Os fatos e os gestos

Capítulo 8 O ambiente de vida

Capítulo 9 Os chamados

Capítulo 10 Os encontros

Capítulo 11 Milagres e curas

Capítulo 8

O AMBIENTE DE VIDA

Poderíamos contar as coisas assim...

Antes da palavra, houve o silêncio, um silêncio muito longo. Trinta anos, uma infância, uma juventude e mesmo o início da vida adulta, rompido por uma única frase, talvez, pronunciada aos doze anos, como uma indicação da direção que sua vida tomaria: "Por que me procuráveis? Não sabíeis que eu devo estar na casa de meu Pai?"

Que casa? Que Pai? O futuro o diria; mas, durante trinta anos, a casa foi a do carpinteiro de Nazaré, uma pequena aldeia ignorada de todas as crônicas; algumas casas com paredes de palha e terra ressequida, com teto plano, penduradas numa colina, ruas inclinadas onde os garotos corriam em liberdade. Um poço onde as mulheres vão tirar água, algumas figueiras com folhas largas que, nas horas de calor, forneciam uma sombra benfazeja. Ali, as pessoas sentavam, conversavam. Os que retornam das cidades vizinhas contam o que lá acontece. Apenas a duas horas de caminhada está a cidade de Séforis. Ali é fácil encontrar trabalho, porque esta cidade moderna em plena reconstrução emprega numerosa mão de obra para talhar a pedra, erguer os andaimes das casas e edifícios, pavimentar as ruas...

Ao ouvir as notícias, sussurra-se porque a terra de Israel está nas mãos dos romanos, esse povo poderoso e conquistador vindo do Ocidente. Não é a primeira vez que este pequeno país está sob o domínio de uma potência estrangeira. Ao longo dos séculos, egípcios, babilônios, gregos não cessaram de conquistar esta faixa de terra espremida entre o mar ao Ocidente e o imenso deserto do Oriente. Às vezes foi necessário resistir para não se deixar atropelar pelos costumes e pela cultura dos ocupantes. Mas sempre foi preciso pagar os impostos e os tributos impostos pelos conquistadores. Então, as pessoas gemeram, gritaram, suplicaram, com as mãos erguidas para o céu: "Até quando, Senhor, até quando..." Pois esta terra pertence ao Senhor, ao Todo-poderoso, o Deus de Israel que se preocupa com seu povo e não o deixará eternamente submetido à iniquidade. Virá um dia em que os poderosos serão derrubados e os humildes serão erguidos – é esta a fé e esperança do povo.

No entanto, apesar do peso dos impostos, com suas belas colinas onde prospera a videira e o trigo, com seu lago de águas cristalinas e abundantes em peixes, a Galileia é uma terra florescente. Jerusalém, a capital, seus ruídos, suas conspirações e suas querelas religiosas estão bem longe. As pessoas gostam de subir a Jerusalém em peregrinação por ocasião das grandes festas. Ficam um tanto deslumbradas com toda esta algazarra, toda esta agitação, e apreciam tanto mais a volta para casa, a tranquilidade dos dias, a beleza das colinas. Aqui a terra dá seu fruto no ritmo das estações: o Senhor, o Altíssimo, fixou a organização desde o início, ele que faz brilhar o sol e cair a chuva a seu tempo.

Assim viveu o menino de Nazaré, na lentidão e na discrição, entre a oficina do pai, as colinas circundantes, o poço onde as mulheres tagarelam. Sem dúvida, quando jovem, esboçou uma dança quando se ouvia o som da flauta para festejar o fim das colheitas e das vindimas. E, sem dúvida, participou da oração na sinagoga ou no círculo familiar. Será que podemos imaginá-lo, levantando bem cedo, esgueirando-se para fora da aldeia e sentando-se à parte, para contemplar o primeiro clarão da aurora? Sim, ele está ali e, enquanto se ouvem os primeiros cantos dos pássaros que saúdam o retorno da luz, ele permanece imóvel, em silêncio. Foi assim que ele observou o semeador lançar o grão a mancheias na terra lavrada. Viu o pastor tocar suas ovelhas: basta-lhe uma palavra, um estalar da língua, um grito breve que ressoa no vale, e todos os aninais viram a cabeça e se comprimem em torno do homem que os chama.

Os anos se passaram. O jovem se tornou homem, suas feições se delinearam mais firmemente, o trabalho modelou seu corpo: é que, para manejar a serra e a plaina, é preciso ter braços fortes, ombros sólidos, pernas fortes. Mesmo assim, seu espírito não ficou em repouso. Sem descanso, meditou a palavra do Altíssimo e sem cessar ela volta a seus lábios como uma língua materna. Ele a murmura e ela o habita enquanto sorve o odor da terra, enquanto contempla o céu, enquanto escuta o vento.

E depois, certo dia, ele soube que chegara o tempo, que a hora estava próxima. Então, levantou-se e, deixando para trás a oficina, a aldeia e a família, pôs-se a caminho...

C.P.

Os trabalhos e os dias

Catherine Salles
Universidade Paris-X-Nanterre

Um pescador recolhendo sua rede cheia de peixes, um pastor desesperado ao constatar o desaparecimento de sua ovelha, vinhateiros revoltados contra seu empregador, um rapaz desmiolado que dissipa nos prazeres a herança paterna, um semeador lançando seu grão aleatoriamente, uma mulher amassando a massa do pão, donzelas preparando umas bodas, desempregados esperando na praça da aldeia uma hipotética contratação, uma mulher varrendo energicamente o chão de sua casa para encontrar uma moeda perdida, um notável procurando convidados para seu banquete... Estes e estas são os heróis das parábolas de Jesus. Porque ele, para se fazer compreender por seus interlocutores, conta sempre historietas situadas na vida cotidiana de seus contemporâneos.

Embora integrada ao Império romano, a terra de Israel apresenta um caso original, porque sua ordem social não corresponde aos critérios habituais de todas as outras províncias. Nestas os habitantes são divididos em classes e em ordens sociais, levando em consideração o nascimento e a fortuna. Os Judeus não conhecem estas distinções: com exceção da classe sacerdotal, eles são *a priori* todos iguais. No entanto, a posse de bens materiais estabelece uma hierarquia entre os ricos e os pobres: observa-se uma grande diversidade de situações sociais, desde os grandes proprietários de terras que entregam a intendentes a exploração de seus domínios, até os infelizes mendigos apodrecendo na imundície à porta dos ricos. Os Judeus que têm recursos possuem escravos, mas estes são muito menos numerosos do que nas outras províncias romanas. São de origem estrangeira, comprados no mercado, mas também existem talvez Judeus reduzidos à servidão por causa de suas dívidas. Pergunta-se com razão por que, nas traduções do Novo Testamento, a palavra grega *doulos* é traduzida pudicamente por "servo", quando é traduzida corretamente por "escravo" nas traduções de Flávio Josefo, que fala da mesma realidade[1]...

Um tempo ritmado pela lei religiosa

A terra de Israel é um país bem pequeno, do tamanho da Bélgica atual ou da Sicília. Estende-se como um trapézio de 200km de comprimento, margeado a leste pelo vale do Jordão e a oeste pela costa mediterrânea. Neste pequeno território, as regiões apresentam características bastante diferentes. Ao norte, a Galileia, bem irrigada pelas chuvas vindas do monte fenício Hermon, é uma região de colinas verdejantes, com muitas cidades e aldeias (Betsaida, Cafarnaum, Corazim, Nazaré...), a maioria das quais ao redor do lago de Tiberíades (ou mar da Galileia). Cidades novas, como Tiberíades, Séforis ou Cesareia, são os ancoradouros da helenização da região. Em compensação, o vale do Jordão é desértico, com exceção do oásis de Jericó. Ao sul, depois da Samaria, cujos habitantes são considerados hereges pelos Judeus, encontra-se a Judeia (o antigo reino da tribo de Judá), fértil a oeste nas margens do Mediterrâneo, montanhosa a leste da costa do Jordão, com um deserto de dunas arenosas que se estende até a região de Jerusalém.

A Galileia no século I

O essencial do ministério de Jesus situa-se no perímetro restrito da Baixa Galileia e do contorno do lago de Tiberíades

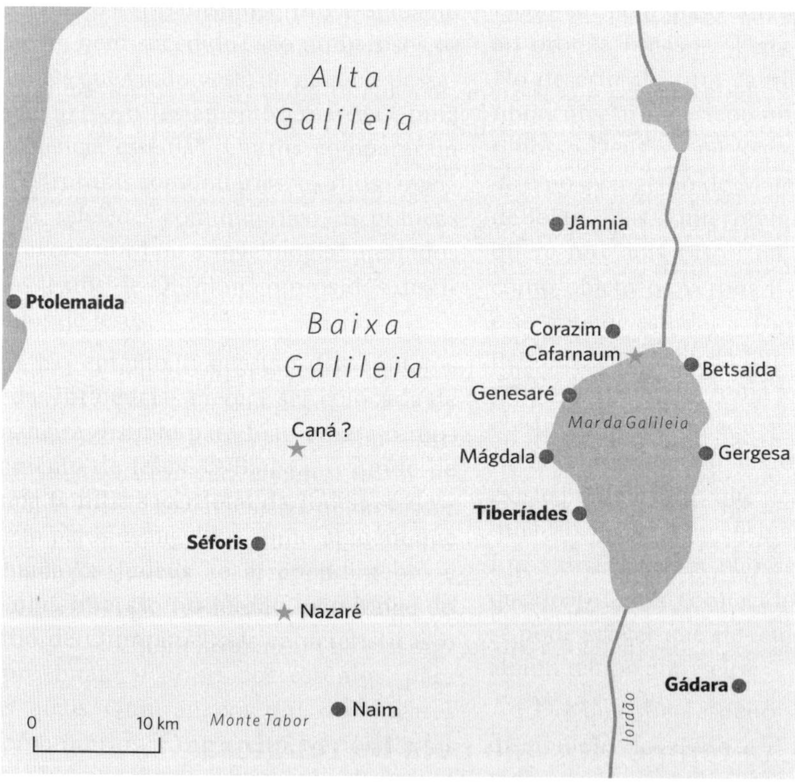

A vida dos trabalhadores na terra de Israel se sujeita aos imperativos religiosos da Lei: observância do sábado e de outros períodos de folga, distinção entre o que é puro e impuro, celebração das granes festas (*Pessah* ou Páscoa, *Shavu'ot* ou Pentecostes, *Sukkot*♦ ou Cabanas, *Rosh-ha-shana* ou Ano Novo, *Kippur*♦ ou Grande Perdão) e, sobretudo, numerosas leis agrícolas (dízimos para os sacerdotes, os levitas e os pobres, primícias a serem levadas ao Templo, proibição de semear espécies diferentes num mesmo lote etc.). Uma particularidade da vida econômica do povo judeu é a existência do ano sabático[2]: com efeito, a Torá previa que, a cada sétimo ano, a terra deve descansar e não deve ser feito nenhum dos trabalhos habituais, a poda da videira, vindimas, colheitas de cereais (o que permite aos romanos zombar desses Judeus preguiçosos que dedicam o sétimo ano a não fazer nada![3]). Do mesmo modo, durante o ano sabático, todas as dívidas devem ser perdoadas. Parece que em muitos casos esta obrigação de respeitar o ano sabático foi observada (mesmo que não tenhamos vestígios no Novo Testamento). Em compensação, o ano jubilar♦, que ocorre a cada quarenta e nove anos e que prevê a redistribuição das terras, deve sem dúvida pertencer ao domínio dos desejos utópicos[4].

As cidades do país, com exceção de Jerusalém e das cidades novas, não têm grande extensão e seu urbanismo é rudimentar. A maioria dos habitantes vive em lugarejos estruturados em torno de fontes de água. As casas, de pedra para os mais ricos, de adobe ou de taipa para as pessoas simples, geralmente têm apenas o andar térreo encimado por um teto plano confeccionado com caniços, traves e ramos cortados[5]. Nas mais ricas, um terraço comporta uma "câmara alta", à qual se tem acesso por uma escada exterior. No pátio encontram-se o forno para o pão, a mó para esmagar os cereais e às vezes uma cisterna. Perto da residência, um pequeno jardim abriga uma figueira, flores, um celeiro para as provisões.

Estas casas são pouco iluminadas: uma lâmpada de terracota colocada num canto ou sobre um pedestal contém o óleo no qual flutua um pavio de linho. A mobília é geralmente rudimentar: um baú para a roupa, algumas cadeiras de madeira cobertas de pano. Dorme-se geralmente sobre uma esteira ou um colchão, colocados no chão, e só os ambientes mais ricos possuíam leitos com moldura de madeira, de bronze, às vezes de marfim, fixos sobre quatro pés. Existem poucas mesas, salvo nos meios abastados, nos quais Jesus e seus discípulos, quando convidados, comem deitados como nos banquetes romanos[6]. A maioria dos Judeus faz duas refeições por dia, uma bem cedo, antes de partir para o trabalho, a outra à noite. O alimento é frugal, mas substancial: pão, azeitonas, mingaus de cereais, tudo regado a água ou vinho. A comida é colocada no centro do círculo de convivas e cada um come com os dedos pegando pequenas porções de alimento.

O trabalho da terra

Os habitantes do país têm atividades essencialmente agrícolas e pastoris. A Galileia, por causa de seu clima, está quase totalmente coberta de lavouras. A terra é retida por muretas para cultivar em terraços videiras e as árvores frutíferas; o solo é irrigado mediante construção de canais, de barragens em córregos, de tanques. O gado fornece o adubo para fertilizar os campos. Na maior parte do tempo, as pequenas propriedades são cultivadas em regime de autarquia pela família proprietária. Estes pequenos camponeses estão muitas vezes endividados por causa do peso dos impostos e das taxas. A situação é diferente nas grandes propriedades agrícolas que não são exploradas pelos próprios proprietários. Estas terras constituem para eles um investimento financeiro, cujo cultivo é confiado a um administrador, contando com sua probidade e fidelidade![7] Trabalham nestas propriedades trabalhadores assalariados: vida árdua, mas que lhes assegura pelo menos casa e comida. Nos períodos de grande atividade (colheitas, vindimas), recorre-se a trabalhadores ocasionais para o trabalho de um dia. Estes diaristas recebem como salário uma moeda a ser paga obrigatoriamente na mesma tarde. Existem desempregados, como aqueles operários da undécima hora que esperam em vão um empregador numa praça pública[8].

Entre os mais miseráveis dos trabalhadores encontram-se os *'am-ha-arets*, detestados unanimemente pelas outras categorias sociais. A palavra, que significa "povo da terra"♦, tem um sentido muito controverso: poderia designar grupos étnicos misturados que ocuparam as terras de Israel no tempo do Exílio, ou Judeus de baixa condição que não teriam sido deportados durante este período. As sociedades religiosas os censuravam por não praticar as obrigações da Lei judaica: "gente maldita", no dizer dos fariseus, de acordo com o evangelho de João[9].

Os pequenos camponeses estão muitas vezes endividados sob o peso dos impostos e das taxas.

Cultiva-se por toda parte o trigo e a cevada, que servem para fazer a farinha com a qual se confecciona o pão[10]. No fim do outono, o agricultor lavra seus campos com um arado sem rodas, constituído por uma relha de madeira encaixada numa ponta de ferro. Um boi, mais raramente um burro, guiado por um aguilhão, puxa este instrumento primitivo com o qual é difícil fender um solo geralmente duro. Depois ocorre a semeadura e o agricultor lança a semente procurando evitar as pedras e os espinheiros. Muitos perigos ameaçam a futura colheita. Ervas daninhas como o joio da parábola se misturam com a "boa semente"[11]. As chuvas são demasiado raras, os ventos vindos do deserto queimam os pequenos brotos, nuvens de gafanhotos invadem os campos e devoram tudo[12]. Mas, bem ou mal, no momento da Páscoa os campos "estão brancos para a messe colhaita"[13]. Os ceifadores recolhem primeiro a cevada, depois o trigo, que eles cortam com foicinhas. A Lei prevê que uma pequena parte da colheita seja reservada aos estrangeiros, às viúvas e aos órfãos que podem vir apanhar as espigas deixadas no chão. As colheitas são acompanhadas de grandes festas religiosas e familiares: cantando e dançando, todos se alegram por ver sua família não correr o risco de passar necessidade graças a uma boa colheita.

Os ceifadores trazem os feixes para a frente da casa e procedem à debulha que dura até as vindimas. Para malhar o trigo, utilizam-se alguns manguais. É mais frequente utilizar um trenó munido com dentes de sílex ou de ferro puxado por bois. A Lei de Moisés prevê: "Não amordaçarás o boi que pisoteia o trigo"[14], porque é justo que o fiel companheiro do homem possa comer sua parte da colheita. Quando a eira está coberta por uma mistura de grãos e de palha picada, é preciso proceder à joeira, geralmente no fim da tarde quando sopra um vento do oeste. Com uma pá de joeirar ou um forcado, os homens jogam para o ar a mistura: a casca e a palha são levadas para longe, os grãos de trigo, mais pesados, voltam a cair no lugar. Limpa-se a eira e a colheita de trigo é amontoada no celeiro.

O trabalho da terra é fatigante e sobretudo aleatório. A cultura de cereais quase não conheceu modificações na terra de Israel ao longo dos séculos. Jesus conhece bem seus riscos e se refere a ela com conhecimento de causa. Suas parábolas estão repletas de termos que evocam as atividades agrícolas: a pá de joeirar, a eira para malhar o trigo etc.[15]

A videira e o rebanhos

A cultura da videira é geral na Palestina nas regiões férteis. Cada família cultiva algumas plantas; existem grandes propriedades vitícolas protegidas por altas torres de vigia que se elevam no meio dos vinhedos[16]. No momento em que os cachos estão maduros, enviam-se adolescentes para vigiar nas vinhas a fim de protegê-las dos ataques das raposas ou dos larápios.

Como as colheitas, as vindimas são ocasião de festas muito animadas.

As vindimas ocorrem de junho a outubro, após as colheitas. Os vindimadores são na maior parte do tempo sazonais contratados para a circunstância. Com serpetes cortam os cachos e os amontoam em cestos e os levam para o lagar. Este é uma cuba, na qual alguns operários, com os pés descalços, pisam a uva e ritmam seu trabalho cantando e batendo palmas. Como as colheitas, as vindimas são ocasião de festas muito animadas. E, como no caso das colheitas, deixa-se sempre no chão alguns cachos para os respigadores pobres.

Cada família cultiva também frutas (romãs e maçãs famosas da Galileia) e legumes (lentilha e grão-de-bico) cuja manutenção é confiada às mulheres. Presta-se muita atenção às figueiras[17], porque os figos secos e esmagados servem para a confecção de pães presentes em todas as casas. No meio das vinhas erguem-se oliveiras, das quais se colhem os frutos duas vezes ao ano com a ajuda de grandes varas. Em seguida as azeitonas são esmagadas numa mó manejada por um burro ou por uma mulher. A produção de azeite na terra de Israel é excedentária e os produtores exportam uma parte de sua colheita para a Síria e para o Egito. A Galileia produz a única cultura industrial do país, o linho, cujas belas flores azuis alegram os campos na primavera. O comércio exterior de Israel consiste em exportações de produtos agrícolas: trigo, vinho, azeite, linho, e em importações de produtos de luxo.

Os campos se caracterizam também pela presença de guardadores de rebanhos aos quais Jesus muitas vezes se comparou[18]. Em algumas famílias modestas criam-se algumas ovelhas para o leite e a lã. Existem também grandes rebanhos com milhares de carneiros e cabras deslocando-se de uma nascente de água para outra. Estes animais vivem fora uma grande parte do ano, exceto no inverno, quando são mantidos no interior de apriscos, onde são alimentados com palha picada e cevada. Os rebanhos são constituídos, sobretudo, por ovelhas para a reprodução e cordeiros para os sacrifícios.

Na maior parte do tempo os pastores de grandes rebanhos se agrupam para compartilhar entre eles as tarefas de supervisão e de cuidado dos animais. Armados com seus cajados (um cacete bem longo com ponta de ferro), envoltos em seus grandes mantos, montam guarda junto ao rebanho ameaçado pelos chacais e pelos lobos. Às vezes, nas pastagens, erguem-se altas torres donde os pastores podem vigiar a chegada de eventuais ladrões. Os pastores precisam saber cuidar de seus animais, proceder ao parto das ovelhas, criar os cordeiros recém-nascidos, efetuar a tosquia duas vezes por ano.

Tendo pouco contato com o resto da população, os pastores exercem uma profissão difícil e exigente. Mas escolheram um modo de vida particular que lhes agrada e despertam a admiração por causa de seu devotamento ao próprio rebanho: o bom pastor é aquele que dá a vida por suas ovelhas.

Pescadores e artesãos

O que seria a Galileia (e os evangelhos) sem seus marinheiros intrépidos e impetuosos, cujo temperamento fogoso sugeriu a Jesus o apelido afetuoso de *Boanerges* ("Filhos do Trovão") dado aos filhos de Zebedeu! Foi entre estes valentes trabalhadores do lago de Tiberíades que Jesus escolheu seus primeiros discípulos. Do alto de seus barcos sólidos, capazes de enfrentar as rajadas de vento do lago, eles pegam os peixes com redes circulares do tipo "tarrafa" ou com redes de arrasto, grandes redes com centenas de metros de comprimento e tornadas pesadas mediante bolas de chumbo. Estas redes são muito caras e é preciso mantê-las cuidadosamente: Tiago e João, filhos de Zebedeu, estão na margem consertando suas redes quando Jesus os chama[19].

Uma vez trazido para a margem o conteúdo das redes, os pescadores precisam selecionar sua pesca a fim de eliminar os peixes "impuros" de acordo com a Lei, "todos os que não tiverem barbatanas nem escamas"[20]. O marinheiro os lança novamente na água ou pode vendê-los a pagãos. Existem na região de Tiberíades indústrias de conservas cujos peixes salgados e defumados são despachados para todo o país.

Um lago ou um mar?

A grande extensão de água doce atravessada pelo Jordão, que se situa na Galileia superior, traz diversos nomes nas tradições judaica e cristã. Conhecemo-la geralmente pelo nome de "lago de Tiberíades", por causa da cidade de Tiberíades situada na margem ocidental (que foi fundada no ano 20 após a nossa era por Herodes Antipas em honra do imperador Tibério). Mateus (4,18; 15,29) e Marcos (1,16; 7,31) a designam com o nome genérico "mar da Galileia", ao passo que João (6,1) evoca "o mar da Galileia, também chamado mar de Tiberíades".
As Escrituras judaicas preferem falar do "mar de Kinneret" (Números 34,11; Josué 11,2), que a etimologia popular liga com *kinnor* ("harpa" no hebraico bíblico), porque este mar tem a forma de uma harpa antiga. A planície fértil que se estende ao noroeste do mar traz o nome de Genossar, sem dúvida também ele derivado de Kinneret e que o grego, por sua vez, deforma para Genesaré. É assim que Mateus (14,34) pode dizer que "aportaram em Genesaré" e Lucas (5,1) fala do "lago de Genesaré", que é idêntico ao "mar de Genossar" de que falam tanto Flávio Josefo quanto o Talmud da Babilônia.

É quase certo que os marinheiros-pescadores do lago de Tiberíades se reuniam em equipes de seis a oito homens, pondo em comum o resultado de suas pescarias. À frente destes tipos de cooperativas ou sindicatos, encontra-se um chefe, que era certamente a função de Simão Pedro.

Nas cidades trabalham muitos artesãos que fabricam os objetos necessários para a vida cotidiana dos habitantes. Existe uma grande diferença entre a Galileia, de tradição rural, e a Judeia, onde a presença do Templo faz surgir artesanatos de luxo. Na Galileia, o trabalho artesanal urbano é praticado essencialmente pelos marceneiros, pelos oleiros e pelos ferreiros. Em compensação, a região não conta com padeiros ou comerciantes de roupas. Com efeito, muitas destas produções são familiares: as mulheres amassam os pães com a farinha de trigo que elas próprias moeram[21]. Elas fiam e tecem a lã para a confecção de cobertas e roupas.

O carpinteiro-marceneiro (profissão exercida por José de acordo com Mateus[22], e pelo próprio Jesus de acordo com Marcos[23]) fabrica as vigas necessárias para a construção das casas, como também numerosos utensílios necessários para os trabalhadores e as famílias. Suas ferramentas são as mesmas dos nossos marceneiros modernos. É muito improvável que José e seu filho Jesus tenham trabalhado nos canteiros de obras de Herodes Antipas, como o de Séforis na Galileia: por um lado, suas atividades em Nazaré eram demasiado absorventes para eles poderem deixar sua oficina; por outro lado, para suas construções de prestígio, os soberanos preferem recorrer a operários conceituados, como os artesãos da Fenícia.

As parábolas de Jesus são um testemunho precioso sobre a vida dos grupos profissionais no início de nossa era.

Nas ruas das cidades da Galileia, veem-se muitas barracas de oleiros confeccionando em seu torno jarras e panelas, louças, vasos de armazenamento. Na Galileia, as cidades de Kefar Shilim e Kefar Hananyah haviam inventado um processo para impermeabilizar as cerâmicas, o que era muito apreciável para conservar o azeite.

A oficina do ferreiro se distingue de longe pelo brilho da fornalha e pelo calor que ela emite. O operário, coberto de suor, conserta as ferramentas agrícolas, machados, enxadas. Todas as parábolas de Jesus privilegiaram o mundo dos trabalhadores de seu tempo. São um testemunho preciso sobre a vida dos grupos profissionais no início de nossa era. Vemos ali que a maioria dos habitantes da Palestina leva uma vida relativamente cômoda. Mas existe um proletariado e um subproletariado malpagos, ameaçados permanentemente de desemprego, sem falar dos mendigos, dos doentes, dos leprosos que ninguém protege. Isto explica o tom contestador de alguns ensinamentos de Jesus, que quer advertir contra a indiferença, ou mesmo a crueldade dos "abastados" com quem ele convive.

1. Flávio Josefo. *Guerra dos Judeus* IV, 508, 510. **2**. Lv 25,1-7; Dt 25,1-18. **3**. Juvenal. *Sátiras* XIV, v. 105-106; Tácito. *Histórias* V, 4. **4**. Lv 25,8-12. **5**. Cf. Mt 2,4. **6**. Lc 7,36; 22,14. **7**. Cf. Lc 16,1-8. **8**. Cf. Mt 20,1-17. **9**. Cf. Jo 7,49. **10**. As atividades agrícolas são aquelas do mundo antigo, bem conhecidas para o mundo romano através das obras de Catão o Velho, Varrão, Columela, Plínio o Velho. **11**. Mt 13,24-30. **12**. Cf. Lc 8,4-8; Mt 13,23-30. **13**. Jo 4,35. **14**. Dt 25,4. **15**. Lc 3,17. **16**. Cf. Mt 21,33-35. **17**. Cf. Mc 11,12-14; 13,28. **18**. Cf. Jo 10,1-10. **19**. Mt 4,21-22. **20**. Lv 11,10. **21**. Cf. Lc 13,20-21. **22**. Mt 13,55. **23**. Mt 6,3.

Uma sociedade em movimento

Mireille Hadas-Lebel
Universidade Paris-IV-Sorbonne

Jesus viveu num país sujeito a profundos transtornos políticos, sociais e religiosos. Por ocasião de seu nascimento, o reino de Herodes (-37 até -4) emerge a muito custo de um longo reinado de terror e encontra-se dividido entre três filhos do antigo rei da Judeia: Arquelau é etnarca♦ da Judeia, da Samaria e da Idumeia♦; seu caçula Antipas é tetrarca♦ da Galileia e da Pereia; e seu meio-irmão Filipe é tetrarca de diversos territórios do norte em direção à Síria. Os abusos de Arquelau acarretam sua deposição por Augusto no ano 6 e a retomada de seu domínio pelos romanos, enquanto Filipe se mantém até sua morte em 34 e Herodes Antipas até sua deposição por Calígula em 37. O Templo de Jerusalém, reconstruído com magnificência por Herodes, é um ponto de reunião para a maioria dos Judeus do país e da Diáspora, apesar da pouca estima conferida a sumos sacerdotes nomeados pelo poder político herodiano e depois romano.

Passando da Galileia rumo a Jerusalém e percorrendo o país, Jesus e seus discípulos encontram-se ora sob a jurisdição de um herodiano (Herodes Antipas), ora sob a do governador romano sediado em Cesareia (Pôncio Pilatos). Eles encontram populações variadas, Judeus, samaritanos, sírios helenizados, muitas vezes animados de hostilidade entre si ou em relação aos romanos e divididos no plano das crenças e da prática religiosa.

Jerusalém contra Cesareia

Uma das mais belas realizações de Herodes havia sido a fundação de uma cidade nova à beira-mar, Cesareia, no lugar da antiga Torre de Estratão. A cidade, chamada Cesareia em honra do imperador Augusto, corresponde a todos os critérios das "cidades modernas" da época, com seus edifícios romanos dedicados às diversões: teatros, anfiteatros, hipódromos e até um templo dedicado a Augusto e a Roma. Todo porto tem vocação para ser cosmopolita e Herodes cuidou de fazer de Cesareia uma cidade de população mista: Judeus e gregos ou, mais exatamente, sírios helenizados. Isto não foi feito para agradar à população judaica, indignada com a crueldade dos jogos romanos e irritada à vista de tudo aquilo que, como os troféus, pode assemelhar-se a estátuas.

O afastamento entre Cesareia e Jerusalém só se aprofundou com o tempo a partir do ano 6, quando Cesareia foi escolhida naturalmente como sede do govenador romano. Este governador tem o título de prefeito, como mostra uma inscrição que traz o nome de Pôncio Pilatos encontrada no lugar. Ele reside no antigo palácio real à beira-mar.

Roma, que se vangloria de sua *pietas*, respeita em princípio o culto judaico, mas a presença de suas tropas em Jerusalém provoca numerosos incidentes com a população local após a morte de Herodes. Já no Pentecostes do ano -4, os abusos cometidos pelos romanos põem a cidade em polvorosa. Desde então a Judeia sofre uma agitação endêmica que se agrava por ocasião do recenseamento ordenado pelo governador da Síria Quirino no ano 6 a fim de estabelecer a base tributária. A Judeia está cada vez mais exposta à cupidez dos funcionários vindos de Roma. Os coletores de impostos que trabalham para eles são considerados pecadores[1]. Os governadores não sabem tratar com deferência a suscetibilidade religiosa da população. Assim Pôncio Pilatos retira antecipadamente uma parte do tesouro do Templo para construir um aqueduto[2]. Manda introduzir em Jerusalém, de noite, insígnias com a efígie do imperador e ameaça massacrar a delegação judaica que veio a Cesareia pedir-lhe que as retirasse. Sua reputação de arrogância e de crueldade espalhou-se pela Diáspora e Fílon de Alexandria redige um violento requisitório contra ele[3]. Os soldados romanos que vigiam os movimentos da multidão se deixam levar cada vez mais a gestos de provocação que desencadeiam motins duramente reprimidos.

◄ Cf. *Que vestígios deixa Pilatos na história?*, p. 642.

Com o tempo, as tensões intercomunitárias se agravam. "Os Judeus julgavam que a cidade era deles, porque havia sido fundada por um Judeu (o rei Herodes). Os outros reconheciam que o fundador era judeu, mas diziam que a cidade pertencia aos gregos; ora, Herodes nunca teria erigido as estátuas e os templos que ali se viam se ele os tivesse destinado aos Judeus"[4]. A arbitragem de Nero, que confere aos gregos o direito de governar a cidade, estimula as provocações contra os Judeus e será uma das causas imediatas da revolta antirromana de 66. De acordo com Josefo, vinte mil Judeus de Cesareia teriam sido massacrados desde o início da sublevação por seus concidadãos sírios.

Roma respeita em princípio o culto judaico, mas a presença de suas tropas provoca numerosos incidentes.

Fariseus e saduceus

O historiador Flávio Josefo afirma ter conhecido, antes da destruição do Templo, três escolas "filosóficas" judaicas, existentes "desde uma época bem remota"[5]: a dos saduceus, a dos fariseus e a dos essênios, às quais veio juntar-se, a partir do ano 6, uma "quarta filosofia".

Esta distinção talvez forneça apenas uma ideia parcial das fraturas existentes no interior do judaísmo do século I. Quanto à data do aparecimento das três correntes principais, ela permanece muito incerta. Em todo caso, constata-se que está fora de questão uma data anterior ao reinado de João Hircano por volta de -120. O nome hebraico dos fariseus, *perushim*, significa "separados, dissidentes". Geralmente se vê neles os herdeiros dos homens piedosos que se haviam insurgido contra a introdução de costumes helênicos no tempo do rei grego da Síria Antíoco IV Epífanes e haviam participado da revolta de Judas Macabeu♦. Aplicados à exegese dos textos sagrados, "os fariseus haviam introduzido no povo muitos costumes que eles conservavam dos Antigos, mas que não estavam inscritos nas leis de Moisés e que, por esse motivo, os saduceus rejeitavam, sustentando que só se devia considerar como leis o que estava escrito e que não era necessário observar o que era transmitido apenas pela tradição"[6].

Cf. *Quem são os fariseus dos evangelhos?*, p. 481.

Os saduceus, adeptos apenas da Lei escrita, aparecem como o grupo mais antigo. No entanto, a etimologia de seu nome permanece pouco clara. Uma explicação, lançada pelo historiador Abraham Geiger em 1857, e muitas vezes retomada, liga-os a Sadoc, Sumo Sacerdote do tempo de Davi e de Salomão, do qual eles se apresentavam como os continuadores. O conflito entre fariseus e saduceus a respeito da legitimidade da Lei oral provoca um crescente afastamento de suas crenças e de suas práticas, afastamento que chega a ter prolongamentos políticos.

Os fariseus desenvolvem a ideia de uma espécie de sobrevivência da alma, permitindo trazer uma resposta ao difícil problema da teodiceia♦: se a justiça não é observável neste mundo, ela será realizada num mundo futuro por ocasião do Juízo final. Eles procuram conciliar a presciência divina, que torna possível a profecia, com a liberdade do homem[7]. Algumas passagens do Novo Testamento dão uma ideia dos conflitos doutrinais entre fariseus e saduceus, essencialmente centrados na crença na ressurreição como também na "realidade dos anjos e dos espíritos"[8]. Com efeito, de acordo com o relato dos Atos, Paulo se apresenta diante do Sinédrio como "fariseu filho de fariseu" e, quando afirma que é perseguido em razão desta crença, a sessão degenera num confronto entre fariseus e saduceus igualmente representados nesta instância jurídica[9]. Uma passagem dos evangelhos sinóticos mostra como os saduceus ridicularizam

Cf. *Os Judeus acreditavam na ressurreição?*, p. 45.

a doutrina da ressurreição recorrendo à lei do levirato: no caso de uma mulher ter sido sucessivamente mulher de sete irmãos mortos um depois do outro, de quem ela seria a esposa na hora da ressureiçao?[10] Neste ponto e em alguns outros, a posição de Jesus está próxima da posição dos fariseus. A má reputação destes deve ser atribuída à polêmica originada após 70, quando a corrente farisaica é a única sobrevivente da catástrofe nacional.

As diferenças de crenças e de práticas entre fariseus e saduceus são cada vez mais conflitantes e chegam a ter prolongamentos políticos.

Parece que os desacordos entre fariseus e saduceus sobre as formas de prática religiosa ou halacá♦ foram também numerosos. Mas, em razão do apoio da opinião popular, os fariseus haviam conseguido impor pouco a pouco suas práticas até no Templo, embora o sacerdócio estivesse nas mãos dos saduceus. Nesta época, com efeito, os Sumos Sacerdotes são escolhidos pelo poder do momento entre duas grandes famílias: a de Anás e a de Boetos. Os saduceus eram considerados mais severos no plano judicial do que os fariseus: assim o Sumo Sacerdote saduceu Anás suscitou a reprovação destes últimos pela condenação de Tiago irmão de Jesus. A atitude arrogante imputada aos saduceus deve igualmente ser relacionada com suas origens sociais. Quando os fariseus começaram a defender a Lei oral, seus adversários saduceus, que haviam permanecido fiéis à Lei escrita, só foram seguidos pelos ricos[11]. O povo estava do lado dos fariseus, que lhe ofereciam um acolhimento afável e crenças consoladoras no que diz respeito aos problemas do momento.

No entanto, a influência de uns e outros conheceu altos e baixos. Com efeito, sob os últimos reis hasmoneus♦, no século II antes da era cristã, as duas correntes religiosas haviam adotado muitas vezes comportamentos de partidos políticos. O rei Alexandre Janeu (-103-76) havia perseguido cruelmente o partido fariseu que rebelava o povo contra ele. Todavia, em seu leito de morte, havia aconselhado sua mulher Salomé Alexandra a reinar apoiando-se nos fariseus, que eram bastante influentes, a fim de granjear-lhe no futuro o favor popular[12]. Por isso, ela restabeleceu os costumes farisaicos: "Ela detinha a realeza titular, mas eram os fariseus que detinham seu exercício de fato"[13]. Os saduceus, por sua vez perseguidos, haviam oferecido seu apoio ao filho caçula da rainha, Aristóbulo, contra o herdeiro legítimo Hircano. Isto não os impediu, após Aristóbulo ter sido vencido por Pompeu em 63 antes de nossa era, de mostrar-se mais favoráveis do que outros aos romanos. Mais tarde, haviam manifestado uma viva oposição a Herodes. Os fariseus não passariam de seis mil de acordo com Flávio Josefo. Este número implica que ele só conta os mestres, ou ainda os membros de uma espécie de confraria (os *haverim*), ao passo que seu público entre o povo é muito maior. Ativistas antirromanos aparecem entre os próprios fariseus no ano 6, data da instauração da dominação direta de Roma sobre a Judeia, representando o que Flávio Josefo chama de "quarta filosofia" em referência às três outras. Seus chefes, Judas o Galileu, originário de Gamala no Golã, e Sadoc o fariseu, adotam a doutrina de que "não existe outro mestre senão Deus"[14]. Disso pode-se deduzir que seu apelo à insubmissão contra Roma se nutre talvez com a expectativa escatológica♦ do Reino.

Os essênios e Qumran

Cf. *Jesus, João Batista e Qumran: existe um elo?*, p. 176. ►

Os essênios, que de acordo com Josefo constituem a terceira "escola filosófica", aparecem de preferência como uma espécie de ordem monástica antes do tempo. Todos os autores antigos que os descreveram[15] ficaram impressionados com sua vida comunitária dedicada ao celibato, com raras exceções. Os essênios dividem seu tempo entre os trabalhos nos campos, a oração e o estudo, fazem duas refeições extremamente frugais em comum, praticam entre si a entreajuda e a hospitalidade, levam bem longe a preocupação com a pureza, daí suas frequentes abluções rituais e a brancura de suas vestes. Muito respeitados pelo resto da população por causa de sua virtude, granjearam também a fama de saber predizer o futuro, pois acreditam na predestinação ao mesmo tempo que na sobrevivência da alma e numa forma de retribuição após a morte. Em número de quatro mil aproximadamente, vivem em comunidade em diversos assentamentos da Judeia, mas se mantêm afastados do culto do Templo.

Cf. *Quais são os testemunhos não cristãos?*, p. 101. ►

As descrições antigas podem hoje ser confrontadas com os próprios escritos da "seita" essênia, à qual são atribuídos geralmente os famosos manuscritos do mar Morto, descobertos no sítio de Qumran ao sul de Jericó, a partir de 1947. Além de escritos bíblicos, que são os mais antigos testemunhos destes textos, e de numerosos escritos apocalípticos que atestam a moda deste tipo de literatura, foi encontrado em Qumran aquilo que os eruditos chamam escritos "sectários" (no sentido de "próprios da seita"), como a *Regra da Comunidade*, que nos permitem penetrar no núcleo da vida de uma comunidade na qual, na Antiguidade, só era possível ser admitido após um ano de postulado e dois anos de noviciado. Com base no *Escrito de Damasco*, parece que o cisma dos essênios foi provocado, aproximadamente em meados do século II antes de nossa era, pelo afastamento de um Sumo Sacerdote que eles apoiavam. Chamavam-no "mestre de Justiça" e transformavam-no na figura do justo perseguido, cuja parusia♦ esperavam. A *Regra da Guerra dos filhos da luz contra os filhos das trevas* atesta que os homens de Qumran viviam também na expectativa de uma grande guerra escatológica. Foi talvez por isso que os essênios tomaram parte na revolta contra Roma em 66, o que é atestado por Flávio Josefo, que relata com admiração sua resistência às piores torturas infligidas pelo inimigo[16].

Os manuscritos da gruta 4, cuja publicação foi retardada por longo tempo, forneceram indícios que matizam a imagem que até aqui se tinha dos essênios. Parece que sua secessão foi motivada essencialmente por reprovarem a halacá farisaica introduzida no Templo. Embora, no plano das crenças, estivessem mais próximos dos fariseus, eles aprovavam de fato o ponto de vista dos saduceus a respeito das questões de rito; isto explica o nome de "filhos de Sadoc" que os membros da comunidade de Qumran se atribuíam.

Samaritanos e galileus

A Galileia, como a descreve Josefo, é uma região fértil, rica em pastagens e culturas de todo tipo e, por conseguinte, densamente povoada. O historiador, que foi testemunha das hostilidades contra Roma iniciadas na região em 66, acrescenta que seus habitantes são conhecidos por sua valentia: "Jamais aos homens faltou coragem, nem ao país faltaram homens"[17]. Junto com a Pereia mais árida, ela faz parte dos domínios de Herodes Antipas, filho do rei Herodes, desde o ano -4. Um dos raros episódios conhecidos do reinado do tetrarca é a decapitação de João chamado "o Batista", que chamava à purificação da alma mediante a purificação do corpo no Jordão e ousava também levantar-se contra o novo casamento do tetrarca com sua cunhada em conflito com a lei bíblica. A popularidade do santo homem era tal que, de acordo com Josefo, a derrota militar de Antipas contra seu antigo sogro, o rei nabateu Aretas, foi considerada por seus súditos um justo castigo pela execução do Batista. A mesma interpretação deve ter sido dada quando, pouco depois, em 39, o tetrarca foi exilado para Vienne na Gália, por ordem de Calígula.

A Samaria, situada entre a Galileia e a Judeia, depende desde o ano 6 do governador romano que reside em Cesareia. Seus habitantes têm um longo contencioso com os judaítas. Os samaritanos são chamados *Kutim*, "cuteus", pelos Judeus, pois são considerados descendentes de populações deportadas a partir de Cut na Assíria, para tomar o lugar das dez tribos de Israel exiladas por volta de -720. Praticando uma forma dissidente de judaísmo em torno de seu santuário do monte Garizim, eles se haviam oposto energicamente à reconstrução do Templo de Jerusalém por ocasião do retorno dos exilados da Babilônia por volta de -515. Aproveitando a extensão de seu territó-

Os judeus consideram os essênios como cismáticos e os samaritanos como estrangeiros hostis.

rio, o hasmoneu João Hircano havia destruído o templo de Garizim em -112. Desde então, as relações entre Judeus e samaritanos permaneciam tensas. "Quando veem os Judeus na desgraça, eles negam pertencer à mesma raça deles, confessando então a verdade; mas quando veem que os mesmos Judeus são favorecidos pela fortuna, vangloriam-se imediatamente de um parentesco com eles e pretendem ser seus próximos, fazendo sua origem remontar aos filhos de José: Efraim e Manassés"[18], nos diz Flávio Josefo.

A Samaria é parte integrante do reino herodiano. Herodes até reconstruiu a antiga capital regional, Samaria, com o novo nome de Sebaste (equivalente de "Augusta" em grego) em honra do imperador Augusto. No entanto, as rivalidades persistem. Mais do que outros, os galileus precisam temer os samaritanos. Com efeito, a rota direta da Galileia para Jerusalém passa pela Samaria e os samaritanos veem com maus olhos os adeptos de um culto concorrente que para lá se dirigem em peregrinação. Sob o reinado de Cláudio, um peregrino galileu é assassinado quando estava a caminho do Templo. O evangelho de Lucas[19] observa que, quando Jesus tomou a resolução de dirigir-se a Jerusalém, "enviou mensageiros adiante de si. Estes, pondo-se a caminho, entraram em uma aldeia de samaritanos para preparar a sua vinda. Mas não o acolheram, porque ele viajava para Jerusalém". De fato, em Mateus[20], as instruções que Jesus dá aos apóstolos começam com esta recomendação: "Não tomeis o caminho dos pagãos e não entreis numa cidade de samaritanos; de preferência, ide às ovelhas perdidas da casa de Israel". Estas observações nos permitem interpretar melhor a célebre parábola do bom Samaritano. É justamente por pertencer a uma população vizinha considerada hostil que seu exemplo deveria suscitar a emulação dos Judeus aos quais se dirige a parábola.

Cf. *"Quem é o meu próximo?" A parábola do bom Samaritano*, p. 350. ▶

No tempo de Pôncio Pilatos, os samaritanos, assim como os Judeus, não apreciam a presença romana. Eles sofrem uma dura repressão quando, conduzidos por um exaltado que promete mostrar-lhes vasos sagrados enterrados pelo próprio Moisés, empreendem armados a subida do monte Garizim. As queixas apresentadas ao governador da Síria contra os massacres cometidos por Pilatos levarão à desgraça deste no ano 36.

Os laços com a Diáspora

No início do século I, o judaísmo está longe de se limitar à Judeia. A Diáspora é muito superior em número. Ela foi avaliada em um décimo da população do Império romano, ou seja, entre seis e oito milhões, aos quais se somam os Judeus da Babilônia que dependem do Império parta. Embora deva ser tomado com precaução, este número pode ser explicado pelo desenvolvimento de comunidades antigamente instaladas como também por um proselitismo♦ mais ou menos atuante. Em razão do obstáculo da circuncisão, as mulheres convertidas são, como em Antioquia, muito mais numerosas do que os homens. Entre os convertidos eminentes conta-se uma contemporânea de Jesus, a rainha Helena de Adiabena (que reinava numa região que corresponde aos territórios curdos de hoje) e seus dois filhos, Izates e Monobaz. Estes mandarão construir para si um grande palácio e um túmulo em Jerusalém e ajudarão a população da Judeia e da Galileia em períodos de fome. Filhos de Izates chegarão a participar da grande revolta de 66-70.

Os Judeus da Diáspora contribuem para a manutenção do Templo graças à coleta de meio-siclo devido por todo homem de mais de vinte anos. Os que podem empreender a viagem partem em peregrinação a Jerusalém por ocasião de uma das três grandes festas anuais (*Pessah* ou Páscoa, *Shavu'ot* ou Pentecostes, *Sukkot* ou festa das Cabanas). Os Atos dos Apóstolos atestam o afluxo de pessoas que nessas ocasiões invadem o Templo: "judeus piedosos, vindos de todas as nações que existem sob o céu"[21]. Os peregrinos trocam sua moeda e compram oferendas na entrada; eles vêm ouvir mestres célebres como Hillel e Shammai sob os pórticos da vasta esplanada. Alguns são hospedados por alguma família ou por amigos, outros acampam nos arredores da cidade. A língua principal de comunicação é o aramaico e suas diversas variantes dialetais. O grego falado pelos Judeus do Egito e da Ásia Menor é também compreendido pelas elites locais.

Nosso informante principal sobre este período, o historiador Flávio Josefo, nos descreve uma sociedade judaica em ebulição, "tanta era a demência que reinava então no povo, porque ele não tinha um rei nacional capaz de manter todo o mundo em paz por seu mérito, que os estrangeiros vindos para pôr ordem e reprimir as sedições não faziam senão excitá-las sorrateiramente mediante sua injustiça e sua cupidez"[22].

1. Mt 11,19; Mc 2,15; Lc 7,34; 15,2; 19,7. **2**. Flávio Josefo. *Guerra dos Judeus*, II, 175-177; *Antiguidades judaicas*, XVIII, 60-62. **3**. Fílon de Alexandria. *Legatio ad Caium*, 301-302. **4**. Flávio Josefo. *Guerra dos Judeus*, II, 266. **5**. Flávio Josefo. *Antiguidades judaicas*, XVIII, 11. **6**. *Ibid.*, XII, 297. **7**. Flávio Josefo. *Guerra dos Judeus*, I, 162-163; *Antiguidades judaicas*, XVIII, 13-14. **8**. At 23,8. **9**. At 22. **10**. Mc 1,18-27; Mt 22,23-33; Lc 20,27-40. **11**. Flávio Josefo. *Antiguidades judaicas*, XIII, 297. **12**. *Ibid.*, 402. **13**. *Ibid.*, 408. **14**. *Ibid.*, XVIII, 23. **15**. Fílon de Alexandria. *Quod omnis probus liber sit*, 75-91, *Hypothetica*, XI, 1-18; Flávio Josefo. *Guerra dos Judeus*, I, 78-80; II, 113, 119-161; *Antiguidades judaicas*, XVIII, 18-22; Plínio o Velho. *História natural*, V, 17, 4, sem falar de autores cristãos posteriores que retomaram suas descrições. **16**. Flávio Josefo. *Guerra dos Judeus*, II, 152. **17**. *Ibid.*, III, 42. **18**. Flávio Josefo. *Antiguidades judaicas*, XI, 341. **19**. Lc 9,51-53. **20**. Mt 10,5-6. **21**. At 2,5. **22**. Flávio Josefo. *Antiguidades judaicas*, XVII, 277.

ESCLARECIMENTOS

Jesus de Nazaré ou o Nazoreu?

Michel Quesnel
Universidade Católica de Lyon

Quer tenha nascido em Belém ou em Nazaré – a questão é debatida entre os historiadores* –, Jesus foi criado em Nazaré e foi ali que ele passou os primeiros anos de sua vida. Nazaré era uma vila da Galileia sem nenhuma fama, cujo nome está ausente do Antigo Testamento. A própria ortografia do nome está bem fixada. No Novo Testamento encontramo-lo escrito de três maneiras: os manuscritos gregos podem trazer *Nazareth*, terminado com um teta, e igualmente *Nazaret*, terminado com um tau. Num texto de Lucas encontra-se até a forma rara *Nazara*[1]. Um habitante dessa aldeia se chama *Nazarenos*, donde vem nosso termo "Nazareno". No Novo Testamento, Jesus nunca é chamado de "Jesus de Nazaré"; mas, depois de seu nome, os textos explicitam muitas vezes que ele vem de Nazaré na Galileia[2]. Em compensação, a expressão global "Jesus Nazareno", com o nome da localidade acrescentado ao da pessoa, é corrente no evangelho de Marcos[3] e aparece duas vezes no evangelho de Lucas[4]. Até aqui, tudo muito normal. O nome Jesus era muito comum na terra de Israel no século I de nossa era; explicitar a identidade do profeta nomeando sua aldeia de origem não tem nada de surpreendente.

No entanto, encontramos no Novo Testamento outra maneira de qualificar Jesus, utilizando um adjetivo que dificilmente pode ser aproximado de Nazaré, a saber, "Jesus o Nazoreu" (em grego *nazôraios*)[5]. O evangelista Mateus, no entanto, faz a aproximação entre este adjetivo e o nome da aldeia, visto que, depois de assinalar que José veio instalar-se com sua família em Nazaré, ele comenta: "para que se cumprisse o que fora dito pelos profetas: ele será chamado nazoreu"[6]. Este comentário causa problema por duas razões: por um lado, não encontramos em nenhum lugar no Antigo Testamento um equivalente da expressão que Mateus pretende citar! E, por outro lado, como se observou, o adjetivo "nazoreu" dificilmente pode ser vinculado à aldeia de Nazaré.

As pesquisas para compreender esta estranha citação vão em duas direções. Poder-se-ia fazer a aproximação com o hebraico *nazir*, sendo que um nazir é uma pessoa que seus pais consagraram a Deus e que, por conseguinte, recebia uma educação particular, especialmente abstendo-se de bebida alcoólica. Por exemplo, Sansão, um dos heróis do livro dos Juízes, era nazir[7]. Quando o anjo Gabriel revela a Zacarias, pai de João Batista, a maneira como deverá educar seu filho, ele prescreve um regime de nazir[8]. Jesus, nascido em circunstâncias particulares, poderia ter sido equiparado a um nazir, embora nenhum texto dê alguma indicação neste sentido. No entanto, merece ser feita outra aproximação, que respeitaria melhor a afirmação de Mateus que pretende citar os profetas. O evangelista poderia ter-se inspirado no livro de Isaías, no qual se pode ler o seguinte anúncio do nascimento de um descendente de Davi: "Um ramo sairá da cepa de Jessé, um rebento brotará de suas raízes"[9]. Ora, "rebento" se diz em hebraico *netser*. Com algumas modificações ortográficas, poderíamos pensar que "nazoreu" vem daí: Mateus afirmaria, com esta citação, que Jesus é realmente o descendente por excelência de Davi – como, aliás, havia lembrado na genealogia que inaugurava seu evangelho[10]; em outras palavras, que ele é o Messias régio esperado. "Jesus o Nazoreu" seria, então, um equivalente de "Jesus o Messias". Compreende-se que os Atos dos Apóstolos colocam frequentemente esta expressão na boca dos pregadores da Ressurreição[11].

* Cf. *O evangelho da infância em Mateus*, p. 122.

1. Lc 4,16. **2**. Exemplos: Mt 21,11; Mc 1,9; At 10,38. **3**. Mc 1,24; 10,47; 16,6. **4**. Lc 4,34; 24,19. **5**. Mt 26,71; Lc 18,37; Jo 18,5 e 7; 19,19. E sete exemplos nos Atos dos Apóstolos: At 2,22; 3,6; 4,10; 6,14; 22,8; 24,5; 26,9. **6**. Mt 2,23. **7**. Jz 13,7. **8**. Lc 1,15. **9**. Is 11,1. **10**. Mt 1,1 e 6. **11**. At 2,22; 3,6; etc.

* * *

"Judeus" ou "Judaítas"

Mireille Hadas-Lebel
Universidade Paris-IV-Sorbonne

Nem sempre é fácil reconhecer a etimologia de uma palavra através das modificações que a forma original sofreu ao longo dos séculos. Acontece assim com o francês *Juif* ou o inglês *Jew*, cuja relação com o latim *Judaeus* pode parecer longínqua, mais longínqua do que o alemão *Jude*, o espanhol *Judío*, o português *Judeu*, o italiano *Giudio*. É esta, com efeito, a origem destes termos. O próprio latim *Judaeus* não fazia mais do que retomar o grego Ιουδαιος (*Ioudaios*) que reproduzia o hebraico *Yehudi*.

O termo hebraico *Yehudi* é um adjetivo derivado de *Yehuda* (Judá), que se refere a uma das doze tribos: aquela que, a partir de Davi, está destinada a fornecer os reis de Israel e cujo território se situa nos montes de Judá, tendo como centro Hebron. No relato bíblico, a tomada de Jerusalém por Davi, por volta do ano 1000 antes de nossa era, permite fornecer às doze tribos uma capital que não pertence a nenhuma delas, embora sendo geograficamente próxima do território de Judá.

Por ocasião do cisma ocorrido por volta de 930 antes de nossa era quando da morte do rei Salomão, filho de Davi, construtor do único Templo do Deus único, originaram-se dois reinos: um ao norte, que adotará Samaria como capital, e o outro ao sul, o "reino de Judá", reagrupado ao redor de Jerusalém e do Templo. O reino da Samaria desaparece em 722, por ocasião da invasão assíria, e com ele desaparecem dez das doze tribos de Israel. O reino de Judá subsiste até 586 antes de nossa era, quando o rei babilônio Nabucodonosor destrói Jerusalém e leva uma parte de sua população para o cativeiro na Babilônia. Os habitantes do reino de Judá são *Yehudim*, Judaítas. Falam uma língua chamada *yehudit*, forma feminina do mesmo adjetivo.

Na Babilônia, os exilados do reino de Judá são chamados "filhos de Judá", como Daniel e seus companheiros[1], ou *Yehu-*

dim, como Mardoqueu, o tutor de Ester[2]. O comportamento destes exilados, que se opõem à prosternação e à adoração dos ídolos, atrai sobre eles a atenção e a hostilidade de seus vizinhos que procuram persegui-los. Doravante *yehudi* se refere não só a uma origem geográfica ou étnica, mas também a um modo de vida resultante da crença num Deus único e da vontade de seguir seus mandamentos. Assim torna-se possível a conversão: no livro de Ester[3] já encontramos a expressão *mityahadim* a respeito das pessoas do país que "se tornavam judeus". Pelo fim do século II antes de nossa era, o hasmoneu João Hircano ampliou seu território e conseguiu incluir nele a Idumeia, ao sul do antigo reino de Judá. "Por apego ao solo natal [os idumeus♦] aceitaram circuncidar-se e conformar seu gênero de vida ao dos *Ioudaioi*. Foi a partir deste momento que eles se tornaram verdadeiros *Ioudaioi*"[4], nos diz o historiador Flávio Josefo. A manutenção do termo grego nesse texto permite perceber que ele já abrange não apenas uma etnia, mas também uma religião. Um fragmento grego[5] explicita: "São chamados *Ioudaioi* os Judeus naturais e de origem [...]. [Os idumeus] vencidos pelos Judeus foram obrigados a circuncidar-se, a pagar o imposto e a adotar as leis dos vencedores; assumiram, então o nome de *Ioudaioi*", que doravante pode ser traduzido por *Judeus*. Mais tarde Herodes, filho do idumeu Antípater, poderá assim pretender tornar-se rei dos Judeus com o apoio de Roma. Mais tarde ainda, por ocasião da revolta da Judeia contra a dominação romana, os idumeus se levantarão unânimes para defender Jerusalém. Outros convertidos se juntam a eles, vindos do reino de Adiabena*, cujos soberanos, a rainha Helena e seus dois filhos Monobaz e Izates, haviam abraçado o judaísmo.

No século I encontramos numerosos testemunhos de conversão ao judaísmo, entre as mulheres sobretudo, em razão do obstáculo da circuncisão para os homens. Ainda por volta do ano 200, o historiador grego Dion Cássio, interrogando-se sobre a origem do nome *Ioudaioi*, escreve: "Qual é a origem desta denominação? Eu ignoro! O caso é que ela é estendida a todos os homens, mesmo de raça diferente, que seguem as leis dos Judeus"[6].

Entrementes, a polêmica que se alastrava entre judeus e cristãos havia dado ao termo *Ioudaioi* um sinal negativo, como se vê desde o evangelho de João – o mais tardio, redigido por volta do ano 100. Eusébio de Cesareia, no século IV, distinguirá os hebreus da Bíblia, ancestrais da Igreja, dos judeus de seu tempo, marcados pela ignomínia.

* Cf. *Uma sociedade em movimento*, p. 215.

1. Dn 1,6. **2**. Est 2,5. **3**. Est 8,17. **4**. Flávio Josefo. *Antiguidades judaicas*, XIII, 258. **5**. Ptolomeu, autor de uma *Vida de Herodes*. Reinach n. 47. **6**. Dion Cássio. *História romana*, 37, 8.

CARTA BRANCA

Bertrand Vergely
Filósofo

O Cristo? Portanto, a filosofia pode começar

Cristo não é um filósofo. Não porque não tenha nada a ver com a filosofia, mas porque, sendo a condição de possibilidade desta, ele é mais do que um filósofo. Atesta-o a fórmula que serve para defini-lo como um princípio ontológico e não simplesmente como uma pessoa histórica: o *Verbo feito carne*. Fórmula altamente filosófica, pois a verdade é que a filosofia não é concebível sem Verbo, sem carne e sem Verbo feito carne.

Uma pergunta estimula a fazer filosofia: qual a melhor maneira de viver? Uma palavra responde a esta pergunta: a sabedoria. Neste caso, para a vida, nós somos sábios quando fazemos coisas úteis a fim de sobreviver. No entanto, somos igualmente sábios quando nos ocupamos em viver e não apenas em sobreviver. Uma coisa faz com que vivamos: a abertura da consciência. É inaudito viver. Poderia não haver nada. Há o universo, a vida, os homens, a história humana com todas as suas criações. Tomemos consciência deste fato inaudito. Vemos o universo, a vida, os homens como também a história. É preciso, sem dúvida, sobreviver para viver. Mas é preciso viver para que o sobreviver tenha sentido. Quando sobrevivemos, se não vivemos, sobreviver não tem sentido. Quando vivemos, mesmo que tenhamos dificuldade para sobreviver, o pouco que vivemos tem sentido. Daí a importância de viver.

Chegamos a isto desenvolvendo nossa presença no mundo. Isto passa por três atos de consciência: o primeiro consiste em compreender que a realidade existe, o segundo em tomar consciência de que nós existimos, o terceiro em tomar consciência de que a relação entre nós e o mundo existe sob a forma de um fluxo de informações. A vida não é muda. Ela fala expressando o fato inaudito da vida, desde que a vivamos. Comecemos a falar com ela. Ocorre um salto qualitativo. Este mundo vivido como mundo falante, tornando-se hiper-existente, revela-se como uma lição permanente de vida através de acasos que são tudo menos acasos. Estávamos no ser exterior. Doravante estamos no ser espiritual, o *Verbo*.

Da mesma forma, este Eu vivido como Eu falante, tornando-se também ele hiper-existente, revela-se como um Outro presente em nós e desejando que nos tornemos nós mesmos. Estávamos no eu exterior. Doravante estamos no eu espiritual, a *carne*, o núcleo de nós mesmos.

Por fim, a relação entre o mundo e nós vivida como falante, tornando-se também ela hiper-existente, se transforma numa sucessão de iluminações místicas que revelam estados de existência insuspeitados. Estávamos numa história exterior entre nós e o mundo. Doravante estamos numa história ontológica criadora que expressa o *Verbo feito carne* ou *sopro*. Em outras palavras, vivemos do exterior a vida que nos é dada, sem entrar nela e sem deixá-la entrar em nós. Ela dá a impressão de ser vazia e absurda. Vivamo-la a partir do interior. Ela se torna uma lição inaudita ministrada por um mestre inaudito que nos leva para a identidade inaudita de nós mesmos. Nós éramos um ser humano. Graças ao mestre e salvador interior que vive em nós, descobrimos que existe um homem divino em nós. O que produzia a realidade nos parecia ser da ordem da causalidade racional. Descobrimos não uma causa, mas um princípio hiper-atuante, o Céu. A realidade concreta nos parecia depender das coisas. Descobrimos uma realidade, também ela hiper-vivente, a Terra.

Quando falamos de Cristo como Deus feito homem, isto parece irreal. Quando não vivemos, nada mais normal. Quando começamos a viver, em compensação, tudo muda. Cristo aparece como a chave ontológica de todas as coisas. Atesta-o, como sublinha Raimon Panikkar, esta estrutura que encontramos em todas as grandes sabedorias para figurar a realidade: o Céu, a Terra e entre os dois o homem sob a forma de uma árvore que liga o Céu e a Terra. Bela maneira de mostrar que a vida consiste em passar da Vida para mais Vida ainda, através deste Vivente que é o Homem. O que a filosofia procura manifestamente. Atesta-o Diógenes que, na Grécia antiga, embora ignore Cristo, surpreende os atenienses gritando nas ruas, com uma lanterna acesa na mão em pleno dia: "Procuro um homem". Ou ainda, na modernidade, Nietzsche, que, enquanto combate o Cristo, pensa encontrar o filósofo autêntico em Dioniso, o deus dançarino e poeta que não cessa de ressuscitar.

Tanto Diógenes como Nietzsche são sinais fortes. Pressentiram que a verdadeira filosofia está na Vida *supraessencial* como diz Dionísio Areopagita, ou *arqui-vivente*, como diz Michel Henry, graças a um homem divino. Daí o choque salutar operado por Paulo quando explica que a sabedoria dos homens é loucura aos olhos de Deus. Quando podemos aceder a uma sabedoria divina e nos contentamos com a filosofia humana que só pensa em discutir insignificâncias, somos loucos. Como diz tão bem Pascal, "a verdadeira filosofia zomba da filosofia". Cristo, enquanto Verbo feito carne, mostra que a Vida é capaz de ir por toda parte, mesmo na cruz até na morte! Portanto, a filosofia pode começar.

Capítulo 9

OS CHAMADOS

Poderíamos contar a história assim...

Foi na Galileia, à margem do lago que às vezes é chamado mar da Galileia – a tal ponto as tempestades podem ser violentas ali –, que Jesus encontrou seus primeiros discípulos. Sua fama já começava a crescer e a novidade de sua presença atraía pequenas multidões que se comprimiam ao seu redor. Todos queriam vê-lo, ouvi-lo, tocá-lo, de modo que, certo dia, ele se viu acuado às margens da água. Alguns pescadores haviam encalhado ali seus barcos e lavavam suas redes. Jesus avançou em direção a eles e, segurando a veste, saltou para dentro de uma das embarcações. Era a de um certo Simão, um pequeno empresário de pesca. A pedido de Jesus, ele aceitou empurrar seu barco e afastá-lo um pouco da margem. Ali, Jesus se sentou e, com a água levando sua voz, dirigiu-se àqueles e àquelas que permaneceram na margem.

Ao terminar, disse a Simão: "Afastemo-nos da costa, para você poder lançar as redes". O pescador ficou surpreso. Junto com seu irmão André e seus sócios que estavam numa outra barca, eles haviam trabalhado a noite inteira sem pegar um peixinho sequer. No entanto, Pedro fez o que Jesus pedia e, quando seu irmão e ele quiseram puxar a rede, ela se rompia de todos os lados, de sorte que precisaram recorrer à ajuda de seus companheiros, Tiago e João, os filhos do velho Zebedeu. De volta à margem, Simão se lançou aos pés de Jesus. Estava assustado com o prodígio que acabava de ocorrer diante dele; ele não passava de um pobre homem que só conhecia a profissão da pesca e estava longe de ser perfeito – não passava um dia sem ele cometer alguma falta, pequena ou grande. Mas Jesus o pôs de pé. Dirigiu-se a Simão e aos outros: já que eram pescadores, que o seguissem e, doravante, iriam apanhar homens em suas redes. Ao ouvir isto, os quatro pescadores deixaram seus barcos na areia, largaram suas redes e, sem mais discutir, seguiram o homem de palavras tão singulares.

Estes quatro foram os primeiros, mas houve outros. Diz-se que, nesse mesmo dia, ele encontrou um certo Levi, chamado também Mateus. Era um publicano, um homem detestado que recolhia as taxas e os impostos. Estava sentado à mesa com o cálamo na mão, anotando as somas que lhe eram entregues. Jesus o chamou e ele, como os pescadores do lago, deixou sua mesa e seus registros e, sem olhar para trás, seguiu os passos de Jesus. Houve muitos outros e ninguém sabia por que Jesus os escolhia, porque estes homens não tinham nada de excepcional e nem eram particularmente eruditos, sábios ou piedosos. O que tinham em comum era o seguinte: no momento em que Jesus os havia chamado, assim como Simão, André, Tiago, João e Mateus, eles haviam respondido, haviam deixado uns o seu barco, outros os seus instrumentos, seus bois, seu arado, sem saber muito bem aonde tudo isso os levaria. Doravante eram os discípulos deste estranho mestre, que falava como ninguém o fizera antes.

Alguns se admiravam de suas escolhas. Ouvindo-os, Jesus lhes deu a seguinte resposta: "Não são as pessoas que gozam de boa saúde que precisam de um médico, mas os doentes", e prosseguiu: "Eu vim, não para chamar os justos, mas os pecadores". Ele não deu mais explicações e, na verdade, mesmo os que o seguiam não sabiam para onde o mestre os levava.

Depois de certo tempo um pequeno grupo de homens e de mulheres caminhava em seu seguimento enquanto ele percorria as cidades e aldeias da Galileia, não perdendo nenhuma das palavras que ele pronunciava. No total, eram várias dezenas de pessoas fiéis a ele. Foi entre estas pessoas que ele escolheu doze: Simão, a quem deu o nome de Pedro porque era sólido como uma rocha, seu irmão André, os dois filhos de Zebedeu, Tiago e João, entusiastas a quem deu o apelido "filhos do trovão", Mateus, o arrecadador de impostos, e também Filipe e Bartolomeu, Tomé que era um gêmeo, um outro Tiago, este filho de Alfeu, um outro Simão tão cheio de zelo que era chamado "o zelota", Judas filho de Tiago e um outro Judas, chamado Iscariotes – aquele que no fim o iria trair.

Estes homens assim chamados eram como os doze filhos de Jacó, os patriarcas fundadores das doze tribos que deram origem ao povo. Sem dúvida alguma, eles eram o sinal de um novo nascimento para Israel. E, em torno de Jesus, dos discípulos e dos Doze, reuniam-se multidões numerosas, esperando alguns uma palavra, outros um gesto, capazes de restabelecer os doentes, de fazer andar os inválidos e de curar o povo de todo abatimento.

C.P.

Jesus escolhe e reúne

Paolo Mascilongo
Colégio Alberoni, Piacenza (Itália)

Nas diferentes reconstruções da vida de Jesus propostas pelos pesquisadores, existe um ponto que não é posto em discussão: o fato de ele ter reunido em torno de si um grupo de homens e de mulheres que deviam tornar-se seus discípulos. Portanto, não se pode falar de Jesus sem falar também daqueles que o seguiram: nisso concordam os evangelhos, que situam o chamado dos primeiros discípulos no início da vida pública. Por que ele agiu desta maneira? Que valor dar à sua decisão, tão clara para os evangelhos, e considerada segura pelos estudos históricos? Como compreender o desejo de Jesus de cercar-se de uma comunidade à qual confiou a memória de suas ações (Jesus nada escreveu) e que perdurou?

Estas perguntas são importantes para o historiador, que se interroga sobre a existência e a composição do grupo dos discípulos; elas são importantes também para compreender a vida e a mensagem de Jesus. Para tentar responder a elas, dispomos dos evangelhos e, já que estes se apresentam como narrativas, a primeira pergunta que abordaremos é muito simples: de que maneira eles contam a relação de Jesus com os seus?

Primeiros chamados

Quando pensamos na "vocação" dos primeiros discípulos, vem imediatamente à memória o episódio dos quatro pescadores chamados por Jesus às margens do lago da Galileia. Neste caso, pensamos nos evangelhos de Marcos e de Mateus[1]. Neles o primeiro encontro com os que em seguida se tornarão os "discípulos" (Simão, André, Tiago e João ainda não são designados com este vocábulo) é situado antes de qualquer outra ação, ensinamento ou milagre de Jesus. Assim, os quatro chamados assistirão, como testemunhas, tudo o que Jesus realiza e diz. Os relatos de Marcos e de Mateus são esquemáticos e breves. Neste episódio, o importante é o diálogo e as poucas palavras que ali encontramos são dirigidas aos discípulos: "Vinde em meu seguimento, e farei de vós pescadores de homens"[2]. O conteúdo desta promessa não é inteiramente claro, mas sugere a ideia de uma mudança radical de vida. O narrador não deixa de salientar a resposta imediata dos quatro, que seguem o mestre como ele lhes pede ("partiram em seu seguimento")[3]. É realmente Jesus quem ocupa o lugar central no relato, mas os primeiros discípulos são descritos de maneira positiva e postos numa situação privilegiada ao lado dele.

Surge uma pergunta: por que eles seguem Jesus? O evangelho não responde, mas é por causa de uma opção narrativa precisa: o relato, com efeito, nunca se coloca do ponto de vista dos discípulos. Com isso, o evangelista deixa o leitor julgar por si, mas sobretudo o convida a prosseguir a leitura: os discípulos fizeram bem em deixar tudo a fim de seguir Jesus? Tornar-se-ão eles verdadeiramente "pescadores de homens"? E o que isto significa?

Estes humildes pescadores a quem Jesus promete tornar-se "pescadores de homens" abandonam tudo e o seguem imediatamente.

Chegamos ao evangelho de Lucas: diferentemente de Marcos e de Mateus, ele não relata o chamado dos quatro primeiros discípulos. Nos primeiros episódios, Jesus começa sozinho sua atividade: primeiro em Nazaré, depois em Cafarnaum onde ocorre um primeiro encontro com Simão, em sua própria casa, mas sem ele ser apresentado como discípulo de Jesus. Somente no início do capítulo 5 é que é narrado o chamado dos primeiros discípulos[4]. Este relato, mais amplo e articulado do que os de Marcos e de Mateus, está centrado quase totalmente em Simão (o futuro Pedro): foi em seu barco que Jesus subiu para anunciar o Evangelho e é ali que ocorre a pesca milagrosa que leva Simão a reconhecer a grandeza de Jesus. Lucas põe em evidência a confiança de Pedro ("confiando em tua palavra, eu vou lançar as redes"[5]), mas também seu estupor e sua humildade diante do mestre ("Senhor, afasta-te de mim, pois eu sou um homem culpável"[6]). Só no final do relato é que se chega a evocar Tiago e João, sócios de Simão, aos quais é feita a promessa de tornar-se "pescadores de homens". Contando assim o primeiro chamado, Lucas observa que o discípulo segue Jesus porque confia em seu mestre, que ele toma sua decisão após constatar sua ação poderosa e apesar de todos os limites com os quais ele se sabe onerado. Portanto, os discípulos não agem sem razões. Por isso, o resultado é o mesmo: abandonam tudo e seguem os passos de Jesus para responder ao seu chamado imperativo.

"Passando a longo do mar da Galileia, viu Simão e André, irmão de Simão, lançando a rede ao mar: eram pescadores. Jesus lhes disse: 'Vinde em meu seguimento, e farei de vós pescadores de homens'. Eles, deixando logo as redes, o seguiram. Indo um pouco adiante, viu Tiago, filho de Zebedeu, e João, seu irmão, que estavam no seu barco, consertando as redes. Logo os chamou. E, deixando no barco seu pai Zebedeu com os empregados, partiram em seu seguimento."

Marcos 1,16-20

O evangelho de João, por sua vez, procede de maneira totalmente diferente da maneira empregada pelos sinóticos. O evangelista situa o chamado às margens do Jordão, onde João Batista atuava. E, de acordo com ele, são dois discípulos do Batista os primeiros a seguir Jesus, acolhendo o testemunho de seu mestre a respeito dele:

"Eis o cordeiro de Deus que tira o pecado do mundo"[7]. Os dois (um dos quais é André) põem-se a seguir Jesus e permanecem com ele o dia inteiro. Estas poucas horas bastam para que André possa dizer no dia seguinte a seu irmão Simão: "Nós achamos o Messias!"[8] É assim que Simão, que aqui é o terceiro discípulo, se encontra com Jesus. Dois dias depois, dois outros se juntam ao grupo: primeiramente Filipe, ao qual Jesus diz apenas: "Segue-me!"; depois Natanael, chamado por Filipe, que lhe descreve Jesus como "aquele de quem está escrito na lei de Moisés e nos profetas". Natanael, por sua vez, é o autor de uma profissão de fé muito clara: "Rabi, tu és o Filho de Deus, tu és o rei de Israel"[9]. De maneira totalmente original, mas muito eficaz, João descreve a passagem para a condição de discípulo sobretudo como um encontro com Jesus, reconhecido no que ele tem de excepcional. Dois elementos são apresentados pelo evangelista: a fé e o testemunho. Na presença de Jesus, trata-se de crer nele e anunciá-lo. Temos aqui um traço essencial do relato joânico, inseparável do "permanecer em Cristo", outro elemento central da condição de discípulo. Por fim, ficamos admirados de imediato, neste evangelho, com o caráter positivo da descrição dos discípulos. Em João, eles reconhecem Jesus como Filho de Deus, e creem, desde o início. No entanto, ao leitor deste evangelho também se apresenta a pergunta: como estes homens compreenderam quem é Jesus e o que significa para eles segui-lo?

Jesus e os discípulos

Portanto, cada evangelho introduz desde o início a figura do discípulo e, com isso, leva a pressentir a importância do papel que esta figura vai ter. Mas é ao longo da narrativa que o leitor pode compreender a relação entre Jesus e os seus.

No início do evangelho de Marcos, os primeiros a seguir Jesus não são chamados nem "discípulos" nem os "Doze". O primeiro termo aparece, no entanto, já em Marcos 2,15, por ocasião do chamado de Levi. A partir daí o grupo dos "discípulos", assim designados, aparece sempre com Jesus. De imediato, o mestre toma sua defesa nos episódios contados no segundo capítulo. Para que apareçam os "Doze", em contrapartida, é preciso aguardar o terceiro capítulo, depois de ter sido relatada a constituição do grupo[10]. Embora breve, a cena é importante porque declara a missão que Jesus atribui aos membros deste grupo: "para estarem com ele e para enviá-los a pregar, com autoridade para expulsar os demônios"[11]. O texto não explica os motivos da escolha por parte de Jesus, não descreve a reação dos Doze, não relata ensinamentos de Jesus. Por esta razão, compreende-se que a relação entre ele e os seus é muito íntima e que a missão deles é idêntica à missão dele: anunciar (o Evangelho) e expulsar os demônios.

◄ Cf. *Os demônios: Quem são? O que fazem?*, p. 300.

Na sequência do relato, porém, o evangelho de Marcos realça muitas vezes a incapacidade dos discípulos de compreender o que Jesus diz ou faz. Mesmo após a bela confissão de fé de Pedro ("Tu és o Cristo"[12]), estes problemas de compreensão permanecem: assim eles se recusam a acolher o destino misterioso do Messias sofredor, anunciado pelo mestre. É um momento importante[13], no qual ressoa o convite claro, da parte de Jesus, a "tomar a sua cruz" e a segui-lo – elemento constitutivo da condição de discípulo. Por fim, nos últimos dias de Jesus em Jerusalém, Marcos mostra os discípulos sempre mais próximos do mestre, até o momento supremo da última Ceia, quando ele lhes entrega a oferenda de sua própria vida mediante o sinal do pão e do vinho. Mas, no momento da Paixão, precisamente, o evangelho realça toda a dificuldade deles de permanecer junto a Jesus. Ele não esconde nem o fracasso de Judas, nem a negação de Pedro, nem a debandada de todo o grupo, enunciada em fórmula lapidar no momento da prisão: "E todos o abandonaram e fugiram"[14].

Então tudo acabou? De modo nenhum. Os relatos da ressurreição mostram como os discípulos, precisamente os mesmos onze, inclusive Pedro, são novamente chamados pelo Ressuscitado, que lhes confia a missão de anunciar ao mundo inteiro a ressurreição[15]. Existe nesta cena final um ensinamento claro: o Evangelho (enquanto mensagem) atesta uma relação plenamente restaurada, que torna possível um caminho que prosseguirá muito além do evangelho (enquanto relato).

A respeito dos discípulos, o evangelho de Mateus mostra apenas diferenças mínimas em relação a Marcos: encontramos todos os episódios principais, desde a escolha dos Doze até os relatos da Paixão e da ressurreição. A novidade reside nos longos discursos (ausentes em Marcos) que relatam abundantes ensinamentos sobre a condição de discípulo e sobre o seguimento de Cristo, em particular nos capítulos 10 e 18. Estes discursos são preciosos, porque mostram que, para Mateus, Jesus é antes de tudo o mestre que cuida daqueles que ele chamou a segui-lo. Sem esquecer, evidentemente, o conteúdo e os ensinamentos sobre a vida da comunidade: único entre os evangelhos, o de Mateus emprega a palavra "Igreja", não só no sentido de uma comunidade local[16], mas também num sentido muito mais amplo[17], porque no tempo em que ele é redigido, nos anos 80, a palavra já surgiu para designar o conjunto das comunidades.

◄ Cf. *Jesus fundou a Igreja?*, p. 738.

Outra diferença: os discípulos chegam a compreender as palavras e ações de Jesus. Os episódios negativos relatados por Marcos estão ausentes. E Mateus evita cuidadosamente as menções da falta de fé ou da incredulidade (*apistia*) dos Doze[18]; ele prefere colocar na boca de Jesus a expressão "gente de pouca fé" (*oligopistoi*)[19]. Neste evangelho, a predileção pelos discípulos aparece muitas vezes. Podemos citar a declaração decisiva de Jesus em favor de Pedro, após sua confissão de fé[20], mas sobretudo as palavras que lhes são dirigidas por Jesus na Galileia: "Vinde a mim, todos vós que estais cansados sob o peso do fardo, e eu vos darei descanso. Tomai sobre vós o meu jugo e sede discípulos meus, porque eu sou manso e humilde de coração, e encontrareis descanso para vossas almas"[21].

Cf. *A figura de Pedro*, p. 240.

O evangelho de Lucas tem uma característica específica na sua descrição dos discípulos: ele mostra muitas pessoas ao lado de Jesus em seu ministério, aumentando consideravelmente o número dos que seguem o mestre de Nazaré. Por exemplo, é o único a apresentar algumas das mulheres que seguem Jesus pelos caminhos da Galileia: "Os Doze estavam com ele, e também mulheres que tinham sido curadas de espíritos maus e de doenças. Maria, dita de Mágdala, da qual haviam saído sete demônios, Joana, mulher de Cusa, intendente de Herodes, Susana e muitas outras, que os ajudavam com os seus bens"[22]. Esta indicação – considerada histórica pelos pesquisadores, precisamente por causa de sua novidade – permite realçar a grande abertura do Nazareno em relação às mulheres. Em seguida, Lucas é o único a mencionar uma missão confiada a "setenta e dois" discípulos, chegando até a relatar as instruções que eles receberam[23]. Pois não são só os Doze que devem anunciar o Evangelho, destinado a todos os homens, inclusive fora de Israel (o número setenta e dois pode referir-se simbolicamente ao conjunto das nações da Terra). O mandato confiado aos setenta e dois é interessante: Jesus "os enviou, dois a dois, adiante de si, a toda cidade e localidade para onde ele próprio devia ir"[24]. Portanto, o discípulo não é tanto aquele que substitui Jesus, mas aquele que lhe prepara o caminho, mas não sem uma identificação forte: "Quem vos ouve a mim ouve, e quem vos rejeita a mim rejeita; mas quem me rejeita rejeita aquele que me enviou"[25]. Pode-se observar ainda que esta continuidade entre Jesus e os seus permanece, para Lucas, para além da ressurreição, no tempo que ele descreve nos Atos dos Apóstolos. Neste livro, são os discípulos que se tornam os atores principais, como testemunhas de toda a gesta de Jesus[26].

Cf. *Jesus e as mulheres*, p. 261.

Em relação aos outros evangelistas, Lucas aumenta consideravelmente o número dos que seguem Jesus.

A atmosfera do evangelho de João é totalmente diferente. João fala da relação entre Jesus e os seus num estilo, numa linguagem e numa visão teológica particulares. De resto, até mesmo os episódios narrados são muito diferentes, como já vimos no caso do primeiro chamado. Entre os Doze, destacam-se muitas vezes figuras isoladas, além de Pedro. Por exemplo, Filipe e Tomé, mas também, em particular, aquele que é chamado o *discípulo bem-amado*, que desempenha o papel de modelo de comunhão com Jesus. Desde o início do evangelho, uma característica da narrativa joânica é a intensidade da relação que Jesus estabelece com os seus. Se, em Marcos, os Doze chegam lentamente a reconhecer Jesus, em João isto acontece desde o primeiro encontro. Mesmo quando todos abandonam o mestre (por causa da dificuldade de suas palavras, após o discurso sobre o "pão da vida"), Pedro, em nome dos Doze, confessa a fé deles[27] e todos permanecem. Mas o episódio mais significativo deste laço profundo é o relato da última Ceia, com o longo diálogo narrado nos capítulos 13 a 17. Neste último discurso, Jesus confia aos discípulos o prosseguimento de sua própria missão neste mundo. Ele descreve então a relação com eles com palavras profundas e escolhidas: fé, amor, Espírito, amizade, comunhão. Ele reza por eles e pede ao Pai que "os guarde" no mundo, os preserve do Maligno e os una tão fortemente que o mundo creia ao ver sua unidade e seu amor que vêm de Deus. Na verdade, nenhuma destas características estava ausente nos outros evangelhos, mas as páginas joânicas sabem reler a relação entre Jesus e seus discípulos com uma força específica. Elas enriquecem o testemunho já muito substancial dos sinóticos.

Discípulos de um novo tipo

Para os evangelhos, está muito claro que Jesus quis cumprir sua missão em companhia de alguns homens e mulheres chamados a permanecer com ele, a anunciar o mesmo Evangelho (a Boa-Nova) e a prosseguir sua missão após sua morte e sua ressurreição. Os evangelhos mostram esta relação nestes diversos momentos: incompreensão, dificuldades, ensinamentos, partilha do pão e do vinho, fuga, retomada após a ressurreição. Relendo o conjunto destes relatos, é possível descrever algumas características do chamado de Jesus como também exigências que ele impõe a seus discípulos.

No que diz respeito ao chamado, muitos pesquisadores observam a proximidade com certos episódios do Antigo Testamento. Isto vale especialmente para Marcos e Mateus[28], onde encontramos parentescos com o chamado de Eliseu por Elias[29] ou o chamado do profeta Amós pelo próprio "Senhor"[30]. Os evangelistas tinham em mente estes modelos quando faziam os ajustes finais em seus escritos. Esta aproximação tem a finalidade de demonstrar a autoridade de Jesus: o fato de ser o próprio mestre quem escolhe seus discípulos marca uma primeira singularidade em relação à prática do mundo hebraico. Além disso, o próprio Jesus dita suas exigências, ao passo que na prática rabínica é o discípulo quem escolhe o mestre em função de suas exigências pessoais. Uma outra diferença é o papel atribuído à Torá: o centro da condição de discípulo de Jesus não é a Torá, mas a própria pessoa de Jesus. Ao contrário do mundo judaico, não

◄ Cf. *Mestres e discípulos no judaísmo rabínico*, p. 245.

se visa o aprendizado constante e gradual do discípulo a exemplo do mestre, nem a constituição de uma tradição, e a comunidade não tem morada fixa numa escola. Também não se trata de um ensinamento ao termo do qual os discípulos poderiam eles próprios pretender tornar-se mestres.

Definitivamente, as diferenças entre a condição de discípulo rabínico e a condição de discípulo de Jesus devem-se a uma diferença fundamental entre Jesus e os outros sábios da época. Alguns pesquisadores tentaram comparar o estilo dos chamados de Jesus com o estilo de alguns filósofos itinerantes gregos. Também neste caso, embora se possa encontrar analogias, as diferenças prevalecem.

Cf. *O estilo de* ► *Jesus*, p. 253.

Tratando-se daquilo que Jesus exige de seus discípulos, a primeira caraterística é a estreita ligação com sua pessoa. Ele toma a iniciativa, ele chama e pede que o sigam, ou seja, que estejam com ele, fisicamente, em seu ministério itinerante. Os sinóticos o expressam na forma de relatos, enquanto o evangelho de João o manifesta numa forma mais teológica, usando constantemente verbos como "ficar", "permanecer". Mas os evangelhos satisfazem também a resposta do homem: alguém se torna discípulo respondendo ao chamado e pondo sua própria vida à disposição de Jesus. No entanto, os relatos não se entregam a nenhum estilo psicológico: contentam-se em relatar o "sim" dos discípulos de maneira muito simples, como a ação que segue ao chamado[31]. Mais importante ainda: o que é determinante é a fidelidade do próprio Jesus a seus discípulos, fidelidade que não se espanta nem com o escândalo da negação de Pedro nem com a fuga de todos por ocasião da execução.

O fato de o próprio mestre escolher seus discípulos marca uma primeira singularidade em relação à prática do mundo hebraico.

Por fim, um último traço característico: seguir Jesus supõe compartilhar seu destino, radicalmente, chegando à possibilidade de dar sua vida por ele. Esse traço não é só de ordem moral ou psicológica; ele revela alguma coisa do próprio Jesus. Para os evangelistas, é pelo fato de Jesus ser Messias e Filho que ele pode pedir que outros abandonem tudo por ele. Em troca, somente aquele que reconhece a verdadeira identidade de Jesus pode responder, como os discípulos responderam ao chamado que lhes era dirigido.

A missão é um serviço

Outro elemento interessante para compreender as exigências de Jesus a seus discípulos é o fato de que, muitas vezes, neste contexto, os evangelhos utilizam os termos "servo" ou "serviço". Em alguns casos isto exprime, de maneira rude, as exigências radicais do chamado. É o caso das palavras sobre os "servos quaisquer", que encontramos em Lucas: "Somos uns servos quaisquer. Não fizemos mais do que devíamos fazer"[32]. No evangelho de João aparece outra perspectiva quando Jesus, por ocasião da última Ceia, substitui a palavra "servo" por "amigo": "Já não vos chamo servos, porque o servo permanece na ignorância do que faz o seu senhor; chamo-vos amigos, porque tudo o que ouvi de meu Pai vo-lo fiz conhecer. Não fostes vós que me escolhestes, mas eu que vos escolhi e designei"[33].

Esse serviço pode ser entendido sobretudo como participação na missão de Jesus. Também sobre esse ponto os evangelhos são claros: os discípulos receberam o encargo de anunciar a Boa-Nova. E embora, no evangelho, haja poucos textos onde se vê os discípulos concretamente em missão como seu mestre[34], o resto do Novo Testamento não deixará de contar amplamente esta missão, tanto nos Atos dos Apóstolos como no *corpus* paulino. O encargo que lhes foi confiado começa na realidade de Israel para, em seguida, atingir todos os homens. Podemos ler o seguinte em Mateus: "Não tomeis o caminho dos pagãos e não entreis numa cidade de samaritanos; de preferência, ide às ovelhas perdidas da casa de Israel"[35]; mas encontramos ali também: "Ide, pois; de todas as nações fazei discípulos"[36]. Como compreender este paradoxo? A salvação tem destinação universal, mas ela se realiza concretamente mediante a eleição de alguns. Como no caso de Abraão, homem singular chamado a dar origem a Israel, mas sinal de bênção para todas as nações, da mesma forma o grupo dos discípulos tem suas raízes na gesta de Israel, mas é projetado por Jesus numa missão sem fronteiras.

> *A condição de discípulo não é reservada a uma categoria particular de pessoas, mas é oferecida a todos.*

Por fim, dos relatos evangélicos emerge algo desconcertante à primeira vista: a condição de discípulo não é reservada a uma categoria particular de pessoas. Ao contrário, os que seguem Jesus pertencem a todos os tipos e a vida nova é oferecida a todos. Mais ainda: se existe uma categoria privilegiada na missão de Jesus, é a dos pecadores e dos marginais, embora não possamos deixar de notar a extrema diversidade das pessoas que seguiram Jesus. Precisamente Lucas, que condena duramente o apego à riqueza, faz de um homem rico – Zaqueu – a última pessoa (se deixarmos de lado o "bom ladrão" na cruz) convertida por Jesus. A existência de discípulos ou de simpatizantes publicanos♦, pecadores, membros do Sinédrio e mulheres, dos quais falam os evangelhos, revela suficientemente a variedade dos que seguem Jesus e a abertura deste grupo. Esta ausência de barreiras é para os historiadores um traço específico da concepção que Jesus tem da condição de discípulo, ao mesmo tempo expressa e vivida concretamente. É a abertura particularmente aos pobres, às mulheres e aos pecadores que aparece como novidade no contexto judaico. Os historiadores reconhecem aqui um dos elementos mais seguros e um dos mais inovadores da missão de Jesus. Atendo-nos aos evangelhos, foi esta grande abertura que provocou as mais acerbas dificuldades de Jesus com as autoridades religiosas de seu tempo. E conhecemos também as confusões vividas pela Igreja nascente no momento de ampliar o perímetro do anúncio evangélico para além do mundo judaico, como depois ocorreu efetivamente.

Para concluir: os evangelhos esboçam com suficiente clareza o desenvolvimento e as características da relação que Jesus estabeleceu com aqueles que ele chamou a segui-lo. Destaca-se a grande importância que ele próprio atribuiu a seus discípulos, escolhidos, chamados, instruídos e introduzidos numa relação vital com ele. E, como sobressai claramente dos relatos da ressurreição (como também do livro dos Atos dos Apóstolos), a relação entre Jesus e os seus tinha vocação para se prolongar no tempo, para além da gesta do Jesus histórico, a fim de assinalar o começo do que devia tornar-se a Igreja.

1. Mc 12,16-20; Mt 4,18-22. **2**. Mc 1,17. **3**. Mc 1,20. **4**. Lc 5,1-11. **5**. Lc 5,5. **6**. Lc 5,8. **7**. Jo 1,29. **8**. Jo 1,41. **9**. Jo 1,43-49. **10**. Mc 3,13-19. **11**. Mc 3,14-15. **12**. Mc 8,29. **13**. Cf. Mc 8,34. **14**. Mc 14,50. **15**. Cf. Mc 16,15-18. **16**. Mt 18,17. **17**. Mt 16,18. **18**. Mc 6,6. **19**. Mc 6,30; 8,26; 16,8. **20**. Mt 16,13-20. **21**. Mt 11,28-29. **22**. Lc 8,1-3. **23**. Lc 10,1-20. **24**. Lc 10,1. **25**. Lc 10,16. **26**. Cf. At 1,8; 1,21-22. **27**. Jo 6,66-71. **28**. Mc 1,16-20; Mt 4,18-22. **29**. 1Rs 19,19-21. **30**. Am 7,15. **31**. Mc 1,16-20. **32**. Cf. Lc 17,7-10. **33**. Cf. Jo 15,15-16. **34**. Cf. Mc 6,12-13; Lc 9,6; 10,17-20. **35**. Mt 10,5-6. **36**. Mt 28,19.

ESCLARECIMENTOS

A figura de Pedro

Jacques Nieuviarts
Instituto Católico de Tolosa

As fontes que dão acesso à figura de Simão-Pedro são essencialmente os evangelhos, os Atos dos Apóstolos, as cartas de Paulo e as atribuídas ao próprio Pedro. Outros textos apócrifos, e às vezes pitorescos, são menos confiáveis. Por outro lado, diversos Pais da Igreja, como Justino, Clemente de Alexandria e Orígenes, trazem fragmentos de uma "Pregação de Pedro", um escrito que remonta aos anos 110, mas que como tal não chegou até nós. Por fim, Eusébio de Cesareia, em sua *História eclesiástica* (início do século IV), traz elementos preciosos. O conjunto destes escritos atesta a importância crescente que a figura de Pedro adquiriu nos primeiros séculos.

Chamado às margens do lago da Galileia, junto com seu irmão André[1], Simão era, de acordo com o evangelho de João, discípulo de João Batista[2]. Originário de Betsaida[3], estabeleceu-se em Cafarnaum, onde recebe Jesus em sua casa (hoje, os vestígios de uma casa do século I são chamados "casa de Pedro"). Ali a sogra de Simão foi curada por Jesus[4]. Quando ele institui os Doze, Simão é nomeado em primeiro lugar[5]. Jesus lhe dá o nome de "Cefas" (Kephas), termo aramaico que significa "pedra"[6]. Junto com Tiago e João, ele é testemunha dos grandes acontecimentos que anunciam e iluminam a Paixão: ressurreição da filha de Jairo, Transfiguração*, agonia de Jesus no jardim das Oliveiras. Ele proclama com vigor a messianidade[7] de Jesus, mas recusa sua Paixão[8]. Nega o mestre** e o abandona[9], mas estará mesmo assim entre as primeiras testemunhas da ressurreição. Convidará os discípulos a providenciar a substituição de Judas[10] e tomará a palavra diante da multidão, no dia de Pentecostes, para anunciar a ressurreição de Jesus e o cumprimento, nele, da Promessa[11]. Prosseguirá sua missão de apóstolo em Antioquia[12] junto ao Orontes, em Corinto[13] e em Roma, onde morrerá como mártir. Os evangelhos o nomeiam sempre em primeiro lugar (enquanto a ordem dos outros discípulos é variável), mas nunca sozinho. É mencionado sempre junto com outros também no Atos dos Apóstolos, o que mostra muito bem a dimensão "comunitária" de sua função.

Cada evangelista acrescenta um toque próprio ao retrato do apóstolo. Marcos, que escreve por volta de 70 e é o "intérprete de Pedro" se acreditarmos em Pápias (bispo de Hierápolis por volta de 120, citado por Eusébio de Cesareia em sua *História eclesiástica*), esboça em seu evangelho um retrato sem concessões. Presente com Tiago e João nos momentos essenciais, Pedro diz a Jesus sem hesitar: "Tu és o Cristo", mas logo se opõe a ele quando Jesus anuncia sua Paixão. "Para trás de mim, Satanás!" – escuta o mestre retorquir[14]. Pedro é um impulsivo, está novamente pronto a falar por ocasião da Transfiguração, mesmo se "ele não sabia o que dizer"[15]. Dorme no Getsêmani, no limiar da Paixão, em seguida nega o mestre e desaparece. Mas a mensagem da ressurreição lhe será dirigida expressamente[16].

Mateus, que escreve por volta de 80, pinta um retrato bastante próximo, o de um homem impetuoso e frágil. Seu evangelho traz, como particularidade, diversos episódios de cunho fortemente simbólico. Por exemplo, aquele sobre o imposto que os "filhos" não precisam pagar – na ocasião Jesus manda-o pescar um peixe no qual encontrará uma moeda, para pagar apesar de tudo esse imposto ilegítimo[17]. Mateus é também o único a explicitar o motivo por que Jesus dá a Simão o cognome "Pedro", após sua confissão de fé. Jesus lhe responde, fazendo um trocadilho com o sentido de uma palavra aramaica: "Tu és Pedro [Cefas], e sobre esta pedra edificarei a minha Igreja, e a Potência da morte não terá força contra ela. Dar-te-ei as chaves do Reino dos céus; tudo o que ligares na terra será ligado nos céus, e tudo o que desligares na terra será desligado nos céus"[18]. O evangelho de Mateus emprega aqui uma palavra (*ekklêsia*) que marca seu caráter tardio, porque ela só se impôs lentamente neste sentido. Mas, se dá assim um lugar de primazia a Pedro, Mateus não lhe faz concessões: assim no capítulo 18, muitas vezes chamado "discurso sobre a comunidade", é a Pedro que Jesus prescreve perdoar "até setenta vezes sete vezes"[19] e dirige a terrível parábola do devedor implacável*** condenado por não ter sabido perdoar uma dívida mínima.

Lucas, em seu evangelho e nos Atos dos Apóstolos (escritos por volta de 80), mostra o itinerário de Simão, pescador da Galileia, que se tornou Pedro, porta-voz dos apóstolos e responsável pela comunidade de Jerusalém. O retrato também aqui é contrastante, particularmente com a oração de Jesus por Simão na véspera da Paixão: "Eu orei por ti, a fim de que a tua fé não desapareça. E tu, quando tiveres voltado, confirma os teus irmãos"[20]. Os Atos dos Apóstolos, do mesmo autor, mostrarão como Pedro passa da missão aos Judeus à missão às nações[21], através de uma verdadeira conversão suscitada pelo Espírito Santo. Ele não é mais nomeado após o encontro com Tiago e Paulo, que recebeu o nome de assembleia ou concílio de Jerusalém[22]: doravante será Tiago quem guiará a comunidade de Jerusalém e Paulo levará adiante a missão aos pagãos e até Roma.

Em João (escrito por volta de 100), Simão é chamado Cefas desde seu primeiro encontro com Jesus. Seu evangelho concluirá com a tripla confissão de amor de Simão para com Jesus, que lhe confia a guarda de seu rebanho: "Apascenta as minhas ovelhas"[23]. Aquele que Jesus chamou de Cefas, a "rocha", torna-se assim "pastor" do rebanho do qual o próprio Jesus é *o* pastor (João 10). E Pedro é chamado a permanecer discípulo: "Segue-me!" lhe diz seu mestre, após ter evocado implicitamente seu futuro martírio: "Quando eras jovem, amarravas o teu cinto e ias para onde querias; quando ficares velho, estenderás as mãos e um outro atará o teu cinto e te conduzirá para onde não quiseres"[24]. No momento em que João escreve, este martírio já ocorreu, como todos sabem.

Pedro morreu sob Nero (por volta de 64-65); portanto, a primeira carta de Pedro é evidentemente posterior (por volta de 90?) e com um grego bem caprichado. Portanto, ela saiu muito provavelmente da mão de alguém que conheceu o ministério de Pedro e sua morte como mártir. A carta exorta então a manter-se firme no sofrimento e na provação. A segunda carta é ainda mais tardia. Ele apresenta, sobretudo no capítulo 2, o relato da Transfiguração sob forma testamentária[25]. Desta maneira, ela conclui os escritos do Novo Testamento com o testemunho de Pedro. Além do mais, para finalizar, ela manifesta a recepção, por parte de Pedro (e das comunidades), das cartas de Paulo "difíceis de entender"[26].

Assim, até o final, a figura de Pedro no Novo Testamento continua sendo uma figura de unidade, para além das tensões e dos compromissos.

Diversos textos apócrifos, atribuídos a Pedro ou que falam dele, são interessantes para ler, mas não foram conservados por serem demasiado maravilhosos ou desviantes em relação à fé proclamada pela Igreja nascente. É o caso do *Evangelho de Pedro* (por volta de 150), ou do *Apocalipse de Pedro* (século II), ou ainda dos *Atos de Pedro*, que atestam a aura de que o apóstolo se beneficiou por muito tempo ainda depois de sua morte. Reivindicar Pedro, nestes escritos, era colocar-se sob sua autoridade e, portanto, beneficiar-se dele. O *Apocalipse de Pedro* evoca o martírio do apóstolo em Roma e constitui o mais antigo testemunho desta localização, junto com as afirmações da *Carta de Clemente de Roma aos Coríntios*, por volta de 95[27], e da *Carta aos Romanos de Inácio de Antioquia*, por volta de 120[28], que associam Pedro e Paulo no martírio. Os *Atos de Pedro*, por sua vez, relatam o famoso episódio do *Quo vadis*: Pedro, fugindo das perseguições de Roma, encontra Jesus que entra na Cidade: "Senhor, para onde vais?", pergunta Pedro, que imediatamente entra novamente na cidade para ali viver o martírio.

O culto a Pedro em Roma começou bem cedo, ligado à presença de um monumento que honrava suas relíquias, atestado desde os anos160 pela carta de Gaio, conservada em Eusébio de Cesareia (início do século IV)[29].

* Cf. *A Transfiguração de Jesus e de seus discípulos*, p. 513.

** Cf. *A negação de Pedro*, p. 643.

*** Cf. *A parábola do devedor implacável*, p. 418.

1. Mc 1,16-20; Mt 4,18-20. **2**. Jo 1,35-42. **3**. Jo 1,44. **4**. Mc 1,29-31 e paralelos. **5**. Mc 3,16 e paralelos; At 1,13. **6**. Jo 1,42. **7**. Mc 8,29 e paralelos; Jo 6,68. **8**. Mc 8,32 e paralelos; 14,29. **9**. Mc 14,66-72. **10**. At 1,15-26. **11**. At 2,14. **12**. Gl 2,11-14. **13**. 1Cor 9,1-5. **14**. Mc 8,29ss. **15**. Mc 9,6. **16**. Mc 16,7. **17**. Mt 17,24-27. **18**. Mt 16,16-19. **19**. Mt 18,22. **20**. Lc 22,32. **21**. At 2,10-11. **22**. At 15. **23**. Jo 21,17. **24**. Jo 21,18. **25**. 2Pd 1,16-21. **26**. 2Pd 3,15-16. **27**. *1Clem* 5, 3. **28**. *Ign Rom* 4, 2. **29**. Eusébio de Cesareia. *História eclesiástica*, II, 25, 7.

* * *

A figura das multidões

Gérard Billon
Instituto Católico de Paris

Os relatos evangélicos mostram suficientemente que Jesus foi um pregador popular, embora empreguem termos gregos vagos para caracterizar aqueles e aquelas que ele atrai: *okhlos/okhloi* (multidão/multidões), *plêthos* (multidão/massa), *polloi* (muitos)... Da Galileia até Jerusalém, ele é precedido por sua fama de curandeiro, pelo poder de sua palavra, por seus atos de generosidade (multiplicação dos pães).

Para Jesus, como para João Batista antes dele, deslocar multidões não tinha nada de político – diferentemente do mago Teudas, citado nos Atos dos Apóstolos[1]. No entanto, o governador Pilatos e o Sumo Sacerdote Caifás se inquietaram, precipitando a prisão e o processo. A importância numérica é difícil de medir, sendo que as menções de "cinco mil homens"[2] ou "quatro mil"[3], nos relatos de multiplicação dos pães, têm sobretudo valor teológico.

As multidões parecem compostas de pessoas simples, sem grandes recursos, o que, na época, é a sorte da maioria da população. No entanto, os poucos episódios que põem em cena pessoas abastadas, escribas, notáveis[4] permitem afirmar que, embora Jesus privilegiasse os pobres, ele se dirigia também a todas as camadas sociais. Existe aqui um elemento capital da pregação do Reino/Reinado de Deus: ela tem um caráter público e não reservado a um grupo de iniciados e está orientada à reunião escatológica♦ do povo de Israel em sua diversidade – simbolizada pelo grupo dos Doze, como as doze tribos oriundas de Jacó-Israel.

De cada evangelho retenhamos alguns motivos. O evangelho de Marcos distingue entre as pessoas "de fora" – a multidão dos ouvintes para os quais tudo é "enigma" – e os discípulos a quem é "dado o mistério do Reinado de Deus"[5]. Os discípulos não são confundidos com a multidão. Uma distinção equivalente se encontra no evangelho de Mateus[6] e no de Lucas[7]. É interessante observar como, por ocasião do processo diante de Pilatos, o evangelho de Mateus muda de vocabulário para designar as multidões. É primeiro a "multidão", *okhlos*, depois ela se torna "povo" (*laos*) alguns versículos mais adiante[8]. *Okhlos* designa uma diversidade influenciável: depois de ter sido cativada por Jesus, ela é manipulada por seus chefes. *Laos* remete a um princípio de unidade: é "o povo do Senhor"[9] a quem é prometido um pastor, povo que é salvo do pecado[10]. O *laos* é chamado deficiente visual, duro de ouvido e de coração quando Jesus explica por que ele fala em parábolas[11]. Este mesmo povo (*laos*) condena aquele que salva a multidão através de seu sangue derramado[12]!

No evangelho de Lucas, a sentença de morte é arrancada menos pelo *laos* do que por seus chefes[13]. O próprio *laos* é espectador da crucifixão[14], da qual se retira "batendo no peito" como antes as mulheres desoladas. Mais tarde, nos Atos dos Apóstolos, ampliado com a presença dos prosélitos♦, o *laos* acolherá com emoção as palavras de Pedro que explica o sentido da morte e da ressurreição de Jesus[15].

Durante a Paixão, o evangelho de João, por sua vez, atenua a presença da multidão para focalizar Jesus, as autoridades judaicas e Pilatos. Quanto à multidão, ele a pôs em cena nos episódios da vida pública. Ali ela aparece como uma "caixa de ressonância da revelação cristológica de Jesus", de acordo com a expressão de John P. Meier. Entusiasmada pelo "sinal" da multiplicação dos pães, ela vê em Jesus "o Profeta" e um rei[16]. Mas, diante do discurso do "pão da vida", ela recua; para realçar a oposição entre o pedido do pão e o murmúrio que se seguiu à resposta de Jesus, o narrador substitui a palavra "multidão" por "os Judeus"[17], situando doravante o debate no terreno da herança de Moisés e de Israel. Durante a festa das Tendas, o debate ganha novo impulso a propósito da identidade do Messias[18]. Culmina, pouco antes da Páscoa, quando se trata da elevação do "Filho do homem"[19]. A identidade de Jesus não cessou de dividir as multidões.

1. At 5,36 e também Flávio Josefo. *Antiguidades judaicas*, XX, 97-98. **2**. Mc 6,44; Mt 14,21; Lc 9,14; Jo 6,10. **3**. Mc 8,9; Mt 15,38. **4**. Lc 5,29; 8,2-3; 10,25; 18,18; 19,2. **5**. Mc 4,1-2.10-13. **6**. Mt 13,10-15. **7**. Lc 8,4.9-10. **8**. Mt 27,24-25. **9**. Mt 2,6. **10**. Mt 1,21. **11**. Mt 13,15. **12**. Mt 26,28. **13**. Lc 22,66; 23,1-5.10-12.18; 24,20. **14**. Lc 23,35. **15**. At 2,41-43. **16**. Jo 6,14-15. **17**. Jo 6,34.41. **18**. Jo 7,11-12.20.31.40-43. **19**. Jo 12,27-34.

CONTRAPONTO

Mestres e discípulos no judaísmo rabínico

Julien Darmon
Especialista do Talmud e das literaturas rabínicas

Na época dos Sábios da Mixná♦, ou seja, no decurso dos dois primeiros séculos da era cristã, não existiam academias rabínicas propriamente falando; se o termo *yeshiva* já aparece, ele designa de preferência uma sessão de estudos (de *yhashav*, "estar sentado"). O estudo e a transmissão são quase exclusivamente orais e ocorrem no interior de círculos de discípulos agrupados em torno de mestres. Estas "escolas" informais se reúnem na residência do mestre, num cômodo reservado ao estudo (*beit ha-midrash*), mas também em jardins ou outros espaços naturais. As assembleias maiores, que reuniam diversas escolas com o objetivo principal de chegar a um consenso sobre determinado ponto da Lei, são alojadas muitas vezes no andar superior da casa de um notável[1], o que talvez lance outra luz sobre o contexto da Ceia, que acontece na "sala superior" ou "câmara alta" de uma casa de Jerusalém[2].

Só o *nassi*, o chefe da comunidade e seu representante junto às autoridades romanas, que, por outro lado, co-preside o Sinédrio♦ com o *av beit din*♦ ("pai do tribunal"), parece estar à frente de uma academia fixa. Um outro episódio talmúdico relata como Rabban Gamaliel II (neto do mestre fariseu epônimo evocado pelos Atos dos Apóstolos) foi demitido da direção da grande *yeshiva* por causa de sua severidade excessiva, e foi rapidamente substituído por Rabbi El'azar ben 'Azaryah: "Nesse dia, suprimiu-se o ofício de guardião da porta e autorizou-se a entrada de qualquer aluno; porque até então Rabban Gamaliel tinha o costume de proclamar que 'a todo aluno cujo interior não está de acordo com o exterior será reusada a entrada no *beit ha-midrash*'..."

Por essa razão, são justamente os grupos fortemente unidos de discípulos que dominam a vida espiritual do judaísmo rabínico de então. O discípulo não é apenas um aluno que recebe conhecimentos: ele é um companheiro de vida do mestre, acompanhando-o na vida diária, nas atividades mais mundanas, inclusive... no banheiro e até na intimidade conjugal. Assim uma historieta talmúdica (que a tradução francesa dos *Hagadot*♦ *do Talmud da Babilônia* omite pudicamente) conta que "certo dia Rav Kahana se escondeu embaixo da cama de [seu mestre, Rav] e ouviu-o gracejando com sua esposa antes de cumprir o seu dever. 'Dir-se-ia que meu mestre nunca 'cheirou o prato' [para se comportar de maneira tão frívola]!', soltou Rav Kahana. – 'Kahana. Você está aí? Saia daí, isto não se faz!', lhe diz Rav. Rav Kahana retorquiu: 'No entanto, também isto tem a ver com a Torá, e é preciso que eu aprenda...'"[4]

Embora seja costume ter diversos mestres, laços de amizade muito fortes unem muitas vezes um mestre e seu discípulo mais próximo, que se torna seu igual, seu *talmid haver*, "aluno-companheiro".

Um célebre relato põe em cena dois mestres do início do século III, Rabbi Yohanan e Rabbi Shim'on ben Laqish, cognominado Resh Laqish. Quando este último ficou doente e depois morreu, após um debate com o primeiro que se azedara, Rabbi Yohanan se mostrou inconsolável. "Quem enviaremos para consolá-lo? – perguntaram-se os rabinos. Decidiram que seria Rabbi El'azar ben Pedath, cujo saber era cheio de delicadeza. Rabbi El'azar sentou-se perto dele. Aprovava tudo o que Rabbi Yohanan dizia, citando um ensinamento paralelo em apoio de seus argumentos. 'Você acredita poder comparar-se a Ben Laqish! Quando eu apresentava uma afirmação, ele me fazia vinte e quatro objeções, às quais eu devia fornecer vinte e quatro respostas, e nossas trocas eram fecundas. Você não faz outra coisa senão me dizer: Este ensinamento concorda perfeitamente com o que você apresenta, como se eu não soubesse de antemão que minhas afirmações são bem-fundadas!' Rabbi Yohanan rasgava suas vestes e dizia: 'Onde estás, Ben Laqish? Onde estás, Ben Laqish?' Sua tristeza foi tão violenta que ele perdeu a razão. Os rabinos rezaram por ele e ele morreu"[5].

1. Cf., por exemplo, o tratado *Shabbat*, cap. I, *mixná* 4. **2**. Lc 22,15. **3**. *Berakhot* 27b-28a. **4**. *Berakhot* 62a. **5**. *Baba Mesi'a* 84b.

CARTA BRANCA

Alexandre Jollien
Filósofo

A alegria de Cristo

Existe nos evangelhos uma frase que eu odiei muito, a tal ponto ela parecia condensar em algumas palavras um dolorismo amargo e cruel e abrir abismos de tristeza. Em Lucas 9,23 lemos: "Se alguém quiser vir em meu seguimento, renuncie a si mesmo e tome sua cruz cada dia, e siga-me".

É fácil rebaixar a "cruz" a uma bandeira do desprezo da vida, quando ela encarna justamente o contrário. E como explicar a uma criança que Jesus "resgatou nossa vida por seu sangue divino"? Na verdade, este versículo convida à alegria, a uma liberdade inaudita, a uma maleabilidade diante do trágico da existência. Ele me desperta quando me atolo no desespero, logo que me arrasto pelo caminho, quando convivo perigosamente com o narcisismo e quando me torno viciado em tudo o que me puxa para baixo. Porque é um reflexo tenaz que deseja que, no cerne da provação, nos retraiamos, aumentando ao mesmo tempo nosso mal-estar. Jesus vem nos ajudar a reconciliar-nos com a vida para que ela circule e em abundância.

Em primeiro lugar, quem é este Jesus que é preciso seguir, este homem com o qual inaugurar cada dia um feliz companheirismo? Cada um carrega consigo, mais ou menos, contra a vontade, uma parafernália de etiquetas com as quais ele veste este personagem fora do comum, inclassificável. Doce Jesus, quem és tu? Um seguro de vida para um ego encurralado? Um par de muletas rutilantes para uma existência já gasta? Um mestre de vida muito simpático? Ou ainda um juiz enfadonho que, em nome até mesmo do amor, não deixa passar nada e nos mantém numa culpabilidade irremissível? E se, para começar, parafraseando Mestre Eckhart, exclamássemos alegremente e do fundo do coração: "Jesus, liberta-nos de Jesus!"

O que significa "acompanhar os passos de Jesus" e segui-lo? Eis que num versículo, simples e límpido, o caminhante é solicitado honestamente a renunciar a si mesmo e se converter de maneira radical. De acordo! Mas o que abandonar? O que deixar? Na verdade, é bem mais fácil manter-se um pouco afastado dos bens materiais, fugir das mundanidades, e até viver completamente afastado do comércio dos homens, do que ousar verdadeiramente o amor gratuito, o desprezo de si e descer ao fundo do poço. Aqui trata-se de dar ouvidos a uma transcendência que muitas vezes gostaríamos de agarrar, capturar, possuir. Mestre Eckhart, em seus *Conselhos espirituais*, nos ajuda certamente a existir a partir da alegria, a tentar a via do desapego quando escreve: "Observa-te a ti mesmo e, cada vez que te encontrares, relaxa; não há nada melhor". Eis alguém que capta o diagnóstico do Buda: desde que nos congelamos numa representação de nós mesmos, logo que nos fixamos numa imagem de nós mesmos, nós nos entregamos a um sofrimento, a uma insatisfação amarga e tenaz.

Se imagino a negação de mim mesmo como um sacrifício triste e arrasador, certamente não terei a força de me converter. E são grandes as chances de eu submergir no desânimo, no desespero do perfeccionista que chega a despejar seu desprezo e sua decepção sobre o mundo inteiro. Pelo contrário, é a alegria, a libertação do prisioneiro que aguarda aquele que ousa se descentrar, libertar-se do ego para viver sem disfarce, sem função nem proteção, sem porquê nem espírito de lucro. A palavra de Jesus soa como um convite a abandonar tudo o que torna pesado, o que pesa e oprime. Ela ressoa como um apelo à libertação de si, a um desapego de tudo o que nos oprime, porque se trata de deixar também a culpabilidade, os rancores, as ilusões, deixar tudo isso de lado como roupas velhas. No *Tratado da reforma do entendimento*, Spinoza escreve que "toda a nossa felicidade e a nossa miséria estão num único ponto: a que tipo de objeto estamos apegados por amor?" Negar-se a si mesmo é talvez principalmente renunciar a enclausurar-se nas etiquetas, cessar de olhar para o próprio umbigo, de observar-se continuamente, de julgar-se. Ler este versículo do Evangelho é manter-se numa encruzilhada, ousar reorientar o quotidiano, descentrá-lo, deslocar-nos quando tudo gira ao nosso redor. É abrir as janelas de uma alma que começa a cheirar a mofo, para nos lançarmos a uma alegria livre.

Tomar sua cruz é certamente não exagerar. O masoquismo e o sadismo são solicitados a retirar-se. A vida já carrega bastantes dores sem que seja necessário exigi-las de volta. Mais que um asceta, Jesus se considera um libertador. Carregar cada dia sua cruz é assumir a todo momento nossa condição sem atolar-nos no amargor, sem perder a esperança, sem abandonar a confiança. É avançar, passo a passo. Porque não é o sofrimento que cresce, mas aquilo que nos é dado fazer com ele. Agrada-me que Jesus nunca cai no moralismo nem na teoria. Quando alguém se aproxima dele, sobrecarregado de sofrimentos, ele executa atos, regenera seus interlocutores, lhes dá novos valores prodigalizando-lhes uma verdadeira paz. Ele os cura sem lhes impor lições de boas maneiras. As palavras de Gide deveriam manter o cristão sempre alerta. Em *Os novos alimentos*, ele escreve estas palavras luminosas: "Eu admirava, não deixei de admirar no Evangelho um esforço sobre-humano para a alegria. A primeira palavra de Cristo que nos é relatada é 'Felizes...' Seu primeiro milagre é a metamorfose da água em vinho. (O verdadeiro cristão é aquele que basta para inebriar a água pura. É nele próprio que se repete o milagre de Caná.) Foi preciso a abominável interpretação dos homens para fundar no Evangelho um culto, uma santificação da tristeza e do sofrimento. Já que Cristo disse: 'Vinde a mim, vós todos que estais cansados e sobrecarregados, e eu vos aliviarei', acreditou-se que era preciso cansar-se e sobrecarregar-se para chegar até ele; e o alívio que ele trazia foi transformado em 'indulgências'. Há muito tempo me pareceu que a alegria era mais rara, mais difícil e mais bela do que a tristeza".

"Cada dia", a todo momento, somos exortados a renunciar ao eu, a ousar mudar de direção, a viver a partir de nosso coração, a avançar. É esta alegria que conduz ao verdadeiro desapego, o desapego que nos convida a tudo dar.

Capítulo 10

OS ENCONTROS

Poderíamos contar as coisas assim...

Dia após dia, de aldeia em aldeia, o pequeno grupo de homens e de mulheres seguia os passos de Jesus. Aproveitavam as veredas estreitas e pedregosas, que cortavam vinhas e pastagens, entre os trigais e os pomares. Cada um tagarelava com seu companheiro ou companheira ao lado, às vezes riam, cantavam ou prosseguiam em silêncio, como que mergulhado cada qual em si mesmo, rezando talvez. Acontecia que Jesus mostrava a paisagem, apontava para um pastor que tocava seu rebanho, ou para um pássaro voando no céu, e os que estavam atrás do pelotão apressavam o passo para tentar ouvir o que ele dizia.

Quando se aproximavam de alguma aldeia, na maioria das vezes, o grupo havia sido localizado e o rumor os precedia. Os garotos chamavam os que estavam nos campos: um pai, um tio ou um irmão mais velho. As mulheres agarravam seus filhos e, deixando para trás sua lã, sua farinha, seus potes, suas panelas e seus jarros, juntavam-se aos que já se reuniam na praça. Levavam os doentes, esperando uma palavra, um gesto, que os curaria. Diante destas pequenas multidões, Jesus usava palavras simples. Falava desse reino que estava para chegar e que já estava ali; e cada um, ao ouvi-lo, recomeçava a crer e a esperar. Assim, o Altíssimo não abandonava seu povo. Seu reinado estava chegando.

Jesus dirigia-se a todos e todas. Até as crianças pequenas eram bem-vindas. Enquanto os adultos tentavam repeli-las por medo de que incomodassem, Jesus as chamava para junto de si, porque, dizia, era preciso reencontrar um coração de criança, uma capacidade de curiosidade e admiração para compreender o que ele dizia.

Mas acontecia também que Jesus começava a conversar com um homem ou uma mulher que ele não conhecia. Assim, certo dia, quando ele saía de uma aldeia, um homem, um notável, correu atrás dele. Tinha uma pergunta a fazer, que em sua opinião era da maior urgência: "O que era preciso fazer para herdar a vida eterna?" Longe de menosprezar sua pergunta, Jesus parou e bastou-lhe lançar um olhar sobre este homem esbaforido para convencer-se de sua sinceridade. Jesus amou este homem disposto a correr atrás dele para fazer-lhe essa pergunta. Por isso, propôs-lhe imediatamente que prosseguisse sua busca, pondo-se em seu seguimento. Para isso bastava-lhe deixar para trás o que ele tinha. Infelizmente, o homem tinha grandes posses e todas as obrigações ligadas à sua categoria. Permaneceu ali, cheio de tristeza, olhando o grupo se afastar.

Outra vez, em Jericó, foi a outro homem rico, chamado Zaqueu, que Jesus se dirigiu. Ele pertencia aos que coletavam o imposto e era suspeito de aproveitar-se disto para encher seus próprios cofres. O homem, de estatura muito baixa, trepou numa árvore à passagem de Jesus. Assim ele podia satisfazer sua curiosidade e não corria o risco de ser atacado pela multidão que não perdia uma ocasião de manifestar sua hostilidade em relação aos que aceitavam tornar-se agentes da potência de ocupação. Contudo, Jesus ergueu os olhos e viu o homem meio escondido entre os ramos. Sem hesitar, Jesus convidou-se a ir à casa dele, indiferente aos murmúrios da multidão que deplorava que um homem como Jesus frequentasse a casa de um pecador público, um corrupto, um traidor... Zaqueu, por sua vez, pulou da árvore e, cheio de alegria, anunciou que iria imediatamente repartir sua fortuna, dando a metade aos pobres, e que, se havia prejudicado alguém, lhe restituiria o quádruplo.

Muitas outras vezes Jesus mostrou sua independência de espírito. Não julgava pela reputação nem pela aparência. Desta maneira chocou gravemente um fariseu chamado Simão. Quando fora convidado para um banquete na casa dele a fim de discutir questões religiosas, Jesus deixou aproximar-se dele uma mulher de reputação duvidosa, que lhe perfumou os pés, os lavou com suas lágrimas e os enxugou com seus cabelos. Pouco importavam os pecados desta mulher, comentou ele, o que contava eram a confiança e o amor que ela manifestava. E foi graças a esta atitude que ela foi perdoada e salva. Outra vez, em Jerusalém, ele elogiou o gesto de uma pobre viúva que depositara no tesouro do Templo a magra esmola de duas moedinhas que eram toda a sua fortuna.

Tais palavras, tais gestos incomodavam as pessoas como Simão e todos os que estavam convencidos de conhecer a Lei e de saber o que tinha importância, os que tinham mérito e levavam uma "vida justa". As pessoas simples, pelo contrário, descobriam um homem que conhecia sua vida e lhes falava ao coração.

C.P.

O estilo de Jesus

Carlo Broccardo
Faculdade Teológica do Trivêneto (Itália)

Jesus é certamente o Judeu do século I sobre o qual mais sabemos. A respeito de nenhum outro contemporâneo que viveu neste rincão perdido do Império romano que era a Palestina temos tantos relatos ou testemunhos. Incontestavelmente, ele fez com que falassem muito dele.

Seu comportamento e sua maneira de ensinar lhe mereceram ser comparado a Sócrates ou aos outros filósofos cínicos: com efeito, assim como eles, Jesus ensina em lugares informais, dirige-se a qualquer um, não é amigo dos poderosos, executa ações simbólicas... Outros o perceberam como um curandeiro, num contexto social onde a medicina estava ainda muito ligada a práticas religiosas ou mágicas; ou então como um carismático♦ itinerante, um sábio entre os antigos sábios, um profeta apocalíptico. As comparações possíveis são numerosas, tanto com figuras do mundo greco-romano quanto com personagens do mundo hebraico. Com todos Jesus tem algo em comum, mas ao mesmo tempo não se pode identificá-lo com nenhum em particular.

Portanto, qual é o estilo de Jesus? O que é que o caracteriza em particular? Para responder à pergunta, seria necessário pelo menos ler toda a presente enciclopédia e, em primeiro lugar, os próprios evangelhos todos, porque o estilo de alguém se dá a conhecer naquilo que ele diz e faz, naqueles e naquelas que o frequentam de perto e naqueles e naquelas que se mantêm à distância, nas decisões que ele toma ou ainda na maneira como ele trata os acontecimentos que ocorrem. Esta contribuição se atém apenas a um aspecto do estilo de Jesus: a maneira como ele se encontrava com as pessoas. Seguindo a trama do evangelho de Lucas, nos deixaremos guiar por alguns desses encontros.

Ele não constrange, mas fascina

Nosso percurso começa com o personagem de Simão (o futuro Pedro) às margens do lago. Nesse dia, um pescador da Galileia se tornou o primeiro dos discípulos de Jesus[1]. Nos evangelhos de Marcos e de Mateus, é o primeiro episódio da atividade de Jesus na Galileia, situado exatamente após seu batismo no Jordão e as tentações no deserto. Lucas, pelo contrário, relata primeiramente a intervenção de Jesus na sinagoga

Cf. *A figura de Pedro*, p. 240. ▸

de Nazaré e sua rejeição pelos próprios concidadãos; vêm em seguida os ensinamentos e os milagres em Cafarnaum e depois, somente no início do capítulo 5, o "chamado" dos primeiros discípulos. Portanto, quando Simão o encontra pela primeira vez, Jesus não é um desconhecido. O evangelista explicita, pelo contrário, que "sua fama se propagava por todo lugar da região"[2].

Jesus é um homem conhecido que surpreende as multidões por seu ensinamento e, mais ainda, por seus numerosos milagres. Compreende-se, por conseguinte, que, no dia em que ele pede a Simão para utilizar seu barco como "tribuna" a fim de instruir seus ouvintes, este último não faça nenhuma objeção. O contexto não é dos mais favoráveis; ele já havia terminado sua excursão de pesca e o resultado é nulo: toda uma noite no mar para não trazer nem um peixe sequer para casa. No entanto, quando, após seus ensinamentos às multidões, Jesus lhe pede para lançar as redes ao mar, Simão confia nele: "Mestre, nós trabalhamos a noite inteira sem nada pegar; mas, confiando em tua palavra, eu vou lançar as redes"[3]. Dizia-se que Jesus já se mostrou como um grande mestre, ele fala com autoridade e realiza prodígios; por que não confiar nele? O que segue é conhecido com o nome de "pesca milagrosa". É um milagre grandioso que Lucas descreve com muita ênfase. Podia ter-se contentado em assinalar que a pesca fora abundante. Em vez disso, ele utiliza o adjetivo "enorme" para qualificar a quantidade de peixes capturados e insiste indicando que as redes estavam a ponto de romper-se e que os dois barcos (um só não basta) são enchidos até à borda. Simão fica profundamente surpreendido com o que vê. Num primeiro momento ele se prostra diante de Jesus reconhecendo-se pecador, afirmando com isso que Jesus é alguém grande demais para manter-se de pé diante dele. Em seguida, sem necessidade de Jesus lhes dizer "Segui-me!", eis que Simão, Tiago e João, "trazendo os barcos para a terra, deixando tudo, o seguiram"[4].

◄ Cf. capítulo *Milagres e curas*, p. 285.

A maneira como Marcos e Mateus relatam esse primeiro chamado (lembremos que se trata sempre de narrativas, não de reportagens ou relatos históricos) é muito mais abrupta: Jesus praticamente pede aos primeiros discípulos um salto no vazio, porque, como o episódio inaugura a vida pública de Jesus nesses evangelhos, supõe-se que os pescadores nunca ouviram falar dele antes. E no entanto, sem outro preâmbulo, ele lhes pede de repente e diretamente: "Vinde em meu seguimento". Ou eles aceitam de olhos fechados ou se recusam. O Jesus de Lucas, ao contrário, preparou o terreno deixando sua fama difundir-se e depois, no momento oportuno, desfechou o golpe decisivo: a pesca milagrosa cria uma ruptura na vida de Simão e de seus companheiros de trabalho. Ela os convence de que vale a pena deixar tudo para seguir Jesus. Este não obriga ninguém a segui-lo; pelo contrário, neste

Lucas introduz o relato da "pesca milagrosa" para justificar a escolha súbita de Simão, que segue Jesus sem que ele o tenha pedido.

episódio de Lucas, ele nem sequer precisa pedir. Por isso, embora através de procedimentos diferentes, Marcos, Mateus e Lucas querem dizer a mesma coisa: Jesus é uma dessas pessoas que fascinam e atraem. Naturalmente este traço de seu estilo não é tudo e o próprio Jesus convidará a não se contentar com o entusiasmo fácil dos primeiros encontros. No entanto, esta é uma característica do estilo de Jesus que procuramos descobrir.

Ele sabe surpreender-se porque vai além das aparências

Jesus é alguém que fascina. Não deixa indiferentes as pessoas com quem se encontra. Os evangelhos mencionam muitas vezes o fato de que as pessoas "se surpreendem" com ele, ficam estupefatas diante de suas palavras ou de seus gestos. No entanto, encontramos no evangelho de Lucas um episódio no qual é Jesus que se surpreende com um outro. Isto ocorre no dia em que chega a conhecer (sem, no entanto, encontrá-lo pessoalmente) o centurião de Cafarnaum[5].

Trata-se de um pagão, que provavelmente servia no exército de Herodes Antipas, tetrarca♦ da Galileia. Apesar de tudo, mantém boas relações com a comunidade judaica local; os notáveis explicam a Jesus que ele praticamente financiou a construção de sua sinagoga. Por quê? Por oportunismo, em troca de algum favor? O motivo que se deduz de suas palavras é diferente e de outra profundeza: porque ele "ama a nossa nação"[6]. Um simpatizante, como tantos que o judaísmo soube atrair não só na região, mas em toda a bacia do Mediterrâneo. Um bravo homem, este centurião! E eis que um servo ao qual ele estava muito apegado cai doente, corre perigo de morte. Jesus se encontra na cidade, ele que é conhecido de todos por seus numerosos milagres. O centurião atreve-se, portanto, a pensar em pedir-lhe para curar o servo doente. No entanto, ele não faz a solicitação pessoalmente e prefere enviar alguns notáveis judeus. Por quê? Talvez porque ele não quer rebaixar-se a ir suplicar uma cura, ele que é um "chefe" (centurião significa "chefe de uma centena" de soldados)? Naquele tempo, como hoje, os que detêm o poder não se perturbam; preferem dar ordens e enviar alguém em seu lugar. Mas neste caso, escreve Lucas, é pelo motivo oposto que o centurião não vai ele próprio procurar Jesus: ele não se sente digno de ir pessoalmente ao encontro dele – o evangelista não diz mais do que isto. Ele manda procurar Jesus porque precisa de sua presença; mas, quando Jesus está quase chegando à sua casa, ele envia outro grupo de pessoas para detê-lo e dizer-lhe: "Senhor, não te dês a esse trabalho, pois eu não sou digno de que entres sob o meu teto. É por isso também que eu não me julguei autorizado a ir ter contigo; mas dize uma palavra e seja o meu servo curado. Pois até eu, que sou um subalterno, tenho soldados às minhas ordens, e digo a um: 'Vai'' e ele vai, e a outro digo: 'Vem' e ele vem, e ao meu escravo: 'Faze isto' e ele o faz"[7]. Seu raciocínio é típico: ele se fundamenta unicamente em sua experiência de soldado. Ele é um pagão, não cita a Bíblia, não lembra os ensinamentos dos pais, não faz alusão à sabedoria de Israel. É um soldado que diz a Jesus: em minha casa, as coisas funcionam assim; quem tem autoridade manda, quem é subalterno obedece; é inútil controlar pessoalmente, porque toda palavra é uma ordem que será executada com toda certeza. Tu, Jesus, mostraste autoridade sobre a doença; basta, portanto, que digas uma palavra e meu servo será curado.

Diante da fé do centurião ou do gesto de amor da "pecadora", Jesus sabe surpreender-se e maravilhar-se.

"Ouvindo essas palavras, Jesus encheu-se de admiração por ele"[8]. O verbo grego *thaumazein*, "surpreender-se", "admirar-se", exprime a reação de espanto/admiração de alguém diante de alguma coisa que ele não esperava. Jesus não esperava encontrar uma fé tão grande num pagão. Diz imediatamente, dirigindo-se à multidão: "Eu vos digo, mesmo em Israel não encontrei tamanha fé"[9]. Para Lucas, Jesus é assim. Ele não é dos que já sabem tudo a respeito das pessoas, antes mesmo de encontrar-se pessoalmente com elas ou ouvi-las. Ele está numa atitude de escuta em relação aos outros. Ele sabe deixar-se surpreender.

Encontramos novamente o mesmo estilo no episódio da refeição na casa de Simão o fariseu[10]. Enquanto as pessoas estão à mesa, reclinadas como era costume nos banquetes importantes, eis que uma mulher se aproxima dos pés de Jesus e realiza uma série de gestos curiosos: ela chora ao ponto de banhar com suas lágrimas os pés de Jesus e seca-os em seguida com seus cabelos, antes de cobri-los de perfume e de beijos. Mas o que se diz desta mulher na cidade? "Pecadora": é a etiqueta que ela traz na testa e pela qual todos a identificam. Até o fariseu que o convidara diz a Jesus: não passa de uma pecadora. Jesus, por sua vez, não se contenta com o que todo mundo diz, ele não se detém diante da aparência, mas desce até às profundezas. Ele vê os gestos que esta mulher executa e neles reconhece gestos de amor; mais ainda: ele examina o fundo de seu coração e ali vê sua fé. Com efeito, ele lhe diz (e é com estas palavras que se encerra o relato): "A tua fé te salvou"[11]. Enquanto todos viam apenas os pecados da mulher, Jesus não se deixa influenciar pelos murmúrios que circulam na região; ele olha nos olhos da pessoa e vê neles o amor e a fé.

Ele faz as pessoas crescerem

Em outra ocasião, conta Lucas, Jesus se dirigia a Jerusalém quando "do meio da multidão, alguém disse a Jesus: 'Mestre, dize a meu irmão que reparta comigo a nossa herança'. Jesus lhe disse: 'Quem me estabeleceu para ser vosso juiz ou para fazer as vossas partilhas?' E lhe disse: 'Cuidado! Guardai-vos de toda ganância; não é pelo fato de um homem ser rico que ele tem a vida garantida pelos seus bens'"[12]. Depois ele conta a parábola de um rico insensato que só pensava em aumentar seus celeiros para acumular cada vez mais bens; mas, eis que ele morre subitamente e deixa tudo o que havia acumulado. De modo que, entre a advertência (Cuidado!") e a parábola, a mensagem é clara.

Cf. *Jesus, os ricos e o dinheiro*, p. 401. ▸

Este episódio realça outro traço do estilo de Jesus, em sua maneira de abordar as pessoas. É, por assim dizer, o outro lado da mesma moeda: precisamente por ir além da aparência, Jesus não se deixa enganar, não aceita ser instrumentalizado.

Para fornecer mais um exemplo, podemos pensar no dia em que Jesus faz uma parada para entrar na casa de Marta em Betânia[13]. Enquanto a dona de casa tem muito a fazer, porque com Jesus chegaram numerosos discípulos e vizinhos, sua irmã Maria permanece ouvindo o mestre. Tanto que Marta chega a pedir em tom de censura: "Senhor, não te importa que a minha irmã me tenha deixado sozinha a fazer todo o serviço? Dize-lhe, pois, que me ajude". A resposta de Jesus é clara e até um pouco categórica: "Marta, Marta, tu te inquietas e te agitas por muitas coisas. Uma só é necessária. Foi Maria quem escolheu a melhor parte: ela não lhe será tirada"[14]. Jesus ama estas duas irmãs[15]. Ele é bom e misericordioso, mas isto não significa que cada um possa manobrá-lo a seu bel-prazer. Ele não se deixa levar ao sabor dos interesses ou das posições que alguém tem a defender. Quando Jesus se encontra com as pessoas, ele as faz crescer. Ele as leva a mudar de perspectiva, a abrir-se à novidade.

Jesus é misericordioso, mas não se deixa levar ao sabor dos interesses de seus interlocutores.

Ele não julga e, no entanto, as pessoas se convertem

Pode-se encontrar em outro lugar um artigo dedicado especificamente ao comportamento de Jesus com os "pecadores" e, por isso, nos contentamos aqui com uma exposição sumária. Convém deter-nos, ao menos de modo sucinto, no episódio de Zaqueu[16]. Encontramos aqui

Cf. o capítulo ▸ *Misericórdia e justiça*, p. 367.

efetivamente a evidência de um elemento fundamental do estilo de Jesus, da maneira como ele aborda as pessoas. A grande subida a Jerusalém está chegando ao fim. Jesus chegou a Jericó, penúltima etapa dos peregrinos que vinham da Galileia. Ele atravessa a cidade e, na multidão considerável que o cerca, reconhece Zaqueu. Chama-o pelo nome e se convida para comer na casa dele. Pode-se fazer uma ideia da confusão que esse gesto pode ter ocasionado em todos os que presenciam esta cena (discípulos inclusive?), porque Zaqueu é para eles aquilo que se pode imaginar de pior: coletor de impostos, ele vive no luxo roubando o dinheiro dos trabalhadores honestos e convivendo com o inimigo número um, ou seja, os romanos. Todos dizem: é um pecador. Jesus o dirá também, indiretamente: é alguém que está perdido, que se desencaminhou e que se condena a si mesmo.

Ocupemo-nos por uns instantes em observar o comportamento de João Batista quando os pecadores o procuram para se fazer batizar. Ele os repreende: "Crias de víboras, quem vos mostrou como fugir da cólera que vem? Produzi, pois, frutos que testemunhem vossa conversão [...]. O machado já está pronto para cortar a raiz das árvores; toda árvore, portanto, que não der bom fruto será cortada e lançada ao fogo"[17]. Para os publicanos♦ (como Zaqueu), ele tem em seguida uma mensagem particular que detalha o que significa "produzir um fruto que testemunhe a conversão": "Não exijais nada além do que vos foi fixado"[18]. Com efeito, é assim que os publicanos roubavam: aumentando fraudulentamente as taxas e conservando para eles a diferença. Portanto, João brada: "Convertei-vos!" E Jesus? Ele se convida para jantar na casa de Zaqueu... E, assim, ele o leva à conversão. É preciso observar: no fim o homem muda radicalmente de vida, promete restituir quatro vezes mais o que ele roubou e dar a metade de seus bens aos pobres. A conversão acontece. Mas o caminho para chegar a ela muda, se compararmos com o que vimos no Batista. Jesus não pede a Zaqueu que se converta primeiro, antes de considerar o passo seguinte. Antes de tudo, Jesus se encontra com ele. É este encontro que mudará a vida daquele a quem Jesus se dirige. A sequência, portanto, é a seguinte: primeiro o encontro, depois a conversão como consequência do encontro.

Jesus não chama à conversão: primeiro o encontro; a conversão será a consequência.

Salvador até o fim

O episódio de Zaqueu termina com uma frase lapidar de Jesus sobre o sentido de sua própria vida: "O Filho do Homem veio procurar e salvar o que estava perdido"[19]. Está aqui o objetivo de sua existência:

trazer a salvação, fazer o bem às pessoas. Até o fim. Mesmo quando poderia legitimamente permanecer concentrado em si mesmo, durante sua Paixão e morte na cruz, Jesus continua atento aos outros. Para relatar este traço de sua pessoa, Lucas apresenta dois episódios, ausentes dos outros evangelhos, dois quadros de rara beleza: o olhar de Jesus dirigido a Pedro logo após a negação[20] e o diálogo com um dos dois malfeitores crucificados com ele[21].

Em relação à negação de Pedro, Lucas é o único a situar o discípulo na proximidade imediata de Jesus. Assim, depois de Pedro tê-lo negado pela terceira vez, "o Senhor, voltando-se, pôs os olhos em Pedro; e Pedro se lembrou da palavra do Senhor, que lhe dissera: 'Antes que o galo cante hoje, tu me terás negado três vezes'. Ele saiu e chorou amargamente"[22]. Jesus não diz nenhuma palavra de censura; apenas olha para Pedro e isto basta para que ele se arrependa do que fez. Novamente, como no caso de Zaqueu, é a simples presença de Jesus que "converte", que muda as pessoas.

Cf. *A negação de Pedro*, p. 643.

Assim como a negação de Pedro, também o segundo episódio se encontra em todos os evangelhos, que apresentam Jesus crucificado entre dois malfeitores. Mas Lucas é o único a relatar o diálogo com aquele que recebeu o nome de "o bom ladrão". Não tão bom assim, como ele próprio diz, reconhecendo que tem motivos para estar ali, por causa do mal que cometeu. Também ele é um destes casos "perdidos" que se extraviaram e que Jesus veio procurar. Exatamente como entrara na casa de Zaqueu, da mesma forma ele se faz próximo do ladrão sobre a cruz e lhe traz uma palavra de salvação: "hoje estarás comigo no paraíso"[23]. É este o estilo de Jesus. Ele é "salvador" até o fim – quer vá ao encontro do último dos pecadores, quer pense em salvar até o último momento de sua vida.

Com quem poderíamos comparar Jesus para compreender melhor quem ele era? É uma pergunta que, nestes últimos anos, está na base de muitos estudos. Com efeito, ele se assemelha *um pouco* aos mestres de Israel, como também aos filósofos itinerantes do mundo greco-romano; poderíamos também compará-lo com os antigos curandeiros e também com os profetas apocalípticos que anunciavam o fim do mundo, ou com os diversos libertadores políticos que, ocasionalmente, se autoproclamavam messias... Mas, na realidade, é difícil circunscrever Jesus de maneira muito precisa. Talvez nem seja tão útil, já que os evangelhos nos mostram Jesus como um mestre, um sábio, um curandeiro, um profeta etc., mas *à sua maneira*. Pois ele tem, em seu encontro com as pessoas, um etilo próprio. Seja na cura, no ensino, na repreensão ou no encorajamento, o que lhe importa acima de tudo é o encontro. O olhar de Jesus faz emergir a verdade das pessoas.

1. Lc 5,1-11. **2**. Lc 4,37. **3**. Lc 5,5. **4**. Lc 5,11. **5**. Lc 7,1-10. **6**. Lc 7,5. **7**. Lc 7,6-8. **8**. Lc 7,9. **9**. *Ibid.* **10**. Lc 7,36-50. **11**. Lc 7,50. **12**. Lc 12,13-15. **13**. Lc 10,38-42. **14**. Lc 10,40. **15**. Jo 11,5. **16**. Lc 19,1-10. **17**. Lc 3,7-9. **18**. Lc 3,13. **19**. Lc 19,10. **20**. Lc 22,54-62. **21**. Lc 23,39-43. **22**. Lc 22,61-62. **23**. Lc 23,42.

Jesus e as mulheres

Philippe Lefebvre
Universidade de Friburgo (Suíça)

As relações que Jesus mantém com as mulheres ao longo de seu itinerário não constituem um dossiê de historietas de sua missão; também não remetem a um aspecto que seria simpático, mas acessório, de sua personalidade. Pelo contrário, estas relações são essenciais, ocupam um lugar central. Não há Messias sem mulheres; a presença delas, suas palavras, seus atos participam da realidade messiânica. Não se pode elaborar uma cristologia♦ – uma teologia do Messias – sem envolver as mulheres. É impossível compreender Jesus realmente sem elas.

Os evangelhos põem em cena muitas mulheres, contemporâneas de Jesus, que entram em relação com ele, e ainda outras, que aparecem no Antigo Testamento, às quais eles se referem mais ou menos explicitamente. As que são mencionadas manifestam quase todas uma afinidade com ele, contribuem para sua manifestação e para a manifestação delas junto com ele. A terrível Herodíades e sua filha dançarina, que obtêm a cabeça de João Batista[1], nos lembram certamente que a humanidade permanece contrastada, que existem assassinas como existem assassinos. Mas é verdade que o conjunto dos personagens femininos evangélicos forma uma continuidade, estende uma espécie de fio vermelho que passa pelos momentos essenciais da vida de Jesus. É este companheirismo, esta correlação entre estas mulheres e Jesus que analisaremos aqui.

O Messias e as mulheres no Antigo Testamento

Os evangelhos manifestam a todo instante até que ponto Jesus se insere na continuidade do Antigo Testamento. Ele o cumpre, o recapitula, o invoca incessantemente. Ora, por seus encontros com mulheres, Jesus enquanto Messias se situa de maneira toda especial numa tradição que os dois primeiros "reis-messias de Israel", Saul e Davi, inauguraram. A história destes dois soberanos é contada sobretudo nos dois livros de Samuel. Saul se desvia rapidamente de sua vocação e se vê rejeitado pelo Senhor que o havia escolhido, enquanto à sua sombra cresce o jovem Davi, suscitado por Deus para reinar em lugar do rei decaído. No entanto, Saul permanece por longo tempo no poder, enquanto Davi leva primeiro uma vida de fugitivo, perseguido pela inveja de Saul.

A relação com as mulheres, nos relatos referentes a estes dois reis, tem valor de critério, de algo revelador para discernir um messias autêntico; isto continua valendo no Novo Testamento. Saul é casado, tem filhos, mantém até uma concubina oficial; mas estas coexistências com mulheres nunca são ocasião de histórias intensas, de encontros que o transformariam. Saul fala apenas uma vez de mulheres: trata-se de sua esposa, que ele menciona numa injúria brutal de caráter sexual[2]. Davi, pelo contrário, deixa-se abordar por mulheres. Durante sua vida errante, quando decidiu matar Nabal (um rico proprietário que o rejeitou) como também todos os homens da sua propriedade, Davi é interceptado por Abigail, esposa deste notável indelicado. Esta lhe dirige palavras inspiradas: um homem enviado pelo Deus vivo como é Davi não pode fazer justiça com as próprias mãos nem derramar levianamente o sangue de outrem. Ela pronuncia também algumas fórmulas que, pela primeira vez, definem o que pode significar "messias", evocando principalmente a dinastia, a "casa estável", que o Senhor assegurará a Davi[3]. Davi a ouve e lhe responde com estas palavras pouco correntes: "Bendito seja o Senhor, o Deus de Israel, que hoje te enviou ao meu encontro! Bendito seja teu bom-senso, bendita sejas tu mesma, por me teres impedido hoje de chegar ao derramamento de sangue"[4]. Então ele muda de opinião e se conforma com o que esta mulher de iniciativa lhe propôs. As relações de Davi com as mulheres que o rodeiam nem sempre são tão transparentes, mas existem e manifestam um messias cuja vida e ação são inseparáveis das mulheres que interagem com ele. Comparando Saul e Davi em suas relações com as mulheres e com Deus, podemos concluir que, como alguém trata uma mulher, assim ele trata Deus.

Jesus, o "filho de Davi"[5], situa-se nesta herança: deixa-se abordar e interpelar pelas mulheres, escuta suas palavras. Certa vez, quando uma mulher cananeia começa a gritar pedindo a cura de sua filha atormentada por um demônio, os discípulos de Jesus suplicam ao mestre: "Despede-a, porque ela nos persegue com seus gritos"[6]. Mas Jesus deixa que ela se aproxime. O diálogo entre os dois revela esta mulher: nada a desvia de seu objetivo – que sua filha recupere a paz –, nada a desnorteia, ela responde com pertinência. Quando Jesus lhe responde: "Fui enviado apenas às ovelhas perdidas da casa de Israel", ela insiste. Quando ele lhe diz: "Não fica bem tirar o pão dos filhos para atirá-lo aos cachorrinhos", ela retoma esta imagem pejorativa sem se perturbar: "É verdade, Senhor! disse ela; mas os cachorrinhos comem as migalhas que caem da mesa dos seus donos". Jesus admira publicamente sua fé (ela é, no entanto, pagã!), testemunhando que suas palavras bastam para desencadear a cura pedida, sem que Jesus precise reformulá-las: "Suceda-te conforme tu queres"[7].

Nos livros de Samuel, a relação com as mulheres tem valor de critério, de revelador para discernir um messias autêntico.

◄ Cf. *Curas e exorcismos*, p. 285.

Mulheres antecipadoras

Voltemos aos livros de Samuel e recuemos no tempo: antes de se falar de rei e de messias em Israel, é uma mulher, Ana, a mãe de Samuel, quem anuncia sua vinda logo no início destes livros. No final de um cântico memorável, ela anuncia – e ela é o primeiro ser humano na Bíblia a fazê-lo – que o Senhor dará a seu povo um rei, um messias cuja força ele assegurará[8]. Anos mais tarde, aparece Davi. É apenas um jovem pastor que consegue uma vitória inesperada contra Golias[9]; então todas as mulheres de Israel vêm ao seu encontro cantando um refrão misterioso: "Saul matou milhares, mas Davi, dezenas de milhares"[10]. Elas já veem neste rapaz intrépido, autor de uma proeza pontual, um chefe de grande envergadura, que recebeu um mandato do Senhor. Esta cantilena das mulheres será repetida por muito tempo, inclusive entre os inimigos[11]. Portanto, as mulheres acompanham o Messias do começo ao fim de seu itinerário – elas até surgem antes de ele aparecer. Antecipando-se à sua vinda, designando-o antes de ele ser plenamente reconhecido, elas não têm com ele uma relação de pura dependência, como se só pudessem surgir realmente na esteira dele. Elas participam com ele, e até antes dele, de uma mesma manifestação – a dos enviados que Deus dá a seu povo para salvá-lo – e se encontram realçadas profeticamente com ele.

Cf. *O evangelho da infância em Lucas*, p. 113. ▸

Estas representações significativas se encontram nos evangelhos. Em Lucas 1–2, desde antes do nascimento de João Batista e do Messias Jesus, e depois em torno de seus berços, atuam intensamente mulheres de palavras inspiradas: Isabel, Maria, a profetisa Ana. Maria entoa um canto programático, o *Magnificat*, que retoma o cântico de Ana, mãe de Samuel[12]; a profetisa Ana traz o nome desta última e, como ela, não se afasta do Templo onde reconhece imediatamente Jesus por aquilo que ele é[13]. Quanto a Isabel, assim como Ana, ela dá à luz um filho apesar de sua esterilidade, e compreende que a gravidez de Maria, sua parenta, cumpre o que as Escrituras anunciavam. O Messias nasce, portanto, num ambiente onde mulheres falam, se encontram e já o nomeiam. Na outra extremidade dos evangelhos, na manhã da ressurreição, mulheres dirigem-se ao túmulo e fazem a experiência do Ressuscitado. Primeiras a ver e a compreender, elas anunciam aos discípulos o restabelecimento do Messias em sua glória de Vivente.

Na linhagem dos homens que se encontram com mulheres

Não terminaríamos de esclarecer o encontro entre Jesus e as mulheres ao longo de múltiplas pesquisas a serem realizadas primeiramente no Antigo Testamento. Ali constataríamos que as relações entre mulheres e messias pertencem à questão mais geral das relações entre homens e mulheres, que é constitutiva do texto bíblico. Em todas as coletâneas de escritos do Antigo Testamento esta questão aparece; os profetas dirigem-se ao povo estando eles mesmos enraizados em suas próprias experiências matrimoniais. Para anunciar a vinda de um filho misterioso, Isaías se aproxima da profetisa (sua mulher?) e os dois geram um filho cujo nome é um presságio. A Jeremias Deus pede que não se case e não tenha filhos, a fim de manifestar que o povo não tem mais futuro; o profeta suporta assim em sua solidão aquilo que Deus experimenta quando seu povo o abandona. Elias, o grande profeta de Israel, é primeiramente enviado por Deus, como que em preparação de sua missão futura, para junto de uma viúva estrangeira em estado de necessidade. A profetisa Hulda anuncia ao rei Josias, que solicitou sua clarividência, que a ruína de Jerusalém está próxima...

O Messias Jesus se inspira em todas estas experiências ricas, tateantes, que foram bem-sucedidas ou permaneceram em suspenso. Quando senta à beira de um poço e pede de beber à Samaritana, Jesus "reencena" muitos encontros nupciais ocorridos junto a um poço encenados pelo Antigo Testamento, em particular o de Raquel e Jacó, o patriarca citado nominalmente pela mulher da Samaria. Quando devolve a vida ao filho da viúva de Naim, ele retoma alguns gestos de Elias na casa da viúva de Sarepta... Portanto, o Messias aparece primeiramente como um homem que, de acordo com as Escrituras, vem visitar esta realidade, fundamental e jamais resolvida, que é o encontro entre um homem e uma mulher. Este encontro levado a sério, vivido de outra maneira, aberto a novas possibilidades, é talvez o primeiro lugar onde ocorre a salvação trazida pelo Messias.

◂ Cf. *O que acontece com a Samaritana*, p. 271.

Ver, mostrar mulheres

Jesus não cessa de se encontrar com mulheres e de pô-las em evidência. Tem até a capacidade de vê-las quando ninguém lhes presta atenção; por conseguinte, convida os que o cercam a integrar a realidade sexuada que o Criador quis desde o início: "Não lestes que o Criador, no princípio, *os fez homem e mulher*?"[14]

Certo dia, quando Jesus estava no Templo, muitos fiéis ricos depositam no tesouro suas retumbantes oferendas, enquanto outros visitantes admiram a arquitetura do santuário. Jesus é o único a enxergar uma viúva, mendiga, que deixa como óbolo toda a sua riqueza: as duas moedinhas que ela acaba de obter. Então Jesus convoca seus discípulos para que vejam esta mulher que, na indiferença geral, deu "sua

Jesus convida os que o cercam a integrar a realidade sexuada que o Criador quis desde o início.

vida inteira". Ele, que se prepara, por ocasião de sua Paixão iminente, a dar sua própria vida, reconhece nela uma parenta, uma igual: "Em verdade, eu vos digo, esta viúva pobre depositou mais do que todos os que depositam dinheiro no cofre"[15].

Quando uma mulher vem derramar perfume sobre os pés de Jesus durante uma refeição[16], o fariseu que recebe Jesus põe-se a ruminar consigo mesmo: sem dúvida seu convidado não é um profeta, já que parece ignorar que a mulher que o toca é uma "pecadora". Na conversa que Jesus entabula então com seu anfitrião, ele lhe dirige a seguinte pergunta: "Estás vendo esta mulher?"[17] Boa pergunta! O fariseu não a viu: ele a relegou ao abismo indiferenciado das pecadoras e, deixando-a de lado, instaura um processo contra Jesus. Este faz então a lista admirativa de todos os gestos desta mulher: cuidando de seu corpo, ela o manifestou – e o corpo de Cristo não é uma realidade anódina – e, tendo-o friccionado com óleo precioso, ela realizou por amor um gesto quase litúrgico: conferiu-lhe uma espécie de unção que assinala o Ungido, o Cristo.

Nestes exemplos, e em outros mais, Jesus não vem em socorro das mulheres: ele as olha, as admira, manifesta até que ponto elas fazem e dizem o que é conforme com aquilo que ele é. Evocamos acima a cananeia a quem Jesus diz: "Suceda-te conforme tu queres". No mesmo evangelho, a expressão "conforme tu queres" encontra-se novamente apenas uma vez: no Getsêmani. No episódio de sua agonia (de seu combate interior) no monte das Oliveiras, Jesus pede a seu Pai que a taça de amargor que o aguarda passe longe dele; no entanto, acrescenta, que tudo aconteça não "como eu quero, mas como tu queres"[18]. Se ele já emprega esta expressão ao dirigir-se à cananeia, é que seu desejo junta-se ao desejo do Pai: aquilo que ela quer – a vida de sua filha – é aquilo que o Pai quer.

Mulheres educadoras

Todos estes encontros femininos não dizem respeito apenas à "vida privada" de Jesus. A presença das mulheres diz respeito também aos discípulos. Eu ousaria até dizer que elas participam da formação deles. No evangelho de Lucas, ficamos sabendo que os Doze acompanhavam Jesus "e também algumas mulheres", cujos nomes são mencionados, "e muitas outras, que os ajudavam com os seus bens"[19]. Os discípulos masculinos de Cristo, portanto, só são qualificados como discípulos se muitas mulheres os acompanham e os ajudam. Com efeito, vários momentos intensos, formadores para os discípulos, ocorrem por ocasião do encontro com mulheres. Evocamos a cananeia, que os companheiros de Jesus queriam repelir imediatamente e que, no entanto, lhes dá uma "aula" sobre a vontade justa, concorde com a vontade do Pai. Os diferentes episódios de mulheres que trazem perfume, situados em momentos diferentes de acordo com os evangelhos, são igualmente para os discípulos a oportunidade de passar a uma renovada compreensão do que acontece. Quando cada uma destas mulheres derrama sobre os pés ou sobre a cabeça de Jesus um perfume precioso, os discípulos se escandalizam: poder-se-ia ter vendido este unguento caro e ter ajudado pessoas pobres. O argumento humanitário e religioso é sempre inevitável. No entanto, Jesus depõe cada vez em favor daquela que ousou este gesto fora do comum. O que foi feito foi bem-feito e, além disso, no momento oportuno. Convém saber que existe um tempo para tudo: um tempo para jejuar e um tempo para alegrar-se[20], um tempo para ajuntar bens a fim de acudir às necessidades dos pobres (o que as mulheres, como vimos, asseguram em favor dos discípulos de Jesus) e um tempo para enaltecer a carne que entra em sua Paixão. Notemos de passagem que Ana, logo no início dos livros de Samuel, quando reza com fervor diante do Senhor, é tratada com rudeza pelo sacerdote Eli, que se confunde a respeito de seu gesto: ele pensa que ela está bêbada e quer expulsá-la do Santuário! Existe, portanto, uma tradição educativa na Bíblia que se dirige aos homens: saber discernir o que uma mulher vive com Deus. É a este tipo de formação que Jesus convida diversas vezes os seus discípulos.

Jesus advoga em favor da "pecadora do perfume" que ousou um gesto fora do comum: ela fez bem, e no momento oportuno.

O Messias ressuscitado e as mulheres

O aprendizado será duro. Em Lucas, quando as mulheres, na manhã da Páscoa, vêm anunciar aos discípulos o que viram junto ao túmulo, estes as acolhem sem delicadeza: "Estas palavras pareceram um delírio"[21]. Este versículo violento mostra até que ponto os discípulos puderam aproveitar a coexistência com as mulheres quando eles seguiam Jesus. Quanto a elas, é bom deter-nos na experiência que elas tiveram nessa madrugada. No evangelho de Lucas, elas não encontram Jesus ressuscitado, diferentemente do relato de Mateus e de João e do segundo final de Marcos[22]. Elas encontram dois homens com vestes resplandecentes que lhes perguntam por que elas "procuram o vivente entre os mortos". Depois estes dois seres as estimulam a lembrar-se das palavras de Jesus quando ainda estava na Galileia, com as quais ele anunciava sua Paixão e sua ressurreição. "Então elas se lembraram das suas palavras"[23]. A lembrança bíblica não é um retorno ao passado; é acolher, como atuais e operantes, acontecimentos ocorridos ou palavras proferidas há mais ou menos muito tempo. O fato de as mulheres se lembrarem significa que elas sentem despertar nelas,

◄ Cf. o capítulo *As aparições aos discípulos*, p. 699.

em seu alcance verdadeiro, em seu poder atuante, as palavras de Jesus que elas recentemente acolheram em sua carne.

O Verbo de Cristo assume carne nelas e as leva a tudo compreender. O final do evangelho de Lucas conclui como havia começado, com mulheres grávidas: Isabel e Maria no início, e este coletivo de mulheres no final, no qual a Palavra de Jesus se desdobra e vive. Por que veriam elas Jesus diante delas, como um outro à distância, quando ele é doravante Verbo vivente no íntimo delas próprias? Estas palavras de Jesus de que elas se lembram são certamente os anúncios precisos dos dias de sua Paixão e de sua elevação/ressurreição restabelecimento, mas isso não era uma informação que Jesus dava aos seus, um encontro marcado a ser anotado numa agenda; com efeito, estas mesmas palavras cumpriam a Palavra de Vida pronunciada por Deus desde o começo. Quando as mulheres se lembram daquilo que Jesus dizia, elas enveredam pelo caminho que Jesus ensinará em breve a seus discípulos masculinos "tardos para crer"[24]: o caminho que leva de Moisés, dos profetas e dos Salmos[25] até a verdade do Cristo vivente. Atestam em conjunto aquilo que viram e compreenderam; anunciam também essa Igreja de Cristo da qual elas serão o núcleo, junto com os discípulos, após a ascensão de Jesus, como vem explicitado nos Atos dos Apóstolos[26].

Núpcias

Cf. *Quem é Maria Madalena?*, p. 269. ▸

Quando evoca a ressurreição, João decide focalizar o reencontro entre Jesus e Maria Madalena[27]. Toda a cena se desenrola em referência aos dois primeiros capítulos do Gênesis, desde a escuridão do início até o primeiro encontro entre Adão e a mulher que Deus lhe trouxe[28]. Somos situados, desde o início deste episódio, "no primeiro dia da semana, bem cedo, quando ainda havia trevas" (a tradução é literal). Assim começa o Gênesis: "havia treva na superfície do abismo. E Deus disse: 'Que a luz seja!'"; e este foi o primeiro dia.

Cf. *O discurso após a Ceia em João*, p. 584. ▸

Observemos que João não cessa de meditar sobre o início, ao ponto de começar seu evangelho com as palavras inaugurais do Gênesis: "No início...", precisamente! E depois, ao longo dos capítulos, ele retoma diversos termos ricos de sentido que os primeiros versículos do Gênesis lançaram. Assim Jesus afirma que ele é a "verdadeira videira", na qual ele é a cepa e todos os humanos são os sarmentos que produzem fruto; ele ostenta nesta imagem as imensas potencialidades da primeira palavra que Deus dirigiu aos humanos: "Frutificai" (a tradução é literal).

De madrugada, portanto, Maria dirige-se ao túmulo que está situado num jardim[29]. A encenação lembra o segundo capítulo do Gênesis, onde, no jardim que ele plantou[30], Deus faz com que se encontrem a mulher que ele "construiu" e o homem que nasce do sono misterioso[31] no qual ele mergulhou "o Adão", o ser humano primordial. Este sono tem, entre outros significados, o sentido prático de uma anestesia. Com efeito, Deus retira do Adão "uma costela" para construir a mulher, o primeiro ser criado a partir da carne. Em João, Maria procura Jesus sem encontrá-lo e logo ele está diante dela e a chama pelo nome[32]. Portanto, Jesus acordou do sono da morte e encontrou esta mulher, tendo, como Adão, o lado ferido: com efeito, quando ele estava na cruz, um soldado transpassou-lhe o lado, donde saíram sangue e água[33]; a tradição cristã interpretou este gesto violento como a abertura paradoxal a uma explosão de vida. E poderíamos continuar esta leitura paralela observando que Maria vê em Jesus primeiramente o jardineiro, no que ela não se engana: Adão, que se iniciou primeiro nos gestos hortícolas do Senhor, foi colocado no jardim "para cultivá-lo e guardá-lo". Passando, por assim dizer, deste primeiro Adão jardineiro ao novo Adão que está diante dela e sobre o qual a morte não tem mais domínio (mais um dos grandes temas esboçados no Gênesis[34]), Maria abre um caminho de reconhecimento de Jesus Cristo que, na visão de João, todo cristão é chamado a seguir.

Para João, portanto, o desfecho da relação entre Cristo e uma mulher se realiza "nesse primeiro dia" neste encontro nupcial que, longe de tornar-se um face a face fechado em si mesmo, se abre para a comunidade. Maria é enviada para anunciar aos discípulos que eles são "filhos" com Jesus o Filho, recebendo sua vida do Pai – e, portanto, prontos, como ele, a colaborar com as mulheres que o Pai lhes apesentará.

1. Mc 6,14-29; Mt 14,1-12. **2**. 1Sm 20,30. **3**. 1Sm 25,24-31. **4**. 1Sm 25,32-33. **5**. Cf. a partir de Mt 1,1. **6**. Mt 15,23. **7**. Mt 15,28. **8**. 1Sm 2,10. **9**. 1Sm 17. **10**. 1Sm 18,6-7. **11**. Cf. 1Sm 21,12; 29,5. **12**. 1Sm 2,1-10. **13**. Lc 2,36-38. **14**. Mt 19,4. **15**. Mc 12,41-44. **16**. Lc 7,36-50. **17**. Lc 7,44. **18**. Mt 26,39. **19**. Lc 8,1-3. **20**. Mt 9,15. **21**. Lc 24,11. **22**. Mc 16,9. **23**. Lc 24,8. **24**. Lc 24,25, **25**. Lc 24,27.44. **26**. At 1,13-14. **27**. Jo 20,1-18. **28**. Gn 2,22-23. **29**. Jo 19,41. **30**. Gn 2,8-10.15-16. **31**. Gn 2,21-23. **32**. Jo 20,15-16. **33**. Jo 29,34. **34**. Gn 2,16-17.

ESCLARECIMENTOS

Quem é Maria Madalena?

Anne Soupa
Escritora e ensaísta

Evocar Maria Madalena exige um trabalho de acomodação, a tal ponto a figura original foi encoberta ao longo dos séculos por imagens diferentes. De quem queremos falar aqui? Sem dúvida nenhuma de Maria, chamada "de Mágdala", nome de uma aldeia da Galileia caracterizada por uma torre (*migdal*), cuja localização exata é contestada. Desta mulher, que segue Jesus quase desde o início de sua vida pública na Galileia, "haviam saído sete demônios"[1], número que, aqui, significa recaída e, portanto, a amplidão do mal[2]. Devastada pelo sofrimento psíquico, Jesus a restabelece "em seu pleno juízo", como fará logo depois com o demoníaco geraseno[3]. Junto com algumas mulheres que põem seus bens à disposição dos discípulos, ela "segue" Jesus e adquire, portanto, o estatuto de discípula. Junto com estas mesmas mulheres, Maria Madalena (deformação de "Magdalena") estará ao pé da cruz* e, sobretudo, é mencionada pelos quatro evangelistas por sua presença junto ao túmulo, na manhã da ressurreição. Sua função é evidente: ela é testemunha que poderá certificar que foi o mesmo Jesus que ela viu morto e ressuscitado. Só tardiamente é que este personagem foi assimilado, pelo papa Gregório Magno (morto em 604), a duas outras mulheres: Maria de Betânia – irmã de Marta e de Lázaro – que realiza a unção do corpo** de Jesus pouco antes de sua Paixão[4], e a pecadora anônima que derrama perfume sobre os pés de Jesus[5]. O motivo? Encontrar uma figura que encarne o perdão de Jesus. Com esta decisão, o centro de gravidade do personagem se desloca para a pecadora de Lucas, da qual geralmente se diz que era uma prostituta.

No Ocidente, a *Vita eremitica* (por volta de 900) e depois a *Legenda dourada* de Tiago de Voragine (século XIII) fornecerão a esta Maria Madalena composta uma moldura lendária extraordinariamente fecunda, que transformará sua vida *post mortem* num verdadeiro romance épico. Infelizmente, Maria perderá ali seu aspecto solar, vitorioso sobre a morte. Para citar apenas um exemplo desta perda: no século XIX um retrato de mulher nua chamava-se uma "Madalena". Transformada em ícone do pecado da carne, fantasiada pelos homens de uma Igreja masculina, a Maria Madalena mítica só podia no século XX tornar-se a esposa de Jesus. Não mais uma esposa mística à la Bérulle[6], mas versão *Código Da Vinci*, uma esposa de carne através da qual se exprime uma das facetas do movimento atual de humanização de Jesus.

É nesta órbita que o *Código Da Vinci* invoca o *Evangelho de Filipe*, texto apócrifo***, ou seja, não conservado no cânon cristão, no qual se diz que "o Senhor amava Maria mais do que os outros discípulos e a beijava muitas vezes na boca"[7]. Diante destras palavras, que leitor moderno não acreditará ter encontrado a prova de relações carnais entre Jesus e esta mulher? Mas... os historiadores nos advertem: neste evangelho voltado para a dimensão espiritual dos sacramentos, o beijar na boca significa a iniciação através da comunicação do sopro. Podemos ver aqui uma reminiscência do privilégio de Moisés com quem Deus falava "boca a boca"[8]. Indiretamente, isto mostra que, para os Antigos, as relações carnais nem sempre eram seu fim próprio, mas permitiam designar uma realidade espiritual.

Nos escritos apócrifos que citam Maria Madalena (a *Carta dos apóstolos*, o *Diálogo do Salvador*, o *Evangelho segundo Tomé*, o *Evangelho segundo Maria*) aparecem ainda dois outros aspectos desta figura, modelo do discípulo-mulher. O primeiro provém da antropologia dos gnósticos♦, que influencia estes escritos: no *Evangelho de Tomé* se diz que, para salvá-la, Jesus precisa "torná-la homem". Por quê? Porque, assim, ela poderá superar sua natureza sexuada para reencontrar a unidade original do andrógino. O segundo aspecto provém da utilização de Maria Madalena para "opor-se" a Pedro, como já é visível no evangelho de João, no qual é ela quem informa Pedro sobre o túmulo vazio[9]. Esta tensão mostra que existiam no cristianismo nascente correntes heterodoxas♦, marcadas por uma relação menor com a autoridade, com um elo pessoal muito forte com a pessoa de Jesus e um lugar maior concedido às mulheres.

Além disso, o evangelista João dedica a Maria Madalena uma cena particular: ao chegar ao túmulo, ela é a primeira**** a encontrar-se com Jesus ressuscitado[10]. Por diversas razões, seu diálogo é um momento-chave dos evangelhos. Num jardim que evoca o jardim da Criação, Maria se lamenta porque roubaram o corpo de seu mestre. Mas Jesus, que ela à primeira vista pensa ser o jardineiro (alusão àquele que plantou o jardim do Éden[11]), a interroga em seguida, chamando-a pelo nome, e é reconhecido por ela.

Maria encarna aqui o discípulo em busca de Jesus. Com efeito, em João, a primeira palavra de Jesus a seus futuros discípulos é: "Que procurais?"[12] A pergunta é a mesma dirigida a Maria: "Quem procuras?"[13] João demonstra com isso que a *derisha*, a busca, noção que reveste a Bíblia e a espiritualidade judaica, tem Jesus como objetivo. Assim Maria, discípula vinda da margem, da doença, de um submundo onde viver é uma prova de desumanidade, torna-se, por sua fé em Jesus, o próprio modelo do sujeito completo porque vai até o fim em sua busca.

Mas qual é o objeto do desejo, já que o corpo desapareceu? Ela vai descobri-lo no decurso de uma extraordinária catequese ministrada por Jesus. Ele a questiona: "Por que choras". Maneira de dizer que o corpo de carne talvez não mereça tantas lágrimas e de subentender que um outro corpo vai aparecer. Ele prossegue dizendo: "Não me retenhas", palavra que bloqueia o próprio impasse, o da nostalgia do corpo de carne. Com efeito, Maria precisa agora converter-se, esquecer o corpo antigo e procurar o novo. Como? Jesus lhe permite fazê-lo através de uma revelação inaudita: "Vai ter com os meus irmãos e dize-lhes que eu subo para o meu Pai, que é vosso Pai, para o meu Deus, que é o vosso Deus". Resta a Maria viver deste anúncio e, ao mesmo tempo, da fraternidade de serem todos nascidos de um mesmo Pai, o Pai de Jesus.

O corpo novo é espiritual, é um corpo social de irmãos e de irmãs reunidos pela presença de Jesus ressuscitado. Nada de "defini-lo", isto seria de enclausurá-lo: ele está, pelo fato da corporeidade espiritual do Ressuscitado, em todos os atos de fraternização. A busca permanece aberta. Maria de Mágdala não anunciou de uma vez por todas a ressurreição de Jesus. Ela chama o leitor a fazer o mesmo. Compreende-se melhor por que Hipólito de Roma, no século III, denominou-a "Apóstola dos Apóstolos". Ela é aquela que permite a outros tornar-se apóstolos. Vê-se o quanto ela é uma figura central dos evangelhos.

* Cf. *Quem eram as mulheres ao pé da cruz?*, p. 666.

** Cf. *A unção em Betânia, ou a mulher esquecida*, p. 535.

*** Cf. *Os evangelhos apócrifos*, p. 97.

**** Cf. *Em João: Maria Madalena, Tomé e os outros*, p. 707.

1. Lc 8,2. **2**. A menção dos sete demônios se encontra novamente em Lc 11,26 para designar um homem que antes havia sido libertado de um espírito mau. Ela significa assim a recaída. **3**. Lc 8,35. **4**. Mt 26,6-13; Mc 14,3-8; Jo 12,1-8. **5**. Lc 7,36-50. **6**. Pierre de Bérulle. *Élévation sur sainte Madeleine*, 1627. **7**. *Evangelho de Filipe*, 55. In: *Écrits gnostiques*. Jean-Pierre Mahé/Paul-Hubert Poirier (orgs.). Paris: Gallimard, col. "Bibliothèque de la Pléiade", n. 538, 2006. **8**. Nm 12,8. **9**. Jo 20,1-10. **10**. Pedro e o discípulo que Jesus amava, informados por Maria, dirigem-se ao túmulo e veem os lençóis. **11**. Gn 2,8. **12**. Jo 1,38. **13**. Jo 20,15.

* * *

O que acontece com a Samaritana?

Yves-Marie Blanchard
Instituto Católico de Paris

Ao contrário dos evangelhos sinóticos – salvo Lucas, que menciona uma breve passagem de Jesus pela Samaria[1] –, o evangelho de João destaca os elos estabelecidos entre Jesus e esta província dissidente, considerada francamente herética aos olhos do judaísmo de então. Jesus não só não teme fazer uma parada em Siquém, no centro da Samaria, mas, aceitando o convite da mulher com quem se encontra junto ao poço chamado de Jacó, ele consente em permanecer vários dias entre os samaritanos. Essa familiaridade com esta comunidade execrada pelos Judeus, salientada apenas pelo evangelho de João, poderia ser o indício de que, no tempo de sua redação, por volta do ano 100, a comunidade joânica contava com discípulos oriundos do ambiente samaritano.

Observemos também que, à semelhança do diálogo com Nicodemos no mesmo evangelho, o de Jesus com a Samaritana acontece *sem nenhuma testemunha*. Podemos facilmente deduzir que ele não tem absolutamente como objetivo relatar "fatos" – pois o teor da conversa é desconhecido até dos discípulos –, mas dar aos leitores uma lição de teologia, aliás de alta categoria.

> "'Senhor, disse-lhe a mulher, vejo que tu és um profeta. Os nossos pais adoraram sobre esta montanha, e vós afirmais que é em Jerusalém que se encontra o lugar onde se deve adorar'. Jesus lhe disse: 'Acredita-me, ó mulher, vem a hora em que nem sobre esta montanha, nem em Jerusalém adorareis o Pai. Vós adorais o que não conheceis; nós adoramos o que conhecemos, pois a salvação vem dos Judeus. Mas vem a hora, e é agora, na qual os verdadeiros adoradores adorarão o Pai em espírito e verdade; tais são, com efeito, os adoradores que o Pai procura. Deus é espírito, e por isso os que o adoram devem adorar em espírito e verdade'."
>
> João 4,19-24

O encontro, relatado no capítulo 4, se divide em diversas cenas, de acordo com uma lógica dramática perfeitamente elaborada. Jesus, sozinho, faz uma parada junto ao poço, com a finalidade de descansar das fadigas da caminhada em pleno calor: com efeito, é meio-dia ("a sexta hora"). Ora – coisa espantosa nesta hora tórrida – chega uma mulher sozinha, que vem tirar água[2]. E, de maneira inesperada, Jesus imediatamente lhe dirige a palavra, contrariamente aos costumes da época, como salienta o narrador e como mostra o espanto da própria Samaritana[3]. Segue-se um diálogo denso, que trata primeiramente do simbolismo da água, em seguida da vida conjugal da mulher, e por fim da rivalidade que opunha o santuário judeu (Templo de Jerusalém) e o santuário samaritano (monte Garizim). Assim a Samaritana é informada por Jesus de que ele pode proporcionar-lhe uma "água viva" mediante uma "fonte que jorrará para a vida eterna"[4]. Depois, admirando-se pelo fato de Jesus saber tudo sobre sua vida afetiva[5], ela o ouve revelando-lhe que virá uma "hora" em que o culto "em espírito e verdade" superará o antagonismo dos santuários regionais[6]. Este diálogo, rico em implicações humanas e também religiosas, desconcerta a Samaritana, que chega a perguntar-se se Jesus não seria um profeta maior do que Jacó[7] e até mesmo o Messias em pessoa[8], de acordo com uma expressão hebraica que o narrador se apressa a traduzir com a palavra grega "Cristo".

O retorno dos discípulos, que haviam ido à cidade a fim de comprar algo para comer, apressa a partida da mulher que, deixando ali mesmo seu cântaro, corre para informar seus compatriotas da descoberta que ela acaba de fazer. O abandono do cântaro sugere ao leitor que a mulher mudou de objetivo: não se trata mais de tirar do poço uma água material, mas de tornar-se porta-voz da "água viva" dada por Jesus, em outras palavras, seu ensinamento e a revelação de sua pessoa. Jesus se encontra, portanto, novamente diante dos discípulos sem a presença da Samaritana. Ele aproveita para instruí-los sobre suas próprias prioridades (fazer a vontade do Pai) e lhes revela a urgência da missão, já começada e que só precisa ser prosseguida, usando a imagem agrícola de uma cultura cerealista na qual semeaduras e colheitas se seguiriam de perto[9]. Esta contração do tempo expressa muito bem sua impaciência de ver seus discípulos levarem adiante o anúncio aos não Judeus, a começar pelos "infiéis" da Samaria. Então chegam os samaritanos, que vêm procurar Jesus para convidá-lo a ficar com eles[10]. Aproveitando sua hospitalidade, Jesus os instrui, por sua vez, confirmando o trabalho de conversão já operado pelo testemunho da mulher[11]. O episódio termina com a confissão de Jesus como "Salvador do mundo", de acordo com um título que esconde talvez a expectativa samaritana de um personagem providencial chamado "Taheb". Mas este final se destina sobretudo a fornecer ao leitor uma chave para a interpretação da pessoa de Jesus e de sua missão junto aos homens.

Assim, o episódio da Samaria constitui ao mesmo tempo uma obra-prima de encenação literária e uma rica exposição teológica, alimentada além disso por imagens concretas: a fonte de água viva que se pensava jorrar no fundo do poço de Jacó; os trigais da Samaria branqueados sob o sol na proximidade das colheitas. O evangelho de João afirma a importância da missão empreendida pelo próprio Jesus, numa perspectiva universal que não dá importância aos particularismos étnicos ou religiosos, como a rivalidade histórica entre Judeus e samaritanos. Mas não é menor o interesse antropológico: é por ter-se interessado primeiramente pela vida de uma mulher irregular – e, por isso, solitária – que Jesus entra em relação com todo um povo. A própria mulher vê a verdade de sua vida sendo revelada, ao mesmo tempo que chega ao conhecimento da verdade trazida por Jesus, em outras palavras, o Evangelho.

Este episódio comporta também um interesse histórico real. Por um lado, informa sobre o comportamento de Jesus e sua liberdade de aproximação, tanto em relação às mulheres – falar cara a cara com uma mulher sozinha constitui então um tabu – quanto junto a estrangeiros, considerados infrequentáveis. Por outro lado, assinala de passagem que, antes de entrar na Samaria, o próprio Jesus exerceu o ministério de profeta batista, independentemente de João Batista, e com um sucesso real[12]. Sem dúvida, é fornecida imediatamente uma correção* explicitando que eram de preferência os discípulos de Jesus que se dedicavam a esta atividade. Mas, sejam quais forem as intenções de um redator posterior, o estado original do texto atesta realmente a importância do itinerário batista de Jesus logo no início de seu ministério. No entanto, impõe-se a ele também a necessidade de ir a outros lugares e não se limitar à Judeia: precisamente dirigir-se à Galileia. Ora, para fazê-lo, "era preciso que atravessasse a Samaria"[13]. Os comentaristas concordam em dizer que esta obrigação não é somente geográfica, mas primeiramente teológica: como salientará o discurso aos discípulos que permaneceram sozinhos com Jesus[14], a mensagem do Evangelho se dirige também aos não Judeus, a começar pelos samaritanos.

* Cf. *O próprio Jesus batizou?*, p. 178.

1. Lc 9,51-56. **2**. Jo 4,5-7. **3**. Jo 4,9. **4**. Jo 4,10-15. **5**. Jo 4,16-19. **6**. Jo 4,20-24. **7**. Jo 4,12. **8**. Jo 4,25-26. **9**. Jo 4,31-38. **10**. Jo 4,39. **11**. Jo 4,40-42. **12**. Jo 4,1-2. **13**. Jo 4,4. **14**. Jo 4,34-38.

* * *

Qual a atitude de Jesus para com as crianças?

Anne-Claire Bolotte
Escola Catedral, Paris

Logo que evocamos os encontros de Jesus com as crianças, vêm à mente imagens piegas, ou então as de uma simpática balbúrdia de garotos desocupados! Mas o evangelho de Mateus está longe deste folclore. Ele explicita logo no início que "as crianças são trazidas a Jesus"[1]. No mundo judaico, como em muitas culturas, apresentar as crianças a um visitante é um sinal de respeito. Aqui, pede-se que Jesus as abençoe impondo-lhes as mãos e pronunciando uma oração sobre elas. Uma cena simples e digna. Os discípulos que cercam Jesus não entendem as coisas assim e "tratam mal" o grupo. Talvez estas crianças os atrasam? Sua reação negativa realça a de Jesus: "Deixai as crianças, não as impeçais de virem a mim". As crianças se tornam atores, imagens dos que vêm até Jesus.

Será que Jesus quer pregar o "infantilismo"? É pouco provável: ele não idealiza a infância quando compara a garotos as multidões indecisas[2]. Por que, então, atribuir tanta importância às crianças? No mundo greco-romano, o estatuto da criança é o de um ser inferior, privado de todo direito. Se o pai de família não a reconhece, a criança é "exposta", destinada à morte ou à escravidão. Aliás, em grego, o termo *pais* significa ao mesmo tempo jovem criança e jovem servo. Na família judaica, pelo contrário, a criança é acolhida como um dom de Deus. As crianças não são seres excluídos. Desde a mais tenra idade, os meninos são instruídos na Lei da Aliança. Eles escutam. "Vir" a Jesus não é encontrar um rabino que fala com autoridade? Mas, em todo caso, a criança é alguém que, para viver, é inteiramente dependente dos outros; ela não tem nem poder nem autonomia, em tudo ela precisa receber. A criança representa, ao mesmo tempo, a maior fragilidade da vida e a esperança mais forte de um mundo novo.

O texto de Mateus 18 esclarece muito bem o sentido simbólico que Jesus dá à infância. Quando seus discípulos lhe perguntam: "Quem é o maior?", a resposta vem imediatamente: "Se não mudardes e não vos tornardes como as crianças, não entrareis no Reino dos céus". Jesus emprega um termo muito forte: "aquele que se humilhar como esta criança". Os antigos quase não distinguiam a humildade da humilhação: ela é oferecida como modo de vida aos discípulos. Ela supõe aceitar ser acolhido e acolher. O que os discípulos têm dificuldade de fazer. Com efeito, os que já fazem parte do grupo de discípulos recusam muitas vezes os recém-chegados. Os primeiros cristãos, de origens muito diversas, têm certamente dificuldade de viver juntos. A metáfora da criança permite assim a Jesus condenar tudo o que poderia escandalizar (ou seja, "fazer cair") os que são considerados frágeis[3]. O fim do versículo explicita: "O Reino dos céus é para aqueles que são como elas"[4]*. Duas bem-aventuranças anunciam a mesma bênção aos pobres em espírito e aos que são perseguidos por causa de Cristo. O termo em grego designa ao mesmo tempo o Reino no sentido de "território" e o Reinado no sentido de "poder régio". Portanto, assim como os humildes, as crianças recebem, no presente, o poder régio de Deus.

Um pouco mais adiante no relato, tendo esvaziado o Templo de comércios inúteis, diante da cólera das autoridades, Jesus citará um Salmo: "Da boca dos pequeninos e das crianças de peito preparaste um louvor para ti!"[5] A sequência do Salmo diz que esse louvor é tão potente que pode vencer todos os inimigos! Aos olhos dos homens, isto é inverossímil... No entanto, esconde-se ali o mistério que, em nome de seu Pai, Jesus quer revelar: ele se dá a conhecer "aos humildes e aos pequeninos"[6]. Mais ainda: é seu próprio mistério de servo humilhado que ele revela. Dois encontros enquadram o encontro com as crianças. O encontro com os fariseus, aos quais Jesus lembra que a fidelidade no interior de um casal é boa, originária. E o encontro com um homem rico, que se recusa a abandonar tudo para receber de Cristo a vida santa e justa que ele, no entanto, desejava[7]. Nos dois casos, requer-se a confiança de que uma criança é capaz: confiança em quem dá os meios de viver e indica um caminho de felicidade.

* Cf. *As Bem-aventuranças*, p. 343.

1. Mt 19,13-15. **2**. Mt 11,16. **3**. Mt 18,6-9. **4**. Mt 5,3.10. **5**. Mt 21,16; Sl 8. **6**. Mt 11,25. **7**. Mt 19,4-7 e 16-22.

Recusar o chamado, encontrar a vida. Uma leitura do "jovem rico"

Marie Balmary
Psicanalista, escritora

O comentário de um texto bíblico pode ser feito por uma só pessoa. A interpretação, por sua vez, requer pelo menos duas: esta condição que vale para a interpretação dos sonhos, como Freud descobriu, vale também, com base em nossa experiência, para a interpretação das Escrituras. Feita em diálogo, a leitura interpretativa precisa cavar até que apareça, tanto quanto possível, uma coerência entre os diversos elementos de um texto, mesmo os mais problemáticos, como aqui "o camelo e o buraco da agulha".

Este relato de Marcos apresenta um indivíduo "caindo de joelhos" diante de Jesus. O gesto não é natural em Israel, onde a proibição de prostrar-se diante dos ídolos foi inscrita no início da Lei. Jesus, por outro lado, pergunta-lhe por que ele o chama de "bom", palavra que convém somente a Deus. Será que este homem transgride já as primeiras das Dez Palavras? E, em seguida, mais um equívoco: "que devo fazer para herdar?", diz ele. Logicamente, não há nada a "fazer" para herdar, basta ser filho! Jesus lhe lembra, portanto, os mandamentos que poderiam permitir-lhe chegar à vida que ele procura. Ora, se ele "observou" bem os mandamentos desde a juventude, ele não fez aparentemente mais do que observá-los; sem viver o que eles contêm. Com efeito, os mandamentos citados referem-se, todos eles, às relações com os outros. Se este homem os tivesse vivido junto com os outros, ele teria conhecido forçosamente faltas, ofensas, reconciliações. Existe para ele um "próximo", ou apenas a observância sem falhas da Lei?

"Quando ele sai, pelo caminho, um homem corre diante dele, cai de joelhos diante dele e lhe pergunta: 'Bom Mestre, o que devo fazer para herdar uma vida eterna?' Jesus lhe diz: 'Por que me chamas bom? Ninguém é bom, a não ser o único: Deus. Conheces os mandamentos: Não mates. Não cometas adultério. Não prestes falso testemunho. Não cometas fraude. Honra teu pai e tua mãe...' Ele lhe diz: 'Mestre, tudo isso eu observei desde a minha juventude'. Jesus, tendo fixado nele os olhos, o ama. Ele lhe diz: 'Uma só coisa te falta: vai, vende o que tens, dá-o aos pobres, e terás um tesouro no céu. E vem, segue-me'. Ele fica acabrunhado com esta palavra. Vai embora triste: porque tinha muitas posses... Jesus olha ao redor e diz a seus discípulos: 'Como será difícil aos que têm dinheiro entrar no Reino de Deus!' Os discípulos se assustaram com estas palavras. Novamente Jesus responde e lhes diz: 'Filhos, como é difícil entrar no Reino de Deus! É mais fácil um camelo entrar pelo buraco de uma agulha do que um rico entrar no Reino de Deus'. Eles ficam impressionados além da medida e dizem entre si: 'Então quem pode ser salvo?' Jesus os olha fixamente e diz: 'Para os homens é impossível, mas não para Deus. Pois tudo é possível para Deus'".

Marcos 10,17-27
(De acordo com a tradução francesa de Irmã Jeanne d'Arc.)

Nesse instante, "Jesus, tendo fixado nele os olhos, o ama", diz o texto. O que o respeito às Dez Palavras pode precisamente permitir: amar o outro. Será que este homem foi olhado alguma vez desta maneira, por alguém para o qual o respeito aos mandamentos permite o encontro? Jesus lhe diz então: "Uma só coisa te falta: vai, vende o que tens, dá-o aos pobres, e terás um tesouro no céu. E vem, segue-me" (em grego, lemos "acompanha-me"). Eis uma frase muito perigosa: isolada do relato do encontro do homem com Jesus, ela faz parte das frases mais onerosas do Evangelho. Muitas vezes ela é transmitida como o cume da exigência evangélica, a do "dom total". Muitos cristãos se sentiram, e se sentem ainda, culpados de ser incapazes de obedecer a este chamado!

Esta exigência, à primeira vista exorbitante, nos levou, precisamente por causa de seu excesso e dos efeitos nocivos que ela pode ter, a examinar o texto mais de perto.

Um indício a não ser negligenciado: ao citar as palavras da Lei, Jesus inverte sua ordem. Aqui, o mandamento "honra teu pai e tua mãe" não vem antes dos mandamentos relativos ao próximo (proibição do assassinato, do adultério, do roubo...), mas em último lugar. Seria um anúncio de uma inversão a ser feita? Precisamos, portanto, escolher nossa leitura: será que, mediante sua resposta, Jesus dá a este homem um décimo primeiro mandamento a cumprir? Impõe-lhe uma carga suplementar, extrema? Ou Jesus, à maneira judaica, lhe dá esta ordem como uma provação pela qual ele ainda não passou, a da liberdade e, eventualmente, da transgressão?

"Vende o que tens, dá-o..." Estranhamente, esta palavra, nesta forma, é própria deste relato. Ela aparece apenas três vezes nos outros evangelistas. Mas tratava-se então de vender tudo, porque a pessoa *já* havia recebido ou encontrado algo mais precioso do que aquilo que ela tinha ou queria adquirir. Em duas parábolas bem curtas lemos o seguinte: "O Reino dos céus é comparável ainda a um tesouro escondido num campo. O homem que o encontrou o esconde; e, em sua alegria, vai vender tudo o que tem e compra aquele campo. O Reino dos céus é comparável ainda a um comerciante que procura belas pérolas. Encontrou uma pérola de grande valor; e foi vender tudo o que tinha e comprou-a"[1]. Nestes exemplos, "vender tudo" só ocorre *depois* da descoberta do tesouro ou da pérola, e não antes. Por desejo, não por obediência. Antes de vender, o personagem da parábola já encontrou o que ele procura e está contente. Ora, aqui Jesus inverteu a ordem dos termos: "vende... e terás um tesouro no céu". Ora, o homem não poderá renunciar a todos os seus bens apenas pela submissão. Felizmente! Nele haverá uma recusa. Ele recuará diante desta nova versão do sacrifício. Pela primeira vez em sua vida, ele desobedecerá... enfim! Pela primeira vez, ele tem acesso a um sentimento pessoal: a tristeza de não mais se sentir perfeito.

Então "Jesus olha ao redor e diz a seus discípulos: 'Como será difícil aos que têm riquezas entrar no Reino de Deus!'" *Difícil*: a palavra grega (*dyskolos*) é aquela que se emprega para falar de alguém que é difícil em matéria de alimentação. Um rico não sentirá o gosto do Reino de Deus, porque neste Reino não se entra tendo bens nem mesmo fazendo o bem, mas entrando em relação com o próximo como consigo mesmo. *Riquezas*: Jesus mudou o termo grego empregado antes (*ktêmata* se torna *khrêmata*) para ampliar seu sentido. Sendo assim, esta palavra inclui não apenas as posses do homem, mas todos os bens dos quais ele se serve. A perfeição moral faria parte disto?

Passemos à imagem aparentemente absurda do camelo e do buraco da agulha, que resiste ao comentário. Pode ela ser interpretada como se se tratasse de um sonho? Este camelo representa então o homem rico: ele se ajoelha diante de Jesus como um camelo para que Jesus lhe imponha a carga de um mandamento a mais: dize-me o que fazer. Para esse homem ainda camelo (o maior animal) a passagem para a vida é um buraco de agulha (o menor orifício). A Lei, observada por si mesma, é dura como um metal, quase inteiramente fechada. Apenas uma abertura, um buraco de agulha. Este buraco tem de fato a forma de um sexo feminino, mas nunca se abrirá mais do que isso. Ao passo que a lei de relação é matriz, lugar vivo de desenvolvimento que um dia, dilatando-se, permitirá à criança nascer. Nascer para a vida eterna.

Os discípulos "ficam impressionados além da medida e dizem entre si: 'Então quem pode ser salvo?' Jesus os olha fixamente e diz..." Interrompo aqui a citação. Ao contrário da tradução inglesa, a tradução francesa (e brasileira) é errônea. Nela lemos: "Para os homens é impossível, mas não para Deus. Pois tudo é possível para Deus". Suprimiu-se claramente uma preposição (*para*, "junto a", "aos olhos de") bem presente no texto grego, o que muda muito o sentido: "*Junto aos* homens, é impossível, mas não *junto a* Deus. Pois tudo é possível *junto a* Deus". É a mesma preposição (*para*) que ocorre no prólogo de João: "como a glória de um filho único junto a um pai"[2].

Tradução feita sem dúvida por um camelo, que imagina Deus como único ator, que pode tudo e faz tudo no lugar do homem. Ora, conhecemos "ricos junto a Deus" que fazem de sua riqueza e da Lei um uso de acordo com o Reino. Eles sentem o gosto do Reino, da vida em relação, e ali encontram sua alegria. "Pedro pôs-se a dizer-lhe: 'Eis que nós deixamos tudo e te seguimos'". Parece importante recordar aqui: quando Jesus chama seus discípulos, ele nunca lhes disse para deixar tudo a fim de segui-lo. Também não retoma a formulação de Pedro. O "deixamos tudo" desapareceu. Jesus fala do movimento próprio daquele que, por própria iniciativa, decidiu-se a deixar... A fórmula é mais do que prudente: "Em verdade, eu vos digo, não há ninguém que deixa casa ou irmão ou irmã ou mãe ou pai ou filhos... [leiamos corretamente aqui: ele não deixa tudo, ele deixa casa, no singular, *ou* irmão, *ou* irmã... *ou*... *ou*...] sem receber cem vezes mais agora, no tempo presente, casas [no plural] e [não *ou*] irmãos e irmãs... e... e... junto com perseguições. E, na eternidade futura, a vida eterna". Inversão: deixa-se uma coisa ou um próximo apenas, e recebe-se o cêntuplo em coisas e próximos. Finalmente, o tudo não é aquilo que damos, é antes aquilo que recebemos! Inversão que ecoa a frase final de Jesus neste relato em Marcos: "Muitos primeiros serão últimos e os últimos serão primeiros".

Como no sacrifício de Abraão, este texto pode ser confiscado por uma instância moralizadora e culpabilizante. O fato de Jesus manusear o paradoxo, a astúcia, a sutileza, para salvar alguém da submissão à idolatria da Lei, não surpreenderá, creio eu, a tradição judaica na qual ele se insere. Também não surpreende os médicos do coração humano. Seríamos solicitados a estar de acordo com o Reino, ou seja, *juntos*, para encontrar nas Escrituras o caminho da vida eterna?

1. Mt 13,44-46. **2.** Jo 1,14.

* * *

Estilos e abordagens dos rabinos no tempo de Jesus

Dan Jaffé
Universidade de Bar-Ilan (Israel)

A atividade principal dos rabinos no tempo de Jesus consiste na interpretação e no ensino da Torá (a Lei dada a Moisés). Seu efeito mais visível é a elaboração de normas chamadas de halacá♦, literalmente "a conduta a seguir", as normas da vida quotidiana. Já no século II antes de nossa era, o livro do Sirácida menciona as qualidades e disposições dos sábios como herdeiros diretos dos escribas: o sábio "procura a sabedoria de todos os Antigos e consagra seu tempo livre às profecias. [...] Busca o sentido oculto dos provérbios e se ocupa com as sentenças enigmáticas. [...] Reza em presença do Altíssimo, abre sua boca para a oração e pede perdão de seus pecados. Se for a vontade do Senhor, que é grande, [...] estudará os mistérios divinos. Proclamará a doutrina de seu ensinamento e se gloriará da lei da aliança do Senhor"[1].

No século I, o rabino não pertence a uma camada social definida; reina uma certa igualdade entre os sábios e as outras categorias da sociedade judaica. Uma importante transição ocorre então no mundo judaico: à medida que a figura do sábio prevalece sobre a do sacerdote, a personalidade prevalece sobre a hereditariedade. Contam-se assim rabinos eminentes entre os prosélitos♦, judeus convertidos de ascendência pagã. A personalidade do rabino se fundamenta em diversos fatores que se sobrepõem sem, no entanto, se excluir: a popularidade, a vontade de aproximação com o povo, a erudição na Torá, o comportamento de alta moralidade etc.

Cada rabino tem seu estilo próprio; ele comenta e explica os versículos da Torá de acordo com a percepção que ele tem dela e em função de diversas regras interpretativas. Nisto, o mundo destes mestres não é monolítico e a abordagem hermenêutica♦ não é fixa. Embora existam tradições de leitura, cada rabino defende seu método e suas conclusões. Com efeito, o texto bíblico não basta por si só; ele exige ser *lido*, solicitado em suas contradições aparentes, em suas obscuridades ou em suas redundâncias, a fim de se tornar explícito. No entanto, cada um se liga à "tradição dos Antigos" que, em sua opinião, remonta à revelação sinaítica.

Estas observações são importantes, porque permitem captar melhor o Jesus da história: ele próprio é um rabino que interpreta o texto da Torá, mas não se insere na corrente da tradição. Ele fala em seu próprio nome ("vos foi dito... mas eu digo...") sem se referir à autoridade de um mestre que o precede. Nesta ótica, podemos interrogar-nos sobre esta autoridade autoproclamada e, sobretudo, perguntar-nos se outras figuras da época podem ser assimiladas a ele. De acordo com alguns historiadores, o modelo comportamental do rabino *hassid*♦ (literalmente: "piedoso") se encontra em Jesus. Por exemplo, personagens rabínicos como Honi ha-me'aggel (Honi "traçador de círculos") ou Hanina ben Dosa se distinguem, como ele, de seus pares. São *hassidim* carismáticos♦ que se caracterizam pela oração, pela súplica, pela prática dos milagres, pela inversão do ciclo da natureza e por uma proximidade inabitual com o divino. Para o *hassid*, o estudo é secundário em relação à ação, ao passo que é um ponto fundamental entre os outros rabinos. Assim Jesus poderia pertencer a este modelo do *hassid* galileu.

Os *hassidim* são um grupo judaico que evoluiu do século I antes de nossa era até o fim da época da Mixná♦, no século II. Baseados essencialmente na Galileia, seu modo de vida decorria de sua percepção e de sua explicitação da Lei: caracterizava-se por uma grande pobreza e uma profunda piedade acompanhada de ações carismáticas. Atribuíam-se a eles curas milagrosas efetuadas às vezes à distância e a faculdade de interceder para obter chuvas. E mais: sua relação privilegiada com o divino distinguia-se por uma relação filial e por um modo de expressão com Deus considerado trivial, ou até desrespeitoso, pelos outros sábios. Características estas que não deixam de ter relação com a prática de Jesus. Notamos também o lugar proeminente das mulheres nas fontes relativas aos *hassidim*.

Este modelo é um bom exemplo da pluralidade do mundo dos rabinos no século I. Seria falso, portanto, representar-nos este mundo como um grupo homogêneo, no qual o particularismo de Jesus teria constituído uma "dissidência" única. Acrescentemos, por fim, que estes rabinos, embora se apresentem como doutores da Lei, não têm nessa época autoridade política ou mesmo jurídica para além dos círculos que resolvem seguir seu ensinamento. Somente ao longo dos séculos posteriores é que eles se tornarão progressivamente, no judaísmo, os únicos juízes e legisladores.

1. Eclo 39,1-9.

Dominique Quinio
Jornalista, presidente das Semanas Sociais da França

Eles são um pouco d'Ele

Eles caminham, abatidos, em direção à aldeia de Emaús, distante duas horas da grande cidade, Jerusalém, onde Jesus morreu numa cruz. O estranho que se junta a eles pelo caminho parece ser o único que não foi informado; então eles lhe contam, com suas próprias palavras, o que eles sabiam. Pode-se confiar nas informações recebidas? Talvez sejam apenas rumores sem fundamento. Nossa vida é tecida de palavras ouvidas, de verdades reivindicadas, de boatos incertos, de *slogans* e de murmúrios, e às vezes de diálogos profundos. A mídia os propaga. O que crer, em quem crer?

Nesse dia, ao cair da noite, os peregrinos gostariam de prolongar o intercâmbio: "Fica conosco", propõem ao estranho. Eles não sabem explicar por que, mas alguma coisa está mudando neles. É durante estes momentos que Jesus nos fala e fala ainda hoje.

Os personagens do Evangelho se nos tornaram familiares. Nem todos são exemplares; mostram-se fanfarrões ou, pelo contrário, se fazem humildes. Sua adesão à mensagem recebida não é automática, longe disso. Pois a exigência é imensa: vender todos os seus bens, deixar pai e mãe, arriscar sua vida pela promessa de receber o cêntuplo do que se tiver abandonado. Quem, num mundo do "risco zero", é capaz de resolver-se sem fraquejar? De qual irmão nos sentimos próximos, daquele que tomou um caminho tortuoso ou do "perfeito", que tem dificuldade de aceitar a misericórdia paterna para com aquele que se extraviou? Somos Martas ou Marias?

Nos evangelhos há os que seguem Jesus a um simples aceno de cabeça; os que amadurecem longamente sua decisão; os que cambaleiam e se perdem; judeus e estrangeiros; homens e mulheres; velhos e crianças; pessoas muito ricas e pessoas muito pobres; bons e maus ladrões... Seus rostos, muitas vezes representados pelos pintores ao longo dos séculos, povoam nossas memórias, alimentam nossa cultura e dão sentido à encarnação: um Deus que se faz homem e se encontra com outros homens. Evidentemente, existe a distância do tempo, a distância das línguas, a distância dos costumes, mas nestes humildes heróis palpita algo intemporal, uma essência de humanidade. Eles, são todos. Eles, são um pouco d'Ele.

De geração em geração, outros homens e outras mulheres – sem tê-lo visto com os próprios olhos nem ouvido com os próprios ouvidos – deram sua vida e emprestaram sua voz a Jesus que, um dia, atravessou sua vida. Personagens célebres – Abbé Pierre,

Joseph Wresinski, Irmã Emmanuelle, Irmão Roger de Taizé, Geneviève de Gaulle-Anthonioz, Václav Havel – e multidões desconhecidas. Um jornalista pode alegrar-se por ter cruzado com muitos ao longo de suas reportagens. Guardados no fundo da memória, fragmentos sem lógica nem hierarquia, a não ser a da emoção sentida ao seu contato. Com uma afeição particular para com as testemunhas engajadas junto aos que não se lhes assemelham – estrangeiros, imigrados, de outras crenças, feridos em seu corpo ou em sua inteligência, detentos, excluídos, marginais... O jornalismo como arte do encontro. O jornalismo como passarela entre homens e mulheres de um lado e do outro da página, de um lado e do outro da tela.

Lembro-me das religiosas retornando à França após anos vividos em países longínquos. Obrigadas a retornar por causa da idade ou de saúde debilitada. Tão ricas em lembranças, em energia e entusiasmo, em amizades estabelecidas. Elas fundaram escolas, abriram dispensários, formaram moças e mulheres para assumir suas responsabilidades em sua família, em sua aldeia. Em nossa sociedade de consumo sem limites e de desigualdades chocantes, elas encontram novamente as pobrezas e os sofrimentos aos quais podem se dedicar. Alegria profunda e comunicativa daquelas que, em nome de Jesus, viveram a vida como elas a entendiam, aventureiras na alma. Mulheres idosas e frágeis, mulheres livres.

Um outro encontro, este virtual, encontro através do papel, mas profundamente comovente. Uma senhora muito idosa escreve a seu querido jornal para reagir vivamente a uma notícia local, a um destes dramas terríveis com os quais a atualidade nos alimenta; ela se insurge com todas as suas forças. "Meus parentes me dizem que seria melhor eu me ocupar com meu fim último", observa ela com humor. Mas, quanto a ela, é o presente dos outros que a mobiliza. Da raça dos "indignados".

Eles moravam num bairro pobre da Valenciennes. Haviam contado seu cotidiano como abertura de uma série de reportagens visando acompanhar a mobilização de associações que chamavam a votar uma lei contra as exclusões. O relato era indigesto – alcoolismo, desemprego, fracasso escolar –, o título violento: "As crianças perdidas de Valenciennes". No dia seguinte, uma carta de protesto escrita por diferentes atores do bairro, do pároco aos assistentes sociais, nos levou ao encontro destes moradores. O quadro não era falso, mas a imagem transmitida pelo espelho midiático era insuportável. Não soubera captar as pequenas luzes da amizade e da solidariedade que tornavam o quadro menos sombrio. Visão dolorosa, na qual se mede o quanto as palavras podem ferir. E a necessidade de esperança.

E tantas fotos de homens, de mulheres, de crianças nas rotas do exílio ou presos nas redes da guerra, da violência, das catástrofes naturais: uma menina nua, queimada por napalm, corre numa estrada do Vietnã, o corpo de uma criança lançado numa praia do Mediterrâneo, uma mãe argelina, a "madona de Bentalha", que perdeu seus filhos na guerra civil e uiva sua dor.

Verdadeiros encontros, profundos, longos ou efêmeros, que nos mudam e transtornam nossas certezas, que nos descentram de nós mesmos. Nos nossos caminhos de Emaús, quando o sol se põe e surge a angústia, sobe então da humanidade incerta um suplicante murmúrio: "Fica conosco".

Capítulo 11
MILAGRES E CURAS

Poderíamos contar as coisas assim...

Por toda a Galileia, a reputação de Jesus o precedia e, por toda a parte, os que tinham doentes queriam trazê-los até ele para que os curasse. Dizia-se que, em Cafarnaum, ele havia curado de uma febre alta a sogra de Simão, o dono de uma empresa de pesca. Desde então, este Simão, que é chamado também Pedro, estava mais em companhia de Jesus do que em seu barco. Murmurava-se também que ele expulsava os demônios e que estes saíam uivando e vociferando.

Enquanto os curandeiros procediam com a ajuda de fórmulas complicadas e gesticulações espetaculares, ele se contentava com uma palavra, um gesto. Em Cafarnaum, um centurião romano enviou amigos, Judeus de boa reputação, para intercederem junto a Jesus em favor de seu servo querido, que estava doente. E o servo se viu curado mesmo sem Jesus ter ido visitá-lo! Outra vez, numa aldeia, uma mulher era afligida havia muitos anos por perdas de sangue que a tornavam impura; bastou ela tocar a franja de seu manto para ficar curada e livre de sua impureza.

Até mesmo os leprosos, que são obrigados a viver afastados, pois se temia que contaminassem os que deles se aproximavam, ousavam lançar-se a seus pés para implorar a cura. E ele, sem hesitar, estendia a mão, os tocava e eles eram purificados.

Certo dia espalhou-se a notícia de que Jesus estava na casa de Simão-Pedro em Cafarnaum. Logo a casa ficou tão cheia de gente que não era possível nem entrar nem sair. E até mesmo as ruas ao redor estavam obstruídas. Chegaram dois homens que queriam apresentar a Jesus seu amigo paralisado, estendido numa maca, mas a multidão barulhenta tornava impossível o acesso. Só lhes restava uma solução: passar pelo telhado. E foi o que fizeram. Com grande dificuldade, contornando a multidão, conseguiram içar seu infeliz camarada ao terraço da casa. A cobertura entre as vigas era feita de barro e palha seca, e o todo era recoberto de esteiras. Não tiveram muita dificuldade em abrir uma brecha e, enquanto os cacos e a poeira caíam e os notáveis que haviam ocupado a primeira fila em torno de Jesus recuavam, os homens desceram a maca do doente suspensa por cordas. Foi assim que o paralítico se viu deitado aos pés de Jesus. Este levantou os olhos para os rostos dos que haviam feito tantos esforços por seu amigo. Viu que sua fé era grande. Fixou o olhar sobre o homem deitado diante dele e disse: "Meu filho, teus pecados estão perdoados".

Estas poucas palavras congelaram na hora os que sacudiam a poeira da roupa: como este homem pretendia ter o poder de perdoar os pecados? Só Deus o pode. Mas Jesus conhecia seu coração e seu pensamento. Voltou-se para eles e, como que para desafiá-los, perguntou: "O que é mais fácil? Dizer ao paralítico: Teus pecados estão perdoados, ou dizer-lhe: Levanta-te, toma teu catre e anda?" Os homens permaneceram mudos, não sabendo o que responder. Então, rompendo o silêncio, Jesus disse ao homem que estava ainda deitado a seus pés: "Vai, levanta-te, toma tua maca e anda". E, no mesmo instante, o homem se ergueu, pegou sua maca e, abrindo caminho entre a multidão estarrecida, voltou para casa.

Daí em diante, em todos os lugares por onde Jesus passava, cegos recuperavam a visão, coxos andavam, surdos ouviam, a língua dos mudos era solta, os possessos eram libertados. Mas também por toda a parte ouviam o murmúrio dos escribas e dos eruditos que perguntavam: com que autoridade ele faz isso? Com que poder ele atua?

As coisas tomaram um rumo mais sério em Jerusalém. À porta da cidade, um homem mendigava; era um cego de nascença. Os discípulos interrogaram Jesus: se este homem é cego desde o nascimento, donde vem o seu mal? E, se não foi ele quem pecou, teriam sido seus pais? Pois era impensável que uma desgraça sofrida não fosse a justa retribuição divina por um mal cometido. Então, quem era culpado? "Nem ele nem seus pais", respondeu Jesus. Depois cuspiu no chão, fez lama com a poeira e colocou os emplastros sobre os olhos do homem. Em seguida, ordenou-lhe que fosse se lavar no tanque de Siloé. Ali, seus olhos se abriram e ele enxergava. Ora, Jesus fez isso num dia de sábado, um dia em que as pessoas se abstêm de fazer alguma coisa, de produzir qualquer coisa, nem que fosse um pouco de lama. Quando os fariseus e os escribas foram informados do fato, eles se perguntaram: era impossível que um cego pudesse ser curado num dia de sábado, era contra a Lei de Deus. Donde um homem que não respeitava a Deus tinha o poder de curar? E, ademais, ninguém jamais conseguira restituir a visão a um cego de nascença.

Por mais que o homem estivesse com os grandes olhos abertos, os peritos religiosos não quiseram nada ouvir: cego ou não, curado ou não, este homem era pecador e continuava sendo. Não havia nada a considerar além disso. Por isso o expulsaram. Foi então que Jesus cruzou com ele. O homem estava cheio de fé e se prostrou aos pés daquele que lhe devolvera a visão.

Este episódio inspirou a Jesus um comentário paradoxal: "Eis que aquele que não via agora vê e aqueles que tinham a visão se tornam cegos..." Quanto aos fariseus e aos escribas, geralmente tão orgulhosos de sua clarividência, não gostaram nada de ser tratados como cegos...

C.P.

Curas e exorcismos

Roselyne Dupont-Roc
Instituto Católico de Paris

Falar hoje dos "milagres" que Jesus realizou é arriscar-se, no melhor dos casos, a um sorriso de comiseração, a um dar de ombros, ou ainda a uma réplica: "Como se pode acreditar em coisas semelhantes!" Os milagres, que por muito tempo foram utilizados para confirmar a divindade de Jesus, tornam-se obstáculos para a fé, ou até objetos de escândalo. Desde o século XVIII a crítica racionalista aplicada aos textos evangélicos apoderou-se destes relatos amplamente impregnados de maravilhoso. Para conservar uma imagem de Jesus correspondente às exigências da razão, os defensores da exegese científica tentaram atribuir o conjunto dos relatos de milagres à imaginação da Igreja antiga: ela reivindicava assim para seu Senhor um poder superior às ações mais espetaculares dos mágicos contemporâneos. Mas o texto resiste. São mais de 200 versículos, de um total de 661 do evangelho de Marcos, provavelmente o mais antigo, que tratam de curas e de exorcismos. Estão no cerne da atuação e da mensagem de Jesus e os críticos mais rigorosos reconhecem hoje que os grupos cristãos, por mais que recuemos no tempo, não podem ter inventado o conjunto destes relatos; podem tê-los amplificado, embelezado, desdobrado alguns, mas resta um núcleo duro histórico: Jesus praticou certo número de curas e de exorcismos.

"O que aconteceu?" não é a pergunta adequada

Cf. o capítulo ► *As aparições aos discípulos*, p. 699.

"Um profeta poderoso em atos e palavras", dizem os discípulos no caminho para Emaús[1]. Precisamos dar às curas e exorcismos operados por Jesus o nome hoje banalizado de "milagre"? A palavra é enganadora; para nós evoca imediatamente fenômenos inexplicáveis pela ciência e contrários às leis da natureza, ou daquilo que podemos saber sobre ela. Ora, nós somos amplamente vítimas de um efeito de anacronismo. Interrogamos os textos e julgamos os fatos com a medida de nossos conhecimentos atuais e de nossa mentalidade que se considera libertada do maravilhoso. No século I de nossa era, a questão científica não era colocada; no entanto, existiam conhecimentos e práticas médicas apoiados na experiência dos curandeiros e em terapêuticas psicossomáticas muitas vezes sutis, ligadas a crenças religiosas profundamente enraizadas.

O mundo antigo está mergulhado no religioso: ali a doença e a loucura são experimentadas como rupturas na ordem das coisas e são compreendidas como efeito das forças do mal. Podem aparecer como castigos, ou mesmo fazer o doente pender para o lado da destruição e do caos. Portanto, as práticas de cura têm sempre um aspecto complexo, no qual o religioso – exorcismos, sacrifícios, práticas encantatórias etc. – se mistura com um esforço de compreensão e de medicação através de meios físicos que nós hoje chamaríamos de "naturais" (plantas, banhos etc.), sem esquecer às vezes um puro charlatanismo. Diversos relatos evangélicos de milagres se aproximam, em sua forma, dos relatos de curas realizadas nos grandes santuários greco-romanos de Pérgamo ou de Epidauro. E a piscina probática de Betesda, onde Jesus cura um paralítico[2], fazia parte de um santuário destinado à cura, cujas ruínas foram expostas pelas escavações arqueológicas. Mesmo que os autores evangélicos possam ter forçado o traço para mostrar ao mundo grego a superioridade de seu mestre, alguns gestos de Jesus pertencem realmente a uma ação terapêutica: assim a difícil cura, feita em dois tempos, de um cego mediante a saliva[3], a cura de um surdo-mudo[4] e o domínio sobre os demônios obtido perguntando qual é seu nome[5].

A pergunta que nos atormenta: "o que aconteceu?", esbarra nos obstáculos múltiplos da distância temporal e cultural e do trabalho literário da composição de um relato, com seus acentos, suas escolhas e sua sobriedade. É evidente que certo número de curas ou de exorcismos operados por Jesus (como por outros terapeutas contemporâneos) poderiam encontrar hoje uma explicação ou um esboço de explicação científica. Alguns sintomas foram identificados: epilepsia, doença de pele; atos e palavras cheios de autoridade têm um poder de sugestão que se encontra com o desejo profundo dos doentes; mas é difícil e incerto fazer diagnósticos à distância!

A própria concepção do mundo antigo, para o qual o homem estava sempre na dependência de poderes sobrenaturais ou divinos, bons ou maus, nos é estranha. Apesar de ensaios sempre decepcionantes e finalmente inúteis, devemos admitir que nossa pergunta não é e não pode ser: "o que aconteceu?", mas "por que isso foi contado?" e "por que foi contado *dessa maneira*?" Para evitar o anacronismo e o julgamento ideológico, precisamos retornar aos textos e interrogá-los em seu contexto. Precisamos também concentrar a investigação na maneira particular como Jesus realiza curas e exorcismos, em seu "estilo", em contraste com outros relatos contemporâneos.

A palavra "milagre" não existe nos evangelhos

Só é deveras significativa para nós a maneira inimitável que Jesus de Nazaré tinha de curar e de devolver o ânimo. É preciso primeiramente observar o que muitas vezes ignoramos: a palavra "milagre" (*thaumasia* em grego) praticamente não existe nos evangelhos; Mateus, Lucas e Marcos dão às ações de Jesus o nome de "atos de poder" (*dynameis*), atos que designam a força que age por ele e nele. A questão logo se apresentou e os ouvintes se dividem. Para eles, a cura e o exorcismo, como já dissemos, dizem respeito ao religioso, ou seja, à relação que o homem mantém com o poder divino. As multidões da Galileia e da Judeia não se enganam e dão glória a Deus dizendo: "Um grande profeta se ergueu no meio de nós e Deus visitou o seu povo"[6], mas os sábios, alguns escribas vindos de Jerusalém, acusam: "É por Beelzebul, o chefe dos demônios, que ele expulsa os demônios"[7]. O agir de Jesus revela uma autoridade soberana, um poder tanto maior porque lhe vem de um outro.

Um outro que ele nomeia imediatamente: "Mas, se é pelo dedo de Deus que eu expulso os demônios, então o Reinado de Deus já vos alcançou"[8]. Na tradição judaica, a expressão "pelo dedo de Deus" remete à força criadora de Deus[9]. Com efeito, a Criação, que o sopro de Deus não cessa de sustentar, é a maravilha incessantemente renovada pela qual os homens podem dar graças. Não existe outro milagre, outro ato de poder, senão o dom da vida com que Deus cumula a cada instante suas criaturas. Deus é Criador e Salvador: no Êxodo, os magos do Faraó reconhecem a superioridade de Moisés, dizendo: "É o dedo de Deus"[10]. Assim, diferentemente dos curandeiros pagãos, Jesus nunca atribui a si mesmo o poder de curar e de salvar. Seu poder lhe é dado, é autorizado por Deus que ele chama de seu Pai, "Deus de ternura e de piedade, de amor e de fidelidade"[11]. Curando, restabelecendo, de acordo com os métodos dos terapeutas gregos ou judeus, mas com uma autoridade soberana, Jesus não atua em seu próprio nome; ele põe em prática o poder de Deus que vem estabelecer seu Reino no meio de seu povo: "E o poder do Senhor atuava para fazê-lo operar curas"[12]. Aos discípulos de João Batista, que o interrogam sobre sua identidade, Jesus responde de maneira malvelada: "Jesus curou muitas pessoas de doenças, de enfermidades e de espíritos malignos e restituiu a vista a muitos cegos. Depois respondeu aos enviados: 'Ide relatar a João o que tendes visto e ouvido: os cegos recuperam a vista, os coxos andam direito, os leprosos são purificados e os surdos ouvem, os mortos ressuscitam, a boa-nova é anunciada aos pobres'"[13] Expressões estas com as quais o profeta Isaías

> *Diferentemente dos curandeiros pagãos, Jesus não atua em seu nome; ele põe em prática o poder de Deus.*

descrevia a renovação da Criação prometida por Deus. Já na sinagoga de Nazaré, Jesus as havia lido publicamente, afirmando: "Hoje, esta escritura se realizou para vós que a ouvis"[14]. Jesus reivindica nada menos do que o poder de Deus que restaura o mundo e lhe dá uma vida nova; pretende nada menos do que ser aquele que inaugura a vinda do Reino.

◂ Cf. *Jesus na sinagoga de Nazaré*, p. 192.

Um protesto contra o mal

Depois de Marcos, Lucas alterna parábolas e relatos de atos de poder. As parábolas são, na maioria das vezes, imagens desse "Reino" de Deus que Jesus anuncia e que cresce no segredo das vidas; do mesmo modo, os atos de Jesus mostram que "o Reino de Deus acaba de alcançar" os ouvintes de Jesus. Porque ele não é apenas o poeta do Reino, mas é seu realizador. A própria maneira como ele se aproxima das pessoas lhes mostra a possibilidade de uma vida nova. A maioria das curas ou exorcismos vem do fato de Jesus ser tomado pela compaixão: diante dos pobres, diante dos doentes e dos sofredores, diante das multidões em busca de salvação, Jesus, como o Samaritano[15] e o pai de filho pródigo[16] de suas parábolas, é "tomado pela compaixão". Fica transtornado diante do leproso, do possesso ou da viúva que chora seu filho morto[17]. Tomado de compaixão por estes homens e estas mulheres esmagados pela doença, pela violência e pela morte, Jesus os ama espontaneamente, do mais profundo de seu ser. De acordo com uma tradição manuscrita (ou seja, o texto de alguns manuscritos antigos de que dispomos), Jesus fica mais do que "comovido" – expressão dos outros manuscritos –, mas é literalmente "tomado pela cólera" diante do leproso excluído da cidade[18]. Do mesmo modo diante da morte de seu amigo Lázaro[19]. Cólera, protesto contra as forças do mal, contra aquilo que destrói o ser humano do qual ele se aproxima e se faz próximo. Tão próximo que ele procura um contato físico, um gesto de ternura e de consolo: toca o leproso, os ouvidos e a boca do surdo-mudo, os olhos do cego. Por toda a sua atitude, Jesus encarna a recusa de Deus diante daquilo que destrói sua obra: a humanidade que ele ama e da qual ele quer a vida.

◂ Cf. *Os manuscritos do Novo Testamento*, p. 91.

Mas a bondade criadora de Deus está incessantemente exposta à violência das forças de destruição e de descriação; e, porque Deus é por excelência o Vivente, o Santo (é apenas outra maneira de dizer), tudo aquilo que causa dano à vida parece oposto à santidade de Deus. O judaísmo, como muitas sociedades da Antiguidade, havia desenvolvido uma extrema sensibilidade à noção de pureza e impureza. Era impuro tudo aquilo que afastava da fonte da vida, tudo aquilo que afastava de Deus: dano físico, deficiência, doença de pele, doença psicossomática, tudo se tornava sinônimo de im-

A maioria das curas ou exorcismos vem do fato de que, diante dos doentes e dos sofredores, Jesus é "tomado de compaixão".

pureza; e quem era impuro era excluído do grupo religioso, excluído principalmente do Templo, o lugar da presença de Deus, o Santo, o Vivente, no meio de seu povo.

Ora, os diversos males que atingem o corpo – doença, possessão, morte – são formas exteriores do mal. Mas o mal corrói também os seres humanos no interior deles próprios: a recusa da relação, a violência – o que a tradição judeu-cristã chama de pecado. A palavra se tornou incômoda, parece obsoleta. No entanto, ela exprime a verdade profunda do coração humano ferido: o homem está dividido no mais profundo dele próprio, impotente e às vezes cúmplice diante das forças de morte que ele descobre em si mesmo. A experiência de uma vontade dividida ("não faço o bem, que quero, e faço o mal, que não quero"[20], como dirá Paulo) é compartilhada pelo mundo greco-romano e pelo mundo judaico; ela continua sendo a nossa. Mas, diferentemente da consciência trágica do mundo greco-romano, judeus e cristãos só se reconhecem pecadores tomando consciência da misericórdia infinita de um Deus que vem reconciliá-los com ele e consigo mesmos.

Levanta-te e anda!

Ora, em toda a tradição antiga, estava amplamente difundida uma concepção ingênua da unidade das forças do mal: o doente e o leproso são pecadores. O mal físico é a consequência, se não o castigo, de um mal moral. Uma concepção da qual infelizmente ainda hoje não estamos imunes. Assim compreendemos melhor que um dos primeiros atos de poder de Jesus, em Cafarnaum, tenha assumido a forma surpreendente de um debate com os escribas ou os fariseus a respeito do perdão dos pecados. Como pode Jesus afirmar: "Que é mais fácil? Dizer: 'Teus pecados te são perdoados' ou dizer: 'Levanta-te e anda'?"[21] O leitor de hoje se sente incomodado, se não escandalizado: à semelhança de seus contemporâneos, Jesus consideraria a paralisia uma consequência do pecado, teria ele feito sua esta visão arcaica? Mas seu discurso não prossegue neste sentido. A deficiência deste homem o isolava da sociedade, o transformava "objetivamente" num impuro e num pária. Se o pecado é aquilo que "ata", que paralisa na relação e finalmente impede de viver de pé, Jesus se dedica primeiramente a libertar, a desatar; o verbo do perdão que ele utiliza é: "deixar ir"[22]. O ser humano é um todo e, quando as forças de separação e de exclusão o encarceram e colocam à parte, é primeiramente o pecado que precisa ser reparado, perdoado; como laços que alguém desfaz, o perdão é libertação do cárcere e restauração das relações entre os seres. E se a cura física vai junto, é porque ela é o sinal de sua reintegração no mundo dos vivos.

Como os rabinos de seu tempo, Jesus "conhece o coração do homem", conhece "esta propensão má" (*yetser ha-ra'*) do ser humano que quer viver sozinho, na recusa constante da acolhida do outro. O pecado é o nome dado a este retraimento, a esta cegueira voluntária que se recusa a reconhecer a bênção compartilhada por todos e a adaptar-se a ela. Mas os atos de poder de Jesus manifestam que a bondade criadora está sempre atuando e que nada pode opor-se a Deus em seu projeto de bênção da humanidade. Afirmam que Deus ama os seres humanos apesar de tudo, na fragilidade, na pobreza e às vezes na torpeza de suas vidas. Por seus atos, Jesus anuncia a Boa-Nova de um Deus que os liberta das forças que prendiam sua vontade, que faz surgir deles a possibilidade da reconciliação consigo mesmos, com os outros, com a vida.

◄ Cf. *Estilos e abordagens dos rabinos no tempo de Jesus*, p. 278.

Mas por que então Jesus não os multiplica? Por que se contenta em curar e arrancar do poder demoníaco alguns privilegiados, e ainda com certa reticência?

Jesus não impõe, ele propõe

Embora alguns sumários generalizem sua atividade junto às multidões na Galileia: "Ele curava muitas pessoas acabrunhadas por enfermidades diversas e expulsava muitos demônios", Jesus tende mais a fugir dos que querem tocá-lo ou vê-lo para serem curados. Várias vezes ele se retira para lugares isolados, esquiva-se ou escapa da multidão; pede ao leproso curado ou aos pais da jovem restabelecida da morte que não falem disso a ninguém[23]. Não só ele não procura a celebridade, mas teme o equívoco; o evangelho de João o formula claramente: "Jesus, sabendo que viriam pegá-lo para fazê-lo rei, retirou-se de novo, sozinho, para a montanha"[24].

Jesus não vem como taumaturgo♦ todo-poderoso, não vem como rei; ele vem abrir os caminhos do Reino, preparar a vinda de Deus. Adota, portanto, o "estilo" do próprio Deus, respeitando até o fim a liberdade de cada um, propondo sem impor, pondo novamente a caminho uma humanidade que fraqueja e desmorona. Ele vem para pôr novamente de pé, "levantar": *anisthêmi*, *egeirô*, verbos que servem para designar a ressurreição. Mas o Reino de Deus não vem com manifestações espetaculares, não vem de maneira manifesta: "O Reino de Deus está no meio de vós"[25]; e o único sinal dado é o sinal da fé: impuros, excluídos, pagãos voltam para Deus. Aqueles que Jesus cura são, na maioria das vezes, pessoas afastadas dos círculos do poder religioso ou social. Por definição, porque são deficientes, doentes, leprosos, porque fazem parte da ralé desprezada da Galileia. A maioria é também composta de anônimos. Em todos os evangelhos, somente dois são conhecidos pelo nome: Bartimeu e Maria de

Mágdala. Eles têm em comum a característica de encontrar-se em grande aflição física e moral e de aproximar-se de Jesus porque ouviram falar dele. Eles vêm estimulados por uma confiança louca, às vezes porque é sua última chance, como a hemorroíssa que toca furtivamente o manto de Jesus[26]. Refugos de uma humanidade perdida, mas que não perdeu a esperança de viver, que não perdeu a confiança no possível de Deus. Uma das primeiras curas de Jesus é impressionante deste ponto de vista: quando os amigos do paralítico passam pelo teto no qual abrem uma brecha para fazer descer o doente diante de Jesus, este, "vendo-lhes a fé", levanta o homem acamado[27]. O doente é salvo pela fé sem escrúpulos de seus amigos!

O evangelho de Marcos deleita-se em opor a fé espontânea de alguns à "falta de fé" dos compatriotas de Jesus em Nazaré: "E não podia fazer ali nenhum ato de poder... e admirava-se de sua falta de fé"[28]. Pois a luz do Reino não se impõe, ela permanece ligada à espera e à abertura dos corações. O que é vivido e lido na fé como gesto de salvação, um "milagre", pode permanecer indiscernível para aquele que não crê. Para acolher o Reino é preciso a humildade e a confiança dos que chegaram ao fundo da miséria, dos que mediram sua impotência e sabem que somente o Deus da vida, o Deus da misericórdia e do amor, pode levantá-los. Aqueles que, em vez de apostar em si mesmos ou em seu próprio desespero, aceitam apostar tudo em Deus. Estes atravessaram a provação, mergulharam no mundo opaco do mal e da morte, mas continuam aguardando a luz e esperando a vida. Jesus dá a eles a vida fazendo-a surgir do mais profundo de seu desejo. Esta vida, que ele próprio está pronto a entregar ao Pai, é a vida que surge da morte através da Páscoa.

Jesus teme o equívoco: ele não vem como rei; vem abrir os caminhos do Reino.

"Salvar" é mais do que "curar"

Porque tudo, nos evangelhos, é releitura do passado à luz da ressurreição. É aqui que surge a pergunta: "Por que isto nos é contado *desta maneira*?", pergunta mais pertinente do que nossa curiosidade de modernos: "O que aconteceu exatamente?" Após a morte de Jesus, os apóstolos têm a experiência abrasadora do encontro com o Ressuscitado; desde então, tudo aquilo que eles viveram com ele será retomado e meditado sob este prisma: Jesus caminhou em direção à cruz, suportou e atravessou os sofrimentos e a morte, mas foi reerguido, elevado para junto de Deus. Relidos com esta fé, portanto, seus atos de poder, curas, exorcismos aparecem como sinais da vida nova que ele inaugurou; estes homens e estas mulheres são convidados a atravessar a doença ou a enfermidade para caminhar com ele para a Vida. Os evangelistas consideraram também que certos atos de poder de Jesus chegavam a realizar aquilo que todos os outros designam e anunciam: sua vitória sobre as forças do mal será um dia vitória sobre a própria morte, o "último inimigo". Fala-se de relatos de "ressurreição" a propósito do filho da viúva de Naim[29], da filha de Jairo, chefe da sinagoga[30], do amigo querido de Jesus, Lázaro[31]. Mas, em cada um destes casos, trata-se antes de "reanimação" . Seria melhor falar de relatos que anunciam antecipadamente a participação de todos na ressurreição de Jesus.

◄ Cf. *O que é curar?*, p. 305.

◄ Cf. quadro da p. 730.

As curas encaixadas da hemorroíssa e da filha de Jairo adquirem então todo o seu sentido[32]. Com efeito, o relato de Lucas, no capítulo 8, é construído em forma de "sanduíche": enquanto o chefe da sinagoga veio suplicar a Jesus que curasse sua filha única (v. 40-42), uma mulher da multidão se aproxima de Jesus e chega a tocar as franjas de seu manto; só depois de ter reconhecido que a mulher estava curada (v. 43-48) é que Jesus chegará à casa de Jairo, para "acordar" a filhinha que acaba de morrer (v. 49-56). À mulher curada de seu mal, Jesus disse: "Tua fé te salvou". Para ela, esta "salvação" é primeiramente a cura de um mal que a esgotava, que a tornava impura e a mantinha afastada dos outros. Mas o verbo "salvar" expressa mais do que uma cura física. A sequência esclarece: é da morte que Jesus acorda a filha única de Jairo: "Jesus disse: 'Não choreis; ela não está morta;

"Ao voltar, Jesus foi acolhido pela multidão, pois eles estavam todos a esperá-lo. E eis que chegou um homem chamado Jairo; ele era chefe da sinagoga. Caindo aos pés de Jesus, suplicava-lhe que viesse à sua casa porque ele tinha uma filha única, de cerca de doze anos, que estava morrendo. Enquanto Jesus ia, as pessoas quase o sufocavam.

Havia ali uma mulher que sofria de hemorragia fazia doze anos; ela perdera tudo o que possuía com médicos e nenhum a pudera curar. Aproximou-se por detrás, tocou na franja de sua veste e, no mesmo instante, a sua hemorragia cessou. Jesus perguntou: 'Quem foi que me tocou?' Como todos se escusassem, Pedro disse: 'Mestre, é o povo que te aperta e te comprime'. Mas Jesus disse: 'Alguém tocou em mim; eu senti uma força sair de mim'. Vendo que não passou despercebida, a mulher veio, tremendo, lançar-se aos seus pés; ela contou diante de todo o povo por que motivo havia tocado nele, e como tinha sido curada no mesmo instante. Então ele lhe disse: 'Minha filha, a tua fé te salvou. Vai em paz'.

Ele ainda falava quando chegou alguém da casa do chefe da sinagoga e disse: 'A tua filha morreu. Não incomodes mais o mestre'. Mas Jesus, que ouvira, disse a Jairo: 'Não tenhas medo; crê somente e ela será salva'. Ao chegar a casa, Jesus não deixou entrar consigo senão Pedro, João e Tiago com o pai e a mãe da criança. Todos choravam e se lamentavam por causa dela. Jesus disse: 'Não choreis; ela não está morta, ela dorme'. E eles zombavam de Jesus, porque sabiam que ela estava morta. Mas ele, tomando-a pela mão, chamou-a: 'Menina, acorda'. O seu espírito voltou e ela se levantou no mesmo instante. E ele ordenou que lhe dessem de comer. Os seus pais ficaram estupefatos; e ele lhes ordenou que não dissessem a ninguém o que havia acontecido".

Lucas 8,40-56

ela dorme'. [...] Ele, tomando-a pela mão, chamou-a: 'Menina, acorda'". Ser salvo por ele é ser arrancado do desespero e da morte, é reencontrar o caminho da confiança e de uma vida mais forte do que a morte; é, como ele, atravessar a morte para juntar-se ao Deus dos vivos.

Um pouco antes, no mesmo evangelho, Jesus reergue um jovem, filho único de uma viúva, que as pessoas estavam levando para ser enterrado, e o restitui à sua mãe. São os únicos lugares no evangelho em que o termo "filho/a único/a" é aplicado a alguém que não é Jesus; mas o evangelista já advertiu o leitor que Jesus é "o filho único, o filho bem-amado do Pai"[33]. Estes poucos relatos em que Jesus "acorda" ou "levanta" da morte um filho único utilizam um vocabulário que já é o vocabulário de sua ressurreição. Significam que, por sua presença, suas ações e suas palavras, Jesus já faz germinar uma Criação nova.

1. Lc 24,19. **2**. Jo 5,1-18. **3**. Mc 8,22-26. **4**. Mc 7,31-37. **5**. Mc 5,9. **6**. Lc 7,16. **7**. Lc 11,15. **8**. Lc 11,20. **9**. Sl 8,4. **10**. Ex 8,15. **11**. Ex 34,6. **12**. Lc 5,17. **13**. Lc 7,21-22. **14**. Lc 4,21. **15**. Lc 10,33. **16**. Lc 15,18. **17**. Lc 7,13. **18**. Mc 1,41. **19**. Jo 11,33. **20**. Rm 7,19. **21**. Lc 5,23. **22**. Mc 2,5-9. **23**. Lc 8,56; Mc 1,44. **24**. Jo 6,15. **25**. Lc 17,20-21. **26**. Lc 8,44. **27**. Lc 5,20. **28**. Mc 6,5-6 e Lc 4,28. **29**. Lc 7,11-17. **30**. Lc 8,49-56. **31**. Jo 11. **32**. Lc 8,40-56. **33**. Lc 3,22; 9,35.

Os "milagres da natureza"

Joseph Doré
Instituto Católico de Paris

Na atividade de Jesus como taumaturgo♦, é bastante comum separar o que se chama "milagres da natureza". Diferentemente das curas, exorcismos e ressurreições, eles não dizem respeito nem ao corpo nem ao espírito das pessoas com quem ele se encontra, mas ao que se chama "natureza" ou, em sentido mais amplo ainda, mundo inanimado. Olhando de perto, porém, as atividades surpreendentes do profeta de Nazaré agrupadas sob esta designação são muito diversas, porque vão do episódio da figueira estéril[1] à pesca milagrosa[2], passando pela tempestade acalmada[3], pela caminhada sobre as águas[4], pela multiplicação dos pães[5] e mais algumas outras. Por conseguinte, esta categoria um tanto aproximativa suscita muitas vezes perplexidade.

No entanto, espontaneamente, os leitores dos evangelhos consideram estes milagres os mais significativos de todos os que Jesus pôde realizar. Com efeito, caminhar sobre a água parece muito mais extraordinário do que curar um doente. Ademais, certa teologia clássica não deixou de insistir nestas ações extraordinárias com finalidades apologéticas♦. É logicamente também em torno deste tipo de milagres que se cristalizam as diferenciações quanto à credibilidade dos evangelhos. Para os racionalistas positivistas, eles levam ao auge a incompatibilidade do texto evangélico com a abordagem científica do mundo, e bastam por si sós para lançar o descrédito sobre a totalidade do que é relatado quanto à atividade de Jesus. Para os crentes marcados pelo conservadorismo, eles trazem, pelo contrário, *a prova* por excelência da divindade de seu autor; a seus olhos, introduzir a menor interrogação sobre o tema já é sinal de que a pessoa começou a se deixar vencer pela incredulidade.

Por que as coisas nos foram contadas desta maneira?

Na verdade, ninguém, nem de um lado nem do outro, está em condições de ter acesso direto aos acontecimentos relatados e, portanto, de arvorar-se em juiz de sua realidade ou de sua não-realidade. De maneira mais trivial, digamos que nós "não estávamos lá!" Estamos todos con-

"Ora, um dia ele subiu ao barco com os seus discípulos; ele lhes disse: 'Passemos para a outra margem do lago', e eles se fizeram ao largo. Enquanto navegavam, Jesus adormeceu. Um vendaval se abateu sobre o lago; o barco fazia água e eles se achavam em perigo. Aproximaram-se e o despertaram, dizendo: 'Mestre, mestre, estamos perecendo!' Ele acordou, ameaçou o vento e as ondas; eles se apaziguaram e se fez a bonança. Depois ele lhes disse: 'Onde está a vossa fé?' Tomados de temor, eles se maravilharam e diziam entre si: 'Quem é este, que manda até nos ventos e nas ondas, e eles lhe obedecem?'"

Lucas 8,22-25

denados a passar pela mediação dos textos evangélicos que mencionam tais milagres. Ora, estes textos estão situados num tempo, a Antiguidade, e numa tradição, neste caso a hebraica, nos quais as alegações de milagres são moeda corrente a respeito de personagens extraordinários, que muitas vezes têm poder sobre a natureza. No entanto, resta que, embora toda busca do "fato em si' só possa ser vã, a busca do sentido destes relatos pode revelar-se fecunda. Em outras palavras, como vale para os outros milagres evangélicos, a questão principal não é: "O que aconteceu?", mas: "Por que – e até, em primeiro lugar: como – isto nos é relatado?"

Um primeiro dado importante a destacar é de ordem redacional: os milagres de Jesus nos são apresentados num quadro geral que baliza e esclarece com grande precisão sua compreensão. Antes mesmo de começar sua vida pública, Jesus denuncia expressamente como uma tentação vinda de Satanás a hipótese de transformar as pedras em pães, bem como a de se jogar do alto do pináculo do Templo[6]. Será que temos aqui uma recusa a todo ato de poder? O leitor poderá, em todo caso, surpreender-se com razão que lhe contem, algumas páginas adiante, que o mesmo Jesus caminhou sobre as águas e multiplicou os pães[7]. Em seguida, na outra extremidade de seu ministério, desde que entra em sua Paixão, Jesus acaba com os milagres e se recusa a recorrer a eles para salvar-se a si mesmo, o que o texto realça relatando os sarcasmos de seus adversários[8]. Por fim, ao longo de toda a sua atividade pública, ele não cessa de advertir contra toda interpretação de seu comportamento que levasse a ver nele apenas um mago, um ator do maravilhoso – numa palavra, um taumaturgo!

Cf. *As* ▸ *Tentações no deserto*, p. 185.

Este quadro geral já permite perceber qual é a intenção principal dos narradores. Trata-se, para eles, de concentrar a atenção na *própria pessoa* de Jesus e no interesse que ela suscita. E, tanto aqui como em outros lugares, não devemos esquecer este dado fundamental: os autores do Novo Testamento releem o conjunto da atividade, da vida e, portanto, da personalidade de Jesus *à luz de sua fé em sua ressurreição dentre os mortos*. Evidentemente, este aspecto é particularmente impressionante nos relatos de milagres com os quais nos ocupamos aqui.

Uma expressão narrativa da fé pascal

A impressão de leitura é confirmada pela pesquisa exegética, que traz argumentos sérios. No relato da caminhada sobre as águas, como no da tempestade, podemos encontrar pelo menos três elementos característicos das aparições de Jesus ressuscitado. Quando Jesus se aproxima do barco caminhando sobre a água, os discípulos não o reconhecem imediatamente; da mesma forma, Maria de Mágdala ou os peregrinos de Emaús não identificarão imediatamente o Ressuscitado[9]. Em seguida, este os tranquiliza e "dissipa seu medo" – as mesmas palavras que dirá o Ressuscitado ao voltar para o meio de seus discípulos. Para terminar, estes milagres ocorrem no "mar da Galileia", onde o Ressuscitado marcará um encontro com os seus.

De passagem, podemos também estabelecer um elo entre a narração destes milagres e a cena da Transfiguração[10]. Sobre a montanha sagrada, os discípulos Pedro, Tiago e João sabem muito bem que se trata de Jesus, mas também ali não o reconhecem e sentem também eles um verdadeiro pavor. Não obstante terem sido alertados pela presença de Moisés e de Elias enquadrando Jesus na glória, no final do episódio eles são claramente informados que o sentido e a própria verdade daquilo que acabam de viver só poderão manifestar-se a eles após os acontecimentos da Páscoa.

◄ Cf. *A Transfiguração de Jesus e de seus discípulos*, p. 513.

Estes relatos de milagres comportam, por outro lado, alusões muito fortes ao Antigo Testamento. Estas vão igualmente no sentido de uma expressão narrativa da fé pascal: com efeito, é a fé na ressurreição de Jesus que alimenta aqui a narrativa. Assim atribuem a Jesus comportamentos e prerrogativas do próprio Deus. Por exemplo, o domínio sobre as águas e sobre "os elementos" remete claramente ao Deus Criador[11]. Quanto à multiplicação do alimento e da bebida para o povo em necessidade, ela evoca Moisés obtendo do Senhor o maná no deserto[12] e Elias e Eliseu distribuindo generosamente em nome de Deus o pão e a água no tempo da fome[13].

Estes relatos de milagres comportam elementos característicos das aparições de Jesus ressuscitado.

Por fim, está bem claro que a multiplicação dos pães para a multidão, como a mudança da água em vinho em Caná[14], ecoam a celebração das comunidades crentes que, após a morte de Jesus, se reúnem na fé no Ressuscitado.

◄ Cf. *Que sentido dar ao "sinal" de Caná?*, p. 196.

A fé e a vida dos cristãos

A intenção destes relatos não é diretamente contar um episódio da vida do profeta de Nazaré – ainda que os exegetas possam, em vários casos, apresentar elementos capazes de remeter a certos dados factuais.

Podemos, por exemplo, avaliar que o relato da multiplicação dos pães tem de fato sua fonte na lembrança maravilhada de uma espécie de "banquete" mais ou menos inesperado, compartilhado ao ar livre em torno de Jesus. A finalidade consiste em explicitar o elo entre este Jesus que foi visto, ouvido e tocado "nos dias de sua carne" e aquele Jesus que, à luz de sua ressurreição, aparece doravante em sua verdadeira identidade. Aqui está o ponto alto destes relatos: o que é revelado em Jesus, por sua morte e sua ressurreição, não é uma identidade pessoal nova, mas a profundidade real de seu ser: a dimensão divina que já estava nele e que agora pode ser reconhecida. Por sua postura de fé pessoal e por sua participação na vida eclesial e sacramental♦, os discípulos dispõem dos meios para enfrentar as possíveis tempestades e até para atravessar o mar às vezes encapelado e a morte sempre ameaçadora. A leitura pós-pascal dá àquilo que pôde ser vivido com Jesus antes de sua morte um sentido novo que, muito tradicionalmente, será considerado "pleno".

Em todos os casos, a intenção destes relatos é clara. Não consiste em dispensar a fé em Jesus, o Cristo de Deus, fornecendo o que poderiam ser "provas" que finalmente tornariam supérfluo esse ato. Consiste em chamar a esta fé. Neste caso, o que é proposto ao leitor do texto não é tanto crer nas ações extraordinárias do profeta de Nazaré, mas antes crer no mistério divino que se revelou em sua pessoa, em sua palavra, em sua atividade e, finalmente, ao longo de todo o seu destino.

1. Mc 11,12-14 e paralelos. **2**. Lc 5,4-11; Jo 21,4-11. **3**. Lc 8,22-25 e paralelos. **4**. Mc 6,45-51 e paralelos. **5**. Lc 9,10-17 e paralelos. **6**. Lc 4,1-4. **7**. Mt 14,13-33; Lc 9,10-17. **8**. Lc 23,35-37 e paralelos. **9**. Mc 6,39-50; cf. Jo 20,14; Lc 24,31. **10**. Lc 9,28-36 e paralelos. **11**. Cf. Gn 1,1-7. **12**. Ex 16. **13**. 1Rs 17,1-15 e 2Rs 4,42-44. **14**. Jo 2,1-10; 6,1-15 e paralelos.

ESCLARECIMENTOS

Por que João fala de sinais?

Roselyne Dupont-Roc
Instituto Católico de Paris

O evangelho de João, muitas vezes chamado "evangelho espiritual", encena uma ampla meditação sobre a pessoa de Jesus e sobre sua identidade reconhecida na fé. O conjunto do livro é enquadrado assim: desde o início, João afirma que "muitos creram em seu nome à vista dos sinais que ele realizava"[1]; e, em sua conclusão, explicita que "Jesus realizou ante os olhos de seus discípulos muitos sinais que não estão consignados neste livro. Estes foram escritos para que creiais..."[2]

Com efeito, na primeira parte deste evangelho, os gestos de poder que Jesus realiza trazem um nome diferente do nome dado nos sinóticos: são "sinais" (*sêmeia*) que convidam a crer. A tal ponto que, para este primeiro conjunto, se fala de um "livro dos sinais", enquanto a segunda parte do evangelho recebe o nome de "livro da glória". De maneira magistral, João constrói algumas cenas de encontros, nas quais Jesus realiza um ato de poder, ao mesmo tempo que entra em diálogo com aquele que ele cura e com aqueles que o cercam. Cura física, cura moral e espiritual: Jesus se encontra com a mulher da Samaria, cura o filho de um oficial régio, restabelece um paralítico, alimenta as multidões, despede em liberdade a mulher adúltera jurada de morte... Os últimos sinais são a cura de um cego de nascença e a ressurreição de Lázaro. Como nos atos de uma peça de teatro, os diferentes personagens ou grupos são confrontados com a ação de Jesus, que os obriga a reagir e a tomar posição diante dele. Enquanto o cego de nascença que encontrou a visão professa com firmeza e coragem sua nova fé, seus pais e vizinhos se esquivam e os fariseus adversários de Jesus permanecem "cegos" diante do poder de Deus que ele revelou[3]. Por sua vez, as irmãs de Lázaro, Marta e Maria, são levadas a superar a confiança espontânea no amigo que elas chamam e que demora a chegar, para entrar num reconhecimento mais profundo de sua pessoa, que torna presentes o amor e o poder de Deus. Diante de Lázaro morto, Jesus compartilha sua dor e suas lágrimas, com elas estremece de emoção e chora. Depois as convida a passar do choro e do luto à fé, para entrar numa vida nova: "Aquele que crê em mim, mesmo que morra, viverá; e todo aquele que vive e crê em mim não morrerá jamais"[4]. Porque crer nele é viver, viver com uma vida que supera a morte.

À pergunta que se encontra nos três primeiros evangelhos e interpela seu leitor: "E vós, quem dizeis que eu sou?", o evangelho de João responde: "Estes foram escritos para que creiais que Jesus é o Cristo, o Filho de Deus, e para que, crendo, tenhais vida em seu nome"[5]. Os sinais que pontuam a primeira parte do evangelho são, portanto, apelos dirigidos aos discípulos e a todos os que aceitarem crer. No termo de um longo caminho, eles são convidados a reconhecer que o poder de vida e de salvação, que é o poder de

Deus, está doravante entregue totalmente nas mãos do Filho – este Jesus com quem eles se encontraram.

1. Jo 2,23. 2. Jo 20,30-31. 3. Jo 9. 4. Jo 11,25-26. 5. Jo 20,31.

* * *

Os milagres são uma prova?

Pierre Gibert
Universidade Católica de Lyon

Por muito tempo considerados provas da divindade de Jesus, seus milagres foram utilizados assim em tempos de crise, especialmente na virada do século XX, quando os apologetas se opunham aos "racionalistas" contestatários da época. No entanto, mesmo para o historiador crente, esta utilização é relativa, ou até contestável.

Em primeiro lugar, o relato de milagre está longe de ser uma particularidade evangélica (ou crística) exclusiva. A atribuição de "milagres" a personalidades mais ou menos excepcionais era relativamente comum no judaísmo como também na Antiguidade greco-romana. Assim, foram atribuídos milagres a Alexandre Magno (atravessando a pé enxuto o ponto Euxino ou mar Negro) e até ao imperador Vespasiano (que curou um cego ao qual ordenara que lavasse os olhos numa piscina...). No mundo judaico, foi sobretudo na virada da era cristã que alguns rabinos (Rabbi Eliezer, Hanina ben Dosa, Rabban Gamaliel I...) foram reconhecidos como "taumaturgos".

De fato, foi não muito antes do século III antes de nossa era que o relato de milagres, como o entendemos até hoje, aparece na Antiguidade pré-cristã. Até lá, mesmo que no Antigo Testamento se lhe conceda algum lugar através de diferentes "prodígios" (passagem do mar Vermelho a pé enxuto, travessia do Jordão da mesma forma...), ou de certos episódios biográficos como os "milagres" de Elias e de Eliseu nos livros dos Reis, contam-se relativamente poucos casos em comparação com o que se conta em épocas mais recentes. É entre este século III e o século I de nossa era que surgem relatos de milagres atribuídos a personalidades notáveis. Difundem-se então no mundo judaico como também no mundo pagão.

Por isso, impõe-se aqui uma importante constatação: o alcance limitado daquilo que, até o início do século XX, levou a atribuir a Cristo um poder específico, ou mesmo exclusivo, ao ponto de às vezes ver em seus milagres uma prova importante, ou até a prova principal, de sua divindade – chegava-se às vezes a incluir neles sua própria ressurreição, afirmando que ele se teria ressuscitado a si mesmo! Em outras palavras, o relato de milagre não pode ser privilegiado como sinal exclusivo da divindade. Além disso, ele não produz necessariamente um reconhecimento pleno de Cristo nem de seu ensinamento, já que certo "hábito" milagroso, contemporâneo, valorizava igualmente os taumaturgos no mundo judaico, como já evocamos.

Apesar disso, os relatos evangélicos de milagres têm uma função necessária para a compreensão da personalidade de Jesus, de sua mensagem e de seu destino, levando em conta o lugar que eles ocupam: três quartos dos evangelhos sinóticos, metade do evangelho joânico. Mesmo que o milagre se deva o mais das vezes a uma "emergência" (curas...), seu relato menciona muitas vezes certa desconfiança da parte de algumas testemunhas, uma desconfiança que, em certos momentos, chega à oposição declarada. Assim Jesus se vê contestado violentamente pelos Judeus depois de ter curado um cego de nascença[1]. Porque o milagre não leva necessariamente a uma forma de fé. No melhor dos casos, despertará uma pergunta nas testemunhas, pergunta que pode ficar sem resposta, quando não termina em polêmica e em rejeição[2], como pode ocorrer, particularmente em João.

Notemos também que, se os milagres de Jesus podem ser relativizados ao ser aproximados de certos milagres de rabinos, ou mesmo de pagãos, eles mostram uma notável particularidade: enquanto para os outros taumaturgos, judeus ou pagãos, o milagre é relatado quase exclusivamente para a glória pessoal deles, no que diz respeito a Jesus o milagre é realizado primeiramente como um ato de caridade, de cura ou de alívio. Por isso Jesus pede muitas vezes aos beneficiários que não falem do ocorrido[3].

Mais importante ainda é notar a parte do relato evangélico que exclui o milagre e, portanto, o relato de milagre: a sequência da Paixão. A partir da entrada triunfal de Jesus em Jerusalém, até sua morte e suas manifestações como Ressuscitado, não se tratará mais de milagres. E o único episódio que, nesta sequência, poderia ter manifestado um milagre, a cura da ferida provocada por Pedro ou por um discípulo na orelha de um dos esbirros que vieram prender Jesus, este episódio é reduzido ao mínimo do relato, sem efeito de "reconhecimento miraculoso" como encontramos no resto dos evangelhos[4].

Assim, no quadro narrativo do processo de Jesus e *a fortiori* no de seu suplício e de sua morte, o milagre já não ocorrerá, como também não ocorrerá nos episódios de manifestação do Ressuscitado. Manifesta-se então uma outra ordem de realidade de Cristo, que de algum modo faz desaparecer o milagre para instaurar uma outra ordem de experiência e, portanto, de conhecimento: a ordem da fé e da esperança exigida por sua Paixão, sua morte e sua ressurreição. Resumindo: nos evangelhos tudo é feito como se o milagre devesse desaparecer diante desse fato essencial da missão de Cristo: a salvação da humanidade, concretizada justamente nesta Paixão que desemboca nas manifestações sem dúvida extraordinárias do Ressuscitado, mas sem milagres.

1. Jo 9,1-15. **2.** Lc 13,17. **3.** Lc 8,56. **4.** Mc 14,47; Mt 26,51-53; Lc 22,50-51; Jo 18,10-11.

* * *

Os demônios: Quem são? O que fazem?

Michel Berder
Instituto Católico de Paris

O Novo Testamento (e especialmente os evangelhos) menciona frequentemente as forças do Mal, que se opõem ao projeto de Deus e perturbam os seres humanos em sua vida pessoal, social e religiosa.

Para designar estes poderes, as denominações são tomadas essencialmente do Antigo Testamento e das tradições do judaísmo antigo. Algumas formulações permanecem muito gerais: o Mal[1], as trevas[2]. Mas muitas vezes os textos recorrem a representações que evocam seres sobrenaturais dotados de palavra e de poderes nefastos. No singular, fala-se de Satanás (= o Acusador, o Adversário)[3], do Diabo (= o Divisor)[4], do Tentador[5], do Príncipe deste mundo[6], do Inimigo[7]. No plural, trata-se de demônios (*daimonia*)[8], de espíritos impuros (*pneumata akatharta*)[9], de espíritos maus (*pneumata ponêra*)[10].

Algumas designações fazem referência a uma organização hierárquica. Assim, atribui-se a Beelzebul o título de "chefe dos demônios"[11]. A terminologia usada para explicar suas maneiras de agir é muito marcada pelas noções de violência, de combate, de dominação, de submissão. Às vezes uma doença ou uma enfermidade é atribuída explicitamente à ação de um espírito[12]. Relatando a Paixão de Jesus, Lucas atribui a traição de Judas a uma intervenção direta de Satanás[13].

Antes, até o início do ciclo da Paixão, Jesus, nos dizem os evangelhos, "expulsou demônios". O que isto significa? No judaísmo antigo, reconhece-se que certas pessoas receberam de Deus a faculdade de libertar da dominação diabólica seres humanos possuídos por espíritos maus. O próprio Jesus alude a esta crença comum para responder a críticas que lhe são dirigidas: "Se é por Beelzebul que eu expulso os demônios, os vossos discípulos por quem os expulsam?"[14] Nos evangelhos, o número de relatos que mostram Jesus expulsando demônios se explica pela convicção de que se trata de um sinal que indica a inauguração do Reinado de Deus: "Se é pelo dedo de Deus que eu expulso os demônios, então o Reinado de Deus já vos alcançou"[15]. Por estes gestos, Jesus dá a compreender que ele é vitorioso contra os assaltos do Mal. Os textos realçam sua autoridade (reconhecida, paradoxalmente, pelos próprios demônios[16]) e, ao mesmo tempo, o alcance da transformação introduzida nas pessoas cuja existência era perturbada por forças destruidoras. Um exemplo particularmente significativo é o de um possesso que vivia nu, fora da sociedade dos humanos, em túmulos, e que, graças à palavra libertadora de Jesus, se tornou um homem vestido e "em pleno juízo", "proclamando por toda a cidade tudo o que Jesus fizera por ele"[17].

Os evangelhos informam que, quando envia os Doze em missão, Jesus lhes dá poder de expulsar os demônios[18]. Aos discípulos que exprimem sua admiração diante dos efeitos de suas intervenções, ele dirige a seguinte advertência: "Não vos alegreis porque os espíritos vos são submissos, mas alegrai-vos porque os vossos nomes estão inscritos nos céus"[19]. Diversos episódios do livro dos Atos dos Apóstolos mostram o prolongamento destas práticas na vida da Igreja, em nome de Jesus Cristo morto e ressuscitado[20].

Embora recorram a representações e a concepções do ser humano às vezes afastadas das nossas de hoje, os textos do Novo Testamento apresentam um esclarecimento sobre situações e experiências que continuam sendo atuais. As personificações das forças do Mal, bem como as distinções estabelecidas entre diversas categorias de espíritos, convidam a tomar consciência deste "mistério de iniquidade" que nos ultrapassa e que pode se manifestar sob formas múltiplas. É preciso ouvir aqui um apelo a discernir tudo o que subjuga a pessoa humana e a lutar contra esta espiral de violência que às vezes parece corresponder a uma estratégia de destruição, em oposição frontal ao projeto de salvação de Deus. A mensagem evangélica afirma com vigor que a vinda de Jesus, sua morte e sua ressurreição constituem uma fonte de esperança para toda a humanidade, fundada em sua vitória definitiva sobre os poderes de morte.

1. Mc 7,23. **2**. Lc 22,53. **3**. Lc 13,16; cf. Zc 3,1-2; Jó 1,6. **4**. Lc 4,2; cf. Sb 2,24. **5**. Mt 4,3. O verbo *peirazô* significa, de acordo com os contextos, "tentar", "pôr à prova", "provocar". **6**. Jo 12,31. **7**. Lc 10,19. **8**. Lc 8,2. **9**. Lc 4,36. **10**. Lc 8,2. **11**. Lc 11,15. **12**. Lc 13,11-16. **13**. Lc 22,3. Uma apresentação análoga se lê em Jo 13,2.27. **14**. Lc 11,19. **15**. Lc 11,20. **16**. Lc 4,34-41. **17**. Lc 8,26-39. Cf. os relatos paralelos de Mt 8,28-34 e Mc 5,1-20. **18**. Lc 9,1-2. **19**. Lc 10,20. **20**. At 8,5-8; 16,18; 19,11-12.

Os milagres na tradição judaica

Salomon Malka
Escritor

Rabbi Eliezer é um sábio do Talmud, discípulo de Rabban Yohanan ben Zakkai. Seu nome está ligado a um episódio clássico, conservado nos anais como "a história do forno de Akhnai"[1]. Trata-se de um debate sobre a suposta pureza ou impureza de um forno. Rabbi Eliezer, considerado geralmente insubmisso à opinião majoritária, defende seu ponto de vista com vigor e se recusa a aderir ao de seus pares. Seguro do que diz, invoca todo tipo de milagres em apoio a suas teses: "Se a lei é como eu digo, que esta alfarrobeira o prove!", e a alfarrobeira se desloca cem côvados. Respondem-lhe: "Não se traz uma prova de uma alfarrobeira!" – "Se a lei é como eu digo, que este canal o prove!" E o curso do canal se inverte. Respondem-lhe: "Não se traz uma prova de um canal!" Ele acaba pedindo que as paredes da casa de estudo se inclinem. As paredes começam a se inclinar; mas, imediatamente admoestados por Rabbi Yehoshua que lhes ordena não se envolver em discussões entre humanos, eles permanecem simplesmente inclinados. O eterno minoritário acaba apelando ao próprio Céu. E, para estupefação geral, a Voz divina se faz ouvir no céu para tomar a defesa de Rabbi Eliezer: "O que tendes a discutir com Rabbi Eliezer, quando a lei está sempre de acordo com sua posição!" Nisto Rabbi Yehoshua se levanta e clama: "A Torá não está no céu!", em outras palavras, desde que a Torá foi dada no Sinai, não se deve levar em consideração revelações sobrenaturais e é preciso basear-se unicamente na norma da maioria para resolver os debates. Esta passagem do Talmud conclui com o epílogo seguinte: "Anos mais tarde, Rabbi Nathan encontrou-se com o profeta Elias e lhe perguntou: 'O que Deus fez naquele momento?' – Ele sorriu e declarou: 'Meus filhos me venceram, meus filhos me venceram!'"

Esse apólogo esteve novamente, no início de século XX, no centro de uma discussão que opôs, em sua correspondência, dois filósofos, um judeu e o outro cristão: Franz Rosenzweig e Eugen Rosenstock. Os dois falavam de milagres. Qual é a natureza dos milagres? Qual é seu alcance? Que significado se deve atribuir-lhes? O miraculoso e o natural são antinômicos? Para Rosenzweig este texto talmúdico não significa que os milagres não existem, nem que eles são uma distorção da natureza, mas apenas que eles não constituem uma prova. Os milagres existem, mas não podemos aproveitar-nos deles, explica o filósofo, juntando-se assim à posição tradicional do judaísmo.

Na tradição judaica, como em outras tradições, o milagre corresponde a um acontecimento que ultrapassa o ordinário. É ao mesmo tempo, no plano religioso, um "sinal" (*ness*, "milagre" em hebraico, quer dizer também "estandarte") e uma "prova" (*nissayon*) pelos quais se manifesta uma intervenção divina no curso do mundo, seja uma intervenção direta ou através de um intermediário. A Bíblia transborda de milagres que são devidamente comemorados no ritual, como na *Pessah* na qual se deve recordar os acontecimentos sobrenaturais que marcaram a saída do Egito. Considera-se que os profetas foram dotados de faculdades que lhes permitiram desviar o curso das coisas. Assim Eliseu, último dos primeiros profetas de Israel, oriundo do povo, traz sua ajuda aos necessitados, aos pobres, aos humilhados. Mas seu nome permanece ligado à cura do filho da Sunamita. "Subiu à cama, deitando-se sobre o menino, pôs sua boca sobre a boca dele, seus olhos sobre os olhos dele, ombro contra ombro, e soprou sobre ele e sua carne se reaqueceu"[2]. Mesmo que a encenação do milagre não seja igual às que podemos encontrar nos evangelhos, um homem se faz o portador de uma intervenção divina, e esta intervenção se faz pela oração.

Podemos dizer também que a própria existência do mundo depende do milagre. O mundo só é possível porque o Criador sustenta constantemente sua Criação, a faz viver, a faz perdurar no tempo e a renova por sua vontade, como dizemos na oração da manhã: "Aquele que renova cada dia a obra do Início".

O grande filósofo medieval Maimônides, no entanto, se opõe à compreensão literal destes textos. Como bom aristotélico, ele avalia que supor uma Criação submetida constantemente à arbitrariedade divina constitui um obstáculo ao conhecimento científico do mundo e, portanto, ao conhecimento racional de Deus a partir do estudo de sua Criação. Ele avalia, portanto, que o mundo foi criado de uma vez por todas em sete dias e que aquilo que se nos apresenta como milagres já estava programado desde o início pelo Criador. Os atos que aparecem como sendo contra a natureza estavam previstos na própria natureza. Finalmente, as duas abordagens convergem para dizer que, do ponto de vista divino, não há diferença entre um acontecimento natural e um acontecimento miraculoso.

No plano da halacá♦ (a lei judaica no sentido jurídico), os sábios de Israel prescreveram que "não se devia contar com milagres", ou seja, não se tem o direito de colocar-se numa situação perigosa dizendo: "Deus fará um milagre para me tirar dela"; e, como vimos, o milagre não pode constituir uma das fontes do direito. Por esta razão, alguém que foi beneficiado por um milagre tem a obrigação de dirigir a Deus uma prece de agradecimento.

Nestas exposições sumárias dos milagres na tradição judaica, precisamos mencionar os antigos *hassidim*♦, dos quais, na avaliação de alguns, Jesus esteve próximo. Os relatos que se referem a esta corrente falam de curas de doentes, de expulsão de espíritos maus, de ação sobre os elementos da natureza... Honi ha-me'aggel ("Honi o traçador de círculos") é uma figura deste movimento. Era chamado assim porque certo dia ele traçou um círculo (*ma'agal*) com giz ao seu redor e rezou para que caísse chuva, com a certeza de que a sua petição seria ouvida[3]. O que caracterizava as orações para os doentes nos *hassidim* é que elas não eram praticadas em público, mas eram solicitadas a um indivíduo em particular, considerado apto para fazer milagres. Nesta corrente, ao contrário da atitude rabínica, atribuía-se aos milagres uma importância central e uma confiança absoluta.

Finalmente, o milagre é um ato de fé. Para retornar a Franz Rosenzweig, que escreveu páginas belíssimas sobre o tema[4], ele vê o milagre ao mesmo tempo como "um filho querido da fé", "um sinal na boca do profeta" e "um sinal da providência". O miraculoso, na tradição monoteísta, é para ele um acréscimo de verdade. "Daí a alegria, escreve ele, que o milagre proporciona. Quanto mais milagres, tanto mais providência".

1. Talmud da Babilônia, tratado *Baba Metsia* 49b. **2.** 2Rs 4,32-37. **3.** Ta'anit 19a. **4.** Franz Rosenzweig, introdução à segunda parte de *L'Étoile de la rédemption*. Paris: Le Seuil, 2003, p. 139ss.

* * *

O que é curar?

Lytta Basset
Universidade de Neuchâtel (Suíça)

Lucas diz e repete: Jesus veio para "curar". E em todos os evangelhos, quando ele chega a algum lugar, começa a curar. Na aurora do cristianismo, nenhuma imagem é mais forte do que Jesus "grande médico": "passou seu tempo fazendo o bem"[1], sempre de maneira desinteressada, sem buscar reconhecimento, movido apenas pela necessidade de seus semelhantes e por seu desejo de levá-los a experimentar uma qualidade de vida que os hebreus chamavam de *shalom*.

Nos evangelhos, a cura pode ser parcial. É que o humano tem sua parte nela, ali está em jogo sua liberdade: vemos também Jesus parar muitas vezes pelo caminho em seu processo de cura. Um exemplo particularmente impressionante: a história dos dez leprosos[2]. Nove se contentam com sua cura física: são simplesmente "purificados". Só o décimo retorna, cheio de gratidão para com Jesus: portanto, ele está, igualmente, "curado" no plano psíquico-relacional. Por fim, Jesus constata que ele até chegou à cura espiritual, a cura de todo o ser – "tua fé / tua confiança" te uniu ao Vivente, ela te "salvou". Transponhamos: podemos encontrar a saúde depois de um tratamento ou de uma operação... e nada fazer no plano afetivo, relacional ou espiritual.

Irredutíveis a acontecimentos espetaculares, observáveis do exterior, os relatos de cura têm em comum *a restauração da capacidade relacional* – capacidade de se religar aos outros e ao Totalmente Outro. Assim a doença é muitas vezes a ocasião de discernir o que nos separou deles e d'Ele, o que nos afunda à nossa revelia quando no nível consciente gostaríamos de estar melhor. No horizonte de todas as histórias bíblicas de cura está a possibilidade de se reunificar em profundidade, de religar-se (melhor) a si mesmo, a seus semelhantes, ao Vivente – numa palavra, de nos apegarmos ao Uno "com *todo* o nosso ser"[3].

Tomemos o relato da cura do homem enfermo na piscina de Betesda[4]. Constata-se que a maneira de designá-lo indica alguma coisa a respeito do olhar lançado sobre a doença e a cura. Trata-se de um "*ser humano*, que está há trinta e oito anos em sua astenia/enfermidade": é antes de tudo um ser humano pleno e não "*um* deficiente, *um* depressivo, *um* alcoólatra". Depois, é precisamente o "astênico" (quando sua identidade se resume à sua deficiência) que não ousa responder a Jesus "sim, eu quero ficar curado". Mas é o "ser humano" que "imediatamente fica curado, toma sua maca e anda" – como se tivesse reencontrado essencialmente sua humanidade. Em seguida, a "aquele que havia sido curado" os adversários opõem um "não te é permitido [carregar tua maca num dia de sábado]". Sem dúvida, pressentem que ele se apropriou daquilo que até então lhe parecera proibido: tomar seu lugar entre os humanos. Enfim, "aquele que fora curado... não sabia" por quem foi curado. Cura a ser ligada ao mistério da vida... Jesus acaba de lhe falar pela segunda vez, mas sem se apresentar. No entanto, o homem se sente impelido a "ir anunciar" que se tratava de Jesus (*angellein*, da mesma raiz de "evangelizar, anunciar algo de bom"). Será que a cura verdadeiramente humanizante não é aquela que nos devolve à vida relacional?

Portanto, o que é curar nos evangelhos? Uma (re)descoberta da própria *pertença à humanidade*. Em Lucas e João está claro: ninguém se reduz à sua doença ou à sua disfunção.

Depois, o curar está ligado ao *desejo*. Jesus se encontra nesse dia com um ser que parece abafar o seu desejo. Será que ele está inconsciente? Não, porque está postado na proximidade da piscina de turbilhões intermitentes considerados milagrosos. Mas ele não se dá ou não se dá mais o direito de desejar ser curado. Ora, como diz um místico judeu da escola de Safed no século XVI, "não há nada que desça do céu se não houver uma força que o deseje".

Em seguida, curar tem ligação com *a capacidade de ouvir o outro*. "Acorda, toma a tua maca e anda"... e o homem viu-se *imediatamente* curado. Ora, "ele não tinha um humano" para ajudá-lo. Bastou que um fulano lhe falasse, se interessasse por ele, (re)ssuscitasse nele sua força de vida. Permanecemos na horizontalidade da condição humana: "Acorda, tu és mais e diferente de *um* enfermo entre outros, *toma* tua maca [do verbo *airô*] – toma o que te esmagava, aquilo ao qual te acreditavas completamente preso – e anda!"

A cura tem a ver com a *autorização* – a permissão de estar bem *e* a tomada de consciência da autoridade, recebida do Vivente, pela qual alguém é *tornado autor* de sua vida, de suas palavras, de seus movimentos. Misteriosa alquimia entre a liberdade de um e a libertação do outro: transgredindo as normas do sábado, Jesus se comporta como pessoa livre diante dos outros e do Totalmente Outro... lá onde o homem não ousava transgredir sua condição de excluído.

Curar vem acompanhado de uma *renúncia a compreender tudo*: quando atribuímos nossa cura exclusivamente à habilidade deste ou daquele terapeuta, corremos o risco de considerá-lo Deus e ficar dependente dele. Dizer como o homem de Betesda "não sei quem me curou" não é deixar ao Vivente o campo livre para se dar a conhecer... de outra forma que não segundo as nossas categorias de pensamento?

Por fim, a cura abre para o *discernimento espiritual*. Vimos nosso homem pôr-se quase a evangelizar. Tendo-se apossado do direito à palavra, ele se apressa a dizer a *sua* verdade, que não é nem religiosamente nem medicamente correta: as pressões exercidas pelos detentores do saber oficial não têm nenhuma influência sobre ele!

Os evangelhos relatam regularmente curas globais, que se enraízam na realidade psíquica, afetam o corpo inteiro e liberam um potencial espiritual insuspeitado. O homem da piscina começa por "recuperar a saúde" sem que isso se veja: a palavra de Jesus o transforma a partir de dentro *antes* mesmo de ele tomar maca e andar. Mas por que então Jesus lhe diz "não peques mais, para que não te aconteça coisa pior" – quando geralmente ele se desinteressa deste automatismo de pensamento corrente na época (a pessoa está doente porque "pecou": a pessoa se separou de Deus e dos outros)? Eu o entendo assim: tu estás doente e isso te levou a curvar-te sobre ti mesmo, não estando mais em relação com os outros e com o Totalmente Outro... e isto é ainda "pior" do que ter problemas de saúde.

Nenhum elemento miraculoso neste relato: Jesus não *faz* nada. Como sua simples palavra tem tal efeito? Curar-se – ou seja, crescer em humanidade – passa pela relação com um semelhante. Quando a pessoa "não tem um humano" para ajudá-la, entenderá que o desconhecido de passagem é um mensageiro do Vivente? Descerá *ao fundo de si mesma* ou continuará a repetir: "um outro desce antes de mim" (na piscina)?

Aqueles que o evangelista chama de "os Judeus" encarnam muito bem nossas reações espontâneas: não é permitido libertar-se de sua identidade de doente, de "pobre coitado", de desajustado, de criminoso. E o pior acontece quando o discurso é interiorizado: devo solidarizar-me com meu problema, permanecer sentado nele, continuar minha vida de obrigações, observar o sábado, deixar-me paralisar pela culpabilidade e obedecer a "Deus".

No fim da história, Jesus é ameaçado de morte "porque ele desvinculava o sábado": desvinculando aquele que estivera desvinculado de sua força vital, desvinculando-o das palavras de morte que o haviam imobilizado, Jesus põe o humano *antes* do superego, do regulamento, do perfeccionismo moral ou religioso – liberdade propriamente divina!

Como ocorre muitas vezes nos evangelhos, a linguagem utilizada é surpreendentemente pouco religiosa. O comportamento de Jesus reproduz com precisão a discrição do Deus que o habita: "Jesus se afastara da multidão que se achava nesse lugar" – como se isso não lhe dissesse respeito. E todo o processo de cura desemboca nisto: "O meu Pai até agora está trabalhando, e eu também estou trabalhando", como se fala hoje de trabalho de luto ou de trabalho sobre si mesmo. Acabamos de ouvir a história de um homem que encontra pouco a pouco seu lugar, ao passo que um outro lho tomava sempre. Mas, quanto a Deus, ele nunca é mencionado. Sentimo-nos imersos numa sociedade secularizada que se contenta com piscinas miraculosas, se preocupa muito pouco com os excluídos e respeita a ordem sociorreligiosa. É como se Ele desaparecesse para nos delegar sua autoridade, "trabalhando" incógnito.

Jesus não curou todas as pessoas com problemas de saúde que encontrava pelo caminho. O essencial, para ele, era "entrar na vida" – a vida relacional, tão rica que a consideramos "celeste"..., *mesmo conservando nossas deficiências.* Podemos considerar-nos em bom estado de saúde (dotados de nossas "duas mãos, dois pés, dois olhos") e, no entanto, "não entrar na vida", em outras palavras, passar ao largo dela[5]. Podemos também carregar nossa maca – nossas sequelas, deficiências, disfunções –, mas saber-nos curados, porque doravante não seremos mais abandonados no inferno da não-relação.

E a experiência mostra que não nos curamos sozinhos. No grego profano e na Septuaginta, *therapeuein* significa "servir" e até "servir a Deus": trabalhar para nossa própria cura, no espírito dos evangelhos, não é *também* estar a serviço do Vivente, já que, mais cedo ou mais tarde, os outros viventes são beneficiários?

1. At 10,38, **2**. Lc 17,11-19. **3**. Dt 6,4-5. **4**. Jo 5,1-18. **5**. Mt 18,8ss.

Xavier Emmanuelli
Médico, fundador do Samusocial

Curar e salvar

Como meu pai o foi antes de mim, eu sou médico, ou seja, durante toda a minha vida procurei cuidar e curar homens, mulheres, crianças. O que fez também Jesus de Nazaré.

Mas, ao contrário de meu pai, e porque participei desde o início da medicina de urgência e, mais tarde, da medicina humanitária de catástrofes – que foram, ambas, grandes aventuras coletivas –, me vi muitas vezes no papel de "salvador", herói coroado de glória dos tempos modernos. Jesus, por sua vez, não se atinha a convenções definidas e salvava ao mesmo tempo que curava. Pois ele havia compreendido que os doentes pediam mais do que ser curados. Como escreveu C.G. Jung, "o desejo de cura não pode ser separado, afinal de contas, do desejo fundamental de salvação".

Se Cristo opera curas miraculosas, que João chama de "sinais, é porque o sinal é a própria matéria de sua terapêutica: ele cura as almas, tanto mais pode curar os corpos; e, se ele cura os corpos, é apenas para tornar visível e sensível a cura das almas – ele dá a entender que ser terapeuta do corpo só lhe interessa neste sentido, para assinalar o essencial de sua missão. Havia curandeiros que percorriam a terra de Israel para cuidar das febres e das chagas, endireitar os membros, prodigalizar unguentos e remédios da farmacopeia tradicional. Mas o procedimento de Jesus era diferente.

Este procedimento me perturba tanto mais porque acreditei por muito tempo, sinceramente, na superioridade insuperável da tecnologia, que iria colocar definitivamente no armário as medicinas tradicionais e até, no Ocidente, a "medicina obsoleta" – justamente a de meu pai. Minha especialização de base é a reanimação – orgulho de um complexo de onipotência revelado pela etimologia! Trata-se, com efeito, de restituir ao doente sua *anima*, ou seja, sua alma ou seu espírito, como que para retardar, num gesto prometeico, o momento em que ele precisará *entregar* esta alma, *entregar* este espírito – a quem? Ao Criador, do qual o médico reanimador é aqui o adversário. A palavra inglesa e portuguesa para este tipo de manobra é mais explícita ainda, porque, para descrever estes gestos intensivos, emprega-se o termo *resuscitation/ressuscitação*! O médico se encontra no papel de um semianjo que vai tirar seu doente dentre os mortos. No entanto, o ato de cura é bem outra coisa e exige, pelo contrário, uma grande humildade.

A medicina ocidental de nosso tempo pode fazer maravilhas – "milagres", diz-se nos casos considerados os mais desesperados. Mas os médicos tecnófilos de hoje não se lembram mais daquilo que o médico de aldeia da geração de meu pai ainda sabia: o doente extrai de suas próprias fontes a dinâmica da cura. Eles se atribuem, muitas vezes, por suas técnicas, suas opções terapêuticas e suas intervenções, o mérito da cura. Esqueceram a célebre palavra de Ambroise Paré, o barbeiro cirurgião que trabalhava nos campos de batalha no século XVI: "Eu lhe pensei a ferida, Deus o curou", dizia ele diante de um pobre soldado que ele havia posto restabelecido.

Este grande cristão havia aprendido muito bem de seu mestre. Porque o próprio Jesus cura em nome da autoridade que lhe é permitida. Jamais ele se arroga a glória de seus atos de poder. Ele cura em nome de seu Pai, em nome da fé dos que vêm ao seu encontro e lhe oferecem o apoio indispensável que lhe permite agir. Da mesma forma, sem querer, ele cura a mulher atingida por uma hemorragia crônica que lhe traz, ela própria, sua terapêutica através de sua confiança. Cristo escuta, com atenção e afeto, as crianças que se agitam barulhentamente e disputam entre si para aproximar-se dele. Impede que seus discípulos as afastem, dizendo-lhes de certo modo: "Deixai estes anjos se exprimirem, em outras palavras, a dimensão espiritual existente em cada um de nós. Esta dimensão confere a cada homem seu estatuto, esta essência divina à qual eu me dirijo".

Jesus escuta com atenção o paralítico de Cafarnaum, descido por meio de cordas a partir do teto, que seus amigos escalaram e abriram para trazê-lo até ele. Seu gesto de cura consiste primeiramente, para grande surpresa dos que assistem ao acontecimento, em dizer: "Meu filho, os teus pecados te são perdoados". E estas palavras *atravessam* o doente, como a esperança de seus amigos o fizera atravessar o teto. Só após sua redenção é que Jesus lhe ordena tomar a maca embaixo do braço e voltar para casa, curado. E, ao longo de todo o seu ensinamento, acontece assim. Por sua autoridade de Filho, ele se dirige e pode dar ordens à força divina que habita todos os seres humanos, seja qual for sua posição social, seu sexo ou sua etnia – ricos e pobres, homens e mulheres, Judeus e estrangeiros. Por escutar e reconhecer a criação de Deus é que ele pode cuidar e curar.

E era preciso talvez que ele fosse até o fim para curar esta humanidade à procura de sentido, esta humanidade que sofre por ignorar o Deus de misericórdia. Ele o fez, ele foi até o fim: tomou o lugar de todos os que são violentados pelos homens ou pela vida, substituiu a vítima inocente. Decidiu encarnar, de uma vez por todas, a imensa coorte dos pobres e dos humildes que claudicam desde a aurora dos tempos com seus corpos cobertos de lesões, de erupções cutâneas, de chagas, de paralisia ou de lepra. Decidiu responder à eterna aspiração à cura e ao sentido destas vidas de miséria e de sofrimento, *tornando-se um deles.*

Foi assim que, no SAMU social, me aconteceu encontrá-lo em pessoa. Ele, o Cristo ultrajado, eu o vi, realmente o vi, através dos rostos destes homens desgrenhados, intratáveis e esgotados que recebíamos, com cicatrizes, nariz quebrado e sem dentes. Estes rostos arquetípicos, que se tornaram invisíveis nas megalópoles bem limpas, se assemelham ao rosto do Cristo tão humano na hora da Paixão. Um rosto de Cristo tão homem de dores, com sua figura entumescida, exprimindo a sorte dos indigentes de todos os tempos.

Parte II – O ensino

Capítulo 12

O REINO E SUAS PARÁBOLAS

Poderíamos contar a história assim...

O vento quente que agitava os trigais espalhava pelas colinas um odor de pão fresco. As palavras antigas dos Salmos vinham naturalmente aos lábios daqueles e daquelas que seguiam Jesus: "Bendito seja o Altíssimo que visita a terra, que prepara as espigas. O trigo é abundante como a relva. Cobre os vales e colinas". O humor era leve e alegre, como o dos ceifeiros quando sabem que a colheita será abundante.

O sol estava agora alto no céu. O pequeno grupo parou. Um pequeno bosque de carvalhos dispensava uma sombra benfazeja. Logo estenderam os mantos sobre a relva e abriram as trouxas. Jesus, como chefe de família, tomou o pão, pronunciou a bênção, partiu-o e cada um recebeu uma parte, que vinha acompanhada de algumas cebolas e de figos. Uma espécie de doce torpor se apoderou dos caminhantes. O próprio Jesus, encostado num tronco, mantinha os olhos semicerrados. Então um dos discípulos diz:

"Mestre, ontem contaste a história do semeador que semeia em todas as direções. A semente cai sobre as pedras do caminho, entre os espinheiros onde é sufocada, ou na terra boa; e depois acrescentaste: 'Quem tem ouvidos, ouça'. O que querias dizer?

– Eu vos falo do Reino de Deus, respondeu Jesus. Ele está aí e, no entanto, vós não o vedes ainda. Mas a vós, sim, ele é revelado agora. Ouvi-me. O grão é a Palavra de Deus. Às vezes, ela cai em corações fechados, é como se caísse na pedra. Às vezes ela penetra em corações entusiastas, mas que não a guardam para meditá-la, e ela será logo esquecida. Esta é como a semente que cai no caminho, no meio de cascalho e ervas daninhas; ela germina, mas a terra não é suficiente para ela criar raízes e secará sem dar frutos. Em compensação, se o grão penetra numa terra rica e fértil, produzirá fruto cem por um".

Todos se calaram, não sabendo cada um se tinha o coração suficientemente aberto para que a Palavra frutificasse. As palavras de Jesus os perturbavam muitas vezes. Para segui-lo, haviam deixado sua casa, sua profissão, sua família. Eles gostariam de ser tranquilizados, mas ele não cessava de desconcertá-los. Permaneceram ali em silêncio, inquietos. Então Jesus, apontando para alguns pássaros tímidos que tentavam bicar as migalhas da refeição, continuou: "Ora, não vos preocupeis tanto, olhai as aves do céu; elas não semeiam nem colhem e, no entanto, encontram cada dia seu alimento. Isto vale para vós. Deus é um Pai que cuida de vós. Buscai, portanto, seu Reino, não vos preocupeis com o resto". O silêncio caiu novamente e cada um invejava a leveza dos pássaros. Mas este Reino do qual Jesus falava os intrigava. Do que ele era feito? Seria necessário partir para a guerra a fim de repelir os romanos como os filhos de Israel haviam feito contra os filisteus, os amonitas ou os amalecitas? Quando começariam? Como fariam? Seria um reino de glória e de sabedoria, como outrora quando Davi e seu filho Salomão reinavam sobre Israel? Estas perguntas os agitavam e, às vezes, eles falavam sobre isso entre si, mas ninguém ousava interrogar Jesus diretamente. Um dos discípulos, no entanto, se aventurou: "Mestre, fala-nos mais do Reino".

Jesus abriu bem os olhos, seu olhar fixou o horizonte, para bem além dos trigais: "O Reino é como o fermento que uma mulher introduziu na massa; esta levedou e cresceu". Ouvindo isto, todos viam a bola de pão pronta para entrar no forno. Logo sairia um grande pão quente e saboroso. Mas logo o mestre continuou: "O Reino é como um grão de mostarda; um grão minúsculo e, no entanto, a planta que nascerá será tão imponente que os pássaros do céu poderão encontrar ali refúgio". Também agora, todos viam as belas ramagens com flores amarelas das grandes plantas de mostarda. Não eram propriamente árvores; mas, se o solo era rico, bastava uma estação do ano para que sua altura superasse a de um homem. O que isto significava? Será que bastaria pouco para vencer os invasores, ou Jesus estava falando de outra coisa que eles não compreendiam?

O silêncio caiu novamente, rompido apenas por alguns chilreios de pássaros. O Reino que Jesus prometia continuava a ocupar os espíritos. O sol desce um pouco e as sombras se alongavam novamente, a hora mais quente havia passado.

Jesus ergueu-se, dando o sinal da partida. Cada um sacudiu a sonolência sonhadora. "Vamos! Pé na estrada, diz Jesus. E, quanto a vós, alegrai-vos porque vos digo: muitos profetas e reis quiseram ver o que vós vedes e não viram, ouvir o que vós ouvis e não ouviram".

C.P.

O anúncio do Reino é específico de Jesus

Daniel Marguerat
Universidade de Lausanne (Suíça)

No cerne da mensagem e da ação de Jesus está uma noção sempre presente, mas nunca definida: o Reinado de Deus. Os evangelhos sinóticos são unânimes em resumir sua pregação nestes termos: "O Reinado de Deus aproximou-se: convertei-vos"[1]. O apelo a mudar de vida se torna urgente, porque agora, diz Jesus, o Reinado está próximo. Encontraremos novamente esta referência ao Reinado de Deus nas parábolas de Jesus, em seus milagres, em sua comunhão de mesa e em sua prática do perdão. Ela é a fonte que alimenta todo o agir do Nazoreu.

Cf. *Jesus de Nazaré ou o Nazoreu?*, p. 223. ▶

A noção de Reinado de Deus nunca é explicada. Com efeito, ela é evidente para o judaísmo antigo. Sua elaboração remonta aos Salmos, onde se expressa a ideia de uma realeza permanente e eterna do Deus de Israel. Esta realeza universal é enaltecida no culto celeste que a corte dos anjos celebra; é reconhecida também no culto terrestre que lhe é prestado no Templo de Jerusalém[2]. O Templo, residência do Deus de Israel, funciona como lugar e como penhor terrestre do reconhecimento do Deus Rei. Com o profeta Isaías, depois do exílio na Babilônia (século VI antes de nossa era) forja-se a ideia de uma tomada do poder da parte de Deus, que instaurará sua realeza sobre toda a terra no fim dos tempos[3]. Desde então, o judaísmo vive aguardando este momento em que Deus será reconhecido rei por toda a humanidade. Sua realeza é compreendida como uma grandeza ao mesmo tempo temporal e espacial; por isso ela é chamada ora "Reinado de Deus" (dimensão temporal), ora "Reino de Deus" (dimensão espacial). As duas denominações se completam.

Cf. *Como funcionava o Templo de Jerusalém?*, p. 557. ▶

Uma expectativa febril

No tempo de Jesus, Israel vive um período difícil de sua história. Os romanos invadiram seu território em 63 antes de nossa era e desde então são os senhores políticos e militares. Os reis que governam a Galileia e a Judeia lhes são submissos. A frustração de ter perdido a liberdade política vem acompanhada de uma indignação religiosa: os ímpios mancham a terra santa de Israel! Esta situação de ocupação estrangeira tem uma repercussão muito forte sobre a esperança do Reinado de Deus. Doravante os crentes aguardam a vinda do Deus Rei com fervor, com impaciência. Suplicam que Deus venha o mais cedo possível libertar seu povo dos que o oprimem. O *Qaddish*, uma oração ritual do século I, da qual o *Pai-nosso* se aproxima, leva todos os judeus a dizerem: "Que seu nome tão grande seja glorificado e santificado, no mundo que ele criou de acordo com sua vontade. Que ele faça seu reinado reinar durante vossa vida e durante vossos dias e durante a vida de toda a casa de Israel! Que seja em breve e num tempo próximo!" Israel pede ardentemente que Deus venha instaurar seu Reinado durante a vida dos orantes, ou pelo menos num futuro próximo. Esta oração é representativa da expectativa febril que toma conta do povo judeu no tempo de Jesus. Com efeito, a vinda de Deus será acompanhada da libertação de Israel e do extermínio de seus inimigos: "Então seu Reinado se manifestará sobre toda a Criação. Então acabará o diabo e a tristeza com ele [...]. Porque ele se levantará, o Deus Altíssimo, único eterno; e ele aparecerá para castigar as nações e destruirá todos os seus ídolos. Então, Israel, feliz serás tu!" [...] Deus te levantará"[4].

◂ Cf. *O que diz o Pai-nosso?*, p. 508.

Um homem encarnou esta esperança: João Batista. Este profeta hirsuto clamava no deserto que a vinda do Messias, o enviado de Deus, era iminente. Ele o disse em linguagem figurada: "O machado já está pronto para cortar a raiz das árvores; toda árvore que não der bom fruto será cortada e lançada ao fogo"[5]. O Messias anunciado pelo Batizador procederá ao Juízo final antes de instalar o Reinado de Deus; os infiéis e os ímpios serão aniquilados por sua cólera. Para prevenir-se, um único meio: o batismo. João o Batizador estabeleceu um rito batismal que concede o perdão dos pecados aos que a ele se apresentam. Jesus se apresentará para ser batizado por ele[6] . No entanto, João não era o único, no tempo de Jesus, a fazer vibrar a expectativa da vinda iminente de Deus. Alguns profetas, dos quais fala o historiador judeu Flávio Josefo, atraíam uma multidão de adeptos prometendo-lhes renovar os milagres do êxodo ou propondo-lhes juntar-se às fileiras dos combatentes de Deus, prontos a travar o combate em nome do Deus santo[7]. O movimento zelota♦ recruta guerrilheiros para expulsar os romanos da terra de Israel. Os círculos apocalípticos, por sua vez, não se juntam à luta armada, mas cultivam na oração a expectativa impaciente de que os sofrimentos presentes sejam enfim suprimidos pela vinda de um reinado de paz. Jesus aparece, portanto, numa atmosfera febril, tensa, na qual falar do Reinado de Deus inflama os espíritos e aviva as esperanças mais loucas.

◂ Cf. *Jesus se faz batizar*, p. 167.

Jesus se distancia de seus contemporâneos pelo anúncio de um Reinado de Deus que não é nem nacionalista nem apocalíptico.

Se compararmos a expectativa de Jesus e a de seus contemporâneos, notaremos três originalidades. Primeiramente, suas palavras sobre o Reinado não exibem nenhum traço nacionalista. Aqui está ausente a oposição fundamental, na esperança judaica, entre a sorte de Israel e a das outras nações: o Reinado de Deus está aberto a todos e não é reservado aos filhos de Abraão. Diante da fé exemplar de um oficial romano que veio pedir a cura de seu servo, Jesus exclama: "Eu vos digo, muitos virão do nascente e do poente tomar lugar no festim com Abraão, Isaac e Jacó no Reino dos céus, ao passo que os herdeiros do Reino serão lançados nas trevas, lá fora, onde haverá choro e ranger de dentes"[8]. A declaração é paradoxal e chocante: os Judeus, aos quais o Reino é destinado, que esperam tomar lugar à mesa dos patriarcas, serão substituídos por pagãos vindos dos confins da terra. Ser filho de Abraão não basta, portanto, para ter seu lugar no Reino no fim dos tempos; é preciso dar provas de fé para nele ser admitido. Percebe-se uma opinião semelhante em João o Batizador, de quem Jesus está próximo: "Não concebais dizer a vós mesmos: 'Temos por pai Abraão'. Pois eu vos digo, destas pedras aqui Deus pode suscitar filhos de Abraão"[9]. O apelo de Jesus e de João à conversão se explica a partir disso: já que a vinda do Reinado é iminente, é urgente manifestar a fé e o comportamento justos que Deus espera de seus eleitos.

A segunda originalidade de Jesus é que ele não compartilha o pessimismo da espiritualidade que chamamos de apocalíptica. Damos este nome a uma crença exacerbada no fim dos tempos, cuja vitalidade foi crescendo no judaísmo do século I. Esta crença, que se acumula em escritos chamados "apocalipses"♦, se alimenta da expectativa febril da inversão do fim dos tempos. O presente é então considerado o tempo do mal, em que a humanidade sofre sob o domínio de Satanás. Estes crentes observam ansiosamente os sinais que anunciariam a aproximação do fim. Jesus faz alusão a isto quando declara: "O Reinado de Deus não vem como um fato observável. Não se dirá: 'Ei-lo aqui' ou 'Ei-lo ali'"[10]. Jesus não compartilha nem o sombrio pessimismo apocalíptico, nem a necessidade de montar um calendário do fim dos tempos. Pois o mundo presente é visto como o espaço da Criação, no qual Deus cuida das suas criaturas[11]. Embora o mundo seja efetivamente agredido pelo Mal, ele não está entregue irremediavelmente às trevas. Mas Jesus rompe com a espiritualidade apocalíptica em razão de uma terceira originalidade, mais importante, que precisamos descrever agora.

Um Reinado futuro, mas também presente

A originalidade fundamental de Jesus consiste em considerar que o Reinado de Deus é futuro e ao mesmo tempo está muito próximo – podemos até dizer: futuro e presente. O Reinado está por vir e, ao mesmo tempo, os sinais de sua presença são perceptíveis. Como podemos crer nestas duas coisas? Esta aparente contradição tem a ver com a presença de Jesus, de suas palavras e de seus gestos, nos quais os sinais do Reinado estão misteriosamente presentes.

Por um lado, de acordo com a expectativa do judaísmo de seu tempo, Jesus considera que o Reinado ainda está por vir. A oração que ele transmitiu a seus discípulos começa assim: "Santificado seja o teu nome, venha o teu Reinado"[12]. A vinda de Deus se situa no horizonte da História. O mestre de Nazaré se pronunciou sobre a aproximação deste fim que fará desequilibrar-se a história dos homens[13]. Muitas parábolas evocam a vinda futura de Deus sob os traços de um homem que volta de viagem ou de um proprietário que retoma a posse de seus bens[14]. Parece até que Jesus teria esperado este acontecimento para um futuro muito próximo, como atesta uma palavra contida no evangelho de Marcos: "Na verdade eu vos digo, dentre os que aqui estão, alguns não morrerão antes de ver o Reinado de Deus vindo com poder"[15]. A "vinda com poder" designa o acontecimento triunfal, definitivo, último do Reinado de Deus que esmaga seus inimigos e honra os justos. O futuro do Reinado comporta inevitavelmente – e Jesus, sobre este ponto, não varia o conjunto da tradição judaica – um julgamento divino das obras humanas. Este julgamento é descrito com a ajuda de diversas imagens: ele é visto umas vezes como uma ceifa, outras vezes como uma separação, outras ainda como a vinda do Esposo, como uma prestação de contas, como a sentença de um juiz ou como um furacão[16]. De uma maneira ou de outra, o Juízo final projeta-se sobre o fim da História como o anúncio de uma verdade última que Deus entregará a respeito da vida de cada um; a última palavra sobre o mundo pertence a Deus e é preciso preparar-se para ela.

◄ Cf. *Precisamos ter medo do Juízo final?*, p. 389.

Por outro lado, Jesus não faz mais do que compartilhar a esperança de seu tempo numa vinda futura do Deus Rei. Ele vive a convicção de que este Reinado de Deus já vem com ele. "Se é pelo dedo de Deus que eu expulso os demônios, então o Reinado de Deus já vos alcançou"[17]. Poderíamos até traduzir de maneira mais próxima do grego: "o Reinado de Deus abateu-se sobre vós". Com este enunciado, o Nazoreu comenta sua atividade de exorcista: se ele não é um mago e se o poder de expulsar os demônios lhe vem efetivamente de Deus, então isto é o sinal de que o Reinado divino irrompe na terra e expulsa a desgraça. A presença dos espíritos malignos, que tomam posse dos humanos e os alienam, era considerada o efeito da atividade de Satanás; a aniquilação deles só podia vir de Deus e era esperada como um dos benefícios do Reino. Mas, se Jesus está em condições de expulsá-los, isto significa que o combate titânico de Deus contra as forças do mal começa já agora. A força de Deus penetra o agir de Jesus, atingindo os homens para salvá-los do mal. Outra palavra nos transmite, de maneira ainda mais vibrante, a experiência de Jesus. Aos setenta e dois discípulos que lhe prestam contas do sucesso de sua prática de expulsão dos demônios, ele responde com esta declaração jubilosa: "Eu via Satanás cair do céu como o relâmpago"[18]. A mensagem é clara: a vitória sobre os maus espíritos assinala a queda definitiva de Satanás, sua ruína, sua perda de poder. E, se o Príncipe do mal é eliminado do mundo, é porque Deus instala seu Reinado.

Como Jesus adquire a certeza disso? Como chega a esta convicção, inaudita em seu tempo, de que o Reinado de Deus se faz perceptível, é palpável, está em suas mãos? O verbo *ver*, utilizado aqui por Jesus, deve chamar nossa atenção; não é a única atestação de uma experiência visionária que o homem de Nazaré teve[19]. Esta visão lhe comunicou a convicção de que a grande inversão da relação de forças entre Deus e Satanás já começou: Deus assume o poder. Doravante a realeza de Deus deve conjugar-se com o presente e não apenas ser sonhada para o futuro.

Para Jesus, a realeza de Deus deve doravante conjugar-se com o presente e não apenas ser sonhada para o futuro.

Outra palavra de Jesus, já citada acima, confirma esta focalização no presente. Aos fariseus que o interrogam: "Então, quando vem o Reinado de Deus?", ele responde, como dissemos, que o Reinado não vem como um fato observável, do qual poderíamos dizer: "Ei-lo aqui" ou "Ei-lo ali". E acrescenta: "Com efeito, o Reinado de Deus está entre/em vós"[20]. Jesus substitui a busca de indícios precursores da catástrofe final, o fascínio pelo calendário do fim, por uma constatação de presença. A forma grega desta sentença (*entos hymôn*) pode ser traduzida tanto também por "entre vós" quanto por "em vós". A dimensão comunitária ("entre vós") corresponde melhor à pregação de Jesus sobre o Reinado, mas os Pais da Igreja e o *Evangelho* copta *de Tomé* (século II) conservam a dimensão de interioridade ("em vós"). Seja como for, é aqui e agora que o Reinado vem.

A seus discípulos Jesus declarou: "A vós é dado o mistério do Reinado de Deus, mas para os de fora tudo se torna enigma"[21]. Qual é este mistério do Reinado, confiado aos discípulos, mas ocultado aos que não seguem Jesus? Trata-se, evidentemente, de perceber os sinais da misteriosa presença do Reinado nas palavras e nos gestos de Jesus. Diversas parábolas levam a compreender isto.

Conjurar a decepção: as parábolas do Reinado

Jesus, portanto, traz para o presente aquilo que seus contemporâneos esperavam para o futuro. Mas como admitir que o Reinado está presente sem que a sociedade tenha passado por uma metamorfose? Todo o judaísmo aspirava a contemplar o poder majestoso da Realeza divina, que traria consigo o fim de todo sofrimento, o desaparecimento da morte, o extermínio dos ímpios, a peregrinação das nações do mundo a Jerusalém... Como conceber que este gigantesco acontecimento se manifeste nas mãos de um galileu e de seu punhado de discípulos? Jesus, visivelmente, precisou responder à objeção. Diversas parábolas o mostram.

A parábola do grão de mostarda compara o Reinado com a menor das sementes que, quando cresce, se torna uma árvore, "de sorte que os pássaros do céu vêm fazer ninhos em seus ramos"[22]. A mensagem é idêntica na parábola do fermento "que uma mulher toma e mistura em três medidas de farinha, de tal modo que a massa toda fica fermentada"[23]. Aqui o Reinado de Deus é visto numa perspectiva que apresenta um sólido contraste: a desproporção é enorme entre o início e o fim. A semente de mostarda era célebre entre os rabinos por ser o menor dos grãos. Mas dizer que ela se torna uma grande árvore é muito exagero; a mostardeira é no máximo um grande arbusto. Da mesma forma, a ideia de que uma mulher utiliza fermento para amassar três medidas de farinha é excessivo: três medidas de farinha equivalem a 39 litros. Dá para alimentar mais de cem pessoas! Sem dúvida, encontramos precedentes veterotestamentários: Sara amassa três medidas para assar bolos com a intenção de agradar aos três visitantes de Mambré[24] e Rute catou uma quantidade semelhante de espigas (um almude [*'epha*]) no campo de Booz[25]. Mas estes dois casos realçam justamente a enorme quantidade trabalhada. Quando põem em evidência a diferença espetacular entre o estado inicial e o estado final, as duas parábolas ilustram a mesma ideia: um início modesto, um resultado grandioso. É assim que Jesus responde à decepção de seus contemporâneos: não julguem com base na pequenez dos inícios, lhes diz ele, porque eles contêm a promessa de um resultado majestoso. Aos que julgavam insignificante a atividade do Nazoreu e pretensioso seu discurso sobre o Reinado já presente, responde-se: é na aparente mediocridade dos pequenos inícios que se mostra a grandeza futura do Reinado. A parábola do fermento acrescenta um elemento: a mulher "mistura" (literalmente: oculta) seu fermento na massa. A presença do Reinado, portanto, não é evidente, mas oculta. Ela não se mostra senão aos que a procuram. Duas outras parábolas harmonizam-se com esta ideia: o tesouro escondido e a pérola[26]. A primeira fala de um homem que encontrou um tesouro escondido num campo; cheio de alegria, ele vende tudo o que tem e compra este campo (de acordo com a legislação judaica, o tesouro pertence ao proprietário do terreno onde ele foi descoberto). A segunda parábola conta a história de um comerciante de pérolas que, tendo encontrado uma de grande valor, vende tudo o que possui para adquirir esta pérola preciosa. Nos dois casos, trata-se de um homem

◄ Cf. *A parábola do grão de mostarda*, p. 332.

que procura e que encontra um bem de valor inestimável e sacrifica tudo o que possui para adquiri-lo. A introdução a estas parábolas ("O Reino dos céus é comparável a") orienta sua compreensão: o Reinado de Deus é este bem inestimável e a chance inaudita de adquiri-lo cabe aos que se empenham a fundo para obtê-lo.

Uma outra parábola, que se lê no evangelho de Marcos, o diz de maneira ainda mais clara: "Sucede com o Reino de Deus o mesmo que com um homem que lança a semente à terra: quer ele durma, quer esteja levantado, de noite e de dia, a semente germina e cresce, sem que ele saiba como. A terra produz por si mesma primeiro a erva, depois a espiga, por fim, a espiga cheia de trigo. E apenas o trigo amadurece, logo se lhe mete a foice, pois é a época da ceifa"[27]. Como nas parábolas do grão de mostarda e do fermento, o acento está aqui no crescimento da semente. Os estágios sucessivos do desenvolvimento (a erva, a espiga, depois o trigo) insistem na dimensão irreprimível da maturação. O narrador exagera ao dizer que a planta cresce independentemente do que o camponês faça. No entanto, o camponês judeu sabe que o crescimento vital é um dom do Deus criador, do qual o humano se beneficia sem poder provocá-lo. A transposição para o Reinado de Deus é fácil, mas surpreendente: o processo deslanchado com a presença de Jesus irá até o seu final, aconteça o que acontecer.

O Reinado de Deus não é concebido como um segmento do calendário futuro, mas como uma dinâmica que Jesus põe em movimento.

Como conciliar a dimensão presente do Reinado e sua dimensão futura? Jesus não se manifesta sobre isto senão por intermédio das parábolas de que falamos. O que elas dão a entender é que para ele o Reinado se insere numa temporalidade particular: o presente é determinado totalmente pelo futuro. O Reinado de Deus não é concebido como um segmento do calendário futuro, mas como uma dinâmica que Jesus põe em movimento. O futuro de Deus pressiona o presente a tal ponto que já o invade. A História se inverterá um dia. Ela já está se invertendo, pois Deus bate à porta.

Esta proximidade de Deus exige medidas fortes e urgentes. "Ninguém põe vinho novo em odres velhos; senão, o vinho fará estourar os odres, e perde-se tanto o vinho como os odres; pelo contrário, para vinho novo, odres novos"[28]. Ao novo tempo, que é o tempo do Reinado próximo, corresponde a adoção de comportamentos novos. Jesus não faz senão anunciar o Reinado; a atividade ajusta-se ao discurso. Suas iniciativas configuram o Reinado no presente ou, em outras palavras, elas preparam no presente os sinais do Reinado.

Uma prática do Reinado

A prática do Reinado exercida por Jesus se desdobra em três atividades: suas curas, seu perdão dos pecados e sua comunhão de mesa.

Entre os milagres atribuídos a Jesus, curas e exorcismos são os mais numerosos. A abundância destes relatos prova, sem nenhuma dúvida, que ele foi um curandeiro dotado e estimado. No entanto, é preciso saber que a atividade de curandeiro não era original na Antiguidade. Os romanos tinham seus curandeiros como Apolônio de Tiana; a tradição judaica conserva a lembrança de rabinos taumaturgos♦. Em seu tempo, aliás, Jesus não foi o único a curar. Marcos relata a indignação dos discípulos diante de um exorcista que usava o nome de Jesus para expulsar demônios[29]. Jesus ostenta as mesmas competências como outros taumaturgos da Antiguidade e sua maneira de curar um surdo-mudo – pondo os dedos nos ouvidos, cuspindo e tocando a língua[30] – alinha-se com gestos terapêuticos conhecidos dos Antigos.

◄ Cf. *Curas e exorcismos*, p. 285.

A originalidade de Jesus situa-se em outro lugar: no sentido que ele atribui a seus milagres. Ele recusa ser considerado o autor das curas; aponta Deus como a origem da força curadora[31]. Mas, sobretudo, ele interpreta seus milagres como o efeito do poder de Deus que se manifesta na humanidade e do qual ele, Jesus, é o intermediário. As curas que ocorrem não são apenas o efeito da compaixão divina, da qual o Nazoreu se faz o vetor; elas concretizam a vinda do Reinado de Deus. A João o Batizador, que envia seus discípulos para perguntar-lhe: "És tu 'Aquele que vem' ou devemos esperar outro?", Jesus responde: "Ide referir a João o que ouvis e vedes: os cegos recobram a vista e os coxos andam direito, os leprosos são purificados e os surdos ouvem; os mortos ressuscitam e a Boa-Nova é anunciada aos pobres; e feliz de quem não cair por causa de mim!"[32] Nenhum rabino, no século I, atribuiu uma tal dimensão à sua atividade de curandeiro. Para Jesus, passar ao largo de seus milagres não equivale simplesmente a ignorar sua atividade de cura; é recusar-se a ver o poder de Deus que age através dele. Restaurar o corpo humano e libertá-lo de suas doenças deve ser interpretado como uma vitória que Deus obtém contra o mal que desfigura a humanidade. Seus discípulos o compreenderam, já que, ao ler os Atos dos Apóstolos, constatamos que eles prosseguiram a atividade curadora de seu mestre[33].

◄ Cf. *Estilos e abordagens dos rabinos no tempo de Jesus*, p. 278.

Ao lado das curas aparece o perdão dos pecados. Estes dois gestos estão ligados. Precisamos não esquecer que a doença, na concepção judaica antiga, está associada ao pecado; com efeito, ela constitui a sanção divina das faltas humanas, de modo que curar consiste tanto em restaurar a saúde quanto em reintegrar o humano na aliança da salvação. Esta é uma das funções do Reinado de Deus. Jesus, por sua vez, se recusa a atribuir

◄ Cf. *O perdão de Jesus*, p. 369.

o sofrimento a uma falta pessoal[34]. Sua prática do perdão chocou seus contemporâneos, se acreditarmos no relato da cura de um paralítico. É a história de um deficiente que seus amigos fazem descer pelo teto de uma casa onde Jesus se encontra, por não poderem fazê-lo entrar pela porta[35]. "Vendo-lhes a fé, Jesus disse ao paralítico: 'Meu filho, os teus pecados estão perdoados'. Alguns escribas estavam ali sentados e refletiam em seus corações: 'Por que fala assim este homem? Ele blasfema. Quem pode perdoar os pecados a não ser Deus só?'"[36] O que choca os escribas é, em primeiro lugar, o fato de Jesus, contrariamente à prática judaica admitida por todos, conceder o perdão sem exigir previamente o arrependimento da pessoa. Mas, sobretudo, outorgar o perdão é privilégio de Deus; é usurpar esta prerrogativa divina concedê-lo sem intermediários, como faz Jesus; uma tal blasfêmia era punível de morte. A expressão "os teus pecados estão perdoados" pode ser entendida como o anúncio do perdão que Deus concede, mas Jesus visivelmente não parou aqui, pois comenta: "para que saibais que o Filho do Homem tem autoridade para perdoar os pecados na terra"[37]. É um sinal do Reinado proclamar esta anistia incondicional, que reintegra os rejeitados na comunhão com Deus. Ela não é única no evangelho[38].

A refeições de Jesus se situam na linha direta do perdão concedido aos pecadores. Na cultura judaica antiga, a comunidade de mesa é uma comunidade de vida, que implica uma adesão aos mesmos valores. Não se comia com aqueles com os quais não se compartilhava a fé ou a moral. Sob esta perspectiva, a comensalidade de Jesus com os rejeitados e os pecadores provoca escândalo. "Esse homem dá boa acolhida aos pecadores e come com eles"[39], indignam-se os fariseus e os escribas. Bastava pouco para ser tachado de pecador: conviver com o ocupante romano, transgredir as normas de pureza, ter um comportamento desviante. As refeições de Jesus chocaram, porque ele se cercava de convivas de moral duvidosa[40]. Comer com estas pessoas não é apenas, para Jesus, o sinal de sua abertura social ou de sua simpatia para com indivíduos vítimas de desprezo religioso; sua comunhão de mesa tem um significado mais profundo: ela antecipa o festim do Reino, prometido aos filhos de Abraão[41]. Acolher os rejeitados de seu tempo é prefigurar aqui a acolhida que Deus reservará no fim dos tempos aos que confiam nele. A parábola do convite ao festim mostra-o com clareza: se os primeiros convidados desdenham o convite ao banquete do Reino, Deus convidará todos os que inicialmente não eram convidados[42]. Na acolhida à mesa de Jesus, esta predição começa a se realizar.

1. Mc 1,15; Mt 4,17. Cf. Lc 17,21. **2.** Sl 5; 9; 11,4; 24,7-10; 68; 98; 99; 103,19-22. **3.** Is 33,2-24; 55,1-12. **4.** *Assunção de Moisés* 10,1-9. **5.** Mt 3,10. **6.** Mc 1,9-11; Mt 3,13-17; Lc 3,21-22. 7. Flávio Josefo. *Antiguidades judaicas*, XVII, 271-281; *Guerra dos Judeus* 2, 259-263. **8.** Mt 8,10-12; Lc 13,28-29. **9.** Mt 3,9; Lc 3,8. **10.** Lc 17,20-21. **11.** Mt 6,25-

34; Lc 12,22-31. **12**. Lc 11,2; Mc 6,9-10. **13**. Mc 13; Mt 24; Lc 12,35-50; 21,1-36. **14**. Mc 13,34-37; Mt 24,33-38; 25,14-19; Lc 19,12-15. **15**. Mc 9,1. **16**. Mt 13,30.47-50; 25,1-13; 7,21-23; 24,50-51; Lc 12,46; Mt 25,31-46 e 25,19-30; Lc 19,15-27; Mt 7,24-27; Lc 6,47-49. **17**. Lc 11,20; Mt 12,28. **18**. Lc 10,18. **19**. Cf. Mt 4,16-17. **20**. Lc 17,20-21. **21**. Mc 4,11; Mt 13,11; Lc 8,10. **22**. Mt 13,31-32; Mc 4,30-32; Lc 13,18-19. **23**. Mt 13,33; Lc 13,20-21. **24**. Gn 18,6. **25**. Rt 2,17. **26**. Mt 13,44-46. **27**. Mc 4,26-29. **28**. Mc 2,22. **29**. Mc 9,38. **30**. Mc 7,33. **31**. Lc 17,12-19. **32**. Mt 11,3-5; Lc 7,18-23. **33**. At 3,1-10; 5,12-16; 8,6-7; 10,32-42; 14,8-10; 16,16-18; 20,7-12. **34**. Jo 9,3. **35**. Mc 2,1-12; Mt 9,1-8; Lc 5,17-26. **36**. Mc 2,5-7. **37**. Mc 2,10. **38**. Lc 7,42; 15,5.9.11.32; 18,14; Mt 18,27. **39**. Lc 15,2. **40**. Lc 7,34.36-50; 19,1-10. **41**. Mt 8,11. **42**. Mt 22,1-14; Lc 14,15-24.

A linguagem das parábolas

Daniel Marguerat
Universidade de Lausanne (Suíça)

Jesus foi um poeta e um contador de histórias. As histórias que ele contava têm um nome: parábolas. Os evangelhos relatam mais de quarenta, o que é muito. Por um lado, isto significa que ele as usou com frequência e, por outro lado, que elas marcaram a mente de seus ouvintes, que as memorizaram. A pergunta que esta constatação coloca é: por que, da parte de Jesus, esta escolha prioritária das parábolas? Elas representam, nos evangelhos, os traços mais confiáveis da voz autêntica do homem de Nazaré. Ainda hoje, elas são o elemento mais conhecido de seu ensinamento.

Jesus não inventou este gênero de relato. Em todas as culturas circulam fábulas ou parábolas. No judaísmo, os rabinos já as contavam e é deles que Jesus tomou emprestado este hábito. Entre as parábolas judaicas e as de Jesus, constatam-se procedimentos e personagens comuns. Mas, diferentemente dos rabinos, Jesus nunca usa a parábola para ilustrar um ensinamento sobre a Torá (a Lei), mas para levar seus ouvintes a reagir diante de um acontecimento: Deus está próximo, seu Reinado está ao alcance da mão. A parábola quer levar a sentir o extra-ordinário de Deus entre nós.

A parábola, uma linguagem indireta

O que é uma parábola? É um relato curto, uma pequena ficção com roteiro simples. Esta narrativa miniaturizada expõe uma história e se desenvolve entre alguns personagens: um patrão e seus operários, um rei e seus servos, um pai e seus filhos etc. Muitas vezes temos a ideia de que a parábola é um meio pedagógico que facilita a aquisição de um saber, como uma fábula que ilustra concretamente uma verdade abstrata. Isto não é falso (Jesus era um bom pedagogo), mas não está aqui o essencial. A parábola é um relato-imagem de duas faces. Ela deriva do *mashal* hebraico: uma face é a história contada (o significante), a outra face é a realidade significada. Portanto, a parábola é reconhecida pelo fato de ter duas faces: por um lado, ela conta uma história na qual o ouvinte reconhece sua vida e seu mundo (o significante); mas ela quer também dar a entender outra coisa (o significado). Quando ouve a história da semente que cresce sozinha, independentemente do que faz o camponês, e produz trigo que é colhido na ceifa[1], o ouvinte sabe que Jesus não quer dar uma aula de agricultura. A parábola é uma linguagem indireta; ela induz uma palavra oculta, que o ouvinte é convidado a encontrar. Ela convida a procurar um sentido (o significado) para além da imagem.

O contador de parábolas conta uma história para interpelar seus ouvintes: por que as coisas acontecem assim? Fazendo isto, mais do que expor um saber, ele mostra sua experiência (da vida e de Deus). É preciso precaver-se para não reduzir o sentido da parábola a uma moral ou a um *slogan*. A verdade é que ela pode concluir assim: "Muitos são chamados, mas poucos são escolhidos"[2] (o convite para o festim), ou: "Os últimos serão primeiros, e os primeiros serão últimos"[3] (os operários na vinha). Mas verificou-se que estas conclusões foram, na maioria das vezes, acrescentadas ao relato mais tarde. Na parábola, é a história que se desenrola, são as relações travadas entre os personagens que são importantes. A dinâmica toda do relato faz sentido.

Por contar uma história, a parábola convida a descobrir Deus que age incógnito no mundo cotidiano.

Por que o contador não diz as coisas diretamente? Por que utiliza este procedimento da linguagem indireta? Se a parábola convida a procurar um sentido oculto, isto significa primeiramente que este sentido não pode ser dito de outra maneira; e, em segundo lugar, que ele deve ser procurado. A parábola é uma linguagem indireta porque a verdade que ela traz precisa ser procurada por nós. Uma sentença judaica o diz muito bem: "Parábola de um rei que, em sua casa, perdeu uma moeda de ouro ou uma pedra preciosa. Não a procura ele com um pavio que não vale mais do que um soldo?"[4] A parábola é este pavio de nada, esta lâmpada que permite encontrar maravilhas. Qual é o sentido oculto, precioso, a ser descoberto? Para os rabinos, são as palavras da Torá. Para Jesus, é o Reinado de Deus. Muitas parábolas começam por: "O Reino de Deus é comparável a..."[5] Ora, o Deus inteiramente próximo não é uma ideia nem uma teoria que poderíamos expor num discurso, mas um acontecimento a ser descoberto no mundo. Por contar uma história, a parábola convida a descobrir Deus que age incógnito no mundo cotidiano. A parábola diz Deus numa linguagem não religiosa.

Comparação, metáfora, alegoria

Para compreender como funciona a parábola, é preciso distinguir entre comparação, metáfora e alegoria.

A *comparação* cria uma analogia entre dois sujeitos. Por exemplo: se dizemos que os homens são como lobos, afirmamos que homens e lobos têm em comum um traço que o ouvinte deve descobrir. As parábolas são comparações: elas estabelecem entre o Reinado de Deus e a história contada uma analogia que o ouvinte deve descobrir. Mas quando elas começam por "O Reino dos céus é comparável a um tesouro que estava escondido num campo..."[6], não é entre o tesouro e o Reino que a analogia é estabelecida, mas entre o Reino e aquilo que acontece a propósito do tesouro, a saber, que o homem que o descobriu vai fazer tudo, vai pôr à venda tudo o que ele possui, para entrar na posse do campo. É a totalidade da história contada que constitui a comparação.

A *metáfora* é diferente da comparação. É uma palavra-imagem, que designa uma coisa por outra, que compartilha com ela uma qualidade essencial. Enquanto a comparação funciona com dois termos (os homens são como lobos), a metáfora economiza o *como* (os homens são lobos). A narrativa hebraica forjou uma série de metáforas, que encontramos nas parábolas judaicas e que funcionam como um repertório conhecido dos ouvintes. A exemplo dos rabinos, Jesus facilita a passagem ao sentido oculto introduzindo metáforas como outros tantos indícios no relato: o rei é uma figura oculta de Deus, o esposo é uma figura do Messias, a ceifa é uma figura do Juízo final, a vinha é uma figura de Israel etc. Estas figuras metafóricas fazem parte da narrativa popular: elas orientam, à maneira de sinais, a decifração do sentido. Assim, quando a parábola põe em cena um rei e seus servos[7], o ouvinte compreende que ela se pronuncia sobre a relação entre Deus e seus fiéis. Quando ela fala de uma vinha cujo proprietário reclama sua parte da vindima[8], compreendemos que se trata do povo de Israel, ao qual Deus envia profetas para reclamar obediência. Quando ela fala de umas núpcias e da vinda do esposo[9], compreendemos que se trata da vinda do Messias para seu povo. Resultado: no interior da história contada, que constitui em sua globalidade uma analogia do Reinado de Deus, uma ou diversas metáforas ajudam na decifração do sentido.

No interior da história contada, que constitui em sua globalidade uma analogia do Reinado de Deus, uma ou diversas metáforas ajudam na decifração do sentido.

A *alegoria* é mais diferente ainda. O termo vem do grego e significa: "dizer de outra forma". A alegoria é um relato codificado, composto por uma rede espessa de metáforas. Neste relato, o único interesse está na decodificação das metáforas. As parábolas de Jesus não eram originalmente alegorias, mas três delas passaram, tardiamente, por uma decodificação alegórica: a semeadura[10], o joio no trigo[11], a rede[12]. A alegoria exige uma maneira totalmente diferente de leitura: não é o enredo da história que faz analogia, mas cada elemento do enredo é decodificado por si mesmo e faz sentido por si mesmo.

A parábola do joio no trigo[13] conta a história de uma semeadura prejudicada pela ação de um inimigo que semeia joio (uma erva daninha) no campo; o dono recusa a proposta de arrancar o joio e ordena a seus servos que esperem até a ceifa para fazer a triagem entre o trigo e a erva daninha. Por trás da proposta dos empregados lê-se a tentação de antecipar o Juízo final, excluindo da comunidade os membros considerados maus. Com sua recusa, o dono afirma que é preciso esperar o tempo da ceifa (o Juízo final), porque só Deus conhece a verdade de cada um e pode distinguir entre o bom e o mau. Quando os discípulos pedem que Jesus lhes explique a parábola, recebem a seguinte explicação: "O que semeia a boa semente é o Filho do homem; o campo é o mundo; a boa semente são os súditos do Reino; o joio são os súditos do Maligno; o inimigo que o semeou é o diabo; a ceifa é o fim do mundo; os ceifeiros são os anjos"[14]. O relato é lido aqui como um colar de metáforas, cada uma das quais recebe um significado.

Todas as metáforas são decodificadas num plano metafísico: o combate cósmico do diabo contra Deus. Assim a parábola é lida alegoricamente como a artimanha secreta desta luta titânica, que o Juízo final concluirá punindo os maus e honrando os justos. Enquanto a parábola recebe sua coerência das condições agrícolas, a alegoria encontra sua coerência no nível da história da salvação.

A evidência ou o insólito

Nem todas as parábolas de Jesus têm a mesma energia argumentativa. Elas pertencem a dois tipos: as que tiram sua força da evidência e as que narram um fato insólito.

Oito parábolas funcionam com base na evidência: a semeadura[15], os dois credores[16], a ovelha reencontrada[17], a moeda reencontrada[18], o tesouro[19], a pérola[20], os dois filhos[21] e os dois construtores[22]. O que elas contam corresponde à maneira como as coisas acontecem e os ouvintes de Jesus o sabem por experiência. A semeadura: semeava-se assim na Palestina, atirando punhados de sementes para o ar. A perda de uma ovelha para um pastor e de uma moeda de prata para uma mulher modesta era um drama (a ovelha reencontrada, a moeda reencontrada). Descobrir um tesouro é uma fortuna que vale todos os sacrifícios (o tesouro). Para um pai, é melhor um filho que diz não, mas acaba lhe obedecendo, do que um filho que diz sim, mas não faz nada (os dois filhos)...

Como bom observador da vida cotidiana, Jesus aproveita-se da evidência para obter o assentimento de seus ouvintes. Quem poderia contradizê-lo? Mas o sentido oculto procede de uma transferência para Deus. O espetáculo da natureza ou da vida humana leva a compreender Deus. O raciocínio implícito é: aquilo que vocês admitem tão facilmente na vida, por que não o admitem em relação a Deus? A parábola da ovelha perdida transfere a alegria do pastor que encontre sua ovelha para "a alegria no céu por um só pecador que se converta, mais do que por noventa e nove justos que não precisam de conversão"[23]. A parábola-evidência torna-se então chocante, interpeladora, provocadora. Com efeito, ela se destina aos que, considerando-se justos, desprezam os pecadores.

A maioria das parábolas de Jesus é do segundo tipo; elas tiram sua força do insólito. Diferentemente da categoria precedente, que se baseia num fenômeno repetitivo, estas parábolas relatam um acontecimento único. O relato começa apresentando um ambiente de vida costumeiro; mas, durante o trajeto, surge uma anomalia: um gesto bizarro, uma palavra inabitual, uma atitude extravagante. O quadro costumeiro, com regras conhecidas e esperadas, cai no surpreendente e no anormal. O fato de um pai se preocupar com seu filho caçula que dilapida sua parte da herança numa vida devassa é um drama familiar conhecido; mas o fato de o pai, em vez de repreender o filho ao retornar, o acolher de braços abertos e organizar uma festa em sua honra, eis o inaudito[24]! O fato de o joio crescer no campo de trigo é um fenômeno corrente, mas que um inimigo o semeie é incongruente[25]! O fato de um vinhateiro ainda contratar diaristas às 17h é imaginável, mas que lhes pague o mesmo salário pago aos que trabalharam desde as 6h da manhã é um escândalo[26]! O fato de um viajante ser agredido por bandidos é corrente, mas que seja um samaritano quem o socorre, ao passo que um sacerdote e um levita passam direto, eis o que é surpreendente[27]!

Diferentemente do tipo precedente, este segundo tipo de parábolas realça a surpresa, a extravagância. Rompe o mundo cotidiano, fazendo surgir um gesto, uma palavra que faz explodir as normas usuais. A parábola opõe aqui duas lógicas. Existe, por um lado, a lógica do mundo, que segue as normas do toma lá dá cá e onde os papéis e os valores são fixos. A infração deste quadro normativo faz surgir uma outra lógica, a lógica do Reinado de Deus, que atropela as normas estabelecidas. A punição (esperada) do filho devasso é substituída pela alegre acolhida do pai. À esperança da ceifa futura se mistura o drama da inimizade. O princípio do salário baseado no mérito é estilhaçado quando cada um recebe a mesma retribuição. Os personagens que encarnam a piedade (sacerdote e levita) falham, ao passo que o samaritano execrado se mostra exemplar. É assim, através do inabitual, que a parábola expressa Deus. O Reinado se aproxima do nosso mundo atropelando nossas expectativas e nossos esquemas.

Da parte de Jesus, o uso da parábola se mostra uma escolha teológica antes de ser um caminho pedagógico. Sem dúvida, como contador de histórias, Jesus dá mostras de pedagogia. Mas optar por expressar Deus no quadro narrativo do mundo cotidiano tem a ver com a concepção que Jesus tem do Reinado. Para ele, o Reinado de Deus não é uma utopia, uma quimera, um fantasma imerso num futuro incerto. Reenquadrando a realidade através do insólito, Jesus molda o Reinado como um mundo possível, um mundo diferente que transforma o nosso mundo. Os sinais do Reinado não devem ser procurados em outro lugar senão no cotidiano, mas um cotidiano onde surge o belo, o bom, o verdadeiro. Um cotidiano onde o amor atropela as rigidezes humanas, mesmo que sejam piedosas. Eis a lição da parábola

Da parte de Jesus, o uso da parábola se mostra uma escolha teológica antes de ser um caminho pedagógico.

Um outro lugar para melhor (se) entender

A transmissão das parábolas na tradição oral, e depois escrita, raramente nos preservou as condições nas quais Jesus as pronunciou. Isto porque, segundo toda probabilidade, ele não as pronunciou numa única ocasião. Os evangelhos, por sua vez, reagruparam parábolas em grandes discursos: Marcos no capítulo 4, Lucas no capítulo 15 e Mateus nos capítulos 13 e 25. No entanto, alguns indícios subsistem. A parábola da semeadura está ligada à decepção diante da ação de Jesus, considerada ineficaz diante das recusas que ela sofre[28]. A ovelha perdida, a moeda perdida e o filho reencontrado respondem à indignação dos fariseus e dos escribas que censuram Jesus por dar uma boa acolhida aos pecadores[29]. A parábola dos dois filhos e a dos meeiros revoltados seguem-se à contestação da autoridade de Jesus pelos sumos sacerdotes e pelos anciãos[30].

Portanto, parece que, mais de uma vez, Jesus recorreu à parábola numa situação de crise, de obstrução, de fracasso de sua pregação. Recorreu a ela para conduzir seus interlocutores ao "outro lugar" de uma historieta, onde eles podiam entender aquilo que uma argumentação teológica, mesmo sofisticada, não teria conseguido fazer com que fosse aceito.

O procedimento é patente quando ele se encontra na casa de Simão o fariseu, que o convidou para uma refeição[31]. Entra subitamente uma mulher, trazendo um frasco de perfume caríssimo. Aos prantos ela banha com suas lágrimas os pés de Jesus, os enxuga com os cabelos e os cobre de beijos. Simão fica chocado. Lavar os pés de um homem era considerado um rito íntimo, que somente a esposa prodigalizava ao marido ou os discípulos a seu rabino. Além disso, diz Simão para si, se Jesus fosse profeta, "saberia quem é esta mulher que o toca, e o que ela é: uma pecadora"[32]. À indecência de seu gesto, soma-se a impureza contagiosa da mulher. Jesus conta então a Simão a parábola dos dois devedores, um dos quais devia uma grande quantia e o outro uma quantia pequena; tendo o credor perdoado a cada um sua dívida, qual dos dois amará mais o credor? – pergunta Jesus. Esta parábola funciona de acordo com o princípio da evidência; Simão responde sem dificuldade que aquele a quem foi perdoada a dívida maior mostrará mais amor. Jesus transfere então a evidência para a situação da mulher diante de Deus. Seu gesto transbordante de ternura traduz sua gratidão para com Deus que a acolhe e lhe concede o perdão. Quanto a Simão, ele não manifestou tanta consideração. Um debate teológico com Simão sobre a noção de pureza não teria levado a lugar nenhum. Em compensação, a ficção narrativa da parábola o conduz para "um outro lugar". Ela permitiu a Jesus obter a aquiescência do fariseu quanto ao princípio da gratidão, e depois reenquadrar a situação: Simão é convidado a considerar os gestos da mulher não mais a partir de seu estatuto de pecadora, mas a partir de seu estado de mulher perdoada. Seus gestos não são mais os estigmas do pecado, mas a marca do reconhecimento. A parábola deslocou o olhar de Simão, propondo-lhe um quadro de referência que se articula mais sobre o dom do que sobre a falta. É substituir a lógica retributiva pela lógica do Reinado.

A parábola "fala", portanto, onde a abstração e a racionalidade se revelam impotentes; porque ela vai ao encontro da experiência de vida, das emoções, da afetividade. Ela conclui, na maioria das vezes, com uma pergunta aberta mais do que com um encerramento. Que decisão tomará Simão o fariseu? O que farão os servos no campo de trigo e joio? Como reagirão os operários frustrados por não terem recebido mais do que aqueles que chegaram por último na vinha? O parabolista não conclui; cabe ao ouvinte fazê-lo. É esta a função das parábolas de Jesus: interpelar, surpreender, pôr em movimento.

1. Mc 4,26-29. **2.** Mt 22,14. **3.** Mt 20,16. **4.** *Cântico Rabba* I, 8. **5.** Mt 13,24.31.33.44.45.47; 18,23; 20,1; 25,1. **6.** Mt 13,44. **7.** Mt 18,23-35. **8.** Mc 12,1-12; Mt 21,33-46; Lc 20,9-19. **9.** Mt 25,1-13; Mt 22,1-14. **10.** Mc 4,13-20; Mt 13,18-23; Lc 8,11-15. **11.** Mt 13,36-43. **12.** Mt 13,49-50. **13.** Mt 13,24-30. **14.** Mt 13,37-39. **15.** Mc 4,1-9; Mt 13,1-9; Lc 8,4-8. **16.** Lc 7,39-43. **17.** Lc 15,3-7; Mt 18,12-14. **18.** Lc 15,8-10. **19.** Mt 13,44. **20.** Mt 13,45-46. **21.** Mt 21,28-31. **22.** Mt 7,24-27; Lc 6,47-49. **23.** Lc 15,7. **24.** Lc 15,11-32. **25.** Mt 13,24-30. **26.** Mt 20,1-16. **27.** Lc 10,30-37. **28.** Mc 4,10-12; Mt 13,10-15. **29.** Lc 15,2. **30.** Mt 21,23. **31.** Lc 7,36-50. **32.** Lc 7,39.

ESCLARECIMENTOS

A parábola do grão de mostarda: por que três versões?

Jean-François Baudoz
Instituto Católico de Paris

"O Reino dos céus é comparável a um grão de mostarda que um homem toma e semeia no seu campo. É a menor de todas as sementes; mas, quando cresce, é a maior das hortaliças; torna-se uma árvore, de sorte que os pássaros do céu vêm fazer seus ninhos em seus ramos."

Mateus 13,31-32

"É como um grão de mostarda: quando é semeado na terra, é a menor de todas as sementes do mundo; mas depois de semeada, cresce e torna-se a maior de todas as hortaliças, e dá grandes ramos, de tal forma que, à sua sombra, os pássaros do céu podem fazer seus ninhos."

Marcos 4,30-32

"[O Reino dos céus] é comparável a um grão de mostarda que um homem toma e planta em seu jardim. Ele cresce e se torna uma árvore, e os pássaros do céu fazem seus ninhos em seus ramos."

Lucas 13,18-19

A parábola do grão de mostarda é contada pelos três evangelhos sinóticos[1]. As três versões, muito curtas, permitem dar um breve exemplo de leitura crítica dos textos evangélicos. Uma rápida comparação leva a constatar primeiramente que as versões de Marcos e de Lucas diferem sensivelmente uma da outra, enquanto a de Mateus constitui uma espécie de texto intermediário.

A parábola de acordo com Marcos está escrita em forma descritiva: o grão de mostarda é semeado e depois cresce e se torna uma grande planta. Lucas e Mateus, pelo contrário, dão uma forma narrativa à parábola: um homem semeia (Mateus) ou lança (Lucas) um grão de mostarda em seu campo (Mateus) ou em seu jardim (Lucas) e o grão se torna uma árvore. Os dois evangelistas escrevem assim um relato: a história parece ter acontecido apenas uma vez. Ademais, ela é contada no passado, enquanto a descrição de Marcos está no presente.

Estas simples constatações permitem formular uma pergunta interessante: quais são as relações literárias entre os três textos? Mais precisamente ainda: entre a forma descritiva (Marcos) e a forma narrativa (Mateus/Lucas), qual é a mais antiga? Comecemos observando que, em Mateus e Lucas, a parábola do grão de mostarda é seguida imediatamente pela do fermento[2]. Nesta conta-se que uma mulher escondeu fermento em três medidas de farinha até a massa crescer. As duas parábolas têm, portanto, a forma de um relato e desembocam na mesma lição. Ora, os pares de parábolas gêmeas que transmitem um ensinamento semelhante são frequentes nos evangelhos, particularmente em Mateus e Lucas: A ovelha perdida e a dracma perdida[3], o homem que quer construir uma torre e o rei que quer partir para a guerra[4], aquele que descobre um tesouro em seu campo e aquele que descobre uma pérola[5], os pássaros do céu e os lírios dos campos[6]. Não é preciso alongar a lista para constatar que as parábolas gêmeas do grão de mostarda e do fermento provêm de uma tradição anterior na qual os dois evangelhos se inspiram. Por que então o texto de Mateus, embora fortemente paralelo a Lucas, é ao mesmo tempo próximo de Marcos? Podemos supor que, neste caso, Mateus se serviu de dois estados anteriores da parábola, um proveniente da fonte das palavras de Jesus (fonte dos *logia* ou fonte Q*) e outro proveniente do evangelho de Marcos, que ignora a parábola do fermento.

A pergunta então toma um novo impulso: se as três versões atuais da parábola permitem localizar duas tradições anteriores (Marcos e fonte Q), qual se insere melhor na pregação de Jesus de Nazaré? Para responder, procuremos caracterizar o ponto alto da parábola em Marcos e em Lucas. O texto do primeiro insiste fortemente no contraste entre o estado do grão no início ("a menor de todas as sementes do mundo") e no fim ("a maior de todas as hortaliças"). Lucas, por sua vez, não realça de forma alguma esta oposição. Não leva em consideração nem a pequenez do grão nem o tamanho da planta. Ele realça o destino inelutável do grão que foi lançado na terra: este se torna uma árvore onde os pássaros do céu podem vir se abrigar. Estamos assim na presença de dois textos que se referem a dois tipos de situações. É possível defini-los de maneira mais precisa?

Para ilustrar o tamanho da planta, a parábola mostra os pássaros procurando abrigo "à sua sombra" (Marcos) ou "em seus ramos" (Mateus e Lucas). A imagem remete a diversos textos do Antigo Testamento, nos quais a grande árvore representa o reino de um soberano capaz de proteger seus súditos. Um oráculo de Ezequiel anuncia assim a glória futura do povo de Israel: "Tornar-se-á um cedro magnífico. Todos os tipos de aves ali habitarão [...] à sombra de seus ramos"[7]. Transposta para a parábola evangélica, a árvore é a figura do Reinado de Deus, que iniciou bem pequeno, mas é chamado a conhecer um desenvolvimento magnífico. Este ponto se harmoniza perfeitamente com o quadro da pregação de Jesus, que tem por objeto a vinda do Reinado de Deus.

Ora, alguns fatos relatados pelos evangelhos levam em consideração a decepção dos ouvintes de Jesus. Ele lhes anuncia, sem dúvida, o Reino de Deus, mas sua ação permanece limitada. Não atinge, em todo caso, o desenvolvimento que sua vinda implica. Jesus responde que é deste início modesto que irromperá o Reino escatológico♦: "o Reino de Deus é comparável a um grão de mostarda", cuja extrema pequenez se tornara proverbial[8]. Nada impede que, uma vez lançado na terra, o grão se torne com o tempo uma grande árvore na qual os pássaros virão se abrigar. O fim jorra do começo. Jesus pretende, portanto, que sua missão inaugura realmente o fim dos tempos: através dele a intervenção escatológica de Deus já começou. O que esta parábola se torna quando, já reinterpretada na tradição, ela é em seguida relida pelos evangelhos? Em Marcos ela é sinal de encorajamento, em Lucas sinal de um movimento de alegria e em Mateus sinal de uma expectativa do julgamento.

Marcos se dirige a uma comunidade cristã que precisa de *encorajamento*. Como manter a confiança numa situação de perseguição? Marcos relata, portanto, duas parábolas muito próximas, das quais a primeira lhe é própria. Primeiramente a de um homem que lança a semente na terra: quer ele durma ou esteja acordado, a semente germina e cresce, sem ele saber como[9]. Depois vem a do grão de mostarda. As duas parábolas transmitem a mesma mensagem: a palavra semeada por Jesus cresce "por si mesma"[10], porque tem em si uma força misteriosa que a fará crescer até chegar o tempo da ceifa. A modéstia do começo não impedirá a grandiosidade do fim, mesmo que o momento presente seja o momento de enterrar a semente. O tempo atual é o tempo da paciência.

Totalmente diferente é a mensagem de Lucas. Ele parece contar a história da comunidade cristã que ele tem diante de si. A atenção se dirige não ao futuro escatológico do Reinado de Deus, mas à expansão irresistível da Palavra de Deus. O homem que lançou o grão é o próprio Jesus. Este está na origem de um movimento que nada pôde deter e cujo desenvolvimento extraordinário já se pode apreciar. É para Lucas uma *alegria*, da qual todo o seu evangelho está impregnado.

Em Mateus, a parábola do grão de mostarda é precedida pela do joio[11], cuja explicação é dada um pouco mais adiante[12]. O semeador é o Filho do homem, o campo representa o mundo e os pássaros que vêm abrigar-se nos ramos da árvore designam os homens que entram na comunidade dos discípulos. Assim a árvore representa a Igreja[13], mas a parábola deve ser interpretada levando em consideração a parábola do joio que a enquadra: o julgamento permitirá remover o joio que não cessa de se misturar ao grão bom. Vive-se na *expectativa do julgamento* que será conduzido pelo Filho do homem no fim dos tempos[14]!

* Cf. *Quatro evangelhos e não um só*, p. 81.

1. Mt 13,31-32; Mc 4,30-32; Lc 13,18-19. **2**. Mt 13,33; Lc 13,21. **3**. Lc 15,3-10. **4**. Lc 14,28-32. **5**. Mt 13,44-46. **6**. Mt 6,25-34 e Lc 12,22-32. **7**. Ez 17, 23; cf. Dn 4,9; Sl 104,12. **8**. Lc 17,5-6. **9**. Mc 4,26-29. **10**. Mc 4,28. **11**. Mt 13,24-30. **12**. Mt 13,36-43. **13**. Cf. Mt 16,13-20. **14**. Mt 25,31-46.

* * *

A parábola da semeadura

Daniel Marguerat
Universidade de Lausanne (Suíça)

Esta parábola é a mais famosa das parábolas contadas por Jesus; os três evangelhos sinóticos a relatam em termos muito semelhantes[1]. Ela inicia e conclui com um apelo à escuta: "Ouvi!", "Quem tem ouvidos para ouvir, ouça!" Portanto, o ouvinte é alertado sobre a presença, neste pequeno relato, de um sentido oculto a ser descoberto. Para começar, um silêncio intriga: quem é o semeador? A sequência enumera não uma história, mas quatro histórias: os quatro destinos do grão que caiu no solo. Não está em jogo a competência do semeador; só interessa a sorte da semente. As três primeiras histórias se assemelham num roteiro de fracasso. Estão estruturadas de forma idêntica: é explicitada a natureza do solo (um caminho, um lugar pedregoso, espinhos); é assinalada a presença de um agente negativo (os pássaros, o sol, os espinhos); é notificado o fracasso da germinação (o grão é comido, ele seca, seu crescimento é sufocado). A quarta história é positiva: a terra boa permite um crescimento e uma frutificação quantificada: trinta, sessenta, cem por um.

O ouvinte de Jesus reconhecia sem dificuldade as condições agrícolas da Siro-Palestina. A aridez do solo na região e sua composição pedregosa eram notórias. Na época, o camponês semeava atirando punhados de sementes para o ar, sem amanho prévio da terra. A perda por ocasião da semeadura de trigo ou de cevada era um fator conhecido. O quadro da parábola corresponde, portanto, ao mundo familiar dos ouvintes. Mas, se o relato não lhes ensina nada de novo, seu roteiro visa um efeito particular. Pela longa enumeração das três primeiras histórias, o relato põe o acento no fracasso dramático da germinação. De que adianta semear, se o resultado é esse? A quarta história responde assinalando o sucesso. Uma taxa de dez a quinze por cento era ideal na Antiguidade; ir até cem por cento é um grande exagero! Aqui aparece a extravagância da parábola. Essa abundância evoca a fecundidade maravilhosa da criação. O ouvinte de Jesus sabe que a vitalidade da natureza atesta a generosidade do Deus criador. A conclusão que Jesus quer tirar é que os fracassos estrondosos da semeadura não impedem uma colheita espetacular; seu sucesso é garantido pelo poder de Deus.

"Ele lhes dizia: 'Ouvi! Eis que o semeador saiu para semear. Ora, enquanto semeava, parte caiu à beira do caminho; vieram os pássaros e comeram tudo. Parte caiu também num lugar pedregoso, onde não havia muita terra; logo germinou porque não havia terra profunda; quando o sol se levantou, foi queimada e, por lhe faltarem raízes, secou. Parte também caiu entre os espinhos; os espinhos cresceram e a sufocaram, e ela não deu fruto. Outros grãos caíram em terra boa e, crescendo e desenvolvendo-se, produziram fruto, e renderam trinta por um, sessenta por um, cem por um'. E Jesus dizia: 'Quem tem ouvidos para ouvir, ouça'".

Marcos 4,3-9

Quem semeia? A parábola nada diz a respeito. Diversas vezes o Antigo Testamento menciona Deus no papel de semeador dos homens ou de Israel[2]. Mas será que o contador da parábola se esconde por trás da figura do semeador anônimo? O silêncio do relato não é anódino. Jesus apela para a experiência de seus ouvintes e fala de todo semeador, de qualquer camponês. Os ouvintes têm o caminho livre para pôr um nome mais preciso por trás deste personagem. Os primeiros cristãos, por sua vez, não hesitaram em ver nele uma figura oculta de Jesus. Notemos que o título dado pela tradição a esta parábola (parábola do semeador) é muito mal-escolhido, porque não se trata do semeador, mas da semente. É preferível dizer: parábola da semeadura.

Mas em qual profundidade de sentido o duplo apelo convida a ouvir? A qual sentido oculto esta pequena cena agrícola remete? A repetida insistência no roteiro dos fracassos fornece a chave. Jesus se dirige aos decepcionados com seu ministério. Destina esta parábola aos que julgam que a palavra de um rabino galileu, mesmo cercado de um punhado de discípulos, não tem nada para transformar o mundo. São aqueles que se inflamaram ao ouvir dele que "o Reinado de Deus aproximou-se"[3], mas depois se desiludiram. Olhai como trabalham os camponeses, diz Jesus; as perdas consideráveis no decurso da semeadura não os impedem nem de continuar a semear, nem de acreditar na colheita. O que está em jogo é a maneira como Deus trabalha o mundo, a maneira como ele faz vir seu Reinado entre os homens. Os fracassos, as recusas não devem matar a esperança da colheita futura. "Quem tem ouvidos para ouvir, ouça!"

Nos três evangelhos sinóticos, a parábola é seguida de uma explicação alegórica[4]. A leitura alegórica consiste em conferir aos elementos do relato um valor simbólico. A codificação simbólica começa pela semente: "O semeador semeia a Palavra". Nas três histórias de fracasso, os agentes responsáveis pela morte da semente/Palavra são decodificados: os pássaros que ciscam no caminho são a imagem de Satanás; o sol que torrifica o solo pedregoso representa a tribulação e a perseguição por causa da Palavra; os espinhos que sufocam correspondem à sedução das riquezas e às cobiças do mundo. Os que são semeados na terra boa ouvem a Palavra, a acolhem e a põem em prática. Da parábola à explicação, o acento se deslocou para os terrenos, que representam categorias de crentes; neles o fracasso ou a fecundidade da Palavra dependem de sua resistência às agressões do mundo. A fadiga do tempo, a escalada da perseguição e o arrefecimento do entusiasmo caracterizam de preferência a situação das primeiras comunidades cristãs. Sua experiência levou os redatores a reatualizar a parábola e Jesus, a dar-lhe uma nova vida em resposta a estes novos desafios.

1. Mc 4,3-9; Mt 13,3-9; Lc 8,5-8. **2.** Zc 10,9; Os 2,25; Jr 31,27-28; Ez 36,9. **3.** Mc 1,15. **4.** Mc 4,13-20; Mt 13,18-23; Lc 8,11-15.

Parábola e *mashal* rabínico

David Banon
Universidade Hebraica de Jerusalém (Israel)

As célebres parábolas usadas por Jesus em seu ensino público se inscrevem numa antiga tradição judaica: pensemos principalmente na parábola das árvores que procuram um rei, no capítulo 9 do livro dos Juízes. Este modo de ensino está igualmente muito presente na literatura rabínica antiga, o Talmud e os *midrashim*♦, que o designa com dois termos sinônimos *mashal* e *dougma*. Como o *mashal*, a *dougma* é uma parábola: ela vem do grego *deigma* e contém as modalidades abstratas do significado originário da palavra: "modelo, amostra". *Mashal*, termo de origem semítica, pertence antes ao campo semântico da imagem e da semelhança (cf. o árabe *mithâl*, "imaginário"). Portanto, os dois termos, que encontramos nos sintagmas equivalentes *le-mashal, le-dougma*, "por exemplo", servem para transmitir um ensinamento "por exemplo" ou "pela imagem", muitas vezes introduzido pela locução: *mashal le-ma ha-davar domeh*, "parábola, a que coisa ela se assemelha?"

No entanto, o *mashal* é empregado igualmente, na exposição dos Sábios, como uma chave hermenêutica♦ para a compreensão da Torá, como veremos a respeito da visão de Ezequiel chamada visão dos "ossos ressequidos"[1]. O Talmud[2], discutindo sobre a ressurreição dos mortos no fim dos tempos*, traz provas escriturísticas em apoio desta doutrina em nome da escola de Elias e depois se surpreende que esta mesma escola não apresenta a prova mais evidente, a famosa visão de Ezequiel. Ele responde então que o estatuto deste relato é objeto de um debate entre os Sábios: para alguns, Ezequiel ressuscitou realmente, factualmente, os mortos. Assim, Rabbi Eliezer, filho de Rabbi Yossi o Galileu, diz: "Os mortos que Ezequiel ressuscitou subiram a Israel, casaram-se, geraram filhos e filhas"; para Rav, "tratava-se dos filhos de Efraim que saíram do Egito prematuramente como consequência de um erro de cálculo no estabelecimento da data da libertação". Para outros mestres, no entanto, esta visão é uma parábola: como explica o grande comentarista medieval Rachi, "é uma alusão ao exílio. À semelhança de um moribundo que retorna à vida, assim o povo de Israel deixará o exílio". Rabbi Yehuda, que defende esta tese, se exprime por uma expressão com a qual o próprio Talmud se surpreende: *emet mashal haya*, "Verdade, era parábola". Mesmo traduzido pela forma branda *be-emet mashal haya*, "em verdade, era uma parábola", o elo estreito entre a verdade e a parábola não deixa de ser paradoxal: a impressão que resulta desta passagem talmúdica é que o factual não esgota o verdadeiro, que uma palavra bíblica pode ser verdadeira sem ser necessariamente factual. O relato, factual ou ficcional, deve abrir caminho para uma interpretação, para uma profundidade dos sentidos da Escritura, que não joga "o espírito" contra "a letra", mas mantém vivos os dois: e é também justamente a este reencontro entre a "alma" e o "corpo" do texto que nos convida a compreensão talmúdica do *mashal*, da parábola.

Neste contexto, como as primeiras comunidades cristãs, ainda profundamente judaicas, compreenderam o anúncio da ressurreição de Jesus? O cristianismo nascente estaria do lado do "acontecimento" único desta ressurreição ou, por sua vez, a consideraria como o *mashal* de uma ressurreição prometida a todos, tanto corporalmente quanto espiritualmente? Amplo debate, como sabemos, que não deixou de atravessar a história desta religião e que em parte se enraíza no *mashal* rabínico como modo de verdade.

* Cf. *Os Judeus acreditavam na ressurreição?*, p. 45.

1. Ez 37,1-14. **2**. *Sanhedrin* 92b.

André Comte-Sponville
Filósofo

Nós já estamos no Reino

Que Jesus seja Deus é o que ele próprio, se confiarmos nos evangelhos, jamais disse. Que ele seja seu filho (todos nós o somos, se Deus é Nosso Pai) e que tenha ressuscitado ao terceiro dia, é uma coisa em que já não acredito há muito tempo. Minha posição é a de Spinoza, como ele a expressou numa carta a um de seus correspondentes, no caso Henri Oldenburg: entendo a crucifixão de Jesus num sentido literal; "sua ressurreição, pelo contrário, num sentido alegórico". Para significar o quê? Não que ele tenha triunfado da morte, como acreditam os cristãos, mas que esta não pôde tirar-lhe nada – nem o que ele viveu, que permanece eternamente verdadeiro, nem o que ele não viveu, que não é nada.

Extraio disso uma espécie de lição, que vale para todos: o Reino não deve ser esperado (como a eternidade poderia ser futura?), mas vivido, o que ninguém pode senão no presente. Nada a ver com um paraíso qualquer! Viver no presente e viver eternamente são uma só e a mesma coisa: não um tempo infinito (que só poderia ser a soma imaginária de um passado infinito, que não existe mais, e de um futuro infinito, que ainda não existe; em outras palavras, dois nadas), mas o sempre-presente do real e do verdadeiro. Experimentar que "nós somos eternos", como diz Spinoza (e não que nós o seremos!), é simplesmente viver de verdade, na medida em que somos capazes: só estamos separados do Reino por nossas mentiras, nossos sonhos, nossas impaciências –, por nós mesmos. Ora, tudo isto é também verdade (porque é verdade que nós mentimos, que nós sonhamos etc.) e, portanto, eterno (a verdade sempre o é) e é nisto que já estamos no Reino: a eternidade é agora! Não nos resta senão compreender isto, pelo menos intelectualmente, e vivê-lo, pelo menos às vezes: momentos de graça e de eternidade.

Esta é minha "Boa-Nova": nós já estamos salvos e, portanto, também já perdidos; ou, melhor dizendo, a salvação e a perda são uma só e a mesma coisa, como o Reino e o mundo. É aquilo que eu chamo o trágico, que culmina na cruz. "Meu Deus, Meu Deus, por que me abandonaste?" É que não existe Deus; é que não existe outra coisa senão tudo, e não existe outra vida senão esta. Palavra de apóstata, bem o sei, que contém indiretamente o traço do Deus ausente, mas sem renunciar por isso ao "espírito de Cristo", como dizia ainda Spinoza, que é de justiça e de amor.

"De que adianta, perguntaremos, se a morte prevalece afinal de contas, se amor e justiça não são mais fortes do que ela ou, pelo menos, 'tão fortes' quanto ela, como diz o Cântico dos cânticos; numa palavra, se eles são finalmente vencidos?" A objeção só parecerá pertinente aos que preferem a vitória ao amor, a força à justiça; é disto que os evangelhos, da maneira como eu os leio, nos dissuadem. O que há de mais fraco do que uma criança nua, num estábulo, ou do que um agonizante, numa cruz? No entanto, é isto mesmo que precisamos amar, venerar, proteger, não a força ou a vitória.

Os pais estão bem colocados para compreender isto: seu amor, por maior que seja, não fornece, a seus filhos, senão uma proteção muito frágil – mas não deixa de ser o que eles têm de melhor a oferecer, de mais vivo, de mais humano e até de mais divino, se nos ativermos ao termo, através da imagem tão bela de um Deus Pai. Infelizmente! Que o Pai seja todo-poderoso e, portanto, que ele seja Deus, é uma fantasia de criança. Quanto aos adultos, eles conhecem demais sua fraqueza para acreditar na onipotência do amor, em todo caso tratando-se deles próprios, e se contentam em amar seus filhos tremendo, como é preciso fazer de qualquer maneira, e isto me toca mais do que todas as religiões.

"Nós já estamos no Reino..." Esta fórmula, de inspiração evangélica, que utilizei muitas vezes, não é atestada em nenhum lugar no Novo Testamento, como também não no Antigo. Ademais, ali ela seria incongruente e muito embaraçosa para qualquer Igreja: se já estamos no Reino, para que servem a religião, os dogmas, os ritos? No entanto, a ideia não deixa de ter alguma pertinência escriturística. O Reino, nos evangelhos, não está apenas por vir; ele "chegou até vós", nos previne Jesus (Lucas 11,20), ele se encontra "entre de vós" (ou "em vós", *entos hymôn*, Lucas 17,21); não "no céu", explicita o *Evangelho apócrifo de Tomé*, mas "no vosso interior e no vosso exterior" e, portanto, "já chegou", já "se difundiu pela terra" (*logia* 3, 51 e 113). Que ele possa prosseguir além, é objeto de fé, não de saber. Mas que ele já esteja presente é o que os místicos não cessam de experimentar, sejam eles crentes ou não, e que sábios e santos, à sua maneira, nos confirmam. Não esperemos estar mortos para aprender a viver, nem estar ressuscitados para aprender a amar.

Lembramo-nos da primeira carta aos Coríntios: tudo passará, menos a caridade, "que não passa nunca". Portanto, a esperança e a fé passarão? Sim, explica Agostinho: para os que entram no paraíso, já não há motivos para crer em Deus (porque eles *estão* em Deus) e nada mais há a esperar (porque eles têm tudo). A visão beatífica substitui a fé, a bem-aventurança substitui a esperança, com muita vantagem nos dois casos. Para o ateu fiel que eu sou, ou que procuro ser, isso diz o essencial: se já estamos no Reino, trata-se de habitar desde agora – na medida em que pudermos e, pelo menos, por alguns momentos – este espaço ao mesmo tempo material e espiritual (o mundo, o Reino), onde não há nada a crer, porque tudo consiste em conhecer, e onde não há nada a esperar, porque tudo consiste em fazer ou em amar – em fazer no que depende de nós e em amar no que não depende de nós. A sabedoria dos evangelhos une-se aqui à de Epicuro ou dos estoicos: "Não vos preocupeis com o dia de amanhã; o dia de amanhã se preocupará consigo mesmo. A cada dia basta o seu mal" ou sua alegria.

Capítulo 13

O CAMINHO DO REINO: AS BEM-AVENTURANÇAS

Poderíamos contar as coisas assim...

Era apenas uma colina, exatamente um pequeno montículo de vegetação que quase não alterava o ritmo calmo da planície. Foi ali que Jesus se instalou e, a seu redor, a multidão que o seguia. Logo chegaram pessoas das aldeias da redondeza. Informados da presença de Jesus, queriam apresentar-lhe os doentes para que os tocasse e ficassem curados. E, com efeito, ele não precisava nem estender a mão, nem pronunciar uma palavra; sua simples presença operava maravilhas.

Ele estava ali, com seus discípulos ao redor, e todos os que o viam experimentavam uma grande paz. Eles esperavam, como se espera que as estrelas se acendam de noite, sem impaciência. Pouco a pouco, um estranho silêncio se fez. Todos e todas tinham os olhos voltados para ele. Havia homens, mulheres, crianças e idosos, pessoas comuns sem histórias, dos que carregam o peso do dia sem se queixar, dos que recebem ordens e obedecem, dos que suportam as leis e os reis e aos quais nunca se pede a opinião.

Enfim, ele começou a falar. As palavras que dizia falavam da felicidade que vem, para os pobres, para os que têm fome e sede, para os que estão abatidos e sobrecarregados e que choram. Sua palavra corria em direção a eles, saltava, fresca e viva como a onda de uma torrente na primavera. Para os mais afastados do mestre, que mal e mal o viam e não podiam ouvi-lo, a palavra ricocheteava de grupo em grupo como um eco. Ela os alcançava e rompia seu medo, inundava seu coração. Eles eram como uma terra árida, deteriorada, sem água, que recebe a primeira chuva benfazeja. Sim, era a eles que se dirigia a promessa, para eles é que vinha o Reinado de Deus. Em breve, seriam saciados e as lágrimas dariam lugar aos sorrisos. Eles compreendiam que isso começava agora, nos gestos e nas palavras de sua vida ordinária.

No entanto, Jesus delineava as novas leis do reino de justiça e de paz que iria vir: "Se alguém vos fere, não revideis golpe com golpe; pelo contrário, oferecei a face aos que vos agridem". Ao ouvi-lo, eles ficavam surpresos; conheciam a Lei de Moisés e procuravam pô-la em prática. Haviam aprendido que a justiça consistia em não pedir senão a justa reparação da ferida ou da ofensa recebida; nada mais, nada de vingança, nada de represálias. Mas Jesus exigia infinitamente mais: perdoar aquele que vos caluniava, retribuir o mal com o bem, orar pelo que se comportava como inimigo. "Amai vossos inimigos", dizia Jesus, que acrescentava: "É fácil amar os que vos amam; mas, e aqueles que vos prejudicam, que vos querem mal e vos fazem mal? Seríeis capazes de amá-los?" E continuava: "Fazei o bem sem esperar nada em troca. Sede como o próprio Deus, que é bom para com todos. Se fizerdes isso, então sim sereis seus filhos e filhas".

Ouvindo isso, as pessoas voltavam-se umas para as outras, com os olhos esbugalhados. Palavras como estas eles nunca haviam ouvido. Este profeta pedia o impossível.

Sem dúvida, ele escutou o rumor surdo que acolhia suas palavras. Mas, longe de suavizar o seu discurso, ele persistiu: "Eu vos conheço muito bem, sei como estais prontos a julgar vosso vizinho. Perseguis o menor de seus defeitos. Mas, quando se trata de vós mesmos, não tendes nenhuma lucidez. Eu vos digo: não julgueis, pois da maneira como julgardes sereis vós mesmos julgados, com o mesmo instrumento, o mesmo peso, a mesma medida. Mas se, pelo contrário, fordes generosos, se fordes compassivos, então vos será aplicada a mesma medida, e até mais".

Voltou o silêncio, um pouco pesado; com efeito, quem podia dizer que não tinha nada a recriminar-se. Ele sentiu que muitos caíam em si para se examinar. Ele continuou: "Vós chegais até mim, quereis ouvir belas palavras, promessas, mas as palavras não bastam. Se não forem postas em prática, elas não constroem nada. Ouvi-me: aquele que se satisfaz com o que eu digo, mas não muda nada em sua vida, é como um pedreiro que construiu uma casa sobre a areia, sem lhe dar fundamentos. Ao primeiro sopro do vento, à primeira borrasca, as paredes vacilarão e tudo desmoronará. O que vos digo precisa tornar-se o fundamento de vossa vida, a rocha sobre a qual vos apoiareis".

Quanto aos seus discípulos, eles não estavam espantados; não tinham eles abandonado tudo para segui-lo? Sabiam que a palavra que ele trazia podia ser doce como o mel e cortante como uma espada. Mas agora que eles o haviam encontrado, não podiam mais recuar. Queriam ver chegar o Reino que ele prometia.

C.P.

As Bem-aventuranças

Jean-François Baudoz
Instituto Católico de Paris

No evangelho de Mateus, como no de Lucas, as Bem-aventuranças iniciam de maneira solene o discurso-programa de Jesus[1]. São as primeiras palavras de Jesus proclamando a vinda do Reinado de Deus. E a primeira dessas palavras é "felizes"! Bem conhecida no Antigo Testamento, particularmente nos Salmos e na literatura sapiencial[2], a bem-aventurança é uma fórmula de felicitação. Trata-se não tanto de um desejo ou de uma promessa quanto de uma constatação que é proclamada. Os destinatários já são felizes no próprio momento em que lhes dirigimos a bem-aventurança. Talvez eles próprios nem se dão conta: nós podemos comunicar-lhes a sua felicidade.

Qual é, portanto, esta felicidade atribuída a pessoas que trazem exteriormente todas as marcas da infelicidade, já que são pobres, famintos ou aflitos? Estas pessoas de que Jesus fala são felizes agora em razão do futuro que se abre para elas. É a esperança que fundamenta sua felicidade atual: elas são "alegres na esperança", para retomar uma expressão de Paulo[3]. Cada uma das Bem-aventuranças está voltada para o futuro em razão da promessa contida no segundo membro da frase ("felizes..., porque"). É a tensão entre a sombria realidade atual e o futuro luminoso que provoca a esperança. Esta diferença entre o presente e o futuro é essencial para interpretar as Bem-aventuranças. A felicidade ilumina o presente, ao mesmo tempo que continua sendo uma expectativa e, por esta razão, ela é ao mesmo tempo uma carência. A felicidade das Bem-aventuranças reflui do futuro sobre o presente ainda obscuro.

Duas versões diferentes a partir de uma mesma fonte

As diferenças entre as Bem-aventuranças de Mateus e de Lucas dizem respeito ao número (nove em Mateus contra quatro em Lucas) e à forma. Com efeito, em Lucas as quatro Bem-aventuranças são seguidas de quatro "anti-bem-aventuranças", que às vezes são chamadas "maldições". Com efeito, assim como a bem-aventurança não é uma bênção, ou seja, uma palavra eficaz que produziria o que ela anuncia, da mesma forma a expressão "infelizes sois vós" não é uma palavra que condena, mas uma constatação de fato: "Ai de vós...!" Por outro lado, as Bem-aventuranças em Mateus e Lucas não têm os mesmos acentos. Este último se dirige a verdadeiros pobres ou a pessoas que têm realmente fome, ao passo que Mateus fala de pobres "em espírito" e famintos "de justiça". Lucas refere-se a situações concretas difíceis, enquanto Mateus evoca disposições espirituais.

Uma comparação entre as Bem-aventuranças de Mateus e as de Lucas obriga a pensar que cada evangelista adaptou uma tradição comum de acordo com sua interpretação da mensagem cristã e de acordo com a comunidade para a qual ele escrevia. Podemos reconstruir, com uma parte de hipótese, a fonte na qual eles se inspiraram (fonte das palavras de Jesus, designada pela letra Q). Seria muito longo justificar aqui esta opção, mas podemos pensar razoavelmente que esta fonte devia conter quatro Bem-aventuranças:

◂ Cf. *Quatro evangelhos e não um só*, p. 81.

A: *Felizes os pobres, porque a eles pertence o Reino de Deus*

B: *Felizes os que têm fome, porque serão saciados*

C: *Felizes os que estão aflitos, porque serão consolados*

D: *Felizes sois vós quando vos odiarem e insultarem*
e quando falarem mal de vós por causa do Filho do homem.
Alegrai-vos e regozijai-vos,
porque grande é vossa recompensa nos céus.
Foi assim, com efeito, que agiram em relação aos profetas.

Nesta fonte Q assim reconstituída, as três primeiras Bem-aventuranças se assemelham muito e se inspiram numa passagem conhecida do livro de Isaías[4], a mesma que Jesus lê na sinagoga de Nazaré[5]. Bem ritmadas, estão na terceira pessoa do plural e compostas de dois membros: o primeiro evoca um sofrimento atual e o segundo uma inversão de situação expressa na voz passiva (B e C). Trata-se neste caso de um torneio semítico para expressar a ação de Deus sem nomeá-lo: é ele que consolará e saciará. A primeira Bem-aventurança é enunciada no presente, mas o Reino é também uma realidade escatológica[6].

◂ Cf. *Jesus na sinagoga de Nazaré*, p. 192.

Os pobres, os famintos e os aflitos não formam três grupos distintos, mas são três ilustrações dessa grande categoria formada por todos os desfavorecidos e pelos miseráveis da sociedade. Por que são declarados felizes? Não porque teriam adquirido algum mérito, mas simplesmente por causa de sua situação de carência que os predispõe a herdar o Reino: Deus lhes manifesta com prioridade sua misericórdia. São os primeiros a receber a Boa-Nova da vinda do Reinado de Deus, como diz o profeta Isaías ao

Mateus e Lucas adaptaram uma tradição comum, cada um de acordo com a interpretação e com a comunidade para a qual ele escrevia.

caracterizar a missão do servo de Deus: "Ele me enviou a levar alegre mensagem aos humilhados"[7].

Em que, portanto, eles são felizes? Eles não receberão uma compensação inversamente proporcional à sua carência: não é a riqueza que é prometida aos pobres! A saciedade e o consolo são imagens que designam a mesma realidade: é aos pobres que cabe herdar o Reino, a única riqueza sendo a vida em Deus.

A quarta Bem-aventurança (D) é muito diferente das três precedentes. Ela é longa, em prosa e formulada na segunda pessoa do plural. Fala de pessoas que, por causa do Filho do homem, sofrerão o ódio, a injúria e a calúnia. São, portanto, discípulos. Contrariamente às três precedentes, esta bem-aventurança estabelece um elo entre a situação considerada e a salvação futura: é a adesão ao Filho do homem que provocará a recompensa. Estes discípulos que precisarão sofrer a perseguição são felizes em relação ao futuro escatológico, ao mesmo tempo que são os herdeiros dos que os precederam: a história dos profetas outrora perseguidos prossegue através deles. No entanto, eles já "se regozijam e se alegram", porque sofrer pelo Filho do homem já é um motivo de felicidade.

As Bem-aventuranças de acordo com Mateus

As Bem-aventuranças de Mateus dirigem-se a cristãos já bem enraizados em sua fé, mas cujo entusiasmo arrefeceu um pouco.

A partir de uma tradição que ele reescreve em função da situação de seu tempo, Mateus dá às Bem-aventuranças uma nova tonalidade, acentuando as disposições interiores. Não se trata mais dos pobres considerados sob o ângulo de uma categoria social, mas dos "pobres em espírito", dos "puros de coração", dos "que têm fome e sede de justiça". A disposição moral prevalece sobre o gênero de vida que se leva. Deste ponto de vista, o primeiro membro de cada Bem-aventurança já não é uma simples constatação, mas enuncia uma espécie de condição para participar da salvação. A tendência de Mateus à exaustividade o estimula a alongar a série de Bem-aventuranças: ele "acrescenta" cinco em relação à sua fonte: elas dizem respeito aos mansos, aos misericordiosos, aos corações puros, aos artesãos da paz e aos perseguidos por causa da justiça.

Uns e outros podem se reconhecer nos "pobres de coração", expressão que designa os humildes que fazem a vontade de Deus ("Os humildes possuirão a terra"[8], diz o salmista). As Bem-aventuranças tendem, no entanto, a tornar-se uma lista de virtudes cristãs. Elas se tornam normas a serem postas em prática por todos os discípulos, o que se harmoniza muito bem com o conjunto do Sermão da Montanha, no qual se trata de "praticar a justiça", ou seja, realizar obras de misericórdia para participar do Reino. Ademais, podemos observar que a palavra "justiça" ocorre duas vezes nas Bem-aventuranças, precisamente na quarta e na oitava. Quanto à expressão "deles é o Reino dos céus", ela enquadra as oito primeiras Bem-aventuranças. "Justiça" e "Reino" são postos em relação um pouco mais adiante, quando Jesus declarará: "Procurai primeiro o Reino e a justiça de Deus e tudo isso vos será dado por acréscimo"[9].

"Felizes os pobres de coração: deles é o Reino dos céus.

Felizes os mansos: seu quinhão será a terra.

Felizes os que choram: eles serão consolados.

Felizes os que têm fome e sede de justiça: eles serão saciados.

Felizes os misericordiosos: eles alcançarão misericórdia.

Felizes os corações puros: eles verão a Deus.

Felizes os que agem em prol da paz: eles serão chamados filhos de Deus.

Felizes sois vós quando vos insultam, vos perseguem e mentindo dizem contra vós toda a espécie de mal por minha causa. Alegrai-vos e regozijai-vos, porque grande é a vossa recompensa nos céus: foi assim, com efeito, que perseguiram os profetas que vos precederam."

Mateus 5,3-12

As Bem-aventuranças de Mateus dirigem-se a cristãos já bem enraizados em sua fé, mas cujo entusiasmo da primeira conversão arrefeceu um pouco. Aliás, Mateus vai lembrar-lhes sem tardar que eles são "o sal da terra" e "a luz do mundo"[10]. O segundo membro de cada Bem-aventurança é enunciado no futuro, o dos últimos tempos. As promessas de felicidade são assim enunciadas na perspectiva do Julgamento, tema importante do primeiro evangelho[11]. Por outro lado, se as Bem-aventuranças compõem o portal do Sermão da Montanha, primeiro dos cinco grandes discursos de Jesus em Mateus, o Juízo final constitui o cenário final do último dos cinco grandes discursos[12]. Bem-aventuranças e Julgamento constituem assim o quadro no qual se insere o ensino do Jesus mateano, que faz exigências. Passa-se da proclamação à exortação e, por assim dizer, da graça de Deus à resposta humana. Não que a primeira seja minimizada, mas ela geralmente é acompanhada da adesão ativa daqueles aos quais é prometido o Reino.

As Bem-aventuranças de acordo com Lucas

Apesar de Lucas dispor da mesma fonte de Mateus, ele orienta as Bem-aventuranças numa direção que lhe é própria. Na fonte Q os infelizes já eram proclamados felizes. Lucas exagera, colocando após as Bem-

-aventuranças suas antíteses: os felizes deste mundo são proclamados infelizes.

Cf. *Jesus, os ricos e o dinheiro*, p. 401.

Lucas não fala dos pobres e dos ricos, mas se dirige a eles: "Felizes *vós, os pobres*... infelizes *vós, os ricos*". Esta interpelação direta feita na segunda pessoa não é o gênero habitual das Bem-aventuranças. Mas, longe de procurar fornecer um enunciado teórico sobre pobreza e riqueza, Lucas pensa nos cristãos de seu tempo e é em função de suas condições concretas de existência que ele os interpela. Ademais, este ponto é confirmado pela utilização do advérbio "agora", que encontramos quatro vezes, duas vezes nas Bem-aventuranças e duas vezes nas suas antíteses: "Felizes, vós que *agora* tendes fome: sereis saciados. Felizes, vós que *agora* chorais: haveis de rir... Infelizes, vós que estais saciados *agora*: tereis fome. Infelizes, vós que rides *agora*: estareis no luto e chorareis". Encontramos aqui um tema recorrente do evangelho segundo Lucas, o do "hoje"[13], que deve ser vivido "cada dia". "Se alguém quiser vir em meu seguimento, renuncie a si mesmo e tome sua cruz *cada dia*, e siga-me"[14]. A expressão "cada dia" está ausente das passagens paralelas de Mateus e de Marcos. Para Lucas, é o momento presente que é para cada um o lugar de seu próprio combate.

A designação dos pobres e dos ricos, que encabeça cada uma das duas listas, engloba a enumeração que segue. Na segunda, terceira e quarta Bem-aventuranças[15], trata-se ainda dos indigentes, porque eles são submetidos, por causa de sua pobreza, a passar fome, a viver em lágrimas e a ser odiados. Por antítese, os saciados, os que riem e os que são honrados fazem parte dos ricos em bens materiais. Eles já têm sua "consolação"[16].

Lucas não condena a riqueza somente por causa dos desvios de rumo que ela acarreta, mas em função do que ela é.

A oposição entre o Reino e a riqueza, entre o apego aos bens terrestres e a busca de Deus, pertence à mais antiga tradição do cristianismo e remonta sem dúvida nenhuma ao próprio Jesus. Além disso, o Antigo Testamento estigmatiza muitas vezes a riqueza em razão dos abusos que ela pode acarretar: opressão dos pobres, fraude, orgulho, impiedade. Lucas, por sua vez, não condena a riqueza somente por causa dos desvios de rumo que ela acarreta. Ele vai muito mais longe, porque a rejeita em função do que ela é. Ele é o único a qualificar o dinheiro como perverso, como se fosse sempre fruto da injustiça[17]. É igualmente o único a registrar esta palavra dirigida aos "amigos do dinheiro": "O que para os homens é superior é uma abominação aos olhos de Deus"[18]. Para Lucas, a riqueza é perigosa por natureza.

É à luz de sua experiência cristã que Lucas interpreta as Bem-aventuranças. Declarando aos pobres que eles são felizes, convida implicitamente todos os discípulos de Jesus a viver o despojamento efetivo que a pobreza acarreta. Aliás, um dos fundamentos da primeira comunidade cristã nos Atos dos Apóstolos é a renúncia à posse dos bens materiais. A radicalidade evangélica está no cerne da mensagem de Lucas e, portanto, das Bem-aventuranças que ele enuncia. Suas antíteses nítidas e suas formulações sem nuanças a propósito da riqueza exprimem da melhor forma possível o essencial de sua mensagem. De acordo com ele, com efeito, não basta mostrar-se misericordioso para com os pobres e, portanto, dar-lhes seus bens, ainda que este aspecto esteja bem presente em seu evangelho[19]. Mais fundamentalmente, Lucas realça a transcendência do Reino de Deus. Ele teme, portanto, o antagonismo que pode dividir o coração humano entre os bens do Reino e os bens da terra, entre Deus e "Mamon", o dinheiro. Lucas chama os discípulos a não procurar senão o Reino[20].

"Felizes, vós, os pobres: o Reino de Deus é vosso.

Felizes, vós que agora tendes fome: sereis saciados.

Felizes, vós que agora chorais: haveis de rir.

Felizes sois vós quando os homens vos odeiam, quando vos rejeitam, e quando insultam e proscrevem vosso nome como infame por causa do Filho do homem. Alegrai-vos nesse dia e saltai de alegria, pois grande é a vossa recompensa no céu; com efeito, é da mesma maneira que os seus pais tratavam os profetas.

Mas infelizes, vós, os ricos: já tendes a vossa consolação.

Infelizes, vós que estais saciados agora: tereis fome.

Infelizes, vós que rides agora: estareis no luto e chorareis.

Infelizes sois vós quando todos os homens falam bem de vós: com efeito, é da mesma forma que seus pais tratavam os falsos profetas."

Lucas 6,20-26

De Jesus às Bem-aventuranças

Por seus atos e por suas palavras, Jesus anunciou a iminência da vinda do Reinado de Deus. Longe de ser uma ameaça de castigo à maneira da pregação de João Batista, a pregação de Jesus revelou um Deus que procura a felicidade da humanidade. Entendendo sua missão a partir dos profetas do Antigo Testamento, particularmente de Isaías[21], Jesus dirigiu-se, portanto, aos pobres e aos pequenos para comunicar-lhes a Boa-Nova que lhes era dirigida: eles são felizes, porque é a eles que pertence o Reino de Deus.

◄ Cf. *O anúncio do Reino é específico de Jesus*, p. 315.

A tradição agrupou as promessas de felicidade pronunciadas por Jesus: os pobres, os famintos, os aflitos são felizes desde hoje em razão da felicidade que lhes é prometida. A estes humildes de coração juntam-se todos os que hoje são perseguidos por causa do seu apego ao "Filho do homem". É esta tradição comum que Mateus e Lucas desenvolvem e orientam de acordo com a perspectiva própria de cada um. As Bem-aventuranças se tornam a norma de vida dos cristãos em Mateus, ao passo que em Lucas, por sua forma antitética, são uma defesa da pobreza e um requisitório contra a riqueza entre os que recorrem a Jesus.

O traço característico que estabelece o elo entre a pregação de Jesus e as diferentes releituras das Bem-aventuranças é a palavra "felizes". Orientadas para a vinda do Reinado de Deus, elas constatam a felicidade presente dos que estão hoje em situação de pobreza. Para os que as vivem, elas constituem uma mensagem de esperança, não *apesar* das dificuldades atuais, mas enraizada *nas* condições difíceis da existência cristã. Assim elas exprimem a continuidade entre a vida presente e o futuro escatológico.

1. Mt 5,3-16; Lc 6,20-26. **2**. Cf. Sl 1,1. **3**. Rm 12,12. **4**. Is 61,1-2. **5**. Lc 4,18-19. **6**. Mt 6,10: "Faze com que venha o teu Reinado". **7**. Is 61,1. **8**. Sl 37,11. **9**. Mt 6,33. **10**. Mt 5,13-16. **11**. Mt 13,37-49; 21,41; 22,9-14. **12**. Mt 25,31-45. **13**. Cf. por exemplo Lc 4,21; 19,9; 23,43. **14**. Lc 9,23. **15**. Lc 9,21-22. **16**. Lc 6,24. **17**. Lc 16,9: "Mamon da injustiça", ou seja, o "Dinheiro iníquo". **18**. Lc 16,14-15. **19**. Lc 12,33. **20**. Lc 12,31. **21**. Is 61,1-2.

“Quem é o meu próximo?” A parábola do bom Samaritano

Véronique Margron
Universidade Católica do Oeste

Jesus acaba de se reencontrar, cheio de alegria, com os “setenta e dois” discípulos que havia enviado em missão e que, em seu nome, “submeteram os demônios” por toda parte. Então Jesus “exultou sob a ação de Espírito Santo e disse: ‘Eu te louvo, Pai, Senhor do céu e da terra, por teres ocultado isto aos sábios e inteligentes e por tê-lo revelado os pequeninos’”[1]

Logo após este episódio, Lucas, que é um encenador excepcional, faz intervir... um sábio e um inteligente! “Eis que um legista se levantou”. Os legistas ou doutores da Lei são caracterizados não por sua pertença a uma corrente religiosa (como os fariseus) ou a uma classe social (como os sacerdotes), mas por seu saber: estudaram longamente a Torá e receberam de seus mestres a Tradição, a interpretação oral da Lei, que eles próprios retransmitem a discípulos. São assim formados para interpretar a legislação religiosa e adaptá-la aos casos concretos. Ora, este legista, tendo encontrado este novo rabino Jesus de quem todo mundo fala, resolve “pô-lo à prova”. E para isso apresenta *a* pergunta que provoca debate entre todos os rabinos: “Mestre, que devo fazer para receber em herança a vida eterna?” Ele o interroga a partir de sua visão habitual, a de uma justiça distributiva segundo a qual, se ele fizer exatamente “o que é preciso”, então logicamente Deus o tornará um herdeiro da vida eterna. Não há lugar para a dúvida: Deus retribui o mérito.

Para Jesus, o mandamento do amor a Deus e o do amor ao próximo são um só.

O questionador questionado

Mas eis que Jesus o remete a si mesmo, interrogando-o sobre a Escritura. E o interroga não apenas sobre o que se encontra na Torá, mas também sobre seu ato de leitura: “Como o lês?” De imediato, à maneira judaica, ele responde à pergunta com outra pergunta centrada na interpretação. Se, para o Jesus de Lucas, a Escritura é certamente normativa, ela necessita de interpretações. Aliás, é assim que se apresenta a parábola que vem a seguir: como uma hermenêutica♦ da Lei.

"E eis que um legista se levantou e lhe disse, para pô-lo à prova: 'Mestre, que devo fazer para receber em herança a vida eterna?' Jesus lhe disse: 'Que está escrito na Lei? Como o lês?' Ele lhe respondeu: 'Amarás o Senhor, teu Deus, de todo o teu coração, com toda a tua alma, com toda a tua força e com todo o teu pensamento, e o teu próximo como a ti mesmo'. Jesus lhe disse: 'Respondeste bem. Faze isto e terás a vida'.

Mas ele, querendo mostrar a sua justiça, disse a Jesus: 'E quem é o meu próximo?'

Jesus continuou: 'Um homem descia de Jerusalém a Jericó, caiu nas mãos de bandidos que, tendo-o despojado e coberto de pancadas, foram-se embora e o abandonaram quase morto. Aconteceu que um sacerdote descia por esse caminho; ele viu o homem e passou a boa distância. Do mesmo modo um levita chegou a esse lugar; viu o homem e passou a boa distância. Mas um samaritano que estava de viagem chegou perto do homem: ele o viu e tomou-se de compaixão. Aproximou-se, atou-lhe as feridas, derramando nelas azeite e vinho, montou-o sobre a sua própria montaria, conduziu-o a uma hospedaria e cuidou dele. No dia seguinte, tirando duas moedas de prata, deu-as ao hospedeiro e lhe disse: 'Toma conta dele, e se gastares alguma coisa a mais, sou eu que te pagarei na minha volta'. Qual dos três, a teu ver, mostrou-se próximo do homem que caíra nas mãos dos bandidos?'

O legista respondeu: 'Foi aquele que deu prova de bondade para com ele'. Jesus lhe disse: 'Vai e tu também faze o mesmo'".

Lucas 10,25-37

O legista responde evocando o cerne da Torá, que é o duplo amor expresso em dois versículos. Primeiramente, citando Deuteronômio 6,5 ("Amarás o Senhor, teu Deus, com todo o teu coração..."), ele lembra o que está na base da oração mais importante para a fé de Israel, a que é recitada de tarde e de manhã, o *Shema' Israel*: "Escuta, Israel..." E ele o concatena diretamente com o mandamento do amor ao próximo, tomado desta vez de Levítico 19,18. Note-se que a aproximação era certamente possível no judaísmo, que valorizava e estimulava o amor ao irmão e a misericórdia, mas que colocar *no mesmo plano* estes dois mandamentos é algo ousado. Lucas coloca assim na boca do legista uma equivalência que Marcos[2], por sua vez, colocava de maneira talvez mais verossímil na boca do próprio Jesus e que, em todo caso, se encontra no ensinamento de seu discurso inaugural: "Amai os vossos inimigos... Mostrai-vos compassivos *como* vosso Pai é compassivo[3]..." Aliás, para convidar o leitor a entender que os mandamentos citados não são senão um só, Lucas, que gosta de dar visibilidade às coisas, porá na sequência a parábola do Samaritano, que elucida o amor ao próximo, e o episódio de Marta e Maria, que ilustra o amor de Deus. Lucas, teólogo das relações, não pode conceber um gesto de amor dirigido ao próximo fora do amor divino, nem a adesão amorosa a Deus fora de um gesto solidário.

Aos olhos de Jesus, portanto, o legista respondeu corretamente; Jesus não pode senão aprová-lo, como em Marcos ele havia aprovado o escriba que havia retomado suas próprias palavras[4]. "Faze isto", lhe diz então. Sim, faze-o verdadeiramente. Faze-o com todo o teu coração, com toda a tua vontade, com toda a tua alma. Lucas retoma este verbo "fazer" que o legista havia empregado em sua pergunta inicial. O procedimento retórico da inclusão, que consiste em ecoar uma palavra no início e no fim de uma passagem, está aqui para sinalizar e insistir: Jesus convida o legista a não permanecer no debate intelectual, ainda que teológico, mas a pôr realmente em prática as palavras fundantes que acaba de citar.

A visão habitual da separação

"E quem é o meu próximo?", retoma o doutor da Lei. Eis a grande questão que dividia os rabinos da época. Alguns fariseus e essênios consideravam próximos apenas os que faziam parte de sua seita ou de sua confraria e excluíam os outros. A maioria dos rabinos ensinava que todos os Judeus, todos os membros do povo eleito, eram próximos. Em contrapartida, julgavam que o mandamento do amor não dizia respeito aos pagãos, aos idólatras, que um verdadeiro crente devia manter afastados. Havia, portanto, uma categorização, um círculo mais ou menos amplo dos que fazem parte dos próximos e que excluía tanto o ocupante romano... quanto, por exemplo, os samaritanos! Note-se que esta visão não é exclusiva da cultura judaica da época, e muitas vezes continua sendo a nossa – nós que muitas vezes privilegiamos o círculo dos próximos e especialmente a proximidade religiosa ou nacional (não ouvimos, aqui e acolá, discursos de "bom-senso", que justificam o fato de considerar-se mais próximo de seus colaterais do que de seus primos, mais próximo de seus primos do que de seus vizinhos, mais próximo de seus vizinhos do que dos estrangeiros?). Para dizer a verdade, esta lógica é tão compartilhada que pode parecer simplesmente "natural" e, portanto, legítima.

Começa então uma segunda rodada na troca entre o homem da Lei e Jesus. Jesus não responde diretamente à sua nova pergunta, como não respondeu à primeira. Responder a ela por uma demonstração jurídica seria comportar-se como ele, que busca uma solução segura, uma moldura única, que não deixaria lugar nem à dúvida nem à imaginação criadora. É, portanto, por outra pergunta que ele responderá, após o atalho de uma parábola.

"Um homem descia..." O relato põe em cena não pessoas, mas tipos, figuras definidas por seu papel social (estalajadeiro, assaltantes), religioso (sacerdote, levita) ou etnorreligioso (samaritano). A silhueta do protagonista central da história, por sua vez, será ainda mais anônima do que as outras: "um homem", sem nenhuma qualificação. A intenção de Jesus é, mediante este anonimato, começar a deslocar a pergunta do legista. Porque sua interrogação implícita era justamente: qual é a fronteira entre aquele que é meu pró-

Os dois religiosos viram; mas, retidos por suas normas; são como mortos para a realidade do que viram.

ximo e o estrangeiro que não o é? Começa-se, portanto, com um homem no sentido universal, sem atributo nem origem. Ele descia "de Jerusalém a Jericó": aproximadamente 27 quilômetros de trajeto, com um desnível muito importante de 740 metros de altitude para 250 metros abaixo do nível do mar. Logo depois do monte das Oliveiras, o caminho atravessa o deserto e algumas passagens eram então verdadeiros antros de ladrões. Assim, deixar Jerusalém é simbolicamente afastar-se de Deus, já que é afastar-se do Templo, lugar da *Shekhina*, a Presença divina. É também descer em direção a todos os perigos... e aconteceu o que devia acontecer: o homem cai nas mãos de assaltantes, de pessoas sem fé e sem lei; e, inevitavelmente, é deixado semimorto.

O sacerdote e o levita o veem e seguem adiante. Não tanto por indiferença, mas por um respeito demasiado legalista das prescrições rituais. O sacerdote teme que o homem que jaz na valeta esteja morto. Ora, o livro dos Números estipula que "quem tocar um cadáver – quaisquer restos mortais – ficará impuro por sete dias"[5]. Portanto, ele não poderia, durante este tempo, cumprir com os deveres de seu cargo sacerdotal. O mesmo acontece com o levita, outro oficiante do Templo, de uma categoria inferior ao sacerdote (Lucas costuma mencioná-los juntos nesta ordem) e ao qual se aplica a mesma norma de pureza ritual[6]. Estes dois homens viram, mas os olhos de ambos se fecharam imediatamente. Retidos pelo passado da Lei, pelo medo do impuro, são como que mortos para o presente, para a realidade daquilo que veem, para a força da compaixão. Portanto, o evangelho não dá lição de moral, mas simplesmente constata a cegueira do coração dos que, no entanto, são servos de Deus.

A força impactante da misericórdia

É, portanto, muito lógico que somente um herege se tenha comovido. Somente alguém "que não adora em Jerusalém" poderá ser próximo do homem ferido. Este terceiro personagem não é somente um habitante da Samaria, a província que faz a separação entre a Judeia ao sul e a Galileia ao norte, enquanto os dois precedentes são judaítas. Era considerado por eles um estrangeiro e herege. Com efeito, os samaritanos eram considerados descendentes de povos pagãos estabelecidos nestas terras pelo rei da Assíria, após a queda do reino de Israel e a deportação de sua população no século VIII[7]. Convertidos à fé monoteísta, reconheciam no entanto apenas a Torá escrita e reusavam a Tradição oral (especialidade do legista!); haviam construído no monte Garizim um templo rival do Templo de Jerusalém. A parábola opõe, portanto, à atitude dos religiosos, supostamente praticantes das obras de misericórdia, a atitude de um descrente.

Também ele "vê", mas de maneira diferente, porque se deixa comover e é tomado de compaixão. As marcas visíveis da situação crítica do ferido enchem o samaritano de solicitude. Ele "tomou-se de compaixão": Lucas já utilizou este verbo muito particular, *splagkhnizesthai* – que significa "sentir as entranhas remexidas" –, para descrever a compaixão "visceral" de Jesus diante da viúva de Naim: "Ao vê-la, o Senhor foi tomado de compaixão por ela e lhe disse: 'Não chores mais'"[8]. Encontramos ainda esta palavra para designar a emoção do pai por ocasião do retorno do filho perdido: "Ainda estava longe, quando o pai o avistou e foi tomado de compaixão: correu, se lhe lançou ao pescoço e o cobriu de beijos"[9].

◄ Cf. *As parábolas da misericórdia*, p. 378.

É a transposição para o grego de uma palavra hebraica, *rahamim*, que já os profetas utilizavam para definir o amor incondicional, semelhante ao de uma mãe, que o Senhor sente por seu povo[10]. Portanto, este herege ama com o amor do próprio Deus. Numa interpelação muda, o viajante se deixa transtornar, o samaritano se reconhece no afastado de Jerusalém e o socorre. Os dois são da mesma carne. Nesta parábola, portanto, é o estrangeiro, o herege, quem reconduz o homem à vida. Em outras palavras, quem o reconduz a Deus. E não o sacerdote nem o levita. Um cúmulo! É justamente esta percepção de sua comum humanidade que transforma o homem machucado no próximo do samaritano. Nada menos e nada mais. Ele o sabe em sua pele, em sua memória imemorial, com um saber sem dogma e, no entanto, seguro.

O samaritano se faz o próximo de um homem sem próximo, para reconduzi-lo à terra dos vivos.

Ele sabe. E ele faz. O fato de sentir as entranhas remexidas leva-o a curar e salvar esta vida condenada à morte. Ele pratica misericórdia, fazendo-se o próximo de um homem sem próximo, para reconduzi-lo à terra dos vivos. A caridade eficaz do samaritano é descrita com cinco verbos – aproximar-se, atar as feridas, montar, conduzir, cuidar – que mostram seu engajamento ao serviço de seu próximo. O azeite e o vinho, que ele trazia sem dúvida como provisões de viagem, podiam também ser utilizados no tratamento de chagas para desinfetar e acalmar. Portanto, ele enfaixa o ferido, transporta-o e leva-o a uma hospedaria. O que Lucas resumirá em seguida pelo termo "cuidar". Melhor ainda, ele transfere a um outro – o hospedeiro – o encargo de cuidar. Como que para não granjear para si próprio o homem entregue aos seus cuidados por causa de sua vulnerabilidade, mas para devolvê-lo à obra da Vida. Deixá-lo ir, deixá-lo partir. Pensemos aqui no reerguimento de Lázaro da morte. "Lázaro, vem para fora"[11].

O homem da Samaria não está nem centrado nas normas de pureza – de separação – nem em si mesmo. Ele está ali para tornar possível abandonar a periferia do mundo, onde vagueiam a solidão e a morte. Ele “voltará”, diz por fim o relato, mas não para ver o homem que esteve prestes a morrer e alegrar-se por sua boa ação. Apenas para não sobrecarregar o hospedeiro com uma dívida que seria muito pesada e injusta para ele.

Então, quem “se mostrou próximo”? Toda esta história não tinha outra finalidade senão provocar esta nova pergunta de Jesus e deslocar totalmente a pergunta inicial do legista, que parecia colocar-se no centro e definir os outros a partir dele próprio. Doravante o próximo não é mais uma categoria, mas um movimento, uma dinâmica. A dinâmica do seguimento de Jesus, a da própria ética de quem pretende amá-lo. A dinâmica de *aproximar-se* do outro em sua desolação, em sua fadiga, em suas dúvidas e sua inquietude sobre seu próprio futuro. Aproximar-se dele para reconduzi-lo ao vivente, a uma promessa: a promessa de que ainda e sempre existe vida para ele, de que ele não é mais um ser-condenado-à-morte. Mas chamado a morar com os vivos, com os amantes. E o legista compreendeu muito bem: respondendo à pergunta de Jesus, ele não designa o próximo na pessoa do samaritano, mas pela ação que ele fez: “aquele que deu prova de bondade” para com o outro.

“Faze o mesmo.” Ainda este mesmo verbo fazer! O convite de Jesus não deixa de conter ironia, já que este especialista da norma é convidado a imitar não os ministros do culto, mas um descrente, pois é este que age justamente de acordo com o coração de Deus. Eis toda a matéria do viver no seguimento de Jesus recapitulada nestes versículos e neste apelo. *E tu também faze o mesmo.*

Poder abandonar seu caminho traçado, seu projeto inicial, o círculo de seus próximos, para este instante decisivo em que um homem pode ser salvo, devolvido à comunidade dos vivos, à sua dignidade, a Deus. É justamente este o engajamento a que Jesus chama. Engajamento consentido, determinado, livre, que abre para o ilimitado da arte de amar de verdade, do próprio cerne dos limites e das falhas de nossas existências.

1. Lc 10,21. **2**. Mc 12,19-31. **3**. Lc 6,27-28. **4**. Mc 12,34. **5**. Nm 19,11. **6**. Sobre a impureza resultante da presença de um cadáver, cf. Lv 5,2-3; 21,1-3; Nm 5,2; 6,6-8; 19,1-22; Ez 44,25-27. **7**. 2Rs 17,24. **8**. Lc 7,13. **9**. Lc 15,20. **10**. Jr 31,20; Os 11,8 etc. **11**. Jo 11,1-44.

ESCLARECIMENTOS

O amor aos inimigos

Roselyne Dupont-Roc
Instituto Católico de Paris

Mais breves, mais concretas do que em Mateus, as Bem-aventuranças no evangelho de Lucas dirigem a todo leitor um convite insistente a transformar as relações humanas de acordo com uma inversão dos valores e das hierarquias tradicionais. A sequência do discurso de Jesus, que as explicita, está totalmente concentrada no amor como princípio desta inversão. O texto é de uma densidade extraordinária, o que constitui sua força de impacto, mas pode parecer também situado no limite do suportável. Com efeito, começa com uma injunção paradoxal e inaudita: "Amai os vossos inimigos, fazei bem aos que vos odeiam, bendizei os que vos maldizem. [...] A quem te bate numa face, apresenta ainda a outra". Diante deste atentado ao senso comum, o leitor está no direito de se revoltar: não só são condenadas as condutas espontâneas de reciprocidade, mas também o equilíbrio buscado pelas sabedorias humanas e o esforço em vista da justiça são totalmente desestabilizados.

Um segundo desdobramento insiste na superioridade destas condutas paradoxais, realçando o excedente de gratuidade que elas oferecem: "Se amais os que vos amam, que gratidão mereceis? Pois os pecadores também amam os que os amam. E se fazeis o bem aos que vo-lo fazem, que gratidão mereceis? Os próprios pecadores não fazem o mesmo?" O comportamento de reciprocidade ou de equivalência, que a justiça humana procura sempre estabelecer, é rejeitado do lado dos "pecadores", ou seja, aos olhos de Lucas, os que não reconhecem o Deus único que propõe aos seres humanos sua aliança. A justiça deles seria totalmente pecadora?

> "Mas eu vos digo, a vós que me ouvis: Amai os vossos inimigos, fazei bem aos que vos odeiam, bendizei os que vos maldizem, orai pelos que vos caluniam. A quem te bate numa face, apresenta ainda a outra. A quem te toma o manto, não recuses também a tua túnica. Dá a quem quer que te peça, e a quem te toma o teu bem não o reclames. E assim como quereis que os homens façam a vós, fazei do mesmo modo a eles. Se amais os que vos amam, que gratuidade mereceis? Pois os pecadores também amam os que os amam. E se fazeis o bem aos que vo-lo fazem, que gratuidade mereceis? Os próprios pecadores fazem o mesmo. E se emprestais àqueles dos quais esperais que vos restituam, que gratuidade mereceis? Até os pecadores emprestam aos pecadores para que lhes restituam o equivalente. Mas amai os vossos inimigos, fazei o bem e emprestai sem nada esperar em compensação. Então a vossa recompensa será grande, e vós sereis filhos do Altíssimo, pois ele é bom para os ingratos e para os maus. Sede generosos como vosso Pai é generoso."
>
> Lucas 6,27-36

De propósito traduzimos literalmente o termo empregado por Lucas "que *kharis*?", ou seja, "que graça ou que gratuidade mereceis?", onde Mateus fala de "recompensa"[1]. Com efeito, já não se trata de salário ou de recompensa, daquilo que se espera habitualmente nos conselhos de sabedoria ou nas práticas religiosas. O ensinamento de Jesus se situa na ordem do excedente ou do excesso; trata-se de dom gratuito, de dom sem reserva, sem nada esperar em troca.

Uma visão própria de Jesus?

Jesus inovou claramente ao apelar para o *amor* aos inimigos. Mas ele não o fez a partir de nada, porque já a Torá convida ao *respeito* da dignidade do inimigo: "Ao vires caído, sob o peso da carga, o jumento de quem te odeia, longe de abandoná-lo, tu o ajudarás a ajeitar a carga" (Êxodo 23,5); ou ainda: "Não te alegres com a queda do teu inimigo nem exultes quando tropeçar" (Provérbios 24,17). O apóstolo Paulo, em sua carta aos Romanos (12,20), se lembrará desta tradição citando o mesmo livro dos Provérbios: "Se teu inimigo tiver fome, dá-lhe de comer; se tiver sede, dá-lhe de beber" (25,21). Pelo contrário, podemos supor que Mateus, quando faz Jesus dizer: "Ouvistes que foi dito: Amarás o teu próximo *e odiarás o teu inimigo*. Eu, porém, vos digo: Amai vossos inimigos e orai pelos que vos perseguem" (5,43-44), cria uma antítese *ad hoc* a partir da ordem positiva que ele recebeu da mesma fonte de Lucas: "Amai vossos inimigos". Pois é certo que "odiarás o teu inimigo" não aparece em nenhum lugar na Bíblia hebraica! É preciso, antes, compreender que o inimigo visado aqui por Mateus é o perseguidor dos primeiros cristãos, contra o qual a reação natural é a imprecação e a maldição (como encontramos vestígios no Antigo Testamento a respeito dos perseguidores de Israel). Diante desta reação inconsciente do oprimido, Mateus remete à última Bem-aventurança. E o apelo de Jesus, que ecoa o perdão que ele dará na cruz, permanece como um desafio lançado a uma humanidade que sempre terá de lutar para aceitar.

O versículo 35b fornece a chave desta exigência transtornante: "Então vós sereis filhos do Altíssimo, pois ele é bom para os ingratos e para os maus". Deus dá sem calcular, sem nada exigir nem esperar em troca. O texto joga com a palavra *kharis* ("graça, gratuidade"), mostrando que Deus dá igualmente aos *akharistoi* (aos "in-gratos"), aos que são incapazes de gratuidade ou de reconhecimento; ele dispensa a vida como um pai, em profusão. Entrar neste movimento de dom gracioso é entrar na filiação proposta; esta é a verdadeira recompensa. No centro da obra de Lucas, uma parábola revelará a figura do Pai e abrirá o caminho de um "tonar-se filhos". É este, desde o discurso na planície, o ensinamento de Jesus.

Mas é isto possível aos homens? Não estamos em plena utopia, com o risco de produzir comportamentos extravagantes, ou até perigosos, ou de remeter a um ceticismo desiludido? Olhando bem, percebe-se que o texto propõe duas "pontes", dois caminhos – e talvez seja o mesmo – para passar da busca humana de justiça à gratuidade radical do amor.

Entre os dois curtos desdobramentos que descrevemos, um versículo assegura uma transição: "E assim como quereis que os homens façam a vós, fazei do mesmo modo a eles". Reconhecemos aqui a forma positiva da Regra de ouro, regra de equivalência presente na maioria das sabedorias antigas. No mundo judaico helenófono, a Regra de ouro é bem conhecida. Ali a forma negativa é a mais corrente: "Não façais aos outros o que não quereis que eles façam a vós"; a tradição judaica informa que o rabino Hillel a ensinou, como um resumo de toda a Lei, a um pagão que o desafiara a ensinar-lhe a

Torá durante o tempo em que ele poderia manter-se de pé numa só perna: "Não faças a teu próximo o que não quererias que ele te fizesse, eis toda a Torá. O resto não passa de comentários. Vai e estuda-os"[2], lhe diz Hillel. Mas é possível também entendê-la de maneira positiva, talvez aproximando-a do segundo mandamento da Lei: "Amarás o teu próximo como a ti mesmo"[3]. É precisamente assim que Jesus a entende. Por conseguinte, estamos longe de uma estrita equivalência ou de uma prudência que permite uma vida social harmoniosa; trata-se de um convite a reconhecer no outro mais do que um próximo, um semelhante que sem cessar me solicita; este reconhecimento exige sem fim, para além de toda reciprocidade, pois o desejo de felicidade que me habita torna-se aquilo que me faz responsável pelo outro. Assim, o Jesus de Lucas se apoia naquilo que a sabedoria humana tradicional desenvolveu de mais fundamental, mas que já sofreu na tradição judaica uma verdadeira assunção, para convidar seus discípulos a entrar numa relação nova.

Sabemos, além disso, que o mandamento do amor ao próximo está estreitamente ligado ao primeiro mandamento: "Amarás o Senhor, teu Deus". Um é inseparável do outro. E então Jesus dá mais um passo: ao "assim como quereis" do versículo 31 faz eco o "como vosso Pai é misericordioso" do versículo 36. A misericórdia é aquilo pelo qual o próprio Deus se define muitas vezes no Antigo Testamento: "Deus misericordioso e cheio de piedade, lento para a cólera, e rico em piedade..."[4], Deus que não adota o rigor, mas dá e perdoa gratuitamente. É exatamente "assim" que cada um quer ser tratado: não julgado e condenado, mas acolhido e reconhecido. Trata-se então, para o discípulo, de tornar-se misericordioso "como Deus", à sua imagem e à sua semelhança: "Não julgueis e não sereis julgados; não condeneis e não sereis condenados", diz-se no versículo que segue imediatamente[5]. Se a Regra de ouro representa o melhor da justiça humana, aqui ela é como que absorvida na infinita exigência do acolhimento gracioso, do dom como pura perda, da semelhança com Deus, o Pai misericordioso.

1. Mt 5,46. **2.** *Shabbat* 31a. **3.** Lv 10,18. **4.** Ex 34,6; **5.** Lc 6,37.

* * *

Por que Jesus afirma ser "o caminho, a verdade e a vida"?

Luc Devillers
Universidade de Friburgo (Suíça)

"Eu sou o caminho, a verdade e a vida." Esta fala de Jesus só se encontra no evangelho de João[1]. Isto vale para todas as falas que começam por um "eu sou" seguido de um substantivo (com complemento). Marcos, Mateus e Lucas as ignoram, enquanto João as multiplica; ele tem treze[2]: *Eu sou o pão..., a luz..., a porta..., o pastor..., a ressurreição e a vida* (dois substantivos), *a videira...* Somente nossa fórmula associa três substantivos. Ora, João é muitas vezes considerado bastante afastado do Jesus histórico. Portanto, será que estas fórmulas, transmitidas unicamente por ele, podem remontar a Jesus? Provavelmente não tais quais. Mas, se a tradição joânica as forjou, foi para exprimir à sua maneira a convicção dos primeiros cristãos: Jesus tem uma relação única com Deus. Aliás, é ainda em João, e só nele, que podemos encontrar o mesmo "eu sou" numa forma absoluta, sem complemento: "Antes que Abraão fosse, *eu sou*"[3], e este *egô eimi* só pode remeter, na tradução grega do Antigo Testamento, ao Nome que Deus confiou a Moisés no monte Sinai: "Assim falarás aos filhos de Israel: '*Eu sou* me enviou a vós'"[4].

Na fórmula que aqui nos ocupa, este *egô eimi* é acompanhado de três substantivos. Como articulá-los? O contexto anterior é marcado pela temática espacial. Jesus fala da *Casa* do Pai com numerosas *moradas*, onde ele vai preparar um *lugar* para seus discípulos[5]. Depois virá buscá-los, para que eles estejam *lá onde* ele está. Supõe-se que eles conhecem o *caminho* que leva até lá ("Quanto ao lugar para onde vou, vós sabeis o caminho"), mas Tomé confessa a ignorância deles: "Senhor, nós nem sabemos para onde vais, como poderíamos saber o caminho?"[6] É então que Jesus responde com a fórmula que contém os três substantivos. De acordo com o contexto, o mais importante é o primeiro: o caminho. Jesus poderia ter-se contentado em dizer: "Eu sou o caminho", já que acrescenta: "Ninguém *vai ao Pai* a não ser *por mim*"[7]. O caminho que conduz ao Pai é o próprio Jesus: daí a necessidade de *passar por* ele.

Esta autodesignação de Jesus como *caminho* pode parecer pretensiosa: é ele verdadeiramente o único caminho que leva a Deus? Seguindo João, as Igrejas cristãs respondem afirmativamente. E João lhes forneceu muitas outras fórmulas deste gênero, que atribuem a Jesus uma posição inigualada entre os mestres espirituais. O que fazer então, em nossa época de encontro das crenças, de diálogo, mas também de conflitos inter-religiosos? Não existe realmente outro caminho para Deus senão a *fé* em Jesus? Para não ficar presos a este dilema, é preciso compreender que seria arriscado tomar ao pé da letra as fórmulas joânicas – que, como dissemos, têm pouca chance de terem sido pronunciadas por Jesus tais quais. Isto desembocaria numa interpretação exclusiva, sem escapatória. Assim, quando Jesus diz a Nicodemos: "Ninguém, a não ser que nasça da água e do Espírito, pode entrar no Reino de Deus"[8], foi possível entender que o batismo com água era necessário para a salvação. Mas então, qual é o destino dos não cristãos? Na realidade, o contexto desta frase mostra que o importante é *nascer do Espírito*. Da mesma forma aqui, quando Jesus fala de *caminho*, ele retoma uma imagem conhecida da Antiguidade do Oriente Próximo. Assim, o Deus da Bíblia apresenta dois caminhos ao homem: um leva à vida, o outro leva à morte[9]. Com estas palavras Deus não arma uma cilada para o homem. Muito pelo contrário, ele se mostra respeitoso da sua liberdade, ao mesmo tempo que o estimula a escolher a vida. Portanto, a Lei de Moisés não é um jugo, mas como uma luz no caminho[10], um guia para a marcha dos seres humanos. Os profetas acrescentam que estes devem acolher o dom do Espírito, que inscreve esta Lei em seu coração[11]. Ela se apresenta então como uma lei de liberdade, que leva à verdadeira vida. O fim da fórmula menciona justamente a vida. Mas esta noção se encontra em muitas outras fórmulas: eu sou... o pão *da vida*; quem me segue – a mim, a luz do mundo – terá a luz *da vida*; eu sou o verdadeiro pastor... que veio para que as pessoas tenham *a vida*...; eu sou a ressurreição e *a vida*. O fim visado por Jesus é, portanto, a comunhão com Deus, a vida eterna. O Prólogo do evangelho de João[12] afirma que o homem Jesus é a *encarnação* da Palavra de Deus. Ele é a única Palavra de Deus, como é o caminho que conduz à vida: "O Verbo era a verdadeira luz que, vindo ao mundo, ilumina todo homem". Ora, esta palavra retiniu desde antes da encarnação. Desde sempre, ela ressoa no coração do ser humano, criado "à imagem e semelhança" de Deus[13]. A fórmula que João atribui a Jesus não vai, portanto, contra a liberdade de consciência, pelo contrário: aquele ou aquela que escuta a voz de sua consciência já encontrou, portanto, o bom caminho, um caminho de vida, mesmo que ainda não saiba nomeá-lo.

Entre o caminho e a vida, aparece o termo *verdade*. Dos três, é o mais delicado para manejar, o mais explosivo. Sua interpretação abre caminho para todo tipo de comportamentos fanáticos. Aqui os cristãos muitas vezes sucumbiram e hoje em dia outros crentes justificam assim sua violência. Ora, observemos um fato notável: na fórmula de Jesus, tal como é relatada por João, a noção de verdade está relacionada com a de caminho e é iluminada pela noção de vida. Apesar de algumas interpretações apressadas, Jesus não diz: "*Eu*, eu sou a verdade", mas se exprime de outra maneira: "A mim que vos disse a verdade *que ouvi junto de Deus*"[14], ou ainda: "Eu nasci e vim ao mundo *para dar testemunho da verdade*"[15]. Em nenhum lugar a Bíblia diz: "Deus é verdade". Em compensação, ela atesta esta única verdade: "Deus é amor"[16].

1. Jo 14,6a. **2.** Cf. Jo 6,35.41.48.51; 8,12; 10,7.9.11.14; 11,25; 15,1.5. **3.** Jo 8,58. **4.** Ex 3,14. **5.** Jo 14,2. **6.** Jo 14,3-5. **7.** Jo 14,6b. **8.** Jo 3,5. **9.** Cf. Dt 30,15-20. **10.** Cf. 119,105. **11.** Cf. Jr 31,33; Ez 36,27. **12.** Jo 1,1-18. **13.** Gn 1,26-27. **14.** Jo 8,40. **15.** Jo 18,37. **16.** 1Jo 4,8.16.

* * *

Jesus é um mestre de sabedoria?

Éric Morin
Collège des Bernardins, Paris

Jesus era um pregador. De acordo com os evangelistas, ele não cessava de pregar às multidões. Passando por cidades e aldeias, atravessando a região da Galileia e percorrendo as ruelas de Jerusalém, ele era conhecido e reconhecido como um pregador do Reino: um de seus rabinos, ou seja, um mestre, que anunciava a vinda do Reinado de Deus e convidava a preparar-se para ele com urgência. Em torno dele, um ou até mesmo diversos grupos de discípulos, homens e mulheres. Constituiriam eles uma escola no sentido antigo, da qual Jesus seria o mestre?

A ponto de se confundir, os Doze pareciam uma confraria farisaica como tantas outras. Com efeito, para se preparar para o Reinado, os fariseus escolhiam para si um mestre a fim de ensinar-lhes a tradição oral que remonta a Moisés e que permite interpretar a Torá e pô-la em prática com vistas a apressar o dia do Senhor. Por isso, o grupo dos Doze não pode ser equiparado a uma confraria dessas. O indício mais notório está naquilo que Jesus diz a seus discípulos: "Não fostes vós que me escolhestes, mas eu que vos escolhi e designei para irdes produzir fruto e para que o vosso fruto permaneça"[1]. Assim, portanto, Jesus não é equiparável a um mestre escolhido por seus discípulos, que teriam formado, pouco a pouco, uma escola da qual os Doze seriam as primícias, os primeiros a integrá-la. Escolhendo-os, Jesus constituiu antes um grupo de testemunhas do poder do Evangelho.

Além disso, se ele tivesse fundado uma escola, esta poderia ter sido classificada no complexo conjunto das escolas que compunham o judaísmo do século I na Galileia e na Judeia. Ora, como mostraram Étienne Nodet e Justin Taylor, Jesus "não é saduceu, porque não existem saduceus na Galileia e porque eles negam a ressurreição como também a providência; também não é fariseu, porque ele preconiza uma restauração da Escritura contra as tradições ancestrais; tampouco é essênio, apesar do batismo e da Escritura, já que ele faz questão de ir a Jerusalém, aceitando o Templo tal como ele é; enfim, ele não é realmente zelota♦, embora seu movimento tenha provocado inquietações políticas"[2]. Esta originalidade não pode fazer escola... A atividade de mestre de sabedoria requer uma estabilidade que Jesus não tinha: não são tanto as pessoas que vão procurá-lo, mas é ele que se desloca pessoalmente, que se apresenta pessoalmente, que cria e suscita o encontro. Ele geralmente interroga mais do que é interrogado; não cessa de provocar a reflexão, a sinceridade, a coerência...

No entanto, a leitura dos evangelhos nos oferece hoje uma sabedoria, uma arte de viver, uma lição de vida. Sua originalidade reside na convicção de que a misericórdia de Deus está no centro da relação entre Deus e o homem: Deus é Pai e, como todos os pais, dá a vida gratuitamente para ver viverem e crescerem os que ele gera. O acesso ao Reino repousa nesta gratuidade, que se manifesta na experiência do perdão e da reconciliação: aos que quiseram pagar para obter o que é essencialmente gratuito, a eles é oferecida a possibilidade de restabelecer uma relação filial, sem condições prévias, com Aquele que não cessa de ser Pai.

O ensinamento e a vida de Jesus são uma forma de sabedoria: o amor que perdoa é uma experiência de ressurreição; quanto à ressurreição, ela se antecipa no perdão que restaura a relação, que restaura a pessoa. Esta sabedoria não é um conjunto de conceitos que fornecem as primícias de uma teoria. A palavra "sabedoria" deve ser entendida aqui em sua acepção bíblica: um artesão sábio, um agricultor sábio são, cada qual em seu domínio, seres competentes, que sabem tomar as decisões boas no tempo conveniente, a fim de que a colheita seja abundante e o objeto fabricado seja belo e útil. A sabedoria de Jesus é a arte de viver os tempos e momentos: quando o interrogam sobre os fatos diários de sua época[3], a lição que ele tira cada vez é a urgência, a necessidade imperativa de acolher o tempo presente como um dom do Pai, para viver o momento decisivo do compromisso de sua existência com o amor e com a esperança.

Jesus não é um mestre de sabedoria no sentido como o entendemos habitualmente: ele não funda uma escola estruturada, não propõe um sistema de pensamento. Ele interroga e pressiona para nos convidar a fazer nossa existência repousar unicamente na relação filial com o Deus três vezes santo, aquele mesmo que ele chama de Pai.

1. Jo 15,16. **2**. Étienne Nodet e Justin Taylor. *Essai sur les origines du christianisme. Une secte eclatée*. Paris: Éditions du Cerf, col. "Initiations bibliques", 1998, p. 150. **3**. Lc 13,1-6; em certa medida Lc 16,1-8 ou Lc 18,1-7, palavras depois transformadas em parábolas justamente para poder restituir-lhes sua força interrogativa apesar do contexto perdido para o leitor.

CONTRAPONTO

Bem-aventuranças ou felicidade?

Paul Valadier
Centre Sèvres – Faculdades Jesuítas de Paris

As Bem-aventuranças, no início do Sermão da Montanha, têm motivos para chocar: como ousar dizer que são bem-aventurados os que choram e que a terra pode ser conquistada pelos mansos, portanto, aparentemente sem armas nem combates? Este escândalo não deve ser abandonado com demasiada pressa. Muito pelo contrário, se as Escrituras não devessem surpreender, ou mesmo desnortear, seriam elas ainda a Palavra de Deus, ou simplesmente calmantes e ópios, portanto, condescendências totalmente humanas?

Ora, as Escrituras – Antigo e Novo Testamentos – oferecem paradoxos a serem levados a sério. Assim o Deuteronômio[1] propõe ao povo hebreu, da parte do próprio Deus, uma escolha fundamental: "Vê: hoje ponho diante de ti a vida e a felicidade, a morte e a infelicidade"; e se "escutares", portanto, se obedeceres a esta palavra, então "prolongarás teus dias habitando a terra", em outras palavras, terás a felicidade de uma vida feliz e fecunda! Com isso, o ouvinte é posto diante de *uma escolha*: o ser humano não é predeterminado para a felicidade, ele não a atinge passivamente ou entregando-se às suas tendências imediatas. Ele deve querê-la e, portanto, desejá-la. A felicidade só se obtém por um ato de liberdade. Ora, como toda a história do povo hebreu mostra continuamente, o ser humano pode não querer sua felicidade; pode até escolher sua infelicidade, ou enganar-se na busca de seu bem. Aliás, esta é a idolatria: trocar a verdadeira felicidade pelas ilusões enganosas. Não escutar a Palavra que convida a escolher a felicidade.

Mas a este paradoxo o Novo Testamento acrescenta dois outros. O primeiro se encontra no ensino das Bem-aventuranças. A pessoa não dá a si mesma a bem-aventurança, mas ela é *declarada* bem-aventurada. Não podemos, não devemos declarar-nos bem-aventurados, mas é um Outro que declara que este ou aquele é bem-aventurado. Ele é bem-aventurado porque é manso, justo, pacífico...; mas ele próprio não se arroga, por assim dizer, o nome de bem-aventurado, ele não sabe, com certeza científica, ou por pretensão pessoal, se ele é justo, manso, pacífico. Mais ou menos como as multidões reunidas no momento do retorno do rei[2], os justos não sabem que serviram ao Totalmente Outro ao trabalhar em favor do próximo (prisioneiro, faminto, doente...); eles descobrem isto pela Palavra do Julgamento; não se vangloriam dos combates que travam ou dos serviços que prestam ao outro. Eles agem.

A este primeiro paradoxo que nos liberta da preocupação com nossas próprias virtudes e méritos, acrescenta-se um outro: é perdendo sua vida que alguém a ganha, é abandonando tudo que se conquista o mundo, é mostrando uma confiança radical que alguém se salva! É morrendo (de mil e uma maneias) que se vive. Fórmulas escandalosas, com efeito, que só compreendemos referindo-as à figura d'Aquele do qual se pode dizer que é o Bem-aventurado e o Santo, Jesus de Nazaré; porque suas palavras como também sua vida mostraram a fecundidade do dom e do excesso no dom de si.

É preciso dizer que este ensinamento evangélico sobre as Bem-aventuranças e a felicidade nos mantém a uma grande distância daquilo que se costuma chamar senso comum e, sobretudo, daquilo que a maioria dos filósofos da Grécia antiga considerou o sumo da sabedoria e, portanto, da vida correta e feliz. Sob formas diversas, praticamente todos entenderam que os seres humanos procuravam a felicidade, ambicionavam viver uma vida plena e perfeita. E, ainda que divergissem sobre a ideia e o conteúdo desta felicidade (em que consiste ela exatamente?), estavam praticamente de acordo em afirmar que é na escolha dos bens particulares que se procura e se encontra a felicidade: em sua profissão, em suas afeições, em seu compromisso com a cidade, através da amizade cívica... Assim a felicidade deve e deveria coincidir com a satisfação de si mesmo, com a feliz plenitude do desabrochamento, na medida em que é possível atingi-lo neste mundo. Seria errôneo ver aqui apenas uma complacência centrada em si mesmo. Mas é verdade que esta sabedoria é estanha *tanto* à ideia de que a felicidade só se atinge pela morte para si mesmo, pelo dom sem reserva ao outro ou a Deus, *quanto* à ideia de que quem é feliz não pode se declarar feliz sem ilusão ou sem orgulho, pois não cabe a ele designar-se virtuoso e justo; ele recebe esta designação de uma Palavra que o salva de si mesmo e lhe diz o que ele é aos olhos de Deus: um justo, ou até um santo.

Porque, se ocorre fundamentalmente um deslocamento em relação às sabedorias gregas, para citar apenas estas, é porque a Boa-Nova anuncia à humanidade seu chamado à santidade: sê santo como Deus é santo, o que é aliás a mensagem do Levítico[3] no Antigo Testamento, mas que encontra seu cumprimento na Nova Aliança em Jesus Cristo. Nele e por ele, o ser humano é chamado de fato a viver da vida de Deus. Certamente através da procura da felicidade, mas em vista da santidade bem-aventurada. A *Suma Teológica*[4] de Tomás de Aquino realiza magnificamente a conjunção da felicidade com a bem-aventurança: ela retoma a ideia aristotélica segundo a qual todo ser humano busca a felicidade, sem desaprová-la de modo algum, mas mostra que a finalidade última da vocação humana se encontra na fruição de Deus, que Tomás chama de bem-aventurança. Quando o ser humano procura sua felicidade numa lógica evangélica, não na complacência consigo mesmo, nem na busca de uma "pequena felicidade" encarquilhada que Nietzsche ridicularizava em *Assim falava Zaratustra*, ele visa efetivamente a bem-aventurança. Ele não a dá a si mesmo, porque se trata de graça divina, mas se encaminha para ela ao trabalhar para a paz, a justiça, a solidariedade; e, sem dúvida, tanto mais porque ele não procura dar-se a ilusão de ser moral e, portanto, de estar satisfeito consigo mesmo ou com a ordem das coisas. Assim a verdadeira felicidade segundo o Evangelho leva a ser proclamado bem-aventurado e a sê-lo desde agora, provavelmente sem a pessoa saber.

1. Dt 30,15-20. **2**. Mt 25,31-46. **3**. Lv 20,26. **4**. *Suma Teológica*, Ia IIae.

François Cheng, da Academia Francesa
Poeta, escritor

A caminho do Reino...

Meu encontro com Jesus é tardio. Quero dizer meu verdadeiro encontro com ele, entre dois seres, ao ponto de entrar em sua verdade e de ser habitado por ela, pelo desejo de que seu Reinado venha. O caráter tardio desta descoberta deve-se primeiramente à minha própria itinerância tortuosa; é também a consequência de milhares de fatos históricos que embaralharam a própria imagem de Jesus.

No entanto, desde os oito anos de idade, uma interrogação começa a me assediar, ainda confusa, mas já dilacerante. Ela caiu sobre mim certo dia no ano de 1937. Como nos anos precedentes, nossa família passa o verão no monte Lu, um dos lugares mais belos da China, frequentado desde a Antiguidade pelos grandes espirituais e pelos artistas mais célebres. Através destes mestres, vemos que o bem é personificado pela beleza da alma. A visão das raparigas brincando e rindo enquanto tomam seu banho sob as cascatas acrescenta um brilho de alegria à paisagem. Foi neste lugar alto, onde a terra e o céu estão em diálogo harmonioso, que, no sétimo dia do sétimo mês, ouvimos o anúncio da tragédia: executando um plano longamente preparado, o Japão desencadeia a guerra contra a China.

Em razão desta mudança radical, só desceremos da montanha depois da chegada do inverno. O menino de oito anos que eu sou deixa uma natureza digna, em suas vestes de neve de uma brancura imaculada, e descobre, lá embaixo, o país devastado a ferro e fogo. O massacre de Nanjing, do qual ele ouve os relatos e vê as fotos, deixa nele para sempre um gosto de terror: multidões de homens mortos com metralhadora ou enterrados vivos, competições de decapitação, prisioneiros amarrados vivos em postes para serem alvos dos exercícios de ataques com baioneta, mulheres estupradas por toda parte a céu aberto, mulheres grávidas estripadas etc. Eu aprenderia mais tarde que a crueldade sem limites é um fato relevante da humanidade inteira. O caso é que minha jovem alma aprendeu naquele dia o seguinte: doravante nenhuma verdade de vida será válida a seus olhos se não responder de maneira absoluta à dupla questão colocada pelos dois mistérios acampados nas extremidades do universo vivente: o mistério da beleza sublime e o do mal radical.

No final de uma caminhada feita de errância e de hábitos nefastos, coberto com as feridas que eu havia recebido e com as que eu infligira a outros, tive enfim o encontro com Jesus. Eu me disse então: "Aconteceu, portanto". O quê? Alguém veio e viveu entre nós; ele disse palavras e fez gestos incomparáveis, que nos mostravam que o Reino está entre nós. Em seguida ele, o inocente por excelência, assumindo a humilhação de todos os inocentes martirizados do mundo, deixou-se pregar na cruz. Num único ato e num ato único, ele segurou as duas extremidades da verdade. Foi justamente o que aconteceu: ele enfrentou o mal radical e, ao mesmo tempo, mostrou que existe o bem absoluto – o amor absoluto. Passou por esta morte indispensável, porque era justamente a única maneira de vencer a morte, oferecendo um caminho aberto ao destino humano. Antes dele, ninguém fora tão longe. Depois dele, ninguém poderá ir tão longe. Na continuidade do tempo humano ocorreu efetivamente um corte: antes dele/depois dele.

Realizando seu ato supremo, apoiou-se ele unicamente em suas forças, unicamente em sua vontade? Esta realização teria sido possível sem este Amor absoluto que ele trazia até à transcendência e que para ele era, ao mesmo tempo, tão próximo que o chamava de "Pai"? Próximo para ele, próximo para nós: *nosso* Pai. Com toda a simplicidade, teve o cuidado de nos presentear uma oração que ressoa doravante em todos os vales perdidos do mundo: pronunciando-a, cada um vê ser-lhe oferecido o Reino e o perdão, entra em comunhão com outros que a pronunciam ao mesmo tempo, para além do tempo e do espaço, como um universo vivente em transformação que não cessa de vir.

...a caminho de Emaús

Nós caminhamos pela estrada da morte
Sem suspeitar por um instante
Que caminha ao nosso lado
A Vida que se levantou
dentre os mortos.

Nós caminhamos na desolação
Sem suspeitar por um instante
Que bem ao nosso lado a Vida
Tomba de uma vez por todas
no in-finito.

Cai a tarde. A hospedaria está aberta
E a mesa está posta. Pão partido,
Olhares trocados, clamor da voz/caminho
E todo o resto em nós
expira repentinamente.

Capítulo 14

MISERICÓRDIA E JUSTIÇA

Poderíamos contar a história assim...

Fazia muitos dias que o pequeno grupo dos discípulos seguia Jesus. Com ele percorriam as cidades e as aldeias da Galileia. Por toda parte, reproduziam-se as mesmas cenas: traziam os doentes para que ele os tocasse e os curasse. Em pouco tempo toda a aldeia ou quase toda encontrava-se reunida ali, junto ao poço ou sob a sombra das figueiras. Ali Jesus sentava, apoiado num tronco, e começava a falar deste Reino que vinha, do Reinado de Deus que já estava no meio daqueles e daquelas que o ouviam, mas que ainda não se podia distinguir completamente. "O Reino vem, dizia ele, ele está no meio de vós, está em vós". Não rejeitava ninguém, nem os doentes, nem as crianças, nem as mulheres.

Os fariseus, que se vangloriavam de conhecer perfeitamente todos os mandamentos, do menor ao maior, e que se esforçavam para transformar toda a sua vida numa espécie de templo dedicado ao Altíssimo, o observavam com muita circunspecção. O homem falava com a autoridade dos mestres e, no entanto, ninguém sabia onde e com quem ele havia estudado. Além disso, tinha maneiras muito estranhas e não tomava nenhuma precaução para evitar o risco de impureza. Pior ainda: deixava-se abordar e tocar por indivíduos muito pouco recomendáveis: pecadores públicos, mulheres e até de mulheres de costumes levianos. E, em vez de se afastar, ou pelo menos censurar sua conduta para tentar trazê-los de volta ao bom caminho, ele aceitava sentar-se à mesa com eles e compartilhar o pão e o vinho. Para os dignos fariseus, o caso não deixava nenhuma dúvida: é pecador quem come com os pecadores.

Nas multidões da arraia miúda que se comprimiam para vê-lo e ouvi-lo, Jesus os distinguia por seu ar presunçoso, pelo medo que tinham de ser confundidos com as pessoas ordinárias.

Então Jesus contava histórias de pastores que deixavam seu rebanho para ir em busca de uma ovelha extraviada, de mulheres que vasculham a casa inteira para encontrar uma moeda perdida. E concluía sempre: "Eu vos digo: existe mais alegria no céu por um pecador que se converte do que por tantos justos que não têm nenhuma necessidade de perdão". Ele contou também a história de um pai que não só acolheu de braços abertos o filho caçula que havia dilapidado sua parte da herança, mas celebrou seu retorno oferecendo um festim. Enquanto a festa estava no momento mais animado, o filho mais velho, que havia trabalhado o dia inteiro nos campos, voltou. Perguntou aos criados qual era o motivo destas festividades. "É teu irmão, dizem-lhe, ele voltou e teu pai lhe faz uma festa". Ouvindo isto, o irmão mais velho ficou furioso e se recusou a entrar. Onde estava a justiça se o filho indigno, o pecador, o depravado, era tratado como o filho sábio e fiel que ele próprio sempre fora?

Ouvindo a história, os fariseus compreenderam que eram eles esses filhos mais velhos; os que eram sábios e fiéis, os que não aceitavam que o perdão e a misericórdia fossem concedidos com tanta liberalidade a zés-ninguém que não os mereciam.

Certo dia, Jesus contou uma outra história de banquete. Desta vez, tratava-se de um homem rico que organizou um festim para o qual convidou todos os seus amigos. Ora, estes, um após o outro, declinaram o convite por terem coisas a fazer. Um, recém-casado, queria ficar com a esposa; outro, que acabara de adquirir novas parelhas – nada menos do que cinco juntas de bois magníficos –, desejava experimentá-los sem demora. Um terceiro alegou como pretexto que havia comprado um campo e precisava ir examiná-lo imediatamente. Nenhum de seus amigos ricos se dignou frequentar sua mesa.

Mas o senhor não queria que se perdesse o que havia preparado. Mandou seu servo percorrer as praças e os caminhos e trazer todos os que ali se encontrassem. Desta vez, nenhum pretexto seria admitido e ninguém seria excluído, nem os coxos nem os enfermos. Todos eram seus convidados e eram eles, agora, que compartilhariam sua mesa.

Também aqui, os fariseus captaram muito bem a mensagem que lhes era dirigida. Este banquete era o banquete que o profeta Isaías prometera, o banquete que a Sabedoria prepara, o banquete do fim dos tempos, quando o Altíssimo acolherá os que dele forem dignos. Os fariseus não só acreditavam que suas virtudes lhes asseguravam esta dignidade, mas estavam certos também de que sua longa meditação das Escrituras lhes dava a capacidade de saber quem se sentaria à mesa divina. Por isso, quando o pregador galileu garantiu que esse festim seria oferecido aos zés-ninguém, eles arreganharam os dentes.

Diante de seus rostos contrariados, Jesus, longe de tentar assegurá-los, lhes disse: "Escutai-me: as prostitutas e os depravados entrarão antes de vós no Reino".

Furiosos, deram meia-volta fazendo estalar as longas franjas de seus mantos.

C.P.

O perdão de Jesus

Alain Marchadour
Instituto Católico de Tolosa

Os evangelhos são marcados por uma tríplice originalidade: relatam o itinerário histórico de Jesus, apoiam-se no Antigo Testamento e são iluminados pela fé dos autores na ressurreição de Jesus. Estes relatos são, portanto, floreados pela "releitura pascal", o novo olhar lançado por seus autores sobre os acontecimentos da vida de Jesus à luz de sua ressurreição. O olhar do historiador, por sua vez, deve resgatar enquanto possível uma figura histórica crível e coerente. Levando isto em consideração, impõe-se uma evidência: Jesus entra em cena no século I como um profeta misericordioso, em atos e palavras, dando testemunho de um Deus de compaixão e de perdão. Três episódios evangélicos podem ser evocados particularmente aqui: a mulher do perfume, o publicano Zaqueu e a mulher adúltera.

A mulher do perfume

Mateus, Marcos e João dedicam uma sequência à intervenção de uma mulher que derrama perfume sobre os pés (ou a cabeça) de Jesus, durante uma refeição. Em Mateus e Marcos, em Betânia, na casa de um certo Simão o leproso, uma mulher anônima derrama um perfume precioso sobre a cabeça de Jesus, o que escandaliza os discípulos[1]. Em João, a cena, situada também em Betânia[2], mostra Maria, irmã de Lázaro, derramando sobre os pés de Jesus um perfume de grande valor, para escândalo de Judas, que protesta contra o custoso desperdício. Nestes três evangelhos, é a proximidade da morte de Jesus que dá sentido ao gesto da mulher. Como destaca o comentário de Jesus: "Ela perfumou o meu corpo antecipadamente para o sepultamento"[3]. Em Lucas[4], a história se desenrola também na casa de um certo Simão, chamado de fariseu, mas na Galileia. Ela não deixa de ter ligação com os três outros relatos, mas se diz que a mulher é uma "pecadora" (muitas vezes confundida abusivamente com Maria Madalena). O perfume é derramado sobre os pés de Jesus, como em João.

Cf. *A unção em Betânia, ou a mulher esquecida*, p. 535.

Cf. *Quem é Maria Madalena?*, p. 269.

Nos quatro evangelhos, isso se passa numa casa, durante uma refeição, como é explicitado em Lucas e João. Em cada evangelho, o gesto da mulher, com justificativas diferentes, é objeto de uma reprovação por parte de alguns membros presentes: aqui um ou diversos dentre os apóstolos, ali Simão o fariseu e os comensais, dubitativos, se surpreendem com a maneira como Jesus intervém: "Quem é este homem que chega a perdoar os pecados?"[5] Estes contatos literários e temáticos levaram diversos intérpretes a ver um único acontecimento na origem dos quatro relatos.

No entanto, podemos observar que o enredo do relato de Lucas é tão original que pode ser legitimamente atribuído a uma fonte particular, independente dos três outros evangelhos: nele a cena se desenrola na Galileia e não na Judeia; além disso, diferentemente das outras versões, ela não é situada no contexto da morte iminente de Jesus, o que dá ao enredo um conteúdo muito diferente, centrado na dimensão profética de Jesus, o misericordioso. O relato inicia com uma refeição e, neste evangelho, Jesus parece ter tido relações frequentes e pacíficas com diversos fariseus, aceitando de bom grado participar de refeições com eles. Isso lhe fornecia muitas vezes a oportunidade de transmitir seu ensinamento, ainda que este fosse contrário às posições farisaicas: por exemplo, ele "disse aos convidados uma parábola, porque notava que eles escolhiam os primeiros lugares"[6], e lhes fala da humildade. Quando um fariseu se surpreende porque Jesus, seu convidado, não fez as abluções, ele lhe ensina então a importância da interioridade[7]. Em nosso relato, Jesus é convidado por um fariseu chamado Simão, junto com outros comensais, sem dúvida também eles fariseus. A irrupção da mulher e seu comportamento provocante interrompem a refeição recém-iniciada. Abre-se então uma sequência nova, durante a qual a mulher permanece silenciosa. Mas seu comportamento é eloquente, porque desemboca numa dupla transformação: a de Jesus manifestado por ela como um profeta guiado pelo amor e pelo perdão, e a do fariseu levado, pelo comportamento passivo de seu convidado, a desqualificá-lo interiormente como profeta.

◂ Cf. *Quem são os fariseus dos evangelhos?*, p. 481.

Para a mulher, "pecadora" conhecida, talvez prostituta pública, a refeição interrompida dá acesso a uma sequência detalhada, rica em humanidade, com gestos físicos, choro, perfume derramado, expressando ao mesmo tempo sua consciência culpada e a certeza de ter encontrado em Jesus um profeta compassivo, que acolhe sem reticência suas provas de amor e seu arrependimento. Através de seu comportamento para com Jesus, ela manifesta um amor transbordante, muito físico e ao mesmo tempo respeitoso. Ela se empenha com todo o seu ser, seu corpo, suas lágrimas, seus cabelos soltos secando os pés de Jesus molhados de perfume. Mesmo que os gestos contenham uma conotação erótica, a aproximação dos corpos permanece casta. O que se destaca é a transformação que a mulher traz em relação a Jesus. De simples convidado que era, ele

◂ Cf. *O estilo de Jesus*, p. 253.

De simples convidado para esta refeição, Jesus se transforma no ser compassivo que concede sua misericórdia a esta mulher e serve de intermediário entre ela e Deus.

se transforma num ser compassivo que concede sua misericórdia a esta mulher, ao ponto de servir de intermediário entre ela e Deus. "Os teus pecados foram perdoados." O uso do passivo permite evitar o Nome de Deus, sendo o sentido o seguinte: "Deus te perdoou os teus pecados". Aqui Jesus parece dispor do poder divino de perdoar e até de conceder a salvação à pecadora, por causa de sua fé. Ela, que vivia no pecado, recebe o dom da paz, uma paz que para Lucas prefigura a paz que Jesus transmitirá aos apóstolos no momento de sua ressurreição.

Por outro lado, a relação entre o convidado e o convidante se deteriorou depois da intervenção da mulher. Aos olhos do fariseu, Jesus, o convidado, acaba perdendo sua qualidade de profeta, que estava sem dúvida na origem de seu convite. A amigável relação intelectual que podia existir entre eles se rompeu. A ruptura é profunda, ao ponto de Jesus precisar escolher um outro caminho para restaurar a comunicação. Por isso, ele se serve de um instrumento linguístico no qual ele sobressai: a metáfora. Este procedimento literário consiste em afastar-se de uma situação comprometida para tentar restabelecer o elo com o interlocutor com a ajuda de um relato simbólico: "Simão, tenho algo a dizer-te"[8]. Os papéis mudam. O fariseu convidante é chamado por seu nome, "Simão", o que é sinal de uma busca de proximidade da parte de Jesus. E para o fariseu, Jesus, o convidado do qual ele começava a suspeitar, se torna o mestre que tem algo a lhe ensinar – a ele que, no entanto, é mestre na interpretação da Torá.

Jesus, o misericordioso, transtorna o estatuto das pessoas e revela a verdade de cada um.

A história parece longe da realidade; no entanto, os três personagens da parábola contada têm alguma coisa em comum com os três personagens da refeição: Jesus, a mulher e o fariseu. Em resumo: um senhor perdoa as dívidas a dois devedores, um com uma dívida pesadíssima e o segundo com uma dívida muito menor. O retorno ao real se faz naturalmente pela pergunta de Jesus: "Qual dos dois o amará mais?" A resposta é evidente: "Penso que é aquele a quem ele perdoou a dívida maior". Jesus o felicita: "Julgaste bem". Ao mesmo tempo, ele o leva a descobrir a diferença entre ele, fariseu instruído, e a pecadora pública. Pelo olhar que dirige à mulher, Jesus põe em evidência o que ela fez no excesso de seu amor e que Simão negligenciou totalmente, por não se deixar tocar, como ela, por Jesus. A releitura do comportamento da mulher e de Simão se torna clara: como ocorre muitas vezes no Evangelho, aparece o rosto de Jesus, o misericordioso, que transtorna o estatuto das pessoas e revela a verdade de cada um. Simão fez o mínimo, permanecendo fechado ao significado profundo do gesto da mulher para

Cf. *A linguagem das parábolas*, p. 325. ►

com Jesus e à compaixão deste para com ela; ao passo que a mulher, por ter sido muito perdoada, soube mostrar um grande amor e assim perceber em Jesus algo do mistério de sua identidade.

Zaqueu, o publicano

O relato de Zaqueu[9] confirma a opinião de Dante, que vê em Lucas "o escriba da mansidão de Cristo". O Jesus itinerante, ao longo de seus caminhos, anuncia um Deus de ternura, o mais das vezes através de sinais e de parábolas inesperadas. O capítulo 18 pôs em cena um pobre, mendigo e cego, a quem Jesus abriu os olhos, que ele pôs de pé, fazendo dele um discípulo que o segue e graças a ele arrasta atrás de si um povo que se tornou "vidente" graças a ele.

No capítulo 19, Jesus prossegue sua caminhada para Jerusalém, para ele a cidade de todos os perigos. Zaqueu, o mais improvável de seus admiradores, gostaria de ver Jesus. É um chefe de publicanos, que enriqueceu muito coletando o imposto para os romanos, o que lhe provocou a rejeição por seus compatriotas. De baixa estatura, exercendo uma profissão infamante, culpado daquilo que hoje chamaríamos de "colaboração com o inimigo", Zaqueu é alguém do qual os Judeus crentes mantêm distância, da mesma forma como a pessoa se protege dos perigos de impureza. Afinal, não é compreensível? Assim como a "pecadora", Zaqueu é o último a quem um discípulo de Moisés teria vontade de apresentar Jesus. Ele está, portanto, sozinho e, ainda por cima, é deficiente por causa da baixa estatura, que o impede de ver Jesus passando no meio de uma multidão muito compacta. Seus concidadãos, evidentemente, não fazem nada para facilitar-lhe o acesso ao mestre. E, no entanto, ele quer ver Jesus a todo custo e não se deixa deter nem pelo ridículo de aumentar sua estatura trepando num sicômoro nem pelo desprezo dos habitantes de Jericó.

◄ Cf. *Que sentido deu Jesus à sua subida a Jerusalém?*, p. 523.

Quando Jesus chega até onde ele estava, tudo muda. Agora é Jesus que toma a iniciativa. Aquele que corria para não perder a passagem do mestre é convidado a "apressar-se". "*Hoje* preciso ficar na tua casa." Zaqueu é recompensado além de suas expectativas! Ele queria *ver* Jesus, dando assim testemunho de uma busca nova que desejava empreender junto deste homem cuja reputação chegara até ele. Apesar de sua riqueza, ele pressentia que lhe faltava o essencial e que só Jesus lho podia dar. E eis que Jesus se convida para ir até a casa dele, *hoje*! Os verbos utilizados sublinham sua pressa: "Ele correu para a frente... Zaqueu, desce depressa... Zaqueu desceu depressa". Tem-se a sensação da urgência de um tempo de graça que não se pode perder.

◄ Cf. *O estilo de Jesus*, p. 253.

E Zaqueu não o perdeu: ele toma a palavra. O versículo 8, que expõe sua declaração, causou muitas dificuldades aos intérpretes. É preciso tomar ao pé da letra o tempo presente utilizado no texto de Lucas: "*Eu reparto* aos pobres a metade dos meus bens e, se prejudiquei alguém, *restituo-lhe* o quádruplo"? Neste caso, Zaqueu seria de fato um homem justo, desprezado por seus concidadãos por causa de sua profissão infamante; mas que, contrariamente ao que se pensava, exercia sua profissão de coletor do imposto com a maior justiça. Ele seria então um verdadeiro "filho de Abraão", como lhe diz Jesus. Em outras palavras, ele merecia receber o mestre em sua casa, como o patriarca seu ancestral o fez, de acordo com o livro do Gênesis, com os três homens que vieram visitá-lo da parte de Deus[10].

O relato de Zaqueu confirma a opinião de Dante, que vê em Lucas "o escriba da mansidão de Cristo".

Esta interpretação, embora a gramática a autorize, se choca com dois obstáculos: primeiramente, a longa tradição de leitura que, desde os Pais da Igreja, viu em Zaqueu um "pecador" e, em seguida, a lógica narrativa do conjunto da perícope♦ que realça a *conversão* deste homem. Portanto, é preciso de preferência tomar este tempo presente como um futuro imediato: Zaqueu se converteu imediatamente, porque recebeu o perdão de Jesus, e anuncia o que vai fazer logo a seguir. Apesar do peso de seus pecados, ele compreendeu que Jesus lhe traz a salvação. O *hoje* retomado duas vezes significa que a salvação entrou na casa de um pecador. É verdadeiramente o tempo do Reino: "O Filho do homem veio procurar e salvar o que estava perdido".

Com que direito Jesus perdoa os pecados, e até onde?

Portanto, os evangelhos nos apresentam muitas vezes Jesus "perdoando os pecados". Este comportamento só podia levantar um grande número de questões para as pessoas mais próximas. Com que direito ele procedia assim, como seus comportamentos podiam ser percebidos de acordo com a tradição existente?

No Antigo Testamento, para as relações entre os homens, o recurso ao perdão é excepcional, porque a regulamentação da violência é feita sobretudo pela mediação da Lei. Esta modera o desejo natural de vingança através da norma do talião♦, utilizada na maioria dos textos legislativos do Oriente Próximo e, portanto, também na Bíblia. Esta norma foi durante muito tempo desvalorizada no mundo cristão, ao ponto de ser equiparada a uma espécie de vendeta: "Olho por olho, dente por dente". Mas, no mundo antigo, ela constituía um progresso não negligenciável na humanização da justiça: a punição da falta não é mais deixada ao arbítrio da vítima; ela segue normas predefinidas e deve permanecer à altura da ofensa recebida.

O perdão unilateral dado pela vítima é mais raro na Bíblia. O caso de José representa uma exceção. Lembremos que seus irmãos, ciumentos do amor que seu pai Jacó lhe dedicava, haviam pensado primeiro em assassiná-lo; depois o haviam vendido como escravo a uma caravana de comerciantes. Chegado ao Egito, José acabou finalmente tornando-se o vice-rei, a serviço do Faraó. Ele já havia acolhido seus irmãos que haviam chegado ao Egito fugindo da fome e não procurara vingar-se. Mas, além disso, antes de morrer, seu pai Jacó exprime o desejo de que José perdoe seus irmãos, o que ele fez imediatamente: "Não temais. Por acaso estou no lugar de Deus? Quisestes fazer-me mal, Deus quis transformá-lo em bem: conservar a vida a um povo numeroso, como hoje se vê"[11]. Portanto, José não quis colocar-se "no lugar de Deus" para condenar. No mundo bíblico, em particular nos Salmos e nos profetas, o perdão é um privilégio de Deus, único capaz *de remover, de apagar a falta*. Para exprimir o perdão, existe até um verbo hebraico, *salah*, que é aplicado somente a Deus: "Eu os purificarei de todas as faltas cometidas contra mim, perdoarei [*salah*] todos os pecados pelos quais se tornaram culpados e infiéis a meu respeito"; "Pela honra de teu nome, YHWH♦, perdoa [*salah*] meus erros, porque são grandes"; "Ele que perdoa [*salah*] todas as tuas faltas, que te cura de toda doença" etc.[12]

Jesus, por sua vez, realiza "atos de poder" (nos sinóticos♦) ou "sinais" (em João), que muitas vezes associam cura e perdão dos pecados. Curas do corpo e da alma estão ligadas no mundo bíblico, sendo as enfermidades consideradas consequência de um pecado. Foi dito em outro lugar que, quando cura e exorciza, Jesus não o faz em seu nome, para se glorificar. Da mesma forma, quando perdoa, ele não o faz por si mesmo, mas como "Filho do homem" enviado para afirmar e pôr em andamento a clemência divina. Na cura do paralítico, carregado por quatro homens, ele declara ao doente: "Meu filho, os teus pecados estão perdoados". A fórmula passiva evita pronunciar o Nome divino, mas o sentido é exatamente: "Deus te perdoa os teus pecados"[13]. Esta palavra é também entendida como uma ofensa contra Deus: "Ele blasfema"[14]. Jesus intervém então para afirmar donde lhe vem sua dupla autoridade de cura e de perdão: "Pois bem, para que saibais que o Filho do homem tem autoridade para perdoar os pecados na terra – diz ao paralítico: 'Eu te digo: levanta-te, toma a tua maca e vai para casa'"[15].

◄ Cf. *Curas e exorcismos*, p. 285, e *O que é curar?*, p. 305.

Quando perdoa, ele não o faz por si mesmo, mas como "Filho do homem" enviado para afirmar e pôr em andamento a clemência divina.

Mas será que tudo é perdoável? Os evangelhos sinóticos trazem todos uma palavra de Jesus que distingue entre o pecado contra o Filho do homem, que será perdoado, e o pecado contra o Espírito, que não o será[16]. A primeira parte desta resposta é clara: podemos supor que aqui o Filho do homem designa o homem Jesus, com seus traços humanos, o que pode "desculpar" a recusa de uma grande parte do povo judeu a reconhecer neste homem o enviado do Pai. Afinal, também Pedro não reconheceu Jesus no momento da Paixão e o traiu. E, no entanto, ele foi perdoado. Mas o que é este "pecado contra o Espírito", que seria imperdoável?

Cf. *A negação* ► *de Pedro*, p. 643.

A interpretação dos discípulos parece ter sido a seguinte: após a ressurreição, a recusa de Jesus, tornado Senhor, não é mais aceitável. Desculpável no tempo do Jesus histórico, o fato de não reconhecer nele o Filho do Pai não é mais desculpável após sua saída do túmulo. Esta visão do "pecado contra o Espírito" poderia ser explicada a partir do contexto conflituoso, desde o século I, entre os discípulos de Jesus (judeus e não judeus) e aqueles Judeus que não o teriam reconhecido – dois grupos ao mesmo tempo muito próximos e cada vez mais distantes. Mas esta interpretação, que teve as terríveis consequências que conhecemos, é infundada e nada nos evangelhos a legitima. A expressão enigmática de Jesus afirma claramente que existe algo imperdoável. Mas o tipo de faltas que poderiam constituir o "pecado contra o Espírito" continua pertencendo à ordem do mistério. A lição não seria então que existe um insondável do mal e que, portanto, ninguém pode arvorar-se em juiz daquilo que diria respeito ou não ao perdão?

O perdão, uma ideia difícil de aceitar: a mulher adúltera

É certamente o que não haviam compreendido as testemunhas do perdão concedido por Jesus à mulher adúltera... e também os copistas que excluíram claramente este episódio de diversos manuscritos no decorrer dos primeiros séculos. Com efeito, se hoje o relato da mulher adúltera[17] é considerado por muitos como "a joia do Novo Testamento", no entanto por pouco ele não desapareceu dos textos! Os especialistas o souberam graças à descoberta, no Egito, de papiros que datam do início do século III, nos quais o relato da mulher adúltera está ausente. De resto, ele está ausente também do *Vaticanus*, pergaminho do século IV conservado no Vaticano, como também de numerosos outros manuscritos antigos – aparece, em compensação, no *Códice de Beza*. Como justificar este fato? Foram propostas duas interpretações. A primeira, a partir do vocabulário, considera este relato uma peça não joânica (que não corresponde aos critérios linguísticos de João), de matizes lucanos (mais próximo do vocabulário de Lucas), no entanto sem vínculos precisos, e que teria sido introduzido neste lugar do evangelho de João por causa do contex-

Cf. *Os* ► *manuscritos do Novo Testamento*, p. 91.

to, orientado para o tema do julgamento. A segunda, mais recente, privilegiando uma abordagem narrativa, destaca, pelo contrário, a coerência joânica deste relato com os capítulos 7 e 8 em torno do tema da Lei.

"Os escribas e os fariseus trouxeram então uma mulher que fora surpreendida em adultério e a puseram no meio do grupo. 'Mestre, disseram-lhe eles, esta mulher foi surpreendida em flagrante delito de adultério. Na Lei, Moisés nos prescreveu apedrejar tais mulheres. E tu, que dizes a este respeito?' Eles falavam assim com a intenção de armar-lhe uma cilada, para ter de que acusá-lo. Mas Jesus, inclinando-se, pôs-se a escrever com o dedo traços no chão. Como eles continuassem a lhe fazer perguntas, Jesus ergueu-se e lhes disse: 'Aquele dentre vós que nunca pecou atire-lhe a primeira pedra'. E, inclinando-se, pôs-se novamente a escrever traços no chão. Depois de terem ouvido essas palavras, eles se retiraram um após outro, a começar pelos mais velhos, e Jesus ficou sozinho. Como a mulher continuasse ali, no meio do círculo, Jesus reergueu-se e lhe disse: 'Mulher, onde estão eles? Ninguém te condenou?' Ela respondeu: 'Ninguém, Senhor'. E Jesus lhe disse: 'Eu também não te condeno: vai, e doravante não peques mais'".

João 8,3-11

Por ocasião da festa das Tendas (*Sukkot*), Jesus é atacado violentamente pelas autoridades do Templo, por causa de sua aparente infidelidade à Lei de Moises, pelo fato de curar no dia do sábado. Ele se defende: "Não foi Moisés quem vos deu a Lei? Ora, nenhum de vós age segundo a Lei; por que procurais matar-me?" Neste clima de polêmicas violentas, que dura todo o tempo da festa (uma semana), as opiniões na multidão se dividem[18]; até mesmo os soldados enviados para prendê-lo se recusam: "Jamais homem algum falou como este homem"[19]. E se o relato mistura os sumos sacerdotes e os fariseus na mesma hostilidade a Jesus, acontece que pelo menos um fariseu, Nicodemos, toma sua defesa: "Acaso a nossa lei condenaria um homem sem o ter ouvido e sem saber o que ele faz?"[20]

Exatamente após este enfrentamento, os inimigos de Jesus encontram uma arma, que acreditam infalível: uma mulher surpreendida cometendo adultério, a propósito da qual vão interrogá-lo, já que este pecado acarreta a morte por apedrejamento: "Na Lei, Moisés nos prescreveu [...]. E tu, que dizes a este respeito?" É uma armadilha: se Jesus se associa à condenação, ele contradiz o Deus de misericórdia e de perdão que constitui o aspecto mais subversivo de seu ensinamento. Mas, caso se recuse a condenar, ele se opõe a Moisés, a autoridade suprema. Jesus poderia argumentar como já sabem fazê-lo os rabinos da época, prefigurando as controvérsias talmúdicas: ele não ignora que existem múltiplas formas de interpretar a Lei, que equivalem de fato a contorná-la, especialmente quando se trata de uma condenação à morte. Mas sua resposta será outra, para mostrar que o sentido da Lei é abertura para a vida e não fechamento na morte. Após ter permanecido em silêncio, ele os remete à sua própria condição de pecadores: "Aquele dentre vós que nunca pecou atire-lhe a primeira pedra". E, diante do profeta que soube iluminar a Torá com uma abertura profética, eles vão embora, vencidos.

Jesus aparece aqui como um novo Daniel, profeta que havia inocentado Susana confundindo as duas falsas testemunhas que a acusavam (aliás, alguns versículos adiante tratar-se-á da necessidade de duas testemunhas autênticas num processo[21]). Terminada a prova, permanecem sozinhos, frente a frente, aquele que nunca pecou e aquela cujo pecado é público. "Permaneceram dois, escreveu Agostinho, a infeliz e a misericórdia [*misera et misericordia*]". "Vai, e doravante não peques mais": em vez de encerrá-la no universo mortífero da culpabilidade, Jesus abre para a mulher um caminho de liberdade e de vida. A Lei não é apagada, ela se tornou humana. Pelo perdão e pela misericórdia de que dá prova, Jesus se revela como mestre de sabedoria e de humanidade.

No entanto, duas atitudes de Jesus podem parecer contraditórias: a misericórdia e a justiça. A aproximação entre o evangelho de João e o de Mateus permite reconciliá-las. No Discurso sobre a montanha, Jesus ensina a radicalidade evangélica: "Ouvistes que foi dito: Não cometerás adultério. Pois eu vos digo: qualquer um que olha para uma mulher cobiçando-a, já cometeu adultério com ela, em seu coração"[22]. A interpretação da Lei parece aqui maximalista (certamente para mostrar que a interioridade, a intencionalidade é mais importante do que a norma sozinha). Diante da mulher adúltera, é a pessoa que está em primeiro lugar. Então a compaixão prevalece: "Eu também não te condeno: vai, e doravante não peques mais".

> *Em vez de encerrar a mulher adúltera no universo mortífero da culpabilidade, Jesus abre para ela um caminho de liberdade e de vida.*

A censura operada contra o relato da mulher adúltera nos primeiros séculos da Igreja mostra o risco legalista: os censores pensavam certamente que a abertura misericordiosa diante do "pecador", de que esta passagem dá testemunho, entrava em contradição com a radicalidade do seguimento de Jesus. Eles estavam errados: o Jesus apresentado aqui pelo evangelho de João convida a compreender que segui-lo é precisamente seguir os passos de sua misericórdia.

1. Mt 26,6-13; Mc 14,3. **2**. Jo 12,1-8. **3**. Mc 14,8. **4**. Lc 7,36-50. **5**. Lc 7,49. **6**. Lc 14,7. **7**. Lc 11,37-42. **8**. Lc 7,40. **9**. Lc 19,1-10. **10**. Gn 18,1-5. **11**. Gn 50,19-20. **12**. Cf. entre outros Is 55,7; Jr 5,1; 5,7; 31,34; 33,8; 36,3; 50,20; Am 7,2; Sl 25,11; 86,5; 103,3; como também Lv 4,20.26.31. **13**. Mc 2,5. **14**. Mc 2,7. **15**. Mc 2,10-11. **16**. Mt 12,31-32; Mc 3,29; Lc 12,10. **17**. Jo 8,1-11. **18**. Jo 7,43. **19**. Jo 7,46. **20**. Jo 7,51. **21**. Jo 8,17-18. **22**. Mt 5,27-28.

As parábolas da misericórdia

Stéphane Beauboeuf
Instituto Católico de Paris

Em seu evangelho, Lucas retrata Jesus como um profeta itinerante que anuncia, ao longo de toda a sua caminhada para Jerusalém, a Boa-Nova do Reino. Este ponto de vista o leva a alongar o relato deste itinerário para dez capítulos[1], ao passo que Marcos, sua fonte, lhe dedica menos de um[2]. Em matéria de relato, trata-se sobretudo de uma coleção de palavras que o evangelista toma de outra fonte (a famosa fonte Q hoje perdida, mas cuja existência é muito provável) e organiza de maneira mais ou menos temática. Alguns capítulos assemelham-se assim a pequenas catequeses (por exemplo, o capítulo 14 é construído em torno do tema da refeição e todo o capítulo 16 é dedicado ao tema do dinheiro). É o caso também do capítulo 15, dedicado à acolhida dos pecadores e cujo lugar central na seção indica a importância que este tema reveste aos olhos de Lucas.

◄ Cf. *Os manuscritos do Novo Testamento*, p. 91.

Jesus rejeita o legalismo excludente

A misericórdia e a missão de Jesus são um aspecto essencial da Boa-Nova, e isto desde a pregação inaugural em Nazaré, durante a qual Jesus, por intermédio de uma citação de Isaías, se apresentou como o profeta que vem "proclamar um ano de acolhimento da parte do Senhor"[3]. A moldura que Lucas dá às três parábolas que compõem o capítulo 15 remete explicitamente às modalidades concretas desta proclamação, que acarretam a Jesus as censuras dos fariseus e dos escribas: "Esse homem dá boa acolhida aos pecadores e come com eles"[4]. Não é a primeira vez no evangelho que Jesus sofre estas críticas. Com efeito, ele costuma dirigir-se de preferência àqueles que a boa sociedade de então, sob a influência do legalismo farisaico alimentado pela avaliação dos escribas, doutores da Lei, considera pecadores. Mas não se trata apenas daqueles cuja conduta é geralmente considerada imoral, como, por exemplo, os ladrões, os adúlteros, as prostitutas, ou ainda os coletores de impostos que, enriquecendo graças ao ocupante romano, passavam por ladrões e por traidores ao mesmo tempo. Para os fariseus, ou pelo menos para uma parte deles aos quais Jesus se opõe (não esqueçamos que os evangelistas certamente exageraram na

◄ Cf. *Jesus na sinagoga de Nazaré*, p. 192.

◄ Cf. *Quem são os fariseus dos evangelhos?* p. 481

dose e generalizaram, no contexto polêmico no qual escreviam, vários decênios após os acontecimentos), as exigências da Lei são tão elevadas que eles chegam a condenar e a marginalizar um grande número de pessoas: seja pela profissão que exercem e que pode levá-las à imoralidade ou torná-las incapazes de se dobrar às normas de pureza (profissões ligadas ao transporte de mercadorias, médicos, pastores, açougueiros, curtidores...), seja simplesmente por causa da ignorância da complexidade destas normas. Ora, esta ignorância caracteriza todo o povo simples, do qual os fariseus se separam formando associações e dirigindo-se de preferência à classe média (comerciantes, artesãos, camponeses)[5].

Durante seu ministério, Jesus reagiu fortemente contra estes excessos, denunciando a hipocrisia que acompanha inevitavelmente o legalismo, a autossatisfação moral dos bem-pensantes e seu confisco do acesso a Deus. O sucesso que ele encontrou junto aos excluídos de toda sorte acabou prejudicando sua credibilidade de homem piedoso, fazendo com que parecesse laxista, e o levou a se justificar assim diante dos críticos: "Não são os sãos que precisam de médico, mas os doentes. Eu vim chamar não os justos, mas os pecadores, para que eles se convertam"[6]. Poderíamos traduzir assim: "para que se arrependam", já que as duas palavras remetem à *metanoia*, que em grego designa o fato de mudar de opinião e de vida, de maneira de ver e de comportamento.

Jesus acentua a alegria de Deus pelo retorno do "pecador" que estava perdido e justifica assim a especificidade de sua missão.

É esta resposta que é desenvolvida pelo capítulo 15 de Lucas, com a ajuda de três parábolas sucessivas construídas sobre o mesmo esquema. As duas primeiras (a ovelha perdida e a dracma perdida) são acompanhadas de um breve comentário que explicita as correspondências entre a história contada e a realidade do debate que opõe Jesus e seus críticos: a ovelha perdida e a dracma perdida, ambas finalmente reencontradas, simbolizam o pecador: a "perda" tem aqui o significado teológico de "perdição". Graças aos esforços de Jesus, que se dedica mais ao pecador do que aos justos "que não precisam de conversão"[7], o pecador se converte. O par "perdido e encontrado", que percorre como um fio vermelho as três parábolas, serve aliás, mais adiante no evangelho, para expressar o essencial da missão de Jesus; quando o censuram por ter ido hospedar-se na casa de um "pecador", neste caso o coletor de impostos Zaqueu, ele se justifica replicando: "O Filho do homem veio procurar e salvar o que estava perdido"[8]. Todos estes contatos são o indício de que Lucas quer fazer de seu capítulo 15 o texto privilegiado onde aparecem todos os aspectos da questão.

Cf. *O perdão de Jesus*, p. 369.

O que é particular aqui é o acento posto na *alegria* que Deus sente por ocasião do retorno do pecador, alegria maior, de acordo com Jesus, do que aquela que lhe proporcionam os justos que não se perderam. Ele justifica assim seu comportamento e a especificidade de sua missão mediante uma afirmação teológica concernente aos sentimentos do próprio Deus. Em razão da audácia desta afirmação, Deus não aparece diretamente no texto, mas é evocado com a ajuda de perífrases: "haverá alegria no céu"[9], e em seguida "há alegria entre os anjos de Deus"[10]. Utilizando este argumento, Jesus quer mostrar aos seus adversários que eles têm uma falsa concepção de Deus e ao mesmo tempo os convida, como o fazem respectivamente o pastor, a mulher ou o pai nas três parábolas, a participar desta alegria divina para a qual ele próprio quer contribuir.

A ovelha perdida e reencontrada

A primeira das três parábolas, a da ovelha perdida e reencontrada[11], se encontra também em Mateus, mas inserida num contexto diferente e completada por um comentário diferente, que levam a entendê-la como um ensinamento sobre a vida na Igreja: assim como o pastor faz tudo para encontrar a ovelha perdida, da mesma forma os encarregados de cuidar dos crentes devem evitar que os mais frágeis entre eles se percam, porque, aos olhos do Pai, eles não são menos preciosos do que os outros, muito pelo contrário[12]. Situando a parábola no contexto da polêmica entre Jesus e as autoridades religiosas, Lucas reflete provavelmente melhor seu ambiente de origem.

Como ocorre muitas vezes com as parábolas, estamos diante de um relato que tem a finalidade de provocar os ouvintes à reflexão, levando-os a reconsiderar suas concepções habituais. A atenção dirigida mais ao pecador do que ao justo já é potencialmente chocante, ao menos para alguns. Para levar seus ouvintes a converter seu olhar, passando da condenação à compaixão, Jesus opta primeiramente por representar o pecador não como uma pessoa má em si mesma e que deve ser excluída, mas como uma pessoa que, tendo-se extraviado, corre perigo e precisa de um cuidado especial; esta maneira de ver corresponde muito bem à imagem do doente que ele ocasionalmente também utiliza[13]. Mas, para provocar melhor o questionamento, o contraste entre o justo e o pecador é acompanhado aqui de uma desproporção numérica: o pastor "deixa" as noventa e nove ovelhas que não se perderam para se dedicar inteiramente a uma só. É expressar o valor que toda pessoa conserva aos olhos de Deus, sejam quais forem suas fraquezas, seus erros ou suas faltas.

Jesus representa o "pecador" como uma pessoa que não é má em si mesma, mas que, tendo-se extraviado, corre perigo e precisa de um cuidado especial.

A comparação com a versão da parábola que encontramos no *logion* 107 do *Evangelho de Tomé* (também ele herdeiro da fonte Q) ressalta muito bem, por contraste, este aspecto: nesta versão, é acrescentado um detalhe que produz um contrassenso total e se opõe ao próprio cerne daquilo que motiva a missão de Jesus, porque a ovelha perdida que o pastor vai procurar é... "a mais corpulenta"! Por esta razão, o pastor, ao encontrá-la, lhe diz que a ama mais do que as outras noventa e nove, como se ela *merecesse* este amor. É certamente assim que se considerava a comunidade onde este evangelho foi composto e temos aqui um testemunho mais claro possível do elitismo que os textos gnósticos♦ pregam, afastando-se geralmente do sentido original do Evangelho, que concede um valor infinito a toda pessoa, inclusive ao "pecador".

Cf. *Os evangelhos apócrifos*, p. 97. ▶

Este valor, na parábola, é habilmente sugerido pelo gesto do pastor que carrega nos ombros a ovelha reencontrada. Sobretudo é medido pela alegria que o pastor sente e na qual o texto insiste de modo todo particular; esta alegria é tão grande que ele deseja compartilhá-la com seus amigos e vizinhos e é com esta perspectiva de festa que o relato termina. A comparação proposta pela aplicação da parábola em seu versículo conclusivo ("é *assim* que haverá alegria no céu por um só pecador que se converta, mais do que por noventa e nove justos que não precisam de conversão") diz respeito aliás a esta alegria paradoxal e não há motivo para procurar estabelecer correspondências perfeitas entre todos os elementos do relato e as realidades espirituais que ele procura ilustrar: não sabemos, por exemplo, se o pastor representa o próprio Jesus ou se representa Deus.

O certo é que Jesus fundamenta sua missão junto aos pecadores na atitude de Deus, inspirando-se não só na realidade cotidiana da Judeia da época, mas também nos textos da Bíblia, que representam Deus como um pastor que cuida de seu rebanho[14]. Ora, era também uma maneira de representar o papel do rei em relação ao povo, como ocorria no Oriente antigo em geral. O profeta Ezequiel, quando descreve a renovação política e religiosa de Israel por ocasião do retorno do exílio, utiliza esta metáfora para criticar os maus dirigentes que levaram o povo a se perder, "apascentando-se a si mesmos", ou seja, ocupando-se mais com seu próprio bem-estar e com sua segurança pessoal do que com o bem-estar e a segurança de seu povo. Portanto, é Deus em pessoa que doravante se ocupará com seu rebanho; no entanto, a mediação humana de um novo pastor ideal é também evocada no mesmo texto[15]. Se levarmos em conta estas hesitações, a ambiguidade da parábola quanto ao papel exato de Jesus permite pelo menos pensar que sua missão, tal como ele a concebe, lhe confere o papel de um representante de Deus junto ao povo.

A moeda perdida e reencontrada

A segunda parábola, a da moeda perdida e reencontrada[16], se apresenta claramente como uma variação sobre o mesmo tema. Está construída de acordo com um esquema narrativo idêntico e utiliza o mesmo refrão, fazendo alternar as palavras "perdido" e "reencontrado". Também nela encontramos a desproporção numérica destinada a acentuar o valor do que estava perdido, mas desta vez se trata de uma entre dez moedas de prata (uma "dracma" no texto grego, o que equivale, para um camponês, ao valor de um dia de trabalho). O personagem principal também mudou: é uma mulher cuja fortuna certamente não é grande, porque ela precisa revirar tudo para encontrar sua moeda com a ajuda de uma lâmpada, o que indica talvez que ela mora numa casa sem janelas, como era o caso das pessoas simples. Assim ela estabelece um contraste com o pastor que, com suas cem ovelhas, não é pobre.

Com "a moeda perdida", pondo em cena uma mulher, Lucas quis apresentar uma contrapartida feminina ao pastor da "ovelha perdida".

Mas o contraste joga também com a alternância dos sexos: uma mesma parábola se desdobra assim em duas formas aparentadas, uma pondo em cena um homem e a outra pondo em cena uma mulher. Um procedimento semelhante é reconhecível no par de parábolas que comparam o Reino a um grão de mostarda que um homem planta em seu jardim e depois a um fermento que uma mulher esconde na farinha[17]. O fato de esta mesma sucessão se encontrar também em Mateus indica sua antiguidade: é provável, portanto, que esta atenção às mulheres seja uma característica da atitude de Jesus durante seu ministério. No entanto, este aspecto é certamente acentuado por Lucas, que, baseado neste modelo, talvez tenha composto ele próprio a parábola da moeda perdida para trazer um complemento à da ovelha, que encontramos também em Mateus, mas sem esta contrapartida feminina.

◄ Cf. *A parábola do grão de mostarda*, p. 332.

Outra diferença entre as duas parábolas em Lucas pode ser assinalada: no comentário explicativo que conclui o relato, o texto não menciona, como anteriormente, a superioridade da alegria causada pelo pecador reencontrado em relação à alegria que é obtida com os justos, mas diz apenas: "Assim [...] há alegria entre os anjos de Deus por um só pecador que se converta"[18]. É, talvez, uma maneira de assinalar o aspecto retórico desta superioridade, que é destinada a provocar: abstração feita de toda comparação, a pessoa do pecador tem em si mesma um valor imprescritível.

O filho perdido e reencontrado

Na terceira parábola do capítulo[19], a mais conhecida, trata-se novamente do pecador perdido e reencontrado, mas Lucas trata agora a questão como ela pode se apresentar na realidade das relações humanas, neste caso no contexto familiar. O relato põe em cena três personagens principais: um pai e seus dois filhos. Um deles, o mais novo, o famoso "pródigo", sai batendo a porta e acaba por "se perder", revelando-se incapaz de viver sua vida de maneira correta: retornando faminto para casa, é acolhido imediatamente e abraçado pelo pai, que mal o deixa exprimir seus remorsos, devido à alegria que o invade, e organiza uma festa por seu retorno.

"Um homem tinha dois filhos. O mais moço disse ao seu pai: 'Pai, dá-me a parte de bens que me cabe'. E o pai fez para eles a partilha dos seus bens. Poucos dias depois, o filho mais moço, tendo juntado o dinheiro, partiu para uma região longínqua e aí dissipou os seus haveres numa vida desregrada.

E quando acabou de gastar tudo, uma grande fome sobreveio naquela região, e ele começou a passar necessidades. Foi pôr-se a serviço de um dos cidadãos desse país, que o enviou para os seus campos a guardar porcos. Ele bem que gostaria de encher o ventre com as bolotas que os porcos comiam, mas ninguém lhas dava. Então, caindo em si, disse a si mesmo: 'Quantos operários de meu pai têm pão de sobra, enquanto eu, aqui, morro de fome! Vou ter com o meu pai e lhe direi: Pai, pequei contra o céu e contra ti. Já não mereço ser chamado teu filho. Trata-me como um dos teus diaristas'.

E foi ter com seu pai. Ainda estava longe, quando o pai o avistou e foi tomado de compaixão: correu, se lhe lançou ao pescoço e o cobriu de beijos. O filho disse: 'Pai, pequei contra o céu e contra ti. Já não mereço ser chamado teu filho...' Mas o pai disse aos seus servos: 'Depressa, trazei a mais bela roupa e vesti-o; ponde-lhe um anel no dedo e sandálias nos pés. Trazei o bezerro cevado, matai-o, comamos e festejemos, pois este meu filho estava morto e voltou à vida, estava perdido e foi reencontrado'. E eles se puseram a festejar.

O filho mais velho estava no campo. Quando, ao voltar, se aproximou da casa, ouviu músicas e danças. Chamando um dos servos, perguntou-lhe o que era aquilo. Este lhe disse: 'É teu irmão que chegou, e teu pai matou o bezerro gordo por tê-lo visto voltar bem de saúde'. Então ele se encheu de cólera e não quis entrar. O pai saiu para pedir-lhe que entrasse; mas ele replicou ao seu pai: 'Já faz tantos anos que eu te sirvo sem ter jamais desobedecido às tuas ordens; e, a mim, nunca deste nem um cabrito sequer para festejar com meus amigos. Mas quando chegou esse teu filho, que devorou teus bens com prostitutas, mataste o bezerro gordo para ele!'

Então o pai lhe disse: 'Meu filho, tu estás sempre comigo e tudo o que é meu é teu. Mas era preciso festejar e alegrar-se porque este teu irmão tinha morrido, e está vivo; estava perdido, e foi reencontrado'".

Lucas 15,11-32

Até aqui o roteiro corresponde exatamente ao das duas parábolas precedentes... exceto que ninguém partiu à procura do filho perdido. No entanto, toda a trama se concentra no que antes era também o elemento principal: a alegria. Ela é descrita de maneira deliberadamente exagerada:

o pai, embora tenha sido ofendido, corre ele próprio a abraçar seu filho logo que o avista e quase não o deixa falar. As correspondências estabelecidas com as outras parábolas permitem discernir nesta traços alegóricos: o filho mais novo e o filho mais velho representam respectivamente o pecador e o justo, ao passo que o pai exerce o papel de Deus. Sua alegria, paralela à que existe "no céu" ou "entre os anjos de Deus", representa, portanto, a alegria do próprio Deus. Assim Jesus ensina a considerar Deus não somente como um pai em geral, mas como um pai tal qual a parábola o descreve, um pai que sente tanto amor pelo filho que está pronto a esquecer toda ofensa ao menor sinal de arrependimento. Este amor incondicional implica que o pecador, seja qual for o seu pecado, nunca perde seu estatuto de filho, contrariamente àquilo que o pródigo imagina ao preparar o discurso que pretende dirigir ao pai no seu retorno: "Eu não sou digno de ser chamado teu filho. Trata-me como um dos teus diaristas"[20]. A tradução ecumênica da Bíblia (TOB), escolhida como referência na presente obra, traduz aqui: "Já não mereço...", o que deixa aparecer menos a noção de dignidade; esta, com efeito, contrariamente ao que acredita o filho pródigo – como, aliás, também o filho mais velho – *não está ligada ao mérito* (a palavra "assalariados" faz mais justiça às ressonâncias teológicas da parábola do que a palavra "diaristas" escolhida pela TOB).

O filho "pródigo" arrependido, como o filho mais velho merecedor, não compreenderam que o amor incondicional do pai não lhes tiraria jamais sua dignidade de filhos.

É este o ensinamento que Jesus dirige aos pecadores ou àqueles que as pessoas foram ensinadas a considerar-se como tais, aprisionando-os nesta categoria: vós sois e continuareis sendo, apesar do pecado (do qual, aliás, ninguém pode declarar-se totalmente isento), filhos de Deus, pois é isto que constitui a dignidade de todo ser humano; podeis, portanto, mudar e melhorar vosso comportamento (como cada um tem que fazer) e retornar a ele. Mas este ensinamento vale igualmente para os adversários de Jesus, os que se consideram justos e excluem os outros.

É o que vem esclarecido pela segunda parte da parábola, sem equivalente nas duas primeiras. Esta parte é dedicada ao filho mais velho, que reage mal ao bom acolhimento dado ao seu irmão. Visivelmente chocado com a alegria mostrada pelo pai, que chega a organizar uma festa e a matar o bezerro gordo, ele o censura, destacando que, contrariamente a seu irmão (que ele, aliás, se recusa a chamá-lo assim e o designa como "esse teu filho"), ele foi sempre obediente. Suas palavras mostram que também ele não compreendeu em que consiste sua dignidade de filho. Enquanto ele se entende como um assalariado e pensa que assim deve merecer o amor de seu pai como uma retribuição, este último procura levá-lo a compreender que seu amor por ele é incondicional e que sua dignidade de filho, por decorrer deste amor, é inalienável: “Meu filho, tu estás sempre comigo e tudo o que é meu é teu”[21]. Por conseguinte, ele não tem nenhum motivo para ficar ciumento, porque o que é dado a seu irmão (que seu pai o convida a chamar assim) não é tirado dele. Tudo isto é dirigido aos fariseus e aos escribas. Assim a resposta que Jesus dá à crítica deles consiste em mostrar-lhes que, na verdade, é o próprio Deus que eles censuram por ser misericordioso, ao recusar-se a participar de sua alegria e desprezar os pecadores, quando também eles são seus filhos e, portanto, irmãos deles. Correlativamente, eles se enganam a respeito de sua própria relação com Deus, ao concebê-lo como um patrão que lhes deve um salário por sua obediência, e não como um pai amoroso.

Vê-se muito bem como a sutileza psicológica desta parábola permite abordar os diversos aspectos do próprio cerne da Boa-Nova anunciada por Jesus. Mas esta apresentação da mensagem evangélica fundamental é também determinada pela experiência das primeiras comunidades cristãs. Lucas, que escreve cinquenta ou sessenta nos após os acontecimentos por ele relatados, conhece a espiritualidade de Paulo, cuja influência se vislumbra aqui e ali em sua obra. Assim como Lucas a descreve, a oposição entre a atitude farisaica e a de Jesus corresponde exatamente à maneira como Paulo, na carta aos Romanos, apresenta o que se chamou “o problema da justificação”. O legalismo farisaico, fazendo a salvação depender dos esforços próprios do ser humano, dá ao mérito pessoal uma importância desmesurada que leva facilmente a fazer comparações e discriminações; esta lógica concorrencial provoca o desprezo e a exclusão daqueles que não correspondem aos critérios supostos e implica naquele que os cumpre uma autossatisfação que finalmente torna Deus inútil. É o que Jesus expressa também com a parábola do fariseu e do publicano[22]. Na ótica do Evangelho, o mérito é posto em segundo plano em proveito da graça que decorre da relação filial: já que esta é o bem inalienável de toda pessoa, ninguém pode, mesmo que pense fazer mais esforços do que os outros, arrogar-se o direito de julgar ou de condenar seu irmão. Assim, o comportamento justo, ou seja, as relações fraternas que constroem e vivificam a comunidade, encontra sua energia na consciência de ser um filho bem-amado de Deus e é, portanto, justamente deste amor que provêm a salvação e a justificação.

A graça que decorre da relação filial com Deus é o bem inalienável de toda pessoa e, portanto, sejam quais forem seus méritos próprios, ninguém pode julgar seu irmão.

Durante os primeiros tempos da Igreja, a oposição entre estas duas atitudes espirituais foi também construída e explicitada graças aos debates que opuseram os cristãos de origem judaica e os de origem pagã. Os primeiros avaliavam, como o filho mais velho, que era dar pouca importância à salvação oferecê-la a pagãos ignorantes da Lei sem exigir que a praticassem. Paulo foi o principal promotor desta acolhida dos pagãos na Igreja e a história acabou dando-lhe razão. Lucas, que faz dele o herói dos Atos dos Apóstolos, o segundo volume de sua obra, escreve numa época em que esta acolhida, com a diminuição relativa dos cristãos de origem judaica e o nascimento de um novo judaísmo, acabou tornando inevitável a separação entre judeus e cristãos. Ora, é em função desta situação que ele orienta sua apresentação da missão de Jesus no primeiro volume, que é seu evangelho. É assim que a acolhida dos pagãos é sutilmente preparada pelo próprio Jesus desde sua pregação inaugural em Nazaré[23] e que ela aparece também em filigrana através da parábola do filho pródigo.

◄ Cf. *Jesus na sinagoga de Nazaré*, p. 192.

No entanto, é preciso registrar que, mesmo levando em consideração esta trágica separação, Lucas não se decide a afirmar que ela seja a última palavra da história da salvação: por isso o desfecho da parábola permanece incerto e não se sabe se o filho mais velho vai aceitar ou não participar da festa. Da mesma forma, na conclusão de toda a obra lucana[24], que registra a recusa da maioria dos Judeus a acolher a mensagem de Jesus e a dos apóstolos, os notáveis judeus que vieram ouvir Paulo permanecem indecisos. O que é importante é que o Evangelho continua sendo um convite, uma porta aberta. Aliás, Lucas evita também a caricatura que consiste em reduzir tudo a uma oposição entre fariseus e pecadores no tempo de Jesus, que prosseguiria entre judeu-cristãos e pagão-cristãos após a Páscoa e, mais tarde, entre judeus e cristãos após a separação. Porque, lendo esta parábola, podemos identificar-nos espontaneamente com o filho pródigo se nos sentimos "pecadores" e culpados. Mas o leitor é convidado também a reconhecer que, muitas vezes, ele se assemelha ao filho mais velho, que tem uma opinião muito boa de si mesmo e de seus méritos. Ora, a parábola nos diz que seguir Jesus não é repousar numa segurança qualquer de salvação, é permanecer no amor: "Sede misericordiosos como vosso Pai é misericordioso"[25].

1. Lc 9,51–19,48. **2**. Na segunda parte de Marcos (Mc 8,27–16,8) Jesus se desloca muito (cf. 8,27; 9,2.9.28.30.33; 10,1.10.17), mas não toma a direção de Jerusalém senão em 10,32 e chega lá no capítulo 11. **3**. Cf. Lc 4,19 e Is 61,1-2. **4**. Lc 15,2. **5**. Jo 7,49. **6**. Lc 5,31-32. **7**. Lc 15,7. **8**. Lc 19,10. **9**. Lc 15,7. **10**. Lc 15,10. **11**. Lc 15,3-7. **12**. Mt 18,10-14. **13**. Lc 4,23 e 5,31. **14**. Cf. por exemplo Sl 80,2; 95,7; 119,176; Is 40,11. **15**. Cf. Ex 34,1-16 e 23-24. **16**. Lc 15,8-10. **17**. Lc 13,18-21. **18**. Lc 15,10. **19**. Lc 15,11-32. **20**. Lc 15,19. **21**. Lc 15,31. **22**. Lc 18,9-14. **23**. Lc 4,23-27. **24**. At 28,23-28. **25**. Lc 6,36 ("generosos" de acordo com a TOB).

ESCLARECIMENTOS

O discurso apocalíptico de Jesus, “predição” ou “pregação”?

Élian Cuvillier
Instituto Protestante de Teologia,
Faculdade de Montpellier

No capítulo 24 do evangelho de Mateus encontramos o comumente chamado discurso apocalíptico de Jesus. Será que Jesus anunciou a queda do Templo de Jerusalém e o fim do mundo? Para tentar responder a esta difícil pergunta é preciso ler mais de perto o discurso.

“Estais vendo tudo isso, não é? Em verdade eu vos declaro, aqui não ficará pedra sobre pedra: tudo será destruído”[1]. A Jesus, que acaba assim de anunciar a destruição do Templo, os discípulos perguntam então quando será o “fim de todas as coisas”. Com efeito, para eles a destruição do Templo está ligada à “vinda” do Senhor (em grego: sua *parousia*, termo que deu a palavra “parusia”♦) e ao fim do mundo. Em sua resposta, Jesus não confirma nem invalida o amálgama operado pelos discípulos: portanto, desde o início instala-se um mal-entendido, que permanece ao longo do discurso.

Jesus adverte primeiramente seus discípulos: trata-se de não se deixar extraviar pelos falsos messias e pelos sobressaltos habituais da humanidade que são as guerras, fomes, terremotos. Estas turbulências são apenas o começo das “dores do parto”. Atenção para não considerar decisivo o que é apenas sinal de uma humanidade perpetuamente dilacerada por aquilo que a conduz inexoravelmente à sua ruína. Em seguida, esta advertência é completada pelo anúncio de perseguições futuras: os discípulos não são convidados apenas a ser espectadores vigilantes e críticos da história dos homens; eles são também atores implicados, testemunhas.

A pergunta inicial dos discípulos recebeu como única resposta: sede vigilantes e testemunhai, o fim ainda não chegou. Jesus dá agora um passo além, anunciando a presença do “Abominável devastador” no “lugar santo”, o que deve ser entendido como a profanação do Templo. Jesus emprega uma linguagem estereotipada, simbolizando não *uma* profanação historicamente determinada, mas o próprio fato da profanação do lugar santo de Israel. O que pode remeter tanto à primeira destruição do Templo quanto à profanação de Antíoco IV Epífanes em 167 antes de nossa era, à de Pompeu em 63 antes de nossa era, ou à de 70, que os destinatários do evangelho conhecem e com a qual seguramente estão ainda traumatizados! A explicitação colocada entre travessões por Mateus: “que o leitor compreenda!”, é uma piscadela para quem vai ler o evangelho diante de uma comunidade reunida e que talvez o comentará: convém ser mais perspicaz do que eram os discípulos de Jesus e não se deixar enganar por um *sinal* do qual eles acabam de ver mais uma vez – mas será a última? – uma manifestação na catástrofe de 70.

O Abominável devastador só pode provocar a fuga. As imagens utilizadas sugerem um desapego de toda forma de posse material ou de solidariedade humana: ai da mulher grávida que precisa preservar a vida que ela traz dentro de si, porque não tem o espírito livre para a fuga! A dificuldade é tal que Deus abrevia estes dias trágicos para a salvação dos eleitos. Nesta situação é indispensável não se deixar enganar: falsos messias e falsos profetas se levantam para enganar até os eleitos. E Jesus conclui com um surpreendente: "Eis que vos preveni!"[2] Eles foram prevenidos não quanto ao momento da vinda, mas justamente quanto a tudo o que poderia levá-los a crer que ela está prestes a acontecer!

Jesus prossegue concentrando seu discurso na vinda do Filho do homem. Ele insiste primeiramente no caráter público desta: não nos lugares desertos ou nos cantos escondidos, mas como um relâmpago que não escapa ao olhar de ninguém. A imagem do provérbio do versículo 28 é estranha ("Onde quer que esteja o cadáver, ali se reunirão os abutres"[3]), mas seu sentido é relativamente claro: a vinda do Filho do homem não deixará nenhuma dúvida! O "sinal" do Filho do homem não pertence à história humana; não é, portanto, o sinal do fim, mas o próprio fim: a própria ordem do mundo será abalada. O fim é o único acontecimento sobre o qual ninguém poderá se enganar, pois depende daquilo que, propriamente falando, nunca aconteceu! Os sinais que precedem este fim são a própria história de uma humanidade dilacerada, que não faz senão repetir o ódio, a desgraça e a profanação dos lugares santos.

O mal-entendido entre a pergunta inicial dos discípulos e a resposta de Jesus atinge seu apogeu na metáfora da figueira, uma parábola de fachada: "Compreendei esta comparação tomada da figueira: mal os seus ramos ficam tenros e suas folhas começam a brotar, reconheceis que o verão está próximo"[4]. Os discípulos são convidados a constatar, na história humana na qual vivem, que o desfecho está prestes a chegar, assim como o camponês sabe que o verão está próximo quando a figueira produz brotos. Em outras palavras: sede tão prudentes e sensatos como o camponês e fazei uso daquilo que a sabedoria comum aos seres humanos permite constatar.

Os discípulos pedem sinais particulares que os tornariam peritos em "fim do mundo". Jesus os remete à sua capacidade de considerar os acasos da história humana e de constatar que esta não faz senão repetir a expectativa do Julgamento e da libertação próxima.

Mas ele acrescenta que "esta geração não passará sem que tudo isto aconteça"[5]. Versículo que leva ao auge a dificuldade de interpretação! Esta supõe que se responda a duas perguntas prévias: o que designa "tudo isto" e qual é "esta geração"? "Tudo isto" parece designar o conjunto dos sinais precursores e a própria parusia do Filho do homem. A expressão "esta geração" deve ser entendida num duplo plano. No nível do mundo do relato, ela designa evidentemente os interlocutores de Jesus. Mas na medida em que, desde o início do evangelho, Mateus dialoga com seus ouvintes, "esta geração" designa também o auditório histórico e, além disso, universal do evangelho. Cada ouvinte ou leitor do evangelho se torna contemporâneo do locutor e é assim afetado pela necessidade de uma lucidez crítica sobre o mundo que o cerca; ele deve, no mesmo movimento, não se deixar seduzir pelos falsos sinais da parusia e, no entanto, não deixar de esperar numa atitude de vigília.

1. Mt 24,2. 2. Mt 24,25. 3. Mt 24,28. 4. Mt 24,32. 5. Mt 24,34.

* * *

Precisamos ter medo do Juízo final?

Anne-Claire Bolotte
Escola Catedral, Paris

No capítulo 24 do evangelho de Mateus, os discípulos perguntam a Jesus: "Quando será o dia de tua vinda e o fim dos tempos?" A espera será longa, responde Jesus, que descreve as "dores do parto" e as tribulações – guerras, fomes, falsos messias etc. – que seus discípulos deverão primeiro suportar. Segue-se uma série de parábolas que mostram a necessidade de vigiar, fazendo frutificar o dom recebido do Mestre. A tenacidade do servo fiel será fonte de felicidade... Jesus retoma, em seguida, os anúncios proféticos do "dia do Senhor", mas será ele, o Filho do homem, quem aparecerá como o Juiz do fim dos tempos, assentado na glória como havia anunciado o profeta Daniel[1], com o poder que Deus Pai lhe concedeu.

Seu Julgamento é descrito no capítulo 25: "Diante dele serão reunidas todas as nações, e ele separará os homens uns dos outros, como o pastor separa as ovelhas dos cabritos. Ele colocará as ovelhas à sua direita e os cabritos à sua esquerda"[2]. Esta pequena parábola apoia-se num uso antigo: para a noite, o pastor separava os dois rebanhos, cabras e ovelhas, para proteger as ovelhas; a tradução de *eriphia*, "cabras", por "cabritos" é possível. Mas a tradução por "bodes" parece dever-se a Lutero e se

"Então o rei dirá aos que estiverem à sua direita: 'Vinde, benditos do meu Pai, recebei em herança o Reino que foi preparado para vós desde a fundação do mundo. Porque eu tive fome e me destes de comer; tive sede e me destes de beber; eu era estrangeiro e me acolhestes; estava nu, e me vestistes; doente, e me visitastes; na prisão e viestes a mim'. Então os justos lhe responderão: 'Senhor, quando é que nos sucedeu ver-te com fome e alimentar-te, com sede e dar-te de beber? Quando nos sucedeu ver-te estrangeiro e acolher-te, nu e vestir-te? Quando é que nos sucedeu ver-te doente ou na prisão e irmos a ti?' E o rei lhes responderá: 'Em verdade eu vos declaro, todas as vezes que o fizestes a um destes mais pequenos, que são meus irmãos, foi a mim que o fizestes'. Então ele dirá aos que estiverem à sua esquerda: 'Retirai-vos para longe de mim, malditos, para o fogo eterno que foi preparado para o diabo e para seus anjos. Pois eu tive fome e não me destes de comer; tive sede e não me destes de beber; eu era estrangeiro e não me acolhestes; estava nu e não ne vestistes; doente e na prisão, e não me visitastes'. Então eles também responderão: 'Senhor, quando é que nos sucedeu ver-te com fome ou com sede, estrangeiro ou nu, doente ou na prisão sem ir dar-te assistência?' Então ele lhes responderá: 'Em verdade eu vos declaro, cada vez que não o fizestes a um destes mais pequenos, a mim também não o fizestes'. E irão estes para o castigo eterno, mas os justos irão para a vida eterna".

Mateus 25,34-46

generalizou mais tarde. Será porque o bode cheira mal? Na Antiguidade, o lado esquerdo designa o que é degradado, indigno. Esta imagem é forte: ela expressa o caráter definitivo da triagem operada. Por ocasião do Julgamento, haverá separação para um futuro bem diferente: a vida bendita junto de Deus para uns e "o fogo eterno", longe da presença de Deus, para os outros!

A severidade desta sentença espanta: onde está o "mestre manso e humilde de coração"[3], que "não quebra o caniço rachado"?[4] O evangelista coloca seu leitor diante de uma pergunta difícil: o que se torna a misericórdia quando se trata de administrar a justiça? Mas deveríamos também nos perguntar o que seria a justiça de um Deus incapaz de distinguir o bem do mal. Os salmos não cessam de apelar ao "justo juiz"[5]. Para estes crentes, Deus não pode confundir misericórdia e falta de discernimento. Isso equivaleria a desprezar o ardente desejo de justiça que habita os homens e as sociedades.

À primeira vista, as condições do Julgamento e a ausência de procedimento chocam igualmente: nem processo nem advogado! Se o leitor se interessa pela primeira Aliança, pelo Antigo Testamento, descobrirá que há séculos Deus "está em processo contra seu povo"[6] e que os critérios de julgamento são claramente definidos em seu nome pelos profetas, especialmente o profeta Isaías: "O que me agrada, não é que repartas teu pão com quem tem fome, acolhas em tua casa os pobres sem abrigo, cubras o que vires sem roupa, não te esquives de teu semelhante?"[7] Quanto a Jeremias, ele denuncia energicamente um culto e uma religião que não se harmonizem com a justiça, que consiste em respeito do inocente, proteção do imigrante, da viúva e do órfão[8]. Neste ponto, Jesus não diz outra coisa. Não faz senão retomar uma evidência da tradição profética de Israel: o serviço ao pobre serve como medida para a justiça. Os gestos de bondade colocados como critérios do julgamento são finalmente bastante simples. Em outras palavras, a justiça de Deus se define como misericórdia!

Mas a explicitação "estes mais pequenos que são meus irmãos" coloca novamente uma interrogação. Pois o termo "irmãos" pode designar os discípulos de Cristo[9]. O critério do Juízo final seria, portanto, a posição tomada em relação a eles e, hoje, em relação aos cristãos ou à Igreja? Evidentemente que não. O vocabulário do texto permite afirmar que todos os seres humanos que vivem na precariedade, na exclusão ou no desprezo, todos aqueles dos quais Paulo dirá que "não são nada"[10], são reconhecidos como irmãos e irmãs de Jesus. Portanto, o Julgamento tem como objeto aquilo que cada um faz ou deixa de fazer a todos os "pequenos", sejam eles quais forem. Os que estão sujeitos à jurisdição deste tribunal são "todas as nações": todo ser humano que obedece à lei de sua consciência pode agir assim. E a condição de discípulo não isenta absolutamente do julgamento comum.

Seguindo o Antigo Testamento, Jesus repete: dois mandamentos não são senão um, "Amarás a Deus" e "Amarás teu próximo"[11]. João diz muito claramente: "Quem não ama não descobriu a Deus"[12]; Mateus, por sua vez, o confirma: mesmo que alguém não "conheça" Deus, "servir" ao pobre é algo semelhante: "Foi a mim que o fizestes".

Durante seu ministério público, Jesus, como um bom juiz, "manifesta a verdade" de Deus, "Deus de ternura e de piedade, lento para a cólera e cheio de misericórdia"[13]. No Julgamento do fim dos tempos, será revelada a misericórdia de todo ser humano, criado à imagem de Deus, convidado a ser "misericordioso como o Pai é misercordioso"[14].

1. Dn 7,14. **2**. Mt 25,32-33. **3**. Mt 11,29. **4**. Mt 12,20, citando livremente Is 42,3. **5**. Sl 7,7-12; Sl 37 etc. **6**. Mq 6,1-8; Is 1,18. **7**. Is 58,5-7. **8**. Jr 7,5-6. **9**. Mt 28,10. **10**. 1Cor 1,28. **11**. Mt 22,37-40. **12**. Jo 4,8. **13**. Sl 103,8. **14**. Lc 6,36.

* * *

Jesus anunciou o fim do mundo?

Pierre de Martin de Viviés
Universidade Católica de Lyon

A pregação de Jesus acerca dos acontecimentos futuros se insere num quadro teológico já elaborado no Antigo Testamento. O judaísmo antigo tem uma concepção linear e não cíclica do tempo. O mundo que conhecemos tem um começo e tende para um fim.

Este fim não é descrito com precisão, nem evidentemente datado. De acordo com os escritos proféticos e apocalípticos como o livro de Daniel, diversos roteiros podem ser imaginados, mas alguns acontecimentos associados a este fim do mundo retornam frequentemente: uma grande guerra opondo Israel e as nações pagãs, o retorno de personagens ilustres elevados ao céu como Henoc ou Elias, a vinda do Messias, o Julgamento dos ímpios e a instauração de um Reino de Deus no qual os justos poderão viver eternamente. Todos estes elementos ocorrem no que se chama "o dia de YHWH"♦, o dia em que Deus visitará a terra para pôr um fim às maquinações de seus adversários.

Muitos destes elementos se encontram na pregação de Jesus, retomados como tais ou dotados de um novo sentido. Assim o tema da visita de Deus se realiza no próprio Jesus, sem com isso acarretar o fim dos tempos. A vinda do Reino de Deus já é efetiva com a presença de Jesus no seio da humanidade: "Eis que o Reino de Deus está no meio de vós"[1]. E, no entanto, esta vinda ainda está por vir e os discípulos de Jesus são convidados a rezar na oração do *Pai-nosso* para que ela venha*[2].

Assim Jesus anuncia o Reino a ponto de se designar a si mesmo como aquele que inaugura este Reino. Mas os evangelhos salientam em seu ensinamento algumas palavras que apresentam mais claramente as comunidades cristãs (e a humanidade) num "meio-termo" situado entre um "já agora" e um "ainda não". Esta tensão é posta em cena em parábolas que evocam a imagem da semeadura e das colheitas, como a parábola do joio e do trigo[3]. Entre semeadura e colheita ocorre um processo de maturação, que não se sabe se será breve ou prolongado.

O mesmo tema é desenvolvido alhures com outro vocabulário, o das duas vindas de Jesus. A primeira vinda é a da Encarnação♦, de acordo com a sequência comum aos evangelhos: nascimento – vida – morte – ressurreição – ascensão ao céu. A segunda vinda (chamada "parusia"**, conforme um termo grego que significa a visita ou a tomada de posse oficial de um governante) é anunciada pelo próprio Jesus como significando a entrada no processo escatológico♦ do Juízo final. Para falar desta vinda no fim dos tempos, Jesus se designa como o "Filho do homem", referindo-se a uma figura do capítulo 7 do livro de Daniel. Na parábola do Julgamento em Mateus 25, ele se apresenta a si mesmo como o juiz escatológico.

Para ler esta passagem é preciso levar em consideração que Mateus escreve aproximadamente meio século após os acontecimentos. À medida que o tempo passa e as pessoas se afastam dos acontecimentos da vida de Jesus, instala-se nos grupos cristãos a inquietude e, com ela, um certo desalento, ou até uma dúvida. É posto em evidência um tema recorrente: "o senhor tarda" e os servos adormecem; a imagem muitas vezes utilizada para descrever o acontecimento esperado é a do ladrão que vem de noite quando todos dormem[4], ou ainda a dos administradores surpreendidos pelo retorno inesperado de seu senhor[5]. A instrução dada aos discípulos é então muito clara: "Vigiai, pois, porque não sabeis o dia em que vosso Senhor virá"[6]. O trabalho da parábola é o de manter viva a espera. Já Paulo, com o passar dos anos, parece ter usado cada vez menos imagens de cunho apocalíptico para se voltar para uma expressão mais pessoal da vida "com Cristo", visando um encontro que passa por sua própria morte[7].

No limiar do século II, a segunda carta de Pedro enfrenta a questão de um "atraso da parusia", questão que se tornou espinhosa. Céticos zombeteiros não acreditam mais num fim do mundo anunciado e aderem à concepção grega de um mundo imóvel e eterno. O autor os fustiga: "O Senhor não tarda a vir, como alguns pretendem; mas está mostrando paciência para que nenhum se perca e todos possam chegar à conversão"[8]. E, para confirmar a certeza de um fim dos tempos, seja qual for a duração, ele retoma o imaginário já presente no mundo judaico, conjugado com concepções estoicas, da conflagração geral de todos os elementos[9].

Outro elemento da pregação de Jesus está estreitamente associado a esta perspectiva do fim dos tempos: o anúncio da ressurreição. Não se fala da ressurreição de Jesus – que ele também anuncia, de maneira ainda mais enigmática aos discípulos que o ouvem –, mas da ressurreição dos mortos, já evocada no livro de Daniel: "Muitos daqueles que dormem no solo poeirento despertarão, estes para a vida eterna, aqueles para o opróbrio, para o horror eterno"[10]. A ressurreição – na qual, lembremos, alguns Judeus da época não acreditam – está no cerne do ensinamento de Jesus. Ela se situa no final do roteiro escatológico: "De fato esta é a vontade de meu Pai: que todo aquele que vê o Filho e nele crê tenha a vida eterna; e eu o ressuscitarei no último dia"[11]. E este "ainda não" da ressurreição final é antecipado pela ressurreição efetiva de Lázaro[12] e revelado pela própria ressurreição de Jesus.

Por conseguinte, a perspectiva muda, porque a ressurreição de Jesus inaugura o mundo novo e, portanto, o tempo da ressurreição final. No cerne do pensamento de Paulo encontramos esta convicção de que os "últimos tempos" começaram ou, de preferência, que a Criação nova brota no coração da antiga e a faz crepitar por toda parte. De modo que os tempos se engatam, o depois puxando o antes[13]. Trata-se, então, não tanto de temer o fim do mundo, mas de percebê-lo e acolher, na vida cotidiana, os sinais da ressurreição, a Criação nova que aparece.

Os sucessores de Paulo irão mais longe nesta convicção de que o mundo novo já está presente: considerarão que os cristãos já estão ressuscitados e até mesmo, de acordo com a carta aos Efésios, já elevados à glória[14]. Fala-se em termos eruditos de "escatologia realizada". E, no entanto, o combate contra as forças do mal atingiu seu ápice e a carta termina com um apelo às armas[15].

Por conseguinte, podemos ainda dizer que Jesus anuncia o fim *do* mundo? É melhor falar do fim *de um* mundo, um mundo ainda em luta contra o mal e a morte. Estes foram vencidos, mas dois mil anos de história não triunfaram. E, no entanto, trata-se realmente de um fim, mas de um fim que desemboca num futuro, descrito pelas numerosas parábolas do Reino sob a forma de uma festa, de um banquete suntuoso ou de um convite às núpcias régias. E, na apocalíptica, pelo nascimento de um novo céu e de uma nova terra[16]. Esta perspectiva de futuro é evocada claramente no próprio cerne do discurso escatológico de Jesus[17]. Futuro bem diferente, em compensação, para a adversidade, seja qual for a forma que ela possa assumir. Com a imagem da palha devorada pelo fogo[18] ou dos intrusos lançados para fora da sala do festim[19], Jesus lembra a seus interlocutores as implicações vitais do Julgamento.

* Cf. *O que diz o Pai-nosso?*, p. 508.

** Cf. *O que significa a "parusia" do Filho do homem?*, p. 733.

1. Lc 17,21. **2**. Mt 6,10; Lc 11,2. **3**. Mt 13,14-30. **4**. Mt 34,43; Lc 12,39. **5**. Mt 24,48. **6**. Mt 24,42. **7**. Comparar 1Ts 4,15-18; 1Cor 15,51-52 e Fl 1,21-24. **8**. 2Pd 3,4-9. **9**. 2Pd 3,10-11. **10**. Dn 12,2. **11**. Jo 6,40. **12**. Jo 11. **13**. 1Cor 10,11; 2Cor 5,17. **14**. Ef 2,6. **15**. Ef 6,10-18. **16**. 2Pd 3,13; Ap 21,1. **17**. Mt 26,29. **18**. Mt 13,40. **19**. Mt 22,13.

CONTRAPONTO

O perdão no judaísmo

Julien Darmon
Especialista no Talmud e nas literaturas rabínicas

O perdão está no âmago da concepção judaica de Deus, talvez mais do que a Lei, que é o corolário dele. Se o dom da Torá no Sinai é o centro de gravidade do Pentateuco♦, ele é indissociável de outro episódio, o do pecado do bezerro de ouro, que acontece precisamente durante os quarenta dias em que Moisés permanece na montanha. Nesta ocasião, Moisés, ao descer do Sinai e constatar a idolatria a que se entregaram os seus, quebra as tábuas da Lei e implora a misericórdia de Deus para com seu povo: "Por favor, este povo cometeu um grande pecado: fabricaram para si *elohim* [deuses] de ouro. E agora suporta seu pecado; ou então, risca-me do livro que escreveste".

A dinâmica geral da passagem transmite uma mensagem essencial para o judaísmo: Deus é misericordioso, ele perdoa todos os pecados daquele que retorna a ele com um arrependimento sincero (*teshuva*, literalmente: "retorno [a Deus]"). A superposição literária e cronológica do dom da Lei e do ensinamento do perdão divino torna impossível todo discurso que faria do judaísmo uma "religião da Lei", que Jesus teria vindo substituir por uma "religião da misericórdia". Os Sábios do Talmud[1] chegam a dar uma interpretação provocadora do episódio do bezerro de ouro: Deus teria feito com que o bezerro fosse fabricado, a fim de dar às gerações futuras a prova de que a *teshuva* é sempre possível! Os textos dos profetas contêm abundantes fórmulas neste sentido, como em Ezequiel: "Não desejo a morte do malvado, mas [desejo] sua *teshuva*, que ele se afaste de seu caminho e viva. Retornai, retornai dos vossos maus caminhos! Por que caminharias para a morte, casa de Israel?"[2]

A Torá e, depois, os profetas e a literatura rabínica desenvolvem, a partir daí, uma visão dos castigos infligidos por Deus aos pecados de Israel: estes castigos seriam não apenas um elemento da justiça divina – porque como poderia Deus ser chamado de bom, se deixasse o mal sem punição? –, mas ainda, e sobretudo, uma maneira de "despertar" os pecadores, de levá-los a tomar consciência de seu extravio. Daqui nasce também, inevitavelmente, uma cultura que vê em cada infortúnio individual o sintoma de uma falta secreta. Desembocamos na problemática mais ampla da teodiceia♦ e da origem do mal, à qual se dedica o livro de Jó.

A economia sacrificial desempenha igualmente um papel importante na concepção bíblica do perdão divino. É significativo que o episódio do bezerro de ouro seja inserido narrativamente entre a ordem dada a Moisés de construir um santuário e a descrição dessa construção efetiva. O santuário móvel no deserto, como mais tarde o Templo de Jerusalém, serve, entre outras coisas, para apresentar nele sacrifícios para expiação de certas faltas. O dia do Kippur♦ é a ocasião de um ritual sacrificial particularmente elaborado, que comporta especialmente a oferta de um bode oferecido a Deus e o envio ao deserto de outro bode, chamado "bode expiatório" (*se'ir ha-mishtaleah*). Esta relação entre sacrifício animal e perdão foi muitas vezes entendida de maneira "pagã" ou "mágica": seria necessário apaziguar a cólera da divindade oferecendo-lhe sacrifícios, o que neutralizaria mecanicamente os efeitos do pecado. Os profetas condenaram constantemente esta compreensão mágica do sacrifício. Assim, numa célebre passagem de Isaías, Deus diz: "O que me importam os vossos inúmeros sacrifícios? Estou farto dos holocaustos♦ de carneiros e da gordura dos bezerros; no sangue dos touros, dos cordeiros e dos bodes não sinto prazer. [...] Lavai-vos, purificai-vos. Tirai do alcance do meu olhar as vossas ações perversas! Cessai de fazer o mal, aprendei a fazer o bem! Procurai o que é reto, corrigi o violento! Fazei justiça ao órfão, tomai a defesa da viúva. Vinde e discutamos! – diz o Eterno. Se os vossos pecados são como o escarlate, tornar-se-ão brancos como a neve. Se são vermelhos como o carmesim, tornar-se-ão como a lã"[3].

Em outras palavras, os sacrifícios não são o suporte material do arrependimento, que é sobretudo interior: "O sacrifício que Deus quer é um espírito contrito; um coração despedaçado e triturado, ó Deus, não rejeitarás"[4], diz o salmista. Os comentaristas medievais explicam que o sacrifício animal serve como objeto de transição. O pecador deve imaginar que o pecado é uma morte espiritual e que é ele que deveria morrer em lugar do cordeiro por ele oferecido. Através desta experiência da morte e do perdão divino, ele pode renascer para si mesmo, purificado. Após a destruição do Templo de Jerusalém no ano de 68 ou 70 de nossa era, a problemática da possibilidade de obter o perdão divino na ausência de sacrifícios animais voltará ao primeiro plano. Ela levará os rabinos a definir a oração como um culto sacrificial interior, cujo altar é o coração (*'avoda she-balev*, "o culto no coração"), onde o arrependimento desempenha um papel essencial, enquanto os primeiros cristãos desenvolverão o dogma do sacrifício redentor de Cristo.

Último elemento essencial: o perdão divino suscitado pelo arrependimento sincero só produz efeito para as faltas cometidas contra Deus, o qual, em sua majestade, na realidade não é lesado pelo pecado dos homens. Pelo contrário, as faltas cometidas contra o próximo só são perdoadas se o dano foi efetivamente reparado e se a pessoa pediu e obteve o perdão de sua vítima. Mais ainda: as faltas cometidas contra Deus só são perdoadas no Kippur se antes a pessoa se reconciliou com as pessoas que ela havia prejudicado. A tradição talmúdica, em contraposição, impõe ao ofendido a obrigação de conceder o perdão ao ofensor: nisto ele imita as virtudes divinas que nos são dadas como modelo. A noção evangélica do perdão das ofensas, expressa em Mateus[5] pela célebre fórmula "Perdoai-nos as nossas ofensas, como nós perdoamos aos que nos ofenderam" é, por conseguinte, profundamente judaica.

1. *'Avoda Zara* 5a. **2**. Ez 33,11. **3**. Is 1,11-18. **4**. Sl 51,19. **5**. Mt 6,12.

Edgard Morin
Sociólogo, filósofo

O mestre do perdão

Para mim, Jesus é primeiramente um grande xamã, homem inspirado por um poder superior que ele chama de "Pai". Como xamã, ele é capaz de curas e seus milagres, ainda que sejam legendários, confirmam os poderes superiores que nele agem. Seus discípulos o consideraram Messias, ou seja, o ungido do Senhor que devolverá sua soberania ao povo hebreu? Ou ele próprio se considerou Messias? Ele não o proclamou, se não me engano. Quando lhe perguntam, ele responde "Tu o dizes".

Sua novidade inaudita e profunda está relacionada em primeiro lugar com a primazia concedida aos humildes, aos pequenos, às crianças: a inocência aparece nele como o valor supremo. Este tema não é nem judaico, nem grego, nem romano.

Da mesma forma, a compaixão tal como Jesus a manifesta não é nem judaica, nem grega, nem romana, mas poderíamos encontrar nela algum eco da mensagem budista, fundamentalmente compassiva. Teria esta mensagem viajado da Índia para a Judeia? Não é impossível, embora inverificável. É preciso observar, no entanto, que a compaixão cristã se limita aos humanos, ao passo que a compaixão budista, a meu ver mais ampla, se dirige a tudo o que vive e traz em si a compreensão do sofrimento que a vida comporta, inclusive a vida animal e talvez a vegetal.

A recusa da violência, que consiste em oferecer a face direita se a esquerda recebe uma bofetada, é também uma contribuição extraordinária e é algo novo na mensagem do próprio Jesus: houve talvez nele uma contradição, porque tinha dito, por outro lado, coisas inquietantes e até ameaçadoras como, por exemplo, que ele viera trazer não a paz, mas a espada.

Mas a novidade mais inaudita e profunda está no perdão, que, por sua vez, também não é nem judaico, nem grego, nem romano. No mundo judaico, que é o de Jesus, existe certamente o grande perdão coletivo de Deus no dia do *Yom Kippur*, que permite o perdão recíproco entre pecadores. Mas não existe visão de um perdão individualizado para aquele ou aquela que comete o mal.

O perdão da mulher adúltera é tanto mais importante, porque transgride a lei que pune a mulher da maneira mais cruel e mortal, pelo apedrejamento. "Aquele que nunca pecou atire-lhe a primeira pedra", diz Jesus aos acusadores. Para ele, o sentido do perdão exige praticar a auto-

-observação ou mesmo a autocrítica antes de desencadear qualquer punição. O perdão traz em si potencialmente o respeito dos humilhados e ofendidos e, com isso, a recusa a ofender e humilhar.

Enfim, o mais importante é o perdão dado por Jesus na cruz a seus carrascos: "Pai, perdoa-lhes, porque não sabem o que fazem".

O talião, ou seja, retribuir de maneira equivalente o mal pelo mal, é a resposta das antigas civilizações do Oriente Próximo para impedir a vingança individual irracional. Mas esta necessidade de punição permaneceu inscrita profundamente em nossas mentes. A superação histórica da ideia de castigo, forma institucional do talião, começa com Hobbes: para ele, a finalidade do castigo não é a punição do mal cometido, mas o terror; o castigo serve para intimidar o criminoso potencial. Beccaria, no século XVIII na Toscana, vai mais longe: a prisão tem a função de proteger as populações e não de punir. A justiça, como é instituída pelos Estados, rompe certamente com a vingança operada pelos parentes, mas a institui sob forma de castigo penal: aplica-se um mal pelo mal e a morte pela morte, onde existe a pena capital.

Embora existam em todas as civilizações a falta, o sacrilégio, a vergonha de si mesmo, a culpabilidade e, em muitas delas, seja recomendado praticar clemência e magnanimidade, o perdão como tal surgiu do interior do mundo judaico com Jesus. Transforma-se em compreensão da cegueira humana no "eles não sabem o que fazem". Certamente existe uma sabedoria socrática para a qual o malvado é um ignorante, mas ela não acarreta por si mesma o perdão, ela não exclui punição, prisão ou morte, nem mesmo para impedir os efeitos da maldade. Ela não exige absolutamente o perdão das ofensas. Existe também a consciência marxiana de que "os homens não sabem o que fazem", mas ela não exige nem compaixão nem perdão, ela exige uma tomada de consciência desta inconsciência, no quadro do movimento geral da História.

Um último perdão foi imaginado por Dostoiévski em *Os Irmãos Karamazov*. Jesus retorna na Espanha no momento em que ardem as fogueiras da Inquisição. O Grande inquisidor manda prendê-lo e encarcerá-lo. Este velho esquelético e enrugado vai encontrar-se com ele na prisão e o repreende veementemente por ter vindo perturbar a ordem católica da sociedade. Está pronto para crucificá-lo novamente, mas depois pede-lhe para partir e nunca mais retornar. Então Jesus beija na boca o Grande Inquisidor e vai embora.

De resto, foi Dostoiévski que me fez conhecer e integrar para sempre em mim o perdão de Jesus. Para mim a pequena prostituta Sônia, de *Crime e castigo*, que perdoa Raskolnikov e com isso o regenera, está milhões de anos-luz à frente de Marx.

Perdoar é um ato-limite muito difícil, que não é apenas a renúncia à punição, mas exige generosidade e bondade e comporta uma dissimetria essencial: em vez do mal pelo mal, eu retribuo o mal com o bem, enquanto a clemência consiste apenas em deter o mal e abster-se de castigar.

Capítulo 15

JESUS E OS PODERES

Poderíamos contar as coisas assim...

"É mais fácil um camelo passar pelo buraco de uma agulha do que um rico entrar no Reino de Deus." Quando ouviram esta palavra de Jesus, os discípulos tremeram. Não que eles fossem muito ricos; eram apenas donos de uma pequena empresa de pesca, artesãos, agricultores. Mas quem podia estar seguro de ser suficientemente pobre, se a passagem era tão estreita? Pedro não se enganou e se fez intérprete de todos. Perguntou o que seria deles, os discípulos que o seguiam desde o início e que por isso haviam deixado para trás a família, haviam abandonado uns o seu barco, outros sua quitanda ou sua mesa de trabalho. Desde quando percorriam os vilarejos e as aldeias em seu seguimento, nada lhes havia faltado. Muitas vezes eram convidados pelos habitantes que não hesitavam em compartilhar o seu trivial; e, ademais, havia algumas mulheres da alta sociedade que faziam com que a bolsa comum não estivesse vazia. Era a Judas que ela estava confiada e ele cuidava das pequenas compras necessárias.

Com efeito, sendo assim, eles não eram ricos, mas também não faziam parte dos pobres, esses infelizes que sobreviviam unicamente de esmolas, por estarem atingidos pela doença ou por terem perdido suas terras e só terem sua força de trabalho para vender, dia após dia, a fim de esperar alimentar sua família... sem contar as mulheres, as viúvas sem filhos ou as que haviam sido abandonadas pelo marido e que, se não encontravam o socorro de sua família, estavam reduzidas à mendicância ou à prostituição.

Jesus tranquilizou os seus: os que haviam abandonado casa e bens por causa dele teriam sua recompensa. Mas de aldeia em aldeia, de lugar em lugar, ele nunca deixava passar uma ocasião de fustigar o egoísmo dos ricos e a soberba dos poderosos. Evidentemente, os profetas haviam feito o mesmo antes dele, como Amós, que repreendia os ricos refestelados em seus divãs enquanto os pobres morriam de fome. Mas Jesus dizia algo de novo. Não se tratava apenas de injustiça, mas do lugar que se reserva ao outro e, por isso mesmo, a Deus. "Não se pode servir a dois senhores, dizia ele, é preciso escolher: Deus ou o dinheiro". Isto os discípulos nunca haviam ouvido. Pelo contrário, a crer na Escritura, Deus dava a prosperidade aos que o honravam e um homem era rico porque tinha o favor do Senhor. Com o encargo de socorrer os pobres. "Feliz aquele que pensa no pobre e no fraco", diziam os Salmos, e também: "Feliz o homem que prospera, que reúne sua mulher e seus filhos ao redor da mesa, este é abençoado pelo Senhor".

No entanto, a crer em Jesus, era preciso temer a riqueza ao ponto de desfazer-se dela voluntariamente. "Felizes os pobres, dizia ele, porque o Reino de Deus é deles"; e a um rico que lhe pedia como obter a vida eterna, ele havia respondido: "Vai, vende tudo o que possuis e dá-o aos pobres. Depois, segue-me". Com efeito, quando se tratava de riqueza, Jesus se irritava e, nas parábolas, os ricos e os poderosos raramente desempenhavam o bom papel. Assim, quando um homem convidou para um banquete amigos ricos que se escusaram, eles foram logo substituídos por todos os miseráveis e os mendigos que foi possível encontrar. Mas foi com a história do pobre Lázaro e do homem rico que Jesus pintou o retrato mais cruel do egoísmo provocado pelo dinheiro, um egoísmo que levou o rico diretamente ao inferno, enquanto o pobre, por sua vez, estava "no seio de Abraão", junto com os justos e os salvos.

Para os que ouviam Jesus, havia aqui matéria para surpresa, porque esta questão da riqueza, que certamente não fora negligenciada pelos antigos profetas, tornou-se para Jesus o critério principal de uma vida justa diante do Senhor, muito antes da observância dos diferentes mandamentos – a oração, a meditação da Escritura e o respeito das normas de pureza. Pouco a pouco eles descobriram esta estranha inversão dos valores: haviam-lhes ensinado que deviam a todo instante ter o coração voltado para o Senhor e Jesus, por sua vez, os fazia voltar-se para os mais fracos, os pobres e os humilhados.

C.P.

Jesus, os ricos e o dinheiro

Pierre Debergé
Instituto Católico de Tolosa
Pontifícia Comissão Bíblica

De ponta a ponta, nos relatos evangélicos, trata-se de dinheiro a propósito de Jesus. Logo após seu nascimento, de acordo com Mateus, os magos vêm honrá-lo oferecendo-lhe ouro, incenso e mirra[1]. Durante seu ministério público, Lucas observa igualmente que algumas mulheres da alta sociedade, entre as quais Joana, mulher de Cusa, o intendente de Herodes, o acompanham e "ajudam com os seus bens"[2]. Detalhe que tem sua importância: ele usa igualmente com seus discípulos uma bolsa comum da qual Judas tem a guarda[3]. Por fim, no limiar da Paixão, quando ele faz uma parada em Betânia antes de entrar em Jerusalém, Maria, a irmã de Marta e de Lázaro, derrama sobre ele um perfume caríssimo – não sem incorrer na censura de Judas, mas Jesus responderá que ela fez isso "em vista de [seu] sepultamento"[4]. Alguns dias mais tarde, o próprio Judas receberá o preço de sua traição: trinta moedas de prata[5]. Antes, na esplanada do Templo, Jesus havia assinado sua sentença de morte ao derrubar as mesas dos comerciantes e dos cambistas, dispersando suas moedas[6].

O valor do dinheiro

Para ilustrar seu ensinamento, Jesus serve-se igualmente de parábolas nas quais o dinheiro desempenha um papel não negligenciável. Assim, para expressar a necessidade de amar como Deus ama, ou seja, fazendo-se próximo de quem está em dificuldade e dando do que é seu, Jesus conta a história de um samaritano que, tendo encontrado um homem ferido em seu caminho, se aproxima dele, enfaixa suas feridas, leva-o até o dono de uma hospedaria, ao qual dá de seu dinheiro para que se cuide dele. Explicita até que, na volta, se for necessário, ele pagará mais do que pagou agora[7].

Cf. *"Quem é o meu próximo?" A parábola do bom Samaritano*, p. 350. ▶

Para expressar a alegria de Deus ao ver seus filhos se converterem e voltarem para ele, Jesus conta outra parábola a propósito de uma mulher que acaba de perder uma das dez moedas de prata que possuía: desesperada, ela varre a casa e depois, toda alegre por ter encontrado a moeda que havia perdido, convida as amigas e as vizinhas para se alegrarem com ela: "Alegrai-vos comigo, pois reencontrei a moeda que tinha pedido!"[8] E

Jesus conclui: "É assim, eu vos digo, que há alegria entre os anjos de Deus por um só pecador que se converta"[9]. Em outra parábola, em que exorta seus ouvintes a se preparar para a vinda do Reino de Deus fazendo frutificar os dons divinos que receberam, chega-se a censurar um dos atores da parábola por não ter feito frutificar o dinheiro que lhe fora confiado[10].

Vários episódios e parábolas mostram que Jesus não despreza o dinheiro como tal e que reconhece seu valor.

A estas diferentes passagens dos evangelhos podemos acrescentar duas outras. Como as precedentes, elas mostram que Jesus não despreza o dinheiro enquanto tal e que ele reconhece seu valor. A primeira se situa na esplanada do Templo de Jerusalém, onde ele observa peregrinos que vêm depositar sua oferenda num dos cofres das esmolas do santuário. Ao lado dos ricos que depositam muito dinheiro, Jesus percebe uma viúva que deposita apenas "duas moedinhas"[11]. Chamando seus discípulos, ele leva-os a reparar que "esta viúva pobre depositou mais do que todos os que depositam dinheiro no cofre. Porque todos depositaram tirando do seu supérfluo, ao passo que ela tirou da sua miséria para depositar tudo o que possuía, tudo o que tinha para viver"[12]. Pondo o acento nesta diferença, Jesus reconhece o pesado sacrifício que pode estar ligado ao dinheiro dado.

O outro episódio que deve ser mencionado aqui é a famosa controvérsia a propósito do imposto romano[13]. Partidários de Herodes e fariseus vêm perguntar a Jesus se eles devem ou não pagar o tributo a César. Com isso, eles lhe armam uma cilada: com efeito, se Jesus se pronunciar a favor da recusa do imposto, eles poderão denunciá-lo como um opositor da autoridade romana; se, pelo contrário, convidar a pagá-lo, ele cairá no descrédito junto ao povo, que desde então verá nele um traidor de Israel e de seu Deus. Ora, Jesus os pega em sua própria artimanha: por um lado, através de sua pergunta "Esta efígie e esta inscrição são de quem?", ele põe seus interlocutores diante de uma contradição – eles próprios utilizam moedas cunhadas com uma imagem idólatra, a do imperador divinizado pelos romanos; e, por outro lado, com sua conclusão: "Dai a César o que é de César, e a Deus o que é de Deus", ele sai do dilema no qual queriam aprisioná-lo, para afirmar que César não é, propriamente falando, o oposto de Deus: sua soberania, simbolizada pela moeda de prata, só se exerce na ordem profana, e existe, portanto, entre o Império romano e a comunidade judaica uma possibilidade prática de coexistência, com a condição de que César não reivindique para si o que pertence somente a Deus.

As armadilhas do dinheiro

Se Jesus reconhece a importância do dinheiro na vida cotidiana, ele denuncia, no entanto, seus perigos. Mais exatamente, ele condena o ape-

"Havia um homem rico, cuja terra produzira muito. E ele se perguntava: 'Que vou eu fazer? Pois não tenho onde ajuntar a minha colheita'. Depois opinou: 'Eis o que farei: vou demolir os meus celeiros, construirei outros maiores e aí amontoarei todo o meu trigo e meus bens'. E direi a mim mesmo: 'Eis que possuis quantidade de bens em reserva para longos anos; descansa, come, bebe e te banqueteia'. Mas Deus lhe disse: 'Insensato, esta noite mesmo a tua vida será reclamada e o que tu preparaste, quem é que o terá?' Eis o que acontece a quem reúne um tesouro para si mesmo, em vez de se enriquecer junto a Deus."

Lucas 12,16-21

go excessivo que as pessoas às vezes têm ao dinheiro e a loucura que consiste em não viver senão para acumular riquezas. Neste contexto, ele fala até em dinheiro enganador[14]. Enganador quando torna seus detentores incapazes de olhar para além de seu interesse imediato; enganador quando decepciona as esperanças nele depositadas a partir do momento em que ele é absolutizado. A parábola[15] que Jesus conta a respeito de um rico proprietário que teve uma bela colheita é significativa deste equívoco fundamental que consiste em pôr sua segurança unicamente nos bens materiais.

Esta parábola corresponde ao contexto socioeconômico do país na época de Jesus. Sabemos, com efeito, que alguns grandes proprietários rurais possuíam então a maior parte das terras e que as desigualdades econômicas eram importantes. Jesus não diz que este proprietário procurou enriquecer a todo custo e nada deixa supor que ele possuía bens injustamente adquiridos. Ele simplesmente se beneficiou de uma colheita que supera todas as suas expectativas, de sorte que seus celeiros são pequenos demais para armazená-la. Portanto, após refletir, ele decide demoli-los para construir outros maiores. Protegido contra as carestias ou maus negócios, ele poderá assim "descansar, comer, beber e banquetear-se". Mas eis que sobrevém a morte. Para Jesus, este homem não é insensato por ser rico, mas por não ter levado em consideração a morte. Se ele o tivesse feito, não teria pensado apenas em seu lucro material ou em seu bem-estar. Ora, está justamente aqui seu drama: ele se deixou cegar pela riqueza repentina que, dando-lhe a ilusão de estar em segurança, o levou a esquecer que "não é pelo fato de um homem ser rico que ele tem a vida garantida pelos seus bens"[16].

Quem não quiser iludir-se com o enriquecimento deve aceitar desapropriar-se de tudo aquilo que é inútil e compartilhar com quem não tem nada.

A conclusão da parábola soa então como uma trágica advertência: "Eis o que acontece a quem reúne um tesouro para si mesmo, em vez de enriquecer junto a Deus". Como se houvesse dois tipos de riquezas, correspondendo a duas maneiras de viver: umas, destinadas a desaparecer por estarem centradas em si mesmas; as outras, prometidas para a eternidade por estarem orientadas para Deus. Seguem as seguintes recomendações: "Eis por que eu vos digo: não vos preocupeis por vossa vida, quanto ao que comereis, nem por vosso corpo, quanto ao que vestireis. [...] Procurai antes o Reino [do Pai], e isso vos será dado por acréscimo"[17]. "Não vos preocupeis": O verbo grego utilizado aqui (*meteôrizesthe*) é composto a partir de uma raiz na qual se encontra a palavra "horizonte", como se Jesus quisesse sugerir aqui que o verdadeiro horizonte do ser humano, o ponto para o qual deve se elevar seu olhar, não é aquilo que é necessário para se vestir ou se alimentar, mas o Reino de Deus. Lembrando aos seus ouvintes que eles são maiores do que o mundo em que vivem, com suas inevitáveis necessidades (alimento, vestes, cuidados etc.), e insistindo igualmente no fato de que Deus Pai cuida de cada ser humano, Jesus mostra aqui onde se encontra a verdadeira riqueza dos homens: em Deus. Por isso mesmo, àquele que não quer iludir-se com o enriquecimento, ele ensina o único caminho possível: abandonar-se nas mãos de Deus e confiar nele. Para isso é preciso ainda aceitar desapropriar-se de tudo aquilo que é inútil e superficial e compartilhar com quem não tem nada.

É aqui que surge outro perigo das riquezas, denunciado numa outra parábola que encontramos no evangelho de Lucas[18]: "Havia um homem rico que se vestia de púrpura e linho fino e que fazia diariamente brilhantes festins. Um pobre chamado Lázaro jazia coberto de úlceras no pórtico de sua casa. Ele bem que gostaria de saciar-se do que caía da mesa do rico, mas eram antes os cães que vinham lamber suas úlceras". Podemos imaginar que, ao contar esta história, Jesus evocava situações bem conhecidas de seu tempo. O erro do rico não consiste apenas em ter recusado a esmola a Lázaro, mas em não ter sabido *vê-lo*, em ter esquecido até sua existência junto à porta de sua própria casa. Jesus continuou: "O pobre morreu e foi levado pelos anjos para um lugar de honra junto de Abraão". As traduções tradicionais empregavam a expressão "no seio de Abraão", que permaneceu como símbolo de um retorno à origem benfazeja do maior dos patriarcas. O rico também morreu e não conheceu esta felicidade: pelo contrário, conta Jesus, "na morada dos mortos" ele sofria o suplício das chamas e da sede. Ele suplica a Abraão; no entanto, este não só lhe lembra que ele já conheceu sua felicidade durante a vida terrestre, ao passo que Lázaro vivia na desgraça, mas lhe explica, além disso, sua própria impotência: "Além disso, entre nós e vós foi estabelecido um grande abismo, para que os que quisessem passar daqui para vós não o possam e que também de lá para cá não se atravesse até nós". Tendo compreendido a gravidade de sua falta e o fato de que seus sofrimentos são inelutáveis e eternos, o rico gostaria ao menos que alguém vá advertir seus irmãos a fim de que mudem de comportamento e assim evitem compartilhar seu funesto destino. Mas a resposta de Abraão é formal: "Se eles não escutam Moisés nem os profetas, mesmo que alguém ressuscite dos mortos, não ficarão convencidos"[19].

"Não vos preocupeis por vossa vida, quanto ao que comereis, nem por vosso corpo, quanto ao que vestireis. [...] E quem dentre vós pode, à força de preocupar-se, prolongar, por pouco que seja, a sua existência? Se, portanto, não tendes poder para tão pouco, por que vos preocupardes quanto a todo o resto? Observai os lírios: eles não fiam nem tecem; ora, eu vos digo: o próprio Salomão, em toda a sua glória, jamais se vestiu como um deles. [...] Fazei para vós bolsas imperecíveis, um tesouro inalterável nos céus; lá nem ladrão se aproxima, nem traça destrói. Pois onde estiver o vosso tesouro, ali também estará o vosso coração"

Lucas 12,22-34 *passim*

Evocando assim "Moisés e os profetas", expressão que designa o conjunto das Escrituras hebraicas, Jesus põe em evidência um aspecto do comportamento deste rico que lhe ocasiona encontrar-se agora nesta situação: ele não escutou os múltiplos apelos a compartilhar com os que passam necessidade[20], não levou a sério a Revelação bíblica. Açambarcado pelos prazeres e pelas riquezas, não soube ou quis escutar a Palavra de Deus e, portanto, não mudou de atitude em relação a Lázaro. A radicalidade da resposta de Abraão corresponde ao duplo perigo que, de acordo com Jesus, ameaça o rico: não ver mais os pobres e sobretudo, pelo fato de ter transformado o dinheiro na única medida de toda realidade e de toda relação, tornar-se surdo a toda palavra que não seja a do dinheiro e, portanto, também a todo questionamento daquilo que ele vive, inclusive quando percebe os limites e as insatisfações. Será o drama também do "jovem rico"[21] e é o que leva Lucas a escrever no final das Bem-aventuranças: "Infelizes, vós, os ricos: já tendes a vossa consolação. Infelizes, vós que estais saciados agora: tereis fome"[22].

Cf. *Recusar o chamado, encontrar a vida. Uma leitura do "jovem rico"*, p. 275. ▶

Através destas queixas, que não são maldições que se seguiriam a bênçãos, Jesus visa não uma classe social como tal, mas homens e mulheres presos em suas riquezas materiais. Devem ser lastimados, com efeito, por serem ricos em bens e em prazeres ao ponto de não esperar mais nada de Deus e dos outros: eles estão saciados. Quando ocupa no coração do ser humano um lugar exagerado, o dinheiro se torna um ídolo e leva a encarar sua vida unicamente sob o ângulo do ter.

Cf. *As Bem-aventuranças*, p. 343. ▶

Deus ou dinheiro

Opondo o culto a Deus e o culto ao dinheiro, Jesus chega a personificar o dinheiro como um falso deus, capaz de seduzir os homens e de desviá-los do único Deus verdadeiro. Na famosa frase: "Não podeis servir a Deus e a Mamon", esta última palavra, de origem aramaica, se torna nome próprio, figura do dinheiro. Situa-se então no coração da pessoa humana a alternativa: ela escolhe colocar sua fé (ou seja, sua confiança e sua esperança) ou em Deus ou no dinheiro. Está aqui, aliás, uma das grandes características da mensagem evangélica: não considerar o dinheiro e as riquezas primeiramente em sua dimensão social, mas em sua relação com Deus. E àquele que imaginaria poder conciliar os dois, Jesus responde que eles se excluem. Por quê? Porque eles traduzem duas maneiras opostas de levar a vida: num caso, aceita-se alargar seu horizonte para abrir-se ao universo de Deus e entrar no dinamismo de seu amor compartilhado, de modo que os bens materiais se tornam *instrumentos* a serviço da felicidade de cada um e de todos; no outro caso, o dinheiro se torna um *fim em si*, ídolo que ocupa um lugar exagerado no coração do ser humano e leva então à recusa de Deus e ao desprezo do irmão.

Reunimos aqui os numerosos convites de Jesus a não enganar-se de tesouro[23]. No evangelho de Lucas, João Batista já havia respondido aos que lhe perguntavam o que deviam fazer para manifestar sua conversão: "Se alguém tiver duas túnicas, reparta com aquele que não tem; se alguém tiver o que comer, faça o mesmo"[24]. O que Jesus completará mais tarde com a seguinte exortação: "Dai e vos será dado. É uma boa medida, socada, sacudida, transbordante, que derramarão nas dobras da vossa veste; pois a medida de que vos servis servirá também de medida para vós"[25].

1. Mt 2,11. **2**. Lc 8,3. **3**. Jo 12,6; 13,29. **4**. Jo 12,7. **5**. Mt 17,3-10. **6**. Mt 21,12. **7**. Lc 10,34-35. **8**. Lc 15,9. **9**. Lc 15,10. **10**. Mt 25,24-29. **11**. Mc 12,42. **12**. Mc 12,43-44. **13**. Mc 12,13-17. **14**. Lc 16,9.11. **15**. Lc 12,16-21. **16**. Lc 12,15; Tg 5,1-5. **17**. Lc 1,22.31. **18**. Lc 16,19-31. **19**. Lc 16,31. **20**. Ex 23,11; Lv 19,10.15.18; 23,22; Dt 15,4.7-8; Am 2,6; 4,1; 5,12; Is 58,7; Jr 22,16 etc. **21**. Mc 10,17-22. **22**. Lc 6,24-25. **23**. Lc 12,33-34. **24**. Lc 3,10. **25**. Lc 6,38.

Jesus e os poderosos

Rafael Aguirre Monasterio
Universidade de Deusto, Bilbao (Espanha)

Em toda sociedade existem necessariamente relações de poder. Existem pessoas ou grupos que detêm uma força para impor normas e fazer com que as pessoas se submetam a elas. Outros desfrutam uma influência que penetra a sociedade e a configura, pelo menos em parte. Outros, por fim, possuem uma autoridade moral que os torna pontos de referência, modelos que podem despertar a adesão como também a polêmica. O poder é uma realidade da qual não escapamos, que não deve ser demonizada por princípio. O problema consiste em organizá-lo da maneira mais justa possível, levando em consideração sua propensão à suficiência e à arbitrariedade. As três formas de poder que mencionamos podem coincidir. Frequentemente, porém, elas são distintas ou até opostas. A autoridade moral é um poder, mas normalmente não tem capacidade de coerção. A maneira como alguém usa o poder e a maneira como ela se situa em relação ao poder exercido por outros são uma questão-chave para pôr em evidência as convicções e disposições mais profundas de uma pessoa.

Cf. ▶ *No Império romano*, p. 53.

A sociedade na qual Jesus exercia sua atividade estava integrada na grande estrutura do Império romano. Este se adaptava de maneira bastante flexível às diversas entidades territoriais que ele dominava. Na terra de Israel, ele se conciliava com uma dinastia vassala, os herodianos, e tinha seus próprios funcionários que assumiram diretamente o governo desde o ano 6 na Judeia (nomeando um prefeito após a destituição de Arquelau, filho de Herodes o Grande) e a partir do ano 44 na Galileia e na Samaria. O poder romano exercia um controle rigoroso sobre a estrutura religiosa – que, no povo judeu, tinha uma importância particular. O Império romano tinha um poder legal e de coerção, valia-se de sua própria legitimidade ideológica e, em última instância, confiava numa enorme força militar. Este militarismo apoiava-se em elites locais colaboradoras, mas a imensa maioria da população o vivia como uma violência pesada.

Jesus, uma autoridade sem poder coercitivo

Jesus sempre manteve uma atitude extremamente crítica em relação aos detentores do poder na sociedade. Está historicamente fora de dúvida que Jesus possuía uma autoridade incomum, que surpreendia as pessoas e as atraía. Os poderosos, em contrapartida, o consideravam um perigo e dedicavam-se a desacreditá-lo[1].

Esta autoridade de Jesus não tem origem num reconhecimento oficial; ele não pode apresentar nenhum título que credenciasse seus conhecimentos nem invocar o testemunho de algum mestre junto ao qual teria estudado. Também não goza de uma autoridade de tradição, como a que teria o chefe de família numa casa prestigiosa. Não pertence a uma linhagem dotada de uma autoridade hereditária, como era o caso das famílias sacerdotais. Poderíamos falar de uma autoridade carismática♦, que deita raízes numa experiência singularmente profunda de Deus, ao qual ele se sente unido de maneira muito particular. Jesus, cheio de alegria, bendiz o Pai "que tudo lhe entregou"[2]. O evangelho de João o exprime em sua linguagem mais teológica: "Eu e o Pai somos um"[3]. Jesus atua "repleto do Espírito Santo"[4], diz Lucas. Ele recebeu a unção do Espírito não só no batismo, mas já desde sua concepção[5].

De acordo com os evangelistas, a autoridade de Jesus nasce, portanto, do Espírito e se manifesta na verdade de suas palavras, no caráter exemplar e na liberdade de sua vida. No entanto, ele próprio descarta todo exercício coercitivo do poder como algo que o desviaria de seu caminho. Isto encenado pelo episódio da tentação, durante o qual o diabo lhe oferece "o poder e a glória" de "todos os reinos da terra"[6]. Depois o evangelho de João mostra como as pessoas o pressionam a aceitar o título de rei[7]. E ao pé da cruz, mais uma vez, os que zombam dele pedem uma demonstração de poder para salvar-se a si mesmo[8].

◄ Cf. *As Tentações no deserto*, p. 185.

O cerne da mensagem de Jesus é que o Reinado de Deus já está presente e, num futuro próximo, vai se manifestar em plenitude, o que implicará uma transformação histórica radical com o triunfo da justiça. Não somente os laços de opressão – que são uma forma de pecado –, mas também os próprios laços de poder, que dependem dos limites da condição histórica, serão ultrapassados. Pois o Reinado de um Deus que é Pai supõe necessariamente a fraternidade plena e total entre aqueles e aquelas que são seus filhos e filhas. O evangelho de Lucas põe esta esperança nos lábios de Maria, no canto do *Magnificat*, no qual ela louva o Deus misericordioso que "precipitou os poderosos de seus tronos e exaltou os humildes; os famintos, ele os cobriu de bens e os ricos, despediu-os de mãos vazias"[9].

Com o Reinado de Deus, não somente a opressão, mas os próprios laços de poder serão ultrapassados.

◄ Cf. *O evangelho da infância em Lucas*, p. 113.

Jesus diante do poder imperial

Não há nenhuma dúvida de que Jesus esteve em conflito com o poder imperial: a cruz é um suplício romano e o letreiro nela afixado enuncia uma acusação política. Mas é difícil detalhar mais este conflito, porque os evangelhos não são crônicas históricas. São escritos para comunidades que precisavam viver no Império e tendem à discrição. Além disso, Jesus não procurou um confronto direto. Mesmo assim, o anúncio do Reinado de Deus, situado neste contexto, devia ser percebido como um desafio ao reinado do César de Roma.

A própria expressão "Reinado de Deus" aparece na Bíblia em dois momentos críticos da história de Israel: no Dêutero-Isaías♦, por ocasião do exílio na Babilônia, e no livro de Daniel, durante o período de dominação helenista♦. É utilizada para afirmar a resistência do povo judeu contra estes dois imperialismos, que questionam radicalmente sua própria existência, e para suscitar a esperança de uma intervenção divina libertadora. É uma expressão nitidamente anti-imperialista. No tempo de Jesus surgiram diversos pretendentes ao messianismo entendido como a restauração do Estado davídico. Ora, Jesus excluiu completamente esta opção. No entanto, a utilização desta expressão "Reinado de Deus" e a promoção dos valores alternativos que o acompanham provocaram o equívoco que ele temia, suscitando a esperança política das camadas populares e fazendo dele um profeta perigoso aos olhos dos poderes judaicos e romanos.

O episódio do imposto devido a César é, a este respeito, uma passagem-chave. Embora seja tema do artigo precedente, não podemos deixar de mencioná-lo, porque aborda ao mesmo tempo a questão do dinheiro e a da autoridade. Diferentemente de Jesus, os que o desafiam têm uma moeda – a que lhe mostram – na qual estão gravadas a efígie de Tibério e a inscrição: "Tibério César, filho do Divino Augusto, Augusto". Sua hipocrisia é manifesta: para um Judeu íntegro, esta efígie e esta legenda só podiam ser uma abominação. Jesus segue sua tática habitual: evita responder diretamente à pergunta e a reformula num nível mais profundo: "Dai a César o que é de César, e a Deus o que é de Deus". Todo o peso desta resposta está na segunda parte, que remete justamente àquilo que não lhe havia sido perguntado: "Dai a Deus o que é de Deus". Convite dirigido a seus interlocutores para colocar Deus no centro de sua vida e abrir-se à sua vontade, que está muito além de toda casuística.

Jesus não explicita o que é preciso "dar a César", sua intenção é outra; mas, apesar disto, morrerá como um profeta perigoso para o poder romano.

Em compensação, o que Jesus não faz é explicitar o que convém dar a César. Ele deixa a questão em aberto e não cai na armadilha. Ele não supre a decisão que cabe a cada um. É preciso observar aqui que seria totalmente anacrônico interpretar estas palavras em termos de separação entre política e religião. Não é este o problema desta controvérsia em pleno século I. No entanto, estas palavras puderam ser entendidas como uma oposição ao imposto romano: o mesmo evangelho de Lucas mostra os membros do Sinédrio que acusam Jesus diante de Pilatos, dizendo: "Nós achamos este homem tumultuando a nossa nação; ele impede de pagar o tributo a César e se diz Messias, rei"[10].

Não podemos esquivar-nos aqui de um problema crítico importante. O evangelho de Lucas foi escrito após o ano 80, numa cidade (Éfeso, talvez, ou Roma), e se dirige a uma comunidade que, para sobreviver, precisa chegar a certo acordo com as autoridades romanas. Os cristãos não podem negar que seu fundador foi crucificado por subversão aos olhos dos romanos, mas querem isentá-lo de toda periculosidade política direta. Por isso, Lucas põe na boca de Pilatos, diante do qual são apresentadas acusações políticas muito graves, uma tríplice declaração da inocência de Jesus: "Eu não acho nada que mereça condenação neste homem"[11]. Pela mesma razão, nos Atos dos Apóstolos, Lucas apresenta Paulo como um fiel cidadão romano[12], ao passo que, através de suas cartas[13], sabemos que este mesmo Paulo teve conflitos graves com a autoridade romana, foi preso e esteve muito perto da morte. No entanto, a preocupação de Lucas em relação aos poderes romanos tem um limite insuperável, que os próprios apóstolos expressam quando as autoridades os deixam sair da prisão com a condição de não falarem de Jesus: é preciso obedecer antes a Deus do que aos homens[14].

◄ Cf. *Quem é responsável pela morte de Jesus?*, p. 629.

Os livros do Novo Testamento adotam posturas diferentes em relação à autoridade romana, que vão do enfrentamento resoluto da apocalíptica à atitude defensiva de Lucas. No entanto, todos mantêm a tradição de Jesus: a crítica ao poder imperial, a insubmissão diante das suas pretensões ao poder absoluto e a proposta de valores alternativos – como teremos ocasião de ver.

Jesus diante dos poderes sacerdotais

Os evangelhos apresentam frequentemente o confronto de Jesus com os fariseus. Isto reflete, em grande medida, a polêmica que as comunidades nas quais nasceram estes textos tiveram que sustentar com um judaísmo que, após o ano 70 e a destruição do Templo, estava em curso de unificação sob o controle ideológico do farisaísmo. No entanto, em seu tempo, Jesus estava doutrinalmente próximo dos fariseus: por exemplo, tinha em comum com eles a crença na ressurreição dos mortos, da qual os saduceus não compartilhavam. Certamente se distinguia deles por uma interpretação da Lei, mais próxima das necessidades concretas das pessoas simples, e, sobretudo, por sua pretensão de não ser mais um

◄ Cf. *Quem são os fariseus dos evangelhos?*, p. 481.

intérprete da Lei, mas sim o intérprete da vontade do próprio Deus. No entanto, ele os frequenta e não cessa de discutir com eles de igual para igual, porque, assim como Jesus, eles não estão numa situação de poder. É muito significativo que, na segunda parte dos evangelhos, os confrontos com os fariseus desaparecem e durante a Paixão não têm mais lugar.

Os realmente poderosos no povo judeu eram os sumos sacerdotes, membros das grandes famílias sacerdotais de Jerusalém, com um judaísmo doutrinalmente arcaizante (os saduceus) e ao mesmo tempo com costumes muito helenizados, que pertenciam ao Sinédrio, junto com os

Cf. *As* ► *controvérsias no Templo*, p. 549.

escribas (autoridade doutrinal) e os anciãos (oligarquia leiga). O cargo de Sumo Sacerdote não era mais hereditário: este era escolhido por meio de cooptação na oligarquia sacerdotal, com a aprovação dos romanos. A classe dos sumos sacerdotes controlava o Templo, donde hauria benefícios substanciais. O Templo funcionava como um banco central, onde se conservavam especialmente os títulos de propriedade, e atraía muito dinheiro através dos tributos pagos pelos Judeus da Diáspora♦ e através das oferendas deixadas pelos numerosos peregrinos. Do ponto de vista teológico, o sistema cultual (Templo, sacrifícios, sacerdócio) era a coluna vertebral do judaísmo da época. Politicamente, a aristocracia sacerdotal se tornara um instrumento a serviço da dominação do poder romano.

Jesus contestou radicalmente este sistema. Quando se dirigia a Jerusalém, não cessou de repetir o confronto que esperava ali com as autoridades judaicas[15]. A expulsão dos vendedores do Templo[16] foi um fato decisivo. Ela desencadeou a oposição mais dura dos sumos sacerdotes, que foram os principais instigadores da morte de Jesus. Discutiu-se muito sobre a interpretação e as repercussões históricas deste acontecimento. Parece claro que isso incluía uma parte de denúncia de um culto corrom-

Cf. *Os* ► *comerciantes expulsos do Templo*, p. 543.

pido e mercantil. "Está escrito: *A minha casa será uma casa de oração*, mas vós fizestes dela *uma caverna de bandidos*"[17]. Mas existe mais: é um gesto profético pelo qual Jesus expressa a vinda do Reinado de Deus, o que, na escatologia♦ judaica, implicava a substituição do templo terrestre por outro, de origem divina. Para João – na linha de sua reinterpretação espiritual específica – este novo templo é o corpo de Cristo ressuscitado, lugar privilegiado do encontro com Deus[18]. Mas nos três outros evangelistas, a oposição de Jesus ao sistema do Templo não é menos fundamental.

A polêmica de Jesus com os fariseus não tem comparação com a que o opõe radicalmente às autoridades do Templo.

Os sumos sacerdotes, como os escribas e os anciãos, se sentem atingidos em seus interesses materiais pelo gesto de Jesus no Templo. Eles compreendem que seu poder é denunciado, mas sobretudo captam a grande autoridade que Jesus reivindica ao fazê-lo. Imediatamente lhe pedem explicações: "Dize-nos em virtude de que autoridade fazes isto, ou quem é aquele que te deu esta autoridade"[19]. A partir desse momento se cresce um confronto entre Jesus – cuja ação encontra um eco positivo no povo[20] – e os representantes judeus dos poderes teocráticos (sumos sacerdotes), ideológicos (escribas) e tradicionais (anciãos), que culminará na decisão de mandar matar Jesus: "Os sumos sacerdotes e os escribas procuravam a maneira de o fazer desaparecer"[21].

O poder como serviço

Jesus foi vítima de poderes político-religiosos que se viram ameaçados por um profeta desarmado, ao qual sua excepcional experiência de Deus conferia uma liberdade singular e uma grande autoridade aos olhos das pessoas simples. A verdade é que Jesus não aspirava ao poder, mas seu anúncio do Reinado de Deus continha uma visão nova das relações humanas e instaurava um uso do poder profundamente diferente do uso em vigor na sociedade da época. Durante a viagem para Jerusalém existe uma tensão dramática entre Jesus, que promove esta visão nova do poder, e os discípulos que participam da visão mundana.

Existe um momento decisivo, aquele em que Jesus pergunta a seus discípulos: "E vós, quem dizeis que eu sou?"[22] Pedro responde em nome de todos. "Tu és o Messias de Deus". Jesus, sem contradizê-lo, impõe-lhes energicamente silêncio. Porque ele pressente com certeza um equívoco fundamental. O problema é saber o que se entende por "Messias". Os discípulos o entendem à maneira judaica da época: um rei poderoso que expulsará os romanos e restabelecerá o reinado glorioso de Davi. Ora, para Jesus, esta é uma tentação satânica. Seu messianismo passa pelo serviço, pela perda, pela Paixão e pela cruz[23]. E acrescenta: "Quem quiser salvar sua vida vai perdê-la; mas quem perder a sua vida por causa de mim e do Evangelho vai salvá-la"[24]. É um ponto fundamental do ensinamento de Jesus: convite a entrar na lógica do dom, do descentramento de si, da perda gratuita, da superação da simples reciprocidade. É a lógica inaugurada pelo Reinado de Deus, que amplia o horizonte da vida humana, enriquece as possibilidades de ação e aumenta a criatividade moral. Jesus propõe acolher o Reinado de Deus a fim de transformar a História e, em grande medida, invertê-la, para diminuir – sempre de maneira limitada, levando em consideração nossa condição humana – a dinâmica do poder e substituí-la pela dinâmica do serviço.

◄ Cf. *A figura de Pedro*, p. 240.

Pouco depois Jesus anuncia, pela segunda vez, sua Paixão e sua morte[25]. Os discípulos "não compreendiam e tinham medo de interrogá-lo", talvez porque entrevissem as perigosas consequências que isto acarretaria para o grupo. Como que para romper uma tensão por demais insuportável, eles se põem a discutir entre si para saber "qual deles seria o maior"[26]. Os Doze integraram totalmente os valores dominantes a respeito do poder, do prestígio e das honras. Em resposta, Jesus aproxima-se de uma criança e diz: "Quem acolhe em meu nome esta criança acolhe a mim mesmo". A legislação judaica da época ignorava toda idealização da criança (como as sociedades antigas e até uma época bastante recente). A criança não era valorizada porque, mesmo sendo do sexo masculino, ainda era incapaz de cumprir a Lei. O gesto e as palavras de Jesus, portanto, só podiam ser surpreendentes e chocantes: o centro da atenção que ele aponta não é nem Pedro, nem Tiago, nem João, mas uma criança qualquer, um desfavorecido que nem sequer pertence ao grupo. "Pois aquele que é o menor entre vós, este é que é o maior"[27].

A comunidade de Jesus tem o dever de estar a serviço, ser acolhedora daqueles que, como estas crianças, não têm nenhum poder, não contam socialmente. O amor de Jesus pelas crianças manifesta claramente a atitude que a comunidade deve adotar para com os pequenos e os subalternos. "Quem acolhe um destes pequeninos acolhe a mim mesmo". Estas palavras nos remetem diretamente àquelas palavras, decisivas, de Mateus 25: "Quem acolhe e ajuda os que têm fome e sede, os estrangeiros e os que estão nus, os prisioneiros e os doentes, é ao próprio Filho do homem que ele o faz".

Quando surgem num grupo disputas pelo poder e pelos primeiros lugares, nascem inevitavelmente as divisões e se rompe a fraternidade. Além disso, o desejo de poder produz atitudes sectárias, caracterizadas pelo zelo pelo monopólio dos bens e para desvincular-se dos outros. Assim no episódio seguinte: "João lhe disse: 'Mestre, nós vimos alguém que expulsava os demônios em teu nome e procuramos impedi-lo, porque ele não te segue conosco'". Ao que Jesus responde: "Não o impeçais, pois aquele que não está contra vós é a favor de vós"[28]. Antes Pedro se opunha à fraqueza de Jesus, agora é João que rejeita o que poderíamos chamar de "fraqueza eclesial". Ele se vangloria de ter tentado impedir alguém de agir em nome de Jesus sem pertencer ao grupo "oficial". Mas Jesus, que substitui o desejo angustiado de poder pelo dom aos necessitados e pelo serviço, critica esta concepção de uma comunidade fechada que pretende monopolizar seu nome. Ele promove, pelo contrário, uma comunidade aberta, consciente de que o Reinado de Deus a transborda e que se alegra com isso.

Jesus desautoriza sem cessar os discípulos quando obedecem aos valores dominantes de poder e de prestígio.

"Não deve ser assim entre vós"

Pouco antes da Paixão, os discípulos falam novamente sobre os lugares mais influentes no Reino messiânico[29]. A versão de Lucas situa o conflito por ocasião da última Ceia[30]. Com efeito, a organização de uma refeição reflete particularmente as hierarquias e as classes que existem num grupo. Os discípulos estão em competição para saber qual é o mais importante. Jesus põe um fim à disputa com uma clareza e uma força especiais: "Os reis das nações agem com elas como senhores, e os que dominam sobre elas fazem-se chamar de benfeitores. Quanto a vós, nada disso. Mas o maior dentre vós tome o lugar do mais moço, e o que comanda, o lugar de quem serve. Qual é, com efeito, o maior: aquele que está à mesa ou aquele que serve? Não é acaso o que está à mesa? Ora, quanto a mim, estou no meio de vós no lugar daquele que serve". Parece que Jesus está servindo à mesa, o que nos lembra imediatamente o evangelho de João, quando Jesus, para grande surpresa dos discípulos – que não compreendem – toma o lugar de um escravo e lhes lava os pés antes de dizer-lhes: "Se pois eu, o Senhor e Mestre, vos lavei os pés, vós deveis, também vós, lavar-vos os pés uns aos outros; pois é um exemplo que eu vos dei: o que eu fiz por vós, fazei-o vós também"[31].

◄ Cf. *O lava-pés*, p. 577.

O que Jesus expressa é a surpreendente maneira de agir de Deus. Numa breve e muito bela parábola[32], Lucas fala dos escravos que passam a noite em claro, esperando a chegada de seu senhor. Quando ele chega, esperar-se-ia que os escravos o sirvam, lhe lavem os pés e lhe tragam o que comer. É exatamente o contrário que acontece: "Felizes daqueles servos que o seu senhor ao chegar encontrar vigilantes. Em verdade, eu vos digo, ele vestirá trajes de trabalho, fará com que tomem lugar à mesa e passará para os servir"[33]. Deus é um senhor que serve. A mediação histórica de Deus não é o poder, mas o serviço. É esta a mensagem que os evangelistas quiseram transmitir às comunidades cristãs às quais se dirigiam: elas eram chamadas a traduzir na organização de sua vida interna esta inversão do poder em serviço, para transformá-la numa proposta em vista de transformar o mundo.

1. Lc 4,32; 11,15. **2**. Lc 10,22. **3**. Jo 10,30. **4**. Lc 4,1. **5**. Lc 1,34-35. **6**. Lc 5,5-6. **7**. Jo 6,15. **8**. Lc 23,35-37. **9**. Lc 1,52-53. **10**. Lc 23,2. **11**. Lc 23,4.14-15.22. **12**. At 25,10-12. **13**. Fl 1,13-14; Fm 1; 2Cor 11,26. **14**. Cf. At 4,19; 5,29. **15**. Lc 9,22-44; 18,31-33. **16**. Lc 19,45-46. **17**. Lc 19,46. **18**. Jo 2,21. **19**. Lc 20,2. **20**. Lc 20,19.26; 21,38; 22,2; Jo 11,47-54. **21**. Lc 22,2. **22**. Mc 8,29; Mt 16,15; Lc 9,20. **23**. Mc 8,31; Mt 16,21; Lc 9,22. **24**. Mc 8,35. **25**. Lc 9,44. **26**. Lc 9,46. **27**. Lc 9,48. **28**. Lc 9,50. **29**. Mc 10,35-45; Mt 20,20-28. **30**. Lc 22,24-27. **31**. Jo 13,14-15. **32**. Lc 12,35-37. **33**. Lc 12,37

ESCLARECIMENTOS

Por que Jesus proíbe os títulos de "pai" e de "senhor"?

Rafael Aguirre Monasterio
Universidade de Deusto, Bilbao (Espanha)

A atitude de Jesus a respeito dos poderosos, e mesmo da autoridade em geral, tem um caráter todo particular em Mateus 23,8-12. Mas é preciso começar com algumas observações sobre um capítulo de interpretação muito difícil, porque deu ensejo a leituras antijudaicas de consequências aberrantes na história cristã. Com efeito, a célebre passagem: "Não vos façais chamar de 'mestre'..." é precedida (23,2-7) e seguida (23,13-36) por uma série de acusações e de imprecações terríveis a respeito dos escribas e fariseus: "hipócritas", "sepulcros caiados", "crias de víboras" etc. Como é possível que essa violência verbal se encontre nos lábios de alguém que, em outras passagens, se apresenta como "manso e humilde de coração"[1], proíbe os insultos[2] e pede amor aos inimigos[3]?

Para compreender este capítulo, é preciso situá-lo no contexto da vida da comunidade do evangelista, que é claramente judeu-cristã. O judaísmo, após a catástrofe do ano 70, com a destruição do Templo pelos romanos para punir os Judeus por sua revolta, precisou reformular sua identidade. Foi essencialmente à corrente farisaica que coube esta reconstrução espiritual, já que as outras correntes, especialmente a dos saduceus ligados ao Templo, se haviam desagregado. Neste contexto dramático, houve um confronto duro entre o judaísmo farisaico, centrado na Lei e que prevalecia nas sinagogas, e o judaísmo de Mateus que confessava que o Messias viera na pessoa de Jesus. O capítulo 23 de Mateus projeta na vida e nas palavras de Jesus a polêmica que sua comunidade judeu-cristã trava com o judaísmo farisaico meio século mais tarde. Não podemos falar aqui de polêmica *anti*-judaica, mas de polêmica *intra*-judaica – ainda que, mais tarde, estas palavras duras tenham sido exploradas pelo antijudaísmo cristão. E todos sabem que as discussões mais ásperas ocorrem com aqueles de quem se está mais próximo; ademais, o grupo minoritário – aqui, o de Mateus – é geralmente o mais agressivo em sua expressão.

> "Quanto a vós, não vos façais chamar de 'mestre': porque tendes um só Mestre e sois todos irmãos. A ninguém na terra chameis de vosso 'Pai': porque só tendes um, o Pai celeste. Tampouco vos façais chamar de 'doutores': porque só tendes um Doutor, o Cristo. O maior dentre vós será vosso servo; todo aquele que se exalta será humilhado, e todo aquele que se humilha será exaltado."
>
> Mateus 23,8-12

Por outro lado, é preciso levar em consideração um outro dado: o discurso que Mateus põe na boca de Jesus é dirigido "às multidões e a seus discípulos"*[4]. Ou seja, a polêmica com os escribas e os fariseus, no momento em que é escrita por Mateus, faz também as vezes de homilia para a comunidade cristã de seu tempo. É por isso que, após ter denunciado as vestes ostentativas dos escribas e dos fariseus e seu gosto pelas distinções sociais e pelos títulos, o discurso interpela diretamente a comunidade cristã: "Quanto a vós, não vos façais chamar..." O texto deixa transparecer um problema interno à comunidade de Mateus, que está em vias de institucionalização e na qual encontram-se pessoas que consolidam as funções de mestres docentes e intérpretes da Lei[5]. Isto é inevitável e não acarreta julgamento negativo – em toda comunidade é preciso que haja pessoas de referência, responsáveis, docentes. Mas a aparição de funções diferenciadas não implica forçosamente a introdução de hierarquias e desigualdades. Por isso Mateus mostra o contraste entre o judaísmo dos escribas e dos fariseus, no qual títulos e vestes marcam as diferenças e estabelecem a escala das honras, e a comunidade dos seguidores de Jesus, na qual, de acordo com a vontade deste, estas hierarquias são radicalmente inaceitáveis. Nos versículos 8 e 10, Mateus se dirige aos docentes cristãos para que não aceitem títulos honoríficos. No versículo 10, dirige-se a toda a comunidade: quando lembra que não se deve chamar ninguém de "Pai" na terra, porque só existe um Pai, no céu, escutamos aqui o eco das palavras do próprio Jesus que chama a Deus de *Abba*/Pai**. Jesus chamou seus discípulos de "irmãos"[6]. Portanto, a comunidade dos que o seguem é uma fraternidade[7]; o único Mestre é Jesus e o poder é serviço. O duro ataque de Jesus contra os escribas e os fariseus é também, e talvez antes de tudo, uma séria advertência dirigida à Igreja cristã. E hoje esta advertência é ainda mais atual e necessária do que no tempo de Mateus.

As palavras de Jesus conservadas por Mateus não impediram as Igrejas cristãs de empregar os títulos que ele havia descartado. Já desde os primeiros séculos, o termo grego *papas* ("pai", num sentido primeiramente mais afetivo do que hierárquico) foi dado aos bispos das diferentes comunidades. Progressivamente, este título de papa foi utilizado somente pelo bispo de Roma e pelo patriarca da Igreja copta. É no sentido de uma genealogia espiritual que se fala de Pais do deserto, fundadores do monaquismo, ou de Pais da Igreja. Mas, pouco a pouco, a palavra "padre" ["pai"] foi atribuída aos sacerdotes em geral, a palavra "abade" (de sentido igual e derivada do aramaico *abba*) aos diretores de mosteiros ou até mesmo aos sacerdotes, e viu-se aparecer as expressões "Santo Padre", "Monsenhor", "Doutor da Igreja" etc. Note-se que estas últimas práticas são sobretudo as da Igreja católica e das Igrejas ortodoxas, e são claramente rejeitadas pelas Igrejas protestantes.

* Cf. *A figura das multidões*, p. 242.
** Cf. *O que diz o Pai-nosso?*, p. 508.

1. Mt 11,29. **2.** Mt 5,22. **3.** Mt 5,43-47. **4.** Mt 23,1. **5.** Mt 13,52; 23,34. **6.** Mt 28,10. **7.** Mt 12,48-50; 18,15.21.35.

* * *

A pobreza de Jesus

Pierre Debergé
Instituto Católico de Tolosa
Pontifícia Comissão Bíblica

Jesus era pobre? Podemos pensar que, durante seus anos de juventude* em Nazaré, onde exerce o ofício de carpinteiro (*tektôn*), ele faz parte dos que precisam trabalhar para ganhar o sustento, mas sem por isso conhecer a miséria tenebrosa e degradante dos trabalhadores diaristas, dos meeiros, dos mendigos e dos escravos rurais, que se encontram no nível mais baixo da escala social.

Ao decidir abandonar seu ambiente familiar, seu trabalho e sua aldeia para ir ao encontro de João Batista, Jesus opta por condições de vida mais precárias. E quando deixa o Batista para fundar seu próprio grupo de discípulos, a vida arriscada e itinerante que ele leva o aproxima mais ainda dos pobres. Sem teto fixo, sem ter "lugar onde recostar a cabeça"[1], Jesus vive então da hospitalidade e da generosidade daqueles que ele, levando uma vida de itinerante, irá encontrar no lugar onde eles vivem, para levar-lhes a Boa-Nova de um Deus que ama e que torna livres. E quando envia seus discípulos em missão, ele exige que não levem consigo "nem ouro, nem prata, nem dinheiro para guardar em vossos cintos, nem alforje para o caminho, nem duas túnicas, nem sandálias, nem bordão; pois o operário tem direito ao seu alimento"[2].

Seus ouvintes privilegiados são essencialmente pecadores, pequenos camponeses, artesãos, diaristas, pessoas simples. O silêncio dos evangelhos a respeito de algum contato com cidades como Séforis ou Tiberíades parece ir igualmente no sentido de uma simpatia natural de Jesus pelo mundo rural e por aqueles cuja existência pode estar ameaçada pelas dívidas[3], pela falta de trabalho[4] ou pela arbitrariedade das autoridades da justiça[5]. Igualmente, ainda que Jesus nunca se designe como tal, os pobres constituem uma grande parte daquelas e daqueles a quem ele se dirige. A verdade é que a maioria das pessoas da Galileia leva então uma existência difícil, feita de precariedade social e, sob aspectos diversos, de pobreza.

Isto não impede que Jesus frequente, acolha e seja acolhido por pessoas mais afortunadas: Jairo, um chefe de sinagoga que mora numa casa com diversos cômodos[6], um centurião de Cafarnaum[7], um funcionário régio a serviço de Herodes Antipas[8], um fariseu de nome Simão que o convida para sua casa[9], um proprietário anônimo de Jerusalém que lhe empresta uma sala onde poderá "comer a Páscoa com seus discípulos"[10], ou ainda José de Arimateia, um membro do Sinédrio, que providenciará seu sepultamento[11]. Jesus não é um asceta como o Batista; ele se deixa aproximar e até convidar por todos, inclusive por pessoas ricas, e é isto, aliás, que alguns lhe censuram: "João Batista, veio: ele não come pão, não bebe vinho, e dizeis: 'Ele perdeu o juízo'. Veio o Filho do homem, come, bebe, e dizeis: 'Eis um comilão e um beberrão, amigo dos coletores de impostos e dos pecadores'"[12].

Mas, de acordo com o conjunto dos evangelhos, não se pode negar uma evidente predileção de Jesus pelos pobres: pessoas que vivem nas margens da sociedade, leprosos que ele não hesita em tocar[13], mendigos, cegos[14], homens e mulheres que vergam sob o fardo das dívidas, da fome, das injustiças e das exclusões de que são vítimas[15]. Neste contexto, Jesus pronuncia parábolas surpreendentes, provocadoras até. Assim dirigindo-se aos que, sem defesa, são vítimas dos poderosos e dos ricos proprietários de seu tempo, ele faz ressoar esta promessa pelo menos surpreendente: "Felizes vós que agora tendes fome: sereis saciados"[16]. Aos que choram de desespero, porque desapossados de sua terra e despojados de suas melhores colheitas, ele também proclama: "Felizes vós que agora chorais: haveis de rir"[17]. Mas a um homem rico que o interroga para saber o que deve fazer para ter a vida eterna, ele responde, pelo contrário: "Vende o que tens e dá-o aos pobres"[18].

Mas não nos iludamos: Jesus não está animado por uma espécie de fanatismo social. Nem reformador nem revolucionário, ele não veio mudar a sociedade de seu tempo, como também não incita os pobres a rebelar-se ou a pregar um outro modelo de sociedade. Também não anuncia uma inversão na qual os pobres se tornam ricos e os ricos se tornam pobres. Enquanto mensageiro do Reino de Deus, ele denuncia as injustiças de que são vítimas os pobres, condenados à miséria e ao desespero em razão do egoísmo dos ricos e da violência dos poderosos, e convida todos a se converter. Temos uma ilustração disso no caso de um chefe de coletores de impostos chamado Zaqueu, que, acolhendo Jesus em sua casa, decide "repartir aos pobres a metade de seus bens" e, "se prejudicou alguém", lhe restituirá o quádruplo[19].

Embaixador de Deus, o mais próximo possível dos mais pobres dentre os homens, Jesus atesta a presença amorosa e reconfortante de Deus, Seu Pai, que, chegado o dia, restabelecerá a justiça e a fraternidade espezinhadas pelos ricos e pelos poderosos.

* Cf. *A vida na aldeia*, p. 144.

1. Mt 8,20. **2**. Mt 10,9. **3**. Mt 28,25; Lc 16,5. **4**. Mt 20,1-6. **5**. Lc 18,1-4. **6**. Mc 5,21-43. **7**. Mt 8,5-13. **8**. Jo 4,46-54. **9**. Lc 7,36-50. **10**. Mc 14,15. **11**. Jo 19,38. **12**. Lc 7,33-34. **13**. Mc 1,41. **14**. Mc 10,46-52; Jo 9,1-41. **15**. Mt 9,36; 11,28-29. **16**. Lc 6,21a. **17**. Lc 6,21b. **18**. Mc 10,21. **19**. Lc 19,8.

* * *

A parábola do devedor implacável ou o perdão não compartilhado

Christophe Raimbault
Instituto Católico de Paris

Todo o capítulo 18 de Mateus relata o ensinamento de Jesus sobre a Igreja*, o papel dos responsáveis e as relações entre irmãos. Após ter dado aos discípulos o poder "de ligar e de desligar" na terra como no céu, Jesus, interrogado por Pedro a respeito do perdão, convida a perdoar seu irmão até setenta vezes sete vezes, em outras palavras, sem limites. É muito mais do que as duas, três ou quatro vezes que são evocadas geralmente no Antigo Testamento[1].

Vem então a parábola, que conclui o conjunto do capítulo[2]. Após ter sido qualificado como homem-rei, o patrão é chamado aqui de "Senhor" e está presente do começo ao fim do relato[3]. Toda a trama da parábola gira em torno da ação de "pagar/restituir" as dívidas[4]. A cena se desenrola em três momentos.

Primeiro tempo: o devedor tem uma dívida enorme. Dez mil talentos, que correspondem a várias centenas de anos de salário. O senhor segue normas da Antiguidade. Pensa em tomar os bens do devedor e vender tanto ele próprio como sua família. Mas, diante da sua súplica, concede o perdão da dívida. Quando o devedor promete que reembolsará tudo, trata-se de uma quimera. A inverossimilhança da situação contrasta com a soma irrisória que seguirá.

Com efeito, num segundo tempo, este mesmo devedor impõe a seu companheiro de serviço o reembolso da soma devida de cem moedas de prata, equivalentes a três meses de salário aproximadamente. Ele recusa aquilo que ele mesmo havia pedido ao senhor nos mesmos termos: ter paciência, esperando ser reembolsado; e lança seu companheiro na prisão.

É então – terceiro tempo – que o senhor muda de ideia e entrega seu devedor aos carrascos até ele reembolsar tudo o que devia – o que continua ainda muito inverossímil!

A recusa de perdoar a dívida provoca sentimentos: tristeza para as testemunhas da cena e cólera para com o senhor. Com efeito, para além das dívidas, perdoadas e não perdoadas, o que orienta toda a parábola é a misericórdia. Esta leva a "perdoar do fundo do coração". O senhor é "tomado de compaixão", em suas entranhas. Mas o devedor não manifestou por sua vez esta compaixão, sinal de amor, para com seu companheiro. Daí a chave de compreensão: "Não devias, também tu, compadecer-te do teu companheiro, como eu mesmo me compadecera de ti?"[5] Encontramos o mesmo "como" que se encontra no *Pai-nosso***: "Perdoa-nos as nossas dívidas, como nós perdoamos aos que nos deviam"[6]. O crente é convidado a se reconhecer devedor do Pai celeste. O que ele recebe do Pai, que é infinito e gratuito, não pode autorizá-lo a sentir qualquer direito sobre os outros. A advertência é severa: o poder de "ligar" não pode ser senão um poder de "desligar" e de transmitir a outros o dom de Deus, o perdão que ninguém jamais mereceu.

Assim Jesus recorre a uma situação pecuniária extrema para ilustrar a gratuidade do perdão divino e a exigência do perdão entre irmãos. O perdão entre irmãos é consequência do perdão divino, que é inimaginável por ser tão incomensurável.

* Cf. *Jesus fundou a Igreja?*, p. 738.

** Cf. *O que diz o Pai-nosso?*, p. 508.

1. Am 2,4; Jó 33,29. **2**. Mt 18,21-35. **3**. Mt 18: a palavra é repetida cinco vezes: versículos 25, 27, 31, 32, 34. **4**. Mt 18: o verbo "pagar/restituir", *apodidonai*, aparece nos versículos 25 (duas vezes), 26, 28, 29, 30, 34. **5**. Mt 18,33. **6**. Mt 6,12.

Marcel Gauchet
Filósofo

A metamorfose de Deus

Jesus foi um desses homens raros, estranhos, imprevisíveis, cuja capacidade de ausentar-se de si mesmos habilita a mover as estruturas ocultas que comandam o pensável e o crível. Quem poderia ter imaginado que um obscuro carpinteiro galileu abalaria para sempre a ordem das dominações nas quais os destinos humanos pareciam encerrados? No entanto, é o que precisamos tentar compreender. Isto exige reconsiderar o que são seu pensamento e sua ação em relação à imagem acanhada que somos levados a fazer dele. Porque Jesus não é um filósofo. Ele nos mostra o pensamento em ato, que opera não por explicitação conceitual, mas por implicitação simbólica, que fala de exemplo, que se encarna mais do que se enuncia, mesmo quando se expressa sob forma de enunciados.

Um Judeu, portanto, um herdeiro da surpreendente história que levou à lenta decantação da ideia do Deus único. Jesus é penetrado pela essência do dispositivo da invenção monoteísta tal como se condensa na figura de Moisés. Ele é um novo Moisés que vai reiterar a operação fundadora deste, levando-a um passo adiante. Moisés leva seu povo para fora do Egito graças à ajuda de um deus mais poderoso do que os deuses dos egípcios. Este ato de secessão – histórico ou não, pouco importa – merece na verdade a exploração das virtualidades espirituais que o império do faraó encerrava e que levavam no sentido de uma concentração do divino. Mas virtualidades que o quadro do império impedia ao mesmo tempo de se concretizarem – o fracasso da reforma empreendida pelo faraó Akhenaton é exemplar neste aspecto. O que não se podia realizar de dentro do império, um povo que se subtrai à sua dominação vai levá-lo a bom termo, erigindo em instrumento de sua libertação aquilo que o império proibia pensar.

O contexto em que Jesus vive é propício à repetição desta ruptura e à reinvenção da figura do divino. A escravidão no Egito deu lugar à dominação romana. Uma sujeição impacientemente suportada, que alimenta ao mesmo tempo uma fermentação política e uma efervescência espiritual. Por que Deus, que escolheu seu povo, que fez aliança com ele, permite sua redução à servidão? A interrogação atormenta os espíritos piedosos. Há os que pensam que o povo mereceu sua sorte e deve primeiramente expiar seus pecados, lavar-se da impureza em que caiu. E depois há os que esperam o messias que

Deus, mais cedo ou mais tarde, não deixará de lhe enviar a fim de libertá-lo e oferecer uma brilhante demonstração de sua onipotência. Além de seu alcance político imediato, a figura do messias deve sua atração ao fato de se apresentar como a solução de um problema mais profundo que assombra a invenção monoteísta: como o Deus único, e portanto universal, pode ser o Deus de um único povo? É preciso necessariamente que a aliança não seja senão uma etapa num percurso que desembocará na instauração de seu reino, mediante a derrubada das dominações estabelecidas. O messianismo é um imperialismo místico, que projeta um futuro no qual os dominados de hoje se tornarão os dominantes, mas num império que não terá nada a ver com o império do mal, tal como o temos conhecido até o presente.

Jesus será um destes messias que prometem a vinda do reino de Deus. Mas um messias muito especial e particularmente radical: um messias às avessas, nos antípodas das imagens de grandeza e de glória ligadas comumente à figura de semelhante enviado do céu. Jesus é um messias a partir de baixo, nascido no lugar mais afastado possível do palácio dos reis. É um messias sem armas e sem exércitos. Recusa o uso da violência; é com a força invisível do amor que ele conta. Não voa em direção ao triunfo; corre ao encontro da derrota e da morte. É que o reino por ele anunciado não é deste mundo e a vitória por ele prometida é uma vitória sobre os limites da vida visível. Se ele tenciona ser um libertador do povo, à semelhança de Moisés, não é conduzindo-o a uma Terra prometida, é arrancando-o das fronteiras da existência terrestre. Não é uma saída do Egito que ele projeta, mas uma saída deste mundo, em vista do outro mundo no qual resplandece o poder divino. Nisto o povo que ele mobiliza está aberto potencialmente a todos os que querem segui-lo. Nisto o Deus que ele invoca é tão exterior a este nosso mundo onde evoluem suas criaturas, que ele precisou assumir a forma de homem para dirigir-se a elas, o que o leva a concebê-lo como um deus para todos os homens.

Eis o que faz de Jesus um messias à parte: ele anda em sentido contrário aos seus homólogos no meio dos quais sua figura poderia ter-se perdido. Ele se instala num lugar que o constitui um operador de uma metamorfose de Deus. Poder prodigioso desta dimensão oculta do universo humano que é sua organização simbólica, este lugar terá impressionado um número suficiente de mentes para tornar-se imediatamente memorável e conquistar uma audiência cada vez mais ampla. Esta dimensão assumirá o nome de "Encarnação" na tradição oriunda deste ato fundador e continuará sendo, ao longo dos séculos, a fonte de uma inesgotável interrogação do mistério divino. Porque, se Deus se fez homem para comunicar-se com os homens, é porque sua alteridade é insondável e nunca teríamos acabado de interpretar a mensagem que nos chegou pela mediação do filho. A figura de Cristo fornece assim o suporte de um aprofundamento sem fim da invenção monoteísta.

Certamente foi necessário, para que esta tradição ocorresse, a intervenção decisiva de um explicitador, Paulo de Tarso, que tirará as primeiras consequências daquilo que se expressava na figura de Jesus. Era preciso ainda haver alguma coisa a explicitar. Certamente ainda será necessário o receptáculo de Roma e a imensa vertigem espiritual que acabou corroendo o império a partir de dentro para que a boa-nova da salvação dos homens tomasse forma de Igreja. Era preciso ainda que seu apelo fosse suficientemente forte para responder a esta sede de sentido. O pregador errante da Galileia soubera tocar as energias que iriam conquistar-lhe o império dos corações e iniciar uma nova era na história dos homens.

Capítulo 16

AS PALAVRAS DO ESCÂNDALO

Poderíamos contar as coisas assim...

Naquela noite, enquanto as chamas do fogo se extinguiam lentamente na escuridão, os discípulos permaneciam estranhamente silenciosos. Fazia alguns dias que o tom de Jesus havia mudado. Seria cólera? Esta santa cólera que animava os profetas antigos quando não hesitavam em amaldiçoar os reis ímpios, a iniquidade dos poderosos e a infidelidade do povo?

Alguns dias antes, enquanto atravessavam uma aldeia, uma mulher corajosa, acreditando fazer o que devia, gritou: “Felizes os seios que sugaste e o ventre que te trouxe”. E Jesus, em vez de aprovar esta mulher, respondeu secamente: “Felizes, antes, aqueles e aquelas que ouvem a Palavra de Deus e a põem em prática”.

Os discípulos ficaram surpresos com suas palavras, porque, afinal, um dos mandamentos da Lei de Moisés não manda honrar seu pai e sua mãe? Quando eles o interrogaram, Jesus não atenuou suas palavras, pelo contrário: “Se alguém quiser me seguir, deve deixar para trás tudo o que ele tem, nada deve retê-lo, nem um pai, nem uma mãe, nem filhos, nem mesmo o cuidado de sua própria vida”; e, como se isso não bastasse, acrescentou: “Não creiais que eu vim trazer a paz! Pelo contrário, nas famílias, por causa de mim, as pessoas se separarão e até se odiarão, o pai contra o filho, a filha contra a mãe...” Dizia isto com um tom ao mesmo tempo decidido e triste, como um comandante de guerra que sabe que a batalha será dura e que adverte suas tropas.

Desde então, várias vezes Jesus usou palavras terríveis, que os haviam assustado. Assim, quando um homem que ele convidara a segui-lo para tornar-se um dos discípulos pediu-lhe para adiar por um dia sua partida, o tempo de enterrar seu pai, Jesus teve esta resposta incompreensível: “Deixa os mortos enterrarem seus mortos; tu, segue-me”. Como podia um filho não honrar os despojos mortais de seu pai?

Em outra ocasião, ele falou da cruz que é preciso aceitar e carregar para ser um verdadeiro discípulo e todos empalideceram. O suplício da cruz, infelizmente, eles o conheciam; os romanos o usavam para aterrorizar as populações e submetê-las. Quem havia visto uma vez um infeliz agonizar longamente no sofrimento e morrer sufocado não o esquecia jamais. Era para isto que Jesus os conduzia?

Eles se lembraram dos inícios, quando as multidões afluíam e Jesus falava do Reino que vem. Eles haviam esperado e sonhado com um mundo mais justo, mais pacífico. Mas a violência estava ali. João, o que batizava no Jordão, fora preso por Herodes Antipas e executado no cárcere. Desde esse dia, Jesus tornou-se como que sombrio e triste. Várias vezes lembrou a sorte dos profetas, caluniados, perseguidos, às vezes assassinados, e sua palavra tornou-se cada vez mais incisiva.

Assim, certa vez que Jesus foi convidado para uma refeição na casa de um fariseu, este se surpreendeu por ele não fazer as abluções rituais antes de pôr-se à mesa. A resposta de Jesus foi contundente: "Vós seguis as prescrições e lavais com cuidado as mãos e os pratos, mas vossos corações em que estado se encontram? Cheios de desejo de possuir as coisas, cheios de desprezo por aqueles que não se vos assemelham, vós próprios não cessais de ocupar os primeiros lugares e de vos pôr em evidência". Um dos que estavam à mesa objetou que as palavras que Jesus acabava de pronunciar ultrajavam os que estavam presentes. O tom subiu e Jesus finalmente deixou a casa.

Desde então os choques eram incessantes. Não passava um dia sem que pequenos grupos de fariseus viessem fazer a Jesus e aos discípulos censuras cada vez mais contundentes. Mas ele não se deixava impressionar nem por aqueles que se exibiam mostrando sua riqueza e seu poder, nem por aqueles que se pavoneavam de seu conhecimento da Lei e se arrogavam o direito de julgar os outros.

Nessa mesma manhã, Jesus havia divertido seu público pondo em cena um publicano – um desses homens detestados que colaboram com o ocupante romano – e um fariseu. Um e o outro dirigem-se ao Templo para rezar. Enquanto o pecador não ousava adiantar-se e permanecia no fundo, implorando em silêncio o perdão e a misericórdia do Senhor, o fariseu se empertigava e rezava em voz alta, agradecendo ao Altíssimo por tê-lo feito um homem justo e piedoso. Jesus imitava um e o outro e o público ria com muito gosto. Então Jesus levantou a voz para concluir: "Eu vos digo: é o pobre pecador que é justificado e não aquele que se orgulha de si mesmo. Quem se eleva será abaixado e quem se abaixa será elevado".

E enquanto os fariseus se afastavam praguejando, Jesus exclamou, como que dirigindo-se a eles: "Eu vos digo: os publicanos e os pecadores vos precedem no Reino de Deus".

Os discípulos, por sua vez, não riram propriamente. Sentiam que um vento mau estava soprando e começavam a ter medo.

C.P.

Provocações e paradoxos

Élian Cuvillier
Instituto Protestante de Teologia, Faculdade de Montpellier

Um dos mal-entendidos mais frequentes relativos a Jesus consiste em afirmar que a originalidade de sua mensagem é a proclamação do amor ao próximo. Certamente a injunção está bem presente nos evangelhos, mas a encontramos no judaísmo da época à qual Jesus pertence. Neste ponto, ele não faz senão retomar o duplo mandamento da Torá: amor a Deus e amor ao próximo[1]. Contrariamente à opinião consagrada, é antes o anúncio da proximidade do Reinado de Deus que está no cerne da pregação de Jesus: e, ligado a este anúncio, o apelo à *metanoia*, uma mudança radical do pensamento e da atitude, que é a única a tornar possível o amor ao próximo. Esta palavra, que é traduzida habitualmente por "conversão", "arrependimento", significa literalmente "pensar às avessas", uma inversão da inteligência por assim dizer. Mais surpreendente ainda: podemos perguntar-nos às vezes se este apelo à *metanoia* em vista do Reino não vem contradizer a primeira temática, a do amor ao próximo.

Cf. *O* ▸ *anúncio do Reino é específico de Jesus*, p. 315.

Palavras muito incômodas

Quem se interessa de perto pelo conteúdo da mensagem de Jesus se confronta com muitas declarações escandalosas a respeito dos valores habituais que parecem ser defendidos conjuntamente pelo cristianismo e pelo humanismo. Julgue-se com base nesta pequena lista não exaustiva:

Em primeiro lugar, naquilo que se costuma chamar de "discurso em parábolas" de Jesus[2], ele explicita que fala em parábolas "para os de fora [...] para que, por mais que olhem, não vejam e, por muito que ouçam, não compreendam, a fim de que não se convertam e não sejam perdoados"[3]. No mesmo contexto ele afirma: "Àquele que tem, será dado; e àquele que não tem, mesmo o que tem lhe será tirado"[4].

Por outro lado, numa passagem do que se costumou chamar de "discurso missionário" de Jesus em Mateus 10, encontramos uma sequência de sentenças (elas estão repartidas em outros lugares nos outros evangelhos), umas mais chocantes do que as outras. A primeira diz respeito ao efeito da pregação de Jesus sobre as relações interpessoais, em particular os laços familiares: "Não vos ponhais a imaginar que eu vim trazer a paz à terra; eu não vim trazer a paz, e sim a espada"[5]. A segunda prolonga as palavras precedentes explicitando: "Quem ama seu pai ou sua mãe mais do que a mim não é digno de mim; quem ama seu filho ou sua filha mais do que a mim não é digno de mim"[6] (a passagem paralela de Lucas reforça mais o traço: "Se alguém vier a mim sem me preferir ao seu pai, à sua mãe, à sua mulher, aos seus filhos, aos seus irmãos, às suas irmãs e até à própria vida, não pode ser meu discípulo"[7]). A terceira sentença diz respeito à maneira de seguir Jesus: "Quem não toma sobre si a sua cruz e não me segue não é digno de mim"[8]. Por fim, a quarta e última sentença conclui: "Quem quiser encontrar sua vida vai perdê-la; e quem perder a vida por minha causa a encontrará"[9]. Estas declarações mereceriam ao leitor de hoje a acusação de desvio sectário!

Outro exemplo na mesma linha: a alguém que deseja segui-lo, mas pede que o deixe primeiramente enterrar seu pai falecido, Jesus responde: "Segue-me e deixa os mortos enterrarem os seus mortos"[10]. A esse dossiê já bem abastecido, mas não exaustivo, acrescentemos parábolas estranhas, como aquela na qual Jesus toma como exemplo um administrador desonesto[11].

Seria fácil demais livrar-se destas palavras problemáticas dizendo que elas não são autênticas.

Uma maneira de livrar-se destas palavras incômodas consiste em dizer que não se trata da pregação autêntica de Jesus, mas da interpretação dos evangelistas, acusados então de deturpar uma religião de amor transformando-a numa religião do ódio de si e do outro, como também de se entregar a uma apologia do sofrimento e até da hipocrisia e da mentira. No entanto, o procedimento que consiste em decretar inautênticas as palavras de Jesus que não correspondem à imagem que nós nos fazemos dele é intelectualmente inaceitável. Com efeito, mesmo permanecendo na lógica que consiste em privilegiar unicamente as palavras autênticas de Jesus, um dos principais argumentos para identificá-las é o que chamamos de "critério da dissonância": são consideradas autênticas as palavras de Jesus que o distanciam não só do mundo religioso e da moral de seu tempo, mas igualmente dos ideais e das convicções do cristianismo nascente. Ora, todas as palavras supramencionadas de Jesus entram nesta categoria!

◄ Cf. *Introdução*, p. 13.

Além disso, é preciso insistir num fato: o único Jesus ao qual temos acesso não é o Jesus reconstituído pelos historiadores a partir do contexto, ou pelos teólogos a partir de sua fé – um Jesus que varia ao sabor das modas e das épocas –, mas o dos evangelhos, documentos concretos e incontornáveis. Portanto, é unicamente com as palavras dos evangelhos, e em particular com estas palavras escandalosas, que precisamos nos confrontar, e não com uma escolha feita em função da imagem prévia que temos dele.

A "teoria das parábolas"

Comecemos com a famosa "teoria das parábolas" – é assim que a chamam os exegetas –, teoria segundo a qual elas não facilitam a compreensão dos ouvintes, mas pelo contrário confirmam seu endurecimento e assim evitam sua conversão. É a versão de Mateus, a mais desenvolvida, que vamos comentar. Ela se encontra encaixada entre a parábola do semeador[12] e sua explicação por parte de Jesus[13]. É neste quadro, portanto, que é preciso interpretá-la. O sentido da própria parábola do semeador é difícil de determinar. Duas coisas parecem quase certas: por um lado, trata-se de uma semente confrontada com fracassos repetidos que, no entanto, no final não impedem o crescimento e até a superabundância do fruto; por outro lado, esta história estranha conclui com um apelo solene à escuta. A explicação da parábola, por sua vez, confirma que tudo gira em torno da capacidade do ser humano de ouvir. Ela insiste num ponto: embora a Palavra só frutifique em alguns, todos no entanto a ouviram. Este ponto é fundamental, porque vem esclarecer a famosa "teoria das parábolas": afirma que o fracasso da proclamação da Palavra é uma característica essencial do mistério do Reinado que é revelado. Eis o ensinamento "especial" de que os discípulos se beneficiam: a Palavra é entregue aos homens e só frutifica à custa de numerosas recusas.

Cf. *A parábola da semeadura*, p. 334. ▶

Olhando mais de perto, constatamos então que a explicação da parábola do semeador subverte a própria lógica da "comunicação secreta" encenada nos versículos 10-18 dos quais nos ocupamos: o único verdadeiro mistério é o caráter inexplicável da escuta improdutiva em uns e frutuosa em outros. O segredo a ser conhecido do Reino que se aproximou é que a Palavra foi entregue à ambivalência, à incredulidade, às contradições deste mundo. Enfim, a "teoria das parábolas" não afirma outra coisa. Em resposta a seus discípulos que se imaginam beneficiários de um estatuto diferente das multidões, Jesus parece na verdade confirmar: "A vós o mistério do Reino é dado". Mas o mistério do Reino consiste em continuar a desejar ouvir as parábolas. A prova? A parábola conclui com o seguinte convite de Jesus aos discípulos: "Ouvi a parábola do semeador", que introduz a explicação da dita parábola. Em outras palavras: ouvi na parábola que é preciso ouvir a palavra do Reino. Então vos será dado o privilégio de continuar a ouvir outras parábolas! Quanto aos outros, lhe será tirado até mesmo o que eles ouviram e que em todo caso não compreendem porque seu coração está fechado à surpresa perturbadora do Reino. Este fechamento da inteligência – e do coração – é sublinhado mais duramente por Marcos: enquanto Mateus tenta uma explicação ("lhes falo em parábolas: *porque*, olhando, eles não enxergam..."), Marcos cita o profeta Isaías: "*para que*, por mais que olhem, não vejam..."[14]

Na verdade, a própria "teoria das parábolas" deve ser entendida como uma parábola (a versão paralela de Marcos[15], aliás, termina com: "Não compreendeis *esta parábola*! Então como compreendereis todas as parábolas?"). Em outras palavras, é uma palavra que procura suscitar uma nova compreensão da realidade. A "parábola da teoria das parábolas" nos conta a história de um pregador que, à maneira dos profetas de Israel, procura provocar em seu ouvinte ("com medo de que ele se converta") um reflexo salutar: abandona teu saber anterior, os valores sobre os quais constróis tua vida, deixa-te deslocar, interpelar, atravessar por uma palavra nova, a do Reino. Jesus procura assim levar a perceber a realidade de outra maneira.

> "Os discípulos aproximaram-se e lhe disseram: 'Por que lhes falas em parábolas?' [Jesus] respondeu: 'Porque a vós é dado conhecer os mistérios do Reino dos céus, ao passo que a eles não é dado. Pois àquele que tem, será dado, e estará na superabundância; mas àquele que não tem, mesmo o que tem ser-lhe-á tirado. Eis por que lhes falo em parábolas: porque eles olham sem ver e ouvem sem ouvir, nem compreender; e para eles se cumpre a profecia de Isaías que diz: Por muito que ouçais, não compreendereis; por muito que olheis, não vereis. Pois o coração deste povo se tornou insensível, tornaram-se duros de ouvido, taparam os seus olhos, para não ver com seus olhos, não ouvir com seus ouvidos, nem compreender com seu coração, e para não se converter. E eu os teria curado! Quanto a vós, felizes os vossos olhos porque veem, e vossos ouvidos porque ouvem. Em verdade, eu vos digo: muitos profetas e muitos justos desejaram ver o que vedes e não viram, ouvir o que ouvis e não ouviram. Vós, portanto, ouvi a parábola do semeador'".
>
> Mateus 13,10-18

E isto nos ensina três coisas fundamentais para a interpretação das parábolas evangélicas. Primeiramente, que a parábola de Jesus é na verdade uma comparação tomada da vida cotidiana, mas não procura transmitir uma moral de vida (como em Aristóteles) ou comentar a Lei (como nos rabinos). Ela tem a louca pretensão de *tornar presente* o Reino. Ou seja, não dizer o que o Reino é "objetivamente"; mas, por meio da metáfora, permitir experimentar este ou aquele aspecto do Reino em sua própria existência. Segundo ensinamento a reter: a parábola conta certamente uma história da vida cotidiana, mas de uma maneira incongruente e que obriga a encarar as coisas de maneira diferente. Portanto, é inútil tentar, como fazemos muitas vezes, tornar lógicas e razoáveis parábolas que abrem para um mundo surpreendente e diferente. Se, por exemplo, a parábola deixa de mencionar algum aspecto do direito que nós pensamos ser suscetível de torná-la aceitável e compreensível (como se faz muitas vezes na parábola do ecônomo infiel que iremos ler mais adiante), não se trata de um "esquecimento" que é preciso reparar. Pelo contrário, ela quer estabelecer uma ruptura entre nós e os costumes ou a lógica dos homens. Tornar razoável o que é irrazoável é matar a parábola! A parábola é uma história incompleta e perturbadora que nos mergulha na maior perplexidade, mas uma perplexidade portadora de vida, já que abre em nós a possibilidade de entrever a existência de outra maneira. Por fim, terceiro ensinamento: a linguagem da parábola não é conceitual, não é filosófica, nem mesmo ética. E é aqui que reside a força única desta linguagem. Porque, sobre Deus e sobre a ação de Deus em nossas vidas, existem mais coisas nas parábolas do que em qualquer sistema filosófico, moral ou religioso. Há mais coisas a pensar através da riqueza das parábolas do que na coerência de um discurso teórico.

"Porque a quem tem será dado, e ele estará na abundância; mas ao que não tem será tirado até o que ele tem": eis a provocação salutar em ação. Aquele que se deixa deslocar pela palavra surpreendente da parábola estará realmente na abundância: abundância de vida e de esperança. Ele receberá a alegria do Reino. Àquele que não tem esta capacidade de escuta da "pregação bizarra" (como a chamava Paul Ricoeur) que a parábola constitui, até a inteligência que ele acredita ter lhe será tirada. Ou seja, ele passará ao lado deste Reino tão próximo e ao mesmo tempo tão longínquo. "Quem tiver ouvidos para ouvir, ouça!"

Para Jesus, a parábola não procura transmitir nem uma moral, nem um comentário da Lei, mas abrir para um mundo diferente.

A incrível parábola do ecônomo infiel

É de acordo com esta lógica paradoxal que é preciso entender a chamada parábola do ecônomo infiel ou injusto, ou do administrador desonesto, que encontramos em Lucas. Esta história choca nossa boa consciência e nossa moral: como pode Jesus felicitar este escroque? Com efeito, o que é "elogiado" pelo senhor burlado da parábola não é a desonestidade como tal de seu ecônomo, mas sua capacidade de agir com habilidade quando está em jogo sua vida. Estupefato, o senhor lhe diz: "Grande jogada!" A trapaça é um meio para chegar a seus fins: sobreviver após a crise. Confrontado com uma situação catastrófica, o administrador agiu. A urgência da situação o levou a tomar uma decisão cujo motivo não é moral, nem mesmo ético, mas muito existencial.

Esta parábola é indissociável das palavras que seguem: mesmo que esta interpretação constitua uma amplificação sem dúvida secundária (acrescentada pelo evangelista ao texto de sua fonte), ela confirma as pistas abertas pela parábola: "Pois bem, eu vos digo: fazei-vos amigos com o Dinheiro enganador para que, uma vez desaparecido este, esses amigos vos acolham nas moradas eternas. Aquele que é digno de confiança em coisas pequeninas é digno de confiança também numa grande; e aquele que é desonesto em coisas pequeninas é desonesto também numa grande. Se, pois, não fostes dignos de confiança quanto ao Dinheiro enganador, quem vos confiará o bem verdadeiro? E se não fostes dignos de confiança quanto ao que vos é alheio, quem vos dará o que pertence a vós? Nenhum servo pode servir a dois senhores: ou odiará um e amará o outro, ou se apegará a um e desprezará o outro. Não podeis servir a Deus e ao Dinheiro".

"Depois Jesus disse a seus discípulos: 'Um homem rico tinha um gerente que foi acusado perante ele de dilapidar os seus bens. Ele o mandou chamar e lhe disse: Que ouço dizer de ti? Presta contas da tua gestão, pois doravante já não poderás gerir meus negócios. O gerente disse então consigo mesmo: Que vou eu fazer, visto que o meu senhor me retira a gerência? Trabalhar na enxada? Eu não tenho força. Mendigar? Tenho vergonha. Sei o que vou fazer para que, uma vez afastado da gerência, haja pessoas que me acolham em suas casas. Então, fez vir, um por um, os devedores do seu senhor e disse ao primeiro: Quanto deves ao meu senhor? Este respondeu: Cem jarras de azeite. O gerente lhe disse: Eis aqui o teu recibo. Assenta-te e escreve cinquenta. Disse em seguida a outro: E tu, quanto deves? Este respondeu: Cem sacos de trigo. O gerente lhe disse: Eis aqui o teu recibo, escreve oitenta. E o patrão elogiou o gerente desonesto, porque havia agido com habilidade. Com efeito, os que pertencem a este mundo são mais habilidosos para com os seus semelhantes do que os que pertencem à luz".

Lucas 16,1-8

É preciso partir do último versículo para captar sua lógica: o dinheiro (ou as posses, ou o bem material) não pode ser um "deus". Mesmo que seja para servir a ele honestamente! O dinheiro, as posses, a gestão dos negócios deste mundo, só podem estar a serviço de um outro fim, jamais ser um fim em si. Podemos então interpretar em seguida as primeiras frases: o "Dinheiro enganador", as riquezas injustas (ou seja, a ordem econômica deste mundo, forçosamente injusta) não devem tornar-se senhores, mas ser instrumentos que nos permitam viver na perspectiva do Reino. Cada um será julgado de acordo com sua capacidade de viver nesta lógica: ser "digno de confiança nas riquezas injustas" significa não se enganar quanto ao essencial. Diante de Deus (ou seja, no que diz respeito à "salvação", a instância da qual recebo minha identidade de maneira definitiva), o que conta não é a honestidade nos negócios econômicos (de qualquer maneira uma ilusão!), mas a utilização desta realidade para atingir a meta procurada: ver confiado a si o "bem verdadeiro", a salvação.

Querer interpretar esta passagem a partir das categorias da honestidade moral nos negócios é, portanto, afastar-se do caminho, porque a parábola subverte a ordem do mundo, a lógica de uma moral da honestidade, mas também a lógica da desonestidade: enquanto desonesto, este administrador não tem efetivamente nenhuma garantia de que sua trapaça consiga os efeitos esperados. A parábola se situa para além da moral. O que conta não é saber se o administrador fez uma "boa jogada", mas constatar que ele fez uma aposta no futuro, que ele tem confiança no futuro,

A parábola subverte a lógica de uma moral da honestidade, porque a decisão existencial de se abrir ao Reino pode implicar uma transgressão dos códigos morais.

que ele age como alguém que espera e não como alguém que está morto. Ele está numa dinâmica de vida! O mundo do ouvinte é assim posto em crise pela palavra de Jesus. Para o ouvinte de Jesus, desestabilizado em suas representações do mundo, abre-se a possibilidade de deixar advir a novidade do Reino, uma novidade que convida a uma decisão existencial, que pode implicar uma transgressão dos códigos morais do grupo social ao qual se pertence.

Aquele que traz a "separação" nas famílias

"Segue-me e deixa os mortos enterrarem os seus mortos." Esta é a resposta de Jesus àquele que lhe pediu: "Senhor, permite-me que vá primeiro enterrar o meu pai". Este homem o interpelou como "Senhor". Para o evangelista Mateus, que relata esta tradição[16], é um sinal de sua pertença ao grupo dos discípulos. Sua pergunta acentua assim que as pessoas próximas de Jesus têm dificuldade em seguir sua radicalidade: eles querem realmente ser discípulos, mas permanecem presos em seus laços familiares. Ora, Jesus insiste na ruptura necessária em relação a estes laços e às obrigações a eles ligadas. Entre estas, a mais central consiste em prestar as homenagens indispensáveis a um parente falecido. A tradição judaica é formal neste ponto. Então, será que Jesus vai contra uma das mais importantes entre as Dez Palavras da Torá: "Honra teu pai e tua mãe"?[17]

Na economia do Reino, a família espiritual dos "filhos de Deus" torna-se prioritária em relação à família biológica.

A palavra de Jesus contém uma dimensão metafórica (com a imagem dos "mortos" enterrando seus mortos) que não lhe tira a radicalidade, mas, ao contrário, lhe dá todo o seu significado. Não se trata, com efeito, de reusar-se a participar, sob o pretexto de ser discípulo de Jesus, das obséquias a um parente desaparecido: com efeito, esta recusa não significaria absolutamente que rompemos os laços que nos prendem à nossa família, pelo contrário! Sabemos como muitas vezes as recusas mais radicais atestam indiretamente um laço muito forte com aquilo que recusamos. Trata-se, mais fundamentalmente, de ter feito o trabalho de luto necessário que permite passar do estágio infantil ao estágio adulto em relação aos nossos pais e aos nossos laços familiares. Seguir Jesus de verdade supõe esta "passagem" do infantil à idade adulta. Senão, estamos em laços mortíferos e temos efetivamente "mortos" que enterram seus defuntos.

Outro trecho excelente no registro das palavras escandalosas do Evangelho é a passagem de Mateus 10,34-39. Aqui Jesus se apresenta como aquele que traz a divisão no seio da família e não a paz messiânica esperada. "Eu vim separar...": estas palavras parecem autorizar a hipótese de que o evangelho e a família não se entendem muito bem[18]. A passagem é introduzida pela afirmação de que Jesus veio trazer a "espada". O termo grego traduzido aqui por "espada" (*makhaira*) é a faca que cada um podia utilizar na vida cotidiana. Para que cada ser humano, cada casal possa existir e se realizar singularmente, sem o risco de fusão mortífera com sua família de origem ou de adoção, é preciso que a faca faça seu trabalho de separação, ou seja, separe a criança tornada adulta de seus pais e separe cada membro do casal de sua família de origem. E isto não se faz sem dor. É a questão da alteridade que aqui está em jogo.

"Não vos ponhais a imaginar que eu vim trazer a paz à terra; eu não vim trazer a paz, e sim a espada. Sim, eu vim separar o homem do seu pai, a filha da sua mãe, a nora da sua sogra; os inimigos de alguém serão as pessoas da própria casa. Quem ama seu pai ou sua mãe mais do que a mim não é digno de mim; quem ama seu filho ou sua filha mais do que a mim não é digno de mim. Quem não toma sobre si a sua cruz e não me segue não é digno de mim. E quem tiver a própria vida assegurada vai perdê-la, e quem perder a vida por minha causa vai achá-la."

Mateus 10,34-39

Como então articular a figura de um Jesus que traz não a paz, mas a separação, com a bem-aventurança proclamada por este mesmo Jesus a respeito dos "artífices da paz"?[19] Esta tensão convida a repensar a noção de paz: a paz de que se trata na sétima bem-aventurança não economiza uma separação, uma ruptura entre a lógica do mundo e a lógica do Reino. Aliás, os "artífices da paz" são declarados "filhos de Deus", ou seja, pertencem a uma nova família que não depende mais das filiações e das genealogias humanas. Vemos aparecer aqui uma nova compreensão da noção de família: na economia do Reino, a família "espiritual" – que se organiza em torno de Cristo[20] – torna-se prioritária em relação à família biológica.

Tratando-se do versículo 37 de Mateus ("Quem ama seu pai ou sua mãe mais do que a mim não é digno de mim..."), preferiremos até, em termos de escândalo, a versão dada por Lucas: "Se alguém vem a mim e *não odeia* seu pai, sua mãe, sua mulher, seus filhos, seus irmãos, suas irmãs e até sua própria vida, não pode ser meu discípulo"[21]. E note-se, aliás, que a TOB, à qual remetem as citações da presente obra, suavizam a dureza da fala: "Se alguém vier a mim *sem me preferir* ao seu pai, à sua mãe, à sua mulher, aos seus filhos, aos seus irmãos, às suas irmãs e até à própria vida, não pode ser meu discípulo". Ora, o termo grego utilizado aqui é justamente o verbo *misein*, que se traduz por "odiar" ou "detestar"! Portanto, se alguém quer seguir Jesus sem se entender a si mesmo e aos outros como odiáveis, não pode ter a pretensão de esperar ser seu discípulo!

Mas o que é, portanto, este "ódio"? Ele designa geralmente o sentimento de hostilidade que se tem para com alguma coisa ou para com alguém. Trata-se aqui de uma relação singular com sua própria existência, tal como o sábio Coélet fala dela no Antigo Testamento. Eis, com efeito, alguém que é um grande gozador diante do Eterno ("Goza a vida com a mulher que amas" etc.) e que, no entanto, pode ao mesmo tempo dizer: "Detesto a vida. Sim: um mal para mim"[22]. Ou seja, Coélet, no mesmo momento em que goza plenamente a existência, vive com a dolorosa consciência da incompletude de sua vida, incompletude que mesmo os laços familiares ou o amor das mulheres não bastam para preencher. No fundo, a própria experiência que todos nós algum dia fazemos: no momento em que optamos por aproveitar plenamente a vida, sabemos no mais profundo de nós mesmos que existe uma aspiração e que esta mesma vida, e os que a povoam, entre os quais nós mesmos e nossos próximos, são "odiáveis", ou seja, não são capazes de preenchê-la plena e suficientemente. Esta compreensão da existência se impõe às vezes como uma revelação por ocasião deste ou daquele acontecimento da vida – mesmo que aconteça em seguida, o mais das vezes, perdermo-nos novamente na ilusão de estarmos satisfeitos conosco mesmos, ou que os outros nos preenchem. As palavras duras de Jesus fazem com que nos pareça profundamente verdadeira a intuição fugaz de que "a verdadeira vida está em outro lugar": desde que nossa vida e os outros nos pareçam "odiáveis", no sentido de que não podem nos dizer o sentido último da existência, estamos então no limiar de podermos ser seus discípulos, ou seja, de vislumbrar o Reino.

Carregar sua cruz

Isto é explicitado pelas palavras que seguem a respeito da cruz a ser carregada. Aqui é preciso traduzir literalmente, não com uma dupla negação como o faz a maioria das nossas traduções: "quem não carrega sua própria cruz e não me segue", mas: "quem não carrega sua própria cruz e me segue não é digno de ser meu discípulo". O que significa: aquele que pretende ser meu discípulo ("aquele que me segue"), mas não entende sua existência como uma vida crucificada ("não carrega sua própria cruz"), ou seja, "odiável", indigna de toda justificação e insatisfatória, esse ilude-se a respeito de si mesmo, dos outros e do mundo. Ele não pode saber o que significa ser discípulo de Cristo, ou seja, saber-se acolhido em sua miséria e com sua cruz. Nada de lógica sacrificial ou de vida entendida como martírio nestas palavras de Jesus, mas o convite a compreender sua existência como totalmente "injustificável" (que nada no mundo pode tornar justa) e, portanto, totalmente entregue ao amor de Deus.

Esta compreensão de sua própria vida é, evidentemente, inaceitável enquanto não deixarmos de querer contar apenas conosco mesmos aos olhos dos outros e aos nossos próprios olhos. O Evangelho é basicamente escandaloso! Esta radicalidade questiona os discípulos desde que eles tencionam seguir Jesus sem questionar fundamentalmente a confiança que eles têm neste mundo e em suas lógicas, pretendendo segui-lo sem "carregar sua cruz". Assim Jesus pode concluir com esta palavra escandalosa: "Quem tiver a própria vida assegurada vai perdê-la, e quem perder a vida por minha causa vai achá-la". Em outras palavras: querer "assegurar" sua vida construindo-a sobre as lógicas do mundo (laços familiares, poder, ter, saber, riquezas) é perdê-la enquanto vida autêntica, ou seja, aberta a uma outra realidade, diferente das realidades que conhecemos e pensamos dominar. Perder sua vida pelo Reino anunciado por Jesus é assegurá-la, fundamentando-a numa alteridade inesperada e surpreendente.

◄ Cf. *O perdão de Jesus*, p. 369.

1. Cf. Mc 12,28-34 citando Dt 6,4-5 e Lv 19,18. **2**. Mc 4,1-34 e Mt 13,1-52. **3**. Mc 4,12 e Mt 13,14-15. **4**. Mc 4,25 e passagem paralela em Mt 13,12. **5**. Mt 10,34-36 e Lc 12,49-53. **6**. Mt 10,37. **7**. Lc 14,26. **8**. Mt 10,38 e Mc 8,34; Lc 14,27. **9**. Mt 10,39 e Mc 8,35. **10**. Mt 8,22. **11**. Lc 16,1-8. **12**. Mt 13,3-9. **13**. Mt 13,19-23. **14**. Mc 4,12. **15**. Mc 4,13. **16**. Mt 8,21-22. **17**. Ex 20,12. **18**. Cf. Mt 8,21-22 que acabamos de ver, mas também Mt 12,46-50 e Mc 3,31-35. **19**. Mt 5,9. **20**. Cf. Mt 4,18-22. **21**. Lc 14,26. **22**. Ecl 2,17.

Humor de Jesus?

Michel Berder
Instituto Católico de Paris

Jesus é muitas vezes representado, no imaginário popular, como um personagem austero, trágico, exigente. Esta tendência, muito antiga, chegou até a dar origem a um bordão abundantemente repetido em alguns ambientes: "Jesus nunca riu". Mas uma leitura atenta dos evangelhos convida a reconhecer múltiplas facetas em suas tomadas de posição em palavras e atos. E, em muitos casos, podemos considerar que ele dá mostras de um singular senso de humor, se adotarmos uma definição bastante aberta desta noção: uma arte de viver e de falar que comporta um distanciamento em relação às situações nas quais alguém se encontra implicado, ao ponto de suscitar riso ou sorriso. Cada um dos evangelhos, à sua maneira, contém episódios que põem em evidência este comportamento por parte de Jesus. Às vezes, também, o próprio redator colabora com esta ou aquela observação. Pode-se, aliás, situar estas observações num quadro cultural mais amplo, comparando-as com testemunhos extraídos do Antigo Testamento e da tradição viva do judaísmo, como também da literatura sapiencial greco-latina. Destaquemos alguns exemplos deste humor ao longo dos relatos evangélicos, especialmente na obra de Lucas.

Gestos e posicionamentos que surpreendem

Lucas realça a precocidade deste traço da personalidade de Jesus ao relatar as circunstâncias particulares de seu primeiro uso da palavra no Templo de Jerusalém[1]. Por ocasião da peregrinação pascal realizada aos doze anos, ele escapa da vigilância dos que o narrador designa como seus "pais" (*goneis*). Ao final de três dias de procura, eles o reencontram: ele está discutindo com mestres e os ouvintes admiram sua inteligência. Maria, sua mãe, o repreende, levando-o a considerar a angústia que ele provocou. A reação de Jesus não deixa de ser espirituosa. Dirige-lhe estas perguntas enigmáticas: "Por que me procuráveis? Não sabíeis que eu devo estar junto do meu Pai?" Com esta frase, que joga com o duplo sentido do termo "Pai" (que aqui evoca seu Pai celeste, e não José), Jesus assume explicitamente a missão que recebeu, identificando a fonte donde ela provém. Na sequência do evangelho, a fórmula "devo / é preciso" (em grego, *dei*) será retomada diversas vezes para realçar a conformidade de

Cf. *O evangelho da infância em Lucas*, p. 113.

seu itinerário com o desígnio divino[2]. Com esta interpelação, Jesus remete também seus pais aos sinais de que foram beneficiários nos episódios precedentes relativos à origem divina de seu nascimento. A esta altura do relato, o evangelista realça o caráter paradoxal da postura desta criança e observa que seus pais não captam todo o seu alcance. Como conclusão desta cena, Lucas explicita que, de volta a Nazaré, ele "era-lhes submisso". Esta observação não é banal e poderia ser considerada maliciosa, após aquilo que precede. Ela vem no final de uma experiência que permitiu esclarecer um ponto decisivo, apontando a relação que Jesus considera prioritária a seus olhos.

Em muitas das suas intervenções, Jesus surpreende deliberadamente seus interlocutores para levá-los a refletir e a recuar em relação a esta ou aquela situação. Podemos interpretar nesta perspectiva seu uso da palavra diante de um paralítico que lhe trazem numa maca. Em vez de considerar primeiro a enfermidade física deste homem, Jesus lhe declara: "Teus pecados te são perdoados"[3]. Esse enunciado suscita interrogações entre as testemunhas por causa da reivindicação de autoridade divina que ele supõe. Jesus os convida a prolongar sua reflexão colocando-os diante de uma alternativa: "Que é mais fácil? Dizer: 'Teus pecados te são perdoados' ou dizer: 'Levanta-te e anda'?" Em seguida dá esta ordem ao paralítico, que se levanta e vai para sua casa. Estes fatos provocam o estupor e a ação de graças de todos os espectadores: "Hoje vimos coisas extraordinárias".

◄ Cf. *O estilo de Jesus*, p. 253.

O encontro entre Jesus ressuscitado e os discípulos de Emaús, relatado no final do evangelho de Lucas, contém múltiplos traços humorísticos, valorizados pela arte narrativa que o evangelista põe a serviço de sua teologia. O texto joga em particular com as distorções que se manifestam entre as informações de que os diversos atores do relato dispõem, como também com o contraste que aparece entre estes elementos e os que são fornecidos ao leitor. Entre os aspectos referentes às iniciativas tomadas por Jesus (personagem cuja identidade só é conhecida pelo leitor no início do episódio[4]), podemos observar primeiramente como ele convida seus interlocutores a se expressar sobre o conteúdo de suas conversas pelo caminho. Em resposta a esta pergunta, eles chegam a lhe dizer: "Tu és decerto o único homem de passagem por Jerusalém que não tenha sabido o que se passou nestes dias!"[5] Esta observação feita em tom de brincadeira adquire um significado singular quando se conhece a identidade daquele que a recebe... O relato detalhado que os discípulos lhe transmitem para atenuar sua suposta falta de informações permite a Jesus fornecer-lhes, por sua vez, explicações sobre o sentido destes acontecimentos em relação com a Escritura. Outra situação paradoxal é assinalada no final do episódio: é quando eles o reconheceram que ele se torna invisível a seus

◄ Cf. *Em Lucas: os discípulos de Emaús e os outros*, p. 701.

olhos[6]. Estes procedimentos permitem a Lucas dar a entender que a ressurreição de Jesus cria doravante condições novas para mediatizar sua presença.

A arte de frustrar as perguntas-armadilha

Ao longo de todo o seu itinerário Jesus se vê implicado em polêmicas. Ele precisa enfrentar armadilhas que assumem a forma de interrogações falsamente inocentes, que visam na realidade pô-lo em dificuldade. Para não se deixar aprisionar em tais manobras, ele dá provas de uma grande habilidade. Assim, quando se vê questionado sobre a autoridade em virtude da qual ele ensina no Templo, Jesus devolve a seus interlocutores a interrogação seguinte: "Também eu vou fazer-vos uma pergunta. Dizei-me: O batismo de João vinha do céu ou dos homens?" Diante das consequências que acarretaria uma resposta positiva ou negativa a esta pergunta (se disserem "do céu", por que então eles não o ouviram? Se disserem "dos homens", correm o risco de provocar uma reação hostil do povo, convencido de que João é um profeta), seus interlocutores decidem não lhe responder. Jesus conclui: "Eu tampouco vos digo em virtude de que autoridade faço isso"[7].

"Aquele dentre vós que nunca pecou atire-lhe a primeira pedra." Eles se retiraram um após o outro, a começar pelos mais velhos.

Outra réplica de Jesus é bem conhecida, já que passou para a sabedoria popular. Escribas e fariseus lhe trazem uma mulher apanhada em flagrante delito de adultério. Jesus declara: "Aquele dentre vós que nunca pecou atire-lhe a primeira pedra"[8]. Numa observação maliciosa, o evangelista reforça o caráter humorístico da situação, descrevendo a atitude dos interlocutores: "Eles se retiraram um após outro, *a começar pelos mais velhos*, e Jesus ficou sozinho".

Cf. *O perdão* ▶ *de Jesus*, p. 369.

O contexto político do século I dava à questão do imposto recolhido pelo ocupante romano uma dimensão muito delicada. Interrogado a respeito disso por pessoas que desejavam pegá-lo numa contradição e eventualmente entregá-lo ao governador, Jesus os convida a contemplar uma moeda. Mostrando que ela traz a efígie do imperador, ele enuncia o seguinte princípio (muito citado depois, pelo menos em sua primeira parte): "Dai a César o que é de César, e a Deus o que é de Deus"[9].

No decurso de sua Paixão, Jesus foi alvo de muitos interrogatórios. Um dos motivos de acusação contra ele tem a ver com a realeza. Por ocasião de seu comparecimento diante de Pilatos, encontramos o diálogo seguinte, na versão de Lucas: "Pilatos o interrogou: 'Tu és o rei dos judeus?' Jesus lhe respondeu: 'Tu o dizes'"[10].

Paradoxos e aproximações de termos contraditórios

Entre as tomadas de posição de Jesus, os evangelhos relatam um certo número de ditos que parecem pouco conformes ao senso comum (paradoxos) ou que produzem um choque pela junção entre noções que parecem incompatíveis entre si (que a retórica greco-latina qualifica como oxímoros).

Quando evoca o julgamento e o Reino dos céus, Jesus põe em relevo a inversão de situação que será efetuada em relação às experiências do mundo presente. Ele extrai uma advertência particularmente surpreendente: "Há últimos que serão primeiros e há primeiros que serão últimos"[11]. A proclamação das Bem-aventuranças se inscreve numa perspectiva análoga: "Felizes vós, os pobres: o Reino de Deus é vosso"[12]. Jesus apresenta como exemplo uma criança, dizendo: "Aquele, pois, que se fizer pequeno como esta criança, eis o maior no Reino dos céus"[13].

◄ Cf. *As Bem-aventuranças*, p. 343.

O tom de Jesus se torna naturalmente provocador, à maneira do tom dos profetas do Antigo Testamento, quando expressa advertências severas. Ele dirige a sumos sacerdotes e anciãos do povo a advertência seguinte: "Em verdade, eu vos declaro: os coletores de impostos e as prostitutas vos precedem no Reino de Deus"[14]. Se necessário, ele usa certa ironia. Assim, no Getsêmani, no final da provação por que passou, e constatando que os discípulos não puderam vigiar com ele, Jesus lhes dirige esta mensagem: "Continuai a dormir e descansai!"[15] A ponta de ironia pode ser indireta, como na seguinte recomendação dirigida às multidões e aos discípulos e que comporta um duplo aspecto: "Os escribas e os fariseus estão sentados na cátedra de Moisés; fazei, pois, e observai tudo o que vos disserem, mas não vos reguleis por seus atos, pois eles dizem e não fazem"[16].

◄ Cf. *No monte das Oliveiras*, p. 605.

Um dos paradoxos mais impressionantes, posto em evidência especialmente no evangelho de Marcos, é constituído pelas injunções de silêncio impostas por Jesus a respeito de sua identidade. Assim, após ter relatado atos de cura e exorcismos, o evangelista explicita: "Não deixava os demônios falarem, porque o conheciam"[17]. A mesma ordem é dada um pouco mais adiante a um leproso purificado. Mas este se apressa a infringir esta ordem imediatamente, pondo-se a "proclamar bem alto e a divulgar a notícia"[18].

Imagens desconcertantes

Uma das técnicas de comunicação adotadas por Jesus é a parábola. Um breve relato leva o ouvinte ou o leitor a compreender que aquilo que se visa está situado num outro plano, diferente daquele que serve de moldura para o que é contado. Cada um é, portanto, convidado a extrair ensinamentos em função de sua própria experiência vivida. A história relatada contém muitas vezes alusões destinadas a estimular a atenção por seu caráter estranho, ao ponto de suscitar um certo mal-estar naquele que se ativesse a uma interpretação literal. Uma das ilustrações mais significativas deste fenômeno encontra-se na chamada parábola dos operários da undécima hora[19]. Ela põe em cena um senhor que contrata operários para sua vinha. Combina com eles um salário correspondente a uma moeda de prata. O senhor procede a contratações em diferentes horas do dia nesta mesma base. No fim do trabalho, os operários se apresentam, a começar pelos que foram contratados na undécima hora. Eles recebem a soma prometida. Diante dos murmúrios dos primeiros contratados que esperam uma remuneração superior, o senhor lembra as condições previstas e observa que ele não os lesa. Ele justifica seu comportamento nesses termos: "Não me é lícito fazer o que quero do que é meu? Ou então o teu olho é mau porque eu sou bom?" O impacto deste texto deve-se ao fato de que o leitor se coloca espontaneamente na perspectiva dos operários que têm dificuldade de entender a lógica do senhor. Ora, é justamente esta conversão do olhar que é visada pelo ensinamento de Jesus. O tema tratado não se refere à gestão material dos bens terrenos, mas à imagem de Deus e aos valores que caracterizam o Reino dos céus. É, aliás, o que especifica a introdução da parábola, que menciona explicitamente o Reino dos céus[20].

Cf. *A ▸ linguagem das parábolas*, p. 325.

Em outras parábolas podemos também descobrir imagens insólitas que não podem ser aplicadas a Deus se não executarmos um sério reajuste. Assim, para valorizar a perseverança na oração, Jesus não hesita em descrever a atitude de um juiz que acaba cedendo às solicitações de uma viúva que o persegue incansavelmente com seus pedidos: "Vou fazer justiça a essa viúva porque ela me aborrece, a fim de que não fique a me atormentar interminavelmente"[21]. Uma lição análoga se apoia num relato que põe em cena um amigo importunado em plena noite por alguém que lhe pede pão[22].

O procedimento que consiste em introduzir um detalhe incongruente num enunciado ocorre em breves sentenças cuja natureza lapidar reforça o poder evocador: "Por que olhares o cisco que está no olho do teu irmão, se a trave que está no teu olho, não a reparas?"[23]; "Deixa os mortos enterrarem os seus mortos, mas tu, vai anunciar o Reinado de Deus"[24]; "É mais fácil um camelo passar pelo buraco de uma agulha do que um rico entrar no Reino de Deus"[25]; "Deixai-os: são cegos que guiam cegos. Ora, se um cego guia outro cego, ambos cairão num buraco!"[26]; "Quanto a ti, ao dares esmola, ignore a tua mão esquerda o que faz a tua direita, a fim de que tua esmola fique no segredo"[27]; "Que pai entre vós, se o seu filho lhe pedir um peixe, lhe dará uma serpente em lugar de um peixe?"[28]

Jogos de palavras e expressões de duplo sentido

Os evangelhos trazem palavras de Jesus que podem ser interpretadas em diferentes níveis, ao ponto de criar mal-entendidos neste ou naquele interlocutor. É o evangelho de João que oferece o maior número de exemplos deste gênero. Eles pertencem a uma verdadeira estratégia de revelação do mistério da pessoa de Cristo. No início de seu relato[29], João refere que Jesus intervém brutalmente no Templo de Jerusalém, pedindo aos comerciantes que não façam deste lugar "uma casa de negócios". Alguns judeus o interpelam, pedindo um sinal que pudesse justificar seu gesto. Jesus declara: "Destruí este templo, e em três dias eu o reerguerei". Seus interlocutores destacam a incongruência destas palavras, assinalando que foram necessários quarenta e seis anos para construir este Templo. O narrador explicita: "Mas ele falava do templo do seu corpo"[30]. Em alguns casos, Jesus recorre a formulações que indiretamente fazem referência a uma tradição do Antigo Testamento, que seus interlocutores supostamente são capazes de decifrar. Isto se verifica, por exemplo, numa afirmação que ocorre no final de uma longa discussão a respeito da posteridade de Abraão: "Antes que Abraão fosse, Eu Sou"[31]. O verbo grego na primeira pessoa do singular *egô eimi* alude à revelação do nome de Deus a Moisés[32].

◄ Cf. *As controvérsias no Templo*, p. 549.

Marcos realça frequentemente como os discípulos de Jesus têm dificuldade de compreender a atitude e a mensagem de seu mestre. Esta realidade se traduz às vezes em reações pelo menos surpreendentes. Assim Jesus adverte seus discípulos utilizando uma imagem: "Cuidado! Guardai-vos do fermento dos fariseus e do de Herodes"[33]. Mas seus ouvintes permanecem numa interpretação material, como assinala o narrador: "Eles começaram a discutir entre si, porque não tinham pães"[34]. Jesus aproveita esta ocasião para interpelá-los sobre o endurecimento de seu coração e sobre sua atitude de incompreensão a seu respeito. Esta intervenção de Jesus, bastante enigmática, desemboca numa pergunta que cada leitor do evangelho pode considerar dirigida a ele: "Ainda não compreendeis?"[35]

1. Lc 2,41-51. **2**. Cf. Lc 9,22; 17,25; 24,26. **3**. Lc 5,20. Cf. Mt 9,2 e Mc 2,5. **4**. Lc 24,15-16. **5**. Lc 24,18. **6**. Lc 24,31. **7**. Lc 20,1-8. Cf. Mt 21,23-27; Mc 11,27-33. **8**. Jo 8,7. **9**. Lc 20,25. Cf. também Mt 22,21; Mc 12,17. **10**. Lc 23,3. **11**. Lc 13,30. Cf. Mt 19,30 e 20,16. **12**. Lc 6,20. **13**. Mt 18,4. **14**. Mt 21,31. **15**. Mt 26,45. **16**. Mt 23,2-3. **17**. Mc 1,34. Cf. Lc 4,41. **18**. Mc 1,45. **19**. Mt 20,1-16. **20**. Mt 20,1. **21**. Lc 18,1-8. **22**. Lc 11,5-8. **23**. Lc 6,41. **24**. Lc 9,60. **25**. Lc 18,25. **26**. Mt 15,14. **27**. Mt 6,3-4. **28**. Lc 11,11. **29**. Jo 2,13-22. **30**. Jo 2,21. **31**. Jo 8,58. Cf. também Jo 8,28; 13,19. **32**. Ex 4,14. **33**. Mc 8,15. **34**. Mc 8,16. **35**. Mc 8,21.

ESCLARECIMENTOS

A ironia joânica

Luc Devillers
Universidade de Friburgo (Suíça)

O que é a ironia? Em nossos dias este termo é pejorativo. Designa uma maneira de zombar cruelmente de uma pessoa, com palavras alusivas que deformam ou pelo menos caricaturam a realidade. Na Antiguidade, tratava-se de outra coisa. Interrogando seu interlocutor de maneira aparentemente ingênua, como se ignorasse ou admirasse a verdade de suas palavras, Sócrates desmascarava sua falsidade. É esta a ironia socrática (*eironeia*, em grego, é a ignorância fingida), que não tem como objetivo abater um adversário, mas fazê-lo avançar.

Em João, fala-se de ironia joânica. Mas são de preferência personagens secundários que a manejam. E, através deles, o evangelista dá uma piscadela ao leitor, para que ele compreenda a defasagem entre as palavras de Jesus e as de seus interlocutores. Junto ao poço de Jacó[1], a Samaritana* ignora a água da qual Jesus fala: é um mal-entendido. Mas existe aqui também ironia, quando a mulher diz a Jesus: "Serás maior do que o nosso pai Jacó?"[2] Não ousando pensar que este desconhecido é superior ao patriarca, ela ironiza as palavras de Jesus que lhe parecem insensatas. Mas a ironia aumenta no leitor, mais bem-informado a respeito de Jesus. Para ele, a mulher está aquém da verdade: Jesus é maior do que Jacó! Ele supera até todos os outros personagens da história bíblica. Assim, alguns Judeus dirão a Jesus: "Serás tu maior do que nosso pai Abraão, que morreu? E os profetas também morreram! Quem pretendes ser?"[3] Jesus confirma então sua superioridade em relação a Abraão: "Antes que Abraão fosse, Eu Sou"[4]. A uma interpelação quase trivial, ele responde com uma afirmação teológica de uma audácia inaudita, porque faz referência ao "Eu sou" divino revelado a Moisés no Sinai.

Mas ele se julga também superior aos profetas. De fato, a propósito de João Batista se lê: "*Houve* (*veio a ser*) um homem enviado por Deus; seu nome era João"[5]. Contraste entre um profeta situado no tempo e o Verbo eterno de Deus ("No início *era* o Verbo"[6]): em grego, o verbo "ser" formulado no passado só pode ter um imperfeito durativo (eventualmente eterno); é preciso recorrer a um verbo "devir / vir a ser" para expressar o que é pontual, situado no tempo que passa!

Encontramos ainda ironia em dois versículos relativos à origem de Jesus. Algumas pessoas dizem: "Este [Jesus] nós sabemos donde é, ao passo que quando vier o *Messias, ninguém saberá de onde ele é*"[7]. Mais tarde, os fariseus replicam: "Nós sabemos que Deus falou a Moisés, ao passo que *este, não sabemos de onde é*!"[8] Comparando estes dois versículos, compreende-se que, se nós ignoramos donde Jesus é, é porque ele é o Messias!

A ironia está presente também em dois versículos sobre o destino de Jesus. Quando ele declara aos Judeus que eles não podem ir aonde ele vai, eles dizem uns aos outros: "Será que vai juntar-se aos que estão dispersos entre os gregos? Será que vai ensinar aos gregos?"[9] A partida de Jesus é entendida como uma viagem para fora da Terra de Israel, em direção à Diáspora e aos pagãos. Ora, o leitor do final do século I sabe que esta viagem para as comunidades judaicas e as nações pagãs foi realizada justamente pelos discípulos. Mais adiante, sua partida é interpretada de maneira diferente: "Teria ele a intenção de se matar? Ele acaba, com efeito, de dizer: 'Para onde eu vou, vós não podeis ir'"[10]. Na realidade, Jesus não se dará a morte; mas, como o evangelista o faz dizer, dará livremente sua vida para a salvação do mundo[11].

Pelo menos uma vez, existe uma passagem do evangelho de João na qual a ironia é obra de Jesus: é o encontro com Nicodemos – ainda que seja o evangelista quem constrói a narrativa deste colóquio, do qual não há testemunhas. Nicodemos não compreendeu o mistério do segundo nascimento e se interroga de maneira um pouco sumária: "Como um homem poderia nascer, sendo velho? Poderia ele entrar uma segunda vez no seio de sua mãe e nascer?" Depois de ter respondido que se trata de "nascer do alto" e antes de prosseguir sobre o tema do Filho do homem, Jesus se permite aqui uma ponta de ironia: "Tu és *mestre* em Israel e *não tens o conhecimento* dessas coisas?"[12] Um mestre que tanto estudou, que tanto discutiu a Torá e que não conhece estas coisas do Espírito...

Enfim, após a reanimação de Lázaro[13], o Sumo Sacerdote Caifás dirá: "É do vosso interesse que um só homem morra pelo povo e que não pereça a nação inteira"[14]. Os chefes religiosos decidem então a morte de Jesus. Com uma discreta ironia, o evangelista vê nisso uma *profecia*: "Era preciso que Jesus morresse pela nação, e não somente por ela, mas para reunir na unidade os filhos de Deus que estão dispersos"[15].

* Cf. *O que acontece com a Samaritana?*, p. 271.

1. Cf. Jo 4,5-15. **2**. Jo 4,12. **3**. Jo 8,53. **4**. Jo 8,58. **5**. Jo 1,6. **6**. Jo,1,1. **7**. Jo 7,27. **8**. Jo 9,29. **9**. Jo 7,35. **10**. Jo 8,22. **11**. Cf. Jo 10,17-18. **12**. Jo 3,10. **13**. Cf. Jo 11,43-44. **14**. Jo 11,50. **15**. Jo 11,51-52.

* * *

O que Jesus diz realmente sobre o divórcio?

Élian Cuvillier
Instituto Protestante de Teologia, Faculdade de Montpellier

Nos evangelhos, a questão do divórcio é abordada por Jesus por ocasião de uma controvérsia com fariseus que vêm interrogá-lo sobre a possibilidade do repúdio[1]. É a versão de Mateus que levaremos em consideração aqui.

"Será permitido repudiar sua mulher por qualquer motivo?" Os fariseus parecem pedir a Jesus uma opinião jurídica e, portanto, confiar nele, mas o evangelista explicita que se trata de uma "cilada". Isto significa que o episódio não propõe aqui uma doutrina cristã do matrimônio e do divórcio, mas pretende, de maneira exemplar, realçar como Jesus interroga a lógica dos fariseus para mostrar seus limites. Precisemos que o grupo histórico dos fariseus* não é, de forma alguma, redutível à descrição que o evangelista propõe, descrição que está a serviço de seu projeto teológico e corresponde à imagem que faz deles a partir de sua experiência e de sua subjetividade.

A apresentação de Mateus deixa supor duas possibilidades: ou que os fariseus já conhecem a opinião de Jesus e querem pô-lo em contradição com a Lei de Moisés, ou que desejam vê-lo assumir uma posição nos debates entre as escolas de interpretação rigorista ou liberal que se opunham na época de Jesus como também na época de Mateus. A atitude de Jesus visa sair da lógica na qual seus adversários querem prendê-lo. Com efeito, argumentando não sobre o mandamento de Moisés, mas sobre a vontade primeira de Deus, ele situa o debate num outro plano, diferente do plano da casuística de seus adversários: "Não lestes que o Criador, no princípio, os fez homem e mulher e que disse: Eis por que o homem deixará seu pai e sua mãe e se ligará à mulher, e os dois se tornarão uma só carne? Assim, eles não são mais dois, mas uma só carne. Não separe, pois, o homem o que Deus uniu!"

A postura dos fariseus, da maneira como o evangelista os põe em cena, corresponde a uma justa observância da Torá de Moisés: é efetivamente permitido repudiar sua mulher[2]. Eles podem, portanto, responder a Jesus no plano da norma estabelecida: "Por que então Moisés prescreveu que se desse um certificado de repúdio, quando se repudiar?" A resposta de Jesus opõe a norma que rege a vida em sociedade à vontade primeira de Deus: se Moisés permitiu repudiar sua mulher é por conciliação com a "dureza de coração" dos homens. Mas "no começo não era assim": a vontade inicial de Deus, realça Jesus, não previa esta possibilidade. O paradoxo que o relato procura fazer aparecer é, portanto, o seguinte: os fariseus são pecadores como os outros humanos, aos quais Deus precisou necessariamente se adaptar mediante o mandamento incluído na Torá de Moisés. Este mandamento não é, portanto, totalmente equivalente à "vontade de Deus", é uma adaptação, uma conciliação.

Portanto, Jesus desvalorizou moralmente a possibilidade jurídica do divórcio, mas vai mais longe com uma última frase, radical: "Eu vos digo: Se alguém repudia sua mulher – exceto em caso de união ilegal – e se casa com outra, é adúltero". Com esta fórmula, ele visa claramente fazer aparecer a hipocrisia à qual pode levar certa relação com a Lei: proibindo o adultério, mas permitindo através do divórcio ter sucessivamente diversas mulheres, o mandamento de Moisés é exatamente uma concessão à tendência inata dos homens à infidelidade.

Na versão de Mateus aqui citada, concede-se exceção à proibição do divórcio: "exceto em caso de união ilegal". O termo utilizado não é jurídico, mas ético: é o termo grego *porneia*, que designa relações sexuais ilícitas (o adultério) do ponto de vista da ética judaica da época. A explicitação é dada por Mateus talvez como eco de uma passagem do início de seu evangelho: neste episódio, José encara a possibilidade de repudiar Maria por suspeita de adultério depois de ela se encontrar grávida[3].

Para os discípulos, a radicalização ressoa como uma coação insuperável, o que realça que eles estão na mesma lógica dos fariseus, e a expressam com uma franqueza que estes não tiveram: "Se é tal a condição do homem em relação à mulher, não convém casar-se". A resposta de Jesus é difícil de interpretar: "Nem todos compreendem esta linguagem, mas só aqueles a quem é concedido. Com efeito, há eunucos que nasceram assim do seio materno; há eunucos que foram feitos pelos homens; e há os que se tornaram eunucos por causa do Reino dos céus". E ele tem certamente motivo para concluir suas palavras com um: "Compreenda quem puder compreender!", porque estas palavras são tão enigmáticas tanto na época quanto nos dias de hoje. Ao termo "eunuco", que tem geralmente uma conotação negativa na cultura judaica do século I, ele deu aqui um sentido positivo. Isto cria uma tensão que só pode ser resolvida interpretando metaforicamente esta última ocorrência do termo no versículo. A imagem do eunuco é dirigida aos discípulos e realça de maneira enfática como é total a reivindicação do Reino dos céus sobre sua vida: ela os leva a viver em ruptura com a lógica do mundo, a assemelhar-se com os que dele são excluídos; os eunucos, de nascença ou por castração, são aqui uma ilustração disto.

A postura de Jesus a respeito do divórcio é, portanto, mais rigorista do que a Lei de Moisés. Tem como consequência realçar a impossibilidade na qual cada um se encontra de cumprir a vontade primeira de Deus tal como Jesus a concebe. Estamos, finalmente, bastante próximos da lógica estabelecida pelas antíteses do Sermão da Montanha[4]: "Ouvistes que foi dito [subentende-se: por Moisés]: Não cometerás adultério. Pois eu vos digo: qualquer um que olha para uma mulher cobiçando-a, já cometeu adultério com ela, em seu coração"[5]. A Lei de Moisés permanece: ela permite regular a vida na sociedade dos homens. A Lei do Reinado de Deus se situa num outro plano. Aqueles que se atêm unicamente à Lei de Moisés para justificar sua existência são remetidos à dureza de seu coração, que explica a atenuação do mandamento no tocante à vontade de Deus. Na verdade, o discurso de Jesus só concerne aos homens, pelo próprio fato da situação de mulher judia na época: situação de menor, extremamente frágil. No entanto, podemos nos perguntar como interpretar, em nossa situação atual, essa radicalização. Depende da compreensão que nós temos da palavra evangélica. São possíveis três atitudes, que se resumem de fato a duas posturas:

Podemos em primeiro lugar, levando em consideração os costumes em nossa sociedade ocidental nesse terceiro milênio, declarar ultrapassada a palavra de Jesus sobre o divórcio e o novo casamento. O discurso tem sua pertinência. Pressupõe, no entanto, uma compreensão do Evangelho como um código civil que a evolução dos costumes nos chama a adaptar ao espírito do tempo. Não é entendido como uma Boa-Nova que faz viver, mas como uma norma moral que cabe ao homem adaptar às circunstâncias. A observação de Jesus a propósito da Lei de Moisés poderia então aplicar-se ao Evangelho, com uma nuança: no primeiro caso, é por causa da "dureza do vosso coração" que *Deus* atenuou o mandamento. No segundo, é por causa da "dureza dos vossos corações" que *vós* atenuais o mandamento – porque, precisamente, o considerais um mandamento. Continuamos na lógica dos fariseus tais como são apresentados pelos evangelhos, adotando uma postura "liberal" – de passagem, note-se que a postura mais "liberal" é, na época de Jesus, aquela que dá mais liberdade de agir ao marido e assim protege menos a mulher repudiada.

Podemos também – segunda postura – optar por ater-nos à radicalização operada por Jesus: todo novo casamento após um divórcio é um adultério. A consequência é primeiramente que este texto ressoa como uma sentença de julgamento sobre todos aqueles que, numerosos, passaram por um divórcio e em seguida optaram por um novo casamento. Por conseguinte, em nome de uma pretensa "lei natural", ele estabelece uma distinção clara entre os que obedecem ao mandamento de Jesus e os que não lhe obedecem. Por fim, e sobretudo, esta postura transforma sempre o Evangelho numa norma, instaurando aqui a obediência literal a ela como critério de salvação. No fundo, permanecemos ainda na lógica dos fariseus do relato evangélico, com uma opção rigorista comparada à postura precedente.

Nos dois casos, interpreta-se – de maneira restritiva ou liberal – o texto evangélico como decretando uma norma de direito, o que certamente não é o caso do redator, e menos ainda de Jesus. Esta norma é recebida como intangível se adotarmos a postura rigorista, ou como reformável no outro caso, mas permanecemos numa visão de Jesus como legislador ou fundador de uma nova ordem moral.

Podemos também receber e entender estas palavras radicais de Jesus de uma maneira totalmente diferente: como palavras que interrogam de maneira salutar cada uma das nossas existências. Nada, com efeito, garante jamais que o divórcio (ou a separação) não estará no final de um percurso de conjugalidade. Neste quadro, a palavra sobre o novo casamento como "adultério" pode ser entendida como a recordação de que uma nova conjugalidade não é a negação da precedente: o casal que volta a se formar traz, queira ou não, a história passada de cada um dos cônjuges. Longe de condenar de maneira definitiva, esta palavra de Jesus pode então ser recebida como uma palavra que revela a verdade da existência de cada um com suas alegrias e suas dificuldades, seus êxitos e seus fracassos. Ela permite então viver na tranquilidade as alegrias e as dificuldades do matrimônio (ou da conjugalidade), a experiência penosa do divórcio (ou da separação) e a aposta arriscada do novo casamento (ou de uma nova conjugalidade). Entendida assim, esta palavra de Jesus deixa à sociedade civil a responsabilidade de regular a questão do divórcio e do novo casamento de acordo com os costumes e usos de cada época e de cada país. Mas, por outro lado, ela lembra a cada um como a obediência à Lei esconde muitas vezes uma hipocrisia que afasta da vontade primeira de Deus. Em outras palavras: se, no contexto de Jesus e de Mateus, o divórcio está realmente em ruptura com a vontade primeira de Deus porque revela o coração do homem como ele é, pronto para a infidelidade, esta mesma palavra não fecha a porta a um recomeço possível na humilde e clara consciência de sua própria fraqueza.

* Cf. *Quem são os fariseus dos evangelhos?*, p. 481.

1. Mt 19,3-12; Mc 10,1-12. **2**. Dt 24,1-3. **3**. Mt 1,19. **4**. Mt 5,21-47. **5**. Mt 5,28.

CONTRAPONTO

A arte judaica da controvérsia

Jeffrey R. Woolf
Universidade de Bar-Ilan (Israel)

"No início era o Verbo"[1], declara o evangelista João. Seja qual for o sentido preciso da máxima joânica, é claro que a interpretação da Palavra divina como está contida na Bíblia é a instância suprema de legitimidade do judaísmo rabínico, da mesma forma que constitui o pano de fundo contextual da mensagem do Jesus histórico e do cristianismo paulino. Por isso, debruçar-se sobre a interpretação rabínica da Bíblia no século I permite resgatar pontos de contato com certas passagens dos evangelhos.

O judaísmo rabínico se enraíza, portanto, na interpretação minuciosa da Bíblia. Esta estabelece como axioma fundamental que o texto bíblico, na medida em que é literalmente a Palavra de Deus, é formulado e estruturado com uma precisão absoluta. Como escreverá mais tarde Maimônides, Deus, à semelhança da Natureza dos Antigos, não faz nada em vão; mas, pelo contrário, organiza tudo com uma sabedoria infinita[2]. A partir deste postulado, os Sábios do Talmud estão em condições de aprofundar e desdobrar as implicações do texto bíblico: por exemplo, se a Torá escolhe certa palavra ou certa formulação, não é apenas para dizer o que ela diz, mas também para excluir o que ela poderia querer dizer se tivesse empregado um termo ou uma expressão aparentemente equivalentes.

Todo empreendimento interpretativo, *a fortiori* aquele que incide sobre um texto sagrado, suscita necessariamente debates relativos a saber até onde pode ir a liberdade de interpretação. Alguns dos mestres rabínicos do século I, que a seguir serão identificados muitas vezes com a "casa" ou a "escola de Shammai", privilegiavam claramente exegeses mais literais, mais próximas do sentido literal dos versículos; ao passo que outros, que a tradição vinculará à "casa de Hillel", se permitiam mais flexibilidade na leitura. Tomemos o exemplo do divórcio*, a respeito do qual Jesus é interrogado em Marcos[3] e em Mateus[4]. A Torá[5] diz que um homem pode se divorciar de sua mulher "se encontrar nela qualquer coisa inconveniente [*'erwat davar*]". A escola de Shammai estima que somente um comportamento licencioso da parte da esposa dá ao esposo o direito de divorciar-se, permanecendo assim mais próxima do sentido primeiro do versículo, porque *'erwat* designa em primeiro lugar as partes íntimas da anatomia. A escola de Hillel, por sua vez, considera que outros maus comportamentos femininos, sem elo com a intimidade, autorizam o marido a divorciar-se[6].

Esta questão da liberdade interpretativa ideal ou razoável é ainda debatida pelas gerações seguintes: é ilustrada nas célebres controvérsias entre Rabbi Ismael e Rabbi Akiva, na virada do século II. O primeiro afirma que "a Torá fala a linguagem dos homens" e que, por conseguinte, certas expressões são puramente idiomáticas e não devem ser superinterpretadas[7].

O segundo, por sua vez, empenha-se em extrair sentido a partir do mínimo detalhe linguístico, ortográfico ou ornamental que embeleza o texto[8].

A partir desta concepção primordial de um texto bíblico absolutamente coerente e preciso nasceram normas específicas de hermenêutica♦ chamadas *middot she-ha-Torah nidreshet ba-hem*, "as normas pelas quais a Torá é interpretada". Estas normas, originalmente em número de sete (que em seguida foram ampliadas para treze, e até para trinta e duas), são tradicionalmente atribuídas a Hillel o Velho, um quase-contemporâneo de Jesus[9], embora sejam certamente anteriores a ele. Entre estas normas, as mais usadas são o *qal wa-homer* ou raciocínio *a fortiori*, a *gezera shawa*, que liga dois versículos por uma palavra comum, e o *heqesh*, que deduz ensinamentos da justaposição de duas leis pelo texto. Além destas técnicas, a interpretação rabínica se distingue pela análise dialética ou *pilpul*. Se a fineza e a força conceitual dos argumentos são evidentemente essenciais na aplicação das diversas normas hermenêuticas, o termo *pilpul* designava especificamente um casuísmo virtuoso que visava resolver as contradições do texto bíblico, que só podiam ser aparentes, já que a Palavra divina não pode se contradizer[10].

Também aqui, os rabinos se mostraram preocupados com os limites do *pilpul* e de seus eventuais abusos. Assim o Talmud de Jerusalém atesta seu desconforto diante daquilo que se relata a respeito de um discípulo de Rabbi Meir (século II), pretensamente capaz de demonstrar com o mesmo rigor o caráter puro e impuro de algumas espécies de animais nocivos que a Torá, no entanto, declara impuros de maneira inequívoca[11]. Por isso, embora elogie as virtudes do virtuosismo analítico e o considere até superior ao conhecimento enciclopédico[12], o Talmud acusa, no entanto, certas abordagens de tipo *pilpul* de assemelhar-se a certas tentativas de "fazer passar um elefante pelo buraco de uma agulha"[13], expressão que não deixa de lembrar certa máxima evangélica[14].

Os evangelhos relatam que, em diversas ocasiões, Jesus critica o que para ele são fraquezas morais da exegese rabínica: por exemplo, se a interpretação da Lei permite doar toda a sua riqueza ao Templo, sem levar em conta o fato de que, com isso, a pessoa acaba não cumprindo a honra devida a seus pais[15]. Jesus critica também a legislação rabínica (halacá♦), por exemplo no tocante à ablução das mãos antes da refeição[16]. No entanto, os pesquisadores notaram afinidades claras entre as próprias exegeses da Lei propostas por Jesus, tal como vêm reproduzidas nos evangelhos, e as dos rabinos. Nesses casos, a familiaridade com os métodos rabínicos nos permite compreender mais profundamente o que está em jogo neste ou naquele debate nos evangelhos. Um dos exemplos mais notáveis, cuja exposição mais completa nos é fornecida por Mateus[17], refere-se ao episódio dos discípulos de Jesus que colhem espigas de trigo num sábado. A exegese cristã clássica lê aqui a abolição pura e simples, por parte de Jesus, da observância estrita do sábado. Esta leitura, no entanto, não permite explicar a construção tripartida da argumentação empregada por Jesus para justificar o comportamento de seus discípulos. Um exame mais rigoroso permite compreender que a demonstração de Jesus vem defender a legitimidade de transgredir o sábado quando estão em jogo a vida ou as necessidades humanas. Na forma, sua fala é totalmente idêntica a um argumento rabínico *a fortiori*; além disso, constata-se que o Talmud contém uma discussão estritamente paralela, que recorre aos mesmos argumentos do Evangelho. Assim, o estudo dos modos rabínicos de análise legal permite compreender não só o contexto dos relatos evangélicos, mas também as palavras atribuídas ao próprio Jesus.

* Cf. *O que Jesus diz realmente sobre o divórcio?*, p. 442.

1. Jo 1,1. **2**. Maimônides. *Guia dos perplexos*, III, 25. **3**. Mc 10,2-12. **4**. Mt 19,3-12. **5**. Dt 24,1. **6**. *Mixná*, tratado *Gittin* 9, 10. **7**. *Sifrei Bamidbar* n. 112. **8**. Cf. Talmud da Babilônia, tratado *Sanhedrin* 51a. **9**. Cf. *Tossefta, Sanhedrin* 13,7. **10**. Cf. Ex 12,15 e Dt 16,8 e a interpretação que é dada em *Mekhilta de-Rabbi Yishma'el, parasha* 8, s.v. *shiv'at*. **11**. Lv 11,29-30 e Talmud de Jerusalém, tratado *Sanhedrin* 4,1 [22a]. **12**. Cf. Talmud da Babilônia, tratado *Berakhot* 64a. **13**. Cf. Talmud da Babilônia, tratado *Baba Metsi'a* 38b. **14**. Cf. Mt 19,23-26 e paralelos. **15**. Cf. Mc 7,11 e Mt 5,6. **16**. Cf. Mt 15,1-8. **17**. Mt 12,1-8; Mc 2,23-28; Lc 6,1-5.

Jean-Claude Guillebaud
Ensaísta

A subversão evangélica

Devo a alguns autores – Jacques Ellul, Michael Henry, René Girard, Maurice Bellet, Friedrich Nietzsche, especialmente – ter-me aberto os olhos para o que se tornou para mim uma evidência. A seguinte: o texto evangélico *partiu em duas a história do mundo*. Seja o que for que se pense, houve um antes e um depois na história humana. A mensagem crística contém uma mensagem de desconstrução, de subversão que está atuando há dois mil anos em nossas sociedades. Essa mensagem não é, portanto, a continuação, apenas um pouco mudada, de preceitos oriundos da tradição judaica da época, do código babilônico ou de outros lugares. Não é uma religião "a mais". Mesmo que, em sua evolução sacrificial, em sua estrutura e em seu ritual, o cristianismo se assemelhe ao religioso mitológico, ele introduz uma ruptura definitiva.

Para tomar um exemplo, o tema e a prática do sacrifício que estão presentes no cristianismo parecem vinculá-lo ao religioso tradicional, ou mesmo às mitologias arcaicas estudadas pelos etnólogos. Morte, sacrifício, ressurreição: encontramos dispositivos semelhantes na maioria das mitologias humanas, inclusive entre os gregos. Mas o cristianismo *desregulou* tudo neste ritual, invertendo o sentido do sacrifício, dissipando o *desconhecimento* sobre o qual repousa sua eficácia.

É exatamente uma revelação *diferente* que surge com Cristo e trabalha para desconstruir o religioso arcaico, proclamando a inocência das vítimas e a impostura da perseguição sacrificial. Esta observação ilumina, a meu ver, a frase atribuída a Paulo nos Atos dos Apóstolos. Paulo fala aos filósofos gregos e os censura por serem muito religiosos no sentido antigo do termo, mas no contexto ele quer dizer "demasiadamente religiosos". Quando ele evoca os numerosos deuses e templos presentes em Atenas, vemos muito bem que aflora em suas palavras uma espécie de ironia. Para Paulo, a mensagem evangélica – a "loucura" da cruz – difere radicalmente destas religiões antigas e vem arruiná-las.

O que há de extraordinário na mensagem evangélica? É que ela inverte as perspectivas. Nas religiões antigas o relato do sacrifício exprime sempre o ponto de vista dos sacrificadores. Eles afirmam que a vítima sacrificada era efetivamente culpada. Na tragédia grega, Édipo é culpado. Em todas as mitologias, os que são sacrificados pela multidão, condenados à morte ou imolados no furor dos apedrejamentos são apresentados como culpados de verdadeiros crimes, quando na verdade eles são designados pelo que Girard chama de *unanimidade persecutória*. Sua culpabilidade é imaginária, mas cada perseguidor, aprisionado na ilusão coletiva, está persuadido de que ela é bem real. Sem esta convicção *unânime*, o sacrifício não poderia produzir os efeitos pacificadores que dele se esperam. O mimetismo, neste assunto, nos lembra alguns fenômenos midiáticos que vivemos hoje em dia e com os quais chegamos até a colaborar de maneira totalmente "inocente".

Ora, com o cristianismo, este discurso dos acusadores é invertido completamente, a acusação é desmascarada, ou seja, reduzida à sua falsidade. O sacrifício da cruz ocorre realmente, todos aderem à sua pretensa legitimidade, mas o episódio da *ressurreição* vem arruinar o próprio sentido do sacrifício, vem aniquilá-lo. Testemunhas "constataram" a ressurreição, ou seja, o extraordinário desmentido trazido à unanimidade persecutória. Ela basta para desintegrar esta última. É esta palavra *incrível*, esta *revelação*, que, através do exemplo de Cristo, abre de certa forma nossos olhos e desperta nosso entendimento.

Ela nos permite compreender que, assim como o Cristo crucificado, as vítimas do sacrifício, todas as vítimas acusadas por todas as culturas humanas, eram inocentes e que a unanimidade dos linchadores não era senão um produto da cegueira mimética. Girard chega a fazer desta cegueira uma metáfora daquele que chamamos "Satanás" (*o acusador*, de acordo com a etimologia hebraica). Existe, portanto, esta subversão inimaginável do bíblico que arruína para sempre o discurso dos perseguidores, o dos "poderes", dos "principados", ou seja, de Satanás.

A ressurreição significa em primeiro lugar isto. Ela é esta extravagante *objeção* que vem travar a mecânica do sacrifício na qual se fundamentam as culturas humanas. É justamente por isso que o *consentimento* à ressurreição é o cerne incandescente da fé cristã. Poderíamos até dizer que ele a define. É ela, a ressurreição, que confere à mensagem evangélica seu poder subversivo. A desconstrução que ela põe em andamento não cessou de avançar ao longo dos séculos e avança ainda hoje, ensinando-nos pouco a pouco a *ler* a verdade efetiva sob os disfarces míticos e culturais.

Sobre este princípio de subversão contido na mensagem crística Nietzsche não se enganou. Isto pode parecer paradoxal, mas uma leitura atenta de Nietzsche se revela corroborante para um cristão. Mesmo combatendo o cristianismo, Nietzsche leva muito a sério sua "novidade" fundamental. Ele a considera uma catástrofe, mas concede – para lamentá-la – que a mensagem evangélica mudou realmente a história do mundo, privilegiando a vítima em detrimento do opressor, abrindo o caminho para o que ele chama desdenhosamente de "uma moral dos fracos ou dos escravos".

Lendo corretamente Nietzsche, somos assim reconduzidos ao cristianismo, mais logicamente e mais depressa do que escutando os devotos preguiçosos ou lendo os catecismos que repisam uma indolência desencorajadora. Nada é mais pernicioso na história do cristianismo do que esta adesão rotineira ou "habituada", para retomar um adjetivo caro a Péguy. Quanto a mim, no grande clamor nietzscheano contra o cristianismo, encontro uma homenagem obsessiva – mas poderosa – prestada à subversão crística. É uma homenagem invertida e, portanto, involuntária, certamente, mas mesmo assim uma homenagem.

Vituperando contra o "desastre" cristão, Nietzsche reconhece ao mesmo tempo sua importância histórica. É sob esta ótica que leio ou ouço os nietzscheanos mais odientos de hoje. O ressentimento inquisitorial que eles expressam deveria despertar os cristãos e não deixá-los desolados.

Parte III – Interrogações sobre a identidade de Jesus

Capítulo 17

REAÇÕES E OPOSIÇÕES

Poderíamos contar a história assim...

Por que os fariseus se mostravam tão agressivos em relação a Jesus? Os discípulos o constatavam todos os dias, mas tinham dificuldade de compreender esta atitude. O que Jesus fazia ou dizia não era contra a Lei de Moisés, pelo contrário. O próprio Jesus havia afirmado categoricamente: "Não vim abolir a Lei, mas cumpri-la". Para ele, isto significava que a Lei não fora feita para separar os que a observavam, com um rigor e uma piedade extremos, dos outros que não seriam senão ímpios. Não! A Lei existia para levar o povo inteiro a uma vida boa e justa, em direção a este Reinado de Deus do qual ele não cessava de falar. Mas os fariseus se recusavam a ouvir isto; eles só conheciam a Lei e, de acordo com eles, unicamente sua observância escrupulosa conduzia pelo caminho da justiça.

Eles se mostravam escandalizados porque Jesus não hesitava em sentar-se à mesa com pecadores e pessoas pouco recomendáveis. Protestavam porque ele não respeitava, ao pé da letra, as prescrições do sábado e as normas de pureza. Ele lhes respondia acusando-os de exibir-se, mostrando sua riqueza e seu poder, e de pavonear-se com seu conhecimento da Lei para atribuir-se o direito de julgar os outros.

Com frequência cada vez maior, a disputa assumia um tom mordaz. Certo dia, quando Jesus libertou um homem possuído por demônios, os fariseus não hesitaram em acusá-lo de obter este poder do próprio demônio. Ele lhes mostrou o absurdo de suas palavras. Será que um demônio lutaria contra si mesmo? Mas eles não desistiram, porque, se o fizessem, estariam admitindo forçosamente que era pelo poder do Altíssimo que Jesus agia.

No fundo, o que tanto os contrariava era que Jesus falava com a autoridade dos mestres, sem se referir a ninguém senão à própria Escritura, como se soubesse melhor do que ninguém o que o Altíssimo queria.

Os fariseus, por sua vez, gostavam de sentar-se à mesa e discutir e debater sem fim sobre um ponto da Lei, citando os mestres antigos enquanto saboreavam carnes suculentas e bons vinhos. Estes intercâmbios entre pessoas eruditas não desagradavam a Jesus e ele aceitava de bom grado tais convites. Mas, na maioria das vezes, era às pessoas pobres e simples que ele se dirigia, aos que voltavam dos campos, aos que consertavam suas redes, às mulheres, às crianças, aos doentes. Dizia que eram eles que precisavam dele e de sua palavra. Eram esses doentes que precisavam de médico, eram essas ovelhas extraviadas que precisavam de um bom pastor. Pouco lhe importavam as longas e elegantes disputas de pequenos mestres, quando havia tanto a fazer para devolver a fé ao povo, para anunciar-lhe a Boa-Nova da salvação, para declarar-lhe sua libertação. Então, sem cessar, ele se inclinava para os pequenos, os pobres, as viúvas desoladas, os doentes... E não perdia uma ocasião de mostrar as contradições dos fariseus e dos escribas, que pretendiam conhecer tão bem a Lei, mas a punham tão pouco ou tão mal em prática. Por isso, havia ordenado aos discípulos que não chamassem ninguém de "mestre", nem de "Senhor", nem de "Pai", porque, dizia ele, só o Altíssimo o merece, só ele é mestre e Senhor, só ele é o pai de todos os humanos.

Os debates com os fariseus eram às vezes ásperos e Jesus não deixava nada sem resposta. Nas disputas verbais era ele quem alcançava a vitória. Mas, no fundo, não eram eles que os discípulos temiam, mas antes os esbirros de Herodes Antipas. Era melhor enfrentar a língua afiada de um fariseu do que o gume da espada de um carrasco; ninguém esquecera a sorte do Batista. A "raposa" Herodes estava pronta a tudo para manter boas relações com os romanos, aos quais devia seu trono. Aliás, diante do perigo, os fariseus não se enganavam de alvo. Por isso, enviaram emissários a Jesus para adverti-lo de que Herodes queria sua vida.

Ele tomou a sério o alerta. Preveniu seus discípulos; não temia Herodes, mas não queria correr o risco de ser preso na Galileia. Sua meta era Jerusalém; era para lá que precisava dirigir-se e é na cidade santa que as coisas iriam se desenrolar. Os temores dos discípulos aumentaram ainda mais. Quem poderia saber quais intrigas tortuosas seriam tramadas entre as grandes famílias do Templo? Se Jesus falasse lá em Jerusalém como falava aqui na Galileia, ninguém podia prever o que poderia acontecer.

C.P.

Polêmicas e hostilidade

Camille Focant
Universidade Católica de Lovaina

De acordo com os evangelhos, não existe, propriamente falando, um período cor-de-rosa na vida pública de Jesus, ou realmente muito pouco. As polêmicas com os detentores da autoridade surgem muito cedo. No evangelho de Marcos, as pessoas mal têm tempo de surpreender-se diante do ensinamento e da ação de Jesus[1] e de entusiasmar-se[2], que logo surge uma intensa oposição[3]. E esta desemboca imediatamente – desde o capítulo 3 – num complô para matar aquele que incomoda[4]. De acordo com Mateus, já desde seu nascimento Jesus é vítima de uma tentativa de assassinato ordenada pelo rei Herodes o Grande; ele só escapa à custa de uma fuga para o Egito[5]. No evangelho de Lucas, a vida pública de Jesus começa com uma rejeição de sua primeira pregação na sinagoga de Nazaré[6]. E este episódio ocorre pouco antes de uma série de controvérsias na Galileia. Se a apresentação de João é diferente, a oposição é igualmente precoce. A partir do capítulo 2, a contestação da organização mercantil do Templo por parte de Jesus suscita imediatamente a cólera das autoridades judaicas[7]. A intenção homicida destas para com Jesus aparece um pouco mais tarde, após a cura de um enfermo no dia de sábado[8].

Cf. *O evangelho da infância em Mateus*, p. 122.

Cf. *Jesus* ► *na sinagoga de Nazaré*, p. 192.

A ação de Jesus, portanto, suscitou rapidamente polêmicas e desembocou numa luta de morte. Percorrer rapidamente os textos onde a hostilidade é evocada permite ver que os temas de controvérsias variam em função dos diversos tipos de opositores que são os herodianos, os saduceus e os fariseus muitas vezes associados aos escribas.

As questões do perdão e do sábado

Os três evangelhos sinóticos relatam uma mesma série de controvérsias na Galileia no início da atuação pública de Jesus. Elas são apresentadas na mesma ordem, embora Mateus divida a série em duas partes[9]. Os adversários neste ciclo de controvérsias são os escribas e os fariseus. São as autoridades religiosas efetivas na Galileia; seu poder é exercido através de seu domínio sobre as sinagogas. A oposição dos saduceus e a dos sacerdotes, ligados ao culto no Templo, se manifestarão de preferência por ocasião de seu encontro com Jesus em Jerusalém no fim de sua vida[10].

Ao lado dos saduceus, dos essênios e dos zelotas, os fariseus são um dos quatro grupos religiosos identificáveis da sociedade judaica na época, de acordo com Flávio Josefo, historiador judeu do século I de nossa era[11]. Muito próximos do povo, caracterizavam-se como indivíduos piedosos, muito apegados ao estudo da Torá, a Lei mosaica; são particularmente cuidadosos em elaborar uma interpretação e uma atualização que permitam a cada um observar exatamente esta Lei. Em função deste objetivo, eles elaboram uma jurisprudência que considera minuciosamente diversas hipóteses, sendo que o todo constitui progressivamente uma tradição oral.

A denominação "os escribas" é mais vaga. *A priori*, poderia designar todos os que se dedicam a trabalhos de escrita, em particular na administração e a serviço das autoridades. Mas, após o retorno do exílio, por volta do século V antes de nossa era, os escribas se tornam de preferência em Israel especialistas do texto sagrado, essencialmente da Torá. Desempenham um papel importante na constituição de uma tradição escolar do ensino do direito e são muitas vezes chamados "rabbi" (rabi/rabino, mestre). Estes "mandarins" só podem ter desprezo por um Jesus que transmite com autoridade um ensinamento novo, embora não tenha estudado a tradição transmitida pelos mestres[12]. Embora os saduceus tivessem também seus escribas, os escribas dos quais falam os evangelhos são o mais das vezes peritos de tendência farisaica.

Os escribas só podem ter desprezo por um Jesus que ensina sem ter estudado com mestres titulares.

Nas controvérsias na Galileia, a tensão aumenta progressivamente: vai desde um escândalo que permanece interior[13] até uma reação exteriorizada de furor e o projeto de matar este arruaceiro que é Jesus, porque assume demasiadas liberdades em relação à Lei[14].

No cerne da última controvérsia, que implica a cura num sábado de um homem com a mão paralisada, uma palavra de Jesus parece ultrapassar o quadro por seu caráter geral: "Eu vos pergunto se é permitido no dia de sábado fazer o bem ou fazer o mal, salvar uma vida ou perdê-la"[15]. De acordo com a leitura "técnica" da Lei, que os evangelhos atribuem aos escribas e aos fariseus, o que é proibido é o fato de agir no dia de sábado, seja qual for a natureza da ação. Por isso eles se opõem à cura praticada por Jesus nesse dia. Para Jesus, não vir em socorro de alguém em situação crítica, mesmo que sua vida não esteja em perigo, equivale a fazer o mal. De acordo com ele, não existe um não-agir que se poderia qualificar de maneira neutra: ou salvamos ou matamos. Diante de seus oponentes, Jesus muda a própria definição do permitido: não é possível cumprir a Lei sem ultrapassar suas exigências a fim de fazer mais do que aquilo que ela manda. Querer ater-se à letra da Lei leva a situar-se abaixo de suas exigências e revela corações acusadores e homicidas.

As duas primeiras controvérsias da série têm como objeto o tratamento do pecado. Na primeira[16], Jesus mostra que, para ele, perdoar e curar vão juntos, situam-se numa mesma lógica: a de salvar uma vida. Diante do paralítico que seus amigos lhe apresentaram fazendo-o passar pelo teto de uma casa, ele pronuncia uma frase que provoca escândalo: "Teus pecados te são perdoados". Seus adversários, por sua vez, suspeitam que ele está blasfemando, arrogando-se uma autoridade que eles imaginam reservada unicamente a Deus, a de perdoar os pecados. Certamente, neste estágio, a acusação permanece implícita. Mas seu poder mortífero se mostra quando sabemos que, por ocasião da Paixão, a blasfêmia será invocada como motivo para condenar Jesus à morte[17]. Na segunda controvérsia[18], o chamamento de um coletor de impostos considerado colaborador do ocupante romano e a refeição compartilhada, na casa deste mesmo coletor de impostos, com pecadores – o que é contrário à Lei – é que serão contestados. Mas, de acordo com Jesus, é a santidade que é contagiosa e não a impureza dos pecadores. Estes precisam de um médico, de alguém que os chame à conversão, e não de alguém que evita cuidadosamente todo contato com eles por medo de uma contaminação da impureza. Mais tarde, Jesus se opõe mais uma vez a este ponto de vista farisaico ao se deixar abordar e honrar por uma "pecadora" à qual, além disso, ele perdoa os seus pecados[19].

As duas últimas controvérsias referem-se à questão do sábado. Em primeiro lugar, os discípulos de Jesus são censurados por catar espigas de trigo ao atravessar um campo – uma prática proibida no dia de sábado de acordo com os fariseus[20]. Mas, se Davi podia interpretar de maneira aberta a lei relativa aos pães da oferenda, replica Jesus, tanto mais ele, que é o Filho do homem, pode interpretar a lei do sábado do qual ele é o senhor. E esta supremacia não é arbitrária, pois o sábado foi feito para o homem e não o contrário[21]. A última controvérsia suscitada por uma cura praticada no dia de sábado[22] já foi evocada acima.

Para Jesus, não é possível cumprir a Lei sem ultrapassar suas exigências literais para fazer mais do que aquilo que ela manda.

O que surge assim no ministério de Jesus parece fundamentalmente novo e, portanto, dificilmente pode encaixar-se nos métodos antigos do judaísmo representados pelas práticas farisaicas. "Para vinho novo, odres novos"[23]. Esta novidade radical não é do gosto dos fariseus e dos escribas. Ela provoca uma violenta cólera contra Jesus[24].

A questão dos exorcismos e da impureza

A realidade dos exorcismos praticados por Jesus não é contestada por seus opositores. Mas estes exorcismos são alvo de uma interpretação negativa[25], cujos responsáveis não são claramente identificados – fariseus de acordo com Mateus, escribas vindos de Jerusalém de acordo com Marcos, algumas pessoas em Lucas[26]. Seu julgamento é lapidar: "É por Beelzebul, o chefe dos demônios, que ele expulsa os demônios"[27]. Portanto, Jesus é acusado de exorcismo demoníaco. É mediante o chefe dos demônios que ele libertaria pessoas possuídas por um espírito impuro, que se torna senhor delas, as aliena e as faz sofrer. Libertar um sujeito humano de uma mistura de espíritos, de uma fusão mortífera que o despojava de sua autonomia, é interpretado como uma obra demoníaca.

◄ Cf. *Curas e exorcismos*, p. 285.

Para demonstrar o absurdo de tal acusação, Jesus recorre a duas comparações tomadas do mundo das guerras civis e do mundo dos conflitos domésticos. Nos dois casos, como se sabe, as devastações destas dissensões são ruinosas. Se Satanás se opunha a si mesmo, concedendo o poder de exorcizar suas próprias tropas, isto só poderia aniquilar sua influência, destruir seu reino. É insensato pensar que a derrota de Satanás viria de uma divisão interna ao mundo do mal. Com efeito, ela vem da vitória de alguém mais forte do que ele. Por seus exorcismos, Jesus se mostra mais forte do que Satanás e por isso liberta os possessos dos laços com os quais ele os subjugava. Isto lhe permite entregá-los ao Espírito de Deus que os liberta.

A interpretação negativa dos adversários é um erro de consequências terríveis. Num horizonte de perdão universal[28], o erro dos escribas no discernimento dos espíritos é apresentado como uma blasfêmia contra o Espírito Santo, que "fica para sempre sem perdão"[29]. Não é possível salvar da confusão dos espíritos precisamente aqueles que são responsáveis pelo discernimento dos espíritos, quando eles chegam ao ponto de tratar atos de libertação de origem divina como ações demoníacas.

No centro dos evangelhos de Marcos e de Mateus, uma nova controvérsia opõe Jesus a fariseus e escribas de Jerusalém[30]. Estes se inquietam pelo fato de os discípulos de Jesus comerem de maneira impura, ou seja, sem lavar as mãos antes da refeição, como exige a tradição dos Antigos. Esta tradição fornece um conjunto de prescrições orais que aplicam a Lei escrita às situações concretas e mutantes da vida. Estas normas, na origem, só se aplicavam aos sacerdotes[31]. Mas os fariseus desejavam ampliar seu campo de aplicação, para santificar a vida do povo inteiro, preservando-o das impurezas rituais que as pessoas podiam contrair mesmo involuntariamente por simples contato físico.

À pergunta escandalizada Jesus responde criticando o fundamento da posição deles e sua incoerência[32]. Uma citação do profeta Isaías[33] lhe permite primeiramente decifrar o afastamento de seu coração em relação a Deus. É sua hipocrisia que é denunciada, porque seus ensinamentos desembocam numa prática religiosa exterior que mal esconde uma profunda indiferença do coração. Eles reivindicam a tradição dos Antigos; mas, aos olhos de Jesus, ela é uma tradição humana. Para ele, trata-se de preceitos bem afastados da Palavra de Deus, tal como esta vem expressa em seu mandamento. Eles não só negligenciam este mandamento em proveito de sua tradição humana, mas o repelem, ou melhor, o invalidam. Não seria apenas uma transgressão deste mandamento; de maneira mais radical, tiram-lhe toda a sua autoridade. Jesus lhes mostra isto com um exemplo. Com efeito, embora seja um dos mandamentos da Torá[34], eles dispensam do dever de assistir seu pai e sua mãe os que fazem o voto de doar ao tesouro do Templo a soma que seria utilizada para socorrê-los. Ora, embora legítimos, os votos devem permanecer subordinados aos mandamentos da Torá e não o inverso. Eles não podem levar a infringir a solidariedade social que pertence à vontade divina.

Num breve ensinamento às multidões, Jesus explicita em seguida, de maneira mais geral, o que é suscetível de tornar impuro o ser humano: "Não há nada exterior ao homem que penetrando nele o possa tornar impuro, mas o que sai do homem, eis o que torna o homem impuro"[35]. Embora seja enunciado com clareza, o princípio proposto permanece, entretanto, enigmático em sua brevidade e aberto a diversas interpretações. Esta "palavra enigmática" logo vai suscitar um pedido de esclarecimento da parte dos discípulos.

Para Jesus, a verdadeira pureza, a que provém do coração, é de ordem ética e não ritual.

Em consideração a estes, portanto, Jesus explicita o sentido a ser dado ao princípio que acaba de ser enunciado[36]. Ele realça como o coração humano é o lugar onde acontece a pureza ou a impureza. Para explicitá-lo, Jesus retoma sucessivamente as duas partes do princípio que desperta a interrogação. Em primeiro lugar, mostra que o coração não pode ser manchado pelos alimentos: para que multiplicar as normas que regem a pureza dos alimentos que comemos, "já que [isto] não penetra em seu coração, mas no seu ventre, e depois vai para a latrina?" Enquanto as normas de pureza se concentram em tudo o que acontece a montante da ingestão dos alimentos, Jesus chama a atenção, de maneira um pouco trivial, para o que acontece com eles a jusante, desde que penetraram no corpo e quando as práticas rituais não podem mais se ocupar deles. E isto muda completamente a apreciação. O evangelista Marcos extrai a lição num inciso que atribui a Jesus a ab-rogação das leis alimentares: "Com isso, ele declarava que todos os alimentos são puros"[37]. No entanto, a questão da pureza continua sendo pertinente, mas com a condição de compreendê-la de outro ponto de vista. Para não se manchar, o ser humano precisa evitar que nasça em seu coração uma série de coisas más. É uma maneira de realçar que a verdadeira pureza, a que provém do coração, é de ordem ética e não ritual. O mal que vem do coração e que alimenta as desordens sociais – eis o que torna realmente impuro o ser humano.

A hostilidade das autoridades religiosas e a de Herodes

A hostilidade contra Jesus vem primordialmente das autoridades religiosas judaicas. Para bem compreender seu alcance, é preciso situá-la no âmago da concepção que elas têm da Torá e de sua aplicação. Na ausência de um poder político local com uma verdadeira autonomia, a Lei mosaica se tornara efetivamente o polo de identidade por excelência do povo judeu em sua aliança com Deus. Os diversos grupos constitutivos da sociedade judaica da época rivalizavam em engenhosidade para se apresentar como os melhores defensores deste princípio de identidade.

Se considerarmos os diversos grupos enumerados por Flávio Josefo, parece que os zelotas como também os essênios não desempenharam um papel importante na oposição a Jesus. É provável que o grupo dos zelotas, que em nome do Deus único reivindicavam uma oposição política ao ocupante romano que chegava até à luta armada, ainda não existia como tal no tempo de Jesus, embora prelúdios de tensões e de motins já se tivessem manifestado – por exemplo, a revolta de Judas o Galileu, na época do recenseamento de Quirino[38]. Quanto aos essênios, célebres por suas posturas particularmente radicais em matéria de ascetismo e de pureza ritual, não são mencionados em nenhum lugar nos evangelhos, sendo as controvérsias em matéria ritual atribuídas de preferência aos fariseus e aos escribas.

Em sua preocupação de santificar o povo inteiro, estes haviam estendido a todos o cuidado com a pureza ritual que dizia respeito em primeiro lugar aos sacerdotes. E haviam ido cada vez mais longe para considerar todos os casos possíveis e fornecer uma jurisprudência à qual atribuíam força de lei. Enquanto eles ampliavam cada vez mais o campo de aplicação das normas rituais de pureza (normas alimentares, sábado, contato com pecadores), Jesus quer uma reorientação para os Dez Mandamentos e, em particular, para o duplo mandamento do amor, cerne e chave de interpretação da Torá[39]. Enquanto os primeiros estão atentos a ações exteriores específicas que permitiriam à impureza manchar o homem, Jesus concentra sua atenção no coração da pessoa donde podem sair as ofensas aos outros. Uma das consequências deste deslocamento do ritual para a ética consiste em permitir a entrada no Reino de Deus aos que são ritualmente impuros. É uma das chaves da expansão do cristianismo, que, baseado nisto, abriu o acesso à Boa-Nova de Jesus aos pagãos numa perspectiva universalista e não mais particularista.

Por fim, a hostilidade do grupo dos saduceus e dos sacerdotes em torno do Templo se manifestou, por sua vez, apenas no final da vida de Jesus, por ocasião de sua estadia em Jerusalém e de sua Paixão.

Cf. o capítulo ► *O conflito com o Templo*, p. 541.

Jesus suscitou também uma viva oposição de Herodes e dos herodianos. Para bem compreender as relações entre eles é importante conhecer a situação histórica de Herodes Antipas. Ele é o sucessor, para a Galileia, de Herodes o Grande. Seu poder é bastante relativo, já que o verdadeiro representante do imperador era um prefeito romano instalado na maior parte do tempo na costa mediterrânea, em Cesareia Marítima. No entanto, Herodes representa o principal poder político com o qual Jesus se confrontou na Galileia.

Os evangelistas lhe atribuem a execução de João Batista[40], o que é confirmado por Flávio Josefo[41]. O tetrarca havia desposado Herodíades, que era a mulher de seu irmão, vilipendiando assim a Lei, o que é lhe censurado abertamente por João Batista[42]. Por isso, Herodíades o odeia ferozmente e acaba obtendo sua execução: João é preso, lançado na prisão de Maqueronte e finalmente decapitado. Isto provoca sem dúvida certa culpabilidade em Herodes que, apesar de tudo, protegia este "homem justo e santo"[43]. Alguns Judeus, relata Flávio Josefo, interpretarão a grave derrota de Herodes Antipas diante de Aretas, o rei de Petra, como uma punição divina por esta execução do Batista, que o historiador descreve como "um homem bom, que exortava os Judeus a praticar a virtude, a justiça uns para com os outros e a piedade em relação a Deus"[44]. Talvez seja esta culpabilidade que leva Herodes a supor bizarramente que Jesus poderia ser a reencarnação de João Batista[45].

Desvairado pelo sentimento de culpabilidade pelo assassinato do Batista, Herodes teme que Jesus seja João ressuscitado.

De acordo com Marcos, Jesus prevenira seus discípulos contra o fermento dos fariseus e o de Herodes[46]. O fermento dos fariseus é facilmente entendido a partir daquilo que precede imediatamente no evangelho, uma passagem na qual eles armam uma cilada a Jesus exigindo dele um sinal justamente após ter alimentado milagrosamente toda uma multidão[47]. Herodes, por sua vez, fica impressionado com os milagres de Jesus. Mas, desvairado por seu sentimento de culpabilidade, ele tira a falsa conclusão de que ele seria João Batista ressuscitado. Nos dois casos, o fermento indica sem dúvida um interesse mal-orientado para os sinais, a fim de desvendar a identidade de Jesus: a interpretação errônea de Herodes o leva a conclusões falsas, enquanto a dos fariseus os incita a exigir um sinal suplementar que eles desejariam mais convincente.

Esta compreensão da interpretação errônea de Herodes encontra uma confirmação num episódio próprio de Lucas: o comparecimento de Jesus diante de Herodes por ocasião da Paixão[48], sendo que os outros evangelhos não implicam, no processo de Jesus, senão as autoridades de Jerusalém e Pôncio Pilatos. Em peregrinação a Jerusalém por ocasião da Páscoa, o tetrarca se alegra ao ver Jesus, do qual espera algum milagre que poderia distraí-lo. Mas Jesus resiste à sua insistência e se fecha no mutismo. Desconcertado, Herodes o trata então com desprezo e ironia.

◄ Cf. o capítulo *O processo e a condenação de Jesus*, p. 627.

Embora seja discutível no plano histórico – os fariseus eram conhecidos de preferência por sua desaprovação não violenta da ocupação romana –, o conluio entre os fariseus e Herodes encontra uma confirmação em algumas passagens evangélicas nas quais se trata desta vez dos "herodianos". Este termo não é conhecido fora do Novo Testamento, onde ele é raro[49]. A identidade deste grupo permanece obscura, já que nenhum partido é registrado com este nome nessa época. Sem dúvida trata-se simplesmente de pessoas cujo destino está ligado politicamente ao da família de Herodes. Nos evangelhos, eles são cada vez apresentados como ligados aos fariseus para conspirar contra Jesus, cuja morte desejam. Todavia, isto é problemático no plano histórico, porque os fariseus só podiam sair desacreditados de uma aliança antinatural com a dinastia de Herodes, desprezada pelos Judeus por causa de sua corrupção e de sua colaboração com o ocupante romano. É sem dúvida uma maneira de indicar que a oposição a Jesus veio dos dois campos, de todas as partes por assim dizer.

Concluindo: a hostilidade mais marcante à pregação e à ação de Jesus não vem do poder político que se sente pouco atingido, em todo caso, num primeiro momento. É no plano religioso que Jesus é percebido como um contestador que reformula com autoridade a definição do permitido e do proibido. Sua compreensão da forma correta de aplicar a Lei, sua interpretação pessoal da pureza na lógica do coração e não dos ritos, seu acolhimento aos pecadores e sua maneira de aproximar-se deles sem temor, tudo isto perturbou profundamente as autoridades religiosas de seu tempo na Palestina, seja tendência farisaica ou saduceia. A tal ponto que eles se perguntavam constantemente como neutralizar este pregador revolucionário. Foi só no fim da vida de Jesus que as autoridades romanas se sentiram atingidas, uma vez que a pregação do Reino de Deus lhes foi apresentada como um perigo para o Império romano.

1. Mc 1,27-28. **2**. Mc 1,32-33.45. **3**. Mc 2,1–3,6. **4**. Mc 3,6. **5**. Mt 2,13-23. **6**. Lc 4,16-30. **7**. Jo 2,13-22. **8**. Jo 5,1-18. **9**. Mc 2,1–3,6; Lc 5,17–6,11; Mt 9,1-17 e 12,1-14. **10**. Lc 19,45–20,40 e paralelos sinóticos. No evangelho segundo Mateus, no entanto, os saduceus são mencionados também antes (3,7; 16,1-12) **11**. Flávio Josefo. *Antiguidades judaicas*, XVIII, 11-25; *Guerra dos Judeus*, II, 119-166. **12**. Mc 1,27; Lc 20,1-2. **13**. Lc 5,21-22. **14**. Lc 6,11; Mc 3,6. **15**. Lc 6,9. **16**. Lc 5,17-26. **17**. Mc 14,64. **18**. Lc 5,27-32. **19**. Lc 7,36-50. **20**. Lc 6,1-5. **21**. Mc 2,27. **22**. Lc 6,6-11. **23**. Mc 2,22; Lc 5,38. **24**. Lc 6,11. É preciso, no entanto, observar que a ideia da superioridade da vida humana sobre as leis do sábado existe igualmente na tradição farisaica consignada por escrito nos séculos seguintes (*Mekhilta* sobre Ex 31,14) e que ela desempenhou um papel importante na interpretação talmúdica. **25**. Lc 11,14-26; Mc 3,22-30; Mt 12,24-32. **26**. Mt 12,24; Mc 3,22; Lc 11,15. **27**. Lc 11,15. **28**. Mc 3,28; Mt 12,31. **29**. Mc 3,29; cf. também Mt 12,32; Lc 12,10. **30**. Mc 7,1-23; Mt 15,1-20. Este episódio está ausente do evangelho de Lucas. **31**. Ex 30,18-21. **32**. Mc 7,1-13; Mt 15,1-8. **33**. Is 29,13, citado em Mc 7,6-7. **34**. Dt 5,16; Ex 21,7. **35**. Mc 7,15; Mt 15,11. **36**. Mc 7,16-23; Mt 15,12-20. **37**. Mc 7,19. É preciso observar que, no texto paralelo, Mateus não tem este inciso do narrador. **38**. At 5,37; Flávio Josefo. *Antiguidades judaicas*, XVIII, 1-10. **39**. Mc 12,28-34. **40**. Mc 6,14-29; Mt 14,1-12; Lc 3,19-20 e 9,7-9. **41**. Flávio Josefo. *Antiguidades judaicas* XVIII, 110-119. **42**. Mc 6,18, referindo-se provavelmente a Lv 20,21. **43**. Mc 6,20. **44**. Flávio Josefo. *Antiguidades judaicas*, XVIII, 110-119. **45**. Mc 6,16. **46**. Mc 8,15. Na passagem paralela, Mt (16,6) fala antes do fermento dos fariseus e dos saduceus. **47**. Mc 8,11-12. **48**. Lc 23,6-12. **49**. Só o encontramos em Mc 3,6; 12,13 (passagem paralela: Mt 22,16).

Jesus era contra a Lei?

Antoine Guggenheim
Teólogo, especialista das relações com o judaísmo

Donde vem a violência semântica e física dos cristãos contra a Torá e o povo que a observa? Ela vem, sem dúvida, desde a origem, como o atesta o Novo Testamento; vem da tentação de compreender o *cumprimento* da Torá, proclamado por Jesus[1], como uma *ab-rogação* da Torá, ou como uma *substituição* da Torá.

Na época de Jesus a Torá é, ao mesmo tempo, um escrito canônico – os cinco livros de Moisés (que hoje chamamos de Pentateuco♦, do grego *penta*, "cinco") – e um conjunto de tradições interpretativas em debate. Na terra de Israel, como na Diáspora, a Torá de Moisés é escrita e comentada então em duas línguas, o hebraico e o grego. O hebraico é o texto-fonte ainda não vocalizado e, portanto, muito aberto à diversidade das leituras (podendo cada palavra, composta de letras-consoantes, ser pronunciada de diversas maneiras e, portanto, ter diversos significados). Além disso, a leitura da Torá, na liturgia das sinagogas, é sempre seguida de uma paráfrase na língua vernácula – por exemplo, em aramaico, fala-se então de *targum*♦ – que é ao mesmo tempo tradução, interpretação e transmissão. Com efeito, *Torah* significa, em hebraico, "ensinamento" – o que o grego *Nomos* ou o latim *Lex* ("Lei") dificilmente expressam. O relato e os preceitos entrelaçados na Torá propõem uma escola de vida e de conhecimento no quadro de uma "aliança" particular entre Deus e Israel, povo escolhido entre todos e em favor de todos. No contexto bastante cosmopolita do século I, o do jovem Império romano cuja cultura se exprime através da *koinê* (língua comum) grega, as outras nações do Oriente Médio entendem a Torá como uma norma de vida fascinante e estranha.

Jesus próximo dos fariseus

Fariseus, saduceus, essênios, samaritanos, e outros grupos religiosos judaicos, convergem na acolhida da autoridade primeira da Torá para orientar a vida do povo. Todos, com exceção dos samaritanos, aceitam ademais no cânon a autoridade segunda dos profetas e dos hagiógrafos♦. As escolas farisaicas antigas elaboram suas normas de interpretação no interior da relação mestre-discípulo. Ser um bom discípulo é, ao mesmo tempo, ser fiel à tradição interpretativa de seu mestre e saber operar uma renovação fiel (*hiddush*) de seu ensinamento. Trata-se de manifestar a atualidade e a fecundidade da Torá para iluminar o caminho da Aliança com Deus de geração em geração. Já que "o tempo da profecia está encerrado" desde o retorno do exílio, de acordo com uma interpretação judaica antiga, uma leitura fiel e criativa é reconhecida como "Torá oral" por um consenso majoritário de sábios. Mas a discussão permanece aberta – uma das riquezas da oralidade – e as opiniões minoritárias são conservadas como expressão de uma leitura legítima. E o serão ainda mais tarde, quando os fariseus precisarão assumir a unidade do povo judaico após a destruição do segundo Templo de Jerusalém por Tito. Eles serão então os primeiros a pôr por escrito uma quantidade enorme de discussões haláquicas♦ (jurídicas) e de comentários hagádicos♦ (narrativos) na Mixná♦ e depois no Talmud.

Jesus nos é apresentado pelos evangelistas como alguém que haure seu ensinamento na experiência familiar de um artesão de uma aldeia da Galileia durante trinta anos, em sua frequência regular às sinagogas de Nazaré e dos arredores, em sua meditação pessoal da Torá, dos profetas e dos salmos e em sua leitura dos sinais dos tempos. A Galileia, em razão da geografia e da história, é ao mesmo tempo uma encruzilhada dos pagãos no caminho do mar e uma terra de refúgio para grupos judeus dedicados a um estudo intenso e rigoroso da Torá. As interpretações da Torá dadas por Jesus podem todas ser referidas e comparadas a outras interpretações judaicas das quais o Talmud conserva o vestígio, por exemplo a precedência da vida humana à observância do sábado. Se, em outros casos, elas estão muitas vezes próximas das opiniões minoritárias, nem por isso o que é minoritário é marginal numa ótica rabínica.

As polêmicas evangélicas com os fariseus devem ser lidas de maneira distanciada, para entender a palavra de Jesus em sua dinâmica espiritual.

Em certos aspectos os fariseus são o grupo que parece mais próximo de Jesus e de seus discípulos. Os evangelhos mostram que estes estão em contato com outras seitas judaicas como também com a multidão dos Judeus anônimos, mais ou menos afastados da vida segundo a Torá, e até com alguns não Judeus. Jesus, como os fariseus, se expressa e age no quadro da relação mestre-discípulo, transmitindo, por seus gestos e suas palavras, sua interpretação da Torá, dos profetas e dos salmos, e tomando posição nas controvérsias. Os discípulos de Jesus pretendem, portanto, transmitir as palavras e os gestos de seu mestre com uma fidelidade criativa, sem se confinar numa repetição de seu ensinamento palavra por palavra. Se tomarmos como princípio uma avaliação positiva da tradição farisaica, podemos ler de maneira distanciada as polêmicas dos relatos evangélicos, o que ajuda a entender a palavra de Jesus em sua singularidade histórica e em sua dinâmica espiritual. Descartando a redução da Torá ao domínio legal, que pode ter sido efetivamente uma tentação farisaica, as interpretações de Jesus consolidam a Torá como uma preparação e antecipação da vida com Deus e como ensinamento do amor justo.

O que interessa à crítica e à hermenêutica♦ para avaliar e compreender a posição de Jesus em relação à Torá é a autoridade que ele invoca. Os testemunhos dos evangelhos conservam o vestígio disto, tão constante e essencial ao personagem e à sua existência social que é preciso levar em consideração: Jesus se sente frágil e ameaçado; ele sabe que é ao mesmo tempo minoritário e querido de Deus.

O que é "cumprir a Torá"?

"Não penseis que vim abolir a Lei ou os Profetas: não vim suprimir, mas cumprir"[2]. Mateus põe o "Eu" de Jesus à altura de uma missão excepcional: correndo perigo de abolir a Torá, ele veio cumpri-la. O que significa "cumprir"? Os versículos seguintes o comentam: "Pois em verdade eu vos declaro: antes que passem o céu e a terra, não passarão da lei um *i* nem um ponto do *i*, sem que tudo haja sido cumprido. Portanto, no Reino dos céus, aquele que transgredir um só destes mínimos mandamentos e ensinar os homens a fazer o mesmo será declarado o mínimo; pelo contrário, quem os puser em prática e os ensinar, no Reino dos céus será declarado grande. Pois eu vos digo: se a vossa justiça não ultrapassar a dos escribas e dos fariseus, de modo algum entrareis no Reino dos céus"[3]. "Cumprir a Torá" tem aqui o sentido que tem na tradição bíblica e rabínica: em primeiro lugar *praticá-la*: "aquele que transgredir"; em seguida *interpretá-la*: "aquele que os ensinar"; por fim *realizar suas promessas*: "sem que tudo haja sido cumprido..."

Seguem-se, no texto de Mateus, alguns exemplos de interpretação da Torá por Jesus, introduzidos por uma fórmula repetida que é preciso examinar de perto: "Ouvistes que foi dito aos antigos [...]. Pois eu vos digo..."[4] Nesta sequência, Jesus retoma mandamentos bíblicos conhecidos (proibição do assassinato, do adultério etc.) e os interpreta num contexto ético mais amplo: todo aquele que se encolerizar contra seu irmão ou o insultar tem, aos olhos do Céu, o estatuto de um assassino. Aliás, a tradição rabínica não ignora esta abordagem; ela que diz, por exemplo, que aquele que humilhar seu próximo em público é considerado moralmente um assassino e merece o inferno eterno[5]. Portanto, Jesus não dispensa seus discípulos de observar a Torá escrita ou oral, o que equivaleria a *ab-rogá-la*. Tampouco lhes dá outra Torá que viria *substituir* a primeira: ele lhes propõe sua interpretação na abertura das interpretações. Mas Jesus não se satisfaz

Cumprir a Torá não é certamente ab-rogá-la ou substituí-la, mas é antes de tudo realizar suas promessas.

em propor sua interpretação; ele pede a seus discípulos que a sigam em todas as suas exigências, mesmo que ela seja minoritária, para não anular a Palavra de Deus em nome da tradição[6].

Assim, em sua maneira de comentar o sábado, é anacrônico imputar a Jesus um liberalismo que espiritualiza o rito e o dissolve na ética. Os milagres corporais, relatados nesse dia como que por predileção, expressam de preferência que a Torá, nos dias do Filho do homem, antecipa o sábado escatológico♦, preparado desde a fundação do mundo[7] – sendo o último dia da Criação a promessa do último Dia, do fim dos tempos. Neste sentido, não existe para Jesus uma Lei nova, mas um *hiddush*, uma renovação fiel de toda a Torá. É esta renovação que é um cumprimento, porque vem acompanhada de uma transformação dos corações, que as parábolas do Reino preparam[8]. Da mesma forma, a eucaristia♦, tal como nos é transmitida por Mateus, não constituiria tanto uma "nova Aliança" que viria substituir a "antiga", mas antes uma renovação/cumprimento da única Aliança no sangue de Jesus, "derramado em prol da multidão, para o perdão dos pecados"[9], da mesma forma que esta Aliança havia sido selada, no momento da saída do Egito, pelo sangue do sacrifício pascal e pelo sangue da circuncisão. Os gestos de Jesus confirmam suas palavras: a acolhida sem limites dos pecadores, dos pobres, dos excluídos, dos doentes, em particular das mulheres e das crianças. Nada deve velar aquilo que a Torá revela, a saber, que a misericórdia de Deus é maior do que sua justiça. O apelo de Jesus à Lei de santidade liberta do julgamento e abre infinitamente a responsabilidade pelo outro.

Uma interpretação sempre aberta

Os testemunhos dos outros "autores" do "Novo Testamento" – Marcos, João e Lucas, mas também Paulo, Tiago, Pedro etc. – propõem leituras da postura de Jesus em relação à Torá que são diferentes, embora permanecendo coerentes com o núcleo encontrado em Mateus, pois seus escritos estão marcados pelos ambientes diferentes que os transmitem. Assim, as controvérsias sobre os alimentos puros e impuros, em Marcos, fazem parte de uma transmissão criativa, de um *hiddush*: ele relata as refeições de Jesus com os publicanos e as prostitutas no contexto de uma comunidade cristã que evangeliza os pagãos. Da mesma forma, a multiplicação dos pães na Decápole, ou seja, fora de Israel, faz remontar a Jesus a possibilidade de uma comensalidade eucarística com não Judeus[10]. Assim Paulo não coloca sua palavra acima da Torá, mesmo quando expõe a graça do Evangelho aos pagãos de uma maneira polêmica[11]. João, por fim, entende e transmite o ensinamento de Jesus como um cumprimento da “Torá de Moisés” pela “graça da verdade” do “Verbo feito carne”, “para reunir na unidade os filhos de Deus que estão dispersos”[12].

Como então superar a aparente oposição entre as interpretações judaica e cristã da vida e a Torá? Abandonando a dialética mortífera que interpreta o cumprimento trazido por Jesus como ab-rogação ou substituição.

1. Mt 5,17. **2**. Mt 5,17. **3**. Mt 5,18-20. **4**. Por exemplo Mt 5,21-22. **5**. Talmud da Babilônia, tratado *Baba Metsi'a* 58b. **6**. Cf. Mt 15,8-9. **7**. Mt 12,1-21. **8**. Mt 13. **9**. Mt 26,28. **10**. Mc 7–8. **11**. Gl 1–2. **12**. Jo 1,17 e Jo 11,52.

Cristo e Messias

Claude Tassin
Instituto Católico de Paris

A partir de Paulo, "Cristo" se tornou para os cristãos um nome próprio. Mas a palavra é primeiramente a tradução para o grego do particípio hebraico *mashiah*, como salienta João: "'Nós achamos o Messias!' – o que, traduzido, se chama Cristo"[1]. O próprio Jesus não se arroga jamais este título, mas deixa Pedro[2] declará-lo como tal, do mesmo modo que o Sumo Sacerdote: "Tu o dizes"[3]. Ora, se os cristãos se apropriaram do título grego, só podemos compreendê-lo interrogando a história e a tradição de Israel.

Jesus pergunta às pessoas próximas: "Para vós, quem eu sou?" Porta-voz do grupo, Pedro responde: "Tu és o Cristo". E Jesus lhes impõe silêncio sobre esta identidade altamente simbólica. Além disso, *ex abrupto*, Jesus anuncia imediatamente seu fim trágico: "Ele começou a ensinar-lhes que era necessário que o Filho do homem sofresse muito, [...] que fosse morto e, três dias depois, ressuscitasse". Pedro se revolta, porque este fim vergonhoso contradiz a glória do Messias judeu[4]. Este clima conflituoso convida a remontar ao Antigo Testamento, onde este título aparece.

No Antigo Testamento: messias e cristos

As palavras messias (*mashiah* em hebraico) e cristo (*khristos* em grego) se sobrepõem. Caracterizam aqueles que recebem uma *unção com óleo*: um rito que confere a seus beneficiários uma consagração, uma aliança particular com Deus e, por isso, uma autoridade sobre o povo. Pois este óleo, conforme se pensava, conferia ao interessado o sopro do Senhor, seu "espírito", fonte de sabedoria e de força. Três tipos de messias conviviam. Principalmente o rei de Jerusalém e a linhagem de Davi. Mas são ungidos também os sumos sacerdotes. Por fim, os profetas. Se não recebem uma unção material, eles têm metaforicamente um caráter messiânico, porque sua missão se exerce sob a moção do sopro de Deus, de seu espírito. Mas os acasos da história de Israel iriam embaralhar este tríplice perfil.

"Messianismo?"

O povo da Judeia e seus profetas se juntaram progressivamente na crítica a um poder régio incompetente e socialmente injusto: quem seria um dia o rei-messias suscitado e aprovado por Deus, o verdadeiro "filho de Davi"? Esta esperança retransmitida de geração em geração fundava-se, entre outras coisas, na profecia do *Emmanuel* ("Deus-conosco") do livro de Isaías. Uma corrente mais radical contestava estas esperanças: Não! Chega de reis! Que Deus em pessoa venha reinar sobre nós![5] Quando os Judeus retornaram à sua terra, após o exílio na Babilônia e sob o protetorado persa (535-333 antes de nossa era), nem por isso a realeza foi reinstaurada: a linhagem de Davi caía pouco a pouco no esquecimento e ver surgir um Messias da descendência de Davi, ou seja, um "ungido", um "messias", equivalia a esperar um milagre.

Além disso, durante o protetorado persa, não houve profetas notáveis na terra judaica. O último livro do último profeta, Malaquias, conclui com o anúncio do Dia do julgamento que verá o retorno do profeta Elias, enquanto outros textos preveem o retorno de Moisés. Para orientar a vida religiosa e política, confiava-se doravante na autoridade dos escribas, peritos na Lei de Moisés. Para decifrar o futuro, liam-se os escritos chamados apocalipses♦. No entanto, pensava-se que no fim da história retornariam os profetas, entre os quais os mais ilustres: Moisés e Elias[6]. De acordo com os evangelhos e o historiador judeu Flávio Josefo, João Batista apareceu como um destes profetas chamados "escatológicos", ou mesmo como um novo Elias. Mas é sobretudo depois de Jesus, nos anos 50, que estes últimos se distinguiram por rebeliões violentas de caráter religioso e sofreram a repressão cruel do poder romano.

◄ Cf. *Os Judeus esperavam o Messias?*, p. 477.

Terceiro personagem ungido, restava o Sumo Sacerdote, tornado chefe da nação após as lutas dos macabeus♦ e durante a dinastia de seus descendentes, os hasmoneus♦. Uma parte do judaísmo antigo estimava que doravante o dom da profecia era transmitido na unção do Sumo Sacerdote. Alguns círculos construíram a lenda segundo a qual o Sumo Sacerdote Melquisedec viria dos céus para oferecer aos justos uma libertação definitiva. No tempo de Jesus os sumos sacerdotes desempenham um papel positivo. Eles se interpõem entre as pressões romanas econômicas e as reivindicações de autonomia política e religiosa do mundo judaico. Mas eles próprios formam uma aristocracia com exigências financeiras e se dividem em grandes famílias sacerdotais, sendo o posto de Sumo Sacerdote obtido por eleição. Jesus não tem laços com este ambiente que decretará sua morte. O povo simples abraçara a solidariedade social promovida pelos fariseus e tinha dificuldade em suportar o poder do Templo e sua polícia, ainda que este lugar santo continuasse sendo o centro venerado do povo judeu. Compreende-se que o messianismo sacerdotal tenha encalhado.

No tempo de Jesus, reina grande confusão entre as funções régias e sacerdotais, ambas insignes pela unção messiânica.

A comunidade de Qumran abre o leque destas expectativas. Na época de sua fundação, sob o comando de sacerdotes dissidentes, ela não prevê nenhum messias, mas a pronta intervenção do próprio Deus. Mais tarde, quando os hasmoneus da Judeia se atribuem o duplo título de rei e de sumo sacerdote, a seita contestou esta acumulação e formulou a esperança de dois messias distintos: o "Messias de Aarão", Sumo Sacerdote, e um leigo, o "Messias de Israel", que dá assistência à autoridade do Sumo Sacerdote. Mas ela esperava também o Profeta. Por fim, Herodes se torna rei. Idumeu♦ de origem, ele não passava de um "semi-Judeu". Então, em reação, Qumran retornou à esperança tradicional de um Messias filho de Davi.

Esta complexidade sociorreligiosa convida a considerar com circunspecção o termo "messianismo". Se em Jesus se saúda o Messias e o Profeta, do que se trata?

Jesus Messias em seu lugar histórico

Os evangelhos confirmam um fato. No século I, os ambientes populares esperavam sobretudo o Rei Messias, filho de Davi, que salva da opressão sociopolítica, dos demônios e das doenças. Os desafortunados invocam Jesus como "Filho de Davi". Antes de qualquer elaboração teológica deste título, eles sonham com Salomão, que nas lendas se tornou o santo patrono dos exorcistas e dos curandeiros. Da mesma forma, antes de qualquer reflexão sobre a natureza divina de Cristo, a expressão "Filho de Deus" remete aos reis de Israel que, por sua unção, eram adotados por Deus como seus filhos[7].

Do messias concebido como um novo Davi espera-se uma carreira conquistadora. Mas Jesus não pretende agir neste sentido.

Os evangelhos destacam as reticências do Nazareno quanto às etiquetas sagradas coladas à sua pessoa. Percebido como um messias, ele precisou resistir às solicitações de um poder régio. As autoridades do Templo captaram este motivo, já que, no nível mais concreto, fizeram condenar Jesus por perturbações da ordem pública, junto com suas pressupostas pretensões à realeza. Sua posição difícil se mostra quando ele se identifica com o "Filho do homem". Por um lado, a expressão significa a fraqueza mortal da natureza humana; por outro lado, evoca o "filho de homem", o ser celeste ao qual, de acordo com as tradições judaicas, Deus confia o governo e o julgamento do universo[8]. Neste anúncio se desenha o equívoco: "O Filho do homem é entregue às mãos dos homens e eles o matarão..."[9]. Impõe-se um duplo sentido: *porque* é filho de homem, mortal, ele morrerá; *embora* seja o Filho do homem, rei celeste, ele morrerá.

O mesmo distanciamento se encontra num debate sutil em torno de um salmo supostamente escrito por Davi: “Disse o Senhor [Deus] a meu Senhor [Cristo]: Senta-te à minha direita”. Se Davi chama Cristo de “meu Senhor”, é porque este tem uma dignidade superior à sua filiação davídica[10].

Do novo Davi esperava-se uma carreira conquistadora (a tradição de um “Messias filho de José”, destinado a uma morte como mártir, só aparecerá tardiamente no judaísmo, e de maneira marginal): “Que ele purifique Jerusalém das nações que a espezinham e arruínam! Que ele expulse da herança, pela sabedoria e pela justiça, os pecadores! Que ele esmague o orgulho do pecador como um vaso de oleiro!”[11] Ora, Jesus não agiu neste sentido e, à luz de seus gestos, os evangelhos precisaram reconstruir um dossiê das “obras de Cristo” que atestasse sua identidade messiânica: “Os cegos enxergam e os coxos andam, os leprosos são purificados e os surdos ouvem, os mortos ressuscitam e a Boa-Nova é anunciada aos pobres”[12]. A lista ecoa promessas do livro de Isaías e os milagres de Elias e Eliseu.

O evangelho de Marcos ignora este catálogo. Mas, quando purifica um leproso, ressuscita uma morta, cura um surdo ou um cego, Jesus impõe o silêncio ao miraculado e às testemunhas[13]. Os especialistas dão a este procedimento o nome de “segredo messiânico”. De acordo com Marcos, que nisto segue as ideias de Paulo, a verdadeira natureza de Cristo só se compreende após sua passagem pelo batismo da morte[14]. O evangelista observa, no entanto, que o segredo nem sempre se sustenta e que a fama de Jesus se difunde.

Jesus Messias: um quebra-cabeça teológico

O jovem cristianismo, em seu berço judaico, devia encontrar sua legitimidade religiosa enraizando a identidade messiânica de Jesus no Antigo Testamento e nas tradições sinagogais. Vemos isto, entre outros testemunhos, em Mateus e Lucas. Mateus inicia seu evangelho com uma genealogia de Jesus. Ela exibe de imediato uma ascendência davídica: “Livro das origens de Jesus, filho de Davi...” Jesus entrará na linhagem humana deste rei graças à sua adoção por José, também ele saudado como “filho de Davi”. E o evangelista situa o nascimento do menino em Belém, pátria de Davi. Por fim, mais frequentemente do que os outros evangelistas, ele lembra a saudação “Filho de Davi” dirigida a Jesus. No entanto, este título não lhe basta. Em Marcos, Pedro declara: “Tu és o Cristo!”; mas em Mateus: “Tu és o Cristo, o Filho do Deus vivo”. Mais tarde, o Sumo Sacerdote que conduz o processo de Jesus o interroga nestes termos: “Eu te conjuro pelo Deus vivo que nos digas se tu és o Cristo, o Filho de Deus”. O acusado consente, mas completa a definição com a imagem de Filho do homem glorioso, sentado à direita de Deus e que deve vir um dia sobre as nuvens do céu. Este vai e vem sutil entre a declaração de Pedro e o diálogo do processo[15] sugere a profundidade da ideia que Mateus se faz de Jesus como Messias.

Como preâmbulo à sua dupla obra, ou seja, o evangelho que traz o seu nome e os Atos dos Apóstolos, Lucas declina antecipadamente os títulos do Messias pela boca do anjo que se dirige aos pastores: "Nasceu-vos hoje, na cidade de Davi, um Salvador, que é o Cristo Senhor"[16]. Eis, pois, honrado o elo do Messias com "Davi, seu pai": Belém, onde Lucas como também Mateus situam o nascimento de Jesus e que o profeta Miqueias declarara ser a pátria do Messias futuro. Mas, depois dos relatos da infância de Jesus, Lucas não retornará a este elo. Se sua teologia é complexa, perfilam-se entretanto duas fases nítidas em sua apresentação de Jesus como Cristo. Durante sua missão terrestre, ele é Messias enquanto profeta: desde seu batismo, ele é ungido, consagrado pelo Espírito, para anunciar a Boa-Nova aos pobres, trazer uma mensagem de libertação[17]. Depois sua Ascensão o consagra como Rei Messias: "Esse Jesus que vós crucificastes, Deus o fez Senhor e Cristo"[18].

Cf. *Belém* ► *na Bíblia*, p. 132.

Lucas, como Mateus, não se contenta com o título de Cristo/ Messias; ele precisa superar o drama do Calvário com outros títulos atribuídos a Jesus.

Portanto, em Lucas brilham duas das faces do caleidoscópio messiânico: o profeta e o rei. Ele oferece também, mas em imagem imprecisa, a terceira face, a do Messias sacerdote. É a carta aos Hebreus que irá apresentar Jesus como o Messias Sumo Sacerdote, sem esquecer de compará-lo com Moisés, o Profeta. Mas, da mesma forma que Mateus, Lucas não se satisfaz em ver o Cristo na pessoa de Jesus. Ele precisa de outras etiquetas, especialmente a de *Salvador*. Ele é o único evangelista a aplicar este título, por três vezes, a Jesus ressuscitado, numa iniciativa ousada e subversiva. Este termo bem conhecido evocava deuses greco-romanos considerados capazes de salvar os doentes ou trazer a fortuna, bem como os soberanos que tinham fama de operar curas pelo contato de suas vestes. Lucas também caracteriza Jesus ressuscitado como o Justo, fazendo referência à figura do Servo sofredor no livro de Isaías, um mártir que traz a salvação a todos pelo dom de si em sacrifício[19]. Com efeito, era preciso, mediante um recurso às santas Escrituras, superar o drama do Calvário. A tradição de um Messias sofredor, o "Messias de José", só virá, repitamo-lo, tardiamente no judaísmo e de maneira marginal.

"Nós proclamamos um Messias crucificado"

Esta fórmula de Paulo[20] constitui um paradoxo em relação às expectativas judaicas de um messias glorioso. Como os primeiros cristãos administraram esta trágica contradição? Uma das respostas foi uma concepção nova do Espírito santo profético como presença do Desaparecido[21]. Corria também a ideia de que Moisés, elevado aos céus e devendo retornar, não havia conhecido a corrupção do túmulo. Ele havia prometido aos israelitas: "Deus *suscitará* para vós um profeta como eu". A língua grega permitia entender: "Deus *ressuscitará* para vós..." As primeiras Igrejas não podiam deixar passar esta possibilidade e leram no oráculo um anúncio da ressurreição de Jesus[22].

Os especialistas falam da "cristologia"♦ de Paulo. Mas as reflexões de Paulo sobre a pessoa de Jesus se apoiam pouco no termo "Cristo" ou na ideia de um messias, salvo em empréstimos tomados de tradições cristãs anteriores[23]. Ele prefere a palavra "Senhor" e as expressões "Senhor Jesus" ou "Jesus Cristo". Muitas vezes ele evoca "Cristo" e não "*o* Cristo", como se se tratasse doravante de um nome próprio.

Muitas vezes Paulo evoca Cristo e não o Cristo, como se se tratasse doravante de um nome próprio.

Uma observação confirma esta mudança de rumo: "Foi em Antioquia que pela primeira vez os discípulos foram designados com o nome de 'cristãos'"[24]. Como no mundo judaico havia "herodianos" partidários da dinastia do rei Herodes, havia doravante "cristãos", um grupo de judeus misturado com gregos que apelavam para *Khristos*, sobrenome de Jesus. Esta denominação se difundiu no Império romano. Assim o historiador Tácito conta como Nero considerou os cristãos responsáveis pelo incêndio de Roma: "Para acalmar os rumores, ele mandou infligir as torturas mais sofisticadas a uma classe de homens detestados por suas abominações e que o vulgo chamava de cristãos. Este nome lhes vem de Cristo, que sob Tibério foi entregue ao suplício pelo procurador Pôncio Pilatos"[25]. A esta opinião pouco amena acrescenta-se a informação de um biógrafo latino, Suetônio: "Como os Judeus se agitassem constantemente por instigação de *Chrestus*, [o imperador Cláudio] os expulsou de Roma"[26]. Um casal amigo de Paulo, Áquila e Priscila, faziam parte destes banidos[27]. Mas Suetônio não vivia no tempo desta ocorrência e nós ignoramos sua documentação. Entre outras suposições, a hipótese mais plausível é esta: no fim dos anos 40, a violência antirromana crescia na Judeia. Em Roma, os cristãos de origem judaica podiam pensar que o *Christus* de sua esperança ia surgir e pôr um fim à opressão do império. Daí uma excitação perturbadora da ordem pública e este decreto imperial. A fé no Cristo forjava uma esperança com múltiplas implicações.

◄ Cf. *Quais são os testemunhos não cristãos?*, p. 101.

O Messias, entre judaísmo e cristianismo

Em 132 estourou a segunda guerra judaica contra Roma. Tinha como líder Bar Kosiba, cognominado Bar Kokhba, ou seja, "filho de estrela", com base num texto bíblico[28] entendido como um anúncio do Messias. Rabbi Akiva, que morreu mártir, saudava nele o Messias. Um confrade lhe opunha este sarcasmo: "Akiva, a erva crescerá em tuas faces, porque o filho de Davi ainda não terá chegado".

Muitas vezes, quando os rabinos do Talmud evocam "os dias do Messias", eles sonham com um horizonte longínquo, indeterminado. Já os apocalipses hesitavam em sua cronologia das últimas fases do mundo. Para alguns, apareceriam primeiro o profeta dos últimos tempos e depois o Messias; outros apresentavam a ordem inversa, mas todos concordavam em ver no final o reinado universal de Deus. Este balbucio mostra que, de qualquer maneira, era preciso integrar o reinado do Messias em algum lugar nas etapas decisivas da história, a tal ponto estava viva esta expectativa nos ambientes populares.

Os evangelhos apresentam à primeira vista um esquema nítido: chega João Batista, último profeta, o novo Elias esperado, e depois aparece o Messias Jesus do qual este João é o "Precursor". No entanto, o roteiro não oferece uma limpidez total. A fim de marcar a superioridade de Jesus sobre o Batista, do qual fora primeiramente discípulo, o evangelho de Lucas, mediante detalhes sutis, retira do Precursor os traços de Elias e os transfere para Jesus, o único novo Elias.

Paulo ignora a figura do Batista. Sua concepção da história retoma e subverte as tradições judaicas. O nosso presente é vivido sob a soberania de Cristo ressuscitado. "Em seguida será o fim, quando ele entregar a realeza a Deus Pai, depois de ter destruído" as forças obscuras do mal, a saber, "todo Principado, Dominação e Poder", e um último inimigo a ser destruído: a Morte![29] Para Paulo e os evangelhos, esta última vitória se realizará por ocasião da vinda do Senhor em sua majestade régia[30].

Com a ruína do ano 70, Jerusalém havia perdido seu Templo e suas instituições políticas. Restava-lhe a Lei de Moisés com seus comentários elaborados pelas gerações sucessivas de sábios ou escribas. É em torno desta Lei que o povo eleito se reestruturará, em parte graças ao trabalho precioso dos fariseus. Paralelamente, lembrava-se que a expectativa do Profeta havia levado alguns círculos à rebelião violenta contra Roma e ao desastre nacional. Desde então, embora a esperança messiânica persistisse, ela ocupava um lugar discreto na paisagem religiosa, ainda que surja esporadicamente ao longo de toda a história judaica.

Por sua vez, o cristianismo, que continuava sendo mais ou menos um movimento ligado ao judaísmo, encontrava cada vez mais seus adeptos entre os não judeus; foi em torno da pessoa de Jesus Cristo, e não em torno da Lei mosaica, que ele construiu sua identidade, aprofundando os títulos de Cristo, de Senhor, de Filho de Deus. Filho de Deus? Marcos, sutilmente, havia aberto o caminho neste sentido, ao dar o seguinte título à sua obra: "Início do Evangelho de Jesus Cristo, Filho de Deus". No meio do relato, Pedro chega a esta descoberta: "Tu és o Cristo", mas recusa imediatamente a perspectiva da cruz[31]. E é um oficial romano, quando os discípulos titulares haviam fugido, que declara, situado no Gólgota: "Verdadeiramente, este homem era Filho de Deus"[32], ironia literária que resume o problema de uma identidade, a de Jesus de Nazaré.

◄ Cf. *Sofrimentos e morte de Jesus*, p. 653.

1. Jo 1,41. **2**. Lc 9,20 e passagens paralelas. **3**. Mt 26,64; Mc 14,62: "Eu o sou". **4**. Mc 8,27-33. **5**. Encontramos um eco desta tradição em Is 52,7-8. **6**. Para Moisés: Dt 18,15; para Elias: Ml 3,23-24. **7**. Cf. Sl 2,7 e 89,21-28. **8**. Assim Dn 7,13-14. **9**. Mc 9,31. **10**. Mc 12,35-37. **11**. *Salmos de Salomão* 17,22-23 (por volta de 50 antes de nossa era). **12**. Mt 11,5. **13**. Cf. sucessivamente: Mc 1,44-45; 5,43; 7,36; 8,26. **14**. Mc 10,38. **15**. Mt 16,16 e 26,63-64. **16**. Lc 2,11. **17**. Lc 3,21-22; 4,16-27. **18**. At 2,36. **19**. At 3,14; 7,52; 22,14. Cf. Is 53,11. **20**. 1Cor 1,23. **21**. Jo 16,7.13; Rm 8,9-11. **22**. Comparar Dt 18,15 e At 3,22; 7,37. **23**. Assim em Rm 1,3-4 ou 1Cor 15,3. **24**. At 11,26. **25**. Tácito (55-120?). *Anais*, 15, 44, 1-3. **26**. Suetônio (nascido por volta de 70). *Vidas dos Césares. O divino Cláudio*, § 5. **27**. At 18,2-3. **28**. Nm 24,17. **29**. 1Cor 15,24-28. **30**. Fl 3,20-21. **31**. Mc 8,29-33. **32**. Mc 15,39.

ESCLARECIMENTOS

Os Judeus esperavam o Messias?

Mireille Hadas-Lebel
Universidade Paris IV-Sorbonne

Uma ideia muito difundida pretende que, no século I, todos os Judeus teriam esperado o Messias. Renan, em seu prefácio à *Vida de Jesus*, já havia questionado esta representação: "O Judeu dessa época não tinha quase nada de teólogo. As crenças eram crenças livres, meditações às quais cada um se entregava de acordo com seu estado de espírito, mas das quais uma multidão de pessoas não havia ouvido falar".

Nenhuma autoridade espiritual estava então em condições de impor uma doutrina. O Sumo Sacerdote nomeado pelo governador romano desde o ano 6 havia perdido todo prestígio. O judaísmo judaíta estava dividido em pelo menos três correntes descritas por Josefo, cujas crenças trazem em germe verdadeiros cismas. Fariseus, saduceus e essênios diferiam em suas concepções da liberdade do ser humano e da Providência divina, não apresentavam as mesmas repostas à questão da teodiceia♦, opunham-se abertamente a respeito da angelologia♦ e da ressurreição dos mortos. Sobre esse último ponto, o Novo Testamento recolheu ecos muito nítidos dos debates entre saduceus e fariseus[1]. Quanto ao Messias, a expectativa de um personagem mais ou menos sobrenatural que viria salvar Israel e a humanidade não era geral.

Embora a crença messiânica não seja mencionada por Josefo entre os temas de discórdia entre as diversas correntes judaicas, ela não pôde deixar de ser debatida em seu tempo. Os saduceus, dentre os quais eram nomeados os Sumos Sacerdotes, atinham-se estritamente aos escritos bíblicos e neles não podiam encontrar, em nenhuma das trinta e nove ocorrências do termo *mashiah*, o que nós entendemos por "messias": o único "ungido" era o sacerdote ou o rei e o único salvador era Deus. Na Diáspora, na obra de Fílon de Alexandria, não encontramos nenhuma referência explicitamente messiânica.

A ideia messiânica só pôde desenvolver-se a partir de uma exegese de textos bíblicos. Ao longo dos séculos, a fusão de diversos textos proféticos acabara por constituir um panorama escatológico no qual um ser quase divino ocupava um lugar central. O livro de Daniel, escrito por volta de 170 antes de nossa era, mas ao qual era atribuída uma alta antiguidade, fornecia no capítulo 7 a visão de um personagem semelhante a um "filho de homem" que participava do julgamento das nações anunciado pelo profeta Joel. Neste mesmo livro encontrava-se também uma primeira menção à ressurreição dos mortos, ligada à noção de Juízo final, crença adotada pelos fariseus e compartilhada pelos essênios. Assim o "Filho de homem" podia ser associado a Deus por ocasião do Julgamento que se seguiria à ressurreição dos mortos. No *Livro* apócrifo *de Henoc*, o quadro do "Eleito de justiça", que está sentado ao lado de Deus, assume uma dimensão mais mística. A preexistência do Eleito, oculto desde antes da criação do mundo[2], chamado por duas vezes de "Messias"[3], é afirmada.

Totalmente diferente é a imagem que surge dos *Salmos de Salomão*, uma coletânea do final do século I antes de nossa era que chegou até nós em grego. Seu salmo 7 reflete a cólera popular contra os hasmoneus e Herodes, o usurpador assassino sentado no trono de Davi. A aspiração a uma realeza mais justa aparece ali mais ardente do que nunca; é embasada por referências a Isaías que anuncia um rei cingido de justiça, ou ao Salmo 2. Aquele que as pessoas esperam é "um rei, filho de Davi"[4] chamado "Messias"[5], porque a promessa divina feita a Davi[6] de uma posteridade eterna é irrevogável. Será certamente um rei terrestre, mas um rei perfeito que eliminará o mal neste mundo, instaurando assim uma era de felicidade: "Felizes os que viverem naqueles dias"[7].

É esta esperança que poderia explicar, após a morte de Herodes, o surgimento de candidatos à realeza como Atronges ou Simão, à qual eles só poderiam pretender valendo-se de origens davídicas até então ocultas. Cada um foi seguido por seu clã e isso deu origem à agitação descrita por Josefo. A irrupção da expectativa de um messias régio "filho de Davi" precisa ser reintegrada em seu contexto histórico. É sem dúvida a mais popular.

Em alguns textos de Qumran, a menção a "messias de Aarão e de Israel" levou à conclusão de um "messianismo bicéfalo" que parece corresponder à visão dos "dois filhos do óleo fresco"[8], onde os dois "ungidos", o Sumo Sacerdote e o rei, estão juntos à frente da sociedade ideal. Este "bimessianismo" parece não ser de fato senão uma aspiração ao retorno à ordem antiga. Assim, no mundo renovado, a vontade divina seria completamente aplicada e o Reino de Deus na terra seria instaurado. Esta esperança é acompanhada de um sentimento muito vivo de viver o fim dos tempos.

A expectativa do Reino é considerada geralmente uma expectativa "messiânica". É preciso ainda que haja um messias – a expectativa escatológica nem sempre se confunde com o messianismo. Do ponto de vista judaico, este Reino poderia ser uma sociedade ideal regida inteiramente pela Torá, que por isso se beneficiaria de todas as promessas divinas anunciadas pelos profetas, especialmente Isaías.

Por outro lado, constatamos no século I uma preocupação extrema com a pureza em diferentes setores da sociedade judaíta: fariseus, essênios, batistas. Dado o progresso da ideia de ressurreição entre o povo, podemos pensar que os adeptos destas diferentes correntes procuravam merecer ressuscitar preservando-se de toda contaminação. Parece ter sido esta a mensagem de João Batista. Se alguns interpretavam o "Filho de homem" do capítulo 7 de Daniel como um ser único e sobrenatural, os que prosseguiam sua leitura até a interpretação da visão descobriam que se tratava do "povo dos Santos do Altíssimo", ou seja, de Israel, ao qual estavam prometidos "o poder e a glória". As pessoas podiam assim se persuadir de que assistiam ao "fim dos tempos" e se preparar para o mundo novo através da observância dos mandamentos como os fariseus, através da via ascética como os essênios, através da imersão simbólica que lavava os pecados como os partidários de João Batista.

Outros ainda identificavam o quarto e último império evocado no capítulo 7 do livro de Daniel com a potência romana e apelavam a resistir (lembremos que Daniel havia descrito quatro animais correspondentes a quatro impérios que deviam ruir uns após os outros, antes da vinda do "Filho de homem"). Estavam, portanto, confiantes na proteção divina que os faria triunfar sobre o "Império do Mal", Roma. Já era, sem dúvida, o caso de Judas o Galileu e de Sadoc o fariseu, os quais, por ocasião do recenseamento de Quirino no ano 6, haviam dado o sinal da revolta. Seus herdeiros espirituais, sicários desde os anos 50 e depois zelotas♦ no início da grande revolta, se lançaram na luta armada contra Roma, sem se preocupar com a desproporção das forças. Outros, mais místicos, juntaram-se a grupos guiados por chefes exaltados que lhes prometiam milagres, como Teudas[9] ou o profeta egípcio queria fazer desmoronar as muralhas de Jerusalém como efeito de sua palavra; todos foram impiedosamente reprimidos pelos romanos. Um eco da expectativa messiânica deve ter chegado até Roma: "Todo o Oriente acreditava, de acordo com uma tradição antiga e constante, que o destino reservava o império do mundo a mestres vindos da Judeia", relata Suetônio – mas, para um romano, esta predição se aplicava a Vespasiano.

Era esta, portanto, a "atmosfera inflamada" (Renan) que reinava na Judeia no século I. Sem explicar as mentalidades que ocasionavam este ou aquele comportamento, nossa principal testemunha, Flávio Josefo, deixa entrever uma expectativa no povo. Mas seria para todos a expectativa *do* Messias?

1. Mt 22,22-23; Mc 12,18-27; Lc 20,7-40; At 24. **2**. 1Henoc 48,6, **3**. 1Henoc 48,10; 52,4. **4**. *Salmos de Salomão* 2,21. **5**. *Ibid*. 2,32. **6**. 2Sm 7,10. **7**. *Salmos de Salomão* 44. **8**. Zc 4,14. **9**. At 5,36.

* * *

Quem são os fariseus dos evangelhos?

Roselyne Dupont-Roc
Instituto Católico de Paris

A figura do fariseu "hipócrita" está ainda arraigada nas mentalidades e a própria noção de "farisaísmo" como piedade ostentatória e falsa está presente nos dicionários das línguas europeias. Essas mentalidades têm claramente como fonte os evangelhos, especialmente a crítica da oração pública[1], as polêmicas com Jesus a propósito do sábado, as lamentações sobre os fariseus[2] ou ainda a parábola do fariseu e do publicano[3].

Surge, portanto, a questão de saber em que medida a concepção negativa dos fariseus remonta ao próprio Jesus de Nazaré. Diante desta questão, impõem-se diversas observações e nós devemos levar em conta as nuanças.

Em primeiro lugar, conhecemos mal os fariseus da época de Jesus, porque todos os textos judaicos que os descrevem são posteriores a 70, ano da destruição de Jerusalém pelos romanos. Sabemos que nesse tempo o judaísmo, que havia perdido seu Templo, seus sumos sacerdotes, seu culto e sua terra, se reconstruiu em torno do Livro, a Torá, transformado em "terra portátil". Os sábios e os doutores que procederam a esta refundação identitária, especialmente a partir de Jâmnia (Yavneh), onde se haviam refugiado os que conseguiram escapar ao massacre, provinham essencialmente dos grupos fariseus. Receberão mais tarde o nome de *Rabbanim*, "os mestres".

Os decênios seguintes assistiram à separação entre o judaísmo e o cristianismo, que se definiram por exclusão recíproca; pôde-se falar de "disputa por herança" ou de "irmãos inimigos". Durante este período foi introduzida na principal oração judaica, chamada oração das Dezoito bênçãos", a maldição contra os *minim* ("hereges"?) e os *notserim* ("nazoreus"?), provavelmente grupos cristãos excluídos da sinagoga. Encontramos no evangelho de João esta ameaça de exclusão, com o termo *aposynagôgos*: "excluído da sinagoga"[4]; e Mateus, nas cenas de controvérsias entre Jesus e os fariseus, fala bastante sistematicamente de "*suas* sinagogas".

Podemos, portanto, pensar que a dureza de certas expressões atribuídas a Jesus a respeito dos fariseus reflete este período de tensão posterior entre as duas comunidades. Desenvolve-se então a censura de hipocrisia, de ostentação falsa: "Por fora ofereceis aos homens a aparência de justos, enquanto por dentro estais repletos de hipocrisia e iniquidade. Ai de vós, escribas e fariseus hipócritas, que edificais os sepulcros dos profetas..."[5]. Os fariseus aparecem também como "os que gostavam do dinheiro"[6] e que, na polêmica, consideram Jesus um agente do demônio[7].

Toda uma série de controvérsias com os fariseus estão relacionadas com o período galilaico de Jesus. Encontramos nelas especialmente uma crítica muito dura da obsessão da pureza que os fariseus pareciam querer impor ao povo[8]. É possível que alguns grupos extremistas tenham adotado bem cedo posições radicais em matéria de pureza ritual e de observância do sábado, mas eles só nos aparecem como tais a partir de textos mais tardios do Talmud, que denunciam, também eles, sua piedade excessiva e eventualmente hipócrita[9]. A Mixná♦[10] já denuncia os "rigores" ou as "flagelações ostentatórias" dos "fariseus" ou dos "ascetas" (*makkot perushim*) como uma das causas da "ruína do mundo" ao lado do "pietista louco" (*hassid shoteh*), do ímpio astuto e da "beata" (*isha perusha*). Por fim, seria preciso também incorporar ao dossiê desta categoria de fariseus que se caracterizaram pelo excesso a figura de... Paulo, esse ex-fariseu legitimamente orgulhoso de sua origem e de seus sucessos religiosos, mas sempre tentado por certa arrogância?

No entanto, outros aspectos dos debates entre Jesus e os fariseus encontram, pelo contrário, um eco completamente positivo nas tradições farisaicas ulteriores. Assim os *Rabbanim* se colocam a questão de saber se é preciso ou não salvar uma vida no dia do sábado, e a resposta é positiva; aliás, Jesus sabe muito bem que os fariseus infringem o sábado para salvar um burro ou um boi que caiu num poço[11]. De fato, os debates de Jesus com os fariseus se assemelham às vezes a debates internos entre doutores judeus. Várias vezes vemos Jesus comer na casa de um fariseu que o convidou[12]. Esta proximidade seria inverossímil se não tivesse existido entre os fariseus e ele uma possibilidade de reconhecimento mútuo no desejo de uma reforma religiosa em profundidade.

Podemos até ler uma verdadeira proximidade entre a postura de Jesus e a dos fariseus no momento de pôr em destaque os grandes mandamentos da Lei: o amor a Deus e o amor ao próximo. Hillel o Velho, contemporâneo de Jesus, deduzia deste último mandamento a Regra de ouro: "O que te é detestável, não o faças aos outros"[13]. As controvérsias com os fariseus versam sobre a interpretação da Lei*, uma interpretação cujo princípio se insere na tradição de estudo dos rabinos, e muitas vezes vemos Jesus radicalizar a Lei[14]. Não deixa de ser verdade que a maneira como ele substitui a autoridade da Lei de Moisés e das tradições de interpretação já constituídas por sua própria autoridade – "Ouvistes... Eu, porém, vos digo"[15] – só podia despertar interrogações e até escandalizar aqueles com os quais ele dialogava.

No entanto, se nos evangelhos sinóticos, desde as primeiras curas, os fariseus conspiram com os herodianos para matar Jesus[16], constatamos que eles desaparecem do círculo hostil a Jesus desde sua entrada triunfal em Jerusalém e os preparativos de sua Paixão. Somente os sumos sacerdotes saduceus, e às vezes os escribas e os anciãos, se erguem então contra Jesus e provocam sua prisão e sua morte. Ao contrário, no evangelho de Lucas, enquanto Jesus está a caminho de Jerusalém, são fariseus que se aproximam dele para adverti-lo: "Vai-te embora, parte daqui, pois Herodes quer fazer-te morrer"[17]. Mais tarde, no momento em que Jesus entra em Jerusalém aclamado pela multidão e seus discípulos, outros fariseus o advertem: "Mestre, repreende os teus discípulos!"[18] Será que estes fariseus procuraram diversas vezes e até o fim proteger Jesus? A partir desse momento, eles desaparecem do texto de Lucas.

* Cf. *Jesus era contra a Lei?*, p. 466.

1. Mt 6,7. **2**. Mt 23. **3**. Lc 18,9-12. **4**. Jo 9,22; 12,42; 16,2. **5**. Mt 23,28-29; Lc 11,47. **6**. Lc 16,14. **7**. Mt 12,24. **8**. Mc 7. **9**. Talmud da Babilônia, tratado *Sota* 22a-b. **10**. Tratado *Sota* 3,4. **11**. Lc 14,1-5. **12**. Lc 7,36-49; 11,37. **13**. Talmud da Babilônia, tratado *Shabbat* 31a. **14**. Mc 10,1-12. **15**. Mt 5. **16**. Mc 3,6; Mt 12,14; Lc 6,11. **17**. Lc 13,31. **18**. Lc 19,39.

* * *

O caso Nicodemos

Yves-Marie Blanchard
Instituto Católico de Paris

O encontro entre Jesus e Nicodemos[1], no capítulo 3 do evangelho segundo João, matiza um pouco a imagem que habitualmente se tem dos fariseus. O homem que veio encontrar-se com Jesus de noite[2] é apresentado como "um fariseu, um dos notáveis judeus"[3]. Nada diz que ele esteja animado de más intenções, menos ainda que seja um hipócrita: sua atitude junto a Jesus parece sincera, como também as saudações dirigidas àquele que ele chama de "Rabi" ou "Mestre" (grego: *didaskalos*).

Aliás, não é o único lugar em que o evangelho de João menciona uma atitude favorável a Jesus da parte de alguns ambientes dirigentes de Jerusalém. Assim no balanço do capítulo 12: "Entre os notáveis [lit.: os chefes] muitos creram nele", mas com a reserva seguinte: "Por causa dos fariseus, eles não se declaravam [lit.: não confessavam, *homologein*] por medo de serem excluídos da sinagoga"[4]. Esta ameaça, aliás evocada em duas outras passagens[5], parece caracterizar mais o tempo da redação do evangelho (final do século I de nossa era) do que a própria época de Jesus, como mostra especialmente a identificação recíproca e contraditória, nestas passagens, dos "chefes" e dos "fariseus".

O personagem de Nicodemos continua sendo ambíguo. De imediato, o leitor é convidado a mostrar-se circunspecto diante das palavras lisonjeiras pronunciadas pelo notável fariseu. O redator não acaba de afirmar que Jesus não confiava naqueles que, à vista dos sinais, pretendiam crer nele?[6] Porque ele "os conhecia a todos, e não tinha necessidade de que dessem testemunho a respeito do homem. Com efeito, ele sabia o que há no homem"[7]. Ora, logo após esta advertência ao leitor, Nicodemos é apresentado com estas palavras: "Ora, havia, entre os fariseus, um homem chamado Nicodemos, um dos notáveis judeus"[8]. Podemos, por conseguinte, perguntar-nos se o discurso de Nicodemos na primeira pessoa do plural – "sabemos"[9] – não é o eco do comportamento coletivo denunciado acima. Sejam quais forem as intenções ocultas do personagem – quer ele realmente compreender a mensagem de Jesus ou procura pegá-lo numa armadilha? –, sua incapacidade de compreender as palavras de Jesus salta aos olhos de todos. Reduzido a emitir apenas perguntas confusas[10], Nicodemos vê sua ignorância desmascarada por Jesus, em plena contradição com as pretensões exibidas antes: "Tu és mestre em Israel e não sabes isto!"[11] Assim desqualificado, Nicodemos desaparece de cena e Jesus continua, sob a forma de um monólogo, um longo discurso de revelação (uma exposição rara sobre a carne e o espírito, Deus e seu Filho)[12], cujos dados se revelarão fundamentais para a compreensão teológica do evangelho de João.

Nem por isso a carreira de Nicodemos terminou: ele retorna no capítulo 7, por ocasião de uma espécie de processo por contumácia instruído contra Jesus. Enquanto os fariseus concordam em rejeitar Jesus e a popularidade que ele parece desfrutar junto à multidão, culpada segundo eles de ignorar a Lei[13], Nicodemos toma o partido de Jesus e denuncia a transgressão da Lei que consistiria em julgar um homem sem interrogatório nem investigação prévia[14]. Por outro lado, este rigor jurídico só acarreta a Nicodemos desprezo e sarcasmos da parte de seus colegas fariseus, aqui conforme à imagem negativa veiculada nos outros evangelhos: "Serias também tu da Galileia? Procura, e verás que da Galileia não surge profeta"[15].

A "conversão" assim operada por Nicodemos encontra uma confirmação brilhante após a morte de Jesus. Ele se encontra, com efeito, ao lado de outro fariseu, José de Arimateia, em situação de organizador dos funerais régios de Jesus[16]. A enorme quantidade de aromas trazidos por Nicodemos[17] equivale a declarar o caráter excepcional da pessoa de Jesus, pelo menos na opinião de seus partidários. Neste contexto, a lembrança da vinda inicial de Nicodemos para junto de Jesus, realizada de noite[18], permite medir o caminho percorrido por este líder fariseu, livre e corajoso: uma bela figura judia, apta a atenuar o antijudaísmo muitas vezes censurado ao evangelho de João.

1. Jo 3,1-10. **2**. Jo 3,2. **3**. Jo 3,1. **4**. Jo 12,42. **5**. Jo 9,22; 16,2. **6**. Jo 2,23. **7**. Jo 2,24-25. **8**. Jo 3,1. **9**. Jo 3,2. **10**. Jo 3,4-9. **11**. Jo 3,10. **12**. Jo 3,11-21. **13**. Jo 7,49. **14**. Jo 7,51. **15**. Jo 7,52. **16**. Jo 19,38-42. **17**. Jo 19,39. **18**. Jo 19,39; cf. Jo 3,2.

CONTRAPONTO

Ritos de purificação e vida cotidiana na época de Jesus

Stuart S. Miller
Universidade de Connecticut, Storrs (Estados Unidos)

A Torá enumera diversos objetos a cujo contato uma pessoa é suscetível de contrair um *status* de "impureza" ou *tum'a*: os restos mortais de um ser humano, o cadáver de certos animais, a gonorreia, a menstruação e os lóquios ou ainda pessoas atingidas por uma doença da pele chamada *tsara'at* (impropriamente identificada com a lepra[1]). Todos estes casos têm em comum o fato de estarem relacionados com a morte ou a perda de um potencial vital – sangue, esperma – ou ainda com a sexualidade. Portanto, seu *status* de "impureza" deriva provavelmente do fato de a morte, como o sexo, pertencer ao domínio humano, mas não do divino. Por isso sua consequência principal era a seguinte: uma pessoa tornada impura devia passar por ritos de purificação antes de poder participar do culto no Templo, ou mesmo penetrar em seu recinto.

Os Judeus que viviam na terra de Israel na época de Jesus consideravam, além disso, que não só o Templo, mas também os lares, se encontravam afetados por esses encontros – muitas vezes inevitáveis – com a impureza. Para eles a observância dos ritos de purificação garantia a santidade do povo e da terra. Este desenvolvimento de um "judaísmo doméstico" no fim da época do Segundo Templo é confirmado por uma descoberta de piscinas com degraus que serviam para banhos rituais, que os rabinos chamavam de *miqwaot* (singular: *miqweh*, de acordo com Levítico 11,36). Estas piscinas artificiais começaram a difundir-se a partir do ano 100 antes de nossa era aproximadamente; nas épocas anteriores, é provável que as pessoas recorressem exclusivamente a piscinas naturais ou a cursos d'água. Foram descobertas algumas destas piscinas com degraus nas imediações do monte do Templo, que eram claramente destinadas ao uso dos sacerdotes e dos peregrinos; mas foram encontradas igualmente muitas outras situadas nas casas, não só em Jerusalém, mas também na Judeia e na Galileia. Isto mostra que a pureza ritual era uma preocupação doméstica cotidiana. A descoberta de recipientes de pedra nas casas equipadas com banhos rituais, por exemplo em Séforis, constituem igualmente um possível sinal disto na medida em que, de acordo com a interpretação rabínica pelo menos, os utensílios de pedra jamais podem tornar-se impuros[2].

O cadáver de um ser humano é a mais grave fonte de impureza, capaz de contaminar seres humanos, mas também utensílios, e até móveis; e isto não somente por contato, mas também pelo simples fato de alguém se encontrar sob o mesmo teto. Entre os ritos de purificação aos quais deve submeter-se uma pessoa que teve contato com um cadáver estão: a aspersão com águas lustrais, nas quais foram diluídas as cinzas de uma vaca ruiva, no terceiro e no sétimo dia, e depois uma imersão no sétimo dia[3]. A presença de piscinas com degraus na proximidade de túmulos pode assinalar o costume de alguns grupos que, à semelhança da seita de Qumran, praticavam uma imersão suplementar no primeiro dia; mas pode-se estimar também que eram destinadas aos que haviam tocado uma terceira pessoa que teria tocado o cadáver e, portanto, haviam contraído um grau menos grave de impureza.

A presença de tais piscinas até em banhos públicos, em sinagogas ou na proximidade de lagares de vinho ou de azeite mostra que esta preocupação de pureza ritual penetrava todos os aspectos do cotidiano. No entanto, é exatamente a casa que era seu centro. Flávio Josefo atesta que os esposos imergiam após as relações íntimas, prática codificada no Levítico, que assinala que uma pessoa que teve relações permanece impura até o pôr do sol[4]. Valia o mesmo para um homem que teve emissão seminal[5]. Uma mulher na menstruação permanecia impura durante sete dias pelo menos e em seguida precisava de uma imersão ritual; nesse tempo tornava impuro tudo aquilo que ela tocava, e até os móveis nos quais sentava[6]. Uma mulher que deu à luz, por sua vez, ficava impura durante sete dias (se havia dado à luz um menino) ou catorze dias (se era uma menina). Além disso, ela devia apresentar um sacrifício ao Templo depois de quarenta dias (para um menino) ou oitenta dias (para uma menina). É esta impureza dos lóquios que fornece o contexto da "purificação" de Maria após o nascimento de Jesus, evocada por Lucas[7]. Se as normas de pureza ritual não ocorrem mais no judaísmo atual, na ausência do Templo, aquelas que prescrevem uma imersão após a menstruação e os lóquios persistiram para além da Antiguidade e ainda hoje são amplamente seguidas pelos judeus observantes.

Marcos, por sua vez, evoca a prática "dos fariseus e de todos os judeus" de lavar as mãos antes de comer, "conforme a tradição dos antigos" – ou seja, trata-se de uma norma não bíblica. Ele explicita também que eles executam o banho ritual quando voltam do mercado – ou, de acordo com outra leitura, eles lavam tudo o que vem do mercado – como lavam também as vasilhas que compram[8]. Esta última prática de lavar certos tipos de vasilhas novas no *miqweh* é ainda observada em nossos dias[9]. Já que sabemos que os membros da seita de Qumran e os fariseus[10] imergiam antes de comer, é muito provável que este costume tenha sido muito mais difundido. Embora nem a lavagem das mãos nem a imersão total antes da refeição tenham bases bíblicas explícitas, elas devem ter nascido de uma preocupação ligada à ingestão de algum alimento que tenha contraído uma impureza[11]. Em todo caso, aqui estão muitos elementos que mostram que, para além do contexto do Templo, os ritos de pureza constituíam um aspecto essencial do "judaísmo doméstico" na época de Jesus.

1. Cf. Lv 11–15; Nm 5,1-3 e 19,11-19. Cf. Lv 21,1-4.11. **2**. Cf. Jo 2,6. **3**. Nm 19,11-19. **4**. Flávio Josefo. *Contra Apion*, 2, 203. Cf. Lv 15,18. **5**. Lv 15,16. Cf. Dt 23,11. **6**. Lv 12,1-5; 15,19-24. **7**. Lc 2,22-24. **8**. Mc 7,1-4. **9**. Cf. Nm 31,21-23. **10**. Lc 11,38. **11**. Cf. Lv 11,39-44.

Catherine Chalier
Filósofa

É preciso perder sua vida para salvá-la?

Nos quatro evangelhos, entre as palavras atribuídas a Jesus, há uma que retorna, sob formas diversas, em cada um deles. Marcos a apresenta assim: "Se alguém quiser vir após mim, renuncie a si mesmo, tome a sua cruz e me siga. Pois quem quiser salvar sua vida [*psychê*], a perderá; mas quem perder sua vida por causa de mim e da boa-nova, a salvará. E o que adianta um homem ganhar o mundo inteiro, se perder sua alma?" (Marcos 8,34-36). Como esta proposta podia ser entendida pelos Judeus da época de Jesus? Como pode ela ser entendida pelos de hoje?

Lendo estas palavras, me vêm à mente as palavras do Deuteronômio (30,19): "Pus diante de ti a vida [*haHaim*] e a morte [*haMavet*], a felicidade e a calamidade: escolhe a vida e viverás, tu e tua posteridade", palavras que, com efeito, habitam a memória dos Judeus e lhes servem de guia tanto nos momentos obscuros como nos momentos de alegria. Escolher a vida é uma exigência de cada instante, requer muitos esforços, sobretudo quando a dor, o desânimo e até o desespero se insinuam em nós e concorrem para nos tornar prontos a perdê-la, entregando-nos à tristeza, à perfídia ou à frivolidade irresponsável. Escolher a vida se expressa por pensamentos, palavras e atos que respondem ao apelo bíblico que cada um de nós deve empenhar-se em meditar: é esta escolha que retém o gesto odioso, a palavra ofensiva ou os pensamentos deletérios, por exemplo. Ora, nada disto é espontâneo ou devido a um otimismo natural. Para um judeu isto vai junto com um estudo sempre renovado do sentido das palavras bíblicas, a fim de que elas possam descer sobre ele (como Deus "desceu" no monte Sinai) e despertar o ponto mais íntimo (*yehida*) de sua alma (*nechama*) para que ela tenha a força de expulsar a parte obscura que atormenta toda vida. Trata-se aqui de uma escolha de liberdade de acordo com estas palavras que têm força de *mitsvot* (prescrições), não de uma escolha de pura autonomia.

Mas será que escolher a vida equivale a querer salvá-la ou a querer "ganhar o mundo" (Marcos 8,36)? Correlativamente, será que significa recusar-se a perdê-la porque não se quer nem renunciar a si mesmo nem carregar sua cruz à guisa de Boa-Nova. Ou, pelo contrário, isso deve se traduzir na disposição de morrer para salvar esta vida? Com efeito, supõe-se que estas palavras de Jesus foram ditas a seus discípulos pouco antes da Paixão e sua finalidade consiste em advertir os que entre eles gostariam de poupar-lhe esta Paixão. São também um eco das palavras de Mardoqueu a Ester, quando esta hesita em utilizar seu lugar na corte do rei Assuero para defender a causa de seu povo ameaçado de morte por Amã. Com efeito, ele diz a Ester: "Não acalentes ilusões de que, entre os Judeus, só tu escaparás do perigo graças ao palácio do rei; porque, se persistires em manter silêncio no momento em que estamos, a libertação e a salvação para os Judeus surgirão de outra parte, enquanto tu e a casa de teu pai perecereis" (Ester 4,13-14).

Escolher a vida é nunca querer ter a vida salva a todo custo, ao custo de sua alma, ao custo da vida dos outros. Não é um "salve-se quem puder", porque não se trata de permanecer com vida aconteça o que acontecer e atribuindo-se prioridade em todas as coisas. Mas será que as condições impostas por Jesus para ter em verdade a vida salva (perdê-la, consentir morrer, carregar a cruz) equivalem a esta escolha da vida? A Boa-Nova, que consiste em ensinar que Jesus deve morrer pelos pecados dos homens, para salvá-los e para lhes permitir alcançar a vida eterna, me parece de outra ordem. Para mim é difícil compreender que Jesus deva morrer pelos pecados dos seres humanos, a fim de que eles sejam salvos e perdoados. Para mim é difícil admitir que é preciso carregar sua cruz no mundo como condição da salvação.

Por quê? Por um lado, porque a morte de um justo – e muitos justos são mortos com torturas na história – não salva os seres humanos de suas torpezas. A morte de Jesus não os salvou neste sentido, como atesta toda a história. O justo desaparece por causa do ódio, da maldade e da traição humanas, mas nem por isso a violência cessa, mesmo que às vezes seja interrompida por algum tempo. Ela recomeça e até mesmo se amplia.

Existe, portanto, em minha opinião, uma parte trágica nas palavras de Jesus. Após sua morte, e apesar dos que anunciavam sua ressurreição e o fim próximo dos tempos, a história continuou, sem redenção para os Judeus que habitavam os países que proclamavam a Boa-Nova; ela continua sem justiça e sem misericórdia para uma multidão de seres humanos.

Por outro lado, porque é difícil para mim compreender por que o Eterno desejaria que os melhores dentre os seus filhos – e até mesmo o primeiro entre eles – morram para consentir em perdoar todos os outros seres humanos e para conceder-lhes a vida eterna. Aliás, ensinar a "carregar sua cruz", como o fez o cristianismo na história, esteve muitíssimas vezes ligado a uma visão dolorista e culpabilizante da vida, ainda que eu admita que não é este o sentido da mensagem inicial. Mas a transmissão da dita Boa-Nova foi feita por portadores humanos que, por fraqueza ou culpabilidade, por resignação ou por intimidação, tornaram muitas vezes impossível escolher a vida graças a ela.

Por conseguinte, o único sentido que eu daria a esta perda da vida, a esta renúncia de si mesmo, portanto, a esta "cruz", estaria na possibilidade de que elas despertem as pessoas para a consciência daquilo que elas impõem aos outros e até a si mesmas. Se elas compreendem que o justo – ou todo inocente – sofre e morre por causa da maldade delas, às vezes por causa de sua propensão a entregar-se à melancolia, e se convertem à escolha da vida tal como foi descrita acima, então o sofrimento do justo poderia ter um sentido salvador. Mas parece-me que isto ocorre muito raramente.

Capítulo 18

JESUS E DEUS

Poderíamos contar as coisas assim...

Pela primeira vez os discípulos o procuraram. Quando abriram os olhos, aos primeiros raios do sol, ele não estava ali. Teria partido? Caso positivo, o que se tornariam eles? A bela esperança que os havia levado a seguir este homem iria parar por aí? Inquietos, dobraram rapidamente o manto no qual se haviam enrolado para dormir, prontos a pôr-se à sua procura; e então o viram retornar, tranquilo e sorridente. Nesse dia não ousaram perguntar nada. Compartilharam o primeiro pão do dia e fizeram passar as cabaças de vinho misturado com água, mastigando cebolas e azeitonas, e o pequeno grupo se pôs novamente a caminho.

Mas nos dias seguintes, novamente, ao acordarem, o mestre estava ausente. Desta vez o encontraram sentado um pouco afastado. Ele se mantinha em silêncio, com as mãos sobre os joelhos, o rosto voltado para o primeiro brilho do sol, os olhos semicerrados. Ele parecia ao mesmo tempo incrivelmente presente e totalmente alhures, ou totalmente outro. Diversas vezes, nas manhãs seguintes, eles o observaram. A paz e a alegria que o inundavam eram tais que, às vezes, eles se perguntaram se era a luz do novo dia que o iluminava ou se não era ele que transmitia à aurora nascente este reflexo dourado que de repente inundava o campo. Não tiveram dúvida: ele rezava. Rezava como nunca haviam visto alguém rezar, como se entre o Senhor, o Altíssimo, o Eterno, e ele, Jesus, não houvesse nada mais que o silêncio e a luz. Ao observá-lo, um deles disse: "Ele não reza, é ele próprio que é oração".

Certo dia, não aguentando mais, eles pediram: "Mestre, ensina-nos a rezar como tu próprio rezas". Ele respondeu: "Quando rezardes, dizei *Abba*". Eles ficaram embaraçados porque esta palavra, *Abba*, era a palavra que as crianças utilizavam para chamar seu pai na intimidade da família! Alguma coisa como "papai" ou "querido pai"... Quem era ele, portanto, para usar tamanha familiaridade com o Altíssimo, o Senhor de Israel?

Eles não paravam de meditar sobre esta questão. Este homem, que os havia escolhido e chamado, não se assemelhava a nenhum outro. Havia nele alguma coisa que eles nunca haviam visto, nunca haviam ouvido; alguma coisa que ocorria entre Deus e ele, uma coisa à qual não podiam dar nenhum nome. Em Jesus havia ao mesmo tempo força e autoridade, ternura e atenção.

Certa noite, enquanto atravessavam o lago a bordo de um barco largo com fundo plano, levantou-se um vento violento. Era uma coisa que todos os pescadores temiam, porque então, no lago habitualmente calmo, erguiam-se ondas terríveis que podiam facilmente virar uma embarcação, e era incontável o número de homens que haviam perecido assim, lançados ao lago. Os discípulos gemiam, abraçados uns aos outros, certos de que seu fim estava próximo, enquanto Jesus, por sua vez, permanecia cochilando na proa do barco. O barco balançava perigosamente. A todo instante o casco ameaça arrebentar. Não aguentando mais, gritaram na direção de Jesus para despertá-lo. Ele abriu os olhos e, levantando-se, olhou as ondas que quebravam contra a roda de proa. Não mostrou nenhum medo e bastou-lhe um gesto em direção às águas para o vento cessar e a calma voltar.

Só disse uma frase: "Onde está a vossa fé?" Chegaram sãos e salvos à margem; mas, doravante, outro medo tomou conta deles, sobre o qual mal ousavam falar entre si. Ele não só cumpria as palavras dos profetas – os cegos viam, os surdos ouviam e os coxos andavam –, não só dizia a este ou esta que seus pecados estavam perdoados, quando unicamente Deus é o senhor do perdão, mas dominava sobre o mar e o vento, como unicamente Moisés pudera fazê-lo erguendo seu bastão diante do mar dos juncos.

Desde então suas interrogações haviam redobrado. Sem dúvida Jesus sabia o que os agitava, pois tomou ele próprio a iniciativa de questioná-los. Primeiro perguntou-lhes o que as pessoas diziam a respeito dele. E depois voltou-se para eles: "E para vós, quem eu sou?" Eles permaneceram mudos; o que sentiam, eles não tinham palavras para expressá-lo, ou não ousavam fazê-lo. Felizmente, ali estava Pedro. Quando ele disse: "Tu és o Cristo, o Messias de Deus", eles retiveram a respiração. Jesus não protestou. Apenas pediu-lhes que não o repetissem fora do grupo formado por eles. Em seguida, eles não sabiam o que pensar.

C.P.

O Deus de Jesus

Michel Fédou
Centro Sèvres – Faculdades Jesuítas de Paris

Os evangelhos mostram que Jesus não cessou de orientar seus ouvintes para o mistério de "Deus". Além disso, ele o faz sob formas variadas: às vezes ele o evoca indiretamente, evocando o "Altíssimo"[1] ou o "Céu"[2], às vezes até de maneira apenas implícita, através das fórmulas indefinidas como: "a quem muito *se* confiou, dele *se* exigirá mais"[3] (o texto grego diz literalmente: "eles exigirão mais"); e, sobretudo, com fórmulas no passivo, como: "dai e vos será dado"[4]. Este passivo, que se chama "passivo divino", é uma maneira de evocar Deus sem nomeá-lo.

Mas estas denominações indiretas são no total mais numerosas se as compararmos com as denominações explícitas. Estas mesmas são diversas: em algumas passagens é a palavra "Senhor" (*kyrios*) que é utilizada, como vemos na invocação "Senhor do céu e da terra"[5]. Com muito mais frequência, Jesus utiliza o termo genérico "Deus" (*theos*). Além disso, ele utiliza muitas vezes um outro termo, a palavra "Pai" (*patêr* no grego dos evangelhos), e o Novo Testamento nos informa que ele chega a dirigir-se a este "Pai" de maneira totalmente familiar e íntima chamando-o de "*Abba*".

Certamente Jesus herda a imagem de Deus que foi transmitida pelas Escrituras de Israel; e, no entanto, contra este mesmo pano de fundo, sua representação de Deus atesta alguns acentos privilegiados.

Quem é "Deus" aos olhos de Jesus?

A tradição bíblica realça fortemente a diferença entre Deus e as criaturas, sua transcendência, sua alteridade; e esta se manifesta especialmente através dos atributos do "poder" e do "conhecimento": o Senhor é aquele cuja Palavra se cumpre e ele sabe todas as coisas. Estes atributos tradicionais afloram bastante, aqui ou ali, nos evangelhos. Assim Jesus alude ao poder de Deus quando diz, no evangelho de Marcos: "Para os homens, é impossível, mas para Deus, não, pois a Deus tudo é possível"[6]. No evangelho de Lucas, ele chega a aludir a Deus como aquele que "tem o poder de lançar na geena"♦, e que, por isso, deve ser objeto de "temor"[7]. Ele afirma, em todo caso, o conhecimento que Deus tem dos seres humanos: seus discípulos não precisam preocupar-se com seu alimento porque, lhes diz Jesus, "vosso

Pai sabe que precisais disso"; e declara aos fariseus: "Vós mostrais a vossa justiça aos olhos dos homens, mas Deus conhece os vossos corações"[8].

No entanto, o ponto importante a realçar é que estes atributos do poder e do conhecimento são no total bastante raros em relação a um terceiro atributo, o da bondade. Certamente não se trata aqui de uma inovação: as Escrituras antigas já atestam esta compreensão de Deus (assim, no Salmo 103, entre muitos outros exemplos, "o Senhor é misericordioso e benevolente, lento na cólera e cheio de fidelidade"[9]). Por isso, os Pais da Igreja, nos séculos II e III, refutarão a tese de Marcião e dos gnósticos♦ que, erroneamente, acreditarão encontrar uma oposição entre o Deus do Antigo Testamento e o do Novo Testamento. Não se pode negar que Jesus, nos evangelhos, insiste particularmente no atributo da bondade divina. Quando um notável o chama de "bom mestre", ele responde imediatamente: "Por que me chamas de bom? Ninguém é bom senão só Deus"[10]. Sua exortação ao amor aos inimigos é seguida por estas palavras: "Então a vossa recompensa será grande, e vós sereis filhos do Altíssimo, pois ele é bom para os ingratos e para os maus"[11]. Esta bondade é expressa também através da linguagem da compaixão ou da misericórdia, como vemos no versículo que segue imediatamente: "Sede misericordiosos como vosso Pai é misericordioso"[12]. Já na tradução grega do Antigo Testamento (a Septuaginta), o adjetivo "misericordioso" era aplicado às vezes ao Senhor e é preciso lembrar que alguns textos proféticos atribuíam a Deus a ternura de uma mãe por seu filho[13]. Jesus se insere nessa tradição; e, mesmo independentemente das passagens onde figuram as palavras "bom" e "misericordioso", ele revela de muitas maneiras esta disposição fundamental da bondade divina. Ele o atesta, por exemplo, através da palavra: "Quanto mais o Pai do céu dará o Espírito Santo aos que lho pedem"[14]. Ele o atesta também através das parábolas, como a do pai que é tomado de compaixão à vista do filho pródigo e vai abraçá-lo[15]. Além disso, é o que se deduz, pelo menos indiretamente, de seus atos de perdão e de cura: quando ele perdoa o paralítico, os escribas e os fariseus declaram (mesmo que para repreendê-lo) que ele age como o próprio Deus: "Quem pode perdoar os pecados senão Deus somente?"[16]; e quando devolve a vida a um jovem em Naim, todos reconhecem que "Deus visitou o seu povo"[17].

◂ Cf. o capítulo *Misericórdia e justiça*, p. 367.

Ao lado da onipotência e da misericórdia, Jesus insiste particularmente no terceiro atributo de Deus: a bondade.

A obra de Deus

A identidade de Deus, tal como Jesus a entende, se deixa definir especialmente por sua ação na História. Antes de tudo, Jesus faz referência ao passado de Israel e, portanto, a alguns episódios ou figuras que, neste passado, manifestaram esta ou aquela intervenção divina. Ele se refere ao "Deus de Abraão, de Isaac e de Jacó", especificando que este Deus "não é Deus dos mortos, mas dos vivos"[18]. Evoca em particular Abraão (por exemplo, na parábola de Lázaro e do mau rico[19]) e menciona também Moisés enquanto legislador de Israel [20], remetendo à palavra do Deuteronômio que constitui o credo judaico: "Ouve, Israel, o Senhor nosso Deus é o único Senhor. Amarás o Senhor teu Deus de todo o teu coração, com toda a tua alma [...] e com toda a tua força..."[21]. Faz alusão a Davi e a Salomão[22], menciona a atividade de Elias e de Eliseu[23] e se refere à história de Jonas [24]. Através de todas estas figuras bíblicas, ou pelo menos através de alguns acontecimentos da vida delas, foi o próprio Deus que falou e agiu. Sobretudo, o evangelho de Lucas narra o episódio em que Jesus, na sinagoga de Nazaré, lê a passagem de Isaías: "O Espírito do Senhor está sobre mim...": o Deus de Jesus se revela aqui como um Deus que pretende estar próximo dos "pobres" e que deseja a libertação dos "oprimidos"[25].

Cf. *Jesus* ▶ *na sinagoga de Nazaré*, p. 192.

Ora, é "hoje" que esta profecia se encontra cumprida[26]. Ainda que Jesus se refira às ações de Deus no passado, ele o faz muito menos do que se fazia habitualmente no judaísmo de seu tempo e insiste, em compensação, na obra de Deus no presente da História – uma obra que, de resto, está ligada às suas próprias palavras e atos. Ele não só afirma que Deus, hoje como ontem, se preocupa com suas criaturas[27] e ouve o pedido de seus filhos[28], mas declara também que Deus acaba de intervir fazendo de João Batista o seu enviado[29] e, sobretudo, proclama que "cumpriu-se o tempo" e que "o Reinado de Deus aproximou-se"[30]. A proximidade deste "Reinado" está, portanto, ligada à sua própria presença; e, com efeito, Jesus aparece, num sentido único, como o enviado de Deus. Isto resulta explicitamente de suas palavras no evangelho de João: "O meu alimento é fazer a vontade daquele que me enviou"[31]. Mas já nos evangelhos sinóticos ele se revela, indiretamente pelo menos, como quem fala com a autoridade de Deus (assim no Sermão da Montanha) e, mais ainda: como quem realiza as obras do próprio Deus; atesta-o sua resposta aos enviados do Batista: "Ide relatar a João o que tendes visto e ouvido: os cegos recuperam a vista, os coxos andam direito, os leprosos são purificados e os surdos ouvem, os mortos ressuscitam, a boa-nova é anunciada aos pobres"[32].

Cf. *O anúncio* ▶ *do Reino é específico de Jesus*, p. 315.

Portanto, Jesus tem a certeza de que os tempos presentes estão marcados por uma nova intervenção divina, decisiva entre todas. Ora, já que esta intervenção passa por suas palavras e seus atos, são estas palavras e estes atos que revelam da melhor forma a identidade de seu Deus.

Julgamento e salvação

Paradoxalmente, na mesma medida em que Deus intervém na história, sua intervenção se expõe ao risco de ser dramaticamente menosprezada ou rejeitada. Esta rejeição, em si, só pode ser punida e condenada. Por isso o próprio Jesus retoma aqui e ali as figuras do Julgamento divino a respeito dos pecadores; além da imagem da "geena", lembrada acima, pensemos aqui na parábola chamada do "Juízo final" no evangelho de Mateus ("irão esses para o castigo eterno, mas os justos irão para a vida eterna"), ou então, no evangelho de Lucas, na parábola dos convidados que recusam o convite ("nenhum daqueles que tinham sido convidados provará do meu jantar"), ou ainda na do rico e de Lázaro (o primeiro sendo encerrado na morada dos mortos, enquanto o segundo é "levado pelos anjos para junto de Abraão"[33]). O Deus de Jesus, neste sentido, continua sendo um Deus "Juiz".

◄ Cf. *Precisamos ter medo do Juízo final?*, p. 389.

Salientamos, porém, que a referência ao Julgamento, nas palavras de Jesus, se apresenta em geral sob formas características: às vezes trata-se de verbos no passivo ou formas de expressão impessoais ("não condeneis e não sereis condenados"[34]; ou ainda: "pedir-se-á conta disto a esta geração"[35]); na maioria das vezes, a perspectiva do Julgamento é evocada no quadro de parábolas que têm como função primeira exortar os ouvintes a se converter" desde agora. Por um lado, portanto, já que os tempos se completaram, a intervenção de Deus deve mais do que nunca suscitar essa conversão; e a própria gravidade do que está em jogo implica que, em caso de rejeição, os seres humanos correm irremediavelmente para sua ruína. Por outro lado, no entanto, Jesus não fornece uma descrição de Deus como Juiz; ou, se às vezes faz referência a um Julgamento divino, não é primeiramente para definir a identidade divina, mas para realçar a urgência vital de uma conversão da qual dependerá, conforme os casos, a felicidade ou a infelicidade, a vida ou a morte...

Se Jesus faz referência a um julgamento divino, não é primeiramente para definir Deus como Juiz, mas para realçar a urgência vital de uma conversão.

A mensagem central, em todo caso, é que o tempo presente é antes de tudo o tempo de um dom gratuitamente oferecido: Deus intervém, mais do que nunca, como aquele que traz conforto e consolação; ele vem fazer misericórdia, perdoa os pecadores arrependidos, concede sua justiça, realiza curas, devolve a vida a mortos – numa palavra, ele "salva". Tudo isto acontece através da pregação e dos atos de Jesus; mas, falando e agindo assim, Jesus revela precisamente a própria identidade d'Aquele que o enviou. É o que resulta da palavra já citada: "Vós sereis filhos do Altíssimo, pois ele é bom para os ingratos e para os maus. Sede misericordiosos como vosso Pai é misericordioso"[36]. É também o que atesta a exortação de Jesus a pedir ao Pai que conceda seu perdão[37] e é, além disso, o que expressam numerosas parábolas que, de maneira velada, revelam o rosto de Deus como o rosto de um Deus bom: ele "torna justo" o coletor de impostos quando este confessa humildemente seu pecado, está sempre disposto a procurar a ovelha perdida e acolhe seu filho arrependido. É, enfim, o que mostram as obras de cura: através do gesto de Jesus, que restitui a vista ao cego ou que permite ao paralítico andar novamente, são de fato as obras de Deus que se manifestam, e assim Deus se revela como aquele que quer a saúde, a vida e a felicidade de suas criaturas.

Um Deus "Pai"

Em tudo isto, Jesus mostra a bondade e a misericórdia infinita d'Aquele que ele chama de seu "Pai".

Sem dúvida, esta linguagem da paternidade divina já se encontrava em alguns textos do Antigo Testamento. Deus era apresentado especialmente como o pai" de seu povo Israel; esta expressão designava, por um lado, a autoridade divina, mas também, e mais ainda, a bondade d'Aquele que manifestava sua solicitude e sua misericórdia para com seus filhos. Às vezes, até mesmo, a menção da paternidade divina não estava ligada a um povo, mas a alguém em particular: assim, no oráculo do Senhor a propósito do descendente de Davi: "Eu serei para ele um pai, e ele será para mim um filho"; ou ainda nesta oração do Sirácida: "Senhor, Pai e Soberano de minha vida"[38]. No total, porém, a designação de Deus como Pai permanece restrita ao Antigo Testamento. Sobre este pano de fundo, o testemunho dos evangelhos parece uma grande novidade: deles resulta que Jesus não só falou de Deus, mas o invocou habitualmente como "Pai".

Podemos verificá-lo, por exemplo, percorrendo deste ponto de vista o evangelho de Lucas. Quando Jesus, com a idade de doze anos, permanece no Templo de Jerusalém à revelia de seus pais e estes por fim o encontram, ele responde: "Não sabíeis que eu devo estar junto do meu Pai?"[39] Esta última fórmula não apenas recorre à linguagem da paternidade; ela atesta um elo pessoal entre Jesus e Aquele que ele chama de "meu Pai". Mais tarde, uma vez empenhado em seu ministério público, Jesus exorta seus discípulos nestes termos: "Sede misericordiosos como vosso Pai é misericordioso"[40]; a expressão, também aqui, é de grande alcance: além de associar à palavra "Pai" o atributo da misericórdia, ela declara que os próprios discípulos são introduzidos numa experiência de filiação ("*vosso* Pai"). Vem em seguida a oração de Jesus: "Eu te louvo, Pai, Senhor do céu e da terra, por teres ocultado isto aos sábios e inteligentes e por tê-lo revelado aos pequeninos. Sim, Pai, foi assim que tu dispuseste em tua benevolência. Tudo me foi entregue por meu Pai, e ninguém conhece quem é o Filho a não ser o Pai, nem quem é o Pai a não ser o Filho e aquele a quem ao Filho aprouver revelá-lo"[41]. As primeiras palavras ressoam como um grito de júbilo diante do Pai, do qual Jesus reconhece não só a soberania, mas também a "benevolência", que se expressa paradoxalmente na própria maneira como o Pai privilegia os "pequeninos"; e o final da oração revela a profundeza da relação filial que une o Filho ao Pai – de tal maneira, aliás, que criaturas podem tornar-se, elas próprias, beneficiárias da revelação.

Pouco depois, Jesus ensina a seus discípulos como rezar: eles devem começar dizendo "Pai"[42]. Sem dúvida, a sequência da oração implica um sentido agudo da transcendência divina ("Faze-te reconhecer como Deus"), mas isto, precisamente, no espírito filial expresso de início pela invocação "Pai". À noção de paternidade se associa, em todo caso, a de bondade; se pais, mesmo sendo maus, sabem dar coisas boas a seus filhos, "quanto mais o Pai do céu dará o Espírito Santo aos que lho pedem"[43]. É ainda a bondade de Deus que é sugerida, um pouco mais adiante, pelo emprego da palavra "Pai" ao dirigir-se aos discípulos: "O vosso Pai sabe que precisais disso. [...] Foi do agrado do vosso Pai dar-vos o Reino"[44]. Jesus se referirá ainda a seu Pai na véspera de sua Paixão: "Eu disponho para vós o Reino, como o meu Pai dispôs dele para mim"[45]. Sobretudo, invocará seu Pai até na hora mais dramática. No monte das Oliveiras, ele rezará: "Pai, se quiseres afastar de mim esta taça"; na cruz pronunciará as palavras: "Pai, perdoa-lhes, porque não sabem o que fazem"; e pouco antes de morrer exclamará: "Pai, em tuas mãos entrego o meu espírito"[46]. Enfim, já ressuscitado, dirá a seus discípulos: "Eu vou enviar-vos o que meu Pai prometeu"[47].

◄ Cf. *O que diz o Pai-nosso?*, p. 508.

A evocação de Deus "Pai" existia no Antigo Testamento, mas em Jesus ela se torna recorrente e expressa uma familiaridade até então inaudita.

"Meu Pai", "*Abba*"

O percurso que acabamos de propor convida a diversas conclusões. Resulta primeiramente que Jesus, nas diversas circunstâncias de sua vida, se referiu constantemente a Deus como seu "Pai". Esta referência não excluía absolutamente o sentido da grandeza divina, mas realçava, de maneira toda especial, a benevolência e a bondade d'Aquele que era assim qualificado. Por outro lado, a presença da expressão "vosso Pai" significava que, na mente de Jesus, os próprios discípulos deviam ser introduzidos numa relação filial: não bastava crer em Deus, rezar a ele e obedecer-lhe (o que evidentemente se exigia), mas era preciso entregar-se a ele como filhos plenamente confiantes em seu pai, com a certeza de que seus pedidos seriam atendidos, de que teriam parte nos bens do Reino e de que receberiam o Espírito Santo.

No entanto, a associação da fórmula "vosso Pai" com a fórmula "meu Pai" não significa que o elo entre Jesus e Deus não fosse único entre todos. Isto resulta já da oração de louvor evocada acima: "Eu te louvo, Pai [...]. Tudo me foi entregue por meu Pai..." Mas um outro indício pode ser destacado: o uso da invocação *Abba*, outro termo para dizer "pai". Certamente, esta palavra de origem aramaica só figura (no que diz respeito aos evangelhos) numa passagem de Marcos: "*Abba*, Pai, tudo te é possível, afasta de mim essa taça!"[48] Mas a designação *Abba*, a propósito do próprio Deus, era desconhecida das comunidades judaicas; o único caso de sua menção no Novo Testamento leva a ver nela uma herança da oração efetivamente pronunciada por Jesus e pensamos, portanto, que alguns empregos da expressão "meu Pai", nos evangelhos, poderiam ser justamente a tradução desta palavra *Abba*. Temos aqui, portanto, uma originalidade importante: só Jesus, no contexto do judaísmo antigo, invoca Deus chamando-o de *Abba*. Ora, esta palavra *Abba* é uma palavra familiar (como "papai"); era usada, sobretudo, no quadro das relações familiares entre os filhos e seu pai. Empregando-a para designar Deus, portanto, Jesus atesta uma relação particularmente íntima com seu Pai. Na verdade, o uso desta palavra não exclui absolutamente o reconhecimento da soberania divina, nem o respeito que dela decorre. Mas atesta o sentimento de uma proximidade muito grande com Deus e até de uma imediatidade no sentido mais forte desta palavra. Em sua existência humana, Jesus teve a consciência de uma intimidade única com seu Pai. Com isto, portanto, revelam-se, no mesmo movimento, a identidade de Jesus como Filho e a identidade de Deus como Pai.

No contexto do judaísmo antigo, Jesus é o único a chamar o Pai de Abba, *palavra tão familiar como "papai".*

Os primeiros cristãos reconheceram justamente que esta palavra "Pai", aplicada ao Deus de Jesus, não designava apenas sua benevolência ou sua bondade para com um ser humano entre outros, mas qualificava uma relação única entre todas: Jesus é verdadeiramente o Filho de Deus e, inversamente, se Deus é o Pai de Jesus, é porque, em Jesus, ele gera seu próprio Filho. É este o alcance de dois importantes episódios relatados pelos evangelhos: primeiramente, o episódio do batismo, por ocasião do qual ressoa a voz vinda do céu: "Tu és meu filho; eu, hoje, te gerei", que é de fato a citação de um salmo de Davi[49]; depois, o episódio da Transfiguração, com esta outra palavra vinda da nuvem: "Este é o meu Filho, aquele que eu escolhi, ouvi-o!"[50]

O Deus de Jesus segundo o evangelho de João

Esta relação íntima é realçada particularmente pelo evangelho de João. O conjunto do relato evangélico levanta o véu, progressivamente, sobre a identidade do Pai. Na verdade, diz o prólogo, "ninguém jamais viu a Deus"; mas o "Filho único, que está no seio do Pai, no-lo revelou"[51].

Quando expulsa os comerciantes do Templo, Jesus acrescenta esta palavra: "Não façais da casa de meu Pai uma casa de negócios"[52]. Em seu colóquio com Nicodemos, ele diz ainda: "Deus amou tanto o mundo que deu o seu Filho, o seu único..."[53] Portanto, o Deus de Jesus é igualmente seu Pai e é por amor que ele enviou seu Filho para a salvação do mundo: "O Pai ama o Filho e entregou tudo em sua mão"[54]. Após a cura do paralítico, ele declara: "O meu Pai até agora está trabalhando e eu também estou trabalhando"; e, se seus adversários procuram sua morte, é justamente porque ele chama a Deus seu próprio Pai[55]. Este Pai "levanta os mortos e os faz viver" e "possui a vida em si mesmo"; ora, tudo o que o Pai tem, ele o deu a seu Filho que, por sua vez, tem poder de fazer viver e de possuir a vida em si mesmo[56]. O Pai não é apenas Aquele que enviou seu Filho, mas é Aquele que dá ao Filho ser o que Ele é. Sua união é tal que, quando os adversários de Jesus lhe dizem: "O teu Pai, onde está ele?", Jesus lhes responde: "Se me tivésseis conhecido teríeis também conhecido meu Pai"[57]. De fato, o Pai conhece o Filho e o Filho conhece o Pai; e Jesus chega a declarar: "Eu e o Pai somos um"[58]. Censuram-lhe o fato de querer fazer-se Deus, mas ele responde: "O Pai está em mim como eu estou no Pai"[59].

A intimidade atestada pelos evangelhos sinóticos se torna em João uma verdadeira união entre o Filho e seu Pai.

Um Deus que é amor

Ora, esta união se manifesta mais do que nunca, paradoxalmente, na radical humildade do Filho e na maneira como ele suporta sua Paixão. No momento em que acaba de lavar os pés de seus discípulos, e exatamente após a traição de Judas, Jesus declara que "o Filho do Homem foi glorificado" e que "Deus foi glorificado por ele"[60]. Os discípulos certamente têm dificuldade em acolher esta revelação; mas quando, no discurso após a Ceia, Filipe pede a Jesus que lhe mostre o Pai, Jesus lhe responde imediatamente: "Aquele que me viu, viu o Pai. [...] Não crês que eu estou no Pai e o Pai está em mim?"[61]

◄ Cf. *O discurso após a Ceia em João*, p. 584.

Jesus, é verdade, declara igualmente: "o Pai é maior do que eu"[62]; mas, através desta mesma diferença se revela a união radical entre o Pai e o Filho. O caminho mais curto para entrar no conhecimento do Pai é, com efeito, ver Jesus, reconhecer como ele se entrega ao Pai, contemplá-lo em sua vida que é toda ela dom de si: revelando-se assim, Jesus revela quem é seu Pai. O discurso após a Ceia concentra-se nesta revelação: "Eu sou a verdadeira videira, e meu Pai é o vinhateiro. [...] Assim como o Pai me amou, também eu vos amei: permanecei no meu amor"[63]. E esta revelação é inseparável da revelação do Espírito: Jesus anuncia que enviará de junto do Pai um "Paráclito"♦, ou seja, um "Defensor", "o Espírito da verdade, que procede do Pai", e é este Espírito que conduzirá os discípulos "à verdade plena"[64].

O Pai, portanto, não é apenas o Pai de Jesus, mas é inseparavelmente Aquele do qual procede o Espírito. Esse mesmo Espírito é o elo que une o Pai e o Filho, pois é no Espírito que o Pai se dá ao Filho e é nele que o Filho se dá ao Pai; ora, é este Espírito que será dado aos crentes para que sejam plenamente introduzidos na vida de Deus. Mas, agora, no limiar de sua Paixão, o Filho pede ao Pai que o glorifique ainda: "Glorifica-me com a glória que eu tinha junto de ti antes que o mundo existisse"[65]. A "glória" será dada com a Vida que triunfa sobre a morte: dando-se até o fim, a ponto de morrer na cruz, Jesus se revelará vivo na manhã da Páscoa. Então, mais do que nunca, seu Deus se manifestará como o Deus da vida. Mais do que nunca cumprir-se-á a palavra do Salmo: "Tu és meu filho; eu, hoje, te gerei"[66].

No século IV, Ario e seus partidários acreditaram que Jesus, pelo fato de sua humanidade, era apenas uma criatura superior às outras. O concílio de Niceia respondeu em 325 que o Filho era "consubstancial ao Pai". Na verdade, esta última expressão era estranha à linguagem das Escrituras. Mas, em sua linguagem própria, o concílio tencionava expressar exatamente o que resulta efetivamente do Novo Testamento: Jesus, em sua própria humanidade, é verdadeiramente Filho de Deus, ele está no Pai e o Pai está nele. O Deus de Jesus é um Deus que, eternamente, gera seu Filho no Espírito e envia este Filho ao mundo para que este mesmo mundo, no Espírito, tenha parte na vida divina. As obras do Filho e, acima de tudo, o dom total de sua própria existência levantam o véu que cobria o mistério primeiro e último: "Deus é amor. Eis como se manifestou o amor de Deus entre nós: Deus enviou seu Filho único ao mundo, para que vivêssemos por meio dele"[67].

1. Lc 6,35. **2.** Lc 15,18.21. **3.** Lc 12,48. **4.** Lc 6,38. **5.** Lc 10,21. **6.** Mc 10,27. **7.** Lc 12,5. **8.** Lc 12,30 e 16,15. **9.** Sl 103,8. **10.** Lc 18,19. **11.** Lc 6,35. **12.** Lc 6,36. **13.** Cf. Is 49,15; 66,13. **14.** Lc 11,13. **15.** Lc 15,20. **16.** Lc 5,21. **17.** Lc 7,16. **18.** Mc 12,26-27. **19.** Lc 16,19-31; cf. também Lc 13,16 e 19,9. **20.** Cf. Lc 16,29.31. **21.** Mc 12,29-30; cf. Dt 6,4. **22.** Lc 20,41-44; 11,31; 12,27. **23.** Lc 4,25-27. **24.** Lc 11,29.32. **25.** Lc 4,16-19; cf. Is 61,1. **26.** Lc 4,21. **27.** Lc 12,6-7. **28.** Lc 11,13. **29.** Lc 7,27-28. **30.** Mc 1,15. **31.** Jo 4,34. **32.** Lc 7,22. **33.** Mt 25,46; Lc 14,24 e 16,22-23. **34.** Lc 6,37. **35.** Lc 11,51. **36.** Lc 6,35-36.

37. Lc 11,4. **38**. 2Sm 7,14; Eclo 23,1. **39**. Lc 2,49. **40**. Lc 6,36. **41**. Lc 10,21-22. **42**. Lc 11,2. **43**. Lc 11,13. **44**. Lc 12,30.32. **45**. Lc 22,29. **46**. Lc 22,42; 23,34.46. **47**. Lc 24,49. **48**. Mc 14,36. Fora dos evangelhos, a palavra *Abba* é empregada por Paulo em Rm 8,15 e Gl 4,6. **49**. Lc 3,22 e Sl 2,7. **50**. Lc 9,35. **51**. Jo 1,18. **52**. Jo 2,16. **53**. Jo 3,16. **54**. Jo 3,35. **55**. Jo 5,17-18. **56**. Jo 5,19-30. **57**. Jo 8,19. **58**. Jo 10,30. **59**. Jo 10,38. **60**. Jo 13,31. **61**. Jo 14,9-10. **62**. Jo 14,28. **63**. Jo 15,1.9. **64**. Jo 15,26 e 16,13. **65**. Jo 17,5. **66**. Sl 2,7. **67**. 1Jo 4,8-9.

Jesus pensava que era Deus?

Michel Fédou
Centro Sèvres – Faculdades Jesuítas de Paris

Será que Jesus tinha consciência, antes da Páscoa, de sua identidade como "Filho de Deus"? No passado, alguns não hesitaram em atribuir-lhe desde o início um perfeito conhecimento desta identidade, com o risco de perder de vista que, por causa de sua humanidade, o próprio Jesus devia progredir na compreensão de seu ser profundo; o evangelho de Lucas escreve que ele "progredia em sabedoria e em estatura, e em graça diante de Deus e dos homens"[1]. Não haveria, aliás, alguma indiscrição em pretender sondar a consciência de Jesus? No entanto, os evangelhos nos oferecem um caminho para abordar a questão com respeito, revelando-nos como Jesus foi percebido e, sobretudo, como ele falou de si mesmo. De maneira significativa, ele interroga seus discípulos sobre o que se diz a seu respeito: "Quem sou eu no dizer das multidões?" Os discípulos lhe respondem que alguns o consideram João Batista, outros o consideram Elias e outros ainda o consideram um "profeta de outrora que ressuscitou"; ele pede então a seus próprios discípulos que se pronunciem: "E vós, quem dizeis que eu sou?[2]

Importa, portanto, prestar atenção às palavras ou expressões que designam Jesus durante seu ministério público. Quais são estes principais "títulos" de Jesus e o que nos dizem eles sobre a consciência que ele tinha de sua identidade?

"Profeta" e "filho de Davi"

Há uma primeira palavra a destacar: a palavra "profeta". Na verdade, de acordo com os evangelhos, Jesus nunca se outorga diretamente esse título. Mas se refere a ele pelo menos de maneira indireta: "nenhum profeta é bem acolhido em sua pátria"; "não é possível que um profeta pereça fora de Jerusalém"[3]. Independentemente até destas palavras, o ministério de Jesus se insere no de João Batista, que, na linha dos profetas que anunciavam os últimos tempos, proclamava a urgência da conversão. O próprio Jesus declara na sinagoga de Nazaré que a profecia de Isaías se cumpriu hoje; ele se refere aos profetas Elias e Eliseu, e sua entrada triunfal em Jerusalém aparece como a realização de um oráculo de Zacarias[4]. Não há nenhuma dúvida de que ele foi reconhecido como um profeta dos novos tempos; e ele próprio entendeu que seu ministério se situava na tradição dos profetas de Israel, mais exatamente na linha dos profetas incompreendidos e assassinados – como os profetas mártires cujos túmulos eram venerados no vale do Cedron.

Podemos destacar outro "título": "Filho de Davi". Jesus ouve ser designado assim pelo cego de Jericó[5]; e, ao entrar em Jerusalém, a multidão grita: "Bendito seja o reino que vem, o reino de Davi, nosso pai!"[6] Jesus deve, portanto, ter tido consciência de si mesmo como "filho de Davi". Mas sua identidade não se limita a esta filiação; com efeito, ele levanta a pergunta: como se pode dizer que o Messias é "filho de Davi", já que Davi "o chama Senhor"?[7] Esta pergunta permanece aqui sem resposta; pelo menos, ela dá a entender que o Messias não se define simplesmente pela filiação davídica e que ele próprio é "Senhor".

"Cristo" e "Filho de Deus"

Importa deter-nos mais longamente em duas outras designações igualmente atestadas pelos evangelhos: "Cristo" e "Filho de Deus". Estas duas designações encontram-se, aliás, associadas no breve prólogo do evangelho de Marcos: "Início do Evangelho de Jesus Cristo, Filho de Deus"[8]; elas se encontram também na confissão de Cesareia, quando Simão-Pedro diz a Jesus: "Tu és o Cristo, o Filho do Deus vivo"[9].

Profeta, Cristo/Messias, "Filho do homem": Jesus integra nestes títulos a visão de uma rejeição e de uma humilhação.

A primeira destas designações, "Cristo", é a tradução grega (*Khristos*) da palavra "Messias", de origem hebraica, que designa o rei que recebeu a unção com óleo santo. Utilizando esta palavra para designar Jesus, Pedro reconhece certamente que ele não é simplesmente um profeta entre outros; mas Jesus, embora acolha esta designação, ordena aos discípulos que não a comuniquem a ninguém e, logo depois, anuncia que o Filho do homem deve sofrer, ser morto e ressuscitar no terceiro dia[10]. É que esta designação podia prestar-se a mal-entendidos: os discípulos, e de maneira mais geral os Judeus do tempo de Jesus, podiam entendê-la num sentido político (o Messias instauraria uma realeza terrestre) ou associá-la à revelação de um Rei glorioso. Também Jesus, embora aceitando ser designado assim, se abstém de apresentar-se a si mesmo como o Messias e, sobretudo, anuncia o destino do "Filho do homem" que conhecerá a provação da morte. Mais tarde, é verdade, no momento em que o Sumo Sacerdote lhe perguntará: "És tu o Messias, Filho do Deus

◄ Cf. *Quem é responsável pela morte de Jesus?*, p. 629.

bendito?", Jesus responderá: "Eu o sou"[11]. Mas justamente nesta hora não haverá mais ambiguidade: a Paixão manifestará às claras que, se Jesus é "Messias", não é no sentido de uma realeza terrestre. Se Jesus tem consciência de ser um tal "Messias", é num sentido que contradiz as representações então difundidas em seu povo: ele é sim "Messias" ou "Cristo", mas mediante a passagem pela humilhação do sofrimento e da morte na cruz.

A segunda designação, a de "Filho de Deus", também se encontrava na tradição de Israel: era aplicada a seres celestiais, ou ao povo de Israel, ou a homens justos e piedosos, ou ainda ao messias régio; aqueles a quem ela era reservada tinham assim reconhecida uma relação toda especial com Deus, que lhes concedia favor e proteção[12]. No entanto, diferentemente da designação "Messias" ou "Cristo", que tem sua origem unicamente na tradição de Israel, a designação "Filho de Deus" é atestada igualmente nas tradições da Antiguidade greco-romana. De maneira significativa, é justamente um centurião (representando o mundo das "nações") que, no evangelho de Marcos, pronuncia esta palavra logo após a morte de Jesus: "Verdadeiramente, este homem era Filho de Deus"[13]. Sem dúvida, esta fórmula não implica o pleno reconhecimento da filiação divina, no sentido em que esta será confessada pelos discípulos após a Páscoa; mas não deixa de revelar, da parte do centurião, certa percepção do elo íntimo que une Jesus ao próprio Deus.

Mas, quanto a Jesus, teve ele consciência de ser "Filho de Deus"? Constatamos na verdade que, nos evangelhos sinóticos, ele nunca se apresenta assim; é antes um homem possuído por "um espírito de demônio impuro" que, na sinagoga de Cafarnaum, qualifica Jesus como "o Santo de Deus" e Jesus imediatamente lhe impõe silêncio[14]. É que a expressão "o Santo de Deus" era empregada aqui de maneira inoportuna, num sentido que obstruía o caminho da revelação evangélica; definir Jesus nesses termos, justamente no limiar de seu ministério público, era impedi-lo de se manifestar em sua verdadeira humanidade – pois é através desta mesma humanidade, e não de outra forma, que se descobriria sua filiação divina.

Mas isso não quer dizer que Jesus não teve consciência dessa filiação: ele fala, em todo caso, de seu Pai e o invoca até com o nome familiar de *Abba*. Na realidade, o fato de Jesus não se apresentar explicitamente como o "Filho do Deus" dá a entender que ele próprio não se atribui essa identidade, mas a recebe de seu Pai, como o explicita a visão teológica que emana do evangelho de João.

O título "Messias" tem sua origem unicamente na tradição de Israel; o título "Filho de Deus" é atestado igualmente nas tradições greco-romanas.

Uma última expressão deve merecer nossa atenção, e não é a menos importante: a de "Filho do homem".

“Filho do homem”

Esta expressão de origem semítica se encontra especialmente no livro de Daniel: “Eu via, nas visões da noite, e eis que com as nuvens do céu vinha um como Filho de homem”[15]. A figura deste “Filho de homem” se opunha à dos animais monstruosos que Daniel havia evocado antes. Ela designava sim um homem individual – mas um homem que, pelo fato de sua vinda sobre as nuvens, estava em relação com o divino. Independentemente deste texto, parece que, na língua aramaica, a expressão “filho de homem” (*bar enash, bar nash*) designa simplesmente “alguém” ou um “certo homem”, um “indivíduo”. Em todo caso, ela aparece muitas vezes nos evangelhos: contam-se aproximadamente oitenta ocorrências, número que ultrapassa de longe as ocorrências das outras designações destacadas acima.

A expressão é empregada de maneiras diversas. Algumas vezes os textos evocam o Filho do homem em sua ação presente sobre a terra, por exemplo com a seguinte fórmula: “para que saibais que o Filho do homem tem sobre a terra autoridade de perdoar os pecados...”[16] Outras vezes a expressão aparece no momento em que Jesus anuncia seu destino futuro: “O Filho do homem devia sofrer muito, [..] ser morto e, no terceiro dia, ressuscitar”[17]. Outras, por fim (e na maioria das vezes), o Filho do homem aparece como uma figura celeste do além, como no seguinte versículo: “Se alguém se envergonhar de mim e das minhas palavras, o Filho do homem se envergonhará dele quando vier em sua glória e na do Pai e dos santos anjos”[18]. Certamente não devemos pensar que todas as palavras assim relatadas pelos evangelhos tenham sido efetivamente pronunciadas por Jesus (de acordo com a maioria dos exegetas, só as palavras da terceira categoria – as que apresentam o Filho do homem como uma figura escatológica – remontam ao próprio Jesus). Resta que as ocorrências da expressão são muito numerosas e este simples fato já dá a entender que Jesus usou realmente esta expressão e que, embora de maneira indireta ou velada, ele deixou assim aparecer alguma coisa de sua própria identidade.

Dois fatos notáveis merecem, além disso, ser destacados. Por um lado, as palavras sobre o Filho do homem foram quase todas colocadas nos lábios do próprio Jesus. Por outro lado, na grande maioria dos casos, a expressão “Filho do homem” é empregada como sujeito do verbo (e não como atributo), como se vê nas frases citadas acima, ou ainda na frase “o Filho do homem, porém, não tem onde recostar a cabeça”[19]. Esta expressão aparece então como sendo, para Jesus, outra maneira de dizer “eu”. Isto resulta, aliás, de uma comparação entre uma passagem de Lucas e a passagem paralela de Mateus: onde Jesus diz em Lucas: “Felizes sois

Para Jesus, "Filho do homem" é uma maneira de se designar a si mesmo como membro de nossa humanidade, mas portador da glória de sua vitória futura sobre a morte.

vós quando os homens vos odeiam [...] por causa do Filho do homem", ele diz em Mateus: "Felizes sois vós quando vos insultam [...] por minha causa"[20].

Por outro lado, é verdade que Jesus nunca diz: "Eu sou o Filho do homem". É que permanece justamente uma distância entre o "eu" de Jesus em sua vida presente e o "Filho do homem" tal como o evocava o livro de Daniel: aquele que virá sobre as nuvens do céu. A própria diversidade dos significados ligados à fórmula "Filho do homem" revela aqui todo o seu alcance. Por um lado, empregando esta fórmula, Jesus manifesta implicitamente sua consciência de ser "alguém", um membro de nossa humanidade, verdadeiramente homem. Por outro lado, falando do "Filho do homem" na terceira pessoa, ele dá a entender a distância entre sua humanidade presente (que conhecerá o sofrimento e a morte) e a revelação da glória que se manifestará através e para além da vitória sobre a morte.

A consciência de Jesus

Seria possível deter-nos em outras expressões: assim Jesus declara: "Aqui está mais que Salomão, [...] aqui está mais que Jonas", ou ainda: "Antes que Abraão fosse, Eu Sou"[21]; ele se apresenta também como "aquele que serve"; apela também para a imagem do "esposo"[22]... Aliás, é sobretudo depois da Páscoa que os primeiros cristãos aplicaram a Jesus numerosas designações para expressar sua identidade, a começar pelas palavras "Cristo" e "Senhor". Isto aparece particularmente no evangelho de João, onde Jesus se revela como a "porta das ovelhas", o "pastor", o "caminho, a verdade e a vida"[23]..., como também nas cartas e no Apocalipse. O próprio título "Deus", embora habitualmente reservado ao Pai, lhe é aplicado em seis passagens do Novo Testamento, mas nunca nos evangelhos sinóticos[24].

No entanto, não se deveria deduzir que Jesus não tinha, antes da Paixão e da Ressurreição, consciência de sua filiação divina. Não se trata, evidentemente, de lhe atribuir (como se fez às vezes no passado) uma espécie de onisciência que estaria em contradição com os limites inerentes à sua condição humana. Sobre a própria questão da vinda do Filho do homem e, portanto, do fim, Jesus, de acordo com Mateus, reconhece claramente: "Este dia e esta hora, ninguém os conhece, nem os anjos do céu, nem o Filho, ninguém senão o Pai, e só ele"[25]. Como escreveu o teólogo Hans Urs von Balthasar, "se Jesus é um homem autêntico, é preciso também que sua obra se cumpra na *finitude* de uma vida humana, mesmo que o conteúdo desta obra e seus efeitos ultrapassem largamente os limites impostos a esta finitude". Mas também não se deveria, por um excesso inverso, atribuir a Jesus uma forma radical de ignorância (como fizeram, no século IV, os cristãos chamados "agnoetas"♦). Uma justa atenção ao relato evangélico autoriza a reconhecer que Jesus teve consciência de não ser simplesmente um verdadeiro homem, mas de ser, em sua própria humanidade, o Filho bem-amado do Pai. Além disso, é preciso considerar, ao mesmo tempo, que esta identidade lhe fora dada desde o início e que ele deve ter tomado consciência dela progressivamente: como explica outro teólogo, Karl Rahner, houve efetivamente em Jesus "uma 'disposição ontológica♦ fundamental' de intimidade com Deus", mas esta disposição era "conciliável com uma verdadeira história espiritual do homem Jesus e com uma evolução de sua consciência". Podemos, pelo menos, dizer isto, mas sem procurar dizer mais – de maneira a respeitar o mistério de Jesus e a consciência que ele podia ter de si mesmo.

1. Lc 2,52. **2**. Lc 9,18-20. **3**. Lc 4,24; 13,33. Cf. também Mc 6,4; Jo 4,44. **4**. Lc 4,21; 4,25-27; 19,29-38. **5**. Lc 18,38-39. **6**. Mc 11,10. **7**. Lc 20,44. **8**. Mc 1,1. **9**. Mt 16,16. **10**. Lc 9,20-22. **11**. Mc 14,62. **12**. Cf. Gn 6,2; Ex 4,22; Sb 2,17-18; 2Sm 7,14. **13**. Mc 15,39. **14**. Lc 4,34-35. **15**. Dn 7,13. **16**. Lc 5,24; cf. também Lc 7,34; 9,58; 19,10. **17**. Lc 9,22; cf. também Lc 24,7. **18**. Lc 9,26; cf. também Lc 12,8; 17,22.24.26.30; 18,8; 21,36. **19**. Lc 9,59 (e cf. as outras citações dadas acima). **20**. Lc 6,22; Mt 5,11; comparar também Lc 12,8 e Mt 10,32. **21**. Lc 11,31-32; Jo 8,58. **22**. Lc 22,27; 5,34-35. **23**. Jo 10,7.11; 14,6. **24**. Jo 1,1 e 1,18; Jo 20,28; Rm 9,5; Tt 2,13; 1Jo 5,20. **25**. Mt 24,36; cf. também Mc 13,32.

ESCLARECIMENTOS

O que significa o "pão da vida"?

Yves-Marie Blanchard
Instituto Católico de Paris

O evangelho segundo João não traz as palavras de Jesus pronunciadas sobre o pão e o vinho durante a refeição com seus discípulos na tarde da Quinta-feira santa. Em vez da instituição da eucaristia, João situa neste contexto o gesto surpreendente do lava-pés[1*], gesto chamado a repetir-se ao longo dos séculos: "É um exemplo que eu vos dei: o que eu fiz por vós, fazei-o vós também"[2]. Fazendo isto, João sugere o elo entre a eucaristia, evocada pelos evangelhos sinóticos, e o serviço fraternal designado pelo lava-pés. Também Paulo insiste fortemente[3] na coerência necessária entre a partilha do corpo eucarístico e a exigência de justiça e de fraternidade no seio da comunidade.

Na realidade, o evangelho de João não ignora a prática cristã da eucaristia. Embora não narre a instituição do rito, ele propõe, em compensação, um rico ensinamento a este respeito, sob a forma de um discurso-debate mantido por Jesus na sinagoga de Cafarnaum[4]. O discurso retoma primeiramente o episódio da multiplicação dos pães, narrado antes[5]: Jesus deplora que a multidão viu ali apenas um gesto de generosidade totalmente humana e não um sinal de um alimento de outra ordem, dado pelo próprio Deus por intermédio da pessoa de Jesus[6]. Instado a explicar-se[7], Jesus resolve identificar-se ele próprio com este "pão da vida", vindo do céu, ou seja, de junto de Deus, e capaz de saciar toda fome humana[8], chegando a prometer a ressurreição e a vida eterna a todo ser humano que vier a ele ou – o que equivale ao mesmo – crer nele[9].

Os interlocutores de Jesus, doravante qualificados como "judeus" – é preciso sem dúvida ver aqui as autoridades religiosas –, se surpreendem que Jesus possa assim reivindicar uma origem "celeste", ou seja, divina, e se põem, como nos diz João, a "murmurar"[10]. Um verbo empregado propositalmente pelo evangelista, pois lembra a revolta dos Hebreus no deserto contra Moisés[11], justamente antes de receberem o maná – que é precisamente uma espécie de pão caído do céu. Em resposta a estes murmúrios, Jesus renova sua promessa de conferir a vida eterna a todo crente; e reafirma novamente: "Eu sou o pão da vida"[12]. Ele próprio faz então uma menção do maná, mas é para realçar sua imperfeição em relação ao verdadeiro pão da vida: com efeito, o maná não impediu os Hebreus de morrer no deserto; por mais miraculoso que tenha sido, não teve nenhum efeito sobre a condição mortal do ser humano[13].

Uma nova intervenção dos ouvintes de Jesus, mais agitados do que nunca[14], o leva a dizer – mais uma vez – não só que ele é o pão descido do céu, mas que este alimento concede viver "para a eternidade"[15]. Aparentemente, nada mudou nas palavras de Jesus; na realidade, notáveis mudanças apareceram desde o versículo 51. Já não se trata apenas de pão, mas de "carne [dada para a vida do mundo]", de acordo com um vocabulário que dá a entender a morte de Jesus para a salvação dos homens. Além disso, os "alimentos" doravante evocados são, além da carne já nomeada, o sangue, junto consequentemente com os binômios comer-beber e alimento-bebida. Enfim, o verbo "comer" já não é o clássico *esthiô*, habitualmente metafórico (não se diz, por exemplo: comer a palavra?), mas um termo muito mais realista (*trôgô*) que designa a ação concreta de comer, ou mesmo mastigar, um alimento.

Em suma, as alusões à refeição eucarística** se tornam evidentes, ao passo que, nos dois primeiros terços do texto, a metáfora do pão da vida designava, de maneira mais geral, a própria pessoa de Cristo, fonte de vida divina, mediante a fé dos discípulos que vieram a ele. Em compensação, a partir do versículo 51, o próprio dom da vida eterna é posto precisamente em relação com o fato de "comer a carne" e "beber o sangue" do Cristo entregue para a salvação do mundo, de acordo com uma terminologia tipicamente eucarística. Essa distorção no texto levou os especialistas a considerar que o discurso sobre o pão da vida é composto de duas narrativas distintas: uma centrada na fé na pessoa de Cristo e a outra centrada na comunhão do corpo e do sangue de Cristo, de acordo com o rito da eucaristia. O fato de os dois procedimentos (a fé e o sacramento) terem os mesmos efeitos (ressurreição dos mortos e o dom da vida eterna) autoriza a conjunção das duas temáticas, agrupadas sob a mesma figura do pão da vida, na sequência direta do relato da multiplicação dos pães.

Este trecho atesta a maturidade teológica da comunidade chamada "joânica" e a profundidade de sua reflexão sobre o "mistério" da eucaristia.

* Cf. *O lava-pés*, p. 577.

** Cf. *Eucaristia: a coisa mais estranha*, p. 596.

1. Jo 13,1-20. **2**. Jo 13,15. **3**. 1Cor 11,17-34. **4**. Jo 6,22-59. **5**. Jo 6,1-15. **6**. Jo 6,26-27. **7**. Jo 6,28-31. **8**. Jo 6,32-36. **9**. Jo 6,37-40. **10**. Jo 6,41-42. **11**. Ex 16,2. **12**. Jo 6,48. **13**. Jo 6,49-51. **14**. Jo 6,52. **15**. Jo 6,53-58.

* * *

O que diz o Pai-nosso?

Enzo Bianchi

Fundador do mosteiro ecumênico de Bose (Itália)

Jesus ensinou seus discípulos a rezar. Deixou-lhes em particular um breve formulário, que sintetiza os pedidos essenciais a dirigir ao Pai celestial: o *Pai-nosso*. Os evangelhos canônicos nos transmitem duas versões: a do evangelho segundo Mateus[1], que contém sete pedidos e na qual se apoia a recitação comum dos cristãos, e a versão, mais curta, do evangelho de Lucas[2], que contém cinco pedidos. A *Didaqué*♦ (um documento do ensino do cristianismo nascente, entre o fim do século I e o início do século II de nossa era) reproduz igualmente esta oração[3]. Seu texto, próximo da versão de Mateus, atesta sua utilização litúrgica já antiga: "Rezai desta maneira três vezes ao dia"[4].

Se existe uma novidade no *Pai-nosso*, ela está menos nos pedidos e mais na invocação: "Pai", "Pai nosso". No Antigo

Testamento não encontramos orações que contêm esta expressão absoluta no vocativo; nos três casos em que aparece, ela está acompanhada de outros atributos ou é utilizada de maneira genérica para exprimir a paternidade de Deus[5]. A expressão "Pai nosso" está presente em duas orações meditativas de Isaías, não como invocação, mas como confissão de fé[6].

Na tradição judaica do tempo de Jesus, a designação de Deus como Pai permanece rara; está ausente de coletâneas de orações como os *Hinos* de Qumran ou os *Salmos de Salomão*. Nas orações sinagogais, encontramos a expressão *Avinu*, "Pai nosso", em diversos textos, entre os quais o *Qaddish*, a mais célebre doxologia♦ (oração de louvor) hebraica. Esta oração, próxima do *Pai-nosso* tanto pelos paralelismos textuais quanto pela tonalidade do conjunto, comporta no entanto uma diferença inegável em relação a ele: ela é formulada na terceira pessoa e não com o "tu", como faz Jesus. Jesus se serviu das palavras da oração litúrgica que ele praticava enquanto judeu; mas manifesta uma confiança para com o Pai desconhecida até então e se expressa numa perspectiva universal (sem fazer referência ao povo de Israel) ausente dos textos sinagogais.

"Pai nosso, que estás nos céus, santificado seja o teu Nome"

A "oração do Senhor" começa com uma referência simples, direta, que revela o rosto do Deus ao qual os crentes se dirigem. Deus é Santo, Criador e Salvador, mas também Pai – *Abba*, no aramaico de Jesus: "papai, pai bem-amado". Este Deus muito próximo, no entanto, não é um pai terrestre, ele está "nos céus": a esta alteridade radical, a Bíblia dá nome de *santidade*. É o sentido do primeiro pedido: convocar Deus a "santificar seu Nome" é implorar que ele se faça reconhecer pelo que ele é, se manifeste através de sua ação eficaz. Mas, num sentido particular, é igualmente verdade que Deus pode ser santificado pelos crentes: quando eles mostram que Deus os inspira e que está presente através deles entre os humanos. Aliás, este primeiro pedido está no passivo, mas sem complemento de agente: portanto, a santificação é ao mesmo tempo ação de Deus e dos crentes. Quando a luz destes últimos resplandece diante dos homens, aqueles que veem suas obras dão glória ao "Pai que está nos céus"[7], eles santificam o Nome de Deus.

"Venha o teu Reinado"

Dos três primeiros pedidos, que se referem a Deus, o segundo ocupa o lugar central; de acordo com a prática das línguas semíticas, isso mostra sua importância. Na pregação de Jesus, o anúncio do Reinado de Deus* é fundamental. Este Reino se manifestou nele, que foi o único homem sobre o qual Deus reinou totalmente, radicalmente. O orante pede aqui que este Reinado de Deus, vivido e manifestado por Jesus, se difunda plenamente: ele convoca Deus a reinar realmente sobre todo ser humano e sobre a humanidade inteira. Isto implica que as pessoas, comunidades ou Igrejas expressem esta oração predispondo-se elas próprias a deixar Deus agir soberanamente sobre elas, para manifestar sua ação de libertação dos falsos ídolos, de salvação diante do mal, de unidade. Notemos que, a partir de Tertuliano (início do século III) e de Gregório de Nissa (segunda metade do século III), alguns Pais da Igreja – quando citam o texto de Lucas – apresentam no lugar deste segundo pedido a variante significativa: "Venha teu Espírito sobre nós e nos purifique".

"Tua vontade seja feita sobre a terra como no céu"

Esta petição expressa, por um lado, o pedido feito a Deus de ele próprio concluir seu plano de salvação; por outro lado, convoca os crentes a aceitar plenamente esta vontade e a fazer tudo para que ela se realize. O próprio Jesus pronunciou este pedido durante sua vida. Na hora de sua "agonia" (no sentido de combate espiritual) no monte das Oliveiras**, quando poderia ter caído na tentação de subtrair-se à sua sorte, ele rezou: "Pai, se quiseres afastar de mim essa taça... No entanto, não se faça a minha vontade, mas a tua!"[8] Jesus pede a força para realizar até o fim a vontade do Pai, para permanecer-lhe obediente, mesmo ao preço da morte, e da morte numa cruz[9].

Trata-se de uma invocação particularmente difícil, que exige pagar o preço. Só assim o orante poderá se dizer filho e estar realmente em uníssono com o coração do Pai. Também aqui, o verbo no passivo indica tanto o pedido feito a Deus para que realize seu plano de salvação quanto a oração para que as pessoas aceitem esta vontade e predisponham tudo o que puderem para que ela possa se realizar. O evangelho de Mateus retoma em outro lugar o tema da vontade do Pai[10], manifestando o quanto importava a Jesus que esta vontade seja não só conhecida dos discípulos, mas também realizada por eles.

"Dá-nos hoje o pão deste dia"

No coração do *Pai-nosso*, iniciando a segunda parte, que resume os pedidos relativos à nossa vida humana, eis a petição do pão. Após os grandes pedidos referentes a Deus, esta petição muito simples diz respeito à necessidade humana primária de alimentar-se para viver. Mas a humildade deste pedido dá sentido a todos os outros. Porque pedir ao Pai o pão cotidiano é afirmar o senhorio de Deus sobre as realidades criadas; é reconhecer que nós não dispomos de nossa vida, mas a recebemos no interior de uma relação; é colocar nossa necessidade diante de Deus, para deixá-la se converter em desejo. No entanto, o adjetivo grego empregado aqui por Mateus, e que traduzimos por "deste dia" (*epiousios*), pode significar também "supersubstancial", portanto "celeste": em outras palavras, o pão pedido é também o pão do Reino[11]. O próprio Mateus, com efeito, faz Jesus dizer, no episódio das tentações, que "não só de pão viverá o homem, mas de toda a palavra que sai da boca de Deus"[12] (ele retomava aqui uma sentença do Antigo Testamento[13]).

Nesta perspectiva, pedir o pão necessário para sua vida é também solicitar o pão pelo qual o homem vive para além do pão: neste caso, na Igreja nascente, trata-se da Palavra e da eucaristia. Pronunciando este pedido de pão, portanto, o crente é convidado a descobrir sua necessidade capital da Palavra divina viva que é a Boa-Nova de Jesus e a se alimentar dele, que é (como dirá João) "pão vivo*** descido do céu"[14].

"Perdoa-nos as nossas ofensas como também nós perdoamos aos que nos ofenderam"

A formulação deste pedido difere nas duas versões evangélicas da oração: Mateus, usando uma linguagem simbólica, fala de "dívidas", enquanto Lucas recorre ao termo mais teológico "pecados". Seu conteúdo, no entanto, permanece idêntico: é o pedido do perdão**** dirigido a Deus. Em sua caminhada para o Pai, o cristão, o ser humano, deve retomar cada dia o caminho que leva ao Reino e deixar de fechar-se ao amor. Neste trabalho cotidiano, ele se descobre "pecador" e, portanto, devedor: responsável por pensamentos, palavras, ações e omissões pelas quais ele subtraiu a seus irmãos e irmãs o que lhes devia. Ora, tudo o que ele lhes roubou é uma ofensa cometida contra Deus. Com feito, o que fere todo ser humano atinge também o Pai. Por isso, o orante pede a Deus que lhe perdoe suas dívidas. Só o perdão permite recomeçar. Mas será que o perdão humano condiciona o de Deus? A resposta de Jesus é claramente sim: mesmo que o perdão de Deus preceda sempre o perdão recíproco que os homens se podem dar, não deixa de ser verdade que, caso se recusem, eles se condenam a si mesmos. Imediatamente após o *Pai-nosso*, lemos em Mateus: "Com efeito, se perdoardes aos homens as suas faltas, vosso Pai celeste também vos perdoará; mas se não perdoardes aos homens, também vosso Pai não vos perdoará vossas faltas"[15].

"E não nos submetas à tentação"

Este pedido – o único formulado de maneira negativa – é delicado: é preciso, antes de tudo, descartar a ideia de que Deus seria o autor da tentação[16]. Por isso, a nova tradução oficial da Bíblia para a liturgia francófona (2013) propõe: "Não nos deixes entrar em tentação". Poderíamos parafrasear: "Não nos faças sucumbir na hora da provação". Os discípulos invocam a ajuda e o amor do Senhor quando estão na provação. Com efeito, os humanos são constantemente tentados a contradizer o amor de Deus, a viver sem os outros, ou mesmo contra os outros. São então seduzidos pelos ídolos, por suas próprias justificações, pelo medo de sofrer. Para o evangelista, no combate contra a tentação, Jesus – que a venceu***** – luta por eles e neles.

"Mas livra-nos do mal"

Violência, sofrimento, morte: no palco do mundo, os homens experimentam a presença, multiforme, do Maligno******. Ninguém precisa acreditar em sua existência, basta reconhecer o mal atuando em nossa vida. Ora, Deus salva e livra do mal. A oração transmitida por Mateus como tendo sido ensinada por Jesus a seus discípulos junta-se à do próprio Jesus no evangelho de João: "Pai, eu não te peço que os tires do mundo, mas que os guardes do Maligno"[17]. Jesus combate *com* o homem contra o demônio, luta *nele*, e o homem pode invocá-lo com as palavras do Salmo: "Em meu combate, vem tu mesmo combater"[18].

Doxologia

Na recitação litúrgica do *Pai-nosso*, os cristãos concluem muitas vezes com uma doxologia (oração de louvor) que não foi conservada no Novo Testamento (embora alguns manuscritos antigos a reproduzam): "Pois a ti pertencem o reino, o poder e a glória, pelos séculos dos séculos". O "Amém" final atesta, por fim, a sinceridade daquele que reza: "Sim, é verdade".

O *Pai-nosso* se tornou a norma, o modelo de toda oração cristã. Com efeito, como escreveu Tertuliano no final do século II, esta oração constitui um "resumo de todo o Evangelho"[19].

* Cf. *O anúncio do Reino é específico de Jesus*, p. 315.

** Cf. o capítulo *O processo e a condenação de Jesus*, p. 627.

*** Cf. *O que significa o "pão da vida"?*, p. 507.

**** Cf. *O perdão de Jesus*, p. 369.

***** Cf. *As Tentações no deserto*, p. 185.

****** Cf. *Satanás é o nome de quê?*, p. 198.

1. Mt 6,9-13. **2**. Lc 11,2-4. **3**. *Didaqué*, 8,2. **4**. *Ibid*., 8,3. **5**. Eclo 23,1.4; Sb 13,2-3. **6**. Is 63,15-16; 64,7-9. **7**. Cf. Mt 5,16. **8**. Lc 22,42. **9**. Cf. Fl 2,8. **10**. Cf. Mt 7,21; 12,50; 18,14. **11**. Cf. Lc 14,15. **2**. Mt 4,4. **13**. Dt 8,3. **14**. Jo 6,51. **15**. Mt 6,14-15; cf. também 18,35. **16**. Tg 1,13-15. **17**. Jo 17,15. **18**. Literalmente: "Sustenta minha causa, defende-me", Salmo 43,1; cf. também 119,154. **19**. Tertuliano, *De oratione* 1.

CONTRAPONTO

A Transfiguração de Jesus e de seus discípulos

Michel Stavrou
Instituto de Teologia Ortodoxa
Saint-Serge, Paris

O episódio da glorificação de Jesus ocorreu após sua pregação na Galileia[1], algum tempo antes da subida a Jerusalém para a Páscoa[2]. Jesus leva consigo três de seus discípulos, Pedro, João e Tiago, para uma "alta montanha"[3], que a tradição identificou como sendo o monte Tabor (embora nenhum texto neotestamentário especifique esse lugar). Lucas relata que "enquanto rezava", o "aspecto do rosto" de Jesus mudou e sua veste tornou-se resplandecente de brancura[4]. Enquanto Mateus e Marcos indicam que Jesus foi transfigurado (lit. "metamorfoseado") diante de seus discípulos, Lucas, mais sóbrio, evita este termo de origem pagã: eles "viram a glória de Jesus"[5], onde aparece o termo "gloria" (*doxa*) que será retomado por João em seu evangelho[6]. O Mestre concede a seus discípulos perceber a luz que ele irradia: Pedro, na segunda carta que lhe é atribuída, declarará ter estado entre as testemunhas privilegiadas desta "vinda poderosa de nosso Senhor Jesus Cristo" e "tê-lo visto com nossos próprios olhos em todo o seu esplendor"[7].

Lucas especifica que Jesus é visto também entretendo-se com Moisés e Elias que, "aparecendo na glória", representam respectivamente a Lei e os profetas: eles falam "da partida de Jesus que ia se realizar em Jerusalém"[8]. Esta "partida" (em grego *exodos*) é o anúncio velado do mistério da salvação que engloba a Paixão, a Ressurreição e a Ascensão e que deve acontecer em Jerusalém[9]; é o êxodo de um novo Moisés que, mergulhado (literalmente: "batizado"[10]) na morte, abrirá para seus discípulos o caminho para a vida eterna.

Pedro, impressionado com a visão da glória de Jesus, exclama: "É bom que estejamos aqui" e propõe construir três tendas, alusão à festa das Tendas e, portanto, a um novo êxodo. Uma nuvem vem então cobri-los e ouve-se uma voz: "Este é o meu Filho eleito, ouvi-o!" Esta teofania♦ (manifestação divina), que lembra a do batismo de Jesus[11] no início de seu ministério público, traz uma revelação ainda velada do Deus trino: a voz do Pai, a visão do Filho transfigurado e a nuvem luminosa que, de acordo com a tradição dos Pais da Igreja, representa a presença do Espírito Santo.

A luz de que se trata nas narrativas da Transfiguração não é uma metáfora literária, nem um fenômeno natural ou psicológico. Trata-se, para os Pais, de uma realidade divina manifestada em Cristo e nisto a Transfiguração é o paradigma de todas as teofanias. Jesus havia prevenido seus discípulos pouco antes da subida ao Tabor: "Entre os que estão aqui, alguns não morrerão antes de ver o Reinado de Deus"[12]. O grande teólogo bizantino do século XIV Gregório Palamas, arcebispo de Tessalônica, põe este episódio em ligação direta com a Jerusalém celeste, tal como é descrita no livro do Apocalipse: "A cidade não precisa do sol nem da lua para iluminá-la, pois a glória de Deus a ilumina e sua lâmpada é o Cordeiro"[13]. A luz do Tabor é a mesma com que Cristo resplandecerá por ocasião de sua Segunda Vinda. Ele não a adquiriu por ocasião da Transfiguração: ela já irradiava dele, embora não fosse perceptível por causa de sua condição de rebaixamento voluntário (quenose♦).

A tradição patrística, tanto no Oriente quanto no Ocidente, é unânime em considerar que no Tabor a transfiguração foi na realidade a transfiguração dos discípulos. Num momento de iluminação, eles têm a revelação da identidade verdadeira de seu Mestre e estão em comunhão com Deus. Através desta luz do Espírito, o homem se encontra penetrado, iluminado, vê Deus e resplandece por sua vez: iluminação e deificação se revelam indissociáveis. A luz incriada *transfigura* a natureza humana inteira (corpo, alma, espírito), encontrando-se o homem em comunhão plena com Aquele do qual ele é imagem por natureza.

Para Gregório Palamas, Deus se torna visível não apenas ao intelecto, mas também aos sentidos corporais que foram "mudados pela força do Espírito divino". Audição, visão e respiração estão associadas. A luz divina transcende ao mesmo tempo todas as dimensões de nossa condição de criaturas. "Aquilo que recebemos, observa Palamas, é sempre uma parte apenas daquilo que é dado: aquele que recebe a energia divina não consegue contê-la toda inteira". Portanto, o homem pode contemplar, com seus olhos de carne transformados, a luz de Cristo, como os discípulos puderam, com seus olhos transfigurados, contemplar a glória de Cristo no Tabor.

Isto é atestado pela experiência de numerosos santos da mística cristã tanto oriental como ocidental. São Simeão o Novo Teólogo (século XI) deixou admiráveis hinos à luz divina. Na Rússia, bem cedo conquistada para a espiritualidade bizantina hesicasta♦, o monge Sérgio de Radonej (século XIV) foi surpreendido, durante um ofício de vigília, cercado por "uma luz brilhante nos céus [...] que ultrapassava em resplendor a luz do dia". Na mesma época, no Ocidente, Catarina de Sena celebrava a luz divina nestes termos: "Em tua luz eu amo a luz, em tua luz conheci a luz". Mais perto de nós, na Rússia do século XIX, o relato da transfiguração de Serafim de Sarov, deixado por seu discípulo Motovilov, atesta no Oriente cristão a permanência de uma verdadeira espiritualidade "tabórica"♦ (inspirada na experiência do monte Tabor).

Para o Oriente cristão, a mensagem existencial desta transfiguração de Jesus, contemplada pelos discípulos, é a afirmação de que o homem é chamado, desde aqui embaixo, a uma comunhão *real* com Deus, num face a face com o Cristo ressuscitado, resplandecente em sua glória divina, como no Tabor. A vida espiritual consiste em ver e receber cada vez mais conscientemente, no corpo eclesial vivificado pelo Espírito, as energias divinas que santificam o homem, alma e corpo, e, para além, o cosmos inteiro, numa dinâmica infinita de transfiguração. Não afirmava, já no século III, Ireneu de Lyon: "A glória de Deus é o homem vivente e a vida do homem é a visão de Deus"?

1. Lc 4,14–9,17. **2**. Lc 9,51–19,25. **3**. Mt 17,2. **4**. Lc 9,29. **5**. Lc 9,32. **6**. Jo 17,22 etc. **7**. 2Pd 1,16-18. **8**. Lc 9,30-31. **9**. Lc 9,43-45. **10**. Cf. Lc 12,50. **11**. Lc 3,21-22. **12**. Lc 9,27 e passagem paralela: Mt 16,28; Mc 9,1. **13**. Ap 21,23.

Éric-Emmanuel Schmitt, da Academia Goncourt
Escritor

Foi você que o disse

"Foi você que o disse."

Não conheço resposta mais estranha e, portanto, mais rica.

À pergunta: "És tu o Messias?", que os Judeus lhe dirigiam ao longo de sua caminhada, Jesus respondia: "Foi você que o disse". Que decepção! – gemem alguns. Que pirueta! – lamentam outros. Que felicidade! – exclamo eu cada vez.

A quem deseja adquirir uma certeza, a réplica opõe sua cortante fineza – "Foi você que o disse" – tão poderosa filosoficamente quanto teologicamente.

Antes de tudo, ela externa um preceito socrático: "Pensa por ti mesmo. Não repitas, não obedeças, livra-te das influências. Delibera!" Jesus arranca o indivíduo dos pântanos das opiniões, das ideologias, dos argumentos de autoridade; ele o limpa, ele o lava, e a este indivíduo, desnudado, purificado, pede que se vire sozinho, dotado de sua consciência.

Em seguida, a frase distingue o plano do saber e o da crença. "Se me consideras o Messias, exprimes uma escolha, tua aprovação, não uma necessidade intelectual. Tu não reconhecerás jamais Deus em mim como concluis que dois mais dois são quatro. Crer não se confunde com saber".

Por fim, ela devolve o poder ao homem. "És tu que crês, não eu. Tu decides sobre o que eu sou. Serei grande se me fazes grande, pequeno se me fazes pequeno. Cabe a ti conceber um Deus à altura de Deus."

Os evangelhos propõem um texto participativo: a leitura determina seu valor. Um cretino verá nele uma cretinice, um materialista extrairá dele o destino de um sábio maltratado, uma mente racional notará nele a impossibilidade da encarnação e da ressurreição, uma alma espiritual perceberá nele algo a meditar infinitamente, um místico encontrará nele o fogo. Os evangelhos refletem, no sentido em que o espelho reflete. Mas, sobretudo, os evangelhos suscitam mais do que impõem.

Quando Jesus declara: "Foi você que o disse", ele mostra igualmente ao leitor como entender este livro que narra sua vida. Quando percorremos os evangelhos – quatro relatos diferentes, nem sempre conectados, compostos de lacunas, de omissões, de obscuridades no meio de sentenças luminosas –, somos forçados a esboçar um quinto, o nosso. Eu redigi o meu, recentemente, *O Evangelho segundo Pilatos*, tentando compreender as relações de Jesus com Deus:

será que ele se sabia Deus ao nascer ou o descobriu progressivamente? A questão divide os teólogos desde sempre. Eu segui um terceiro caminho: Jesus aposta na sua messianidade. Empenha-se em crer que existe nele algo mais do que ele. A meu ver, tudo parte da última exclamação: "Meu Deus, por que me abandonaste?" Aqui, percebo um homem, nada mais que um homem, um homem angustiado que vai morrer, um homem que sofre de solidão sob um céu que lhe parece repentinamente mudo.

Então reescrevi a história à luz de seu fim. Procurei as etapas sucessivas de sua tomada de consciência – a infância, o batismo, o deserto –, de sua postura, de seus riscos, de sua coragem. Faço falar o homem Jesus. Mas faço-o falar de outra coisa que não o homem, faço-o falar de Deus. Até mesmo faço dele Sua palavra.

Durante muito tempo, Jesus só respondeu à pergunta sobre sua messianidade da seguinte maneira: "Foi você que o disse". No entanto, algumas semanas antes da Páscoa fatal, ele a assumiu, a reivindicou, a afirmou. Ao Sumo Sacerdote que o importunava: "És tu o Messias?", ele respondeu: "Eu o sou".

Se a história de Jesus terminasse na cruz, não se diagnosticaria em Jesus senão um "filósofo supremo", como o denominava Spinoza, um mestre-pensador que atingia pela intuição o que os outros alcançam no fim de longas tentativas, um sábio que se explicava mais por fábulas e símbolos do que por conceitos. Mas a história continua com novos episódios impressionantes: um túmulo vazio, um cadáver que desapareceu e nunca mais será encontrado, um morto que caminha sob a forma de um vivente, um humano que se evapora no alto de uma montanha. Encerrado o livro, apagados os olhos da última testemunha, prospera uma ausência definitiva de Jesus, aquela que o torna presente no mundo inteiro.

Jesus, se foi Deus, não foi um Deus triunfante. Ele não escapou nem dos romanos nem do Sumo Sacerdote, não arrancou os pregos da sua cruz, não enviou um dilúvio para punir seus carrascos. Não. Ele pereceu e depois reapareceu sub-repticiamente, oculto sob uma capucha, murmurando ao ouvido das mulheres e de alguns discípulos.

Jesus não é um Deus triunfante, mas um Deus que faz Deus triunfar. Após a leitura dos evangelhos, sabemos que o amor continua sendo aquilo que temos de essencial a prodigalizar; sentimos que importa amar, amar mais, amar melhor. A vitória de Jesus-Deus ou do Deus de Jesus consagra a vitória do amor.

A Encarnação e a Ressurreição pertencem ao mistério, não ao enigma. O enigma oferece um problema que recebe uma solução – todo enigma se extingue. O mistério apresenta um problema que não recebe solução – o mistério permanece mistério para sempre e, como tal, leva a refletir; ou, melhor ainda, leva a esperar.

Os evangelhos fundadores do cristianismo nos colocam diante de um mistério, não diante de uma doutrina. Eles pedem crítica, não obediência. Não apontam uma verdade já presente, mas uma verdade a fabricar. O cristianismo se revela um livro dinâmico que nunca foi escrito, mas que se escreve perpetuamente. Um movimento. Em movimento.

Nós não nos tornamos cristãos por termos resolvido o mistério do cristianismo. Nós nos tornamos cristãos porque apalpamos esse mistério, porque nos alimentamos dele, porque nos inspiramos nele, porque saímos dele modificados. Se a fé cristã exige reflexão no início – ler os evangelhos, compará-los, interrogá-los, completá-los –, ela a supera para se transformar em adesão. Como? Eu próprio o ignoro. Certa manhã eu acordei cristão.

O cristianismo é um mistério no qual é misterioso crer.

LIVRO III – PAIXÃO E RESSURREIÇÃO

Parte I – Jerusalém

Parte II – As despedidas

Parte III – A paixão

Parte IV – Ressuscitado e vivo

Parte I – Jerusalém

Capítulo 19 A subida dos perigos

Capítulo 20 O conflito com o Templo

Capítulo 19

A SUBIDA DOS PERIGOS

Poderíamos contar a história assim...

Fazia dias que o grupo dos discípulos seguia Jesus; algumas dezenas contando as mulheres – algumas delas não hesitavam em abrir a bolsa para comprar pão, cebolas, tâmaras, leite e vinho a fim de alimentar o pequeno grupo. Haviam primeiro atravessado a Galileia em direção ao sul, depois entraram na Samaria. Ali a acolhida não foi muito boa: os samaritanos não gostam dos Judeus, que pagam na mesma moeda. Num vilarejo, quando foram identificados como peregrinos que se dirigiam a Jerusalém, por pouco as pessoas não os apedrejaram. Então se dirigiram para o leste em direção ao vale do Jordão e desceram por ele até Jericó.

Ah! Jericó, um jorro de vegetação, um oásis suntuoso antes da aridez desolada do deserto da Judeia. Só os caminhantes aguerridos podiam efetuar a subida a Jerusalém durante o dia. Mas, partindo ao raiar do dia, que maravilha descobrir a Cidade aureolada com a luz dourada do sol que se punha no horizonte! A imponente silhueta de pedra reluzente do Templo construído por Herodes recortava o céu como uma coroa majestosa. Um espetáculo de tirar o fôlego.

As palavras dos Salmos chamados "Salmos das Subidas" afloravam naturalmente aos lábios dos discípulos: "Pedi a paz para Jerusalém, que vivam tranquilos os que te amam, Senhor". Ou ainda, à vista dos montes que cercam a cidade santa: "Jerusalém! As montanhas a cercam! Assim o Senhor cerca seu povo desde agora e para sempre".

Jesus, por sua vez, mantinha o semblante sério. As palavras por ele pronunciadas no momento em que decidira deixar a Galileia voltavam à memória dos discípulos: "Jerusalém, Jerusalém, tu que matas os profetas e apedrejas os que te são enviados..." Diversas vezes, enquanto estavam a caminho, ele havia pronunciado palavras que os fizeram estremecer. Tratava-se do tempo que está por vir, em que as coisas vão se cumprir, mas também de sofrimento, de morte. Estas palavras carregadas de ameaças, eles não quiseram ouvi-las. E, no entanto, sabiam que o tempo não era muito favorável aos que falam em nome do Senhor. A morte de João, que batizava às margens do Jordão, executado por Herodes, veio lembrar isso recentemente.

Quando chegaram ao monte das Oliveiras, diante da cidade, Jesus chamou dois dos seus discípulos e lhes mostrou a aldeia de Betânia muito próxima; ali iriam encontrar um burrinho. Eles não mostraram surpresa. Desde que se puseram a seguir seus passos, nada mais os surpreendia. O pequeno animal estava realmente ali, como lhes fora indicado. Aos que os interrogaram enquanto o desamarravam, eles responderam que o Mestre precisava dele, e esta resposta foi suficiente.

Quando retornaram, Jesus não se mexeu, mantendo os olhos sempre fixos na cidade. À maneira de sela, jogaram seus mantos nas costas do animal e Jesus montou nele.

Foi com estes apetrechos que começaram a descer do monte. Quando todos os que o seguiam o viram assim empoleirado sobre o burro, não tiveram nenhuma dúvida. Não era assim que, de acordo com a Escritura, o rei devia entrar em Jerusalém? Uma imensa alegria lhes inundou o coração. O que eles esperavam cumpria-se ali, sob seus olhos. Puseram-se a louvar o Senhor por causa daquilo que viam e que confirmava suas mais loucas esperanças: "Bendito seja aquele que vem, o Rei, em nome do Senhor! Paz no céu e glória no mais alto dos céus!"

As palavras lhes vieram primeiro como um murmúrio, depois eles tomaram coragem e logo o aclamavam em alta voz, como que embriagados de felicidade. Rapidamente outros peregrinos que, como eles, entravam em Jerusalém, uniram sua voz ao louvor deles. Formavam uma espécie de cordão de um lado e do outro do homem montado no burrinho e, no entusiasmo, alguns jogavam seus mantos no chão diante das patas do animal para indicar-lhe o caminho.

Em pouco tempo, houve um belo tumulto. Alguns fariseus que ali se encontravam ficaram inquietos. Esta ruidosa algazarra corria o risco de irritar tanto as autoridades do Templo quanto as tropas romanas de ocupação. Disseram a Jesus: "Manda calar teus discípulos". Mas ele lhes respondeu: "Se eles se calarem, as próprias pedras gritarão". Ele tinha razão, a festa era como uma doença contagiosa, que se apoderava dos corações e das almas. As pessoas tinham vontade de dançar como outrora, quando o rei Davi rodopiava diante da Arca do Senhor que ele trazia para a cidade recém-conquistada.

No momento em que Jesus começava a última subida, parou sua montaria e contemplou novamente a cidade que se erguia, altaneira, diante dele. Não conseguiu conter as lágrimas que lhe vinham aos olhos. Os que estavam perto dele ouviram-no dizer, dirigindo-se à cidade: "Ai de ti, Jerusalém! Por que não ouves a mensagem de paz que te é trazida? Dias virão em que teus inimigos estarão aqui e te esmagarão. De ti e de teus filhos não restará nada, nem uma pedra sobre outra pedra". Eles ergueram os olhos: os muros potentes e maciços da cidade poderiam resistir aos séculos. No entanto, um arrepio de inquietude os percorreu. Os gritos de alegria ainda ressoavam enquanto o Mestre retomou a marcha com o burrinho, mas via-se ainda o sulco das lágrimas riscar sua face.

C.P.

Que sentido deu Jesus à sua subida a Jerusalém?

Roselyne Dupont-Roc
Instituto Católico de Paris

Nos três evangelhos sinóticos, Jesus sobe uma única vez a Jerusalém; o evangelho de João, pelo contrário, supõe diversas estadias de Jesus na cidade, sobretudo por ocasião das festas de peregrinação, o que corresponde melhor ao que hoje se considera a duração aproximada de sua vida pública: um pouco menos de três anos. Mas os outros evangelistas preferiram dar apenas as linhas gerais de sua missão: após o anúncio da Boa-Nova na Galileia, Jesus sobe à cidade e em direção à morte.

Em Lucas esta subida assume uma amplidão espetacular: nove capítulos pelo menos lhe são dedicados![1] A expressão "caminhar para Jerusalém" estrutura este vasto conjunto em três movimentos fortemente enquadrados, mas a progressão é mais literária e temática do que geográfica. Lucas faz desta caminhada para Jerusalém um tempo de revelação a respeito de Jesus: ele anuncia o Reino, envia seus discípulos à sua frente para preparar sua vinda e se choca de frente com os guardiães da Lei de Israel, fariseus e legistas. Jesus entende que deve morrer em Jerusalém como um profeta; mas, pelo caminho, revela-se como messias régio. É aclamado como rei que ele entrará na cidade, mas ali morrerá crucificado como um miserável, um malfeitor abandonado por todos. No entanto, parecia claramente que ele próprio era a presença do Reino que Deus quer estabelecer entre os seus. O caminho para Jerusalém é uma subida para o Pai, para que os discípulos possam ir mais longe anunciar a Boa-Nova de Jesus ressuscitado, até as extremidades da terra.

Os dias de seu "arrebatamento"

Uma primeira sequência[2] é enquadrada pela expressão da caminhada: "Ele endureceu seu semblante para caminhar em direção a Jerusalém"[3] no início, e: "Ele atravessava cidades e aldeias, ensinando e encaminhando-se para Jerusalém"[4] no final. No intervalo, três capítulos tratam da missão dos discípulos e de seu retorno; Jesus desenvolve um longo ensinamento sobre a atitude do discípulo, enquanto endurece o confronto com os fariseus e os escribas. Então ele se apresenta como aquele que dá plena dimensão à promessa feita a Israel: ele vem para libertar seu povo e preparar o Reinado de Deus, mas os seus não o recebem.

Uma segunda sequência[5] é centrada no Reino que vem. As parábolas se sucedem, fazendo alternar uma exigência de conversão radical, a misericórdia de Deus para com os pecadores e um convite incessantemente renovado tanto aos pagãos quanto aos Judeus. Um conjunto de palavras e de parábolas apresenta então o dinheiro como o verdadeiro inimigo do Reino. Por fim, a última sequência leva às portas da cidade. A tensão aumenta.

Neste conjunto extremamente rico, destacaremos apenas alguns aspectos mais importantes.

A primeira sequência desta grande seção lucana inicia de maneira solene como uma reviravolta no ministério de Jesus, com esta frase já citada: "Aconteceu que, enquanto estavam para se completar os dias de seu arrebatamento, ele endureceu seu semblante para caminhar em direção a Jerusalém". O termo grego *analêmpsis*, traduzido por "arrebatamento", pode muito bem significar também a "subida", a "elevação". Expressa ao mesmo tempo a subida de Jesus da Galileia para Jerusalém, sua subida ou sua elevação na cruz e, por fim, sua ascensão ao céu[6]. Com efeito, quando no início dos Atos dos Apóstolos, Jesus é arrebatado ao céu e desaparece aos olhos dos discípulos[7], encontramos este tipo de expressão: ela ecoa o arrebatamento do profeta Elias num carro de fogo no livro dos Reis[8]. De acordo com a tradição de Israel, Elias, arrebatado ao céu, não morreu e deve voltar no fim dos tempos. Lucas insere assim de maneira firme, em seu texto, a meta última da passagem de Jesus pela cruz, que é sua ressurreição e sua vinda na glória.

A decisão tomada por Jesus de subir a Jerusalém não é explicada diretamente. Mas, ao dizer que "ele endureceu seu semblante para caminhar em direção a Jerusalém", Lucas retoma os termos do profeta Isaías: o Servo chamado por Deus para reunir Israel e "para que sua salvação atinja as extremidades da terra"[9] é alvo de rejeição e de ultrajes; ele também afirma: "Não ocultei meu rosto aos ultrajes e aos escarros. O Senhor Deus vem em meu auxílio, e por isso não sinto os ultrajes, por isso tornei meu semblante duro como pedra; eu soube que não seria confundido"[10]. Dizer de Jesus que ele endureceu seu semblante é mostrar que ele vai enfrentar os ultrajes e os sofrimentos que o levarão à morte enquanto Servo, mas é afirmar também que ele levará até o fim a missão que Deus lhe confiou; ele põe toda a sua confiança em Deus que virá em seu auxílio e ele sabe que "não será confundido".

◄ Cf. *Jesus é o Servo sofredor das Escrituras?*, p. 663.

Para expressar a decisão de Jesus de subir a Jerusalém, Lucas emprega termos que o aproximam dos profetas Elias e Isaías.

Para preparar sua vinda, que é a do Reino de Deus, Jesus envia à sua frente seus discípulos como mensageiros. De imediato, a questão que surge é a da acolhida. As cidades da

Samaria não o acolhem, mas ele impede que seus discípulos as castiguem violentamente. O anúncio do Reino, que é confiado aos discípulos, exclui toda violência; no final do capítulo 10, um duplo modelo de acolhida será dado por duas mulheres: Marta e Maria.

A vinda do Reino: Jesus se revela como Filho

Quando chama e envia em missão setenta e dois discípulos, Jesus, pela primeira vez no evangelho de Lucas, anuncia a vinda do Reino – ou Reinado – de Deus: "Sabei que o Reino de Deus está próximo". E conclui o envio com estas palavras: "Quem vos ouve a mim ouve, quem vos rejeita a mim rejeita; e quem me rejeita também rejeita Aquele que me enviou"[11]. Estas palavras surpreendentes fazem uma estreita associação entre o enviado e Aquele que envia, ou seja, o próprio Deus. O retorno dos discípulos que parecem ter tido sucesso ("Até os demônios nos são submissos em teu nome") dá lugar a uma alegre troca em que Jesus exulta diante da vitória sobre a potência do mal: "Eu via Satanás cair do céu como o relâmpago"; em seguida, declara que, para além da derrota de Satanás, é o hoje da salvação que é dado aos discípulos, porque eles já vivem a alegria dos que estão junto de Deus: "Alegrai-vos porque os vossos nomes estão inscritos nos céus"[12].

Neste momento do relato Lucas situa os versículos em que Jesus revela o segredo de sua identidade de Filho revelado aos pequeninos: "Ninguém conhece quem é o Filho a não ser o Pai, nem quem é o Pai a não ser o Filho e aquele a quem ao Filho aprouver revelá-lo"[13]. Nenhuma outra passagem dos evangelhos sinóticos expressa de maneira tão forte a intimidade recíproca entre o Pai e o Filho. Diferentemente de Mateus, Lucas situa estas palavras num movimento de exultação de Jesus "sob a ação do Espírito Santo". Portanto, é na força do Espírito que Jesus se reconhece Filho; e o sinal desta filiação é a alegria transbordante, sinal da presença do Deus que se faz próximo. Igualmente, quando ele se volta para os discípulos para proclamar uma bem-aventurança: "Felizes os olhos que veem o que vós vedes", o que ele lhes dá a ver já não é a vinda iminente do Reino, mas sua própria pessoa enquanto Filho amado de Deus. Doravante é ele que torna presente o Reino e convida os discípulos a entrar em sua alegria.

Cf. *O Deus de Jesus*, p. 491. ►

No entanto, a frente das hostilidades se desenha e o final do capítulo 13 vê a convergência das forças que se levantam contra Jesus. Os fariseus procuram interromper sua viagem prevenindo-o das intenções assassinas de Herodes Antipas, que reina na Galileia, mas Jesus recusa toda conivência com o rei que ele chama de "esta raposa"[14]. É como profeta que ele continua sua caminhada para Jerusalém para ali morrer, "pois não convém que um profeta pereça fora de Jerusalém". Já se desenha de maneira clara a recusa de Israel: "Jerusalém, Jerusalém, tu que matas os profetas e apedrejas os que te são enviados, quantas vezes eu quis reunir os teus filhos como uma galinha reúne os seus pintinhos sob as asas, e vós não quisestes! Eis que vossa casa vos será arrebatada..." O final é estranho: "Não me vereis até dizerdes: Bendito seja aquele que vem em nome do Senhor"[15]. Este final antecipa no relato a entrada triunfal de Jesus em Jerusalém[16]; mas talvez anuncie de maneira mais enigmática a vinda final do Senhor em sua glória.

A Paixão do Filho do homem

No entanto, como era possível reconhecer a vinda do Reino? Seria possível adivinhar quando ela aconteceria? A esta pergunta feita por um fariseu Jesus responde em dois tempos: as duas respostas sucessivas, uma aos fariseus e a outra aos discípulos, apresentam cada qual a vinda do Reino sob um ponto de vista diferente.

Aos fariseus que apresentam a questão do momento ("quando?"), Jesus responde de maneira enigmática que a vinda do Reino não pode ser observada. Não se dirá: Ei-lo aqui, ei-lo ali; com efeito, "o Reino está dentro de vós"[17]. Pode-se perguntar sobre o sentido exato deste "dentro de": será que designa a interioridade de cada pessoa? Será que designa o interior do grupo, o que o tornaria equivalente a "entre vós"? É provável que a expressão designe primeiramente o interior do grupo: como os fariseus ainda não perceberam que a própria presença de Jesus no meio dos seus inaugura o Reino de Deus? Através das curas e das palavras de Jesus, Deus já começou a agir no meio de seu povo. Mas para percebê-lo é preciso a fé, ou seja, o reconhecimento pessoal, no duplo sentido do termo – que só o leproso samaritano curado saberá manifestar, ao retornar, curado, para junto de Jesus!

◄ Cf. *O anúncio do Reino é específico de Jesus*, p. 315.

Aos discípulos Jesus já não fala do Reino, mas da vinda do Filho do homem. As duas expressões nunca se encontram na mesma frase; no entanto, designam a mesma realidade, mas na boca de Jesus a expressão "o dia do Filho do homem" tende a designar de maneira enigmática seu próprio porvir. A retomada de maneira idêntica da frase "Dir-se-á: ei-lo aqui, ei-lo ali"[18] salienta, apesar da diversidade das representações, a mesma expectativa febril de uma intervenção decisiva de Deus.

Mas o Reino que Jesus anuncia não é aquele que os homens imaginam. Jesus identificou progressivamente a vinda do Reino com sua própria presença, mas ao mesmo tempo mantém o prazo e a urgência da expectativa: subindo a Jerusalém, ele não vai apenas para a festa da Páscoa judaica, mas caminha para uma outra "passagem", uma outra Páscoa (*Pessah*, o nome hebraico da Páscoa, vem de um verbo que significa "passar"). Assim ele afirma ao mesmo tempo que o Reino está "no meio de vós" e que, no entanto, o dia de sua manifestação plena – o dia do Filho do homem – não pode ocorrer imediatamente. Mas será que os discípulos conseguem compreender o que significa a afirmação: "O Filho do homem deve primeiro sofrer muito e ser rejeitado por esta geração"?[19]

Nos evangelhos Jesus emprega frequentemente a expressão "o Filho do homem" como uma espécie de autodesignação, que lhe permite expressar o que ele percebe como seu porvir, mesmo mantendo-o à distância. Porque a figura do Filho do homem é eminentemente paradoxal. Ela evoca o poder e a glória do "Filho do homem" da tradição apocalíptica, personagem celeste já presente no livro de Daniel[20], que vem no fim dos tempos para julgar os vivos e os mortos. Mas, em aramaico, a expressão "filho de homem" é corrente para designar, pelo contrário, o homem em sua finitude e fraqueza. Ora, cada vez que ele anuncia sua Paixão, em quatro ocasiões pelo menos em Lucas, Jesus se designa como o Filho do homem que deve "sofrer muito, ser rejeitado pelos anciãos, pelos sumos sacerdotes e pelos escribas, ser morto e, no terceiro dia, ressuscitar"[21]. Assim a figura do Filho do homem permite expressar o paradoxo de um Messias sofredor e agonizante, mas destinado à ressurreição. Ela permite também manifestar a tensão do Reino que vem como a presença, inaugurada pelo próprio Jesus, de um mundo novo na expectativa de sua revelação definitiva.

A expressão "Filho do homem" é paradoxal: remete à "glória" na literatura apocalíptica, mas também, vulgarmente, ao homem em sua fragilidade.

Mas quem será, portanto, capaz de viver dia a dia a acolhida do Reino e ao mesmo tempo sua expectativa? O longo ensinamento aos discípulos durante a caminhada, até as últimas etapas da subida a Jerusalém, instrui progressivamente o leitor.

A missão dos discípulos

Desde que os discípulos retornaram da missão, Jesus os reúne e os instrui. Progressivamente, ele expõe os mandamentos do Reino. Como num prelúdio, o encontro com um legista permite retomar os dois grandes mandamentos da Lei já combinados na tradição judaica: "Amarás o Senhor, teu Deus, de todo o teu coração, com toda a tua alma e com toda a tua força" e: "Amarás o teu próximo como a ti mesmo"[22]. As perícopes♦ que vêm a seguir, parábolas, relatos e ensinamentos, desenvolvem as três grandes características da vida religiosa judaica: esmola ou ato de misericórdia (a parábola do bom Samaritano), escuta da palavra (a visita na casa de Marta e Maria), oração (o *Pai-nosso* e o ensinamento sobre a oração).

◄ Cf. *"Quem é o meu próximo?" A parábola do bom Samaritano*, p. 350 e *O que diz o Pai-nosso?*, p. 508.

Jesus se afasta então com os discípulos e lhes dá toda uma série de conselhos referentes à atitude requerida para a vinda do Reino; mas que será também, mais tarde, a atitude requerida para os discípulos do Ressuscitado que deverão esperar sua vinda na glória[23].

Com efeito, nestas exortações os níveis de leitura se sobrepõem. Por um lado, Lucas conta que Jesus, no caminho para Jerusalém, procura preparar os discípulos para o conflito com os responsáveis religiosos; sua palavra provoca a divisão e "o fogo que ele veio acender" não ocorrerá sem a passagem terrível pela cruz, este mergulho, este "batismo", para o qual os discípulos também devem se preparar[24]. Mas este ensinamento deve ser compreendido igualmente em função dos destinatários de Lucas, que são as comunidades de discípulos na expectativa urgente da "parusia"♦ – a última vinda do Senhor. A expectativa pode ter sido redobrada pela atmosfera de perseguição ligada à tensão crescente entre judeus e cristãos depois dos anos 80. Por conseguinte, os temas recorrentes do evangelista são os do abandono à Providência e a recusa das preocupações materiais demasiadamente invasivas. A única urgência é a de *buscar o Reino*, o que significa viver numa vigilância que é esquecimento de si para prestar uma atenção extrema ao outro: o pobre, com o qual se identificou o Senhor que deve vir.

◄ Cf. *O que significa a "parusia" do Filho do homem?*, p. 733.

É ainda neste sentido que é preciso ler a breve exortação que Jesus dirige a seus discípulos no início do capítulo 17 – após três capítulos dedicados às parábolas do Reino. Estes fragmentos de ensinamento correspondem ao que em Mateus se chama "discurso comunitário" dirigido aos responsáveis de todas as primeiras comunidades cristãs. Lucas amplia o núcleo dos ouvintes, incluindo todos os discípulos, e aponta sobriamente alguns pontos essenciais que delineiam o horizonte do Reino: trata-se, principalmente, da atenção voltada ao pequeno e ao fraco, que se manifesta ao mesmo tempo na recusa de todo escândalo (no sentido próprio, ou seja, aquilo que pode "fazer cair" os fracos) e na exigência do perdão sempre recomeçado. Para este último ponto, onde Mateus previa todo um procedimento disciplinar, Lucas se contenta em pedir a correção fraterna e nem sequer considera o caso em que o irmão não se arrependeria! E, em seguida, Jesus apela também à responsabilidade dos chefes da comunidade: o texto lembra primeiramente a exigência da fé, que é a única que permite servir e agir de maneira eficaz, porque a

O ensinamento de Jesus no caminho para Jerusalém é também, para Lucas, uma maneira de dirigir-se às comunidades cristãs de seu tempo.

fé é confiança em Deus que torna possíveis o impensável e o impossível! "Se tivésseis realmente fé do tamanho de um grão de mostarda, diríeis a este sicômoro: 'Arranca-te daí e planta-te no mar', e ele vos obedeceria". A fé é, sobretudo, reconhecimento de que tudo é dom de Deus, e em primeiro lugar o serviço e a responsabilidade do servo. Ninguém pode prevalecer-se diante de Deus daquilo que faz. "Somos servos sem mérito. Fizemos apenas o que devíamos fazer"[25].

Cf. *As* ► *parábolas da misericórdia*, p. 378.

No final desta segunda etapa, o leitor de Lucas tem motivo para estar desestabilizado. Por um lado, ele guarda como um tesouro inestimável a figura do Pai cuja ternura o deslumbra: Deus é esse pai da parábola que, sem esperar o arrependimento do filho perdido, o acolheu, porque "era preciso alegrar-se", pela única necessidade de um amor gratuito e sem retorno[26]. Mas, por outro lado, ele pode ficar perplexo: por que tanta severidade nas parábolas do festim: "Eu vos digo, nenhum daqueles que tinham sido convidados provará do meu jantar"?[27] Quer sejam dirigidas a judeus que rejeitam o movimento de Jesus ou já a cristãos muito seguros de sua situação privilegiada na Igreja nascente, são palavras de uma dureza insustentável. Quanto às exigências de Jesus a quem quer segui-lo, não são elas excessivas, ou mesmo irrealizáveis: "Se alguém vier a mim sem odiar seu pai, sua mãe, sua mulher, seus filhos, seus irmãos, suas irmãs e até a própria vida, não pode ser meu discípulo"?[28]

Cf. ► *Provocações e paradoxos*, p. 425.

O procedimento de justaposição, escolhido por Lucas, quer justamente instaurar uma tensão: Deus ama todos os seres humanos, sejam quais forem, e os chama a todos; Deus oferece seu perdão a todos, mas Deus não pode perdoar de qualquer maneira. Está em jogo a própria dignidade do ser humano e o seu desejo de justiça. Deus ama e respeita o humano a tal ponto que o deixa livre também para recusar sua proposta. Portanto, Lucas manifesta que, diante da profusão superabundante do amor divino, o ser humano precisa ainda se decidir; cada um pode escolher Deus ou o dinheiro transformado em ídolo, Mamon. Foi livremente que Jesus tomou o caminho para Jerusalém; é livremente que cada discípulo, em seu seguimento, pode pôr-se a caminho para a casa do Pai. E, se isto lhe parece impossível, lembre-se apenas de que "nada é impossível para Deus"[29] e confie nele.

Jerusalém!

Cf. *Cristo e* ► *Messias*, p. 471.

Os quatro evangelhos relatam a entrada de Jesus em Jerusalém, aclamado como rei pela multidão, dando a este acontecimento provavelmente insignificante uma amplitude significativa. Montado num burrinho, Jesus cumpre o oráculo do profeta Zacarias, que anuncia a vinda de um messias pacífico e humilde: "Prorrompe em gritos de alegria, filha de Jerusalém! Eis que o teu rei vem ao teu encontro; ele é justo e vitorioso, humilde, montado num jumento... Despedaçará o arco de guerra e proclamará a paz para as nações"[30]. Lucas insiste introduzindo o título régio nas aclamações da multidão: "Bendito seja aquele que vem, o rei, em nome do Senhor. Paz no céu e glória no mais alto dos céus"[31]. O grito dos que o aclamam ecoa o canto dos anjos no início do evangelho: "Glória no mais alto dos céus e paz na terra"[32]. Só que a paz não é mais prometida na terra, porque o rei que vem não é o messias terrestre que o povinho de Jerusalém espera. Alguns fariseus, inquietos com a reviravolta que o acontecimento toma e com as represálias possíveis, procuram advertir Jesus: "Mestre, repreende os teus discípulos", mas ele lhes respondeu: "Se eles se calarem, as pedras gritarão"[33]. A partir daqui, os fariseus desaparecem do relato, não estarão presentes nem na prisão nem no processo de Jesus. Mas a multidão que glorifica a Deus logo gritará pedindo sua morte e os discípulos fugirão. Jesus deve atravessar a Paixão e a morte antes de ser entronizado no céu.

◄ Cf. *A figura das multidões*, p. 242.

Logo após entrar em Jerusalém, aclamado pelos discípulos e pela multidão, Jesus se lamenta a respeito da cidade. Retoma a constatação desolada que já experimentara desde o fim da primeira etapa da viagem[34]. Mais uma vez anuncia a ruína da cidade: "Não deixarão em ti pedra sobre pedra, porque não reconheceste o tempo em que foste visitada"[35]. Na economia do relato evangélico, estes anúncios realçam que a vinda de Jesus, enviado por Deus como príncipe da paz, não é nem reconhecida nem aceita e que, pelo contrário, os poderosos deste mundo vão rejeitá-lo e condená-lo. Mas Lucas já põe em perspectiva a queda da cidade no ano 70, para interpretá-la como um julgamento sobre a cidade que se recusou a reconhecer Jesus. Escrevendo mais de dez anos após a catástrofe, é uma atitude quase natural – aliás, muitos rabinos viram da mesma forma, na destruição de Jerusalém pelos romanos, uma punição de Deus por causa da infidelidade do povo. Para Lucas, os verdadeiros responsáveis pela morte de Jesus são os chefes religiosos do Templo comprometidos com o poder romano. Por isso, em seu evangelho, a voz de Jesus entrando na cidade santa substitui a voz dos antigos profetas de Israel, que ameaçavam os poderosos com castigos de Deus e anunciavam a queda do reino de Israel ao ponto de cair nas mãos de seus inimigos.

A multidão acolhe Jesus de acordo com a ideia régia que tem do Messias, mas logo gritará pedindo sua morte.

No grande discurso que pronunciou a respeito do "fim", Jesus evoca a sucessão dos acontecimentos aterrorizantes que acompanham a história da salvação; ora, em Lucas, a tomada de Jerusalém é claramente designada: "Quando virdes Jerusalém cercada por exércitos..."[36]. Escrevendo depois de 70, Lucas sabe que a queda da cidade foi seguida por um tempo

◄ Cf. *O discurso apocalíptico de Jesus*, p. 387.

em que o Evangelho começa a ser amplamente anunciado entre as nações pagãs: "Jerusalém será calcada aos pés pelos pagãos até que se cumpra o tempo dos pagãos"[37]. Expressão misteriosa, que é esclarecida pela ideia muito presente da sucessão dos tempos e das etapas na história da salvação: não se trata do tempo que a Boa-Nova precisará para chegar a todas as nações pagãs? É, em todo caso, o programa dos Atos dos Apóstolos, escritos pelo mesmo Lucas, e da missão cristã.

Agora mesmo, os discípulos que seguiram Jesus até a cidade enfrentarão o pior: o suplício da cruz que o próprio Jesus, pronto a morrer apedrejado como os profetas, provavelmente não esperava. Uma longa e terrível travessia até o momento em que, para além do fracasso, do abandono e do desespero, eles reencontram o Ressuscitado. Mas é em Jerusalém que eles o reencontrarão, é em Jerusalém que deverão permanecer, após sua Ascensão, na expectativa da força que lhes será dada do alto, a força do Espírito (o que designamos pelo acontecimento de Pentecostes). Então eles deverão deixar a cidade e partir pelos caminhos do Império romano, para anunciar a todos a Boa-Nova do Ressuscitado "em toda a Judeia e Samaria, até as extremidades da terra"[38].

Cf. o capítulo ▶ *Na terra como no céu*, p. 721.

1. Lc 9,51–19,36. **2**. Lc 9,51–13,22. **3**. Lc 9,51. **4**. Lc 13,22. **5**. Lc 13,33–17,11. **6**. Lc 24,51. **7**. At 1,11. **8**. 2Rs 2,11. **9**. Is 49,5-6. **10**. Is 50,6b-7. **11**. Lc 10,8.16. **12**. Lc 10,18.20. **13**. Lc 10,22; Mt 11,25. **14**. Lc 13,32. **15**. Lc 13,33-35. **16**. Lc 19,37-38. **17**. Lc 17,21. **18**. Lc 17,23-24. **19**. Lc 17,25. **20**. Dn 17,13ss. **21**. Lc 9,22; 9,44; 17,25; 18,31. **22**. Lc 10,27. **23**. Lc 12,1-53. **24**. Lc 12,49-53. **25**. Lc 17,10. **26**. Lc 15,32. **27**. Lc 14,24; cf. também 16,19-31. **28**. Lc 14,26. **29**. Lc 18,27. **30**. Zc 9,9-10. **31**. Lc 19,38. **32**. Lc 2,14. **33**. Lc 19,39-40. **34**. Lc 13,34-35. **35**. Lc 19,44. **36**. Lc 21,20. **37**. Lc 11,24. **38**. At 1,8.

ESCLARECIMENTO

Lázaro: o ponto de não retorno

Bernadette Escaffre
Instituto Católico de Tolosa

Um homem está doente em Betânia. Chama-se Lázaro e tem duas irmãs: Marta e Maria. O evangelho de João não diz nada dos outros membros da família. Em compensação, o amor de Jesus é realçado neste relato, três vezes mencionado só para Lázaro, com o termo *philos* e o verbo *phileô* que designam um amor de amizade: o próprio Jesus chama Lázaro de "nosso amigo"; as irmãs dizem de seu irmão: "aquele que tu amas está doente" e as pessoas que acompanham a família de luto: "Vede como ele o amava"[1]. O amor de Jesus para com a fratria é assinalado pelo narrador: "Ora, Jesus amava Maria e sua irmã e Lázaro"[2]. Neste caso se trata do verbo *agapaô*♦ que, sem negar a afeição, indica um amor de predileção e de total gratuidade, sem espera de reciprocidade.

Após o anúncio da doença de seu amigo, Jesus continua afastado ainda por dois dias. Ele responde de uma maneira enigmática: "Esta doença não terminará com a morte, ela servirá para a glória de Deus: é por ela que o Filho de Deus será glorificado". Nenhum impedimento é dado pelo evangelista para justificar seu atraso em responder ao chamado das duas irmãs. Seria Jesus indiferente ao sofrimento delas? Estas, aliás, cada uma por sua vez, não deixarão de lhe observar: "Se tivesses estado aqui, o meu irmão não teria morrido".

Quando ele decide pôr-se a caminho, os discípulos ficam surpresos. Como pode ele retornar à Judeia, já que ali ele corre risco de morte? Em sua resposta, Jesus mostra que, se ele não tem nenhum

"Quando Maria chegou ao lugar onde Jesus se achava, logo que o avistou, caiu a seus pés e lhe disse: 'Senhor, se tivesses estado aqui, o meu irmão não teria morrido'. Ao vê-los lamentar-se, ela e os Judeus que a acompanhavam, ele teve um frêmito interior e se perturbou. Ele disse: 'Onde o depusestes?' Eles responderam: 'Senhor, vem ver'. Então Jesus chorou; e os Judeus diziam: 'Vede como ele o amava!' Mas alguns dentre eles disseram: 'Este, que abriu os olhos ao cego, não podia impedir que Lázaro morresse?' Então, Jesus estremeceu de novo interiormente e foi ao sepulcro; era uma gruta cuja entrada fora coberta por uma pedra. Jesus disse então: 'Retirai esta pedra'. Marta, a irmã do defunto, lhe disse: 'Senhor, ele já deve estar cheirando mal... Pois faz quatro dias...' Mas Jesus lhe respondeu: 'Eu não te disse que, se creres, verás a glória de Deus?' Tiraram, pois, a pedra.

Então Jesus ergueu os olhos e disse: 'Pai, eu te dou graças por me teres atendido. Por certo, eu bem sabia que tu me atendes sempre, mas falei por causa desta multidão que me cerca, a fim de que eles creiam que tu me enviaste'. Tendo assim falado, gritou com voz forte: 'Lázaro, vem para fora!'

E aquele que tinha estado morto saiu, com os pés e as mãos atadas com as faixas e o rosto envolto num pano. Jesus lhes disse: 'Desatai-o e deixai-o ir!'"

João 11,32-44

desejo suicida, tampouco se deixa guiar pelo medo. Seu ensinamento refere-se ao sentido da morte e à caminhada para a vida. Revela que existe uma morte comparável a um sono, do qual a pessoa pode ser despertada: "O nosso amigo Lázaro *adormeceu*, mas eu vou despertá-lo"[3].

Mal-entendido dos discípulos, que pensam no sono reparador. É então que Jesus confirma a morte de seu amigo e se alegra: "Estou contente, por vossa causa, de não ter estado lá, a fim de que vós creiais". Foi, portanto, propositalmente que ele havia demorado a pôr-se a caminho! Mas como compreender o amor de Jesus, se primeiramente não se apressou em ajudar o doente – ou, pelo menos, em vê-lo – antes de ele morrer e se, em seguida, se alegra por sua morte! Além disso, isto não está em contradição com suas palavras sobre a doença de Lázaro, que não devia desembocar na morte, mas serviria para a glória de Deus?[4] Tudo isto é pouco compreensível para seus discípulos. Aliás, falar assim da morte como glória não é fazer o elogio da morte e ter uma atitude mórbida? Não, mostra-nos o evangelista, Jesus não manifesta nenhum desejo doentio de sofrer ou fazer sofrer; pelo contrário, ele manifestou diversas vezes sua reação de emoção e de revolta diante do luto. Ele é sensível à dor das pessoas: quando as vê se lamentando, ele estremece interiormente (mencionado duas vezes) e se perturba. Ele até *chora* quando o convidam a ir ver o lugar onde Lázaro foi sepultado.

Através desta experiência, o mestre transmite a seus discípulos um ensinamento central, "crucial" deveríamos dizer, sobre o sentido da missão que o Pai lhe confiou. A morte de Lázaro, como a do Crucificado sobre a cruz, é o lugar e o tempo da manifestação da "glória de Deus", ou seja, do amor até o extremo. A alegria de Jesus não vem da morte do amigo, mas do fato de que os discípulos poderão crer nele. Ora, "crer", no evangelho de João, é ter a vida[5], uma vida que perdura, mesmo quando a morte a atinge.

Quando Jesus chega perto da aldeia, Marta vai ao seu encontro. É ali que ela enuncia esta frase que pode ser entendida como uma censura: "Se tivesses estado aqui, o meu irmão não teria morrido". No entanto, ela acrescenta palavras que revelam uma incrível confiança: "Mas mesmo agora, eu sei que tudo o que pedires a Deus, Deus te dará". Ao que Jesus responde com esta afirmação: "O teu irmão ressuscitará". Ela crê na ressurreição, sem dúvida, mas na ressurreição dos mortos "no último dia".* Então Jesus lhe revela: "Eu sou a ressurreição e a vida". Suas palavras convidam Marta a passar de um saber relativo a um acontecimento futuro, a um reencontro com alguém que está presente. Ela não precisa mais lamentar o atraso de Jesus, nem esperar uma longínqua ressurreição dos mortos.

Com toda uma encenação do relato, o evangelista quis levar o leitor a compreender que Jesus poderia ter curado Lázaro e evitado sua morte e que, propositalmente, não o fez. Da mesma forma, ele não evitará sua própria morte, quando poderia ter fugido dos que vinham prendê-lo. O evangelho de João mostra claramente a consciência de Jesus e sua liberdade. Ele morrerá realmente sobre a cruz e a lança que lhe transpassará o flanco será a confirmação. A vida que ele dá ou, melhor, que ele é, não é a imortalidade. O sinal disto são a morte de Lázaro e sua saída do túmulo ao chamado de Jesus.

Sepultado há quatro dias, ele já cheirava mal. Estava realmente morto, e agora ele sai vivo do túmulo. No entanto, João é de uma sobriedade surpreendente: ninguém para pedir a Lázaro que conte o que se passou no além-túmulo! Nenhum *happy end*, nenhuma explosão de alegria, nada de cantos de festa por parte das pessoas reunidas em torno do sepulcro! Elas, no entanto, ainda choravam alguns instantes antes... Jesus pede para desatar os panos que envolviam o morto e acrescenta um simples: "deixai-o ir". Nem mesmo dá um abraço em seu amigo reencontrado! O acento não é posto na saída do túmulo. Lázaro não pronunciará nenhuma palavra. Seu silêncio diz muito sobre o sentido do acontecimento. Para João não é o aspecto miraculoso que conta. Trata-se de um "sinal", que precisamos interpretar e ler.

Aliás, a intriga não se resume a esta solução positiva. Com efeito, a vida de Lázaro vai provocar a decisão de matar Jesus, percebido pelas autoridades religiosas como um homem perigoso: "Este homem realiza muitos sinais. Se o deixarmos continuar assim, todos crerão nele, os romanos intervirão e destruirão tanto o nosso Lugar Santo como a nossa nação". Já houvera tentativas de prender este homem ou de tirar-lhe a vida[6]. A decisão já está tomada e o sentido de sua morte está dado: o Sumo Sacerdote em pessoa declara o interesse de que "um só homem morra pelo povo e que não pereça a nação inteira"[7]; e o narrador acrescenta que esta palavra involuntariamente profética significava também que a morte de Jesus permitiria a reunião dos filhos de Deus dispersos. Assim, um só morre e todos serão salvos.

É dada então a ordem de denunciar às autoridades o lugar onde se poderia encontrar o acusado a fim de prendê-lo. A cruz se perfila no horizonte. João organizou este relato para mostrar que uma morte pode ocultar outra e uma ressurreição pode anunciar outra: a ressurreição de Lázaro tem como consequência a Paixão e a cruz, mas ela já é o sinal da vitória do Senhor.

* Cf. *Os Judeus acreditavam na ressurreição?*, p. 45.

1. Jo 11,3.5.36. **2.** Jo 11,5. **3.** Jo 11,11. **4.** Jo 11,4. **5.** Jo 20,31. **6.** Jo 5,18; 7,1.25.30.32.44; 8,59; 10,33.39. **7.** Jo 11,50.

CONTRAPONTO

A unção em Betânia, ou a mulher esquecida

Karin Heller
Whitworth University, Spokane
(Estados Unidos)

Existem muitas maneiras de devolver uma mulher ao seu lugar num mundo patriarcal onde a superioridade masculina é evidente e até "desejada por Deus". A perícope♦ chamada de "unção em Betânia" não é exceção a esta regra.

Uma primeira versão se encontra nos evangelhos de Mateus e de Marcos. Os dois apresentam uma mulher cujo nome é "esquecido". Lucas silencia completamente sobre o acontecimento (mas relata uma cena bastante semelhante que teria acontecido na Galileia na casa de um fariseu chamado Simão). Somente o redator do evangelho de João, que escreve depois de todos os outros, restitui um nome a esta mulher: trata-se de Maria, irmã de Marta e de Lázaro. Os três evangelistas estão de acordo quanto ao lugar: Betânia. Situam o acontecimento numa casa, ou *oikos*, termo grego que poderia realçar a dimensão eclesial da cena. Não é uma simples historieta, mas uma revelação que diz respeito à relação entre homens e mulheres na Igreja nascente, à qual os evangelistas se dirigem, como também diz respeito a Jesus vivo neste mundo de homens e mulheres.

Em Mateus e Marcos, o acontecimento se passa em Betânia, na casa de "Simão o leproso", do qual os evangelhos não conservaram senão o nome e um sobrenome que lembra uma cura da lepra, aliás não relatada em nenhum lugar. João, pelo contrário, o situa no quadro da casa de Marta, Maria e Lázaro, seis dias após a ressurreição espetacular deste último. Seria preferível talvez falar da "propriedade" de Marta, como é realçado em outra ocasião por Lucas[1]. Assim a casa de Marta aparece como uma prefiguração das casas-igrejas de Lídia, Ninfas e Febe, mecenas ricas evocadas a seguir do Novo Testamento[2]. Estas casas reunirão as primeiras comunidades cristãs em torno da liturgia e do ensino prodigalizado aos catecúmenos; Febe será intitulada claramente *diakonos* e *prostatis pollôn*[3]. Este último título, que é traduzido por "protetora de muitos", designa, no ambiente judaico da mesma época, presidentes de sinagoga que podiam exercer funções administrativas e litúrgicas. Estas mulheres estão na linha de todas aquelas que viajaram com Jesus e sustentaram seu ministério com seus bens. Por isso Jesus e a comunidade dos discípulos estão numa situação de dependência financeira, na qual as mulheres desempenham um papel muito ativo[4].

Lucas não relata a unção em Betânia, mas a cena em que uma mulher anônima, antiga pecadora, lava os pés de Jesus com suas lágrimas, os seca com os cabelos e derrama perfume sobre eles. Tudo acontece na casa do fariseu Simão, na Galileia[5]*. No decorrer dos séculos, uma leitura apressada, eminentemente masculina ou endossada como tal por mulheres, a identificou com a mulher da unção de

Betânia e associou-a a uma prostituta arrependida. Assim operou-se uma dupla confusão: por um lado, a mulher anônima de Lucas, a de Mateus/Marcos e a Maria de João, foram todas confundidas com Maria de Mágdala ou Maria Madalena**, que não tem nada a ver com elas nos textos; e, por outro lado, esta figura híbrida é vista como pecadora arrependida, quando nada nos textos permite supor que estas mulheres teriam sido prostitutas!

Notável obstinação de uma tradição principalmente masculina, para fazer desaparecer ou minimizar a mulher da unção de Betânia, desclassificá-la como prostituta e privar Maria, irmã de Marta e de Lázaro, de sua verdadeira identidade! Sem dúvida, a presença desta mulher tem algo de muito constrangedor para a comitiva masculina de Jesus, o que não é o caso para o próprio Jesus. Este mal-estar enraíza-se aparentemente num desperdício de perfume de nardo puro, que valia trezentos denários, ou seja, um ano de salário. Este desperdício choca vivamente "alguns" em Mateus e Marcos, e Judas Iscariotes em João. A observação oculta, porém, uma dificuldade mais profunda. O problema não são tanto os pobres, que não faltarão jamais aos discípulos, como lhes diz Jesus, mas o peso das mulheres no financiamento da missão de Jesus, que escapa a Judas e explica sua alfinetada em Maria. Por fim, é o próprio sentido do gesto realizado por Maria que transtorna os homens.

Em Mateus e Marcos, a mulher anônima unge a cabeça de Jesus, enquanto em João Maria lhe unge os pés. O próprio Jesus interpreta este gesto em vista de sua morte e de seu sepultamento iminentes. A unção da cabeça e a unção dos pés de Jesus exprimem uma mesma realidade que o grupo masculino em torno de Jesus não quer por nada no mundo encarar; enquanto os discípulos masculinos sonham com um futuro radiante em companhia de um Jesus Messias político, econômico e taumaturgo♦, a mulher da unção em Betânia reconhece nele um Messias sofredor***, do qual é preciso cuidar porque ele vai morrer. Ela é a primeira pessoa a expressar tal fé ao final de três anos de ministério de Jesus. Ainda mais, a mulher que unge a cabeça de Jesus realiza um gesto profético e sacerdotal, reservado a um rei, a um profeta ou ao Sumo Sacerdote. Aos olhos dos homens, é uma usurpação intolerável. Quanto a Maria ungindo seus pés, ela serve de modelo de fé em Jesus, que realizará este mesmo gesto nos pés de seus discípulos durante a última Ceia. Teria Jesus, com o lava-pés**** durante a Ceia, imitado Maria? Poderíamos pensar nisto e, em todo caso, a visão de um Jesus que não teria nada a aprender nem de um homem nem de uma mulher passaria ao largo de sua humanidade. Podemos pensar também que, fazendo seu este gesto, Jesus vai mais longe, porque ele é um homem e é um judeu; ora, se o lava-pés era um dever piedoso de uma boa esposa para com seu marido e dos filhos para com seu pai, em qualquer outra ocasião o gesto era excluído para um Judeu, mesmo escravo.

Um Messias ungido por uma mulher? Um Messias que toma como modelo uma mulher e cujo ministério é equiparado a um serviço de mulher e de escravo pagão? Nem pensar! Os gestos da mulher de Betânia são por demais subversivos para serem tolerados num mundo patriarcal onde o homem é rei. Como prova, por ocasião da última refeição, João será o único dos quatro evangelistas a conservar o termo "discípulos", incluindo homens e mulheres, em sua longa seção dedicada à última refeição*****. Todos os outros reduzem o grupo dos discípulos no momento da Ceia aos "apóstolos", aos "Doze" ou aos "doze apóstolos".

Resta a promessa inaudita de Jesus à mulher de Mateus e de Marcos, introduzida por um "Em verdade, eu vos digo", que mostra autoridade: "Onde quer que seja proclamada a Boa-Nova, no mundo inteiro, também se contará, em sua memória, o que ela fez"[6]. Com esta declaração, Jesus defende para sempre a causa desta mulher. Ainda mais, as expressões "em sua memória", empregada aqui, e "em memória de mim", empregada por ocasião da Ceia, iluminam-se mutuamente e doravante são indissolúveis. Os evangelhos o atestam de maneira diversa. Mateus e Marcos não trazem a frase "fazei isso em memória de mim" em seu relato da Ceia. Por que este esquecimento, quando Paulo, o primeiro a deixar um registro escrito da tradição referente à Ceia, a relata[7]. Lucas é o único a inseri-la no relato da Ceia[8]. Ao mesmo tempo, ele atenua o alcance da unção da mulher anônima na Galileia, porque seu gesto não é nem "em vista do sepultamento" de Jesus nem está acompanhado de uma promessa "em memória dela". Pelo contrário, Lucas realça o que acontece com uma comunidade onde o gesto de Maria é dissociado do gesto de Jesus, "Servo" que dá sua vida pelos seus: os discípulos em plena última Ceia chegam a discutir para saber "quem dentre eles lhes parecia o maior"![9] Quanto ao evangelho de João (que, lembremos, não contém nenhuma Ceia), o que os discípulos são chamados a fazer "em memória" dele, Jesus, é precisamente lavar os pés uns dos outros. O gesto iniciado por Maria e retomado por Jesus deve doravante ser realizado por todos os discípulos, homens e mulheres igualmente. Entre Jesus, Messias e Servo sofredor, e os discípulos, é estabelecida uma verdadeira igualdade, na qual raça, *status* e sexo são despojados para sempre de seu poder de exaltar e dominar – o que Paulo expressa brilhantemente: "Não há mais nem Judeu nem grego; já não há mais nem escravo nem livre; já não há mais o homem e a mulher; pois todos vós sois um só em Jesus Cristo"[10].

A conservação minimalista e a interpretação milenar do relato da unção de Betânia dizem muito sobre a enfermidade que corrói a Igreja em suas relações turvas com o dinheiro, com o poder e com sua missão de anunciar a Boa-Nova aos pobres. A trama é um sexismo aberto ou dissimulado. A fé de Maria de Betânia e o lava-pés de Jesus, de que ela é a inspiradora, continuam sendo um apelo pungente à conversão de todos aqueles e aquelas que sonham com Jesus e uma Igreja poderosos à maneira dos reinos deste mundo, onde poder e sexismo andam de mãos dadas. Quanto a Jesus, ele estará definitivamente do lado daqueles e daquelas que nele reconhecem um Messias sofredor, do lado daqueles e daquelas que sempre aceitarão o caminho do serviço.

* Cf. *O perdão de Jesus*, p. 369.

** Cf. *Quem é Maria Madalena?*, p. 269.

*** Cf. *Jesus é o Servo sofredor das Escrituras?*, p. 663.

**** Cf. *O lava-pés*, p. 577.

***** Cf. *A Ceia*, p. 569.

1. Lc 10,38. **2.** At 16,15.40; Cl 4,15; Rm 16,1-2. **3.** Rm 16,1-2. **4.** Lc 8,1-3. No contexto, não há motivo para ver em seus serviços, expressos pelo termo grego *diakonein*, os de uma boa dona de casa, subordinada a uma autoridade masculina, ao passo que o mesmo termo aplicado aos homens significaria um serviço propriamente litúrgico e, portanto, superior e reservado aos homens. **5.** Lc 7,36-50. **6.** Mc 14,9. **7.** 1Cor 11,23-26. **8.** Lc 22,19. **9.** Lc 22,24. **10.** Cf. Gl 3,27-28.

CARTA BRANCA

Amos Oz
Escritor

Um Judeu de minha terra

Não posso pensar em Jesus sem que me venha a lembrança de Joseph Klausner, que era o tio de meu pai, o irmão de meu avô. Eu era um adolescente de dezesseis anos quando ele morreu, não tive tempo de falar muito com ele, mas seus campos de interesse eram também os meus. Ora, este homem foi o primeiro Judeu a dedicar todo um livro, em hebraico, a Jesus.

Era nos anos de 1930. Sionista convicto, chegara à Palestina em 1919 e lecionava história na Universidade hebraica de Jerusalém. Ele disse para si mesmo que, no momento em que o povo de Israel reencontrasse sua terra e reconstruísse um Estado independente, seria talvez o tempo de se interessar por este Judeu cujos discípulos haviam perseguido os filhos de Israel durante séculos e séculos. Teria este Jesus renegado seu povo, teria apostatado e criado ele próprio uma nova religião? Ou o antijudaísmo cristão, que havia feito sofrer tantos dos nossos, seria uma invenção posterior, tendo ele próprio permanecido um judeu crente e praticante? As ideias de Klausner sobre o judaísmo de Jesus eram revolucionárias para seu tempo e provocaram polêmicas tanto entre os judeus quanto entre os cristãos. Elas conservam hoje, noventa anos depois, toda a sua força e toda a sua atualidade.

Li naturalmente as obras de meu tio-avô sobre Jesus e sobre Paulo e aprendi muito dele. Conservo dele especialmente a ideia de que Jesus nasceu judeu, filho de Judeus, e que nunca lhe passou pela cabeça que estivesse fundando uma nova religião. Jesus nunca fez o sinal da cruz! Jesus nunca, em toda a sua vida, frequentou uma igreja! Em compensação, ele frequentava muito as sinagogas, onde aliás provocou alguns escândalos. E Klausner tinha razão quando escrevia que Jesus nasceu numa casa judia, vivera do princípio ao fim como um Judeu e havia pertencido a uma corrente judaica – certamente não convencional, não ortodoxa, mas havia outras dessas na época.

Quanto a mim, não escrevi sobre Jesus como meu tio-avô; contentei-me com um romance sobre *Judas*, cujo aspecto provocador parece não ter agradado nem aos judeus nem aos cristãos...

Cresci e passei uma parte de minha infância numa escola religiosa e por muito tempo usei um quipá. Mas, apesar de minha ortodoxia, as questões a respeito de Jesus me interessavam muito desde essa época. Eu pensava que não poderia compreender nada da história da arte e da literatura se permanecesse ignorante a respeito deste personagem e por isso passei noites lendo o Novo Testamento na biblioteca do *kibutz*. Além disso, fui marcado especialmente por duas missionárias finlandesas, que eram boas amigas de minha família e a quem dediquei todo um capítulo do meu livro *De amor e trevas*. Tive, aliás, a oportunidade de visitá-las em Helsinki uns vinte ou vinte e cinco anos depois de elas terem deixado Jerusalém, e devo dizer que esta amizade também me aproximou de Jesus. Em Helsinki, elas continuavam a falar um hebraico bíblico. Uma não conseguia mais ler, porque seus olhos haviam ficado embaçados, e a outra lia para ela, de manhã e de tarde, o Antigo e o Novo Testamento. E, quando eu quis oferecer-lhes um exemplar em finlandês do meu livro, elas o recusaram: um livro que falava de Jerusalém, elas queriam lê-lo em hebraico!

Contei em meu livro como as ideias preconizadas pelas duas irmãs finlandesas (Aili Havas e Rauha Moisio, que nós chamávamos de Tia Aili e Tia Rauha) me pareciam contraditórias com as de meu tio-avô e como tive dificuldade de conciliar o Jesus batalhador de Klausner com o Jesus que amava os pecadores e que pregava o amor aos inimigos...

Quando digo que me sinto próximo de Jesus, isto não quer dizer que estou de acordo com ele. É, aliás, inteiramente normal, porque não existem dois israelenses que estejam de acordo um com o outro! Não compartilho as ideias de Jesus de que pode existir um amor universal. Eu digo que é impossível. Não temos em nós amor suficiente para ser capazes de prodigalizá-lo ao mundo inteiro. Um homem como eu, e talvez como muitos outros seres humanos, tem capacidade de amar cinco pessoas, dez pessoas. Talvez exista alguém que seja capaz de amar quinze pessoas? Mas, se alguém vem visitar você e confidencia que ele ama a América, ou o Terceiro Mundo... isto significa apenas que ele não ama ninguém. Não existe no mundo amor suficiente para permitir a cada um amar seu próximo. Nós recebemos o amor em quantidade muito reduzida. Jesus foi talvez ingênuo quando pensou que todo mundo era capaz de amar todo mundo.

A isto é preciso acrescentar que o amor não é uma doçura como gostariam de nos fazer acreditar. O amor é uma paixão e, portanto, misturam-se nele elementos muito duros de ciúme, de competição, de poder, de vontade de dominação, talvez até de cinismo. Quanto a mim, eu não construiria o mundo sobre o amor. A compaixão, sim. A generosidade, a atenção ao outro, a ajuda mútua, com certeza. É o que prescreve, por exemplo, o livro do Êxodo (23,5): "Se vires o jumento de teu inimigo sucumbir sob o peso da carga, longe de abandoná-lo, ajuda-o a descarregá-lo". Mas não é prescrito prodigalizar seu amor ao infinito e por toda a terra!

De resto, Jesus era um Judeu, um filho de Israel vivendo na terra de Israel; em outras palavras, um israelense, ou um Judeu-Israelense. Ele falava aramaico, uma língua semítica muito próxima da minha. Lemos, ambos, os mesmos livros escritos em hebraico. Fomos marcados, ambos, pelas histórias da Bíblia; vibramos, ambos, com os relatos do rei Davi, de José e seus irmãos, dos filhos de Israel no Egito. E quando atravesso o lago de Kinnereth (Genesaré), quando atravesso o vale do Jordão ou vou a Belém, reconheço exatamente os lugares por onde ele passou. Sinto evidentemente este homem como um Judeu da terra.

Capítulo 20

O CONFLITO COM O TEMPLO

Poderíamos contar a história assim...

Jerusalém era como uma colmeia. O dia inteiro ouvia-se o zumbido da atividade incessante de todos os que concorriam para o funcionamento do Templo – sacerdotes, levitas e seus assistentes, um pessoal de vários milhares de homens – e de todos os que afluíam de todos os lugares em peregrinação. Nas ruas ressoavam línguas e sotaques desconhecidos e as pessoas se espantavam com as estranhas vestes de homens vindos de regiões cuja existência desconheciam. A isso era preciso acrescentar os rebanhos – cordeiros, carneiros, cabritos, bezerros e bois – e os carrinhos de pombos e pombas engaiolados que também acabariam sob a lâmina dos sacrificadores. Cada dia, dezenas de animais eram degolados. Seu sangue era derramado e uma parte de sua carne era queimada. E quando chegava o tempo dos grandes sacrifícios, a atividade se tornava ainda mais intensa. Era evidentemente o caso por ocasião da grande festa da Páscoa.

Por mais que o Templo fosse incrivelmente vasto, as pessoas sempre se atropelavam e o pequeno grupo de galileus que acompanhava Jesus precisava fazer um grande esforço para não se dispersar.

Era preciso chegar ao átrio reservado aos Judeus para encontrar uma aparência de calma. Mas antes eles precisavam atravessar o átrio dos pagãos. Era ali que se encontravam todos os comerciantes que forneciam os animais para os sacrifícios e evidentemente os cambistas, já que era preciso trocar a moeda comum por aquela do Templo, que servia para pagar o imposto religioso e para comprar os animais destinados aos sacrifícios. Todos atraíam o freguês com grandes gritos por trás dos tablados onde estavam colocadas as balanças com as quais pesavam as moedas.

Aos cantos dos peregrinos juntavam-se as súplicas dos mendigos que esperavam obter a esmola e os gritos dos vendedores de bugigangas e de lembranças e os saltimbancos, dançarinos, apresentadores de animais e malabaristas. O átrio era um vasto campo de feira.

Amanheceu. Como todos os dias, eles subiram ao Templo com o Mestre. Com efeito, eles não permaneciam em Jerusalém durante a noite. Às vezes aproveitavam a hospitalidade de uma casa amiga no vilarejo de Betânia; mas, na maioria das vezes, acampavam na encosta do monte das Oliveiras, diante das muralhas da cidade. Ali a calma era benfazeja, após a algazarra de Jerusalém.

Os dias que precediam a Páscoa se aproximavam e o número de peregrinos aumentara ainda mais. Na véspera, a pequena guarnição romana havia recebido reforço e mantinha a vigilância a partir da fortaleza Antônia, cuja torre sobressaía ao Templo. Com a grande afluência das festas, as autoridades sempre temiam que o menor incidente descambasse para algo pior. Mas, a não ser em caso de catástrofe, as tropas romanas não se aventuravam no recinto do santuário, pois isso seria um sacrilégio considerável. A responsabilidade era deixada à polícia do Templo.

No momento em que o grupo de galileus passava, começara uma discussão entre um cambista e um comerciante de animais de grande porte, que o repreendia por ter instalado sua mesa no lugar que lhe era reservado. Jesus, até então silencioso, foi como que acometido de cólera. Imediatamente tomou as cordas que serviam de cabresto para conduzir os animais, dobrou-as e uniu-as em forma de chicote e se pôs a rodopiá-las sobre a cabeça. Essas pessoas, gritou ele, haviam transformado a casa de seu Pai num covil de salteadores. Diante dele, as pessoas recuavam, estupefatas. Os animais escapavam das mãos dos comerciantes e fugiam derrubando as mesas. As moedas rolavam pelo chão.

Em cima da torre, imediatamente, foram dadas ordens. Na outra extremidade do átrio, a polícia do Templo procura abrir caminho entre os gritos e as vociferações. Entre os discípulos, os que conheciam Jerusalém perceberam imediatamente o perigo. Jesus também o viu. Largou as cordas e, quando a polícia chegou no meio das mesas derrubadas, os galileus se haviam confundido na multidão.

Nos dias seguintes, porém, Jesus voltou ao templo. Ali assentou-se nos degraus, sob a grande colunata, e as pessoas se comprimiam para ouvi-lo. Esta aglomeração de gente acabou chamando a atenção das autoridades. Enviados do Sumo Sacerdote e do prefeito do Templo vieram em delegação perguntar-lhe que autoridade ele se arrogava para falar assim. Jesus levantou os olhos para eles e observou detalhadamente suas vestes de linho branco e seus pesados colares de bronze que resplandeciam ao sol e depois, por sua vez, os interrogou: "Em vossa opinião, o batismo de João era do Céu ou dos homens?" Os sábios consultaram-se rapidamente com o olhar; João era tido em grande estima pelo povo. Se respondessem "dos homens", eles seriam vaiados; mas, se dissessem "de Deus", poder-se-ia perguntar-lhes por que não o haviam escutado. Por prudência, disseram que não sabiam. Era a resposta que Jesus esperava: "Ora, já que vós não sabeis, também eu não vos direi com que autoridade eu falo". Humilhados, viraram as costas, tensos, enquanto na multidão as pessoas se acotovelavam e, rindo, lhes apontavam o dedo. Mas é evidente que as coisas não parariam por aí.

C.P.

Os comerciantes expulsos do Templo

Camille Focant
Universidade Católica de Lovaina (Bélgica)

O ministério público de Jesus aconteceu principalmente na Galileia, pelo menos de acordo com a apresentação dos três evangelhos sinóticos, os mais confiáveis neste ponto, o que não impede três subidas a Jerusalém, para as grandes festas religiosas, evocadas pelo evangelho de João[1]. É lógico, portanto, que quase não se tenha tratado do Templo e de seu culto antes da entrada de Jesus em Jerusalém, onde vai acontecer sua Paixão. Deixando de lado o evangelho da infância de acordo com Lucas[2], existem apenas três exceções na vida pública de Jesus. Primeiramente, num relato de caráter mítico, que evoca as grandes tentações com que Jesus se confrontou ao longo de seu itinerário, Mateus e Lucas situam uma das três tentações no pináculo do Templo[3]; ali o diabo sugere que Jesus ponha Deus à prova exigindo dele um prodígio gratuito, mas demonstrativo. Em conformidade com a Torá[4], Jesus se recusa categoricamente a pôr Deus à prova. Mateus e Lucas evocam ainda o Templo na controvérsia sobre as espigas arrancadas e comidas num dia de sábado[5]. Se os sacerdotes podem, segundo a Lei, transgredir o sábado no Templo sem cometer falta, quanto mais o pode aquele que é maior do que o Templo e que enaltece o fato de Deus preferir a misericórdia aos sacrifícios; ele, o Filho do homem, é senhor do sábado. Por fim, em Lucas, o Templo retorna numa parábola que compara a oração de dois homens no Templo[6]. Aquele que se humilhou, o coletor de impostos, é justificado, ao contrário do fariseu que acreditava poder apelar para suas boas obras, especialmente em comparação com o outro.

Cf. *As* ► *Tentações no deserto*, p. 185.

Estas informações são muito fragmentárias para podermos fazer uma ideia das relações de Jesus com o Templo. Ele está mais em contato com as sinagogas e com os fariseus. Em compensação, no fim de sua vida, o confronto com o Templo é direto e sem ambiguidade.

O que ocorreu no Templo

Apesar de sua entrada triunfal relatada pelos quatro evangelistas, a chegada de Jesus a Jerusalém ocorre num contexto de lamentação e de polêmica. De acordo com os três evangelhos sinóticos, seu primeiro gesto é a oposição ao Templo. O alcance desta ação está sujeito à interpretação e os evangelhos divergem neste ponto.

Uma primeira observação refere-se ao momento da vida pública de Jesus em que ocorreu este episódio. Ao contrário dos evangelhos sinóticos, João o situa logo no começo, como um prelúdio programático que compromete a sequência dos acontecimentos e revela de antemão seu significado[7]: "Tendo feito um chicote com cordas, expulsou-os a todos do Templo, e as ovelhas e os bois; espalhou o dinheiro dos cambistas, derrubou suas mesas; e disse aos vendedores de pombas: 'Tirai tudo isso daqui e não façais da casa de meu Pai uma casa de negócios'"[8]. A autoridade que Jesus se arroga então sobre o Templo, que ele chama de "a casa de meu Pai", levanta imediatamente contra ele as autoridades judaicas. A maneira incompreensível como ele substitui o Lugar santo por sua própria pessoa ("Destruí este templo e em três dias eu o reerguerei" e "Ele falava do templo de seu corpo") é explicitada pelas comunidades cristãs como o anúncio de sua morte e de sua ressurreição, quando o Templo será destruído: João afirma assim que doravante o próprio Jesus ressuscitado é, em seu corpo, o lugar do encontro entre Deus e a humanidade.

Os evangelhos sinóticos, pelo contrário, situam este gesto por ocasião da última vinda de Jesus a Jerusalém; foi provavelmente o elemento que desencadeou sua prisão pelas autoridades judaicas. Com efeito, a oposição de Jesus ao Templo[9] é um episódio evangélico único em seu gênero. É o único caso em que se vê uma ação de Jesus que comporta certa violência. Este episódio é citado sistematicamente por todos os que querem detectar uma forma de violência no fundador do cristianismo. No entanto, se é de violência física que se trata, o argumento é muito fraco, porque não houve nenhum ferido a deplorar por ocasião desta historieta.

Qual foi o alcance deste gesto? Seria errôneo ver aqui um ato propriamente revolucionário de um Jesus sedicioso, o início de uma insurreição em vista de uma libertação nacional à maneira zelota♦. No caso de uma manobra ampla de cunho político, Jesus dificilmente teria podido agir sozinho; devia ter implicado seus discípulos na ação, o que não é o caso. E, por outro lado, as forças romanas de ocupação, garantes da ordem, teriam certamente contra-atacado com as armas. Elas teriam tido a aprovação das autoridades religiosas que de qualquer maneira se ressentiam da crítica de Jesus a respeito do uso que faziam do Templo. Em vez de um motim, trata-se de uma ação de dimensões relativamente modestas, o que não diminui em nada sua eficácia no plano simbólico.

Seria errôneo interpretar o gesto de Jesus como um ato propriamente revolucionário ou sedicioso.

O que aconteceu? Jesus derrubou algumas mesas nas quais os cambistas presentes haviam exposto suas moedas e algumas das cadeiras utilizadas pelos comerciantes de pombas presentes. Parece que, além disso, mandou que estes afastassem suas gaiolas e seus cestos e tentou expulsar os vendedores e os compradores do átrio dos pagãos. De acordo com Marcos, por fim, ele se opôs ao transporte de recipientes, sem dúvida utilizados para o transporte da prata e das oferendas do mercado que ficava ao sul do Templo para o interior deste.

Um episódio que se presta à controvérsia

A reconstituição provável destes fatos não levanta tantos problemas. Mas é muito mais delicado determinar a intenção que animava Jesus. Visava ele, enquanto reformador da religião judaica, restituir a pureza cultual no Templo? Estaria ele então na linha profética, denunciando não o Templo e os sacrifícios, mas apenas o mercantilismo ligado a estes últimos. Poderia tratar-se de um protesto contra certa romanização-paganização do culto judaico ocorrida sob o governo de Herodes ou contra a ganância e a corrupção dos sumos sacerdotes. Ou, ainda, Jesus teria criticado a cobrança do imposto do Templo sob dois aspectos. Por um lado, ele teria julgado que a moeda de Tiro fornecida pelos cambistas representava falsos deuses e não era apropriada, devendo os Judeus piedosos pagar seu imposto com uma moeda pura, sem imagens. Por outro lado, ele teria contestado a exigência de um imposto a depositar cada ano no Templo, quando a Lei não exige o pagamento do imposto senão uma vez na vida[10].

Cf. *Como funcionava o Templo de Jerusalém?*, p. 557. ►

Cf. *O anúncio do Reino é específico de Jesus*, p. 315. ►

Mas nada nos textos evangélicos sugere que Jesus teria desejado reformar o sistema complexo do Templo, com seus dízimos, seus impostos, seus sacrifícios, suas oferendas, suas festas... As parábolas de Jesus quase não põem em cena sacerdotes. E suas invectivas vão mais contra as vilas da Galileia do que contra o Templo. Estamos longe da imagem de um reformador do culto. Jesus não tem como meta melhorar o culto judaico radicalizando as exigências de santidade e de pureza do Templo. É, ao invés, o anúncio do Reinado de Deus que ele propõe a todos, com suas consequências, entre as quais especialmente uma relativização das prescrições de pureza[11].

Por conseguinte, as ações e ameaças proferidas por Jesus não deveriam ser consideradas de preferência como um ato profético que anuncia a destruição do Templo e sua restauração num registro totalmente novo? Esta interpretação apresenta, em todo caso, a vantagem de ser coerente com os anúncios da destruição do Templo presentes nos evangelhos sinóticos[12].

A oposição de Jesus ao Templo suscita a indignação dos sumos sacerdotes e dos escribas. É neste ponto que, de acordo com Marcos, ela desencadeia a decisão deles de matar Jesus[13]. Lucas associa a eles os chefes da aristocracia nesta conspiração[14]. A relação tensa de Jesus com o Templo parece ter realmente desempenhado um papel desencadeador nos propósitos mortíferos das autoridades judaicas a seu respeito. Estas perceberam sem dúvida uma nítida radicalidade na ameaça feita por Jesus ao Templo e seu culto. Tal como se apresentava, o Templo é fundamentalmente questionado na perspectiva da pregação evangélica. A ação de Jesus contra ele prefigura simbolicamente sua destruição apocalíptica iminente: ele será substituído por uma nova construção, a construção do Reino de Deus.

É a melhor maneira de compreender as acusações lançadas contra Jesus por ocasião de seu comparecimento diante do Sinédrio. Falsas testemunhas afirmam: "Este homem disse: 'Posso destruir o Santuário de Deus e reconstruí-lo em três dias'"[15]. É totalmente improvável que o próprio Jesus tenha imaginado destruir o Templo junto com seus discípulos. Teria Jesus pensado numa destruição futura do santuário, atribuindo-a a Deus, que reconstruiria um novo Templo ideal, e teria ele fornecido uma prefiguração simbólica disto através de seu gesto espetacular no Templo?

A interpretação da oposição ao Templo de acordo com Marcos

Se é difícil determinar o alcance do episódio do Templo no plano histórico, seu sentido é claro para o evangelista Marcos. Ele intercala seu relato do Templo[16] entre a palavra de condenação da figueira[17] e a constatação de seu dessecamento[18]. O surpreendente castigo da figueira que não produz fruto leva a pensar no canto do profeta Isaías: se a vinha do Senhor, a casa de Israel, apesar dos cuidados de que é cercada, não produzir uvas boas, mas uvas verdes, será destinada a ser pisoteada e destruída[19]. Quanto à figueira, ela é dessecada até às raízes. Com este gesto profético, Jesus simboliza sem dúvida a constatação do fracasso da missão de Israel como povo eleito. Da mesma forma, o Templo fracassou em ser uma casa de oração, que era sua missão[20], e se transformou numa caverna de bandidos, um lugar onde estes se sentem em casa para saquear[21]. Ele perde de repente sua função de casa de oração para todas as nações e é destinado a desaparecer. Este ensinamento desemboca num complô dos sumos sacerdotes e dos escribas para eliminar Jesus. Em seu teor atual, o relato deixa entrever um combate mortal, no qual está em jogo, por um lado, o desaparecimento do sistema do Templo e, por outro, o de Jesus que pronuncia esta ameaça.

A constatação da esterilidade definitiva da figueira desemboca, por outro lado, num ensinamento de Jesus aos discípulos que é dedicado à oração estreitamente unida ao perdão fraterno: "Quando estiverdes de pé orando, se tendes algo contra alguém, perdoai, para que vosso Pai que está nos céus também vos perdoe vossas faltas"[22]. Tudo se passa como se Jesus os preparasse para exercer o papel de casa de oração que o Templo não exerce mais. Eles são convidados a pôr sua confiança na oração e no perdão, e não no sistema sacrificial do Templo, para obter o perdão divino de suas faltas.

No momento da morte de Jesus, o véu que separa o Santo dos santos♦ se rasga de alto a baixo[23]. Esta imagem poderosa, que ecoa o batismo de Jesus e o rasgamento dos céus, significa que, a partir deste momento, não é mais no Santo dos santos, mas no Crucificado, que Deus revela sua presença. O Crucificado é o Filho de Deus, cuja verdadeira identidade vem à luz e é reconhecida pelo centurião pagão[24]. Se a presença de Deus não está mais atrás do véu do Santo dos santos, isto preludia a destruição anunciada do Templo. Ao contrário, Deus está presente no Crucificado, pedra rejeitada que se torna pedra angular[25] de um santuário não feito por mão humana[26], uma casa de oração para todas as nações. Esta interpretação de Marcos junta-se à do evangelho de João: "Mas ele falava do templo do seu corpo"[27].

Ao contrário de Lucas, que continua ligado ao Templo, para Marcos este não exerce mais a função de "casa de oração".

Sua interpretação de acordo com Lucas

Lucas reorganiza as sequências do texto de Marcos e o próprio texto segundo sua própria lógica. Ele elimina a perícope♦ da figueira estéril, talvez porque vê nela uma maneira de desesperar do futuro de Israel que seria contrária à sua própria visão. Ele a substitui pela lamentação sobre Jerusalém[28], que aparece em contraponto com o louvor pronunciado pelos discípulos que saúdam a vinda de seu rei Messias[29]. Em vez de reconhecer o tempo desta visita messiânica decisiva como um dia venturoso, uma verdadeira oportunidade de paz[30], Jerusalém fechou os olhos e sua cegueira espiritual a expõe ao castigo que doravante a ameaça. Embora se insira na linha de numerosas declarações proféticas do Primeiro Testamento que anunciam a ruína do Templo[31], este oráculo de desgraça adquire uma ressonância particular por causa do contexto. Com efeito, Lucas o prolonga com uma breve menção do gesto de Jesus que expulsa os comerciantes do Templo[32], um episódio que se inscreve, em seu entender, no quadro do ensinamento de Jesus no Templo[33].

Por que a narrativa de Lucas é tão breve se a compararmos com a de Marcos ou de Mateus? Se ele reduz à sua expressão mais simples a violência da ação praticada por Jesus, é porque quer poupar o Templo, para ele símbolo de continuidade na história da salvação. De acordo com Lucas, a comunidade cristã primitiva permaneceu, com efeito, ligada ao culto do Templo[34]: após a Ascensão, os discípulos "voltaram para Jerusalém, cheios de alegria, e estavam sem cessar no Templo, bendizendo a Deus"[35]. Esta é a última frase de seu evangelho e ele observará, em seguida, no início dos Atos dos Apóstolos, que estes mesmos discípulos "iam diariamente ao Templo com assiduidade"[36]. Talvez isto explique por que, na ótica lucana, a ação de Jesus é menos subversiva do que em Marcos. Ela é apresentada como uma purificação do Templo, que permite ao Messias instalar-se ali e ali ensinar.

1. Jo 2,13; 7,10; 11,17. **2.** Lc 1,9.21.22; 2,27.37.46. **3.** Mt 4,5-7; Lc 4,9-12. **4.** Dt 6,16. **5.** Mt 12,1-8; Lc 6,1-5. **6.** Lc 18,9-14. **7.** Jo 2,13-22. **8.** Jo 2,15-16. **9.** Mt 21,12-17; Mc 11,15-19; Lc 19,45-48; Jo 2,13-22. **10.** Ex 30,11-16. **11.** Mc 7,1-23. **12.** Mt 24,2; Mc 13,2; Lc 19,43-44; 21,6. **13.** Mc 11,18. **14.** Lc 19,47. **15.** Mt 26,61. **16.** Mc 11,15-19. **17.** Mc 11,12-14. **18.** Mc 11,20-25. **19.** Is 5,1-7. **20.** Is 56,7 citado em Mc 11,17. **21.** Jr 7,11 citado em Mc 11,17. **22.** Mc 11,22-25. **23.** Mc 15,38. **24.** Mc 15,39. **25.** Mc 12,10. **26.** Mc 14,58. **27.** Jo 2,21. **28.** Lc 19,41-44. **29.** Lc 19,38. **30.** Lc 19,42.44. **31.** Jr 7,12-14; 26,18. Cf. também 1Rs 9,6-7. **32.** Lc 19,45-46. **33.** Lc 19,47. **34.** Lc 24,53; At 2,46. **35.** Lc 24,52-53. **36.** At 2,46.

As controvérsias no Templo

Camille Focant
Universidade Católica de Lovaina (Bélgica)

Cf. *Polêmicas ▸ e hostilidade*, p. 457.

Mais de uma vez Jesus discutiu sobre diversas questões religiosas com autoridades judaicas. Estas discussões de escola ou controvérsias estavam longe de ser sem motivo. Os evangelhos sinóticos as agrupam em duas séries.

A primeira série é situada na Galileia no início da atividade pública de Jesus[1]. Seus interlocutores são fariseus e escribas. O primeiro tema de debate é a acolhida dos "pecadores". Por um lado, Jesus é questionado: possui ele a autoridade de perdoar ao paralítico seus pecados? Não é um privilégio reservado a Deus somente?[2] Por outro lado, se ele ousa comer com pecadores, o que parece contrário à Lei, é porque, no seu entender, ele veio chamar não os justos, mas os pecadores: estes têm necessidade de ser curados[3]. O segundo tema de discussão é a observância do repouso sabático. Jesus afirma seu domínio sobre o sábado, enquanto os fariseus censuram seus discípulos por comer espigas recolhidas no dia de sábado[4]. Ele não hesita em operar uma cura no mesmo dia. Porque o repouso sabático não pode ter primazia sobre a luta contra o mal, sobre a necessidade de salvar uma vida[5]. A Lei é feita para o homem e não o homem para a Lei[6]. Se sua interpretação leva ao mal e à morte, é melhor transgredi-la para fazer o bem e salvar uma vida[7]. Ao proferir estas palavras, Jesus tem clara consciência de estar em ruptura com a interpretação dos fariseus de sua época. Mas a novidade do Reino de Deus que ele anuncia não pode ser contida em odres velhos; ela precisa de odres novos[8]. Sem ser totalmente inédita, esta visão de Jesus é tão marginal e sua apresentação tão provocante que é insuportável aos que se entrincheiram na observância estrita da Lei. Eles chegam até a desejar-lhe a morte[9].

Este mesmo propósito reaparece na parte final do evangelho, após a oposição de Jesus ao Templo[10]. Sua menção precede uma segunda série de controvérsias que acontecem desta vez em Jerusalém no Templo. Os interlocutores já não são os mesmos. Trata-se dos sumos sacerdotes, dos anciões e dos escribas; são membros das três classes que constituem o Sinédrio sob a presidência do Sumo Sacerdote em exercício. Os temas discutidos são igualmente muito diferentes dos temas das controvérsias galilaicas, como veremos.

A parábola dos vinhateiros homicidas

"Um homem plantou uma vinha, arrendou-a a vinhateiros e partiu para uma longa viagem. Chegado o tempo, ele enviou um servo aos vinhateiros para que eles lhe dessem a sua parte do fruto da vinha; mas os vinhateiros o despediram moído de pauladas e de mãos vazias. Ele insistiu, enviando outro servo; também a este moeram de pauladas, insultaram-no e o despediram de mãos vazias. Ele insistiu, enviando um terceiro; também a esse, eles feriram e expulsaram. O dono da vinha pensou então: 'Que vou fazer? Eu vou enviar o meu filho bem-amado. A este, eles respeitarão'. Mas, ao verem o filho, os vinhateiros refletiram entre si: 'É o herdeiro. Vamos matá-lo para que a herança fique para nós!' E, lançando-o fora da vinha, mataram-no.

Que lhes fará, então, dono da vinha? Ele virá, e fará perecer a esses vinhateiros e confiará a vinha a outros. A estas palavras, eles disseram: 'Não, jamais'. Mas Jesus, fixando-lhes o rosto, disse-lhes: 'Que significa então este texto da Escritura: A pedra que os construtores rejeitaram, foi ela que se tornou a pedra angular'?"

Lucas 20,9-17

Os acontecimentos da proclamação messiânica por ocasião da entrada em Jerusalém e a oposição de Jesus ao Templo deviam provocar uma reação dos responsáveis religiosos de Jerusalém. A primeira interrogação que lhes vêm à mente é a da autoridade de Jesus[11]. Mais exatamente, o que eles questionam é a origem de sua autoridade. Em virtude de qual autoridade age ele desta maneira? Quem lhe deu esta autoridade? Esta pergunta já fora formulada anteriormente no relato evangélico, a propósito dos exorcismos de Jesus. Os escribas não haviam hesitado em atribuí-los a Beelzebul, o príncipe dos demônios, e não ao Espírito santo[12]. Os mesmos já se haviam indignado por Jesus usurpar a autoridade de perdoar os pecados, reservada somente a Deus[13]. A polêmica voltou à tona.

Para entregar o segredo de sua autoridade, Jesus impõe uma condição. Seus interlocutores devem primeiramente responder à pergunta dele: "O batismo de João vinha do céu ou dos homens?"[14] Jesus conseguiu assim colocá-los na defensiva, encerrando-os num dilema catastrófico para eles. Se responderem que o batismo de João vem do céu, sua recusa a crer nele os desqualificará. E Jesus não terá nenhuma dificuldade em salientá-lo. Mas, ser afirmarem que vem dos homens, eles têm tudo a temer por parte do povo, que considera João um profeta. Nenhuma resposta é capaz de fazê-los sair-se bem. Não obstante o que isso lhes custaria – estavam apegados sobretudo à sua imagem pública e ao reconhecimento de sua autoridade –, não encontram outra escapatória senão confessar sua ignorância. Mas, considerando sua discussão anterior[15], esta confissão ecoa como uma mentira. Com efeito, eles têm sim uma opinião, mas não ousam exibi-la.

Por que as autoridades religiosas não confiaram em João Batista? Estavam elas em condições de fundamentar sua decisão numa autoridade celeste? Se não era esse o caso, o que lhes dá o direito de interrogar Jesus sobre a origem de sua autoridade? No entanto, a recusa categórica em responder não é a última palavra de Jesus. Uma resposta se segue imediatamente sob a forma de uma parábola dirigida ao povo.

Cf. *A linguagem das parábolas*, p. 325. ▸

Aos que se interrogam sobre sua autoridade, Jesus vai fornecer uma resposta indireta, por meio de uma parábola[16]. Seu sentido é explicitado por intermédio de uma citação da Escritura[17] no final da parábola[18]: a autoridade pela qual ele age é a da pedra rejeitada que se torna pedra angular[19]; nesta ação, a obra maravilhosa de Deus pode ser reconhecida pelos olhos capazes de ver em profundidade[20].

A parábola começa com uma descrição campestre que lembra o canto da vinha do profeta Isaías[21]: "Meu bem-amado possuía uma vinha em outeiro fértil...", sendo a vinha um símbolo recorrente do povo de Israel: "A vinha do Senhor do universo é a casa de Israel e a gente de Judá é a planta que ele amava". No entanto, as perspectivas de Isaías e de Jesus diferem. No primeiro, a constatação da improdutividade da vinha desemboca na cólera de seu proprietário, que a destina à destruição. Para Jesus, em compensação, a vinha produz realmente fruto, mas o erro se encontra nos vinhateiros que querem apossar-se dela. Não se trata, portanto, de destruir a vinha, mas de confiá-la a outros vinhateiros[22].

Três servos são enviados sucessivamente em missão para recolher a parte do fruto da vinha que cabe a seu patrão. A atenção se concentra menos nos frutos e mais nas relações entre o patrão e os vinhateiros através de servos enviados como intermediários. Apesar dos maus tratamentos infligidos a estes últimos, o patrão não perde a paciência. Toma a decisão insólita de lhes enviar seu filho bem-amado, persuadido de que este, pelo menos, eles respeitarão.

Em vez disso, os vinhateiros o matam. É uma reviravolta no relato parabólico. De um fracasso de um contrato de arrendamento, passa-se a uma tentativa de apropriação de herança. Para o leitor do evangelho, a expressão "Filho bem-amado" leva a pensar em Jesus, já que é o título dado a ele por uma voz celeste por ocasião de seu batismo e de sua Transfiguração[23]. O envio do filho desafia a prudência paterna elementar. Estamos bem longe da sabedoria comum e de um enredo sem surpresa. Esta parábola aponta para a extravagância. O filho bem-amado é posto numa situação de risco para uma última tentativa de conversão. Mas os vinhateiros estão dispostos a tudo, inclusive ao assassinato, para confiscar a herança e tornar-se patrões da vinha, para conquistar um poder ilegítimo. Eles se enredam em sua louca violência até eliminar o filho. Além disso, lançando-o fora da vinha, lhe recusam uma sepultura. Este novo ultraje é um sinal supremo de falta de respeito.

Na lógica da parábola, no entanto, esta conduta é suicida. Percebendo que seu complô[24] é descoberto, os escribas e os sumos sacerdotes protestam[25]. Compreendendo que nesta parábola eram o alvo de Jesus, desejam prendê-lo, mas são impedidos pelo medo da reação do povo[26].

A complexidade da parábola dos vinhateiros assassinos – em boa parte alegórica – e a história das relações difíceis entre judeus e cristãos posteriormente tornam delicada a tarefa de interpretá-la. No entanto, o gênero literário da ameaça dirigida ao povo de Israel e mais ainda a seus líderes, a fim de estimulá-los à conversão, é bem conhecido no mundo bíblico, em particular profético. Se a ressituarmos neste quadro, a parábola pode ter uma intenção positiva, apesar de ser ameaçadora. A história de Jesus é situada assim na longa tradição bíblica da rejeição dos enviados de Deus. Se as autoridades persistem em sua intenção de matá-lo, a parábola ensina que sua ação não constituirá uma homenagem prestada a Deus pela eliminação de um blasfemador. Tratar-se-á, com efeito, de um empreendimento motivado pela vontade de monopolizar e de preservar o poder religioso. Jesus mostra assim o sentido daquilo que está em jogo e que provoca a oposição contra ele.

Pela manifesta imprudência do patrão e pela louca violência dos vinhateiros, esta parábola aponta para a extravagância.

Polêmicas sobre a ressurreição e o Messias

Irritados com esta parábola, desconcertados com sua incapacidade de prender Jesus, seus adversários se afastam, mas permanecem à espreita nos bastidores. Dali enviam até ele espiões que mostram uma aparência de justos e precisam tentar apanhá-lo numa armadilha. É a famosa controvérsia a propósito do imposto devido a César, que é tratada em outro artigo desta obra.

◀ Cf. *Jesus, os ricos e o dinheiro*, p. 401.

O papel de opositores é assumido em seguida por outros, a saber, os saduceus. Este grupo judeu recrutava seus adeptos principalmente nas grandes famílias sacerdotais e na aristocracia leiga. Flávio Josefo diz que eles "negam a imortalidade da alma, bem como os castigos e as recompensas no além"[27]. Estes contestatários da ideia de uma ressurreição vêm, por sua vez, pôr Jesus à prova[28].

Para isso inventam uma história a partir da norma do levirato, tal como ela decorre do Deuteronômio[29]. Se, de acordo com esta norma, uma mulher desposa sucessivamente sete irmãos que não lhe deixam algum filho, de qual será ela a mulher na ressurreição? O aspecto burlesco do caso proposto deixa entrever o tom zombeteiro; eles atacam a crença na ressurreição procurando ter aprovação da maioria. Seu absurdo lhes parece evidenciado no caso de viuvez ou de matrimônios sucessivos.

Jesus fica consternado com sua concepção errônea da ressurreição[30]: "Não será por não conhecerdes nem as Escrituras, nem o poder de Deus, que estais em erro?[31] Eles imaginam a nova vida que está por vir como um simples prolongamento da vida presente, incluídas as relações conjugais em curso neste mundo. Ora, pelo poder de Deus, a ressurreição abre para um mundo totalmente novo. A comparação com os anjos ("são como os anjos nos céus") indica que a realidade futura estará em descontinuidade com a realidade presente. Todas as relações humanas serão ali transpostas para o registro das relações com Deus.

E, deste ponto de vista, negar a ressurreição equivale a recusar o que o próprio Moisés indica nas Escrituras. Aquele com quem se encontrou por ocasião do episódio da sarça ardente[32], ele o chama de "o Deus de Abraão, Deus de Isaac e Deus de Jacó"[33]. Estes patriarcas, no entanto, estão mortos há muito tempo. Deus seria, portanto, um Deus dos mortos? Não, ele é o Deus dos vivos, "pois todos são vivos para ele"[34].

Jesus mostra aos saduceus que, negando a ressurreição, eles contradizem Moisés a quem Deus se revelou como o Deus dos vivos.

Esta passagem encerra as interrogações polêmicas que foram submetidas a Jesus para apanhá-lo numa armadilha. Nos episódios seguintes, é ele quem toma a iniciativa.

Retomando seu ensinamento no Templo, Jesus parte de uma concepção corrente na tradição judaica, de acordo com a qual o Messias é filho de Davi; esta concepção se apoia num oráculo do profeta Natã[35]. Encontramo-la também nos *Salmos de Salomão*, uma obra do século I antes de nossa era, de origem essênia ou farisaica: "Olha, Senhor, e suscita-lhes seu rei, filho de Davi [...], para que ele reine sobre Israel teu servo"[36]. Jesus sugere que esta concepção messiânica corrente está em conflito com a concepção expressa por Davi nos Salmos: "O Senhor disse ao meu Senhor: Senta-te à minha direita, até que eu tenha posto os teus inimigos como escabelo sob teus pés"[37]. É Davi (considerado autor dos Salmos) quem fala e diz que o Senhor Deus convocou a seu serviço um homem que Davi chama de seu Senhor: Davi, portanto, não é o Messias de Deus, que é superior a ele.

Trata-se, por isso, de uma contradição absoluta? É pouco provável, na medida em que as duas concepções se beneficiam de um apoio nas Escrituras. Mas, opondo dois testemunhos bíblicos aparentemente contraditórios, Jesus sugere a insuficiência da primeira concepção. Provavelmente porque ela orienta muito facilmente para uma perspectiva nacionalista: o filho de Davi restaurará a realeza e a autonomia política de Israel. Em outras palavras, Jesus não rejeita a filiação davídica do Messias, mas pensa que ela apresenta uma visão truncada das coisas. Ela precisa ser corrigida pela ideia de certa superioridade do Messias em relação a Davi; o Messias é, com efeito, seu Senhor. No entanto, Jesus permanece enigmático, não explicitando a natureza desta superioridade. Isso deixa pairar uma interrogação sobre sua própria concepção do Messias.

Os escribas e as viúvas

O monólogo iniciado por Jesus se prologa com uma advertência dirigida aos discípulos, mas também a todo o povo, contra os escribas[38]. Nesta advertência breve e contundente, ele pretende desmascarar o que os escribas querem realmente. É à vaidade que eles se apegam, sob todas as suas formas: distinguir-se pelo vestuário, atrair o reconhecimento público e as saudações, escolher os primeiros lugares na sinagoga e nos banquetes. Jesus recomenda evitar esta busca desenfreada de sinais de consideração. Entre seu ensinamento e o dos escribas existe um fosso: Marcos já observou que Jesus os "ensinava como quem tem autoridade e não como os escribas"[39]. A busca pueril de honras da parte deles poderia ser outro indicador de sua falta de autoridade em profundidade.

Mas, o que é ainda mais grave, à sua fatuidade se acrescentam a ganância e a hipocrisia. Suas orações mal dissimulam o fato de que eles espoliam as viúvas. Eram eles papa-jantares, que exploravam a hospitalidade de pessoas menos afortunadas? Abusavam de sua função de homens da lei? Exageravam seus honorários em detrimento das viúvas? É difícil de precisá-lo. Mas a ganância que lhes é censurada é tanto mais odiosa por ir de mãos dadas com longas orações. Postas em paralelo com a exploração das viúvas, estas orações constituem uma injúria a Deus. A atitude dos escribas contradiz o duplo mandamento do amor a Deus e ao próximo[40]. Ora, este "vale mais do que todos os holocaustos♦ e sacrifícios"[41]. Isto mostra que a atitude dos escribas é condenável.

Jesus denuncia a fatuidade dos escribas, que se junta à sua ganância em detrimento das viúvas e à hipocrisia de suas longas orações.

Em contraponto com sua hipocrisia desmascarada, surge uma viúva miserável que, sem nenhuma afetação, introduz duas pobres moedinhas na caixa de esmolas do Templo[42]. Longe de se deixar distrair pelos ricos que davam muito, Jesus capta o gesto da viúva e dele extrai uma lição para seus discípulos. Levando em consideração sua situação econômica miserável, ela deu mais do que todos os outros. A constatação feita por Jesus pode ser interpretada como um louvor ou como uma lamentação. No primeiro caso, o gesto da viúva – que é um dom de toda a sua vida – pode ser posto em consonância simbólica com o dom que Jesus vai viver na cruz[43]. No segundo caso, aparece que este dom sem reserva ao tesouro do Templo gerido pelos que devoram os bens das viúvas tem algo de ridículo e de absurdo.

Ruína do Templo e julgamento de Jerusalém

O último ensinamento de Jesus, antes de começar sua Paixão, situa a ruína do Templo contra o pano de fundo de um discurso sobre o fim da história[44]. O discurso de Jesus serve-se do gênero literário apocalíptico, que pretende revelar, através de visões, como o mundo atual cederá para dar lugar à nova criação de Deus. O calendário desta mudança futura não é explicitado. Pelo contrário, Jesus reafirma com força a incerteza quanto ao momento final: "Mas este dia e esta hora, ninguém os conhece, nem os anjos do céu, nem o Filho, ninguém, senão o Pai"[45]. Esta incerteza dissuade de toda tentativa vã de especular sobre o momento do fim. A atitude evangélica é, antes, a de permanecer sempre em estado de vigília, na certeza de que este mundo terá um fim, mas sem saber a data do retorno do Filho do homem.

Uma primeira dimensão importante deste discurso é o anúncio de uma espécie de "paixão" que os discípulos precisarão viver à semelhança de seu mestre. Eles serão odiados e perseguidos por causa de seu nome[46]. O que convém ser lido como prolongamento de outra frase de Jesus: "O discípulo não está acima do seu mestre, mas todo discípulo bem-formado será como o seu mestre"[47]. No entanto, uma promessa está ligada a este tempo de perseguição pública: marginalização, aborrecimentos, denúncias, processos, execuções. Os discípulos perseguidos serão habitados por uma sabedoria do alto, pelo Espírito santo que lhes "ensinará na hora mesma o que é preciso dizer"[48].

Um outro elemento importante do discurso é o anúncio do julgamento de Jerusalém[49]. A descrição de suas desgraças é terrificante: "Quando virdes Jerusalém cercada pelos exércitos, sabei então que é chegada a hora da sua devastação. [...] Ai das que estiverem grávidas e das que amamentarem naqueles dias, pois haverá grande miséria no país e cólera contra esse povo. Eles cairão devorados pela espada; serão levados cativos para todas as nações..." Certamente estes anúncios encontram antecedentes nos profetas. Mas muitas vezes estes prediziam a restauração de Jerusalém após sua destruição[50], ao passo que Jesus fala somente de desolação. Ora, o profeta portador do anúncio contra Jerusalém, que será calcada aos pés pelas nações estrangeiras, sabe que corre risco de morte. Jeremias escapou por pouco[51]. Em seguida o horizonte se amplia para os sinais cósmicos do abalo final que mergulhará as nações no terror. No profeta

Joel, uma cena parecida é descrita em ligação com a efusão do Espírito divino sobre toda a humanidade[52]. Aqui, ela acompanha a visão do Filho do homem que vem "rodeado de uma nuvem na plenitude do poder e da glória"[53]. O evangelista Lucas sublinha assim o contraste entre o itinerário de Jesus a partir de seu humilde nascimento até a cruz e sua vinda como Filho do homem ressuscitado que será marcada pelo poder e a glória. Para os discípulos será o grande momento de sua libertação, após sua perseverança. Resta vigiar, não se deixando absorver pelas preocupações da vida ou por diversas formas de negligência. Assim, resta rezar de modo a se "manter de pé diante do Filho do homem"[54]. Assim termina o ensinamento ministrado por Jesus no Templo, onde, como nos diz Lucas, o povo vinha ouvi-lo desde a aurora[55].

1. Mc 2,1–3,6; Lc 5,17–6,11. **2**. Lc 5,21. **3**. Lc 5,30-32. **4**. Lc 6,1-5. **5**. Lc 6,9. **6**. Mc 2,27. **7**. Mc 3,4. **8**. Lc 5,37-39. **9**. Mt 12,14; Mc 3,6. **10**. Mc 11,18; Lc 19,47-48. **11**. Lc 20,1-8. **12**. Mc 3,22; Lc 11,15. **13**. Mc 2,6-11; Lc 5,21-24. **14**. Lc 20,4. **15**. Lc 20,5-6. **16**. Lc 20,9-19. **17**. Sl 118,22-23. **18**. Mc 12,10-11; Lc 20,17. **19**. A metáfora do Sl 118,22, citada aqui em Lc 20,17, está ligada explicitamente a Jesus num discurso de Pedro em At 4,10-12. **20**. Mc 12,11. **21**. Is 5,1-7. **22**. Lc 20,16. **23**. A identificação é mais nítida em Marcos (1,11; 9,7) e em Mateus (3,17; 17,5) do que em Lucas (3,22; 9,35), onde a tradição manuscrita não é unânime. **24**. Lc 19,47. **25**. Lc 20,16. **26**. Lc 20,19. **27**. Flávio Josefo. *Guerra dos Judeus*, I, 166. **28**. Lc 20,27-40. **29**. Dt 25,5-10. **30**. Mc 12,24-27. **31**. Mc 12,24, **32**. Ex 3,1-6. **33**. Lc 20,37. **34**. Lc 20,38. **35**. 2Sm 7,11-16. **36**. *Salmos de Salomão* 17,21. **37**. Sl 110,1 citado por Lc 20,42-43. **38**. Mc 12,38-40; Lc 20,45-47. **39**. Mc 1,22. **40**. Mc 12,28-34. **41**. Mc 12,33. **42**. Mc 12,41-44; Lc 21,1-4. **43**. Mc 10,45. **44**. Mt 24,1-44; Mc 13,1-37; Lc 21,5-36. **45**. Mc 13,32. **46**. Lc 21,16-17. **47**. Lc 6,40. **48**. Lc 12,12. **49**. Lc 21,20-24. **50**. Mq 3,9-12; Zc 14,2-9. **51**. Jr 26,20-24. **52**. Jl 3,1-5. **53**. Lc 21,27. **54**. Lc 31,36. **55**. Lc 21,37-38.

ESCLARECIMENTO

Como funcionava o Templo de Jerusalém?

Dan Jaffé, com Julien Darmon
Universidade de Bar-Ilan (Israel)

O Templo de Jerusalém, consideravelmente aumentado e embelezado por Herodes o Grande, é o centro do judaísmo da época de Jesus. As Escrituras bíblicas, os livros dos Macabeus, o Sirácida (também chamado Eclesiástico), a *Carta de Aristeias* (século II antes de nossa era), Fílon de Alexandria, Flávio Josefo (século I), o Novo Testamento e, enfim, a Mixná♦, nos transmitem informações preciosas sobre sua arquitetura e seu funcionamento.

Situada sobre um monte cujo cume foi aplainado e transformado em esplanada, domina a cidade de Jerusalém, que vive essencialmente para o Templo e pelo Templo. A esplanada do monte do Templo já constitui um espaço sagrado, no interior do qual o Templo está estruturado em diversas zonas de santidade crescente: o átrio dos gentios, o átrio das mulheres (que as mulheres não deviam ultrapassar), o átrio de Israel (reservado apenas aos homens judeus), o átrio dos sacerdotes (*cohanim*) no qual eram praticados os sacrifícios cotidianos. Este último dá para o edifício do Templo propriamente dito ou *heikhal*, no fundo do qual se encontra o Santo dos santos, residência da Presença divina (*Shekhina*), onde o Sumo sacerdote♦ (*cohen gadol*) penetra apenas uma vez por ano, no dia do Yom Kippur♦. Com uma superfície de 144.000 metros quadrados, o Templo e sua esplanada constituem em sua época o mais vasto lugar religioso do mundo.

O Templo, concebido como um ponto de encontro entre a terra e o céu, é o lugar onde os Judeus, mas também os não Judeus, podem se aproximar de Deus, com a mediação dos sacerdotes ou *cohanim*. Para os próprios sacerdotes, ele é o centro de sua existência, que consiste no cumprimento de ritos incessantes que só eles podem executar. Por isso, o olhar que uma pessoa lança sobre o Templo difere sensivelmente conforme ela se fundamente em seu funcionamento "interno", puramente sacerdotal, ou em sua função "social", em interação com a Cidade.

O acesso à função sacerdotal se dá exclusivamente através da genealogia: os *cohanim*, descendentes de Aarão, irmão de Moisés, representam uma aristocracia no seio do povo. Desde os vinte anos, eles oficiam no Templo sob a forma de rodízio semanal por grupos de 300 aproximadamente, por causa de seu grande número (mais de 7000!). Vivem unicamente das oferendas que cada um traz ao Templo, sendo que as mais santas são consumidas exclusivamente por eles no recinto deste. Sua função consiste, por um lado, em executar os ritos sacrificiais cotidianos ou ligados às solenidades do calendário judaico e, por outro, em consagrar sobre o altar os sacrifícios trazidos pelo povo. O sacrifício diário, chamado *'olat tamid* ("holocausto♦ permanente") consiste na oferenda de um cordeiro de manhã e à tarde, acompanhado, assim como todos os sacrifícios, de uma oferenda de farinha misturada com azeite e de uma libação de vinho. Os dias de sábado e de festa são a ocasião de sacrifícios suplementares, chegando particularmente a setenta touros durante sete dias por ocasião da festa de *Sukkot*♦. Os animais são mantidos graças a argolas fixas no chão; são degolados com um gesto preciso e depois seu sangue é recolhido em bacias e aspergido sobre o contorno do altar, enquanto o animal é esquartejado; as partes consagradas a Deus são em seguida consumidas sobre o altar, onde arde uma chama perpétua.

Aarão e Moisés pertenciam à tribo de Levi. Os descendentes desta tribo que não estão vinculados a Aarão, chamados levitas, ocupam um lugar inferior ao dos sacerdotes. Eles dão assistência aos *cohanim* em todos os sacrifícios, tocando diversos instrumentos musicais e cantando Salmos. Além dos sacrifícios sangrentos trazidos ao altar exterior, os *cohanim* executam igualmente ritos no interior do Templo: acender a *menora* ou candelabro de sete braços, oferecer incenso sobre um pequeno altar de ouro puro, dispor doze "pães de proposição" sobre uma mesa, também esta de ouro puro. Este funcionamento perpétuo tem um custo, que é financiado pelos dons dos fiéis, em particular pelo meio-siclo de prata que cada um devia pagar anualmente.

Numerosas pessoas são levadas a frequentar o Templo para levar sacrifícios. Estes podem ter a finalidade de expiar transgressões involuntárias, sancionar um processo de purificação, por exemplo para as parturientes; podem também consistir em oferendas voluntárias ou ainda pertencer ao dízimo: é preciso entregar ao Templo cada décimo animal que nasce num rebanho (*ma'asser behema*) bem como um décimo de sua produção agrícola (*ma'asser sheni*). É de notar, aliás, que os não Judeus têm também eles o direito de oferecer holocaustos voluntários. Em certos casos – por exemplo, para os animais primogênitos, ou no caso de um animal que a própria pessoa escolheu como sacrifício no quadro de um voto –, as pessoas devem trazer seu próprio animal a Jerusalém; nas outras possibilidades, é mais simples para elas comprar o animal *in loco*. Por isso existe um vasto mercado dos sacrifícios onde se pode conseguir cordeiros, bodes, ou mesmo touros para os mais ricos e pombas para os mais modestos. Provindo os fiéis de regiões muito diversas, o mercado de câmbio é igualmente abundante. Como é proibido penetrar no espaço do Templo em estado de impureza, numerosas piscinas e banhos rituais (*miqwaot*) estão dispostos em torno do monte do Templo.

É sobretudo por ocasião das festas religiosas que o povo se comprime no Templo. Por ocasião das três festas de peregrinação, que são *Pessah* (Páscoa), *Shavu'ot* (Pentecostes) e *Sukkot* (festa das Cabanas), existe um mandamento específico, inscrito no Deuteronômio, de "ir ver a face do Senhor" no lugar que ele escolheu, ou seja, o Templo[1]. Observa-se expressamente que ninguém vai apresentar-se diante de Deus "de mãos vazias". Na *Pessah* em particular, cada família deve trazer o sacrifício pascal e consumi-lo no recinto da cidade, que acolhe uma população imensa vinda de todo o país, e até da Diáspora, em particular da Babilônia. Embora seja claro que nem todos os Judeus vêm cada ano a Jerusalém, calcula-se geralmente o número de peregrinos em cem mil em cada festa, ou seja, três vezes a população residente no lugar durante o ano. As pessoas hospedam-se na casa dos habitantes ou em albergues, e isto gratuitamente. Na festa de *Sukkot* igualmente, as pessoas se apinham no recinto do templo para assistir a ritos alegres chamados "festejos da extração da água" (*simhat beit ha-shoeva*) em honra das libações de água próprias para esta festa. Assim a Mixná[2] diz que "quem não conheceu a *simhat beit ha-shoeva* não conheceu nada da alegria". Ela descreve os imensos candelabros de ouro que são dispostos no átrio das mulheres e que iluminam toda a cidade, as pessoas impregnadas de fervor religioso (*hassidim*♦) que dançam com tochas cantando louvores, enquanto os levitas "sem número", empoleirados nos quinze degraus que separam o átrio das mulheres do átrio de Israel, tocam seus instrumentos musicais, harpas e trombetas especialmente.

O momento mais solene do ano é o Yom Kippur ou Dia das Expiações. O ritual do Templo, muito bem-elaborado, é conduzido inteiramente pelo Sumo Sacerdote. Ele entra particularmente no Santo dos santos com uma pá de incenso fumegante para rezar e aspergir a cortina com o sangue dos sacrifícios e pronuncia diversas vezes em voz alta o Nome inefável de Deus ou Tetragrama♦ (YHWH), enquanto a multidão, imensa, se prostra por terra.

No tempo de Jesus, a vida espiritual judaica tornou-se, em muitos aspectos, independente do Templo, as sinagogas se multiplicam, mas também os lugares informais de estudo da Torá; no entanto, ainda que o caráter plutocrático das elites sacerdotais e seu conluio com o ocupante romano alimentem as críticas dos diversos grupos, o Templo, com seu fausto e seus rituais elaborados, continua sendo um elemento central na cultura religiosa do povo.

1. Dt 16,16. **2.** Tratado Sukka, 1,4.

CONTRAPONTO

Jesus violento?

André Wénin
Universidade Católica de Lovaina
(Bélgica)

[Jesus diz aos Doze:] "Não penseis que eu vim trazer a paz à terra. Eu não vim trazer a paz, mas o facão"[1]. E prosseguiu parafraseando o profeta Miqueias[2]: "Eu vim incitar o homem a se rebelar contra seu pai e a filha contra sua mãe e a nora contra sua sogra: os inimigos de um homem serão as pessoas de sua casa"[3]. Seguem-se outras palavras duras: "Quem ama seu pai ou sua mãe mais do que a mim não é digno de mim..." A conclusão explicitará que se trata de uma questão de vida ou morte[4].

É preciso lê-lo em seu contexto para compreender que o *logion* sobre o facão (a espada) não faz do Jesus de Mateus um semeador de violência – o resto do relato evangélico logo o contradirá. Esta palavra evoca antes um dado inerente à vida, da qual o nascimento é o sinal: como pôde escrever o exegeta Élian Cuvillier, "existe uma 'violência', a da separação que é necessária para a própria possibilidade da vida, da existência de um sujeito". Isto vale para o cordão umbilical que deve ser cortado, mas o facão deve também separar simbolicamente aqueles cuja relação de proximidade representa um risco de fusão mortífera, como já o dizia à sua maneira o livro do Gênesis ("O homem abandonará seu pai e sua mãe..."[5]).

Muito mais do que o Jesus dos outros evangelistas, o Jesus mateano está acostumado a palavras de tom vigoroso. Ouvimo-lo qualificar os fariseus e os escribas como "crias de víboras" [6] e sepulcros caiados[7] e destinar ao fogo da geena[♦8] estes "guias cegos" que ele repreendeu muitas vezes qualificando-os seis vezes como hipócritas[9]. Quando as cidades se recusam a converter-se, ele as destina a uma sorte pior do que a de Sodoma[10]. Muitas vezes os personagens negativos de suas parábolas veem ser-lhes anunciada uma sanção exemplar: o devedor implacável* é entregue pelo senhor aos carrascos[11], os "cabritos" do Juízo final são enviados pelo rei ao "fogo eterno que foi preparado para o diabo e para seus anjos"[12], o dono da vinha manda matar os vinhateiros homicidas[13**] e os convidados que se recusam a vir ao casamento morrem no incêndio de sua cidade[14], enquanto os que se apresentam sem os trajes de festa são lançados, "de pés e mãos atados, nas trevas, fora", onde há "choro e ranger de dentes"[15], onde terminam também as virgens insensatas que não souberam esperar o Esposo[16].

O evangelho de Mateus não se abstém, portanto, de emprestar ao seu Jesus exageros verbais que projetam a imagem de um Deus violento, particularmente em relação aos chefes religiosos do povo judeu. Isto se explica, sem dúvida, pelo contexto polêmico no qual este relato nasceu: no momento em que escreve, o autor é um feroz adversário da sinagoga e de seus representantes. Mas, considerando a presença – certamente menos frequente – deste tipo de textos nos outros evangelhos, pode-se pensar que o Jesus da história pode ter empregado palavras muito duras desse gênero.

Para interpretá-las corretamente é preciso levar em consideração o fato de que esse tipo de discurso pertence à postura profética que os evangelhos atribuem propositalmente a Jesus. Os profetas de Israel, como sabemos, usam palavras fortes quando se trata de indignar-se diante da injustiça, de acusar a infidelidade do povo à Aliança que o liga a Deus ou de denunciar o mal. Mediante esta violência verbal esperam produzir um choque para reconduzir o povo ao caminho do bem e da vida. Além disso, através das palavras de tom profético que Mateus põe na boca de Jesus, não são apenas os interlocutores judeus de sua época que se veem ameaçados de castigo exemplar, mas também os membros das comunidades cristãs às quais o evangelista se dirige. Advertir sobre o que leva à morte é salutar. Pôr vigor nisso é convidar a uma escolha rápida e sem concessões: com efeito, é a vida que está em jogo.

Os relatos evangélicos não atribuem nenhum gesto violento a Jesus, excetuada a "purificação do Templo", que é de uma violência muito relativa, porque não parece que nesta santa cólera ele tenha atacado as pessoas. Este ato simbólico ilustra de maneira espetacular, e também profética, uma espécie de oráculo pelo qual Jesus denuncia o desvio do significado do Templo. Aliás, nos relatos dos evangelhos sinóticos[17], a invectiva retoma palavras dos profetas Isaías e Jeremias: cambistas e comerciantes transformaram uma "casa de oração"[18] em "um covil de ladrões"[19]. Quanto ao gesto em si, dirigido contra todo o sistema mercantil que servia aos sacrifícios, ele sugere sem dúvida que a verdade do Templo não reside nos sacrifícios ali oferecidos, mas na relação com o Deus que ali se torna presente a seu povo em oração. Se, em Marcos, Jesus abre assim o Templo a todas as nações através de uma citação, Mateus prefere realçar que seu gesto profético contesta toda exclusão: "Aproximaram-se dele cegos e coxos no Templo, e ele os curou"[20]. Ora, estas pessoas não podiam oferecer legitimamente sacrifícios de acordo com a Lei[21] e o rei Davi os havia excluído do Templo[22].

Romper com as tradições mortíferas supõe às vezes que (nos) façamos violência. Talvez seja este o sentido desta palavra enigmática de Jesus: "O Reino dos céus é assaltado com violência; são os violentos os que o arrebatam"[23].

* Cf. *A parábola do devedor implacável*, p. 418.
** Cf. *As controvérsias no Templo*, p. 549.

1. Mt 10,34. **2**. Mq 7,6. **3**. Mt 10,35-36. **4**. Mt 10,37-39. **5**. Gn 2,24. **6**. Mt 12,34; 23,33. **7**. Mt 23,27. **8**. Mt 23,33. **9**. Mt 23,13-36. **10**. Mt 11,20-24. **11**. Mt 18,34-35. **12**. Mt 25,41. **13**. Mt 21,41. **14**. Mt 22,7. **15**. Mt 22,13-14. **16**. Mt 15,11-12. **17**. Mt 21,13; Mc 11,17; Lc 19,46. **18**. Is 56,7. **19**. Jr 7,11. **20**. Mt 21,14. **21**. Lv 21,18. **22**. 2Sm 5,8. **23**. Mt 11,12.

CARTA BRANCA

Erri De Luca
Escritor

A primeira pedra

Sócrates não escreveu, pois pertencia a uma época oral, capaz de transmitir as palavras ouvidas. O relato de suas conversações foi redigido por Platão, um discípulo escrupuloso e ambicioso. Intimidado pelos poetas, ele os excluiu de sua *República* imaginária. Séculos mais tarde, também Jesus não escreveu; preferiu deixar uma pista oral. Seus atos e suas palavras foram recolhidos num segundo tempo e numa outra língua, o grego, mais útil para a exportação da mensagem. Os quatro evangelhos são o magro resumo de sua biografia.

E, no entanto, Jesus escreveu numa circunstância precisa, não sobre papel com uma pluma e tinta, mas com um dedo sobre o pó da terra. Antes dele, a divindade havia escrito e gravado com um dedo as primeiras Tábuas da Lei. Jesus optou por escrever sobre uma matéria última, o pó, matéria última da vida: tu voltarás a ser pó. É uma substância irredutível, não é relegada ao nada, se mantém na eternidade. Um poeta desta região geográfica já havia escrito que o pó contém o resto indestrutível dos ancestrais. Jesus escolheu o pó.

O que ele escreveu não é relatado, lacuna imperdoável para um historiador. Parece que ninguém nesta multidão pôde entrever o sinal deixado em letras hebraicas pelo estranho. Mas o evangelista João não está escrevendo um artigo para o jornal de amanhã; com efeito, ele peleja com o indelével de uma novela sagrada. Ele pode negligenciar os detalhes. Seria um detalhe a única escrita de Jesus? Para seus contemporâneos, era o detalhe menos importante do episódio concernente à mulher condenada à morte por adultério. Um cortejo a conduz até o fosso do apedrejamento. O tribunal emitiu a grave sentença. Eis que a multidão se detém diante do estranho e pede sua opinião sobre o caso.

Antes de investigar sobre a sequência, ficamos surpresos de ver que um julgamento pronto a transitar em julgado possa ser discutido na rua por ocasião de um encontro. A explicação se encontra no fato de que uma sentença capital podia ser revogada até no último minuto por uma palavra contrária. A Lei existia, mas existia também a ocasião para não aplicá-la. Ao longo do percurso, um estranho interrogado podia servir de Tribunal de cassação. Era uma Lei que levava em conta a pessoa humana, seu caso particular, sua necessidade de exceção. Ficamos embasbacados diante de uma providência tão maravilhosa, que não ab-roga nem o artigo nem a sentença, mas que tenta não executá-la, oferecendo até o último momento a um passante a possibilidade de revogação.

Em Jerusalém, portanto, um cortejo acaba de sair do tribunal e se dirige ao lugar do apedrejamento de uma mulher adúltera. O fosso circular está pronto, bem como as pilhas de pedras. Ao passar diante de um homem, o cortejo pede-lhe sua opinião sobre o caso que acaba de ser julgado. O homem não responde imediatamente. Ele se acocora diante deles e traça letras no pó da terra. O homem se chama Ieshu, Jesus para nós, um homem da Galileia, alguém de uma província considerada estranha. Pouco importa, ele dará um jeito de servir a uma eventual reviravolta do julgamento. É o último apelo.

Ele escreve no pó. O cortejo espera em silêncio, a mulher também, segurada firmemente. A multidão em volta não chega a ler, muitos são analfabetos. Mas ela sabe que ele se põe a escrever. O que ele quer fazer com este gesto? Um gesto simples, familiar a todos.

O ato de escrever fazia parte das proibições do sábado. No sábado – *shabbat* em hebraico, que significa repouso –, não se podia escrever as letras do alfabeto sagrado. Toda regra admite, e talvez exija, uma exceção. No sábado, podia-se escrever sobre o pó, a cinza ou a areia. Ieshu responde ao cortejo, que lhe pede sua opinião sobre o caso, por um gesto autorizado no sábado. Ora, esse dia era um sábado? Impossível: nenhum tribunal se reúne no sábado, nenhuma sentença de morte se executa no sábado. Por seu gesto, Ieshu mostra que, em caso de condenação à morte, todo dia é sábado, cessação. Neste caso, é também uma cassação.

Ieshu não rejeita nem abole a Lei, ele não é um subversivo. Ele a interpreta, associando-a aos interditos do sábado. Assim liberta o cortejo da pesada tarefa de executar a condenação. Liberta estes homens e estes juízes do peso da Lei, antes de libertar a mulher. Ele não é seu advogado de defesa, não toma o partido dela. Ieshu serve como pedra de tropeço da condenação à morte, jogando poeira na engrenagem.

O cortejo mudo olha e compreende. O gesto que procuro explicar detalhadamente aqui tem para eles um sentido evidente e imediato. O galileu está proclamando o sábado nesse lugar e nesse momento. Os braços caem, de alívio, alguém desfaz já os nós que prendem os pulsos da mulher. À guisa de dispositivo de julgamento, ele diz: “Quem de vós estiver sem pecado atire a primeira pedra”. Se alguém se declara insatisfeito com a opinião dele, pode atirar o primeiro projétil. Os homens atiram mais facilmente as segundas pedras. Assim Ieshu desarma o ortodoxo endurecido, o talibã da Lei. Quem ousará se declarar puro diante dos outros, sem nenhum erro cometido. Os homens se calam, ouviram a opinião do estranho e a aceitam como última palavra. Tiveram a oportunidade de encontrar a pessoa boa, capaz de lhes oferecer uma escapatória para uma efusão de sangue.

Por fim, ele diz à mulher absolvida, incrédula e estarrecida: “Vai”. Estás livre novamente, mas não voltes a cair no erro. Vai em sentido oposto ao caminho que te levava ao fosso do apedrejamento.

Uma vez dispersada a multidão, podemos dar uma olhada nas letras gravadas no pó, antes que os passos as apaguem. Elas formam duas palavras apenas: LO TIRZAKH, “não matarás”.

Parte II – As despedidas

Capítulo 21

A ÚLTIMA REFEIÇÃO

Poderíamos contar a história assim...

Depois de chegar a Jerusalém, cada dia Jesus subia ao Templo. Ali permanecia sob a colunata e as pessoas vinham ouvi-lo; e cada tarde, acompanhado de seus discípulos, retornava à colina das Oliveiras onde passava a noite.

Naquele dia, quando as grandes celebrações da Páscoa estavam para começar, ele pediu a seus discípulos que fizessem o necessário para que na mesma tarde fosse preparada uma refeição que os reuniria a todos. A noite estava caindo quando o grupo se reencontrou numa casa amiga, onde uma sala fora posta à disposição de Jesus e dos seus.

Era um belo cômodo situado na parte superior. Os leitos confortáveis, ornados com almofadas, haviam sido dispostos em torno da mesa, como era de praxe, e criados e criadas acabavam de dispor o pão, o vinho, os manjares e as frutas. Nos vasos as flores exalavam um perfume inebriante que se misturava ao do óleo que queimava nas lâmpadas. Tudo estava pronto para um banquete.

Jesus presidiu a refeição. Primeiramente cantaram os Salmos; em seguida ele ergueu a taça de vinho que fora posta diante dele e pronunciou a ação de graças. Estava sério e feliz ao mesmo tempo, como alguém que sabe que se encontra diante do momento decisivo de sua vida. Tomou o pão para pronunciar a bênção antes de parti-lo e dar um pedaço a cada um como costumava fazer. Mas, desta vez, ele acrescentou algumas palavras que os discípulos nunca tinham ouvido. "Tomai, disse ele, comei, é o meu corpo dado por vós. Vós mesmos fareis isto em memória de mim". Em seguida, quando havia passado a taça, disse: "Esta taça de vinho é meu sangue derramado por vós, é a taça da nova aliança".

Os discípulos estremeceram. Por que o mestre falava em derramar seu sangue? Será que deveriam pegar em armas e combater? Era por isso que vieram a Jerusalém?

Para restabelecer ali o reino de Davi? Apesar do vinho e da boa comida, um sentimento de inquietude pairou sobre os discípulos.

Um pouco mais tarde, durante a refeição, Jesus suspirou: "Um dentre vós vai me trair". Os que estavam mais próximos ficaram sobressaltados. Os que estavam mais afastados, que não haviam ouvido muito bem, pediram que lhes repetissem o que o mestre acabava de dizer. Houve um zunzum. "Quem poderia fazer isso?", perguntavam-se uns aos outros. Os que estavam mais afastados diziam aos outros: "Perguntem-lhe quem é. Ele sabe?" Mas a resposta não veio ou não foi ouvida. Aliás, outra conversação estava começando. Tratava-se de saber quem dentre eles era o maior. Jesus se mostrou irritado, como aconteceu muitas vezes quando constatava até que ponto seus próprios discípulos, os que o acompanhavam desde o início, tinham dificuldade de compreender o que ele dizia. Ele os interrompeu: "Entre vós, não deve ser como entre os reis ou os príncipes, que pretendem exercer o poder; o maior é aquele que é o servo de todos". Depois falou ainda de seu Reino e agora, como que em resposta à sua inquietude, prometeu-lhes que eles se assentariam em torno dele e seriam os juízes de Israel. No entanto, estas palavras os discípulos as entenderam, mas era como se não penetrassem em seu espírito. Ele falava como um general que se dirige às tropas na véspera de uma batalha, dando suas instruções a uns e outros, mas eles não viam de qual combate ele falava.

De repente, Jesus se calou e lançou sobre todos eles um olhar cheio de grande tristeza. Pedro se inclinou para ele, para protestar e tranquilizar-se ao mesmo tempo; o mestre poderia sempre contar com ele; não era ele uma rocha? Mas Jesus sussurrou que até ele seria infiel e que, na provação, o renegaria. Pedro resistiu com todas as suas forças, mas a refeição já estava acabando. Enquanto todos se levantavam, Jesus teve palavras mais misteriosas ainda, falando de uma espada com a qual doravante era preciso se munir. Chegou a dizer que os que tinham um manto deveriam vendê-lo para comprar uma arma.

Eles se entreolharam. Assim, o combate final, a grande provação estava chegando. Quando isso ocorreria? Saberiam eles enfrentá-lo? Nunca haviam manejado nem espada nem lança. Diante dos romanos, seu pobre grupinho de pescadores, camponeses e artesãos representaria um exército bem pífio. De boca calada, deixaram as ruelas da cidade. Enquanto regressavam ao seu acampamento habitual no monte das Oliveiras, permaneceram completamente mudos, não sabendo o que pensar desta noite estranha.

C.P.

A Ceia

Régis Burnet
Universidade Católica de Lovaina (Bélgica)

A Ceia, ou seja, a última refeição que Jesus compartilhou antes de sua morte, assume um caráter central nos evangelhos. Primeiramente, pelo lugar que ocupa na narração: ainda que os quatro evangelhos, por uma vez unânimes, a preparem desde a unção em Betânia, a Paixão começa realmente na Ceia. Com efeito, é durante esta refeição que Judas se revela realmente como aquele que deve entregar Jesus, enquanto as palavras pronunciadas por Jesus assumem a forma de um discurso de despedida, que João desenvolve como uma sucessão de declarações solenes[1].

Cf. *A unção em Betânia, ou a mulher esquecida*, p. 535. ▸

Mas o episódio é igualmente capital por causa da leitura que os cristãos dele fizeram bem cedo, como atesta, desde os anos 50, o apóstolo Paulo. A Ceia levou à instituição de um rito de memória, a Eucaristia♦, cujo lugar na liturgia cristã não cessou de adquirir importância até tornar-se o cerne de sua celebração cotidiana. É também difícil resistir à tentação de interpretar os textos da Ceia em função das evoluções teológicas posteriores, e até daquilo que todo cristão entende da missa ou do culto. Com medo de ser vítimas desta ilusão retrospectiva, os historiadores dos séculos XIX e XX mostraram-se supercríticos a respeito destas passagens, que eles leram como uma projeção dos ritos da primeira comunidade sobre a época do Jesus da história. Desde o final da década de 1980, os exegetas tendem a ser menos céticos, sendo ao mesmo tempo mais sensíveis às numerosas ressonâncias do Antigo Testamento e do judaísmo do tempo de Jesus.

Cf. *Eucaristia: a coisa mais estranha*, p. 596. ▸

Uma refeição festiva fúnebre, fatídica e memorial

O mínimo que se pode dizer é que esta refeição, descrita como uma refeição festiva porque se insere no tempo da Páscoa, é colocada sob o sinal da ameaça. Com efeito, os quatro evangelhos preveniram o leitor do complô urdido pelas autoridades de Jerusalém desde a chegada de Jesus à Judeia. Uma conjuração de contornos imprecisos decidiu sua morte; evoca-se o Sumo Sacerdote Caifás, mas também os "sumos sacerdotes" (o que poderia designar a aristocracia sacerdotal do Templo), os anciãos, os escribas e os fariseus (apenas João cita estes últimos, que poderiam no caso confundir-se com os escribas[2]). Eles se aproximaram de um dos seus discípulos, Judas Iscariotes, que encarregam de "entregar" Jesus, ou seja, fazer com que ele caia em suas mãos[3].

◄ Cf. *São Judas ou o destino de um traidor*, p. 614.

Esta conspiração é divulgada durante a refeição pelo próprio Jesus, que designa de maneira explícita o traidor[4]. Antes, portanto, de ser a refeição da instituição da Eucaristia que os cristãos verão mais tarde, a Ceia é o relato de uma traição dos deveres sagrados da comensalidade. Um dos convivas vai se voltar contra Jesus, o que é bem expresso por Mateus e João com sua citação do Salmo 41: "Até o amigo com o qual eu contava, e que compartilhava o meu pão, levantou o calcanhar contra mim"[5]. Paulo de Tarso, que reproduz, em sua primeira carta aos Coríntios, algumas palavras pronunciadas durante a refeição, é também testemunha disso, porque começa sua evocação com as palavras lúgubres: "O Senhor Jesus, na noite em que foi entregue..."[6].

Os evangelhos concordam não só sobre o caráter fúnebre desta refeição, mas igualmente sobre sua dimensão fatídica: ele está "previsto" num plano misterioso. João não deixou de pôr o presságio na boca de Jesus que fala da "hora da glorificação", e enquadra o relato que ele apresenta da Ceia por dois anúncios desta glorificação: "É chegada a hora em que o Filho do homem deve ser glorificado", diz ele pouco antes da refeição; e "agora o Filho do homem foi glorificado", declara quando Judas sai para entregá-lo[7]. Os sinóticos mencionam preparativos curiosos[8] em que Jesus envia dois discípulos para ocupar-se não com a alimentação, mas com o lugar. Em Marcos e Lucas, o meio de reconhecer este lugar parece um dos mais providenciais, pois se trata de seguir um homem que carrega um cântaro de água, como se tudo tivesse sido premeditado há muito tempo. Esta predeterminação dos acontecimentos se exprime, aliás, no gesto de Jesus realizado durante a refeição. Sobre a natureza do gesto, curiosamente, os sinóticos e João não estão de acordo. Em João, Jesus procede à lavagem dos pés dos discípulos[9], enquanto nos sinóticos e em Paulo Jesus transforma a bênção tradicional do pão e do vinho equiparando o pão a seu corpo e o vinho a seu sangue[10]. Este desacordo pode ser explicado: com efeito, parece que João, escrevendo mais tardiamente, conhece o rito eucarístico e fala dele de outra maneira em seu texto (especialmente a propósito do sinal da multiplicação dos pães que equipara Jesus ao "pão da vida"). João teria optado por "completá-lo" com outro gesto, conservado pela tradição por ele utilizada. Em todo caso, os cinco textos estão de acordo sobre o significado a ser dado a esta refeição: ela devia ser reproduzida pelos discípulos após a morte de seu mestre como um exemplo ou como um memorial – "Fazei isto em memória de mim".

Para os sinóticos e Paulo, o gesto central da Ceia é a Eucaristia; para João é o lava-pés.

◄ Cf. *O que significa o "pão da vida"?*, p. 507.

Os historiadores mostraram-se céticos quanto à intenção que Jesus manifesta nesse momento. Compreende-se ele realmente como o Messias, ou os textos resultam de uma retroprojeção da fé das comunidades após a ressurreição? Por que teria ele prescrito um gesto que empenha o futuro, quando parece ter pregado o retorno iminente do Filho do homem? A menção de uma comunidade que reproduz o gesto não seria o reflexo das Igrejas tardias, das quais Jesus evidentemente nunca teve conhecimento? Em suma, é a Ceia a "última refeição" de Jesus por acaso ou foi ela concebida como uma espécie de banquete testamentário? Seja como for, o episódio resiste perfeitamente a todos os critérios de historicidade estabelecidos por estes mesmos historiadores: critério de embaraço, já que a presença de um traidor entre os convivas só podia incomodar a Igreja posterior; critério de descontinuidade com o contexto judaico, já que Jesus modifica um rito judaico; critério de atestação múltipla, já que encontramos o relato em Paulo, nos sinóticos e em João; critério de coerência com o que se pode reconstruir de Jesus, já que ele se anuncia a si mesmo como o Filho do homem e se identifica com o Servo sofredor; critério de rejeição, já que a ameaça de morte paira sobre a cena inteira.

Cf. ► *Introdução*, p. 13.

Quando ocorreu a Ceia, e será que se trata de uma refeição pascal?

Outra dificuldade é a determinação da data da Ceia, o que compromete a própria natureza da refeição. Os sinóticos concordam em dizer que se trata do "primeiro dia dos Ázimos", ou seja, trata-se do momento em que se começava a comer o pão sem fermento, quando os cordeiros haviam sido abatidos ritualmente no Templo. Portanto, isto situa a refeição na tarde do dia 15 do mês judaico de Nissan (o dia judaico começava ao pôr do sol) e faz dela uma refeição pascal propriamente dita, um *seder*. João, pelo contrário, afirma que se está "na véspera da festa da Páscoa" e fala de "uma refeição"[11] que não aparenta ser uma refeição pascal: estaríamos, portanto, um dia antes, o 14 de Nissan.

Há séculos, historiadores e biblistas se dividem quanto à data precisa na qual se deve situar esta refeição. Enquanto o consenso foi por muito tempo o de fazer dela uma refeição pascal (ou seja, seguir os sinóticos), os séculos XIX e XX tenderam a confiar na solução joânica. Argumentavam que, nos relatos da Ceia, não só não se fala nem do cordeiro nem dos outros alimentos obrigatórios de uma refeição pascal, mas que, além disso, as festas judaicas eram equiparadas a um sábado[12], o que tornava impossível a realização de um processo no dia 15 de Nissan e proibia *a fortiori* condenar alguém à morte. Em 1960 as descobertas de Qumran sugeriram a Annie Jaubert uma nova proposta. Com efeito, observando que os essênios possuíam um calendário solar de 364 dias[13], diferente do calendário lunar de 354 dias habitualmente em uso no judaísmo do segundo Templo, ela aventou a hipótese de que Jesus seguia o calendário essênio solar que fazia a Páscoa cair três dias após o sábado. A Ceia teria ocorrido, portanto, na terça de tarde, o que permitia o tempo de situar os três comparecimentos de Jesus (diante de Anás, diante de Herodes e diante de Pilatos), os suplícios e a morte. Estas duas teorias são hoje nuançadas. Com efeito, a hipótese essênia se choca com o testemunho dos sinóticos, mas também com o de João, que não permite supor que Jesus tenha seguido um calendário diferente: por exemplo, o Nazoreu celebra a festa das Cabanas (*Sukkot*) com a maioria do povo[14]. Além disso, o fato de que a festa da Páscoa nesse ano teria caído na mesma semana nos dois calendários é tudo menos assegurado. Quanto à proibição de condenar alguém por ocasião de uma festa, está longe de ser tão evidente de um ponto de vista histórico: o texto do Levítico faz uma clara diferença entre a ausência total de atividade no sábado e a ausência de trabalhos manuais para os dias festivos[15]. Além disso, tradições talmúdicas posteriores deixam entender que se optava justamente pelos períodos de festas para proceder a certas execuções (os parricidas, os falsos profetas, os idólatras), entre outros motivos para assegurar uma publicidade máxima a estas execuções[16].

◄ Cf. *Jesus, João Batista e Qumran: existe um elo?*, p. 176.

Para os sinóticos, ao contrário de João, a Ceia é uma refeição pascal (seder) *e a questão da data é difícil de resolver.*

Talvez as diferenças possam ser explicadas mais simplesmente pela grande polissemia do termo "Páscoa". Este designa ao mesmo tempo a semana pascal de 15-21 de Nissan[17], o sacrifício "pela paz" realizado durante este período, a refeição pascal propriamente dita do dia 15 de Nissan, e o próprio cordeiro. Por exemplo, quando lemos em Lucas: "Veio o dia dos pães sem fermento, no qual era preciso imolar a Páscoa"[18], vê-se muito bem que a "Páscoa" designa aqui o cordeiro pascal e não a festa da Páscoa. Poderíamos desta vez inferir que, quando João diz "antes da festa da Páscoa"[19], ele não designa o dia do sacrifício do cordeiro pascal (14 de Nissan), mas antes o início da refeição pascal (15 de Nissan).

Uma nova Páscoa

Estas discussões podem parecer um pouco difíceis, mas não são menos essenciais. Com efeito, o fato de a última refeição ocorrer num contexto pascal nos permite entrar nos significados que os redatores dos evangelhos pretendiam dar ao episódio, fazendo eco às Escrituras de Israel. No Antigo Testamento, esta festa tem um valor todo particular revelado pelo

"YHWH disse a Moisés e a Aarão na terra do Egito: 'Este mês será para vós o início da messe, será para vós o primeiro mês do ano. Falai assim a toda a comunidade de Israel: No décimo dia deste mês, toda a família, isto é, toda a casa, tome um animal do rebanho. [...] Tomá-lo-eis entre os cordeiros ou entre os cabritos, mantendo-o preso até o décimo quarto dia desse mês. Toda a assembleia da comunidade de Israel irá degolá-lo ao anoitecer; tomarão do seu sangue e o passarão nas duas ombreiras e na padieira da porta das casas onde se fará a ceia. Comerão a carne naquela mesma noite. Comê-la-ão assada ao fogo, com pães sem fermento e ervas amargas. [...] Comereis assim: o cinto à cintura, as sandálias nos pés e o bastão na mão. Comereis às pressas. É a Páscoa de YHWH. Naquela noite passarei pela terra do Egito. Matarei todo primogênito na terra do Egito, desde os homens até os animais. Farei justiça contra todos os deuses do Egito. Eu sou YHWH. O sangue passado nas casas em que estiverdes vos servirá de sinal. Vendo o sangue, passarei sobre vós. Não recebereis nenhum golpe destruidor, quando eu golpear a terra do Egito. Este dia vos servirá de memorial. Fareis esta peregrinação para celebrar YHWH. Vós o celebrareis de idade em idade – lei perene'."

Êxodo 12,1-14

texto que a fundamenta: o texto do livro do Êxodo, que evoca a passagem (*pessah*) do anjo exterminador pouco antes da saída do Egito e a preparação para a partida dos israelitas em torno de uma refeição. Ela ocorre antes da instauração de um sacerdócio levítico e é realizada por todas as famílias de Israel. Não prevê apenas a execução de um sacrifício portador de salvação, mas também o consumo em família da carne do cordeiro. Insiste na força protetora e libertadora do sangue do cordeiro, que afasta os golpes do anjo exterminador. Por fim, é um "memorial"[20], um gesto que será preciso renovar mesmo quando a salvação do povo (e, neste caso, de seus filhos) já foi concedida pela saída do Egito.

Os livros bíblicos posteriores dão novas harmônicas à celebração, que teve a tendência de transferir-se para o Templo, único lugar onde se podia oferecer os sacrifícios (ainda que os altares privados estivessem autorizados antes de sua construção[21]). Em particular, ela assumiu ressonâncias régias pelo decreto de Ezequias que convidava o reino do Norte a vir celebrar a Páscoa com ele, a fim de que as doze tribos fossem novamente reunidas[22]. Compreende-se qual o significado messiânico que esse apelo à unidade das doze tribos de Israel pode ter assumido após o fim da realeza: em Ezequiel, o Messias conduzirá ele próprio a festa da Páscoa[23] e, muito sintomaticamente, a tradução grega do oráculo de Jeremias sobre o Messias explicita que a nova aliança messiânica se concluirá "durante a Páscoa", enquanto o texto hebraico era mais vago[24].

Todas estas harmônicas se encontram no texto evangélico e expressam que Jesus Messias dá um sentido novo à Páscoa, identificando-se com o cordeiro salvador e assimilando-se ao pão e ao vinho. Primeiramente, ele se associa ao cordeiro pelo pão: "Isto é o meu corpo". A ordem de tomar o pão e comê-lo não ecoa somente a consumação dos pães ázimos durante os sete dias da Páscoa, por ocasião da qual é proibido consumir uma massa fermentada, mas ecoa sobretudo à ordem de consumir o cordeiro na primeira tarde acompanhado obrigatoriamente de ázimos e de ervas amargas[25]. Em seguida, Jesus se identifica com o sangue do cordeiro através do vinho sempre presente numa refeição pascal, dizendo que ele é seu sangue que será derramado "em prol da multidão" (em Mateus e Marcos) ou "por vós" (em Lucas). Temos aqui uma mudança de sentido da taça de vinho ritual: enquanto simbolizava a alegria da libertação, ela evoca doravante o sangue do cordeiro explicitamente derramado[26] para a libertação e a salvação do povo.

Jesus dá um sentido novo à Páscoa, identificando-se com o cordeiro salvador e assimilando-se ao pão e ao vinho.

Associando a última refeição à festa da Páscoa, os evangelistas pretendem ligar a morte de Jesus ao grande relato da saída do Egito, ou seja, à salvação do povo. E a ordem de fazê-lo "em memória de mim"[27] pretende explicitamente acrescentar um novo memorial, ligado a Jesus, ao memorial antigo do Êxodo. A injunção de "fazer isto" é, com efeito, uma fórmula comum no Antigo Testamento usada para prescrever um novo rito[28]: o Jesus do relato da Ceia institui deliberadamente um novo rito da Páscoa, ele se dá a si mesmo enquanto corpo e sangue, como um novo modo de celebrar a festa da libertação de Israel, seu corpo e seu sangue substituindo o cordeiro pascal.

A nova aliança de um novo Moisés

Esta reinterpretação da festa da Páscoa permite uma segunda reconfiguração da história de Israel, que está presente nos quatro relatos das palavras pronunciadas na Ceia: a taça de vinho entendida como sangue de Cristo é a taça da Aliança[29]. Marcos e Mateus falam de "sangue da Aliança", ao passo que Lucas e a primeira carta de Paulo aos Coríntios dizem "sangue da nova Aliança".

A expressão "sangue da Aliança", de Marcos e Mateus, é uma alusão direta à conclusão da Aliança no Sinai, que é preparada desde a saída do Egito[30]. Tanto a ideia de uma renovação da Aliança quanto a da vinda de um novo Moisés percorrem o Antigo Testamento e o judaísmo da época de Jesus. Os profetas do tempo do exílio não cessam de desejá-la

"Durante a refeição, Jesus tomou o pão e, depois de ter pronunciado a bênção, ele o partiu; depois, dando-o aos discípulos, disse: 'Tomai, comei, isso é o meu corpo'. A seguir tomou uma taça e, depois de ter dado graças, deu-a a eles, dizendo: 'Bebei dela todos, pois isto é o meu sangue, o sangue da Aliança, derramado em prol da multidão, para o perdão dos pecados. Eu vos digo: doravante não beberei deste fruto da videira até o dia em que o beber, de novo, convosco no Reino do meu Pai'."

Mateus 26,26-29

e esperá-la[31] e esta esperança se reencontra, por exemplo, nos textos de Qumran[32]. Quanto à expectativa de um profeta como Moisés, ela se expressa desde o Deuteronômio, no qual Deus se dirige a seu profeta dizendo: "É um profeta como tu que suscitarei do meio dos teus irmãos; porei minhas palavras em sua boca, e ele lhes dirá tudo o que eu lhe ordenar"[33]. Esta esperança não só é retomada na figura do Servo sofredor de Isaías (aliás, o texto de Mateus "derramado *em prol da multidão*" lembra o texto de Isaías[34]), que reassume uma parte dos traços de Moisés, mas a encontramos igualmente na expectativa de um Messias de tipo mosaico em Qumran[35], bem como nos discursos de diferentes personagens que agitam o povo na época de Jesus e dos quais Flávio Josefo nos conserva a lembrança, como Teudas ou o profeta egípcio[36].

Numerosos indícios confirmam que assistimos no relato a uma renovação da Aliança. Em primeiro lugar, evidentemente, o sinal do sangue derramado sobre o altar e sobre o povo para concluir a Aliança com Deus retorna no discurso de Jesus. Encontramo-nos igualmente no contexto do sacrifício, do qual o texto do Êxodo diz que é feito como um "sacrifício de paz"[37] exatamente à semelhança do sacrifício pascal. A presença dos Doze na refeição, lembrada pelos sinóticos, evoca as doze tribos de Israel. E, por fim, o contexto do banquete: no final da cerimônia de conclusão da primeira Aliança, Moisés, seus adjuntos e os anciãos de Israel haviam subido à montanha e "viram o Deus de Israel e, sob os seus pés, havia como que um pavimento de lazulita, de uma limpidez semelhante ao fundo do céu. Ele não ergueu a mão contra esses privilegiados filhos de Israel. Contemplaram a Deus, comeram e beberam"[38].

Esta última frase fornece uma das chaves do sentido último da ação de Jesus. Renovando a Aliança pelo sacrifício de seu sangue e selando-a com um banquete, o que ele lhes faz é nada menos que a promessa de ver a Deus. Esta última Ceia não só reitera o banquete mosaico no alto do Sinai, mas é também a promessa do banquete escatológico durante o qual todos poderão ver Deus face a face. É o que Mateus explicita: "Eu vos digo: doravante não beberei deste fruto da videira até o dia em que o beberei, de novo, convosco no Reino do meu Pai"[39].

Esta renovação do banquete do Sinai explica novamente a presença do pão. No capítulo que se segue ao relato da Aliança, Deus havia prescrito fabricar objetos de culto, entre os quais uma mesa de acácia chapeada de ouro, para colocar sobre ela as taças de libação e pães chamados "pães da proposição", literalmente "pães da face" (*lehem ha-panim*)[40]. Seu nome se explica pelo fato de serem colocados em face da arca sobre a qual paira a glória divina, mas também porque comemoram o banquete no monte onde, como se diz explicitamente, se comeu e se bebeu. O sentido destes pães é prolongado em outra passagem, no Levítico: "Todo dia de sábado, eles serão dispostos diante do Senhor perpetuamente, da parte dos filhos de Israel; é uma aliança perene. [...] é um direito perene"[41]. O próprio Jesus havia evocado estes pães e seu consumo por Davi, inaugurador da linhagem messiânica, quando o haviam censurado por ter deixado seus discípulos transgredir o sábado[42]. Estes pães são o símbolo do prosseguimento da Aliança entre Deus e os filhos de Israel, Aliança perpétua. Portanto, Jesus procede a uma renovação dos sinais cultuais. Os "pães da face de Deus", que expressavam ao mesmo tempo a presença de Deus entre seu povo e a perpetuidade da Aliança, se tornam o corpo de Jesus, presença de Cristo no meio de sua Igreja e memória da última refeição que ele teve com os seus.

Renovando a Aliança selada pelo banquete mosaico no Sinai, Jesus promete a seus discípulos que eles poderão contemplar a Deus.

Em Lucas e em Paulo, a fórmula é ligeiramente diferente e propõe outra interpretação da Ceia. A taça é descrita como a "*nova* Aliança em meu sangue" e remete aos profetas da nova Aliança[43]. Com efeito, durante o exílio, o livro de Jeremias aprofundou a questão da Aliança sempre renovada e, no entanto, sempre traída. O coração do homem é profundamente corrupto, afirma o profeta; a única esperança está numa nova Aliança, que supõe que Deus muda completamente o coração do homem. Ezequiel[44] vai mais longe, fazendo Deus falar assim: "Eu vos darei um coração novo, vos darei um espírito novo, infundirei em vós o meu Espírito". É esta novidade absoluta que os relatos de Lucas e de Paulo ecoam. A taça da nova Aliança que Jesus dá a beber a seus discípulos dá acesso a uma nova criação e a uma humanidade recriada por Deus.

1. Jo 14–17. **2**. Mt 26,1-5; Mc 14,1-2; Lc 22,1-2; Jo 11,47-53. **3**. Mt 26,14-16; Mc 14,10-11; Lc 22,3-6. **4**. Mt 26,20-25; Mc 14,17-21; Lc 22,21-23; Jo 13,21-30. **5**. Mc 14,18 e Jo 13,18 citando Sl 41,10. **6**. 1Cor 11,23. **7**. Jo 12,23 e Jo 13,31. **8**. Mt 26,17-19; Mc 14,12-16; Lc 22,7-13. **9**. Jo 13,1-20. **10**. Mt 26,26-29; Mc 14,22-25; Lc 22,15-20; 1Cor 11,23-26. **11**. Jo 13,1-2; cf. igualmente Jo 19,13-14. **12**. Lc 23,5-7. **13**. Encontramos vestígios no livro dos Jubileus (6,36-38), no *Documento de Damasco* essênio e na *Regra da comunidade* essênia (1QS). **14**. Jo 7,1-10. **15**. Lv 23,3-7; cf. Nm 28,18. **16**. Cf. Tossefta. *Sanhedrin* 11,3; Mixná. *Sanhedrin* 11,4-5; Talmud da Babilônia. *Sanhedrin* 89a; *Sifrei* 3,105a sobre Dt 17. **17**. Lc 22,1; Jo 2,23 e 18,39. **18**. Lc 22,7. **19**. Jo 13,1. **20**. Ex 12,14. **21**. Dt 16,1-8. **22**. 2Cr 30,1-9. **23**. Ez 45,21-23. **24**. Jr 38,7-9 (a Septuaginta traduzindo o texto massorético de Jr 31,7-9). **25**. Nm 9,11. **26**. Dt 12,26-27. **27**. Lc 22,19; 1Cor 11,24-25. **28**. Cf. por exemplo Ex 29,31-35 ou Nm 15,8-15. **29**. Mt 26,28; Lc 14,24 e 22,20; 1Cor 11,25. **30**. Ex 24,1-11. **31**. Jr 31,31-34; Br 2,34-35; Ez 16,59-63; Zc 9,11-13. **32**. *Documento de Damasco*: CD 6,19; 8,21; 19,33-34; *1QPesher Habacuc* 2,3. **33**. Dt 18,18. **34**. Is 53,4. **35**. *4QTestimonia*. **36**. Flávio Josefo. *Antiguidades judaicas* XX, 97-98 e XX, 169-179. **37**. Ex 24,5. **38**. Ex 24,10-11. **39**. Mt 26,29. **40**. Ex 25,30. **41**. Lv 24,8-9. **42**. Mt 12,3-4. **43**. Jr 31,31. **44**. Ez 36,26.

O lava-pés

Patrick Prétot
Instituto Católico de Paris

O relato chamado "lava-pés", um texto próprio do evangelho de João[1], cria um grande embaraço. Trata-se, com efeito, de uma das passagens mais comentadas do evangelho de João e é impossível controlar a enorme massa destes comentários; além disso, as interpretações desta cena foram muitas vezes divergentes, ocasião de debates que é difícil solucionar. Se os exegetas estão de acordo em dizer que o próprio texto é complexo e parece resultar de uma combinação de diversas camadas redacionais, nem por isso podemos contentar-nos com leituras fragmentárias, sem levar em consideração o relato em sua globalidade. Por isso procuraremos aqui, antes de tudo, identificar diferentes facetas em vista de esclarecê-las e de permitir ao leitor trilhar seu próprio caminho.

Um gesto perpetuado por um rito

A força evocadora do relato, o caráter singular do gesto de Jesus, mas talvez, sobretudo, as circunstâncias do episódio – por ocasião da última refeição de Jesus, na véspera de sua morte – causaram grande impressão.

> "Jesus se levanta da mesa, depõe o seu manto e toma um pano com o qual se cinge. Depois, derrama água em uma bacia e começa a lavar os pés dos discípulos e a enxugá-los com o pano com que se havia cingido. Ele chega assim a Simão Pedro, que lhe diz: 'Tu, Senhor, lavar-me os pés?' Jesus lhe responde: 'O que eu faço, tu não és capaz de saber agora; mais tarde, porém, compreenderás'. Pedro lhe disse: 'Lavar os pés a mim? Jamais!' Jesus lhe respondeu: 'Se eu não te lavar, não poderás ter parte comigo'. Simão Pedro lhe disse: 'Então, Senhor, não somente os pés, mas também as mãos e a cabeça!' Jesus lhe disse: 'Aquele que tomou banho não tem nenhuma necessidade de ser lavado, pois está inteiramente puro. Quanto a vós, estais puros, mas não todos'. Ele sabia, com efeito, quem ia entregá-lo; e é por isso que disse: 'Vós não estais todos puros'.
>
> Tendo acabado de lhes lavar os pés, Jesus tomou o seu manto, pôs-se de novo à mesa e lhes disse: 'Compreendeis o que vos fiz? Vós me chamais de Mestre e Senhor, e dizeis bem, pois eu o sou. Se pois eu, o Senhor e Mestre, vos lavei os pés, vós deveis, também vós, lavar-vos os pés uns aos outros; pois é um exemplo que eu vos dei: o que eu fiz por vós, fazei-o vós também'".
>
> João 13,4-15

Efetuado por ocasião da refeição de despedida, o gesto assume um valor de testamento espiritual: "Sabendo que a sua hora tinha chegado, a hora de passar deste mundo para o Pai..."[2] No entanto, se para nós hoje o lava-pés parece um gesto extraordinário, não era assim no tempo de Jesus. Como mostram muitos textos do Antigo Testamento[3] ou da literatura greco-romana, era uma prática comum, especialmente no quadro da hospitalidade e dos banquetes. Mas o impacto deste relato se deve sem dúvida ao fato de que ele deu origem a um rito praticado ainda hoje (na liturgia romana, desde o final do século XII, lavava-se os pés de treze pobres, na tarde da Quinta-feira santa; desde 1956 esta cerimônia figura doravante na missa da tarde da Quinta-feira santa). Fazendo assim, o lava-pés foi entendido como um memorial do gesto de Jesus à semelhança de outras cerimônias como a procissão dos Ramos, por exemplo, que comemora a entrada de Jesus em Jerusalém[4].

Ora, reproduzindo concretamente o gesto de Jesus, o rito se apresenta como a expressão de uma obediência à ordem que ele próprio dá: "Se, portanto, eu, o Senhor e Mestre, vos lavei os pés, *vós também deveis* lavar-vos os pés uns aos outros. *Dei-vos um exemplo para que vós façais o que eu fiz por vós*"[5]. É este sinal – traduzido, aliás, pelo termo *mandatum*, ou mandamento – que designa este rito. Ora, é notável que Jesus fala aqui em termos de injunção, quando no resto dos evangelhos ele prefere antes o tom de convite: "vem", ou mesmo "se queres". Portanto, o rito não é apenas uma encenação do gesto realizado outrora: efetuado na liturgia, ele "faz memória" não só do que Jesus fez, mas também de sua pessoa. Tornando visível o gesto, o rito atualiza a ordem, porque é o próprio Jesus que pede que sigam o exemplo que ele deu.

Um ato de amor e de serviço para com o próximo

Se o rito causou tal impacto, é também porque, ao longo da história cristã, ele foi praticado muitas vezes para com pobres e já pelo rei São Luís no século XIII. Recentemente as imagens do papa Francisco lavando os pés de presos deram a volta ao mundo, o que manifesta a força expressiva de um gesto que, tocando os corpos, chega aos corações. Nesta linha, o episódio evangélico serve de fundamento a uma prática mais ordinária sem ligação com a liturgia e que visa o sentido do serviço na vida comunitária: ela está presente na Regra de São Bento e é praticada, entre outras, entre os adventistas ou na comunidade da Arca. Com efeito, embora a vida fraterna comunitária apareça já desde as origens cristãs[6], ela continua sempre ameaçada pelas divisões: ela encontra então neste gesto de Jesus o fundamento de uma possível superação dos conflitos. Com efeito, Lucas relata que os discípulos discutiram, precisamente durante esta última re-

◄ Cf. a Carta Branca de Jean Vanier, p. 600.

feição, o tema pouco glorioso de saber "quem dentre eles era o maior". A afirmação de Jesus: "Quem é o maior entre vós torne-se como o menor, e quem manda seja como quem serve"[7] parece assim ecoar o relato joânico, realçando que o serviço condiciona a relação entre os discípulos. O gesto aparece então como o ensinamento de um mestre que informa seus discípulos sobre as exigências da vida em comum: "Qual é, com efeito, o maior: aquele que está à mesa ou aquele que serve? Não é acaso o que está à mesa? Ora, quanto a mim, estou no meio de vós como aquele que serve".

Parábola em ato, o relato reforçado pelo rito interroga e até provoca seu leitor. A parábola, com efeito, compromete com um processo de mudança, com uma conversão: repetido por seus discípulos, o gesto de Jesus se torna então o lugar de "conformação" com o mestre. Não é apenas um gesto simbólico, mas também um gesto profético, que implica a ética do serviço aos irmãos e o respeito aos mais necessitados. Logo após ter realizado este gesto, Jesus convida assim seus discípulos a tomar seu caminho: "Sim, eu vos digo: um servo não é maior do que o seu senhor e um enviado não é maior do que aquele que o envia. Agora o sabeis; *sereis felizes se o puserdes em prática*"[8]. A injunção se transforma em bem-aventurança ("sereis felizes..."), pois a proposta é acompanhada de uma promessa: aquele que vive à maneira de Jesus e de seu gesto está destinado à felicidade por ele prometida. Nesta qualidade, o lava-pés constitui uma síntese de todo o Evangelho, expressando aquilo para o qual tende a mensagem de amor de Jesus de Nazaré.

Parábola em ato, este gesto profético implica a ética do serviço aos irmãos e o respeito aos mais necessitados.

Lava-pés e instituição da Eucaristia

Embora o relato do lava-pés só se encontre no evangelho de João, ele ocupa ali um lugar significativo, porque é situado durante a última refeição antes da morte de Jesus. Ora, é neste momento que os três outros evangelhos situam a instituição da Eucaristia[9], um gesto pelo qual Jesus designa também o sentido da sua morte próxima[10]. A tradição cristã realçou o elo entre os dois aspectos, lendo o relato do lava-pés por ocasião da celebração da Quinta-feira santa. Portanto, o lava-pés é no evangelho de João aquilo que é a instituição da Eucaristia nos outros evangelhos: nos dois casos, quando a hora de sua morte se torna iminente, Jesus realiza um gesto e o acompanha com uma ordem de reiteração em memória dele. Os dois gestos se iluminam mutuamente e indicam, cada um à sua maneira, o sentido da morte de Jesus. Estes gestos simbolizam a "passagem" de Jesus: "sabendo que tinha chegado a hora de passar deste mundo para o Pai", o que remete à dimensão pascal da figura de Cristo.

É preciso, no entanto, salientar que a relação entre o lava-pés, por um lado, e a eucaristia e o batismo, por outro, é objeto de debate entre os exegetas[11]. Alguns julgam que a tradição joânica se oporia a um sacramentalismo nas primeiras comunidades cristãs que já seria considerado excessivo, e isto promovendo de preferência a ética cristã, a do "sacramento do irmão". Yves-Marie Blanchard defende o "caráter mútuo" dos dois aspectos, porque "celebração eucarística como memorial e serviço fraterno à imitação de Jesus são recíprocos, como as duas faces de uma mesma participação no mistério pascal de Cristo, e isto em plena lógica batismal"[12].

O senhor da refeição se faz servo: Um ensinamento através do exemplo

"Sabendo que o Pai lhe entregou tudo em suas mãos, que ele saiu de Deus e volta para Deus, Jesus se levanta da mesa, depõe o seu manto e toma uma toalha, amarrando-a à cintura. Depois, derrama água em uma bacia. Então começa a lavar os pés dos discípulos e a enxugá-los com a toalha que trazia à cintura". A distância entre o tom solene e um gesto cotidiano, cuja execução era reservada aos servos ou mesmo aos escravos, constitui provavelmente uma chave do relato evangélico. Mais do que um exemplo moral, portanto, o lava-pés revela sobretudo a identidade de Jesus. Com efeito, depondo seu manto e cingindo-se com uma toalha, ele endossa a figura do servo anunciada por Isaías[13] e que é mencionada também no hino da carta de Paulo aos Filipenses, considerado uma confissão da fé primitiva: "Cristo Jesus, tendo a condição divina, não se apegou ciosamente ao que o igualava a Deus. Mas aniquilou-se, assumindo a condição de servo"[14].

Jesus continua sendo o mestre, mas com este gesto ensina pelo exemplo certa relação entre autoridade e serviço.

Existe, por conseguinte, uma espécie de inversão. Se Jesus reivindica claramente ser "Mestre" e "Senhor", seu gesto é o de um mestre que ensina dando o exemplo. Já que ele, o Mestre e o Senhor, desempenhou a função do servo, pode *a fortiori* ordenar a seus discípulos que façam o mesmo: "Se, portanto, eu, o Senhor e Mestre, vos lavei os pés, vós também deveis lavar-vos os pés uns aos outros"[15]. Ora, nos evangelhos Jesus participa muitas vezes de refeições, mas habitualmente como hóspede, enquanto na Ceia ele aparece, pelo contrário, como o senhor da refeição, cujos preparativos ele próprio ordenou, e que ele preside pronunciando a bênção e executando a fração do pão[16]. O relato joânico[17] é menos explícito neste ponto, mas mostra que Jesus, e somente ele, tem a iniciativa da ação. Portanto, Jesus, o senhor da refeição, ensina com autoridade uma maneira de ser: ele dá o exemplo, assumindo a função do servo, embora permanecendo "Mestre e Senhor".

Enquanto habitualmente a autoridade de um ensinamento se funda na autoridade do mestre, aqui os papéis se invertem. Existe, portanto, um aspecto paradoxal que poderia levar a pensar na dialética do senhor e do escravo em Hegel[18]. Mas o relato joânico não propõe uma inversão social dos lugares entre o senhor e o servo. Ele mostra não tanto um gesto de humildade através do qual Jesus se colocaria "abaixo" dos discípulos, mas antes um ato de autoridade pelo qual ele transmite algo fundamental. Porque Jesus é o senhor da refeição, trata-se antes de um ensinamento sobre a maneira de ser senhor, um ensinamento destinado aos que o invocarão. Com efeito, todo serviço comporta o risco de se transformar em estratégia de poder, que mascara um desejo de impor uma forma de dominação, reduzindo o outro a um "devedor". Aqui autoridade e serviço são chamados a entrar em sintonia e o que se requer é a conversão do próprio serviço.

Jesus abre caminho sugerindo que a verdadeira liberdade consiste em servir por amor: "Jesus, tendo amado os seus que estavam no mundo, amou-os até o fim"[19]. Este "até o fim", cuja assinatura para Jesus será a cruz, deve ser a lógica do discípulo, a lógica de um dom de si levado à sua radicalidade e que comporta a aceitação de perder sua vida, como foi evocado um pouco antes: "Em verdade, em verdade, vos digo: se o grão de trigo que cai na terra não morrer, permanecerá só; mas, se morrer, produzirá muito fruto. Quem ama sua vida a perde; mas quem se desapegar dela neste mundo a guardará para a vida eterna. Se alguém quiser me servir, siga-me; e onde eu estou, aí também estará o meu servo. Se alguém me serve, meu Pai o honrará"[20]. Seguindo a carta de Paulo aos Hebreus, este serviço do amor "até o fim" será expresso a partir da categoria de "sacrifício". Esta noção é difícil e, por um lado, ambígua: o que ela visa não é primeiramente uma privação, mas a natureza incondicional do dom.

Um gesto que designa uma vocação: participar da vida de Jesus

Durante o diálogo entre Jesus e Pedro, que, num primeiro tempo, recusa a deixar-se lavar os pés, Jesus salienta primeiramente que Pedro não consegue compreender este gesto: "O que eu quero fazer tu não o sabes agora; mais tarde compreenderás"[21], introduzindo assim um enigma e um suspense. Mas a promessa de Jesus leva de certa maneira Pedro a perder o juízo; Pedro lhe diz: "Não me lavarás os pés. Nunca!" Jesus lhe responde: "Se eu não te lavar, não terás parte comigo". Simão Pedro lhe diz: "Então, Senhor, não só os pés, mas também as mãos e a cabeça"[22]. A resposta de Jesus é difícil de interpretar: o que é esta "parte com" Jesus? Aliás, a fórmula: "Quando alguém acaba de tomar banho, não precisa se lavar, senão os pés: ele está inteiramente puro. Vós mesmos estais puros, mas não todos" reforça o enigma, ainda que este tenha sido muitas vezes entendido como uma alusão à traição de Judas mencionada no início do relato[23].

Se alguns exegetas se recusam a ver o lava-pés como um ritual de purificação, o contexto pascal – presente em João, ainda que esta refeição não tenha ocorrido no próprio dia da Páscoa judaica – autoriza, no entanto, a considerar a possibilidade de relação entre o gesto de Jesus e a travessia do mar Vermelho, ou seja, a passagem de Israel pelas águas da morte. Jesus quer levar seus discípulos (Pedro em primeiro lugar) a "participar" de sua "passagem". Ele possibilita aos discípulos "ter parte" em sua vida nova, a vida que o Pai lhe dá em sua Páscoa. Deste ponto de vista, o relato e o rito pertencem a uma dinâmica batismal. Pois pelo batismo os discípulos de Jesus se tornam participantes de sua vida de ressuscitado, como escreverá Paulo aos Colossenses: "Vós passastes pela morte e vossa vida está escondida com Cristo em Deus. Quando aparecer Cristo, vossa vida, então vós também aparecereis com ele na glória"[24].

O jogo entre o texto e o rito – podemos dizer que, no caso do lava-pés, o rito "roteiriza" o episódio – contribuiu para uma abundante produção de imagens que reforçam o estilo "exemplar" do texto, que não é apenas uma bela história a ser ouvida, mas um modelo de comportamento. Sobre este ponto, o quadro do artista alemão Sieger Köder (1925-2015) é particularmente notável. O elo entre o lava-pés e a instituição da Eucaristia é estabelecido colocando um cálice e uma patena num ângulo da imagem. Mas a cena principal está centrada em Jesus lavando os pés de Pedro[25]. O rosto de Jesus se reflete na água da bacia sob os pés do apóstolo (talvez seja mesmo uma "santa face"?). Se para os crentes a Eucaristia é realmente o sinal da presença do Senhor, o serviço ao irmão também o é, conforme o relato do Juízo final: "todas as vezes que o fizestes a um dos mais pequenos destes meus irmãos, foi a mim que o fizestes"[26].

1. Jo 13,1-20. **2.** Jo 13,1. **3.** Cf. especialmente a hospitalidade de Abraão (Gn 18,4), o casamento de Davi e Abigail (1Sm 25,4). **4.** Cf. Jo 12,12-19; e passagens paralelas: Mt 21,1-11; Mc 11,1-11; Lc 19,28-44. **5.** Jo 13,14-17. **6.** Cf. At 2,41-47, especialmente v. 44-46: "Todos os crentes viviam juntos e tinham tudo em comum..." **7.** Lc 22,24-27. **8.** Jo 13,16-17. **9.** Mt 26,26-29; Mc 14,22-25; Lc 22,14-20. **10.** Cf. 1Cor 11,23b-26.

11. Cf. François Nault. *Le Lavement des pieds. Un sacrement*. Médiaspaul, 2015, p. 39-43. Note-se que o lava-pés fez às vezes parte dos ritos batismais. **12**. Yves-Marie Blanchard. "Lavement des pieds". *La Maison-Dieu*, 1998, p. 46. **13**. O servo é também um Servo sofredor: cf. os "cantos do Servo" (Is 42,1-9; 49,1-7; 50,4-11; 52,13–53,12) nos quais o cristianismo viu o anúncio da Paixão de Jesus. **14**. Fl 2,6-7. **15**. Jo 13,13-15. **16**. Lc 22,14-19. **17**. Jo 13,6-10. **18**. Cf. G.F. Hegel. *Phénoménologie de l'Esprit*, IV, A, trad. Jean Hyppolythe. Paris: Aubier, col. "Bibliothèque philosophique", 1999 (1ª ed. 1941), vol. I, p. 161-166. **19**. Jo 13,1. **20**. Jo 12,24-26. **21**. Jo 13,6-8. **22**. Jo 13,9-10. **23**. Jo 13,2. **24**. Cl 3,3-4. **25**. Jo 13,6-10. **26**. Mt 25,40.

O discurso após a Ceia em João

Jean Zumstein
Universidade de Zurique (Suíça)

O discurso após a Ceia, frequentemente chamado de "discurso de despedida", ocupa uma posição-chave no relato joânico da Paixão, onde cobre mais de três capítulos[1]. Enquanto, na primeira parte do evangelho[2], o leitor foi confrontado com a revelação de Jesus diante do mundo, efetuada através de sete "sinais" (relatos de milagres), conversações e longos discursos, a segunda parte[3], centrada na revelação de Jesus diante dos seus, traz o relato da Paixão e da Páscoa.

A última refeição de Jesus, que inicia o relato da Paixão, culmina no lava-pés. Logo depois deste gesto simbólico e do anúncio da traição de Judas, Jesus toma a palavra para pronunciar um longo discurso. Esta última fala se compõe de três elementos. Primeiramente, num primeiro "discurso de despedida"[4], Jesus interpreta sua morte iminente como um ir para o Pai. Em seguida, num "segundo discurso de despedida"[5], são abordadas a essência da comunidade dos discípulos e sua relação com o mundo. Por fim, a instrução termina com uma oração majestosa[6], conhecida na tradição pelo nome de "oração sacerdotal", na qual Jesus lança um olhar retrospectivo sobre sua obra de Revelador agora concluída. Os dois "discursos de despedida" desempenham um papel importante, porque dão sentido à morte e à ressurreição de Jesus antes mesmo de estes acontecimentos fundadores para a comunidade cristã serem narrados. Apenas terminada sua majestosa fala, Jesus se dirige ao monte das Oliveiras onde será preso. A Paixão propriamente dita pode então começar.

◄ Cf. *O lava-pés*, p. 577.

◄ Cf. *A "oração sacerdotal" no evangelho de João*, p. 591.

O evangelho de João se distingue dos outros propondo um desenvolvimento bem específico da última refeição de Jesus. Com efeito, nos sinóticos (Mateus, Marcos e Lucas), esta refeição culmina com a instituição da Eucaristia, ao passo que em João é a célebre cena do lava-pés que ocupa todo o espaço. Além disso, nos sinóticos, logo depois de terminada a refeição, Jesus deixa a mesa para dirigir-se ao Getsêmani, onde trava um último combate na oração antes de ser preso. Em João, em contrapartida, a cena do Getsêmani desaparece para dar lugar ao "discurso de despedida". Excetuado um pequeno esboço em Lucas[7], os evangelhos sinóticos não contêm nenhum discurso de despedida. O leitor descobre, portanto, nestes capítulos 13 a 17 um aspecto muito original da apresentação joânica de Jesus.

O que é um discurso de despedida?

Expressando-se como o faz no evangelho de João, Jesus se insere numa longa tradição ricamente atestada tanto no Antigo Testamento e na literatura judaica antiga quanto na literatura grega e helenística. Com efeito, no mundo antigo – seja bíblico ou pagão – era costume um personagem célebre, chegado ao fim de sua vida, pronunciar para os seus um "discurso de despedida". Basta pensar em Jacó dirigindo-se a seus doze filhos no final do livro do Gênesis[8] ou no conjunto do livro do Deuteronômio, que se apresenta como o discurso de despedida de Moisés a seu povo, imediatamente antes de sua morte e da conquista da Terra santa. Na literatura grega, evocar-se-á, por exemplo, o *Fédon* de Platão, onde Sócrates se despede dos seus.

Na Antiguidade, um discurso de despedida se caracteriza por certo número de traços recorrentes: o homem de Deus que vai morrer recebe a revelação de sua morte próxima e a torna pública. Ele formula suas últimas vontades. Revela a identidade de seu sucessor. Dirige-se ao grupo de íntimos reunido ao seu redor para prestar contas de sua atividade, para oferecer consolo e promessas, para revelar o sentido tanto do passado quanto dos acontecimentos por vir, para orar em favor dos seus e abençoá-los.

Em todo discurso de despedida, três elementos têm uma importância fundamental. Primeiramente, a descrição da situação de separação iminente que introduz o discurso – aqui, a última refeição de Jesus com os seus. Em seguida, o discurso propriamente dito, pronunciado em estilo direto, e que se compõe geralmente de três partes. A primeira lança um olhar retrospectivo sobre o passado, a segunda formula exortações e anuncia os acontecimentos futuros, a terceira se concentra na designação de um sucessor: são os dois discursos de despedida em João. Por fim, ocorre a evocação da morte do locutor, seu sepultamento e a tristeza do grupo enlutado: teremos o relato da Paixão.

As palavras de Jesus correspondem ao gênero literário dos "discursos de despedida" da Antiguidade, mas com traços totalmente específicos.

O leitor reconhece sem dificuldade estes elementos no longo discurso pronunciado por Jesus na véspera de sua morte. Ele discerne, no entanto, algumas originalidades. Por exemplo, Jesus não se limita a um monólogo, mas entra também em diálogo com os seus. Mas – e isto é o mais importante – Cristo, no evangelho de João, não é simplesmente um homem que vai morrer. A cruz assinala seu retorno ao Pai donde ele virá para estar novamente presente aos seus. O paradoxo é manifesto: aquele que vai morrer é aquele que vem.

Uma última observação. Tanto o aspecto retrospectivo quanto o aspecto prospectivo que se manifesta no discurso pronunciado por Jesus após a Ceia têm um profundo significado teológico. Primeiramente o aspecto retrospectivo: considerando o conjunto de sua vida que termina na cruz, Cristo se torna o intérprete privilegiado de sua própria morte; é ele quem lhe dá sentido e mostra em que ela é a conclusão plena da revelação antes mesmo que ocorra o drama da cruz. Em seguida o aspecto prospectivo: mostrando que sua partida não é uma perda, mas um ganho, Cristo qualifica o tempo que se segue à sua morte – a época pós-pascal – não como um período deficitário prejudicado por sua ausência, mas como um tempo de uma qualidade inexcedível, marcado por uma nova forma de presença.

O primeiro discurso de despedida

Neste primeiro discurso após a Ceia, Jesus se pronuncia primeiramente sobre o sentido de sua morte para a qual ele se encaminha. Discernindo neste acontecimento iminente o instante de sua "glorificação"[9], ele anuncia que sua morte não pode ser entendida como o sinal da ausência de Deus, mas, pelo contrário, como o sinal de sua plena presença. E, se é assim, sua morte não pode ser uma derrota, mas um acontecimento produtivo. É o que ele salienta ao falar de sua morte como de um "ir para Deus". Portanto, a cruz não rompe sua relação com Deus, mas a leva a seu desabrochamento. Além disso, ela deve ser compreendida como a expressão do amor de Cristo pelos seus. Este amor deve arrancá-los da tristeza da separação e dar-lhes força para enfrentar o futuro.

Como aquele que vai para seu Pai estará presente junto aos seus para sempre?

Esta separação entre o Jesus terrestre e seus companheiros, que ocorre com a cruz, provoca uma completa transformação da relação que os ligava até agora. O discípulo precisa dizer adeus ao mestre que ele acompanhou pelos caminhos da Galileia a fim de descobrir seu Senhor que, na Páscoa, vem a ele de uma maneira totalmente diferente. A cruz não assinala o fim do caminho comum, mas suscita a abertura de um caminho totalmente novo. Aquele que morre, e no próprio momento em que morre, é "o caminho, a verdade e a vida"[10]. Por conseguinte, é fora de propósito para o crente pedir a Jesus que lhe mostre Deus para fundamentar sua fé. Precisamente por ser o caminho, o Crucificado revela plenamente e definitivamente a realidade de Deus em consideração ao mundo e assim comunica a vida aos seus.

O Jesus que volta para o Pai pretende igualmente fazer com que os seus que permanecem no mundo descubram uma verdade essencial. O tempo que se segue à sua partida não é um tempo vazio, dominado pelo pesar e pela tristeza, mas um tempo pleno, de uma qualidade inexcedível. E isto por três motivos. O primeiro privilégio com que se beneficia o discípulo após a partida de seu Mestre é a conclusão da revelação. Como mostra a última palavra de Jesus na cruz – "Tudo está consumado"[11] –, a obra de Jesus chegou agora a seu termo; doravante ela é perfeitamente legível e pode desenvolver todos os seus efeitos – o que não era possível antes do Gólgota. O segundo privilégio é que doravante é possível uma nova relação com o Cristo "elevado". Esta nova relação toma corpo na oração – uma oração posta sob o sinal da promessa de acolhimento. O terceiro privilégio da vida na fé se concretiza no envio do Espírito que, nos discursos de despedida, recebe o nome de "Paráclito"♦. O tempo após a Páscoa não é um tempo da ausência, mas o tempo de uma presença divina renovada, sem limitação de tempo ou de espaço.

Cf. *No final* ► *do Evangelho, um modo de presença singular*, p. 723.

Finalmente, a questão que se apresenta ao discípulo após a cruz e a "elevação" de Jesus para junto de seu Pai é: como o Ausente está presente? Como aquele que partiu para seu Pai está presente junto aos seus para sempre? Ora, no mesmo instante em que se separa dos seus, Jesus formula uma promessa: "Não vos deixarei órfãos, eu virei a vós"[12]. Esta vinda assume um duplo aspecto.

Trata-se primeiramente da vinda pascal de Jesus. Aquele que o mundo não vê mais é o Vivente. Enquanto tal, ele comunica a vida a seus discípulos. Assim o discípulo é chamado a descobrir que seu Senhor não está escondido no passado, mas permanece constantemente diante dele. Mas não se trata aqui de uma promessa superada, pois seria o privilégio apenas das testemunhas das aparições, por exemplo Pedro, o discípulo bem-amado ou Maria de Mágdala? Com efeito – e este é o segundo aspecto –, o Paráclito que é dado a cada crente tem a missão de recordar tudo o que Jesus disse e fez e de interpretar seu alcance para o hoje da fé[13]. Assim, o discípulo não é abandonado à sua sorte; mas, graças à ação do Espírito, participa também ele do benefício da aparição pascal do Ressuscitado.

O segundo discurso de despedida

Após o famoso "Levantai-vos, partamos daqui"[14], que conclui o primeiro discurso de despedida, começa um novo discurso de Jesus. Se o primeiro estava centrado na pessoa de Jesus, na sua morte iminente e em sua vinda pascal, o segundo se concentra no destino dos discípulos. A instrução de Jesus compreende três momentos. Num primeiro tempo, é o viver-juntos dos discípulos – a comunidade eclesial – que é explorado. Num segundo tempo, é a relação desta mesma comunidade com o mundo hostil que é considerada. Por fim, num terceiro e último tempo, é a existência do discípulo após a partida de seu mestre que está no centro da fala.

A visão de Jesus como "videira" e dos discípulos como ramos que devem "produzir fruto" tem um conteúdo preciso: o amor.

Quais são os fundamentos da comunidade eclesial e qual é sua norma de vida? Esta é a primeira interrogação de Jesus neste segundo discurso[15]. A famosa passagem da vinha e dos ramos ("Eu sou a vinha, vós sois os ramos"[16]) indica como nasce e se constrói a comunidade dos crentes. Ela repousa numa relação íntima com Cristo, cuja meta é "produzir fruto". Esta relação é primeiramente um dom: com efeito, é "permanecendo" em Cristo que os crentes recebem a possibilidade de produzir fruto. Enxertados no tronco da videira, eles são percorridos pela seiva e, portanto, pela vida – uma vida fecunda. Separados do tronco, eles morrem. Mas esse dom é ao mesmo tempo uma atribuição de responsabilidade, porque o dom da vida precisa se concretizar no fato de "produzir fruto". Dom e atribuição de responsabilidade, uma coisa não vai sem a outra.

◄ Cf. *Jesus fundou a Igreja?*, p. 738.

Este "permanecer em Cristo" e este "produzir fruto" têm um conteúdo bem preciso: o amor. O mandamento do amor mútuo[17] reformula o que fora anunciado na imagem da videira e dos ramos. Por se beneficiar do amor de Cristo, cuja expressão última é sua morte, o crente é convidado a pôr sua vida na mesma perspectiva, ou seja, a empenhar-se sem restrição em favor de seu irmão ou de sua irmã, a fim de que também eles cheguem a uma vida feita de plenitude.

Por fim, esta vida vivida no amor dado e recebido leva a uma mudança de estatuto. O crente não é mais apenas um servo, mas se torna o "amigo"[18] de Cristo. Esta amizade dada por Cristo dá acesso a uma vida na liberdade. Esta é a comunidade na qual o crente é chamado a viver.

Mas – e é esta a advertência que Jesus dirige aos seus num novo desdobramento –, de maneira totalmente incompreensível, esta comunidade vai suscitar o "ódio do mundo"[19]. Como o atesta este Jesus que caminha para a morte, a revelação por ele trazida não será recebida, mas se tornará objeto de uma violenta rejeição. Mesma causa, mesmo efeito: assim como o mundo não quis acolher o portador da presença libertadora de Deus, o mesmo acontecerá com seus discípulos. Também eles serão rejeitados e perseguidos por não compartilharem os valores do mundo. A causa de sua rejeição tem o nome de "pecado", que não deve ser entendido como uma simples transgressão moral, mas como a recusa deliberada de estabelecer uma relação com o Deus de Jesus. O mundo não pode suportar os que não compartilham seu sistema de valores. Esta recusa não será de início o resultado da impiedade ou da imoralidade, mas terá uma justificação religiosa. Esta oposição à revelação trazida por Cristo desembocará na violência e no ódio.

O anúncio do Paráclito

No entanto, mesmo no âmago desta provação os crentes não serão abandonados à sua própria sorte. O Paráclito, o Espírito da verdade, virá e defenderá os discípulos de uma dupla maneira. Por um lado, fortificando-os em sua fé mesmo quando a realidade que vivem parece desmentir sua convicção. Por outro lado, receberão do Espírito, apesar das circunstâncias contrárias, a força e a coragem de testemunhar seu Senhor.

Qual é então o tipo de vida que o discípulo é chamado a levar, ele que é membro de uma comunidade fraterna, mas às voltas com um mundo hostil? É a última instrução que Jesus dirige aos seus neste discurso após a Ceia. Primeiramente, a vida dos discípulos é posta sob o signo do Espírito. O Paráclito cumprirá uma dupla missão que transformará sua vida: ele neutralizará e refutará a visão polêmica que o mundo tem da revelação e da pessoa de Cristo e permitirá reler o passado e a realidade vivida de verdade[20]. Em segundo lugar, este mesmo Espírito tornará os crentes capazes de aprofundar seu conhecimento de seu Senhor e, por isso, sua fé não será simplesmente uma fé voltada para o passado, mas será orientada para o futuro e saberá reconhecer a presença de Cristo nos acontecimentos que estão por vir[21]. Como se vê, o Espírito prometido por este Cristo que caminha para a cruz permitirá aos discípulos compreender sua vida presente e orientar-se diante do mundo.

Esta ação do Paráclito não impedirá que a vida dos discípulos seja uma existência cheia de tensões. Tensão primeiramente entre tristeza e alegria[22]. A vida do discípulo irá oscilar incessantemente entre a tristeza ligada à partida de Jesus na cruz e a alegria de sua vinda pascal. Ela nunca está fixa num único polo, mas sempre em movimento – o próprio movimento iniciado pela história fundadora à qual o discípulo recorre e que liga indissoluvelmente cruz e ressurreição. Em seguida, uma tensão entre ignorância e conhecimento[23]. O crente pode certamente invocar o fato de que a revelação chegou à sua conclusão na cruz e que, por isso, ele tem acesso à plenitude da revelação. Mas, se ele sucumbe à ilusão de pensar que este conhecimento é um bem próprio dele, do qual pode dispor a seu bel-prazer, então ele cai numa ignorância culpável. O exemplo de Judas está ali para lembrar-lhe este fato. O verdadeiro conhecimento consiste em saber que o crente nunca é seu próprio fundamento, mas deve se manter como um mendigo diante de Deus para receber sempre de novo o conhecimento de que ele precisa para viver. Também aqui, o discípulo nunca chegou definitivamente à meta, mas sua vida está sempre em movimento entre a ignorância e o conhecimento.

Tendo assim instruído seus discípulos antes do prazo final da cruz, Cristo pode deixar os seus dando-lhes o dom de sua paz. O leitor constata que, no evangelho de João, é uma visão completa da fé que Cristo dá aos seus no próprio momento em que os deixa.

1. De Jo 13,31 até o fim de Jo 16; quatro capítulos se incluirmos a longa oração em Jo 17. **2**. Jo 1–12. **3**. Jo 13–20. **4**. Jo 13,21–14,31. **5**. Jo 14,16. **6**. Jo 17. **7**. Lc 22,31-38. **8**. Cf. Gn 47,29–50,26, em particular 49,1-27. **9**. Jo 13,31-32. **10**. Jo 14,6. **11**. Jo 19,30. **12**. Jo 14,18. **13**. Jo 14,26. **14**. Jo 14,31. **15**. Jo 15,1-17. **16**. Jo 15,5. **17**. Jo 15,12. **18**. Jo 15,15. **19**. Jo 15,18. **20**. Jo 16,8-11. **21**. Jo 16,12-15. **22**. Jo 16,16-24. **23**. Jo 16,25-33.

A “oração sacerdotal” no evangelho de João

Yves Simoens
Centre Sèvres – Faculdades Jesuítas de Paris

Após aquilo que se chama o “discurso de despedida” no qual Jesus, no evangelho de João, se despede de seus discípulos confiando-lhes seus últimos ensinamentos – passagem tratada no artigo precedente –, Jesus se volta para seu Pai: “Depois de ter assim falado, Jesus ergueu os olhos para o céu e disse...” Esta oração que chamamos de “sacerdotal”, em João 17, serve de mediação por excelência para o novo nascimento dos crentes que, no seguimento de Jesus, “nasceram de Deus”[1]; a última Páscoa de Jesus e a dinâmica do evangelho encontram aqui seu princípio de compreensão na fé. A oração inteira está sob o signo da unidade, sendo que o Filho se expressa em dependência permanente do Pai, fonte de todo dom.

É a hora de o Filho ser glorificado pelo Pai com a glória que ele tinha junto a Ele desde antes da criação do mundo. Glorificação e glória exprimem a plenitude da relação entre o Pai e o Filho. O Espírito está aqui presente sem ser nomeado; tratou-se dele abundantemente em João 13–16; ele impregna a oração. “Pai, glorifica o teu Filho, a fim de que o teu Filho te glorifique” (v. 1): Deus, já glorificado no Filho após Judas sair de noite, ainda o glorificará n’Ele imediatamente[2]. A oração de Jesus preenche o segundo tempo de sua glorificação. Não é preciso aguardar outros acontecimentos ulteriores como a Paixão, a morte e/ou a ressurreição: Jesus é glorificado em sua própria oração. Ela lhe transmite a vida eterna definida como aquilo que liga o Pai ao Filho *e aos crentes*, conciliando num conhecimento de amor a confissão de fé monoteísta judaica e a confissão de fé trinitária cristã. Assim se “conclui” a obra de Jesus. Glorificação e glória do Filho em vista do dom da “vida eterna” aos seres humanos – esta é, em termos joânicos, a realidade do Reino.

“Eu manifestei o teu nome aos homens que, do mundo, me deste” (v. 6). Uma lembrança do passado vivido entre Jesus e os discípulos inicia a oração e se expressa pelo verbo “manifestar”. Esta lembrança remonta ao início dos sinais em Caná, que antecipa a terceira manifestação do Ressuscitado nas margens do lago de Tiberíades[3]. Um momento de atualização num “agora” (v. 7) faz memória da Lei na Aliança[4]. O Filho fala ao Pai a respeito dos discípulos como um todo *e* como pessoas singulares. Em geral bastante incrédulos, eis estes discípulos transformados em modelos de fé! É que Jesus se apresenta como fiador deles diante do Pai: eles “creram que tu me enviaste”. Esta atitude implica o perdão, que por sua vez fundamenta a misericórdia dos discípulos em favor de todos. Abrindo em seguida o futuro por uma fórmula de introdução à oração – “Eu rogo” –, Jesus não rejeita o mundo, mas o confia a seus discípulos que ainda estão no mundo: “eles permanecem no mundo, enquanto eu vou para ti” (v. 11). Quanto a eles, Jesus os confia ao Pai: “Pai santo” (v. 11b) estabelece uma ligação com o reconhecimento do "Nome", ou seja, do próprio Deus, que guardará os discípulos, para introduzir em seguida o argumento da "unidade", desenvolvido mais adiante nos versículos 22-23: "para que sejam um como nós somos um".

Uma segunda lembrança do passado se inicia com o versículo 12: "Quando eu estava com eles, eu os guardava em teu nome que tu me deste". Jesus começa afirmando sua vigilância em relação aos discípulos, mas a sequência é problemática: "Eu os protegi e nenhum deles se perdeu, a não ser o filho da perdição, de sorte que se cumpriu a Escritura". Não pode tratar-se da salvação de todos, com a exceção de um só, que seria o Filho da perdição, muitas vezes equiparado a Judas, com o aval da Escritura. Se for este o caso, a salvação deveria ser refeita e a Escritura funcionaria no sentido de uma predestinação para o mal. De maneira muito clara aqui, o Filho da perdição equivale ao Maligno, mencionado no versículo 15: "Eu não te peço que os tires do mundo, mas que os guardes do Maligno". De acordo com 2Tessalonicenses 2,3, por ocasião dos últimos tempos, o Filho da perdição, a Apostasia, traz ameaça. O Filho da perdição significa também o ídolo por excelência. Embora o Mal esteja desde já vencido por Jesus glorificado, ele continua, no entanto, a operar estragos. A Escritura chama a um combate contínuo contra o Mal. A liberdade tem este preço quando o pecado é vencido em seu próprio terreno pela morte e pela ressurreição de Jesus.

Um segundo "agora" introduz um baluarte contra a resposta ao ódio pelo ódio (v. 13-14): "Agora vou para junto de ti e deixo estas coisas ditas, no mundo, para que eles tenham em si a plenitude da minha alegria". Apesar de sua face negativa, o mundo criado pelo Pai continua capaz de guardar a Palavra ("rogo também por aqueles que, graças à sua palavra, creem em mim", v. 20); é este o fundamento de uma alegria inalterável, fundada sobre a Palavra que é ainda o próprio Jesus. Logo em seguida, uma nova oração pelos discípulos (v. 15-16) pede não que eles sejam tirados do mundo, mas que sejam guardados do Maligno, já evocado no versículo 12 como "o Filho da perdição". "Eles não são do mundo, como eu não sou do mundo": "não ser do mundo" procura proteger de um Mal sempre ativo, mesmo que já esteja bloqueado. E para isso Jesus pede ao Pai que os "santifique" (v. 17-19). A verdade que é palavra do Pai como também do Filho[5] jorra sobre os discípulos. Pois a santidade dos seus ainda falta a Jesus. Eles devem participar até o fim da verdade que ele lhes ofereceu.

"Que todos sejam um, como tu, Pai, estás em mim e eu em ti". Os versículos 20-23 prolongam a oração ao Pai dos versículos precedentes em termos de unidade. O gênero humano é apontado como finalidade da missão cristã: "A fim de que o mundo creia que tu me enviaste". Lembrança da oração judaica do *Shema' Israel*[6], a unidade afirmada de Deus é chamada a tornar-se a unidade da humanidade criada e salva. É obra conjunta do Pai e do Filho. O Espírito se vislumbra no envio do Filho ao mundo pelo Pai em favor dos discípulos.

O ritmo ternário articula duas vezes no corpo da oração o passado, o presente e o futuro: "a fim de que o mundo creia", "e, assim, o mundo possa conhecer", toma emprestada a mesma articulação que se encontra nos textos da Aliança do Antigo Testamento. A oração em favor da unidade consiste então em antecipar o futuro, já garantido pelo amor do Pai e do Filho:

"Eu neles como tu em mim, para que eles cheguem à unidade".

Introdução e conclusão da oração se correspondem por seu endereço: "Pai". Os pedidos do Filho reformulam sua vontade expressa que se alimenta da vontade do Pai[7]. Os crentes são novamente evocados como uma totalidade - no neutro - que respeita a multiplicidade resultante da singularidade de cada um - no plural: "*o* que me deste, desejo que *eles* estejam também comigo". O estar lá com o Filho lhes permite contemplar sua glória, dom do Pai ao Filho como também aos crentes desde "antes da fundação do mundo". A relação culmina nas três palavras que expressam o Evangelho, a nova Aliança, em definitivo a Escritura santa: "Eu neles". A presença do Filho nos crentes porque eles são desde agora "nascidos de Deus" - esta é a Revelação.

1. Jo 1,13; 3,7. **2**. Jo 14,30-32. **3**. "Ele manifestou a sua glória, e seus discípulos creram nele" (2,11); "eu manifestei o teu nome" (17,6); "esta foi a terceira vez que Jesus se manifestou aos seus discípulos desde que ressurgira dentre os mortos" (21,14). **4**. Ex 19,5; Dt 4,1; 10,12; 26,10; Ex 19,5: "Agora, pois, se ouvirdes a minha voz". **5**. Jo 14,6. **6**. Dt 6,4-9. **7**. Jo 4,32-33.

* * *

Quem estava presente na Ceia?

Régis Burnet
Universidade Católica de Lovaina (Bélgica)

No universo pictórico cristão, a Ceia é uma refeição na qual treze personagens estão sentados em volta de uma mesa muitas vezes de maneira frontal, como na famosa *Ceia* de Leonardo da Vinci. Na realidade, os textos nos fornecem uma imagem um pouco diferente. Dois versículos de João nos indicam que Jesus e seus convivas não estavam sentados em cadeiras, mas se banqueteavam semideitados como num banquete grego ou romano[1]. É o que confirmam os sinóticos quando atestam que a sala superior na qual os discípulos iam se acomodar era "provida de almofadas"[2]. Testemunhos judaicos posteriores nos informam, com efeito, que os judeus da época de Jesus haviam adotado dos pagãos o costume de deitar-se para a refeição pascal, como também o costume de beber muito: "até o mais pobre em Israel não deve comer se não estiver deitado à mesa e não se deve dar-lhe menos de quatro taças de vinho para beber"[3], declara a Mixná♦. É preciso, portanto, imaginar uma assembleia festiva e alegre.

Será que havia só treze pessoas na sala superior? Enquanto os sinóticos afirmam que estavam ali apenas os Doze para ouvir seu mestre, João repete, ao longo de toda a passagem, que estão presentes "os discípulos", o que pode representar um grupo muito mais importante, comportando - por que não? - algumas mulheres, como na véspera, durante a unção em Betânia, na qual Maria de Betânia e sua irmã Marta estavam presentes. A sequência da Paixão segundo João nos revela, com efeito, que a mãe de Jesus está na cidade, como também diversas "santas mulheres", entre as quais pelo menos Maria de Mágdala.

A questão da preparação da refeição é igualmente uma das mais misteriosas. Os sinóticos narram o curioso episódio em que dois discípulos - que Lucas identifica com Pedro e João – são enviados para "preparar a Páscoa" (que, sem dúvida, é preciso entender aqui como a "refeição pascal", o *seder*). Ora, não se diz nada dos alimentos, nenhuma anotação que identifique uma refeição pascal, nenhuma alusão aos que, homens ou mulheres, a teriam preparado; a única preocupação é com a sala. Uma última interrogação agitou bastante os teólogos dos séculos passados: saber se Judas havia permanecido até o fim e, em particular, se teria presenciado as palavras sobre o pão e sobre o vinho. Compreende-se sua inquietude: com efeito, João explica que Satanás entra nele logo depois de Jesus ter-lhe dado um bocado[4] e que ele sai após ter sido denunciado por Jesus[5], ao passo que nenhum dos sinóticos evoca este episódio. Na realidade, neste ponto as duas tradições são inconciliáveis.

1. Jo 13,23-25. **2.** Mc 14,15; Lc 22,12. **3.** Mixná. *Pessahim*, 10,1. **4.** Jo 13,27. **5.** Jo 13,30.

CONTRAPONTOS

A Ceia e o *seder*

Julien Darmon
Especialista do Talmud e das literaturas rabínicas

A festa da Páscoa (*hag ha-pessah*), também chamada festa dos Ázimos (*hag ha-matsot*), que comemora a saída do Egito, é um dos tempos mais importantes do ano judaico. Ela se articula em dois momentos: o sacrifício do cordeiro pascal no Templo na tarde do dia 14 de Nissan e o período de sete dias, do dia 15 a 21 de Nissan, no qual é proibido consumir pão fermentado (*hamets*) e consome-se apenas pão ázimo (*matsa*). Na conjunção dos dois momentos, o ponto culminante da festa é a refeição ritual ou *seder* ("ordinária") que acontece na tarde do dia 15 de Nissan (sendo que o dia judaico começa ao pôr do sol).

Em sua forma mais simples, o *seder* de Pessah consiste na consumação do cordeiro pascal acompanhado de ázimos (*matsot*) e de ervas amargas (*merorim*), dentro dos limites de Jerusalém – os peregrinos hospedando-se então na casa de algum habitante. Esta consumação está emoldurada pela recitação do Hallel (lit. "louvor"), oração dividida para esta ocasião em duas partes: os Salmos 113 e 114 antes da refeição, os Salmos 115 a 118 após. O vinho igualmente ocupa um lugar importante no *seder*, porque a recitação das duas partes do Hallel, bem como a "santificação do dia" no início da refeição (*qiddush*) e as ações de graças que a concluem (*birkat ha-mazon*), são enunciadas segurando uma taça de vinho. De acordo com as pesquisas mais recentes[1], o elemento que hoje se pensa constituir o cerne do *seder*, a saber, a Hagadá, o "relato" da saída do Egito, só foi formalizado após a destruição do templo de Jerusalém e, portanto, não fazia parte da Ceia – se é verdade, aliás*, que esta foi um *seder*.

Desde o fim do Templo e até hoje, os judeus celebram o início da festa de Pessah seguindo um *seder* elaborado: recitação do *qiddush* sobre uma primeira taça de vinho, ablução das mãos, consumo de uma erva chamada *karpass* como início da refeição, fração de uma *matsa*, enchimento de uma segunda taça de vinho, relato da saída do Egito misturando passagens bíblicas, comentários midráxicos♦ e interpretações pessoais às quais os convivas são convidados a entregar-se, concluindo-se toda esta primeira seção com a primeira parte do Hallel e o consumo da segunda taça. Em seguida, após lavar novamente as mãos, come-se ritualmente a *matsa* e depois as ervas amargas (no início provavelmente alface-brava hoje substituída pela alface-romana entre os sefarditas e pela raiz-forte entre os asquenazitas), em seguida as duas juntas, antes de passar à refeição festiva propriamente dita. Esta se encerra com o consumo de um pedaço de *matsa* posto de lado no início da refeição e chamado *afiqomen*, que substitui simbolicamente o sacrifício pascal, que a pessoa devia comer depois de saciada. Por fim, recita-se o *birkat ha-mazon* (ações de graças) sobre uma terceira taça de vinho, bebe-se esta, recita-se a segunda parte do

Hallel sobre uma quarta taça de vinho, bebe-se esta, e a reunião noturna termina com cantos.

Esta estrutura rica é o fruto de uma longa elaboração, durante a era talmúdica e pós-talmúdica, ou seja, os séculos da Antiguidade tardia e da alta Idade Média, e não nos deve causar surpresa, portanto, que numerosos elementos não se encontrem nos relatos evangélicos da Ceia em Mateus, Marcos ou Lucas. No entanto, o essencial está presente: a taça do *qiddush* compartilhada entre os convivas[2], a *matsa* partida e consumida após a bênção (*eulogia*[3]), a taça do *birkat ha-mazon* pela qual se mostra agradecimento (*eukharistein*) pelos benefícios divinos[4] e a recitação dos Salmos do Hallel como conclusão[5]. Da mesma forma, a designação do traidor como "o que pôs comigo a mão no prato"[6], que ocorre antes do consumo da *matsa*, parece fazer referência ao costume de consumir, como entrada da refeição, legumes molhados em condimentos; costume de origem greco-romana que em seguida evoluiu para o rito do *karpass*[7]. Em Mateus, o traidor já molhou a mão no prato, tornando difícil sua identificação, ao passo que em João[8] a designação de Judas por Jesus é explícita.

O grande ausente do *seder* como também da Ceia é, evidentemente, o cordeiro pascal. No judaísmo posterior à destruição do Templo, marca-se sua presença-ausência por uma paleta de cordeiro grelhada que é colocada sobre a bandeja do *seder*, mas que não é consumida, enquanto o pedaço de *matsa* chamado *afiqomen* (do grego *epikomion*, "sobremesa"), consumido bem no fim da refeição, vem substituir simbolicamente a carne do sacrifício. No contexto histórico da gesta evangélica, é incompreensível que Judeus se reúnam numa noite de Páscoa sem consumir o cordeiro pascal, o que constitui uma falta passível de supressão (*karet*, ou seja, morte prematura ou não-sobrevivência da alma após a morte), da mesma forma como comer no Yom Kippur♦. A ausência flagrante do cordeiro deve evidentemente ser lida na teologia sacrificial do cristianismo já bem-estabelecida no momento da redação dos evangelhos: é Jesus que é o Cordeiro pelo qual passa a Salvação. O evangelho de João, que aparentemente situa a Ceia na noite do dia 14 de Nissan (e não do dia 15, noite da Páscoa) para fazer coincidir a crucifixão com a hora exata da oferenda do sacrifício dos cordeiros no Templo, não diz outra coisa.

* Cf. *A Ceia*, p. 569.

1. David Henshke. *Ma Nishtanna? Leil ha-seder be-talmudan shel hakhamim* ("Em que esta noite é diferente das outras noites? A noite do *seder* no estudo dos Sábios", em hebraico). Magnes Press, 2016. 2. Lc 22,17. 3. Mt 26,26. 4. Mt 26,27. 5. Mt 26,30. 6. Mt 26,23. 7. David Henshke. *Ma Nishtanna?... Op. cit.*, p. 267. 8. Jo 13,26.

* * *

Eucaristia: a coisa mais estranha

Maurice Bellet
Filósofo e teólogo

Eles se reúnem, segundo dizem, cada domingo, para fazer memória de Jesus, por eles declarado vivo embora invisível, para ouvir sua palavra, comer sua carne e beber seu sangue e assim entrar na vida eterna.

Que Jesus seja um mestre espiritual admirável, que sua mensagem conserve ainda hoje um grande alcance, que ele possa até suscitar um culto como convém a grandes sábios – vá lá! Isso é compreensível. Ora! Se crentes acreditam nisso é sem dúvida por um hábito piedoso que lhes evita pensar no que dizem. Porque, para uma mente contemporânea, é aparentemente a coisa mais estranha que se possa imaginar: que pessoas mantenham hoje essa crença. Podemos parar por aqui. Ou, se a pessoa é crente, protestar em nome de sua fé.

Ou podemos também procurar compreender.

No início, existe Jesus: um homem que viveu há dois mil anos. Ele não deixou nada por escrito. O que sabemos dele vem de testemunhos, por muito tempo venerados como Escritura sagrada, mais recentemente submetidos à crítica. A questão está posta e permanece: o que há de autêntico nisso? Quais palavras são do próprio Jesus? Quais construções são posteriores? Controvérsias. Pelo menos existe alguma coisa que incontestavelmente apareceu ali, neste homem, nos que o ouviram, e da qual ainda permanece um vestígio.

Parece que, para muitos dos nossos contemporâneos, isto diz respeito à relação entre os humanos. Direitos do homem? Fraternidade? Paz universal? Combate pela justiça? Sim, sem dúvida. Mas com algo mais, que é designado pela palavra *agapê*♦ (tão difícil de traduzir!). É uma certa ternura para com todo ser humano, tanto na delicadeza do verdadeiro perdão quanto numa escuta tão pura quanto possível, e com uma benevolência sólida e ao ponto de ver nele/nela, sejam quais forem suas fraquezas e suas faltas (eis o ponto decisivo), o portador talvez cego de uma luz que não morre.

Jesus é mais do que Jesus, assim como todos os grandes criadores são muito mais do que eles mesmos. Ele até pode aparecer, aos que meditam a fundo seu Evangelho, como um criador de humanidade. Se é assim, o que importa é que esta humanidade viva. Para designar o que será esta vida existe uma palavra, mas é infelizmente uma palavra empobrecida no uso que dela se faz. É a palavra *comunhão*. Porque leva a pensar primeiramente, no uso sem dúvida mais corrente entre os crentes, num rito particular, momento essencial da celebração eucarística: é o rito em que o sacerdote e os fiéis comungam o corpo e o sangue de Cristo, ou seja, comem e bebem o que, para nós, continua sendo pão e vinho.

Ora, o que vem em primeiro lugar, neste ato ritual, não é o rito em si mesmo, tomado isoladamente. É a comunhão, que é uma maneira de viver, um estilo, uma realidade essencial que dá à existência sua verdade. A comunhão não é o que acontece no domingo durante a missa, é a vida resgatada das trevas, a aurora de um mundo humano do qual o homicídio e a mentira serão banidos.

Alguém dirá: mas não estamos nesse mundo! É um sonho, uma ilusão perigosa! E o que o mostra é o que se passa nas comunidades, ou seja: entre os cristãos. Esse amor lhes falta muitíssimas vezes! Esta é a mais pura verdade. Se a eucaristia é toda a vida, de acordo com o que Jesus viveu e nos comunica, é preciso esperar que ela seja, para nós e de fato, marcada, atormentada, ameaçada pelo que lhe é mais oposto: o ódio e a mentira.

Paulo, o apóstolo Paulo, emprega uma palavra ausente dos nossos dicionários: o verbo eucaristizar. É marcar o quanto se trata de um ato, de uma atitude de todo o ser, no combate que o homem crente trava contra a tristeza, contra a violência assassina. Eucaristizar significa alegria de existir, à luz da graça, ou seja, do dom que nos é dado de viver fora das trevas.

Os evangelhos chamados sinóticos (Mateus, Marcos e Lucas) relatam a refeição na qual Jesus diz aos seus, entregando-lhes o pão e a taça: "*Isto é o meu corpo, isto é o meu sangue*". Mas estas palavras estão ausentes no evangelho de João... O que ele evoca, neste exato momento que precede imediatamente a Paixão, é um gesto de Jesus que choca e transtorna Pedro, o discípulo: Jesus lhe lava os pés. Costume oriental, do servo ou do escravo para com o senhor. Jesus comenta: ele se reconhece como senhor, mas se ele, o senhor, se faz também servo, é para mostrar por seu ato que nós todos devemos abandonar nossa pretensão de manter os outros na humilhação e na dependência.

O fato de o relato estar ausente da Ceia, estranhamente substituído pelo do "lava-pés", despertou alguma preocupação nos comentaristas piedosos. Mas talvez seja necessário ver aqui uma identidade profunda. Nos dois casos, trata-se do dom, o dom que Jesus faz de sua vida aos que ele ama; e, se nós queremos estar com ele, precisamos nos dar uns aos outros: a grande refeição onde se compartilha o mesmo pão entre os convivas é a partilha da vida entre os viventes.

Mesmo assim: comer a carne e beber o sangue! Isto leva inevitavelmente a pensar em ritos antropofágicos. Estaríamos, portanto, na mais arcaica das práticas humanas, ligadas a mitos que já não são mais os nossos. A eucaristia, segundo a fé cristã (especialmente entre os católicos), estaria de fato no prolongamento destas crenças antigas e seria até um retorno àquilo que a fé de Israel condenava severamente: o assassinato sagrado, o consumo do sangue. Impossível evocar a eucaristia sem evocar o que, para nós, a torna tão distante.

Mas podemos ver aqui um duplo sentido.

Por um lado, esta retomada do arcaico indica precisamente que ele sai daquilo que nós consideramos bárbaro e sanguinário. Mas este é o pano de fundo em que nos encontramos ainda hoje: a quem duvidar, aconselhamos ler os jornais! O bárbaro está entre nós. O rito eucarístico é como que a conversão desta própria barbárie. O que é mais temível em nós, não precisamos mais temê-lo se é sinal e presença da comunhão.

Por outro lado, o que se dá a ver e a saborear é pão e vinho, ou seja, o humilde alimento dos humanos, na humildade de sua condição, ao mesmo tempo que a alegria fundamental de festejar juntos a vida. Mais uma vez, é assumir o que nós somos, é oferecer, como lugar supremo do Espírito, aquilo que, para um olhar banal, é apenas carne. O gesto eucarístico é a recapitulação e a transfiguração de todo o humano.

O apóstolo Paulo diz que Jesus é o ícone do Deus invisível; ou seja, que, na presença deste homem, um dentre nós se faz para nós a presença da Fonte inapreensível, do Além de todo nome. A carne e o sangue não são dois materiais, são o corpo que é a totalidade do ser humano, que é todo o humano como presença oferecida, visível e tangível para os outros humanos. E este Jesus, no qual se oferece esta presença, é (mais uma vez) mais do que o "Senhor Jesus". Os títulos que lhe são dados no Novo Testamento e na tradição cristã, Cristo e Senhor, designam esta dimensão que acaba unindo ao mesmo tempo a humanidade e a plenitude daquilo que nossa linguagem expressa pela palavra Deus.

Eis o que dá à eucaristia uma dimensão inaudita e a torna realmente estranha àquilo que a tradição filosófica, originária dos gregos, torna razoável e pensável. Isto, afirma-se, diz respeito aos cristãos, é sua fé. Mas podemos, pelo menos, considerar que mudança ela traz àquilo que nós denominamos Deus – palavra tão prodigiosamente equívoca! O Deus de Jesus, aquele que ele chama de Pai, é recebido por seus discípulos como aquele que vem no ser humano, que está todo inteiro em cada ser humano e na humanidade. É dar-nos um poder prodigioso: ele está na própria humildade de Jesus, tão forte, tão manifesta, até na humilhação de sua Paixão. É como que a revelação daquilo que é realmente o Deus da fé: a pura doação.

Quanto àquilo que os discípulos de Jesus fizeram dele, ao longo dos séculos, é outra história. Ela tem lados bastante terríveis, até nos efeitos de seu fervor. Por isso reencontrar o Evangelho de Jesus não é repetir o que se fez dele, é torná-lo atual, numa crítica implacável das traições dos discípulos como também dos hábitos inveterados do mundo em que estamos.

Jean Vanier
Fundador das comunidades da Arca

O Messias que se faz servo

Em meu lar da Arca em Trosly (Oise), como em todas as comunidades da Arca, nós lavamos os pés uns dos outros em certas ocasiões importantes – sobretudo na Quinta-feira santa, mas também em outros momentos, como o da última tarde de um retiro. São sempre momentos de grande doçura, de oração, de silêncio e de emoção.

Após preparar uma bacia, uma toalha e um jarro cheio de água, formamos um círculo e começamos lendo o evangelho do lava-pés. A pessoa com alguma deficiência – às vezes com uma deficiência grave – situada à minha esquerda lava os meus pés e, em seguida, eu lavo os pés da pessoa que está à minha direita. Atendo-nos ao nível apenas da leitura, é evidente que a maioria das pessoas de meu lar portadoras de uma deficiência intelectual tem dificuldade de entender o texto do lava-pés. O fato de viver entre nós como Jesus nos pediu ajuda cada um a captar o sentido profundo. Também os assistentes são tocados por esta paraliturgia que simboliza o serviço humilde para reerguer o mais fraco.

O relato do lava-pés no evangelho de João não é um momento ameno de oração, mas um momento de uma séria tensão. Judas está presente, provavelmente muito tenso, trazendo na bolsa o dinheiro dado pelos sumos sacerdotes para trair Jesus. E Pedro reage com angústia e certa violência diante de Jesus ajoelhado: "Não. Tu não me lavarás os pés, jamais!" Ouvindo Pedro gritar, os outros discípulos também devem ter ficado abalados. A resposta de Jesus é forte: "Se eu não te lavar, não terás parte comigo", o que quer dizer: "Não serás mais meu discípulo com quem compartilho minha vida". O lava-pés é, portanto, uma parte integrante da fé de um discípulo.

Esta tensão entre Jesus e Pedro já acontecera antes do lava-pés. No evangelho de Marcos, Pedro repreende Jesus que anuncia que irá sofrer muito, que será rejeitado pelos anciãos, pelos sumos sacerdotes e pelos escribas e que será morto. A resposta de Jesus a Pedro é então ainda mais forte: "Para trás de mim, Satanás (Adversário), pois teus intentos não são os de Deus, mas dos homens".

Nestas duas situações de tensão, Pedro recusa-se a aceitar a fraqueza de Jesus. Como ser salvo e libertado por alguém fraco? Para Pedro, Jesus é o forte, o Messias vitorioso que fez grandes milagres e que em todo lugar falou com autoridade.

Ele é realmente o Mestre e o Senhor que irá necessariamente vencer para introduzir em Israel o Reino de Deus. Pedro e os discípulos estão orgulhosos por ter sido escolhidos para fazer parte do novo governo. É, portanto, impensável que Jesus deponha suas vestes e se ponha de joelhos diante dele. É uma inversão total na maneira de exercer a autoridade. De acordo com o pensar humano, o chefe manda a partir de cima, ele dá ordens e aquele que está em posição de autoridade detém a verdade. O Messias não pode agir "a partir de baixo" como um humilde servo. Diante desta inversão, a angústia toma conta de Pedro; ele não compreende nada, se sente totalmente perdido. Quem é Jesus? É ele o senhor que manda a partir de cima ou é um servo? Mesmo assim, ele não pode ser senão um servo!

A verdade é que Jesus, ao lavar-lhes os pés com ternura, quer revelar a seus discípulos que ele os ama. Ele dirá, mais tarde, no decorrer da refeição que ele compartilha com eles: "Já não vos chamo servos, mas amigos". No início deste capítulo 13, o evangelista escreve: "Sabendo Jesus que a sua hora tinha chegado, a hora de passar deste mundo para o Pai, ele, que amara os seus que estavam no mundo, amou-os até o extremo". O lava-pés é o gesto de um amigo benévolo e afetuoso que se põe humildemente a serviço dos seus amigos. Pedro tem dificuldade de admitir que Jesus queira tornar-se seu amigo, pois a amizade implica certa igualdade.

Nas comunidades da Arca, onde assistentes optaram por viver diariamente ao lado de pessoas com alguma deficiência, seu papel é o de mostrar a estas pessoas, que tantas vezes foram humilhadas e desprezadas, que elas são importantes e preciosas, que elas são uma presença de Jesus. Para os assistentes, não se trata apenas de ser justos para com estas pessoas, fazendo-lhes o bem como os superiores podem fazê-lo para com os inferiores, mas trata-se de viver *uma relação amigável com elas*. Entrando assim em relação com elas, os assistentes são transformados. São as pessoas frágeis que os salvam de seu orgulho e de sua superioridade. Viver o lava-pés, juntos na Arca, mostra que ninguém de nós é melhor do que os outros. Cada um tem dons diferentes, mas no nível do coração e do essencial pertencemos a uma humanidade comum. Seremos julgados não de acordo com nossas competências e nossas capacidades, mas de acordo com nosso amor. Somos servos uns dos outros. Estamos juntos como filhos de Deus num espírito de amizade profunda.

O lava-pés no evangelho é um momento de grande tensão, pois obriga os discípulos e nós mesmos a uma mudança no modo de olhar para Jesus. Jesus, vulnerável, que vem nos transformar e nos salvar, não pela força, mas por um amor humilde. Ele nos salva através da fraqueza e do sofrimento. Ele nos ajuda também a compreender e a acolher nossas próprias fraquezas, que são um caminho para acolher a graça. A fraqueza não é algo a desprezar, ela tem um sentido, um sentido profundo. O lava-pés dá sentido à nossa vida na Arca. Os assistentes são curados por aqueles que eles vieram ajudar. Juntos em nossa união, somos sinal do amor de Deus.

Os cristãos de diferentes Igrejas nem sempre podem comungar à mesma mesa eucarística, mas podem lavar-se os pés uns aos outros humildemente, revelando ao outro que ele tem um valor e que ele é um filho precioso de Deus. Tive a oportunidade, diversas vezes, de assistir a tais encontros entre cristãos de diferentes Igrejas. Eram momentos de grande união na oração e na humildade. E o papa Francisco nos mostra o exemplo, quando, na Quinta-feira santa, veio lavar os pés de prisioneiros: homens, mulheres, católicos, ortodoxos e até uma jovem muçulmana.

Ainda hoje Jesus pede a Pedro e a toda a Igreja que sirvam de joelhos.

Capítulo 22

JESUS DIANTE DE SUA MORTE

Poderíamos contar a história assim...

Apesar de a noite ter caído há algumas horas, o pequeno grupo dos discípulos que voltava para o monte das Oliveiras não teve nenhuma dificuldade em se orientar. A lua cheia jogava seu brilho branco sobre as muralhas claras da cidade. Na encosta escura pela qual caminhavam, distinguiam os clarões vacilantes das fogueiras que os peregrinos alimentavam para aquecer o frescor da noite. Risos e cantos elevavam-se aqui ou ali, levando-os a sentir mais brutalmente ainda o pesado silêncio que se instalara depois de terem deixado a sala da refeição.

Quando reencontraram o lugar onde haviam acampado nas noites precedentes, não procuraram reacender a fogueira. Era tarde e eles só tinham um desejo: mergulhar no sono e esquecer as ameaças que se acumulavam. Estavam se enrolando no manto quando Jesus os conteve: "Vigiai e orai para não cairdes em tentação". E, afastando-se do grupo, se mantinha de joelhos na noite. Eles apenas viam seu dorso ereto, sua respiração intensa e profunda. Parecia-lhes ouvir o gemido da carne pressionada pela angústia. Muitas vezes haviam visto o Mestre em oração. Viram-no irradiar uma paz e uma alegria sem igual, a tal ponto que lhe pediram que lhes revelasse seu segredo. Foi então que ele lhes revelou as palavras com as quais se dirigia àquele que ele chamava de "Pai", como fazem as crianças confiantes. Mas na noite de Jerusalém, pelo contrário, eles viram os ombros do Mestre vergarem, como se o peso de sua vida fosse pesado demais. No entanto, fora ele que os havia atraído a segui-lo, prometendo-lhes que seu fardo seria leve! Qual era a provação para a qual ele se encaminhava? O que sabia ele que eles próprios ignoravam?

No entanto, apesar de sua inquietude, sentiam o sono dominá-los. Num último instante de lucidez, lembraram-se das palavras de Jesus: "Vigiai, porque não sabeis nem o dia nem a hora". "Vigiai e orai todo o tempo." Mas seus olhos se tornavam pesados e o torpor se apoderava deles. A tristeza e a inquietude os acabrunhavam tão fortemente que não conseguiam manter a cabeça erguida e, logo, todos desabaram, apoiados uns sobre os outros, abandonados, como que mergulhados em letargia. A própria lua havia desaparecido e agora a escuridão era total. Jesus permaneceu sozinho, suplicando, com as mãos estendidas para a noite, que lhe fosse poupada a provação que se aproximava. Mas, imediatamente, apesar da angústia que o apertava, ele retomou coragem e, voltado para o céu, aceitou o que estava por vir e murmurou para o Pai palavras de confiança e de amor.

Não ouvindo senão o silêncio da noite atrás dele, e a pesada respiração dos homens entorpecidos pelo sono, retornou lentamente até eles e viu que nenhum conseguira resistir. Acordou-os, censurando-lhes a solidão na qual o haviam deixado. Novamente, ordenou que orassem sem fraquejar.

De repente foi alertado por ruídos de passos e pelo tinido das armas que pareciam próximas. Um instante mais tarde, uma pequena tropa apareceu e alguns homens brandiam tochas. Judas, um dos discípulos, marchava à sua frente. Avançou até Jesus e inclinou-se para ele para abraçá-lo. Jesus compreendeu imediatamente o que o gesto significava: Judas havia combinado com os que ele guiava que era assim que ele indicaria Jesus. "É com um beijo que me trais?", murmurou para aquele que havia sido seu companheiro desde a Galileia.

Os discípulos, por sua vez, puseram-se de pé. Dispuseram-se em torno de seu mestre, prontos para brigar. Jesus não os havia prevenido que estivessem sempre prontos? Os que tinham armas as desembainharam e, antes de Jesus ter tempo de intervir, um deles levantou sua lâmina e decepou a orelha de um dos servos do Sumo Sacerdote. Mas, com uma palavra, Jesus os deteve e fez-lhes sinal para que se pusessem atrás dele. Estendeu a mão até a orelha ferida e o sangue parou de correr. A orelha do homem estava intacta, como se nada tivesse acontecido!

Jesus enfrentou os que vieram procurá-lo. Havia ali guardas da polícia do Templo, chefiados por pessoas próximas dos sumos sacerdotes. Olhou-os com desdém: "Vós me tratais como um bandido, vindes prender-me de noite com armas, quando estive todos os dias no Templo, à vista de todos..." Dizia isto porque sabia que muito bem as autoridades religiosas não queriam arriscar-se a efetuar uma prisão em plena luz do dia, com medo de que o povo tomasse a defesa dele. Eles se calaram. Jesus continuou: "Vós escolhestes a noite e as trevas, porque vós mesmos pertenceis às trevas".

Enquanto assim falava, os discípulos haviam recuado. Os guardas não tentaram alcançá-los. O único que eles queriam era aquele que se chamava Jesus. Tinham ordem de conduzi-lo à casa do Sumo Sacerdote e foi o que fizeram.

C.P.

No monte das Oliveiras

Christoph Theobald
Centro Sèvres – Faculdades Jesuítas de Paris

Depois da Ceia, Jesus se dirige com os discípulos ao monte das Oliveiras; "como de costume", acrescenta Lucas[1]. Ora, o que acontece ali, nessa noite, a atitude tomada alguns dias antes não deixava prever. Pela primeira vez, os três relatos evangélicos nos fazem assistir à oração de Jesus "posta à prova", dando-nos acesso à sua vida interior e à sua maneira de enfrentar o que agora é certo: sua própria morte. Entre a refeição pascal e a prisão, já atestadas pelo apóstolo Paulo (em sua primeira carta aos Coríntios, anterior aos evangelhos)[2], eles situam este momento único de seu combate espiritual, que tanto inspirou a literatura e a arte cristãs e interrogou a reflexão teológica. Se a atestação múltipla deste momento parece militar em favor de sua autenticidade, suas interpretações são muito diversas, visto que o conteúdo real da oração de Jesus é por definição desconhecido, porque ele se afastou e as três testemunhas possíveis... adormeceram.

Cf. *Jesus* ▶ *havia previsto sua morte?*, p. 618.

O relato...

Com efeito, no cerne da cena tal como Lucas a vê, situa-se a oração de Jesus: "seguido" por seus discípulos[3], ele "afastou-se deles mais ou menos à distância do arremesso de uma pedra", pôs-se de joelhos e rezou. É um pedido que ele dirige Àquele que ele chama de "Pai", o pedido audacioso de "afastar dele a taça"; mas ele o cerca de uma dupla ressalva: "Se quiseres" e: "No entanto, não se faça a minha vontade, mas a tua!" A resposta divina, relatada no meio do episódio sob a forma da aparição de um anjo, não faz desaparecer magicamente a "taça", mas consiste em "fortificar" Jesus, que, invadido pela "angústia", ora "mais instantemente", tornando-se seu suor "como coágulos de sangue que caíam por terra"[4].

Tendo-se levantado, retorna para junto de seus discípulos. Sua senha: "Rezai para não entrar em tentação" não foi seguida, porque "achou-os adormecidos de tristeza". Ela dá lugar então ao espanto e à censura: "O quê! Estais dormindo! Levantai-vos e rezai para não entrar em tentação"[5].

A interrupção destas palavras pela chegada de uma "multidão" é brutal[6], enquanto o caminho que ia da casa onde haviam celebrado a Páscoa até ao monte das Oliveiras fora percorrido pacificamente. Lucas não narra a prisão de Jesus, por ele mencionada só no início do episódio seguinte[7], mas insiste na soberania com que Jesus reage diante de seus adversários: Jesus prevê o gesto de Judas, um dos Doze, que, caminhando à frente do bando, quer entregá-lo por um beijo; proíbe aos seus qualquer resistência armada e cura a orelha daquele que foi ferido por um deles; põe os sumos sacerdotes, os funcionários do Templo e anciãos em contradição com eles próprios, pois vêm procurá-lo com espadas e bastões como se ele fosse um bandido, ao passo que, quando ele estava todos os dia com eles, o haviam tratado como um inocente. "Mas agora é a vossa hora", acrescenta ele, "é o poder das trevas", terminando o enfrentamento com esta palavra enigmática que resume tudo o que acaba de acontecer[8].

...e suas variantes

Embora concordem no essencial, os sinóticos variam a respeito de muitos elementos do relato, sendo algumas diferenças mais significativas do que outras. Marcos[9] e Mateus[10] focalizam o caminho que leva ao monte das Oliveiras: Jesus e os que o acompanham cantam os Salmos, sem dúvida os do ritual pascal, antes de o Mestre lhes anunciar[11], ao mesmo tempo, que eles sucumbirão e Pedro o renegará e que, uma vez ressuscitado, o "pastor ferido" os precederá na Galileia. Prestando também mais atenção aos discípulos, estes dois evangelistas insistem, no entanto, na crescente solidão de Jesus: chegado à propriedade do Getsêmani (o "lagar de azeite" em aramaico), ele os deixa e permite a três deles que o acompanhem, antes de andar sozinho ainda mais longe para rezar; começa então um triplo vai e vem em que, a cada retorno, se manifestam mais sua vontade de proximidade e a distância incomensurável entre ele e os seus.

◄ Cf. *A negação de Pedro*, p. 643.

Marcos e Mateus insistem na crescente solidão de Jesus; Lucas em sua soberana serenidade.

Quanto à oração como tal, Lucas parece seguir uma outra tradição, desconhecida de Marcos e de Mateus: ele ignora a denominação "*Abba!*" que, no aramaico materno de Jesus, expressa sua surpreendente intimidade com seu "Pai"; Lucas é, sobretudo, o único a introduzir o conforto divino recebido através do anjo e os sintomas físicos da angústia de Jesus (omitidos, aliás, por alguns manuscritos). Em compensação, no momento da prisão, ele se junta novamente a Marcos e Mateus; no entanto, podemos notar que, relatando a fuga de todos os discípulos, estes dois evangelistas continuam encenando a solidão de Jesus, enquanto Lucas mantém até o fim sua soberana serenidade. Por outro lado, ele deixa os apóstolos permanecerem em Jerusalém.

A oração de Jesus "posta à prova"

Se seu evangelho mostra que, nos momentos decisivos de seu itinerário, quando inicia uma nova etapa de seu percurso, Jesus se retira para rezar[12], Lucas reserva a "provação" da oração ao episódio do monte das Oliveiras. Esta oração é provocada pela perspectiva da morte doravante iminente. Lucas evoca a "angústia" (*agônia*) de Jesus, acrescentando sintomas excepcionais de ordem física. Os Antigos, tanto gregos como judeus, conheciam esta "transpiração" tingida de sangue, que indica um estado de extrema tensão interior. Platão e Aristóteles a evocam, como também o relato judaico apócrifo *José e Asenet*: "Quando Asenet ouviu as palavras de seu pai, um abundante suor de sangue se espalhou sobre ela..."[13].

A comparação entre o texto de Lucas e as abordagens respectivas de Marcos (ou de Mateus) e de João é altamente significativa: o primeiro relata o "sentimento" que Jesus tem de "ser tomado de pavor e de ser atormentado", deixando que ele próprio o expresse diante de seus três discípulos preferidos: "Minha alma está triste a ponto de morrer"[14], ao passo que João reconhece certamente que Jesus se disse "perturbado" com a ideia da morte, mas evita cuidadosamente qualquer impressão de que ele tivesse desejado evitar o martírio: "Que direi? Pai, salva-me desta hora? Mas é precisamente para esta hora que eu vim"[15]. Estas diferenças mostram evidentemente que os autores do Novo Testamento estão desnorteados diante da súplica de Jesus; embaraço que, na esteira deles, se encontra em muitas testemunhas da tradição cristã. Se João apresenta um Cristo "glorificado", cuja oração está à primeira vista em concordância com Aquele que o enviou, Marcos acentua, pelo contrário, a tensão entre a vontade de Jesus e a vontade d'Aquele ao qual, em sua angústia, ele se dirige. Distanciamento extremo entre a intimidade de sua relação com Ele, o "*Abba*/Pai" que, podendo tudo, pode também livrá-lo da taça... e seu desígnio, totalmente diferente, com o qual Jesus consente. Esta provação atingirá seu ponto culminante na cruz, quando, de acordo com o mesmo Marcos, ele gritará com voz forte: "Meu Deus, meu Deus, por que me abandonaste?"[16]

Cf. *As sete últimas palavras de Cristo na cruz*, p. 670. ►

A abordagem de Lucas se situa de alguma forma entre estas duas percepções, marcana e joânica, da "agonia" de Jesus (da palavra grega *agônia* citada acima, significando a agonia, neste caso preciso, o combate espiritual). Lucas faz o pedido de Jesus ser precedido por seu consentimento à vontade de Deus e, em seguida, introduz a aparição de um anjo que não anuncia nada, mas comunica uma "força" (*dynamis*): aquela que anteriormente Jesus precisou comunicar à mulher hemorroíssa e que Pedro foi convidado a transmitir a seus irmãos e irmãs, a força da qual agora ele próprio precisa[17]. E, paradoxalmente, é após receber esta energia que ele é tomado pela angústia psíquica e física, mergulhando ao mesmo tempo numa oração mais intensa. Como se fosse justamente esta força recebida que lhe permitia entrar realmente na "travessia" já começada.

Lucas parece apoiar-se aqui numa tradição independente[18]. No entanto, é muito significativo que a transmissão textual dos versículos que relatam o conforto prodigalizado pelo anjo e as expressões físicas da angústia de Jesus seja nitidamente discordante. Alguns manuscritos, sobretudo os do Egito, os omitem; outros, como os do Ocidente ou da Síria, os conservam. Teriam sido estes versículos acrescentados posteriormente para realçar mais a natureza humana de Jesus, minimizada por alguns defensores de sua divindade? Ou, antes, teriam sido retirados no século II, quando a contemplação do Cristo Senhor e Verbo de Deus era a verdadeira fonte de consolo na oração? Lembremos que, até o século XIV, não se ousava representar o Cristo sofredor, ele que era percebido e adorado – com algumas exceções (Orígenes) – como presença de um Deus impassível. No entanto, uma maioria de exegetas parece hoje inclinar-se para a autenticidade lucana deste fragmento, que desempenha um papel importante na economia do relato da Paixão. Isto confirma a posição "mediana" de Lucas entre os relatos de Marcos (ou de Mateus) e o de João. O nexo de Jesus com sua morte iminente atinge, como se pode esperar, a relação com seu Pai e com seus discípulos; momento "perturbador", interpretado de maneira diversa na tradição bíblica e cristã.

Os autores do Novo Testamento estão desnorteados diante da súplica de Jesus e a evocam cada qual à sua maneira, sendo João o mais tranquilo.

Jesus diante de sua morte: um conflito de interpretação

A oração de Jesus posta à prova no monte das Oliveiras suscita, com efeito, dois problemas teológicos importantes, que foram discutidos apaixonadamente ao longo da história do cristianismo, não sem influir em contrapartida sobre sua espiritualidade. Como articular a natureza humana e a natureza divina de Cristo Jesus, uma vez que ambas foram reconhecidas? Desde Justino de Roma, os grandes autores dos três primeiros séculos (Ireneu, Tertuliano, Hipólito de Roma, Orígenes etc.) se atêm à versão sinótica do episódio do Getsêmani, porque, contra os que exaltam unilateralmente a divindade de Cristo – "gnósticos"♦ ou "docetas"♦ de todos os lados –, eles viam ali a prova de que o Filho do Pai se tornou "realmente" semelhante a nós. E contra os que, como o filósofo pagão Celso ou algum pensador judeu, consideram seu medo da morte e sua dor física uma negação de sua divindade, eles insistem na força interior de Jesus e na vontade salvífica de Deus ao qual ele se submete.

Nos séculos seguintes, a mesma busca de uma articulação justa ente a divindade e a humanidade de Cristo Jesus prossegue em outros termos, até que, no concílio de Constantinopla III (690-681), se estabelece um "equilíbrio", graças a Máximo Confessor, grande teólogo mediador entre o Ocidente e um Oriente já sob a dominação do Islã nascente.

Tornada mais concreta e mais interior, a problemática dos teólogos consiste doravante em procurar compreender melhor a articulação das duas vontades humana e divina de Cristo, perfeitamente presente no episódio do Getsêmani, sob uma forma mais tensa em Marcos (e Mateus) e uma forma mais paradoxal em Lucas, enquanto João se contenta em falar de "perturbação". Em referência ao hino da carta aos Filipenses ("ele se rebaixou, tornando-se obediente até a morte, e morte numa cruz. *Foi por isso* que Deus o exaltou soberanamente"[19]) e ao discurso do Pão da vida de Jesus no evangelho de João ("eu desci do céu para fazer, não a minha vontade, mas a vontade d'Aquele que me enviou"[20]), é a noção de "obediência" que faz a unidade das duas vontades. A obediência de Jesus, sua aquiescência de orante à misteriosa vontade de seu Pai, manifesta seu elo absolutamente singular com Deus – e, finalmente, sua divindade. Esta não exclui nem a tentação nem o medo totalmente humano da morte, que mostram, por si mesmos, a humanidade real de Jesus. Aqui nos é dado reconhecer que é até este ponto que, em Jesus, Deus "se fez homem".

Cf. *O que* ▶ *significa o "pão da vida"?*, p. 507.

Cf. *O Deus* ▶ *de Jesus*, p. 491.

O outro problema teológico diz respeito à relação entre Jesus e seus discípulos, os que o seguiram como também os que o seguirão: que sentido dá Jesus à sua própria morte, em relação a eles e "por eles", levando em conta o que eles são para ele? Já abordada em ligação com a Ceia, esta questão recebe, no momento da agonia, uma acuidade nova. É a metáfora da "taça", comum aos quatro evangelistas[21], que desperta interpretações diferentes; ela pode designar a morte, o destino e o castigo ou a cólera e até mesmo o julgamento de Deus. Os exegetas excluem geralmente a ideia de destino, pois esta não corresponde à iminência da crucifixão, e mantêm de preferência a da morte, ou até a do martírio[22]: Jesus experimentou o medo da morte[23] (um medo que, de acordo com a tradição judaica e cristã, não poupa nenhum ser humano, nem mesmo os mártires), embora a tenha assumido por sua obediência filial e o tenha feito "por nós", como sublinha a tradição, sobretudo a partir de Ambrósio de Milão no século IV.

Se nenhum dos sinóticos associa a taça com a ideia da cólera de Deus (o que, pelo contrário, será o caso no Apocalipse[24]), alguns teólogos medievais (Boaventura) e modernos (Karl Barth, Hans Urs von Balthasar e, de outra maneira, Karl Rahner em suas meditações sobre os *Exercícios espirituais* de Santo Inácio) enveredam por este caminho, que entra em ressonância com a interpretação da teologia paulina e joânica da redenção: a angústia de Jesus não teria sido apenas a que nós experimentamos diante da morte, mas seria a própria angústia dos pecadores ameaçados pela perda de Deus. Bebendo a taça da cólera, Jesus teria deixado entrar o pecado do mundo em sua existência psíquica e física e experimentado o medo da condenação e do inferno; o destino dos pecadores não se distinguiria mais do seu, mas sua obediência e seu amor por seus discípulos – que é o do próprio Deus – seriam, no entanto, a misteriosa raiz da redenção de todos os humanos.

A metáfora da "taça" deu origem a toda uma literatura interpretativa, mas permanece misteriosa.

Seja o que for, todas estas interpretações, de acentos muito diversos, procuram perceber, na oração no monte das Oliveiras, a compreensão da morte por esse personagem único: Jesus, que, de acordo com a fé cristã, é sem pecado[25] e, portanto, se vê confrontado de maneira brutal com um absurdo que, apesar de nossas revoltas, nós outros seres humanos integramos como fazendo parte de nossa condição.

"Não nos introduzas na tentação": Jesus e seus discípulos

Tendo voltado para junto de seus discípulos, Jesus lhes dá uma senha que pode ter soado estranhamente a seus ouvidos: "Rezai para não cairdes em poder da tentação"[26]. Portanto, os três sinóticos reintroduzem, neste momento decisivo do drama, a noção de "tentação" já presente a montante do ministério de Jesus. E o fazem cada um de acordo com sua perspectiva própria, já manifesta na maneira de abordar a oração de Jesus. Estão de acordo em mostrar a incapacidade dos discípulos de seguir o mestre até o fim de sua travessia: ele os encontra dormindo. Mas Marcos e Mateus insistem na unicidade do combate de Jesus, em sua solidão crescente (simbolizada pelo triplo vai e vem), na fuga dos discípulos diante da tropa armada, no silêncio d'Aquele que ele chama de "*Abba*", silêncio que, aliás, é o âmago de sua provação.

◄ Cf. *As Tentações no deserto*, p. 185.

Lucas, por sua vez, distingue mais claramente entre a "tentação" e a "provação". Ninguém sabe de antemão se sua própria "travessia" da tentação (o fato de "ser passado pelo crivo" por Satanás) resultará numa queda, ou seja, na vitória do Tentador, ou continuará sendo uma "provação", por mais radical que esta possa ser. Tendo "esgotado toda tentação possível", Jesus resiste numa oração tanto mais sujeita à provação por ser sustentada pela força divina que ele recebeu, força diretamente confrontada com o mal.

Quanto aos discípulos, o Mestre lhes lembra o único antídoto possível em toda "travessia": a oração, com o pedido que conclui o *Pai-nosso* que ele lhes havia ensinado :"não nos introduzas na tentação"[27], sendo que só Deus pode dar a força de não cair neste momento.

Cf. *O que diz o Pai-nosso?*, p. 508. ▶

Tendo adormecido no momento fatídico, tendo fugido (de acordo com Marcos e Mateus), tendo renegado Jesus, até mesmo tendo-o traído, os Doze já foram todos beneficiados pelo gesto da fração pascal do pão e da partilha da taça. Os relatos convidam os leitores a não esquecer isto em seu caminho e a não esquecer também que, aconteça o que for, o Mestre, tendo-se assim "entregado" a seus discípulos, os traz consigo em sua própria provação.

Desde os tempos antigos, a tradição litúrgica da Igreja conservou para a Quinta-feira santa o rito da "vigília" junto a Jesus, situada após a celebração da Ceia. Ora (com Marcos e Mateus) predomina o embaraço último dos cristãos diante da morte e diante do mistério do mal e sua incapacidade de resistir-lhe; ora o que determina o clima espiritual é antes (com Lucas) a oração de Jesus, o conforto recebido e o convite, feito aos discípulos, de "vigiar" e de "orar" segundo o espírito do *Pai-nosso*. A arte cristã conhece, também ela, estas orientações em dosagens e estilos muito diversos. Sejam quais forem os detalhes da "noite em que foi entregue", a tradição bíblica e cristã não podia e não pode nunca deixar de formular a questão de saber como Jesus pôde atravessar este momento último de sua existência e deixar de convidar aquelas e aqueles que o invocam a extrair, da contemplação desta "hora", um alimento e forças espirituais para suas próprias "travessias". A interpretação da prisão de Jesus é evidentemente tributária destas diferentes abordagens de sua agonia.

Prisão e renúncia à resistência

Além do papel de Judas na prisão de Jesus, os quatro evangelhos narram o episódio da orelha do servo do Sumo Sacerdote, cortada por um dos discípulos[28]. Mateus e João motivam a recusa de Jesus a qualquer resistência armada relacionando sua prisão ao "cumprimento das Escrituras" ou, mais explicitamente, à "taça que o Pai lhe deu a beber". Apenas Lucas introduz um breve diálogo com seus discípulos, fazendo desta recusa um princípio e acrescentando o gesto da cura da orelha – o que é tanto mais significativo porque o grupo de Jesus comportava pelo menos um "zeloso", Simão, que, como Judas, pertencia sem dúvida, também ele, a estes primeiros grupos de "apaixonados pelo Deus de Israel", que se juntarão mais tarde à corrente judaica chamada "zelota"♦ de resistência ao ocupante romano.

É preciso lembrar aqui o diálogo do Jesus lucano com seus apóstolos no final da refeição pascal e antes da subida ao jardim do Getsêmani. Este diálogo contém alguns versículos pouco claros: Jesus antecipa a itinerância missionária de seus discípulos após sua morte e os convida a vender seus mantos para adquirir uma espada, se é que já não possuem uma, enquanto ele próprio recusa as duas espadas que lhe apresentam[29]. A partir de Carlos Magno, durante séculos, as pessoas se interessarão muito por estas duas espadas, transformando-as em símbolos do poder temporal e do poder espiritual, sem dar muita importância ao princípio da não-resistência armada; o que prova, se fosse necessário, até que ponto a ausência de defesa de Jesus, que sem dúvida alguma é histórica, se revelará desconcertante e suscitará interpretações diversas, e até conciliações. Ora, não se harmoniza ela perfeitamente com o dom de si do Mestre, significado pelo gesto do pão e do vinho por ocasião da refeição pascal?

"A hora" e "o poder das trevas"

Embora sejam discretas, as indicações evangélicas que permitem interpretar as atitudes, gestos e recusas de Jesus existem realmente e todas elas implicam o conjunto do relato, remetendo cada vez à teologia própria de seu autor. Já foi assim a propósito da angústia de Jesus, de sua oração e da "taça". No tocante à indicação temporal da "hora"[30], Lucas e João são particularmente cuidadosos. O Cristo de João vive, desde o início de seu itinerário, para esta "hora", que é a de Deus e a da glorificação do Pai pelo Filho e do Filho pelo Pai. Lucas a situa de outra maneira: não se trata da hora de Deus, mas da hora dos adversários e do mal, a hora em que Jesus renuncia a toda resistência armada e "deixa fazer", a "hora" em que Deus se cala e abandona às "trevas" o "poder" ou o desenrolar dos acontecimentos. O Filho do homem é "entregue às mãos dos pecadores", de acordo com a expressão de Marcos e de Mateus[31], da qual Lucas guarda

◄ Cf. *Era "a hora de Jesus"?*, p. 620.

"Ele ainda falava, quando um bando se aproximou. Aquele que chamavam Judas, um dos Doze, caminhava à sua frente; ele se acercou de Jesus para dar-lhe um beijo. Jesus lhe disse: 'Judas, com um beijo entregas o Filho do homem?' Vendo o que ia acontecer, os que cercavam Jesus lhe disseram: 'Senhor, devemos ferir com a espada?' E um deles feriu o servo do Sumo Sacerdote e lhe decepou a orelha direita. Mas Jesus tomou a palavra: 'Deixai fazer, até isto', disse ele; e tocando-lhe a orelha, o curou. Jesus disse então aos que tinham vindo contra ele, sumos sacerdotes, chefes dos guardas do templo e anciãos: 'Como contra um bandido, partistes com espadas e com paus! Quando eu estava convosco cada dia no Templo, não pusestes a mão sobre mim; mas agora é a vossa hora, é o poder das trevas'."

Lucas 22.47-53

uma reminiscência, pondo-a na boca de Jesus quando prevê o beijo de Judas: "Judas, é com um beijo que tu entregas o Filho do homem?"[32] Em Marcos e Mateus, o verbo "entregar" está na forma passiva, que indica perfeitamente que a ação pertence doravante aos adversários e ao mal.

As "trevas", com efeito, cercam e ultrapassam o que fazem os adversários humanos de Jesus: de acordo com Lucas, Satanás, que tentou Jesus no deserto, entra, "no momento fixado", em Judas, chamado Iscariotes, que é do número dos Doze, "passa pelo crivo os discípulos" e entrega Jesus ao "poder das trevas"[33]. Está aqui a última chave teológica da cena do monte das Oliveiras e da prisão de Jesus, para Lucas e, de maneira diferente, para João. Esta chave já está presente em Marcos e Mateus. Trata-se da vitória pascal sobre o mal[34] mediante o último ato de "resistência" de Jesus, que consiste em obedecer à vontade salvífica de Deus e em renunciar a todo contra-ataque, com o risco de deixar a violência do adversário chegar até ao seu limite[35].

1. Lc 22,39; em referência a 21,37. **2.** 1Cor 11,23. **3.** Lc 22,39; de acordo com uma fórmula própria do estilo lucano. **4.** Lc 22,41-44. **5.** Lc 22,40-41 e 40-46 (tradução literal). **6.** Lc 22,47. **7.** Lc 22,54. **8.** Lc 22,47-53. **9.** Mc 14,26-51. **10.** Mt 26,30-56. **11.** Apoiando-se numa profecia tirada de Zc 13,7. **12.** Lc 3,21; 5,16; 6,12; 9,18; 9,28-29; 10,21-22. **13.** *José e Asenet* 4,11. **14.** Mc 14,33-34. **15.** Jo 12,27. **16.** Mc 15,34. **17.** Lc 8,46; 22,32 e 22,43. **18.** Encontra-se também num apócrifo, o *Evangelho de Nicodemos*, e poderia também ser o pano de fundo da dramatização da oração de Jesus na carta aos Hebreus: "Foi ele quem [...] ofereceu orações e súplicas com grande clamor e lágrimas àquele que podia salvá-lo da morte, e foi atendido por causa de sua submissão" (Hb 5,7). **19.** Fl 2,8-9. **20.** Jo 6,38. **21.** Mc 14,36; Mt 26,39; Lc 22,42; Jo 18,11. **22.** Cf. Mc 10,38-39 (Mt 20,22-23): "Podeis beber a taça que vou beber...?", versículos que anunciam também para eles uma morte violenta, que Lucas não conhece. **23.** Cf. também Hb 2,14-15. **24.** Ap 14,10; 15,7; 16,1. **25.** Cf. Hb 4,15. **26.** Lc 22,40. **27.** Lc 11,4. **28.** Mc 14,47; Mt 26,51-54; Lc 22,49-51; Jo 18,10-11. **29.** Lc 22,36-38. **30.** Mc 14,41; Mt 26,45; Lc 22,53; Jo 2,4; 7,30; 8,20; 12,23 e 27; 13,1; 16,25 e 32; 17,1. **31.** Mc 14,41-42; Mt 26,45-46. **32.** Lc 22,48. **33.** Lc 4,13; 22,3; 22,31; 22,53. **34.** Cf. Lc 10,18; Jo 12,30-31; Ap 12,8-9. **35.** Cf. Lc 4,13: "Tendo então esgotado toda tentação possível, o diabo afastou-se dele até o momento fixado";

São Judas ou o destino de um traidor

Régis Burnet
Universidade Católica de Lovaina

Enquanto a tradição nos dá a impressão de que o conhecemos bem, Judas chamado Iscariotes, provavelmente por causa de seu lugar de origem, continua sendo um verdadeiro mistério. Marcos permanece silencioso sobre os motivos reais de sua "entrega", limitando-se a tratá-la em três frases que questionam um discípulo que até o presente, no texto evangélico, só era conhecido por seu nome: "Judas Iscariotes, um dos Doze, foi ter com os sumos sacerdotes para lhes entregar Jesus. A esta notícia, eles se alegraram e prometeram dar-lhe dinheiro. E Judas procurava como entregá-lo no momento oportuno"[1]. Por que ele vai ter com os sumos sacerdotes? Que contencioso mantém ele com Jesus? O leitor apenas fica sabendo que Jesus será traído graças a uma frase que mergulha os discípulos na consternação, porque nenhum nome é pronunciado: "Em verdade, eu vos digo, um de vós me vai entregar, um que come comigo. [...]. É um dos Doze, que põe comigo a mão no prato"[2]. A parte ativa de Judas limita-se a acompanhar o bando que veio prender Jesus e a designá-lo por um beijo. Quanto não se escreveu sobre este sinal combinado, sobre este beijo dado traiçoeiramente, que dissimula a perfídia do gesto sob as aparências do respeito e do amor!

◂ Cf. *A Ceia*, p. 569.

Da traição à demonização

Mateus acrescenta ao relato de Marcos outros detalhes, como o das trinta moedas de prata (que provavelmente não tem nada de histórico, porque é preciso ver ali uma alusão ao livro de Zacarias, onde esta soma corresponde ao salário do pastor-profeta rejeitado pelos seus[3]) e sobretudo o fato de que Jesus conhece o traidor. Por que Jesus, que conhece o falso irmão, não faz nada para detê-lo? Paradoxalmente, Mateus parece mais favorável a Judas, já que o reabilita parcialmente de seu ato: Judas, dando-se conta de seu crime, sente remorsos e vai devolver o dinheiro aos sacerdotes. Estes últimos zombam dele, o que aumenta ainda mais seu desespero: ele acaba enforcando-se e os sumos sacerdotes comprarão um campo com aquilo que se tornou o preço do sangue[4].

Lucas, por sua vez, insere Judas primeiramente num combate mais amplo, que é o das forças do mal – o diabo ou Satanás – contra Jesus. No fim do relato das Tentações, ele escreve: "Tendo então esgotado toda tentação possível, o diabo afastou-se dele [Jesus] até o momento oportuno"[5]. Depois, na outra extremidade da vida pública de Jesus, Judas aparece como o instrumento de Satanás: "[No momento da] festa que chamam de Páscoa [...] Satanás entrou em Judas chamado Iscariotes, que era do número dos Doze"[6]. Durante a última refeição de Jesus, Lucas omite o episódio do bocado entregue a Judas, mas em seguida o acusa, observando que Jesus lhe dirige uma censura amarga: "Judas, é com um beijo que tu entregas o Filho do homem?"[7] No livro que é a continuação de seu evangelho, os Atos dos Apóstolos, Lucas vai até mais longe, apresentando uma outra versão da morte de Judas. Não só ele não se arrepende, mas sucumbe de maneira atroz: "Esse homem, com o salário da iniquidade, comprou um terreno. Caindo de bruços, abriu-se pelo meio, e todas as suas entranhas se derramaram"[8]. O leitor familiarizado com os escritores antigos sabe que o horror do fim assinala a atrocidade dos crimes: Judas perece com a repugnante morte dos tiranos e dos perseguidores, como Antíoco IV Epífanes, que havia profanado o Templo e acabou lançando-se no mar, ou Herodes o Grande, que acaba corroído pela gangrena e tenta se suicidar.

Cf. *As Tentações no deserto*, p. 185. ▶

João, por fim, esboça um retrato particularmente caricatural do Iscariotes: diante de um Jesus onisciente que anuncia desde o início que será traído, ergue-se um Judas diabólico. "Um de vós é um diabo!"[9], assim profetiza o Nazoreu desde o início de seu ministério público. E de fato, por ocasião da Ceia, é realmente o próprio Satanás que entra em Judas quando Jesus lhe entrega o bocado. O motivo da traição é claramente estabelecido pelo evangelista: se Judas murmura durante a unção em Betânia, quando Maria, a irmã de Lázaro, derrama sobre os pés de Jesus um perfume muito precioso, é "porque era ladrão e, encarregado da bolsa, roubava o que nela se depositava"[10].

Cf. *A unção em Betânia, ou a mulher esquecida*, p. 535. ▶

Para eliminar estas ambiguidades, foram apresentadas duas interpretações sucessivas. Durante séculos, foi proposta uma lenda negra, que acusa Judas e os Judeus dos quais ele era considerado o representante – sendo o nome Judas idêntico a Judá/Yehuda, um dos doze filhos de Jacó, que deu seu nome à região da Judeia e, com isso, aos Judaítas e depois aos Judeus/Yehudim. Mais tarde, pelo contrário, a partir do século XIX, Judas foi reabilitado. Ora, estas duas atitudes são outras tantas maneiras de esvaziar as questões. Convém evocar dois tipos de condenação: a de Agostinho e a de João Crisóstomo. Agostinho se mostra sensível à condenação eterna de Judas, porque ele acentua o horror de seu suicídio[11]: enquanto, na Antiguidade, o fato de matar-se a si mesmo – de preferência desaprovado, ao contrário do que muitas vezes se disse – não era considerado um crime, Agostinho pensa o suicídio como o assassinato de si mesmo, abrindo assim o caminho para séculos de reprovação. "Desesperando da misericórdia de Deus, ele fechou para si o caminho para um arrependimento salutar": Judas, que pela morte tentou escapar a seu próprio julgamento, obstrui toda perspectiva de contrição e de salvação.

João Crisóstomo, por sua vez, insiste mais na vida de Judas. Encontra nela dois vícios, terríveis a seus olhos: ser avarento e ser judeu. O patriarca de Constantinopla do século III inaugura efetivamente a longa história do antijudaísmo cristão, realizando uma síntese até então desconhecida dos autores judeus da Antiguidade: associar os Judeus e o gosto pelo dinheiro. Em seu *Discurso contra os Judeus*, ele esboça o retrato de um ser cúpido e frouxo, que trai seu mestre por dinheiro e simboliza todos os Judeus, que teriam "condenado" Jesus.

A figura de Judas foi pretexto para a condenação do suicídio (Agostinho) e para uma tradição de discursos antijudaicos (João Crisóstomo).

A partir do século XVIII, os gritos de ódio contra Judas se calam e se impõe uma nova atitude, fundada numa tentativa de compreender de maneira "racional" e "histórica" os acontecimentos da vida de Jesus. Reimarus (1694-1768) é o primeiro a propor a ideia de que a figura do Salvador espiritual e sofredor, nos antípodas de um Messias político, é uma invenção dos discípulos de Jesus desorientados por sua morte. Os sucessores de Reimarus prolongam suas intuições. Para uns, Judas não é o traidor anunciado, mas simplesmente um discípulo um pouco ingênuo: convencido de que seu mestre era realmente o Messias triunfante, mas vendo que ele tardava em se manifestar como tal, teria procurado encostá-lo na parede, entregando-o às autoridades. Para outros, entre os quais David-Friedrich Strauss ou então Ernest Renan, Judas não é muito mais do que um *loser* atraído pelo lucro, que põe o dedo numa engrenagem política e religiosa que ele não domina e que acaba triturando-o completamente.

Estas duas interpretações, constantemente retomadas e refinadas até o século XX, equivalem a reabilitar Judas. Ora, seja excluindo Judas pela condenação ou perdendo-o em pequenas maquinações, evitam-se as questões difíceis.

O caso Judas apresenta dois enigmas que continuam não resolvidos

Antes de tudo, existe aqui um enigma histórico, que é o do verdadeiro contexto do ato de Judas. Em primeiro lugar, por que Judas trai? O motivo da avareza não resiste por muito tempo a um exame preciso dos textos: Marcos e Lucas permanecem muito alusivos, sendo que o número de trinta moedas de prata fornecido por Mateus é um simples eco escriturístico do profeta Zacarias e apenas João acusa Judas desta forma[12]. Em segundo lugar, por que os sumos sacerdotes precisam de Judas para entregar-lhes Jesus? Na época, Jerusalém é uma cidade pequena e Jesus é muito bem conhecido: prega em público todos os dias, realiza milagres, está cercado por uma multidão que assinalaria imediatamente sua presença a quem o procurasse. Em terceiro lugar, o que Judas faz realmente? Os evangelhos o apresentam no momento da prisão de Jesus abraçando-o como um sinal de reconhecimento. Limita-se ele a indicar-lhes o lugar habitual de repouso de Jesus? Abraça ele a Cristo para dar o sinal da prisão ou para que a soldadesca não se engane de suspeito?

Jesus foi "entregue" no sentido de "traído", ou ele próprio se entregou mostrando sua confiança até o fim?

O segundo enigma é teológico. Resulta do confronto entre a onipotência de Deus e a realidade da traição. Por que Deus deixou Judas trair Jesus e por que Jesus o teria escolhido como discípulo? Encontramos no "caso Judas" uma espécie de resumo de todo o mistério do mal. Por que Deus, infinitamente bom, permite o mal, mesmo em nome da liberdade? E por que Jesus não denunciou Judas? Porque, se é muito claro que a confissão da divindade de Jesus não obriga a reconhecê-lo onisciente e se, portanto, ele precisou descobrir com horror que seu discípulo o iria entregar, parece que Jesus consentiu, deixou Judas "entregá-lo"; dando a Judas um bocado durante a última refeição, ele parece até manter com ele uma proximidade, ou mesmo uma familiaridade perturbadora.

É preciso voltar ao próprio mistério de Jesus, cuja vida inteira reflete uma confiança absoluta no Pai e uma confiança total também nos homens em cujas mãos ele se "entregou"[13]. Em Judas, como nos outros, Jesus quis confiar até o fim, se entregou a eles e se deixou entregar por Judas. Com efeito, o verbo escolhido pelos evangelhos, *paradidômi*, não significa "trair", mas antes "entregar", um verbo cujo sentido não implica absolutamente a ideia de infidelidade ou de perfídia, mas simplesmente a de entregar na mão apropriada. Do ponto de vista humano, Judas ter-se-ia limitado a "entregar" Jesus aos sumos sacerdotes, como se entrega um prisioneiro ao tribunal. Mas é assim que se conclui a missão de Jesus, que a fé entende como um "abandono" consentido ao mundo, ao contrário de todas as lógicas do mundo.

1. Mc 14,10-11. **2.** Mc 14,18-20. **3.** Zc 11,4-16. **4.** Mt 27,3-10. **5.** Lc 4,13. **6.** Lc 22,1-3. **7.** Lc 22,48. **8.** At 1,18. **9.** Jo 6,70-71. **10.** Jo 12,1-7. **11.** Agostinho. *Cidade de Deus*, I, 17. **12.** Mc 14,10-11; Lc 22,3-6; Mt 26,14-15 e 27,3-9; Jo 12,5-6. **13.** Mc 9,31.

ESCLARECIMENTOS

Jesus havia previsto sua morte?

Roselyne Dupont-Roc
Instituto Católico de Paris

Às vezes os cristãos são levados a atribuir a Jesus uma presciência total dos acontecimentos e especialmente de sua morte, com o risco de não respeitar, ou até de esquecer, a humanidade e o fato de que ela implicava para ele, como para todos, certa ignorância do futuro, a necessidade de fazer escolhas às vezes difíceis e de assumir riscos. Para isso apoiam-se, entre outras, na expressão "é preciso", posta na boca de Jesus em numerosas ocasiões pelo evangelho de Lucas[1], e na maneira como ele descreve o que acontece como sendo a expressão de uma vontade predeterminada de Deus, que se verifica pelo cumprimento das Escrituras.

Mas a notável construção do relato de Lucas nos leva antes a compreender o emprego destas expressões e de fórmulas aparentadas como uma releitura da progressiva tomada de consciência, por parte de Jesus, de sua missão e dos riscos mortais que ele corria, à medida que seguia seu caminho à escuta do Pai. É preciso, aliás, levar em consideração, nos evangelhos de Marcos e de Mateus, esta afirmação surpreendente que só podemos atribuir ao próprio Jesus a propósito do fim: "Quanto a este dia e a esta hora, ninguém os conhece, nem os anjos do céu, nem o Filho, ninguém senão o Pai"[2].

Como todo jovem de seu tempo e de seu ambiente rural, Jesus deve, em algum momento, ter-se confrontado com a morte; ele deve ter percebido e se adaptado à ideia de que ele próprio morreria algum dia. Neste ponto, de acordo com os hábitos da época, os relatos evangélicos não prestam nenhuma atenção à evolução psicológica da criança e às suas etapas. Mais tarde, porém, quando Jesus põe o pé na estrada e percorre a Galileia anunciando o Reino de Deus muito próximo, os evangelistas realçam a emoção e a indignação que ele sente diante de toda forma de aflição humana; uma indignação que, de acordo com Marcos, o leva a reerguer a filhinha do chefe da sinagoga que acaba de morrer[3] e, de acordo com Lucas, a devolver a uma viúva seu filho único já sendo levado para o cemitério[4]. Então a multidão dá glória a Deus: "Um grande profeta se ergueu no meio de nós e Deus visitou o seu povo"; mas outros, especialmente escribas e doutores da Lei, se inquietam com sua popularidade crescente e já se interrogam sobre a maneira como poderão desembaraçar-se dele[5].

Sem demora, é a possibilidade de sua própria morte que Jesus deverá encarar. No momento em que ele toma a decisão de subir a Jerusalém[6*], o evangelho de Lucas traz esta estranha expressão: "ele endureceu seu rosto para dirigir-se a Jerusalém", que ecoa o poema do livro de Isaías em que o profeta servo de Deus, exposto aos ultrajes das pessoas próximas, "tornou [seu] rosto duro como sílex"[7] para enfrentar os golpes e finalmente a morte, certo de que Deus não o abandonaria.

Já numa forma enigmática para eles, Jesus havia anunciado a seus discípulos:

"O Filho do homem devia sofrer muito, ser rejeitado por parte dos anciãos, dos sumos sacerdotes, dos escribas, ser morto e, no terceiro dia, ressuscitar"[8]. Pelo caminho, diversas vezes, ele se lamenta a respeito da cidade que não soube ouvir a advertência dos profetas e se converter: "Jerusalém, Jerusalém, tu que matas os profetas e apedrejas os que te são enviados, quantas vezes eu quis reunir os teus filhos como uma galinha reúne os seus pintinhos sob as asas, e vós não quisestes"[9].

De maneira significativa, os evangelhos sinóticos pontuam assim o caminho de Jesus por aquilo que se chamou de "anúncios da Paixão"[10]: "Eis que vai se cumprir tudo o que os profetas escreveram a respeito do Filho do homem. Ele será entregue aos pagãos, submetido ao escárnio, aos ultrajes, aos escarros; eles o flagelarão e o matarão e, no terceiro dia, ele ressuscitará". Se a maior parte dos especialistas acha difícil ver aqui palavras do próprio Jesus, compreende-se que, após sua prisão e sua morte, foi fácil atribuir-lhe esse pressentimento e ver aqui uma profecia de sua morte, expressa então com a ajuda dos "é preciso". Mas isto corresponde certamente a uma tomada de consciência de Jesus que tenta em vão convencer seus discípulos. Um elemento pode nos esclarecer: a cruz aqui nunca é evocada (salvo no último anúncio do evangelho de Mateus); deste fato podemos deduzir que Jesus lia realmente sua missão na linha da missão do profeta perseguido, o Servo sofredor apresentado pelos cantos do livro de Isaías. E este pressentimento se transforma em verdadeiro discurso testamental por ocasião da última refeição, com seus discípulos: "Pois eu vos declaro, é preciso que se cumpra em mim este texto da Escritura: *Eles o contaram entre os criminosos*. E, de fato, o que me concerne vai se cumprir"[11].

Assim, pelo caminho, Jesus tomou consciência de maneira cada vez mais nítida do fato de que, como muitos profetas do passado, ele será rejeitado em Jerusalém e provavelmente apedrejado. E ele assumiu conscientemente o risco. No entanto, não é como um profeta que ele vai morrer; mas, entregue aos romanos sob o falso pretexto de fomentar a agitação popular, será condenado ao suplício mais cruel e mais humilhante: a cruz. Tudo leva a pensar que Jesus descobriu a possibilidade desta morte atroz por ocasião de sua última estadia em Jerusalém. Morte dos escravos, dos agitadores políticos e dos condenados por direito comum, morte que aos olhos dos Judeus podia fazer dele um "maldito de Deus", é a eventualidade desta morte que Jesus enfrenta na noite terrível que precede sua prisão: sua oração no monte das Oliveiras.

Solitário, abandonado pelos seus, ele descobre o caminho que o espera e, no final de um intenso combate interior, aceita enfrentar a morte que se aproxima[12]. Assim, no relato da Paixão segundo Lucas, Jesus foi até o fim da angústia humana diante da morte; igualmente, na cruz, não lançará, como em Marcos e Mateus, um grito de angústia a Deus que se cala ("Por que me abandonaste?"), mas se voltará para o Pai num Salmo de confiança tranquila: "Pai, em tuas mãos entrego o meu espírito"[13]. Lucas confirma que Jesus entrou livremente no projeto de Deus tal como podemos decifrá-lo lendo as Escrituras. Mas as últimas cenas do relato lucano revelam também que este projeto só se ilumina exatamente à luz do que Jesus viveu e do que se passou entre ele e o Pai. Juntando-se aos discípulos que retornam a Emaús**, e depois aos Onze em Jerusalém, Jesus ressuscitado começa explicando-lhes "em todas as Escrituras o que lhe concernia"[14] e como "era preciso que elas se cumprissem": "O Cristo (Messias) devia sofrer e ressuscitar dos mortos no terceiro dia"[15].

As expressões da necessidade de cumprimento das Escrituras ("era preciso") remetem ao desígnio de salvação de Deus que chega a seu termo. Mas Lucas imagina o conjunto da vida e do ministério de Jesus como a realização de um "é preciso" pronunciado pelo próprio Jesus, em sua entrada na vida adulta, no Templo de Jerusalém: "*é preciso* que eu me ocupe com os negócios de meu Pai"[16], responde ele aos pais que o procuravam inquietos. Por consequência, a necessidade de que se trata não é nem um destino inevitável nem uma fatalidade, e menos ainda a expressão de um Deus que desejaria o sofrimento e a morte de um filho. Pelo contrário, é a expressão de um amor maior, que aceita até o sofrimento e a morte, e do qual a parábola do pai misericordioso no âmago do evangelho nos dá talvez a chave. Na volta do filho perdido, o pai deixa transbordar sua alegria: "*Não era preciso* alegrar-se e fazer festa, porque teu irmão estava morto e agora está vivo?" Um "era preciso" jorrado das entranhas do pai, um amor que aceitou tudo – a rejeição, a separação e até a degradação do filho –, para acolhê-lo sem condições. Jesus descobre o coração de Deus, entrando livremente e até o fim no "é preciso" de seu próprio amor.

* Cf. *Que sentido deu Jesus à sua subida a Jerusalém?*, p. 523.

** Cf. *Em Lucas: os discípulos de Emaús e os outros*, p. 701.

1. Lc 2,49; 4,43; 13,33; 17,25; 22,37; 24,26 ("Não era preciso"); 24,44. **2**. Mc 13,32; Mt 24,36 (os manuscritos mais antigos). **3**. Mc 5,41-42; Lc 8,54. **4**. Lc 7,15. **5**. Já Mc 3,6. **6**. Lc 9,51. **7**. Is 50,7. **8**. Lc 9,22. **9**. Lc 13,34. **10**. Mc 8,31; 9,31; 10,33; Mt 16,21; 17,22; 20,18-19; Lc 9,22; 9,44; 17,25; 18,31-33. **11**. Lc 22,37. **12**. Lc 22,39-46. **13**. Lc 23,46 citando Sl 31,6. **14**. Lc 24,27. **15**. Lc 24,46. **16**. Lc 2,49.

* * *

Era "a hora de Jesus"?

Yves-Marie Blanchard
Instituto Católico de Paris

"A hora de Jesus", sob as expressões "minha hora e "sua hora", é uma fórmula própria do evangelho de João. Ela designa especificamente o tempo da Paixão e da Ressurreição, ou seja, o objeto da segunda metade do evangelho (capítulos 13–21), enquanto a primeira parte, dedicada ao relato da vida pública (capítulos 1–12), é comumente designada como "Livro dos sinais"*. Com efeito, o evangelho segundo João se apresenta como um díptico, cujas duas tábuas se interpretam uma em relação à outra. Se é verdade que, de acordo com este evangelho, a hora da cruz vê a plena revelação da condição divina de Jesus, chamada também "glória", os sinais realizados durante a vida pública já constituem uma manifestação de seu ser e de sua missão, segundo o princípio enunciado no discurso a Nicodemos**: "Deus amou o mundo a tal ponto que deu o seu Filho único, para que todo aquele que nele crê não pereça, mas obtenha a vida eterna"[1]. No entanto, é preciso esperar a hora da cruz para que seja dissipada toda ilusão sobre a própria natureza de Jesus e sua missão de salvação junto aos homens: "Eis que chegou a hora em que o Filho do homem deve ser glorificado"[2].

De fato, por ocasião do primeiro "sinal" realizado nas bodas de Caná***, Jesus declara à sua mãe: "A minha hora ainda não chegou"[3]. Com isto, Jesus marca a diferença em relação à hora da cruz, mas simultaneamente antecipa a "glória" final, que ele transforma em chave de interpretação do conjunto dos sinais de sua vida pública. É justamente o que sugere o narrador, que conclui o relato de Caná nos seguintes termos: "Este foi o primeiro dos sinais que Jesus realizou em Caná da Galileia. Ele manifestou a sua glória e seus discípulos creram nele"[4]. Da mesma forma, diversas vezes, a expressão "vem a hora e é agora"[5] ou "e ela já chegou"[6] realça a tensão entre o "já" e o "ainda não" da revelação de Jesus desde o tempo de sua vida pública. O leitor de João é assim convidado a reler todo o percurso de Jesus à luz dos acontecimentos da hora, ou seja, sua morte e sua ressurreição. É somente a este preço que ele poderá compreender as atividades de Jesus, não apenas seus milagres, mas também seus encontros e suas palavras, como outros tantos sinais de sua verdadeira identidade, a saber, sua relação filial com Deus, que é a definição de sua "glória"[7].

Quanto à própria hora da cruz, tão esperada e anunciada ao longo de todo o evangelho, ela parece unir duas realidades contraditórias: dor e alegria, ou ainda morte e vida, à semelhança da hora da mulher que dá à luz[8], repartida entre as dores do parto e a alegria porque um ser humano veio ao mundo. Por conseguinte, a abertura do grande relato pascal de morte e ressurreição será marcada por uma solene referência à hora, por ocasião da última refeição: "Antes da festa da Páscoa, sabendo Jesus que tinha chegado a sua hora de passar deste mundo para o Pai, tendo amado os seus que estavam no mundo, amou-os até o fim"[9]. Este é realmente o cume do percurso terrestre de Jesus, como também o ponto de chegada (o *telos* em grego) de todo o caminho percorrido durante seus três anos de ministério.

* Cf. *Por que João fala de sinais?*, p. 298.

** Cf. *O caso Nicodemos*, p. 483.

*** Cf. *Que sentido dar ao "sinal" de Caná?*, p. 196.

1. Jo 3,16. **2**. Jo 12,23. **3**. Jo 2,4. **4**. Jo 2,11. **5**. Jo 5,25. **6**. Jo 16,32. **7**. Jo 1,14. **8**. Jo 16,21. **9**. Jo 13,1.

Marion Muller-Colard
Escritora, teóloga

A noite de Pedro

Roma, ano 64 de nossa era, prisão Mamertina[1]

Teu corpo, tu não o consideraste realmente até então, não é? Tu o criaste como um animal doméstico. Tu o querias dócil, utilitário. Não querias esta coisa que engole todo pensamento numa rede de nervos. O medo elétrico que corre por baixo de tua pele, esses músculos retorcidos pela angústia, esta reivindicação do pulmão que se comprime em trejeitos de falta. Falta de ar. Tua respiração, esta troca entre ti e o mundo, a ela nunca tinhas prestado atenção, não é? A fala é um revelador potente.

Passas a ponta do dedo sobre os traços cavados à unha na parede de tua cela. Esfregas, entre o dedo indicador e o polegar, a poeira gredosa que resulta deste toque. Estupidamente, tu a levas aos lábios. Não tens nem fome nem sede, queres simplesmente alguma coisa na boca.

Conheces o fim da história. Também ele a conhecia. Quanto a ti, não querias ouvir. Não havias deixado mulher e filhos para isso. Nenhuma debandada. Teu corpo utilitário sabia puxar as pesadas redes do fundo do lago. É bem pequena, Tiberíades, e cercada de colinas. Ali não se pensa mais longe do que a geração que se tem nas mãos. A ideia de alimentá-la para que ela, por sua vez, alimente a geração seguinte. Aquela na qual não se pensa. A cada vida basta seu sofrimento. Quanto a ele, ele veio procurar-te ali, no lodo do cotidiano. Ele deslocou as montanhas e a necessidade. Tu enxergaste mais longe do que a outra margem do lago. Não gostaste disto, mas isto te lançou uma vertigem tal que, desde então, tinhas necessidade de te apoiar em alguém. E foi ele. Tu te imaginaste mestre dos discípulos, zeloso, favorito, curandeiro, mago, profeta. Tu te imaginaste acima das leis, foi com base neste mal-entendido que o seguiste. Ele morreu há muito tempo, tu conheces agora a lei do corpo e o medo dos animais que são levados ao matadouro.

Ontem, ao esvaziar as latrinas, o guarda te cochichou: "É amanhã a tua vez, Simão". Tu pediste pão molhado num pouco de vinagre, ele manteve sua promessa, veio trazê-lo a ti. O que resta de tuas mãos segura a escudela rachada. Teu dedo recolhe as gotas que pingam da fenda. Sugas a última embriaguez, mas em parte alguma encontras a coragem de morrer.

É uma história maluca. Existem pessoas que dormem, neste momento, sem pensar que respiram. Assim teu companheiro de cela na sua cama. Um bebê, uma ofensa. Ele ouviu como tu a palavra incisiva do guarda, mas dorme. Ele espera um julgamento, um castigo, no máximo. Tu, por tua vez, descobres um corpo, e nada mais. Um corpo refratário à morte. Tu pensas nele.

Pensas que o viste, vivo pela segunda vez, irreconhecível após ter conhecido a morte. Será que não fantasiaste? E embora tenhais sido diversos, não vivestes simplesmente uma fabulação coletiva, a única brisa que podia mover vossa vela, todos impulsionados pelo mesmo desejo? Que tudo isso não tenha sido em vão.

Pois as palavras – e houve palavras –, o que podem elas fazer por ti nesta hora? A mais afiada das palavras não perfura o couro do terror. Este couro espesso, que te faz uma mortalha, tu o perfuras com lembranças fugazes. Seu rosto, seu perfil recortado sobre as águas, seu sorriso flutuante, a benevolência de sua fronte – sua benevolência para contigo. Não adormeceste quando ele conhecia o corpo curvado pelo medo? – este tambor pulsante do coração, cada eco do qual te repete que ele em breve parará de bater. Naquela noite, ele não te pediu nenhum milagre. Pode-se permutar pensamentos, ideias, palavras; não se pode permutar o corpo. Mesmo assim, ele não te pediu nenhuma substituição, nada mais que tua presença. Era isto que era insuportável para ti e te entregava ao sono: não ter nada a fazer. Estar ali, nada mais. Simplicidade inacessível. Eis o que nunca suportaste com ele: ele não esperava nada, dizia que tudo estava lá, ao alcance da mão, e que os próprios milagres eram uma falta de fé, uma malha disposta ao inverso. E tu, Pedro, tergiversavas.

Não compreendeste nada na refeição que precedeu esta última noite. Como muitas vezes, ele disse demais, ou não o bastante. E, no que ele disse, uma única coisa chamou tua atenção: um de vós o iria trair. Desde então, tiveste um único medo: não a morte dele, mas que fosses tu o traidor anunciado. Que tu te decepcionasses mais uma vez, virado completamente do avesso, como todas as vezes que acreditavas ter uma evidência. Ser órfão de evidências, eis o que significa segui-lo. Convivendo com ele, o que mais aprendeste foi a impossibilidade de te conheceres a ti memo. Isto não era importante; ele, por sua vez, te conhecia. E te amava apesar de tudo.

Agora te resta uma chance, quando ouves o som metálico do molho de chaves ricocheteando contra o quadril do guarda. Ele vai te conduzir às portas da morte e te restará a opção última de renegar o teu amor. Esta morte, tu a conheces, tu a viveste três vezes na manhã de sua execução. Teu corpo havia pressentido a ameaça e te afastaste. A morte não se compartilha.

O guarda empurra a grade sem dizer uma palavra. Agarras o pedaço de pão molhado e o colocas em lugar seguro em tua boca. Tu o sentes cobrir teu palato. Não se compartilha um corpo. No entanto, tu te levantas e permaneces em pé. Está ele ali, aquele que se levanta em ti, capaz de tudo o que teu corpo animal reprova? Capaz de avançar ao encontro de teus acusadores. O vinagre em tua boca decuplica sua força: juraríamos que flutuas sobre as lajes úmidas dos subterrâneos da prisão. E tu ouves o galo cantar.

Não tens nada a dizer que já não tenhas dito. E mesmo que este homem fosse um louco, um delirante, um escroque, um mentiroso, tu o amaste e creste nele. Ainda nesta manhã, ainda que sem saber, ele te deu um corpo. O galo canta uma segunda vez.

"Simão Pedro, és tu da seita dos cristãos, dos que traíram a fé legítima para seguir o Nazareno?" Em tua boca palpitam as migalhas de uma refeição eterna.

"Eu sou", dizes tu com voz clara. O galo canta uma terceira vez e tu sorris.

1. De acordo com uma tradição cristã, o apóstolo Pedro foi condenado à morte e crucificado de cabeça para baixo em Roma entre 64 e 70 de nossa era.

Parte III – A paixão

Capítulo 23 O processo e a condenação de Jesus

Capítulo 24 A crucifixão

Capítulo 25 O sepultamento

Capítulo 23

O PROCESSO E A CONDENAÇÃO DE JESUS

Poderíamos contar a história assim...

Jerusalém, tarde da noite. No pátio da casa do Sumo Sacerdote, uma fogueira foi acesa; junto a ela aquecem-se servos e servas, aos quais se juntaram homens da guarda que acabavam de prender um galileu suspeito de ter provocado desordem na cidade. Era um desses homens que se consideram profetas e que discursam para as multidões. Aqui, isso era costume; Jerusalém os atraía tão infalivelmente como os figos maduros atraem as vespas. Ele foi mantido ali durante a noite, acorrentado, esperando ser apresentado às autoridades religiosas.

Uma das criadas que se aproximou das chamas observou um homem silencioso que se mantinha sentado no círculo iluminado, de cabeça baixa, com uma parte do manto cobrindo-lhe a cabeça. Ela apontou-lhe o dedo: "Tu estavas com ele". Referia-se ao prisioneiro. Mas o desconhecido, recuando para a sombra, negou. Pouco mais tarde, alguém o questionou: "Conheces este homem". Mas, mais uma vez, ele negou. Quando a noite empalidecia, anunciando a aurora bem próxima, um guarda o apostrofou novamente: "Tu também és galileu, como este que prendemos". Mas o homem protestou novamente: "Não sei do que falas". Neste momento o galo se pôs a cantar. O homem empalideceu e voltou-se para o prisioneiro. As palavras eram inúteis, bastou o olhar que o detido lhe lançou. O homem se lembrou do que o Senhor lhe dissera algumas horas antes: "Antes que o galo cante, tu me terás negado três vezes". Deixou o pátio precipitadamente para esconder os soluços amargos que o revolviam. Era Pedro, o pescador de Cafarnaum, um dos primeiros discípulos que Jesus havia chamado.

Jerusalém, de madrugada. Na primeira hora, as principais autoridades religiosas da cidade se reuniram com urgência a fim de poder interrogar o homem que haviam mandado prender durante a noite. Ele era originário da Galileia e, na opinião de uns e outros, pretendia ser o Messias. Quando ele lhes foi apresentado, tinha o rosto inchado, porque os guardas que o vigiavam se haviam divertido com ele e o haviam espancado.

No entanto, ele não baixou a cabeça diante das perguntas que lhe faziam. Enquanto o pressionavam de todos os lados, ele falou do Filho do homem que devia sentar-se à direita de Deus, como se se tratasse dele mesmo. Para os homens que o interrogavam, isto constituía uma blasfêmia e era mais do que suficiente para apresentá-lo ao governador romano, que era o único a deter o direito de vida e morte.

Jerusalém, início da manhã. O governador começava cedo seu dia e pautava primeiramente os assuntos de justiça, em particular os delitos flagrantes. Sentava-se de maneira oficial, no pátio de sua casa. Os responsáveis religiosos da cidade lhe apresentaram seu prisioneiro e defenderam sua causa. Haviam-se reunido em conselho e combinado que, diante do romano, não só manteriam a acusação de blasfêmia, mas também, para causar uma boa impressão, acrescentariam a acusação de perturbação da ordem pública e a recusa a pagar o imposto. Estavam certos de que seu processo não tinha falhas, mas o romano detestava que lhe ditassem a conduta. Quando ouviu que o homem era da Galileia, decidiu mandar levá-lo a Herodes – que estava em Jerusalém por ocasião da Páscoa – com o pretexto de que o acusado pertencia à sua jurisdição.

Herodes, que ouvira falar deste profeta sem nunca tê-lo encontrado, mostrou-se encantado de poder vê-lo. Mas, quando viu este joão-ninguém, cambaleando por causa dos golpes recebidos, incapaz de dizer uma palavra, devolveu-o sem demora a Pilatos. No entanto, as pessoas próximas do Sumo Sacerdote não haviam largado o caso. Acompanharam seu prisioneiro até a casa de Herodes e, retornando diante do govenador, continuaram a acusá-lo.

Pilatos nem sempre tinha vontade de agradá-los. Suas histórias religiosas lhe eram totalmente incompreensíveis. Eles pretendiam que o homem blasfemava ao pretender ser "rei dos Judeus". Rei! – este miserável... Como insistissem, ele lhes propôs – como era costume no momento da Páscoa – soltar um detento e, para enraivecê-los, disse que iria soltar este Jesus para o qual não encontrava realmente nenhum motivo de condenação. Entrementes os acusadores haviam reunido homens que se puseram a gritar: "Liberta de preferência Barrabás e quanto a este, crucifica-o!" O Barrabás em questão era um amotinador acusado de assassinato. Pilatos resistiu ainda, surpreso por vê-los perseguir sem trégua este infeliz, mas não fez nada. Cansado de guerra, anuiu ao seu pedido. Ele estava ali para manter a ordem e, no momento em que a cidade transbordava de peregrinos vindos de toda parte por causa da festa da Páscoa, era inútil irritar as autoridades do Templo. E o que lhe importava a sorte deste homem? Fez um sinal a seus homens para que agarrassem o prisioneiro a fim de prepará-lo para a crucifixão...

Os guardas sabiam o que tinham a fazer. O chicote com as correias guarnecidas de chumbo atingia com regularidade o corpo desnudo do condenado. Sua carne se cobriu de grandes incisões donde escorria sangue. Não sustavam os golpes, sabendo que finalmente era um mal por um bem; quanto menos força os supliciados tivessem, tanto mais rapidamente agonizariam e, já que era para morrer pendurado numa cruz, era melhor que fosse rápido.

C.P.

Quem é responsável pela morte de Jesus?

Donald Senior
União Teológica Católica, Chicago (Estados Unidos)

O interrogatório e a condenação de Jesus, primeiramente pelas autoridades religiosas e políticas judaicas e depois pelo prefeito romano Pôncio Pilatos, constituem o elemento dramático central dos quatro relatos evangélicos da Paixão de Jesus. É necessário estudá-los um a um, em sua unidade e sua diversidade, a fim de responder à questão da responsabilidade histórica pela morte de Jesus.

As condições particulares da Judeia (da qual Jerusalém é a capital) na época da morte de Jesus tornavam necessário o envolvimento das autoridades tanto judaicas quanto romanas. Lembremos que, após a morte, no ano 4 antes de nossa era, do rei Herodes o Grande, aliado dos romanos que governava toda esta região romana, seus três filhos repartiram entre si seu reino: Arquelau governou a Judeia e a Samaria. No entanto, sua crueldade e sua incompetência levaram os romanos a depô-lo no ano 6 de nossa era. A partir deste momento, os romanos governaram diretamente a Judeia e a Samaria, estando a sede do governador situada em Cesareia Marítima, o porto mediterrâneo que Herodes o Grande havia fundado no ano 25 antes de nossa era. Por ocasião de festas judaicas importantes, como a Páscoa, quando a população de Jerusalém aumentava muito, o prefeito romano vinha a Jerusalém para supervisionar o controle da multidão. Estas condições históricas explicam o fato de Jesus ser finalmente submetido à pena capital romana da crucifixão.

Começaremos com os relatos evangélicos e, em seguida, examinaremos sua base histórica e seu significado religioso.

O encontro com os chefes religiosos judeus

O relato de Marcos[1] é uma fonte primária para Mateus e Lucas. Marcos descreve Jesus imediatamente após sua prisão no Getsêmani, quando é levado diante do Sinédrio, identificado como uma assembleia "do Sumo Sacerdote, dos sumos sacerdotes, dos anciãos e dos escribas"[2]. Esta qualificação de Sinédrio para essa assembleia levanta problemas, porque, por um lado, a constituição e a função exatas do Sinédrio na época de Jesus são incertas e, por outro, certos elementos dos relatos evangélicos não correspondem ao que se conhece a respeito dele. O lugar é provavelmente a residência do Sumo Sacerdote, já que Pedro, que segue Jesus após sua prisão, é descrito como estando no "pátio do Sumo Sacerdote". O relato da negação de Pedro desenvolve-se em torno da cena do processo; assim, Pedro nega o fato de ser discípulo justamente no momento em que Jesus é interrogado pelo Sumo Sacerdote.

Os sumos sacerdotes e os outros chefes procuram, mas sem sucesso, testemunhos contra Jesus que o tornariam suscetível de ser condenado à morte. "Muitas" falsas testemunhas se apresentam, mas seus testemunhos são contraditórios. "Alguns" afirmam que Jesus disse: "Eu destruirei este santuário feito por mãos de homem e, em três dias, construirei outro, que não é feito por mãos de homem". No entanto, mesmo estas testemunhas – que lembram a ação controversa de Jesus no Templo de Jerusalém pouco tempo antes de sua prisão[3] – não concordam. Ora, eram necessários pelo menos dois testemunhos confiáveis e concordantes em caso de condenação à morte. Finalmente, o próprio Sumo Sacerdote encara Jesus e o interroga: "Nada respondes aos testemunhos que estes aduzem contra ti?" Jesus mantém silêncio. Depois o Sumo Sacerdote lhe faz a pergunta-chave: "És tu o Messias, Filho do Deus bendito?" Jesus não só responde diretamente: "Eu o sou", mas acrescenta: "E vereis o Filho do homem assentado à direita do Poder e vindo com as nuvens do céu". Esta resposta reúne três títulos religiosos dados a Jesus no evangelho: Messias, Filho do Deus bendito (ou "Filho de Deus") e Filho do homem.

A resposta de Jesus provoca uma reação dramática: o Sumo Sacerdote rasga as vestes e declara que não há necessidade de testemunhas. "Ouvistes a blasfêmia. Que vos parece?" Em resposta, toda a assembleia condena Jesus como "digno de morte". No relato de Marcos, "alguns" começam a cuspir em Jesus, a cobrir-lhe o rosto e a zombar dele: "Banca o profeta!" Marcos observa então que os "guardas", provavelmente a polícia do Templo ou os guardas associados ao Sumo Sacerdote, começam a golpear Jesus.

◄ Cf. *Qual blasfêmia?*, p. 646.

É neste momento que Marcos situa o relato da negação de Pedro[4]; sua declaração de que nem sequer conhecia Jesus está em contraste evidente com a confissão audaciosa que este fez de sua identidade em resposta ao Sumo Sacerdote. Enquanto o interrogatório de Jesus ocorre de noite (levantando uma questão histórica abordada mais tarde), Marcos observa também que o Sinédrio se reuniu de manhã e "delibera em conselho" (o grego *symboulion* implica uma espécie de reunião formal). Depois eles "amarraram Jesus, levaram-no e o entregaram a Pilatos"[5].

◄ Cf. *A negação de Pedro*, p. 643.

Os quatro evangelistas apontam os chefes religiosos judeus como responsáveis por uma condenação de Jesus que podemos chamar de condenação preliminar.

Mateus segue de perto o relato de Marcos, mas diverge sobre alguns detalhes[6]. Ele identifica explicitamente Caifás como o Sumo Sacerdote, insistindo assim em sua má-fé, observa que o Sinédrio procurou intencionalmente "falsas" testemunhas contra Jesus e assinala que havia "duas" falsas testemunhas. Mateus modifica bastante a formulação do testemunho delas em relação ao de Marcos: elas pretendem que Jesus disse: "Eu *sou capaz* de destruir o Templo *de Deus*" e as expressões "feito por mãos de homem" e "não feito por mãos de homem" são eliminadas. Assim o testemunho contra Jesus se transforma: ele teria reivindicado o poder de destruir e ao mesmo tempo reconstruir o Templo presente.

Mateus modifica também o diálogo entre Caifás e Jesus. O Sumo Sacerdote invoca dramaticamente o Nome divino colocando a pergunta a Jesus: "Eu te conjuro pelo Deus vivo..." e a formulação de Marcos, "o Filho do Deus bendito", se torna explicitamente "o Filho de Deus". A resposta de Jesus é também formulada de maneira diferente: o "Eu o sou" da versão de Marcos é substituído pela forma mais indireta "Tu o dizes", implicando que as próprias palavras do Sumo Sacerdote enunciaram a verdade.

A reação do Sumo Sacerdote e da assembleia é semelhante à da versão de Marcos; eles combinam que ele "merece a morte". Como em Marcos, parece que os próprios membros do Sinédrio começam a maltratar Jesus e são eles – os guardas não são mencionados em Mateus – que zombam de Jesus e lhe pedem para "profetizar". Mateus fala também de uma reunião do Sinédrio realizada de manhã, mas parece implicar, mais abertamente do que Marcos, que era uma assembleia formal que tinha como objetivo condenar Jesus à morte[7].

Existem diferenças notáveis na versão de Lucas[8], sem nenhum encontro noturno com o Sinédrio. Após a prisão no Getsêmani, Lucas observa que Jesus foi levado para a "casa do Sumo Sacerdote", mas Caifás não é nomeado. Ele continua imediatamente com a negação de Pedro, dando-lhe uma moldura na qual Jesus e o discípulo se encontram no mesmo espaço. Com esta encenação, Jesus pode voltar-se, "pôr os olhos em Pedro" durante suas negações e provocar seu remorso e arrependimento[9]. Durante esse tempo, Jesus é insultado pelos que o guardam – Lucas não os identifica explicitamente. Só de manhã é que o Sinédrio se reúne para interrogar Jesus. Não existem falsos testemunhos preliminares, mas a ação vai diretamente para as perguntas-chave a respeito das acusações contra Jesus, que em Lucas são feitas pelo conjunto da assembleia. A primeira tem a ver com sua pretensão de ser o Cristo, à qual ele responde: "Se eu vo-lo disser, vós não me crereis; e, se eu vos interrogar, vós não me respondereis". Depois continua declarando como em Marcos e Mateus: "Mas doravante o Filho do homem se assentará à direita do Deus poderoso"[10]. A assembleia, então, lhe coloca um outro desafio: "Então és o Filho de Deus!" A resposta de Jesus é indireta e lembra a versão de Mateus. Sem qualificar explicitamente a resposta de Jesus como "blasfêmia", a assembleia conclui que as afirmações de Jesus bastam para enviá-lo para a casa de Pilatos para ser condenado.

A versão singular de João

Como sempre, a versão de João[11] é a mais singular dos quatro relatos. O evangelista narra que Jesus é primeiramente levado para a casa de Anás, o sogro de Caifás – sendo este o Sumo Sacerdote em função. O próprio Caifás vai desempenhar um papel muito secundário nesta etapa: após ter sido interrogado por Anás, Jesus é levado para a casa dele e, depois, da casa dele para o pretório romano, mas sem nenhuma declaração de sua parte. Em certo sentido, o evangelho de João já antecipou a condenação pelas autoridades judaicas após a ressurreição de Lázaro efetuada por Jesus: "Foi nesse dia, pois, que eles resolveram fazê-lo perecer"[12]. Anás questiona Jesus "sobre seus discípulos e sobre o seu ensinamento". Jesus responde com altivez: "Eu sempre ensinei nas sinagogas e no Templo, onde todos os judeus se reúnem, e nada disse em segredo. Por que me interrogas? O que eu disse, pergunta-o aos que me escutaram: eles bem sabem o que eu disse"[13]. No relato de João não existe resposta a estas palavras de Jesus, a não ser a de um "guarda" que bate nele, e Jesus lhe responde novamente com audácia para se defender: "Se eu falei mal, mostra em quê; se falei bem, por que me bates?" Com isso, não há deliberações e Jesus é levado para a casa de Caifás e depois, de manhã, para a casa de Pilatos.

Apesar de alguns termos empregados pelos evangelhos, não pode tratar-se de um verdadeiro processo, mas de interrogatórios informais para decidir o que fazer com Jesus.

Como conclusão deste sobrevoo das quatro versões, podemos dizer de maneira clara que os evangelhos apontam os chefes religiosos judeus como os responsáveis pela prisão, pelo interrogatório e por uma condenação de Jesus que podemos chamar de condenação preliminar. É preciso observar que o grupo dos fariseus, geralmente hostis às autoridades do Templo, não é mais mencionado e é claro que eles estiveram ausentes do conjunto do processo, da condenação e da morte de Jesus. No entanto, é difícil chegar a uma conclusão sobre a natureza histórica deste procedimento. Alguns historiadores supõem, com base nas normas citadas na Mixná♦ – uma coletânea de tradições rabínicas que datam do início do século III –, que realizar um processo de noite para as penas capitais ia

◄ Cf. *Quem são os fariseus dos evangelhos?*, p. 481.

contra a Lei judaica. O fato de se descrever o Sinédrio interrogando Jesus de noite é ou uma inexatidão da parte dos evangelhos, ou uma maneira de acusar implicitamente as autoridades religiosas de agirem de má-fé. Do mesmo modo, alguns historiadores levantaram a questão de saber se, durante este período histórico, o Sinédrio tinha ou não autoridade para impor a pena de morte ou se isto era reservado apenas à autoridade romana. O problema consiste em determinar quais eram as condições jurídicas na época de Jesus, sabendo que a Mixná foi posta por escrito cerca de dois séculos após sua morte, numa época em que os Judeus perderam definitivamente todo poder político e judicial, e que ela enuncia as normas ideais da Lei sagrada, que não correspondem necessariamente à sua expressão histórica real nessa ou naquela época. O quadro histórico mais provável é que as deliberações descritas pelos evangelhos não constituíam um processo formal e, portanto, não eram as do Sinédrio como tal, mas interrogatórios informais para decidir o que fazer com Jesus. Alguns sugerem até que os evangelistas foram influenciados em seu relato pela forma do processo romano.

É provável que a ação de Jesus no Templo, associada à agitação das multidões devida a seu ensinamento sobre o Reinado de Deus e à sua reputação de curandeiro, tenha sido entendida como provocadora pelas autoridades judaicas – o que se assemelha ao roteiro descrito por Caifás no relato de João[14]. Embora os romanos detivessem a autoridade político-religiosa última em Jerusalém, não há nenhuma dúvida de que se contava com as autoridades político-religiosas locais para manter a ordem pública e assim prevenir qualquer intervenção romana. Qualquer que possa ter sido a relutância das autoridades religiosas em entregar um Judeu aos romanos para puni-lo, elas precisavam também levar em consideração as consequências de uma perda de controle da situação e o risco de um prejuízo ainda maior.

Mas estas considerações históricas não constituíam a preocupação principal dos relatos evangélicos. O interrogatório de Jesus pelas autoridades religiosas judaicas fornece aos evangelhos a oportunidade de abordar, no contexto da Paixão, a questão da identidade real de Jesus.

O processo diante de Pilatos

Em Marcos[15], o processo romano começa de maneira abrupta com a pergunta de Pilatos a Jesus: "Tu és o rei dos Judeus?" Jesus responde, mais uma vez, de maneira indireta: "Tu o dizes", implicando que as palavras de Pilatos exprimem a verdade[16]. Provavelmente a acusação de uma pretensão à realeza deve ter sido lançada contra Jesus pelas autoridades religiosas, mas Marcos não o afirma explicitamente. Ele observa apenas que os sumos sacerdotes apresentam "muitas acusações". Jesus permanece em silêncio diante de Pilatos, uma postura já notada pelo evangelista[17], que provoca a surpresa do prefeito e que evoca talvez o silêncio do Servo sofredor do qual falou o profeta Isaías[18].

◄ Cf. *Jesus é o Servo sofredor das Escrituras?*, p. 663.

Neste momento, o relato de Marcos apresenta o incidente de Barrabás, citando um costume que consiste na libertação, pelo prefeito, de um prisioneiro, a pedido das multidões, por ocasião da Páscoa. Embora não seja improvável, este costume não é atestado por nenhum dado histórico, excetuados os relatos evangélicos. Mas sua função na narrativa do processo é clara: Marcos apresenta uma escolha dramática, confiada diretamente às multidões por Pilatos, entre Barrabás, que é descrito como um "sedicioso" associado aos rebeldes criminosos, e Jesus, o pretenso "rei dos Judeus". Marcos observa que Pilatos está consciente das motivações provenientes do ciúme dos chefes judeus. Os sumos sacerdotes continuam sendo os protagonistas, excitando a multidão a pedir Barrabás em vez de Jesus, enquanto o prefeito romano parece reticente. A multidão pede que Jesus seja crucificado. Mais uma vez, Pilatos tenta defender Jesus: "Por quê? Que mal fez ele?", mas a multidão pede a crucifixão de Jesus com voz cada vez mais forte. "Querendo satisfazer a multidão", Pilatos entrega Jesus para a crucifixão. Assim, o processo se conclui paradoxalmente com a inocência de Jesus, defendida por um prefeito romano, enquanto as multidões judaicas de Jerusalém, estimuladas pelos chefes religiosos, buscam a condenação de um dos seus.

◄ Cf. *A figura das multidões*, p. 242.

Como era o caso no encontro com as autoridades judaicas, Mateus segue Marcos de perto, mas acrescenta elementos importantes[19]. Antes de passar à cena do processo, ele intercala o relato do remorso de Judas e sua tentativa de devolver as trinta moedas pagas por trair Jesus[20]. "Pequei entregando um sangue inocente", diz ele. Este tema vai reaparecer num momento dramático no relato do processo[21]. Os sumos sacerdotes recuperam as moedas que Judas joga no Templo, o que os implica ainda mais do ponto de vista de Mateus. Como ocorre no relato de Marcos, Pilatos questiona Jesus sobre sua pretensão de ser o "rei dos Judeus", mas Jesus responde "Tu o dizes". Do mesmo modo, "os sumos sacerdotes e os anciãos" aduzem contra ele "numerosas acusações", mas Jesus permanece em silêncio. Mateus conserva também o incidente a respeito de Barrabás, mas aumenta a tensão da cena sublinhando a intenção deliberada da escolha que os chefes e as multidões devem enfrentar. Com efeito, alguns manuscritos muito antigos do tipo alexandrino e do tipo ocidental trazem no versículo 17 "Jesus Barrabás", que se opõe dramaticamente a "Jesus a quem chamam Messias"[22]. Podemos então interrogar-nos sobre a onomástica: Barrabás, cujo nome quer dizer "o filho do pai", seria assim preferido ao "verdadeiro" Filho do Pai? A multidão optaria

◄ Cf. *São Judas ou o destino de um traidor*, p. 614.

◄ Cf. *Que vestígios deixa Pilatos na história?*, p. 642.

por um Jesus criminoso e agitador, rejeitando o Jesus inocente, que só invoca o Pai celeste. Mateus acrescenta também a intervenção da mulher de Pilatos; esta, contrariamente aos chefes que procuram condenar Jesus, envia uma mensagem a seu esposo pedindo-lhe: "não te envolvas na questão deste justo".

A esta altura, Mateus introduz um outro elemento importante e próprio de seu relato, que retoma o tema do "sangue inocente". Pilatos toma água e, na presença da multidão, lava as mãos dizendo: "Eu sou inocente deste sangue. Toda a responsabilidade é vossa!" Em resposta, "todo o povo" responde: "Caia o seu sangue sobre nós e sobre nossos filhos". A ação de Pilatos é tirada do Antigo Testamento, onde se descreve um ritual semelhante: quando for encontrado "jazendo nos campos um homem vítima de homicídio, sem que se saiba quem o matou", os anciãos da cidade mais próxima devem sacrificar uma novilha junto a uma torrente na qual eles lavam as mãos proclamando: "Não foram nossas mãos que derramaram este sangue, nem nossos olhos o viram", e assim o povo será absolvido deste homicídio anônimo[23]. É desnecessário precisar que, com esta referência judaica, a ação de Pilatos, romano que não conhecia nada destas práticas e que não precisava se justificar diante de quem quer que fosse, é historicamente muito improvável. Mas, para Mateus, era necessário mais uma vez realçar que Jesus é declarado inocente pelo prefeito romano. Quanto ao grito de "todo o povo", é também uma fórmula retomada do Antigo Testamento: por exemplo, por ter matado "dois homens mais justos e melhores do que ele" à revelia do rei Davi a quem devia servir, Joab é condenado à morte por Salomão, filho de Davi, com esta palavra: "Que o sangue deles recaia para sempre sobre a cabeça de Joab e de todos os seus descendentes!"[24] Também aqui, o acréscimo do redator é evidente – é, aliás, difícil imaginar uma multidão pronunciar uma palavra tão terrível contra si mesma.

Infelizmente, este acréscimo por parte de Mateus foi um pretexto que alimentou o antijudaísmo cristão durante séculos, pois parece concluir que "os Judeus" carregam uma responsabilidade perpétua pela morte de Jesus. Mateus amplia o texto de Marcos, incluindo entre os que exigem a morte não apenas os chefes e as "multidões" (como em Marcos e em Lucas), mas também "todo o povo". No entanto, existem nuanças importantes a notar. Como já fez diversas vezes, Mateus censura aqui as autoridades religiosas por terem desencaminhado o povo e esta hostilidade reflete não só a tensão entre Jesus e seus adversários, mas também a situação contemporânea da redação de seu evangelho: o judaísmo rabínico e o cristianismo primitivo começam a seguir caminhos divergentes[25]. Por outro lado,

O acréscimo de Mateus que inocenta Pilatos e condena "todo o povo" e sua descendência alimentou o antijudaísmo cristão por dois milênios.

contrariamente a outros exemplos de expressões semelhantes no Antigo Testamento, a formulação de Mateus parece impor um limite de tempo à maldição: a responsabilidade pelo sangue derramado vai atingir a geração presente ("sobre nós...") e a seguinte ("...e sobre nossos filhos") e não "para sempre [...] todos os seus descendentes", como vimos na sentença de Salomão. É provável que Mateus, cujo evangelho é datado após a destruição de Jerusalém e de seu Templo em 70, considere esta calamidade uma punição divina pela condenação de Jesus. Por mais lamentável que possa ser seu ponto de vista, é preciso notar que Mateus não evoca uma culpabilidade sem fim.

Diferentemente de Marcos e de Mateus, Lucas descreve a assembleia dos chefes que incriminam Jesus com acusações específicas de colorido político: ele proibia pagar o imposto e se dizia Messias, rei[26]. A declaração de Pilatos, dizendo que Jesus é inocente, é reforçada por um incidente curioso que só se encontra em Lucas, a saber, a transferência do acusado para a casa de Herodes Antipas, que se encontrava em Jerusalém. Este filho de Herodes o Grande, que governava não Jerusalém, mas a região ocidental da Galileia, onde ocorreu a maior parte do ministério de Jesus, não é apresentado favoravelmente por Lucas. Ele havia mandado prender e executar João Batista e tinha a intenção de matar também Jesus[27]. Será em consideração a este governante galileu a serviço dos romanos que Pilatos envia Jesus para a casa de Herodes, que interroga o prisioneiro, mas não recebe nenhuma resposta? Tratando-o com "desprezo" e zombando dele, especialmente mandando revesti-lo com uma túnica "esplêndida", manda-o de volta a Pilatos. Podemos considerar este encontro com Herodes verossímil do ponto de vista histórico? Os especialistas estão divididos. A observação irônica de Lucas, que sugere uma reconciliação das duas autoridades políticas às custas de um condenado, leva a crer que ele fustiga aqui a perversidade dos poderes de plantão. Além disso, é o próprio Lucas que evoca nos Atos dos Apóstolos a cumplicidade dos chefes coligados contra Jesus, interpretando-a como um cumprimento do Salmo 2: "Os reis da terra e os príncipes se coligaram contra o Senhor e contra seu Messias"[28]. Em todos os casos, este incidente reforça o retrato de Herodes Antipas como mau governante, mas confirma também que nem Pilatos nem Herodes queriam levar a sério as acusações contra Jesus. Temos aqui talvez um elemento do tema apologético que reencontramos em outros lugares no evangelho de Lucas e nos Atos dos Apóstolos e que visa assinalar às autoridades romanas do tempo de sua redação (para proteger as primeiras comunidades cristãs) que Jesus e seus discípulos não eram revolucionários no sentido político do termo. No entanto, o relato realça a covardia do prefeito romano ao entregar ao suplício um homem que ele reconheceu inocente.

A versão de João também aqui é diferente

Também o evangelho de João descreve Pilatos como reticente a uma condenação e os chefes religiosos como vingativos[29]. No entanto, João amplia vigorosamente o processo diante de Pilatos com um acento particular no tema da realeza de Jesus. Dá também ao processo uma forma literária única, mediante uma série de cenas que se alternam entre o "exterior" do pretório onde Pilatos interpela os chefes religiosos e o "interior" onde ele se encontra com Jesus.

O relato começa com uma ponta de ironia: embora os chefes religiosos estejam decididos a condenar Jesus, eles não entram no pretório "para não se contaminarem e poderem comer a Páscoa" (este pretório era provavelmente o lugar do antigo palácio de Herodes o Grande). Por isso, Pilatos "vem para fora ter com eles" – introduzindo o quadro de João para toda a cena do processo. Ao longo de todo o relato, o tom do intercâmbio entre Pilatos e os chefes judeus é tenso. Na primeira parte, o prefeito lhes pergunta qual acusação trazem contra Jesus. O diálogo leva os chefes a admitir que eles não têm nenhum poder para executá-lo. No entanto, João vê aqui um motivo mais profundo para este intercâmbio, a saber, que "assim devia se cumprir a palavra que Jesus havia dito, significando de que morte devia morrer". Provavelmente esta frase remete às predições que Jesus havia feito anteriormente no evangelho: ele seria "levantado" – uma expressão joânica característica para indicar simultaneamente sua crucifixão e sua exaltação final. Com esta imagem da elevação, João faz uma referência explícita ao relato de Moisés e da serpente de bronze[30], que, fixa numa haste, permitia aos que a contemplassem ser salvos da mordida das serpentes do deserto: "E assim como Moisés levantou a serpente no deserto, é preciso que o Filho do homem seja levantado"[31] para a salvação de todos.

Os diálogos a sós entre Jesus e Pilatos, introduzidos por João em seu relato, resumem toda a sua teologia.

A cena seguinte se passa no interior do pretório – lembremos que este diálogo, aparentemente sem testemunhas, depende da construção literária por parte do evangelista, visando transmitir sua visão teológica. Agora Pilatos interroga Jesus a respeito de sua aparente pretensão à realeza[32]. Em resposta, Jesus opõe o tipo de reino terrestre pensado por Pilatos ao tipo de reino que ele próprio proclamou e que "não é deste mundo". A oposição intencionada por Jesus não é entre o "céu" e a "terra", mas antes entre os valores contrastados do Reino de Jesus e os valores esposados pelos governantes seculares. Isto fica claro no intercâmbio seguinte, quando Jesus afirma: "És tu que dizes que eu sou rei. Eu nasci e vim ao mundo para dar testemunho da verdade"[33]. Estas palavras de Jesus recapitulam toda a missão do Verbo encarnado, que vem ao mundo para revelar o amor redentor de Deus para com o mundo. A célebre pergunta de Pilatos – "Que é a verdade?" – revela sua incompreensão das palavras de Jesus.

A parte seguinte retorna ao exterior, onde prosseguem as acaloradas discussões entre Pilatos e os chefes (nomeados aqui: "os Judeus"), quando eles rejeitam sua proposta de libertar Jesus em vez de Barrabás. Quando Pilatos ordena que Jesus seja flagelado, os soldados aproveitam a ocasião para zombar dele "regiamente", vestindo-o com um manto de *púrpura* e *coroando-o* de espinhos – vemos aqui, novamente, que o tema do "rei dos Judeus" como acusação contra Jesus é recorrente em João. Pilatos conduz Jesus para fora a fim de apresentá-lo como inocente às multidões e declara teatralmente: "Eis o homem!" Mas os sumos sacerdotes e as multidões (às quais agora se juntam os "guardas") exigem a crucifixão de Jesus. Quando Pilatos, frustrado, os desafia dizendo "tomai-o vós mesmos e crucificai-o", eles injetam uma nova observação que, para Pilatos, é de mau agouro: "Nós temos uma lei, e segundo esta lei ele deve morrer porque se fez Filho de Deus!"

"Rei dos Judeus" como acusação contra Jesus é um tema recorrente em João.

Esta referência à pretensão de Jesus de ser "o Filho de Deus" causa medo a Pilatos e o leva a tentar um último intercâmbio com Jesus. Ele pergunta: "De onde tu és?" – o tipo de pergunta aberta que encontramos ao longo de todo o relato joânico[34]. Jesus se recusa a responder. Isto leva Pilatos a declarar: "Não sabes que eu tenho o poder de te soltar como tenho poder de te crucificar?" Jesus afirma aquilo que o leitor de João supostamente já deve ter compreendido: "Não terias poder algum sobre mim se não te houvesse sido dado do alto". A imagem reforça o ensinamento de João, segundo o qual o poder e a autoridade de Jesus vêm do Pai que o enviou ao mundo[35].

A última tentativa de Pilatos de soltar Jesus desmorona no medo quando as multidões ameaçam: "Se o soltares, não estarás agindo como amigo de César! Pois todo aquele que se faz rei declara-se contra César" – uma acusação que ecoa o tom político das acusações contra Jesus no relato de Lucas[36]. Toda a cena do processo se conclui então de maneira dramática. Pilatos conduz Jesus para fora, diante das multidões, e "o instalou em uma tribuna" – um gesto notável que parece situar Jesus como juiz e não como prisioneiro condenado! João observa também a hora exata: meio-dia, o dia da preparação da Páscoa; em outras palavras, o exato momento em que os cordeiros da Páscoa são sacrificados no Templo para o *seder*♦ – o leitor de João se lembra que, no início de seu evangelho, o Batista havia reconhecido Jesus como "o cordeiro de Deus que tira o pecado do mundo"[37]. Pilatos, mais uma vez, proclama ironicamente a identidade de Jesus como rei dos Judeus ("Devo eu crucificar o vosso rei?"), mas se choca com a recusa obstinada da multidão: "Nós não temos outro rei, senão César", o que o leva a entregar o prisioneiro para ser crucificado.

A responsabilidade pela morte de Jesus

Por muitas razões, o papel dos romanos na condenação de Jesus é minimizado pelos evangelhos e o das autoridades judaicas é superestimado.

Cada um dos quatro evangelhos indica claramente que Jesus foi condenado à crucifixão pelo prefeito romano Pôncio Pilatos. No entanto, desde o início, os relatos descrevem os chefes religiosos judeus como os primeiros responsáveis por sua prisão e por sua condenação final, por causa de suas pretensões religiosas. As acusações dos chefes religiosos contra Jesus no processo romano assumem um viés mais político, em particular nos relatos de Lucas e de João: incitação à revolta, recusa a pagar o tributo e, acima de tudo, pretensões à realeza. Por outro lado, Pilatos é descrito como um juiz reticente, que está convencido da inocência de Jesus, mas permite que prevaleça a vigorosa oposição dos chefes religiosos e, finalmente, das multidões presentes ao processo. Assim, o papel dos romanos na condenação de Jesus é reconhecido, mas minimizado, pelos evangelhos; as autoridades judaicas é que são acusadas de carregar a maior responsabilidade[38]. Mas outras considerações fragilizam um pouco a exatidão histórica do ponto de vista evangélico.

Primeiramente, é preciso levar em consideração o fato de que os primeiros cristãos estavam muito mais preocupados com a relação entre Jesus e os seus correligionários judeus do que com o papel dos romanos. Muito antes da entrada triunfal de Jesus em Jerusalém, os evangelhos apontaram a tensão entre Jesus e alguns chefes religiosos a respeito de questões de interpretação da Lei e da afirmação de sua autoridade religiosa. Assim, no quadro dos relatos da Paixão, cada evangelista utiliza as palavras do "processo" organizado pelas autoridades judaicas para dar um ponto culminante a estas polêmicas: realmente, no decurso destes procedimentos, Jesus revela ser verdadeiramente o Messias régio, o rei, mas diferente dos reis temporais, o próprio Filho de Deus, que, por seus sofrimentos e sua morte, trouxe a salvação ao povo de Deus.

Por outro lado, a descrição das autoridades religiosas judaicas sob uma luz negativa nos evangelhos é também influenciada por uma crescente tensão, que é contemporânea de sua redação, entre o judaísmo rabínico emergente e o cristianismo primitivo. Nos decênios seguintes à destruição de Jerusalém e de seu Templo no ano 70, as duas comunidades estavam empenhadas particularmente em defender sua própria identidade e legitimidade. A intenção original dos evangelhos não era oferecer um relato objetivo das condições históricas e jurídicas da condenação de Jesus, mas refletir sobre o significado desses acontecimentos para a nova fé cristã, em sua diferença em relação ao "concorrente" rabínico. Mas sempre se respeitou a lembrança do fato de que os fariseus não estiveram implicados na morte de Jesus.

Além disso, os relatos evangélicos queriam também provar ao mundo greco-romano que Jesus e seus discípulos não eram rebeldes políticos. Jesus fora crucificado; mas, como o próprio prefeito romano dissera insistentemente, ele fora condenado injustamente.

E, finalmente, a coragem de Jesus diante dos interrogatórios, das acusações injustas e da tortura era um exemplo capaz de inspirar seus discípulos, que deveriam também enfrentar semelhantes tribulações.

Todas estas razões levaram os evangelistas a distorcer em sua narrativa a realidade histórica, o que, aliás, como foi dito, não era seu objetivo primeiro. Após uma leitura crítica destes relatos, podemos concluir que a responsabilidade pela morte de Jesus, num sentido estritamente histórico, implicou a colaboração de *algumas* autoridades religiosas judaicas com o prefeito romano da Judeia. Estamos aqui bem longe da ideia de considerar todos os Judeus da época de Jesus responsáveis por sua morte, e menos ainda "os Judeus" ao longo dos séculos. As alegações de responsabilidade coletiva do povo judeu, acusado de crime de "deicídio", e as perseguições antissemitas daí resultantes, são uma das maiores tragédias da história cristã. E é preciso lembrar aqui que, na segunda metade do século XX, a maioria das Igrejas cristãs rejeitou definitivamente e firmemente a noção de uma culpabilidade coletiva e permanente dos Judeus pela morte de Jesus. Quanto à Igreja católica, esta tomada de consciência passou pela declaração *Nostra Aetate* do Concílio Vaticano II em 1965 e se manifestou por uma "pedagogia da estima" radicalmente oposta à "pedagogia do desprezo" dos séculos passados. Entre os numerosos documentos oficiais que balizam este processo, a Pontifícia Comissão Bíblica declarava, por exemplo, em 2001, que "uma atitude de respeito, de estima e de amor para com o povo judeu é a única atitude verdadeiramente cristã numa situação que faz parte misteriosamente do desígnio benévolo e positivo de Deus"[39].

1. Mc 14,53-72. **2**. Mc 14,53. **3**. Mc 11,15-19. **4**. Mc 14,66-72. **5**. Mc 15,1. **6**. Cf. Mt 26,57-75. **7**. Mt 27,1-2. **8**. Cf. Lc 22,54-71. **9**. Lc 22,54-62. Notar a oração de Jesus pela perseverança de Pedro em Lc 22,31-32. **10**. Lc 27,67-68. **11**. Cf. Jo 18,12-28. **12**. Jo 11,53. **13**. Jo 18,20-21. **14**. Jo 11,45-53. **15**. Mc 15,1-15. **16**. Mc 15,2; cf. Mt 26,64; Lc

22,70. **17**. Mc 14,61. **18**. Is 53,7. **19**. Cf. Mt 27,1-31. **20**. Mt 27,3-10; cf. também 26,14-16. **21**. Cf. Mt 27,24-25; cf. antes Mt 23,34-35. **22**. Cf. Mt 27,17. **23**. Dt 21,1-9. **24**. 1Rs 2,33 (cf. também Jr 26,15). **25**. Cf. Mt 23,21-36. **26**. Cf. Lc 23,1-25. **27**. Lc 3,18-19; 9,7-9; 13,31-33. **28**. At 4,26; Sl 2,2. **29**. Cf. Jo 18,28–19,16. **30**. Nm 21,4-9. **31**. Jo 3,14-15. **32**. Jo 18,33-38. **33**. Jo 18,37; cf. 1,1-18; 3,16-17. **34**. Jo 1,38.48; 3,9; etc. **35**. Jo 19,11; cf., por exemplo, Jo 3,34-36. **36**. Jo 19,12; cf. Lc 23,2-5. **37**. Jo 1,29. **38**. Um ponto explicitamente notado no relato de João: Jo 19,11. **39**. *O povo judeu e as suas Sagradas Escrituras na Bíblia cristã*, n. 84, São Paulo: Paulinas 2001.

Que vestígios deixa Pilatos na história?

Jean-Pierre Lémonon
Universidade Católica de Lyon

No ano 26 de nossa era, o imperador Tibério envia como prefeito da Judeia um membro da ordem equestre chamado Pôncio Pilatos. Este deve deixar a Judeia em 36. A província da Judeia compreende então, de norte a sul: a Samaria, a Judeia propriamente dita e a Idumeia. Pilatos pertencia à prestigiosa linhagem dos Pôncios. Ele recebe este cargo ao termo de uma carreira militar durante a qual havia sem dúvida recebido o sobrenome de Pilatus, "o homem hábil em manejar o dardo".

Não estamos desprovidos de informações sobre seu comportamento na Judeia*. Além dos conhecimentos gerais que a história romana nos fornece a respeito de um governador equestre do início de nossa era, dispomos de um documento epigráfico descoberto em 1961 e de testemunhos literários profanos sobre incidentes ocorridos durante o governo de Pilatos. Estes últimos se devem a Flávio Josefo (37-100) em sua *Guerra dos Judeus* e suas *Antiguidades judaicas* e a Fílon de Alexandria (aprox. ano 13 antes de nossa era - 54 de nossa era) em sua *Legatio ad Caium*. Não devemos esquecer uma breve menção dos *Annales* de Tácito (55-120). Os evangelhos também constituem uma fonte importante.

Para seu tempo de governo na Judeia, Pilatos dispõe do *imperium*, o poder supremo que Tibério lhe delegou. O *imperium* lhe é necessário para levar a cabo sua função. Com efeito, sua tarefa principal é manter a *Pax romana* na Judeia. Para isso dispõe de soldados auxiliares recrutados entre os não Judeus da região. Residindo em Cesareia Marítima, o prefeito sobe a Jerusalém para supervisionar a manutenção da ordem por ocasião das grandes festas do judaísmo. Ele é o único que pode ordenar uma execução capital. Se as autoridades judaicas quiserem obter uma pena capital, precisam provar que o homem cuja morte desejam conspirou contra Roma.

O governador confia a notáveis locais a responsabilidade de recolher as diferentes taxas devidas a Roma. Pilatos não usou seu direito de nomear e destituir o Sumo Sacerdote. Durante todo o tempo de seu governo, Caifás, ligado à família de Anás, homem forte do momento, exerceu o supremo pontificado. Esta estabilidade se deve provavelmente à submissão de Caifás à boa vontade do prefeito.

Muito mutilada, composta de quatro linhas, a inscrição concernente a Pilatos estava provavelmente colocada num pequeno edifício situado na proximidade do teatro de Cesareia Marítima, onde foi encontrada como pedra de reutilização. Sem nos entregarmos a hipóteses arriscadas sobre os dados apagados para sempre, a inscrição é lida assim: "Pilatos, prefeito da Judeia, edificou o *Tiberium*". Mesmo que a natureza exata do edifício escape ao nosso conhecimento, a inscrição não deixa de ter interesse. Ela atesta a presença de Pilatos na Judeia; indica seu título exato, prefeito, e não procurador; manifesta a sua devoção, real ou fingida, para com Tibério.

Os testemunhos literários dão a conhecer alguns acontecimentos nos quais Pilatos esteve envolvido. Ele introduziu às escondidas efígies de César em Jerusalém; seus predecessores haviam evitado uma tal ação que aos Judeus soava como uma provocação[1]. Quis construir um aqueduto para melhorar a condução de água a Jerusalém[2]. Este projeto poderia ter angariado a adesão dos Judeus. No entanto, para realizar a obra, Pilatos dispôs do Tesouro do Templo, um gesto insuportável. É impossível saber por que, de acordo com o evangelho de Lucas[3], Pilatos mandou massacrar alguns galileus que vieram oferecer sacrifícios no Templo de Jerusalém.

A condenação de Jesus de Nazaré no ato 30, por exigência das autoridades judaicas, é incontestavelmente a ação de Pilatos mais bem-atestada[4]. No palácio de Herodes em Jerusalém, o governador mandou instalar escudos dourados[5]. Estes escudos não continham inscrições, mas eram dedicados ao imperador, homem a quem se prestava um culto em todo o império. Também a reação dos Judeus foi violenta; o imperador repreendeu Pilatos.

Por fim, cedendo ao apelo de um pseudoprofeta, os samaritanos empreenderam a ascensão do monte Garizim: Pilatos interveio brutalmente. Este fato lhe custou o posto[6]. Com efeito, Vitélio, o governador da Síria, obrigou o prefeito a ir explicar-se em Roma diante de Tibério. Quando ele chegou a Roma, o imperador acabava de morrer. Pilatos então sai da história e é entregue à lenda.

Pilatos aparece como um governador seguro de sempre ter razão, que ignora a sensibilidade judaica. Comportou-se, nesta província de população muito particular, como age um prefeito em qualquer província romana. Não é de modo algum aquele personagem hesitante que às vezes se quis pintar a partir da tradição evangélica.

* Cf. *Os vetores do rumor*, p. 79.

1. Flávio Josefo. *Guerra dos Judeus*, II, 175-177; *Antiguidades judaicas*, XVIII, 60-62. **2**. *Ibid.* **3**. Lc 13,1. **4**. Flávio Josefo. *Antiguidades judaicas*, XVIII, 64; Tácito. *Annales*, 15, 44; Mt 27,11-26 e passagens paralelas. **5**. Fílon de Alexandria. *Legatio ad Caium*, 299-305. **6**. *Antiguidades judaicas*, XVIII, 85-89.

* * *

A negação de Pedro

Jacques Nieuviarts
Instituto Católico de Tolosa

A estrutura do relato da Paixão é a mesma, com algumas diferenças menores, nos quatro evangelhos: prisão de Jesus no Getsêmani, comparecimento diante de uma assembleia judaica na casa de Caifás, seguindo-se o processo romano na casa de Pilatos. Jesus é então conduzido ao Gólgota, despojado de suas vestes e crucificado e, em seguida, depositado no túmulo. A negação de Pedro* ocorre no quadro do processo judaico. Os relatos de Mateus[1] e Marcos[2] são bastante próximos. João tem, neste episódio como também no conjunto de seu evangelho, uma tonalidade própria[3]. O mesmo vale para Lucas[4].

A construção do relato em João é particular: faz alternar as perguntas dirigidas pelo Sumo Sacerdote a Jesus sobre sua identidade e seu ensinamento com as perguntas dirigidas a Pedro pelos criados presentes. Esta encenação confere ao conjunto uma forte intensidade dramática e teológica. Pedro aparece como o contramodelo de Cristo. O momento da provação é para Jesus o momento da obediência ao Pai. Para Pedro, torna-se o momento da negação. No final de seu evangelho, João inverterá esta fratura ou esta ruptura: Pedro "seguirá" Jesus.

Mateus e Marcos, como dissemos, são muito próximos. Neles o interrogatório de Jesus pelo Sumo Sacerdote é encaixado no episódio da negação[5]. Esta é tanto mais terrível por ter sido precedida pela afirmação repetida e veemente de Pedro no caminho para o Getsêmani. Jesus havia então anunciado a debandada de seus discípulos: "Todos vós ides cair" e Pedro havia declarado orgulhosamente: "Mesmo que todos caiam, eu não!" e depois novamente: "Mesmo se tiver de morrer contigo, eu não te negarei"[6]. Em vez disso, nestes dois evangelhos – os termos são quase idênticos –, Pedro nega Jesus de maneira crescente, chegando a jurar com veemência que não o conhece! É então que, escutando o galo cantar, ele se lembra das palavras de Jesus que anunciavam sua negação: "Em verdade eu te digo: tu, hoje, nesta mesma noite, antes que o galo cante duas vezes, me terás negado três vezes"[7]. Este anúncio da parte de Jesus destaca o sentido do episódio: a negação de Pedro é sustentada por este "consentimento" de Jesus, porque ele sabia de antemão o que iria acontecer. Além disso, neste anúncio da negação, os evangelistas situaram uma referência às Escrituras na boca do próprio Jesus: "Eu ferirei o pastor e as ovelhas serão dispersas"[8], palavra que remete à do profeta Zacarias[9] e a uma imagem recorrente do Antigo Testamento. Os redatores dos relatos da Paixão fazem questão de mostrar que esta história tristemente humana é assumida como projeto de Deus.

Lucas apresenta uma tonalidade particular. Seu evangelho insiste, do começo ao fim, no perdão e na misericórdia. A negação de Pedro ocorre bem cedo no relato, antes mesmo de todo o processo ou debate na casa do Sumo Sacerdote[10]. Não é, portanto, apresentada, como nos outros evangelistas, em contraponto ao interrogatório de Jesus. Jesus foi "levado" para a casa do Sumo Sacerdote por aqueles que, no Getsêmani, o "prenderam" e Pedro os seguiu à distância. Interpelado por uma criada e depois por duas outras pessoas, ele nega... cada vez menos, como se a negação já se afogasse no soluço que vai tomar conta dele: "Esse também estava com ele. 'Não, não sou eu...' 'Não, não sou eu...' 'Eu não sei o que queres dizer...'" O galo canta. E o que vem a seguir é transtornador: "O Senhor, voltando-se, pôs os olhos em Pedro; e Pedro se lembrou da palavra do Senhor, que lhe dissera: 'Antes que o galo cante hoje, tu me terás negado três vezes'. Ele saiu e chorou amargamente". Neste olhar do Senhor (o termo é forte), Pedro se sabe perdoado. São as lágrimas do arrependimento. O leitor se lembra da oração de Jesus em favor de Pedro, ainda tão impetuoso e temerário no limiar da Paixão: "Simão,

Simão, Satanás vos reclamou para vos passar no crivo como se faz com o trigo. Mas eu orei por ti, para que a tua fé não desfaleça. E tu, quando tiveres voltado, confirma os teus irmãos"[11]. Esta oração de Jesus, que já anuncia o seu perdão, abre plenamente o futuro.

* Cf. *A figura de Pedro*, p. 240.

1. Mt 26,58-75. **2**. Mc 14,54-72. **3**. Jo 18,13-27. **4**. Lc 22,54-62. **5**. Mc 14,54 depois 66-72; Mt 26,58 e depois 69-75. **6**. Mc 14,29 e 31; Mt 26,33-35. **7**. Mc 14,30. **8**. Mc 14,27; Mt 26,31. **9**. Zc 13,7. **10**. Lc 22,54-62. **11**. Lc 22,31-32.

CONTRAPONTO

Qual blasfêmia?

Julien Darmon
Especialista do Talmud e das literaturas rabínicas

O processo de Jesus, tal como podemos reconstituí-lo com base nos evangelhos, está cheio de irregularidades aos olhos do processo penal descrito nas fontes judaicas clássicas. A questão da acusação que obriga Jesus a comparecer, em plena noite, diante das autoridades judaicas não é o menor dos enigmas.

De acordo com a lei da Torá, os crimes passíveis de pena capital estão bem determinados: além das diversas relações incestuosas, trata-se essencialmente de práticas idolátricas, de ofensas diretas a Deus, de feitiçaria etc., descritas particularmente nos cinco últimos capítulos do tratado *Sanhedrin* da Mixná. Notemos primeiramente que Jesus não é acusado, nesta hora decisiva, de ter transgredido o sábado, embora fosse isto o que na maioria das vezes lhe era censurado antes de sua entrada em Jerusalém e que constituía uma transgressão passível da pena de morte. Também não encontramos vestígios da acusação de ter instigado Judeus a abandonar a Torá para adorar outros deuses – censura que encontraremos na literatura judaica medieval e que deve ser compreendida como uma leitura retrospectiva, que faz de Jesus o fundador de uma nova religião, mas não tem sentido no contexto evangélico.

Os próprios evangelhos põem em cena duas acusações. De acordo com a primeira, Jesus teria afirmado que destruiria o Templo – mas, por um lado, esta pista é imediatamente abandonada por falta de testemunhos concordantes e, por outro lado, já que estas ameaças não foram executadas, é difícil ver como ele poderia ser condenado à morte com base em simples palavras. A segunda acusação, precisamente, é uma das raras acusações em que alguém incorre na pena de morte não por um ato transgressor, mas por uma *palavra* transgressora: "blasfêmia". O que abrange esta palavra, depois de retirar-lhe o verniz teológico que ela adquiriu ulteriormente no direito canônico das Igrejas cristãs? Na literatura grega clássica, *blasphêmia* significa simplesmente "injúria, calúnia"[1]; a versão siríaca dos evangelhos a traduz por *guddafa*, que remete ao hebraico *gidduf*, "insulto ou maldição contra Deus", e que é efetivamente passível da pena capital da mesma maneira como a idolatria.

Dito isto, que afirmação de Jesus lhe merece a condenação na qualidade de *megaddef*, de "alguém que insulta Deus"? A afirmação pela qual ele se diz "messias e Filho de Deus"[2] ou, de acordo com o evangelho de Marcos, "o Bendito"[3], ou seja, "o Santo, bendito seja ele"? Importa, mais uma vez, não projetar sobre estes textos a cristologia♦ posterior: "messias" não é sinônimo de "filho de Deus" e não tem em si nada a ver com alguma injúria a Deus. A própria expressão "Filho de Deus" só causa problema se lermos nela uma afirmação teológica na qual o Filho de Deus é ele próprio um deus. Ora, por um lado, a expressão "Filho de Deus" se encontra na Bíblia hebraica ("Israel é meu filho, meu primogênito"[4]; "Eu disse: vós sois *elohim* e filhos do Altíssimo, todos vós"[5]; e ainda: "Ele me disse: tu és Meu filho; eu hoje te dei à luz"[6]) sem que isso provoque qualquer ambiguidade. Por outro lado, ainda que Jesus afirmasse com isso de maneira escandalosa sua própria divindade, isso não entraria no quadro estrito da acusação de *gidduf*. Este último crime se caracteriza pelo fato de maldizer ou de insultar Deus; enunciar uma contraverdade sobre Deus é sem dúvida muito grave, mas não condenável por essa razão. Na lei penal judaica não existe, propriamente falando, um tal "crime teológico" punível por um tribunal humano. Mesmo que Jesus se tivesse divinizado, ainda seria necessário que tivesse estimulado outros a lhe prestar culto para entrar no quadro de uma condenação por incitação à idolatria.

Mais do que uma verdade histórica, é preciso ver nesta acusação de "blasfêmia" a conjunção de dois problemas do cristianismo nascente, ecoados pelos textos evangélicos que empregam esta palavra: por um lado, eles refletem assim a afirmação da divindade de Jesus, que os cristãos sabem ser incompatível com a Lei judaica, o que os leva a formular esta incompatibilidade nos termos de uma luta de morte; por outro lado, procuram a todo custo dar um sentido judaico à crucifixão. Ora, esta, enquanto modo de execução, é puramente romana. O que mais se aproxima dela na Lei judaica é o fato de que os despojos daquele que foi condenado ao apedrejamento por *gidduf* devem ser pendurados por algum tempo num poste[7] – castigo que ele compartilha apenas com o idólatra. Fazer o Sinédrio condenar Jesus por "blasfêmia" permite dar um sentido penal judaico ao fato de ele ser "pendurado no madeiro" da cruz e apagar o aspecto exclusivamente romano do castigo.

Para terminar, voltemos ao outro termo problemático, o de "messias". Afirmar-se messias não tem nenhuma relação com a teologia, mas pode ter a ver com outro crime passível da pena capital, o de "profeta da mentira". Neste caso, de duas coisas uma: ou o profeta pretende que um outro deus lhe ordenou alguma coisa (mesmo em conformidade com a Torá), ou que o próprio Deus de Israel lhe ordenou abolir este ou aquele mandamento ou instituir este ou aquele novo mandamento – num caso destes, ele é morto imediatamente. Ou o profeta fala em nome do Deus de Israel e convida a respeitar escrupulosamente a Torá: então ele é submetido à prova, é intimado a anunciar acontecimentos futuros e só escapará da pena capital se suas predições forem rigorosamente exatas. Talvez seja permitido, sob esta ótica, ler nestas passagens evangélicas uma segunda mensagem, em filigrana: a destruição do Templo anunciada e sua reconstrução após três dias, como o leitor do evangelho foi explicitamente[8] informado, são a crucifixão e a ressurreição. Sendo assim, a condenação de Jesus à morte assume um outro sentido: o de submeter à prova sua profecia, a qual, para os evangelistas, será efetivamente confirmada por sua ressurreição.

Os evangelhos, apesar de sua aparência biográfica, não são textos históricos: eles bordam sobre uma trama factual elusiva as primícias de uma cristologia nascente e entremisturam elementos de contexto judaico, cujo sentido subvertem.

1. Cf. Pierre Chantraine. *Dictionnaire étymologique de la langue grecque*. Paris: Klincksieck, 1968, t. I, p. 173-179. **2**. Mt 26,64; Lc 22,70. **3**. Mc 14,61. **4**. Ex 4,22. **5**. Sl 82,6. **6**. Sl 2,7. **7**. *Sanhedrin* VI, 5. **8**. Jo 2,21.

Michela Marzano
Filósofa

Ecce homo

Ecce homo. "Eis o homem", diz Pôncio Pilatos dirigindo-se ao povo, enquanto aponta o dedo para Jesus que trazia uma coroa de espinhos e um manto de púrpura. Eis o "bode expiatório", dirá René Girard, explicando o processo pelo qual toda comunidade ritualizaria o sacrifício de um só indivíduo para obter o retorno da paz e mostrando como Cristo, ao designar-se a si mesmo como vítima, poria um termo ao escândalo da culpabilidade do bode expiatório: mesmo deixando-se condenar, torturar e crucificar como se fosse culpado, ele clamaria em alta voz sua inocência. Mas poderíamos realmente reduzir a figura de Jesus à de um bode expiatório? Esta figura de dor que não se queixa, que não opõe nenhuma resistência e que assume toda a injustiça do mundo, não é a própria imagem da humanidade sofredora?

Cada vez que penso em Jesus, não é o Cristo Rei que me vem à mente, mas o Cristo sofredor, o Cristo traído, o Cristo colocado no túmulo. O *Ecce homo* tão bem retratado por Antonello de Messina no século XV, e que carrega consigo o desespero do abandono e a desolação da solidão. Jesus que se faz homem e que experimenta até o fim a miséria da condição humana. Jesus que se torna a própria encarnação do grito de dor que surge cada vez que alguém se confronta com a brutalidade da violência e com a ausência de sentido da injustiça. Pensando no *ecce homo* do evangelho de João, sonho cada vez com a queixa do Eclesiastes: "Perambulei e observei todas as injustiças cometidas sob o sol e vi as lágrimas das vítimas da injustiça e elas não têm consolo; e ao lado da injustiça havia a força e elas não têm consolo. Então louvei os mortos que já faleceram, mais do que os vivos que ainda estão em vida; e mais feliz do que uns e outros é aquele que ainda não nasceu e que não viu a iniquidade que se comete sob o sol" (4,1-3). E reflito então sobre o fato de que Jesus, não opondo nenhuma resistência à violência que se abate sobre ele, não só recusa esta lógica da força, mas opta também voluntariamente por colocar-se do lado de todas as vítimas. Um gesto de identificação com o humano, portanto, mais do que uma vontade de demonstrar que o mecanismo do sacrifício, ou seja, da unidade social fundada na violência, não funciona mais.

Sem dúvida, a frase pronunciada por Pilatos ao dirigir-se ao povo é suscetível de diferentes interpretações. Para Pilatos, Jesus representa apenas um indiciado, um homem acusado de impostura e de blasfêmia; para as autoridades judaicas, Jesus não passa de um culpado; para os cristãos, ele é o filho de Deus Pai e o salvador da humanidade. Cada um vê no "Ecce homo" do dignitário romano aquilo que mais lhe convém, aquilo que lhe permite defender melhor sua própria visão do mundo. Para além das diferentes interpretações, no entanto, o "Ecce homo" remete sistematicamente à falta e à impotência. Quem é culpado de quê? Quem acusa quem? Que falta foi cometida? Do que nós somos responsáveis? Encontramo-nos todos, portanto, diante de todas estas perguntas que, mais cedo ou mais tarde, acabaremos nos fazendo. No mínimo porque não existe ser humano que não experimente, pelo menos uma vez na vida, a impotência total diante da injustiça.

Como diz Pascal num de seus pensamentos mais belos dedicados à fé: "Jesus estará em agonia até o fim do mundo: não se deve dormir durante este tempo". O que nos obriga a pensar não só na agonia de Cristo, mas também nos sofrimentos de todos aqueles que, ainda hoje, são vítimas da violência e da injustiça. Como reparar os erros sofridos por inocentes? Como pôr um termo à onda de violência? Como aceitar a ambivalência intrínseca dos seres humanos que, submetidos a pulsões contraditórias, como mostra Freud, não são nunca totalmente bons ou totalmente maus?

O século XX, no entanto, nos obrigou a pensar em lógicas binárias, o bom ou o mau, o bem e o mal. Como admitir, assim como Primo Levi, a existência destas "zonas cinzentas", estes territórios embaralhados onde o furor do século e das ideologias totalitárias obrigou algumas pessoas a não se sentirem totalmente bem sem serem necessariamente totalmente más? A "zona cinzenta" é a imagem do homem decaído. Quando em 1939 Simone Weil redige suas *Reflexões sobre a barbárie*, o nazismo começou suas devastações. É então que ela propõe considerar a barbárie como "uma característica permanente e universal da natureza humana, que se desenvolve conforme as circunstâncias lhe ofereçam mais ou menos espaço". Simone Weil parece reconhecer assim que a barbárie é, de alguma forma, constitutiva da humanidade. Ao mesmo tempo, influenciada talvez por sua cultura filosófica, ela liga sua intuição clássica à oposição entre a alma e o corpo. Duas forças, de acordo com ela, reinam no universo físico e espiritual: a luz da graça e o peso do corpo. O que a leva a concluir que, quando os homens negam o pensamento para edificar um mundo humano, é então que eles não se empenham mais em dominar a desordem das pulsões, sucumbem a seu peso e dão livre-curso à barbárie. Não é isto que nos ensina também o "Ecce homo"?

A solidão e a impotência de Jesus, condenado à morte não obstante sua inocência, nos levam a nos interrogarmos sobre o mistério da existência, com tudo o que isso comporta: alegria e sofrimento, risos e lágrimas. É uma exortação à humildade, porque cada um deve aprender a viver com tudo o que lhe escapa, tudo o que não depende dele, tudo o que ele gostaria de evitar, mas que infelizmente às vezes acontece. Mas é também uma mensagem de esperança: se Deus aceitou viver até o fim a finitude da condição humana, não opondo nenhuma resistência e atraindo sobre si toda a injustiça do mundo, isto pode também significar que ninguém jamais está sozinho, mesmo quando é confrontado com o sofrimento mais profundo.

Capítulo 24

A CRUCIFIXÃO

Poderíamos contar a história assim...

Era uma destas manhãs de primavera quase perfeitas. Um ar doce e leve havia sucedido o frescor da noite. A floração das amendoeiras, trazida por uma brisa suave, cobria as pastagens do monte do Templo com uma neve perfumada. A onda dos peregrinos que subia ao santuário invadia as ruelas. Os grupos se apostrofavam com fortes gritos, com medo de se dispersar. De repente, houve um movimento na alegre multidão barulhenta. As pessoas se afastavam diante dos guardas romanos que repeliam com a haste de suas lanças os que não compreendiam rapidamente. Atrás deles, um miserável, com o corpo ensanguentado, cambaleava sob o peso da viga que riscava seus ombros. Cada passo já parecia um suplício. Os soldados, irritados com esta lentidão, acabaram agarrando entre a multidão um homem forte com belos ombros, um certo Simão de Cirene, e o encarregaram de levar a viga na qual o condenado seria pregado.

O homem já estava tão mal que algumas mulheres gritavam vendo seu rosto machucado e muitas não conseguiam conter as lágrimas. Para cúmulo de crueldade, os guardas haviam trançado uma espécie de coroa de espinhos e a haviam cravado na cabeça para ridicularizá-lo. Com efeito, o governador mandara escrever no letreiro que especifica o motivo da condenação: "Rei dos Judeus". Não era todos os dias que a soldadesca podia fazer o que bem quisesse com um rei.

O lugar da execução estava situado diante das muralhas da cidade, sobre um montículo chamado Gólgota, que significa "crânio". Os mastros do suplício permaneciam ali plantados. Para proceder à execução, deitava-se o condenado com os braços estendidos sobre a viga que ele havia carregado, pregava-se os pulsos, e depois içava-se a barra até o alto do mastro, de maneira que o pilar central e a viga formassem um "T". Em seguida, restava pregar juntos os calcanhares do condenado e fixá-los ao poste. O infeliz assim suspenso sofria mil mortes, forçando os pés para endireitar-se ou tentando levantar-se puxando os pulsos. Torturado pela sede, acabava morrendo lentamente por asfixia, com os músculos contraídos de dor. A atrocidade do suplício aterrorizava os criminosos mais endurecidos, tanto que os mais resistentes levavam às vezes dois dias antes de exalar seu último suspiro. Os guardas procederam assim com Jesus e com dois outros homens que foram executados também eles nessa manhã. Terminado o serviço, repartiram entre si os pertences dos condenados, túnicas e mantos, lançando a sorte, como o costume lhes dava o direito de fazer. Bastava-lhes aguardar que o sofrimento e a morte cumprissem sua horrível obrigação, esperando que os condenados não gritassem demais. É por isso, aliás, que haviam preparado uma bebida na base de vinagre misturado com mirra. O efeito anestesiante da beberagem abreviava a agonia. O supliciado, apesar dos tormentos, deixava-se invadir pelo torpor e sufocava mais depressa. Para os carrascos, o benefício era duplo: evitar as vociferações e os insultos dos moribundos e ver-se liberados mais rapidamente de suas obrigações de guarda.

Naquela manhã, todos os peregrinos que entravam na cidade presenciaram este sinistro espetáculo. Um pequeno grupo de mulheres mantinha-se à parte, agarradas umas às outras, sacudidas pelos soluços. Alguns curiosos pararam; corria o rumor de que um dos homens era o rabino de Nazaré que pregara no Templo nos dias anteriores. Os guardas impediram que as pessoas se aproximassem demais, temendo sempre um motim. Entre os passantes alguns caçoavam; este galileu, que fazia milagres, não era capaz nem sequer de fazer um milagre em seu favor. Outros estavam entristecidos: portanto, também este não era o Messias... apenas um iluminado como havia tantos. Os que leram o letreiro por cima do patíbulo "Rei dos Judeus" viram ali um insulto de Pilatos contra eles e voltaram sua cólera contra o crucificado. Este, apesar da dor, recusou o vinho. Não gritou nem se debateu. Pelo contrário, teve palavras que nenhum condenado havia jamais pronunciado, dizendo aos guardas e aos passantes que ele os perdoava.

Por volta do meio-dia, o céu, que estava claro desde a manhã, cobriu-se subitamente. Ficou escuro como se fosse desabar uma tempestade violenta. Mas, apesar de terríveis ribombos de trovão, a chuva não veio. Por volta das três horas, o ar estava como que imóvel, não havia a menor lufada de vento. Jesus, que por um longo momento ficara em silêncio, soltou um forte grito. Sua cabeça sem vida tombou sobre o ombro. Tudo estava acabado.

C.P.

Sofrimentos e morte de Jesus

Ronald D. Witherup
Universidade St. Patrick, Califórnia (Estados Unidos)

A crucifixão e a morte de Jesus de Nazaré sob o prefeito romano da Judeia, Pôncio Pilatos, no primeiro terço do século I de nossa era, é um dos fatos históricos mais seguros concernentes a Jesus. O testemunho vem de três fontes principais: o credo dos primeiros cristãos, as fontes históricas externas e o próprio Novo Testamento. O Símbolo dos Apóstolos♦, por exemplo, fala de Jesus que "padeceu sob Pôncio Pilatos, foi crucificado, morto e sepultado". Uma das fontes mais interessantes é a do autor judeu helenizado Flávio Josefo, que, pelo final do século I, escreveu nas *Antiguidades judaicas*: "Pilatos o condenou à cruz". O historiador romano Tácito (por volta de 120 de nossa era) também se refere a este acontecimento[1]. Os quatro evangelhos canônicos descrevem detalhadamente o sofrimento e a crucifixão de Jesus[2], mas já escritos anteriores do Novo Testamento, algumas cartas de Paulo, também fazem referência a este fato.

Cf. *Os vetores do rumor*, p. 79. ▶

A mais infamante das condenações

Embora não tenham inventado o suplício da crucifixão, os romanos o levaram a um novo patamar de horror, utilizando-o particularmente como meio para dissuadir qualquer sedição contra o Estado, e às vezes numa escala espetacular, com centenas ou até milhares de supliciados. Os romanos reservavam a crucifixão aos escravos, aos traidores, aos rebeldes políticos (como por ocasião do movimento de Espártaco) e aos prisioneiros estrangeiros. Os cidadãos romanos, normalmente, não eram crucificados. Muitos autores latinos, como Juvenal, Suetônio, Horácio e Sêneca, falam da crucifixão como a morte mais horrível – para Cícero ela é "a punição mais infame"[3]. Era um instrumento ao mesmo tempo de terror e de degradação levados ao extremo, que permitia obter a submissão dos povos. Durante o cerco de Jerusalém, Flávio Josefo observa que Tito, filho do imperador Vespasiano, mandou crucificar até quinhentos Judeus por dia, colocando-os às vezes em posições grotescas para ridicularizar os defensores da cidade[4].

A natureza escandalosa e aviltante da crucifixão como pena capital torna impensável que os cristãos tenham inventado a história *desta morte*, para aquele que a seus olhos era o Messias. Já num dos primeiros escritos do Novo Testamento, Paulo fala da realidade ignóbil da crucifixão e da natureza abjeta da cruz, insistindo no fato de que os cristãos proclamam audaciosamente um "Cristo crucificado, escândalo para os Judeus, loucura para os pagãos"[5]. A carta aos Hebreus reconhece que Jesus "sofreu a cruz, desprezando a *vergonha* [grego: *aiskhynê*]"[6]. Em suma, os primeiros cristãos sabiam muito bem que a cruz era um símbolo aviltante, associado à humilhação e à derrota. Os Judeus consideravam todo crucificado um "maldito"[7]; os gentios (não-Judeus) consideravam a crucifixão uma das mortes mais ignominiosas e vergonhosas possível. Nenhum grupo podia imaginar que a cruz se tornaria paradoxalmente um símbolo poderoso de vitória da vida sobre a morte, do triunfo do bem sobre o mal.

O relato mais antigo é fornecido por Marcos

A natureza infamante da crucifixão torna impensável que os cristãos tenham inventado a história desta morte, para aquele que a seus olhos era o Messias.

A descrição do sofrimento e da morte de Jesus fornecida pelos evangelhos está de acordo com aquilo que sabemos sobre a crucifixão no mundo antigo. Os quatro relatos da Paixão nos quatro evangelhos são bastante semelhantes no que diz respeito à apresentação dos sofrimentos e da morte de Jesus. Mas, já que os evangelhos são uma mistura de história e de teologia, cada um apresenta os acontecimentos de uma maneira particular, seja omitindo elementos presentes nos outros, seja, pelo contrário, acrescentando detalhes singulares que não encontramos nos outros relatos. Os elementos essenciais sobre as últimas horas de Jesus são os seguintes: ele foi traído por Judas Iscariotes, um dos Doze, detido num jardim e abandonado por seus discípulos mais próximos; interrogado no decorrer de várias audiências quase-jurídicas judaicas e romanas; imediatamente após seu "processo", é zombado e flagelado; sob pressão de alguns chefes judeus, ele é condenado à crucifixão por Pôncio Pilatos, prefeito da Judeia nessa época, por representar o mais provavelmente uma ameaça política à ordem romana; é levado pelas ruas de Jerusalém até o Gólgota, um lugar de execuções públicas; e é crucificado numa cruz de madeira com um *titulus* (título) que o ridicularizava como "Rei dos Judeus"; morre após cerca de seis horas aproximadamente passadas na cruz e é retirado por José de Arimateia, em seguida envolto em panos brancos e sepultado num túmulo novo nas proximidades.

A partir deste plano simples, os evangelhos divergem em numerosos detalhes. Aqui precisamos lembrar que os primeiros cristãos, quando contavam uns aos outros estes acontecimentos, não repetiam simplesmente antigas tradições orais, mas procuravam também explicações a partir das Escrituras de Israel – chamadas mais tarde Antigo Testamento –, habitualmente em sua forma grega, a Septuaginta. Assim, portanto, ao relatar acontecimentos históricos, eles também citavam ou aludiam a numerosas passagens das Escrituras para explicar que aquilo que acontecera a Jesus fazia parte do desígnio de salvação de Deus – especialmente certos textos como os do Servo sofredor presentes em Isaías, passagens de outros profetas e os Salmos. O sofrimento e a morte de Jesus não eram apenas acidentes históricos: faziam parte de um drama divino já anunciado nas Escrituras e consumado na pessoa de Jesus Cristo. Por isso, encontramos sempre uma mistura de história e de teologia nos relatos da Paixão. Embora, no judaísmo, nenhum ensinamento tenha alimentado a ideia de um Messias sofredor, numerosos profetas haviam sido perseguidos por causa de seu ensinamento. Até certo ponto, mais tarde, os sofrimentos de algumas personalidades do Antigo Testamento ajudaram a interpretar o sofrimento e a morte de Jesus[8].

Cf. *Jesus é o Servo sofredor das Escrituras?*, p. 663.

Muitos pesquisadores pensam que os evangelhos foram desenvolvidos às avessas, ou seja, a "Boa-Nova" começou essencialmente pelo relato da Paixão, da morte e da Ressurreição de Jesus e depois foi gradualmente enriquecida com relatos relativos à sua vida e ao seu ministério público, ao seu nascimento e à sua concepção[9] e, por fim, à sua preexistência como Filho de Deus[10]. Assim, o relato da Paixão segundo Marcos, primeiro texto longo coerente do Evangelho, seria a fonte principal para os relatos de Mateus e de Lucas e poderia ter influenciado o de João.

O relato de Marcos[11] descreve a traição de Judas mediante um "beijo" – um gesto que se tornou um símbolo emblemático da traição. Jesus, por sua vez, não resiste, mas pergunta por que as multidões judias vêm prendê-lo como se fosse um "malfeitor", ainda que tivessem tido ocasiões suficientes para fazê-lo quando ensinava no Templo. Ao mesmo tempo, ele interpreta tudo isto como algo que acontece para cumprir as Escrituras. O episódio do jovem que foge, nu, de noite – relato próprio de Marcos – simboliza a humilhação que Jesus está prestes a viver, mas é também um sinal da fraqueza dos seus discípulos.

Cf. *No monte das Oliveiras*, p. 605.

Após sua prisão e interrogatório diante do Sumo Sacerdote e dos outros chefes judeus, Marcos relata que "alguns começaram a cuspir nele". Descreve assim a cena de zombaria no decurso da qual eles cobrem o rosto de Jesus e zombam dele, desafiando-o a "profetizar" – declaração irônica na pena do evangelista, já que as três predições que ele atribuiu a Jesus a respeito de seu sofrimento e de sua morte mostrar-se-ão literalmente fundadas[12]. Depois que Pôncio Pilatos, por fraqueza, cedeu aos pedidos da multidão para crucificar Jesus, começa o verdadeiro tormento. Marcos diz simplesmente: "Ele o mandou flagelar e o entregou para ser crucificado". Segue-se então uma cena de zombaria e de tortura, desta vez por parte dos soldados romanos, através de ações que visavam ridicularizar aquele que teria pretendido ser "rei dos Judeus" e teria assim ameaçado a ordem romana: Jesus é vestido de púrpura – a cor régia; cingem-lhe a cabeça com uma coroa de espinhos e zombam dele batendo-lhe na cabeça, cuspindo nele; em tom de zombaria, "ajoelham-se" em sinal de homenagem e, de maneira sarcástica, o saúdam como "rei dos Judeus".

A tortura prévia dos condenados ao suplício está bem-atestada pelas fontes históricas. Além da detenção e do encarceramento que muitas vezes acarretavam a fome e a sede, as violências físicas eram consideradas normais. Açoitava-se o futuro crucificado particularmente com correias de couro que muitas vezes traziam pontas afiadas de metal para provocar mais dor. Esta flagelação não só aumentava a humilhação, mas o sofrimento e a perda de sangue enfraqueciam o supliciado, aumentavam sua sede e provocavam traumatismos.

O relato bem sóbrio de Marcos é a fonte principal dos relatos de Mateus e de Lucas e poderia ter influenciado o de João.

Marcos relata em seguida que os soldados levam então Jesus para fora a fim de crucificá-lo, requisitando um transeunte para ajudá-lo a carregar a cruz. Como a crucifixão tinha o objetivo de dissuadir, ela implicava sempre um espetáculo público. Obrigava-se as vítimas a desfilar pelas ruas e levavam-nas para um lugar de execução onde os transeuntes podiam ver o suplício. O costume romano implicava muitas vezes colocar um *titulus* (título) ao redor do pescoço da pessoa, especificando o crime de que ela era acusada, enquanto a obrigavam a carregar o *patibulum* (a viga horizontal ou transversal) até o lugar da execução onde a barra vertical já estava no lugar. Uma vez crucificada a vítima, colocava-se o *titulus* no alto da cruz para todos verem.

Uma morte de uma crueldade sem nome

Chegando ao Gólgota, ou "Lugar do Crânio", um lugar tradicional para execuções, os soldados tentam drogar Jesus dando-lhe vinho misturado com mirra, "mas ele não o tomou": nada impedirá Jesus de aceitar seu destino e de suportá-lo até à agonia mais completa. Marcos relata então como Jesus é despojado de suas vestes – os condenados eram geralmente desnudados, isso fazia parte da humilhação total que se desejava – e crucificado junto com dois rebeldes "à terceira hora do dia", ou seja, pelas nove da manhã. Marcos não assinala explicitamente que são utilizados pregos para fixar Jesus na cruz (é João quem o expli-

História de "cruz"

No início, o grego *stauros* e o latim *crux* não designam absolutamente o entrecruzamento de dois segmentos, seja qual for a forma, como é o caso da palavra "cruz" hoje. Etimologicamente *stauros* é o que se mantém de pé (radical *sta-*), portanto, a estaca ou o poste fincado. *Crux* é de origem obscura; mas, como *stauros*, a palavra vem a designar um instrumento de tortura em forma de estaca, o espeto ou a forca, por fim a cruz, podendo também ser empregada em sentido figurado (tortura moral). Por outro lado, é sem dúvida neste sentido que Jesus emprega a palavra quando pede a quem quer segui-lo que "tome a sua cruz" (Marcos 8,34). É também verossímil que os primeiros grupos cristãos tenham utilizado esta expressão como metáfora; Paulo utilizará a imagem "crucificar a carne com suas paixões" (Gálatas 5,24).

Os romanos não inventaram este suplício, mas os sistematizaram. A cruz podia ter a forma de um simples poste (*crux simplex*), de um T (*crux commissa*), de um X (*crux decussata*) ou a forma, tornada célebre pela simbólica cristã, de † (*crux immissa*). Mas este símbolo só aparece muito tardiamente no plano gráfico: embora já em Paulo a Cruz se torne um termo teológico que designa a revelação de Deus através do Crucificado, existe sempre uma impossibilidade de representá-la, a tal ponto ela significa o horror. De fato, não a encontramos em nenhum lugar na arte paleocristã primitiva e somente a partir do século IV o sinal gráfico da cruz se tornará uma marca de identificação cristã.

citará)[13], mas esta prática, embora longe de ser sistemática, está, no entanto, bem-atestada na crucifixão romana.

A crucifixão podia assumir formas diversas. O termo latino *cruciare* podia significar tanto empalar numa estaca pontuda quanto amarrar (na maioria das vezes) ou pregar (às vezes) num poste, com ou sem uma viga transversal. Os pregos não eram cravados na palma das mãos, como foi geralmente representado na arte cristã: experiências mostraram que neste caso as mãos se teriam rasgado. Quando se pregava o supliciado, era entre os ossos do antebraço, acima do punho, o que dava mais estabilidade.

A morte efetiva de um crucificado podia acontecer de várias maneiras. Normalmente, a morte ocorria por asfixia, porque o corpo se enfraquecia e se vergava, fazendo uma pressão cada vez mais forte sobre os pulmões. O objetivo não consistia em apressar a morte, mas, pelo contrário, em prolongar a agonia. Por isso, ajustava-se sobre algumas cruzes um pequeno assento (*sedula*) para as nádegas, ou então uma espécie de apoio para sustentar os pés (*suppedaneum*), de modo que se diminuía em parte o peso do corpo. Assim a morte ocorria mais lentamente. A crucifixão durava várias horas, ou mesmo vários dias. Quando se queria apressar o fim, quebrava-se as pernas dos supliciados, o que forçava o corpo a se vergar e provocava a asfixia mais rapidamente. Esta prática, mencionada no relato de João, devia-se talvez, às vezes, à proibição bíblica de deixar o corpo de um condenado exposto após o pôr do sol[14]. Mas, na maioria dos casos, o ocupante romano não se preocupava com estes costumes judaicos e os corpos eram deixados na cruz, à mercê dos abutres.

A arqueologia nos forneceu os restos de um Judeu crucificado, chamado Yehohanan, que foram encontrados perto de Jerusalém, num lugar chamado Giv'at ha-Mivtar. Entre seus restos, foram encontrados ossos do tornozelo e do pé ainda fixados por um prego na viga de madeira. Alguns pesquisadores propuseram reconstituições diversas da maneira como o corpo fora colocado na cruz. Além disso, as pernas haviam sido amputadas intencionalmente logo acima dos tornozelos: foram quebradas talvez para apressar a morte, ou provavelmente para permitir retirar o corpo a fim de sepultá-lo, privilégio raro para uma vítima da crucifixão, o que explica a raridade de uma descoberta como essa.

O relato de Marcos continua descrevendo as zombarias e insultos sofridos por Jesus: diversos grupos, inclusive numerosos transeuntes, chefes judeus e os dois criminosos colocados à esquerda e à direita dele, zombam de Jesus evocando de maneira sarcástica imagens régias como "rei dos Judeus" e "rei de Israel". Ele descreve também uma escuridão que desce sobre a terra, do meio-dia até às quinze horas. Jesus grita então um versículo do Salmo 22 em sua tradução aramaica: "*Eloi, Eloi, lama sabaqthani?*", o que leva alguns transeuntes a pensar que ele invoca a ajuda do profeta Elias. Na verdade, Jesus clama: "Meu Deus, meu Deus, por que me abandonaste?" Um mal-entendido provavelmente voluntário: último escárnio na boca dos que negam até o fato de que Jesus pudesse ter-se dirigido a Deus. Embora estas palavras pareçam exprimir um desespero total, trata-se das primeiras palavras de uma lamentação na qual o salmista exprime efetivamente a profundidade do sofrimento humano, mas na qual, em última instância, ele conserva sua confiança em Deus: esta oração mostra, portanto, a plena participação de Jesus no sofrimento humano.

◂ Cf. *As sete últimas palavras de Cristo na cruz*, p. 670.

Os transeuntes procuram oferecer-lhe vinho com uma vara. Será para tentar mitigar a sede de Jesus ou para zombar de sua situação desastrosa? Não está claro. Em seguida, "Jesus soltou um grande grito e expirou". A maneira como Jesus morre impressiona o centurião romano que montava guarda no lugar da crucifixão. Ele pronuncia uma frase que os cristãos entenderam como uma profissão de fé: "Verdadeiramente, este homem era Filho de Deus". O evangelista sabe muito bem que o título podia ser relativamente comum na boca de um pagão, já que tantos homens célebres haviam pretendido ser filhos de Deus; mas ele o faz ressoar em oposição à negação de Pedro e às afirmações de Jesus diante de Pilatos, de modo que os crentes futuros possam ouvir aqui o título soberano por excelência daquele que Deus acolhe para além da morte como seu Filho único.

Na crucifixão, tudo era feito para prolongar a agonia do supliciado e torná-la degradante a fim de influenciar as mentes.

Depois disto, um certo José de Arimateia, que não aparece em nenhum outro lugar nos evangelhos, pede o corpo de Jesus para sepultá-lo. Pilatos, surpreso por Jesus ter morrido tão rapidamente, ao contrário da maioria dos crucificados, atende seu pedido; José envolve o corpo num

◂ Cf. *Quem era José de Arimateia?*, p. 688.

lençol[15] e o deposita no túmulo. Por fim, o evangelista observa cuidadosamente que diversas mulheres – que figurarão nos relatos de ressurreição – se encontram nas proximidades e observam o sepultamento.

Cf. *Quem eram as mulheres ao pé da cruz?*, p. 666. ▸

Embora o relato da Paixão de Marcos não se detenha nos detalhes do sofrimento e da morte de Jesus, nem por isso ele se esquiva das duras realidades da crucifixão. Os detalhes principais do relato estão de acordo com o que se sabe historicamente a respeito da crucifixão sob o domínio romano. Era uma morte horrível.

Relatos semelhantes, mas marcados pela teologia de cada evangelista

Mateus segue de perto o relato da Paixão de Marcos, mas introduz três mudanças sutis e reveladoras de seu projeto. Primeiramente, ele acentua o tema do cumprimento das Escrituras no sofrimento e na morte de Jesus. Em duas passagens ele já havia mencionado explicitamente as Escrituras: primeiro no relato da detenção, quando Jesus havia desautorizado aqueles dentre os discípulos que queriam defendê-lo com suas espadas[16]; em seguida, num relato único sobre o remorso de Judas, ele havia evocado sua tentativa de devolver as "trinta moedas de prata"[17] – um detalhe que lembrava uma passagem atribuída a Jeremias sobre o "sangue inocente". O sofrimento de Jesus, em Mateus, não é simplesmente uma recusa de justiça, mas antes o cumprimento do plano de Deus para salvar o mundo.

Outra singularidade de Mateus: embora Jesus seja escarnecido como pretendente à realeza e, portanto, como uma ameaça a Roma, o evangelista apresenta a zombaria ao pé da cruz como centrada mais na identidade de Jesus "Filho de Deus": "Os transeuntes o insultavam meneando a cabeça e dizendo: 'Tu que destróis o Santuário e o reconstróis em três dias, salva-te a ti mesmo, se és o Filho de Deus, e desce da cruz!'" Da mesma forma, junto com os escribas e os anciãos, os sumos sacerdotes zombavam: "Ele salvou a outros e não pode salvar a si mesmo! Ele é o Rei de Israel, pois desça agora da cruz, e acreditaremos nele! Pôs em Deus sua confiança; que Deus o livre agora, se o ama; pois ele disse: 'Eu sou o Filho de Deus!'"[18] "Filho de Deus" era também um título que os imperadores romanos se atribuíam e por isso existe ainda mais ironia nesta fórmula. Na realidade, assim como Jesus havia vencido as tentações de Satanás a respeito de sua identidade divina no início de seu ministério[19], assim também agora, declara Mateus, Jesus resiste a toda tentação de agir como "Filho de Deus" por sua própria conta. Seu sacrifício tem a finalidade de "salvar" os outros e não a si mesmo[20].

Em terceiro lugar, Mateus dramatiza a cena da crucifixão descrevendo um tremor de terra que acontece no momento da morte de Jesus, após o qual "os túmulos abriram-se, os corpos de muitos santos já falecidos ressuscitaram: saindo dos túmulos, depois da sua ressurreição, eles entraram na Cidade Santa e apareceram a um grande número de pessoas"[21]. Estes acontecimentos impressionantes, que ligam intimamente crucifixão e ressurreição, levam "o centurião *e os soldados que estavam com ele*" a exclamar: "Ele era verdadeiramente o Filho de Deus!" Para Mateus, estes romanos prefiguram os pagãos (as nações não judaicas) que crerão em Jesus, assim como os reis magos haviam prefigurado a vinda das nações para o Messias judeu no início de seu evangelho[22].

Via dolorosa e caminho da cruz

Desde o reinado do imperador Constantino, e a partir do período bizantino, peregrinos foram atraídos pelo "caminho da dor", *via dolorosa*, percorrido por Jesus desde o lugar de sua condenação e de sua flagelação até o de sua crucifixão, sacralizado pelo Santo Sepulcro. No século XIV, os franciscanos organizaram uma procissão da Sexta-feira Santa, ainda muito realizada hoje em dia. O percurso desta, balizado em Jerusalém, tem sem dúvida um valor mais simbólico do que histórico. Introduzida na Europa pelos franciscanos a partir das procissões de Jerusalém, a prática tipicamente católica do caminho da cruz (*via crucis*) ou via-sacra consiste numa sucessão de catorze "estações" que se imagina representarem etapas do percurso de Jesus. Como algumas destas estações não estavam ancoradas nos textos evangélicos (as três quedas de Jesus, o encontro com sua mãe e, sobretudo, o episódio em que santa Verônica enxuga seu rosto, cuja imagem permanecerá para sempre no pano), o papa João Paulo II as revisou em 1991 de maneira que todas as estações tenham uma fonte escriturística.

Assim como Mateus, Lucas segue de perto a versão da Paixão escrita por Marcos, mas acrescenta elementos significativos[23]. Primeiramente, ele acentua a natureza paradoxal do percurso de sofrimentos de Jesus: mesmo em plena perseguição e agonia, ele continua a cuidar e a reconciliar. Assim, depois que Pilatos e Herodes terem, ambos, interrogado Jesus e o terem declarado inocente, Lucas destaca que eles "se tornaram amigos, pois antes eram inimigos"[24]. Do alto da cruz, Jesus grita: "Pai, perdoa-lhes, porque não sabem o que fazem"[25], apologia da misericórdia divina para com os inimigos. Um dos criminosos – muitas vezes chamado de "bom ladrão" –, que está crucificado ao lado dele, reconhece sua inocência e pede: "Jesus, lembra-te de mim, quando vieres como rei". Jesus responde: "Em verdade eu te digo, hoje estarás comigo no paraíso"[26]. Por fim, até mesmo as multidões reunidas para o "espetáculo" ficam impressionadas com o que veem e retiram-se "batendo no peito", um sinal de arrependimento[27]. Lucas quer, portanto, mostrar que no próprio momento em que passa por sua maior provação, Jesus continua a cumprir seu ministério, ou seja, a difundir a reconciliação e a misericórdia de Deus.

O relato da Paixão feito por João segue o mesmo plano dos três evangelhos sinóticos, embora tenha apenas uma única cena do processo e um

Em Mateus, Jesus morre como salvador cumprindo o plano divino; em Lucas ele continua sendo até o fim o sinal da misericórdia divina.

só diálogo detalhado com Pilatos sobre a natureza da realeza e da verdade[28]. No entanto, Jesus é flagelado, escarnecido e crucificado junto com os criminosos de direito comum. Mas também João acrescenta detalhes que influenciaram a imaginação cristã. Primeiramente, ele diz explicitamente que Jesus carregou sua própria cruz e que, no momento de morrer, não expirou simplesmente, mas disse: "Tudo está consumado", antes de "entregar seu espírito"[29]. O que significa que, no evangelho de João, Jesus continua plenamente responsável por seu próprio destino. Outro detalhe de ordem simbólica: João diz explicitamente que Jesus estava "no meio" dos dois outros crucificados: com efeito, João faz questão de colocá-lo no centro da ação. Quanto à indicação de que Jesus foi pregado na cruz, da qual fizemos menção acima, ela não se situa neste lugar do relato, mas é posterior à ressurreição, quando se tratar do discípulo Tomé "que duvida"; com efeito, para expressar sua resistência a acreditar nos testemunhos dos outros discípulos, ele dirá: "Se eu não vir em suas mãos a marca dos cravos, se eu não enfiar o meu dedo no lugar dos cravos e não enfiar minha mão no seu lado, não acreditarei!"[30]

Cf. *Em João: ▶ Maria Madalena, Tomé e os outros*, p. 707.

Outras singularidades do evangelho de João: enquanto todos os outros mencionam o *titulus* ("título"), só João sublinha que a acusação "rei dos Judeus" estava escrita em hebraico, em latim e em grego, estabelecendo assim um elo implícito com o mundo multiétnico e multilíngue ao qual Jesus comunica a salvação; enquanto todos os outros mencionam que os soldados repartem entre si as vestes de Jesus, só João destaca que eles decidiram lançar a sorte para ver a quem cabia sua "túnica sem costura", a fim de não rasgá-la – e este sorteio estabelece um elo explícito com uma passagem do Salmo 22: "Repartem entre si minhas vestes e sorteiam minha roupa"[31].

Por fim, no tocante aos últimos instantes de Jesus, João se distingue ainda a respeito de dois pontos importantes: por um lado, diferentemente dos sinóticos, em João Jesus não é abandonado completamente por seus discípulos ao pé da cruz; ele relata especialmente a cena pungente, na qual a mãe de Jesus e o "discípulo bem-amado", não nomeado, permanecem ao pé da cruz e na qual Jesus confia a mãe ao discípulo e o discípulo à mãe, prefigurando assim simbolicamente a nova comunidade eclesial. E, por outro lado, como Jesus já está morto, não há necessidade de quebrar-lhe as pernas para apressar a morte, mas um soldado desfere um golpe de lança no flanco, do qual saem "sangue e água". Embora o simbolismo destes elementos seja discutido entre os exegetas, muitos veem aqui os símbolos sacramentais♦ da Eucaristia e do batismo. João vê também, nesta ação, o cumprimento de diversas passagens do Antigo Testamento[32].

O entrelaçamento entre a história e a teologia é assim mais evidente no relato dramático de João.

Significado do sofrimento e da morte

Para além do fato da Paixão, que é o núcleo primitivo da fé cristã junto com a ressurreição, a descrição dada pelos evangelhos nos fornece várias lições. Em primeiro lugar, o relato dos sofrimentos e da morte de Jesus confirma sua natureza realmente humana. Sua humanidade não era um simulacro; ele não é Deus simplesmente "representando" um papel de ser humano, como pretenderá a heresia chamada docetismo♦ . Jesus participou plenamente da humanidade, ao ponto de viver os sofrimentos mais atrozes e a realidade angustiante da morte. Como diz Paulo laconicamente na carta aos Filipenses, "reconhecido como homem, ele se rebaixou, tornando-se obediente até a morte, e morte numa cruz"[33].

◄ Cf. *Foi realmente Jesus quem foi crucificado?*, p. 691.

Em seguida, o fato de que Jesus aceita sofrer e morrer pelos outros dá um significado profundo à noção de sacrifício de si mesmo: oferecer sua vida pelos outros é o dom supremo. Do ponto de vista da fé cristã, a crucifixão de Jesus é a expressão do amor de Deus pela humanidade. A Cruz se tornou o meio de salvação, como afirma a primeira carta de Pedro: "Ele que, em seu próprio corpo, carregou nossos pecados sobre o madeiro, a fim de que, mortos para os nossos pecados, vivamos para a justiça; ele, cujas chagas vos curaram"[34]. Além disso, os sofrimentos de Jesus podem inspirar todos os seres humanos em seus momentos de extremo sofrimento ou de tormento. A evocação de Jesus na cruz estimulou gerações de cristãos mártires a unir seu sofrimento ao dele, a fim de que a experiência compartilhada se torne um fardo menos pesado. Realcemos, por fim, que dificilmente os cristãos teriam inventado essa história de traição, de negação, de sofrimento e de morte do Messias; ora, longe de ser um sinal de derrota e de vergonha, ela se tornou o símbolo paradoxal do triunfo do bem sobre o mal.

◄ Cf. *Jesus morreu por nossos pecados?*, p. 664.

1. Tácito. *Anais* 15, 44. **2**. Cf. Mc 14,26–15,47; Mt 26,30–27,66; Lc 22,39–23,45; Jo 18,1–19,42. **3**. Cícero. *Pro Rabirio Postumo*, 5, 16. **4**. Flávio Josefo. *Guerra dos Judeus*, V, 449-451. **5**. 1Cor 1,23; cf. também 1,17-18; Gl 3,1 e 6,14; Fl 3,18. **6**. Hb 12,2. **7**. Dt 21,22-23. **8**. Cf. especialmente Is 52,13–53,12; Zc 12,10; Sl 22 e 69. **9**. Mt 1,1–2,23; Lc 1,5–2,52. **10**. Jo 1,1-18. **11**. Mc 14,43–15,47. **12**. Mc 8,31; 9,30-31; 10,33-34. **13**. Jo 20,25. **14**. Dt 21,23. **15**. Mc 15,46. **16**. Mt 26,54-56. **17**. Mt 27,3-10; cf. Zc 11,12-13. **18**. Mt 27,39-43. **19**. Cf. Mt 4,1-10. **20**. Mt 27,40-43. **21**. Mt 27,52-53. **22**. Cf. Mt 27,54 e 2,1-12. **23**. Lc 22,39–23,56. **24**. Lc 23,12. **25**. Lc 23,34; o versículo falta em alguns manuscritos antigos. **26**. Lc 23,42-43. **27**. Lc 23,48. **28**. Jo 18,1–19,42. **29**. Jo 19,30. **30**. Jo 20,25. **31**. Sl 22,19. **32**. Jo 19,36-37; cf. Is 12,46; Nm 9,12; Sl 34,21; Zc 12,10. **33**. Fl 2,7-8. **34**. 1Pd 2,24.

ESCLARECIMENTOS

Jesus é o Servo sofredor das Escrituras?

Ronald D. Witherup
Universidade St. Patrick (Estados Unidos)

Para compreender a Paixão de Jesus os primeiros cristãos recorreram às Escrituras de Israel com as quais tinham familiaridade. Nenhum extrato servia melhor para explicar os sofrimentos de Jesus do que os quatro "cantos do Servo sofredor" do livro de Isaías[1]. O conceito de "servo de Deus" (em hebraico *'eved YHWH*) aplicava-se a pessoas numerosas e diversas do Antigo Testamento. Significava uma pessoa humilde, leal e fiel a Deus, que procurava cumprir sua vontade. Como tal, o título era aplicado a Abraão, Moisés, Josué e a diversos profetas. No que concerne a Isaías, os peritos discutem sobre a identidade exata do "Servo *sofredor*". Embora pudesse tratar-se de uma pessoa anônima, a maioria dos intérpretes é favorável a um significado simbólico que se aplicaria ao povo de Israel em seu conjunto.

Os cristãos atribuem um significado especificamente cristológico♦ a esta imagem, em particular à do quarto cântico, que associa o serviço divino à vontade de aceitar o sofrimento até mesmo em nome dos outros. Os primeiros cristãos viram aqui uma explicação detalhada e profunda dos sofrimentos de Jesus, suportados "em favor de todos os pecadores". Jesus é o Servo sofredor por excelência, ao qual são aplicadas expressões de Isaías, como "homem de dores, familiarizado com o sofrimento", "são os nossos pecados que ele carrega", "ferido por causa de nossas iniquidades, enfraquecido por causa de nossos pecados", "por suas chagas fomos curados"[2]. No texto grego, o verbo *paradidonai* utilizado é o mesmo termo empregado nos relatos da Paixão para dizer "entregar": literalmente "o Senhor o entregou às nossas perversidades; brutalizado, ele [...] não abre a boca"[3]. Todas estas expressões resumem muito bem os sofrimentos suportados por Jesus tal como foram descritos nos relatos da Paixão dos evangelhos. Um relato dos Atos dos Apóstolos conta como o apóstolo Filipe explica ao eunuco etíope que as palavras que ele leu a propósito do Servo em Isaías se aplicam a Jesus[4].

Encontramos, nos relatos da Paixão, numerosas alusões ao Servo sofredor, mas afinal não há muitas citações explícitas. O tema já está presente em Marcos, cujo relato é o mais antigo, mas é sobretudo Lucas quem realça este tema. Já na Ceia, durante a qual Jesus fala de seu "sangue que será derramado por vós", Lucas descreve aquele que governa como agindo na qualidade de servo: "Estou no meio de vós no lugar daquele que serve"[5]. Seguir Jesus, o próprio Mestre, exige a vontade de servir aos outros mais do que ser servido, mesmo que isto implique também sofrer em nome dos outros. Pouco depois, Jesus aplica a si próprio a frase de Isaías: "ele foi contado entre os pecadores"[6]. Por fim, ao pé da cruz, o centurião confessará: "Verdadeiramente este homem era justo", com aquela justiça que "se põe a serviço de todos os homens", tal como Deus a reconhece ao Servo sofredor no texto grego de Isaías[7].

Os cristãos aplicavam a imagem do servo[8] para além da Paixão de Jesus – em grego *doulos* ("servo") pode significar também "escravo", símbolo poderoso do rebaixamento e da humildade da personalidade. Esta imagem já está presente durante o ministério público de Jesus. Por exemplo, de acordo com Marcos, Jesus se havia identificado como um "servo" e havia convidado seus discípulos a fazer o mesmo e a serem escravos de todos[9]. Também Mateus aplica o quarto canto do Servo, não à Paixão de Jesus, mas a seu ministério de cura: "Foi ele quem levou as nossas enfermidades e carregou sobre si as nossas doenças"[10]. E, de maneira pungente, João retoma a mesma imagem a propósito do gesto de Jesus lavando os pés de seus discípulos na última Ceia[11]. Lavar os pés dos visitantes era uma tarefa reservada ao último dos escravos; "o exemplo" de Jesus (em grego *hypodeigma*) é, portanto, particularmente poderoso para seus discípulos. Embora a imagem do Servo sofredor seja muitas vezes associada à Paixão, ela constitui na realidade um fio condutor de todo o relato evangélico.

1. Is 42,1-4; 49,1-6; 50,4-9; 52,13–53,12. **2**. Is 53,3-5. **3**. Is 53,6; Mc 14,41-42. **4**. At 8,32-33; cf. Is 53,7-8. **5**. Lc 22,26-27. **6**. Lc 22,37 e Is 53,12. **7**. Lc 23,47 e Is 53,11. **8**. Cf. por exemplo Fl 2,7. **9**. Por exemplo, Mc 10,43-45. **10**. Cf. Mt 8,17 e Is 53,4. **11**. Jo 13,12-16.

* * *

Jesus morreu por nossos pecados?

Michel Fédou
Centre Sèvres – Faculdades Jesuítas de Paris

A fórmula tradicional segundo a qual Jesus morreu "por nossos pecados" esbarra muitas vezes em mal-entendidos ou incompreensões. Dificilmente aceitamos que ela ponha o acento sobre os "nossos pecados", já que o Evangelho é primeiramente portador de uma mensagem de libertação, de felicidade e de vida; experimentamos um mal-estar diante das representações doloristas às quais o cristianismo às vezes sucumbiu, como se fosse necessário afligir-se o mais possível com as próprias faltas para abrir-se à revelação da salvação; ficamos incomodados com as concepções segundo as quais Jesus se teria colocado como "substituto" do homem pecador para "expiar" suas faltas e se "sacrificar" em seu favor. Estas dificuldades não autorizam, evidentemente, a abandonar a fórmula em questão, já que esta nos vem do próprio Novo Testamento. Em compensação, elas convidam a explicitar seu verdadeiro alcance, a montante das interpretações errôneas surgidas no decurso da história.

Impõe-se uma primeira observação. Na verdade, Paulo escreve que Jesus foi "entregue por nossas faltas"[1], ou seja, "por causa de nossas faltas" (a palavra "por" traduz a preposição grega *dia*, que significa "por causa de"). Mas o Novo Testamento utiliza também uma outra preposição que significa "em favor de" (em grego: *hyper*); assim Paulo escreve neste sentido que Jesus "se entregou por nossos pecados", ou seja, "a fim de nos arrancar a este mundo do mal"[2]; sobretudo, declara ele, "nisto Deus prova o seu amor para conosco: Cristo morreu por nós quando ainda éramos pecadores"[3]; do mesmo modo: Deus entregou seu Filho "por todos nós"[4]; ou ainda: "Cristo nos amou e se entregou a si mesmo a Deus por nós"[5]. E lemos igualmente na primeira carta de Pedro: "também Cristo sofreu por vós"[6]. Em todos estes casos, é a preposição *hyper* que é empregada: as fórmulas citadas põem o acento no amor de Cristo que se entregou não "por causa de nós", mas "em nosso favor".

É também o que sobressai da palavra pronunciada pelo próprio Jesus: "O Filho do homem veio, não para ser servido, mas para servir e dar a vida em resgate pela multidão"[7]; ou ainda desta outra palavra por ocasião da Ceia: "Isto é o meu corpo dado por vós. [...] Esta taça é a nova Aliança em meu sangue derramado por vós"[8]. Assim, a expressão "morto por nossos pecados" significa antes de tudo o seguinte: Jesus morreu *em favor de nós* que éramos pecadores e, portanto, *para nos livrar* do pecado no qual estávamos encerrados, ou, para dizê-lo de maneira mais positiva, *para nos dar a vida*; é o que expressa justamente a fórmula do Credo: "*Por nós* foi crucificado sob Pôncio Pilatos, padeceu..."

É à luz disto que podemos, num segundo momento, especificar as implicações da fórmula "morto por nossos pecados". Ela pressupõe primeiramente que Cristo nos "representa" diante de Deus. Se Jesus pôde "morrer por nós" e, desta maneira, nos dar a vida, é porque, de acordo com a missão recebida de seu Pai, ele cumpriu até o fim a vocação do ser humano, que consiste em crer, esperar e amar. Apesar da provação e na provação, Jesus foi obediente; enquanto era condenado injustamente e conduzido para a morte, ele acreditou até o fim e, através de sua própria Paixão, manifestou que se dava inteiramente pela multidão. Lemos também na primeira carta de João: "Temos um defensor diante do Pai, Jesus Cristo, que é justo"[9].

Mas Jesus faz muito mais do que nos representar diante de Deus: por sua morte, ele abre o caminho da vida para todo homem que nele crê e que, através dele, é chamado a cumprir seu próprio destino como Deus o quis desde o início. O Novo Testamento recorre a palavras diferentes para expressar a obra que assim é cumprida (não apenas "salvação", mas também "remissão dos pecados", "redenção", "justificação", "reconciliação" etc.). Seja qual for a linguagem empregada, a morte de Cristo traz consigo uma novidade decisiva: assim como Deus havia libertado seu povo da escravidão, ele oferece doravante a salvação a todo ser humano através de seu Filho que assim se doou na cruz. É que a morte de Cristo é, como tal, um ato de perdão: entregando-se pela multidão, Jesus revela sua vontade de que seus próprios inimigos não fiquem encerrados para sempre no pecado e lhes concede deixar-se, através de sua fé, recriar pelo Espírito de Deus.

No entanto, será que não nos arriscamos, em nome da expressão "morto por nossos pecados", a avalizar representações ambíguas dizendo que Cristo, em nosso lugar, "expiou" por nós e "satisfez a justiça divina"? Aqui precisamos ter consciência de alguns desvios de rumo que eram correntes no passado: às vezes sugeriu-se que a morte de Cristo era uma espécie de comutação de pena, um castigo que Deus teria infligido a seu Filho para se vingar do pecado dos humanos... Tais representações não respeitam o sentido profundo da fórmula "morto por nossos pecados". Com efeito, o que resulta do Novo Testamento é que Cristo se entregou por nós por amor, de maneira totalmente gratuita, e que, por isso mesmo, este acontecimento revelou a profundidade do amor de Deus pela humanidade. Podemos, na verdade, reconhecer que Cristo nos "substituiu" (no sentido de que ele nos "representou" diante de Deus) e afirmamos, com razão, na esteira da carta aos Hebreus, que ele se ofereceu em sacrifício[10]; mas devemos então especificar que *este sacrifício não expressa outra coisa senão o dom de si por amor*: é desta maneira que Deus se reconciliou com o mundo[11] e ofereceu sua salvação a todo crente – seja ele "judeu" ou grego"[12]. A fórmula "morto por nossos pecados" se ilumina finalmente à luz daquilo que caracteriza o próprio ser de Deus e que a primeira carta de João resumiu com estas simples palavras: "Deus é amor"[13].

1. Rm 4,25. **2**. Gl 1,4; cf. também 1Cor 15,3: "Cristo morreu por nossos pecados". **3**. Rm 5,8. **4**. Rm 8,32. **5**. Ef 5,2. **6**. 1Pd 2,21. **7**. Mc 10,45 (a preposição aqui utilizada não é *hyper*, mas *anti*; no entanto, a nuança entre estas preposições é insignificante. **8**. Lc 22,19-20. **9**. 1Jo 2,1. **10**. Hb 9,14. **11**. Cf. 2Cor 5,19. **12**. Cf. Rm 1,16. **13**. 1Jo 4,8.

* * *

Quem eram as mulheres ao pé da cruz?

Yves-Marie Blanchard
Instituto Católico de Paris

O evangelho de João assinala a presença de diversas mulheres ao pé da cruz: "Perto da cruz de Jesus permaneciam de pé a sua mãe, a irmã de sua mãe, Maria de Clopas, e Maria de Mágdala"[1]. Portanto, ele vai além da informação dada por Lucas, de acordo com o qual as mulheres que haviam acompanhado Jesus desde a Galileia se mantiveram distantes da cruz e haviam assistido apenas de longe os últimos instantes de Jesus[2]. O grupo descrito por João parece constituído por três ou quatro mulheres, conforme se assimile ou se distinga dois termos da enumeração, a saber, "a irmã de sua mãe" e "Maria, mulher de Clopas". Com efeito, parece pouco verossímil que a irmã da mãe se chame, também ela, Maria. Quatro mulheres estariam então presentes: as duas primeiras designadas como mãe e irmã da mãe; as duas seguintes chamadas Maria, mulher de Clopas, e Maria de Mágdala*.

Neste grupo se destaca a mãe de Jesus**, cujo nome próprio não figura aqui, como também não figurou no relato de Caná[3]. Apenas a comparação com os evangelhos de Mateus e de Lucas autoriza o leitor a reconhecer aquela que os sinóticos chamam de Maria. Ora, esta é associada a um personagem masculino, o "discípulo bem-amado", igualmente presente. Além disso, é o olhar de Jesus que distingue os dois personagens e, de certa forma, os aproxima um do outro ao ponto de constituírem um par inseparável. Este movimento é imediatamente confirmado pela palavra de Jesus, dirigida respectivamente à mãe: "Mulher, eis aí o teu filho" e ao discípulo: "Eis a tua mãe"[4]. O título "mulher" não tem nada de indelicado: constitui, de preferência, o que chamaríamos hoje de fórmula de cortesia, que Jesus já utilizou para sua mãe em Caná[5], como também ao dirigir-se à Samaritana[6].

No entanto, o fato de Jesus designar sua mãe como "mulher" tende a desfazer o vínculo maternal que a une a seu próprio filho. Com efeito, a palavra de Jesus estende ao "discípulo bem-amado" a qualidade de filho, enquanto Maria se torna ela própria mãe do discípulo. As consequências são de grande importância, tanto para a mãe que recebe assim, através do discípulo bem-amado, uma função maternal suscetível de se estender a todos os crentes, quanto para o discípulo, elevado à categoria de irmão adotivo de Jesus. Convidado a receber em sua casa a mãe de Jesus[7], ele se empenha em prover as suas necessidades, especialmente materiais: daí a existência de tradições tardias que supõem que a mãe de Jesus acompanhou o "discípulo bem-amado" em seus deslocamentos missionários, a começar por Éfeso, suposto lugar da implantação da comunidade do evangelho de João.

Reconhecido assim por Jesus, numa forma quase-testamentária, já que se trata das últimas vontades do Crucificado, o "discípulo bem-amado" se encontra no direito de reivindicar um lugar de destaque na sucessão de Jesus. Ele poderá, portanto, por esta razão, situar-se como testemunha ocular e intermediário qualificado em vista da transmissão da mensagem evangélica, de acordo com a versão própria do evangelho de João: "É este discípulo que testemunha essas coisas e as escreveu"[8]. De maneira mais geral, o fato de enraizar a função do "discípulo bem-amado" na relação filial que supostamente o une à mãe de Jesus convida a considerar a comunidade dos discípulos – e, de maneira mais ampla, a Igreja – como uma instituição de tipo "familiar", fundada no amor mútuo e não em princípios jurídicos.

A presença das mulheres ao pé da cruz não é, portanto, anedótica: ela desempenha um papel importante na passagem de testemunha entre Jesus e os que serão os discípulos pós-pascais.

* Cf. *Quem é Maria Madalena?*, p. 269.
** Cf. *Qual presença de Maria?*, p. 741.

1. Jo 19,25. **2**. Lc 23,49. **3**. Jo 2,1.3.5.12. **4**. Jo 19,26-27. **5**. Jo 2,4. **6**. Jo 4,21. **7**. Jo 19,27. **8**. Jo 21,24.

* * *

Jesus morreu no dia 7 de abril do ano 30?

Yves-Marie Blanchard
Instituto Católico de Paris

Será que Jesus morreu no dia 7 de abril do ano 30, como parece provável a numerosos pesquisadores? Outros, é verdade, duvidam desta datação, nem que seja apenas por causa das incertezas que afetam toda transposição dos calendários antigos para nosso sistema próprio de referência. Além de uma margem de erro não desprezível, a questão de fundo é a da carga de verdade histórica reconhecida tanto aos evangelhos sinóticos quanto ao de João. Com efeito, os dois tipos de obra diferem quanto à data da morte de Jesus, levando em consideração intenções teológicas que, nesse caso, não fazem senão embaralhar a investigação sobre a datação dos fatos relatados.

Marcos e, sem dúvida na esteira dele, Mateus e Lucas consideram que Jesus morreu no próprio dia da Páscoa. Por isso, a última Ceia, na véspera à tarde, é formalmente reconhecida como uma refeição pascal, mesmo que, para dizer a verdade, os elementos materiais da refeição, o pão e o vinho, mesmo desempenhando um papel-chave no *seder* da Pessah*, não têm nada de especificamente pascal: esperaríamos, numa ocasião como esta, que se fizesse menção também do cordeiro, dos pães ázimos e das ervas amargas. No entanto, os evangelhos sinóticos realçam que o convite feito por Jesus diz respeito efetivamente à refeição pascal, celebrada na véspera à tarde[1].

João, por sua vez, situa a Paixão de Jesus *na véspera* da Páscoa judaica, literalmente no dia da Preparação ("parasceve", palavra que hoje, no grego moderno, designa a sexta-feira). Em João, portanto, a refeição pascal ainda não ocorreu quando Jesus foi detido na quinta à tarde: ela está prevista para a tarde seguinte. Daí a recusa, por parte dos acusadores de Jesus, a entrar no pretório romano, com a finalidade – realça o evangelista – de "não se contaminarem e poderem comer a Páscoa"[2], ou seja, o cordeiro pascal, que devia ser consumido em estado de pureza ritual como todos os sacrifícios. Da mesma forma, um pouco mais tarde neste dia da "Preparação da Páscoa", a condenação de Jesus por Pilatos é pronunciada "por volta da sexta hora"[3], ou seja, por volta do meio-dia, ao passo que os outros evangelhos situam a crucifixão durante a manhã. Pretendeu-se muitas vezes ver aqui uma comparação deliberada com a degola no Templo, nesse mesmo momento, dos cordeiros destinados à refeição pascal que será celebrada, ao cair da tarde, nas famílias. No entanto, o evangelho de João não assinala explicitamente esta coincidência horária: não seria preciso, portanto, que elementos de informação externos ultrapassem as informações que o narrador julga indispensáveis a seu leitor. Isto equivale a dizer que a intenção teológica não é evidente: portanto, não há motivo para suspeitar que João tenha distorcido os fatos por razões simbólicas e para recusar *a priori* a datação joânica em favor dos sinóticos. De resto, em muitos pontos, as pesquisas históricas recentes mostraram a confiabilidade histórica do evangelho de João, mesmo quando fornece informações diferentes das apresentadas pelos sinóticos. A datação dos outros evangelhos apresenta, além disso, o problema de uma reunião do Sinédrio e de uma condenação à morte no mesmo dia da Páscoa, o que não condiz muito bem com o que sabemos dos processos judiciais judaicos da época.

Além disso, o final do relato de João retoma o detalhe segundo o qual a sexta-feira era véspera da Páscoa e que, portanto, a festa caía num sábado: "Entretanto, como era o dia da Preparação, as autoridades judaicas, para que os corpos não ficassem na cruz durante o sábado –

esse sábado era um dia particularmente solene –, pediram a Pilatos que lhes mandasse quebrar as pernas e os retirasse"[4]. A conjunção do que designaríamos como dois dias feriados (a Páscoa e o sábado) é aliás realçada, através da expressão: "esse sábado era um dia particularmente solene". É a partir desta coincidência da Páscoa e do sábado, confrontada com outros dados cronológicos como a duração do governo de Pilatos em Jerusalém, que os pesquisadores chegaram, através de cálculos astronômicos eruditos, à convicção de que Jesus morreu sem dúvida no dia 7 de abril do ano 30. Ora, para ser admitida, esta datação supõe que, neste ponto preciso, demos crédito ao evangelho de João e não aos sinóticos.

* Cf. *A Ceia e o* seder, p. 595.

1. Mt 26,17-19; Mc 14,12-16; Lc 22,7-13. **2**. Jo 18,28. **3**. Jo 19,14. **4**. Jo 19,31-42.

CONTRAPONTO

As sete últimas palavras de Cristo na cruz

Jérôme Prigent
Professor titular de Letras

Os quatro evangelhos atribuem a Jesus diversas "últimas palavras" pronunciadas na cruz. Marcos e Mateus conhecem apenas uma palavra, o famoso "*Eloi, Eloi, lama sabaqthani*?"[1], que é uma citação dos Salmos; são sobretudo Lucas e João que fazem Jesus falar na cruz. A Idade Média cristã, na linha da tradição antiga das *ultima verba*, isolou essas "sete últimas palavras", como se Jesus tivesse pronunciado todas elas. Isto corresponde à tentação de compor uma *diatessaron*, ou seja, uma vida de Jesus compilada a partir dos quatro evangelhos. Estas palavras foram dispostas de acordo com a ordem cronológica mais verossímil, o que dá o seguinte:

1) "Pai, perdoa-lhes, porque não sabem o que fazem"[2];

2) "Em verdade eu te digo, hoje estarás comigo no paraíso"[3], dirigida ao "bom ladrão" crucificado junto com Jesus;

3) "Mulher, eis aí teu filho. [...] Eis a tua mãe"[4], palavras dirigidas à mãe e ao "discípulo bem-amado";

4) "Meu Deus, meu Deus, por que me abandonaste?"[5], em aramaico: "*Eloi, Eloi, lama sabaqthani?*";

5) "Tenho sede"[6];

6) "Tudo está consumado"[7];

7) "Pai, em tuas mãos entrego o meu espírito"[8], que remete ao Salmo: "Em tua mão entrego o meu sopro. Tu me resgataste, Senhor, o Deus verdadeiro"[9].

A disposição tradicional destas sete citações da Escritura parte da súplica ao Pai ("perdoa-lhes"), origem de tudo, e faz retornar a ele num grande movimento de entrega total de si ao seu amor ("em tua mão"). São palavras de conclusão nas quais, no próprio cerne da ruptura e da morte, a missão de Cristo se completa e sela a nova Aliança com os homens. Sendo a crucifixão uma morte por asfixia, estas últimas palavras assumem um relevo particularmente dramático: aquele que a fé mais tarde apresentou, especialmente nos escritos joânicos, como o Verbo de vida, a própria Palavra de Deus, entrega aqui um resumo da sua disponibilidade à missão recebida, uma catequese encarnada onde, na entrega do sopro, se exprime e se revela quem Cristo é realmente para a fé. As sete palavras são então uma teologia do Verbo, que nos põe "à escuta do Verbo", de acordo com a expressão do teólogo Karl Rahner (1904-1984).

Boaventura (1221-1274) escreveu um comentário das sete últimas palavras de Cristo e os franciscanos fazem deste comentário a base de uma devoção particular a partir do final do século XIII. A piedade medieval aproxima estas palavras das sete chagas de Cristo e dos sete pecados capitais, que elas vêm curar. A meditação destas palavras era recomendada para a salvação, como o será mais tarde a meditação das catorze estações do caminho da cruz (via-sacra).

Em 1662, Heinrich Schütz compõe a partir das sete palavras um oratório: *Die sieben Worte Jesu Christi am Kreuz* (*As sete palavras de Jesus Cristo na cruz*). Pergolesi, no século XVIII, retoma esta inspiração compondo suas *Septem verba a Christo in cruce*, para quatro solistas e coro. Mas é em 1786 que Joseph Haydn começa sua obra-prima a pedido de uma igreja de Cádis para a Sexta-feira Santa: *Die sieben letzten Worte unseres Erlösers am Kreuze* (*As sete últimas palavras de nosso salvador na cruz*), partitura primeiramente para orquestra e depois para quarteto de cordas, reescrita por fim como oratório. No final do século das Luzes, Haydn, que entrou para a maçonaria no mesmo ano em que entrou Mozart, desejava combinar sua reflexão sobre a natureza ou sobre o homem com sua fé católica. A música procura manifestar a realização do humano: que perdoa, tem compaixão (do ladrão), protege (sua mãe), duvida, tem sede, se abandona e se oferece. Cristo vai em paz, mas os discípulos, por sua vez, entram no luto e na vertigem da dúvida. Esta ambivalência serve de base à última sonata e ao "tremor de terra" conclusivo. É a versão em quarteto, "sete sonatas com uma introdução e, no final, um tremor de terra", que continua sendo a mais tocada. A ciência musical de Haydn expressa aqui um leque muito variado de emoções espirituais. A arquitetura formal está a serviço de uma alternância de temas musicais austeros ou decorados, "celestes" ou "terrestres". Consolação e desolação, desespero ou promessa de salvação. O conjunto está disposto em espelho ao redor da quarta sonata, que faz a obra culminar com uma provação aparente da dúvida ("Meu Deus, meu Deus, por que me abandonaste?").

No século XIX, a escola pós-romântica francesa apodera-se novamente deste tema: Charles Gounod em 1855, César Franck em 1859 e Théodore Dubois em 1867. A obra de Franck, o compositor de *Les Béatitudes* (*As Bem-aventuranças*), une em particular ao caráter espetacular de sua eloquência musical uma grande profundidade mística. No século XX, Charles Tournemire prolonga este veio com seus *Sept poèmes pour orgue* (*Sete poemas para órgão*); em seguida, até o século XXI, numerosos compositores ilustraram o que quase se tornou um gênero musical de pleno direito: Alan Ridout, Douglas Allanbrook, Sofia Gubaidulina, James McMillan, Ruth Zechlin, Christophe Looten, Tristan Murail, Daan Manneke, Paul Carr...

1. Sl 22,2. **2**. Lc 23,34. **3**. Lc 23,43. **4**. Jo 19,26-27. **5**. Mc 15,34 e Mt 27,46. **6**. Jo 19,28. **7**. Jo 19,30. **8**. Lc 23,46. **9**. Sl 31,6.

Sylvie Germain
Escritora

O crisol vazio

Sete Ditos presidem o nascimento do mundo, ritmam seu desdobramento; outros tantos atos de criação em crescimento e apuramento contínuos. A energia destes Ditos emite a luz e a vida, ela se difunde no criado, se deposita no homem, penetra nele. E Deus se retira, seu grande Dito criador retorna ao silêncio, seu gesto está concluído, cabe ao homem levá-lo adiante.

Sete Palavras jorram do alto da cruz onde Cristo morre, elas marcam o compasso de sua agonia; outros tantos atos de descriação em aguçamentos sucessivos. A luz das palavras que Jesus semeou durante sua vida de pregação bruxuleia, fica embaçada com lágrimas, suor e cuspes, e se mistura com sangue. A Encarnação está em seu apogeu, a assunção dos sofrimentos ligados à sua aventura está consumada, a semeadura de palavras espargidas pelo Verbo feito carne terminou, resta apenas um punhado de palavras proferidas sem fôlego. O Filho do homem se vai, cabe a seus irmãos humanos fazer amadurecer o que foi semeado e efetuar a colheita. "Um é o que semeia, outro o que colhe" (João 4,37).

Pai, perdoa-lhes, porque não sabem o que fazem. Primeira palavra dirigida ao Pai com o qual Jesus disse que é um (João 10,30). Deus fala a Deus do âmago da humanidade à qual ele desceu, o homem plenamente homem defende o homem falido, inacabado em sua própria humanidade; ele apela à misericórdia de Deus, com o qual todo homem é convidado por sua vez a unir-se (João 17,21). Ele pede perdão para o homem que, por não perceber "a voz de tênue silêncio" emitida pelo Verbo desde a origem do mundo, e que irriga continuamente a criação, não compreendeu quem é Deus: não uma totalidade absoluta fechada em sua onipotência e dominando o mundo, mas um mistério supremo que se retirou "de si mesmo para si mesmo" para cavar um vácuo fecundo no seio de sua infinidade, a fim de que o mundo possa acontecer e se desdobrar. Perdão para o homem que, por não discernir a penetrante inundação de luz acontecida no mudo com Jesus, não compreendeu quem é o Messias: não é um libertador marcial de um povo submetido à ocupação estrangeira, um homem de poder e de magnificência, mas um emancipador dos seres submetidos ao cativeiro interior e a dependências passionais, um mestre humilde e benévolo; um servo, um amigo.

Este perdão, ele o prodigaliza de imediato declarando ao pecador arrependido crucificado a seu lado que *hoje mesmo ele estará com ele no paraíso*. Ele o concede como sempre o fez – inteiro, imediato, sem condições, fundado na fé e na humildade que se apoderam de toda pessoa movida por uma conversão sincera. "Tua fé te salvou, vai em paz", disse ele muitas vezes durante seus encontros com pessoas arrependidas. Nenhuma violação da liberdade dos outros, mas um desbloqueio desta liberdade quando ela está bloqueada a partir do interior, um apoio e um impulso dados em profusão a cada desejo de libertação. O perdão revoluciona o tempo, alivia do peso dos ontens turvados, abre o presente que se dilata num eterno hoje. Comigo no paraíso – com o amor na alegria, na Vida. É isto a paz, o Reino.

Até o fim, ele desfaz os laços, entre os quais os de sangue, que muitas vezes tornam pesados e amarram os seres humanos no seio de clãs egocêntricos. *Ele confia a mãe ao discípulo e o discípulo à mãe*, oferece a João o lugar de filho; de seu amigo ele faz seu irmão.

E, no centro das Sete Palavras, jorra este grito de abandono: *Meu Deus, meu Deus, por que me abandonaste?* Por que, para quê? A pergunta pode ser entendida em duas direções: voltada a montante, visando a causa deste abandono, ou a jusante, perguntando por uma intenção, um destino. Nos dois casos, a pergunta se escancara num vazio abissal e vibra de estupefação; seus carrascos e os gracejadores não sabem o que fazem, porque ignoram quem ele é; e ele, o inocente supliciado, que sempre soube o que fazia, em nome de quem agia, de repente não sabe mais nada.

Sua solidão é radical, ele invoca um ausente, morre como órfão, ignorado por todos, esquecido por Deus, desconhecido a si mesmo. Ele que tanto andou, que tanto procurou gestos de cura, de nutrição, de bênção, que tanto dispensou palavras iluminantes, ei-lo pregado entre uma terra surda e um céu mudo, flecha imóvel apontando para lugar nenhum. Não há mais lugar para ele, ele jaz de pé numa atroz ausência de gravidade.

E uma sede intensa o consome, sede de água viva da qual ele é o poço, sede de luz e de espaço que ele não cessou de difundir em abundância e com doçura, sede de amizade humana e, mais do que tudo, no âmago de tudo, sede do amor do Pai com o qual ele é um.

Como ser Um com nada, com ninguém, com a noite? O Um se esvazia em Zero. Tempo e espaço zero, homem zero, Deus nada.

Tudo está consumado – a missão divina, a aventura humana, a secreta e sublime revolução da salvação urdida pelo Verbo nos corações e nas mentes que ainda não tomaram consciência dela. Os que tiverem um ouvido interior ouçam o apelo inaudito lançado neles por esta revolução.

Tudo está concluído – o sofrimento, a agonia, o pavor diante dos abismos do desconhecido que se abrem por toda parte. Os zeros se dilatam, se rompem. O órfão de seus irmãos humanos e de seu Pai divino *entrega seu espírito nas mãos deste mesmo Pai*, por amor a uns e ao Outro. A morte se apodera do Vivo.

Retorno. Tudo pode começar – o insuspeitado, o inesperado. O Vivente se apodera da morte, ele a ceifa, a arruína. Todos os zeros explodem, se transformam em infinito, em movimento, em energia nova. O espírito do Filho do homem depositado nas mãos do Deus ausente extrai deste crisol de vacuidade a luz em fonte, a Vida em sua eternidade, e desvela o esplendor do desnudamento de Deus. Esplendor de um mistério desvelado enquanto mistério, para sempre o mesmo e sempre iluminando a humanidade com admiração e perguntas, com ausência e com desejo.

Capítulo 25

O SEPULTAMENTO

Poderíamos contar a história assim...

O sol se punha no horizonte e a sombra sinistra das cruzes do Gólgota se alongava sobre as muralhas de Jerusalém. Para os soldados, era tempo de submeter-se às ordens do governador e de quebrar as pernas dos condenados a fim de apressar sua morte. Pilatos não queria absolutamente magoar os sentimentos das autoridades locais deixando os supliciados agonizarem enquanto o sábado ia começar. Era preciso acelerar as coisas, tanto mais que, de acordo com a lei judaica, os corpos não deviam permanecer expostos de noite. Para Jesus, a precaução era inútil, já que fazia horas que ele havia sucumbido.

Ora, havia um certo José, originário de Arimateia. Era um notável e um homem justo. Fazia parte do Conselho do Sumo Sacerdote, mas não havia aprovado a decisão de pedir a Pilatos a execução de Jesus. Ele ouvira o profeta de Nazaré e estava convencido de que o Senhor estava com ele. Não pudera fazer nada para impedir a condenação nessa mesma manhã; mas pelo menos de tarde não deixaria que lançassem seu corpo na vala comum. Dirigiu-se ao palácio do governador e defendeu sua causa. Ele tinha recursos, por isso suas razões foram atendidas e Pilatos lhe permitiu mandar retirar o corpo de Jesus e cuidar ele próprio do sepultamento. Era preciso agir depressa, porque logo a noite iria cair: quando o sol desparecesse, as luzes do sábado seriam acesas e todas as atividades deviam parar. José não estava sozinho, podia contar com a ajuda de Nicodemos, um fariseu que também havia defendido Jesus.

Os soldados permitiram, portanto, que os dois homens descessem o corpo do supliciado. De acordo com os costumes, colocaram-no sobre uma grande peça de tecido e o envolveram com ervas perfumadas, depois enrolaram o lençol no corpo e o ataram com faixas antes de levá-lo a um jardim próximo, para um túmulo novo, cavado na rocha. Colocaram nele o corpo e depois rolaram uma pedra pesada diante da entrada a fim de que nenhum animal pudesse introduzir-se e profanar a sepultura. Quando terminaram, as luzes do sábado começavam a brilhar e eles se apressaram a voltar para casa. As mulheres que haviam permanecido o dia inteiro perto do lugar da execução haviam observado de longe os cuidados que os dois homens dispensaram aos restos mortais do Mestre. Elas prometeram voltar com unguentos e perfumes para finalizar os ritos; mas para isso precisavam esperar que o dia do sábado passasse.

Houve uma noite, cheia de aflição e dor, depois um longo, muito longo dia, e mais uma noite que parecia não ter fim. Finalmente, apareceram os clarões de um novo dia. Sem tardar, as mulheres puseram-se a caminho para o túmulo. Entre elas estavam Maria de Mágdala, aquela que Jesus havia libertado de sete demônios e que depois o seguiu, e Maria, mãe de Tiago, e também Salomé e Joana... Haviam preparado unguentos e perfumes e os levavam ao túmulo. Entretanto, enquanto caminhavam, elas se perguntavam se conseguiriam remover a pesada pedra que fora rolada diante da entrada do túmulo.

Quando chegaram, o sol começava a elevar-se no horizonte e o jardim estava banhado de luz. Elas viram imediatamente que a pedra estava removida e o túmulo aberto. Perguntaram-se quem as havia precedido. Inclinaram-se para ver o interior, mas não havia nada. O corpo não estava lá. Ficaram estupefatas, não sabendo o que pensar. Ora, eis que fora estavam dois homens cujas vestes brancas eram como que iluminadas pela luz do dia nascente.

Apavoradas, caíram com o rosto por terra, todas trêmulas e com medo. Ouviram as palavras que os homens pronunciaram: que não se devia procurar o Vivente entre os mortos, que o Senhor não estava ali. Elas estavam numa confusão violenta e não entenderam o que lhes era dito. Depressa levantaram-se e correram em direção à cidade, a fim de contar aos discípulos que ainda estavam em Jerusalém o que haviam visto e ouvido. Mas estes não compreenderam nada do que elas diziam. Disseram entre si que, sob o efeito da aflição, as pobres mulheres haviam enlouquecido.

C.P.

Do sepultamento ao túmulo aberto

Corina Combet-Galland
Instituto Protestante de Teologia, Faculdade de Paris

Os quatro evangelhos justapõem, em sua narrativa[1], o amortalhamento/sepultamento de Jesus no mesmo dia de sua crucifixão, na véspera do sábado, e a descoberta assombrosa do túmulo aberto onde o corpo está ausente na aurora dois dias depois. Entre os dois fatos, correspondendo ao tempo do sábado, uma lacuna do relato leva a pensar a espera como uma travessia do vazio para as pessoas mais próximas de Jesus, que precisaram proceder ao sepultamento com urgência. A retirada do crucificado fora feita às pressas por causa da preparação do sábado. O evangelho segundo João é o único a especificar que esse sábado, nesse ano, era um "dia particularmente solene"[2], certamente porque correspondia à festa da Páscoa, da qual o relato da execução de Jesus toma emprestados alguns elementos (a condenação na mesma hora em que são imolados os cordeiros[3]; a referência ao cordeiro do qual nenhum é osso quebrado[4]). Mas o adiamento assim imposto para o gesto de despedida começa a ser interpretado, nas narrativas evangélicas, como passagem de uma temporalidade a outra; traços da tradição judaica são apagados para que os acontecimentos narrados imprimam ao sábado ou à Páscoa uma qualidade inédita e se prestem a uma nova celebração: a vitória soberana sobre os ferrolhos da morte por um Crucificado levantado/ressuscitado dentre os mortos.

O cuidado do corpo

A ausência do corpo de Jesus no túmulo e a reação brusca, ou estupefata, de uma ou mais mulheres vindas para prestar uma última homenagem, pressupõem o relato do sepultamento. Este conclui a narrativa da morte de Jesus. Um novo personagem sai então da sombra, que não pertence nem à família nem aos discípulos do crucificado. Ele traz nos quatro relatos o mesmo nome e a mesma origem local, a Judeia: José de Arimateia. Através do amortalhamento ao qual procede, ele cumpre uma importante obra da piedade judaica. De acordo com os evangelhos, ele é um homem honesto, membro do Sinédrio, mas aberto ao ensinamento de Jesus – um discípulo "oculto", chegará a dizer João.

Cf. *Quem era José de Arimateia?*, p. 688. ▸

Os evangelhos fazem do amortalhamento um gesto de apreço; o cuidado dispensado ao corpo se amplifica de um relato ao outro. José solicita o corpo a Pilatos, que o autoriza a retirá-lo antes que seja lançado num túmulo comum reservado aos condenados ou entregue aos animais selvagens conforme o regime romano. Os túmulos parecem então nichos estreitos escavados em profundidade na parede do rochedo; lacrava-os uma pedra que podia trazer uma inscrição. Os evangelhos sinóticos falam apenas de um lençol, "limpo", especifica Mateus, no qual o corpo que José retira da cruz é envolto. Depois os restos mortais são depositados num túmulo que nunca havia sido utilizado. Protegendo-o assim de toda imundície, o gesto derradeiro contribui para o respeito em relação ao morto.

O evangelho segundo João acrescenta a José de Arimateia um personagem que lhe é próprio, Nicodemos, cuja busca pontua assim o conjunto do relato evangélico. Fariseu em busca, ele viera, coberto pelo manto da noite, interrogar Jesus sobre o "novo nascimento"[5]; depois, ousando manifestar-se quando quiseram pôr a mão em Jesus, por ocasião da festa das Cabanas no Templo de Jerusalém, ele havia solicitado, em nome da Lei judaica, que um homem não seja julgado sem antes ser ouvido[6]. Por fim, como se o relato o fizesse sair de sua noite na hora em que retorna ao Pai aquele que declarou "Eu sou a luz do mundo"[7], Nicodemos se junta a José para o amortalhamento. As cem libras (ou seja, aproximadamente trinta quilos) de mirra e de aloés trazidas por ele sugerem, pelo excesso e pela referência aos perfumes do Cântico dos cânticos ou às vestes do rei celebradas pelo Salmo 45, um amortalhamento régio em homenagem ao amado.

◄ Cf. *O caso Nicodemos*, p. 483.

Para João, o próprio lugar da execução inclui um jardim, e o jardim inclui o túmulo. A proximidade facilita a necessária rapidez do amortalhamento por causa da preparação da Páscoa, mas sugere também simbolicamente, ecoando um outro jardim, o que foi o palco da detenção, que a herança do morto deve ser cultivada, que se trata de uma nova Criação e que ela trará frutos. Mateus e Marcos especificam que José, num gesto último, rola uma pedra contra a porta do túmulo. Assim o morto é protegido de toda profanação; quanto à morte, cercada por um muro que a esconde, não ameaça mais os viventes. Lucas observa o dia, a Preparação, na hora de seu declínio em favor do sábado que começava a luzir, mas não especifica se está se referindo à estrela da tarde, de acordo com a temporalidade judaica, ou à estrela da manhã, de acordo com o olhar da fé nascente já orientada para a aurora de uma nova Páscoa. O atalho entre os dois dias parece significar a temporalidade própria que estes relatos começam a impor em sobreimpressão às tradições judaicas.

Apesar da pressa, José de Arimateia (com Nicodemos em João) dá ao supliciado um sepultamento digno, sob o olhar das mulheres fiéis até o fim.

Em Mateus, a temporalidade é ainda mais estranha, já que, para designar o dia do sábado, ele evoca "o dia seguinte, ou seja, o dia depois da Preparação". De certa forma, "o dia seguinte à véspera"! O apagamento do termo "sábado", mesmo em Mateus que, no entanto, vê na palavra e na vida de Jesus a interpretação última da Torá, parece então significativo: a morte e a ressurreição de Jesus implicam, para as testemunhas que as narraram, uma passagem tão decisiva que requerem novas balizas temporais. Após esta lacuna de Mateus sobre o termo "sábado", o apócrifo intitulado *Evangelho de Pedro* poderá falar, referindo-se à ressurreição, de dia "do Senhor"[8] (*kyriakê*, que, a partir do baixo latim *dominica*, se tornará "domingo").

Por fim, os três evangelhos sinóticos realçam a presença de mulheres, duas com o prenome Maria em Marcos e Mateus, entre as quais a que é originária de Mágdala e que desempenha sozinha o papel principal em João. Da maneira como as representa Mateus, elas estão sentadas diante do túmulo, ao passo que Marcos está atento ao seu olhar fixo no lugar do sepultamento. Também Lucas retoma este olhar, mas sem nomear aqui as mulheres; ele o fará quando, no túmulo aberto, com a memória despertada, elas renascerão para si mesmas[9]. Ele as qualifica aqui por sua fidelidade: seguiram Jesus de perto, vieram com ele da Galileia. Em nenhum relato elas procedem a uma unção do morto; e quando, no dia seguinte ao sábado, se dirigirem ao túmulo com perfumes, não haverá mais corpo. Marcos, seguido por Mateus, narrou que foi em Betânia, no gesto de superabundância de uma desconhecida que o inundou com seu perfume precioso, que Jesus recebeu a homenagem como um gesto de unção fúnebre: à mesa, durante sua vida![10]

Cf. *A unção em Betânia, ou a mulher esquecida*, p. 535. ▶

Um túmulo duplamente selado

Só o evangelho segundo Mateus acrescenta o episódio dos guardas postados à entrada do túmulo, que reforça seu isolamento[11]. Ele quer assim barrar o acesso a duas interpretações possíveis da ausência do corpo no túmulo, em concorrência com a ressurreição, e que seriam mais naturais: a hipótese de que o crucificado depositado às pressas não estivesse realmente morto, por um lado; o roubo do cadáver, por outro.

A pedra e os guardas diante do sepulcro indicam que não haverá nenhuma continuidade da vida, mas sim morte e ressurreição.

De acordo com o relato de Mateus, após o sepultamento, os sumos sacerdotes e os fariseus procuram Pilatos, ao qual se dirigem como *Kyrios*, "Senhor"; eles querem, por segurança, reforçar com uma guarda a pedra rolada diante da entrada e assim impedir que os discípulos venham roubar o corpo de Jesus para em seguida anunciar sua ressurreição. A impostura, a pretensão sedutora de Jesus de ressuscitar depois de três dias, dizem eles, seria acentuada pela impostura de seus discípulos que a anunciariam ao povo! Pilatos lhes cede uma guarda, ou os remete à sua própria guarda[12]. Asseguram então a segurança do túmulo com um duplo selo: a pedra mais a guarda. A tradição acrescentará: sete selos serão aplicados de acordo com o *Evangelho de Pedro*[13].

Isto significa que houve realmente morte, cadáver, sepultamento e que a ressurreição exclui toda continuidade da vida. Ela é intervenção criadora de Deus, ato unicamente de seu poder capaz de fazer explodir os ferrolhos da morte. Se nos lembrarmos dos sinais apocalípticos que, de acordo com o relato de Mateus, acompanharam a morte de Jesus, terremoto cujos sintomas retomam os de um parto[14], as precauções de isolar do túmulo parecem irrisórias: O que podem uma pedra, um selo, uma guarda, contra a irrupção de um novo mundo?

Mulheres para a despedida

Apesar das diferenças entre os quatro relatos, é à presença feminina que eles atribuem o privilégio de ser as primeiras a testemunhar.

No relato de Marcos, é a unção do corpo que mobiliza o trio das mulheres: duas Marias, uma qualificada por sua aldeia de origem, Mágdala, a outra por sua maternidade, mãe de Tiago, e uma terceira, com nome próprio, Salomé – três formas de identidade? Um trio fiel, como se viesse substituir o dos discípulos íntimos que não conseguiram vigiar uma hora no Getsêmani?[15] Mas os evangelhos variam entre si a respeito destas atrizes femininas; aliás, o número e os nomes mencionados não coincidem, no interior de um mesmo evangelho, com as presenças evocadas junto à cruz! A simbólica prevalece sobre a historicidade. Assim João focaliza seu relato na busca interior e dolorosa de Maria de Mágdala unicamente, Mateus evoca apenas duas mulheres, enquanto Lucas acrescenta uma alusão a ainda outras que, para representar uma comunidade em crescimento, ampliam o trio. Está claro, em todo caso, que nenhuma tradição privilegia uma figura masculina na aurora pascal. A presença da mulher nas extremidades da vida – nascimento e morte – é tradicional, talvez universal.

◄ Cf. *Quem eram as mulheres ao pé da cruz?*, p. 666.

O gesto que estas mulheres se preparavam para realizar também difere de acordo com os relatos: unção do cadáver em Marcos e Lucas ou despedida mais sóbria em Mateus e João, de qualquer maneira uma última homenagem. No *Evangelho de Pedro*, as mulheres especificam que foram privadas, por ocasião do amortalhamento, de realizar os rituais de choro e lamentações[16]. Mateus indica, com um verbo insistente, que elas vêm "olhar" (*theôreô*)[17] o túmulo; será que ele pensa numa contemplação, ou antecipa alguma coisa do espetáculo que nele assumirá uma dimensão apocalíptica, como aliás era o caso em seu relato da cruz?

Mas são as figuras temporais dos relatos que conotam o surgimento do novo, junto com a aurora. Em Marcos, o dia do sábado havia passado quando as mulheres compram perfumes. Quase podemos ouvir "ultrapassado": com o corpo ausente, o gesto derradeiro, de embalsamamento, que integra a morte combatendo seu odor, será suspenso. Com a anotação da hora, salta-se do último ao inicial: "de manhã, muito cedo, no primeiro dia da semana"; e, com o risco de causar um curto-circuito no intervalo entre noite e luz, Marcos acrescenta que o sol "já" se tinha levantado. A ressurreição que ele vai narrar é, com efeito, um levantar-se, como tudo sugere: o cosmos, com o astro do dia, a humanidade também, com o olhar que as mulheres levantarão em direção à pedra, esta mesma já removida "para o alto", como dão a entender os manuscritos mais antigos[18]. Para Mateus, de acordo com a temporalidade judaica na qual o dia começa com a aparição da estrela da tarde, é no fim do sábado, na hora em que desponta o primeiro dia da semana, que as mulheres se dirigem ao sepulcro. Lucas também assinala o primeiro dia e lhe dá a intensidade de uma aurora profunda. João evoca junto com a aurora a resistência das trevas que acompanham a busca de Maria de Mágdala e talvez, mais adiante no relato, a dúvida de Tomé, o último personagem do evangelho, antes do próprio leitor, que exigirá ver e tocar para crer[19].

Cf. o capítulo ► *As aparições aos discípulos*, p. 699.

O túmulo aberto e vazio

A menção do túmulo vazio não faz parte dos enunciados da confissão de fé primitiva. Muito antes da redação dos evangelhos, quando o apóstolo Paulo se vê obrigado a lembrar aos crentes de Corinto, como se eles titubeassem, o próprio alicerce da Boa-Nova, ele retoma quatro afirmações fundamentais[20]: Cristo morreu, foi sepultado, ressuscitou, se deu a ver. A morte e a ressurreição são apoiadas por um "segundo as Escrituras", sem referência precisa; a morte remete aos "nossos pecados", a ressurreição acontece "ao terceiro dia". As aparições que ele enumera pontuam uma primeira história, que começa com Cefas (Pedro), passa por mais de quinhentos irmãos ao mesmo tempo, até chegar ao próprio Paulo, o último "aborto". Quanto ao sepultamento, resume-se a um só verbo, na voz passiva. Sem dúvida, ele apoia a morte real que a duração (até o terceiro dia) reforça também indiretamente: o tempo intermediário exclui toda continuidade da vida. A ressurreição dos mortos[21] supõe uma travessia radical da morte, a vitória definitiva de Deus sobre o império da morte. Mas Paulo nada diz sobre o túmulo vazio, ainda que, no relato evangélico, um túmulo aberto deslacrado onde o corpo do morto está ausente leve a pensar na potência do acontecimento.

> "Passado o sábado, Maria de Mágdala, Maria, mãe de Tiago, e Salomé compraram aromas para ir embalsamá-lo. E de manhã muito cedo, no primeiro dia da semana, elas foram à sepultura, tendo despontado o sol. Diziam umas às outras: 'Quem nos removerá a pedra da entrada do sepulcro?' E erguendo os olhos, viram que a pedra estava removida; ora, ela era muito grande. Tendo entrado no sepulcro, viram um jovem sentado à direita, vestido com uma túnica branca, e foram tomadas de temor. Mas ele lhes disse: 'Não vos assusteis. Procurais Jesus de Nazaré, o crucificado: ele ressuscitou, não está aqui, vede o lugar onde o tinham posto. Mas ide dizer a seus discípulos e a Pedro: 'Ele vos precede na Galileia; lá o vereis, como vos disse'. Elas saíram e fugiram para longe do túmulo, pois estavam todas trêmulas e transtornadas; e elas não disseram nada a ninguém, pois tinham medo."
>
> Marcos 16,1-8

Os evangelhos esmeraram-se em narrar, após o sepultamento, a descoberta assombrosa do túmulo vazio[22]. As aparições do Ressuscitado, primeiramente às mulheres cuja presença liga entre si os episódios, em seguida aos discípulos do sexo masculino a caminho ou em comunidade reunida, traduzem em imagens o reconhecimento do próprio Jesus enquanto diferente. A exegese supôs para elas uma origem própria: talvez tenham sido contadas primeiro, como um grito de alegria precede a elaboração narrativa das etapas percorridas para chegar a semelhante libertação. Mas o evangelho segundo Marcos, em sua forma curta sem dúvida original, ignora essas aparições; ele se detém antes, parando no versículo 8 do capítulo 16. Acréscimos[23] foram feitos mais tarde a este final estranho, suspenso no espaço aberto e vazio do túmulo, onde as mulheres, na aurora pascal, tomadas de medo e transtornadas, fogem sem dizer nada a ninguém. Os outros evangelhos, canônicos ou próximos, desenvolveram representações das aparições.

Os relatos narram assim a descoberta das mulheres, primeiro na entrada do túmulo e depois no interior. Em Marcos, elas se preocupam pelo caminho em saber quem poderia remover para elas essa pedra enorme. Ora, o relato, que insiste por suas figuras no "já" – o sol que *já* se levantou, a pedra *já* removida, o encontro na Galileia *já* concedido por Jesus em vida –, afirma a precedência fundamental da vitória divina sobre a morte. O ferrolho da mansão dos mortos já foi explodido. O relato de Lucas é aqui muito sóbrio: se as mulheres *encontram* a pedra removida, elas não *encontram* o corpo de seu Senhor. Elas estão num impasse, diz o relato; e, para oferecer uma saída para elas, ele mostrará dois personagens com vestes brilhantes como o clarão do relâmpago, que as ajudam a separar morte e vida – "por que procurais o vivente entre os mortos?"[24] Mas Lucas precisará, sobretudo, narrar todo o caminho de dois discípulos para Emaús para que se abra enfim, através da fração do pão, uma passagem para o re-

Para muitos exegetas, as tradições que atestam o túmulo vazio (como o primeiro final de Marcos) e as que atestam aparições são independentes.

conhecimento e a separação se torne fundadora. Mateus, por sua vez, elabora uma descrição do acontecimento: ocorre um terremoto, como na morte de Jesus, como por ocasião da travessia do mar Vermelho, como na entrada de Jesus em Jerusalém[25]; o velho mundo desaba e o leitor, junto com as mulheres, vê diretamente um anjo descer do céu, remover a pedra e, marca de triunfo, sentar nela. O último inimigo, que é a morte, é assim vencido. A aparência de clarão do relâmpago e a brancura de neve de suas vestes conotam o divino, enquanto os próprios guardas, sob o efeito do medo, são sacudidos como que por um terremoto. Eles parecem mortos. Quem é o verdadeiro morto nesta história? – parece, não sem ironia, perguntar o relato.

O vazio e o envio

A pedra removida permite às mulheres penetrar no túmulo e constatar ali a ausência do cadáver. Nenhum relato canônico, nem mesmo o de Mateus, descreve a saída de Jesus. Esta lacuna é significativa, no entanto a tradição a preencherá. No *Evangelho de Pedro*, os guardas, junto com o centurião e os anciãos, verão sair do túmulo, de maneira um pouco fantástica, três homens, dois deles amparando o terceiro, cuja cabeça ultrapassa os céus, seguidos por uma cruz que responde ela própria que, "sim", ela pregou realmente aos mortos![26] O evangelho de Marcos realça a entrada das mulheres no túmulo fazendo corresponder a ela, como um final, o episódio de sua saída, que é então uma verdadeira expulsão deste antro, ou ventre, da morte. Trata-se de um parto. O corpo que as mulheres procuram está ausente, mas é seu próprio corpo que se expressa em afetos infraverbais. O choque da revelação é tão forte que toda linguagem articulada parece prematura. Tremor e transtorno se apoderam destas primeiras testemunhas, que fogem para longe do túmulo, dando as costas à morte, mas sem orientação, sob o efeito de um temor-terror que fulmina então como última palavra do evangelho[27]. Assim, a boa-nova da ressurreição dos mortos começa provocando medo e fazendo calar. Marcos reforça o verbo de pavor com um prefixo intensivo (*ekhthambeômai*), que lembra a comoção das multidões quando Jesus descia da montanha da Transfiguração, e depois seu próprio pavor de homem diante da morte na oração do Getsêmani[28].

O corpo que as mulheres procuram está ausente, mas é seu próprio corpo que se expressa em afetos

Cf. *No monte das Oliveiras*, p. 605. ▶

As mulheres ficam assim extremamente assustadas quando, em lugar do que jazia no túmulo, se deixa ver a potência de vida de um homem, jovem, sentado, à direita, vestido de branco. O homem jovem ecoa aquele jovem, próprio de Marcos – o termo é o mesmo – que, por ocasião da prisão, seguia Jesus quando todos os seus discípulos fugiram, mas que acabou fugindo também ele, nu, quando quiseram agarrá-lo junto com Jesus e que largou o pano de linho que o cobria[29]; ora, estranhamente, é a mesma palavra que designa esta veste de linho e o "lençol" de Jesus!

Ninguém, a não ser o olhar das mulheres, de longe, pôde acompanhar Jesus até o fim. Esta é a teologia de Marcos: o próprio fracasso da fidelidade é transfigurado, a vida verdadeira surpreende na própria impotência, antecipa-se no âmago da morte. A palavra do jovem, mensageiro divino no túmulo, lembra esta antecedência fundamental: "ele não está aqui", o lugar onde foi depositado está vazio, isto se constata, ele vos precede, como a palavra pronunciada em vida vo-lo afirmou antecipadamente. Onde? Na Galileia, ou seja, pelos caminhos de sua vida humana, lá onde vós o encontrastes e o seguistes. Mas quem, ele? "O Crucificado", como o designa o jovem. E o particípio "crucificado" – em grego no perfeito, ou seja, um passado cujos efeitos duram no presente – não remete apenas ao suplício abjeto da cruz; ele começa a expressar a própria identidade daquele cuja morte, recebida em Deus, se torna para os seus fonte de vida. O Crucificado não está aqui, ele ressuscitou.

Só resta deixar este lugar vazio para ir anunciá-lo a seus discípulos, a Pedro mencionado por Marcos em particular. O túmulo não é, portanto, lugar de peregrinação: vazio, ele lança novamente para a vida que precede, mas transfigurada pela travessia da própria morte. O silêncio das mulheres, com o qual se conclui o evangelho de Marcos, remete aliás ao lugar onde a confissão de fé foi pronunciada: à cruz. "Verdadeiramente, esse homem era Filho de Deus", exclamou o centurião romano, pagão, que, diante da morte mais abandonada, entrou, ninguém sabe como, em sua verdade[30].

As mulheres e sua memória viva

À angústia das mulheres, na qual Marcos se detém, Mateus acrescenta a alegria: as mulheres correm pelo caminho e o Ressuscitado virá ao seu encontro. Este tempo do caminho permite ao evangelista incluir uma pequena sequência que lhe é própria, mas que será ampliada pelo *Evangelho de Pedro*: o relato de Mateus retoma a presença dos guardas junto ao túmulo e a preocupação de evitar o roubo do cadáver, pelo qual sua vigilância deve responder. Alguns deles partem para informar os sumos sacerdotes sobre aquilo que testemunharam. Isto desencadeia uma reunião com os anciãos e a decisão de subornar estes guardas para que propaguem um antitestemunho: aproveitando-se de seu sono, os discípulos vieram, de noite, roubar o corpo. Dinheiro recebido e lição aprendida, os guardas submetem-se à ordem recebida "e seu relato propagou-se no mundo judaico até o dia de hoje", destaca o evangelista. Ora, as especificações fornecidas sobretudo pelo relato de João sobre a presença das faixas abandonadas, e que Pedro observa no túmulo, contradizem a tese do roubo; se o cadáver tivesse sido levado embora, não teriam retirado suas faixas, tê-lo-iam levado embrulhado! Com a pedra removida, as faixas abandonadas são os vínculos da morte que jazem, desfeitos e inúteis. Trata-se de uma negação da morte. Para afirmar a vida, serão necessárias as aparições do Ressuscitado; elas concretizarão a palavra reveladora dos mensageiros de Deus.

Lucas sugere, à sua maneira, que a ausência do corpo – que, aliás, ele é o único a mencionar como "o corpo do Senhor Jesus"[31] – chama para fora do túmulo o corpo comunitário a ser reunido. É justamente no ato eclesial da fração do pão que Jesus se revelará vivente. O evangelista joga, para expressá-lo, com o registro da memória. As mulheres se dirigem ao túmulo, monumento de memória, mas os dois homens que aparecem, com as vestes brilhantes como o clarão do relâmpago, despertam nelas a memória viva: "Lembrai-vos como ele vos falou quando ainda estava na Galileia"[32]. A mensagem da qual elas devem se lembrar é enunciada aqui como um credo. Ela não explica, nem justifica, mas entrega nas mãos do Deus mais poderoso do que a morte os acontecimentos que desesperam – que Jesus foi entregue, crucificado – e o acontecimento que pode reavivar a esperança – que ele seja ressuscitado ao terceiro dia: isto "era preciso", dizem os anjos intérpretes[33]. Então as mulheres se lembram, esboçam um movimento de retorno que, repetido por outros personagens nas três cenas de Lucas 24, acaba indicando a profundidade de um verdadeiro retorno.

As primeiras reações nascem mais do pavor, e os discípulos não acreditam na explicação que, em Lucas, os anjos propõem às mulheres.

Elas levam o anúncio aos Onze e aos que os rodeiam; só então o relato as nomeia – Maria de Mágdala, Joana e Maria mãe de Tiago –, como se, a partir deste novo começo, elas tivessem adquirido identidade. Mas suas palavras parecem delírio aos ouvidos dos discípulos, que não acreditam nelas. Às vezes se desculpou esta recusa alegando a cultura judaica da época: a palavra das mulheres não tinha valor jurídico de testemunho. Mas aqui o relato sugere, sobretudo, que aquilo que se apresenta é o inacreditável, o inesperado; as resistências humanas realçam a dimensão do milagre. Nesse momento, a corrida de Pedro ao túmulo, o qual, inclinando-se, avista apenas as faixas abandonadas, confirma o testemunho feminino, mas se detém no espanto do apóstolo, que volta para casa ou, talvez, volta a si. Serão necessárias as três cenas desta última página do evangelho, em Lucas, para recompor o corpo comunitário desfeito pela cruz, com olhos que se abrem, corações que ardem, mãos que apalpam, um sopro prometido...

Uma vida completamente diferente

No evangelho segundo João, a figura da mulher é privilegiada sob os traços de Maria de Mágdala[34]. A madrugada ainda escura, contra cujo pano de fundo o relato insere seu personagem, dá sua tonalidade à cena. Uma partida e um retorno imediato, apenas um olhar entre os dois: a pedra do túmulo fora removida. E uma dedução curta: o corpo foi retirado. Maria engloba então os dois discípulos, Pedro e o "bem-amado", num "nós" indefinido, eventualmente um resto da tradição transmitida pelos sinóticos onde as mulheres estavam no plural: "Nós não sabemos onde o puseram". Uma corrida - concorrência apostólica? - ao túmulo, ou, de preferência, um passo à frente na preparação para a descoberta, mobiliza imediatamente os dois discípulos, Pedro e o "discípulo bem-amado", cada um dando um passo à frente do outro: o bem-amado, chegando primeiro ao lugar, inclina-se e avista as faixas depositadas ali; Pedro, que o seguia, entra por primeiro no túmulo, seu "ver" é então mais marcado (*theôrei*, em vez de *blepei*)[35] e o espaço diferenciado: o pano que cobrira a cabeça está enrolado e posto num lugar à parte. Só então é que entra o "bem-amado": "ele viu e creu", enuncia o evangelho, num absoluto. Um terceiro verbo (*eiden*) exprime este ver decisivo para chegar ao crer. Mas um comentário o acompanha: "Eles ainda não tinham compreendido a Escritura segundo a qual Jesus devia ressurgir dentre os mortos"[36]. "Ainda não": até agora? Até esta percepção, no próprio túmulo, do desnudamento da morte? Ou é apenas uma antecipação da bem-aventurança que o próprio Jesus enunciará mais tarde a Tomé, estimulado a dizer adeus ao ver, e doravante perfil de todo leitor do evangelho: "Bem-aventurados os que não viram e, contudo, creram"?[37]

◄ Cf. *Em João: Maria Madalena, Tomé e os outros*, p. 707.

A ausência do cadáver, constatada no túmulo, deixa a Deus a origem de uma vida de qualidade totalmente diferente.

O retorno dos discípulos para casa nos deixa um pouco atônitos: o acesso ao crer, portanto, não se comunica? São necessários degraus, serão necessários não somente os sinais da morte desfeita, mas a presença viva dos anjos, um junto à cabeceira e o outro aos pés do corpo ausente para esboçar o espaço vazio[38]. E, mais ainda, a aparição do próprio Ressuscitado sob as feições do jardineiro para provocar uma reviravolta em Maria, desapegá-la de sua busca do corpo a ser tocado, antes de enviá-la, como primeira apóstola do Ressuscitado, a anunciar aos discípulos que ele torna a subir para junto do Pai e assim sustenta sua fraternidade. Já que a herança é recebida, é em conjunto que a comunidade dos irmãos terá que cultivá-la.

Os relatos do túmulo vazio exigem os relatos das aparições do Vivente. Eles simbolizam a negação das potências da morte, não relativizando-as, mas através da vitória derradeira de uma força superior. As representações tradicionais, embora não evangélicas, de uma "descida aos infernos" para fazer explodir seus ferrolhos não farão mais do que apoiar esta convicção. Não há continuidade entre a morte e a vida que a ressurreição faz germinar, senão pelo recurso à linguagem do corpo que, na cultura judaica desse tempo, expressa a pessoa. A ausência do cadáver, constatada no túmulo, deixa a Deus a origem de uma vida de qualidade totalmente diferente, não de carne, mas com um corpo no qual a pessoa de Jesus é reconhecível. A expressão de Paul Ricoeur, "si mesmo como um outro", sugere da melhor maneira possível a alteridade que fundamenta a identidade profunda de toda pessoa tal como estes relatos a põem em cena. Uma profundidade do eu não se alcança na persistência do mesmo, mas na perda, que deixa advir a alteridade da vida re-suscitada que Deus dá.

1. Mt 27,57-66; Mc 15,42-47; Lc 23,50-56; Jo 19,38-42. **2**. Jo 19,31. **3**. Jo 19,14. **4**. Jo 19,36 citando Sl 34,21. **5**. Jo 3,1ss. **6**. Jo 7,50-52. **7**. Jo 8,12. **8**. *Evangelho de Pedro*, 50. **9**. Lc 24,10. **10**. Mc 14,3-9 e Mt 26,6-13. **11**. Mt 27,62-66. **12**. Podemos traduzir no versículo 65 tanto um indicativo, "tendes uma guarda", quanto um imperativo, "tomai uma guarda"; o termo utilizado é, aliás, de origem latina, *custodia*. **13**. *Evangelho de Pedro*, 33. **14**. Mt 27,51-52. **15**. Mc 14,32-42 e paralelos. **16**. *Evangelho de Pedro*, 52-53. **17**. Mt 28,1. **18**. O pré-verbo *ana-* do verbo "rolar/remoer" indica então que existe "levantamento/reerguimento". **19**. Jo 20,25-29. **20**. 1Cor 15,3-8. **21**. *'ek nekrôn*, literalmente "dentre os mortos". **22**. Mt 28,1-8; Mc 16,1-8; Lc 24,1-11; Jo 20,1-10. **23**. Mc 16,9-20. **24**. Lc 24,5.13-35. **25**. Cf. Mt 27,51; 8,24; 21,10. **26**. *Evangelho de Pedro*, 35-44. **27**. Mc 16,8. **28**. Mc 16,5; 9,15; 14,33. **29**. Mc 14,51-52. **30**. Mc 15,39. **31**. Lc 24,3. **32**. Lc 24,1 e 6. **33**. Lc 24,7. **34**. Jo 20,1-2. **35**. Jo 20,5: *blepei*; 20,6: *theôrei*. **36**. Jo 20,8: *eiden*; 20,9. **37**. Jo 20,29. **38**. Jo 20,12.

ESCLARECIMENTOS

Quem era José de Arimateia?

Reselyne Dupont-Roc
Instituto Católico de Paris

Quando Jesus morre crucificado, a maioria dos discípulos fugiu; eles se escondem, provavelmente desesperados com o fracasso daquele no qual haviam depositado sua confiança. Apenas algumas mulheres e familiares se mantêm à distância e observam[1]. Então, escreve Lucas, eis que um homem chamado José, membro do Conselho e que discordou das decisões tomadas por seus pares, "foi pedir a Pilatos o corpo de Jesus. Ele o desceu da cruz, o envolveu em um lençol e o depositou em um túmulo cavado no rochedo, onde ninguém ainda tinha sido posto"[2]. A escultura e a pintura representaram amplamente a cena da "descida da cruz" e a da "lamentação sobre o corpo de Cristo", na qual um lugar de destaque é sempre reservado a José de Arimateia. Mas em seguida ele desaparece dos relatos evangélicos e é o mais das vezes ignorado no discurso cristão. Foram celebrados os discípulos e os que foram testemunhas do Ressuscitado. Foi esquecido este Judeu, que Lucas designa como um "homem justo e bom" e que recolheu o corpo machucado de Jesus para prestar-lhe as devidas honras e dar-lhe um sepultamento digno.

Quanto à fé de José, Lucas diz apenas que ele "esperava o Reinado de Deus". Em Mateus, ele é qualificado como rico e se especifica que também ele se havia beneficiado do ensinamento de Jesus. De acordo com Marcos, ele é, além disso, membro notável do Conselho, do Sinédrio; em Lucas, membro do Conselho igualmente, ele é qualificado como bom e justo, e é especificada sua abstenção de toda decisão e ação contra Jesus. Em João, por fim, ele tem o *status* de discípulo "oculto" de Jesus. Ensaios de reconstituição histórica supuseram, por trás do personagem favorável a Jesus pintado pelos evangelhos, que o homem era de preferência um membro do Sinédrio, piedoso, rigorista até, para quem era impensável que um cadáver permaneça na cruz no momento em que ia começar o sábado. Com efeito, o Deuteronômio[3] destaca a necessidade de enterrar no mesmo dia um homem enforcado por causa de seu pecado, a fim de evitar qualquer contaminação por parte deste "maldito de Deus".

A mais antiga tradição cristã, por sua vez, considerou primeiramente que José de Arimateia era um discípulo de Jesus: Mateus, como dissemos, sugere que ele foi instruído com seu ensinamento[4]; o evangelho de João sugere que ele era realmente um discípulo, mas que se manteve oculto por medo dos Judeus[5]. De acordo com João, um outro notável judeu uniu-se a ele para preparar o corpo de Jesus e sepultá-lo: Nicodemos, aquele que fora encontrar-se com Jesus de noite. As observações negativas de João querem mostrar que estes dois homens não chegaram a crer na ressurreição de Jesus: não se tornaram "cristãos". Mas esta leitura fortemente marcada pelo contexto da ruptura entre judeus e cristãos pelo final do século I, no momento da redação do evangelho, não faz justiça ao gesto magnífico de respeito com que José e Nicodemos cercam o Crucificado até no que parece uma terrível derrota, ou mesmo uma desaprovação da parte de Deus.

Ora, no início do evangelho, um outro homem, chamado José, havia acolhido e criado como seu filho o menino nascido de Maria, o bebê envolto em panos e deitado numa manjedoura, que ele deve ter segurado nos braços[6]. Também ele era um 'justo"[7], especifica Mateus; também este José havia desaparecido logo dos relatos evangélicos.

Assim, no fim como também no começo de sua vida, o corpo de Jesus foi recebido, cuidado, abraçado por esses Judeus que eram "justos", homens que aguardavam o Reinado de Deus, a manifestação última de sua glória num mundo enfim reconciliado. Sem saber, eles acompanharam com o mais cuidadoso e mais amoroso respeito por sua humanidade frágil aquele que veio inaugurar este mundo novo, manifestando, até em sua morte, a vitória do amor de Deus. Em seguida desaparecem na maior discrição, mas a autenticidade de seu gesto faz deles, independentemente de toda expressão de fé mais explícita, verdadeiras testemunhas desse amor que não se deixa deter pela morte.

1. Lc 23,49. **2.** Lc 23,52-53. **3.** Dt 21,22-23. **4.** Mt 27,57. **5.** Jo 19,38. **6.** Lc 1,27 e 2,4-7. **7.** Mt 1,19.

* * *

Os costumes funerários judaicos na Jerusalém do século I

Steven Fine
Universidade Yeshiva, Nova York (Estados Unidos)

As fontes literárias e arqueológicas nos permitem conhecer bem os costumes funerários judaicos na região de Jerusalém no século I de nossa era. Aos milhares de sítios funerários da Judeia acrescentam-se as descrições dadas por Flávio Josefo, os relatos evangélicos, os costumes atestados e analisados pela literatura rabínica bem como as fontes que relatam os costumes em vigor nas outras regiões do Império romano.

Cada um dos quatro evangelhos fornece detalhes específicos sobre o túmulo de Jesus e sobre a preparação de seu corpo. Em Marcos[1], José de Arimateia envolve o corpo num *sindôn*, ou seja, um "pano de linho" de acordo com a tradução geralmente aceita, e depois "rolou uma pedra na entrada do túmulo". Mateus[2] especifica que este *sindôn* é "limpo", que o túmulo pertence a José e é novo. Lucas acrescenta que o túmulo foi "cavado na rocha", em outras palavras, que esta gruta é artificial. Se Marcos não diz nada sobre o corpo (por ocasião da "unção em Betânia"*, ele põe na boca de Jesus que esta foi feita pela mulher "em vista de seu amortalhamento"[3]), Lucas especifica que as mulheres "haviam preparado perfumes e unguentos". De acordo com João[4], porém, é Nicodemos que "traz uma mistura de mirra e aloés, cerca de cem libras". O mesmo João traz especificações suplementares: eles "envolveram [o corpo de Jesus] em faixas, com aromas, segundo a maneira judaica de sepultar". Além disso, "um túmulo novo, onde ninguém ainda havia sido posto" se encontra num jardim, ou seja, um lugar prestigioso. Passa-se assim do túmulo honroso, mas afinal de contas modesto, de José de Arimateia, a um mausoléu luxuoso, já que está situado num jardim.

Este funeral assim descrito revela-se muito mais elaborado do que o funeral a que tinha direito a maioria dos Judeus da mesma categoria social de Jesus. Nesta região do Império romano, a maioria dos mortos era enterrada em covas individuais rasas, ou até em fossas comuns. Em Qumran, por exemplo, os membros da seita dos essênios eram enterrados em campo aberto, geralmente sem nenhum objeto pessoal. Os mais abastados entre os Judeus tinham direito a jazigos familiares, do tipo daquele evocado pelos evangelhos. Quanto à elite, ela mandava construir mausoléus ricamente decorados: encimados por "pirâmides" (de acordo com a expressão de Flávio Josefo) cônicas ou angulares, eram providos de vastos pátios e soberbas fachadas com frontão esculpido.

O interior dos jazigos continha muitas vezes uma antecâmara que dava para um ou (na maioria das vezes) vários compartimentos vagamente quadrados. A literatura rabínica[5] calcula as dimensões destes compartimentos em quatro côvados (aproximadamente 1,80 metros) de profundidade por seis côvados (aproximadamente 2,70 metros) de largura e sete côvados (aproximadamente 3,20 metros) de altura. Nas paredes destes compartimentos eram cavados nichos (*loculi*), onde eram colocados os corpos, que ali se decompunham.

Nos anos 20 antes de nossa era, começa a difundir-se o uso dos ossuários, ou seja, cofres destinados a recolher as ossadas de um só indivíduo. Os ossuários judeus eram muitas vezes ricamente decorados seguindo o modelo dos cofres de madeira. O fato de os defuntos, após a decomposição da carne, receberem um segundo funeral em ossuários é o sinal de que as práticas fúnebres se individualizam. Antes, a fim de liberar espaço nos jazigos, as ossadas eram simplesmente colocadas numa gaveta (urna), sendo assim o defunto literalmente "reunido a seus pais", de acordo com a expressão bíblica. Os membros mais eminentes da sociedade são inumados em ataúdes ou ossuários de pedra: é o caso especialmente da rainha Helena de Adiabene, dos filhos de Nicanor de Alexandria, que doaram as portas do Templo, do Sumo Sacerdote Caifás e, muito provavelmente, do rei Herodes.

Descobriu-se também em Jerusalém os restos mortais de um crucificado, o que nos informa sobre a sorte que o corpo de Jesus pode ter tido em circunstâncias normais. Este Yehohanan filho de Hagol estava enterrado num jazigo cavado bastante toscamente que continha seis ossuários. Tinha cerca de vinte anos por ocasião de sua execução. Um prego estava fincado no osso do seu calcanhar direito, torcido para ser cravado numa cruz de madeira de oliveira. Sua ossada havia sido recolhida após a decomposição do cadáver e colocada num ossuário que continha igualmente a ossada de uma criança e a de outro adulto.

* Cf. *A unção em Betânia, ou a mulher esquecida*, p. **535**.

1. Mc 15,46-47. **2**. Mt 27,59-61. **3**. Mc 14,8. **4**. Jo 19,39-41. **5**. Mixná, tratado *Baba Batra* 6,8.

CONTRAPONTO

Foi realmente Jesus quem foi crucificado?

Jean-Louis Déclais
Instituto Dominicano de Estudos Orientais, Cairo (Egito)

Os cristãos gnósticos♦ não podiam admitir a morte infame de seu Salvador. Para eles, o mundo material não é obra da bondade de Deus, mas um acidente devido à agressão das potências do mal contra a luz do alto. É impensável que o Salvador se encarne: ele simplesmente desce ao mundo para despertar as parcelas de luz prisioneiras da carne e retorna aos céus com elas. Chama-se docetismo♦ a doutrina que pretende que o Salvador tenha simulado (*dokein*) ser homem. Evidentemente, segue-se que ele *não pode* ser executado. Estes gnósticos arquitetaram, portanto, diversos cenários: um outro foi crucificado em lugar dele? Seu ser real escapou do suplício?

Por volta de 180, Ireneu de Lyon descreve assim o sistema de Basílides, gnóstico de Alexandria: O Pai não gerado e inominável, vendo a perversidade dos Arcontes♦, enviou o Intelecto, seu Filho primogênito – é ele que é chamado Cristo –, para libertar da dominação dos Autores do mundo os que nele crerem. Ele apareceu às nações destes Arcontes, na terra, sob a forma de um homem e realizou prodígios. Por conseguinte, não foi ele próprio que sofreu a Paixão, mas um certo Simão de Cirene foi requisitado e carregou a cruz em seu lugar. Foi este Simão quem, por ignorância e erro, foi crucificado, após ter sido metamorfoseado para que fosse confundido com Jesus. Quanto a Jesus, ele assumiu as feições de Simão e, permanecendo ali, zombou dos Arcontes"[1].

Textos gnósticos descobertos no Egito em 1945 desenvolvem a mesma ideia. Assis, para o *Segundo Tratado do Grande Seth*, a crucifixão é uma comédia e Cristo zomba de seus adversários: "Foi um outro que carregou a cruz no ombro, foi Simão. Foi um outro que recebeu a coroa de espinhos. Quanto a mim, eu me regozijava nas alturas..."[2] Um outro texto, a *Carta de Pedro a Filipe*, retoma as palavras do relato evangélico e declara que na realidade elas descrevem o sofrimento dos discípulos: "Meus irmãos, Jesus é estranho a este sofrimento, mas nós é que sofremos pela transgressão da Mãe. E assim ele cumpriu todas as coisas em aparência, por nosso intermédio"[3].

Estas ideias perduraram por muito tempo nos meios gnósticos e, no século VII, o Alcorão as retoma, embora o contexto seja bem diferente, já que ele não compartilha absolutamente as ideias gnósticas sobre a Criação. A sura 4 enumera os pecados de Israel – eles quiseram ver a Deus, adoraram o Bezerro de ouro, mataram os profetas, caluniaram Maria e pretenderam ter matado o Messias – e depois especifica: "E sua palavra foi: 'Nós matamos o Messias, Jesus filho de Maria, o enviado de Deus!' Ora, eles não o mataram, não o crucificaram, mas *shubbiha lahum*"[4], o que pode ser entendido de duas maneiras, já que o sujeito do verbo não é expresso: "Isto foi feito semelhante [a uma crucifixão] para eles", ou: "Alguém se tornou semelhante [a Jesus] para eles".

Diversos relatos muçulmanos especulam sobre a identidade daquele que se teria tornado, voluntariamente ou não, o sósia de Jesus. No entanto, em seu *Comentário*, Fakhr al-Din al-Razi (1149-1209) estima que, se Deus pode pôr em alguém a semelhança de um outro, nenhuma vida social é possível e que os relatos que falam de um sósia são por demais contraditórios. Ele prefere pensar que, no momento da prisão, Deus arrebatou Jesus aos céus, que prenderam um discípulo ao acaso e que declararam ao povo, que mal conhecia Jesus, "pois ele se misturava pouco com as pessoas", que o caso estava resolvido. Se alguém objeta que os cristãos se apoiam no testemunho dos primeiros discípulos, ele responde que, sendo pouco numerosos, eles podiam facilmente pôr-se de acordo a respeito de uma mentira.

1. Ireneu de Lyon. *Contra haereses*, I, 24, 4, trad. A. Rousseau. **2.** *Écrits gnostiques*. Jean-Pierre Mahé/Paul-Hubert Poirier (org.). Paris: Gallimard, col. "Bibliothèque de La Pléiade", 2006, p. 1126, trad. L. Pinchaud. **3.** *Carta de Pedro a Filipe*, trad. R. Kuntzmann/J.-D. Dubois, *Supplément Cahiers Évangile* 58, p. 120. **4.** Alcorão 4, 157.

CARTA BRANCA

Leili Anvar
Pesquisadora e docente de Literatura persa no INALCO

Sopro e Verbo de Deus

> "Mas eles não o mataram;
>
> não o crucificaram,
>
> imaginaram apenas tê-lo feito.
>
> Certamente não o mataram,
>
> mas Deus o elevou para junto de si" (Alcorão, IV, 157).

É assim que o Alcorão, seguindo nisso tradições cristãs minoritárias, questiona a crucifixão e a morte de Jesus e, portanto, não narra o acontecimento central em torno do qual se construiu o cristianismo, a saber, a ressurreição. E, no entanto, este mesmo Alcorão põe na boca de Jesus no berço, falando aos que caluniam sua mãe e efetuando assim seu primeiro milagre: "A paz esteja sobre mim no dia em que nasci, no dia em que eu morrer e no dia em que eu for ressuscitado" (Alcorão XIX, 34).

Quem é, portanto, este Jesus paradoxal, que o profeta do Islã invocava e do qual se sentia tão próximo que parece instaurar-se entre eles uma espécie de jogo de espelhos, ou melhor, um jogo de luzes que reúne Jesus, receptáculo da luz divina, e Muhammad, portador da luz primordial?

Jesus é citado 133 vezes no Alcorão, o mais das vezes com a designação "Jesus, filho de Maria", ou ainda "Messias", aquele cuja parusia anunciará o Fim dos tempos. É também designado com dois títulos, os mais eminentes entre todos os títulos dados aos outros profetas da tradição judeu-cristã, que o Alcorão faz sua: ele é "Verbo do Deus", "Espírito ou sopro de Deus". Ele é também "palavra da Verdade". O texto sagrado dos muçulmanos propõe assim uma cristologia, que certamente está longe de ser conforme aos dogmas cristãos majoritários, mas ostenta uma doutrina singular sobre a natureza de Jesus, um ser e um profeta à parte, dotado de milagres e de missões específicas. Este Jesus se tornou uma fonte de inspiração para os místicos do Islã, os quais, partindo dos dados corânicos, viram no Messias uma imagem especular da alma humana chegada à sua perfeição divina – o que permite conciliar as duas naturezas, humana e divina, de Cristo não num plano literal, mas em sua dimensão simbólica. É assim que o grande mestre do sufismo, o andaluz Ibn 'Arabi, declarará: "Existe a santidade absoluta inaugurada com Adão e concluída em Jesus" (*Iluminações de Meca*, II, 56). Por seu nascimento, Jesus "encarna" o sopro divino criador. Podemos perguntar-nos por que o Alcorão e, depois dele, os místicos insistiram tanto no caráter miraculoso deste nascimento se não é para indicar que o corpo de Jesus não é um corpo como qualquer outro, que ele não foi criado como todos os humanos de um pai e de uma mãe. Ele é, à semelhança de Adão, fruto da pura vontade divina: "Sim, Jesus é como Adão aos olhos de Deus: Deus o criou com terra, depois lhe disse: 'Sê!' e ele é" (Alcorão III, 59).

Nesta qualidade, ele é Verbo que veio no ventre de uma mulher.

Descrevendo a cena do anúncio feito a Maria, Rumi diz: "Maria em seu quarto íntimo viveu uma Forma que fazia crescer a vida, um Ser que dá mais vida, que encanta o coração. O espírito arcangélico levantou-se diante dela, como a lua e o sol. Uma beleza revelada se elevou da terra como o sol se levanta no oriente. [...] Diante de Maria, esta forma floresce da terra como uma rosa, como uma imagem que levanta a cabeça saindo do coração..." (*Masnavi*, III, 3701ss).

A concepção de Jesus se faz, portanto, pela manifestação teofânica, testemunhando a fecundidade do sopro divino, afirmando que Deus, se não gera, pode criar sem causalidade e manifestar assim seu Verbo na carne. Portador deste sopro, Jesus se encontrará assim revestido de um poder sem igual: "Deus reservou a Jesus ser Espírito e lhe concedeu, excluindo tudo que Ele criou da argila, este dom suplementar do Sopro que dá vida. Deus, que reservou para Si próprio este poder, não o concedeu a nenhum outro senão a Jesus" (Ibn 'Arabi. *Iluminações de Meca*, II, 58).

Se Jesus é a Verdade e o Espírito, se ele é Sopro e Verbo de Deus, se ele deve retornar no fim dos tempos para reunir as almas prometidas à imortalidade, como poderia ele morrer? Já que ele é a própria Vida manifestada e tem o poder de ressuscitar os mortos, como poderiam matá-lo? A morte de Cristo na cruz, nesta perspectiva, não pode ser senão uma ilusão, uma falsa aparência (*shubbiha lahum*). Este corpo específico só pode ser "elevado" tal qual ao céu. Desde sua "concepção" até sua "morte" (que não é, portanto, uma morte, mas uma "assunção"), passando pelo fato de ter falado no berço, curado cegos e paralíticos e ressuscitado os mortos, tudo na pessoa de Jesus atesta que ele é Sopro e Verbo de Deus, senão Deus feito homem. Este Deus que se dirige a ele nestes termos:

"Tu crias, com terra, uma figura de pássaro

– com minha permissão –

Tu sopras nela e ela é: pássaro

– com minha permissão –

Tu curas o mudo e o leproso

– com minha permissão –

Tu ressuscitas os mortos

– com minha permissão" (Alcorão, V, 110).

Na poesia persa, o sopro se tornou a metáfora por excelência da vida: o "sopro crístico da aurora" evocado por Sa'di, "a graça vivificante do espírito santo" celebrada por Hafez, "a exalação perfumada do amor" desejada por 'Attar são outras tantas imagens que remetem ao Jesus da história, mas também – e aqui está o âmago do tema – ao Cristo interior que cada um traz em si e que ele deve também dar à luz como Maria, numa dor misturada com alegria:

"As almas são por essência portadoras do sopro crístico

Ora ferida, ora bálsamo

Se se levantasse o véu das almas humanas

Verias que cada alma é de essência crística" (Rumi. *Masnavi*, I, 1598-1599).

Quanto ao relato dos pássaros de argila nos quais Jesus insuflou seu sopro, assim como Deus insuflou seu sopro na argila de Adão, será interpretado de mil e uma maneiras na tradição mística. Para Rumi, o relato convida cada um a encontrar em si mesmo a possibilidade de desfraldar as asas de sua alma através do sopro que vivifica, a nascer para si mesmo aqui e agora através da oração e do fervor, a fim de ressuscitar vivente no seio divino:

"Quando a argila misturada com água se alimentou do sopro de Jesus

Ela desfraldou suas asas, tornou-se pássaro e levantou voo

Tua oração é semelhante a este vapor manifestado na argila

Torna-se um pássaro do paraíso através do sopro de teu coração sincero!" (Rumi, *Masnavi*, I, 865-866).

Parte IV – Ressuscitado e vivo

Capítulo 26

AS APARIÇÕES AOS DISCÍPULOS

Poderíamos contar a história assim...

As festividades da Páscoa haviam terminado e, desde a manhã, os grupos de peregrinos deixavam Jerusalém. Mas eles haviam tardado a se pôr a caminho. O menor gesto, o menor passo lhes era penoso, a tal ponto estavam abatidos. O dia estava já bem avançado quando por fim transpuseram as muralhas da cidade. Nem se viraram para um último olhar. Esta cidade "que mata os profetas", eles não queriam mais saber dela. Um dia talvez voltariam; mas, por agora, se entregavam à tristeza e à aflição.

Desde que se puseram a caminho, permaneceram quase em silêncio. Aliás, o que poderiam dizer? Cada palavra lhes trazia de volta a visão do Mestre supliciado, suspenso na cruz sob os insultos e os sarcasmos. Haviam chegado com alegria e cantos e agora... "Como as ovelhas cujo pastor foi ferido...", disse um deles. O outro aprovou e prosseguiu: "Ele era como um cordeiro que é levado ao matadouro..." Fragmentos da Escritura lhes vinham à memória, mas não viam sentido no que acabavam de viver. Caminhavam tão lentamente que, diversas vezes, outros grupos os ultrapassaram. Os risos dos que deixavam a cidade, com o coração ainda repleto da excitação da festa, causavam-lhes uma dor infinita.

No entanto, eis que um homem os alcançou e pôs-se a caminhar no ritmo deles. Primeiramente ele os escutou e depois perguntou-lhes: do que falavam com estas caras tão abatidas. Eles se admiraram. Cléofas, um dos dois, tomou a palavra e mostrou surpresa: donde vinha este andarilho? Qualquer pessoa que tivesse estado em Jerusalém nestes últimos dias ouvira falar do que acontecera a esse homem, Jesus de Nazaré. Mas seu novo companheiro de caminhada parecia ignorar tudo. Explicaram-lhe, portanto, o que havia acontecido: como o profeta galileu no qual haviam depositado tanta esperança fora preso, acusado pelas autoridades religiosas de Jerusalém, em seguida condenado imediatamente pelo governador romano e atrozmente executado com o suplício da crucifixão. "E nós, suspirou um deles, pensávamos que seria ele quem iria libertar Israel." O outro, no entanto, acrescentou: "Algumas mulheres que estavam conosco desde a Galileia dirigiram-se ao túmulo esta manhã e disseram que o corpo não se encontrava mais lá e que encontraram anjos que lhes disseram que ele estava vivo... – E então? – perguntou o andarilho. – Alguns discípulos foram ver. Tudo estava conforme elas haviam dito. Mas afinal, evidentemente, eles disseram que se tratava de divagações... a dor destas mulheres lhes havia transtornado a cabeça".

O homem não parecia surpreso com tudo o que ouvia. Ele começou também a citar a Escritura e, de repente, tudo parecia encontrar um sentido. Eles estavam tão absorvidos com suas palavras que não viram o tempo passar. Caía a noite e eles já se aproximavam da casa onde deviam fazer uma parada, na aldeia de Emaús. Ali, seu companheiro fingiu que ia continuar, mas eles não queriam que ele os deixasse nessa hora. O homem aceitou o convite para compartilhar sua refeição. Quando se puseram à mesa, foi ele quem tomou o pão, pronunciou a bênção, o partiu e lhes deu. Foi como se escamas caíssem de seus olhos; imediatamente o reconheceram. Mas, quando se voltaram para ele, ele já não estava mais ali. Para eles, não havia mais dúvida. Sem hesitar, puseram-se novamente a caminho de noite. Desta vez, eles não caminhavam, mas corriam. Rememoravam o caminho que haviam feito juntos. "Ora, diziam um ao outro, não ardiam de alegria os nossos corações, enquanto ele nos falava?"

Quando chegaram à cidade, encontraram os discípulos reunidos e acordados. Quem poderia dormir depois de semelhante notícia? Todos falavam ao mesmo tempo. Os de Jerusalém explicaram que Pedro havia visto o Senhor, sim, o havia realmente visto, e os dois que chegavam de Emaús confirmaram: sim, também eles o haviam visto e ele havia partido o pão para eles. Ele ressuscitou, diziam, ele ressuscitou.

E eis que, nesta cacofonia, de repente ele estava ali, no meio deles. Era realmente o Senhor, aquele que eles haviam seguido, e suas mãos e pés traziam as marcas do suplício que sofrera. Mas ele estava ali, vivente, e falava com eles. Como já havia feito com os do caminho para Emaús, ele lhes abriu o entendimento das Escrituras, a fim de que pudessem compreender o que acontecera. Foi então também que ele lhes prometeu que em breve, quando não estaria mais presente no meio deles, eles receberiam uma grande força, a força do Altíssimo que os tornaria capazes de testemunhar até as extremidades da terra o que haviam visto e ouvido.

C.P.

Em Lucas: os discípulos de Emaús e os outros

Frank J. Matera
Universidade Católica de Washington (Estados Unidos)

Nenhum dos evangelhos descreve o acontecimento como tal da ressurreição de Jesus dentre os mortos. Em compensação, todos narram como o Ressuscitado apareceu a testemunhas escolhidas, em particular a Maria Madalena, a Pedro e outros discípulos. A intenção dos evangelhos, ao descrever estas aparições a testemunhas escolhidas, é fazer compreender que é o Ressuscitado que se manifesta através delas e, portanto, que sua experiência não é nem um sonho, nem uma alucinação, nem uma visão imaginária, mas antes uma verdadeira aparição do Cristo ressuscitado em forma corporal. Mas, embora o Cristo ressuscitado lhes tenha aparecido corporalmente, a maneira como as pessoas reagem mostra que existe ao mesmo tempo continuidade e descontinuidade entre aquele que foi crucificado e o Ressuscitado. Com efeito, por um lado, os relatos, particularmente o evangelho de Lucas, destacam a natureza corporal da ressurreição: por exemplo, Jesus come um pedaço de peixe com seus discípulos. Mas, por outro lado, aqueles a quem ele aparece não o reconhecem imediatamente. Existe nele alguma coisa nova e diferente que só pode ser explicada pela própria natureza da ressurreição em questão.

A razão é que a ressurreição de Jesus, na ordem da fé, é mais do que um acontecimento histórico: é um acontecimento pelo qual Deus mergulha na história humana, um acontecimento no qual Jesus de Nazaré é transformado pelo Espírito de Deus e levado para a própria vida de Deus. Em consequência, aqueles a quem ele aparece não se encontram apenas com um homem que retornou da casa dos mortos; eles se encontram com alguém que entrou num novo tipo de existência. É, portanto, pouco surpreendente que os que se encontraram com ele e os que narraram estas experiências tenham escrito estes relatos de maneiras diferentes. Sigamos estas aparições como as relata o evangelho de Lucas.

Cf. ▸ o quadro p. 730.

"Por que procurais o vivente entre os mortos?"

O capítulo 24 do evangelho de Lucas é um relato cuidadosamente composto de quatro episódios que ocorrem na cidade de Jerusalém e seus arredores no mesmo dia da ressurreição. O primeiro episódio relata como as mulheres encontraram o túmulo vazio[1] e o segundo relata como o Cristo ressuscitado aparece a dois discípulos que iam embora de Jerusalém[2]. O terceiro relata a aparição aos onze apóstolos em Jerusalém[3]. O último descreve como o Ressuscitado foi elevado ao céu[4].

Para compreender estes relatos, é útil ter presente o que segue. Em primeiro lugar, Lucas sente um interesse particular pela cidade de Jerusalém: é ali, no Templo, que seu evangelho começa e termina, e é ainda a partir de Jerusalém que o Evangelho se difundirá até os confins da terra. Em seguida, Lucas insiste no fato de que não podemos compreender a ressurreição de Jesus se a separamos de suas próprias palavras e das Escrituras de Israel. Por outro lado, as refeições, numerosas já em seu evangelho, desempenham um papel importante para ajudar as pessoas a reconhecer a presença do Ressuscitado. Por fim, existem elementos de continuidade e elementos de descontinuidade na presença corporal do Ressuscitado: por um lado, ele está presente corporalmente; mas, por outro, existe alguma coisa nova e diferente em seu modo de presença.

◄ Cf. *Que sentido deu Jesus à sua subida a Jerusalém?*, p. 523.

O relato de Lucas começa com uma história de mulheres que chegam para ungir o corpo de Jesus. Mas, quando chegam ao túmulo, descobrem que a pedra colocada no lugar para protegê-lo dos saqueadores e dos animais fora deslocada e que o corpo de Jesus estava ausente. Embora o túmulo estivesse vazio, as mulheres não concluíram que Jesus se levantara dos mortos; em vez disso, ficaram desconcertadas[5]. Para interpretar corretamente o acontecimento, elas precisarão de algo mais do que o túmulo vazio. Esta ajuda de que precisam lhes vem de dois homens trajando vestes deslumbrantes. Elas compreendem imediatamente que estes dois seres são mensageiros divinos e se prostram por terra. As primeiras palavras destes personagens angélicos são uma proclamação da ressurreição: "Por que procurais o vivente entre os mortos? Ele não está aqui, mas ressuscitou"[6]. Apesar de suas boas intenções, portanto, as mulheres vieram procurar Jesus no lugar errado! Se tivessem recordado o que ele lhes dissera quando estava entre elas, nunca teriam vindo ao túmulo. Por conseguinte, os anjos dizem às mulheres: "Lembrai-vos como ele vos falou quando ainda estava na Galileia: é preciso que o Filho do homem seja entregue nas mãos dos homens pecadores, seja crucificado e, no terceiro dia, ressuscitado"[7]. Foi então, quando ainda estava com elas, que Jesus lhes havia anunciado que iria sofrer, morrer e ressuscitar dentre os mortos.

O episódio das mulheres junto ao túmulo mostra que não se pode compreender a ressurreição de Jesus separando-a de suas palavras e das Escrituras de Israel.

De repente, as mulheres "se lembraram" do que ele dissera[8]; desta maneira, compreendem o significado do túmulo vazio e vão anunciar aos onze apóstolos o que aconteceu. Agora elas são identificadas: Maria Madalena, Joana e Maria, a mãe de Tiago, as mulheres que acompanhavam e assistiam Jesus e seus discípulos na Galileia[9]. São as primeiras a compreender o significado do túmulo vazio, porque são as primeiras a lembrar-se do que Jesus dissera a respeito de sua morte e ressurreição. Mas, quando elas anunciam a ressurreição aos apóstolos, estes não acreditam nelas: eles não se lembram das palavras de Jesus. Pedro, no entanto, corre para o túmulo, constata que o corpo não está mais lá, mas que as faixas fúnebres continuam ali, e retorna, surpreso com o que aconteceu[10]. Mas nem por isso ele crê, porque mesmo ele não se lembra do que Jesus havia dito. A primeira parte do relato de Lucas salienta em seguida a necessidade de uma palavra de interpretação para se poder chegar a crer. O túmulo vazio não é suficiente, nem mesmo a visão dos anjos: o que é preciso é uma palavra de interpretação, como irá mostrar o próximo episódio.

"Ele nos falou e nos abriu as Escrituras"

O relato dos dois discípulos no caminho para Emaús é o relato de aparição mais longo e o mais sutilmente escrito do Novo Testamento. A história ocorre no mesmo dia em que as três mulheres encontram os anjos no túmulo. Dois discípulos, um dos quais é identificado como Cléofas, iam embora de Jerusalém em direção a uma aldeia chamada Emaús. Este não é um detalhe insignificante. Deixando para trás Jerusalém, os discípulos assinalam que o "dossiê Jesus" para eles pertence ao passado: Jesus não cumpriu as esperanças deles. Para Lucas, no entanto, Jerusalém é a cidade donde parte a salvação. Foi ali que Cristo morreu e ressuscitou; é ali que os discípulos deviam estar...

Enquanto os dois discípulos deixam Jerusalém para trás, Jesus se aproxima e os acompanha. Lucas, no entanto, observa que "os seus olhos estavam impedidos de o reconhecer", frase que ecoa as palavras ditas por Jesus a seus discípulos a respeito de sua Paixão e de sua ressurreição[11]. Embora o Ressuscitado esteja no meio deles, os dois discípulos não o reconhecem porque não compreendem as Escrituras, segundo as quais o Messias devia sofrer a morte e entrar em sua glória[12]. Assim, Lucas ensina a seus leitores que, antes de poderem reconhecer o Ressuscitado, eles devem compreender, à luz das Escrituras, a importância de seu sofrimento e de sua morte.

A conversa que se segue é uma ironia do evangelista: os dois discípulos, que não sabem quem é o estrangeiro, lhe falam com autoridade e superioridade. Quando Jesus lhes pergunta qual é o assunto de sua conversa, eles se espantam que ele seja o único a não ter conhecimento do que ocorreu em Jerusalém. Quando seu interlocutor lhes pergunta o que ocorreu, eles dão sua interpretação dos acontecimentos. Definindo Jesus como um profeta poderoso em ação e em palavra, eles relatam a seu companheiro de caminhada como seus sumos sacerdotes e seus chefes o entregaram para ser crucificado e expressam sua decepção: haviam esperado que Jesus seria aquele que iria libertar Israel; mas, como foi condenado à morte, ele não realizou as expectativas deles. Suas expectativas eram, na verdade, inadequadas. A seus olhos, Jesus era um profeta; eles chegaram a entendê-lo como o Messias, o Filho de Deus. Esperavam que ele iria libertar Israel dos romanos; ora, Jesus veio para libertar Israel de uma opressão maior, a do poder do pecado e da morte.

Os dois discípulos terminam seu relato com o episódio das três mulheres junto ao túmulo vazio[13]. Observam que era o "terceiro dia", aludindo assim, sem se dar conta, às palavras de Jesus segundo as quais ele ressuscitaria no terceiro dia[14]. Embora dispusessem de todos os elementos, eles não compreenderam a importância daquilo que as mulheres contaram.

Neste momento, o "estrangeiro" toma as rédeas da conversa: "Espíritos sem inteligência!"[15], lhes diz. Eles não compreenderam que o sofrimento e a morte de Jesus estão de acordo com o plano de Deus que ele lhes havia explicado quando estava com eles: "O Filho do homem devia sofrer muito, ser rejeitado..."[16]. Recordando tudo o que foi escrito por Moisés e pelos profetas, seu misterioso companheiro lhes ensina que o Messias devia sofrer isto para entrar em sua glória[17]. Mesmo assim, os dois discípulos ainda não reconhecem o Ressuscitado. No entanto, conscientes de que o estrangeiro tem uma compreensão profunda das Escrituras, eles insistem para que permaneça com eles; e ele o faz. É por ocasião da refeição que seus olhos vão se abrir: o misterioso visitante toma o pão, pronuncia a bênção, o parte e lhes dá, exatamente como fizera ao celebrar a Ceia na véspera da sua morte[18]. De repente, eles se dão conta de que aquele com quem caminharam não era outro senão Jesus... Mas, quando o reconhecem, ele desaparece de suas vistas!

Os discípulos não creram espontaneamente ao ver o Ressuscitado: foi preciso recordar as Escrituras e realizar o gesto do pão partido e compartilhado.

Repensando no que aconteceu, eles observam que seu coração ardia quando ele lhes abria as Escrituras. Retornaram imediatamente a Jerusalém, a cidade que nunca deveriam ter deixado para trás, e se dirigem para o lugar onde estão os discípulos de Jesus – que agora são onze e não doze, depois da traição de Judas. Antes de poderem contar sua experiência, os apóstolos lhes dizem: "É verdade! O Senhor ressuscitou e apareceu a Simão", ou seja, a Pedro. No entanto, o narrador Lucas não nos disse antes que Jesus aparecera a Pedro: limitou-se à constatação do túmulo vazio por parte deste último. Este hiato na narrativa se explica talvez pelo fato de que as tradições referentes ao túmulo vazio e as tradições referentes às aparições eram independentes na origem. Os dois discípulos contam então sua experiência e como chegaram a reconhecê-lo "na fração do pão"[19] – expressão utilizada pela Igreja dos primeiros tempos para designar a celebração da Eucaristia.

Este relato profundamente teológico salienta diversos pontos a propósito da ressurreição de Jesus. Primeiramente, assim como o túmulo vazio não levou as mulheres a crer na ressurreição, assim também a aparição do Ressuscitado não levou os dois discípulos a crer. Da mesma forma que as mulheres precisavam rememorar as palavras de Jesus para compreender o sentido do túmulo vazio, assim os dois discípulos precisavam compreender como Moisés e os profetas falavam de Jesus. Compreendendo a Escritura, os discípulos estavam prontos a reconhecer seu Senhor no meio deles quando lhes partiu o pão. Tudo isto repercute a prática da Igreja de então: quando os crentes ouviam as Escrituras à luz da fé na ressurreição e compartilhavam a Eucaristia, eles eram convidados a reconhecer a presença do Ressuscitado no meio deles.

"Ele lhes abriu a mente para que compreendessem as Escrituras"

Embora o Ressuscitado tivesse aparecido a Pedro e aos discípulos de Emaús, ele ainda não havia aparecido aos Onze. No terceiro episódio do capítulo 24, Lucas conta uma intervenção do Ressuscitado tão repentina e misteriosa como seu desaparecimento das vistas dos dois discípulos de Emaús. Enquanto os apóstolos estão falando de tudo o que se passou, Jesus aparece no meio deles, com uma saudação de paz. Os apóstolos que haviam ouvido o relato das três mulheres e dos dois discípulos e sabem que Jesus apareceu a Pedro, ficam assustados e cheios de medo. Mesmo sabendo que é realmente Jesus que se manifesta a eles, eles pensam que é seu espírito ou seu fantasma e não Jesus em carne e osso. Jesus precisa, portanto, assegurar-lhes que ele está presente corporalmente: mostra-lhes as mãos e os pés que foram pregados na cruz e os convida a tocá-lo. E, por fim, come um pedaço de peixe em sua presença.

Mediante este episódio, Lucas salienta os seguintes pontos. Em primeiro lugar, embora exista em Jesus alguma coisa diferente que leva as pessoas presentes a pensar que se trata de um espírito, o Ressuscitado é um ser corporal: ele foi realmente levantado dentre os mortos. Se Lucas não explica a natureza desta nova existência, Paulo fornece uma argumentação detalhada a propósito da ressurreição corporal: o corpo da ressurreição é um corpo transformado pelo poder do Espírito de Deus[20]. Além disso, ao comer um pedaço de peixe no meio deles, o Ressuscitado lembra aos apóstolos o momento em que ele alimentou cinco mil pessoas com cinco pães e dois peixes. Assim como os dois discípulos o reconheceram na fração do pão, assim os Onze o reconhecem quando ele come o peixe no meio deles.

Tendo mostrado aos onze apóstolos que ele está verdadeiramente ressuscitado e vivente, Jesus lhes lembra que lhes havia ensinado que era preciso cumprir-se tudo o que estava escrito a seu respeito na Lei, nos profetas e nos Salmos. Mais importante ainda: ele lhes abre a mente para que possam compreender as Escrituras[21], como havia aberto a mente dos dois discípulos no caminho para Emaús. Porque, para Lucas, embora toda a Escritura aponte para Jesus, as pessoas não conseguem compreender o que ela diz a seu respeito enquanto sua mente não for aberta; em outras palavras, a ressurreição depende de um processo de fé.

No episódio final, Cristo ressuscitado leva os discípulos para fora de Jerusalém, para Betânia, onde sobe ao céu, concluindo assim a grande viagem para Jerusalém que ele havia empreendido[22]. Em seguida os discípulos retornam a Jerusalém e aguardam a vinda do Espírito que o Ressuscitado prometeu lhes enviar. No segundo volume de seu testemunho, os Atos dos Apóstolos, Lucas descreverá como os discípulos de Jesus dão testemunho da ressurreição.

A maneira como o evangelho de Lucas apresenta as aparições de Cristo ressuscitado realça diversos pontos. Primeiramente, para compreender a ressurreição é preciso lembrar-se das palavras que Jesus disse a respeito de si próprio, já que estas palavras esclarecem o que lhe acontece. Em seguida, à luz de sua ressurreição, os crentes começam a ler as Escrituras de uma maneira como não podiam compreendê-las antes de a ressurreição acontecer: eles veem, enfim, que o plano de Deus implicava que o Messias devia sofrer e morrer a fim de entrar na glória transcendente da ressurreição – uma visão que subverteu a expectativa messiânica clássica do judaísmo desta época. Em outras palavras, o sofrimento e a morte de Jesus não podem ser separados de sua ressurreição. Além disso, os crentes fazem a experiência da presença do Ressuscitado nas refeições eucarísticas que celebram em comunidade. Por fim, existe ao mesmo tempo continuidade e descontinuidade entre o Jesus terrestre e o Ressuscitado. Ressuscitado *é* o Crucificado e o Crucificado *é* o Ressuscitado. Mas, enquanto outrora o Jesus terrestre estava limitado pelo mundo no qual vivia, agora ele entrou numa nova forma de existência; entrou na própria vida de Deus.

1. Lc 24,1-12. **2**. Lc 24,13-35. **3**. Lc 24,36-49. **4**. Lc 24,50-53. **5**. Lc 24,4. **6**. Lc 24,5b-6a. 7. Lc 24,6b-7, remetendo a Lc 9,22.24.44; 9,31-32. **8**. Lc 24,8. **9**. Lc 8,3. **10**. Lc 24,12. **11**. Lc 9,22 e 45; 18,34. **12**. Lc 24,26. **13**. Lc 24,21b-24. **14**. Lc 9,22; 18,33. **15**. Lc 24,25. **16**. Lc 9,22. **17**. Lc 24,26. **18**. Lc 22,19. **19**. Lc 24,35. **20**. 1Cor 15. **21**. Lc 24,45. **22**. Lc 9,51.

Em João: Maria Madalena, Tomé e os outros

Frank J. Matera
Universidade Católica de Washington (Estados Unidos)

O evangelho de João fornece dois relatos diferentes sobre a maneira como Jesus, ressuscitado e vivente, apareceu a seus discípulos. O capítulo 20, que parece ser a primeira conclusão do evangelho, narra uma série de aparições que acontecem em Jerusalém no dia em que Jesus se levanta dentre os mortos e uma semana depois. Embora o evangelho possa aparentemente encerrar a conclusão aqui[1], ele prossegue, no entanto, com outra aparição do Ressuscitado a sete discípulos às margens do mar de Tiberíades, na Galileia[2], esta mesma seguida pelos relatos de Jesus confiando a Pedro a missão de conduzir seu rebanho e apontando o destino de seu discípulo bem-amado[3], antes de terminar com uma segunda conclusão. Estes capítulos 20 e 21 relatam, ambos, as aparições do Ressuscitado, mas cada um tem um objetivo diferente: enquanto o capítulo 20 dá como exemplo diferentes maneiras como as pessoas chegaram a crer na ressurreição, o capítulo 21 recorre a um relato de aparição para explicar como Jesus restabeleceu Pedro em seu papel de discípulo e lhe deu a missão de conduzir a Igreja.

A estrutura geral dos capítulos é a seguinte: Maria Madalena descobre e conta que o túmulo está vazio[4]; Jesus ressuscitado aparece a Maria Madalena[5]; aparece aos discípulos estando ausente Tomé[6]; aparece aos discípulos com a presença de Tomé[7]; primeira conclusão do evangelho[8]; Jesus aparece a sete discípulos às margens do mar de Tiberíades[9]; restabelece Pedro em seu cargo e o coloca à frente da Igreja[10]; responde a uma pergunta sobre o destino do discípulo bem-amado, "o discípulo que Jesus amava"[11]; segunda conclusão do evangelho[12].

Como o "discípulo bem-amado" chegou a crer

No início do capítulo 20, Maria Madalena chega ao túmulo quando ainda era escuro. João não faz nenhuma menção a outras mulheres que a acompanhariam e o relato não explica por que ela se dirige ao túmulo. Mas, ao chegar ali, descobre que a pedra diante da entrada foi deslocada. Sem entrar, ela corre para dizê-lo a Simão Pedro e a um discípulo não nomeado, descrito como "o discípulo que Jesus amava", e anuncia que alguém retirou o Senhor do túmulo. Embora o túmulo esteja vazio, Maria não compreende que Jesus ressuscitou dos mortos.

Este "discípulo bem-amado" nunca é nomeado, mas desempenha um papel eminente nos capítulos 20-21, como também na segunda parte do evangelho[13]. Embora não tenha sido identificado, ele é a primeira testemunha e a primeira autoridade que está por trás do evangelho de João[14]. Tendo partido imediatamente com Pedro e chegando por primeiro ao túmulo, este discípulo bem-amado, no entanto, não entra. Ele se contenta em observar o interior e vê as faixas nas quais Jesus fora envolvido. Pedro, chegando pouco depois, é o primeiro a entrar no túmulo e, além das faixas, vê o pano que cobrira a cabeça de Jesus, colocado à parte. Quando o discípulo bem-amado entra por sua vez e vê, *ele crê*[15] – enquanto, pelo contrário, o evangelista não faz nenhuma menção à fé de Pedro. Assim como Maria, este viu o túmulo e até as faixas e o pano, mas não crê, porque ainda não compreendeu a Escritura, segundo a qual era preciso que Jesus se levantasse/ressurgisse dentre os mortos[16]. Quanto ao discípulo bem-amado, ele crê, embora também ele não compreenda ainda a Escritura, mas simplesmente porque viu as faixas e o pano colocado à parte. Ele se torna assim o exemplo da pessoa que crê sem ter visto o Ressuscitado. Crê que Deus ressuscitou Jesus dentre os mortos e sua fé se apoia numa boa razão: o próprio Jesus havia falado de sua ressurreição[17].

Junto ao túmulo o "discípulo bem-amado" se torna o próprio exemplo dos que creem sem ter visto o Ressuscitado.

Como Maria Madalena chegou a crer

Enquanto Pedro e o discípulo bem-amado retornam, Maria permanece junto ao túmulo chorando, porque ainda pensa que o corpo foi roubado. No entanto, quando olha para o interior do túmulo, ela vê dois anjos, um à cabeceira e o outro aos pés do lugar onde jazia o corpo de Jesus. Mas, mesmo esta visão dos anjos não consegue consolá-la de sua dor e levá-la à fé. Assim, quando eles lhe perguntam por que chora, ela responde que alguém roubou seu Senhor e não sabe para onde seu corpo foi transportado. Portanto, nem mesmo a aparição do Ressuscitado a leva a crer! Alguma coisa diferente deve acontecer da parte daquele que aparece para que ela chegue a compreender quem ele é. Jesus não voltou simplesmente à sua antiga maneira de viver, como ocorreu com Lázaro quando ele o ressuscitara dentre os mortos[18]: ele não ressuscitou simplesmente para precisar morrer de novo. Ele entrou numa espécie de vida totalmente nova: foi transformado pelo poder e pela glória de Deus, a fim de compartilhar a própria vida de Deus.

◄ Cf. o quadro p. 730.

Quando Jesus faz a Maria a mesma pergunta feita pelos anjos ("Mulher, por que choras?"), ela responde da mesma maneira: alguém roubou seu Senhor. Mas chega o momento em que aquele que aparece a chama pelo nome. "Maria"... assim como o Bom Pastor conhece e chama pelo nome cada uma de suas ovelhas, conforme ele próprio havia explicado[19]. Ora, quando o Bom Pastor que "deu sua vida por suas ovelhas"[20] chama Maria pelo nome, ela crê e reconhece que aquele que está diante dela é seu Senhor ressuscitado.

Mas Maria ainda não compreende o mistério da ressurreição. Quando reconhece Jesus, ela tenta agarrá-lo e retê-lo. Ela não compreende que, ao ressuscitar, ele entrou numa nova esfera da vida e que ela não deve mais se comportar com ele da mesma maneira como antes. Por isso Jesus lhe diz que não o retenha[21]. É o famoso "Não me toques", *Noli me tangere* em latim, que se tornou um grande tema da arte cristã. Tendo ressuscitado dos mortos, Jesus deve agora subir para seu Pai, junto ao qual viverá de uma maneira totalmente nova; Maria e todos os que nele creem precisam aprender a viver de uma maneira nova com ele.

Após as palavras dos anjos, nem mesmo a aparição do Ressuscitado leva Maria Madalena a crer. É preciso ainda que ele a chame pelo nome.

Tendo chegado a crer na ressurreição porque o Bom Pastor a chamou pelo nome, Maria se tornou "a apóstola dos apóstolos": Jesus a envia a anunciar aos discípulos que ela viu o Senhor ressuscitado e dizer-lhes que ele partiu "para junto de seu Pai e Pai deles, para junto de seu Deus e Deus deles"[22].

Como os discípulos chegaram a crer

Enquanto o relato da primeira aparição ocorre na manhã do dia da ressurreição, o segundo ocorre de tarde. Embora Maria lhes tenha dito que viu o Ressuscitado, os discípulos se isolam numa casa em Jerusalém porque têm medo das autoridades judaicas. Mas, de repente, Jesus surge no meio deles e lhes dirige uma saudação de paz. Não entrou pela porta, porque estava fechada: ele aparece simplesmente porque não está mais ligado às leis do espaço e do tempo que governam o corpo físico. Ele já subiu para junto do Pai, como havia dito a Maria, e retorna agora, transformado pelo poder do Espírito de Deus: ele entrou numa nova maneira de ser e de se ligar a Deus e a seus discípulos.

A saudação de paz de Jesus lembra a promessa que lhes havia feito em seu discurso de despedida: "Eu vos deixo a paz, eu vos dou a minha paz. Não vo-la dou como o mundo a dá"[23]. A paz que Jesus dá produz uma relação inteiramente nova com Deus, que expulsa todo medo. O que nos diz o evangelista é que, a partir da ressurreição, os discípulos estão, também eles, numa nova relação com Jesus e com Deus, relação que podemos descrever como "paz". Embora eles não manifestem nenhuma dúvida sobre o fato de que se trata de Jesus, este lhes mostra as mãos que foram pregadas na cruz e o lado que foi traspassado pela lança[24], assegurando-lhes assim que o Ressuscitado é realmente o Crucificado. Os discípulos se enchem de alegria com esta visão; experimentam a alegria que ele lhes prometeu após a última refeição: "Assim também vós estais agora na tristeza; mas eu vos verei de novo, o vosso coração então se alegrará e essa alegria ninguém vos arrebatará"[25].

Depois de renovar sua saudação de paz, Jesus confia uma missão a seus discípulos: assim como o Pai enviou Jesus ao mundo para revelar o Pai ao mundo, ele próprio envia agora seus discípulos ao mundo para revelar o que ele lhes ensinou (existe nesta cena de envio uma semelhança com a cena do final do evangelho de Mateus[26]). Para significar que lhes confia esta missão, Jesus sopra sobre os discípulos, ação que lembra a Criação: "O Senhor insuflou nas narinas [do homem] o hálito da vida e o homem se tornou um ser vivo"[27]. Assim Jesus ressuscitado insufla o Espírito em seus discípulos, a fim de que sejam formados à sua imagem. Enviados por Jesus e habilitados pelo Espírito, eles vão levar o perdão aos que crerem na mensagem que eles anunciam.

Jesus já subiu para junto do Pai, como dissera a Maria, e agora retorna para seus discípulos, transformado pelo poder do Espírito de Deus.

Enquanto o discípulo bem-amado havia crido na ressurreição quando viu as faixas e o pano e Maria havia crido quando Jesus a chamou pelo nome, os discípulos são levados a crer graças ao anúncio de Maria Madalena e ao seu encontro com o próprio Ressuscitado.

Como Tomé chegou a crer

A terceira aparição de Jesus no capítulo 20 acontece uma semana mais tarde. Ela se tornou necessária porque Tomé não estivera presente por ocasião da primeira aparição aos discípulos. Embora estes lhe tenham anunciado a ressurreição dizendo-lhe: "Nós vimos o Senhor"[28], ele recusou-se a crer em seu testemunho. Em vez de crer com base no que outros atestam, ele insiste que quer ter uma prova empírica de que Jesus realmente ressuscitou dentre os mortos. Tomé quer, diz ele, ver e tocar suas feridas. Em outras palavras, além de recusar-se a crer no anúncio da Páscoa, ele mostra, como a sequência indicará, que ele se equivoca a respeito da natureza da ressurreição de Jesus – da mesma forma como, no mesmo evangelho, ele havia entendido erroneamente as palavras de Jesus em diversas ocasiões no passado[29].

No entanto, uma semana mais tarde, o Ressuscitado aparece novamente no meio dos discípulos – como se pretendesse responder à objeção de Tomé. Também desta vez Jesus entra estando as portas fechadas à chave e também desta vez dirige uma saudação de paz a seus discípulos. Depois fala diretamente a Tomé e o convida a fazer o que ele queria fazer: pôr o dedo nas chagas de suas mãos e pôr a mão na chaga do lado. Mas o evangelista não diz se Tomé o faz ou não. Em vez disso, ele relata suas palavras: "Meu Senhor e meu Deus!"[30] Esta profissão de fé de Tomé é um ponto alto do evangelho de João na medida em que proclama a divindade de Jesus, repercutindo assim o Prólogo[31]. Muitos leitores não deixam de entender instintivamente que a proclamação de Tomé é o resultado do encontro excepcional com o qual foi beneficiado – mas que não está mais disponível aos outros crentes. Como que para invalidar de antemão esta interpretação, Jesus responde: "Porque me viste, creste; bem-aventurados os que não viram e contudo creram"[32]. A lição do evangelista e a esperança que ele dá aos futuros crentes não poderiam ser mais explícitas: aqui trata-se, de fato, de crer! A fé dos que não viram o Ressuscitado e creram em sua ressurreição é tão grande como a fé dos que o viram com os próprios olhos, e até maior.

João oferece assim quatro exemplos da maneira como as pessoas chegaram a crer na ressurreição; e, à guisa de conclusão, acrescenta uma bem-aventurança que exalta a fé dos que creem sem ter visto. A fé dos que não viram o Cristo ressuscitado, mas creram na ressurreição, é prefigurada pela fé do discípulo bem-amado: é o exemplo por excelência da fé. A fé de Maria Madalena é, por sua vez, uma fé que nasce quando ela escuta o Bom Pastor chamá-la, enquanto a fé dos discípulos é uma fé que cresce ao ouvirem o anúncio da Páscoa feito por Maria, e mediante um encontro com o Ressuscitado. A fé de Tomé, enfim, se fundamenta num outro tipo de encontro pelo qual o Ressuscitado respondeu ao desafio do discípulo: é o resultado de uma graça extraordinária que só foi dada a ele e que não pode servir de modelo aos crentes "comuns".

De Tomé ao discípulo bem-amado, passando por Maria Madalena e os outros discípulos, o evangelho de João nos mostra toda uma gradação na fé.

Uma última aparição do Ressuscitado na Galileia

O capítulo 21 parece um apêndice ou um epílogo acrescentado num segundo momento ao evangelho de João. No entanto, está habilmente ligado ao capítulo precedente por seu versículo de abertura, que começa assim: "Depois disso, Jesus se manifestou de novo aos discípulos à beira do mar de Tiberíades"[33]. Enquanto as outras aparições aos discípulos haviam acontecido em Jerusalém, esta ocorre na Galileia, no lugar onde Jesus havia alimentado uma multidão de cinco mil pessoas com cinco pães e dois peixes[34].

É surpreendente ser informado que Pedro e seis outros discípulos[35] estão pescando na Galileia em vez de anunciar a ressurreição! Jesus, no entanto, aparecera a eles recentemente em Jerusalém e os havia enviado em missão[36]. A justaposição destes dois textos sugere assim o quanto é difícil, mesmo para os primeiros discípulos que haviam visto o Ressuscitado, captar todas as implicações do evento "ressurreição". Assim, em filigrana, sugere-se o valor de uma fé que crê mesmo quando ela não vê[37].

Depois de os discípulos terem pescado a noite inteira, Jesus aparece na margem e lhes pergunta se haviam apanhado alguma coisa. Mas, embora já tivessem visto o Ressuscitado, não o reconhecem! Quando lhe dizem que não apanharam nada, ele pede que joguem a rede à direita do barco, e eles apanham uma enorme quantidade de peixes (este episódio lembra o do chamado de Pedro no evangelho de Lucas[38]). Imediatamente, o discípulo bem-amado é o primeiro a reconhecê-lo, assim como fora o primeiro a crer que Deus o havia ressuscitado dos mortos[39]. Impetuoso como sempre, Pedro se joga na água para ser o primeiro a saudar seu Mestre, enquanto os outros discípulos puxam a rede com os peixes. Embora a rede esteja cheia (com cento e cinquenta e três peixes, especifica o evangelista, número cujo significado permanece obscuro), ela não se rompe, sinal do fruto do trabalho missionário que se apresenta aos discípulos e da unidade de sua nova comunidade.

Quando os discípulos chegam ao encontro do Ressuscitado, ele já preparou para eles uma refeição de peixe e pão e os convida a almoçar com ele. Esta refeição é uma lembrança do dia em que ele alimentou cinco mil pessoas e então nenhum dos discípulos pergunta a Jesus quem ele é. Assim como os dois discípulos no caminho para Emaús o reconheceram na fração do pão[40], assim estes discípulos o reconhecem ao compartilhar esta refeição de pão e peixe.

Os dois episódios seguintes tiram as novas consequências do relato desta aparição. Primeiramente, o Ressuscitado faz de Pedro o pastor de suas ovelhas, perguntando-lhe três vezes se ele o ama, reabilitando assim o discípulo que o havia negado três vezes[41]. Em seguida, Pedro coloca a questão do futuro do discípulo bem-amado[42], identificado como a testemunha que está por trás do evangelho de João[43]. O episódio rejeita, por fim, um boato segundo o qual Jesus teria dito que seu discípulo bem-amado não morreria antes de seu próprio retorno.

As aparições do Ressuscitado, narradas no evangelho de João, lembram aos leitores que a ressurreição não é um acontecimento comum que pode ser compreendido vendo um túmulo vazio ou mesmo vendo Jesus. É um acontecimento pelo qual Jesus é levado para a vida em Deus, exigindo assim a fé por parte dos que esperam compreendê-la. É um acontecimento que exige ser crido antes de poder ser compreendido. E, uma vez que se crê nele, ele leva à missão.

1. Jo 20,30-31. **2**. Jo 21,1-14. **3**. Jo 21,15-25. **4**. Jo 20,1-10. **5**. Jo 20,11-18. **6**. Jo 20,19-23. **7**. Jo 20,24-29. **8**. Jo 20,30-31. **9**. Jo 21,1-14. **10**. Jo 21,15-19. **11**. Jo 21,20-23. **12**. Jo 21,24-25. **13**. Jo 13,23 e 19,26. **14**. Cf. Jo 21,24-25. **15**. Jo 20,8. **16**. Jo 20,9. Não está o texto ou os textos que o evangelista tem em mente. **17**. Cf. Jo 10,18. **18**. Cf. Jo 11,1-44. **19**. Jo 10,3. **20**. Jo 10,15. **21**. Jo 20,17. **22**. Jo 20,17. **23**. Jo 14,27. **24**. Jo 19,34. **25**. Jo 16,22. **26**. Cf. Mt 28,19-20. **27**. Gn 2,7. **28**. Jo 20,25. **29**. Cf. Jo 11,16 e 14,5. **30**. Jo 20,28. **31**. Cf. Jo 1,1-18. **32**. Jo 20,29. **33**. Jo 21,1. **34**. Jo 6,1-15. **35**. Os outros discípulos são Tomé, Natanael (cf. Jo 1,45-49), os filhos de Zebedeu (Tiago e João, cf. Mc 1,19-20) e dois discípulos que não são nomeados, mas um deles é o discípulo bem-amado mencionado em Jo 21,7.20-23. **36**. Jo 20,21-23. **37**. Jo 20,29. **38**. Lc 5,1-11. **39**. Jo 20,8. **40**. Lc 34,35. **41**. Jo 21,15-19; para as três negações cf. Jo 18,15-18.25-27. **42**. Jo 21,20-23. **43**. Jo 21,24-25.

ESCLARECIMENTOS

Por que o Ressuscitado se manifesta na Galileia?

Jean-François Baudoz
Instituto Católico de Paris

O evangelho de Mateus termina com uma aparição de Jesus aos "onze discípulos"[1]. O ponto alto é constituído por um discurso cujo essencial é a promessa de uma presença permanente de Cristo na Igreja*, da qual os Onze são o símbolo: "Toda a autoridade me foi dada no céu e sobre a terra. Tendo ido, portanto, de todas as nações fazei discípulos, batizando-os em nome do Pai, e do Filho e do Espírito Santo, ensinando-os a guardar tudo o que vos ordenei. Quanto a mim, eis que eu estou convosco todos os dias, até a consumação do mundo"[2]. Tradução literal "tendo ido" (em vez de "ide") permite pôr em evidência o único imperativo do discurso de Jesus – "fazei discípulos" – e, portanto, evitar supervalorizar o verbo "ir", ao ponto de fazer dele o elemento essencial do mandato missionário. A missão cristã correria o risco, neste caso, de ser entendida como uma espécie de travessia dos mares com a finalidade de recrutar novos adeptos. Na verdade, este final constitui o ápice do primeiro evangelho. Quais são, portanto, os elementos missionários disseminados ao longo da obra e reunidos neste final? Podemos retomá-los através de dois sintagmas: "Galileia das nações" e "de todas as nações fazei discípulos".

Lugar da aparição pascal, a Gaileia lembra a expressão própria de Mateus: "Galileia das nações"[3], evocada para justificar a instalação de Jesus em Cafarnaum graças a uma citação de Isaías[4]. Já terra de refúgio para Jesus desde seu retorno do Egito[5], a Galileia funciona no evangelho de Mateus como um símbolo de universalismo, já que ela é, de acordo com essa passagem de Isaías, o lugar da manifestação de Deus aos pagãos: "Galileia das nações... O povo que jazia nas trevas viu uma grande luz". Se Jesus se dirige quase exclusivamente à população mista da Galileia, é porque, como Israel no meio dos assírios na época de Isaías, esta região estava marcada pelo paganismo♦. Ora, é justamente em seu seio que jorra a luz. Compreende-se, portanto, por qual motivo a Galileia é por excelência o lugar da pregação e da atuação de Jesus. Quando ele transpõe fronteiras, não é com objetivo missionário. Jesus não precisa ir ao encontro das nações, porque já está em contato com elas na Galileia. São de preferência os pagãos que vêm até ele, como os magos[6], o centurião[7] ou a Cananeia[8]. É, portanto, a partir desta Galileia que, no final da obra, os discípulos são convidados a fazer das nações discípulos de Cristo.

Portanto, o que é "fazer discípulos"? Este verbo figura apenas duas outras vezes em Mateus, a propósito de José de Arimateia "que se tornara discípulo de Jesus"[9] e no final do discurso em parábolas: "Todo escriba tornado discípulo do Reino dos céus é comparável com um dono de casa que tira do seu tesouro coisas novas e antigas"[10]. O verbo tem uma conotação mais comunitária do que propriamente missionária. A missão confiada por Jesus aos Onze não consiste tanto em ir à procura de novos adeptos quanto em levar uma comunidade a uma relação pessoal com Jesus, à imagem daquela que unia os Doze ao Jesus da história. Mateus, por exemplo, define os discípulos como os irmãos e as irmãs de Jesus, que como ele fazem a vontade do Pai[11]. Não se trata aqui de uma figura passada ou ultrapassada: os cristãos têm a obrigação de se identificar com este modelo, para que se constitua a comunidade eclesial, ou seja, a verdadeira família de Jesus, que deriva sua origem unicamente do Pai celeste[12]. A novidade introduzida pela última mensagem do Ressuscitado é que "todas as nações", incluído o povo judeu, são alvo deste apelo. Não se trata apenas de cuidar das "ovelhas perdidas da casa de Israel"[13], mas de estender às nações a Boa-Nova da salvação de Deus.

Como "fazer discípulos"? O sinal dado no início, o batismo, corresponde a um novo modo de vida, acompanhado de um ensinamento. O rito batismal vem em primeiro lugar, porque faz entrar numa comunidade de pertença que se chama Igreja, tão importante aos olhos de Mateus. E é dado "em nome do Pai e do Filho e do Espírito Santo". Esta fórmula trinitária, única no Novo Testamento, reflete a prática batismal da comunidade mateana. Quanto ao ensinamento, ele chama a atenção por causa dos termos utilizados: "ensinando-os a guardar tudo o que vos ordenei". O objeto do ensinamento não é, portanto, o anúncio da morte e da ressurreição de Cristo como no querigma♦ primitivo, ou seja, a primeiríssima mensagem cristã da qual dá testemunho a primeira carta de Paulo aos Coríntios[14]. Aqui, o ensinamento a ser transmitido é a mensagem entregue pelo Jesus terrestre: "Tudo o que vos ordenei". Portanto, parece que, aos olhos de Mateus, o elemento capital do evento Jesus é a palavra que ele proclamou. De resto, esta insistência na catequese é típica de seu evangelho.

Em outras palavras, o Ressuscitado torna normativa para a Igreja a palavra do Jesus terrestre. A uma comunidade cristã na qual se ouvem vozes contraditórias, inclusive em relação à missão, Mateus propõe um caminho que ele gostaria de tornar acessível a todos: a mensagem de Jesus se dirige tanto aos cristãos saídos do judaísmo quanto aos provenientes das nações.

Por que "fazer discípulos"? A ordem de Jesus manifesta-se na continuidade da autoridade que ele próprio recebeu de Deus: "Toda a autoridade me foi dada no céu e sobre a terra. Tendo ido, portanto, de todas as nações fazei discípulos..." Nesta perspectiva, o que é a missão segundo Mateus? Para os discípulos ela consiste em atuar de tal maneira que outros se tornem o que eles próprios são. Assim não existe nenhuma ruptura entre os discípulos do Jesus terrestre e os discípulos do pós-Páscoa: tanto uns como os outros são, de alguma forma, contemporâneos do mesmo Cristo, que a fé cristã confessa como o Filho de Deus[15]. De acordo com o primeiro evangelho, a Igreja[16] é assim a do Jesus da história[17].

Após o envio dos Doze durante o ministério de Jesus na Galileia[18], Mateus não menciona seu retorno: a missão começou muito antes da Páscoa e prossegue "até o fim do mundo"[19].

* Cf. *Jesus fundou a Igreja?*, p. 738.

1. Mt 28,16-20. **2**. Mt 28,18b-20. **3**. Mt 4,15-16. **4**. Is 8,23–9,1. **5**. Mt 2,22. **6**. Mt 2,1. **7**. Mt 8,5. **8**. Mt 15,22. **9**. Mt 17,57. **10**. Mt 13,52. **11**. Mt 12,46-50. **12**. Mt 6,9. **13**. Mt 15,24. **14**. Cf. 1Cor 15,3b-5. **15**. Mt 16,16. **16**. Mt 16,18. **17**. Mt 18,17. **18**. Mt 10,5. **19**. Mt 28,20.

* * *

A refeição à beira do lago

Bernadette Escaffre
Instituto Católico de Tolosa

No último episódio do evangelho de João, trata-se primeiramente de uma pesca no lago de Tiberíades. Infrutífera durante a noite, ela se torna abundante quando a rede é lançada confiando na palavra de Jesus. Segue-se uma refeição compartilhada entre o Mestre e seus discípulos e depois um diálogo a sós entre o Senhor e Pedro. O evangelho de João conclui então com uma curta informação que diz tudo: "Jesus fez ainda muitas outras coisas: se as escrevessem uma a uma, o mundo inteiro não poderia, penso eu, conter os livros que se escreveriam"[1].

A pesca, chamada "milagrosa", é narrada também no livro de Lucas. Ali, no entanto, ela é situada no início da vida pública de Jesus, pouco antes do chamado de Pedro, o pescador da Galileia. O evangelho de João, por sua vez, situa este acontecimento após a morte de Jesus na cruz. É o Ressuscitado que aparece à beira do lago enquanto os discípulos estão ainda no barco.

A primeira palavra de Jesus é um pedido relativo ao alimento: "Tendes alguma coisa para comer?" Após a resposta negativa, ele aconselha a lançar a rede no lado direito do barco. Os discípulos não sabem ainda quem é este homem que se dirige a eles de longe; no entanto, executam sua ordem. Então a rede fica tão cheia de peixes que os pescadores não conseguem tirá-la da água. O "discípulo que Jesus amava" (que a tradição identifica com o apóstolo João desde Ireneu de Lyon[2]) reconhece então o Senhor e o diz a Pedro que se joga na água. Sete discípulos partiram para a pesca: "Simão Pedro, Tomé a quem chamam Dídimo, Natanael de Caná da Galileia, os filhos de Zebedeu e dois outros discípulos". Só dois deles permanecerão em cena ao lado do Ressuscitado após a refeição: Simão Pedro e o discípulo que Jesus amava. Pedro em diálogo com Jesus; o discípulo amado em silêncio e mais afastado.

Chegando à margem, os discípulos veem brasas acesas e sobre elas peixe e pão. A menção destas brasas acesas em particular, em grego *anthrakia*, lembra ao leitor uma outra passagem, a das negações de Pedro[3]. Em todo o Novo Testamento, são as duas únicas passagens onde se encontra este termo. Assim as três perguntas feitas por Jesus a Pedro após a refeição: "Tu me amas?" estão em relação com as três negações do discípulo* que se aquecia junto a brasas acesas, de noite, no pátio do Sumo Sacerdote, enquanto Jesus estava preso. Portanto, o Ressuscitado dá a Pedro a possibilidade de afirmar sua fidelidade dizendo agora tantos "sim" quantos "não" ele dissera no início da Paixão.

Preparada a refeição, no entanto, Jesus pede aos discípulos que tragam um pouco da sua pesca. Seria uma partilha, dom do Ressuscitado e contribuição dos pescadores. Pedro puxa a rede para a terra, enquanto antes os discípulos juntos não haviam conseguido fazer (o mesmo verbo é utilizado nos dois casos). O evangelho mostra assim a primazia de Pedro: ele sozinho agarra a rede cheia de peixes grandes e ela não se "rompe". Com estas palavras, a comunidade joânica reconhece em Pedro aquele cuja autoridade realizará a comunhão da Igreja.

Jesus convida para almoçar e o evangelista especifica: "Nenhum dos discípulos ousava perguntar-lhe: 'Quem és tu?'; eles bem sabiam que era o Senhor"[4]. Surpreendentes reações diante do Ressuscitado! Discípulos, eles conhecem seu mestre. Ao lado dele numa mesma refeição, eles parecem duvidar de sua identidade. Não ousam fazer perguntas e, no entanto, sabem! Esta dificuldade de reconhecer o Ressuscitado, sinal de que ele não retornou simplesmente à sua vida anterior à morte, encontra-se em outros relatos: os discípulos de Emaús não reconhecem aquele que caminha com eles e lhes explica as Escrituras[5]. Maria de Mágdala confunde Jesus com o jardineiro...[6]

No entanto, esta pergunta que os discípulos não ousam fazer ao Ressuscitado remete ao início do evangelho. A mesma pergunta, palavra por palavra: "Tu, quem és tu?"[7] é feita a João Batista. Assim o colchete se fecha: as respostas de João eram negativas "eu não sou...", mas eram testemunhos que orientavam para Jesus. No final do evangelho, os discípulos adquiriram a certeza: "É o Senhor". Ele está vivo e não é um fantasma. A refeição pode acontecer: "Então Jesus vem, toma o pão e lhes dá; ele fez o mesmo com o peixe"[8].

* Cf. *A negação de Pedro*, p. 643.

1. Jo 21,25. **2**. Ireneu de Lyon. *Adversus haereses*, III, 1, 1. **3**. Jo 18,18. **4**. Jo 21,12. **5**. Lc 24,16. **6**. Jo 20,14-15. **7**. Jo 1,19. **8**. Jo 21,13.

CARTA BRANCA

Florence Delay, da Academia Francesa
Escritora

Jesus jardineiro

Na madrugada do dia mais agitado da história do mundo, as primeiras a correr são as mulheres. Maria de Mágdala e Maria mãe de Tiago obedecem a um mensageiro cujas vestes são brancas como o clarão do relâmpago. "Depressa, ide correndo dizer a seus discípulos que ele despertou dentre os mortos." Logo que se puseram a correr, elas são imediatamente detidas. Por uma voz que as saúda. Reconhecendo a voz, elas se põem de joelhos (Mateus).

Três correm para fugir do túmulo vazio, as duas Marias já mencionadas e a mãe dos filhos de Zebedeu, não mais "emocionadas e alegres", mas "estupefatas e trêmulas". Elas têm medo e não dizem nenhuma palavra da mensagem que um jovem vestido de branco lhes manda transmitir: "Ele ressuscitou". Sozinha retorna ao túmulo aquela que fora libertada dos sete demônios. Ela vê Jesus, e corre para contar aos discípulos. Os Onze não acreditam nela (Marcos).

As mesmas mulheres junto com muitas outras (Lucas) contam aos Onze a mensagem transmitida por dois mensageiros deslumbrantes: "Ele não está aqui; ele ressuscitou". Os Onze, menos um, interpretam a mensagem feminina como "caduquice". Pedro, por sua vez, corre para o túmulo. Vazio. Volta espantado.

A corrida atinge seu ponto alto em João. Maria de Mágdala sozinha, de madrugada, descobre a pedra retirada do túmulo e corre para avisar os discípulos. Simão Pedro sai correndo, o outro discípulo (aquele que Jesus amava) também. Perde-se o fôlego com a idade, como sabemos, e por isso João chega primeiro. Por respeito, ele espera Pedro. Mas ele viu o túmulo vazio e, através do vazio, ele acreditou. Os homens retornam para suas casas; Maria em lágrimas permanece junto ao túmulo. É ela que tem razão. Ele está lá. Ela o vê.

E então, para minha felicidade, eu o vi exatamente um instante antes dela. Era no museu do Louvre em 2011, uma exposição dedicada às "figuras de Cristo" de Rembrandt. Eu vi, com os meus olhos eu vi Jesus como jardineiro, sob um chapéu de palha de grandes abas e de fundo plano, exatamente como vai aparecer a Maria Madalena – chamemo-la assim para entrar na lenda – depois de ela virar a cabeça.

Experimentei a sensação de uma paisagem imensa embora o quadro seja pequeno – 61 x 49,5cm; ele pertence, em

Londres, à coleção real de Elisabeth II. É que o pano de fundo é imenso. Uma ponte atravessada pelos madrugadores, torres, uma cidade magnífica, Jerusalém, iluminada pelo sol nascente. Em primeiro plano, sobre uma elevação, o rochedo-túmulo. Um anjo um tanto azulado está sentado em cima sem cerimônias, com as pernas abertas, mas só se vê uma, a outra balança no vazio. Um outro anjo vestido de branco, de perfil, se apoia contra a borda levantada. Maria está sentada na frente, trazendo na mão um lenço para enxugar as lágrimas, seu pequeno pote de perfumes inúteis ao lado. Ela vira um pouco a cabeça, nada tranquila, entre esperança e medo, porque sente atrás de si uma presença. O presente, com a cabeça coberta por um chapéu de palha, veste uma túnica branca que não tem nada de um sudário. Presa ao cinto, uma podadeira ou uma sachola? Traz uma pá na mão. Perguntamo-nos o que ele poderia jardinar nesta paisagem pedregosa. Em todo caso, ao pé do quadro, os buxos estão bem aparados.

Com Jesus jardineiro começa o mistério dos quarenta dias que ele teria vivido na terra entre a Ressurreição e a Ascensão. Com qual aparência? Nunca aquela que ele teve na vida comum, na sua vida humana. Se dermos um giro por suas "aparições", os dois sinais que o revelam – afasto por um instante a terrível prova de suas feridas da crucifixão, destinada a vencer a incredulidade de Tomé – são a voz e o gesto que instituem a Eucaristia.

Ele foi reconhecido pela voz. Ele diz "Maria" e ela, imediatamente, diz "Rabbouni", mestre, meu pequeno rabino. No albergue de Emaús, ele foi reconhecido à mesa, por seu gesto, quando abençoou e partiu o pão. Enquanto os dois viajantes haviam caminhado durante horas com ele, sem suspeitar que seguiam caminho com aquele sobre o qual falavam. Da mesma forma, à beira do lago de Tiberíades, se o desconhecido que aconselhou os pescadores a lançar novamente as redes que imediatamente se enchem é identificado então por João – "É o Senhor!" – e Simão Pedro se lança na água, o que elimina definitivamente a dúvida e dissipa a pergunta "Quem és tu?" é a refeição preparada pelo desconhecido sobre brasas acesas, o pão e o peixe que ele dá para compartilhar.

Existe uma grande diferença entre o que Jesus diz a Maria que o reconheceu: "Não me toques, *Noli me tangere*", e o que ele diz na tarde do mesmo dia aos discípulos que acreditam ver um espírito, um fantasma: "Tocai-me". E explicar que um espírito não tem nem carne nem osso, e mostrar suas feridas, e comer um pedaço de peixe assado à vista deles. Os Onze são convencidos por um acúmulo de provas. E, como diz o poeta, "as provas fatigam a verdade".

A maneira como o Símbolo dos Apóstolos, nosso Credo, resume a vida do Filho único – ele nasceu, sofreu, morreu, foi sepultado, desceu aos infernos, ressuscitou dos mortos – suscitou, por suas omissões, a surpresa do filósofo Michel Serres: a voz, as palavras inéditas sobre a terra pronunciadas por essa voz, o gesto fundador, promessa de vida futura para os que compartilham a refeição. Ora, foi por esses sinais que ele foi reconhecido vivente por uma mulher e dois peregrinos.

Começa-se a sonhar, se não se sabe meditar, sobre os quarenta dias que separam a Ressurreição e a Ascensão. Tratar-se-ia de uma falsa janela para a simetria, eco de outras quarentenas famosas? "Ele foi arrebatado ao céu" após ter falado aos Onze sentados à mesa, pouco depois do episódio de Emaús, diz Marcos no final de seu evangelho. De acordo com Lucas, logo após sua aparição entre os discípulos em Jerusalém, Jesus os leva até Betânia, os abençoa e se separa "arrebatado ao céu". Cadê os quarenta dias?

Em seu belo relato *Le Messie*, Jean Grosjean respeita a santa perambulação de Jesus sobre a terra. As flores que nascem na primavera acompanham os passos do Ressuscitado: lilás, pervincas, lírios, violetas, narcisos e junquilhos, todas estas flores com as quais as mulheres fazem seus buquês.

Capítulo 27

NA TERRA COMO NO CÉU

Poderíamos contar as coisas assim...

Eles ficaram plantados ali, com os olhos fixos no horizonte, não sabendo o que fazer nem o que dizer, divididos entre uma alegria que não encontrava palavras para se expressar e o sentimento confuso de que uma coisa terminava, enquanto outra ainda não havia tomado forma. Desde a pavorosa tragédia da execução de Jesus, foi preciso que eles compreendessem o incrível, o inimaginável. Primeiramente, quando as primeiras, as mulheres do grupo, vieram anunciar-lhes o acontecido, eles pensaram que se tratava de divagações; depois eles próprios receberam um testemunho: vivo, ele estava vivo! A morte não mantivera prisioneiro o Mestre crucificado. Era uma loucura, e era verdade. E, em diversas ocasiões, quando estavam reunidos, ele esteve lá, no meio deles. Isso havia durado quarenta dias, que passaram como um só. Eles o ouviram sem ousar falar a ninguém sobre o que ouviram, sobre o que viram. Sua razão não compreendia o que estava acontecendo, mas a experiência que tinham lhes provava que era verdade. Era realmente Jesus, o homem que os havia chamado, que eles haviam amado e seguido. No entanto, alguma coisa havia mudado. Doravante, sua palavra tinha um outro peso.

E agora, o que iria acontecer, qual seria seu papel? Seria o começo de uma grande reconquista? O Mestre vencedor da morte iria expulsar os romanos, estabelecer um reino de paz e de justiça, o Reino do qual ele não cessava de falar?

Ele os reuniu pela última vez. Eles queriam ainda interrogá-lo: era agora que ele iria restaurar a realeza em Israel? Esta pergunta eles não podiam abster-se de fazê-la. E, no entanto, sabiam muito bem que se tratava de outra coisa, cujos contornos eles ainda não percebiam. Nesse dia, ele os mandou aguardar, em Jerusalém, o dom que Deus, seu Pai, lhes daria para que eles, por sua vez, se tornassem mensageiros e anunciassem até as extremidades da terra aquilo que ele lhes ensinara. Ele falara de um batismo que iriam receber: seriam mergulhados inteiramente no Espírito de Deus, assim como João mergulhava na água do Jordão os que vinham procurá-lo. Não seria um batismo de água, mas um batismo que devora como um fogo e eles seriam revestidos de uma força nova. Estas palavras, eles as ouviram, novamente sem compreendê-las. Enquanto lhes dizia isso, ele foi arrebatado de sua vista. Não havia mais nada a ver senão uma nuvem.

"Até as extremidades da terra." As palavras ressoaram neles... Como se faria isto? Eles eram apenas um pobre punhado de homens e de mulheres sem grande instrução, sem recursos. Voltaram os olhos para o céu, mas este permaneceu mudo. O Mestre retornado da morte, mais vivo do que qualquer outro jamais estivera, os deixou ali, com o coração repleto da alegria, da promessa, da esperança que ele havia depositado neles. Alguma coisa estava viva neles: seria talvez aquilo que ele chamava "Reino dos céus", esta coisa pequena como um grão de mostarda e que se torna uma árvore com ramagens possantes? "Ide, disse uma voz, não é para ficar aqui eternamente olhando para o céu!" Quem falou? Quem ousou dizer que era preciso partir, pôr-se a caminho? Eles se entreolharam, e depois lentamente retornaram a Jerusalém.

Eles eram como pessoas que saem de um sonho. No entanto, a alegria que os invadiu desde que haviam visto o Senhor, desde que o haviam reconhecido, não esmorecia, pelo contrário. À medida que caminhavam, seus passos ficavam mais rápidos. As palavras dançavam em sua mente: "O Senhor está conosco". Sim, era isto que os habitava, era isto que precisavam dizer: "O Senhor está conosco; ele está vivo para sempre, ele que foi crucificado; Deus o arrebatou da morte, ele ressuscitou..." Tudo isso, bastava eles se entreolharem para ver que cada um o sabia, o trazia consigo. Era uma alegria secreta e compartilhada à qual se apegavam.

Restava saber como iriam fazer: esta felicidade tão nova, quem poderia ouvi-la? As pessoas os considerariam loucos. E depois, os que haviam conseguido fazer condenar o Mestre não iriam abandonar o caso tão facilmente. A aristocracia religiosa do Templo considerava que os assuntos do Altíssimo eram de sua alçada. Seus dignitários não iriam deixar um pequeno bando de galileus sem instrução apoderar-se de um discurso religioso do qual eles se acreditavam os gerentes exclusivos.

Enquanto atravessavam a porta da cidade, pensavam ainda nas palavras de Jesus a respeito de Jerusalém. A força que ele tivera diante de seus acusadores, será que eles a teriam? Jesus acabava de lhes prometer essa força. Doravante, o que poderiam fazer senão rezar e confiar...

C.P.

No final do Evangelho, um modo de presença singular

Anne-Marie Pelletier
Collège des Bernardins, Paris

Se é verdade que um relato encontra consistência por seu início e seu fim, não há nenhuma dúvida de que a história de Jesus é uma obra-prima da mensagem evangélica. Mas onde situar exatamente a conclusão desta existência tão singular? De certa forma, o primeiro final do relato é o que pertence à experiência empírica compartilhada por todos: a morte de Jesus exalando o último suspiro na cruz. A menos que o específico da atestação evangélica seja precisamente recusar que esta morte ignominiosa seja o fim de Jesus. É isto que está em jogo no anúncio da ressurreição. Assim o relato ganha novo impulso com a menção de uma série de aparições pós-pascais que, por sua vez, se concluem com o relato último em que Jesus desaparece, subtraindo-se doravante a toda tentativa empírica de agarrá-lo.

Mas, com este acontecimento que deseja inaugurar o tempo em que, retirado do mundo, Jesus continuará mesmo assim presente nele, o texto evangélico atrai seu leitor para uma esfera de realidades que ultrapassa o registro ordinário do sensível. A imaginação pode assegurar a continuidade, como atestam múltiplas obras picturais que representam a "Ascensão" de Jesus. Estas aumentam, de preferência, o sentimento de estranheza que acompanha a afirmação de que "Jesus subiu ao céu".

Uma partida em forma de "ascensão"

"Subiu ao céu": como são entendidas espontaneamente, estas palavras remetem a um mundo de representação pré-científico, definitivamente ultrapassado. Resta que as duas versões do *Credo* – a versão do Símbolo dos Apóstolos♦, no século II, e a versão chamada Credo de Niceia-Constantinopla, no século IV – contêm a menção desta partida de Jesus ("subiu ao céu"), associada à sua glorificação ("está sentado à direita de Deus") e ao anúncio de seu retorno ("virá em sua glória para julgar os vivos e os mortos"). Nisto o "acontecimento" é um elemento inalienável da confissão de fé cristã.

Primeira evidência: o dossiê escriturístico relativo ao fim da existência terrestre de Jesus é limitado. Na verdade, numerosas fórmulas exprimem sinteticamente a ressurreição e a glorificação de Jesus. A afirmação é que Jesus está no alto, "sentado à direita de Deus"[1] ou ainda que ele está "exaltado na glória"[2]. A imagem recorrente da subida implica realmente uma representação espacial, mas com expressões cujo alcance aqui é principalmente teológico. Só Lucas confere a esta realidade uma dimensão realista expressando-a em forma narrativa. E, além disso, ele valoriza o acontecimento reproduzindo-o em dois pontos-chave de seus escritos: o final de seu evangelho[3] e a abertura do livro dos Atos dos Apóstolos[4].

De maneira surpreendente, os outros evangelhos permanecem mudos a respeito do episódio. Mas mais perturbador é o fato de que é impossível superpor as duas versões lucanas. Na verdade, elas visam ambas a última aparição de Jesus arrebatado/levantado para fora da esfera terrestre, com a "promessa do Pai" de enviar o Espírito Santo. Mas, contra este pano de fundo comum, os textos, cujo vocabulário aliás traz de fato a marca de um mesmo autor, apresentam diversas divergências. A tonalidade da cena é diferente: em Lucas 24, o relato é silencioso, enquanto Atos 1 incorpora a palavra viva de um diálogo prévio entre Jesus e os apóstolos bem como as palavras dos dois "anjos" que despedem os discípulos. Estes reagem de maneira diferente ao acontecimento: em Lucas 24, eles permanecem no Templo; em Atos 1, eles se dirigem à "sala superior" onde aguardam a efusão do Espírito. No entanto, o verdadeiro obstáculo é de natureza cronológica. Ele diz respeito à violenta discordância introduzida em Atos 1,3 pela menção de uma espera de quarenta dias que separam a ressurreição e o desaparecimento de Jesus. Sem falar da dissonância, espacial desta vez, entre a localização da ascensão em Jerusalém em Lucas e um final de Mateus que conclui com a menção de um último encontro que Jesus marca para os discípulos na Galileia[5].

Só Lucas descreve a ascensão de Jesus "ao céu" de forma narrativa, e as duas versões por ele dadas são a priori *incompatíveis.*

Cogitar a hipótese de duas tradições diferentes, postas em sequência por Lucas, não resolve uma tensão, que torna evidentemente problemática a historicidade da cena. O imaginário mobilizado aumenta a desconfiança do historiador. O desaparecimento de Jesus em direção ao céu, desaparecendo das vistas com a cumplicidade de uma nuvem, bem como o aparecimento das duas figuras que trazem o anúncio de seu retorno, apoiam a hipótese de uma encenação mitológica do fim terrestre de Jesus. Assim pensam alguns exegetas que se recusam a atribuir valor histórico ao duplo relato de Lucas. No entanto, é possível que isto seja decidir um pouco apressadamente que a questão está resolvida. O interesse do texto poderia ser precisamente corrigir o conceito de história que habita a mente do exegeta ou do leitor contemporâneo. E, no caso, problematizar ao mesmo tempo uma pretensão simplista de historicidade e a negação definitiva de que o texto tenha uma relação com uma experiência dos discípulos.

Para além da experiência empírica

Os dois relatos da Ascensão de Lucas

"Depois ele os conduziu até perto de Betânia e, erguendo as mãos, os abençoou. Ora, enquanto os abençoava, Jesus se apartou deles, sendo arrebatado ao céu. Quanto a eles, após se terem prostrado diante dele voltaram para Jerusalém, cheios de alegria, e estavam sem cessar no Templo, bendizendo a Deus."

Lucas 24,50-53

"Durante uma refeição com eles, Jesus lhes recomendou que não deixassem Jerusalém, mas esperassem aí a promessa do Pai, 'aquela, disse, que ouvistes de minha boca: João batizava com água, mas vós, é no Espírito que sereis batizados daqui a poucos dias'. Os apóstolos estavam reunidos e lhe fizeram esta pergunta: 'Senhor, será que é agora o tempo em que vais restabelecer o Reino para Israel?' Ele lhes disse: 'Não vos compete conhecer os tempos e os momentos que o Pai fixou por sua própria autoridade; mas recebereis uma força, a força do Espírito Santo que virá sobre vós; e sereis então minhas testemunhas em Jerusalém, em toda a Judeia e Samaria, até as extremidades da terra'. A essas palavras, à vista deles, ele se elevou, e uma nuvem veio tirá-lo de suas vistas. Como eles ainda fitassem o céu, para onde Jesus partia, eis que dois homens de vestes brancas apareceram junto deles e lhes disseram: 'Homens da Galileia, por que ficais aí a olhar para o céu? Este Jesus, que vos foi arrebatado para o céu, há de vir do mesmo modo como o vistes partir'."

Atos dos Apóstolos 1,4-11

Esta cena final do relato evangélico comporta, com efeito, uma singularidade irredutível. O que está em jogo é em expressar o eclipse de uma percepção sensível da pessoa de Jesus, que foi declarado anteriormente "ressuscitado dos mortos". Já os relatos de aparições pós-pascais haviam posto o leitor diante do inaudito, literalmente falando, de um encontro com a pessoa de Jesus existente doravante num corpo transfigurado, que, portanto, não está mais sujeito às leis da finitude humana. Doravante a questão é saber *para onde vai* Jesus, ecoando diretamente a pergunta pelo lugar *donde ele vem*.

Esta segunda pergunta – primeira na realidade – fora abordada no início do evangelho de Lucas, através do relato tão desconcertante da Anunciação e do nascimento virginal de Jesus. Expressão de um mistério de sua identidade que o Prólogo de João, por sua vez, expressará dizendo que Jesus não nasceu da carne e do sangue como qualquer pessoa, mas vem do Pai, do qual é gerado. Assim, em Lucas, termo e origem se correspondem para revelar a identidade absolutamente singular daquele que o relato evoca na banalidade dos dias de sua encarnação. João, de maneira convergente, e apesar de ignorar qualquer cenário de ascensão, porá na boca de Jesus, de maneira cada vez mais insistente com a aproximação da Paixão, a afirmação de que Deus Pai é seu lugar: "Eu saí do Pai e vim ao mundo; ao passo que agora deixo o mundo e vou para o Pai"[6]. Falar do fim terrestre de Jesus e de sua entrada numa modalidade de existência que não é mais a de nosso espaço-tempo desafia, portanto, a linguagem. Como usar a palavra humana para apontar e significar esse registro do real mais vasto do que aquele que nossas palavras são feitas para designar? Esta pergunta transborda o discurso religioso, como o prova a existência imemorial da arte. Aqui ela é crucial. Na verdade, os autores bíblicos a enfrentam minuciosamente nas Escrituras que pretendem ser portadoras de uma *revelação* que excede o que o homem pode atingir por si mesmo. O uso metafórico da linguagem se apresenta então como um recurso capital.

É neste registro que é preciso entender exatamente o termo "céu", usado pelos relatos de ascensão. O termo pode evidentemente designar uma realidade física. Mas a vastidão majestosa do cosmos e seus ritmos imutáveis sugerirão sem tardar aos Antigos transformá-lo num termo para expressar aquilo que ultrapassa o mundo do espaço tridimensional e a experiência do homem. "Céu" designa então, na Bíblia, o mistério totalmente transcendente de Deus, seu lugar irrepresentável, ou ainda a sede daquilo que se chama metaforicamente sua glória. Em outras palavras, o termo pretende ser a lembrança de que existe algo a crer para além do visível. E, na boca de Jesus, que o utiliza abundantemente, remete à fonte divina de sua vida, de sua palavra, de suas obras que ele reivindica justamente serem "do céu". Neste sentido, é "ao céu" que ele retorna quando desaparece das vistas humanas, ele do qual se diz que, na sua ressurreição, recebeu todo poder no céu e sobre a terra[7].

Dizer o que não pode ser dito...

Mas, para além do uso metafórico da linguagem, os relatos de Lucas podem ser esclarecidos com outras referências ainda. Se admitirmos que aqui "ascensão" é entendida sobretudo como evocação de um "arrebatamento" para fora da esfera terrestre, verifica-se que este motivo se junta a uma vasta tradição de relatos do mundo greco-romano. Presume-se que inúmeros personagens célebres, como Héracles/Hércules ou Rômulo, terminaram a vida arrebatados desta terra. Mas, detalhe a não ser negligenciado, este desaparecimento maravilhoso é então associado muitas vezes a uma divinização. Ora, se este destino não apresenta problema no quadro do politeísmo, ele é em compensação incompatível com uma tradição bíblica na qual só Deus é Deus. Assim revela-se problemático pôr os relatos de Lucas no mesmo nível de um modelo pagão de arrebatamento, e isto tanto mais porque as Escrituras bíblicas fornecem neste caso uma referência muito mais próxima e plausível.

A verdade é que, neste tipo de fenômeno, a Bíblia mantém antes uma prudente distância, que faz sua originalidade. No entanto, declara-se solenemente que dois personagens de piedade eminente foram arrebatados. Henoc é o primeiro, no início do Gênesis, do qual se diz que "desapareceu, pois Deus o arrebatara"[8]. Elias, o segundo, deixou na memória uma lembrança grandiosa: um carro de fogo o arrastou para o céu num turbilhão[9]. A longa meditação deste episódio é atestada por toda uma série de textos do Antigo Testamento. Os contatos de Lucas com esta tradição são manifestos, como quando, na metade de seu evangelho, ele evoca antecipadamente um "arrebatamento" futuro de Jesus[10] com as palavras da versão, em grego, do desaparecimento de Elias. E a proximidade é reforçada pela maneira como a tradição de Israel associa estreitamente a menção do arrebatamento de Henoc, e mais ainda o de Elias, com o anúncio de seu retorno escatológico, no fim dos tempos – como se diz precisamente de Jesus. Eis aí, portanto, toda uma herança propriamente bíblica que se oferecia a Lucas para narrar o acontecimento conclusivo da vida de Jesus, com sua carga de mistério.

Doravante a questão é saber para onde vai Jesus, num eco direto à pergunta pelo lugar de onde ele vem. É o que a palavra "céu" diz metaforicamente.

Na junção do tempo evangélico com o tempo da Igreja

Se, portanto, o acontecimento da ascensão transporta o leitor para a fronteira onde o nosso real histórico entra em contato com o que não pertence mais à história – com o desafio que acabamos de mencionar –, resta que os dois relatos fornecidos por Lucas recebem também seu sentido de seu contexto histórico e textual. Interessar-se pelo fim terrestre de Jesus reveste manifestamente, para o evangelista, uma importância maior. Mas com intenções e efeitos diferentes, conforme o faz como final de seu evangelho ou como abertura do livro dos Atos.

No primeiro caso, o acontecimento situado no próprio dia da Ressurreição tem claramente a finalidade de marcar o fim da história de Jesus. Este fim é identificado com seu levantamento dentre os mortos associado à sua partida, que é igualmente sua glorificação "à direita do Pai". No caso do relato de Atos 1 está em questão uma outra economia. Desta vez, a ascensão se encontra em posição quase inaugural do relato que seguirá e ali se faz menção a um prazo de quarenta dias de presença de Jesus após a ressurreição. Podemos hesitar sobre o sentido desta duração. Manifestamente, o detalhe é estranho às tradições pagãs de arrebatamento. Em compensação, ele se harmoniza com diversos episódios da Bíblia que evocam os quarenta anos do povo no deserto após a saída do Egito[11], os quarenta dias e noites passados por Moisés no monte Sinai[12] ou os quarenta dias de tentação no deserto, como início do ministério público de Jesus etc. Seja o que for que se pense desta alusão, este prazo permite a Lucas abrir um espaço temporal para as aparições do Ressuscitado, mas também, e não menos importante, delimitar este espaço. Trata-se exatamente de marcar o termo para além do qual Jesus deixa de dar testemunho de sua ressurreição e deixa iniciar-se o tempo novo da Igreja.

◄ Cf. *As Tentações no deserto*, p. 185.

Este ponto tem sua importância se pensarmos que, paralelamente, tradições "gnósticas"♦, prevalecendo-se de um saber oculto, e que serão declaradas heterodoxas♦, tendem a prolongar a duração das manifestações do Jesus pós-pascal, a fim de legitimar toda uma proliferação de testemunhos. É provavelmente um debate com esses mesmos ambientes que explica o lugar desconcertante atribuído ao "ver" na versão dos Atos. Semelhante insistência na visão contradiz a ideia de um acontecimento que transborda a experiência empírica e puxa o texto para o lado de um realismo que, como vimos, causa problemas. Em compensação, ela se torna inteligível diante de interpretações rivais que pretendem fazer da ressurreição um assunto puramente espiritual. Polemicamente, sob as aparências de um discurso realista, o evangelista teria, portanto, o cuidado de insistir na corporeidade do Ressuscitado. É realmente de corpo e alma que, de acordo com a confissão de fé cristã, Jesus atravessa a morte e entra na eternidade.

Jesus, mais do que uma piedosa lembrança?

A ascensão marca o desaparecimento definitivo de Jesus do espaço empírico humano. É exatamente este o sentido da nuvem que é mencionada: diferentemente de outros relatos de teofanias♦ bíblicas, ela tem aqui a função de interpor um véu entre os espectadores e a visão do Ressuscitado que se separa deles. Doravante este é um ausente. Surge então o problema da natureza da relação que se poderá restabelecer com ele. O elo mais evidente é o da memória. Aqueles que o seguiram em seu caminho até a hora da cruz, que se beneficiaram das manifestações pós-pascais, irão relembrar seus gestos e suas palavras, que agora eles associam à sua fé na ressurreição. Irão tornar-se os guardiões desta memória e suas testemunhas ao pregar o Evangelho.

A linguagem metafórica de Lucas permite afirmar uma entrada de Jesus numa forma de ausência, desafiando seus discípulos a estabelecer uma outra relação com ele.

Mas os textos sugerem ver mais do que o exercício de uma piedosa lembrança, na mesma medida em que narram uma série de palavras de

Jesus anteriores à Paixão, que evocaram antecipadamente este momento futuro. Ora, de acordo com o testemunho do evangelho de João especialmente, nas últimas conversas de forte teor teológico postas na boca de Jesus ao aproximar-se sua prisão, ele afirma: "Não vos deixarei órfãos, eu virei a vós"[13]. Paralelamente, ele afirma misteriosamente: "Quando eu tiver ido prepará-lo [um lugar] para vós, voltarei e vos tomarei comigo, de tal sorte que lá onde eu estiver também vós estejais"[14].

Através destas palavras toma corpo a certeza dada aos discípulos de uma presença continuada, mesmo quando Jesus não for mais visível. A aparição a Tomé, que se recusa a crer baseado unicamente na fé na palavra dos outros, valoriza grandemente a lógica de um crer que consente em não ver. A última palavra que Jesus lhe dirige, neste último episódio, tem a forma de uma bem-aventurança: "Bem-aventurados os que não viram e, contudo, creram"[15]. Com isto, a hora da ascensão não é apresentada como um enfraquecimento da presença, mas como uma entrada num invisível, onde a intimidade da presença é destinada a aprofundar-se, mediante a confiança da fé.

Um tempo de presença entrançado de ausência...

Mais radicalmente ainda, Jesus fará de seu desaparecimento a condição do dom do Espírito Santo, que deverá dar-lhes acesso à plenitude de sua presença. Que o homem possa um dia participar do próprio Espírito de Deus constitui, com efeito, o cume da esperança que se torna realidade na literatura profética do Antigo Testamento. Nesse sentido, a efusão do Espírito representa exatamente, no Novo Testamento, o coroamento da obra da salvação de que Jesus se encarrega. O relato de Pentecostes (quinquagésimo dia depois da Páscoa) no capítulo 2 dos Atos encena justamente este último ato.

A "fração do pão" fora o sinal de reconhecimento do Ressuscitado. A Eucaristia se tornará o novo modo de sua presença.

Aliás, o relato usa para isso um léxico que tem novamente um forte teor metafórico. Fala do "violento vendaval", de "línguas de fogo", num contexto que faz manifestamente alusão ao relato da teofania♦ do Sinai, no caminho do Êxodo conduzido por Moisés. Esta referência se impõe tanto mais porque o acontecimento é situado cronologicamente em perfeita sintonia com a grande festa judaica das colheitas de verão, *Shavu'ot*, que celebravam a conclusão da Aliança com o dom da Lei no Sinai. Observemos que este ato final, que significa o cumprimento da esperança do Antigo Testamento, recebe um realce todo especial se prestarmos atenção na contagem dos dias: a ascensão é situada quarenta dias após a Páscoa e Pentecostes cinquenta dias depois. Entre os dois, dez dias de uma espera que aprofunda a expectativa, aviva a esperança. A partir de Pentecostes, a Igreja vai materializar-se concretamente na comunidade dos discípulos, batizados e portadores do Espírito. Trata-se deste mesmo Espírito do qual o Evangelho afirma que conduziu Cristo ao longo de sua vida terrestre até a cruz e que o próprio Jesus apontou estar no princípio secreto de sua relação com aquele que ele chama de Pai.

A Eucaristia, que sob a designação "fração do pão" foi o sinal de reconhecimento do Ressuscitado pelos peregrinos de Emaús, torna-se também o novo modo eminente da presença de Jesus. Comer o pão e beber o vinho – a respeito dos quais ele declarou: "Isto é o meu corpo" e "Isto é o meu sangue" – constitui a maneira eminente, para os que são seus discípulos, de manter-se em relação de intimidade com o Ausente. Paulo lembrará aos Coríntios as circunstâncias de sua instituição no limiar da Paixão de Jesus, explicando-lhes: "Todas as vezes que comerdes deste pão e beberdes deste cálice, anunciais a morte do Senhor, até que ele venha"[24]. Mas, inevitavelmente, o intermediário da presença é aqui bem modesto: a matéria da Eucaristia é um pouco de pão e um pouco de vinho. A teologia falará de presença "sacramental"♦, com aquilo que ela comporta ainda de ocultação, de plenitude adiada... De acordo com um tempo presente no qual prossegue, de certa maneira, a provação do tempo terrestre de Jesus,

◄ Cf. *Em Lucas: os discípulos de Emaús e os outros*, p. 701.

◄ Cf. *Eucaristia: a coisa mais estranha*, p. 596.

Levantar-se, despertar, ressuscitar

As primeiras expressões literárias da fé judaica na ressurreição final dos mortos se encontram no livro de Daniel[16] (aproximadamente 167-164 antes de nossa era) e num texto tardio do livro de Isaías[17]. Dois verbos são usados como metáforas da ressurreição: "levantar-se" (*qum*) e "despertar" (*yaqits*), que encontrarão seus correspondentes exatos em grego: *anistênai* e *egeiresthai*. Os autores do Novo Testamento aplicarão estes verbos metafóricos à ressurreição de Jesus (*anestê, egerthê*), considerando que ela antecipa e põe em marcha, no coração da história humana, a ressurreição geral esperada para o fim dos tempos. Mas a nova fé faz explodir o quadro das representações e muitas outras imagens serão convocadas para tentar aproximar a realidade indizível e o modo de existência inaudito que são inaugurados com a "nova criação"[18].

Desde o tempo da vida de Jesus, estes mesmos verbos, que conservam também seu sentido primeiro, permitem narrar o "despertar" ou "retorno à vida" de duas crianças mortas, levantadas por Jesus: a filha do chefe da sinagoga Jairo ("filha única" em Lucas[19]) e o filho único da viúva de Naim[20]. No entanto, para Lázaro, o irmão de Marta e de Maria, nenhum destes verbos é utilizado por João, contentando-se Jesus em dizer: "Lázaro, vem para fora, vem cá"[21]. É verdade que ele havia prometido a Marta: "O teu irmão ressuscitará" e acrescentado: "Eu sou a ressurreição e a vida"[22].

A propósito destes três relatos, não podemos falar de "ressurreição" no sentido forte, já que cada uma destas pessoas deverá morrer novamente. Mas estes atos de poder que Jesus opera anunciam e antecipam sua própria "ressurreição". Para além da morte biológica mais assegurada (Lázaro "já cheira mal"[23]), eles manifestam a vitória insuperável da Vida nova, inaugurada pela vida, morte e ressurreição de Jesus.

quando ele se dava a reconhecer como Filho de Deus, através do modesto cotidiano de uma vida humana.

Viver a espera e a vigília

Assim se caracteriza o tempo da Igreja, cujos inícios os Atos dos Apóstolos delineiam. Este é muito bem evocado como um *momento*, em outras palavras, um tempo provisório e, portanto, inacabado, voltado para um término que está ainda lá na frente. Na verdade, os textos afirmam realmente que doravante, com o Espírito, Deus deu todo o dom prometido. É este o sentido da expressão "plenitude dos tempos" utilizada por Paulo para designar o presente[25]. Mas esta conclusão incorpora ainda algo inconcluso. Por enquanto, o dom se dá a experimentar na penumbra de um tempo intermediário. Tempo penúltimo, de certa forma, em devir de sua verdade final. Diversas parábolas de Lucas sugerem assim uma lenta maturação, um crescimento oculto do "Reino de Deus" na densidade do tempo presente, através do exemplo de um grão de mostarda ou do fermento que faz a massa fermentar[26]. O mesmo evangelho fala ainda do tempo presente como "tempo dos pagãos"[27], dando a entender misteriosamente que a relação entre Judeus e pagãos (pagãos que incluem os cristãos vindos do paganismo♦...) é uma mola mestra do destino da humanidade inteira.

Cf. o capítulo ▶ *O Reino e suas parábolas*, p. 313.

É por isso que o presente, tal como a fé o conhece, é um tempo eminentemente paradoxal. Embora a morte já não seja a verdade última, ninguém está isento de passar por ela. Embora a Paixão de Cristo seja vitória sobre o mal, a violência continua desenfreada. Embora o batismo seja acesso à santidade de Deus, a fraqueza e o pecado continuam a grassar na Igreja. O livro dos Atos dos Apóstolos e as cartas de Paulo conservam a memória de torpezas e também de conflitos que as primeiríssimas comunidades cristãs experimentam. Assim, este tempo novo mistura sombras e luzes, de tal modo que a afirmação de fé pode ser contestada, recusada ou negada.

Por conseguinte, a espera e a vigília são um motivo essencial do Novo Testamento. A afirmação é a seguinte: é o retorno do Ressuscitado – sua "parusia"♦ em linguagem técnica – que dará plena visibilidade à sua vitória sobre o mal e sobre a morte. Trata-se, portanto, de permanecer na esperança, na provação da escuridão ainda não totalmente dissipada pelo dia que desponta. Lucas chama assim à vigilância em versículos que evocam vigorosamente este Dia final, usando imagens cósmicas, desconcertantes para o leitor atual, na verdade em conformidade com a tradição apocalíptica da Bíblia. De maneira mais acessível, algumas parábolas, novamente, se encarregam de exortar à vigilância. Por exemplo aquela que, no evangelho de Mateus, põe em cena dez jovens que esperam a vinda do

Cf. *O que significa a "parusia" do Filho do homem?*, p. 733. ▶

Cf. *O discurso apocalíptico de Jesus, "predição" ou "pregação"?*, p. 387. ▶

Esposo[28], umas previdentes e as outras negligentes. Ou ainda a parábola dos talentos que, no mesmo evangelho, quer ensinar como aproveitar o tempo presente para fazê-lo produzir fruto, permitindo que os bens do Mestre se multipliquem antes de seu retorno[29].

Constata-se manifestamente que a história delineada por estes textos é de uma ordem diferente da ordem dos acontecimentos da atualidade midiática ou da memória do historiador. Ela apela a uma confiança que se apoia na proclamação evangélica da ressurreição de Jesus. Sob as aparências de realidades fundamentalmente discretas, cuja menção baliza o evangelho de Lucas: uma jovem Judia de Nazaré, um recém-nascido envolto em panos, que se tornará um rabino familiar dos humildes e dos pecadores e, para finalizar, um túmulo vazio, que deixa alguns perplexos e transforma os outros em arautos de um Evangelho da vida, que responde a tudo aquilo que a contradiz... Nada que force a adesão. Mas também nada menos que a pergunta: "Para vós, que eu sou?", que atravessa o leitor de Lucas.

1. Cl 3,1. **2**. 1Tm 3,16. **3**. Lc 24,50-53. **4**. At 1,9-12. **5**. Mt 28,16. **6**. Jo 16,28. **7**. Mt 28,18. **8**. Gn 5,24. **9**. 2Rs 2,11. **10**. Lc 9,51. **11**. Ex 16,35. **12**. Ex 24,18. **13**. Jo 14,18. **14**. Jo 14,3. **15**. Jo 20,29. **16**. Dn 12,1-3. **17**. Is 16,19. **18**. 2Cor 5,17. **19**. Lc 8,42-54. **20**. Lc 7,14. **21**. Jo 11,43. **22**. Jo 11,23-25. **23**. Jo 11,39. **24**. 1Cor 11,23-27. **25**. Gn 4,4. **26**. Lc 13,18-21. **27**. Lc 21,24. **28**. Mt 25,1-13. **29**. Mt 25,14-30.

O que significa a "parusia" do Filho do homem?

Anne-Marie Pelletier
Collège des Bernardins, Paris

No início, a palavra pertence ao vocabulário do mundo helenístico♦ e romano. Designa simplesmente a "presença" de alguém. Simultaneamente ela se especializa no campo político-religioso para significar a visita solene que uma autoridade – rei, rainha, governador – faz a um território importante de sua jurisdição. Pode ser utilizada igualmente para significar a manifestação de um deus. A palavra "parusia" quase não penetra a linguagem da Bíblia grega antes da era cristã. Em compensação, ela se impõe nos textos do Novo Testamento a propósito de Jesus e de sua "vinda" entendida como conclusão gloriosa de sua ressurreição.

A palavra é então revestida de memória bíblica. Remete à temática do "Dia de YHWH" do Antigo Testamento, entendido como dia final do Julgamento, no qual Deus fará a divisão entre bons e maus convocando a humanidade de todos os tempos. A tradição judaica apocalíptica antecipa este Dia com um imaginário espetacular, evocando anjos e trombetas, túmulos que se abrem, convulsões cósmicas: "Pois vem o dia, ardente como a fornalha. Todos os arrogantes e os que praticam o mal não passarão de palha. O dia que vem os envolverá, diz o Senhor do universo. Ele não lhes deixará nem raízes, nem ramos"[1]. Usando a mesma linguagem, o livro de Daniel esboça, além disso, a visão de um personagem que será "um como Filho de homem" que vem "sobre as nuvens do céu" para receber a realeza com o povo dos santos[2]. Jesus retomará por sua conta esta designação misteriosa, levando os evangelhos a identificá-lo com esta figura de juiz que vem no fim da História libertar os que sofrem violência e esperam a manifestação do Reinado de Deus. No capítulo 24 de Mateus[3], um longo desenvolvimento de temática escatológica♦ retoma as imagens guerreiras e cósmicas da apocalíptica para anunciar esta vinda libertadora, cuja data ninguém pode antecipar: "O sol escurecerá, a lua não mais brilhará, as estrelas cairão do céu [...]. Todas as tribos da terra baterão no peito... [o Filho do homem] enviará seus anjos com a grande trombeta..."

No entanto, a primeira geração cristã associa estreitamente esta parusia ao acontecimento da ressurreição. A vinda de Cristo é, portanto, considerada iminente. Considera-se que a fórmula aramaica *Marana tha* ("Nosso Senhor, vem!"), que conclui a primeira carta aos Coríntios[4] e, em grego, o Apocalipse de João[5], encontra seu cumprimento num futuro imediato. A primeira carta de Paulo aos Tessalonicenses imagina até uma tal proximidade deste acontecimento que alguns dos destinatários da carta poderiam ainda estar vivos: "Porque o Senhor em pessoa, ao sinal dado, à voz do arcanjo e ao toque da trombeta de Deus, descerá do céu: então os mortos em Cristo ressuscitarão primeiro; em seguida, nós, os vivos que tivermos ficado, seremos arrebatados com ele sobre as nuvens, ao encontro do Senhor..."[6] Mas esta esperança vai chocar-se rapidamente com a evidência de um adiamento, que se torna cada vez mais provocante.

A segunda carta de Pedro menciona assim os que se surpreendem que "tudo continua como estava no início da criação"[7]. A reflexão se aprofunda então e a espera da vinda de Cristo é reformulada. Meditando o atraso da parusia, os textos apelam para a "paciência de Deus"[8], lembram que "para o Senhor um só dia é como mil anos e mil anos, como um só dia"[9]. A expectativa escatológica, em sua primeira versão, tende a esfumar-se em proveito de uma "escatologia realizada", de acordo com uma expressão moderna: expressa-se a convicção de que a vinda de Cristo já acontece através dos dons espirituais que são oferecidos em partilha à Igreja neste tempo. Portanto, é a visibilidade final e a universal desta realidade já presente que se torna objeto da expectativa e da esperança. Consequentemente, esta nova perspectiva acarreta o desdobramento da noção de parusia. No início do século II, um texto que põe em cena uma controvérsia entre o cristão Justino e o judeu Trifão faz assim uma distinção entre uma primeira vinda, que se realizou na humildade e no ocultamento, e uma segunda vinda, futura, que se chama doravante "retorno" de Jesus, e que deverá ter o brilho definitivo da "nova criação" que manifesta definitivamente a vitória de Cristo.

1. Ml 3,19. **2**. Dn 7,13-14. **3**. Mt 24,29-31. **4**. 1Cor 16,22. **5**. Ap 22,20. **6**. 1Ts 4,13-18. **7**. 2Pd 3,4. **8**. Tg 5,7-11. **9**. 2Pd 3,8.

* * *

Jesus era o Verbo de Deus?

Michel Fédou
Centro Sèvres – Faculdades Jesuítas de Paris

O evangelho de João, como os outros evangelhos, narra diversos episódios da vida de Jesus até os dias de sua morte e de sua ressurreição. Mas, sendo mais tardio do que os outros (foi redigido talvez por volta do ano 100), ele atesta também uma meditação mais desenvolvida sobre a identidade de Jesus, como vemos sobretudo no Prólogo[1].

Este Prólogo inicia com as palavras: "No início era o Verbo, e o Verbo estava voltado para Deus, e o Verbo era Deus"[2]. O "Verbo" designa a Palavra; nele e através dele, é o próprio Deus que se expressa e se comunica. Na verdade, concretamente, os discípulos tiveram acesso primeiramente à revelação de Jesus na história humana (revelação que é narrada na sequência do evangelho) e é à luz desta revelação que o evangelho de João identifica Jesus com o "Verbo" de Deus, que desde o começo "estava voltado para Deus". Mas, em vez de seguir este movimento de baixo para o alto, o Prólogo parte do alto – ou, se se prefere, da eternidade – para descer em seguida para o tempo da história humana, onde o Filho único se revelou à humanidade e, com isso, foi revelador de Deus: "O Verbo se fez carne e habitou entre nós"[3]. Assim o leitor é prevenido: Jesus não é simplesmente um homem entre outros; ele é o Verbo de Deus tornado carne, e este mesmo Verbo feito carne existia, antes, como o Verbo eternamente unido a Deus.

O primeiro versículo do Prólogo se torna claro em referência a alguns textos do Antigo Testamento. Lembremos primeiramente as palavras do Gênesis: "No início Deus criou o céu e a terra"[4]; no entanto, retomando a fórmula "no início" (*en arkhê* em grego), o evangelho de João não evoca os inícios do mundo criado, mas a origem absoluta de todas as coisas, anterior à Criação – o que, aliás, se junta a algumas interpretações da primeira palavra do Gênesis hebraico, *Bereshit*. Outro texto do Antigo Testamento deve ser lembrado aqui: a passagem dos Provérbios em que a Sabedoria se apresentava como tendo sido "engendrada" pelo Senhor, "prelúdio de suas obras antigas"[5]. O evangelista viu aqui uma espécie de pressentimento desta revelação inaudita: o Verbo de Deus não era uma criatura, nem mesmo a primeira entre elas; ele estava, na realidade, desde a origem, junto a Deus e, mais ainda, ele "era Deus". Por um lado, ele era distinto de Deus; por outro, era um com Deus.

Podemos considerar que o conjunto do Prólogo se articula em torno de três unidades principais. A primeira abrange os versículos 1 a 8: o Verbo, presente desde a origem junto a Deus, foi o autor da criação ("tudo foi feito por meio dele; e sem ele nada se fez do que foi feito"); nele estava a "vida" e a vida era a "luz" que brilha nas trevas; o texto menciona, enfim, a figura de João, enviado por Deus para dar testemunho desta luz. A segunda unidade abrange os versículos 9-14: o Verbo era "a verdadeira luz que [...] ilumina todo homem"; "ele veio para o que era seu, e os seus não o acolheram"; "mas aos que o receberam, aos que creem em seu nome, ele deu o poder de se tornarem filhos de Deus"; é então que vem o versículo já citado: "O Verbo se fez carne e habitou entre nós..." A terceira unidade, que corresponde aos versículos 15 a 18, menciona novamente o testemunho de João e depois evoca o dom que doravante é dado aos crentes: "a graça e a verdade vieram por Jesus Cristo"; foi ele, o Filho único, que revelou Deus.

Esta composição do Prólogo é em si mesma muito expressiva. Salientamos primeiramente a amplidão da perspectiva: o Filho único é apresentado aqui, ao mesmo tempo, em sua relação com a origem de todas as coisas, com a criação do mundo e com a história da salvação. Observamos, por outro lado, a dupla menção a João Batista, primeiro como testemunha da luz (no tempo que precede a manifestação de Jesus) e depois como testemunha do próprio Jesus ("um homem que me precedeu, porque antes de mim ele era"[6]). Esta insistência em João não reflete apenas a importância dos laços que, de fato, uniram Jesus ao Batista; significa, em sentido mais amplo, a ancoragem da novidade evangélica na história de Israel que precedeu a vinda de Cristo.

Mas é preciso, sobretudo, retornar à afirmação que figura no âmago da segunda unidade (e portanto, por isso mesmo, ao âmago do Prólogo): "Aos que o receberam, aos que creem em seu nome, ele deu o poder de se tornarem filhos de Deus"[7]. O Prólogo é, sem dúvida, um hino sobre o Verbo, mas está orientado de fato para aqueles que, graças ao Verbo, podem tornar-se filhos de Deus. O texto deixa assim aparecer a finalidade da criação do mundo e da vinda do Verbo: tudo isto é em vista da salvação, caracterizada aqui como filiação divina. Melhor ainda: mencionando "os que receberam o Verbo", antes de evocar "os que creem em seu nome", o texto dá a entender que seres humanos que não puderam conhecer Cristo podem ser, eles próprios, beneficiários do dom de Deus (pelo menos se acolheram a luz do Verbo). No entanto, embora o Verbo já iluminasse o mundo nos séculos anteriores, ele se tornou presente nele de maneira mais íntima assumindo a condição humana: "O Verbo se fez carne e habitou entre nós e nós vimos a sua glória"[8]. Esta glória que ele "tem da parte do Pai" é aquela que se manifestou ultimamente na Páscoa; nesse momento, Jesus foi plenamente reconhecido em sua divindade, como mostra a palavra dirigida por Tomé* ao Ressuscitado: "Meu Senhor e meu Deus"[9].

Mais tarde, os Pais da Igreja dirão que existe distinção entre a pessoa do Filho e a pessoa do Pai, ao mesmo tempo que existe unidade de sua natureza divina; falarão também da "preexistência" do Verbo e de sua "encarnação". Com isso, eles não farão mais do que traduzir em linguagem conceitual as grandes afirmações do Prólogo joânico. É afirmar o alcance fundamental deste texto para a confissão de fé trinitária e cristológica♦ da comunidade cristã.

* Cf. *Em João: Maria Madalena, Tomé e os outros*, p. 707.

1. Jo 1,1-18. **2**. Jo 1,1. **3**. Jo 1,14. **4**. Gn 1,1. **5**. Pr 8,22; cf. também Eclo 24,1ss. **6**. Jo 1,15. **7**. Jo 1,12. O texto prossegue: "Estes não nasceram do sangue, nem de um querer de carne, nem de um querer de homem, mas de Deus" (Jo 1,13); algumas versões latinas e siríacas transmitem a frase no singular ("este não nasceu nem do sangue..."), o que levou a ver aqui a concepção virginal de Jesus; mas todos os manuscritos gregos trazem o texto no plural. **8**. Jo 1,14. **9**. Jo 20,28. Acrescentemos que, embora o Espírito Santo não seja nomeado no Prólogo, a palavra "glória" prepara discretamente seu anúncio: Jesus dirá, com efeito, a propósito do Espírito: "Ele me glorificará" (Jo 16,14).

* * *

Um novo mandamento: "Amai-vos uns aos outros"

Michel Fédou
Centro Sèvres – Faculdades Jesuítas de Paris

"Amai-vos uns aos outros": é este o mandamento que Jesus dá no evangelho de João. Sem dúvida, os discípulos são convidados primeiramente a "crer". Mas precisamente a fé deve ela própria estar acompanhada do amor (*agapê*♦, que é traduzido também por "caridade") e é, aliás, este último tema que predomina na primeira carta de João. Os evangelhos sinóticos, por sua vez, lembram o mandamento: "amarás o teu próximo como a ti mesmo" e Jesus até coloca este "segundo" mandamento em pé de igualdade com o "primeiro", que pede para "amar a Deus de todo o seu coração"[1]. Este amor ao próximo deve estender-se a todos, inclusive aos inimigos[2]. Deve exprimir-se da maneira mais concreta, em particular em presença dos que são os mais desfavorecidos (como realça a parábola do Juízo final em Mateus

25: "Todas as vezes que o fizestes a um destes mais pequenos, que são meus irmãos, foi a mim que o fizestes!"[3]). O amor ao próximo tem como modelo o amor que Deus manifestou para com os humanos; ele é até, diz Paulo, a presença de Deus em nós: "o amor de Deus foi derramado em nossos corações pelo Espírito Santo que nos foi dado"[4]; e Paulo, num hino famoso, vê na caridade o maior de todos os dons[5].

Mas é, sobretudo, nos escritos joânicos que o acento é posto expressamente no amor mútuo entre os discípulos. Por ocasião da Ceia, após ter lavado os pés de seus discípulos, Jesus lhes declara: "Um novo mandamento eu vos dou: amai-vos uns aos outros. Como eu vos amei, vós também amai-vos uns aos outros"[6]. Existe aqui uma alusão aos "mandamentos" transmitidos outrora por Moisés no Decálogo: assim como estes haviam sido dados no quadro da Aliança com Israel, assim o amor está também ligado à Aliança. Mas desta vez trata-se de uma Aliança realizada em Jesus: afinal, o mandamento é qualificado como "novo". Sua novidade está ligada à natureza do amor que os discípulos devem mostrar uns aos outros: este amor não é senão o próprio amor de Jesus neles; através dos discípulos, é o amor manifestado por Jesus que, doravante, está atuando no mundo – este amor que consiste em dar sua vida até o fim.

Jesus o repete no discurso após a Ceia: "Eis o meu mandamento: amai-vos uns aos outros como eu vos amei. [...] O que eu vos ordeno é que vos ameis uns aos outros"[7]. Na fórmula "amai-vos *como* eu vos amei", a palavra "como" não introduz uma simples comparação: o texto não diz apenas que os discípulos devem imitar o comportamento de seu mestre, mas significa de preferência que seu amor mútuo tem sua origem no próprio amor de Jesus para com eles; e, portanto, poderíamos (na esteira de Xavier Léon-Dufour) traduzir a expressão da maneira seguinte: "Com o amor com que eu vos amei, amai-vos uns aos outros". Trata-se de uma geração: é o amor de Jesus pelos seus que impregna doravante seus discípulos, permitindo assim que se amem uns aos outros.

Mas existe algo mais: amando-se mutuamente, os discípulos participam do próprio amor que, no Espírito, une Jesus a seu Pai. Isto resulta particularmente da oração formulada por Jesus no capítulo 17 de João: "Que todos sejam um, como tu, ó Pai, estás em mim e eu em ti; que também eles estejam em nós [...]. Eu lhes dei a conhecer o teu nome e darei a conhecer ainda mais, a fim de que o amor com que me amaste esteja neles, e eu neles"[8]. O amor mútuo dos discípulos como tal reflete o amor que é o próprio ser de Deus[9]; ou, melhor ainda, ele é a inabitação deste amor no coração dos crentes.

Aqui se trata, sem dúvida, unicamente da comunidade dos discípulos. Mas nem por isso se deve opor a perspectiva joânica aos textos do Novo Testamento, de acordo com os quais o amor deve se estender a todos os humanos, e até mesmo aos inimigos. Com efeito, se Jesus realça aqui a exigência do amor mútuo, este amor deve ter valor de sinal para o mundo: "Nisto todos reconhecerão que sois meus discípulos: no amor que tiverdes uns para com os outros"[10]. É também este horizonte universal que a oração de Jesus reflete: "Que também eles estejam em nós, a fim de que o mundo creia que tu me enviaste"[11]. Portanto, o amor mútuo tem exatamente um alcance para todos e, também por isso, reflete o próprio desígnio de Deus, que deu seu Filho único para a vida do mundo[12].

1. Mt 22,39. **2**. Lc 6,27. **3**. Mt 25,40. **4**. Rm 5,5. **5**. 1Cor 12,21–13,13. **6**. Jo 13,34; cf. também Jo 3,11 e 23; 2Jo 5. **7**. Jo 15,12 e 17. **8**. Jo 17,21 e 26. **9**. Cf. Jo 4,8: "Deus é amor". **10**. Jo 13,35. **11**. Jo 17,21. **12**. Cf. Jo 3,16. Sobre o amor fraterno, cf. ainda Rm 12,10; 1Ts 4,9; Hb 13,1; 1Pd 1,22 e 3,8.

* * *

Jesus fundou a Igreja?

Roselyne Dupont-Roc
Instituto Católico de Paris

Jesus não fundou a Igreja como se funda uma empresa ou uma associação. Se é preciso falar de "fundação", o apóstolo Paulo lhe dá uma imagem tão impressionante quanto decisiva: Jesus é o fundamento, o único fundamento da Igreja sobre o qual seus discípulos podem construir[1].

Os três evangelhos sinóticos, Mateus, Marcos e Lucas, atestam o fato de que no momento em que morre na cruz, Jesus estava sozinho, abandonado por seus discípulos que haviam fugido e se escondiam. De outra maneira, o evangelho de João, numa cena densa e sóbria em que Jesus moribundo confia sua mãe ao discípulo bem-amado, mostra que Jesus não deixou herança senão num gesto de renúncia. Ele entrega o futuro a seus amigos sem deixar outra senha senão a força de seu Espírito que um dia os reerguerá. Poder do Espírito do Ressuscitado que os impelirá a partir e dar testemunho "em toda a Judeia, a Samaria e até as extremidades da terra"[2]: em toda parte reunirão pequenos grupos de crentes que procurarão viver da fé em Jesus Filho de Deus, recebendo dele uma fraternidade inaudita. Jesus havia reunido multidões, chamando, às margens do judaísmo oficial e longe de uma prática rigorosa da Lei, impuros, pecadores, excluídos, mulheres, crianças... De acordo com a lógica de sua vida e de seu espírito, congregando pessoas sempre mais longe, seus discípulos, e principalmente Paulo de Tarso, dirigir-se-ão a terras pagãs, para ali anunciar seu Evangelho e fundar novas comunidades. Muito rapidamente, essas comunidades serão chamadas "igrejas", da palavra grega *ekklêsia.*

Transcrita em latim, *ecclesia* resultou em nossa "igreja"; o termo aparece desde a saudação da primeira carta de Paulo aos Tessalonicenses[3], o primeiro escrito cristão que a maioria dos especialistas data de 49 d.C. Este nome, formado da raiz do verbo *kaleô*, "chamar", significa "a convocação, a reunião". No mundo das cidades gregas, o termo designa desde a época clássica a assembleia do povo, ou seja, a assembleia dos homens livres (com exclusão das mulheres, dos escravos e dos não-cidadãos) convocada diversas vezes por ano para votar as leis, eleger os magistrados, decidir sobre a guerra ou a paz. No judaísmo de língua grega, o termo havia sido escolhido pelos tradutores do Deuteronômio♦ como equivalente do hebraico *Qahal* (com o qual tem assonância), para designar a assembleia do povo de Deus em marcha no deserto.

Dando o nome *ekklêsia* à pequena assembleia dos cristãos de Tessalônica, Paulo lhes oferecia a dupla dignidade de homens livres (embora houvesse entre eles mulheres, escravos e estrangeiros) e de beneficiários das promessas de Deus a seu povo (embora viessem, na maior parte, do paganismo). É possível que Paulo tenha sido o primeiro a introduzir o termo, *ekklêsia* designando de início a igreja local "convocada por Deus Pai e por nosso senhor Jesus Cristo"[4]. Porque, para Paulo, uma comunidade de cristãos não pode ser edificada sobre outro fundamento que não seja o Cristo crucificado e ressuscitado. É ele que doravante convoca os que, caminhando em seu seguimento, se reúnem para a refeição "senhorial", a refeição que, de semana em semana, faz memória de sua vida entregue aos seus e "anuncia sua morte até que ele retorne". Chegando para celebrar a refeição do Senhor, os cristãos constituem e são convidados a reconhecer o corpo eclesial de Cristo[5].

É preciso esperar os sucessores de Paulo, os autores das cartas aos Colossenses e aos Efésios, para que apareça a figura ideal de uma Igreja corpo de Cristo-cabeça, que reúne a humanidade reconciliada que ele atrai a si. A meta é então a de uma entrada definitiva da humanidade em Deus no fim da história. Mas este emprego singular da expressão "Igreja de Cristo" aparece também numa das raras ocorrências dessa palavra que encontramos no evangelho de Mateus. Após a confissão de fé de Simão Pedro*, Jesus afirma: "Eu te digo: Tu és Pedro, e sobre esta pedra edificarei a minha Igreja"[6]. O jogo de palavras (Pedro/pedra) funciona tanto em grego como em aramaico. Mas, evidentemente, a palavra isolada de Mateus oferece, numa época já mais tardia, uma visão englobante da Igreja apoiada não diretamente sobre Pedro, mas sobre a fé de Pedro: é sobre esta fé confessada e confessante que será edificada a Igreja.

A missão de Pedro como "pastor" se expressa, enfim, no capítulo 21 acrescentado ao evangelho de João. Esse capítulo não hesita em justapor duas figuras de apóstolos que vivem de maneira diferente sua relação com Cristo ressuscitado, representando comunidades cristãs diversas até em sua organização. Ele supõe uma lenta evolução e debates internos ao longo do século I, provavelmente para reunir em torno de uma mesma confissão de fé grupos judeu-cristãos que se afastam cada vez mais de uma compreensão comum da proclamação "Jesus é o Cristo, o Filho do Deus vivo". No entanto, a presença dos quatro evangelhos e das diferentes cartas do Novo Testamento realça bastante a diversidade dos grupos cristãos disseminados ao longo do século I no Império romano. Como escreve Paulo aos Coríntios, o que os une é essencialmente o fato de estarem de pleno acordo "com os que invocam em todo lugar o nome de Jesus Cristo, Senhor deles e nosso"[7]. Na esteira de Paulo[8], Agostinho escreverá: "Quanto a Cristo, ele é a pedra" – *petra*, a pedra, e não *Petros*, Pedro.

A imagem da construção, aliás, muda e se apresenta ainda de maneira diferente: Cristo, que Paulo punha como fundamento, se torna, em Mateus 16, o construtor que funda sua Igreja sobre Pedro, e na carta aos Efésios se torna a pedra angular, ao passo que os fundamentos são os profetas e os apóstolos[9].

As imagens são movediças e tentam expressar o mistério da Igreja, ao mesmo tempo em sua realidade local e em sua vocação à reunião universal, mas sempre a Igreja de Jesus Cristo crucificado e ressuscitado, confiada por ele àqueles e àquelas que ele chama: Paulo, Pedro, apóstolos e profetas cristãos, homens e mulheres, encarregados da missão da sua Boa Notícia.

* Cf. *A figura de Pedro*, p. 240.

1. 1Cor 3,11. **2**. At 1,8. **3**. 1Ts 1,1. **4**. 1Ts 1,1. **5**. 1Cor 11,17-33. **6**. Mt 16,18. **7**. 1Cor 1,2. **8**. 1Cor 10,4. **9**. Ef 2,20.

CONTRAPONTO

Qual presença de Maria?

Anne Soupa
Escritora e ensaísta

À primeira vista, partir em busca de Maria no Novo Testamento se assemelha a uma colheita de cogumelos fora da temporada. O resultado é pouco: ela pronuncia cinco frases e um cântico... E, na verdade, as raras menções a Maria fazem dela um personagem secundário, quase ausente de toda a vida pública de Jesus, e mesmo – fato mais estranho ainda – de sua Paixão, salvo em João. A coisa foi tão mal-aceita pela piedade ocidental que, após mais de um milênio, ela inventou do nada uma cena, a da Pietà, que mostra a mãe recebendo em seus braços o filho morto.

A citação mais antiga vem de Paulo, que a chama de "mulher": "Deus enviou o seu Filho, nascido de mulher"[1]. Sob seu nome de Maria – Myriam, muito comum no mundo judaico, transformado em Mariam ou Maria em grego –, ela figura primeiramente no final da genealogia[2] e nos relatos da infância devidos a Mateus[3]. Ali ela é "Maria" até o nascimento do filho e depois, uma vez nascido o filho, ela se torna a "mãe" e, desde então, sua menção estará sempre associada ao filho, salvo numa citação de ligação[4] que certifica que a jovem Maria desposada com José é realmente a mesma que deu à luz o menino. Prova, se precisasse, de que Maria é um personagem escolhido em vista deste menino estabelecido salvador de seu povo. Em seguida, ela aparece com seu nome em Mateus que retoma Marcos[5], quando se trata de mostrar que este Jesus saiu realmente de uma família conhecida na aldeia de Nazaré: "Não é ele o filho do carpinteiro? Não se chama a sua mãe Maria, e seus irmãos, Tiago, José, Simão e Judas?"[6]

Sob a designação "a mãe de Jesus", o evangelista João a menciona no início e no fim de seu relato, como que para enquadrá-lo. Em Caná[7], é ela que desencadeia a ação ao constatar: "Eles não têm vinho". Jesus responde: "Que queres de mim, mulher? A minha hora ainda não chegou". Comentou-se muito este breve diálogo. Jesus trataria mal sua mãe... ou seria ela que o leva a sair do ninho, em direção à sua "hora", que, para João, é a hora da glorificação pela cruz. Sem precisar dar um valor pejorativo ao título "mulher", é incontestável que existe aqui a marca de um distanciamento em relação ao mundo anterior, o da família: Jesus, mesmo que recusando-se *a priori*, balança em direção à sua hora. Este aspecto é reforçado pelo fato de que o relato de Caná está incluído na "semana inaugural" do ministério de Jesus construída por João, repetição fundadora dos sete dias da criação do mundo. Caná é, portanto, um tempo de criação. Seu lugar – correspondente ao terceiro dia do Gênesis, em que a terra surge das águas e começa a produzir frutos abundantes – convida a inserir Caná neste clima de fecundidade, materializado aqui pelo vinho das bodas. A mãe de Jesus desempenha aqui um papel desencadeador e anunciador, porque é ela quem convida os servos a obedecer a

Jesus: "Fazei tudo o que ele vos disser". A lição deste paralelismo seria a seguinte: se quiserdes saborear o vinho (aproveitar os frutos), ouvi Jesus, confiai nele, como eu confio. A mãe de Jesus é aqui aquela que ouve e convida à confiança.

A outra menção joânica recolhe a penúltima palavra de Jesus moribundo na cruz[8]. Jesus confia sua mãe ao discípulo bem-amado e o discípulo bem-amado à sua mãe: "Mulher, eis aí o teu filho" e: "Eis a tua mãe". Existe aqui uma ampliação do campo da maternidade de Maria, até fazer dela a mãe adotiva do "discípulo bem-amado" e, portanto, de todo discípulo. De maneira clara, Jesus convida seus discípulos à fraternidade, sob a figura de Maria. Esquecendo a referência natural que une Maria a Israel, os Pais viram nela a justificação da Igreja, mãe generosa. Seria necessário ainda que a masculinidade da Igreja não desminta o poder desta proposição. No entanto, ela continua sendo um modelo disponível para uma renovação cristã da ideia de fraternidade.

Se olharmos pelo lado dos sinóticos[9], a menção de sua mãe no decurso do ministério de Jesus se resume no relato de um pequeno incidente ocorrido quando os irmãos de Jesus se apresentam com ela e pedem para vê-lo. A resposta de Jesus subverte os laços de sangue: "Jesus respondeu: 'Quem é minha mãe e quem são os meus irmãos?' Mostrando com a mão seus discípulos, disse: 'Eis minha mãe e meus irmãos. Pois todo aquele que faz a vontade do meu Pai, que está nos céus, este é meu irmão, minha irmã e minha mãe'"[10]. Em Mateus, o lugar ocupado por este pequeno relato o dramatiza ainda mais: ele conclui um conjunto[11] dedicado ao Reino dos céus que insiste, em cada um dos episódios narrados, no desapego, ou melhor, no deslocamento que Jesus considera indispensável para entrar no Reino. O último, decisivo, diz respeito, portanto, ao laço parental.

Uma última menção a evocar. Esta alude à família de Jesus que se inquieta: "Ele perdeu o juízo"[12]. Esta menção vem pouco antes da passagem paralela à de Mateus citada acima (e talvez se confunda com ela). Ela apenas realça a ruptura operada por Jesus no tocante às normas habituais de comportamento. Para Mateus e Marcos, Maria continua sendo uma figura do mundo anterior, aquele que é preciso superar.

Tudo isto pertence à ordem da representação e pouco retrata os traços da Maria da história... É Lucas – que lhe dedica um papel importante durante a infância de Jesus – quem nos fala mais sobre ela. A jovem estava prometida em casamento a José; era de Nazaré, um povoado não mencionado no Antigo Testamento e desconhecido no século I. Tinha uma parenta chamada Isabel, mulher do sacerdote Zacarias. O essencial a respeito de Maria é que ela se encontra grávida antes do casamento, "por obra do Espírito Santo" (Mateus) ou porque "o Espírito Santo virá sobre ela" (Lucas).

Esta última informação questiona não só o como e o porquê, mas a própria natureza da fonte dos dois evangelistas. Ninguém estava no quarto de Maria... Teria Lucas recebido confidências? Talvez, mas de uma Maria quase centenária no momento da redação deste relato, nos anos 80... A resposta é de uma envergadura mais ampla e se esboça nos traços dados a Maria na Anunciação: Maria está em busca do Senhor (ela "se perguntava o que podia significar esta saudação"; ela questiona, porque "não conhece homem"); ela se sabe eleita por ele ("estás cumulada de graça"); conhece o temor de Deus (é preciso que o anjo lhe diga: "Não temas") que é uma reverência à grandeza de Deus; confia nele ("eu sou a serva do Senhor") e faz aliança com ele ("aconteça-me segundo a tua palavra"). Maria é... tudo aquilo que Israel deve tornar-se, de acordo com o modelo esboçado na Torá, em particular no livro do Deuteronômio. Maria é aquela que aplica plenamente um *Shema' Israel* que convida à escuta e à interiorização da palavra[13]. O *Magnificat*[14] reforça esta hipótese. Este cântico pronunciado por Maria é composto inteiramente de reminiscências das Escrituras judaicas. Maria só fala sob o manto de palavra de Deus. De próprio, ela não tem nada a dizer!

A riqueza inesperada e inesgotável da figura se revela então: Maria não é apenas a jovem do século I que esteve no centro de uma incrível aventura humana, mas é a modelização de um Israel que, tornado inteiramente dócil à palavra de Deus, seria enfim capaz de dar à luz a Salvação. A última menção de Lucas, no início do livro dos Atos[15], de uma Maria assídua à oração junto com os discípulos na "sala superior" em Jerusalém, à espera de Pentecostes, acentua ainda mais esta perspectiva. Ela confirma que Lucas não tem necessidade de uma história factual: ele olha para a frente e não para trás. Maria é um futuro. O seu... e o do leitor...

1. Gl 4,4. **2**. Mt 1,16. **3**. Mt 1,18-25; 2,1-23. **4**. Mt 2,11. **5**. Mc 6,3. **6**. Mt 13,55. **7**. Jo 2,1-12. **8**. Jo 19,25-27. **9**. Mt 12,46-50; Mc 3,31-35; Lc 8,19-21. **10**. Mt 12,48-50. **11**. Mt 11–12. **12**. Mc 3,21. **13**. Dt 6,4-9. **14**. Lc 1,46-55. **15**. At 1,14.

Joseph Moingt
Teólogo

O Deus que vem

O Novo Testamento começa como termina, reescrevendo nas pegadas do Antigo Testamento o anúncio d'Aquele que vem: "Ninguém jamais viu a Deus", lemos no início do evangelho de João; e Jesus o confirma pouco depois ao dizer aos Judeus que o contestam: "Vós nunca escutastes a sua voz, nem vistes o que o manifestava". A revelação de Deus na verdade da história começa, portanto, com a vinda de Jesus, rompendo com um passado no qual Deus nunca se havia mostrado, nem mesmo a Moisés. Ela termina igualmente com Jesus, mas desaparece imediatamente com ele, como ele o dá a compreender, no momento de sua partida, aos discípulos que lhe pedem que lhes *mostre* o Pai: "Quem me viu, viu o Pai... [pois] eu estou no Pai e o Pai está em mim". Deus se mantinha, invisível, sob a visibilidade de Jesus, que desaparece para deixá-lo advir no invisível da história.

Com efeito, Jesus não vinha se revelar, mas anunciar o Reino de Deus. Quem não veio? Exatamente como os Judeus esperavam o retorno da realeza de Davi, não. Ele dizia, aliás, que o Reino já estava presente, designando as multidões que o Espirito de Deus reunia em torno dele, curava de seus males e purificava de suas faltas. Sua pregação tinha a finalidade de fazer saber quem entraria no Reino: os afáveis e os humildes de coração, os que têm sede de justiça mas perdoam sem se vingar, os que amam e socorrem quem passa necessidade, e isto apesar de jamais o terem conhecido, pois ele os reconheceria.

Através desta pregação já era dado um ensinamento novo e profundo, que será desenvolvido pelos apóstolos, especialmente João e Paulo: Deus é Espírito e ele é Amor. Sendo o próprio Amor, Deus não enviou Jesus para julgar a humanidade, mas para salvá-la, inspirando-lhe a força de amar como ele nos amou; pois o amor tem sua fonte na vida de Deus que ele derrama nos corações, enquanto o pecado é fonte de morte porque é recusa de amar e compartilhar a vida dos outros. Puro Espírito, Deus é sopro de liberdade que "vai para onde quer" e não se deixa encerrar num templo nem capturar por oferendas; libertou-nos também de sua Lei e de suas observâncias e deixou o único preceito de amar-nos uns aos outros, a fim de que, livres de todo medo, possamos amá-lo como um filho ama seu pai.

Jesus vê então levantar-se contra si os ministros do Templo, que não é mais o único lugar da salvação, e os doutores da Lei, que não é mais o caminho obrigatório; daí resultará sua morte para "a salvação do mundo", porque ela abrirá um caminho de salvação, o do amor, transitável para todos, como proclama sua última parábola do Juízo final. Paulo diz também que a "criação" do homem à imagem de Deus "se cumpre" na morte e na ressurreição de Jesus, "Homem novo" com o qual todos podem se identificar por uma vida conforme à sua; o caminho da salvação se tornou o caminho da humanização e da unificação da humanidade.

O humanismo estava na moda na época, a sabedoria judaica se abrira ao pensamento grego difundido em todo o mundo latino, onde acabava de desabrochar a ideia de *humanitas*, fundamento do futuro *direito das gentes*. A pregação de Jesus, que preconizava o amor aos inimigos, estava imersa nesse ambiente: o ensinamento do filósofo Sêneca, após o dos sábios gregos, denunciava a cólera como fonte de violência. A pregação de Paulo, que apela para a reconciliação entre Judeus e pagãos, servir-se-á de uma fórmula do pensamento helenístico para anunciar que Deus, no fim da história, "será tudo em todos"; e João evangelista, por sua vez, se inspirará no estoicismo para dar a Jesus o nome de *Logos*, a Razão e Palavra de Deus que ilumina todo homem. O cristianismo nascente beneficiava-se do sopro de humanismo trazido pela moda da época e contribuía poderosamente para difundi-lo ao seu redor.

É por isso que os primeiros cristãos preferiam apresentar-se como "a escola do Logos", e não sob a aparência de uma nova religião, que Jesus, expulso da sua, não lhes havia ensinado. Diziam que Deus se deixa encontrar em todo lugar e não precisa de oferendas. Paulo não via atuar no batismo, do qual não queria ser ministro, senão a fé na morte de Cristo e considerava a Eucaristia uma refeição fraternal na qual Jesus reunia os seus para fazer deles seu corpo. Vivendo na expectativa de seu retorno, os primeiros cristãos haviam rompido os laços com o passado e não tinham mais lugar permanente onde morar.

Até o dia em que o passado de Jesus veio requisitá-los...

Na primeira metade do século II, um vento novo, vindo do Oriente, soprou sobre os grupos religiosos ou filosóficos do circuito mediterrâneo, um sopro de *gnose*, de conhecimento esotérico dos mistérios divinos, que se sobrepôs à corrente de humanismo e difundiu nas comunidades cristãs uma torrente de "revelações" ou de "tradições" secretas atribuídas a profetas ou apóstolos. Todas questionavam a identidade do Deus que Jesus chamava de seu Pai: quem era ele? Nem o Deus da Lei judaica em nome da qual Jesus foi entregue ao ocupante romano, nem o Criador do mundo que não o teria deixado subir na cruz, mas um *outro Deus, desconhecido e novo*, que havia enviado seu Verbo, saído das emanações da divindade, para assumir uma aparência humana penetrando no seio da Virgem Maria, a fim de infundir uma semente de Espírito nos eleitos predestinados à salvação. Era preciso, portanto, repudiar as Escrituras judaicas e o que delas provinha nos escritos cristãos e abraçar a verdadeira revelação secreta, único caminho seguro de salvação, reservado aos privilegiados do Espírito.

Foi esta a invasão gnóstica. Mas concentremo-nos na reação cristã, em vias de conclusão na virada do século II para o século III, que determinou o novo curso da doutrina e da vida da Igreja até nós. Consistiu em reunir os escritos e pregações dos apóstolos conservados nas comunidades por eles fundadas, em formular a regra da unidade dos dois Testamentos, em fixar os pontos principais do Símbolo dos Apóstolos e em confiá-lo à autoridade episcopal, instituída no início do século III.

Esta reação fundamentava de maneira correta a revelação de Deus e da salvação no acontecimento de morte e de ressurreição de Jesus, como haviam feito os apóstolos, e mantinha a meta universalista e humanista da missão que Jesus lhes havia confiado. Mas, por um lado, esta reação ampliava ambas as metas para o passado, até o começo dos tempos através das antigas Escrituras; e, por outro lado, as prolongava para o futuro da Igreja por meio de seus dogmas e de suas instituições sacramentais. É sob estes dois aspectos que as evoluções da Igreja nos provocam a reagir, por nossa vez, a fim de restituir-lhe o caráter original de sua missão.

Com efeito, nenhuma leitura histórica e crítica das Escrituras, necessária para acessar seu verdadeiro sentido segundo a fé, pode garantir o que a Igreja então formulou: a saber, não pode garantir nem que Deus gerou um Filho em sua eternidade, nem que ele o enviou para salvar a humanidade de uma maldição incorrida através do pecado do primeiro homem, nem que Jesus teve consciência de que precisava morrer para "expiá-la", nem que ele dotou a Igreja de instituições sacramentais para que a humanidade tirasse proveito de sua morte. Aqui deve intervir necessariamente a reflexão teológica. Ora, hoje, esta não pode ser confessante sem ser crítica. Com efeito, é preciso que ela possa entrar em diálogo com a razão dos tempos modernos, a qual, mesmo entre os crentes, não compreende que o Filho de Deus se tenha tornado verdadeiro homem pelo simples fato de assumir em sua pessoa divina uma natureza humana gerada de uma virgem por intervenção divina, nem que ele seja nosso salvador sem participar de nossa história, nem que ele se encarregue dos nossos destinos eternos por meio da Igreja sem se preocupar com nosso destino temporal.

As dificuldades de anunciar o Evangelho hoje levam os cristãos a se inquietarem com a fratura que se produziu na tradição apostólica quando ela assumiu a forma de uma religião instituída, que Jesus não lhe havia dado.

Para experimentar e poder reconhecer a presença viva de Deus é preciso sem dúvida abrir os evangelhos, para discernir onde Jesus via seu Reino em ação. O Deus de Jesus quer se revelar, porque sua felicidade consiste em comunicar-se conosco, em todo tempo e em todo lugar, pois ele é espírito e amor, palavra e relação. Sua eternidade é ato de existir em si, mas sendo também a graça do Começo de um mundo. Um mundo que recebe de Deus espírito e amor através de seu Primogênito, Jesus, que é igualmente promessa de eternidade enquanto é o Fim deste mundo.

Eis por que e como, desde toda a eternidade e de todo tempo, Deus vive entre os humanos e a eles se revela no espaço espiritual que ele os chama a construir, transmitindo um ao outro a Palavra que os convida a se amar, a se entreajudar, a se perdoar uns aos outros. Era esta Palavra que criava os primeiros laços sociais pelos quais eles se sentiam cercados de proteção divina e que lhes inspirava honrar seus pais e seus mortos, que Deus não abandona nas trevas da morte, mas chama à imortalidade. Em continuidade de espírito com os profetas judeus e os sábios gregos, Jesus dizia que seu Pai não é o Deus dos mortos, mas dos vivos, e dirá a seus discípulos que o Pai está sempre com ele e que eles o veem nele, de modo que, após retornar para junto do Pai, ele estará ainda com eles no Pai e o Pai neles.

Deus é o Além desta transcendência que, a partir de dentro, chama sempre os humanos a elevar-se até ele abaixando-se em direção aos mais pequenos dentre eles. Esta é a mensagem lançada ao mundo por Jesus, mensagem que ele transformou em seu testamento nos seguintes termos antes de se entregar a seu destino: "Se o grão que cai em terra não morre, ele fica só; se ele morrer, produzirá fruto em abundância". E é este elo que faz de sua morte e de sua ressurreição um único acontecimento, histórico porque indivisível e de alcance universal de ambos os lados. Com efeito, Jesus retoma a vida a partir do Sopro de vida eterna de Deus pelo próprio ato de entregar seu sopro de vida terrestre, atestando assim que abria o Reino de Deus, como uma nova criação, a todos os seres humanos, como dirá Paulo, unidos a ele por uma vida semelhante à sua.

Com efeito, este acontecimento de salvação se reproduz inesgotavelmente, em todo homem que dá sua vida aos outros, sob qualquer forma que seja. E que a dá prioritariamente aos que dela mais têm necessidade, a fim de ajudá-los a crescer em humanidade, e principalmente a salvar sua vida, a sentir-se amados, a tornar-se livres, a entrar nos intercâmbios de atos e de palavras constitutivos da alegria de viver e da socialidade humana, independentemente de sua fé em Deus, que é suprida pela fé no homem que ele ama. Porque cada ato de dar-se aos outros insere quem o faz na construção do espaço espiritual onde Deus vive conosco e é integrado à ressurreição de Jesus. De modo que, morrendo, cada um encontra na ressurreição sua própria história integrada à história do mundo, porque Deus "ama o mundo", como disse Jesus: Deus o enviou para "salvar o mundo" em sua totalidade, para ser, no fim do mundo, "tudo em todos", como dirá Paulo.

Por isso Paulo ensinava aos fiéis que eles são a família de Deus e têm a vocação de construí-la no mundo e para a eternidade. Ele lhes dá esta senha: que não haja entre vós nenhum sinal de exclusão para com os de fora, como entre Judeus eleitos e gregos excluídos da Aliança com Deus; nem de ostracismo que concede ou recusa o direito à palavra e ao voto, como entre cidadãos livres e metecos ou escravos; nem de dominação de um sobre o outro, mesmo unidos estreitamente, como entre marido e esposa. Pois "em Cristo não há mais nem homem nem mulher, nem Judeu nem grego, nem senhor nem escravo". Esta lei era e deveria ser a carta constitucional interna da Igreja e do anúncio do Evangelho ao mundo.

ABERTURA

Ao término desta obra, será esclarecedor retornar a uma evidência da qual é preciso tirar todas as consequências: *Jesus não deixou nenhum escrito*. Ora, nada se opunha a isso. Na verdade, embora saibamos que ele lia o hebraico da Torá, não podemos afirmar que ele sabia escrevê-lo, visto que as duas competências não estavam necessariamente ligadas na época. Só uma vez – por ocasião do episódio da "mulher adúltera" – João nos diz que Jesus escreveu; mas, enigmática, a fórmula indica que foi com o dedo, e no chão; de qualquer maneira, portanto, ninguém guardou vestígios. No entanto, temos certeza de que ao homem de Nazaré não faltariam escribas se tivesse desejado deixar um *corpus* escrito: leis, mandamentos, normas de organização etc.

Este dado característico nos obriga a pensar que o próprio Jesus desejou que a marca que ele deixaria fosse confiada não a escritos, mas ao testemunho daqueles e daquelas que o haviam acompanhado e seguido. Encontramos, de certa forma, o atestado disto na opção feita por seus discípulos de reconstituir o grupo dos Doze após a traição de Judas e sua morte. Com efeito, o critério enunciado por Pedro foi o seguinte: "É preciso, portanto, que, destes homens que nos acompanharam durante todo o tempo em que o Senhor Jesus viveu no meio de nós, a começar pelo batismo de João até o dia em que ele nos foi arrebatado, haja um que se torne conosco testemunha de sua ressurreição"[1].

É para honrar esta dimensão, que encontrou historicamente sua expressão completa nos relatos evangélicos, que optamos por seguir globalmente o plano narrativo dos evangelhos, privilegiando o de Lucas, mais completo. O mesmo motivo nos levou a dar a cada um dos vinte e sete capítulos uma introdução de duas páginas, que evocam de maneira literária a passagem e o contexto evangélicos aos quais se referem os estudos que se seguem. Pareceu-nos que era uma maneira ao mesmo tempo agradável e sugestiva de mostrar que o evangelho é, antes de tudo, uma "notícia", uma história que é contada.

Quisemos, para além dos círculos cristãos, dirigir-nos a todos os que se interessam pelo religioso e pelo espiritual na cultura e na sociedade de hoje. Foi evidentemente excluído, por desejarmos permanecer no quadro de uma única obra, mesmo que enciclopédica, examinar a infinita variedade das posições – crentes e não crentes – enunciadas desde vinte séculos aproximadamente a respeito do homem de Nazaré. Limitamo-nos, portanto, a apresentar o conjunto de seus fatos e gestos, de suas palavras e atos segundo a ordem da própria narração evangélica, em suas três grandes etapas às quais correspondem nossos três "livros": os inícios, a vida pública e o ciclo final da Paixão e da Ressurreição.

Para o leitor ou a leitora que nos acompanharam até estas últimas páginas, o relato está doravante encerrado, a "história" está agora contada. Os cerca de setenta historiadores, exegetas e outros especialistas que contribuíram não foram solicitados em razão de sua posição religiosa. Não estava em nossas intenções "fazer propaganda" aos nossos leitores e leitoras, de acordo com a expressão de Péguy. Portanto, ninguém terá encontrado aqui nem proselitismo nem piedade exibida. Aqueles e aquelas que participaram da obra comum o fizeram unicamente em nome de sua competência reconhecida na especialidade que lhes é própria. E, se vários deles pertencem a esta ou aquela instituição cristã e reconhecem ter com Jesus um laço da ordem da fé, seu discurso como tal fornece a prova de que é possível de fato ser ao mesmo tempo erudito, inteligente *e* crente.

Também não deixamos de avaliar que a questão de Jesus pertence *também* aos não especialistas e até mesmo aos não crentes. Foi o que realçamos dando a palavra, no final de cada capítulo, a uma personalidade não religiosa (com a notável exceção de Joseph Moingt para a última "carta branca"), eventualmente não cristã ou até mesmo ateia, mas conhecida por seu alto valor intelectual e seu brilho cultural.

Salvo em caso de desinteresse declarado, de desacordo mais ou menos definido, ou mesmo de recusa formal, o resultado deste percurso defronta cada um e cada uma por sua própria conta com o que nossa introdução chamava de o "problema-Jesus". Este problema está ligado a uma realidade incontornável: os fatos e ditos narrados a propósito "deste homem" convergem finalmente para uma interrogação concernente à natureza exata de sua relação com Aquele que chamamos "*Deus*" e ao qual ele próprio se dirige como a seu próprio "*Pai*".

Assim, se a questão primeira e principal que Jesus apresenta é a de *Deus*, é um fato que ele a apresenta através de sua própria relação com Ele. Mas como considerar que Jesus possa "revelar Deus", quando, entregue à morte por homens, ele parece finalmente abandonado por Ele? Jesus não havia cessado de invocá-lo, mas eis que não recebe nenhuma resposta e nenhum sinal quando recorre a Ele do fundo de sua angústia diante da morte que o vai engolir! Como não ver aqui a mais formal e explícita manifestação do fato de que não só "Deus estaria morto", mas de que ele nunca teria existido, contrariamente ao que tantas gerações não cessaram de pretender?

...A menos que se possa levantar outra hipótese: se Deus não se revelou *a* Jesus dispensando-o de morrer, é precisamente porque ele se teria revelado *em* Jesus moribundo na cruz! É este, em todo caso, o anúncio espantoso de Paulo: "Eu não quis conhecer senão Jesus crucificado". E é também, no final do evangelho de Marcos, a declaração do centurião testemunha do último suspiro do crucificado do Gólgota: "Verdadeiramente, este homem era Filho de Deus"[2].

Devemos, no entanto, admitir realmente que não é possível dissociar a ideia de "Deus" da ideia do "poder". Em particular, do poder capaz de comunicar a vida e de fazê-la triunfar. Impõe-se, portanto, a pergunta: que gênero de poder pode expressar-se nesta aventura de um "Filho de Deus" tão desamparado, que morre de maneira tão abandonada? A afirmação da ressurreição de Jesus é precisamente a confissão, evidentemente da ordem da fé, de que, se aqui se expressa um poder, este não é outro senão o poder de um amor capaz de superar *tudo* aquilo que pode opor-se a ele. De um amor que, mostrando-se como algo que nada pode limitar e nada pode aniquilar, se revelaria ao mesmo tempo *in-finito* e, portanto, *divino*.

Assim a ideia de Deus não poderia ser dissociada da ideia do amor; e vice-versa! Paul Valéry destaca que, no cerne do devir de todas as civilizações que nós aprendemos a "reconhecer mortais", é com Cristo que pela primeira vez a palavra "amor" se viu tão intimamente associada à palavra "Deus". Poderíamos chegar a considerar que a identificação entre um e o outro forneceria a chave deste "mistério" que a palavra "Deus" de nossas línguas humanas se esforça por designar?

O teólogo Karl Barth desenvolveu uma robusta reflexão sobre o que ele chama de "a humanidade [mortal evidentemente] de Deus". Podemos apoiar-nos em suas opiniões para realçar que só uma tal "humanidade" é na verdade capaz de O "salvar", a Ele e a Sua "causa". Com efeito, o Deus afirmado como supremamente divino, do qual não conservávamos senão o registro da dominação soberana acompanhada da função de juiz supremo e de justiceiro implacável, esse Deus não se tornou finalmente tão insuportável que muitos se afastaram dele? Ou, como atesta toda esta obra, é de fato uma imagem de Deus totalmente diferente que Jesus apresenta.

No entanto, a coisa não para por aqui. Não podemos deixar de perguntar-nos: o que dizer, correlativamente, da "causa" do *homem*? Não faltam contemporâneos que pensam que o interesse sempre atual de Jesus seria justamente o fato de ele nos instruir de uma maneira única sobre o que é *ser homem* (entendido como masculino e feminino, evidentemente, como especifica a Bíblia desde seu primeiro capítulo). Entre todos os seres que, ao longo da história, "nós conhecemos, veneramos e amamos", como dizia o pastor resistente Dietrich Bonhoeffer, Jesus seria aquele que nos revelou até que ponto não existe nada mais importante na existência do que pôr em primeiro lugar o amor, devendo este amor ser inscrito em todas as dimensões da existência humana – desde a atitude em relação a todo ser humano seja ele quem for, a começar pelo mais desfavorecido, até os engajamentos mais exigentes e mais realistas na ordem sociopolítica, incluída a dimensão planetária.

Mas, chegados a este ponto, como não colocar a questão de um eventual desaparecimento da fé em Jesus Cristo, questão da qual encontramos aliás um eco no próprio Jesus: "O Filho do homem, quando vier, será que achará fé sobre a terra?"[3] Numa publicação que teve certa repercussão, Rudolf Augstein, editorialista famoso do grande hebdomadário alemão *Der Spiegel*, se interrogara já há algumas décadas nos termos seguintes: "O que faremos sem ele?" – sendo "ele" precisamente Jesus. Resposta: na verdade, poderíamos sempre alegrar-nos por "tê-lo visto", se podemos falar assim... mas esta maneira minimal de "fazer memória dele" será suficiente para nos dispensar dos nossos deveres para com as gerações futuras?

Pois, enfim, considerando o mundo como ele vai e nossa própria vida como nós nos esforçamos por levá-la, será que podemos afirmar o primado do amor, do amor que pode ir até o fim e tudo salvar, sem ao mesmo tempo afirmar realmente que este amor precisa sempre ser ele próprio "salvo" de tudo aquilo que não cessa de ameaçá-lo em nós e ao nosso redor? Com efeito, quem ousaria declarar que doravante nós acolhemos a lição de Jesus em matéria de "humanidade" de tal maneira que estaríamos seguros de poder continuar a aplicá-la sem precisar mais nos referir a ele, ao seu exemplo e ao seu destino – ou seja, finalmente, ao testemunho que ele dá de um amor que vai realmente até o fim, até a morte, e que, no entanto, é salvo do aniquilamento?

Isto mostra qual é a responsabilidade dos cristãos e de suas Igrejas. Como poderiam eles fugir à pergunta que desde então lhes é feita: ao longo dos séculos e ainda hoje, por suas palavras e por seus atos, através de seus discursos em todos os níveis e de suas instituições de todos os "tipos", será que eles suficientemente *deram sua chance a Jesus*, a Jesus Cristo? Na situação evidentemente muito preocupante destas Igrejas, esta pergunta essencial e urgente pode também ser formulada assim: nós, que temos certamente boas razões para pretender conhecer e reconhecer Jesus, *o que fizemos dele*? Uma pergunta simétrica poderia de resto envolver outros leitores, os que se distanciaram dele, ou que sempre se sentiram afastados, por ignorância ou por escolha: o que eles estariam dispostos a ponderar para aceitar, pelo menos uma vez, perguntar-se o que ele poderia eventualmente iluminar em sua vida?

No fundo, é apenas para colocar esta dupla questão, documentando-a na medida do possível com os meios de hoje, que concebemos este livro, o levamos a cabo e nos alegramos por vê-lo hoje publicado.

Joseph Doré

1. At 1,21-22. **2**. Mc 15,39. **3**. Lc 18,8.

Cronologia

Deportação dos Judeus para a Babilônia	-587	Destruição do primeiro Templo de Jerusalém
Retorno do exílio	-538 / -515	
	-516	Inauguração do segundo Templo de Jerusalém
Conquistas de Alexandre Magno	-335 / 324	
Revolta dos Macabeus e início da dinastia dos Hasmoneus	-167 / -160	
	v. -150	Início da ocupação do sítio de Qumran
	v. -112 / -111	Destruição do templo dos samaritanos no monte Garizim
Dominação romana da Judeia	-63	
Início do reinado de Herodes o Grande	-37	
Proclamação do Império romano	-27	
	-19	Restauração e ampliação do Templo de Jerusalém
	-6 / -5	**Nascimento de Jesus**
Morte de Herodes o Grande; Herodes Antipas tetrarca da Galileia	-4	
A Judeia se torna província romana	6	
Tibério imperador	14	
Pôncio Pilatos se torna governador da Judeia	26	
	26 /27	**Início do ministério de Jesus / Batismo de Jesus**
	27 / 28	Execução de João Batista
	30	**Paixão e morte de Jesus**
	34 apr.	Conversão de Paulo
	37-52	Primeira e segunda missões de Paulo
Cláudio imperador	41	
	49	*Primeira carta de Paulo aos Tessalonicenses*
	52	Assembleia de Jerusalém
	52	Terceira missão de Paulo
	52-54	*Primeira carta de Paulo aos Coríntios*
Nero imperador	54	*Carta de Paulo aos Gálatas*
	54-57	*Segunda carta de Paulo aos Coríntios*
		Carta de Paulo aos Filipenses
	57-58	*Carta de Paulo aos Romanos, Carta de Paulo a Filêmon*
	59-60	Viagem de Paulo a Roma
	62	Morte de Tiago, irmão de Jesus
Grande incêndio de Roma	64	Início da perseguição aos cristãos
	64-68	Morte de Pedro e de Paulo
Início da revolta judaica contra os romanos	66	
Vespasiano imperador	69	
Destruição do Templo de Jerusalém pelas tropas de Tito	70	Reconstituição do judaísmo rabínico em Jâmnia/Yavneh
	70 apr.	*Evangelho de Marcos*
Queda de Massada	73	Fim da comunidade de Qumran
	70-80	*Carta aos Colossenses* (atribuída a um discípulo de Paulo)
Tito imperador	80 apr.	*Carta aos Hebreus* (autor anônimo)
	80 apr.	*Carta de Tiago* (atribuída a um cristão da segunda ou terceira geração)
	80-85	*Evangelho de Lucas*
	80-90	*Evangelho de Mateus*
Domiciano imperador	90	*Atos dos Apóstolos*
		Carta aos Efésios
	90-95	*Evangelho de João*
	90	Clemente I, bispo de Roma
	95-96	*Apocalipse de João*
Última revolta judaica contra os romanos	132-135	

Glossário

Ágape

Ao lado do amor carnal (*eros*), do amor de amizade (*philia*), o grego clássico conhece um verbo, *agapaô*, amar, no sentido de um amor de escolha e de predileção. O substantivo correspondente, *agapê*, só aparece tardiamente, pelo final do século I antes de nossa era, no livro judaico alexandrino da Sabedoria de Salomão (3,9). Mais tarde, o encontramos no apóstolo Paulo, que faz dele um termo importante do vocabulário cristão: designa então o amor de Cristo, que deu sua vida por todos os seres humanos, e que Deus, através do mesmo Cristo, confia aos crentes para que eles o compartilhem e difundam.

Agnoeta

Derivado do verbo grego *agnoneô* (*a-* privativo: sem + *gignôskô*: conhecer, saber), este nome é dado a diferentes correntes do cristianismo que recusam a onisciência de Jesus durante sua vida humana, apoiando-se, por exemplo, em Mateus 24,36 e Marcos 13,32. Estiveram presentes especialmente nas querelas cristológicas no século VI.

Agonística (agonia)

Do grego *agônia* (combate). Diz-se de uma situação ou de um contexto de provação que impõe a um indivíduo uma grande mobilização interior para enfrentar o que lhe acontece. Assim Jesus, no limiar de sua Paixão, atravessa um momento de *combate/agonia*, no Getsêmani.

Anawîm

Literalmente "os aflitos, os pequenos"; nome dado no judaísmo antigo a grupos do povo simples da Galileia ou de Judá, pouco instruídos, oprimidos pelos poderosos e desprezados pelas autoridades religiosas, que mantinham uma fidelidade e uma confiança inabaláveis no Deus de Israel,

Angelologia

Ciência dos mundos angélicos, de sua estrutura e de sua hierarquia, com um interesse particular pelo nome dos anjos e de suas diferentes "categorias".

Anicônico

Do grego *eikhôn* (imagem), precedido pelo privativo *an-*: diz-se daquilo que não pode ou não deve ser representado na forma de imagem.

Antropomorfo

Do grego *anthrôpos* (homem) e *morphê* (forma). Diz-se de uma figura que tem a forma de um homem ou que assume formas do humano.

Apocalipse

Do grego *apokalypsis* (ação de retirar aquilo que oculta e, por isso, de revelar). É um gênero literário que prolonga a Profecia e se interessa pelo fim dos tempos e pela conclusão da história. Encontramos elementos deste gênero em diversos livros bíblicos, especialmente em Isaías. Mas existem também diversos apocalipses judaicos. No entanto, o Apocalipse mais conhecido é a grande visão que encerra o Novo Testamento, muitas vezes atribuído ao evangelista João.

Apoftegma

Do grego *apophthegma*, que poderíamos traduzir por "sentença": remete a enunciados ao mesmo tempo curtos, claros e densos.

Apologética

Característica de um discurso cujo objetivo é duplo: defender a verdade de uma religião contra os ataques a ela dirigidos e argumentar para demonstrar a credibilidade daquilo que ela propõe.

Aramaico

Língua semítica muito próxima do hebraico e falada originalmente por um conjunto de povos comerciantes dos confins da Síria e da Turquia atuais. Sua difusão internacional fez com que adquirisse o *status* de língua administrativa sob os impérios assírio e babilônico. A partir deste aramaico chamado "do Império", no qual foram escritos alguns livros bíblicos (Daniel, Esdras etc.), desenvolveram-se numerosos dialetos falados pelos diversos povos do Oriente Médio. Em particular o judeu-aramaico chamado "palestino", falado certamente por Jesus, o judeu-aramaico babilônico, língua do Talmud, ou ainda o siríaco, que se tornará a língua das Igrejas do Oriente antes de ser suplantado pelo árabe.

Arconte

A palavra remete, na Antiguidade grega, a pessoas que detinham o poder na cidade, especialmente aos principais magistrados. No Novo Testamento, a palavra grega é utilizada para designar também "potências" deste mundo, potências celestes na maioria das vezes, das quais os textos enfatizam a submissão ao poder de Deus.

Ateísmo

Do grego *theos* (deus), utilizado para designar as doutrinas que recusam a existência de deuses ou de Deus.

av beit din

Palavra por palavra: "pai da casa de julgamento", designa no sentido amplo o presidente de um tribunal rabínico e, mais precisamente, o presidente do Sinédrio, a instância jurídica suprema do judaísmo antigo. Cf. *Sinédrio*.

Carismático

Do grego *kharisma*, "dom da graça de Deus", a palavra designa os diversos dons do Espírito deixado por Jesus a seus discípulos. De acordo com Paulo, cada crente, na Igreja, recebe um dom particular em vista do bem de todos. Em seguida, designará sobretudo os dons mais espetaculares (capacidade oratória, oração em línguas, cura, profecia) e se dará o nome de "carismático" à pessoa que possui um poder particular de convicção, de irradiação, de autoridade.

Cristologia

Desenvolvimento doutrinal que procura expor a identidade da pessoa de Jesus, que a fé cristã reconhece como Cristo e como Deus. Este discurso tem raízes no Novo Testamento, do qual recolhe os dados, mas passou a incluir, ao longo da história, todas as reflexões e objeções de que é alvo a fé cristã em Jesus. Por isso, a cristologia (literalmente "discurso sobre Cristo") deve ser sempre atualizada.

Dêutero-Isaías

Designa-se assim o autor da segunda parte do livro de Isaías ou, mais simplesmente, a parte do livro (capítulos 40 a 55) que forma um conjunto literário coerente. Este livro importante da Bíblia tem, com efeito, uma estrutura complexa e foi elaborado ao longo de vários séculos antes de encontrar a forma que conhecemos hoje, na qual concorda-se em reconhecer duas (ou três) grandes partes.

Diáspora

Designa o conjunto das comunidades judaicas estabelecidas fora da terra de Israel e, praticamente, em todo o Império romano. A comunidade mais importante da Antiguidade estava implantada na Babilônia e na Pérsia, seguida pela comunidade de Alexandria, no Egito.

Didaqué

Este escrito, cujo título significa "Doutrina dos Apóstolos", e que data provavelmente do final do século I, nos informa sobre a missão cristã no mundo judaico e sobre a vida das primeiras Igrejas. Contém um rico ensinamento moral, litúrgico e disciplinar.

Doceta (docetismo)

Adepto de uma corrente das origens cristãs (o docetismo) que não reconhecia em Cristo uma humanidade plena e inteira. Preferia ver nele, em primeiro lugar, um ser divino e celeste que assumiu apenas uma *aparência* humana (do grego *dokhein*, parecer) e que, portanto, não sofreu realmente na cruz nem conheceu efetivamente a morte.

Doxologia

Fórmula litúrgica de louvor à glória (*doxa*) de Deus, utilizada na liturgia cristã para concluir uma oração. Encontramos doxologias em algumas cartas do Novo Testamento (Rm 9,5; Ef 3,21; Hb 13,21...).

Ecúmeno (*oikoumenê*)

Formado a partir do particípio passado feminino do verbo grego *oikein* (habitar), a expressão "(terra) habitada" designa, no mundo greco-romano, o conjunto das regiões do globo terrestre conhecidas e habitadas. Daí o emprego do adjetivo "ecumênico", literalmente "que diz respeito ao conjunto da humanidade", para designar o movimento de aproximação das diferentes Igrejas cristãs.

Encarnação

Doutrina referente a Jesus e realçada especialmente pelo apóstolo João desde o início de seu evangelho, de acordo com a qual Jesus é o Verbo de Deus, vindo na carne. Enquanto Verbo, ele tinha em Deus uma existência antes mesmo de nascer neste mundo. Este termo de origem latina (carne em latim é *caro*) designa o conjunto do movimento pelo qual ele é concebido, assume e exerce uma vida de homem.

Epifania

Do grego *phainomai* (aparecer, manifestar-se). No Antigo Testamento chamam-se *teo*-fanias as cenas nas quais se descreve uma manifestação de Deus, como no Sinai. No Novo Testamento, as manifestações extraordinárias de Jesus, nas quais ele é apresentado como o Cristo, são chamadas *cristo*-fanias (Transfiguração, caminhada sobre as águas, aparições de Jesus ressuscitado). A festa conhecida com o nome de *Epifania* (visita dos magos a Belém) *manifesta* o alcance universal da missão de Jesus.

Escatologia

Do grego *eskhatos* (último). Diz respeito a tudo o que se refere ao sentido ou cumprimento último de todas as coisas e, de maneira geral, ao fim dos tempos.

Esotérico

Designa as doutrinas de uma religião, filosofia ou sabedoria que só devem ser divulgadas aos indivíduos que já dominam a doutrina exotérica. Este acesso a um nível superior de conhecimento supõe muitas vezes uma iniciação, como é o caso nas "religiões de mistérios". Cf. *Exotérico*, *Religiões de mistérios.*

Essênios

Grupo religioso mencionado por Flávio Josefo ao lado dos saduceus e dos fariseus, que se caracteriza por seu ascetismo, suas doutrinas apocalípticas e sua separação da sociedade judaica de então. Atribui-se a eles muitas vezes os escritos "sectários" (ou seja, que pertencem a um grupo determinado e não à religião majoritária, como os textos bíblicos) encontrados em Qumran.

Etnarca

No Oriente, título conferido de preferência a chefes "habituais", chefes de clã ou de tribo. Na hierarquia imperial romana, é atribuído a dirigentes autóctones aos quais não se quer dar o título de "rei". Assim, Herodes o Grande ainda é chamado rei; mas, por ocasião de sua morte, quando seu reino é dividido entre seus filhos, a estes só se reconhece o título de "etnarca".

Eucaristia

Do grego *eukharisteô* (agradecer, dar graças), o nome aparece no judaísmo e no cristianismo nascente. Designa a origem e o fim de toda oração dirigida a Deus em reconhecimento aos atos que ele realiza e à vida que ele concede em profusão. Nas comunidades cristãs, designará de maneira mais particular o memorial da última refeição de Jesus que, para nossa própria vida, entrega a sua vida a seu Pai na confiança e na ação de graças.

Exegese

Disciplina de estudo dos textos antigos de acordo com métodos científicos. Visa esclarecer seu contexto histórico e literário, analisar seu processo de formação e, utilizando todos os recursos da língua, da gramática e do conjunto das ciências do texto, tentar precisar seu significado para seus contemporâneos.

Exorcismo

Do grego *exorkismos* (ação de obrigar a fazer juramento), prática que consiste em expulsar os demônios através da palavra, constrangendo-os pela invocação de nomes divinos.

Exotérico

Designa as doutrinas de uma religião, filosofia ou sabedoria que são difundidas sem restrições ao grande público, tanto aos membros menos avançados do grupo quanto a pessoas que lhe permaneceram exteriores. Cf. *Esotérico*.

Fenícios

Os fenícios, que se designam a si próprios como "cananeus", são um povo que se estabeleceu originariamente na atual costa libanesa (Tiro, Sidônia). Navegadores, comerciantes, eles fundam especialmente a sucursal ocidental de Cartago. O fenício e sua variante cartaginesa, o púnico, são dialetos da língua cananeia da mesma forma que o hebraico ou o moabita.

Geena

Ge-Hinnom, vale ao sul de Jerusalém, maldito porque, na época dos reis, haviam sido praticados ali sacrifícios humanos. É o lugar onde se queimavam detritos e lixo. Daí vem o emprego metafórico da palavra para designar o lugar do castigo dos ímpios – justamente pelo fogo – desde sua morte até o fim dos tempos.

Gematria

Técnica de interpretação que atribui um valor numérico a cada letra do alfabeto hebraico. Duas palavras sem nenhuma relação aparente, tendo a mesma *gematria*, ou seja, o mesmo valor numérico quando se faz a soma de suas respectivas letras, são assim postas em equivalência, o que dá motivo a interpretações inovadoras.

Gnose

Do grego *gnôsis*. Este "conhecimento" permitia, de acordo com a tradição filosófica grega, abordar a realidade do universo, desenvolver o pensamento em toda a sua riqueza e atingir certa percepção da divindade. Para o apóstolo Paulo, Deus se tornou "conhecível" aos seres humanos revelando-se (Rm 1,20). No início do século III, Clemente de Alexandria verá no cristão o verdadeiro "gnóstico". cf. *Gnosticismo*.

Gnosticismo (gnósticos)

Corrente religiosa importante da Antiguidade tardia que concebe o mundo como a prisão das almas. Para ele, a matéria foi criada por um deus mau, o Demiurgo, e os seres humanos só podem escapar de seu domínio acedendo a um conhecimento (*gnôsis*) secreto difundido por emissários do Verdadeiro Deus, que está oculto. Portanto, o gnosticismo é, por essência, uma religião esotérica (cf. o termo), reservada a iniciados.

Hagadá (pl. hagadot)

Literalmente "relato/narrativa", designa no sentido amplo tudo aquilo que no Talmud não depende da lei propriamente dita ou halacá (*halakha*). Isto inclui também historietas da vida dos mestres, parábolas e comentários bíblicos, como também lendas ou especulações metafísicas.

Hagiografia

Do grego *hagios* (santo) e *graphê* (escrita). Os Hagiógrafos são os livros da bíblia hebraica que não são nem a Torá de Moisés nem os livros proféticos; abrangem especialmente os Salmos, as Lamentações, o Cântico dos cânticos ou ainda os Provérbios. Não confundir com *um* hagiógrafo, que, na linguagem corrente, designa o autor de uma hagiografia, ou seja, da biografia de um santo.

Halacá

Jurisprudência judaica elaborada pelos mestres da tradição rabínica na Mixná e no Talmud, a halacá (do vero *halakh*, caminhar, ir em direção a) analisa as leis da Torá (os Cinco Livros de Moisés) e as enriquece com prescrições rabínicas, a fim de propor uma aplicação codificada.

Hasmoneus

Dinastia real judaica, fundada por Simão Macabeu no século II antes de nossa era, após a revolta vitoriosa dos irmãos de Judas Macabeu contra a helenização forçada da Judeia pelo rei selêucida Antíoco IV Epífanes.

Hassid (pl. hassidim)

Formado a partir da palavra *hessed* (graça, generosidade), designa personagens carismáticos ao mesmo tempo marginais e respeitados tanto pelo povo quanto pelos rabinos. Caracterizando-se por sua relação íntima com Deus, por suas práticas ascéticas e por sua piedade extravagante, gozam de uma reputação de fazedores de milagres.

Helenista

Chama-se civilização helenista a cultura, originária do mundo grego, que se desenvolveu nos reinos herdeiros do império de Alexandre Magno (partilhado entre alguns dos seus generais). A tradição grega de desenvolvimento do corpo e do espírito difundiu-se graças às numerosas cidades fundadas por Alexandre, nas quais os reis gregos mandaram construir ginásios, bibliotecas e teatros. Dos confins da Pérsia ao sul do Egito e até Roma, o grego se tornou assim a língua comum, a *koinê*.

Henoteísmo

Sistema religioso a meio-caminho entre o monoteísmo e o politeísmo, no qual, reconhecendo a existência de diversos deuses, presta-se culto a um só, considerado superior a todos os outros. Isto é atestado sobretudo na reforma da religião egípcia realizada sob o faraó Akhenaton. Numerosos historiadores avaliam que o judaísmo primitivo era mais um henoteísmo do que um monoteísmo estrito.

Hermenêutica

Procedimento metódico que consiste em entrar num texto ou qualquer outro vetor de comunicação para decifrar seus códigos, para o "interpretar"' e receber seu *sentido* com a maior exatidão possível, mas sempre em relação com a própria existência daquele que, assim, procura "compreender".

Hesicasmo

Formado a partir da palavra grega *hêsykhia* (repouso, calma, silêncio), o hesicasmo é uma prática mística enraizada na tradição ortodoxa. Consiste numa renúncia às preocupações do mundo, permitindo a busca de um estado interior de perfeito silêncio através da prática da oração e da contemplação. Este método espiritual permitiu a alguns monges antigos receber de Deus a luz "tabórica", a mesma que, de acordo com os evangelhos, Jesus recebeu no monte Tabor.

Heterodoxo

Em oposição a orto-doxo, "que professa a opinião reta", está a postura daquele ou daquela que se afasta ou se separa da fé ou da doutrina de um determinado grupo, por exemplo, uma Igreja ou qualquer outra comunidade crente. O termo é conhecido sobretudo por seu uso religioso, mas pode ser empregado também em outros domínios.

Holocausto

Sacrifício oferecido no Templo, no qual a vítima era totalmente (do grego *holos*, todo) consumida pelo fogo.

Idumeus

Em hebraico, Edom é um apelido dado a Esaú, irmão gêmeo de Jacó. Os idumeus ou edomitas são um povo que os Judeus, descendentes de Jacó (apelidado, por sua vez, de Israel), consideram "irmãos inimigos". Situando-se seu território historicamente ao sul do mar Morto, seu reino fora conquistado pelos Hasmoneus. Sua população fora então integrada à força ao povo judeu, embora, de acordo com a tradição rabínica, as autoridades religiosas nunca tenham reconhecido realmente a validade desta "conversão".

Intertestamentário

Caracteriza os desenvolvimentos literários e os escritos (redigidos em grego, mas também em língua hebraica) produzidos entre o fim da redação dos textos canônicos do Antigo Testamento e o aparecimento dos escritos do Novo Testamento. A designação é desajeitada, porque a datação destes textos bem como a conclusão do cânon judaico e da redação por escrito do Novo Testamento permanecem hipotéticas e vagas.

Jubilar (ano)

O ano jubilar é o quinquagésimo ano, que conclui cada grande ciclo do calendário hebraico. A Torá prescreve, com efeito, que cada sétimo ano deve ser um ano sabático, no qual "a terra repousa", no qual não se fazem trabalhos agrícolas e no qual as dívidas são perdoadas. Cada ciclo de sete anos sabáticos, ou seja, quarenta e nove anos, se encerra por esse ano jubilar (inaugurado pelo som da trombeta ou *yobel*), no qual todas as terras retornam a seu proprietário inicial e no qual os escravos são libertados. Esta legislação provavelmente nunca foi aplicada, mas permanece como um ideal preconizado pelos profetas.

Kippur

Conhecido também pelo nome de Grande Perdão, o *Yom Kippur* (do verbo *kipper*, "cobrir", daí "restituir, perdoar os pecados") é a maior festa religiosa judaica, celebrada ainda hoje no mês de setembro ou outubro. De acordo com a cronologia bíblica, este dia corresponde à data em que Moisés desceu do Sinai após ter conseguido que fosse perdoado o pecado do Bezerro de Ouro. Os judeus expressam com isso a viva consciência de serem pecadores e ao mesmo tempo sua fé num Deus que perdoa. A liturgia descrita no Levítico (cap. 16) inclui uma longa série de rituais que ocorrem no Templo, especialmente em sua parte mais sagrada, o Santo dos Santos (é o único dia em que o Sumo Sacerdote ali penetra), e o envio para o deserto de um bode carregando os pecados do povo – daí a expressão "bode expiatório".

Levita

Na Torá, os Israelitas são divididos em doze tribos correspondentes aos doze filhos de Jacó. Na época pré-exílica, cada uma tinha seu próprio território, exceto a tribo de Levi, à qual haviam pertencido Moisés e Aarão, que foi dispersada no conjunto do país e cuja função consistia em dar assistência aos sacerdotes descendentes de Aarão, para o serviço do Templo, assegurando o acompanhamento musical do culto sacrifical. Na época pós-exílica, estes levitas continuam a servir no Templo.

Macabeus

De etimologia obscura, dado originalmente como apelido de Judas Macabeu, este termo se tornou o nome de família dos chefes da revolta contra os Selêucidas no século II antes de nossa era, que darão origem à dinastia dos Hasmoneus (cf. este termo). O relato de sua revolta é feito pelos dois livros dos Macabeus (ou Mártires de Israel), não incluídos no cânon bíblico hebraico, mas retomados no cânon católico e no cânon ortodoxo.

Midrash (pl. midrashim)

A raiz *darash* significa "interrogar, investigar, examinar". Dá-se o nome de *midrash* a uma grande variedade de textos rabínicos antigos, em particular os que se dedicam a interpretar o texto bíblico, seja para dele deduzir a halacá (cf. este termo) ou para esclarecer seu sentido profundo mediante a explicitação do contexto, a comparação de versículos etc.

Mixná

Da raiz *shana*, "repetir", a Mixná é a coletânea de referência da halacá (cf. este termo) ensinada pelos rabinos dos dois primeiros séculos de nossa era e compilada por volta do ano 200. Está estruturada em tratados repartidos em seis "ordens" e serve de base para o Talmud.

Moabitas

Povo da Transjordânia que o Gênesis apresenta como descendente do incesto de Ló com suas filhas. Já que eles quiseram impedir a entrada dos israelitas na terra de Canaã, a Torá proíbe casar-se com eles. No entanto, Rute, uma moabita, bisavó do rei Davi, é acolhida no povo judeu, como conta o livro de Rute.

Monofisismo (monofisitismo)

Doutrina surgida nos primeiros séculos do cristianismo e que considera que, em Cristo, a natureza divina absorveu completamente a natureza humana (de *monos*, único, e *physis*, natureza).

Ontologia

Literalmente "ciência do ser" (*onto-logos*), o termo, surgido tardiamente, designa todo empreendimento da filosofia grega a partir de Platão e de Aristóteles: definir e conhecer, para além e através de tudo aquilo que é, o princípio fundamental de saber "o que é ser". Ela se interroga, portanto, sobre a "natureza das coisas", sobre sua realidade "substancial".

Ortopraxia

Se a orto-*doxia* remete ao fato de ter a "boa doutrina" ou a "reta fé", a orto-*praxia*, por sua vez, remete ao "reto agir", ao comportamento e aos costumes que convêm, tanto de acordo com as exigências da justiça quanto à luz desta ou daquela doutrina particular – especialmente religiosa.

Paganismo, pagãos

Termo adotado pelos cristãos, desde a Antiguidade, para designar, em sua acepção genérica, pessoas que não são judias nem cristãs. Tendo-se o cristianismo difundido primeiramente nas cidades do Império romano, o termo que designa "as pessoas dos campos", *pagani*, resultou em "paganismo" e "pagão".

Pais da Igreja

Designa figuras particularmente notáveis da Igreja nos oito primeiros séculos de nossa era. Muitas vezes são bispos, pregadores, teólogos, grandes comentaristas da Escritura, autores espirituais e às vezes grandes atores da vida da Cidade; eles e suas obras gozam de uma autoridade que os torna referências obrigatórias para quem quer que se interessa pelo nascimento e pelos primeiros desenvolvimentos da fé cristã.

Palimpsesto

Na Antiguidade e na Idade Média, o pergaminho era raro e caro. Por isso, era comum raspar velhos textos para escrever novos em seu lugar (de *palin*, novamente, e *psaô*, raspar). É possível, através de técnicas sofisticadas, recuperar as diferentes camadas de escrita dos copistas e assim tornar legíveis textos apagados.

Paráclito

Adjetivo verbal formado a partir do verbo grego *parakaleô*, que significa "exortar, encorajar, consolar", designa primeiramente, num processo, o advogado de defesa, e mais tarde qualquer um que apoia e defende pessoas em dificuldade, intercedendo por elas. Na primeira carta de João, Jesus é chamado "nosso paráclito diante do Pai" (1Jo 2,1). No evangelho de João, Jesus anuncia que enviará "um outro Paráclito": o Espírito que assistirá, defenderá e iluminará seus discípulos (Jo 14,16s).

Parusia

O termo significa "presença junto a, vinda"; foi utilizado no vocabulário helenístico, e depois no greco-romano, para designar a chegada solene de um rei ou de um grande personagem a uma cidade. É empregado pelos autores do Novo Testamento para designar a vinda de Cristo ressuscitado no fim dos tempos, de início esperada imediatamente (1Ts 4,15), e depois como objeto de uma esperança sempre renovada.

Pentateuco

Do grego *pente teukhê*, "cinco rolos". Designa o conjunto dos cinco livros da Lei de

Moisés (a Torá) traduzidos para o grego em Alexandria entre 285 e 282 antes de nossa era (cf. *Septuaginta*).

Perícope

A leitura da Torá cada sábado na sinagoga supõe que ela estava dividida em seções hebdomadárias chamadas perícopes (do grego *perikopê*, recorte; em hebraico *parasha* ou *sidra*). A divisão atual da Torá em cinquenta e quatro perícopes corresponde ao costume babilônico de ler todo o Pentateuco cada ano. No Novo Testamento, os biblistas falam de perícope quando, para estudá-lo, delimitam uma breve seção cuja unidade é manifesta.

Período patriarcal

Período da história bíblica que vai de Abraão até a morte de Jacó, ou seja, de 1800 a 1500 antes de nossa era, de acordo com a cronologia judaica tradicional. Sua datação histórica é evidentemente difícil; às vezes foi identificada com a idade do bronze intermediário (de 2100 a 1800 antes de nossa era).

Período pós-exílico

Período da história judaica que começa com o retorno do exílio da Babilônia (538 antes de nossa era) e termina com as conquistas de Alexandre Magno (332 antes de nossa era).

Período real

Período da história judaica que começa com o reinado de Saul (fim do século XI antes de nossa era?), em seguida de Davi e de Salomão, e termina com a destruição dos reinos de Israel e de Judá (586 antes de nossa era).

Peshitta

Tradução da Bíblia (Antigo e Novo Testamentos) em siríaco, dialeto aramaico de Edessa escrito num alfabeto específico, em uso nas Igrejas do Oriente. Cf. *Aramaico*.

Politeísta

Pessoa ou doutrina que reconhece a existência de uma pluralidade de deuses.

Povo da terra

Em hebraico *'am ha-arets*, a expressão designa, no judaísmo rabínico antigo, os Judeus que, por ignorância ou por causa de sua situação ou mesmo de sua profissão, não se conformam com as exigências da Torá, em particular as que se referem aos dízimos agrícolas e às normas de pureza ritual.

Proselitismo, prosélitos

Do grego *pros-erkhomai* (vir para). No Novo Testamento, os prosélitos são pagãos que se voltam para o judaísmo a ponto de adotar todas as suas práticas (inclusive a circuncisão). Por uma curiosa inversão de sentido, o proselitismo designa hoje uma disposição a um zelo excessivo pela propagação da fé ou de doutrinas religiosas.

Pseudoepigrafia

Literalmente: falsa assinatura (*pseudo-epigraphê*), prática comum na Antiguidade, que consistia em publicar uma obra sob o nome de um escritor célebre. No judaísmo, os livros de Sabedoria e os escritos pertencentes à literatura apocalíptica foram atribuídos a personagens célebres do passado (Salmos e Sabedoria de Salomão, Apocalipse de Esdras etc.). Não para criar falsificações, mas para colocar as novas obras sob a autoridade de personagens escolhidos por Deus e para garantir a conformidade com sua mensagem. No Novo Testamento, diversas cartas do final do século I foram postas sob a autoridade de Paulo (Colossenses, Efésios, Pastorais), de Pedro (1 e 2Pedro), de João (1, 2 e 3João, Apocalipse).

Publicano

Personagem pertencente às categorias inferiores da administração fiscal e encarregado da arrecadação do imposto sob o regime de "arrendamento": ele adianta o imposto a Roma e se reembolsa – com uma comissão muitas vezes bastante substancial – através de sobretaxas que ele exige dos indivíduos sob sua administração. No evangelho, o publicano – muitas vezes em conluio com o ocupante romano – é equiparado ao pecador público e é objeto de reprovação e de desprezo. Jesus, porém, lhes dá boa acolhida e não os exclui do Reino de Deus por ele anunciado.

Quenose

Formada a partir do verbo grego *kenoô* (esvaziar), utilizada por Paulo no hino a Cristo da carta aos Filipenses (2,6-11), esta palavra designa o movimento pelo qual Cristo abandona toda pretensão a seu poder divino ("se esvazia"), para viver plenamente como homem, pôr-se a serviço de uma humanidade sofredora e, finalmente, deixar-se ele próprio maltratar, condenar à morte e crucificar.

Querigma

Significando "proclamação", "pregação", a palavra grega *kêrygma* designa a proclamação central do cristianismo, a saber, a proclamação de Jesus, morto e ressuscitado, que apareceu a testemunhas qualificadas, e proclamado Cristo, Senhor e Salvador por sua ressurreição. As formulações deste querigma são mais ou menos longas, nunca totalmente fixadas. A mais desenvolvida se encontra em 1Coríntios 15,3-7.

Religiões de mistérios

Do grego *mystêrion*, que significa provavelmente "fechamento dos olhos", e daí "doutrina secreta". Na Grécia antiga, vê-se surgir propostas de salvação de tipo iniciático, muitas vezes vinculadas com as divindades da natureza. Reservadas a alguns "mystês", elas oferecem um caminho secreto de conhecimento, por etapas, até a contemplação e a união com a divindade. Podemos citar, por exemplo, no século VI antes de nossa era, os mistérios de Elêusis. Ao longo dos séculos, são adotadas no Império romano diversas divindades orientais, propondo cultos de mistérios (mistérios de Ísis ou de Cibele, mistérios órficos etc.). Eles proporcionam uma alternativa de salvação pessoal à secura da religião oficial e à inconsistência do panteão greco-romano.

Sábado (Shabbat)

Sétimo dia da semana judaica (a "semana" romana dura dez dias) que lembra a Criação do mundo por Deus em sete dias: seis dias de atividade e um de repouso. Em consequência, a Torá prescreve que nesse dia as pessoas se abstenham de todo trabalho de transformação: semear, colher, cozinhar, acender fogo, costurar...

Sacramental (presença sacramental)

Na vida da Igreja, designa a presença de Cristo ressuscitado àqueles e àquelas que nele creem, em particular por intermédio de sinais (essencialmente o batismo, a eucaristia) que ele lhes deixou e que remetem ao âmago de sua vida: sua paixão, morte e ressurreição.

Santo dos Santos

Espaço mais interior do Templo de Jerusalém (separado da sala anterior ou "Santo" por uma cortina), que continha a Arca da aliança na época do primeiro Templo e permanecia vazio na época do segundo Templo. O Sumo Sacerdote entrava nele uma única vez por ano, no dia do Kippur.

Seder

Literalmente "ordem/organização", refeição ritual da primeira noite da Páscoa judaica.

Semitismo

Diz-se de expressões ou de certas palavras que traem, por exemplo em grego, a influência de usos hebraicos ou aramaicos devidos à familiaridade do autor com estas línguas.

Septuaginta (Setenta)

Designa, no sentido próprio, a tradução dos Cinco Livros de Moisés do hebraico para o grego, por ordem do rei Ptolomeu II, para a biblioteca de Alexandria; a lenda a atribui a setenta sábios judeus, daí seu nome. Servia para a leitura sinagogal dos Judeus de Alexandria e ainda está em uso na Igreja grega. Às vezes chama-se de "Septuaginta" também o conjunto do Antigo Testamento em versão grega, embora a datação da tradução dos outros livros bíblicos seja muito menos certa.

Símbolo

Na Grécia antiga, o "símbolo" designa um sinal concreto de reconhecimento: um bastão quebrado em dois pedaços que poderão depois ser reajustados (*syn*, junto). Na tradição cristã, a palavra é aplicada originalmente às "fórmulas batismais" que permitem confessar a fé cristã e ser batizado nela, de acordo com a fórmula de Mt 28,19: "batizai em nome do Pai, do Filho e do Espírito Santo". Elas serão desenvolvidas nas diferentes Igrejas com o nome de "símbolo da fé", como expressões a partir das quais é possível o reconhecimento entre uma Igreja e outra. Um dos mais antigos (século II), o símbolo chamado "dos Apóstolos" está em uso ainda hoje. A confissão de fé da missa católica de domingo conserva o texto, mais desenvolvido e amplamente compartilhado entre as Igrejas, do símbolo chamado de Niceia-Constantinopla, derivado do nome dos dois primeiros concílios ecumênicos da Igreja cristã (respectivamente 325 e 380) que o promulgaram.

Sinagoga

Do grego *synagôgê*, "reunião", designa no judaísmo antigo, em particular o helenístico, um lugar onde os Judeus se reúnem para ouvir a leitura da Lei como também para rezar. Após a destruição do Templo de Jerusalém no ano 70, a sinagoga assumirá um papel central na vida religiosa judaica.

Sinédrio

Palavra tomada do grego *synedrion* (assembleia sentada) para designar em hebraico um tribunal judaico. Embora a tradição rabínica evoque sinédrios regionais, o termo remete sobretudo ao Grande Sinédrio de setenta e um juízes, que se localizava no monte do Templo.

Sinóticos (evangelhos)

A palavra é aplicada em particular aos três primeiros evangelhos (Mateus, Marcos, Lucas). Sua estrutura e seu conteúdo permitem seguir em paralelo as semelhanças e diferenças, para abarcá-las com um só olhar (*syn* significando "junto" e *optikos* "visão"). O quarto evangelho, o de João, não entra neste parentesco de composição.

Sukkot

A festa das Cabanas ou das Tendas (em grego *skênopêgia*) é a terceira das grandes festas judaicas de peregrinação. Para comemorar a caminhada pelo deserto por ocasião do Êxodo e a vida itinerante sob as tendas, constroem-se cabanas ou choupanas com ramagens nas quais se passa uma semana. É também a festa da água viva, que era acompanhada em procissão desde a fonte de Gion até o Templo (cf. Jo 7,2-37).

Sumo Sacerdote

Chefe dos sacerdotes e do culto no Templo de Jerusalém, ele recebe uma unção especial que lhe confere um poder de mediador entre Deus e seu povo. Ele oferece o sacrifício cotidiano e preside as grandes cerimônias no Templo. É o único a penetrar no Santo dos Santos na festa do Kippur (cf. estes termos). Oriundos de um pequeno número de famílias da aristocracia sacerdotal de Jerusalém, os Sumos Sacerdotes se tornaram progressivamente os representantes do povo diante do poder romano. Os próprios romanos então os nomeavam e os demitiam. Quando deixavam a função, os Sumos Sacerdotes conservavam seu título e faziam parte do Grande Conselho ou Sinédrio. Desapareceram completamente por ocasião da Guerra judaica do ano 70.

Tabórico, cf. Hesicasmo

Talião

Princípio da lei que supõe que o castigo deve ser idêntico, ou pelo menos estritamente proporcional, ao dano causado: "olho por olho, dente por dente" (Lv 24,19-21). Atestado no direito tanto babilônico (Código de Hamurabi) quanto judaico ou romano, representa na Antiguidade um progresso em relação ao princípio de vendeta, em que não há limite para o castigo de uma ofensa. Na interpretação rabínica da Torá, ele é entendido de maneira não literal como compensação financeira.

Targum

Literalmente "tradução", designa a paráfrase aramaica do texto bíblico que era lida em paralelo com a leitura da Torá em hebraico, a fim de que o povo pudesse compreender. O Targum mais conhecido, *Targum Onkelos*, é de origem babilônica e permanece muito próximo da tradução literal, enquanto o Targum palestino, chamado *Targum Yerushalmi*, constitui um verdadeiro comentário.

Taumaturgo

Pessoa que exerce uma atividade de cura em virtude de talentos ou dons excepcionais, e até mesmo de poderes que ultrapassam o humano.

Teodiceia

Devemos a palavra a Leibniz. Trata-se da reflexão sobre o mistério de Deus, sua bondade, seu poder, mas submetidos à prova da constatação do Mal e do sofrimento. A "teodiceia" é apresentada então como uma "defesa" da justiça (*dikê*), da onipotência e da bondade de Deus, diante do mistério do mal.

Teofania, cf. **Epifania**

Teóforo

Literalmente "que carrega Deus". Diz-se particularmente de nomes próprios que contêm um nome de Deus, como Rafael: *rafa'-El*, "El (Deus) que cura"; Teófilo: *theo-philos*, "amado de Deus" etc.

Tetragrama

Na Bíblia hebraica, o Deus de Israel é designado por diferentes nomes. O nome YHWH, escrito com as quatro letras (*yod-he-vaw-he*), donde a denominação "Tetragrama", é o Nome próprio de Deus. Recai sobre sua enunciação um interdito muito grave e ele é substituído, na leitura e na oração, pelo nome Adonai, "Senhor". YHWH só era pronunciado pelo Sumo Sacerdote no dia do Kippur. Nas traduções ocidentais, o Nome é geralmente traduzido por "o Senhor", de acordo com a Septuaginta (*kyrios*). Muitas vezes é traduzido também por "o Eterno".

Tetrarca

Título dos governadores nos reinos gregos do Oriente. É concedido, na verdade, pelo ocupante romano a governadores locais a seu soldo.

Tipológico

Discurso ou figura (por exemplo no Antigo Testamento) que anuncia uma realidade vindoura por intermédio de uma realidade já existente, mas à espera de cumprimento pleno. Para os autores do Novo Testamento, Jesus "cumpre" as figuras do Rei Messias, do Sumo Sacerdote, do profeta Servo sofredor etc.

Trindade

O cerne da fé cristã que confessa não um Deus sozinho e solitário, mas um Deus que é comunhão de amor – Pai, Filho e Espírito Santo –, revelado pela vida, morte e ressurreição de Jesus de Nazaré, que, ao deixar seus discípulos, confiou-lhes seu "Espírito".

YHWH, cf. **Tetragrama**

Zelota

O termo *zêlôtês* qualifica primeiramente uma paixão ardorosa ou mesmo ciumenta. Na época de Jesus, caracteriza alguns Judeus como o discípulo de Jesus, Simão chamado zelota, ou o jovem Saulo (que se tornará Paulo), fervorosos defensores da Lei de Deus. Na segunda metade do século, grupos zelotas se põem a pregar a revolta armada contra o ocupante romano e depois se lançam com paixão na guerra judaica contra Roma, na qual serão todos massacrados. Flávio Josefo faz deles, de maneira simplificadora, um dos quatro componentes religiosos do judaísmo do século I.

Tabela das abreviações

Bíblia hebraica

Gênesis	Gn
Êxodo	Ex
Levítico	Lv
Números	Nm
Deuteronômio	Dt
Josué	Js
Livro dos Juízes	Jz
Primeiro livro de Samuel	1Sm
Segundo livro de Samuel	2Sm
Primeiro livro dos Reis	1Rs
Segundo livro dos Reis	2Rs
Isaías	Is
Jeremias	Jr
Ezequiel	Ez
Oseias	Os
Amós	Am
Joel	Jl
Abdias	Ab
Jonas	Jn
Miqueias	Mq
Naum	Na
Habacuc	Hab
Sofonias	Sf
Ageu	Ag
Zacarias	Zc
Malaquias	Ml
Salmos	Sl
Provérbios	Pr
Jó	Jó
Cântico dos cânticos	Ct
Rute	Rt
Lamentações	Lm
Eclesiastes ou Qohelet	Ecl
Ester	Est
Daniel	Dn
Primeiro livro das Crônicas	1Cr
Segundo livro das Crônicas	2Cr
Ezra ou Primeiro livro de Esdras	Esd
Neemias ou Segundo livro de Esdras	Ne

Livros deuterocanônicos

Baruc	Br
Sirácida ou Eclesiástico	Eclo
Sabedoria de Salomão	Sb
Primeiro livro dos Macabeus	1Mc
Quarto livro de Esdras	4Esd

Novo Testamento

Evangelho de Mateus	Mt
Evangelho de Marcos	Mc
Evangelho de Lucas	Lc

Evangelho de João	Jo
Atos dos Apóstolos	At
Carta aos Romanos	Rm
Primeira carta aos Coríntios	1Cor
Segunda carta aos Coríntios	2Cor
Carta aos Gálatas	Gl
Carta aos Efésios	Ef
Carta aos Filipenses	Fl
Carta aos Colossenses	Cl
Primeira carta aos Tessalonicenses	1Ts
Segunda carta aos Tessalonicenses	2Ts
Primeira carta a Timóteo	1Tm
Segunda carta a Timóteo	2Tm
Carta a Tito	Tt
Carta a Filêmon	Fm
Carta aos Hebreus	Hb
Carta de Tiago	Tg
Primeira carta de Pedro	1Pd
Segunda carta de Pedro	2Pd
Primeira carta de João	1Jo
Segunda carta de João	2Jo
Terceira carta de João	3Jo
Carta de Judas	Jd
Apocalipse de João	Ap

Apócrifos do Antigo Testamento e do Novo Testamento

Primeiro livro de Henoc	*1Henoc*
Apocalipse siríaco de Baruc	Ap.sir.Baruc
Protoevangelho de Tiago	Protev.Tg
História da infância de Jesus	Hist.inf.Jesus
(= Evangelho da infância segundo Tomé)	
Evangelho do Pseudo-Mateus	Pseudo-Mt

Bibliografia

LIVRO I – INÍCIOS

Parte I – Um estranho rumor

Capítulo 1 O conteúdo e os atores do rumor

CHARLESWORTH, James H. *The Messiah. Developments in Earliest Judaism and Christianity.* Minneapolis: Augsburg Fortress Publishers, 2009.

HADAS-LEBEL, Mireille. *Une histoire du messie.* Paris: Albin Michel, 2014.

HURTADO, Larry W. *Dieu dans la théologie du Nouveau Testament*, trad. Charles Ehlinger Paris: Le Cerf, col. "Lectio Divina, 245", 2011.

MARGUERAT, Daniel/NORELLI, Enrico & POFFET, Jean-Michel (dir.). *Jésus de Nazareth. Nouvelles approches d'une énigme.* Genebra: Labor et Fides, col. "Le Monde de la Bible, 38", 1998.

MARGUERAT, Daniel. *L'Homme qui venait de Nazareth. Ce qu'on peut aujourd'hui savoir de Jésus.* Poliez-le-Grand: Le Moulin, 2001, 4ª edição.

MOINGT, Joseph. *L'Homme qui venait de Dieu.* Paris: Le Cerf, col. "Cogitatio fidei, 176", 1993.

PERROT, Charles. *Jésus et l'histoire.* Paris: Desclée, col. "Jésus et Jésus-Christ, 11", 1979.

PERROT, Charles. *Jésus.* Paris: PUF, 2007, 5ª edição.

TASSIN, Claude. *L'Apôtre Paul. Un autoportrait.* Paris: Desclée de Brouwer, col. "Théologie à l'université, 8", 2009.

THEISSEN, Gerd. *L'Ombre du Galiléen. Récit historique*, trad. Jean-Pierre Bagot. Paris: Le Cerf, 1988.

VOUGA, François. *Les Premiers Pas du christianisme. Les écrits, les acteurs, les débats.* Genebra: Labor et Fides, col. "Le Monde de la Bible, 35", 1997.

Capítulo 2 O contexto do rumor

BASLEZ, Marie-Françoise. *Bible et histoire. Judaisme, hellénisme, christianisme*. Paris: Gallimard, 2003 [Paris: Fayard, 1998].

BRIEND, Jacques (ed.). *La Terre sainte. Cinquante ans d'archéologie*, 2 vols. Paris: Bayard, 2003.

GOODMAN, Martin. *Rome et Jérusalem. Le choc de deux civilisations*, trad. Michel Bessières [*Rome and Jerusalem. The Clash of Ancient Civilizations*]. Paris: Perrin, 2009.

HADAS-LEBEL, Mireille. *Hérode*. Paris: Fayard, 2017.

MURPHY- O'CONNOR, Jerome. *Jérusalem. Un guide de la cité biblique, antique et médiévale*, trad. Jacqueline Martin-Bagnaudez et Charles Ehlinger. Paris: Le Cerf, 2014.

NEUSNER, Jacob/GREEN, William S. & FRERICHS, Ernest S. (eds.). *Judaisms and their Messiahs at the Turn of the Christian Era*. Cambridge-Nova York: Cambridge University Press, 1987.

ROMAN, Yves. *Rome, de Romulus à Constantin. Histoire d'une première mondialisation*. Paris: Payot & Rivages, 2016.

SCHWENTZEL, Christian- Georges. *Hérode le Grand*. Paris: Pygmalion, 2011.

Capítulo 3 Os vetores do rumor

ALETTI, Jean-Noel. *Jésus, une vie à raconter. Essai sur le genre littéraire des évangiles de Matthieu, de Marc et de Luc*. Bruxelas: Lessius, col. "Le livre et le rouleau", 2016.

AMPHOUX, Christian-Bernard (ed.). *Manuel de critique textuelle du Nouveau Testament. Introduction générale*. Bruxelas: Safran, col. "Langues et cultures anciennes, 22", 2014.

BARDET, Serge. *Le Testimonium Flavianum. Examen historique, considérations historiographiques*. Paris: Le Cerf, 2002.

BOVON, François & GEOLTRAIN, Pierre (eds.). *Écrits apocryphes chrétiens*. Paris: Gallimard, col. "Bibliothèque de la Pléiade", t. I, 1997.

GEOLTRAIN, Pierre & KAESTLI, Jean-Daniel (eds.). *Écrits apocryphes chrétiens*. Paris: Gallimard, col. "Bibliothèque de la Pléiade", t. II, 2005.

HOLMÉN, Tom & PORTER, Stanley E. (eds.). *Handbook for the Study of the Historical Jesus*, 4 vols. Leyde-Boston: Brill, 2011-2013.

HUMANN, François-Marie & PÉRÈS, Jacques-Noel (eds.). *Les Apocryphes chrétiens des premiers siècles. Mémoire et traditions*. Paris: Desclée de Brouwer, 2009.

KLOPPENBORG VERBIN, John S. *Excavating Q. The History and Setting of the Sayings Gospel*. Edimburgo: T & T Clark, 2000.

MEIER, John P. *Un certain Juif, Jésus. Les données de l'histoire*, trad. Jean-Bernard Degorce & Charles Ehlinger, t. I. Les sources, les origines, les dates. Paris: Le Cerf, col. "Lectio Divina", 2004.

QUESNEL, Michel. *L'Histoire des Évangiles*. Paris: Le Cerf, 2009.

STANTON, Graham. *Parole d'Évangile? Un éclairage nouveau sur Jésus et les Évangiles*, trad. Jean Prignaud. Paris-Montréal: Le Cerf/Novalis, 1997.

VAN VOORST, Robert E. *Jesus outside the New Testament. An Introduction to the Ancient Evidence*. Grand Rapids-Cambridge: W. B. Eerdmans Publishing Company, 2000.

Parte II – Nascimento, infância e "vida oculta"

Capítulo 4 Em torno de um nascimento

ALETTI, Jean-Noël. *L'Art de raconter Jésus-Christ. L'écriture narrative de l'Évangile de Luc*. Paris: Le Seuil, 1989, cap. III: "L'art de commencer un récit. Le début du IIIe évangile".

CLIVAZ, Claire *et al.* (eds.). *Infancy Gospels. Stories and Identities*. Tübingen: Mohr Siebeck, 2011.

MEIER, John P. *Un certain Juif, Jésus. Les données de l'histoire*, t. I. Les sources, les origines, les dates. Paris: Le Cerf, col. "Lectio Divina", 2004, cap. VIII.

PAUL, André. *L'Évangile de l'enfance selon saint Matthieu*. Paris: Le Cerf, col. "Lire la Bible, 17", 1984.

PERROT, Charles. *Les Récits de l'enfance de Jésus*. Paris: Le Cerf, col. "Cahiers Évangile, 18", 1976.

QUESNEL, Michel. *Jésus Christ selon saint Matthieu. Synthèse théologique*. Paris: Desclée, 1991, p. 13-64.

Capítulo 5 Trinta anos de vida oculta

BEN-CHORIN, Schalom. *Le Judaisme en prière. La liturgie de la synagogue*, trad. Michel Beauvallet & Alexandre A. Winogradsky. Paris: Le Cerf, 1984.

BOESPFLUG, François. *Jésus a-t-il eu une vraie enfance? L'art chrétien en procès*. Paris: Le Cerf, 2015.

COUSIN, Hugues (ed.). *Le monde où vivait Jésus*. Paris: Le Cerf, 1998.

DUBOIS, Jean-Daniel. *Jésus apocryphe*. Paris: Mame/Desclée, col. "Jésus et Jésus-Christ, 99", 2011.

KAESTLI, Jean-Daniel & MARGUERAT, Daniel (eds.). *Le Mystère apocryphe. Introduction à une littérature méconnue*. Genebra: Labor et Fides, 1995.

MANNS, Frédéric. *Le Judaisme ancien. Milieu et mémoire du Nouveau Testament*. Jerusalém: Franciscan Printing Press, col. "Studium Biblicum Franciscanum, 36", 2001.

MEIER, John P. *Un certain Juif, Jésus. Les données de l'histoire*, t. I. Les sources, les origines, les dates. Paris: Le Cerf, col. "Lectio Divina", 2004, capítulos VIII a XI.

NORELLI, Enrico. *Marie des apocryphes. Enquête sur la mère de Jésus dans le christianisme antique*. Genebra: Labor et Fides, 2009.

NOTOVITCH, Nicolas. *La Vie inconnue de Jésus-Christ en Inde et au Tibet*. Puiseaux: Pardès, 2004.

PAGOLA, José Antonio, *Jesus. Aproximação histórica*, trad. Gentil A. Titton. Petrópolis: Vozes, 2010.

REFOULÉ, François. *Les Frères et Soeurs de Jésus. Frères ou cousins?* Paris: Desclée de Brouwer, 1995.

SCHURÉ, Édouard. *Les Grands Initiés*. Paris: Presses Pocket, 1983.

Parte III – A entrada de Jesus em cena

Capítulo 6 O batismo no Jordão

BARTH, Gerhard. *Die Taufe in frühchristlicher Zeit*. Neukirchen-Vluyn: Neukirchener Verlag, 2002.

BROOKE, George J. *The Dead Sea scrolls and the New Testament. Essays in Mutual Illumination*. Londres: SPCK, 2005.

CLEMENTS, Ruth Ann & SCHWARTZ, Daniel R. (eds.). *Text, Thought, and Practice in Qumran and Early Christianity*. Leyde-Boston: Brill, 2009.

DUNN, James D. G. *Christianity in the Making. Jesus Remembered*, vol. I. Grand Rapids-Cambridge: W. B. Eerdmans Publishing Company, 2003.

FERGUSON, Everett. *Baptism in the Early Church. History, Theology, and Liturgy in the First Five Centuries*. Grand Rapids-Cambridge: W. B. Eerdmans Publishing Company, 2009.

LÉGASSE, Simon. *Naissance du baptême*. Paris: Le Cerf, col. "Lectio Divina, 153", 1993.

MEIER, John P. *Un certain Juif, Jésus. Les données de l'histoire*, t. II. La parole et les gestes. Paris: Le Cerf, col. "Lectio Divina", 2009.

Capítulo 7 Os milagres que Jesus não quis fazer

ALETTI, Jean-Noel. *Le Jésus de Luc*. Paris: Mame/Desclée, col. "Jésus et Jésus-Christ, 98", 2010, p. 75-104.

BLANCHARD, Yves-Marie. *Des signes pour croire? Une lecture de l'Évangile de Jean*. Paris: Le Cerf, col. "Lire la Bible, 106", 1995.

BRIEND, Jacques *et al*. *Les Tentations du Christ*. Paris: Le Cerf, col. "Cahiers Évangile – Supplément, 134", 2006.

CAQUOT, André. "Satan: antécédents, noms et fonctions en Israël et dans l'ancien judaïsme". *Graphè*, 9, *Figures de Satan*, 2000, p. 12-22.

ELLUL, Jacques. *"Si tu es le Fils de Dieu". Souffrances et tentations de Jésus*. Zurique-Paris: EBV/Centurion, 1991.

FALCETTA, Alessandro. *The Call of Nazareth. Form and Exegesis of Luke 4: 16-30*. Paris: J. Gabalda, col. "Cahiers de la revue biblique, 53", 2003.

MARGUERAT, Daniel *et al. L'Invention du Diable*. Paris: Bayard, col. "Le Monde de la Bible, 179", 2007.

PAGELS, Elaine. *L'Origine de Satan*, trad. Camille Cantoni. Paris: Bayard, 1997.

SERRA, Aristide. *Marie à Cana, Marie près de la Croix. Jean 2, 1-12 et 19, 25-27*, trad. Dominique Jahan. Paris: Le Cerf, col. "Lire la Bible, 64", 1983.

LIVRO II – A VIDA PÚBLICA

Parte I – Os fatos e os gestos

Capítulo 8 O ambiente de vida

BRIEND, Jacques & QUESNEL, Michel. *La Vie quotidienne aux temps bibliques*. Paris: Bayard, 2001.

CHARLESWORTH, James H. & RHEA, Brian (eds.). *Jesus Research. New Methodologies and Perceptions: the Second Princeton-Prague Symposium on Jesus Research*. Grand Rapids-Cambridge: W. B. Eerdmans Publishing Company, 2014.

COUSIN, Hugues; LÉMONON, Jean-Pierre *et al. Le monde où vivait Jésus*. Paris: Le Cerf, 2004.

MILER, Jean. *Les Citations d'accomplissement dans l'Évangile de Matthieu. Quand Dieu se rend présent en toute humanité*. Roma: Pontificio I stituto Biblico, 1999, p. 67-76.

SAULNIER, Christiane & ROLLAND, Bernard. *La Judée au temps de Jésus*. Paris: Le Cerf, col. "Cahiers Évangile, 174", 2016.

Capítulo 9 Os chamados

BERDER, Michel *et al. Pierre, le premier des apôtres*. Paris: Le Cerf, col. "Cahiers Évangile, 165", 2013.

BROWN, Raymond E./DONFRIED, Karl P. & REUMANN, John (eds.). *Saint Pierre dans le Nouveau Testament*, trad. Jacques Winandy. Paris: Le Cerf, col. "Lectio Divina", 1974.

DEBERGÉ, Pierre. *Saint Pierre*. Paris: L'Atelier/Éditions ouvrières, 2003.

DUNN, James D. G. *Christianity in the Making. Jesus Remembered*. vol. I. Grand Rapids-Cambridge: W. B. Eerdmans Publishing Company, 2003.

GIBERT, Pierre. *Simon Pierre. Apôtre et compagnon*. Paris: Bayard, 2001.

HENGEL, Martin. *Nachfolge und Charisma. Eine exegetisch-religionsgeschichtliche Studie zu Mt 8,21 f. und Jesu Ruf in die Nachfolge*. Berlim: A. Töpelmann, 1968.

MASSILONGO, Paolo. *Il discepolato nel Nuovo Testamento. Riflessioni bibliche e spirituali*. Cinisello Balsamo: San Paolo, 2013.

MEIER, John P. *Un certain Juif, Jésus. Les données de l'histoire*, t. III. Attachements, affrontements, ruptures. Paris: Le Cerf, col. "Lectio Divina", 2005.

SCHLOSSER, Jacques. *Le Groupe des Douze. Les lueurs de l'histoire*. Paris: Le Cerf, 2014.

URBACH, Ephraim E. *Les Sages d'Israël. Conceptions et croyances des maîtres du Talmud*, trad. Marie-José Jolivet. Paris-Lagrasse: Le Cerf/Verdier, 1996.

Capítulo 10 Os encontros

BARBAGLIO, Giuseppe. *Gesù ebreo di Galilea. Indagine storica*. Bolonha: EDB, 2012.

BLOMBERG, Craig L. *Contagious Holiness. Jesus' Meals with Sinners*. Downers Grove: IVP Academic, 2005.

JAFFÉ, Dan. *Le Talmud et les origines juives du christianisme. Jésus, Paul et les judéo-chrétiens dans la littérature talmudique*. Paris: Le Cerf, col. "Initiations bibliques", 2008, p. 13-53.

JAFFÉ, Dan. *Le Judaisme et l'avènement du christianisme. Orthodoxie et hétérodoxie dans la littérature talmudique, Ier-XXe siècle*. Paris: Le Cerf, col. "Patrimoines Judaisme", 2005, p. 15-60.

LÉGASSE, Simon. *Jésus et l'enfant. "Enfants", "petits" et "simples" dans la tradition synoptique*. Paris: J. Gabalda, 1969.

PELLETIER, Anne-Marie. *Le Signe de la femme*. Paris: Le Cerf, col. "Épiphanie", 2006.

PENNA, Romano. *Gesù di Nazaret nelle culture del suo tempo. Alcuni aspetti del Gesù storico*. Bolonha: EDB, 2012.

SCHÜSSLER FIORENZA, Elisabeth. *"En mémoire d'elle". Essai de reconstruction des origines chrétiennes selon la théologie féministe*, trad. Marcelline Brun-Reyniers. Paris: Le Cerf, col. "Cogitatio fidei, 136", 1986.

ZUMSTEIN, Jean. "Marie-Madeleine, la première Apôtre". In: BASLEZ, Marie-Françoise (ed.). *Les Premiers Temps de l'Église. De saint Paul à saint Augustin*. Paris: Gallimard, col. "Folio Histoire, 124", 2004.

Capítulo 11 Milagres e curas

BECKER, Michael. *Wunder und Wundertäter im frührabbinischen Judentum. Studien zum Phänomen und seiner Überlieferung im Horizont von Magie und Dämonismus*. Tübingen: Mohr Siebeck, 2002.

BEYER, Hermann. "Therapeia, etc." In: KITTEL, Gerhard & BROMILEY, Geoffrey W. (eds.). *Theological Dictionary of the New Testament*, vol. III. Grand Rapids-Cambridge: W. B. Eerdmans Publishing Company, 1966, p. 128-132.

BLANCHARD, Yves-Marie. *Des signes pour croire? Une lecture de l'Évangile de Jean.* Paris: Le Cerf, col. "Lire la Bible, 106", 1995.

KALMIN, Richard Lee. "Holy Men, Rabbis, and Demonic Sages in Late Antiquity". In: KALMIN, Richard L. & SCHWARTZ, Seth R. (eds.). *Jewish Culture and Society under the Christian Roman Empire.* Lovaina: Peeters, 2003, p. 213-249.

MARGUERAT, Daniel. *Le Dieu des premiers chrétiens.* Genebra: Labor et Fides, col. "Essais bibliques, 16", 2011, 4ª edição revista e corrigida.

MEIER, John P. *Un certain Juif, Jésus. Les données de l'histoire*, t. II. La parole et les gestes. Paris: Le Cerf, col. "Lectio Divina", 2005, caps. XVII a XXII.

PERROT, Charles *et al. Les Miracles…* Paris: Éditions de l'Atelier, col. "Tout simplement, 14", 1995.

TWELFTREE, Graham H. *Jesus the Exorcist. A Contribution to the Study of the Historical Jesus.* Eugene: Wipf & Stock Publishers, 2011.

Parte II – O ensino

Capítulo 12 O Reino e suas parábolas

BOYARIN, Daniel. *Intertextuality and the Reading of Midrash.* Bloomington: Indiana University Press, 1990.

DELORME, Jean & ASSOCIATION CATHOLIQUE FRANÇAISE POUR L'ÉTUDE DE LA BIBLE (eds.). *Les Paraboles évangéliques. Perspectives nouvelles.* Paris: Le Cerf, col. "Lectio Divina, 135", 1989.

GRAPPE, Christian. *Le Royaume de Dieu. Avant, avec et après Jésus.* Genebra: Labor et Fides, col. "Le Monde de la Bible, 42", 2001.

JEREMIAS, Joachim. *Les Paraboles de Jésus*, trad. Bruno Hübsch. Paris: Le Seuil, 1968.

MARGUERAT, Daniel. *Parabole.* Paris: Le Cerf, col. "Cahiers Évangile, 75", 1991.

MERKLEIN, Helmut. *Jesu Botschaft von der Herrschaft Gottes.* Stuttgart: KBW, col. "Stuttgarter Bibelstudien, 111", 1983.

RICOEUR, Paul. "La Bible et l'imagination". *Revue d'histoire et de philosophie religieuses*, 4, out.-dez., 1982.

VIVIANO, Benedict T. *Le Royaume de Dieu dans l'histoire.* Paris: Le Seuil, col. "Lire la Bible, 96", 1992.

WEDER, Hans. *Présent et règne de Dieu. Considérations sur la compréhension du temps chez Jésus et dans le christianisme primitif.* Paris: Le Cerf, col. "Lectio Divina, 230", 2009.

YOUNG, Brad H. *The Parables. Jewish Tradition and Christian Interpretation.* Peabody: Hendrickson, 1998.

ZIMMERMANN, Ruben & DORMEYER, Detlev (eds.). *Kompendium der Gleichnisse Jesu.* Gütersloh: Gütersloher Verlagshaus, 2007.

Capítulo 13 O caminho do Reino: as Bem-aventuranças

BEAUCHAMP, Paul. *La Loi de Dieu. D'une montagne à l'autre*. Paris: Le Seuil, 1999.

BOVON, François. *L'Évangile selon saint Luc*, 4 vols. Genebra: Labor et Fides, 1991-2009.

BOVON, François. *Luc le théologien*. Genebra: Labor et Fides, col. "Le Monde de la Bible, 5", 2006, 3ª edição.

DEVILLERS, Luc. *La Saga de Siloé. Jésus et la fête des Tentes (Jean 7, 1-10, 21)*. Paris: Le Cerf, col. "Lire la Bible, 143", 2005.

DUPONT, Jacques. *Le Message des Béatitudes*. Paris: Le Cerf, col. "Cahiers Évangile, 24", 1978.

DUPONT, Jacques. *Les Béatitudes*, t. I. Le problème littéraire. Paris: J. Gabalda, col. "Études bibliques", 1969.

LÉGASSE, Simon. *"Et qui est mon prochain?" Étude sur l'objet de l'agapè dans le Nouveau Testament*. Paris: Le Cerf, col. "Lectio Divina, 136", 1989.

MEIER, John P. *Un certain Juif, Jésus. Les données de l'histoire*, t. IV. La Loi et l'amour. Paris: Le Cerf, col. "Lectio Divina", 2009, cap. xxxvi.

NODET, Étienne & TAYLOR, Justin. *Essai sur les origines du christianisme. Une secte éclatée*. Paris: Le Cerf, col. "Initiations bibliques", 2002.

Capítulo 14 Misericórdia e justiça

BALMARY, Marie & MARGUERAT, Daniel. *Nous irons tous au paradis. Le Jugement dernier en question*. Paris: Albin Michel, 2012.

BIANCHI, Enzo. *J'étais étranger et vous m'avez accueilli*, trad. Matthias Wirz. Bruxelas: Lessius, col. "Le livre et le rouleau, 31", 2008.

BORSE, Udo. *Die Entscheidung des Propheten. Kompositorische Erweiterung und redaktionelle Streichung von John 7, 50. (53)-8, 11*. Stuttgart: Verlag Katholisches Bibelwerk, 1994.

MARGUERAT, Daniel. *Le Jugement dans l'Évangile de Matthieu*. Genebra: Labor et Fides, col. "Le Monde de la Bible, 6", 1995.

MARTIN DE VIVIÉS, Pierre de. *La Fin du monde*. Bruyères-le-Châtel: Nouvelle Cité, col. "Ce que dit la Bible sur…, 7", 2014.

SPICQ, Ceslas. *Agapè dans le Nouveau Testament. Analyse des textes*. Paris: J. Gabalda, col. "Études bibliques", 1958.

Capítulo 15 Jesus e os poderes

BAMMEL, Ernst & MOULE, C. F. D. (eds.). *Jesus and the Politics of His Day*. Cambridge: Cambridge University Press, 2002.

DE MINGO KAMINOUCHI, Alberto. *"But it is not so among you". Echoes of Power in Mark 10, 32-45*. Londres-Nova York: T & T Clark, 2003.

DEBERGÉ, Pierre. *L'Argent dans la Bible. Ni pauvre, ni riche*. Montrouge: Nouvelle Cité, col. "Racines", 1999.

HORSLEY, Richard A. & HANSON, John S. *Bandits, Prophets, and Messiahs. Popular Movements in the Time of Jesus*. Minneapolis: Winston Press, 1985.

LUZ, Ulrich. *Das Evangelium nach Matthäus. 3. Teilband, Mt 18-25*. Zurique: Benziger Verlag, 1997.

NEAGOE, Alexandru. *The Trial of the Gospel. An Apologetic Reading of Luke's Trial Narratives*. Nova York: Cambridge University Press, 2002.

PAGOLA, José Antonio. *Jesus. Aproximação histórica*, trad. Gentil A. Titton. Petrópolis: Vozes, 2010, cap. 12.

Capítulo 16 As palavras do escândalo

BAUDOZ, Jean-François. *"Prendre sa croix". Jésus et ses disciples dans l'évangile de Marc*. Paris: Le Cerf, col. "Lire la Bible, 154", 2009.

CUVILLIER, Élian. *L'Évangile de Marc*. Genebra-Paris: Labor et Fides/Bayard, col. "Bible en face", 2002.

JÓNSSON, Jakob. *Humour and Irony in the New Testament. Illuminated by Parallels in Talmud and Midrash*. Leyde: Brill, 1985.

PERETTI, André de. *Essai sur l'humour du Christ dans les évangiles*. Paris: Le Cerf, 2004.

TRUEBLOOD, Elton. *The Humor of Christ. A Bold Challenge to the Traditional Stereotype of a Somber, Gloomy Christ*. Nova York: Harper and Row, 1964.

Parte III – Interrogações sobre a identidade de Jesus

Capítulo 17 Reações e oposições

FOCANT, Camille. *L'Évangile selon Marc*. Paris: Le Cerf, col. "Commentaire biblique: Nouveau Testament 2", 2010.

GUGGENHEIM, Antoine. *La Circoncision. Circoncision de la chair et circoncision du cœur: une lecture de saint Paul*. Paris: L'Herne, col. "Carnets", 2016.

HADAS-LEBEL, Mireille. *Hillel. Un sage au temps de Jésus*. Paris: Albin Michel, col. "Spiritualités vivantes poche, 214", 2004.

HENGEL, Martin. *Studies in Early Christology*. Edimburgo: T. & T. Clark, 1995.

HURTADO, Larry W. *Le Seigneur Jésus Christ. La dévotion envers Jésus aux premiers temps du christianisme*, trad. Dominique Barrios & Charles Ehlinger. Paris: Le Cerf, 2009.

KLINGHARDT, Matthias. *Gesetz und Volk Gottes. Das lukanische Verständnis des Gesetzes nach Herkunft, Funktion und seinem Ort in der Geschichte des Urchristentums.* Tübingen: J. C. B. Mohr (P. Siebeck), 1988.

MILLER, Stuart S. *At the Intersection of Texts and Material Finds. Stepped Pools, Stone Vessels, and Ritual Purity among the Jews of Roman Galilee.* Göttingen: Vandenhoeck & Ruprecht, col. "Journal of Ancient Judaism", 2014.

NODET, Étienne & TAYLOR, Justin. *Essai sur les origines du christianisme. Une secte éclatée.* Paris: Le Cerf, col. "Initiations bibliques", 2002.

TASSIN, Claude. *Évangile de Jésus Christ selon saint Matthieu.* Paris: Le Cerf, col. "Cahiers Évangile, 129", 2004.

THOMA, Clemens. *Théologie chrétienne du judaisme. Pour une histoire réconciliée des juifs et des chrétiens*, trad. Maurice Vidal et Olaf Hahn. Les Plans-sur-Bex-Paris: Parole et silence, col. "École cathédrale", 2005.

VOUGA, François. *Jésus et la Loi. Selon la tradition synoptique.* Genebra: Labor et Fides, col. "Le Monde de la Bible", 1988.

Capítulo 18 Jesus e Deus

BIANCHI, Enzo. *Le Notre Père. Un condensé d'Évangile*, trad. Cécile Gariel. Paris: Médiaspaul, col. "Sagesse", 2009.

DURRWELL, François-Xavier. *Le Père. Dieu en son mystère.* Paris: Le Cerf, col. "Théologies, 34", 1987.

GUILLET, Jacques. *La Foi de Jésus-Christ.* Paris: Mame/Desclée, col. "Jésus et Jésus-Christ, 12", nova edição, 2010.

LÉON-DUFOUR, Xavier. *Lecture de l'Évangile selon Jean*, t. II. Paris: Le Seuil, col. "Parole de Dieu, 29", 1990, capítulos V-XII, p. 127-198: "Le pain de vie".

PERROT, Charles. *Jésus, Christ et Seigneur des premiers chrétiens. Une christologie exégétique.* Paris: Desclée, col. "Jésus et Jésus-Christ, 70", 1997.

PHILONENKO, Marc. *Le Notre Père. De la prière de Jésus à la prière des disciples.* Paris: Gallimard, col. "Bibliothèque des histoires", 2001.

RAHNER, Karl. "Considérations dogmatiques sur la science et la conscience de soi du Christ". In: RAHNER, Karl *et al.* (eds.). *Exégèse et dogmatique.* Paris: Desclée de Brouwer, 1966, p. 185-210.

SCHLOSSER, Jacques. *Le Dieu de Jésus.* Paris: Le Cerf, col. "Lectio Divina, 129", 1987.

SESBOÜÉ, Bernard & WOLINSKI, Joseph. *Le Dieu du salut. La tradition, la règle de foi et les symboles, l'économie du salut, le développement des dogmes trinitaire et christologique.* Paris: Mame-Desclée, col. "Histoire des dogmes, 1", 2016.

STAVROU, Michel. "Les énergies divines, la transfiguration du corps et du cosmos dans la théologie byzantine". In: BAUD, Philippe & EGGER, Maxime (eds.). *Les Richesses de l'Orient chrétien*. Pully: Le Sel de la Terre, 2000, p. 69-108.

URS VON BALTHASAR, Hans. *La Foi du Christ. Cinq approches christologiques*. Paris: Aubier-Montaigne, col. "Foi vivante, 76", 1968.

LIVRO III – PAIXÃO E RESSURREIÇÃO

Parte I – Jerusalém

Capítulo 19 A subida dos perigos

BEAUBOEUF, Stéphane. *La Montée à Jérusalem. Le dernier voyage de Jésus selon Luc (9, 51-19, 48)*. Paris: Le Cerf, col. "Lire la Bible, 161", 2010.

MARCHADOUR, Alain. *Lazare. Histoire d'un récit, récits d'une histoire*. Paris: Le Cerf, col. "Lectio Divina, 132", 1988.

NORTH, Wendy E. Sproston. *The Lazarus Story within the Johannine Tradition*. Sheffield: Sheffield Academic, col. "JSNT, Supplement series, 212", 2001.

OSIEK, Carolyn & MacDONALD, Margaret. *A Woman's Place. House Churches in Earliest Christianity*. Minneapolis: Fortress Press, 2006.

SCHOTTROFF, Luise & WACKER, Marie-Theres (eds.). *Feminist Biblical Interpretation. A Compendium of Critical Commentary on the Books of the Bible and Related Literature*, trad. Lisa E. Dahill. Grand Rapids-Cambridge: W. B. Eerdmans Publishing Company, 2012.

TANNEHILL, Robert C. *The Narrative Unity of Luke-Acts. A Literary Interpretation*, t. I. The Gospel according to Luke. Filadélfia: Fortress Press, 1986.

THURSTON, Bonnie. *Women in the New Testament. Questions and Commentary*. Eugene: Wipf & Stock Publishers, 2004.

Capítulo 20 O conflito com o Templo

ADNA, Jostein. *Jesu Stellung zum Tempel. Die Tempelaktion und das Tempelwort als Ausdruck seiner messianischen Sendung*. Tübingen: Mohr Siebeck, col. "Wissenschaftliche Untersuchungen zum Neuen Testament, 119", 2000.

BROOKE, George J. "Patterns of priesthood, priestliness and priestly functions in some Second Temple Period Texts". *Judaisme ancien*, 4, 2016, p. 1-21.

CHILTON, Bruce & EVANS, Craig A. *Jesus in Context. Temple, Purity, and Restoration*. Leyde: Brill, col. "Arbeiten zur Geschichte des antiken Judentums und des Urchristentums, 39", 1997.

DUPONT, Jacques. *Les Trois Apocalypses synoptiques. Marc 13, Matthieu 24-25, Luc 21.* Paris: Le Cerf, col. "Lectio Divina, 121", 1985.

FOCANT, Camille. "Vers une maison de prière pour les nations". In: FOCANT, Camille (ed.). *Quelle maison pour Dieu?* Paris: Le Cerf, col. "Lectio Divina, hors-série", 2003, p. 255-283.

SÖDING, Thomas. "Die Tempelaktion Jesu. Redaktionskritik, Überlieferungsgeschichte, historische Rückfrage (Mk 11, 15-19; Mt 21, 12-17; Lk 19, 45-48; Joh 2, 13-22)". *Trierer Theologische Zeitschrift*, 101, 1992, p. 36-64.

Parte II – As despedidas

Capítulo 21 A última refeição

BLANCHARD, Yves-Marie. "Lavement des pieds et pénitence, une lecture de Jean 13, 1-20". *La Maison-Dieu*, 214/2, 1998, p. 35-50.

DETWILLER, Andreas. *Die Gegenwart des Erhöhten. Eine exegetische Studie zu den johanneischen Abschiedsreden (Joh 13, 31-16, 33) unter besonderer Berücksichtigung ihres Relecture-Charakters.* Göttingen: Vandenhoeck & Ruprecht, 1995.

DIETZFELBINGEN, Christian. *Der Abschied des Kommenden. Eine Auslegung der johanneischen Abschiedsreden.* Tübingen: J.C.B. Mohr (P. Siebeck), 1996.

EGASSE, Corinne. *Le Lavement des pieds. Recherche sur une pratique négligée.* Genebra: Labor et Fides, col. "Christianismes antiques", 2015.

HENSHKE, David. *En quoi cette nuit est-elle différente… La veillée de Pessah dans la tradition talmudique des Sages [Ma Nishtana. Leil Pessah be-talmudam shel Hakhamim].* Jerusalém: Magna Press, 2016.

NAULT, François. *Le Lavement des pieds. Un asacrement.* Montréal: Médiaspaul, 2010.

LÉON-DUFOUR, Xavier. *Le Partage du pain eucharistique. Selon le Nouveau Testament.* Paris: Le Seuil, col. "Parole de Dieu, 21", 1982.

PITRE, Brant. *Jesus and the Last Supper.* Grand Rapids-Cambridge: W. B. Eerdmans Publishing Company, 2015.

SAULNIER, Stéphane. *Calendrical Variations in Second Temple Judaism. New Perspectives on the "Date of the Last Supper" Debate.* Leyde-Boston: Brill, col. "Journal for the Study of Judaism, Supplement, 159", 2012.

SIMOENS, Yves. "Glorification, Pardon et accomplissement de l'Écriture: conditions de l' 'Un' selon Jn 17". In: *Le Fils unique et ses frères. Unicité du Christ et pluralisme religieux.* "Actes d'un colloque au Centre Sèvres les 19 et 20 octobre 2001". Paris: Éditions des facultés jésuites de Paris, 2002.

ZUMSTEIN, Jean. "L'adieu de Jésus aux siens. Une lecture intertextuelle de Jean 13-17". In: STEFFEK, & EMMANUELLE BOURQUIN, Yvan. *Raconter, interpréter, annoncer.* Genebra: Labor et Fides, col. "Le Monde de la Bible, 47", 2003, p. 207-222.

Capítulo 22 Jesus diante de sua morte

BLANCHARD, Yves-Marie. "L'heure de Jésus". In: *Saint Jean*. Paris: L'Atelier, 2007, p. 48-49.

BURNET, Régis. *L'Évangile de la trahison. Une biographie de Judas*. Paris: Le Seuil, 2007.

GUILLET, Jacques. *La Foi de Jésus-Christ*, nova edição. Paris: Mame/Desclée, col. "Jésus et Jésus-Christ, 12", 2010.

KLAUCK, Hans-Josef. *Judas, un disciple de Jésus. Exégèse et répercussions historiques*, trad. Joseph Hoffmann. Paris: Le Cerf, col. "Lectio Divina, 212", 2006.

RATZINGER, Joseph. *Jésus de Nazareth. 2. De l'entrée à Jérusalem à la Résurrection*. Paris: Le Rocher/groupe Parole et silence, 2011.

SEVRIN, Jean-Marie. "La Croix au centre de l'Évangile". In: *Le Jésus du quatrième évangile*. Paris: Mame/Desclée, col. "Jésus et Jésus-Christ, 100", 2011, p. 178-188.

URS VON BALTHASAR, Hans. "Le mystère pascal". In: FEINER, Johannes & LÖHRER, Magnus (eds.). *Mysterium Salutis*, vol. 12: Dogmatique de l'histoire du salut. Paris: Le Cerf, 1972, p. 93-106.

ZUMSTEIN, Jean. *L'Évangile selon saint Jean (13-21)*. Genebra: Labor et Fides, col. "Commentaire du Nouveau Testament, deuxième série, 4b", 2007.

Parte III – A paixão

Capítulo 23 O processo e a condenação de Jesus

BEKKEN, Per Jarle. *The Lawsuit Motif in John's Gospel from New Perspectives. Jesus Christ, Crucified Criminal and Emperor of the World*. Leyde-Boston: Brill, col. "Novum Testamentum. Supplements, 158", 2015.

BLINZLER, Josef. *Le Procès de Jésus*, trad. G. Daubié. Paris: Mame, 1962.

BOVON, François. *Les Derniers Jours de Jésus. Textes et événements*. Genebra: Labor et Fides, 2ª edição revista e aumentada, 2004.

BROWN, Raymond E./DONFRIED, Karl P. & REUMANN, John (eds.). *Saint Pierre dans le Nouveau Testament*. Paris: Le Cerf, col. "Lectio Divina, 79", 1974.

LÉMONON, Jean-Pierre. *Ponce Pilate*. Ivry-sur-Seine: L'Atelier/Éditions ouvrières, 2ª edição, 2007.

SCHIAVONE. Aldo. *Ponce Pilate. Une énigme entre histoire et mémoire*, trad. Marilène Raiola. Paris: Fayard, 2016.

Capítulo 24 A crucifixão

BROWN, Raymond E. (ed.). *La Mort du Messie. Encyclopédie de la Passion du Christ, de Gethsémani au tombeau: un commentaire des récits de la Passion dans les quatre évangiles*, trad. Jacques Mignon. Paris: Bayard, 2005.

COOK, John Granger. *Crucifixion in the Mediterranean World*. Tübingen: Mohr Siebeck, col. "WUNT, 327", 2014.

HENGEL, Martin. *La Crucifixion dans l'Antiquité et la folie du message de la croix*, trad. Albert Chazelle. Paris: Le Cerf, col. "Lectio Divina, 105", 1981.

LÉON-DUFOUR, Xavier/VERGOTE, Antoine *et al. Mort pour nos péchés. Recherche pluridisciplinaire sur la signification rédemptrice de la mort du Christ*. Bruxelas: Facultés universitaires Saint-Louis, 1976.

MEIER, John P. *Un certain Juif, Jésus. Les données de l'histoire*, t. I. Les sources, les origines, les dates. Paris: Le Cerf, col. "Lectio Divina", 2004, p. 239-262.

SESBOÜÉ, Bernard. *Jésus-Christ, l'unique médiateur. Essai sur la rédemption et le salut*, t. I. Problématique et relecture doctrinale. Paris: Desclée, col. "Jésus et Jésus-Christ, 33", 2003, 2ª edição.

Capítulo 25 O sepultamento

ARNALDEZ, Roger. *Jésus, fils de Marie, prophète de l'islam*. Paris: Desclée, col. "Jésus et Jésus-Christ, 13", 1980.

BORRMANS, Maurice. *Jésus et les musulmans d'aujourd'hui*. Paris: Desclée, col. "Jésus et Jésus-Christ, 69", 2005, 2ª edição.

COMBET-GALLAND, Corina. "L'évangile de Marc et la pierre qu'il a déjà roulée". In: MAINVILLE, Odette & MARGUERAT, Daniel (eds.). *Résurrection. L'après-mort dans le monde ancien et le Nouveau Testament*. Genebra-Montréal: Labor et Fides/Médiaspaul, col. "Le Monde de la Bible, 45", 2001, p. 93-109.

EPALZA, Mikel de. *Jésus otage. Juifs, chrétiens et musulmans en Espagne (VIᵉ-XVIIᵉ siècle)*. Paris: Le Cerf, col. "Jésus depuis Jésus", 1987.

HAYEK, Michel. *Le Christ de l'islam*. Paris: Le Seuil, 1959.

MARGUERAT, Daniel. *Résurrection. Une histoire de vie*. Poliez-le-Grand: Le Moulin, 2001.

Parte IV – Ressuscitado e vivo

Capítulo 26 As aparições aos discípulos

DURRWELL, François-Xavier. *Christ, notre Pâque*. Montrouge: Nouvelle Cité, col. "Racines", 2001.

DURRWELL, François-Xavier. *La Résurrection de Jésus, mystère de salut. Étude biblique*. Le Puy-Lyon: Xavier Mappus, 1963.

LEGRAND, Lucien. *Le Dieu qui vient. La mission dans la Bible*. Paris: Desclée, 1988.

LÉON-DUFOUR, Xavier. *Résurrection de Jésus et message pascal*. Paris: Le Seuil, col. "Parole de Dieu", 1971.

MARCHESELLI, Maurizio. *"Avete qualcosa da mangiare?" Un pasto, il risorto, la comunità*, vol. II. Bolonha: EDB, col. "Biblioteca di teologia dell'evangelizzazione", 2006.

MOLONEY, Francis J. *The Resurrection of the Messiah. A Narrative Commentary on the Resurrection Accounts in the Four Gospels*. Nova York: Paulist Press, 2013.

SEVRIN, Jean-Marie. *Le Jésus du quatrième évangile*. Paris: Mame/Desclée, col. "Jésus et Jésus-Christ, 100", 2011.

Capítulo 27 Na terra como no céu

AVEMARIE, Friedrich & LICHTENBERGER, Hermann (eds.). *Auferstehung-Resurrection. The Fourth Durham-Tübingen Research Symposium "Resurrection, Transfiguration and Exaltation in Old Testament, Ancient Judaism and Early Christianity"* (Tübingen, Setembro de 1999). Tübingen: Mohr Siebeck, 2001.

BIANCHI, Enzo. *Prier Marie selon les Écritures*. Paris: Le Cerf, revista *Biblia*, fora de série n. 1, 2006.

GROUPE DES DOMBES. *Marie. Dans le dessein de Dieu et la communion des saints*. Paris: Bayard/Centurion, col. "Oecuménisme", 1999.

PERROT, Charles. "La venue du Seigneur". In: *Le Retour du Christ*. Bruxelas: Facultés universitaires Saint-Louis, 1983, p. 17-50.

SESBOÜÉ, Bernard. *Marie, ce que dit la foi*. Paris: Bayard, 2004.

SIMOENS, Yves. *Évangile selon Jean*. Paris: Éditions des facultés jésuites de Paris, 2016.

VIDAL, Maurice. *Cette Église que je cherche à comprendre*. Paris: L'Atelier/Éditions ouvrières, 2009.

Comitê editorial

Organizador da obra

Joseph DORÉ, professor emérito no Instituto Católico de Paris, foi reitor da Faculdade de Teologia (1988-1994), em seguida diretor do departamento da pesquisa (1994-1997). Presidiu a Academia Internacional das Ciências Religiosas em Bruxelas (1993-1999), foi, em Roma, membro da Comissão Teológica Internacional (1992-1997), da Comissão histórica e teológica do Grande Jubileu do ano 2000 e é membro do Conselho Pontifício da Cultura desde 1988. Criou e dirigiu a coleção "Jésus et Jésus-Christ" na editora Desclée/Mame (101 volumes) e a coleção "La grâce d'une cathédrale" na editora La Nuée bleue (20 volumes até hoje). É arcebispo de Estrasburgo.

Coordenação

Christine PEDOTTI, escritora e jornalista, dirige *Témoignage chrétien*. Fundou com Anne Soupa o Comitê da Saia (Comité de la Jupe) e a Conferência Católica dos Batizados/as Francófonos, duas associações que trabalham respectivamente na valorização da voz das mulheres e da voz dos leigos na Igreja católica. É autora de uma história do Concílio Vaticano II (*La Bataille du Vatican, 1959-1965*, Plon, 2012) e de numerosos romances que põem em cena grandes temas da atualidade católica ou contam a Bíblia visando um público amplo. Dirigiu durante quinze anos o departamento religioso da editora Fleurus/Mame.

Conselheiros científicos

Roselyne DUPONT-ROC, normalista, possui o título de professora suplente em gramática, licenciatura canônica em teologia, diploma superior de estudos bíblicos e diploma superior da Escola das Línguas e Civilizações do Oriente antigo. De 1987 a 2011 lecionou grego e exegese do Novo Testamento na Faculdade de Teologia do Instituto Católico de Paris.

Jean-François BAUDOZ, possui doutorado em teologia, diploma superior de estudos bíblicos, licenciatura em filosofia, foi aluno titular da Escola Bíblica e Arqueológica de Jerusalém. Professor no Instituto Católico de Paris (1990-2013), lecionou exegese do Novo Testamento na Faculdade de Teologia e de Ciências Religiosas.

Outros membros do comitê editorial

Patrick PRÉTOT, monge beneditino da abadia Sainte-Marie de la Pierre-qui-vire, é doutor em antropologia religiosa e em teologia (cf. p. 799).

Jean-François ROD, livreiro, foi diretor geral e presidente das livrarias La Procure de 1991 a 2011.

Gilles-Hervé MASSON, dominicano, foi diretor do departamento de teologia da editora Du Cerf de 2000 a 2013 e membro do comitê científico da revista *Biblia*.

Os autores

Rafael AGUIRRE MONASTERIO, professor emérito na Universidade de Deusto (Bilbao, Espanha), é autor de *Del movimiento de Jesús a la Iglesia cristiana. Ensayo de exégesis sociológica del cristianismo primitivo* (Verbo Divino, 2009) e de *La memoria de Jesús y los cristianismos de los orígenes* (Verbo Divino, 2015). Foi também codiretor de *Así nació el cristianismo* (Verbo Divino, 2010).

Marie BALMARY é psicanalista. Após uma primeira pesquisa sobre os fundamentos da psicanálise, ela retoma com outros pesquisadores a experiência da escuta para interpretar a Bíblia e os Evangelhos. Publicou especialmente: *Le Sacrifice interdit, Freud et la Bible* (1986); *La Divine Origine, Dieu n'as pas créé l'homme* (1993); *Abel ou la traversée de l'Éden* (1999) na editora Grasset; *Freud jusqu'à Dieu* (Actes Sud, 2010); e na editora Albin Michel *Le Moine et la psychanalyste* (2005), *Nous irons tous au paradis. Le Jugement dernier en question* (com Daniel Marguerat, 2012), *Ouvrir le livre, une lecture étonnée de la Bible* (com Sophie Legastelois, 2026).

David BANON, doutor em letras da Universidade de Genebra, é professor emérito da Universidade de Estrasburgo e membro do Instituto Universitário da França. Lecionou nas universidades de Genebra e de Lausanne, de Laval (Québec), e foi professor-convidado na Universidade Hebraica de Jerusalém de 2010 a 2016. Publicou uma dúzia de livros, entre os quais: *L'Oubli de la lettre* (Albin Michel, 2017) e *L'École de pensée juive de Paris, le judaisme revisité sur les bords de Seine* (Presses Universitaires de Strasbourg, 2017).

Marie-Françoise BASLEZ, historiadora, é professora emérita de história das religiões da Antiguidade na Universidade Paris-IV-Sorbonne, especialista em Oriente helenístico e romano. Suas pesquisas versam sobre a sociologia religiosa e sobre as relações entre o religioso, o político e o cultural. É autora especialmente de uma biografia histórica *Saint Paul* (Fayard, 1991, reed. e ampliada 2008 e 2013) e de dois ensaios sobre o cristianismo primitivo: *Comment notre monde est devenu chrétien* (Le Seuil, 2011) e *Les premiers Bâtisseurs de l'Église* (Fayard, 2016). Organizou também na Albin Michel: *Chrétiens persécuteurs. Destructions, exclusions, violences religieuses au IVe siècle* (2014).

Lytta BASSET, filósofa de formação e professora honorária de teologia na Universidade de Neuchâtel, foi antes pastora na Igreja protestante de Genebra durante dezessete anos. Escritora, conferencista e formadora em acompanhamento espiritual – que ela pratica há trinta anos (cf. http:/www.aaspir.ch) –, é autora, entre outras obras, de: *"Moi, je ne juge personne". L'Évangile au-delà de la morale* (2003); *La Joie imprenable* (2004); *Ce lien qui ne meurt jamais* (2007, reed. Le Livre de poche, 2010); *Aimer sans dévorer* (2010); *Le Désir de tourner la page* (2011); *Oser la bienveillance* (2014); *La Source que je cherche* (2017), todos publicados na editora Albin Michel.

Stéphane BEAUBOEUF fez um percurso universitário que o levou das letras clássicas à exegese e à teologia. Atualmente é professor-associado no Instituto Católico de Paris. Suas principais publicações são: *La Montée à Jérusalem. Le dernier voyage de Jésus selon Luc (9,51–19,48* (Le Cerf, 2010) e *Magnifique est le Seigneur* (coletânea de artigos sobre o *Magnificat*, Le Cerf, *Biblia magazine* n. 6, dezembro 2010).

Maurice BELLET é doutor em teologia e em filosofia, formado em escuta psicanalítica. Seus numerosos livros e artigos situam-se na interseção entre teologia, filosofia e psicanálise. Entre suas obras mais conhecidas estão: *Le Dieu pervers* (Desclée de Brouwer, 1979); *La Voie* (Le Seuil, 1982); *L'Épreuve* (Desclée de Brouwer, 1988); *Incipit* (Desclée de Brouwer, 1993); *Dieu, personne ne l'a jamais vu* (Albin Michel, 2008, reed. 2016). Abordou a eucaristia em *La Chose la plus étrange* (Desclée de Brouwer, 1999).

Michel BERDER é professor honorário no Theologicum do Instituto Católico de Paris. Doutor em teologia (Estrasburgo), é igualmente aluno diplomado da Escola Bíblica e Arqueológica Francesa de Jerusalém. Entre suas publicações estão: *La Pâque et le passage de la mer dans les lectures juives, chrétiennes et musulmanes (Exode 12–14)* (Le Cerf, 1995); *La Pierre rejetée par les bâtisseurs: Psaume 118,22-23 et son emploi dans les traditions juives et dans le Nouveau Testament* (Gabalda, 1996); *Pour lire et prier les Psaumes* (com Sophie Ramond, Le Cerf, 2016).

Katell BERTHELOT, diretora de pesquisa no CNRS, é historiadora do judaísmo antigo. Dirige, entre outros, um programa de pesquisa que trata do impacto da ideologia imperial romana sobre a formação do judaísmo antigo (judaism-and-rome.cnrs.fr). Entre suas publicações estão: *Philanthrôpia judaica. Le débat autour de la "misanthropie" des lois juives dans l'Antiquité* (Brill, 2003); *L'"Humanité de l'autre homme" dans la pensée juive ancienne* (Brill, 2004); *Le monothéisme peut-il être humaniste?* (Fayard, 2016).

Enzo BIANCHI fundou a comunidade monástica de Bose em 1965 e foi seu prior até 2017. Participou como perito dos Sínodos dos bispos sobre a Palavra de Deus (2008) e sobre a Nova Evangelização (2012). Em 2014, o papa Francisco nomeou-o consultor do Conselho Pontifício para a Promoção da Unidade dos Cristãos. Entre seus livros estão: *Pregare la Parola* (Gribaudi, 2000). *Fede e fiducia* (Einaudi, 2013); *Dono e perdono* (Einaudi, 2014).

Gérard BILLON é professor no Instituto Católico de Paris, vice-presidente da Aliança Bíblica Francesa e diretor da revista *Cahiers Évangile*. Publicou especialmente: *Jésus et sa Passion* (com Jean Delumeau, Desclée de Brouwer, 204) e *539 mots pour goûter la Bible* (Mame, 2016).

Yves-Marie BLANCHARD, professor concursado de letras clássicas e doutor em teologia, é professor honorário no Instituto Católico de Paris. Publicou especialmente obras e artigos sobre a literatura joânica e os Pais da Igreja, entre os quais: *Aux sources du canon. Le témoignage d'Irénée* (Le Cerf, 1993); *Des signes pour croire? Une lecture de l'évangile de Jean* (Le Cerf, 1995); *L'Évangile du Christ Roi ou la figure johannique de l'Agneau* (Desclée de Brouwer, 2012); *L'Église, mystère et institution selon le quatrième évangile* (Desclée de Brouwer, 2013); *Voici l'homme, Éléments d'anthropologie johannique* (Artège-Lethielleux, 2016).

François BOESPFLUG, professor emérito de história comparada das religiões na Faculdade de Teologia Católica da Universidade de Estrasburgo, é especialista em Deus na arte dos monoteísmos. É autor de uns trinta livros, entre os quais: *Dieu dans l'art* (Le Cerf, 1984); *La Trinité dans l'art d'Occident, 1400-1460* (Presses Universitaires de Strasbourg, 2000); *Le Dieu des peintres et des sculpteurs* (Musée du Louvre, 2010); *Les Théophanies bibliques dans l'art d'Occident et d'Orient* (Droz, 2012); *Ressuscité. La résurrection du Christ dans l'art* (com Emanuela Fogliadini, Mame, 2016); e *Dieu entre Orient et Occident. Le conflit des images, mythes et réalités* (com Emanuela Fogliadini, Bayard, 2017).

Anne-Claire BOLOTTE, professora de história e biblista, é professora na Escola Catedral de Paris.

Carlo BROCCARDO, doutor em Sagrada Escritura pelo Pontifício Instituto Bíblico de Roma, leciona na Faculdade Teológica do Trivêneto (Pádua). Seu campo de pesquisa é o Novo Testamento, em particular Lucas e os Atos dos Apóstolos. Entre suas publicações estão: *I Vangeli. Una guida alla lettura* (Carocci, 2009); *Le possibilità inaspettate. Pagine scelte dal Vangelo secondo Luca* (Cittadella, 2010); *Vangelo di Luca. Commento esegetico-spirituale* (Città Nuova, 2012); *Tra gratuità e scaltrezza. Le parabole della misericordia di Luca 15–16* (San Paolo, 2016).

Régis BURNET, normalista, é professor de exegese do Novo Testamento na Universidade Católica de Lovaina. Publicou, entre outros: *L'Évangile de la trahison. Une bio-*

graphie de Judas (Le Seuil, 2008); *Les Douze Apôtres. Histoire de la récepcion des figures apostoliques dans le christianisme ancien* (Brepols, 2014); *Celui qui ne travaille pas ne mange pas. Vingt siècles de répression des pauvres* (Le Cerf, 2015).

Eric H. CLINE é diretor do Instituto de Arqueologia do Capitólio na Universidade George-Washington (Washington), onde por muito tempo foi titular da cátedra do departamento das línguas e civilizações clássicas médio-orientais. Dirigiu particularmente, de 1994 a 2014, as escavações no sítio de Megido (Israel). Entre outras obras, é autor de: *1177 av. J.-C., le jour où la civilisation s'est effondrée* (La Découverte, 2015) e de uma *Introduction à l'archéologie biblique* (Albin Michel, 2015).

Corina COMBET-GALLAND é professora honorária no Instituto Protestante de Teologia, da Faculdade de Paris. É particularmente autora de: *Signes et paraboles. Sémiotique et texte évangélique* (no grupo de Entrevernes, Le Seuil, 1997); de "La passion selon Marc ou la mort précédée de ce qui la dépasse", em J.M. Tétaz/P. Gisel (eds.). *Une Passion après Auschwitz* (Beauchesne, 2017), como também de numerosos outros artigos, em particular nos *Cahiers bibliques* de *Foi et Vie* e *Études théologiques et religieuses.*

Élian CUVILLIER é professor na Faculdade de Teologia Protestante de Montpellier. Foi marcado pela teologia dialética e manifesta um interesse particular pelas ciências humanas, em particular a psicanálise e a filosofia continental. Entre suas publicações estão: *Traversée du christianisme. Exégèse, anthropologie, psychanalyse* (com Jean-Daniel Causse, Bayard, 2013); *Le Sermon sur la montagne (Matthieu 5-7). Vivre la confiance et la gratuité* (Cabédita, 2013); *Marie: qui donc es-tu? Un regard protestant* (Cabédita, 2015).

Julien DARMON, doutor em sociologia (EHESS), ensina o Talmud, o *midrash* e o pensamento judaico em instituições universitárias e comunitárias. Antigo aluno do grande especialista da cabala Charles Mopsik, é autor particularmente de: *La Loi du secret. La kabbale comme source de halakha* (Honoré Champion, 2017); *L'Esprit de la kabbale* (Albin Michel, 2017); e codirigiu com Jean Baumgarten uma história social e intelectual do judaísmo: *Aux origines du judaisme* (Les Liens qui libèrent/Actes Sud, 2012).

Pierre DE MARTIN DE VIVIÉS é doutor em teologia e em história das religiões e antropologia religiosa. Professor na Faculdade de Teologia da Universidade Católica de Lyon e no Seminário provincial de Lyon-Saint Irénée, é especializado em literatura profética, apocalíptica intertestamentária. Entre suas principais publicações estão: *Apocalypses et cosmologie du salut* (Le Cerf, 2002) e *Ce que dit la Bible sur... la fin du monde* (Nouvelle Cité, 2014).

Pierre DEBERGÉ é reitor emérito do Instituto Católico de Tolosa e membro da Pontifícia Comissão Bíblica. Publicou numerosas obras, entre as quais: *L'Amour et la sexualité dans la Bible* (Nouvelle Cité, 2001, reed. 2011); *Un peu moindre qu'un dieu. Bible et condition humaine* (Bayard, 2012); *Le Pouvoir* (Nouvelle Cité, 2014); *L'Amour vainqueur. Du scandale de la croix à l'indicible de la résurrection* (Médiaspaul, 2015); *Le Corps* (Nouvelle Cité, 2015); *Choisis la vie, parcours biblique et spirituel* (Médiaspaul, 2017).

Jean-Louis DÉCLAIS, após lecionar exegese nos seminários da Normandia, estudou islamologia e trabalha como sacerdote na Argélia desde 1978. Entre suas publicações estão: *David raconté par les musulmans* (Le Cerf, 1999); *Un récit musulman sur Isaie* (Le Cerf, 2001); "L'Évangile selon Wahb ibn Munabbih et sa famille", em MIDEO, 28, 2010.

Luc DEVILLERS, doutor em ciências bíblicas e antigo membro da Escola Bíblica de Jerusalém (1995-2008), é professor de Novo Testamento na Universidade de Friburgo (Suíça), na qual é reitor da Faculdade de Teologia. É particularmente autor de: *La Fête de l'Envoyé. La section johannique de la fête des Tentes* (Gabalda, 2002); *La Saga de Siloé. Jésus et la fête des Tentes* (Le Cerf, 2005); *Éclats de joie. Luc, évangéliste du salut* (Cabédita, 2014); *L'Évangile de Luc* (Le Cerf, 2016); e *L'Évangile de Jean* (Le Cerf, 2017).

Bernadette ESCAFFRE, doutora em exegese pelo Pontifício Instituto Bíblico de Roma, é igualmente professora e vice-reitora da Faculdade de Teologia do Instituto Católico de Tolosa e membro da Unidade de pesquisa CERES "Cultura, Ética, Religião e Sociedade". Entre suas publicações estão: "Évangile de Jésus Christ selon saint Jean", em *Cahiers Évangile*, Le Cerf, 2008; "Qui est-il donc celui-ci que même le vent et la mer lui obéissent? (Mc 4,41)", em G. Danroc & E. Cazanave (eds.). *Laudato sì. Pour une écologie intégrale* (Artège/Lethielleux, 2017).

Michel FÉDOU, professor de patrística e de teologia dogmática no Centro Sèvres – Faculdades Jesuítas de Paris, é membro do Grupo de Dombes, da Comissão Internacional Luterano-Católica, do Comitê misto de diálogo teológico católico-ortodoxo na França. Entre suas obras estão: *La Sagesse et le monde. Le Christ d'Origène* (Desclée de Brouwer, 1995); *Les Pères de l'Église et la théologie chrétienne* (Facultés jésuites de Paris, 2013); *La Voie du Christ*, 3 volumes (Le Cerf, 2006, 2013 e 2015).

Steven FINE, historiador do judaísmo antigo, é titular da cátedra Dean-Pinkhos-Churgin de história judaica na Universidade Yeshiva (Nova York), onde dirige o centro de estudos sobre Israel e também o projeto Arco de Tito. É também diretor da revisa *Images: A Journal of Jewish Art and Visual Culture*. Entre suas obras recentes estão:

Art and Judaism in the Greco-Roman World (Cambridge UP, 2005, ed. rev. 2012); *Art, History and the Historiography of Judaism* (Brill, 2013); *The Menorah: From the Bible to Modern Israel* (Harvard UP, 2016).

Camille FOCANT é professor emérito na Universidade Católica de Lovaina e membro da Academia Real da Bélgica. Entre suas publicações estão: *Quelle maison pour Dieu?* (Le Cerf, 2003); *L'Évangile selon Marc* (Le Cerf, 2004); *Marc, un évangile étonnant* (Peeters, Bibliotheca Ephemeridum Theologicarum Lovaniensium n. 194, 2006); *Les Lettres aux Philippiens et à Philémon* (Le Cerf, 2015).

Pierre GIBERT, doutor em teologia, em literatura comparada e em história, é professor emérito na Faculdade de Teologia da Universidade Católica de Lyon. Entre suas obras estão: *Une théorie de la légende. Hermann Gunkel et les légendes de la Bible* (Flammarion, 1979); *Bible, mythes et récits de commencement* (Le Seuil, 1986); *L'Inconnue du commencement* (Le Seuil, 2007); e *L'Invention critique de la Bible. VIe-XVIIIe siècle* (Gallimard, 2010).

Philippe GRUSON, possui mestrado em teologia no Instituto Católico de Paris, formou-se na Escola Bíblica e Arqueológica de Jerusalém antes de lecionar Antigo Testamento no Instituto Católico de Paris (1981-2007). Diretor dos *Cahiers Évangile* de 1983 a 2003, codirigiu a obra coletiva *La Bible et sa culture* (Desclée de Brouwer, 2000). Sua última publicação é: *Visages de la Bible* (Mame, 2015).

Antoine GUGGENHEIM foi presidente da Faculdade Notre-Dame de Paris (2000-2006) e de seu ciclo doutoral (2006-2014). Fundador e diretor do Centro de Pesquisa do Colégio dos Bernardinos de 2007 a 2014, foi professor-convidado nas Universidades de Fudan e Jiao Tong de Shanghai (China, 2015). Membro do comitê editorial da revista dos *Études du Crif* e membro associado do Centro de Estudos Universitários Emmanuel Levinas (Paris-IV-Sorbonne), foi igualmente cofundador de UP for Humanness (2016). Publicou particularmente: *La Circoncision: circoncision de la chair, circoncision du cœur. Une lecture de saint Paul* (L'Herne, 2016) e dirigiu com Danielle Cohen-Levinas *L'Antijudaisme à l'épreuve de la philosophie et de la théologie* (Le Seuil, 2016).

Mireille HADAS-LEBEL é professora emérita de história das religiões da Universidade Paris-IV-Sorbonne. Após ter lecionado hebraico no Instituto das Línguas e Civilizações Orientais, especializou-se no estudo do judaísmo antigo. Publicou particularmente: *Flavius Josèphe, le Juif de Rome* (Fayard, 1989); *Massada, histoire et symbole* (Albin Michel, 1995); *Hillel, un sage au temps de Jésus* (Albin Michel, 1999, reed. 2004); *Philon d'Alexandrie, un penseur en diaspora* (Fayard, 2003); *Une histoire du Messie* (Albin Michel, 2014); *Hérode* (Fayard, 2017).

Karin HELLER, doutora em teologia pela Universidade Pontifícia Lateranense, doutora pela Universidade Paris-IV-Sorbonne, é professora de Escritura, de teologias do gênero e de espiritualidade cristã na Universidade Whitworth em Spokane (Estados Unidos). Em 2014, sua contribuição para a preparação do Sínodo extraordinário sobre o Matrimônio e a Família foi publicada com o título: "I Fraintendimenti della Tolleranza e La Via della Misericordia", em Juan-José Pérez-Soba (ed.), *Misericordia e Verità Pastorale* (Edizioni Cantagalli).

Dan JAFFÉ é professor-associado de história das religiões na Universidade Bar-Ilan (Israel) e vinculado ao Centro Paul Albert-Février, CNRS, Universidade de Provence. Entre suas principais publicações estão: *Le Talmud et les origines juives du christianisme* (Le Cerf, 2008); *Jésus sous la plume des historiens juifs du XXe siècle* (Le Cerf, 2009); *Studies in Rabbinic Judaism and Early Christianity. Text and Context* (Brill, 2010); *Essai sur l'interprétation et la culture talmudiques. Femmes et familles dans le Talmud* (Le Cerf, 2013).

Philippe LEFEBVRE é professor de Antigo Testamento na Faculdade de Teologia de Friburgo (Suíça). Publicou particularmente: *La Vierge au livre. Marie et l'Ancien Testament* (Le Cerf, 2004); *Un homme, une femme et Dieu. Pour une théologie biblique de l'identité sexuée* (com Viviane de Montalembert, Le Cerf, 2007); *Joseph. L'éloquence d'un taciturne. Enquête sur l'époux de Marie à la lumière de l'Ancien Testament* (Salvator, 2012); *La Famille* (Nouvelle Cité, 2014); *Propos intempestifs de la Bible sur la famille* (Le Cerf, 2016).

Jean-Pierre LÉMONON, doutor em teologia e em civilizações antigas, foi também bolsista da Academia das Inscrições e Belas-Letras na Escola Bíblica e Arqueológica Francesa de Jerusalém da qual é estudante titular. Lecionou na Universidade Católica de Lyon de 1973 a 2006. Ex-presidente da Associação Católica Francesa para o Estudo da Bíblia, publicou particularmente: *Pilate et le gouvernement de la Judée* (Gabalda, 1981; L'Atelier/Éditions ouvrières, 2007); *Pour lire la lettre aux Galates* (Le Cerf/Médiaspaul, 2012); *Pour lire la première lettre aux Corinthiens* (Le Cerf, 2017).

Salomon MALKA, escritor e jornalista, é particularmente autor de: *Jésus rendu aux siens* (Albin Michel, 1999, 2012); *Emmanuel Lévinas. La vie et la trace* (J.-C. Lattès, 2002; Albin Michel, 2005); *Franz Rosenzweig. Le cantique de la révélation* (Le Cerf, 2005); *La vie et le destin de Vassili Grossman* (CNRS, 2008). Organizou um *Dictionnaire Franz Rosenzweig* (Le Cerf, 2016) e prepara atualmente um *Dictionnaire Péguy*.

Alain MARCHADOUR, antigo professor e reitor da Faculdade de Teologia da Universidade Católica de Tolosa, é colaborador da Escola Bíblica e Arqueológica de Jerusalém.

Entre suas numerosas publicações estão: *Venez et vous verrez. L'Évangile de Jean* (Bayard, 2011); *Dieu de miséricorde* (Bayard, 2016). Organizou igualmente diversas obras entre as quais: *Procès de Jésus, procès des Juifs?* (Le Cerf, 1998).

Véronique MARGRON, doutora em teologia moral e decana honorária da Faculdade de Teologia da Universidade Católica do Oeste, é atualmente priora da província dominicana da França e presidente da Conferência dos religiosos e religiosas da França. Entre suas obras estão: *Homme et femme, quelle différence?* (com Éric Fassin, Salvator, 2011); *Solitudes, nuit et jour* (Bayard, 2014); *Fragiles existences. Orienter sa vie* (Bayard, 2010); *Fidélité infidélité. Question vive* (Le Cerf, 2017).

Daniel MARGUERAT é professor honorário na Universidade de Lausanne (Suíça). Entre suas numerosas publicações estão: *Le Dieu des premiers chrétiens* (Labor et Fides, 1990, reed. 1993, 2011); *La Première Histoire du christianisme. Les Actes des apôtres* (Le Cerf-Labor et Fides, 1999, reed. 2007); *Nous irons tous au paradis. Le Jugement dernier en question* (com Marie Balmary, Albin Michel, 2012); *Les Actes des apôtres*, em 2 volumes (Labor et Fides, 2015); *Jésus et Matthieu. À la recherche du Jésus de l'histoire* (Labor et Fides/Bayard, 2016).

Paolo MASCILONGO é doutor em estudos bíblicos pelo Pontifício Instituto Bíblico de Roma. É professor no Instituto de Teologia Giulio Alberoni de Piacenza (Itália) e no Instituto Superior de Ciências Religiosas Santo Hilário (Parma). Desde 2012, colabora na seção Apostolado Bíblico da Igreja Italiana. Publicou particularmente: *Il discepolato nel Nuovo Testamento* (San Paolo, 2013); e *I personaggi della Passione nei tre Vangeli sinottici* (San Paolo, 2015).

Frank J. MATERA é professor emérito da Universidade Católica da América em Washington. Entre suas obras estão: *The Kingship of Jesus: Composition and Theology in Mark 15* (Scholars Press, 1982); *Passion Narratives and Gospel Theologies: Interpreting the Synoptics through their Passion Stories* (Paulist Press, 1986); *New Testament Ethics: the Legalities of Jesus and Paul* (Westminster John Knox Press, 1996); *New Testament Christology* (Westminster John Knox Press, 1999); *II Corinthians: a Commentary* (Westminster John Knox Press, 2003).

Yara MATTA, doutora em teologia, é professora-associada no Instituto Católico de Paris. Entre suas publicações estão: *À cause du Christ. Le retournement de Paul le Juif* (Le Cerf, 2013); "L'ouverture aux paiens dans les Actes des Apôtres: lieu de conversion, chemin de dialogue", em Th.-M. Courau & A.-S. Vivier-Muresan (eds.), *Dialogue et conversion, mission impossible?* (Desclée de Brouwer, 2012); "Le Dire et le Faire selon Mt 7,21-23: un critère d'identité?", em *Transversalités*, n. 129, 2014; "Quelques recherches juives contemporaines sur Paul", em *SENS*, n. 395, 2015.

Stuart S. MILLER é professor de hebraico, de história e de estudos judaicos na Universidade de Connecticut (Estados Unidos). É particularmente autor de: *Studies in the History and Traditions of Sepphoris* (E. J. Brill, 1984); e *At the Intersection of Texts and Material Finds: Stepped Pools, Stone Vessels, and Ritual Purity Among the Jews of Roman Galilee* (Vandenhoeck & Ruprecht, 2015). Publicou igualmente numerosos artigos em revistas científicas e obras coletivas.

Éric MORIN, doutor em teologia, é coordenador da Escola Catedral e diretor do Instituto Superior de Ciências Religiosas do Collège des Bernardins. Entre suas publicações estão: *Paul et les Corinthiens face à l'oracle de la Nouvelle Alliance* (Gabalda, 2009); e *Paul, serviteur de notre joie. De Tarse à Corinthe, via Jérusalem, Damas et Antioche* (Parole et Silence, 2000).

Jacques NIEUVIARTS, exegeta, é doutor em teologia e em ciências da linguagem. Entre suas obras estão: *L'Entrée de Jésus à Jérusalem (Mt 21,1-17). Messianisme et accomplissement des Écritures en Matthieu* (Le Cerf, 1999); *Guide de lecture du Nouveau Testament* (com Pierre Debergé, Bayard, 2004); *Guide de lecture et de prière des Psaumes* (com Jean-Pierre Prévost, Bayard, 2008).

Anne-Marie PELLETIER, professora concursada de literatura moderna e doutora em ciências das religiões, fez seus estudos universitários em Paris-X-Nanterre e em Paris-Est Marne-la-Vallée. Especialista em hermenêutica, leciona atualmente Escrituras Bíblicas no Seminário de Paris (Faculdade Notre-Dame, Colégio dos Bernardinos). Entre suas publicações estão: *Lectures du Cantique des cantiques. De l'énigme du sens aux figures du lecteur* (Institut biblique, 1989); e também *D'âge en âge les Écritures* (Lessius, 2004). Dedicou diversas obras à questão das mulheres no cristianismo.

Jacques-Noël PÉRÈS, doutor em teologia, orientalista, especialista em literatura apócrifa, é professor emérito no Instituto Protestante de Teologia e professor de etíope na Escola das Línguas e Civilizações do Oriente Antigo. Entre suas obras estão: *L'Épître des apôtres* (Brepols, 1994); *Les Apocryphes chrétiens des premiers siècles. Mémoire et traditions* (em colaboração com François-Marie Humann, Desclée de Brouwer, 2009). Participou da edição dos *Écrits apocryphes chrétiens* (dois volumes, coleção La Pléiade, Gallimard, 1997, reed. 2005).

Patrick PRÉTOT é professor na Faculdade de Teologia do Instituto Católico de Paris. Dirigiu o Instituto Superior de Liturgia de 2001 a 2010 e depois a revista *La Maison-Dieu* de 2010 a 2016. É também professor-convidado na Universidade de Friburgo (Suíça) e membro da Societas Liturgica. Entre suas publicações estão: *L'Adoration de la croix. Triduum pascal* (Le Cerf, 2014); *Faire pénitence, se laisser réconcilier. Le sacrement* *comme chemin de prière* (com Hélène Bricout, Le Cerf, 2013); *La Théologie de Louis Bouyer. Du Mystère à la Sagesse* (com Bertrand Lesoing e Marie-Hélène Grintchenko, Parole et silence, 2016).

Jérôme PRIGENT, professor concursado de literatura, foi vigário da paróquia Santo Eustáquio em Paris. Interessa-se pelas relações da tradição cristã com o humanismo clássico e a cultura contemporânea. Está engajado no diálogo ecumênico e é também presidente do Trem da Memória, que organiza a cada dois anos uma viagem a Auschwitz para 500 colegiais voluntários interessados por esta iniciativa memorial.

Michel QUESNEL, licenciado em Sagrada Escritura, estudante titular da Escola Bíblica e Arqueológica Francesa de Jerusalém, doutor em teologia, foi professor no Instituto Católico de Paris, depois reitor da Universidade Católica de Lyon de 2003 a 2011. Duas de suas numerosas obras têm como objeto Jesus: *Jésus Christ selon saint Matthieu* (Desclée de Brouwer, 1991); *Jésus, l'homme et le Fils de Dieu* (Flammarion, 2004, reed. 2008). Seus trabalhos recentes giram principalmente em torno da obra de Paulo.

Christophe RAIMBAULT, doutor em teologia, diplomado pela Escola Bíblica e Arqueológica Francesa de Jerusalém e pelo Instituto de Estudos Políticos de Paris, é professor-associado no Instituto Católico de Paris. Entre suas publicações estão: *L'Avènement de l'amour. Épître aux Romains chapitres 12 et 13* (Le Cerf, 2014); "La Bible, Langage ou Parole de Dieu en ses langages", em Enzo Biemmi (dir.), *Le Langage et les langages en catéchèse* (Lumen Vitae, 2014); *Évangiles et Actes. Guide de Lecture* (Bayard, 2017).

Catherine SALLES, professora concursada de literatura clássica e doutora em literatura, é professora-associada na Universidade Paris-X-Nanterre e membro dos *Cahiers bibliques* da Igreja reformada da França. Entre suas publicações estão: *Lire à Rome* (Les Belles-Lettres, 1992; Payot, 1994); *L'Antiquité romaine* (Larousse, 1993, reed. 2000); *La Rome des Flaviens* (Perrin, 2002). Participou da edição das *Obras* de Santo Agostinho na coleção La Pléiade (Gallimard, 2000) e editou as *Obras completas* de Tácito (Robert-Laffont, 2014).

Donald SENIOR é professor de Novo Testamento e presidente emérito do Catholic Theological Union em Chicago. Foi nomeado três vezes membro da Pontifícia Comissão Bíblica em Roma. Entre suas publicações estão: *Jesus, A Gospel Portrait* (Paulist Press, ed. revisada 1992); *The Passion of Jesus Christ* (Catholic Book Publishing, 1997); *Gospel of Matthew* (Interpreting Biblical Texts, Abingdon, 1997).

Yves SIMOENS é professor emérito no Centro Sèvres – Faculdades Jesuítas de Paris, e professor-convidado no Pontifício Instituto Bíblico de Roma. Entre suas publicações estão: *Croire pour aimer. Les trois lettres de Jean* (2011); *Apocalypse de Jean, Apocalypse de Jésus Christ* (2008); *Évangile selon Jean* (2016), todas nas Éditions Facultés jésuites de Paris.

Anne SOUPA, biblista, é cofundadora do Comitê da Saia (Comité de la Jupe) e da Conferência Católica dos Batizados/as francófonos. Criadora da revista *Biblia*, da qual foi redatora-chefe, escreveu: *Les Pieds dans le bénitier* (com Christine Pedotti, Presses de la Renaissance, 2010); *Dieu aime-t-il les femmes?* (Médiaspaul, 2012); *Douze femmes dans la vie de Jésus* (Salvator, 2014); *L'Ange de la Force* (com André Gouzes, Bayard, 2016); *Le jour où Luther a dit non* (Salvator, 2017).

Michel STAVROU, doutor e titular de uma habilitação para orientar as pesquisas em teologia e em antropologia religiosa, é professor no Instituto de Teologia Ortodoxa Saint-Serge de Paris e pesquisador bizantinista na Universidade Paris-I-Panthéon-Sorbonne. Entre suas publicações estão: *Le Pèlerinage comme démarche ecclésiale* (com Jean-Marie Valmigère, Thélès, 2004); *Oeuvres théologiques* de Nicéforo Blemmydès (introdução, texto crítico, tradução e notas, em dois volumes, Le Cerf, 2007, reed. 2013).

Claude TASSIN lecionou durante vinte e cinco anos no Instituto Católico de Paris. Como exegeta, investiu particularmente no estudo do judaísmo antigo e dos escritos paulinos. Assinou numerosos artigos e publicou particularmente: *L'Apôtre Paul. Un autoportrait* (Desclée de Brouwer, 2009) e *Les Juifs d'Alexandrie et leurs écrits* (Le Cerf, 2011). Redige atualmente um comentário da segunda carta de Paulo aos Coríntios.

Christoph THEOBALD, doutor em teologia pela Universidade de Bonn (Alemanha), doutor *honoris causa* da Universidade de Laval (Québec), é professor de teologia fundamental e de dogmática bem como redator-chefe das *Recherches de science religieuse* e membro do Comitê científico do Instituto para as Ciências Religiosas (Bolonha). É autor particularmente de: *Selon l'Esprit de sainteté. Genèse d'une théologie systématique* (Le Cerf, 2015) e *Paroles humaines, Parole de Dieu* (Salvator, 2015).

Paul VALADIER defendeu sua tese de doutorado sobre *Nietzsche et la critique du christianisme* (Le Cerf, 1974) e foi redator-chefe da revista *Études* de 1981 a 1989, como também professor-associado no Instituto de Estudos Políticos de Paris de 1979 a 1989. Desde 2000 dirige os *Archives de Philosophie*. É o autor, entre outras obras, de: *L'Anarchie des valeurs. Le relativisme est-il fatal?* (Albin Michel, 1997); *La Condition chrétienne. Du monde sans en être* (Le Seuil, 2003); e *Lueurs dans l'histoire. Revisiter l'idée de Providence* (Salvator, 2017).

André WÉNIN, doutor pelo Pontifício Instituto Bíblico de Roma, leciona Antigo Testamento e hebraico bíblico na Universidade Católica de Lovaina (Bélgica). É especialista em análise narrativa dos relatos bíblicos e em antropologia bíblica. É também professor-convidado de teologia bíblica na Universidade Gregoriana de Roma. Entre suas obras estão: *Joseph ou l'invention de la fraternité* (Lessius, 2005); *D'Adam à Abraham ou les errances de l'humain* (Le Cerf, 2007); e *Abraham ou l'apprentissage du dépouillement* (Le Cerf, 2016).

Ronald D. WITHERUP, professor emérito e antigo reitor acadêmico no Seminário e na Universidade St Patrick (Menlo Park, Califórnia), é o superior-geral dos sulpicianos. Entre suas obras estão: *Stations of the cross according to Saint Paul* (Paulist Press, 2008); *101 Questions & Answers on Paul* (Paulist Press, 2003); *The Bible Companion: A Catholic Handbook for beginners* (Crossroad Publishing Company, 2008); *São Paulo – Um apelo à conversão* (Lucerna, 2008).

Jeffrey R. WOOLF, especialista em história do direito e em sua literatura jurídica, é professor-associado no departamento de Talmud da Universidade Bar-Ilan (Israel). É autor particularmente de: *The Fabric of Religious Life in Medieval Ashkenaz (1000-1300). Creating Sacred Communities* (Brill, 2015).

Jean ZUMSTEIN, especialista em literatura joânica e em hermenêutica neotestamentária, é professor emérito da Universidade de Zurique (Suíça). Publicou particularmente um comentário científico: *Évangile selon saint Jean* (2 volumes, Labor et Fides, 2007 e 2014); uma introdução a este evangelho: *L'Apprentissage de la foi* (Éditions du Moulin, 1993; Labor et Fides, 2015); um estudo sobre o Pai-nosso: *Notre Père* (Éditions du Moulin, 2001; Cabédita, 2015); e uma coletânea de estudos joânicos: *La Mémoire revisitée* (Labor et Fides, 2017).

Os autores das cartas brancas

Leili ANVAR, professora-associada no Instituto Nacional das Línguas e Civilizações Orientais (INALCO), pesquisadora e tradutora, é especialista em literatura persa, particularmente mística. Publicou, entre outras obras: *Rûmî* (Entrelacs, 2004); *Rûmî ou la religion de l'amour* (Le Seuil, 2008); e a tradução em versos de *Cântico dos pássaros* do poeta místico 'Attâr (*Cantique des Oiseaux*, Diane de Selliers, 2012).

Karima BERGER, escritora franco-argelina, concentrou seus escritos, desde *L'Enfant des deux mondes* (Éditions de l'Aube, 1998), no ser feminino e no confronto das crenças e de suas raízes espirituais. Publicou, entre outras obras, na editora Albin Michel: *Éclats d'islam, chroniques d'un itinéraire spirituel* (2009); *Les Attentives, un dialogue avec Etty Hillesum* (2014); *Mektouba* (romannce, 2016). Seu último ensaio, *Hégires*, apareceu em 2017 em Actes Sud.

Catherine CHALIER, aluna de Emmanuel Levinas, é professora emérita de filosofia na Universidade Paris-Ouest-Nanterre. Seu trabalho tem como objeto uma maior atenção à fonte hebraica do pensamento em seu poder de renovação das questões filosóficas. Entre suas últimas publicações estão: *Lire la Torah* (Le Seuil, 2014); *Aux sources du Hassidisme, Le Maggid de Mézéritch* (Arfuyen, 2014); e *La Gravité de l'amour. Philosophie et spiritualité juives* (PUF, 2016).

Françoise CHANDERNAGOR, primeira mulher a ser classificada "em primeiro lugar" na E.N.A., exerceu primeiramente funções jurídicas no Conselho de Estado e na administração antes de abandoná-las para dedicar-se à escrita. A partir de 1995, tem um assento na Academia Goncourt, da qual é vice-presidente. Depois de sua primeira obra, *L'Allée du Roi* (Julliard, 1981; Gallimard, 2006), publicou doze romances (entre eles *Vie de Jude, frère de Jésus*, Albin Michel, 2015), uma peça de teatro e uma antologia da poesia feminina.

François CHENG, da Academia Francesa, é ao mesmo tempo poeta (*Entre source et nuage*, 1990; *Le Livre du vide médian*, 2004), romancista (*Le Dit de Tianyi*, 1998, Prix Femina 1998; *L'Éternité n'est pas de trop*, 2001) e ensaísta (*Cinq méditations sur la beauté*, 2006; *Cinq méditations sur la mort, autrement dit sur la vie*, 2013; *Assise*, 2013; *De* *l'âme,* 2016). Todos os títulos citados, que são apenas uma parte de sua obra, foram publicados na editora Albin Michel.

André COMTE-SPONVILLE, normalista, professor concursado e doutor em filosofia, foi por muito tempo professor-associado na Universidade Paris-I (Panthéon-Sorbonne). Publicou uma vintena de obras, entre as quais: *Petit traité des grandes vertus* (PUF, 1995); *Dictionnaire philosophique* (PUF, 2001, reed. 2013); e *L'Esprit de l'athéisme* (Albin Michel, 2006). Seu livro mais recente é: *C'est chose tendre que la vie* (Albin Michel, 2015).

Florence DELAY, da Academia Francesa, leciona literatura geral e comparada na Sorbonne-Nouvelle. Publicou particularmente romances, ensaios e, com o poeta Jacques Roubaud, *Graal Théâtre* (Gallimard, 1977), um ciclo de dez peças sobre a Távola Redonda. Tradutora das obras de Calderón de la Barca, Lope de Vega e dos poetas hispanófonos do século XX, participou igualmente da nova tradução da Bíblia na editora Bayard.

Erri DE LUCA, escritor, poeta e tradutor italiano contemporâneo, obteve em 2002 o prêmio Femina estrangeiro por seu livro *Montedidio* e o prêmio europeu de Literatura em 2013, como também o prêmio Ulisses pelo conjunto de sua obra. Entre suas publicações estão: *Noyau d'olive* (Gallimard, 2004) e *Le Plus et le Moins* (Gallimard, 2015).

Xavier EMMANUELLI, anestesista-reanimador, é cofundador de Médicos sem Fronteiras e foi secretário de Estado encarregado da Ação Humanitária de urgência. Fundou igualmente estruturas para desenvolver o acompanhamento médico-psicossocial das pessoas em situação de vulnerabilidade: Samusocial de Paris, Samusocial International, Les Transmetteurs. Publicou particularmente na editora Albin Michel: *Dernier avis avant la fin du monde* (1995, reed. 1999); *J'attends Quelqu'un* (1996); *Au seuil de l'éternité* (2010).

Timothée de FOMBELLE é autor de teatro. Publicou na editora Gallimard em 2006 e 2007 um primeiro romance em dois volumes, *Tobie Lolness*, que lhe valeu numerosos prêmios de literatura infantojuvenil. Depois vêm, sempre na editora Gallimard, *Vango*, em 2010 e 2011, e *Le Livre de Perle* em 2014, que ganhou o Prêmio de melhor romance europeu para adolescentes. No outono de 2017 aparece *Neverland*, na editora L'Iconoclaste, relato de uma busca nas fronteiras da infância.

Marcel GAUCHET é diretor de estudos na Escola de Altos Estudos em Ciências Sociais e responsável pela redação da revista *Le Débat* na editora Gallimard. É particularmente autor de: *Le Désenchantement du monde. Une histoire politique de la religion*

(Gallimard, 1985). Publicou recentemente *Le Nouveau Monde*, quarto e último tomo de *L'Avènement de la démocratie* (Gallimard, 2017).

Sylvie GERMAIN já há quase trinta anos tem construído uma obra singular, coroada com numerosos prêmios literários: entre outros, prêmio Femina por *Jours de colère* (Gallimard, 1989), Grande Prêmio Jean Giono por *Tobie des Marais* (Gallimard, 1998), prêmio Goncourt dos colegiais por *Magnus* (Albin Michel, 2005). Entre suas numerosas publicações na editora Albin Michel: *L'Inaperçu* (2008); *Hors champ* (2009); *Rendez-vous nomades* (2012); e *Petites scènes capitales* (2013). Em 2013, foi eleita para a Academia Real de Língua e de Literatura Francesas da Bélgica.

Jean-Claude GUILLEBAUD, doutorando em ciências criminais, doutor *honoris causa* da Universidade Católica de Lovaina, escritor e editor, foi por muito tempo grande repórter e correspondente de guerra para *Sud-Ouest*, *Le Monde* e depois *Le Nouvel Observateur*. Diretor literário nas Éditions du Seuil de 1982 a 2010, publicou uma trintena de obras, entre as quais, na editora Albin Michel em 2007, *Comment je suis redevenu chrétien*. Em 2016, seu último livro, *Le Tourment de la guerre*, obteve o Grande Prêmio de Ensaio da Sociedade dos Literatos (SGDL).

Jacques JULLIARD, normalista e professor concursado de história, lecionou na Universidade de Vincennes de 1968 a 1978 e na Escola de Altos Estudos em Ciências Sociais (EHESS). Foi editorialista no *Nouvel Observateur*, depois no *Marianne* e doravante tem uma crônica mensal no *Le Figaro*. Historiador do sindicalismo de ação direta e das culturas políticas contemporâneas, ele próprio sindicalista, publicou uma trintena de obras, entre as quais: *Les Gauches françaises. Histoire, politique, imaginaire, 1762-2012* (Flammarion, 2012) e *L'Argent, Dieu et le Diable* (Flammarion, 2008).

Alexandre JOLLIEN passou dezessete anos numa instituição especializada para deficientes antes de estudar filosofia na Universidade de Friburgo (Suíça), em Dublin e depois em Seul. Sua obra se inspira na fonte das místicas cristãs, da tradição do zen e da filosofia. Suas principais obras são: *L'Éloge de la faiblesse* (Le Cerf, 1999), premiada pela Academia Francesa; *Le Petit Traité de l'abandon* (Le Seuil, 2012); e *Vivre sans pourquoi* (Le Seuil, 2015). É coautor, com Christophe André e Matthieu Ricard, de *Trois amis en quête de sagesse* (L'Iconoclaste/Allary, 2016).

Jean-Luc MARION é historiador do cartesianismo, filósofo da fenomenologia e teólogo. Conta entre sua trintena de publicações: *Dieu sans l'être* (Fayard, 1982; reed. PUF, 1991, 2002); *La Rigueur des choses. Entretiens avec Dan Arbib* (Flammarion, 2012); *Sur la pensée passive de Descartes* (PUF, 2013); *The Essential Writings* (Fordham UP, 2013); *Givenness and Revelation* (Oxford UP, 2016); *Reprise du donné* (PUF, 2016); *Brève apologie pour un moment catholique* (Grasset, 2017).

Michela MARZANO, antiga aluna do ENS de Pisa e doutora em filosofia, é professora na Universidade Paris-Descartes. É autora particularmente de: *Je consens, donc je suis. Éthique de l'autonomie* (PUF, 2006); *Le Dictionnaire du corps* (PUF, 2007); *Extension du domaine de la manipulation* (Grasset, 2008; Fayard, 2010); *Le Contrat de défiance* (Grasset, 2010); *Le Dictionnaire de la violence* (PUF, 2011); *Légère comme un papillon* (Grasset, 2012); *Tout ce que je sais de l'amour* (Stock, 2014).

Joseph MOINGT é sacerdote jesuíta francês, teólogo especializado em cristologia. É autor de numerosas obras, entre as quais: *La Plus Belle Histoire de Dieu. Qui est le dieu de la Bible?* (com o historiador Jean Bottéro e o rabino Marc-Alain Ouaknin, Le Seuil, 1997). É igualmente autor de: *Croire quand même. Libres entretiens sur le présent et le futur du catholicisme* (Temps présent, 2010; Flammarion, 2013) e *Croire au Dieu qui vient* (em dois volumes, Gallimard, 2014 a 2016).

Edgar MORIN, filósofo e sociólogo francês, foi diretor de pesquisas no CNRS, que ele integrou em 1951. Codirigiu, entre outros, o Centro de Estudos Transdisciplinares (sociologia, antropologia, política) da Escola de Altos Estudos em Ciências Sociais. É doutor *honoris causa* de mais de trinta universidades no mundo. Sua obra maior, *La Méthode* (seis volumes), encara a dificuldade de pensar a complexidade: como realidade, como saber e como desafio contemporâneo.

Marion MULLER-COLARD é escritora e teóloga protestante. Após um doutorado dedicado ao livro de Jó, foi capelã de hospital durante sete anos. Hoje se dedica a escrever. Publicou particularmente: *L'Autre Dieu. La plainte, la menace et la grâce* (Labor et Fides, 2014, reed. Albin Michel, 2017); *Le Complexe d'Élie* (Labor et Fides, 2016); *L'Intranquillité* (Bayard, 2016). Escreve também para o teatro e para a juventude.

Amos OZ é poeta, romancista e ensaísta. Israelense, é cofundador do movimento *Paz agora*. Sua obra literária foi coroada com o Prêmio Israel (1998) e numerosos prêmios europeus. Como seu tio-avô Joseph Klausner, que foi o grande precursor neste campo, ele se interessou pela figura de Jesus como membro do povo judeu, que ele evoca particularmente em seu romance autobiográfico *De amor e trevas* (Companhia das Letras, 2002) e em seu último romance, *Judas* (Companhia das Letras, 2014).

Dominique QUINIO, jornalista, dirigiu o diário *La Croix* de 2005 a 2015. É hoje presidente das Semanas Sociais da França e membro do Comitê consultivo nacional de ética. Publicou em 2015 um livro de entrevistas com Monique Baujard, *L'Évangile, c'est pour aujourd'hui*, na editora Bayard.

Christiane RANCÉ é escritora. Depois de seu ensaio *Jésus* (Gallimard, 2008), publicou as biografias espirituais: *Simone Weil* (Le Seuil, 2009); *Léon Tolstoi* (Le Seuil, 2010); *François, un pape parmi les hommes* (Albin Michel, 2014), como também *Passion de Thérèse d'Avila* (Albin Michel, 2015), que recebeu o Prix de l'Essai da Academia Francesa. É também autora de uma meditação sobre a oração: *Prenez-moi tout mais laissez-moi l'extase* (Le Seuil, 2012); e de diários espirituais: *En pleine lumière* (Albin Michel, 2016).

Éric-Emmanuel SCHMITT, dramaturgo, romancista, novelista, ensaísta, cineasta, membro da Academia Goncourt desde 2016, traduzido em cinquenta línguas e aclamado em outros tantos países, é um dos autores franceses mais lidos e mais em evidência no mundo. Entre suas numerosas publicações, todas editadas na editora Albin Michel, estão: *Monsieur Ibrahim et les fleurs du Coran* (2001); *La Nuit de feu* (2015); e *L'homme qui voyait à travers les visages* (2016).

Jean VANIER empenhou-se numa vida espiritual após ter estudado e depois ensinado filosofia. Em 1964, fundou numa aldeia do Oise a Arca, comunidade de vida na qual conviviam voluntários e pessoas com deficiência mental. A Arca internacional conta hoje mais de cento e cinquenta comunidades nos cinco continentes. Jean Vanier escreveu numerosos livros, entre os quais: *Leur regard perce nos ombres* (com Julia Kristeva, Fayard, 2011) e *Les Signes des temps, à la lumière de Vatican II* (Albin Michel, 2012).

Bertrand VERGELY, professor concursado de filosofia e normalista, leciona filosofia em cursos preparatórios e é professor-associado no Instituto Ortodoxo Saint-Serge em Paris. Publicou dezessete obras de introdução à filosofia na coleção "Les Essentiels Milan" e, entre outras: *La Souffrance. Recherche du sens perdu* (Gallimard, 1997); *La Foi ou la nostalgie de l'admirable* (Le Relié, 2002, reed. Albin Michel, 2004); *Une vie pour se mettre au monde* (com Marie de Hennezel, Carnets Nord, 2010); *Retour à l'émerveillement* (Albin Michel, 2010, reed. 2017).

Jean-Pierre WINTER, psicanalista, formou-se junto a Jacques Lacan no quadro da Escola freudiana de Paris. Há mais de vinte anos anima um seminário de formação psicanalítica destinado a clínicos em Montpellier. Entre seus numerosos livros estão: *Stupeur dans la civilisation* (Pauvert, 2002); *Pourquoi ces chefs-d'oeuvre sont-ils des chefs-d'oeuvre?* (La Martinière, 2009); *Homoparenté* (Albin Michel, 2010); *Transmettre (ou pas)* (Albin Michel, 2012); e *Peut-on croire à l'amour*? (com Nathalie Sarthou-Lajus, Le Passeur, 2015).

Índice

Tabela das parábolas

Tabela dos evangelhos e escritos apócrifos

Índice geral

Direção da obra
Joseph Doré

Direção editorial
Jean Mouttapa

Coordenação
Christine Pedotti

Conselheiros científicos
Roselyne Dupont-Roc
Jean-François Baudoz

Outros membros do comitê editorial
Gilles-Hervé Masson – Patrick Prétot – Jean-François Rod

Escolha e comentários iconográficos
François Boespflug

Secretariado de edição: Solenne Leclerc

Traduções para o francês: Julien Darmon, Salomon Malka, Gilles-Hervé Masson, Danièle Valin, Matthias Wirz

Direção da produção: Brigitte Fontaine
Sequência de produção: Agathe Herlin, Elise Deschamps, Bérangère Mitteau
Concepção da maquete inicial: Bianca Grumbrecht (Lunapark)
Realização da maquete do miolo: Marie-Valentine Blond (Nord Compo)
Primeira capa: Julien Papet
Revisões e correções: Brigitte de la Broise, Katia Robel, Anne-Sophie Arnould
sob a direção de Marie-Pierre Coste-Billon

O editor e o comitê editorial expressam sinceros agradecimentos a
Jean-Noël Aletti, Julien Darmon, Salomon Malka, Gabriel de Montmollin,
Geneviève Médevielle, Ronald D. Witherup,
Sophie Bajos de Hérédia, Laurie Danvin, Anne Soupa,
Hervé de Vaublanc, Thierry Lyonnet, Françoise Vintrou

LEIA TAMBÉM:

Dicionário de Teologia Fundamental

Esse *Dicionário* tem por base o binômio revelação-fé. Em torno deste eixo giram os 223 verbetes que o compõem. A estrutura do *Dicionário* foi pensada de modo a propor, a quem o desejar, um estudo sistemático de todos os temas da Teologia Fundamental: os princípios básicos e suas implicações.

Em sua concepção inicial, essa obra procurou definir, antes de tudo, as grandes linhas do *Dicionário* e, em seguida, determinar os verbetes a serem tratados, levando em conta uma série de critérios.

Mesmo tendo sido composto há algumas décadas, permanece muitíssimo atual, justamente pela forma abrangente utilizada em sua organização. Sendo um dicionário, não contém tratados teológicos sistemáticos, mas cada temática é apresentada com uma grande abrangência. Além disso, ao final de cada verbete há indicações bibliográficas para aprofundamento.

EDITORA VOZES LTDA.
Rua Frei Luís, 100 – Centro – Cep 25689-900 – Petrópolis, RJ
Tel.: (24) 2233-9000 – E-mail: vendas@vozes.com.br